RICARDO DE LA CIERVA

LAS PUERTAS DEL INFIERNO

La historia de la Iglesia jamás contada

Asalto y defensa de la Roca ante la Modernidad y la Revolución. Masonería y gnosis. Decisión y vacilación en los grandes Papas del siglo XX. La crisis entre las dos guerras mundiales: comunismo y fascismo. Las guerras civiles de México y España. El Gran Miedo Rojo: los imperios de Stalin y Mao contra la Iglesia. La infiltración. El nacimiento del Opus Dei. El Concilio pactado. Jesuitas: "la descomposición del ejército" (Pablo VI). Los documentos secretos de la Congregación General 34 (enero-marzo 1995).

Domicilio social: Rosa del Azafrán 4
Madridejos (Toledo)
Delegación en Madrid: Rosales 14, Montepríncipe
28660 Boadilla del Monte
Teléfonos 715 52 21 y 351 07 31 - Fax 351 07 31
Primera edición: Octubre 1995
Depósito Legal: AV-212-1995
ISBN: 84-88787-10-3
Fotomecánica e Impresión: MIJÁN, Artes Gráficas. Ávila.

Para Mercedes 56

INTRODUCCIÓN

Desde principios de los años setenta, cuando vivíamos intensamente ya la transición española, me di cuenta de que la Iglesia católica, tanto en España como en Roma, impulsaba poderosamente ese proceso histórico en dirección democrática mediante lo que se llamó «el despegue» del régimen de Franco, sin rupturas violentas. Venía estudiando desde muchos años antes la historia de la Iglesia como institución esencial de la vida moderna pero desde los años setenta me sentí personalmente implicado en esa historia, tanto por razones profesionales de historiador como por motivos religiosos de católico. Desde entonces me fui replanteando con serenidad y preocupación tanto la historia auténtica de la Iglesia como mi propia fe. Dedicado a otros proyectos históricos e incluso a una carrera política me iba dando cuenta de que la historia de la Iglesia y mi compromiso personal ante ella iban ocupando cada vez la mayor parte de mi interés y de mi estudio; con un horizonte cada vez más abierto, porque la historia de la Iglesia en España sólo puede comprenderse en un contexto universal. En 1984, fascinado por ese horizonte, abandoné por completo la vida política, en la que desde entonces sólo participo como observador independiente, y dediqué mi segunda jornada diaria de trabajo, hasta bien entrada la noche, a estudiar la historia de la Iglesia en nuestro tiempo. Vi muy claro que «nuestro tiempo» era, desde luego, el siglo XX, pero ante una institución que se acerca a su tercer milenio, hay que buscar y ordenar las raíces de nuestro tiempo en toda la Edad Moderna y también en todos los siglos anteriores de la Iglesia hasta su comienzo entre las fuentes del Jordán y la orilla del Mar de Galilea frente a Tiberíades, la ciudad en la que Jesús no quiso entrar jamás.

El primer resultado de ese permanente esfuerzo nocturno de tantos años fueron dos artículos extensos sobre la teología de la liberación que aparecieron en ABC de Madrid el jueves y viernes Santo de 1985. Nunca agradeceré bastante a Luis María Anson la oportunidad que me dio al acoger esos trabajos, que levantaron una polémica encrespada, se difundieron por toda América en millares de fotocopias, me procuraron valiosísimas relaciones en Europa y América, especialmente en Roma. Decidí avanzar a fondo por ese nuevo frente y presenté al Premio Espejo de España de 1986 el libro *Jesuitas, Iglesia y marxismo*, que por presiones de algún influyente jesuita fue retirado; entonces lo presenté a Carlos Ares y José María Moya en la editorial Plaza y Janés, lo aceptaron inmediatamente (cosa que también agradeceré para siempre) y consiguieron un gran éxito de cuatro ediciones, que se revalidó al año siguiente con el segundo libro, *Oscura rebelión en la Iglesia*. La tesis central de esos libros era que la crisis de la Compañía de Jesús, tanto en sus aspectos intelectuales -la desviación teológica y sobre todo metafísica de la escuela del gran pensador jesuita Karl Rahner- como en sus horizontes de misión -el «servicio de la fe y la promoción de la justicia» habían desencadenado, con ayuda de fuerzas exógenas infiltradas en la Iglesia- la teología marxista de la liberación, porque pese a verbales distingos escolásticos no hay otra. Recuerdo que el excelente sacerdote José Luis Martín Descalzo, siempre orientado al poder en la Iglesia, representado entonces por el cardenal Tarancón- tronó enfadadísimo contra esa tesis mía y negó toda conexión entre la teología de la liberación y la crisis de los jesuitas. Se equivocaba de medio a medio. Dos teólogos del Papa, varios Cardenales, muchos obispos de España y América, historiadores de la talla de Burnett Bolloten y centenares de jesuitas y otros religiosos aceptaron plenamente esa tesis central, aunque mi mayor sorpresa y honor fue el acuerdo del propio Papa Juan Pablo II que se llevó en su viaje a Colombia el primero de esos dos libros y me manifestó después personalmente su conformidad y su aliento para seguir en ese camino. Veo ahora con satisfacción que Santiago Martín, mucho más equilibrado y profundo que el buen Martín Descalzo afirma tranquilamente en una de sus últimas columnas que los jesuitas habían sido «los pioneros de la teología de la liberación». Es totalmente cierto, pero nadie había osado decirlo hasta que se abrió un camino en 1986.

Esos dos libros están completamente agotados y descatalogados desde hace muchos años aunque existe una amplia demanda de ellos; pero no me he decidido a reeditarlos tal como aparecieron, a lo que tengo pleno derecho, porque en estos diez años he proseguido la investigación, he realizado una docena de viajes a los puntos más candentes, he incorporado cientos de fuentes nuevas y he elevado mi acervo documental sobre estos problemas a más de doce mil piezas y testimonios de toda índole. Entonces he pensado que sería conveniente no reeditar sino escribir de nuevo dos libros enteramente diferentes de aquéllos, aunque contengan, enormemente ampliada y profundizada, toda la información que apareció entonces Son dos libros, no dos tomos del mismo libro; dos libros independientes cada uno de los cuales puede leerse sin contar con el otro aunque naturalmente se completan y se complementan.

El primer libro es éste, *Las Puertas del Infierno*, que describe el Asalto y la Defensa de la Roca ante la Modernidad y la Revolución, las dos grandes fuerzas que se han abatido sobre la Roca -y a veces, mediante la infiltración, desde dentro de ella a lo lago de la Edad Moderna; con raíces en la gran desobediencia y rebeldía que llamamos Reforma en el siglo XVI, y acción estratégica contra la Iglesia de Cristo desde el siglo XVIII hasta hoy. Este doble asalto se inscribe en la lucha perpetua, descrita por el Concilio Vaticano II, entre el Poder de la luz y el Poder de las Tinieblas. Pero en este libro no pretendo una exposición metahistórica sino rigurosamente histórica; si bien como historiador católico no puedo ni debo rechazar, cuando existen indicios históricos para ello, y observar a veces las huellas de esa lucha perpetua en los acontecimientos del mundo y los hombres. Analizo con ese criterio la historia de la Iglesia -sobre todo en nuestro tiempo, sin olvidar las raíces de nuestro tiempo- en las decisiones y vacilaciones de los grandes Papas de nuestro siglo, los asaltos del Modernismo y la Revolución marxista, la crisis total entre las dos guerras mundiales, el hecho innegable de la gran infiltración que preparaba la demolición de la Iglesia, la historia interna del Concilio pactado, cosa que casi todo el mundo ignora; el nacimiento del Opus Dei, que es uno de los hechos centrales para la historia de la Iglesia en el siglo XX y la crisis de la Compañía de Jesús, con nuevos enfoques y documentos incluso los documentos secretos de la reciente Congregación General 34, que nunca se han publicado ni comentado hasta hoy.

Mi método no puede ser otro que el análisis histórico aplicado a contextos muy amplios. Primero establezco los hechos sobre pruebas que creo seguras; documentos y testimonios contrastados. Luego encadeno los hechos, desentraño sus causas, su evolución y su desembocadura en otros hechos. Con un hilo cronológico como guía, pero con profundizaciones y ampliaciones monográficas cuando es necesario. En algunas líneas históricas, como la subversión religiosa en México y la crisis de los jesuitas, no me quedo en el Concilio, límite de este libro para otros asuntos, sino que penetro hasta la misma actualidad del año en que escribo. Porque en esos casos el tirón de la actualidad es necesario para comprender hasta dónde se han despeñado algunos planteamientos históricos más lejanos.

El segundo libro, *La Hoz y la Cruz*, que espero ofrecer al lector durante el año 1996, estudia el auge, la caída y la pervivencia del marxismo y de su versión teológica, la Teología de la liberación, desde el Concilio hasta hoy. Este segundo libro se ha hecho necesario porque mi inmensa documentación y acopio de nuevas fuentes desbordaba por todas partes los límites del primero. Ahora tenemos ya perspectiva más que suficiente para analizar el nacimiento, desarrollo y hundimiento de la teología de la liberación en proceso paralelo con el del marxismo de quien depende. En el segundo libro describiré también la demolición postconciliar de la Iglesia y la historia reciente de la Iglesia en España, Estados Unidos y Alemania, que son los centros logísticos de la falsa liberación, cuyos pasos seguiré puntualmente, aunque ya he anticipado algo, por necesidades del guión, en este primer libro. Ha caído el Muro y hay que explicar por qué. Pero muchos marxistas y liberacionistas no lo han aceptado; véase el insólito caso de la rebelión marxista-liberacionista en Chiapas, que parece la reedición de las de Nicaragua y el Salvador y apunta al mismo objetivo. El problema de México será central en el segundo libro.

En este segundo libro abordaré también el problema de la relación entre la masonería, la Internacional Socialista y la Iglesia católica, sobre el que tantas distorsiones se han acumulado. Y estudiaré el papel de la Iglesia en el confuso Nuevo Orden Mundial.

El empeño de estos libros era, soy consciente de ello, una misión imposible. Nacen, ya lo he indicado, de mi doble compromiso como historiador y como católico. Nadie me ha contado la historia que trato de reconstruir aquí. Puede que alguien lo crea una ilusión, pero estos dos libros se escriben a partir de un fortísimo impulso interior, tal vez parecido al que sentían aquellos cristianos expectantes que se reunían a fines del siglo XI por millares en la explanada de Clermont tras una convocatoria del Papa y cuando la oyeron le respondieron con un clamor unánime: *Deus le volt*, Dios lo quiere, antes de «tomar la Cruz». No siento una inspiración pero sí ese impulso. Aquella famosa serie de televisión, que me encantaba, trató de mostrar que a veces las misiones imposibles pueden realizarse.

Los aspectos de estos dos libros que se refieren a la Historia, la filosofía, la ciencia, la cultura y la política caen en mi terreno profesional; puedo abordarlos sin dogmatismo pero con confianza. Hay también naturalmente, aspectos teológicos. y pensé en revalidarlos con un estudio profesional de la teología. Al fin, tras más de doce años de estudiar teología noche tras noche decidí no cursarla como sexta carrera. Primero porque he visto a muchos presuntos teólogos católicos que se comportan teológicamente como auténticos cafres, negando la divinidad de Cristo, la maternidad divina de María, el primado infalible del Papa, medio Credo y la mitad del otro medio. Segundo porque he visto que algunos presuntos teólogos son simplemente unos cantamañanas, como ese «teólogo del PSOE» que andaba por ahí y ahora tal vez le fichen mis queridos amigos Alberto Ruiz Gallardón y Gustavo Villapalos, a juzgar por los elementos que están contratando. Tercero, porque teólogos de la línea *progresista*, desde el propio Karl Rahner a su discípulo Ignacio Ellacuría (descansen en paz los dos) se han hartado de afirmar que ellos no son teólogos sino filósofos; y entonces se mueven en mi terreno profesional y académico. Después de esos doce años de lectura y reflexión teológica, avalorada por innumerables conversaciones con teólogos de primera división me creo con cierta capacidad para analizar sin complejos las cuestiones teológicas que, disparates aparte, se puedan presentar en este libro.

Este libro y el siguiente se publican sin censura eclesiástica. Pío XII reclamaba la formación de una opinión pública dentro de la Iglesia. Soy un historiador libre que tuvo bastante que ver, como político, con la supresión de la censura en España y no voy ahora a caer en ella. ¿Y si me imponen como censor a ese salvaje que acaba de negar desde la presidencia de la Asociación americana de Teología la divinidad de Cristo?. Yo no me someto a la posibilidad de que este libro caiga en manos de un nuevo Arrio y prefiero ir solo que mal censurado. Eso sí, me comprometo a que, si mi Obispo encuentra alguna desviación doctrinal en este libro, la corregiré en la segunda y demás ediciones; la experiencia de la Editorial es que no bajarán de seis.

He procurado evitar la agresividad en los retratos y críticas. Pero también he decidido incluir los aspectos humanos de muchos personajes, que a veces revalorizan sus escritos con esos rasgos y a veces destruyen su credibilidad, porque un teólogo eminente, por ejemplo, que mantiene relaciones extrañas y aun escandalosas con una señora que encima es teóloga me parece demasiada intercomunicación teológica. Fue el caso de Rousseau, apóstol del humanitarismo que luego llevaba a sus hijos a la Inclusa sin conocerles siquiera y sin darles un nombre. Era un canalla y su doctrina, por ese sólo rasgo vital, cae sin más bajo sospecha. Los aspectos humanos pueden confirmar o descalificar a un maestro. Y además transforman la inevitable aridez de estas páginas en relatos muy amenos y divertidos.

Este libro y el siguiente se escriben de forma que resultará inteligible para el lector medio. Si en algún momento algún párrafo se eleva demasiado a las nubes es que me parece necesario para la comprensión del caso; pero el lector que se pierda un poco puede dejarlo tranquilamente de lado hasta una segunda lectura. Lo que más me importa es la cabal explicación de los contextos, que queda siempre, según espero, muy clara.

Y una advertencia final. Por supuesto que estoy abierto a la crítica y dispuesto al diálogo y a la corrección que recibiré con gratitud. Pero no estoy nada abierto a las descalificaciones personales como algunas que en medio de grandes sintonías, se me dirigieron con acento despectivo o frailuno tras la aparición de mis libros de 1985-1987. Espero que ahora nadie utilice ese método y ese tono. Si no es así no pienso sin embargo acudir a demandas y querellas, que generalmente no sirven para nada. En la edición siguiente a la injuria o la calumnia daré buena cuenta del agresor. No tengo el menor deseo de hacerlo pero algunos agresores ya parecen haber escarmentado por mis respuestas públicas cuando han acudido al juego sucio. Y para este libro me he quedado con todo un arsenal en la recámara. Una advertencia final. He recibido innumerables confirmaciones y apoyos, a veces muy altos, por mis escritos sobre la Iglesia. Pero no traspaso a esos apoyos una responsabilidad que es sólo mía y de mis documentos. Podría escudarme en quienes me animan. No lo haré. Prefiero trabajar a cuerpo limpio. Deus le volt.

De Cuernavaca (México) a Madridejos de la Mancha, verano de 1995

ÍNDICE DE CAPITULOS

PÓRTICO

(Claves de este libro)

(Textos para que el lector comprenda la intención y alcance de este libro LAS PUERTAS DEL INFIERNO, y del que aparecerá D.m.en 1996, LA HOZ Y LA CRUZ, uno y otro independientes y complementarios. Los textos se agrupan de forma simbólica e impresionista y reaparecerán sistemáticamente donde les corresponda, según la metodología que se ha expresado en la Introducción y se despliega en el Indice de materias.)

TEXTOS FUNDAMENTALES

1.– **Viniendo Jesús a la región de Cesarea de Filipo preguntó a sus discípulos: ¿Quién dicen los hombres que es el Hijo del hombre?. Ellos contestaron: Unos que Juan el Bautista, otros que Elías, otros que Jeremías u otro de los profetas. Y El les dijo: Y vosotros, quién decís que soy?. Tomando la palabra Simón Pedro dijo: Tú eres el Mesías, el Hijo de Dios vivo. Y Jesús, respondiendo, dijo:Bienaventurado tú, Simón Bar Jona, porque no es la carne ni la sangre quien esto te ha revelado sino mi Padre que está en los cielos. Y yo te digo que tú eres Pedro, y sobre esta piedra edificaré yo mi Iglesia, y las puertas del infierno no prevalecerán contra ella. Yo te daré las llaves del reino de los cielos y cuanto atares en la tierra será atado en los cielos y cuanto desatares en la tierra será desatado en los cielos.**

(Evangelio según San Mateo, escrito –según las investigaciones más recientes y fiables– hacia el año 50 de Cristo, 16, 13-18. trad. Nácar Colunga en *La Biblia,* BAC-Miñón, 1970).

2.– **A través de toda la historia humana existe una dura batalla contra el poder de las tinieblas, que, iniciada en los orígenes del mundo, durará, como dice el Señor, hasta el día final.**

(Concilio Vaticano II, Const. *Gaudium et spes,* 8.12.1965, n. 37)

3.– **Venerables hermanos: Mientras el clero fue rebelde a las instituciones y leyes del gobierno de la República, estuve en el deber de combatirlo como se hiciese necesario... ahora, queridos hermanos, el clero ha reconocido plenamente al Estado y ha declarado sin tapujos que se somete estrictamente a las leyes...La lucha no se inicia, la lucha es eterna. La lucha se inició hace veinte siglos. De suerte, pues, que no hay que espantarse: lo que debemos hacer es estar en nuestro nuevo puesto, no caer en el vicio en que cayeron los gobiernos anteriores... que tolerancia tras tolerancia, y contemplación tras contemplación, los condujo a la anulación absoluta de nuestra legislación. Lo que hay que hacer, pues, es estar vigilantes. Los gobernantes y los funcionarios públicos, celosos de cumplir la ley y de hacer que se cumpla. Y mientras esté yo en el gobierno, ante la Masonería yo protesto que seré celoso de que las leyes de México, las leyes constitucionales que garantizan plenamente la conciencia libre, pero que someten a los ministros de las religiones a un régimen determinado; yo protesto, digo, ante la Masonería que mientras yo esté en el gobierno se cumplirá estrictamente con la legislación.**

En México, el Estado y la Masonería en los últimos años han sido una misma cosa: dos entidades que marchan aparejadas, porque los hombres que en los últimos años han estado en el poder han sabido siempre solidarizarse con los principios revolucionarios de la Masonería.

(Discurso del Presidente de los Estados Unidos Mexicanos, lic. Emilio Portes Gil, el 27 de julio de 1929 a los dirigentes de la Masonería de México, inquietos ante los Arreglos con que la Iglesia y el Estado pusieron fin a la guerra cristera que se había iniciado en 1926. El Presidente masón Portes reconoce, desde el bando opuesto, la misma lucha eterna que proclamaría en 1965 el Concilio Vaticano II. Texto en Carlos Alvear Acevedo, Episodios de la Revolución mexicana, México, Jus, 1988, p. 330s).

4.– **Soy testigo ante Dios y Jesucristo, que ha de juzgar a los vivos y a los muertos por su venida y su reino; predica la palabra, insiste oportuna e importunamente; discute, suplica, increpa con toda paciencia y saber. Porque vendrá un tiempo en que no aguantarán la doctrina sana, sino que a su gusto reunirán maestros que les cosquilleen los oídos y apartarán su atención de la verdad y se volverán a las fábulas. Pero tú vigila en todo, trabaja, haz la obra del evangelista, llena tu ministerio y sé sobrio. Porque yo me marcho ya y apremia el tiempo de mi despedida. He combatido un buen combate, he terminado la carrera, he guardado la lealtad. Me espera una justa corona que me devolverá Dios, juez justo, en aquel día.**

(Carta II de San Pablo a Timoteo, 4 1-8)

EL RETORNO DE LAS HEREJÍAS

En este libro se va a mostrar que las grandes herejías de la historia cristiana son recurrentes; retornan una y otra vez para provocar nuevos desgarramientos o arrancamientos, que eso significa etimológicamente el término *herejía.* Una de las más importantes, que muy pronto vamos a examinar, es la Gnosis, el asalto del paganismo al cristianismo que ya se presentó en los tiempos apostólicos y ha reaparecido con insistencia en varios momentos cruciales de la historia cristiana, muy especialmente en nuestros días. Algo semejante ha ocurrido con el pelagianismo y el protestantismo, que ha rebrotado vigorosamente en el siglo XX con el modernismo y la teología de la liberación. Pero ahora deseo presentar dos casos extremos e insólitos.

5.– Arrio, presbítero de Alejandría, fue, en la primera mitad del siglo IV, cuando la Iglesia conquistaba al Imperio romano, el primer heresiarca de la antigüedad. Su doctrina consistía en considerar a Cristo como un hombre excelso, próximo a Dios, elegido y enviado de Dios, pero sin reconocerle la divinidad; la naturaleza de Cristo era solamente humana. La mayoría de los obispos y hasta el poder imperial y los nuevos pueblos del Norte cayeron en sus redes. El movimiento profundo del pueblo, guiado por algunos pastores heroicos –Atanasio, Osio de Córdoba– se alzó contra el arrianismo, que anegó durante siglos a toda la Iglesia pese a que doctrinalmente cayó herido de muerte en el Concilio de Nicea, el año 325, donde se proclamó el Credo que hoy repetimos como símbolo de la fe.

Pues bien, en nuestros días ha resurgido el arrianismo en la doctrina de un jesuita, el norteamericano padre Roger Haight, en su resonante artículo *The Case for Spirit Christology publicado en Theological Studies* 53(1992) 257-87:

Cuando penetramos en el sujeto personal interior de Jesús encontramos solamente una personalidad humana y creada, aunque agraciada supremamente y potenciada por el Espíritu. Haight niega que Jesús sea una persona divina: «La conciencia histórica –dice– me impide afirmar que Jesús, siendo un ser humano, se refiere a una naturaleza humana integral pero abstracta que tiene como su principio de existencia no una existencia humana sino una persona o hipóstasis divina».

(John H. Wright, S.J. *Roger Haight's spirit Christology,* en la misma publica ción, 53(1992)720.

En este libro vamos a describir bastantes originalidades de la Compañía de Jesús durante la segunda mitad del siglo XX, después de los altísimos servicios ofrecidos por ella a la Iglesia desde San Ignacio hasta nuestros días. Pero que un miembro distinguido de la Compañía de Jesús niegue abierta y públicamente la divinidad de Jesús y el padre General de la Orden que fue ignaciana se quede, que sepamos, tan fresco, es una hazaña arriana que merece insertarse en este Pórtico. Menos mal que ha sido otro jesuita y gran teólogo quien, como acabamos de comprobar, ha realizado en el mismo medio la denuncia y la refutación.

6.– La cita que sigue no se refiere a una herejía sino a una perversión, relacionada también con los jesuitas y denunciada por uno de ellos. **En tiempos más felices un Papa reinante podía siempre confiar en que cuando se enfrentara a un combate público los jesuitas se alinearían tras él, con su maestría en la lucha intelectual, su rigor académico y su famoso cuarto voto de lealtad hacia el Pontífice. Cuando la XXXIV Congregación General de la Compañía de Jesús se reunió en Roma al comienzo de este año, los líderes de los jesuitas demostraron que no habían perdido su apetito por la controversia. Pero el cuarto voto se había hundido en el desuso. En estos días, si un Papa observa cómo los**

jesuitas se revuelven tras él, deberá preocuparse porque la intención de ellos puede ser subversiva...

El Papa Juan Pablo II ha expresado su confianza en que, tras años de confusión, la Compañía de Jesús tomará de nuevo la dirección correcta....Pero cualquiera que sea la razón de esta confianza, esperemos que al tratar con los jesuitas el Santo Padre no olvide nunca vigilar su espalda.

(«Glaucon» –que según revelaban algunos jesuitas de Estados Unidos al autor en junio de 1995 es el seudónimo del ignaciano y valeroso disidente padre Fessio, S.J.– en el tremendo artículo *Del cuarto voto a la cuarta columna,* publicado en *The Catholic world Report,* junio 1995 p. 64.)

7.– Uno de los problemas históricos y religiosos con los que va a enfrentarse este libro es la mal llamada teología de la liberación. Esta herejía de la segunda mitad del siglo XX, surgida de fuentes protestantes y marxistas, respaldada y extendida con la esencial colaboración de un sector dominante de los jesuitas, entró en un desconcierto absoluto al derrumbarse el Muro de Berlín pero se repuso inmediatamente. Sus portavoces, en gran parte agrupados en la Confederación Latinoamericana de Religiosos (CLAR) muy enfrentados con los tres últimos Papas, han reforzado la cruzada anticapitalista (y maniquea) del movimiento y le han impregnado con crecientes dosis de indigenismo. Recientemente se ha revelado que esa impregnación ha caído en una auténtica comunión con el paganismo; no en sentido gnóstico sino en la más grosera acepción precolombina.

La CLAR clausuró una de sus jornadas –la dedicada a analizar la situación de los indígenas– con la lectura conjunta de un salmo dedicado a los dioses incas Pachacamac y Wiracocha, con los que se dicen «en comunión» y a los que piden fuerza «para salir y vencer al sistema capitalista, la economía de mercado, la modernización, la militarización, todos los poderes de la muerte. La Asamblea General de la CLAR, reunida en Sao Paulo en junio del año pasado, según se ha sabido ahora, concluyó una de sus jornadas de trabajo con la lectura conjunta de un salmo dedicado a esos dioses, cuyo autor es el ecuatoriano Delfín Tenesaca...»Pachacamac, Wiracocha, estamos en comunión contigo, te encontramos en todas partes, quién no ha visto tantas maravillas que has obrado» empieza diciendo el texto. Más adelante se alude al tiempo transcurrido desde la llegada de los españoles, calificándole de «quinientos años de dolor»... El salmo pone al mismo nivel a Moisés y a Tupac Amaru, entre otros».

(ABC 15.2.95 p. 74)

Es decir que la teología de la liberación ha degenerado en el más detonante teatro del absurdo. En lengua española, y bajo la confesión católica –dos contribuciones esenciales de los conquistadores de América– estos orates de la CLAR invocan a dioses paganos, sanguinarios (recibían sacrificios humanos en caso de guerras y catástrofes) como divinidades del Imperio del Sol, una dictadura totalitaria absoluta, completamente militarizada, que había afianzado, poco antes de la llegada de Francisco Pizarro, su conquista sangrienta y vastísima del Incario. Lo expuse con todo detalle en mi *Historia de América* (Epoca 1992, tomo I p. 331s) un libro que se ha difundido también por América, aunque seguramente habrá caído bajo la condena de los enemigos del capitalismo, la modernización y la cultura occidental.

Esto ya no es herejía ni retropaganismo sino enconamiento antihistórico, demagogia caníbal y pura paranoia.

LOS PROFETAS POSMODERNOS

Durante los años setenta estuvo muy de moda entre la clerigalla antifranquista y «progresista» (un termino definitivamente devaluado desde que Santiago Carrillo el líder comunista español, se lo aplicó a sí mismo y a Sadam Hussein del Irak) la expresión «denuncia profética» para encubrir una militancia clerical-marxista en España y América. Sigue también de moda el término «posmodernidad» que nadie ha definido nunca porque no significa nada. Sin embargo, al ser éste un libro de Historia, me parece conveniente aducir dos ejemplos de profecías posmodernas y progresistas, que resultarán muy útiles para que el lector evalúe la credibilidad y capacidad de prospectiva de los portavoces de determinada línea cultural.

8.– El diario español *El País* fue altavoz estentóreo de la teología de la liberación y es abanderado de la Modernidad y la Secularización, ideales semivacíos que coinciden con los de la Masonería, la Ilustración anacrónica y la corrupta Internacional Socialista. Tengo una antología de sus denuncias proféticas con las que alguna vez compondré un ensayo hilarante. Traigo aquí a colación una de las más sintomáticas, tomada de su editorial pedante (el adjetivo es una redundancia) del 28 de diciembre de 1986, p. 8, bajo el título *El final de un espejismo:*

Reagan se desmorona. Con la óptica de hoy parece imposible que continúe dos años presidiendo Estados Unidos con un equipo acosado, desprestigiado. La política global ha cambiado y el protagonista de la tragedia anterior no tiene capacidad para la nueva comedia. De otra forma no se explica que en tres meses el héroe rámbico haya podido convertirse en lo mas parecido a un fantoche. El calvario comenzó en octubre con la conferencia de Reikjavik...

La URSS no es la misma con Gorbachov, que está adelantando velozmente.

El editorialista clarividente suele obsequiarnos con productos plúmbeos e interminables, famosos por su retorcimiento y por su capacidad de ridículo a medio plazo. Renuncio por tanto a transcribir el resto. Todo el mundo sabe dónde fue a parar la profecía. En la reunión de Islandia no empezó el calvario de Reagan sino el de Gorbachov. Reagan tenía ganada la partida mucho antes, cuando todo lo que pudo oponer la URSS a la Iniciativa de Defensa Estratégica, que demostró al Estado Mayor soviético la supremacía total de los Estados Unidos en electrónica e informática, fue la estúpida campaña de «la guerra de las galaxias» en la que entraron todos los terminales rojos de la comunicación y muchos compañeros de viaje más o menos involuntarios. Reagan terminó felizmente su mandato, dio paso a una nueva situación republicana y ahora preside desde la Historia viva el nuevo triunfo de sus ideales con la mayoría absoluta en el Congreso y el pobre Bill Clinton, ídolo de *El País* y su cadena internacional de la comunicación, convertido en eso que *El País* llamaba a Reagan. El que terminó mal, el protagonista del espejismo, fue precisamente el rápido Gorbachov que vio caer al Muro empujado al alimón por Reagan y el Papa; vino a Madrid, cenó al lado de don Leopoldo Calvo-Sotelo y acabó como todo el mundo sabe, dando conferencias cada vez más baratas.

9.– La caída del Muro, que sepultó a la primera fase de la teología marxista de la liberación, afectó con resonancias cómicas, no cósmicas, a otras muchas profecías «progresistas». He recordado en mi libro anterior, *No nos robarán la Historia* las que había proferido el historiador español Javier Tusell, que ha terminado como colaborador de *El País,* naturalmente, en su libro descomunal *La URSS y la perestroika desde España,* editado poco antes de la catástrofe soviética por una entidad tan seria como el Instituto de Estudios Económicos. En ese libro se pronosticaba la permanencia del Muro, la eterna fidelidad de los alemanes orientales a la URSS, la pervivencia de la invasión soviética en Afganistán y otras muchas maravillas, sin que la crisis agónica del marxismo, que ya estaba a punto de reventar, figurase entre ellas. No voy a repetir lo que ya expuse en el citado libro. Sólo aduzco unas citas del autor fechadas en el epílogo, octubre de 1988, cuando no terminaba de adivinar que algo gordísimo se estaba cociendo tras el ya maltrecho telón de acero y nos informaba de esta guisa sobre el inmediato porvenir:

La URSS obviamente tiene un grave problema en Afganistán pero por el momento no ha experimentado en ese país ni una derrota ni un retroceso decisivo. (p.342)... Todavía en el terreno internacional, la situación es mejor para los intereses soviéticos en Centroamérica. Quizás por la influencia de Castro en ese escenario no hay ni tan siquiera la apariencia de un retroceso...el resultado, de momento, tiende a ser la consolidación del sandinismo como dictadura (p. 344)... El desequilibrio en Europa se mantiene a favor de la URSS y sus aliados, que han mejorado además su arsenal estratégico mediante la ampliación de su número de misiles móviles; cada mes, la Unión Soviética , pese a todos sus problemas económicos, sigue armando una división. De ahí el poco sentido que tiene el entusiasmo poco meditado por la inminencia de una supuesta solución de todos los contenciosos mundiales y el logro de la paz universal. (p. 345).

Estaba en las librerías de 1989 como novedad penetrante el profético libro de Tusell cuando cayó el Muro y ya no estaba, naturalmente, cuando a poco se hundió el comunismo, desaparecieron Gorbachov y la URSS, después de tascar la humillante derrota en Afganistán; el «arsenal estratégico» se repartía entre los diversos fragmentos de la llamada (no sé si todavía) Confederación de Estados Independientes, barría doña Violeta Chamorro a los sandinistas en las primeras elecciones libres de Nicaragua, volvían a imponerse democráticamente los antimarxistas en El Salvador, Rusia intentaba sobrevivir en el Nuevo Orden Mundial y al entregar Tusell su malhadado manuscrito a la imprenta terminaban la redacción de los suyos los señores Brzezinski, Keenan (bis) y Francis Fukuyama. Decididamente Tusell y el diario posmoderno de Madrid estaban condenados a la más estrecha colaboración.

Los sueños hechos realidad. Hoy mismo me llegan dos noticias calientes; Humberto Ortega abandona la jefatura del ejército nicaragüense; y la conjunción de don Leopoldo Calvo Sotelo y don Javier Tusell en la Fundación Ortega y Gasset ha desembocado, como estaba previsto, en el desahucio de la Fundación Ortega y Gasset, que después de tres sentencias contrarias debe abandonar el inmueble de su sede. Que el señor Polanco, tras su reciente fichaje de Tusell para sus multimedios, ponga las suyas a remojar.

HISTORIAS DE PASTORES, LOBOS Y REBAÑOS

Para los cristianos de hoy mantener viva y eficaz esa fe que hemos recibido «en vasos frágiles» como decía San Pablo, es problema muy difícil, aunque tal vez menos difícil que en otros tiempos oscuros porque en toda la historia de la Iglesia, después de los tres primeros siglos, no hemos gozado de una sucesión de Papas tan eminentes como los del siglo XX, desde León XIII a Juan Pablo II. Habrán tenido, por supuesto sus equivocaciones y sus insuficiencias; pero hay ya entre ellos un santo canonizado (San Pío X) y otros canonizables. Como historiador creo también que el conjunto de los obispos del mundo es en nuestro siglo no solamente el mayor sino seguramente el mejor de cuantos han regido las iglesias locales desde el hundimiento general del Episcopado frente al terrible choque herético del siglo IV, cuando la Iglesia fue salvada, según vimos, por la conjunción de un puñado fantástico de grandes pastores y la intuición de la fe popular. La diferencia esencial entre la confesión católica y las protestantes es que los católicos contamos, del Papa para abajo, con una estructura de Magisterio capaz de preservarnos las fuentes de la fe junto a la memoria viva de Cristo y los apóstoles. Yo doy gracias a Dios de no haber vivido en épocas como el estallido del arrianismo en el siglo IV, la Iglesia de Hierro en el siglo X, cuando la superfurcia Marozia, «Domina Senatrix» de Roma, llegó a ser la amante de un Papa, la madre de otro y la abuela de otro. No sé cómo hubiera reaccionado ante la predicación simoníaca de las indulgencias en el siglo XVI, ni ante la proliferación del episcopado jansenista y masónico en el XVIII, ni ante las aberraciones anticulturales de la Iglesia en el XIX. Gracias a Dios nuestro tiempo es el de León XIII y Pío X y Benedicto XV y Pío XI y Pío XII y , por qué no, Juan XXIII y Pablo VI y los dos Juan Pablos. Voy a lamentar dolorosa y acerbamente algunos aspectos de algunos de ellos; pero incluso ellos forman parte del admirable conjunto, auténticamente pontifical, de nuestro siglo.

Algo parecido cabría decir sobre los cardenales y obispos. He conocido personalmente, más o menos de cerca, a unos doscientos en todo el mundo y de ninguno de ellos, ni de otros que yo sepa, puede decirse con verdad que es un sinvergüenza, como consta de un famoso cardenal secretario de Estado en el siglo anterior (Antonelli) y de innumerables prelados corruptos, simoníacos o indignos en la Edad Media, en el Renacimiento y en el siglo XVIII. El plano episcopal, sin embargo, no lo veo tan iluminado, ni mucho menos, como el pontificio. Y no digamos el plano de los religiosos, que como acabamos de ver en los adictos a Wiracocha, presenta en nuestro tiempo síntomas cerriles de relajación, más en los varones que entre las monjas; y entre los sacerdotes seculares, entre quienes el porcentaje de indignos y corruptos, aunque sólo pueda sospecharse por lejanas aproximaciones, es terriblemente alarmante, aunque no llegue al de otras épocas mucho más negras y se redima con testimonios colectivos de martirio como el de España, el de México, el de China y tantos otros.

Esto no significa que para un cristiano de filas, como es el autor de este libro, mantener su fe durante los dos últimos tercios del siglo XX haya sido cosa de niños, ni mucho menos. Voy a exponer en este Pórtico, y en el libro, algunos casos, con tanto respeto como sinceridad.

10.– Los obispos de España dieron entre 1936 y 1939 altísimo testimonio de su fe al entregar su vida por ella en trece casos, lo mismo que ocho mil de sus sacerdotes y religiosos. Para mi ese holocausto es uno de los cimientos vivos de mi fe. He conocido luego, como dije, a muchos obispos de España, y de casi todos ellos guardo un recuerdo ejemplar. Todos los obispos de España menos tres (y éstos por causas humanamente explicables, no por deserción) firmaron el 1 de julio de 1937 una importantísima Carta Colectiva en que la Iglesia española, seguida inmediatamente por la Iglesia universal (con excepciones muy aisladas y sospechosas) tomó partido a favor de quienes la habían salvado de la aniquilación y contra los promotores de esa aniquilación.

Entonces ¿por qué desde esa Carta los obispos de España no se han pronunciado jamás sobre el marxismo ni sobre el comunismo?. No recuerdo ni siquiera excepciones individuales; pero un día de 1986 un nutrido grupo de obispos colombianos me hizo en el palacio arzobispal de Bogotá esa misma pregunta, a la que responderé en este libro y el siguiente. Más aún, ¿por qué la Conferencia episcopal española es la única del mundo que no se ha pronunciado desde 1937 sobre el marxismo, cuando el marxismo ha sido en España, desde los años sesenta, un peligro mortal para el clero, los religiosos y el pueblo de España?. La respuesta vendrá por el mismo camino de la anterior: la politización absurda de la Iglesia española (impulsada, desde luego, por el Vaticano de Pablo VI) desvió a los pastores de España de esa obligación orientadora y primordial.

11.– Los demás episcopados de Europa y el resto del mundo no han caído en tan lamentable abstención pero las más altas jerarquías de la Iglesia de Francia se sintieron obligadas, hace pocos años, a comunicar una dramática confesión, cuando acababa de caer el Muro, todo hay que decirlo.

Monseñor Albert Decourtray, presidente de la Conferencia Episcopal francesa y monseñor Lustiguer, arzobispo de París, han considerado oportuno abrir el debate nacional y continental sobre las relaciones de algunos miembros de la Iglesia católica con el marxismo, estimando que algunos obispos han jugado un papel cómplice y preguntándose en qué medida todo Occidente ha apoyado una cierta connivencia con esa ideología... «Todo Occidente –dice el hoy cardenal Lustiguer– ha sido cómplice del marxismo. (Monseñor Decourtray había reconocido que algunos obispos de Francia hablaron muy claro sobre ese problema, lo que no siempre fue del gusto de todo el mundo). No sólo algunos obispos franceses sostuvieron una connivencia evidente con el marxismo. Muchos medios intelectuales occidentales sostuvieron la misma connivencia. Recordemos, ahora que nos sorprendemos con los errores del totalitarismo, que nosotros también hemos sido cómplices, desde antes de la guerra, defendiendo una formidable mentira, comparando el ideal de la generosidad con lo que no es más que una forma de totalitaris-

mo». El arzobispo de París señalaba expresamente la desviación de los obispos que fueron compañeros de viaje de la «Action Catholique Ouvrière»entre 1965 y 1975.

(ABC 7.1.1990 p. 57).

Naturalmente luego vinieron protestas, puntualizaciones y desmentidos. Pero en este libro seguiré siempre la norma metodológica de atenerme a la primera declaración comprobada de un personaje eclesiástico, sin atender a las correcciones de estilo que suelen aparecer después para templar gaitas.

12.– Discutiremos en este libro varias actuaciones episcopales, no faltaba más. Pero en este Pórtico quisiera apuntar algunas de un obispo español muy importante y significativo, monseñor Fernando Sebastián Aguilar, distinguido teólogo claretiano y la cita se debe a una razón: el actual vicepresidente de la Conferencia episcopal y discutido arzobispo de Pamplona (hombre ejemplar en su comportamiento privado) es un paradigma de prelado político en una Iglesia de España donde la politización ha sido, desde el Concilio, algo parecido a un cáncer.

Monseñor Sebastián, de quien daremos más detalles en el libro, orientó catastróficamente al diario de los obispos, el «Ya» de Madrid, hasta hundirlo en el oportunismo y la hipocresía; echaba de los medios de comunicación de la Iglesia a periodistas católicos (Alejo García, Carlos Dávila, Ramón Pi y el autor de este libro) mientras mantenía a otros que defendían el aborto, y encima por inicuas presiones de Alfonso Guerra; incurrió en el disparate de hacer campaña contra el cardenal Suquía en la misma mañana de su elección como presidente de la Conferencia episcopal, y a través de la Radio Nacional socialista; afirmó a mediados de octubre de 1986 en la COPE, red de emisoras de la Iglesia, algo que anoté con estas palabras: «En esta legislatura socialista se han hecho muchas cosas. Nos quedan algunos temas pendientes: enseñanza, aborto, divorcio...». Algunos temas pendientes.

En su libro *Nueva evangelización* (Madrid, ediciones Encuentro, 1991) perdona la vida a los católicos tradicionales (aunque se le olvida añadir que no se puede ser católico sin ser tradicional, ya que la tradición es fuente de fe) en la p. 43; anuncia que la Iglesia española tendrá que articular dos tipos de pastoral, la tradicional y la nueva; pero cuando trata de definir lo que es la nueva evangelización, problema al que teóricamente se refiere todo el libro, resulta que no sabe decirnos una palabra:

No es posible hacer un programa preciso y concreto de lo que tiene que ser y cómo tiene que desarrollarse esta nueva evangelización. Tenemos que reconocer que no sabemos muy bien cómo ha de llevarse a cabo una tarea de evangelización intensiva en un país descristianizado. (p.57).

Pues si el señor arzobispo vicepresidente no sabe cómo organizar la nueva evangelización, ¿por qué escribe un libro sobre ella?.

Monseñor Sebastián, me parece, ha intentado una carrera política más que pastoral en la Iglesia española. Pasaba por notorio enemigo del Opus Dei y mucho más próximo al vacilante Pablo VI que al clarísimo Juan Pablo II pero al ver que pintaban bastos se ha convertido a la nueva orientación vaticana. Hasta la próxima.

El segundo general de los jesuitas y lumbrera de Trento, Diego Laínez, decía a veces *Timeo plebem, etiam episcoporum.* (Temo a la chusma aunque sea de obispos). Como cristiano de filas yo temo mucho más en el siglo XX a la vocación política individual de algunos obispos, como monseñor Sebastián o su original amigo el obispo poeta del Brasil, monseñor Casaldáliga.

LAS DIVISIONES DEL PAPA: EL OBJETIVO MÉXICO

El antiguo seminarista ortodoxo de Georgia y máximo criminal de la Historia, José Stalin, asombró a sus altos interlocutores en la Conferencia de Yalta, que le hablaban de la influencia moral del Papa en la postguerra que allí se cocinaba, con una pregunta famosa: ¿Y cuántas divisiones tiene el Papa?. La verdad que los últimos batallones del Papa fueron denotados en la batalla de Castelfidardo poco antes de que sus vencedores italianos aplastaran a la Guardia Suiza en la Porta Pía en 1870. Pero Stalin no podía ni imaginar que cuarenta y cuatro años después de su pregunta las divisiones del Papa actuarían como ariete para derribar el Muro de Berlín y destruir al Imperio de Stalin. Esto significa que en nuestro libro tendremos que atender a las relaciones entre la Iglesia y la estrategia.

13.– Como veremos, Fidel Castro, alfil de la estrategia marxista para América y Africa (marxista-leninista, es decir chinosoviética) había definido en 1972 como pieza clave para esa estrategia «la alianza de cristianos y marxistas». En 1986 mantenía la misma propuesta al declarar ante tres teólogos de la liberación –los brasileños Leonardo Boff y fray Betto, el obispo hispano-brasileño Pedro Casaldáliga– lo siguiente:

La teología de ustedes ayuda a la transformación de América Latina más que millones de libros sobre marxismo.

(Pedro Casaldáliga CMF *Nicaragua, combate y profecía* Madrid, Ayuso, 1986, p. 134).

14.– En ese mismo año 1986 el presidente Ronald Reagan, aliado del Papa contra el Imperio del Mal, (la expresión de Reagan que más molestó al frente prosoviético) demostró ser mucho mejor profeta que los citados posmodernos al fijar el 17 de marzo de ese año ante toda la nación el objetivo México como supremo para la estrategia marxista-leninista en el Caribe:

Debo hablaros esta noche acerca del peligro creciente en la América Central que amenaza la seguridad de los Estados Unidos. Este peligro no desaparece: empeorará y empeorará mucho más si no actuamos ahora.

Hablo de Nicaragua, aliado soviético en el continente americano, a sólo dos horas de vuelo de nuestras fronteras. Con más de mil millones de dólares de ayuda del bloque soviético, el gobierno comunista de Nicaragua ha lanzado una campaña destinada a subvertir y derrocar a sus vecinos democráticos.

Los soviéticos y los cubanos, utilizando Nicaragua como base, se han convertido en la potencia dominante en este corredor vital entre la América del Norte y la América del Sur. Afincados allí están en situación de amenazar al canal de Panamá, ejercer interdicción en nuestras vías marítimas vitales del Caribe y últimamente actuar contra México. Si ocurriera esto, los pueblos latinos desesperados por millones huirían hacia el Norte, a las ciudades de la

región meridional de Estados Unidos o a donde quedara alguna esperanza de libertad.

Hay un viejo lema comunista que los sandinistas han dejado claro que persiguen: el camino a la victoria pasa a través de México.

Continúa Reagan su revelación de la estrategia cubano-soviética en el Caribe; de Nicaragua a El Salvador –donde la gran ofensiva clerical-roja estalló en 1989– y de allí a México, donde la teología de la liberación con sus aliados izquierdistas y terroristas han organizado la desesperada pero peligrosísima rebelión de Chiapas.

En su momento reproduciremos, por su trascendencia, el discurso íntegro y profético de Reagan en 1986. Ahora nos limitamos a recordar su señalamiento del objetivo México, que fue considerado entonces por la izquierda progresista española como un invento del «fantoche rámbico» hasta que ahora mismo el ministro de Asuntos Exteriores, Javier Solana «reconoce la presencia de grupos etarras en México» según ABC del 22.2.95, p. 25.

(Discurso de Reagan en ABC, 21.3.1986 p. 34).

MASONERÍA E INTERNACIONAL SOCIALISTA

15.– La revista católica internacional *30 Giorni* insiste lúcidamente, desde hace varios años, en la lucha dramática que se desarrolla silenciosamente en la Europa oriental liberada del imperio soviético (incluida la propia Rusia) entre el espíritu cristiano que impulsa al Papa Juan Pablo II y el espíritu masónico. En este libro hemos de prestar suma atención a la Masonería por su influencia en Europa y América, que muchas veces ha sido determinante desde el siglo XVIII e incluso ha conseguido a veces infiltrarse en medios de la Iglesia Católica.

La Masonería fue, desde su reconversión a comienzos del siglo XVIII, enemiga mortal de la Iglesia Católica, que la ha condenado reiteradamente. Ahora la situación es bastante confusa, pero se aclara si establecemos, como creo haber hecho en mi libro de 1994 *El triple secreto de la Masonería* (Ed. Fénix) que la Masonería es una forma moderna de la Gnosis, es decir, un rebrote del paganismo en nuestro tiempo. Y precisamente en su esencia secularizadora coincide, y en ocasiones se identifica, con otra gran línea de fuerza actual, la Internacional Socialista, el marxismo relativamente descafeinado que proviene del mismo Marx y fue reactivado dentro de la estrategia antisoviética por los Estados Unidos y sus aliados los socialistas alemanes en 1951, sobre la base doctrinal de la Escuela de Frankfurt, como estudiaremos detenidamente en este libro.

La conjunción de Masonería e Internacional Socialista queda demostrada, por ejemplo, en el testimonio de una alta personalidad francesa que pertenece a las dos instituciones, el ex-Gran Maestre y líder socialista Jacques Mitterrand, primo del nefasto ex-presidente de Francia. La gran revista de centro-derecha *Le Point* señaló esa identificación en su número del 9 de diciembre de 1985 pero J. Mitterrand se había adelantado en su libro *La politique des Francmaçons,* publicado en París por Roblot en 1983 y pronto misteriosamente retirado de las librerías.

En su p. 24 dice: **La francmasonería se despega a la vez del cristianismo, del que se quiere alejar y del marxismo, al que sin embargo se acerca.** Jacques Mitterrand ataca al Concilio Vaticano II con la misma implacable ferocidad con que atacaron sus predecesores, los masones de la izquierda europea del siglo XIX, al Concilio Vaticano I.

El objetivo de la secularización total, que ideólogos socialistas como Ignacio Sotelo señalan, con razón, como suprema cifra de la Ilustración y la Modernidad, es una de las constantes ideológicas del diario *El País,* que en cierto sentido actúa cómo órgano español de la Masonería y la Internacional Socialista. Podría aducir aquí docenas de ejemplos pero baste con citar uno muy explícito: el editorial fundido en el plomo de siempre, *Transición religiosa* publicado el 9 de mayo de 1994 p. 14.

Por otra parte ya he subrayado en el número 3 de este Pórtico la identidad –a confesión de parte– entre la Masonería del siglo XX y el Partido Revolucionario Institucional de México (que todavía gobierna en aquella República, por más de setenta años) y que está adscrito como observador a la Internacional Socialista.

JESUITAS: LA «DESINTEGRACIÓN DEL EJÉRCITO»

Esta frase no es una descripción de la extrema derecha contra la orientación anti-ignaciana de la Compañía de Jesús, que incubada desde dos décadas antes reventó a partir de la elección del lamentable padre General Pedro Arrupe en 1965. Esa frase es un desahogo del Papa Pablo VI ante tres obispos españoles, como demostraré oportunamente con un testimonio escrito y seguro. Mi libro de 1986 *Jesuitas, Iglesia y marxismo* fue una denuncia documentada que alcanzó notable resonancia en España, en Roma, en Europa y en América (Barcelona, ed. Plaza y Janés) y que, completamente agotado desde hace muchos años, refundo y amplío en el presente libro con mucha mayor documentación y perspectiva, aunque con todas sus tesis reconfirmadas. Un sector de los jesuitas, con la tolerancia e incluso el impulso de los Superiores, han contribuido de forma decisiva a la fundamentación teórica y la expansión revolucionaria de la teología de la liberación y en vez de actuar como «caballería ligera del Papa» según la frase y el espíritu de su fundador, se han convertido en acerba oposición a la Santa Sede, como los propios Papas, desde Pablo VI, se han hartado de denunciar.

Por denunciar y probar ese hecho capital en la historia de la Iglesia tuve que emprender a cuerpo limpio y sin más defensa que mi razón y mi soledad (ayudada por la comprensión de miles de personas, incluidos muchos jesuitas) una dura lucha contra el silencio y otras maniobras peores de mis adversarios, que sin embargo no se han atrevido a rebatir una sola de mis tesis. Con el presente libro comprobarán que su torpe táctica les ha salido al revés. Cuando presenté a Editorial Planeta el original del libro recién citado me lo rechazaron –lo tengo por escrito– salvo si accedía a suprimir el capítulo sobre la Compañía de Jesús. Naturalmente no accedí ante ese acto de guerra sucia, que no fue inspirado precisamente por esa editorial. En el presente libro el análisis histórico de la actuación de los jesuitas es un asunto vertebral, que contiene también factores positivos y del que adelanto los rasgos siguientes:

16.– **La misión de los jesuitas en el Tercer Mundo es crear el conflicto. Somos el único grupo poderoso del mundo que lo hace.**

(César Jerez, SJ. jesuita marxista y provincial de Centroamérica en años decisivos, 1876-1982, en una reunión de jesuitas celebrada en Boston, cfr. *New England Jesuit News,* abril de 1973).

17.– **Son los comunistas y no los jesuitas quienes están ganando la batalla al ateísmo.**

(Igor Bonchkovski en *Tiempos Nuevos,* n.40, Moscú 1975)

18.– **Así la planificación nacional de la Compañía de Jesús en los Estados Unidos debería, tras el ejemplo de China, convertirse en una planificación internacional. Hacia la convergencia de problemas en todas las zonas del mundo en torno a un tema único: la constitución, en diferentes tiempos y formas, de una sociedad mundial comunista.**

(Este texto inconcebible, auténtico programa marxista para la actuación mundial de la Compañía de Jesús, fue propuesto por un grupo de jesuitas holandeses –en colaboración internacional con otros jesuitas revolucionarios– y publicado para debate interno en la revista oficial de la Compañía de Jesús en los Estados Unidos, *National Jesuit News,* abril 1972.)

19.– **El marxismo proporciona una comprensión científica de los mecanismos de opresión en los niveles mundial, local y nacional; ofrece la visión de un nuevo mundo que debe ser construido como una sociedad socialista, primer paso hacia una sociedad sin clases, donde la fraternidad genuina pueda ser esperanzadamente posible y por la cual merece la pena sacrificarlo todo.**

(Declaración de la Asociación Teológica de la India, en la revista *Vidyajyoti,* de la Facultad teológica de los jesuitas en Delhi, abril 1986).

20.– La rebelión de los jesuitas ha afectado a casi todo el resto de las órdenes y congregaciones religiosas, por el prestigio y el influjo de la que se consideraba como primera orden de la Iglesia católica. Esa rebelión ha devastado a algunas congregaciones femeninas, que en muchos casos aún no se han caído de la burra, dicho sea con el máximo respeto. Por supuesto que la crisis de los religiosos no se ha debido sólo al influjo de la desintegración jesuítica; los fermentos de la degradación han surgido en cada agrupación por el contacto con lo que antes se llamaba «el mundo» y ahora es, según parece, un atractivo espejismo a seguir, sin que el papel de los otros dos enemigos tradicionales, el demonio y la carne, pueda despreciarse. Han sido especialmente notorias las rebeliones de franciscanos y carmelitas descalzos. Varios conventos carmelitanos, guiados por la Madre Maravillas, quisieron conservar el espíritu de Santa Teresa y recabaron de la Santa Sede unas Constituciones de estricta observancia, que sentaron como un tiro a los superiores de los Carmelitas varones, deseosos de seguir manteniendo bajo su tradicional férula a las monjas observantes. Los tales superiores reclamaron ante la Santa Sede con las siguientes cajas destempladas:

El capítulo sobre la clausura (en las nuevas Constituciones para las hijas de Santa Teresa, dictadas por la Santa Sede) **es impresentable teológica, religiosa y**

humanamente hablando. Lo presiden el miedo, la sospecha y unos condicionamientos del siglo XVI.

(Carta de los provinciales Carmelitas Descalzos de España y Portugal al cardenal Hamer, prefecto de la Sagrada Congregación de Religiosos, que les había enviado el proyecto, 10 de marzo de 1987, ABC del 25 de abril p. 73)

CHERCHEZ LA FEMME: EL REGRESO DE EVA

No deseo trivializar una historia de tal trascendencia, ni convertir estos capítulos sobre la lucha perenne entre la luz y las tinieblas en un libro picante construido sobre secretos de alcoba, ni siquiera con el insigne precedente del *Decameron* que puede ilustrar los capiteles para una columnata histórica sobre la Iglesia bajomedieval.

Pero las cosas son así y si el primer libro de la Biblia, nada menos, se abre con la emboscada que entre Eva, la primera mujer, y la serpiente le montaron al confiado Adán, tengo que dar cuenta, desde el Pórtico de este libro, de cómo han acabado varios personajes esenciales de la teología progresista y liberacionista a manos, o entre los brazos, de sorprendentes teólogas, escritoras, artistas o simples aficionadas, ya que no quiero incurrir en la descortesía de considerarlas como profesionales. Comprendo que estos adelantos y estos relatos, debidamente documentados, contribuirán a la amenidad de este libro pero nadie se ha atrevido a prohibir la amenidad como aliciente de la Historia. La galería de episodios es nutridísima; selecciono para el Pórtico los siguientes. Aquí reaparecen, y con vigor insospechado, los jesuitas; aunque no como tales sino simplemente como hombres. Y que conste que presento estos episodios con los inevitables rasgos de humor objetivo pero también con una comprensión humana que, créanselo o no mis lectores, es inmensa. La intención de este epígrafe consiste en mostrar que (como ha sucedido en casos más graves del mundo intelectual, desde Rousseau a Sartre) cabe sospechar sobre el magisterio de altos pensadores que luego en su vida privada caen en deslices menos solemnes que su magisterio. Ante esos deslices no ocultaré mi humana comprensión, pero contemplaré a esos grandes figurones con una punta de escepticismo.

21– La galería debe abrirse con un precursor del movimiento liberacionista que por fin ha decidido liberarse; dom Giovanni Franzoni, el famoso abad benedictino de San Pablo extramuros, sobre el que Juan Arias traza unos deliciosos apuntes biográficos en *El País* (17.7.1990 p. 26). El abad ofició, en los años sesenta y setenta, como adelantado de las comunidades de base y le teología de la liberación y formó en Roma un bullicioso trío contestatario con el profesor de la Universi dad Pontificia Salesiana Giulio Girardi y el profesor de la Pontificia Universidad Gregoriana y jesuita español José María Díez Alegría. (Este dato no lo facilita Arias quien sin embargo afirma, no sin razón, que en su época de más ruido, dom Franzoni «era el eclesiástico de más peso en Roma después del Papa»). Midió por hectáreas el conjunto de jardines de que disfrutaban los religiosos de Roma y propuso que se entregaran para recreo de los niños de las barriadas pobres más próximas. Declaró la libertad de conciencia católica ante el aborto, fue suspendido *a divinis* por la Santa Sede y publicó en 1976 su afiliación al partido comunista, con el que coqueteaban por entonces los otros dos miembros del trío. Estos fueron los comienzos.

Y este es el final: **Ahora de repente se ha sabido que el ex-abad acaba de contraer matrimonio con una japonesa atea en la embajada italiana de Tokio.**

«Ella no es creyente, ha explicado el ex-abad, y yo debo respetarla». Por lo que se refiere a la sexualidad, Franzoni ha comentado que en el convento se compensa con la solidaridad común y con la fraternidad, pero que en realidad «la sexualidad es un enriquecimiento total de la persona». Y continúa: «Yo me encuentro en un mundo nuevo, de atención, respetuoso, tolerante, comunicativo. Quiero explorar ese mundo con ímpetu juvenil, con la esperanza de no ser derrotado».

Ni que decir tiene que esperamos con impaciencia que la Comunidad de cristianos de base de San Pablo comunique oficialmente cuanto antes los resultados de la exploración.

22.– El padre Leonardo Boff OFM fue, en los años ochenta, el portavoz más deslumbrante de la teología de la liberación. Nos ocuparemos de él en estos libros como se merece. Una de las razones que me impulsó hace doce años a estudiar ese movimiento fueron los alardes de Boff, que se hizo con la gran editorial de los franciscanos en Brasil *Vozes,* publicaba libros de gran éxito entre la clerigalla y el monjío liberacionista, acudía a la llamada de la Santa Sede envuelto en el resplandor de la gran prensa «progresista» entre declaraciones de que iba a enfrentarse con la Inquisición (fue durante meses y meses el héroe «religioso» de *El País*) y desafiaba todos los requerimientos de Roma para que renunciara a tan espectaculares expansiones de cristianismo marxista; porque el franciscano brasileño era una de las grandes pruebas vivientes de que la teología de la liberación no se concibe sin el marxismo.

Las sociedades socialistas –decía emocionado a su regreso de un viaje a Moscú, dos años antes de la caída del Muro y con una capacidad analítica envidiable– **son muy éticas, limpias física y moralmente.** «(ABC 16.8.1987 p. 45). Pero al fin las presiones de la Santa Sede privaron al teólogo rebelde y locuaz de su cátedra, de sus altavoces institucionales y del apoyo que encontraba en medios «progresistas» de su propia orden. Cayó el ídolo, pero con una caída espectacular en varios tiempos. En abril de 1991, recién expulsado de sus plataformas religiosas, Boff dirigió una carta a su superior general en la que ponía verde a su gran enemigo, el cardenal Ratzinger. He aquí alguna de sus perlas:

Han conseguido matarme la esperanza, lo que es peor que perder la fe. Yo desisto. El Gobierno general y el Santo Oficio ha vencido...Por lo que a mí respecta esperaba un poco más de respeto y consideración a mis canas y hacia mis 22 años de ministerio teológico. Debo ser humilde porque es una virtud. Pero no acepto la humillación porque es pecado... Roma es un Moloch que pide sacrificios. Crea siempre más víctimas de la violencia simbólica prácticamente en cada país. El bien más escaso de la Iglesia es la verdad. Se tiene miedo a la verdad de las cosas... y se tiene miedo del Dios de la vida, de los

pobres, de los humillados y de los ofendidos que no aceptan la dominación de ningún tipo y que habían descubierto a la Iglesia como abogada y aliada de sus causas ..La intervención es un acto de violencia. Esta violencia corta la libertad y cuando se corta la libertad se sofoca en parte el Espíritu... Y si no hay Espíritu del Señor, ¿que tipo de Iglesia del Señor o del Espíritu puede haber, Iglesia símbolo, signo de unión, o Iglesia del diablo, símbolo de división?.

Así que la Iglesia que le condenaba era del diablo, nos dice uno de los teólogos que más han trabajado por la división de la Iglesia, por la tesis de las Dos Iglesias. Menos mal que se remite al tribunal de los siglos: **La última palabra no será de quien usa el poder para matar esperanza y sofocar el Espíritu, sino de la Historia».** (Crónica de Peru Egurbide en *El País,* 25 de septiembre de 1991, p. 21).

La caída sólo había empezado. Leonardo Boff nos ha ofrecido desde entonces actos y testimonios muy esclarecedores para ese juicio de la Historia que invoca. El 9 de agosto de 1992 nos brindaba una maravilla:

Boff quiere tener un hijo. El teólogo brasileño Leonardo Boff, que abandonó el sacerdocio hace dos meses, declaró que tiene vocación para la paternidad y desea tener un hijo, pero que no se propone casarse. En declaraciones a un programa de televisión, Boff explicó que salió de la Iglesia católica para llevar adelante su proyecto personal de vida y verse libre de las presiones del Vaticano, de la orden franciscana y del ala conservadora de la Iglesia brasileña. Boff, de 53 años, dijo que su verdadero nombre es Genesio Darci y que adoptó el de Leonardo cuando abrazó el sacerdocio. Abandonados los hábitos continuará llamándose Leonardo, pues su verdadero nombre no le gusta. «Voy a hacerme bautizar otra vez, pero será por los amigos, con mucha agua y arena, en alguna linda playa cerca de Río». (*El País* 9 de agosto de 1992). Poco después (ibid. 23 de agosto) Leonardo Boff desmentía la anterior noticia y culpaba a «la derecha» de difundirla. Ya he dicho que en este libro me atengo a las primeras declaraciones, no a los desmentidos tardíos; pero unas semanas antes del anuncio bautismal en la playa de Ipanema o alguna de sus vecinas, el cardenal secretario de Estado, Angelo Sodano, no recataba su indignación contra el detonante teólogo.

El secretario de Estado...equiparó ayer la renuncia al sacerdocio de Leonardo Boff...con la traición de Judas a Jesucristo. (*El País,* 30.6.1992 p. 21).

Nos habían hablado de que Leonardo Boff quería tener un hijo sin casarse y naturalmente sospechamos que tenía un hermoso lío pero desconocíamos el nombre y la condición de la agraciada. A fines de noviembre del año siguiente salimos de dudas. Boff se desmentía a sí mismo, declaró que pensaba casarse y reveló el nombre de su enamorada.

Leonardo Boff, exsacerdote y exfranciscano, polémico teólogo de la más radical teología de la liberación, lleva años manteniendo una relación sentimental con una mujer de cincuenta años, brasileña, teóloga, divorciada y madre de seis niños. La relación dura desde hace doce años, según ha reconocido el propio Boff al diario brasileño «A Folha de Sao Paulo». La compañera sentimental del ex sacerdote se llama Marcia Monteiro da Silva y se conocieron en la Universidad de Petrópolis, donde Boff ha impartido clases de teología desde hace más de veinte años. Boff ha afirmado también que va a

pedirle al Papa que acelere su proceso de reducción al estado laical, que ya está en curso, con el fin de regularizar su situación con la señora Monteiro. A la vez ha declarado que para él «estar enamorado ha sido todo un descubrimiento».

La noticia (ABC 28.11.93 p. 96) recuerda las veces que Boff había desmentido la existencia de una «relación sentimental». Y la identificación que hizo en la revista cubana «Bohemia» (marzo de 1992) de la Cuba de Castro con el Reino de Dios en la tierra.

Tres días antes de la noticia anterior Boff volvía a mostrarse inasequible al desaliento. Desde su nueva cátedra en la universidad provincial de Río de Janeiro el teólogo rebelde presentaba un libro nuevo, (muy poco difundido) para exponer una «teología verde», título muy apropiado dada su relación sentimental con la teóloga. Explicó su contenido ostentando una alianza de madera y se mostró muy seguro de que el hundimiento del marxismo no afectaba a la teología de la liberación. Profirió muchas tonterías más pero, privado ya de su morbo por su salida de la Iglesia me temo que no volverá muchas veces a ser noticia aunque sin duda lo intentará, por más que el cuidado de seis niños le mantendrá en adelante algo más ocupado. (cfr. *El País* 8.11.1993 p. 25).

Pese a que Boff ha abandonado pública y notoriamente a la Iglesia, en las librerías religiosas (por ejemplo la famosísima «Parroquial» de México) y en el Centro Javier de los jesuitas de esa misma ciudad se venden, con amplio despliegue, las obras antiguas y recientes del original ex-teólogo de la liberación, un verde en todos los sentidos, ecológicos y escabrosos, del término.

23.– Que conste que no sólo no critico sino que agradezco muy seriamente a los teólogos todos estos escarceos, que confieren, como puede comprender el lector, una amenidad irresistible a lo que sin ellos podría convertirse en un ladrillo de crítica histórico-religiosa. Además los dos casos anteriores parecen ya apuntar una hipótesis: algunos destacadísimos teólogos progresistas se enamoran de algunas teólogas, con lo que demuestran un ejemplar sentido del corporativismo. La hipótesis tal vez avance hasta convertirse en tesis con los dos casos siguientes.

El primero es el de Fede. Que un teólogo de indudable importancia –jesuita y decano de la Facultad de teología en la Universidad Pontificia Comillas que los jesuitas regentan en Madrid– sea conocido generalmente por «Fede» en los ambientes clericales de la capital ya me parece bastante sintomático. Me refiero al padre Federico Pastor, quien a mediados de agosto de 1988 desempeñaba sus funciones docentes en esa Universidad y en la UCA salvadoreña, donde participaba en un Centro de Reflexión Teológica, según la *Revista Latinoamericana de Teología* (editada por ese Centro) en la que publicó un artículo extenso (número 14, 1988, p. 145s) sobre la aportación desde San Pablo a la teología de la liberación. En la dirección de esa revista se reunía la flor y nata del liberacionismo: los padres Ellacuría, Sobrino, Cardenal, Boff, González Faus, Gustavo Gutiérrez, Segundo, Muñoz y el teólogo seglar E. Dussel.

Unos meses antes de la caída del Muro el padre Fede firmaba junto a otros sesenta y un teólogos españoles de extrema izquierda (nuestra flor y nata doméstica del ramo) un manifiesto en que criticaban al Vaticano por **actuaciones discriminatorias y autoritarias** en solidaridad con la llamada «Declaración de

Colonia» suscrita el 5 de enero anterior por alrededor de doscientos profesores de teología de países centroeuropeos. Parte de los firmantes españoles pertenecían a dos originales «colectivos»: la Asociación de Teólogos Laicos y el Grupo de Mujeres Teólogas de Madrid. Entre los firmantes figuraba en pleno el equipo teológico habitual y el documento fue transcrito por el portavoz habitual de tales encuentros, es decir «El País» (19.4.89 p. 32). Pero el ABC añadía a la noticia, más resumida, una nota picante, toda una perla. **(20.4.89 p. 66).**

Otra cosa se comentaba ayer en altas instancias de la Conferencia (episco pal): muchos de los firmantes, la gran mayoría, son absolutos desconocidos. De los demás, una buena parte se encuentra en estado de exclaustración –han sido sacerdotes, ahora se han secularizado– con lo que sus protestas se tiñen de un tono de agresividad. Más patente y doloroso es el caso de un jesuita que está en etapa de reducción al estado laical después de haber ocupado cargos importantes en su orden y que ahora firma un documento contra la Iglesia en unión de la señora con la que está viviendo.

Era Fede, unido sentimentalmente con una distinguida alumna (centroeuropea por más señas) que había escuchado con gran interés sus liberadoras lecciones de teología en la Universidad Comillas de Madrid.

24.– La tesis de la relación sentimental entre el teólogo y la teóloga alcanza su colmo de la espectacularidad y el morbo en un caso que nunca nos hubiéramos atrevido a sospechar: el caso Karl Rahner, Dios nos valga.

El jesuita Karl Rahner era considerado por muchas personas serias como el primer teólogo del siglo XX que, en contraste con los dos siglos anteriores ha enmarcado, como veremos, una nueva edad de oro de la teología. (En mi modestísima opinión el oro ha sido demasiadas veces oropel pero no es ésta la imagen común.)

Karl Rahner fue perito del Concilio designado por Juan XXIII, lumbrera del Concilio según sus adeptos después y antes de desplegar una formidable actividad en lecciones y publicaciones teológicas. Será uno de los principales personajes de este libro. Cuando los jesuitas españoles editaron recientemente la excelente síntesis histórica de su orden escrita por el padre Bangert le añadieron un final rojo-rosa y una portada fantástica en que el centro de tan espléndida historia no lo ocupaba san Ignacio de Loyola sino el padre Karl Rahner, que por cierto falleció en 1984, después de haber firmado (no sé si alguien le guió un poco la mano, dado su estado de salud) una protesta al Papa Juan Pablo II por su primera condena a la teología de la liberación. En todo caso el padre Rahner fue el profeta, maestro y guía del progresismo teológico universal. Ya hablaremos de él, con tanta decisión como modestia.

Por eso la sorpresa fue mayúscula cuando en pleno mes de julio de 1994 apareció en Alemania un libro que ostentaba en su portada la foto de Karl Rahner junto a la de la autora, Luise Rinser, una dama de ochenta y tres años , escritora famosa de temas políticos, ecologistas y también religiosos por lo que al menos *lato sensu* puede considerarse como teóloga, dada la reciente devaluación del término, con el que se calza más de un aficionado. Tengo sobre la mesa el libro, titulado *Gratwan derung* (algo así como *Vagabundeo por la cresta*) cuyo subtítulo es «Cartas de la amistad con Karl Rahner 1962-1984» es decir desde que el teólogo fue nombrado perito del Concilio Vaticano II hasta que murió. La partícipe de lo que las novelas francesas púdicas llamaban en los años treinta *amitié amoureuse* y los jesuitas progres de nuestro tiempo han tipificado con escasa originalidad como tercera vía (uno de ellos me lo describió en 1973 como «contacto íntimo con una mujer sin llegar al coito» a lo que yo, asombrado, repliqué que podría hablarse mejor de la teología del magreo; recuerdo que se lo conté, muerto de risa, al almirante Carrero y éste a Franco, cuyo asombro fue muy superior al mío porque conocían menos que yo a los personajes) ... recupero el hilo; la tal partícipe vive en una casita montaraz de Italia y ha pretendido hacerse con unos marcos al publicar esta correspondencia, porque Rahner es todo un mito del siglo XX en Alemania. Los jesuitas consintieron a regañadientes en la publicación de las cartas de ella (que realmente eran de Rahner) pero se cerraron en banda y consiguieron que no se publicaran las cartas del teólogo (que en realidad son de su amiga íntima). Lo más divertido es que esta prohibición la impusieron «en nombre de la libertad de expresión».

Hablaré en su momento del libro, esmaltado con preciosas fotos de la pareja. En las cartas de Luise se traslucen muchas cosas de Rahner. Quinientos teólogos americanos declararon en 1978 que Rahner ejercía una influencia en sus trabajos superior a la Martín Lutero o San Agustín. Muchas de sus cartas a la dama ecologista se escribieron precisamente durante el Concilio Según ella Rahner no mostró inconveniente en que ella publicase algún día las cartas de los dos. Entre las perlas afectivas que se pueden recoger en el citado libro selecciono las siguientes:

Estoy aterrada de que me ames con tanta pasión.

Pececito, no comas demasiado, porque si no no me gustarás más.

Desde el momento en que has conocido el amor lo mismo que el dolor te has hecho más grande.

La escritora añade sugestivos dibujos de pececitos y casitas a sus cartas, que se reproducen en la edición citada. Ella le llamaba «teólogo astronauta» y describe con cierto morbo su primer encuentro con él en El Oso Gris, un restaurante de Innsbruck, donde la recoleta plaza que se abre a la facultad teológica de los jesuitas lleva hoy el nombre de Karl Rahner. «Yo, jovencita, pensaba en lo que harías si apoyaba mi mano en la tuya. Pero naturalmente no lo hice».

El escándalo, que seguramente no fue ajeno a la promoción del libro, estaba servido y la prensa alemana, norteamericana y española («El País», naturalmente) entraron al trapo con todo entusiasmo. En espera de que las cartas amatorias de Luise sean solamente un aperitivo para las mil ochocientas «cartas de la tercera vía» (así las titularé yo si consigo los derechos para una edición española) que siguen inéditas por respeto a la libertad de expresión nos iluminen alguna vez sobre los aspectos humanos del teólogo que influye más que San Agustín (el cual la corrió de joven, que era hasta ahora lo ortodoxo) y que Lutero (que la corrió talludo, con una monja y al modesto ritmo de cuatro veces por semana) y que inspiró su línea progresista y de apertura al mundo al Concilio Vaticano II. Al mundo y otras cosas, como se ve.

25.– Por si éramos pocos (dígase, una vez más, con todo respeto) parió la abuela. Antes que Rahner ofició como profeta de la revolución teológica del siglo XX otro insigne jesuita, Pierre Teilhard de Chardin, eminente paleoantropólogo y filósofo de la evolución total, cuyas tesis me han parecido siempre poéticas más que heréticas, aunque desbarraba a conciencia cuando filosofaba sobre política;

cuando alguien criticaba ante él los excesos del comunismo en la Europa del Este decía que bueno pero acentuaba su mejor engolamiento francés para exclamar: «Pero ¿ah!, esas multitudes cósmicas», sin darse cuenta de que eran las series clónicas de Aldous Huxley. Al padre Teilhard le prohibieron la publicación de sus grandes libros hasta después de su muerte; consiguió con ellos un tremendo éxito póstumo y la rehabilitación de su pensamiento por la Iglesia, con lo que me siento muy conforme. Pero resulta que este mismo año se ha revelado, –tu quoque– su lío de tercera vía con la escultora norteamericana protestante Lucile Swan (*El País* 17.2.95 p.38).

Los jesuitas de Georgetown, universidad muy abierta, maestros de nuestro príncipe Felipe, han difundido sin trabas el epistolario de Teilhard y la escultora que duró veinticinco años. Según Teilhard «además de la vida conyugal y la religiosa subsiste una tercera vía correspondiente al desarrollo, entre hombre y mujer, de un lazo espiritual» sin implicaciones físicas. Ella conocía mejor la doctrina jesuita progre; porque Teilhard definía lo que siempre se ha llamado (mal) amor platónico, ya que el amor platónico, la Venus Urania, era realmente homosexual según Platón; pero ella se apuntaba a lo que acabo de definir como «teología del magreo» porque «el amor a Dios –decía– no entraña límites al amor físico entre un hombre y una mujer incluso en la sincera búsqueda de una espiritualidad creciente y sin que se establecieran líneas de demarcación a la fuerza unitiva del amor, sin actuar contra la naturaleza» (ibid.). Lo que se esfuerzan los espíritus retorcidos para racionalizar el clásico y comprensible lío.

VUELTA A LO ALTO Y ASTRACANADA FINAL

26.– Toda la bazofia de diversos calibres que he querido acumular en este Pórtico como aviso de lo que el lector va a encontrar en este libro no debe inclinarnos hacia una denuncia con matiz de parcialidad desesperada. Estas son cosas que ocurren en la Iglesia católica, junto a otras todavía peores por su mayor y más peligrosa perversidad. Pero estos apuntes no configuran la trama de toda la Iglesia, ni mucho menos. La santidad de la Iglesia que proclamamos en el Credo se trasfunde a las personas concretas, al Papa, a la mayoría de los cardenales y obispos de hoy, a muchos sacerdotes y religiosos, a innumerables cristianos de filas. Algún morboso nos habla estos días de la vida íntima del clero en general, como si mirara a través de miles de cerraduras para recrearse en ciertas guarradas. Los comportamientos aberrantes son excepción, aunque tal excepción parezca a veces muy nutrida y ha destruido a órdenes, congregaciones y comunidades católicas de forma devastadora. Para mí la historia de la Iglesia está formada, ante todo, por la continua comunicación de la fe y por el permanente ejemplo de los santos y santas, sin excluir a los pecadores que disponemos de un sacramento purificador. El Papa actual ha canonizado y beatificado a muchos cristianos de las épocas moderna y contemporánea, a muchos hombres y mujeres que han superado la maldad y la angustia de los siglos XVIII, XIX y XX con una dedicación asombrosa al martirio, a la caridad y al servicio combinado de Dios y de los hombres. Cuando describo otro tipo de comportamientos tengo siempre presente esa contribución heroica y gloriosa, que es además la línea principal en la historia de la Iglesia, aunque resulte generalmente menos espectacular que las líneas negras. A los hombres y mujeres que viven entre las líneas blancas, en la ancha zona de luz, va dedicado preferentemente este libro. Para que no caigan, como tantos hermanos y compañeros suyos, en la zona de tinieblas.

27.– Esto supuesto vamos a las astracanadas para el cierre jocundo de este Pórtico. En dos de mis libros anteriores de Editorial Fénix, *Los años mentidos* y *No nos robarán la Historia* he relatado las andanzas de don Francisco Pérez Martínez, conocido literariamente como Umbral, que a veces inciden en la blasfemia pura y dura, en la invectiva antirreligiosa más soez y repulsiva, en el lenguaje rahez, que dice Luis María Anson. Sin embargo una publicación tan seria como *Noticias de la provincia de Castilla,* de la Compañía de Jesús, año XXV, número 111, Valladolid, diciembre 1986, dice, sin que se le abran las carnes, lo siguiente:

Dos amplios volúmenes, con un total de 1531 páginas mecanografiadas es la tesis para la obtención del doctorado, realizada por el P. Antonio Pérez. La titula *Universo religioso en la obra de Francisco Umbral: Dios (1965-1985).* **Actual e interesante trabajo en que Antonio Pérez ha realizado al estudiar la personalidad de este escritor, tras la lectura de sus más de 55 libros y miles de artículos. El estudio –dice en el prólogo– no se ocupa de la actitud religiosa de Francisco Umbral. Lo que se investiga es la idea o imagen de Dios y de la religión, contenida en los textos umbralianos.**

Supongo que el padre Pérez habrá estudiado a fondo el libro más teológico de Pérez Martínez *Pío XII, la escolta mora y un general con un ojo* donde podrá haber encontrado la identificación de teología con golfería (p. 102) la descripción del Angel de la Guarda como un homosexual en acción (p. 160) la definición del arcángel Gabriel como «una maricona con muchos idiomas», la conversión de las letanías en blasfemias (p. 197) y la escena capital, trazada con hondo sentido religioso, que describe cómo los nueve coros angélicos violan a las Once Mil Vírgenes en presencia de las más altas jerarquías celestiales.

28.– En fin, cerraré este Pórtico con una palabras luminosas de Ernesto Cardenal, el sacerdote, poeta y ministro de la Nicaragua sandinista, en la biografía que le dedicó J.L. González Balado, Salamanca, Sígueme, 1978 p. 23:

Nosotros los cristianos somos a la vez hijos de una virgen y de una puta (Iván Illich). Y creo que ésta es la verdad.

Ignoro la experiencia personal de los señores Illich y Cardenal. Ellos tal vez, puesto que lo afirman. Nosotros no.

CAPÍTULO 1

EL PODER DE LAS TINIEBLAS

«Sobre esta piedra edificaré mi Iglesia y las Puertas del Infierno no prevalecerán contra ella». Mil millones de personas miran hoy hacia la Roca de Pedro, que identifican con la asombrosa basílica romana, construida por Bramante y Miguel Ángel. (Cúpula de San Pedro desde los tejados de la basílica).

DEL JORDÁN AL VATICANO

Este es un libro sobre la historia de la Iglesia en nuestro tiempo (y lo que llamamos «nuestro tiempo» es primariamente «nuestro siglo», el siglo XX, pero hunde sus raíces hasta mucho más hondo, hasta las Ilustraciones, hasta el brote del pensamiento moderno y la ciencia moderna, hasta el Renacimiento y el Humanismo. Pero como las raíces de la Iglesia brotaron junto a las fuentes del Jordán, cuando Cristo identificó a Pedro con la Roca fundacional de esa Iglesia, los horizontes de este libro se ensanchan inevitablemente. Además la Iglesia no es solamente un hecho político ni una estructura humana sino una realidad espiritual que para nosotros los cristianos reconoce un origen divino. Por eso si por falso pudor «científico» tratamos sólo de hacer historia humana dejamos fuera lo más esencial de la historia y la vida de la Iglesia; pero al intentar una historia total tampoco queremos caer en una interpretación providencialista, una «historia a lo divino» por la sencilla razón de que reconocemos, pero a la vez desconocemos, la mente de Dios. Vamos, pues, a reconstruir la historia de la Iglesia con medios humanos, con metodología histórica; pero sin ignorar su naturaleza espiritual ni su origen divino que se nos manifestó de forma tan clara y tan históricamente comprobable en la primera escena que describíamos en el Pórtico, la declaración por Cristo del primado de Pedro, la descripción hecha por él mismo de la Roca de Pedro en Cesarea de Filipo, junto a las fuentes del Jordán. Insisto en que este libro no va a ser un tratado de teología ni un alarde de exegesis bíblica sino un libro de historia escrito por un cristiano que se apoya, para no desviarse, en la fe, comunicada por la Escritura y la Tradición e interpretada por el Magisterio de la Iglesia, aunque con plena responsabilidad personal y sin someterse a ningún tipo de censura eclesiástica o política. Era necesario anteponer al libro esta declaración de libertad porque esas dos censuras, la eclesiástica y la política, existen en nuestros días y en nuestro ambiente pero no vamos a tenerlas en cuenta para nada. No me cansaré de insistir: quiero y pretendo que éste sea un libro de Historia, no de teología ni siquiera de filosofía de la Historia; tendré que reconocer elementos sobrenaturales, preternaturales y espirituales en muchos momentos del relato pero intentaré no deslizarme a la metahistoria porque no es mi terreno, aunque el análisis histórico, que consiste en el descubrimiento y la presentación cabal de los hechos comprobables, exija también una interpretación que tenga en cuenta aquellos elementos, sencillamente porque también ellos forman parte de la realidad.

Los dos primeros textos que he aducido en el Pórtico están conectados históricamente por una relación profunda. «Las puertas del infierno no prevalecerán» contra la Iglesia que en aquel momento, junto a las fuentes del Jordán, se dibujaba en la Historia. Este es un texto del evangelio de San Mateo, que revela hacia el año 50 de Cristo una escena trascendental para la historia del mundo que tuvo lugar unos veinte años antes. (No tengo por qué demostrar aquí la autenticidad histórica de los Evangelios; la doy por supuesta, como cristiano y como historiador científico). Lo primero que tenemos que interpretar a propósito de ese texto es qué significan «las puertas del infierno» , esa traducción tradicional y además exacta de la expresión escrita por san Mateo; la hemos tomado de una traducción bíblica tan científicamente acreditada como la de dos grandes especialistas, los profesores Nácar y Colunga.

El primer texto clave, pues, se refiere a la Roca de Pedro; el segundo también, pero veinte siglos después. El primero –las puertas del infierno, que da título a este libro– surgió en labios de Cristo junto a las fuentes del Jordán. El segundo nos presenta al «poder de las tinieblas», contra el que «existe una dura batalla... que iniciada en los orígenes del mundo durará, como dice el Señor, hasta el día final». El enemigo del poder de las tinieblas en la historia humana sólo puede ser el conjunto de los que llama el Evangelio «los hijos de la luz», agrupados, naturalmente, en la obra viva e histórica de Cristo, la propia Iglesia. El texto que describe esta lucha es una tesis capital del Concilio Vaticano II en la Constitución «Gaudium et spes» con cuya proclamación cerró el Concilio en 1965 el Papa Pablo VI. Insisto en que no se trata de una expresión del Concilio Vaticano I, que suele interpretarse como menos «progresista» que el segundo; ni de un Papa presuntamente reaccionario sino de uno tan culto, profundo y «progresista» como Pablo VI. Pero no es en rigor una proclamación papal sino conciliar; es la Iglesia entera del siglo XX, con el Papa, la que nos interpreta la historia humana, desde el principio de los tiempos hasta su final, como una lucha contra el poder de las tinieblas.

Algo tendrá que decir un historiador ante este resumen fulgurante de la historia humana. Tengo que decir esto: comparando el texto del Jordán con el texto del Tíber, separados por veinte siglos de distancia, unidos por veinte siglos de fe y de Iglesia, escritos en torno a la misma Roca, las «puertas del infierno» se identifican para mi con el «poder de las tinieblas.» Vamos a comprobar cómo lo explican los maestros.

QUÉ SIGNIFICAN «LAS PUERTAS DEL INFIERNO»

La fe se nos activa muchas veces, a lo largo de la vida, por el legado de la Tradición, que para los cristianos de filas se nos conserva en las vivencias infantiles. Recuerdo que uno de mis profesores de religión, además de hacernos aprender de memoria el pequeño catecismo de Ripalda, (ahora el Catecismo es un bestseller gordísimo que no se puede aprender de memoria y que por supuesto casi nadie lee aunque muchísimos lo hayan comprado) nos explicaba que «las puertas» eran «los poderes del infierno», ese terrible lugar de castigo eterno donde reina Satán y cuya pena principal, que se llamaba «de daño» consistía en «estar privados de la vista de Dios». Y nos ponía por ejemplo la ya desaparecida «Sublime Puerta», como se llamaba oficialmente el trono, símbolo del poder del Sultán otomano de Constantinopla.

En la reciente y excelente *Enciclopedia de la Biblia* y a la voz «Puerta» se refiere expresamente el autor del artículo a «las puertas del Hades» o infierno (Hades es el nombre clásico del infierno) con esta conclusión: «En la promesa del primado a Pedro Jesús afirma solemnemente que *las puertas del Hades* no podrán contra la Iglesia, simbolizando en ellas todo el poder contrario a Dios»[1]. Un notable teólogo de nuestro tiempo, el doctor José María Casciaro, propone dos interpretaciones a «las puertas del infierno» que además no son contradictorias. La que se apoya en la tradición del Antiguo Testamento apunta que se trata de la «potestad de la muerte»; y que Cristo quiso prometer, por tanto, que la Iglesia, alzada sobre la Roca de Pedro, no moriría jamás, perduraría hasta el fin de los tiempos. La segunda interpretación, que es la tradicional, reforzada hoy por el eminente escriturista Lagrange, especialista en el evangelio de San Mateo, sugiere que las puertas del infierno significa «los poderes del infierno, esto es, del mal moral o de Satanás... Lagrange se apoya en algunos escritos intertestamentarios y sobre todo en el evangelio de san Lucas,(16, 23) donde el Hades o Seol parece indicar no sólo la mansión de los muertos sino el lugar de la condena. Según esta segunda interpretación la metáfora en cuestión indicaría la lucha del imperio del mal contra la Iglesia»[2]. A ella nos atenemos en este libro, como va a comprender el lector en el epígrafe siguiente. Para nuestro propósito huelga la descripción detallada del significado de «infierno» o de «Hades» en la expresión humana de Cristo, dentro de las circunstancias históricas y culturales en que se desenvolvía su predicación y su actuación. Nos basta con atenernos a la interpretación tradicional corroborada por relevantes teólogos de nuestro tiempo. La pugna de Jesús con Satán está fijada con toda claridad en los Evangelios y se trató de un combate real, no metafórico, desde las tentaciones en el desierto a la victoria de Cristo sobre la muerte y el infierno en la Pasión y la Resurrección. Hoy me encuentro con algunos cristianos que afectan no creer en Satán ni en el infierno. Pero cuando me asomé durante mi último viaje a Israel al valle de la Gehenna, los antiguos vertederos de Jerusalén bajo las murallas, que a veces se incendiaban por la fermentación y los vapores de las basuras, recordé las veces que Cristo tomó esa imagen para hablarnos de un castigo eterno con el cual no pretendía sin duda asustarnos pero menos engañarnos.

[1] A. Díez Macho y S. Bartina (eds.) *Enciclopedia de la Biblia,* Barcelona, Garriga, 1963, vol. VI p. 1010.

[2] J. M. Casciaro, *Iglesia y Pueblo de Dios en el Evangelio de San Mateo,* en semana bíblica española, Madrid, CSIC, 1962, p. 82-87.

QUÉ SIGNIFICA EL PODER DE LAS TINIEBLAS

El anuncio apocalíptico –este término significa «revelación» y no «exageración tremendista» como suele degradarse en nuestro mundo de la comunicación– del Concilio Vaticano II tomado de la Constitución *Gaudium et spes,* número 37 nos presentaba la «dura batalla contra el poder de las tinieblas» entablada desde «los orígenes del mundo» hasta «el día final». Insisto en que ese anuncio se incluye en un texto capital con que se cerraba el Vaticano II, un gran documento «sobre la Iglesia en el mundo actual», es decir en una fase de aproximación a la realidad histórica, no en un intento de alejarse de ella y enfrentarse a ella. Pero en un momento anterior de la misma Constitución, el número 13, cuando se refiere al pecado, dice el Concilio que «Creado por Dios en la justicia, el hombre, sin embargo, por instigación del demonio, en el propio exordio de la Historia, abusó de su libertad, levantándose contra Dios, y pretendiendo alcanzar su propio fin al margen de Dios. Lo que la Revelación divina nos dice coincide con la experiencia. El hombre, en efecto, cuando examina su corazón, comprueba su inclinación al mal y se siente anegado por muchos males, que no pueden tener origen en su santo Creador. A negarse con frecuencia a reconocer a Dios como su principio rompe el hombre la debida subordinación a su fin último y también toda su ordenación tanto por lo que toca a su propia persona como a sus relaciones con los demás y con el resto de la creación. **Es esto lo que explica la división íntima del hombre. Toda la vida humana, la individual y la colectiva, se presenta como lucha, y por cierto dramática, entre el bien y el mal, entre la luz y las tinieblas. Más todavía, el hombre se nota incapaz de domeñar con eficacia por sí solo los ataques del mal, hasta el punto se sentirse como aherrojado entre cadenas. Pero el Señor vino en persona para liberar y vigorizar al hombre, renovándole interiormente y expulsando al príncipe de este mundo (cfr. Juan 12, 31) que le retenía en la esclavitud del pecado. El pecado rebaja al hombre, impidiéndole lograr su propia plenitud. A la luz de esta Revelación la sublime vocación y la miseria profunda que el hombre experimenta hallan simultáneamente su última explicación.**

La combinación de estos dos textos conciliares que son de nuestro tiempo, 1965, resulta preciosa para trazar el gran marco de realidad total en que se va a desenvolver nuestra historia. Es evidente que el Concilio Vaticano II identifica «la dura batalla contra el poder de las tinieblas» del n.37 en la *Gaudium* et spes con «la lucha, y por cierto dramática, entre el bien y el mal, entre la luz y las tinieblas» en que consiste nada menos que «toda la vida humana, la individual y la colectiva». Queda también clarísimo que este combate se desarrolla en dos planos, a los que alude este segundo texto clave del Concilio. Por una parte la vida individual; el combate interior entre los impulsos del mal y la atracción del bien; entre el pecado y la gracia. Pero la lucha de la luz y las tinieblas no se refiere solamente al interior del hombre; es también, según el Concilio, una lucha colectiva que no puede sino identificarse con la que Cristo describió en Cesarea de Filipo: la confrontación entre la Iglesia y las Puertas del Infierno.

San Pablo, que vivió íntimamente la lucha interior, se refiere también a la colectiva. Al escribir a los cristianos de Tesalónica el Apóstol se sitúa en la misma perspectiva de lucha entre los dos grandes frentes que nos describe el Concilio: **Vosotros no sois hijos de las tinieblas. Vosotros todos, en efecto, sois hijos de la luz y del día. Nosotros no somos hijos de la noche ni de las tinieblas.**[3]

Parece pues claro, ante nuestros textos fundamentales, que la historia humana, tanto en la intimidad personal como en la gran confrontación colectiva y universal, ha de interpretarse como combate perpetuo entre el poder de la luz y el poder de las tinieblas; la Iglesia de Cristo y las Puertas del Infierno. Pero debemos concretar y personalizar un poco más esa lucha.

NO HAY CONCORDIA ENTRE CRISTO Y BELIAL

No voy a trazar en este primer capítulo, ni siquiera a resumir un tratado de demonología. Satán, nombre principal que la Biblia da al Diablo, está misteriosamente presente en la mente, los escritos y las creencias de los hombres, dentro y fuera del judaísmo y el cristianismo, desde los comienzos de la vida humana; quienes creemos en un núcleo de realidad histórica del Génesis, primordial libro del Antiguo Testamento, por debajo de todas las expresiones y enmascaramientos mitológicos, creemos también que Satán, por medio de la serpiente maligna, desvió el destino del hombre que Dios acababa de trazar. En nuestro tiempo coinciden donosamente dos actitudes contradictorias. Por una parte nunca se ha hablado tanto de satanismo, nunca se ha difundido tanto el culto satánico con nuevas versiones de misas negras, extraños aquelarres en todo el mundo y espantosos mensajes subliminales (reconocidos, además, sin rebozo) por parte de algunos jóvenes músicos adictos al «heavy rock» y otras modalidades de presunta música juvenil. Se registraron en la gran literatura del siglo XIX algunas famosas invocaciones a Satanás pero nunca como en nuestro siglo han proliferado tanto los grupos satánicos que tratan de resucitar y «modernizar» serviles y patéticas experiencias medievales que suelen encontrar amplia y morbosa acogida en los medios de comunicación.

Sin embargo en medios sociales más serios, más científicos (e incluso teológicos) está de moda no hablar del Diablo, no creer en el Diablo, prescindir de Satán. Comenté un día con el almirante Luis Carrero Blanco, poco antes de su muerte, esta situación y me dijo: «Al Diablo le interesa que no se crea en su existencia». No voy a participar en tan sugestivo debate porque éste es un libro de Historia, donde por eso mismo ha de considerarse el hecho diabólico junto a las fuentes de la fe, porque esta Historia es la de la Iglesia católica.

Vuelvo por ello a los textos fundamentales que he antepuesto al libro en el Pórtico. La presencia de Satán en la lucha de las Puertas del Infierno –que son los poderes de Satán, el primigenio Imperio del Mal– quedó ya fijada en anteriores

[3] *Tes 5, 4.*

comentarios exegéticos. Pero en el segundo texto del Concilio Vaticano II que hemos aducido como complementario del primero, es decir en el que se contiene en el número 13 de la Constitución *Gaudium et spes* la atribución diabólica al impulso de la lucha contra el Bien queda clarísima. La rebelión autonómica del hombre contra Dios que marca el principio de la Historia fue, según el Concilio, «por instigación del demonio». Esta insinuación es fundamental para nuestra historia, donde las aberraciones humanas y eclesiales que vamos a considerar se refieren siempre a exagerar la autonomía del hombre, a romper su relación trascendental con Dios. La amenaza del mal que, según el mismo texto, el hombre siente en su corazón, «no puede tener origen en su santo Creador». Poco más abajo se refiere el Concilio a «los ataques del mal» que no es, según la expresa doctrina cristiana, el Mal abstracto, sino el mal diabólico. Satanás, provocador del mal humano, es el instigador del pecado que aherroja al hombre. «Pero el Señor –dice el Concilio– vino en persona para liberar y vigorizar al hombre, renovándole interiormente y expulsando al príncipe de este mundo que le retenía en la esclavitud del pecado». El Concilio utiliza aquí uno de los nombres de Satanás, el de Príncipe de este mundo.

También San Pablo en sus cartas se refiere directamente al Diablo como promotor del pecado individual del hombre y de la lucha, individual y colectiva, de los Hijos de las Tinieblas contra los Hijos de la Luz. Pablo reconoce entre los demonios la serie jerárquica propia también de los ángeles. Y propone una advertencia fundamental: **Revestíos con la armadura de la fe para que podáis resistir a las insidias del Diablo. Porque nuestra lucha no es contra la carne y la sangre sino contra los príncipes y las potestades, contra los poderes universales de las tinieblas, contra los seres espirituales de la maldad en los cielos**[4]. He preferido traducir *kosmokrátoras tou skotou* como «poderes universales de las tinieblas» que me parece más ajustado a la idea y al término de San Pablo quien en este texto se refiere al poder diabólico como celeste (en su origen, evidentemente), cósmico o universal (lo que Juan llama «príncipe de este mundo» y principado de las tinieblas, del Hades y de la muerte, ideas asociadas también por la exegesis y la tradición bíblica a las Puertas del Infierno. El Príncipe de las Tinieblas –y de este mundo– actúa pues como enemigo individual y colectivo de los hombres instigándoles al mal. Pero al empujarles al pecado y a la muerte choca inevitablemente con Cristo; los Evangelios refieren numerosos episodios de la lucha entre Jesús y Satanás, en cuyos detalles e interpretaciones concretas no voy a entrar ahora porque no es objeto de este libro. San Pablo resume profundamente este combate: *¿Qué comunidad entre la luz y las tinieblas?. ¿Qué concordia entre Cristo y Belial?.* Inmediatamente identifica Pablo a los falsos dioses, los ídolos del paganismo, con los demonios, y así lo ha mantenido invariablemente la tradición cristiana hasta que un grupo alucinado de religiosos iberoamericanos decidió reverenciar a uno de esos ídolos, el dios incaico Wiracocha[5].

Tampoco entraré, para no alejarme de mi objetivo, en el debate teológico sobre la distinción entre Satanás o el Diablo y los llamados demonios. Me remito a las obras

[4] *Efesios* 6, 12 ss.

[5] II *Cor.* VI, 14-17.

especializadas más fiables y serias[6]. Entre los numerosos nombres de tradición bíblica con que se designa al Diablo recordemos en primer lugar a Satanás, diablo o demonio, Lucifer o Luzbel, Belial (que acaba de usar San Pablo) Belcebú, el Maligno o El Malo, el Espíritu o Príncipe de las Tinieblas, Príncipe de este mundo, Gran Dragón[7] y otros. Es históricamente muy útil la obra de Alfonso M. di Nola[8].

Me interesa anotar finalmente que la realidad de Satán y su influjo sobre cada hombre o mujer y sobre el conjunto de la Humanidad a lo largo de la Historia no es una ensoñación sino una realidad que forma parte de la fe católica. Puede consultarse, por quien desee ampliar estas notas, el *Enchiridion Symbolorum* de Denzinger,[9] y el citado estudio de «Biblia y fe» donde, además de las citas bíblicas, se subraya la permanente posición del Magisterio en favor de la existencia real de la persona y la acción de Satanás, muy especialmente en la actividad pastoral del Papa Pablo VI, lo cual me parece especialmente positivo y revelador; no se trata de un Papa reaccionario y aherrojado por lo tradicional sino del Papa más «progresista» del siglo XX, que sintió muy vivamente la acción satánica en el mundo y en la Iglesia de nuestro tiempo y exteriorizó su terrible impresión varias veces, como veremos, y refiriéndose a instituciones bien concretas de la propia Iglesia.

La luz y las tinieblas. Claro que Jesús hablaba en medio de su circunstancia histórica pero su ejemplo y su doctrina no se referían solamente a esa circunstancia espacial y temporal. «Id a predicar a todas las gentes» dijo a los suyos poco antes de la despedida, poco después de la muerte y la Resurrección. El mensaje de Jesús era para siempre: creó la Iglesia «y las puertas del infierno no prevalecerán contra ella». La Iglesia era la luz: «Vosotros sois la luz del mundo». La luz y las tinieblas no son exclusivamente expresiones corrientes en la cultura del Oriente Medio durante la vida y la predicación de Cristo. Son términos y realidades intemporales, que pertenecen a la experiencia humana –y la configuran– desde el primer amanecer que vio el primer hombre hasta el último anochecer de fuego que atemorice a los últimos hombres cuando el Hijo del Hombre venga en todo su poder y majestad. Los textos bíblicos sobre el Poder de la Luz y el Poder de las Tinieblas, la pugna entre la Iglesia y las Puertas del Infierno no pueden ser simples metáforas para quienes creemos que los textos sagrados, aun escritos e inscritos en la Historia, son de inspiración divina y constituyen guías para toda la Humanidad a lo largo de la Historia. Ahora parece que algunos enjambres de teólogos, los adictos al cosquilleo paulino, viven empeñados no ya en estudiar científicamente los libros sagrados sino en buscar tres pies al gato en cada línea y cada término de esos libros para volverlos del revés cuanto sea posible. ¿Por qué no se habrán dedicado a la historia ficción, que es una ocupación mucho más divertida y en el fondo mucho más seria que la obsesión tergiversadora?.

[6] *Los demonios, doctrina teológica-bíblica* «Biblia y fe» 1993 n. 56.

[7] Luis Eduardo López Padilla El Diablo y el Anticristo. México, Lib. Parroquial de Clavería 1989 p. 44s.

[8] «Historia del Diablo» Madrid, EDAF 1992.

[9] Barcelona, Herder, 1973 p. 870 ss.

En último término no me preocupan sus alardes; quienes escriben guiados por la moda terminarán en los mismos vertederos que los productos ajados de la moda. Era necesario explicar el título de este libro, como muestra de respeto al lector y al empeño del propio libro. Ahora bajamos ya de las cumbres y nos adentramos por los valles de una Historia tan difícil y complicada como necesaria.

CAPÍTULO 2

LA GNOSIS CONTRA LA IGLESIA: VEINTE SIGLOS DE LUCHA

La forma moderna de la Gnosis que mejor continúa la Gnosis originaria es la Masonería. Esta es una logia masónica actual que representa el sepulcro de Hiram Abif, constructor asesinado del Templo de Salomón; preparada para la iniciación al Tercer Grado. Sólo los iniciados –ya convertidos en gnósticos– poseen conocimiento profundo –gnosis– capaz de ver la cuarta columna, invisible para los profanos. Gnosis pura, sincretismo pagano en nuestro siglo.

LA SORPRENDENTE DENUNCIA DE JUAN PABLO II

El Papa Juan Pablo II dedica el capítulo 14 de su original e importantísimo libro de 1994 *Cruzando el umbral de la esperanza,* que ha sido un bestseller mundial (editado en lengua española por Plaza y Janés) a una de las grandes religiones universales, el budismo, pero nos reserva al final de ese capítulo una grandísima sorpresa:

Cuestión aparte es el renacimiento de las antiguas ideas gnósticas en forma de la llamada New Age. No debemos engañarnos pensando que ese movimiento pueda llevar a una renovación de la religión. Es solamente un nuevo modo de practicar la gnosis, es decir, esa postura del espíritu que, en nombre de un profundo conocimiento de Dios, acaba por tergiversar Su Palabra sustituyéndola por palabras que son solamente humanas. La gnosis no ha desaparecido nunca del ámbito del cristianismo sino que ha convivido siempre con él, a veces bajo la forma de corrientes filosóficas, más a menudo como modalidades religiosas o para-religiosas, con una decidida, aunque a veces no declarada divergencia con lo que es esencialmente cristiano[10]**.**

Para el autor de este libro este párrafo del Papa supuso una verdadera conmoción. Pocas personas han oído hablar en España de la secta New Age, señalada ahora tan directamente por el Papa como un peligro importante. Menos aún, fuera de algunos círculos académicos, conocen la gnosis, descrita ahora por el Papa como una constante parásita del cristianismo, con el que está en confrontación desde el siglo I de Cristo. El Papa, sin embargo, tiene toda la razón; y sus palabras han confortado profundamente al autor, una vez repuesto de su gran sorpresa, porque el autor lleva ya varios años estudiando el fenómeno histórico de la gnosis y reuniendo documentación sobre la New Age. Es muy significativo que el Papa hable de la gnosis al final de su capítulo sobre el budismo, porque como vamos a ver ahora mismo el budismo nació, con alta probabilidad, de un trasplante gnóstico. De la New Age hablaremos en otro capítulo y muy seriamente; se trata de una secta gnóstica con encuadres misteriosos no exentos de sospechas satánicas.

[10] J. Pablo II op. cit. p. 103

El Papa describe a la gnosis como una tergiversación de la palabra de Dios, a la que sustituye por la palabra humana. Y como una decidida – es decir voluntaria, determinada– divergencia con lo que es esencialmente cristiano; por tanto como una amenaza permanente contra la esencia del cristianismo. No se puede decir mejor en menos palabras; el lector no especializado lo comprenderá a través de este capítulo.

Gnosis es un término griego que significa primariamente *conocimiento* y con tal sentido aparece en el Nuevo Testamento. Para el pensamiento griego, que dominaba en todo el mundo civilizado (Imperio romano) cuando apareció el Cristianismo, (los lectores saben perfectamente que el Nuevo Testamento se escribió en griego) *gnosis* se contraponía a *doxa,* opinión o conocimiento aparente, superficial; por eso en los círculos filosóficos, intelectuales o simplemente cultos (las capas sociales dirigentes de la propia Roma hablaban y discutían en griego) *gnosis* significaba no simplemente «conocimiento» sino «conocimiento profundo» y en tal sentido utilizaremos el término. Los gnósticos, es decir los adictos a la gnosis, forman, por lo tanto, corrientes selectas de pensamiento, círculos intelectuales que se forman precisamente cuando aparece y se difunde el cristianismo al comenzar el segundo tercio del siglo I. Y concretamente como una reacción del paganismo frente a la pujanza de la nueva religión cristiana. Este carácter fundamentalmente pagano de la gnosis será su clave a lo largo de los veinte siglos que desde entonces ha vivido la Humanidad y no sólo el Occidente; la gnosis ha sido y es un fenómeno universal.

Y además un fenómeno sumamente complejo, que puede conducir a errores y simplificaciones de interpretación. Por lo pronto hay una gnosis antigua, originaria, que se desarrolla entre los siglos I y IV de nuestra era; muchos autores (por ejemplo Julián Marías y Ferrater Mora, que describen acertadamente las características de la gnosis, reservan el nombre para este período[11]. Esta gnosis antigua reconoce cuatro fuentes originarias:

El neoplatonismo floreciente sobre todo en el hervidero cultural de Alejandría en el siglo III d.C. y continuado hasta la conquista árabe; sus maestros principales fueron Plotino y Porfirio. (El caldo de cultivo intelectual del que brotó el neoplatonismo permite rastrear antecedentes de la gnosis incluso en tiempos inmediatamente anteriores al cristianismo).

El cristianismo que nació como vocación universal y religión de masas, pero cuyos portavoces más intelectuales buscaban, naturalmente, las formas culturales del helenismo para la expresión y difusión de su doctrina por lo que cabe hablar también de una gnosis cristiana;

El judaísmo, muy afectado por el choque con la civilización griega, y por supuesto con la eclosión del cristianismo en su seno; el judaísmo contribuye al gnosticismo desde dos focos; el alejandrino de Filón (siglo I) y el de varias comunidades del valle del Jordán que luego se dispersan tras la destrucción de Jerusalén.

[11] J. Marías *Historia de la filosofía* 26 ed. Madrid, Revista de Occidente, 1974, p. 105., J. Ferrater Mora, *Diccionario de Filosofía,* 2 ed. Madrid, Alianza, 1980, tomo II ad vocem.

El maniqueísmo, fuente algo posterior del gnosticismo (algunos le describen como «segunda oleada gnóstica» nacido de la doctrina de Mani o Manes, epígono de la religión persa de Zoroastro o Zaratustra, maestro del siglo VI a.C. que propuso un dualismo absoluto del bien y el mal, la luz y las tinieblas.

Tan complicados focos de la gnosis se relacionaban intensamente entre sí por la efectiva comunicación cultural del mundo helenístico, cuya capital comercial e intelectual era, sin duda, Alejandría, auténtico crisol de todas las tendencias generadas en lo que hoy llamamos Oriente Medio y Próximo desde su misma fundación. Pero Alejandría, famosa por su colosal biblioteca, que no era solamente un depósito de manuscritos sino también un centro de encuentros y debates permanentes sobre todas las ramas del saber, se alzaba sobre el delta del Nilo, es decir en Egipto, país de cultura milenaria helenizada que imprimía un sello indeleble en toda esa actividad de síntesis. Un importante y reciente descubrimiento de una gran colección de manuscritos cristiano-coptos, es decir egipcios ha sido precisamente la circunstancia que ha reavivado el interés por la gnosis en nuestro siglo. Egipto era, incluso antes de su conquista por Julio César, el centro de irradiación de los grandes misterios helenísticos y orientales hacia todo el mundo; los simbolismos de la muerte, los mitos órficos y solares, las figuras de Isis y Osiris como referencias mistéricas comunicadas a Roma y a todo el mundo, desde la India hasta Hispania, desde la Escitia a Britannia. El sello egipcio marcó con su conjunto de símbolos y mitos a la síntesis gnóstica que se realizaba en Alejandría desde la primera expansión del cristianismo.

LA GNOSIS ANTIGUA, AGONÍA DEL PAGANISMO

Resulta imposible resumir los fundamentos de la gnosis antigua de forma que no excluya a ninguna de sus corrientes, a ninguno de sus orígenes. Pero por razones metodológicas debemos intentarlo. Sobre las conclusiones de las fuentes que me parecen más fiables, y que iré citando en este capítulo, las claves de la gnosis antigua podrían ser las siguientes:

1.– Ni la presunta gnosis pagana ni la llamada gnosis cristiana son históricamente importantes. La gnosis es una combinación inviable, pero real, un sincretismo entre cristianismo y paganismo.

2.– Se trata, por tanto, de una reacción pagana, o al menos paganizante, contra el cristianismo que, por su infinita superioridad religiosa y moral sobre el paganismo, amenazaba mortalmente al paganismo desde comienzos del siglo II d.C. Entre todos los estudios sobre la gnosis antigua prefiero, por su amplitud, profundidad y equilibrio el de Hans-Joachim Schenke[12]. Después de enumerar a los diversos grupos gnósticos, este autor propone una definición: «La gnosis es un movimiento

[12] Cap. VIII de J. Leipoldt y W. Grundmann *El mundo del Nuevo Testamento,* Madrid, Cristiandad, 1973, p. 388 s.

religioso de salvación de la Antigüedad tardía, donde de forma peculiar e inconfundible se hace uso de la posibilidad de una interpretación negativa del mundo y de la existencia». Esta reacción pagana como fundamento de la gnosis antigua ha sido descrita también por otro importante especialista, Etienne Couvert, mediante una cita de Gaston Boisser: «A partir de Marco Aurelio, el paganismo intenta reformarse según el modelo de la religión a la que se enfrenta y contra la que combate»[13]. Esta es precismente la tarea de los gnósticos: articular, sobre los modelos neoplatónicos, un neopaganismo que aparentemente pueda ser compatible con el impacto del cristianismo. En el fondo la gnosis es un engaño, una ofensiva contra el cristianismo cuyos objetivos serán el Dios cristiano y Jesús, el Hijo de Dios. La gnosis no es un debate pacífico, es una lucha, un combate, una agonía desesperada del paganismo contra el cristianismo naciente que le arrincona. Un escrito fundamental de la gnosis antigua, los libros del pseudo-Hermes Trismegisto (que se han editado muchas veces en la Edad Moderna e incluso entre nosotros, ver la excelente presentación de Visión Libros en 1987) se considera por el introductor de esa reproducción como «el último monumento del paganismo» y ha influido en numerosos personajes de la gnosis moderna, como veremos.

3.– Según el propio Schenke los puntos principales de las ideas –la «dogmática» de la gnosis– son:

a.– El Dios Desconocido. El dios lejano, incognoscible, inalcanzable.

b.– La Sophia –Sabiduría– que, sin conocimiento de Dios (el dios bueno) da origen al Demiurgo malo, creador del Mundo malo.

c.– Los Siete Arcontes, también malos, dependientes del Demiurgo, identificados con los Siete Planetas y artífices del destino humano; ésta es la conexión astrológica de la gnosis.

d.– La degradación del alma, que procede de la luz celestial y desciende a través de los planetas al mundo malo y a los cuerpos humanos (malos). Es la relación de las gnosis con la doctrina de la transmigración y la reencarnación porque después de la muerte las almas retornan a lo alto para iniciar un nuevo descenso. El mito gnóstico del «eterno retorno».

e.– Oposición total de la luz y las tinieblas. El Dios bueno, incógnito, y el hombre «interior» son del reino de la Luz; el Demiurgo, los arcontes y el mundo malo son de las Tinieblas. Schenke denomina a este punto «la herencia irania» de la gnosis.

f.– Oposición dualista espíritu-materia, cuerpo–alma. Cuerpo y materia pertenecen a las Tinieblas; espíritu y alma a la Luz.

g.– El Dios-hombre gnóstico es una completa tergiversación del Dios-hombre cristiano. El Dios desconocido de los gnósticos es modelo del hombre y primer hombre, del que, a través de los arcontes malos, se crean los hombres terrestres, sincretismo del bien interior y el mal corporal.

h.– Una segunda tergiversación de Cristo, el Salvador según los cristianos; los gnósticos postulan también un Salvador, (que puede ser un personaje humano antiguo o actual) pero que nada tiene que ver con el Dios hombre. el Jesús de los cristianos.

[13] E. Couvert *La Gnose contre la foi,* Chiré en Montreuil, Eds. de Chiré, 1989 p. 21.

Además de esta tipología fundamental de Schenke debemos señalar estos rasgos habituales de la gnosis en sus diversas corrientes:

i.– Entre los varios grupos gnósticos brotan y rebrotan muy diferentes ideas sobre la persona y la colectividad, la vida y la muerte. Por ejemplo las tendencias del colectivismo totalitario, que defendió extensamente Platón; los impulsos destructivos de la persona humana, contra la reproducción y en favor del control racista de la natalidad y la eutanasia activa, que pueden rastrearse también en los escritos platónicos y en la práctica de varias sociedades antiguas. Estas ideas se incorporaron al legado del gnosticismo y reaparecerán, como veremos, a lo largo de la Historia.

j.– Todas las fuentes están de acuerdo en que los orígenes y conservación del gnosticismo antiguo surgen en núcleos cultos y selectos de intelectuales con preocupación religiosa, no se trata de fenómenos de masas. Los gnósticos, como los heresiarcas, eran por encima de todo intelectuales, creadores de una estructura discipular encargada de la transmisión de sus ideas. Entre estos núcleos intelectuales se puede advertir una característica de la profesión; lo que desde las estructuras pastorales de la Iglesia se ha criticado siempre como «afán de novedad». Un afán que a veces se vuelve desmesurado, como hemos visto que San Pablo advertía a Timoteo; y que en tiempos posteriores han heredado en muchos casos los intelectuales de la Iglesia, hoy conocidos como teólogos, para quienes la persecución de la novedad sustituye con frecuencia al objetivo y al método de la investigación.

Los maestros gnósticos, como algunos de sus sucesores modernos, practicaban e incluso proponían la cómoda doctrina de la doble moral; una moral elevada para el espíritu-luz que puede coexistir en la misma persona (el maestro) con una moral permisiva y depravada para el cuerpo-tinieblas.

LAS MANIFESTACIONES DE LA GNOSIS ANTIGUA

Los precursores del gnosticismo influyeron –casi a la vez que los balbuceos del cristianismo– en las comunidades judías del valle del Jordán, donde vivieron bastantes discípulos de Juan el Bautista que no atendieron al mandato de su maestro y no siguieron a Jesús. Así se originó la primera secta gnóstica en el mismo siglo I d.C., la llamada de los mandeos, que de forma increíble, pero comprobada, es la única comunidad de la gnosis antigua que perdura hoy entre nosotros, sobre todo al sur del Irak, en algunas ciudades de este país y en algunos puntos de Irán; unos cinco mil creyentes[14]. De la misma región, y concretamente de Samaría, proviene el precursor del gnosticismo Simón Mago, personaje histórico del que hablan los Hechos de los Apóstoles y que se enfrentó con ellos una vez que Pedro se negó a venderle por dinero su poder sobrenatural; por eso el pecado de Simón, tan repetido en la historia negra de la Iglesia, se llama simonía. Simón Mago se convirtió en

[14] Cfr. Schenke, op. cit. p. 411.

sombra de Pedro, le siguió hasta Roma, consiguió fingir una resurrección y una ascensión, de la que Pedro, según la leyenda cristiana, le hizo caer y aplastarse contra el suelo. La clave de la enseñanza de Simón Mago era el Poder, la Fuerza, que hoy reaparece en varias películas y relatos de ciencia-ficción e incluso en difundidas sectas como *Fuerza para vivir,* que en 1995 ha inudado a España con sus anuncios por televisión, como sustitutivo del Dios cristiano. Ya en el siglo II los maestros gnósticos más célebres son Valentino de Alejandría , que se convirtió al cristianismo y luego rompió abiertamente con la Iglesia; y Marción el póntico, cuya doctrina se difundió por Oriente y Occidente. En el siglo III, cuando el neoplatonismo de Alejandría daba nuevos impulsos a la gnosis, aparece en Persia otro gran maestro de la gnosis antigua, Mani (llamado también Manes) que trata de sintetizar el dualismo de Zoroastro y el cristianismo; hay quien le presenta como inspirado también en el budismo aunque una reciente tesis, muy sugestiva, le identifica con la propia creación del budismo nueve siglos después de la fecha que suele atribuirse al nacimiento de esta religión.

Hemos visto cómo Julián Marías calificaba a la gnosis antigua como la primera de las grandes herejías. Es cierto; se nota una comunicación más o menos clara, pero profunda, entre las herejías primordiales y la gnosis antigua. Varios maestros gnósticos fueron presbíteros e incluso obispos cristianos. Ya hemos visto cómo los precursores de la gnosis chocaron con los propios Apóstoles. Investigaciones recientes apuntan a que el Evangelio de San Juan, al que algunos han pretendido absurdamente presentar como contaminado de gnosis, es en realidad un texto que, además de su hondo mensaje cristiano, se concibió y realizó como una refutación de la gnosis[15].

Orígenes (185-245) el pensador alejandrino a quien suele señalarse como el primero de los teólogos según la cronología, ha sido redescubierto en nuestro siglo por grandes teólogos actuales (Daniélou, Ratzinger) que han reclamado alguna vez su rehabilitación, porque tres siglos después de su muerte fue condenado y consi derado como hereje y precisamente como gnóstico.De hecho Orígenes ha sido ya rehabilitado por las citas que hizo de él el Concilio Vaticano II; las condenas antiguas ofrecen muchas dudas de autenticidad. Algo parecido le sucedió a Clemente de Alejandría pero, como Orígenes, se trata de grandes pensadores cristianos de avanzada, fieles a Cristo y no catalogables como herejes[16]. No se puede decir lo mismo de los dos grandes heresiarcas de la Antigüedad, Arrio y Pelagio.

Ya hemos visto cómo al presbítero de Alejandría Arrio le ha salido en nuestros días un extravagante discípulo jesuita. Los maestros gnósticos fueron considerados por algún tiempo como peligros mortales para la Iglesia aún no consolidada; pero Arrio, a caballo entre los siglos III y IV, anegó a casi toda la Iglesia, consiguió arrancar de ella a la mayoría de los obispos y buena parte de los cristianos; y para algunos de esos fieles parecía que la promesa de la Roca iba a hundirse con la propia Roca de Pedro. El alejandrino era un gran pensador, un teólogo relevante y en no menor medida un consumado político que ante los ojos humanos estuvo a punto de cambiar la historia del mundo. Defendió con hábil manipulación de las

[15] Cfr. *30 Giorni 88* (1995) 50.

[16] Cfr. *30 Giorni 49* (1991) 56 s.

Escrituras y conocimiento profundo del pensamiento cultural helenístico que la naturaleza de Cristo era sólo una y humana; que Jesús no era Dios aunque sí el más excelso de los hombres, maestro universal de la sabiduría. En su posición laten fuertes resonancias de sus maestros gnósticos. Consiguió el apoyo de los emperadores Constantino y Constancio incluso desde el primer concilio ecuménico que le condenó en Nicea el año 325. Prácticamente toda la Iglesia oriental se entregó a él, aunque al final fue salvada por San Atanasio, obispo de Alejandría, que se apoyó en el sentimiento profundo y certero de muchos cristianos de filas y en un conjunto de obispos de Occidente, entre ellos el Papa de Roma y Osio de Córdoba, gran promotor del concilio niceno. Pero durante algunas décadas Atanasio fue perseguido y desterrado, la Iglesia parecía haber caído en el arrianismo y el bastión occidental de la ortodoxia fue inundado a su vez por los visigodos previamente convertidos al arrianismo; los reyes visigodos de Hispania fueron arrianos hasta Recaredo que inauguró la Monarquía Católica gracias a la lúcida tenacidad del episcopado hispano-romano. Hoy tendemos a considerar al arrianismo como una anécdota; pero fue, durante siglos, una pleamar negra sobre la Iglesia.

Aún rugía contra la Iglesia la tempestad arriana (que fue yugulada pero de ningún modo aniquilada en Nicea) cuando otro heresiarca, Pelagio, monje británico, desencadenó una nueva ofensiva impregnada de gnosticismo desde principios del siglo V, cuando agonizaba el Imperio romano de Occidente a impulso de los bárbaros del Norte. Pelagio atentaba contra varios principios esenciales de la fe: defendió la primacía de la moral, la negación de la gracia, la capacidad humana de obtener la justificación por la voluntad, la intrascendencia del pecado original, reducido a un «mal ejemplo» de Adán y por consiguiente la degradación, es decir la humanización de lo sobrenatural. Pelagio, bautizado en Roma hacia el año 385, ofrecía a núcleos selectos de intelectuales una justificación moral que les permitirá una cierta evasión de la catástrofe romana. La Iglesia se negó a contemporizar, se desvinculó de la ruina del Imperio occidental gracias a la intensidad de la fe y la tradición y siguió a San Agustín, el gran adversario de la doctrina pelagiana. Hoy asistimos a un intento concertado de rehabilitar a Pelagio asumiendo parte de su herencia, por obra de teólogos que van desde Hans Küng a Karl Rahner. El adversario con que hoy topan estos neopelagianos se llama Ratzinger[17].

La Iglesia, siguiendo la huella del propio Cristo, nos autoriza a interpretar, según el documento conciliar que cité en el Pórtico, a los movimientos heréticos de los primeros siglos (y de los siguientes, claro) como una infiltración del poder de las tinieblas en el seno de la propia Iglesia; como una sucesión (de la que sólo he citado algunos ejemplos) de asaltos interiores. Recordaremos en su momento el desahogo de Pablo VI sobre «el humo del infierno» tan criticado por los «progresistas» de hoy, emparentados por cierto con los gnósticos. El movimiento gnóstico, reacción del paganismo contra la Iglesia, constituyó un frente de asalto que fue a la vez exterior (pagano de raíz) e interior, porque asumía muchas veces elementos-cristianos y consiguió una importante posición en medios cristianos. Pero al referirme al frente herético y al frente gnóstico (interpenetrados) en los primeros siglos de la Iglesia debo aludir también al combate de la Iglesia con otro frente, el poder pagano imperial.

[17] Cfr. *30 Giorni* V-1 (enero 1991) 42 s.

LA IGLESIA PRIMITIVA Y EL PODER

Lo mismo que en los otros dos casos (frentes herético y gnóstico) también aquí los planteamientos del combate en la Antigüedad generaron consecuencias que han llegado con mucha fuerza hasta nuestros días. Consumada la era de las persecuciones (desde el segundo tercio del siglo I hasta los primeros años del IV) la sociedad romana, sin excluir al ejército, estaba profundamente penetrada por el cristianismo aunque el poder imperial, las instituciones y la gran mayoría de la sociedad se mantenían fieles al paganismo decadente, que carecía de doctrina y malvivía de la inercia y la rutina histórica. El 20 de octubre del año 312 se va a producir un acontecimiento capital que cambiará la historia de Roma y del mundo. Dos pretendientes al trono imperial, al frente de sus ejércitos, chocan decisivamente cerca de Roma en la batalla del puente Milvio donde uno de ellos, Constantino, todavía pagano pero muy sensible al progreso y la superoridad del cristianismo, aplastó a su rival Majencio y atribuyó formal y públicamete su victoria a una visión de la cruz que le prometía su apoyo. Como directa consecuencia de su victoria Constantino, augusto de Occidente, con el acuerdo de su colega de Oriente, Licinio, promulgó a los pocos meses, ya en el año 313, el edicto de Milán, que proclamaba la plena libertad de cultos en todo el Imperio y favorecía por tanto el auge del cristianismo. Dueño poco después del poder imperial absoluto, Constantino inaugura el período del Imperio cristiano que se mantiene hasta fines del siglo IV (reinado de Teodosio el Grande), pervive en el Imperio bizantino de Oriente hasta el siglo XV de nuestra era y se transfigura en Occidente –después de la invasión de los bárbaros a principios del siglo V– en el poder del Papado romano.

Hasta el edicto de Milán la Iglesia había vivido en confrontación, muchas veces sangrienta, con el poder imperial. A partir de Constantino la confrontación se sustituye por la cooperación e incluso por una cierta identificación –sin que las potestades espiritual e imperial se confundan en su esencia– que se mantendrá en el Imperio romano de Oriente hasta los cismas que dividirán a las Iglesias oriental y occidental; mientras en el ámbito de Occidente la cooperación sólo durará un siglo, hasta las invasiones bárbaras. A partir de entonces la Iglesia occidental vivirá otra vez en confrontación con los nuevos poderes y reinos bárbaros, encontrará una nueva fase de cooperación en el Imperio carolingio y los demás reinos de síntesis romano-germánica desde fines del siglo VII y configurará su propio poder temporal gracias a la creación de los Estados Pontificios. Con ello entramos ya en la Edad Media cristiana, cuando la Europa occidental se denominará Cristiandad, bajo la presidencia conjunta, más o menos teórica, del Papa y el Emperador del llamado Sacro Imperio Romano Germánico.

Esto significa que desde Constantino varían esencialmente las relaciones de la Iglesia con el poder; hasta entonces tales relaciones eran de confrontación, desde entonces se desarrollarán de forma variable y muchas veces confusa y contradictoria entre la aproximación y las nuevas confrontaciones, pero con una Iglesia dotada, en Oriente y en Occidente, de poder propio, que se ha mantenido en Occidente también como poder temporal y estatal hasta la desaparición de los Estados Pontificios en 1870. Resulta por tanto una simplificación inadmisible afirmar que desde la época de Constantino la Iglesia ha vivido vinculada e incluso enfeudada al poder político. La realidad es mucho más compleja. A veces ha colaborado con el poder de forma positiva o de forma negativa. Otras veces, muchas, se ha enfrentado nuevamente con el poder que la ha sometido a persecuciones tan implacables o más que las del Imperio romano por ejemplo durante las invasiones del Islam y las revoluciones europeas y americanas de los siglos XVIII, XIX y XX .

En su vida y en su doctrina Cristo respetó al poder constituido –«dad al César lo que es del César y a Dios lo que es de Dios»– y privó de sentido a cuantos, en los siglos siguientes, tratarían de presentarle como un revolucionario. Situó a su Iglesia en un mundo diferente– «mi reino no es de este mundo». En la complicada historia de sus relaciones con el poder la Iglesia se ha dejado muchas veces avasallar y corromper por el poder; otras veces se ha enfrentado contra él a precio de martirio. La Iglesia está formada por hombres y mujeres que han cometido, en éste y otros terrenos, errores y fallos gravísimos. Pero desacreditar a la entera historia de la Iglesia por su relativa alianza con Constantino – el vencedor del puente Milvio que se bautizó, probablemente, al final de su vida pero hizo más que guiños al arrianismo– me parece una simplificación monumental. Como repudiar la evangelización de América por rechazo a la cooperación de la Iglesia con el poder imperial de España. En todo caso esa relación de la Iglesia con el poder será, en cada tracto histórico, objeto de nuestra consideración según el espíritu de cada época, no según nuestros prejuicios actuales.

Esbozados, pues, los principales frentes del asalto a la Roca en el mundo antiguo, conviene presentar esquemáticamente los bastiones de la defensa. En primer lugar la fe inextinguible de la Iglesia en su pervivencia hasta el fin de los tiempos según la promesa de Cristo formulada en Cesarea de Filipo. Desde Nerón en el siglo I a la tenaza estratégica del Islam que enmarca la Edad Media entre los siglos VII y XV, la eclosión y victoria del protestantismo en los siglos XVI y XVII, la ofensiva del Racionalismo y las dos Ilustraciones en los siglos XVIII y XIX –«Aplastad al Infame»– y el proyecto universal comunista de ateísmo «científico» en el siglo XX se ha proclamado la destrucción inmediata de la Iglesia –minada además con las herejías interiores– por las fuerzas del asalto a la Roca que sigue ahí, aunque hayan desaparecido florecientes regiones cristianas como las del norte de Africa, compensadas por la extensión del cristianismo a los mundos nuevos.

En medio de sus terribles defectos humanos, distinguiéndose unas veces por la santidad, la caridad y la clarividencia y otras –como en los siglos X y XV– por la más abyecta e incluso sacrílega corrupción, los sucesores de Pedro, los Papas de Roma y los sucesores de los Apóstoles –los obispos de todo el mundo, apoyados por sus sacerdotes, han encabezado durante veinte siglos la defensa de la Iglesia y el resultado es que la Roca sigue en pie y además atraviesa, como dijimos, en nuestro siglo por uno de sus períodos de mayor estabilidad y dignidad; lo cual es misteriosamente compatible con el hecho de que en algunos momentos de la Historia, como en la Inglaterra del bestial Enrique VIII, la jerarquía, el clero y los religiosos de una nación, con excepciones martiriales, abandonasen la defensa y pasasen al asalto de la Roca a través de un proceso de deserción casi total, no bien explicado todavía. Las asociaciones y órdenes religiosas han actuado a veces como cohortes del asalto contra la Roca –un sector de los agustinos y los caballeros teutónicos en el siglo XVI, por ejemplo; un sector de los religiosos de Europa e Iberoamérica en nuestro tiempo– pero generalmente se han comportado como promotores admirables de santidad, expansión y defensa, desde los ermitaños que poblaban algunos desiertos en los primeros siglos con su testimonio de cristianismo puro hasta las grandes órdenes medievales, modernas y contemporáneas y las varias congregaciones e institutos de vida consagrada que florecen en los últimos tiempos. Comprendo que en este libro, como ha sucedido en el Pórtico, los casos detonantes de comportamiento negativo o discutible resulten más espectaculares y noticiosos que los innumerables y callados ejemplos de santidad, de caridad, de eficacia docente y apostólica entre el clero, los religiosos y los seglares; no todos los campamentos teológicos están poblados hoy por epígonos de Arrio, Pelagio o Lutero ni toda América está aherrojada por la teología de la liberación, ni muchísimo menos; la mayor parte de los religiosos en todo el mundo se consagran a tareas, a veces heroicas, de evangelización auténtica aunque sean más famosos los clérigos que ofician como jefes de partida guerrillera que antes se llamaban, con feliz vocablo, trabucaires. Me impresiona muy especialmente, como fuente de fe y de fortaleza, la sucesión ininterrumpida de los mártires, los confesores, las vírgenes y los doctores de la Iglesia junto con los millones de santos anónimos que constituyen para mí una prueba de futuro tanto como una explicación de la pervivencia de la Iglesia en el pasado.

LAS REAPARICIONES PERMANENTES DE LA GNOSIS

Juan Pablo II, en el reciente libro que hemos citado ya, habla de Historia en el capítulo 9. Se refiere, naturalmente, a la historia de la salvación y dice:

Es una historia que se desarrolla dentro de la historia de la humanidad, comenzando desde el primer Adán, a través de la revelación del segundo hasta el definitivo cumplimiento de la historia del mundo en Dios, cuando El sea «todo en todos»...

La historia de la salvación se sintetiza en la fundamental constatación de una gran intervención de Dios en la historia del hombre. Tal intervención alcanza su culminación en el Misterio pascual...Esta historia, a la vez que revela la voluntad salvífica de Dios, revela también la misión de la Iglesia. Es la historia de todos los hombres y de toda la familia humana, al comienzo creada y luego recreada en Cristo y en la Iglesia. San Agustín tuvo una profunda intuición de esa historia cuando escribió «De civitate Dei». Pero no ha sido el único.

La historia de la salvación ofrece siempre nueva inspiración para interpretar la historia de la humanidad. Por eso numerosos pensadores e historiadores contemporáneos se interesan también por la historia de la salvación. ...La «Gaudium et spes» no es otra cosa que la actualización de este gran tema[18].

[18] J. Pablo II *Cruzando el umbral...* p. 74 s.

La constitución conciliar «Gaudium et spes» nos impulsaba, desde el Pórtico de este libro, a la contemplación activa del combate permanente entre los hijos de la Luz y el poder de las Tinieblas. Una contraposición cara a los gnósticos pero expresada con el más seguro sentido cristiano, como esa historia de una salvación que los gnósticos buscaban en la pervivencia del paganismo y los cristianos identifican con la historia de la humanidad, como dice el Papa. No se trata, para el Papa, de una visión metahistórica sino de una interpretación hondísima de la Historia; no se contenta con la Historia truncada, privada de Dios sino que propone una Historia Total. Esto no significa aplicar –mucho menos en mi caso– criterios providenciales a la reconstrucción histórica sino reconocer que existe, aunque nos sea tan difícil detectarla, la interpretación profunda de la Historia, esto sí que es la gnosis cristiana de verdad.

Animado por la valentía del Papa voy a intentar, con sumo cuidado, descubrir como reapariciones históricas de la gnosis primitiva varias analogías y manifestaciones posteriores. No pretendo identificar como gnósticas a todas las manifestaciones históricas que se desvían del cristianismo sino a aquellas que cumplen algunas condiciones esenciales de la gnosis tal como las hemos descrito. Muchos aceptan sin crítica la asunción, por pensadores medievales y modernos –desde los cátaros a Cioran, pasando por Lutero y Nietzsche– de expresiones e incluso de dogmas y creencias gnósticas pero ponen el grito en el cielo cuando varios escritores actuales califican como gnósticas algunas manifestaciones históricas que se han sucedido a lo largo de los siglos posteriores a la vigencia de la gnosis primitiva, hasta nuestros días. Y tratan de poner en ridículo a la llamada «teoría de la conspiración» cuyo jefe de filas sería un escritor famoso y silenciado, el abate y antiguo jesuita Barruel, autor del libro más leído desde finales del siglo XVIII hasta bien entrado el XIX; aunque luego sus hipercríticos le hayan silenciado a través de una auténtica conspiración de menosprecios[19]. Como sobre Barruel hablan muchos que nunca le han leído debo decir ante todo que el célebre y documentadísimo polemista establece (y prueba) una conspiración contra la Iglesia entre los *philosophes* del XVIII a quienes llama sofistas y la extiende a los francmasones; pero cuando habla de manifestaciones anteriores las interpreta como una recurrencia más que como una conspiración formal.

Tampoco voy yo a redescubrir la historia universal desde el siglo I como una conspiración gnóstica. Pero sí creo muy probable que la historia humana/historia de la salvación, es decir la historia de la Iglesia católica en sus primeros veinte siglos de existencia está jalonada desde el propio siglo I de reapariciones paganizantes que pueden calificarse perfectamente como gnósticas; el propio Papa acaba de hacerlo, como hemos visto, en su espléndido libro reciente y además nos ha ofrecido un caso concreto de gnosis actual, el de la secta «New Age». Insisto: las manifestaciones que voy a enumerar no son una conspiración continua pero sí una recurrencia muy sospechosa que puede interpretarse cabalmente como sucesión de episodios en la misma lucha de los hijos de la luz contra el poder de las tinieblas, el Asalto y la Defensa de la Roca.

La gnosis antigua y las herejías con ella conectadas, según acabamos de ver, llenan con sus apariciones todo el período primordial de la Iglesia en el mundo

[19] Abate Agustín Barruel (ex. S.J. *Memorias para servir a la historia del jacobinismo,* ed. española, Vich, imp. Luis Barján, 1870 cuatro vols, enc. en dos.

antiguo, desde el comienzo al fin del Imperio romano, hasta la disolución de la Antigüedad tardía. No hace falta que insistamos más sobre estos ocho siglos de gnosis antigua que penetran, tras la invasión de los bárbaros, en la Edad Media. Donde van a conectar con un fenómeno que se describe adecuadamente como gnosis medieval.

LA GNOSIS MEDIEVAL EN OCCIDENTE Y ORIENTE: ENTRE PRISCILIANO Y LOS CÁTAROS

En éste y los siguientes epígrafes descartamos la rotunda posición de algunos autores que circunscriben la gnosis a la Antigüedad y se niegan a aplicar el concepto a las edades posteriores de la Historia. Son autores respetabas; ya hemos citado a Marías y Ferrater, cabe añadir a Luitpold y otros muchos. El problema podría reducirse tal vez a una discusión terminológica pero nos atenemos a la posición, mucho más amplia (y mucho más intuitiva históricamente) de Juan Pablo II, Augusto del Noce, Etienne Couvert y el equipo de la revista *30 Giorni,* al que puede considerarse como responsable del auge que ha cobrado en los últimos años esta ampliación de la gnosis a las épocas medieval, moderna y contemporánea. Si determinadas apariciones y recurrencias de esos tiempos posteriores ofrecen características esenciales del movimiento gnóstico antiguo –como la convicción del Dios Desconocido y los tirones agónicos del paganismo– ¿por qué no considerarlas abiertamente como gnósticas?. Más aún, entre la gnosis antigua y las posteriores hay claras conexiones de derivación histórica por vía migratoria (caso de los cátaros) y comunicación intelectual expresa, como la devoción de Lutero por los libros del pseudoHermes Trismegisto y las actitudes de Cioran, que escribe en nuestro tiempo como un maestro alejandrino del siglo III y además ha pretendido expresamente esa identificación. «Desde hace dos mil años –se ha dicho– la gnosis se presenta siempre con un ropaje nuevo»[20].

En su citada y magna obra, que necesita urgentemente una reedición española (ya la tiene en Francia) y un serio análisis reivindicativo, el abate Barruel considera a Mani, a quien llama Manes, como un engarce ente la gnosis antigua y la medieval representada por los cátaros y albigenses, los cabalistas, los templarios degradados y las diversas ramas masónicas. Insisto; no presenta a estos fenómenos y sectas como una secuencia de conspiración sino como una recurrencia que no sería sencillo despreciar. Prescindo aquí del posible carácter gnóstico de los templarios degradados; pienso dedicar un estudio próximo a la historia y la leyenda del Temple. Pero el sello gnóstico de las demás recurrencias históricas señaladas por Barruel me parece históricamente innegable.

Debo examinar antes, sin embargo, a un gran maestro gnóstico de Hispania que aun hijo del siglo IV extendió su influencia, no completamente estudiada aún,

[20] *30 Giorni* 68 (1993) 60 s.

hasta bien entrada la Alta Edad Media; me refiero al gallego Prisciliano, obispo de Avila[21]. Logró difundir entre las comunidades cristianas de Hispania, en vísperas de las devastadoras invasiones bárbaras, un movimiento ascético, intelectual y aristocratizante que se articuló con forma y métodos de secta. El concilio de Zaragoza le condenó por sus aspectos mágicos, gnósticos y maniqueos. Denunciado ante el poder imperial Prisciliano fue conducido con algunos discípulos a Tréveris y luego ajusticiado; es uno de los mártires del gnosticismo. El primer concilio de Toledo condenó también a Prisciliano en el 400 pero un tercio de los obispos hispanos seguían considerando mártir al hereje, por lo que la herejía permaneció viva entre las invasiones y requirió intervenciones de dos Papas y varios concilios regionales. La vigencia del priscilianismo se prolongó tal vez hasta el siglo XI, con su doctrina del dios-fuerza, las emanaciones divinas, el panteísmo, el diablo como personificación del Mal y no creado por Dios, el principio maligno de la creación corporal, el sometimiento a los signos del zodíaco.... El jesuita Martín del Río, prestigioso sabio europeo del siglo XVI, resume los rasgos fundamentales de Prisciliano en cita de Sulpicio Severo: «De Prisciliano, introductor en España de la locura de los gnósticos, imbuido de las enseñanzas de Marcos el Egipcio, que fue mago, escribe Severo que se le oyó en doble juicio, siendo convicto de maleficio y de haberse entregado sin reservas al ocultismo.» Cita luego a San Jerónimo: «Prisciliano fue mago estudioso del mago Zoroastro y de mago llegó a obispo»[22].

Pugnaba aún por sobrevivir el priscilianismo en Occidente cuando la Iglesia que iba a convertirse en Cristiandad sufrió otro asalto gnóstico, desde el siglo VIII en Armenia, que provenía de Oriente. Era el paulicianismo, difundido fulminantemente por todo el Imperio bizantino y que dio origen en Tracia a una importante y misteriosa secta, los bogomilas o búlgaros, que avanzó hacia Europa occidental a través de Bulgaria y Bosnia entre los siglos X y XIV. Así se encontraron la marea baja del priscilianismo y la pleamar de los bogomilas en el corazón de Europa[23]. Los bogomilas, así llamados por su gran sacerdote Bogomil, (Teófilo) habían asumido la doctrina pauliciana sobre el dualismo de los principios creadores del bien y el mal, generador éste del mundo terreno y demoníaco; así como la figura de un Cristo angélico enviado a ese mundo. La rama bizantina de los bogomilas transmitió su poderosa carga gnóstica al Imperio oriental donde aún estaba vigente en el siglo XI; el paganismo reptaba bajo la «nueva» y expansiva creencia en el mundo oriental. Ya entonces, y durante el siglo siguiente, la punta más activa de la penetración bogomila se hincó en el sureste de Francia donde originó las sectas de cátaros (los «puros») o albigenses, por la ciudad de Albi que fue su centro de irradiación.

Los cátaros están de moda. Umberto Eco, apoyándose en la formidable red de distribución mundial que le impone, se esfuerza (inútilmente) en presentarnos a los cátaros como los buenos de la gran confrontación medieval que aconsejó a Roma el establecimiento de la Inquisición, fortaleza de «los malos». Umberto Eco, el antiguo fiel tomista, se ha incorporado a la gnosis moderna en *El nombre de la rosa;* volvió a ella en *El péndulo de Foucault.* Los cátaros gozan hoy, entre noso-

[21] Cfr. R. García Villoslada (dir) *Historia de la Iglesia en España* vol. I, Madrid, BAC, 1979 p. 235 s.

[22] M: del Río *La magia demoniaca,* ed. Hiperión, 1991 p. 106 s.

[23] Cfr. A. de Nola *Historia del diablo,* Madrid, EDAF, 1992, p. 92 s.).

tros, de buena prensa y excelente literatura que se suma, con mayor o menor conciencia, a la misión paganizante del catarismo: la lucha contra Cristo, el combate contra la Iglesia de Cristo. No desde esta plataforma militante sino en el gran escenario descriptivo Peter Berling inicia sus grandes novelas del Grial en el corazón de una gran fortaleza cátara. La constelación principal de los cátaros brillaba, con hechos y expresiones de una fe absoluta y fanática, en la antigua Septimania de los visigodos, que fue parte del reino de Toledo; el Languedoc y la Aquitania, con las ciudades de Albi, Toulouse, Carcasona, Montpellier y Béziers. En ese ámbito misterioso se pudo efectuar la conjunción de los bogomilas orientales y los priscilianistas de Occidente.

Ya en un libro anterior, *Historias de la corrupción*[24],me aproximé al sugestivo problema de los cátaros, cuyo nombre griego significa «puros». Los dirigentes, elevados sobre la masa de creyentes, constituían una secta cerrada que despreciaba a los cristianos como infieles. Profesaban una doctrina muy concreta como clave de sus rituales gnósticos. Asumían aspectos esenciales del gnosticismo: la dualidad de los principios bueno y malo, la creación del mundo y el cuerpo por el dios malo, el envío de Cristo, emanación del dios bueno, al mundo para redimirle a través del sacrificio de su cuerpo aparente. Aceptaban lo que les venía en gana del Antiguo y el Nuevo Testamento, creían en la transmigración de los espíritus, abominaban de la procreación (que sólo quedaba para los creyentes inferiores, imperfectos) trataban de destruir al matrimonio y la familia, preferían abiertamente la práctica homosexual para evitar el mal, mucho más grave, de la procreación matrimonial, condenaban los ejércitos y la administración de justicia por lo que se les considera precursores del anarquismo moderno; por más que merecerían ser citados como adelantados del Programa 2.000 propuesto en nuestros días por ese aprendiz de gnóstico que se llama Alfonso Guerra, hoy en situación decadente.

Los cátaros habían heredado íntegramente el pesimismo gnóstico; juzgaban como suprema perfección la práctica del suicidio que solían buscar a través de lo que hoy llamamos huelga de hambre. También era de raíz gnóstica su método iniciático, que se practicaba mediante el «consolamentum», un rito mágico y mistérico. Predicaban la rebeldía contra la Iglesia y las autoridades civiles y desplegaban un proselitismo fanático que les permitió convertirse en movimiento de masas contra el que se lanzaron los Papas, sobre todo Inocencio III, que convocó para ello una cruzada al modo de las que se libraban en Tierra Santa, que destruyó el poder militar de los cátaros en la batalla de Muret (1213) al año siguiente de la decisiva victoria cristiana contra el Islam en las Navas de Tolosa. Los cátaros habían desaparecido –superficialmente– a fines del siglo XIII gracias al tribunal pontificio instituido contra la herejía, la Inquisición, debida al Papa Gregorio IX en 1239 y encomendada a los frailes de la recién fundada Orden de Predicadores, los dominicos. El primer inquisidor para el reino de Francia fue Roberto el Búlgaro, miembro de esa orden y antiguo cátaro. Pero cuando el catarismo se desvanecía surgió en su mismo solar otro movimiento gnóstico, la Cábala.

[24] Barcelona, Planeta, 1992 p. 61 s.

LA GNOSIS BAJOMEDIEVAL: MISTICISMO Y CÁBALA

La atracción por las manifestaciones y el espíritu del paganismo es un impulso gnóstico del que se dejaron llevar los hombres del Renacimiento y su prólogo intelectual, el Humanismo; las figuras del racionalismo y de las dos Ilustraciones, la enciclopédica y la romántico-idealista; y una pléyade de intelectuales de los siglos XIX y XX del pregonero de la muerte de Dios, Nietzsche, a los teólogos de vanguardia Hans Küng y Karl Rahner. El mundo pagano había adquirido perfecciones notables – el canon de las formas artísticas y el ímpetu civilizador de la racionalización, en Grecia; la primacía del Derecho y el sentido de la expansión del poder en Roma. Estas perfecciones humanas, compatibles con una espantosa degradación moral (perfección y degradación contrastan en los propios escritos platónicos, por ejemplo) han ejercido siempre desde entonces una atracción irresistible que se ha vertido en moldes de pensamiento a través de la recurrencia de las ideas gnósticas. Y muchas veces nuestros contemporáneos citan altos precedentes bajomedievales no por la confesión cristiana que profesaron sino en virtud de la comunidad del gnosticismo a través de las épocas.

Este tirón gnóstico que tanto se nota hoy explica, por ejemplo, la fascinación de muchos pensadores actuales por el monje medieval de Calabria, Joaquín de Fiore,que vivió en el siglo XII. Un día creyó ver en su jardín a un hermoso joven que le ofreció la copa de la Revelación como visión del Evangelio Eterno. Viajó a Tierra Santa, dominada ya por los cruzados; y al regreso, establecido en un convento siciliano cerca del volcán Etna, experimentó un éxtasis definitivo de tres días del que salió transfigurado. Anunció desde entonces el fin de la Ley de Cristo que dejaría paso en el año 1260 a la Ley del Espíritu. Vendría por fin la Tercera Edad, el Evangelio Eterno, la Ley del Amor y el tiempo de la Libertad. De Fiore no sufrió molestias por la propagación de sus visiones, a la que contribuyeron bastantes de sus hermanos de la Orden franciscana. Fue considerado como profeta en la Europa de su tiempo y consiguió importantes discípulos en Centroeuropa sobre todo en el siglo XIV: los «Hermanos del Espíritu libre» entre los que destacaron el maestro Eckhart y Tauler. «De hecho –resume Couvert– enseñó la gnosis clásica. El fin de la humanidad es fundirse en Dios por obra del Espíritu y en esa unión el alma del hombre se identifica con Dios»[25].

Por la vida ejemplar de sus portavoces, esta gnosis místico-cristiana de la Baja Edad Media no puede calificarse abiertamente, en mi opinión, como gnosis herética sino como corriente iluminista que se mantuvo fiel al cristianismo; también los grandes místicos españoles del siglo de Oro cayeron bajo injustas sospechas de heterodoxia. Algo semejante conviene decir sobre el discípulo principal de Joaquín de Fiore, el maestro Eckhart, de cuyas expresiones puede deducirse la unión total de Dios y el alma que fue condenada por el Papa Juan XXII en la bula de 1329 pero que puede interpretarse en sentido de unión mística, como explicaron cabalmente los místicos españoles. Los reflejos gnósticos indudables en esta línea de mística cristiana medieval no nos autorizan, en mi opinión, a catalogar tan atracti-

[25] Cfr. E. Couvert, *La Gnose...* II p. 43 s.

va corriente dentro de la historia de la gnosis. Hemos de hacerlo, sin embargo, con la corriente mística y ocultista judía que se desenvolvió paralelamente y que conocemos como Cábala.

Sabemos que la gnosis primitiva contenía elementos del judaísmo, fundidos con los de otras procedencias en el crisol alejandrino. La tendencia a la contemplación mística de la Escritura es una de las características de los sabios de Israel en las diversas épocas de su historia y se acentuó como evasión de la agobiante realidad y opresión cristiana durante las terribles persecuciones antijudías de la Edad Media desencadenadas en el ambiente cruzado de Europa desde finales del siglo XI. En mi libro *El Tercer Templo*[26] que trata de presentar y analizar los momentos esenciales de la historia de Israel, dedico al movimiento místico-cabalista la atención que se merece. Ahora me interesan de ese movimiento sus patentes vinculaciones gnósticas, que pueden rastrearse en textos como el de Jacobo Gaffarel *Profundos misterios de la Cábala divina* al que me refiero en el citado libro. Según la introducción actual de Juli Peradejordi la Cábala nació en el sur de Francia en el siglo XII, Durante el XIII y gran parte del XIV floreció en España, especialmente en Gerona. Hacia el siglo XVI el centro cabalista más importante llegó a ser la ciudad de Safed, en la Alta Galilea; donde se refugiaron muchos judíos de Europa y sobre todo de España después de la expulsión decretada por los Reyes Católicos en 1492. He recorrido sus calles que son las de una judería española, sus barrios distinguidos aún por nombres de las regiones españolas de procedencia. Alzada en lo alto de un monte que domina la orilla norte de lago de Kinneret, fortaleza antes de los cruzados y luego centro del saber tradicional judío y la meditación cabalista, no se borra nunca la emoción de quien la visita, o de quien la contempla desde la falda del monte, junto al lago, en el lugar que parece conservar el eco de las palabra de Cristo acerca de la ciudad edificada sobre un monte, que no puede ocultarse. Era Safed. Desde su nido aguileño de Safed los cabalistas ejercieron una influencia avasalladora sobre todos los pensadores de la baja Edad Media. La Cábala es una reflexión mística, expresada simbólicamente, sobre la Torá, los libros mosaicos de la Escritura, y se articula muchas veces en una trama gnóstica, neoplatónica y neopitagórica tan complicada que necesita, para ser comprendida, algo semejante a una iniciación. El principal elemento gnóstico de la Cábala es la emanación múltiple desde un Dios desconocido e incomprensible que se manifiesta en los «sefirot» (palabra derivada de la castellana «cefiro») donde se revelan misteriosamente rasgos de la vida oculta de la divinidad. Estas emanaciones sefiróticas (de las que tanto provecho metodológico ha sacado ese moderno cabalista llamado Umberto Eco) se disponen en tres columnas: la de la Ira y el Rigor, la del Amor y la Misericordia y la del centro, que es la Justicia, clave de la ley judía. Las columnas de la derecha y la izquierda, Rigor y Misericordia, se identifican con las del templo de Salomón, llamadas Boaz y Jakin, que forman parte esencial de la arquitectura y el ritual masónico. Esta gnosis cabalistica, más espiritual y simbólica que exponente del dualismo grosero, ha ejercido notable influencia en su época y en las posteriores hasta hoy; primero dentro de la tradición espiritual judía de la baja Edad Media y la Edad Moderna occidental, luego en los ambientes del neoplatonismo y el humanismo más o menos cristiano.

[26] Barcelona, Planeta, 1992

HUMANISMO Y RENACIMIENTO: ¿LUTERO GNÓSTICO?

San Agustín, el genial obispo de Hipona, fue un converso del maniqueísmo –el gnosticismo de raíz irania– que transmitió al cristianismo medieval, desde las ruinas del Imperio romano de Occidente a cuya agonía asistió, el mensaje platónico profundamente cristianizado. Agustín es una figura gigantesca de permanente actualidad que, una vez superado el dualismo gnóstico y herético en que se debatió su juventud, mantuvo plenamente, aunque cristianizadas, intuiciones dualistas en su concepción de la vida y la sociedad humana, por ejemplo su fulgurante concepción de las Dos Ciudades, la eterna Ciudad de Dios y la corrupta ciudad terrenal. Sabemos que el neoplatonismo, uno de los ingredientes de la tradición gnóstica, inspiró poderosamente al pensamiento cristiano medieval gracias al influjo de San Agustín y no sucumbió ni siquiera cuando en el siglo XIII, como ya había sucedido en el siglo III a.C., Aristóteles, gracias a Tomás de Aquino, se impuso a Platón. Más aún, ciertas intuiciones y ciertas corrupciones platónicas como la primacía de la homosexualidad (que también habían reconocido los cátaros) y el ideal del colectivismo comunista perduraron más o menos soterradas y han reaparecido varias veces hasta nuestros días en diversos rebrotes de raíz gnóstica.

Uno de los más pujantes fue el humanismo neoplatónico de la Academia fundada por el gran Cosme de Médicis en Florencia como pórtico del Renacimiento a fines del siglo XV. En la Academia florentina se reunieron humanistas primordiales como el cardenal Besarión, que había huido de Bizancio –caída en manos de los turcos en 1453– con numerosos y valiosísimos manuscritos que salvaban toda la tradición del clasicismo; el hipercrítico Marsilio Ficino y el mayor neoplatónico después de San Agustín, Pico de la Mirándola, un gnóstico que apenas se molestaba en disimular sus ideas, que comprendían la mística alejandrina, el culto a la Cábala, la primacía de la Fuerza, el panteísmo y la teoría de la emanación. Todos estos elementos gnósticos fueron vertidos por Pico de la Mirándola y sus colegas de la Academia florentina en el humanismo, un movimiento que sin negar de frente la divinidad ni la convicción cristiana exaltaba al Hombre como medida de todas las cosas según la fórmula clásica; era ya el antropocentrismo moderno, superador del teocentrismo medieval. Si la gnosis representa en la decadencia romana el último frente del paganismo, el humanismo florentino, irradiado a toda Europa durante casi dos siglos, resucitó el ideal pagano no siempre bien disimulado por el ropaje cristiano, aunque puede hablarse también en este tiempo de un auténtico humanismo cristianizado, como el que convirtieron los jesuitas en clave de su enseñanza. Así la tradición gnóstica, que había contribuido a configurar la transición entre el mundo antiguo y el medieval, orientaba ahora desde el centro más genuino del humanismo la transición del mundo medieval al moderno. Desde finales del siglo XV hasta hoy la gnosis se ha incorporado a nuestro horizonte como elemento decisivo de lo que llamamos Modernidad. Los jesuitas combatieron a las órdenes del Papa desde la primera mitad del siglo XVI contra los elementos gnósticos y paganizantes del humanismo renacentista pero se vieron obligados, para no quedar fuera del tiempo cultural, a asumir las formas humanistas de la nueva e irresistible corriente intelectual y artística. Repetirían su combate y su hazaña en el siglo

XVIII contra la primera Ilustración. Frente a la gnosis del siglo XX un sector de ellos, por desgracia, ha decidido sumarse al movimiento enemigo en vez de enfrentarse a él.[27]

Miembro angustiado de la Orden de San Agustín, formado en un ambiente europeo en el que destacaban la degradación de la corte papal romana (de la que fue testigo) y la rebeldía antropocéntrica proclamada por el humanismo, Martín Lutero, profeta y padre de la Reforma protestante en el siglo XVI, se está presentando muy recientemente a una luz nueva; es un intocable para la discusión católica (sustituida por el diálogo muchas veces entreguista) pero es también un gnóstico. Pocas veces he sentido una conmoción interior tan intensa como la que me produjo, en ese doble sentido, el número 53 de la revista *30 Giorni* de 1992.

Antonio Sacci expone en su artículo de ese número bajo el título *Lutero no se toca* la transformación de Lutero por una reciente escuela de pensadores y teólogos católicos después de Sebastián Merkle y Joseph Lortz. Hasta 1939 Lutero era para los católicos el heresiarca por antonomasia, desde su excomunión por la Santa Sede el 3 de enero de 1521. Desde 1939 empieza a considerársele, desde el campo intelectual católico, como un gran teólogo, un gran místico y un reformador auténtico al que no se puede ya ni criticar. Y eso que el mismo Lutero manifestaba al final de su vida en carta a Zwinglio su dolor por la agitación y la confusión que sus doctrinas habían sembrado en la Iglesia.

Pero no me preocupa ahora este neoluteranismo de la moda católica– que no debe extrañar a quienes observamos que algunos católicos y especialmente algunos jesuitas interpretan el diálogo como rendición, sin recibir nada a cambio– sino la dimensión gnóstica de Lutero revelada en el reciente libro (1980) de Theobald Beer, máximo especialista de Lutero en nuestro siglo, como le ha definido el cardenal Ratzinger, que habla a Antonio Sacci y Tommaso Ricci en el citado número de *30 Giorni.*

Beer expone las concordancias profundas entre los escritos de Lutero y aquel evangelio gnóstico que hemos citado ya, los libros del pseudoHermes Trismegisto. Para el cardenal Ratzinger, muy criticado por los católicos filoluteranos de hoy, la obra de Beer es definitiva al desentrañar las raíces neoplatónicas, herméticas y gnósticas de Lutero. El propio Melanchton acusaba a Lutero de ceder a «delirios maniqueos» por los que Lutero recaía en la herejía de que se había salvado San Agustín; así afirmaba que Dios estaba en contra de sí mismo, que se debe conceder al diablo una hora de divinidad, que la maldad debe atribuirse a Dios. La cristología de Lutero alberga elementos de la gnosis; como la coexistencia de divinidad y maldición en Cristo, cuya naturaleza humana se identifica con el pecado, con el mal. Para Beer el pseudo Hermes no ejerció sobre Lutero una influencia superficial sino decisiva «en todos los temas fundamentales» y demuestra esta tesis con textos herméticos que afloran en posiciones luteranas. «Siempre que Lutero se ve perdido se refugia en Hermes», dice. Los ejemplos de afinidad entre Lutero y el pseudo Hermes son «millares». En su utilización de Hermes Lutero es un precursor del idealismo alemán del siglo XIX sobre todo de Fichte, Schelling y Hegel. El gnosticismo de Lutero es de signo alejandrino y tiene los esquemas neoplatónicos y neo-

[27] El lector que conozca mi libro *Historias de la corrupción* (Planeta 1992) reconocerá en los párrafos que preceden y los que siguen bastantes referencias a cuanto allí expuse.

pitagóricos como clave. Toda la teoría de Lutero se basa en una desesperación radical, lo mismo que les sucedía a los gnósticos: la realidad es el infierno y no existe salvación real, ésta es una frase de Lutero, no de Jean-Paul Sartre. Para Lutero, como para los gnósticos, existe una divinidad malvada. El agustino Lutero incurre en una perversión del augustinismo, en una regresión dentro del pensamiento de San Agustín. Y lo más curioso es que mientras muchos teólogos protestantes admiran la penetración de Beer, toda una escuela dominante de pensamiento católico le silencia – es el método habitual para exaltar a un Lutero falseado. Tal vez porque Lutero les ha contagiado, como veremos, su raíz gnóstica, que Lutero transmitió a la que suele llamarse Modernidad, como acabamos de insinuar en algunas citas de autores ya muy próximos a nosotros.

¿GNOSIS EN EL BUDISMO Y EN EL ISLAM?

Dos personajes, uno individual, otro colectivo, merecerían en este momento una seria consideración porque sobre uno y otro se ha abatido la sospecha de contaminación gnóstica. El primero es Erasmo de Rotterdam, príncipe de los humanistas, el intelectual más famoso y respetado del siglo XVI, que reaccionó con sentido hipercrítico contra las innegables aberraciones de la Iglesia católica en su tiempo, se aproximó a Lutero, a quien confirió una legitimación que le era bien necesaria y luego se apartó radicalmente de él al comprobar cómo desbarraba, cómo destruía aquello que pretendía corregir. He de estudiar alguna vez a Erasmo pero no ahora; la tarea es demasiado importante y comprometida como para despacharla con unas cuantas vaguedades. También dejaré para un estudio especial al personaje colectivo, que no son sino los Templarios, de quienes se están escribiendo estudios y libros continuamente porque no han perdido su actualidad desde su extinción violenta y el comienzo de su leyenda. Es inevitable que los templarios se inoculasen de gnosticismo durante su estancia en Oriente pero debe notarse que fueron guerreros y banqueros, no teólogos ni intelectuales. De ellos hablaremos con mucho mayor fundamento en un estudio ya avanzado, porque además el templarismo presenta indudables conexiones, entre la Historia y la leyenda, con la Masonería.

En sus ya citados libros sobre la gnosis el investigador Etienne Couvert ofrece sendos capítulos originalísimos acerca del posible carácter gnóstico de dos grandes religiones universales: el budismo y el Islam. No soy especialista en ninguna de las dos pero los datos y las conclusiones de Couvert me resultan tan enormemente sugestivos que no puedo resistirme a resumirlos aquí.

Toda la vida se nos ha dicho que Buda, Sakyamuni, era un personaje de la India que vivió hacia el siglo VI antes de Cristo, que empezó a difundir entonces mismo su doctrina, extendida a toda el Asia y puesta de moda entre nosotros en este siglo por estudiosos y adeptos occidentales, que practican asiduamente el yoga y siguen los esquemas de oración unitiva y aniquiladora relacionados con el budismo y criticados por el Papa Juan Pablo II en el capítulo que dedica al budismo en el reciente libro que ya hemos citado varias veces. Pues bien Couvert, que ha estudiado muy seriamente los orígenes del budismo, llega a la conclusión de que Sakyamuni vivió nueve siglos después y que su doctrina, el budismo, nació y se extendió a partir del siglo III después de Cristo. La evidencia negativa y positiva, documental y arqueológica que nos presenta en su libro no merece desde luego el desprecio sino una cuidadosa atención.[28]

En breve, ese maestro a quien todo el mundo llama Buda –«El Iluminado»– no es otro que nuestro ya conocido Mani, fundador del maniqueísmo y promotor de la que se ha llamado «segunda oleada gnóstica». Si es así el budismo es primordialmente una forma oriental de gnosticismo, con las mismas raíces del maniqueísmo.

Discípulo de Marción y de Basílides Mani-Buda fue un maestro pero sobre todo un gran organizador. Se denominaba a si mismo «hijo de la Viuda», nombre que tomaron siglos después para sí los masones. Empezaba sus cartas con la fórmula «Manicheus, apostolus Jesu Christi». El nombre de Sakyamuni se refiere a la casta de los Sakyas, es decir los escitas; la región del Occidente (vista desde la India) de donde vino Sakya-Buda, el Iluminado. En la tradición budista afloran, como en la maniquea, muchos rasgos cristológicos. Buda es hijo de una virgen; una estrella apareció en su nacimiento; hay otros muchos detalles tomados de los evangelios gnósticos. Buda ayuna cuarenta días, sufre las tentaciones de Mara, el maligno que le propone el imperio del mundo. Experimenta una transfiguración, predice la destrucción de su ciudad. Un traidor aparece entre sus discípulos. A su muerte se oscureció el sol, estalló la tormenta.

Para Couvert el budismo nació durante el siglo III –la época de Mani– en la región escita y greco-pártica de la Bactriana, límite del imperio de Alejandro. Allí enseñó Mani su doctrina y desde allí se extendió el budismo a la India y luego a toda Asia. Importantes hallazgos funerarios, efigies e inscripciones en antiguos monasterios budistas apuntan a la identidad de Mani y Buda. Los ritos del budismo sólo cobran sentido histórico si se relacionan con el gnosticismo de Mani . La religión del Tíbet, el lamaísmo, reconoce el mismo origen, e incluso el culto de Krishna proviene remotamente del cristianismo . «Es decir –resume Couvert– Asia ha recibido su inspiración religiosa del cristianismo pero de un cristianismo desfigurado por la gnosis maniquea». El budismo pasó, transformándose, a la inmensa China y apareció en Japón reconstruido por el sintoismo.

Una impresión no menos fulgurante recibe el lector no especialista cuando recorre el capítulo siguiente del mismo libro de Couvert, que se dedica a los orígenes gnósticos del Islam. La atribución a Mahoma, un jefe de caravanas elevado socialmente por su matrimonio, de un libro tan complejo que requirió, sin duda, un serio conocimiento del judaísmo, de las vicisitudes de los contingentes y pueblos árabes en la frontera del Imperio romano y el reino sasánida de los partos –los contingentes árabes se incorporaron a uno y otro ejército y acabaron tomando el poder en sus regiones respectivas– y de las corrientes culturales de Oriente medio, especialmente el cristianismo, el judaísmo y el gnosticismo. El autor del Corán dominaba el árabe admirable en que escribe pero también el hebreo y el griego. El Corán se escribe en la época de las grandes convulsiones que provocó el debilitamiento de los imperios bizantino y sasánida; el objeto del libro es separar a los árabes cristianos, muy numerosos, de la doctrina de Cristo y reconducirlos al judaís-

[28] E. Couvert, *La Gnose universelle,* Chiré en Montreuil, Eds., de Chiré, 1993, p. 9 s.

mo, a la ley de Moisés. Su autor tuvo que ser –según Couvert– un gnóstico judaizante que negaba, ante todo, la divinidad de Cristo. Según Couvert, el libro «fue escrito en Siria y para los árabes cristianos de Siria por un cristiano judaizante, posiblemente un monje ebionita. No hay en el libro sagrado mención de Medina, ni de la Meca, ni de la Kaaba; y el Islam naciente sintió una inclinación poderosísima hacia la región siropalestina y hacia la ciudad de Jerusalén, que pronto fue enclave sagrado del Islam. «En 1874 el profesor Harnack declaró que el mahometismo no era más que una lejana derivación de la gnosis judeocristiana y no una religión nueva. Mantuvo después permanentemente esta conclusión fundamental». A la que se suma Couvert mediante un detenido análisis de los temas gnósticos en el libro sagrado del Islam.[29]

Después de la formidable expansión de los árabes, sus intelectuales se convirtieron en transmisores del saber antiguo y también de la gnosis a Occidente, a través del imperio bizantino y sobre todo de la frontera con los cristianos en España. En la ciudad de Toledo, reconquistada por Alfonso VI en el año 1085, se creó un centro internacional de traductores que alimentó gracias al aporte de manuscritos árabes a las nacientes universidades de Europa. Averroes, de fuerte tendencia gnóstica, fue el principal transmisor de Aristóteles a Occidente.

LA ESENCIA GNÓSTICA DE LA MASONERÍA

Creo haber demostrado que la Masonería es esencialmente una forma de gnosis en mi libro *El triple secreto de la Masonería* publicado hace un año en esta misma editorial. Me he remitido a un próximo estudio sobre los templarios para excusarme aquí de su mención pero no pudo negar la conexión entre la Masonería y las Ordenes Militares tal como la estableció el famoso masón caballero Ramsay en la primera mitad del siglo XVIII; en su discurso Ramsay considera a la Masonería como depositaria de los misterios egipcios y otros secretos del paganismo helénico que formaron parte también del trasfondo simbólico de la gnosis. En mi libro que acabo de citar considero al gnosticismo como una de las claves del secreto masónico, cuya negación reiterada por los masones y filomasones es un nuevo indicio de los métodos gnósticos de enmascaramiento. La «oscuridad visible» que es una expresión esencial de los rituales masónicos pertenece al más acrisolado gnosticismo, como la oposición eficiente entre la luz y las tinieblas personificadas; como la respuesta obsesiva sobre la imposibilidad del profano para entender el sentido profundo – es decir la gnosis– de los ritos, símbolos y enseñanzas masónicas. El autor a quien considero como primer tratadista sobre el problema masónico, reverendo Walton Hannah, concluye tajantemente: «La Masonería es gnosis»[30].Y lo explica así: «La intención clara de los trabajos masónicos es ofrecer un sistema simbólico y alegórico para la formación del carácter y de la moral basa-

[29] E. Couvert. op. cit. p. 57.

[30] W. Hannah *Darkness visible,* Devon, Augustine Press, 1952 p. 60

do en modelos paganos, que no puedan chocar y por eso puedan convertirse en la base de una creencia en cualquier religión respetada y así posibilitar la oración y el culto a un Altísimo que pueda equipararse a cualquier deidad».

Venimos exponiendo reiteradamente que la clave de la gnosis es la resistencia pagana al cristianismo; pues esa misma es la clave de la Masonería. Lo expuso con toda claridad el Papa León XIII en su encíclica antimasónica: «Querer destruir la religión y la Iglesia, fundada y conservada perpetuamente por el mismo Dios y resucitar después de dieciocho siglos la moral y la doctrina del paganismo es necedad insigne e impiedad temeraria»[31].

Una prueba palmaria del neopaganismo masónico es el ritual del grado IV de la Masonería inglesa, que he traducido en el libro citado sobre el triple secreto masónico. Esa prueba se contiene en la lectura mística de la alocución correspondiente a la primera cátedra en la que el orador explica el contenido de la Palabra Perdida, que es el oculto y verdadero nombre de Dios. «Es una palabra compuesta –dice el ritual– y la combinación forma la palabra JAH-BUL-ON». Como explica la misma lectura, se trata de un sincretismo entre Jahveh, el dios de los judíos; Bul o Baal, el dios de los siríacos; y On u Osiris, el dios de los egipcios. Es decir, el Dios verdadero invocado al mismo nivel que dos famosos ídolos a quienes los Santos Padres han identificado como figuras de Satanás. No hacen falta más explicaciones.[32] Solamente debemos aludir aquí a una secta templarista-masónica, los en su tiempo famosísimos Iluminados de Baviera fundados por un oscuro y alucinado profesor de Ingolstadt, Adam von Weisshaupt, creador de un movimiento con inequívocas señales de gnosticismo al comenzar el último tercio del siglo XVIII. El abate Barruel nos ofrece en su libro un tratado en regla sobre los Iluminados, que muy pronto invadieron Europa y se fundieron con los ilustrados y masones de Francia. Será otro de los grandes temas históricos de mi libro, en preparación, sobre los templarios entre la Historia y la leyenda.

GNOSIS, ILUSTRACIÓN Y REVOLUCIÓN

Los teólogos alemanes y sus discípulos españoles (que por cierto me parecen bastante acríticos) distinguen dos movimientos de la Ilustración; suelen llamar primera o romántica a la que arranca de Goethe y Fichte; y segunda a la posthegeliana, de Marx para atrás, hasta los comienzos del siglo XX aunque en estos límites advierto poca unanimidad y bastante confusión. No me parece mal hablar de dos movimientos de la Ilustración pero como no me remiro en el ombligo germánico creo mucho más exacto denominar Primera Ilustración al brote del Racionalismo en la segunda mitad del siglo XVII (con la fomulación de la ciencia y el pensamiento moderno como base) y la prolongación del impulso a lo largo de todo el siglo XVIII, con movimientos tan importantes como el empirismo racionalista y

[31] León XIII *Humanun* genus ed. BAC, Madrid 1958 p. 174.

[32] Cfr. *El triple secreto...* p. 340 s.

postcartesiano en Francia e Inglaterra, la racionalización del Derecho en Holanda y de la política en los escritos de Locke, la explosión hipercrítica de Baruch Espinosa y la interesada atribución de toda la gloria ilustrada por los *philosophes* de la Enciclopedia a quienes Barruel llamaba merecidamente sofistas. Reservo el nombre de Segunda Ilustración para la sucesión formidable del idealismo germánico, iniciada, a partir de Kant, por Fichte y Schelling, culminada por Hegel y despeñada en la revolución atea e irracional por Marx.

Vamos a volver sobre ese complejo entramado de corrientes de pensamiento y cultura en los dos capítulos siguientes bajo el enfoque de la Modernidad y la Revolución. Etienne Couvert ha propuesto muy lúcidamente el carácter gnóstico de muchas de esas lumbreras de la Razón y la Ilustración. Si quisiera ahora tratar el problema extensamente necesitaría escribir todo un libro, con lo que se desbordaría el propósito de éste. Para algunos analistas de la Historia, como el propio Couvert, Renato Descartes no solamente es un gnóstico cabal sino que además se le puede considerar como la conexión entre la gnosis antigua y la moderna[33]. Pero Couvert toma parte, muy amenamente por cierto, en la Historia que escribe y casi considera enemigos personales (y por tanto grandes gnósticos) a Descartes y al padre Teilhard de Chardin por quienes el autor de este libro siente profunda devoción. No creo que ni Descartes ni Teilhard deban definirse como gnósticos porque fueron grandes cristianos, católicos profundos y nunca infectados ni por la sombra del paganismo que acompaña a la gnosis. La Iglesia ha rehabilitado a Teilhard y Juan Pablo II, en su citado libro, no duda del catolicismo de Descartes, aunque le reprocha haber abierto los caminos del subjetivismo y del idealismo. Hablaremos de Descartes pero no me resigno a que nos desprendamos de los grandes cristianos para entregar su figura al enemigo.

Couvert detecta, con mayor carga de razón, huellas profundas de la gnosis en la literatura del Gran Siglo de Francia, el siglo XVII[34]. Nuevamente los rasgos gnósticos se conjugan con un retorno del platonismo, como en los casos de Mabillon y sobre todo de Fénélon, maestro e inspirador del caballero Ramsay, renovador de la Masonería. La crisis jansenista que dividió a la Iglesia de Francia y se extendió por la Europa de los siglos XVII y XVIII es una forma de gnosticismo, por la austeridad aparente y agresiva de los adeptos a la doctrina de Jansenio, por su carga indudable de maniqueísmo, por su aproximación tardía al protestantismo; la gran figura del jansenismo, Blas Pascal, puede describirse adecuadamente como un gnóstico y no tiene nada de extraño que todo el movimiento jansenista encabezase la lucha contra los jesuitas que entonces se distinguían por su fidelidad inquebrantable a Roma. Las grandes figuras filosóficas del Racionalismo –que es la primera fase de la primera Ilustración– fueron sin duda Leibniz y Espinosa, que también ofrecen caracteres de gnosticismo sobre todo el gran judío hispano-holandés; volveremos sobre los dos en el siguiente capítulo.

El movimiento enciclopedista francés del siglo XVIII, que ha pretendido monopolizar el término de Ilustración, y que preferimos incluir aquí como la fase «sofística» de la primera Ilustración, está muy emparentado con el gnosticismo moderno. Primero porque todos sus portavoces y adeptos profesaban el deísmo,

[33] E. Couvert, op. cit., I p. 7 y 57.

[34] E. Couvert, *La Gnose universelle,* III p. 91.

que consiste en alejar y relegar a Dios a las tinieblas exteriores de lo incognoscible, con lo que le equiparan al dios de los gnósticos. Segundo porque los enciclopedistas se emparentaban con el auge de la nueva Masonería especulativa, creada precisamente a principios del siglo XVIII y el más espectacular de todos ellos, Voltaire, el máximo enemigo de los jesuitas, de la Iglesia y del Dios de los cristianos, ingresó, como remate simbólico de toda su carrera, en la famosa logia parisina de las Nueve Hermanas.

Hans Graf Huyn, en uno de los más penetrantes ensayos de nuestro tiempo ha rastreado el impulso totalitario en el *Contrat social* de Rousseau. Pues bien, dos burdas seudo-religiones de la Revolución francesa, la Religión de la Razón y el ridículo ritual del Directorio son netamente gnósticas, como la línea principal del idealismo alemán, al que consideraron sus protagonistas, como recuerda Huyn, «la versión intelectual de la Revolución francesa»[35]. El abate Barruel, cuyo análisis documentado sobre las relaciones entre los que llama filósofos sofistas y la Masonería del siglo XVIII me parece irrebatible, demuestra la importancia de los Iluminados de Baviera (el término «iluminado» es gnóstico-maniqueo) en los ambientes pre-revolucionarios de Francia. El movimiento de Weisshaupt, cuyos adeptos se ufanaban también del nombre de «teósofos» – del que se apropiará otra importante corriente del gnosticismo moderno, la que dará origen a la *New Age* denunciada por Juan Pablo II– se incorporó a la Masonería y estableció una efectiva conexión con los enciclopedistas de Francia por medio de Mirabeau, el fundador del más famoso club de la Revolución francesa en el convento de los Jacobinos, nombre con que se conocía en Francia a los dominicos. Esta conexión es para Barruel, y no será fácil desmontar su tesis, la clave del jacobinismo, alma de la Gran Revolución.

Augusto del Noce, el gran pensador italiano, se ha referido profundamente a la pervivencia y la recurrencia de la gnosis y a él se debe principalmente la introducción del debate de nuestros días sobre ese fenómeno[36]. «Lo que caracteriza al mundo actual –dice– es el descubrimiento de la oposición total entre cristianismo y gnosticismo. El espíritu revolucionario total es la versión secularizada del ascetismo gnóstico. El mundo presente está tan podrido, para los revolucionarios radicales, las condiciones de la humanidad son para ellos tan miserables y despreciables que la destrucción del orden universal se hace necesaria.». La corrienteanarquista que estalló en el siglo XIX y ha rebrotado en España hasta 1939 y en movimientos confusos como la rebelión juvenil de 1968 reconoce esa raíz gnóstica que también informó la obra de Marx a través de la interpretación materialista de la doctrina hegeliana. «La idea de la revolución total –dice Del Noce– lleva consigo el rechazo radical de la sociedad existente y el mito de un estadio final perfecto». Es el mito escatológico del marxismo; pero es también la inspiración destructora y nihilista propia de la tradición gnóstica, en la que abrevan los teóricos radicales de un nuevo socialismo presuntamente democrático como el miembro más famoso e influyente de la Escuela de Frankfurt, Herbert Marcase, para quien la liberación será el resultado de la destrucción de todo tipo

[35] *Seréis como dioses,* Eds. de la Un:versidad de Navarra, 1991, p. 27 s.

[36] A. del Noce *Violenza e seccolarizacione della gnosi* en VV.AA., Brescia, 1980 p. 215 apud Massimo Borghesi, *30 Giorni,* 52 (1992) 50 s.

de orden, el gran rechazo del 68. Ya hemos encontrado otra palabra mágica para la historia de la gnosis moderna: liberación.

LA GNOSIS ESTÁ ENTRE NOSOTROS

La gnosis moderna arranca, en mi opinión, de Immanuel Kant, el gran filósofo que engarza la primera y la segunda Ilustración, a caballo entre los siglos XVIII y XIX. Kant, como veremos, declara a Dios incognoscible para la razón pura, aunque su sentimiento cristiano le impulsa al redescubrimiento de Dios por la razón práctica. Ya tenemos de nuevo al Dios Desconocido de los gnósticos tanteado de lejos en la misma fuente del pensamiento contemporáneo. Creo que Couvert tiene mucha razón cuando señala que la gnosis moderna llega a su plenitud en Hegel y depende de Platón, como siempre, pero a través de Hegel. Esta es hoy una tesis aceptada en el campo cristiano anti-gnóstico[37]. Como sus grandes predecesores del idealismo alemán Hegel se vincula a la tradición platónica y rechaza la aristotélica; va a generar, por la izquierda, el totalitarismo marxista y por la derecha el totalitarismo fascista porque tanto Marx como Mussolini se declararon expresamente discípulos suyos. Del Noce llama con razón a Hegel «verdadero arquitecto de la gnosis moderna» y en tal sentido deben interpretarse las consideraciones que haremos sobre el idealismo alemán en el capítulo siguiente.

Por su parte, Couvert ha desenmascarado los influjos gnósticos en el pensamiento y en la gran literatura francesa del siglo XIX. Incluso en las corrientes del tradicionalismo conservador –de Maistre, de Bonald, el primer Lamennais– advierte una inconfundible veta gnóstica, que puede explicar en parte el despeñamiento posterior de Lamennais. En el mundo literario se inscriben en el retorno gnóstico figuras como Taine, Zola, Baudelaire –discípulo de Hermes Trismegisto– y sobre todo Víctor Hugo, que con de Vigny y el historiador Jules Michelet se relacionan también con la reviviscencia del satanismo en la Europa moderna; y Satán es objeto predilecto de la gnosis[38].

Para muchos lectores esta denuncia de los pensadores católicos de hoy contra la gnosis moderna constituirá una sorpresa tan grande como la experimentada por el autor de este libro al comprobarla. Nunca pude sospechar una invasión gnóstica tan amplia desde los hondones de la Historia negra del cristianismo pero no puedo ocultar la realidad. La teoría de la muerte de Dios, punto central en el pensamiento de Nietzsche, es de inequívoca raigambre gnóstica; y los promotores europeos de la teología cristiana (protestante y católica) llamada de la liberación dependen de Nietzsche, de Marx y de la Escuela marxista de Frankfurt abiertamente; ya hemos señalado las conexiones gnósticas del jesuita Karl Rahner y un miembro de la Escuela de Frankfurt, Ernst Bloch, conecta directamente con un promotor de la teología de la liberación, el teólogo protestante Jürgen Moltmann. La teología de la

[37] E. Couvert, op. cit., I, p. 48, *30 Giorni* 86 (1994) 62 s.

[38] E. Couvert, op. cit., II p. 161 s.

liberación me parece en algunos aspectos, como su propensión al colectivismo, neoplatónica en el peor sentido del término; y el jesuita español que lanzó a las mesnadas del liberacionismo católico marxista a la conquista de Iberoamérica en el congreso celebrado en El Escorial en 1972, del que trataremos ampliamente, Alfonso Alvarez Bolado, expone una evidente tesis gnóstica en su libro de 1975 *Dios y la ciudad* (Eds. Cristiandad, p. 109) : «Sólo entonces, cuando ella misma (la Iglesia) haya comprendido su propio papel en el proceso de liberación de Dios, podrá sin miedo y sin adaptación discernir los espíritus y llegar a tener una relación abierta y crítica con los movimientos actuales de liberación». Cuatro años después de ese libro, en 1979, los compañeros de su autor iniciaban una relación no demasiado abierta ni crítica con uno de esos movimientos: el gobierno sandinista, es decir, marxista-leninista de Nicaragua, del que formaban parte varios sacerdotes y religiosos, sin excluir a los jesuitas.

«Una parte importate de la Modernidad –amputa Del Noce– se piensa a sí misma a partir de nociones gnósticas fundamentales». El hombre moderno se acostumbra a sentir indiferencia hacia su destino personal abocado a la muerte. «Para la metodología gnóstica de la Modernidad –dice Del Noce– la liberación está en el paso a lo universal, lo colectivo, lo general, donde la existencia individual se vuelve al fin indiferente. El ideal de la vida es la Revolución que sustituye el yo por el nosotros, el individuo por la colectividad». Esto es un claro reflujo platónico, una apoteosis de colectivismo marcado por Marx como hegeliano y como gnóstico, no como pensador de origen liberal. «El ateísmo moderno –rubrica Del Noce– no es nada más que la evolución, la disolución del cristianismo en la gnosis».

Los gnósticos, pues, están entre nosotros. Y los pastores de la Iglesia –al menos en España– no han dicho una palabra sobre el peligro de la gnosis; claro que tampoco nos han informado, después de 1937, en España, sobre los peligros del marxismo. La secularización exacerbada, dogma de la mal llamada Modernidad, es –acabamos de verlo en una cita de Del Noce– una intuición gnóstica; no en vano la gnosis antigua fue el último esfuerzo del paganismo para sobrevivir al impulso cristiano. La mal llamada teología de la secularización que abrazan como un solo hombre los pensadores y publicistas católicos «progresistas» no es, para Del Noce, más que «la prisión gnóstica del cristianismo». Pero un gran diario español, el primero de todos, *El País,* es un abanderado de la secularización y mantiene, en problemas de religión e Iglesia, una línea netamente gnóstica sin que la Iglesia española haya dado la señal de alerta; más aún, los responsables de sus medios de comunicación en los años ochenta se empeñaron en que el diario católico «Ya» tomase como modelo al diario gnóstico. Los gnósticos están entre nosotros; en los primeros siglos (y en el XVIII) pueden señalarse muchos nombres de obispos gnósticos y algunos de ahora son, cuando menos, tolerantes con la gnosis. Voy a cerrar este capítulo con la consideración de algunos escritores gnósticos de hoy, que influyen notablemente en el mundo de habla hispana por la difusión excepcional de sus libros. Por supuesto que podría incluir aquí la larga lista de publicistas masónicos, que son gnósticos por definición, a la que cabría añadir el enfervorizado manípulo de los jesuitas filomasónicos, a los que me he referido muchas veces en mis libros. También cabría tomar bastante más en serio al reciente Catecismo romano y subrayar el absurdo irracional, de cuño gnóstico, que se conoce como «astrología» y aparece continuamente en los medios de comunicación en torno a los signos del zodíaco y su influencia en el destino de los hombres; los adictos a esta monserga zodiacal no reparan en que los signos de la Eclíptica han variado sustancialmente su posición desde que fueron marcados en el cielo por los magos orientales y ahora constituyen, con todo su papanatismo, el último residuo popular del gnosticismo en la vida actual.

Fernando Sánchez Dragó, mi admirado amigo, es de origen gnóstico pero liberado por dos profundas fuerzas contrarias; su redescubrimiento sustancial del cristianismo, tal vez toda una conversión, y su original intuición occidentalista que no sólo se niega a rastrear la traslación del pensamiento mágico de Oriente a Occidente sino que lo ve nacer en las fosas perdidas de la Atlántida y caminar hacia Oriente. Dije una vez que es un escritor con todo el encanto del gnosticismo pero bien vacunado de sus peligros.

No diré lo mismo del recientemente fallecido Isaac Asimov, el prolífico escritor de ciencia ficción (con interesantes incursiones en el campo de la Historia) que se declara agnóstico, pero me parece un gnóstico de versión judía; por cierto, no me explico que con motivo de su muerte se haya querido ocultar su origen judío. Descripciones suyas como la del planeta hipercolectivo Gaia y la figura de profeta Seldon con su invento de la psicohistoria me parecen gnósticas en alto grado, pese a lo cual me he extasiado, como todo el mundo, con la tetralogía de la Fundación.

Otro gnóstico de tomo y lomo (nunca mejor aplicado el calificativo) es Umberto Eco desde que abandonó el aristotelismo al estudiar la estética de Santo Tomás, él sabrá por qué. Su *Nombre de la Rosa* trata de prostituir como gnósticos algunos movimientos espirituales y algunas personalidades cristianas que creíamos inmunes a tan impúdica audacia; lo intenta pero no lo consigue, aunque nos sugiere una raíz gnóstica del nominalismo medieval, estupendo problema con el que no he querido abrumar al lector, pero sin que Umberto Eco ande por él tan descaminado como en otros campos. *El péndulo de Foucault* es una proclamación gnóstica, aunque trata de presentarse como un *pot-pourri* sobre la historia del esoterismo. El daño potencial de Eco sobre el lector no bien formado se reduce muchísimo porque el lector no bien formado nunca será capaz de entender una sola palabra de los libros de Eco, aunque sí de comprarlos.

Un escritor y periodista español de éxito permanente es Juan José Benítez, maestro gnóstico genuino con su nutrida cuadra de caballos de Troya y las demás obras que conozco, creo que son todas, y por encima de todas *La rebelión de Lucifer.* Tampoco creo que haga daño porque las gentes no le siguen por su evidente gnosticismo sino por su magia literaria para la fantasía ultraterrena. Ha sabido conectar con el vacío popular ante lo misterioso y con la peligrosa incapacidad que muestra nuestro clero para hablar con los peces y los pájaros, como hacía San Francisco de Asís cuando se hartaba de los hombres.

Sin embargo el asalto frontal de la gnosis antigua, en toda su crudeza, al pensamiento moderno lo ha hecho entre nosotros un curioso autor rumano, E.M. Cioran, en la primera parte de su libro, muy difundido por la editorial Taurus en 1974 *El aciago demiurgo,* que indirecta pero visceralmente demuestra el gnosticismo visceral de su traductor, Fernando Savater y de su editor, Jesús Aguirre, hoy duque de Alba. La verdad es que el libro se me había olvidado completamente cuando me interesaba menos por los vericuetos de la gnosis pero al releerlo hace pocos años me dejó mudo de asombro. No se trata de un reflejo gnóstico o de una adaptación del horizonte actual al gnosticismo. Es sencillamente el gnosticismo puro y duro, por vía de aserto dogmático, a golpe de afirmación infundada, una especie de manual de gnosticismo barato sobre cómo hacerse gnóstico en una jornada de lectura. Ni una palabra de traductor y editor para enmarcar históricamente el relato, que hubiera servido admirablemente para fascinar a las matronas romanas del siglo IV recién llegadas a la menopausia. Que este engendro, con su dios bueno e impotente, su demiurgo malísimo creador del mundo malo y su demonio como delegado general del demiurgo entre los hombres, su pesimismo rabioso y su culto al suicidio, tuviera en su momento resonancia aceptable entre los medios intelectuales del antifranquismo y el «progresismo» dice más sobre la ramplonería de los medios intelectuales del antifranquismo y el «progresismo» que cualquier capítulo directo de historia cultural contemporánea. El 20 de junio de 1995 ha fallecido Cioran en París. Tanto el suplemento «cultural» de *El País,* («Babelia») como su imitador acomplejado, el cada vez más torpe *ABC cultural,* han olvidado la entraña gnóstica del escritor en sus burdas improvisaciones necrológicas.

Los gnósticos están entre nosotros. Por su permanente infiltración en la literatura, en la filosofía y en los medios de comunicación, sobre todo en sus secciones culturales, a veces tan olvidadizas con sus propios ídolos. Por su pervivencia en la Masonería, en el marxismo más o menos vergonzante, en los reductos del espíritu y la práctica anarquista, en los medios corruptos de la Internacional Socialista, en el complejo frente del asalto a Cristo y a su Iglesia. Los gnósticos están entre nosotros. Desde los comienzos de la Iglesia hasta el día final.

CAPÍTULO 3

LA IGLESIA ANTE LA MODERNIDAD (SIGLOS XV-XVIII)

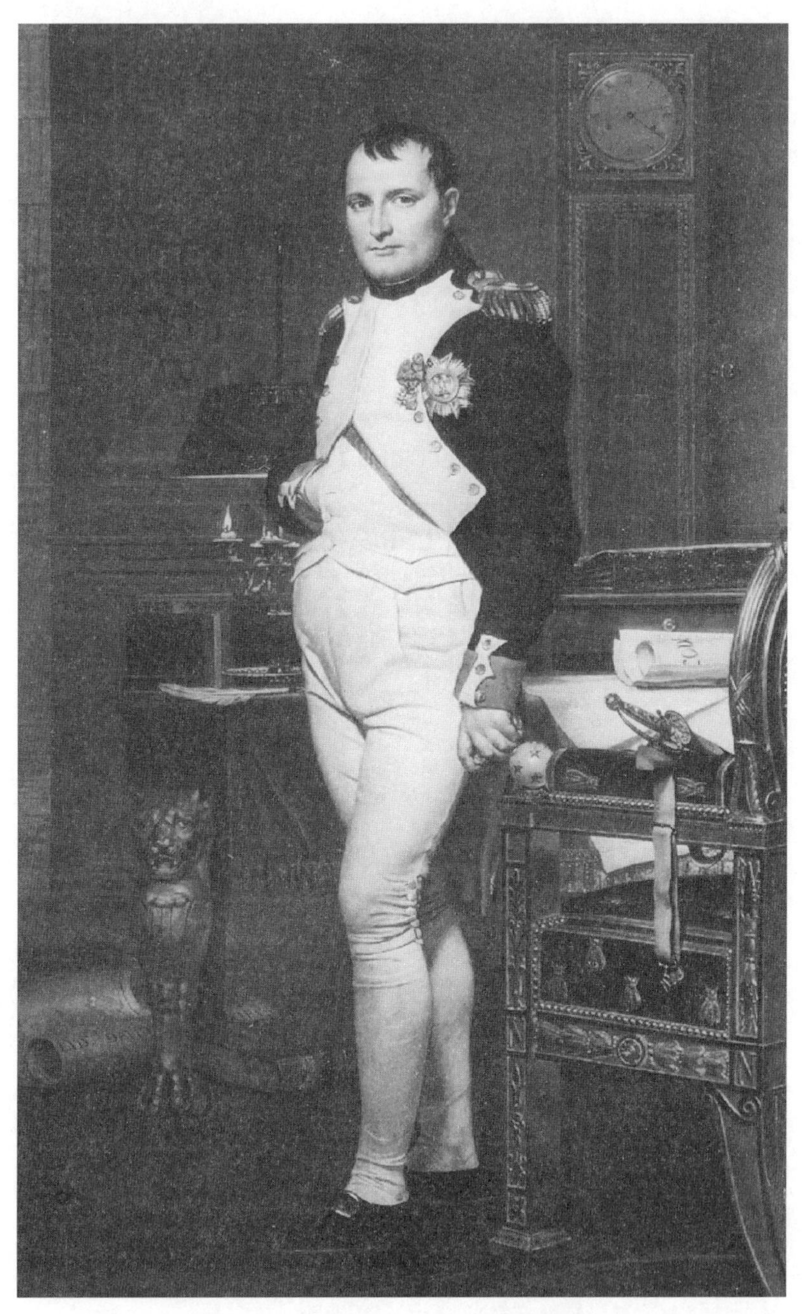

La Modernidad (es decir, la Edad Moderna) se abre a mediados del siglo XV y llega, para muchos, hasta nuestros días. La cumbre de la Modernidad es, para muchos, la Revolución Francesa, cuya herencia recogió y encarnó Napoleón Bonaparte. Pero aquella orgía de sangre, que proclamaba los Derechos del Hombre mientras aniquilaba a cien mil franceses y un millón de españoles, no era la Modernidad sino la degradación de una Modernidad que empezó con el Humanismo y el Descubrimiento de América.

QUÉ ES LA MODERNIDAD

Modernidad es una palabra reciente en el sentido que hoy circula, aunque sus huellas latinas sean remotas. Pero en el esclarecedor diccionario de filosofía del profesor Ferrater Mora (Alianza Editorial 2ª ed. 1990) ni siquiera figura el térmi no, aunque su significado actual dentro del mundo del pensamiento se incluye como una acepción de la palabra «modernismo». Mi edición del Diccionario de la Real Academia Española, que es la de 1970, sí incluye la palabra «Modernidad» definida como «calidad de moderno». Vayamos pues a «moderno» cuyo origen hace remontar el Diccionario al «modernus» de Casiodoro; el Diccionario refiere primero el adjetivo a una época («edad moderna») y entre sus varias definiciones nos atenemos a la sexta: «Lo que en cualquier tiempo se considera como contra puesto a la clásico».

El uso del término «moderno» en ese sentido, que es el actual, se generalizó en el siglo XIV dentro de las disputas de las escuelas filosóficas en las Universidades europeas. Desde el bando opuesto, el del pensamiento escolástico tradicional, lo «moderno» que comprendía al nominalismo del que hablaremos, adquiría un cierto tufillo de sospecha y aun de heterodoxia. El mal sentido se trocó en bueno durante el siglo XVIII, surcado por la famosísima «disputa entre antiguos –escolásticos, tradicionales– y modernos», es decir racionalistas, ilustrados y científicos. Julián Marías se ha referido profundamente a esta disputa en su artículo titulado precisa mente así, «Antiguos y modernos» publicado en «ABC» de Madrid el 25 de febrero de 1993; los «modernos» eran, para sí mismos, los ilustrados, los llamados por antonomasia «filósofos» frente a los tradicionales, teólogos y reaccionarios. La distinción, que durante la baja Edad Media era más bien descriptiva, se convierte durante el siglo XVIII en agresiva y beligerante.

El neomarxista Jürgen Habermas, único superviviente de la Escuela de Frank furt, en *El discurso filosófico de la Modernidad*[39] sugiere que el término «Modernidad» no se aplica hasta la segunda mitad del siglo XIX y dentro del ámbito de las bellas artes. En el campo del pensamiento no se generaliza hasta el último tercio del siglo XX como indica su exclusión del Diccionario de Ferrater, que suele ser una referencia de alta seguridad. En los años ochenta se usa y se

[39] J. Habermas, *El discurso filosófico de la Modernidad,* Taurus, 1898, ed. alemana 1985.

abusa de él, no se habla de otra cosa. Los socialistas españoles toman como bandera desde su triunfo en 1982 «incorporar España a la Modernidad»[40] y lo siguen repitiendo mecánicamente a pesar de los pesares. Sospecho que si Habermas hubiera escrito su libro cuatro años después, es decir tras la caída del Muro de Berlín, seguramente hubiera cambiado sustancialmente sus contenidos. En fin, aunque como hacen hoy casi todos los autores hablemos en este libro de Modernidad como «talante de la Edad Moderna» quede claro el tiempo en que ha hecho explosión el vocablo.

El presente capítulo tiene, en el conjunto y la especialización del libro, cierto carácter de síntesis preliminar y por eso no deseo sobrecargarle de citas superfluas. Pero debo aludir a dos autores de muy diversa procedencia y alcance que coinciden en esa definición de Modernidad que acabo de proponer como «talante de la Edad Moderna». Uno es José M.G. Gómez Heras en su interesante estudio *Religión y Modernidad*[41] que inicia con la consideración de Martín Lutero; otro es el profesor socialista Ignacio Sotelo, que inscribe a la Modernidad en el mismo ámbito de este capítulo (como también hace al autor que acabo de citar) aunque prácticamente la identifica con la secularización, lo cual es una idea tan extendida como discutible (Cfr. su art. *Sin razón para la esperanza,* Madrid, El País, 1 de abril de 1984, p. 11). Son ejemplos que muestran el claro consenso dentro del que hoy se mueve la utilización del término y la idea de Modernidad. Por mi parte no tengo inconveniente en aceptar ese marco, pero recortándolo, frente a algunos autores, hasta fines del siglo XVIII; durante la época siguiente, que llamamos contemporánea aunque no deja de ser Edad Moderna, se «dispara» por así decirlo la idea de Modernidad pero implicada con otra de mayor fuerza, que es la de Revolución. Por otra parte tampoco suscribo la fijación de la Reforma protestante como inicio formal de la Modernidad, ni mucho menos; la Edad Moderna comienza en el siglo XV, con antecedentes claros en el siglo anterior; su primer movimiento es el Humanismo, no la Reforma. ¿Fechas?. No sé si tiene sentido fijar fechas para el comienzo de una época histórica de onda larga pero, al menos como símbolos, cabría elegir la caída de Constantinopla en 1453, conjuntamente con la invención de la imprenta y el comienzo de las grandes navegaciones atlánticas, que son además prácticamente coincidentes. El Humanismo nace, como es sabido, en el siglo anterior, es un movimiento precursor de la Modernidad, que durante el siglo XV se hará determinante.

Por último debemos destacar algo muy importante. La Modernidad, es decir la eclosión, el desarrollo y el talante de la Edad Moderna, no es solamente, como ya he insinuado, un movimiento agresivo, negativo, peyorativo; un frente exclusivo del asalto a la Roca. La Iglesia no fue enemiga de la Modernidad sino en gran parte su promotora. Otra cosa es que los enemigos de la Iglesia, los frentes del asalto a la Roca, utilizasen contra la Iglesia casi todos los elementos de la Modernidad, que también se emplearon lúcida y eficazmente en la defensa. La interpretación peyorativa fue acuñada por los «philosophes» del siglo XVIII que también pretendieron monopolizar el nombre de ilustrados como todavía hoy

[40] Congreso XXXI doc. base n. 5.

[41] Córdoba, Cajasur, 1986.

intentan sus epígonos. Pero eso no es cierto en modo alguno. Este quiere ser desde el principio un libro optimista, y no catastrofista aunque tenga que detenerse muchas veces en el análisis de catástrofes.

Ya ha advertido el lector que en este capítulo –y en los siguientes, hasta el fin del libro– volvemos bajo una nueva óptica y con mucho mayor detenimiento a períodos históricos y problemas de pensamiento, cultura y religión que ya hemos anticipado, bajo la óptica de la gnosis, en el capítulo anterior. No se trata de repetir nada sino de conseguir nuevos enfoques para un conjunto tan complejo de problemas como es la historia de la Iglesia en el contexto de la historia de la Humanidad y de esa lucha entre los hijos de la luz y el poder de las tinieblas en que hemos situado el sentido profundo de esa historia. Mantiene toda su validez cuanto hemos advertido e insinuado sobre la gnosis y en algunos momentos lo recalcaremos. Pero el objeto de este libro es reflexionar sobre la historia de la Iglesia en nuestro tiempo ante la Modernidad y la Revolución, una y otra transidas, como hemos anticipado, por el pensamiento gnóstico y la recurrencia gnóstica.

EDAD MEDIA Y CRISTIANDAD

Un breve apunte sobre la Edad Media resulta imprescindible para comprender el nacimiento de la Modernidad. El pueblo cristiano de la Edad Media, guiado por sus maestros, fue plenamente consciente de su ser como Cristiandad, que suele identificarse con la plenitud de la Edad Media pero que gracias al idealismo quijotesco de España se prolongó durante toda la época del Barroco, hasta mediados del siglo XVII. La Cristiandad era «el nombre dado durante la Edad Media y hasta el siglo XVI al conjunto de los países que profesaban la fe cristiana y estaban regidos por príncipes cristianos. En el siglo XVI, habiéndose dividido esos países y comenzado a propagarse la Cristiandad allende el Atlántico y en otras partes, el antiguo conjunto de Cristiandad recibió el nombre profano de Europa»[42]. La Cristiandad y Europa son, en decisiva parte, creaciones de la Iglesia católica, desde que San Benito de Nursia trazó durante el siglo VI, cuando aún no había cuajado la síntesis romano-bárbara, su fabulosa red de monasterios para afirmar y extender la fe de Roma, en los que se preservó y retransmitió la cultura de Occidente como una consecuencia y un vehículo del impulso cristiano. Luego la irrupción del Islam y la separación religiosa del Imperio romano de Oriente a fines del siglo IX obligó a la Iglesia católica a replegarse al centro, norte y oeste de Europa mientras se le cerraban los horizontes y lo caminos de Asia y de Africa, hasta que los portugueses y los españoles, asombrosamente, creasen caminos nuevos por los que la Iglesia llegó a implantarse en el Occidente atlántico y en puntos sensibles de Extremo Oriente. «Con el siglo XII –dice el historiador eclesiástico Hertling– empezó aquella sencillez cultural de los pueblos cristianos profundamente impreg-

[42] O. de la Brosse et al. *Diccionario del Cristianismo,* Barcelona, Herder, 1974 ad verbum.

nada de espíritu eclesiástico que aún hoy nos parece indisolublemente ligada a la idea de Edad Media»[43]. La Cristiandad fue un conjunto y una época revalorizada legítimamente por el Romanticismo, no siempre con tino. La Edad Media fue, por encima de todo, una época de fe profundamente vivida por el pueblo, impregnada de religiosidad auténtica y de un fuerte sentido de unidad sin fronteras, así lo demuestran fenómenos históricos como el de las Cruzadas, nacidas precisamente en la lucha de los reinos cristianos de España contra el Islam expansivo; o el del Camino de Santiago, que ahora revive con fuerza en nuestro siglo. Los siglos medievales no pueden caricaturizarse sin más como siglos de hierro o Edad Oscura. Se representan mucho mejor en los capiteles del arte románico, que combinan la fe con la sátira e incluso con la aberración. La Cristiandad medieval produjo instituciones admirables de religión, como las grandes Ordenes monásticas y mendicantes, y de cultura, como las Universidades que brotaron de las escuelas catedralicias. La Iglesia de la Edad Media –y en tiempos anteriores y posteriores– ejerció heroicamente la beneficencia como aplicación práctica de su mandato de amor. Una rutilante teoría de santos y santas ilumina todavía hoy al mundo desde el firmamento de la Edad Media. Pero ese firmamento fue velado muchas veces por las tinieblas de una corrupción espantosa, en los peores sentidos del término. Los Papas degenerados e incluso asesinos del siglo X no fueron, por desgracia, más que ejemplos repugnantes de una Iglesia que contaba en lo alto y en lo bajo con miembros podridos. La corrupción, la simonía, la degradación cundieron también en los siglos llamados de la Baja Edad Media, y suscitaron igualmente un clamor universal de reforma. En mis libros *Historias de la corrupción* (Planeta 1992) y *Os acordaréis de la Doncella,* biografía de Juana de Arco en su tiempo (Planeta 1993) he descrito aspectos hirientes de esa corrupción –y las glorias de esa fe– en la Iglesia medieval. El fenómeno de las Cruzadas resultó una mezcla detonante de fe, de heroísmo, de egoísmo y de abyección; los cruzados no sólo perdieron su reino de Palestina y Siria sino que aniquilaron al Imperio romano y cristiano de Oriente. La Cristiandad es un hecho complejísimo que no puede ni simplificarse ni ridiculizarse.

Porque su innegable vitalidad se demostró, además, en su carácter expansivo. Desde la aventura de las Cruzadas (cuya directriz, pese a tantas aberraciones fue profundamente espiritual de principio a fin) a las misiones para la evangelización de los infieles en los siglos XV y XVI la Cristiandad tuvo, sí, que mantenerse a la defensiva frente a poderosas fuerzas de origen asiático por el Este y por el Sur, pero aprovechó el juego de fuerzas mundiales, según los criterios de la época, para evangelizar, gracias a España, Portugal y Francia, al continente americano donde hoy viven la mitad de los católicos. Quienes hoy pretenden abominar de aquella empresa con criterios actuales incurren demasiadas veces en anacronismo y aun en estupidez, aunque esta opinión nuestra no intente, ni mucho menos, interpretar la evangelización de América como empresa de ángeles, sólo de hombres.

[43] L. Hertling, *Historia de la Iglesia,* Barcelona, Herder, 1986, p. 199.

Ya hemos anticipado que la figura de San Agustín de Hipona, converso del maniqueísmo gnóstico al cristianismo, gozne entre la agonía de Roma y los nuevos tiempos medievales, neoplatónico en cuanto a concepción cultural pero transido de fe cristiana y uno de los pensadores esenciales de la Humanidad, fue sin duda el gran inspirador del pensamiento cristiano en la Edad Media. El pastor y pensador que puede considerarse como gran discípulo histórico de Agustín, es decir el piamontés Anselmo, arzobispo de Canterbury, (1035-1109) es otra clave personal de la Cristiandad y otra conexión decisiva de dos edades; porque en su reconocida condición de fundador de la Escolástica, ese método racional para el desarrollo del pensamiento de la Cristiandad, abre el camino de armonía y solidez intelectual que representa a lo largo de las rutas de aquel tiempo el arte románico, difundido por los monjes de Cluny que surgieron como una respuesta de reforma total contra la corrupción de su siglo. San Anselmo es el creador del famosísimo argumento ontológico, que desde entonces hasta hoy se considera por muchos pensadores cristianos como prueba legítima de la existencia de Dios a través de la razón. Lo resumo por la importancia de siglos que adquirió a partir de su formulación:

Nuestra idea de Dios comprende todas las perfecciones en grado infinito. Ahora bien, la máxima de esas perfecciones es la existencia; luego Dios no puede concebirse sin la existencia, luego existe; de lo contrario nuestro pensamiento sería esencialmente absurdo e incoherente. Además de profundísimo, el argumento ontológico es de una belleza insondable; una de las intuiciones más excelsas del pensamiento humano y una inmensa prueba de confianza en la inteligencia del hombre. Insisto: muchos grandes pensadores, como veremos, se han apoyado en ese argumento, desde la Edad Media a nuestros días.

Ni la Escuela, ni el arte románico, ni la plenitud de la Edad Media en los siglos XII y XIII tienen nada de estático, conformista o estéril. La Cristiandad medieval era ampliamente pluralista en su pensamiento y fue precisamente ese pluralismo, alzado sobre una inconmovible unidad de fe y de razón fundamental, lo que originó el nacimiento de las Universidades como ampliación de las grandes escuelas catedralicias; todavía hoy, al borde del siglo XXI, son las Universidades evolucionadas los mejores focos generadores de ciencia y de cultura que ha sabido darse la Humanidad. El pluralismo no floreció solamente entre escuelas teológicas; sino también entre métodos filosóficos, entre el cultivo de las ciencias divinas, las ciencias abstractas y las ciencias de la Naturaleza, como demostró el enciclopédico San Alberto Magno, ordenador de la tradición aristotélica que había llegado a Europa a través de las dos Españas, la islámica y la cristiana. Desde 1248 Alberto supo orientar el camino de una de las inteligencias más profundas y comunicativas de la historia humana, Tomás de Aquino, teólogo y pensador de enorme originalidad y creatividad que construyó los esquemas filosóficos y teológicos de una Escolástica nueva sobre la base de un Aristóteles recuperado y «cristianizado»; lo cual constituyó un claro impulso de racionalidad, ya que como alguien ha recordado en nuestro tiempo la Humanidad del siglo XX sigue utilizando a Aristóteles como base para las tres cuartas partes de sus conceptos y como trama fundamental para su discurso lógico. Convivían con estos geniales dominicos los grandes pensadores de la orden de San Francisco, en cuya aguda originalidad pueden detectarse también algunas fuentes de lo moderno. Así Roger Bacon OFM, que como sus colegas restauró la visión plato-augustiniana de la realidad, combinándola con el trazado de los fundamentos de lo que será la investigación científica; el método experimental e inductivo, la interpretación matemática de los fenómenos físicos, el perfeccionamiento de la instrumentación. Otro franciscano especialmente sugestivo es San Buenaventura, amigo de Santo Tomás de Aquino y precursor de dos líneas tan modernas (y equívocas) como el nominalismo y el ecologismo. Y la cumbre de la escuela franciscana en la plenitud medieval, Juan Duns Scoto (recientemente beatificado por el Papa Juan Pablo II) que prima a la voluntad sobre la razón y propone el distanciamiento de la filosofía y la teología previa distinción entre dos planos autónomos, el racional y el sobrenatural. Sólo en aquel ambiente pudo florecer Ramón Llull, el misionero, cabalista y mártir de Mallorca, cultivador del pensamiento mágico y simbólico en una «Ars Magna» que sigue sin revelar del todo sus secretos. ¿Cómo se puede tildar de aburrido monolitismo a la plenitud medieval?. Precisamente de la vocación al pluralismo nacieron los movimientos heréticos que definen a aquel tiempo por contraste; los albigenses y los cátaros, esa recurrencia migratoria de la gnosis en cuyos espejos se miran hoy algunos disidentes profesionales; esas sectas que provenían misteriosamente del Oriente Próximo y de Bulgaria, portadas por los bogomilas e impregnadas intensamente de gnosticismo, que profesaban el dualismo, el antropocentrismo, el panteísmo y el ansia de extinción personal y colectiva por lo que la Cristiandad dirigió contra ellas una Cruzada genéricamente idéntica a la que pretendía reconquistar el Santo Sepulcro profanado por la posesión de los infieles.

LAS PREMONICIONES MEDIEVALES DE LA MODERNIDAD

La racionalidad que se impuso gracias a Santo Tomás en las Universidades y la experimentación inductiva de Bacon constituyen, junto a las rebeldías doctrinales de la Edad Media, claros anticipos de la Modernidad. Pero durante la Baja Edad Media, que sucede en los siglos XIV y XV a la plenitud de la Cristiandad en el siglo XIII, surgen premoniciones cada vez más generalizadas de los tiempos nuevos. El sistema señorial del feudalismo sufre ya fuertes embates que irán terminando con él. Las ciudades incrementan gradualmente su poder económico y su importancia social bajo la dirección de una nueva clase burguesa que se hace cada vez más consciente de ese poder. Las nuevas relaciones mercantiles, en manos de la burguesía, imponen un nuevo sistema económico, el mercantilismo, que alcanza inmediatas consecuencias políticas en detrimento de la nobleza feudal y terrateniente. Las nuevas monarquías nacionales se alían con el empuje burgués y evolucionan hacia el poder político absoluto que logran en Francia, en Inglaterra y en España a lo largo de los siglos XIV y XV. La tendencia de los reyes hacia el poder absoluto se extiende inevitablemente hasta el terreno espiritual, donde choca con las tendencias teocráticas del Pontificado romano que quiebran definitivamente en el conflicto del Papa Bonifacio VIII con el rey de Francia Felipe el Hermoso cuyo canciller Guillermo de Nogaret en combinación con la gran familia romana de los Colonna apresa al Papa en su ciudad de Anagni el 7 de septiembre de 1303. Bonifacio fue liberado por sus partidarios pero murió a poco de frustración y de pena en Roma. La captura del Papa impresionó terriblemente a la Cristiandad, comprometió para siempre al poder universal y supranacional del Papado y marcó el principio de un fenómeno con el que muchos identifican a la propia Modernidad, que es la secularización; que si no es, desde luego, toda la Modernidad sí constituye uno de sus elementos históricos fundamentales.

En los años centrales de ese siglo XIV la Peste Negra de origen asiático redujo a la mitad la población europea con lo que exacerbó a la vez la religiosidad y la desesperación de la Cristiandad. La genial novela de Giovanni Boccaccio, el *Decameron,* conjunto de descripciones de la realidad social con la Peste Negra como fondo, es un retrato formidable tanto de la fe como de la corrupción de su tiempo. El 3 de agosto de 1378, precisamente en Anagni, un grupo de cardenales afectos a la monarquía francesa anulaba la elección (cinco meses anterior) del Papa Urbano VI y elegía al cardenal Roberto de Ginebra, que se llamó Clemente VII. Así se iniciaba el trágico Cisma de Occidente que dividió la obediencia de la Cristiandad en tres Papas mientras las coronas de Inglaterra y de Francia se enzarzaban en la Guerra de los Cien Años. El asesinato ritual de la heroína francesa Juana de Arco, quemada en Rouen en mayo de 1431 por la Iglesia de la Francia del Norte, la Inquisición de Francia y la Universidad de París, las tres bajo el poder despótico de Inglaterra e inspiradas por él, puede tomarse como una síntesis de lo mejor y lo peor que nos ofrece la Baja Edad Media. Lo mejor es la propia Juana de Arco, milagro de fe, de idealismo y de amor a su patria, Francia; campe sina analfabeta de Lorena que a los diecinueve años se enfrentó a un imponente tribunal eclesiástico de ciento veinticinco jueces, entre ellos media docena de obispos y supo comunicar su espíritu colosal al abatido pueblo de Francia, a quien salvó de la aniquilación en su defensa de Orleans y con el ejemplo de su martirio. Lo peor de la Baja Edad Media está representado por el tribunal inicuo que la condenó por bruja, hereje y diabólica; ateniéndose a un dictamen de la Universidad de París que llegaba a dar el nombre de los tres demonios que poseían a la Doncella. Esto significa que la gloriosa Escolástica racional estaba ya prostituida y degradada; que la Iglesia y la Inquisición de Francia vivía abyectamente sometida al poder de Inglaterra; y que el propio poder de Inglaterra, entonces en manos del cardenal bastardo Enrique de Beaufort, verdugo de Juana de Arco, albergaba una confusión de Iglesia y Estado que tenía minada en lo mas hondo la entraña de la Iglesia inglesa. Las consecuencias de toda esta situación iban a desembocar en la catástrofe de la Iglesia en el siglo XVI; aunque, como una paradoja más, típica de la Edad Media, un Papa español, Calixto III de Borja, ordenó la rehabilitación de Juana de Arco cuando vivían aún la madre y muchos amigos de la heroína.

En la Baja Edad Media el pluralismo escolástico se abrió y se ahondó gracias a pensadores muy originales aunque como acabamos de ver la propia escolástica se vaciaba de contenido y se trivializaba en cuanto al método; las Universidades prescindieron del prometedor impulso científico de Roger Bacon y de Alberto Magno y entraron en situación decadente y esclerótica. Los precursores de la Modernidad son ahora grandes individualidades que resaltan entre el abatimiento y la esterilidad general. A caballo entre los siglos XIII y XIV el maestro Eckhart (señalado por algunos historiadores, sin disimular sus resabios gnósticos y tal vez por ellos como una de las fuentes del pensamiento moderno) especuló sobre sus experiencias místicas (que habían alentado también a la suprema racionalidad de Tomás de Aquino) y buscó a Dios más allá del ser para encontrarle en la intuición interior del alma; pensadores de nuestro tiempo como Henri Bergson y Javier Zubiri captaron siglos más tarde los ecos de Eckhart. Casi a la vez llega a su cumbre teórica el nominalismo voluntarista de la escuela franciscana con Guillermo de Ockam, excepcional ejemplo de gnosis cristiana, profesor en Oxford y en París, que ahondó la separación conceptual y metodológica entre fe y razón, entre teología y filosofía; alejó la idea de Dios casi fuera del alcance de la especulación humana y llevó su nominalismo a la exageración de que la ciencia y el conocimiento no se refieren a cosas reales sino a símbolos, con expresa referencia a la matemática; con trazas del espíritu pitagórico tendido hacia una fenomenología precoz. Combina ya la escolástica y la Modernidad otro genio de aquella transición, Nicolás de Cusa, en pleno siglo XV, a quien algunos observadores consideran como un hito entre Ockam y Descartes, y que parte también de la mística especulativa para considerar a la divinidad como una síntesis absoluta entre la infinidad del mundo y la profundidad del alma; parecen ecos de Alejandría y anticipos de Espinosa, Leibniz (las mónadas vitales) y el propio Hegel, que reconocieron la expresa influencia del cardenal autor de la «Docta ignorantia». Nicolás de Cusa nunca rebasó la ortodoxia; sí lo hizo el dominico gnóstico de Nola, Giordano Bruno, que es un premoderno en plena Modernidad; fue quemado por hereje en 1600 tras enlazar en sus intuiciones panteístas las tendencias de Lulio, Copérnico y Cusa. Fue, como ellos, un apóstol de la inmanencia que constituye, como veremos, una de las claves filosóficas de la Modernidad.

Volvamos a la consideración del poder porque como acabamos de ver en el caso de Juana de Arco ese poder nacional naciente condicionaba cada vez más en la Baja Edad Media el curso de los hechos y aun de las ideas generales sobre la Cristiandad. El fortalecimiento del poder real con el apoyo de las ciudades impulsaba cada vez más en el siglo XV la creación de las nacionalidades europeas; ya hemos señalado los casos de la Francia de los Valois, la Inglaterra de los Lancaster, los York y los Tudor, la España de los Reyes Católicos, el Portugal cada vez más volcado al Atlántico; pero no conviene olvidar a la Rusia nuclear de Iván III el Terrible y a la Borgoña descrita admirablemente por Huizinga en «El otoño de la Edad Media» que durante el siglo XV, también bajo una dinastía de la Casa de Valois, se configuraba como un Estado moderno, intermedio entre Francia y el Imperio, aunque luego se dividió entre los dos y su porción más próspera entraría en la órbita de España por Carlos V. Habría de completarse el cuadro con el Sacro Imperio que trataba de imponer, desde su base austríaca, la hegemonía sobre toda Alemania y Centroeuropa; y el hervidero político, mercantil y cultural de la Italia del Cuatrocientos, con su reino pontificio, su disputado reino de Nápoles y Sicilia, sus repúblicas talasocráticas de Venecia y Génova, sus prósperas ciudades-estado del interior, entre las que destacaban Florencia y Milán. La autoridad pontificia quedaba cada vez más discutida por supuesto en lo temporal pero incluso en lo espiritual por todo este movimiento de secularización del poder; fue precisamente en el ámbito del poder donde ya desde los siglos XIV y XV se inició el movimiento general de la secularización, que se concretaría certera y brutalmente en «El Príncipe» de Maquiavelo. Pero la secularización del poder se aplicó inmediatamente a la secularización del patrimonio eclesiástico; los reyes y príncipes ponían la mira en los cuantiosos bienes de la Iglesia y sus instituciones, como había hecho Felipe el Hermoso a principios del siglo XIV al suprimir a los Templarios poco después de expulsar y expoliar a los judíos. No se pueden interpretar más que como tirones políticos, tanto o más que rebeldías doctrinales, las pugnas conciliaristas del siglo XV, que afectaban gravemente a la suprema autoridad del Papa. Con todos estos factores en conjunción el avance del siglo XV inclinaba cada vez más a la Cristiandad –sin romperla todavía– en favor de la Modernidad, para lo que contribuyeron, además, tres impulsos decisivos: el Humanismo, los descubrimientos geográficos y el Renacimiento, más una invención genial que cambió todo el sistema de comunicación en Occidente: la imprenta de Gutenberg.

LAS VÍSPERAS DE LA MODERNIDAD: EL HUMANISMO

La aventura de las Cruzadas en los siglos XII y XIII (aunque el impulso cruzado se había originado antes y se prolongaría –al menos como ideal y nostalgia– hasta fines del XV) había estimulado la curiosidad de los occidentales hacia mundos nuevos. La curiosidad se mantuvo después por la expansión y las relaciones comerciales de las dos grandes ciudades-estado marítimas del Mediterráneo, Génova y Venecia, acompañadas por Barcelona y otros grandes puertos. El resonante viaje de Marco Polo con sus familiares a China y las caravanas de productos orientales –sobre todo especias– procedentes de la India y el sudeste asiático fueron ensanchando la comunicación de Occidente y Oriente, para la que buscaron nuevos caminos oceánicos primero Portugal y luego España, desde su nueva base canaria, a lo largo del siglo XV. La «imago mundi» salió trabajosamente de la confusión medieval y abrió de par en par el horizonte de la Edad Moderna al que recorrió físicamente la expedición española de Magallanes y Elcano al comenzar el siglo XVI. La ganancia del Nuevo Mundo para la Cristiandad compensó la pérdida del Imperio cristiano de Oriente a manos de los turcos. Desde las nuevas tierras atlánticas e índicas inundaban a Europa las sorpresas, las emociones, las leyendas convertidas en realidad, los productos exóticos, (que causaron un vuelco en la economía europea) las posibilidades sin cuento que Cristóbal Colón descubría en su famosa carta a Luis de Santángel al retorno de su primer viaje. En estos nuevos descubrimientos que cambiaban la imagen y la realidad del mundo y que suscitaban una tensión creadora de ciencia nueva nunca interrumpida ya hasta nosotros, hay que reconocer un hecho determinante de la Modernidad, un proceso más que secular que se concentra sin embargo históricamente en la fecha de 1492.

Persistían como vimos la escolástica pluralista y en buena parte degenerada y sus desviaciones heterodoxas en la Baja Edad Media, pero junto a los filósofos y teólogos de la múltiple Escuela los pensadores de transición a la Modernidad fueron, sin duda, los humanistas. Dante Alighieri fue el último genio de la plenitud medieval aunque trascienda por esa genialidad a su época cronológica y cultural. Tras él Petrarca suele considerarse como el primer humanista y por lo tanto el primer hombre moderno para algunos observadores; fue contemporáneo en el siglo XIV de Guillermo de Ockam, cuyo pensamiento nominalista y voluntarista original, enraizado en la tradición franciscana y augustiniana, fue designado en su tiempo como cabeza de la «schola modernorum»; la Modernidad era consciente de su propia eclosión. La amable espiritualidad de Ruysbroeck y de Groote, que desembocó en la preciosa «Imitación de Cristo» de Tomás de Kempis, se inscribe en un movimiento denominado muy pronto «devotio moderna», característico de Centroeuropa en el siglo XV. La Baja Edad Media adelanta hasta el primer plano de la Cristiandad a varias mujeres excelsas como Clara de Asís, Angela de Foligno, (las precursoras) Rita de Casia, Catalina de Siena y Juana de Arco. Pero hemos aludido al nuevo movimiento humanista, del que pronto brotó el Renacimiento, y debemos detenernos unos instantes en él.

Aunque muchos humanistas fueron sacerdotes, obispos, cardenales y algunos Papas como Pío II y Nicolás V y aunque gracias a la recepción impulsada profesionalmente por grandes reformadores como Cisneros y por los jesuitas del siglo XVI el humanismo puede también ofrecer un poderoso frente católico, el humanismo en conjunto debe considerarse como un movimiento de cultura secularizada; porque su profesión no estaba limitada a los clérigos, como sucedía en la Escolástica pluralista de principio a fin; sino que se abria a los seglares sin excluir a las mujeres. Como el humanismo, según indica su propio nombre, tendía a la gestación de una cultura autónoma respecto de la religión y de la Iglesia y provocó, por uno de sus frentes, la ruptura de la Cristiandad, debe considerarse como un movimiento secularizador y por lo tanto moderno, aunque la secularización no se identifique sin más con la Modernidad. Evoquemos aquí la dimensión gnóstica del humanismo y su carácter antropocéntrico, principio y fin de sus caracteres. Los humanistas, desde luego, intentaron un movimiento de onda muy amplia en el que coexistieron diversas tendencias; algunas de las cuales se configuraron como secta agresiva contra la Iglesia católica mientras otros grupos (entre ellos, como hemos señalado, los jesuitas del XVI) se integraron en el movimiento humanista general para defender desde dentro a la Iglesia y al Pontificado. Pero lo importante es señalar el alumbramiento de estas agrupaciones de humanistas, que desde fines del siglo XVII se llamarán «ilustrados», filósofos por antonomasia e incluso comenzaron a denominarse «intelectuales»; este sistema de humanistas agrupados se irá renovando en los siglos XIX y XX donde, reconfirmados ya como estamento, desbordarán los límites de su profesión cultural para volcarse en la orientación e incluso en la hegemonía social y política. Tal desbordamiento apuntó ya entre las primeras generaciones de humanistas y se irá recrudeciendo (muchas veces contra la Iglesia católica) en los enjambres de pensamiento y cultura que les sucedieron.

Los humanistas, de ahí su nombre, no renegaron generalmente, al principio, de su fe católica pero ya no eran pensadores de la Cristiandad sino transformadores del teocentrismo medieval al antropocentrismo que caracteriza a la Edad Moderna y la Modernidad. Su redescubrimiento de la antigüedad clásica, (no sólo sus formas sino también sus valores) comportaba muchas veces una identificación con el paganismo en sus fases escéptica y gnóstica, la que se había concretado, por ejemplo, en el mundo de creencias (y de increencias) personales durante la agonía de la Roma republicana y la invasión orientalista y mistérica de la Roma imperial. César y Cicerón fueron ídolos del humanismo pero también Platón y los neoplatónicos, los neopitagóricos y más encubiertamente, pero no menos efectivamente, los gnósticos. La fe militante de los pensadores medievales, incluso los heterodoxos, se reduce ahora muchas veces a un vago deísmo. La Cristiandad era una idea universal, colectiva, comunitaria; los humanistas exaltan el individualismo, la autonomía del hombre, que muchas veces les llevó a la rebeldía contra las actitudes, las doctrinas y los mandatos de la Iglesia y a ciertos vicios de la época clásica que ellos consideraban poco menos que como virtudes; la vanidad insondable, la autosuficiencia, la soberbia despectiva, la tendencia al conocimiento profundo –es decir la gnosis– frente a las creencias cristianas comunes y por tanto vulgares y serviles; el sentimiento de inmortalidad cultural y, para preservar de la repulsa, la crítica y la controversia tan alta situación, generaron la tendencia al clan y a la secta, las permanentes incensadas mutuas, la exclusión total de quienes osaban criticarles; la crítica era solamente un privilegio de ellos. La tendencia general a la secularización, que es una clave del movimiento humanista, se difractaba en varias líneas de pensamiento comunicadas a la Modernidad naciente: el subjetivismo, que descansa en la valoración de ideas, hechos y situaciones con criterio individual, sin trabas ajenas; el relativismo, dirigido contra las pretensiones absolutas e inmutables de la fe y la tradición cristiana, a las que se quiere sustituir con una serie de nuevos absolutos antropocéntricos; la filosofía autónoma frente a la teología, la razón libre, la ciencia, la cultura. El destino trágico de semejantes pretensiones será el fracaso de toda esa sucesión de absolutos en los que más tarde, desde fines del siglo XVII, se quiso cifrar, con término mágico cuyos efectos anestésicos perduran hasta hoy, el *progreso* de la Humanidad. El hundimiento de los absolutos antropocéntricos lleva fatalmente al vacío y a la desesperación, pero ejemplo, para no citar más que un conjunto derivado, al existencialismo de la angustia tras el racionalismo exacerbado de la duda y la ilusión de la filosofía crítica total, el positivismo militante y la falsa Ciencia Absoluta en la que quiso apoyarse otra línea absoluta de pensamiento, el idealismo y su degradación revolucionaria de izquierdas, el marxismo.

Muchas de las virtudes culturales excelsas y muchos vacíos del Humanismo Absoluto pueden descubrirse en la obra de su principal centro de cultivo y difusión, la Academia Platónica de Florencia fundada, como vimos, en torno a los Médicis en el siglo XV. Marsilio Ficino y Pico de la Mirándola fueron los receptores de un fabuloso mensaje oriental, transmitido por el cardenal Besarión al trasladar hasta Italia su espléndida biblioteca antes de la caída de Constantinopla en manos de los turcos el año 1453. La Academia platónica fue un centro de gnosticismo y un enclave de neopaganismo como vanguardia de la Modernidad. De Florencia se trasplantó la primacía del humanismo al Norte con el gran Erasmo de Rotterdam (1466-1536), la máxima autoridad y prestigio cultural en la Europa de su tiempo, latinista y helenista eximio, próximo a la idea luterana de la justificación por la fe sola sin obras, hipercrítico ante la jerarquía eclesiástica, la situación lamentable y corrupta de la Iglesia católica y la vigencia del dogma; abiertamente situado fuera de la Escolástica, pero sin que sus indecisiones le arrojasen nunca a la apostasía del catolicismo hasta el punto que a la hora de la verdad llegó a enfrentarse abiertamente con Lutero y rompió con él. Enterrado católicamente bajo una columna de la catedral de Basilea, hoy protestante y casi desierta, el destino de sus restos me parece todo un símbolo de su trayectoria; porque había compartido también con la Reforma el principio bíblico que habían tratado de consagrar los luteranos contra Roma. Con sus defectos, virtudes, ambigüedades y fidelidad final a la Iglesia, Erasmo (que se había formado en la Devotio Moderna) es otro paradigma de la Modernidad naciente. Pero el humanista de órbita florentina que ilustra mejor la irrupción de la Modernidad es, sin duda, Nicolás Maquiavelo.

EL RENACIMIENTO Y LA RELIGIÓN

Maquiavelo es ya un moderno por varios conceptos. En el primer cuarto del siglo XVI su doctrina, expresada en *El Príncipe* y sobre todo en el *Discurso sobre la primera Década de Tito Livio,* está completamente secularizada al dejar fuera de la consideración política no solamente la idea de la Cristiandad sino también la razón moral del poder. Para él la política es una finalidad en sí, lo que nunca imaginó el político genial que fue su modelo, Fernando el Católico. La religión no cuenta para Maquiavelo como elemento ni menos como marco y base para la convivencia social; la Iglesia es objeto de críticas demoledoras porque a ella, según el cínico analista, deben los italianos su irreligiosidad, su maldad y sus divisiones. La problemática religiosa nada importa a Maquiavelo cuando ya sonaba el toque de vísperas para la Reforma; el Papa era simplemente un príncipe italiano más. Incluso se nos presenta como precursor de Nietzsche cuando fustiga al cristianismo por su debilidad ante el poder romano; y cuando acepta sin vacilaciones el principio de la doble moral para gobernantes y gobernados. Nada tiene de extraño que sea Maquiavelo quien acuñe y difunda el concepto moderno de Estado y sirva como resonador de las monarquías absolutas nacientes sobre las grietas del feudalismo. Pero el florentino no es un profeta de actitudes cínicas sino un analista de la realidad política que le circunda; su teoría no es una propuesta sino un reflejo y un diagnóstico. No crea la secularización del poder, la reconoce y la sistematiza.

A esta secularización del poder, a esta consagración del absolutismo corresponde la teoría del derecho divino de los reyes, cuajada ya en la práctica más que en la doctrina política a fines del siglo XVI, sin que haya contado hasta entonces con pensadores relevantes. Ya se había impuesto en la Edad Moderna un nuevo tipo de monarca –considerado como fuente primordial del poder– y un nuevo tipo de hombres de empresa, con proyección por encima de las fronteras y aliados de las nuevas monarquías que concentraban en la figura del rey junto con el poder político la fuerza militar y la administración de justicia.

Apuntaban en el movimiento humanista, por los tiempos de Maquiavelo, dos disidencias contra la Cristiandad: los paganizantes que el propio Maquiavelo representa, implicados en los mismos orígenes e ideales del humanismo; y los rebeldes que, sin abandonar e incluso exacerbando la preocupación religiosa, formarán el coro intelectual de los reformadores. Porque desde las disputas conciliaristas, las angustias sociales y religiosas del siglo XIV y los escándalos del gran Cisma de Occidente toda la Cristiandad vibraba con un clamor en pro de la reforma de la Iglesia, del Papado, del Episcopado y sobre todo de la curia romana; un clamor que cristalizaba ya desde el siglo XV en la exigencia de esa reforma *in capite et membris.* Muchos pregoneros tuvo la reforma dentro de la ortodoxia eclesial; quizás uno de los primeros reformadores más efectivos y coherentes fue el gran cardenal de España, fray Francisco Ximénez de Cisneros, paradigma del reformismo fiel a la Iglesia y abierto a todos los vientos del humanismo cristiano. Un poco anterior al cardenal regente de España fue el tremendo dominico Jerónimo Savonarola, prior de Santa María de Florencia, tomista de pro, profeta apocalíptico contra el paganismo rampante en la Curia romana, crítico feroz del corrompido pontífice español Alejandro VI de Borja, que no sólo se oponía a la reforma de la corte romana sino también a la del propio convento de fray Jerónimo. Que cayó en la trampa de un juicio de Dios promovido por sus enemigos y fue, por su fracaso, degradado, ahorcado y reducido a cenizas tras sus últimas palabras: «Roma, te hundirás», en 1499, cuando ya se disponía a entrar en esa escena del Renacimiento otro fraile encargado de ensayar el vaticinio, Martín Lutero.

Para muchos el Renacimiento es sinónimo de Humanismo pero más exactamente el Humanismo es el fenómeno precursor y el movimiento intelectual del Renacimiento, una convulsión cultural que coincide cronológicamente con el Humanismo y comprende de lleno a los siglos XV y XVI, cuando cuaja la Modernidad. Tal vez el primer Papa del Renacimiento fuera Nicolás V (1447-55) que fundó la Biblioteca Vaticana, anuló al último de los antipapas del Cisma, llamó a su lado a fray Angélico de Fiésole y proyectó la construcción de la nueva basílica de San Pedro. Aducimos estos datos para subrayar la simbiosis original del Renacimiento y la religión; tampoco llegó tarde la Iglesia católica a esta fantástica cita con la cultura en la que iba a cuajar la Modernidad. Claro que, como estaba sucediendo con el Humanismo, lo que renacía en el Renacimiento era también (no exclusivamente) el paganismo por la adoración al mundo clásico; pero también las vetas cristianas de una colosal floración en todas las artes, que recapitularemos en la evocación de Miguel Angel Buonarrotti; y en la armonía sin límites del saber que simbolizamos en la figura multiforme de Leonardo da Vinci. Quizás una característica menos comentada del Renacimiento es que, en espera de Galileo, y en manos de hombres como Leonardo, la ciencia que ya empezaba a ser moderna se aplicó por primera vez, independientemente de los lejanos impulsos de China, a la técnica civil y al arte militar, Progresaban continuamente las matemáticas y la experimentación; el Renacimiento abrió paso a la tecnología como fuerza motriz de la nueva ciencia hasta que Galileo y Newton un siglo más tarde invirtieran la relación de causalidad. Pero mientras se ahondaba la autonomía cultural y el antropocentrismo del Renacimiento (el Papa Juan Pablo II ha dicho que Miguel Angel fue quien mejor conoció en su tiempo el cuerpo humano, sin prescindir de su alma) renacía también en sus fuentes la ciencia sagrada, con el estudio sistemático de la patrística griega en Occidente y gracias a la imprenta la ejemplar competición de las Universidades en la fijación y depuración de los textos sagrados, como hizo mejor que nadie el cardenal Cisneros en su recién fundada Universidad de Alcalá. Unos nombres evocarán mejor que muchas disquisiciones la propagación del Renacimiento desde Italia a toda Europa: el escepticismo de Montaigne en Francia, el cuarteto Valdés-Nebrija-Arias Montano y Luis Vives en España, la *Utopía* y el martirio de Tomás Moro en Inglaterra, la citada hegemonía europea del holandés Erasmo y la síntesis de plenitud medieval, técnica naval perfeccionada y ruptura de los limites ecuménicos que logró, al servicio de España, Cristóbal Colón.

CORRUPCIÓN EN LA SANTA SEDE

Si los Papas impulsaron al Renacimiento para honra de Dios y al servicio de la cultura universal y lograron con ello que la contribución cultural de la Iglesia en la Edad Moderna no resultara inferior a la que había aportado a la Edad Media, hemos de reconocer también con pesadumbre que junto a algunos pontífices comprometidos vital y espiritualmente con la *reforma in capite et membris* (entre ellos algunos santos) otros hicieron a la Iglesia Católica y a la Cristiandad un daño irreparable del que ya han dado cuenta ante la Historia. Sixto IV (1472-84) franciscano conventual, construyó la fábrica de la Capilla que por su nombre se llama Sixtina y amparó a grandes artistas como Ghirlandaio y Botticelli; pero se implicó como un príncipe más en las luchas maquiavélicas de los príncipes italianos, practicó con general escándalo un nepotismo indigno e intensificó el tráfico de indulgencias (ya practicado por los pontífices anteriores) de forma que resultaba cada vez más intolerable y próximo a la simonía. Alejandro VI de Borja, el Papa del Descubrimiento y el cambio de siglo, fue un príncipe degradado que recuperaba a su principal querida bajo amenazas de excomunión y permitió, además de practicarlos personalmente en su corte, recursos políticos como la simonía, el adulterio y el envenenamiento. Julio II (1503-1513) enemigo mortal del anterior llegó a la Santa Sede tras una turbulenta vida dedicada al amor y la guerra; luego trató de restaurar el poder del Papado con los métodos políticos y militares que conocía, si bien su nombre ha quedado para la Historia mucho más unido al genio de Miguel Angel, que a veces le arrojaba brochas embadurnadas desde sus andamios de la Capilla Sixtina. León X de Médicis ponía en práctica su lema «Gocemos del Pontificado ya que Dios nos lo ha concedido» en un ambiente por completo mundano cuando sonaban ya a las puertas de la Iglesia los aldabonazos de la Reforma. La política familiar e internacional de los Papas, así como la resistencia reaccionaria de la Curia a todo cambio alzaron los obstáculos principales frente a los intentos de reforma católica que incluso precedieron, como ya sucedía en España, a la proclamación de la reforma luterana. Por ejemplo en el caso de Clemente VII, sucesor del consejero –excelente como político y como Papa– de Carlos V, su preceptor Adriano VI de Utrecht; Clemente fue el Papa político a quien dos historiadores de la talla de Ranke y Pastor denominan «el más funesto de todos los Papas»[44]. Paulo III Farnesio (1534-1547) humanista, padre de tres hijas y un hijo antes del pontificado, fomentó la creación de nuevas órdenes religiosas –barnabitas, teatinos, capuchinos, clarisas y jesuitas– y abrió paso por fin a la Reforma católica rodeándose de una promoción de cardenales dignos de su alto oficio (Contarini, Morone, Pole, el mártir San Juan Fisher), atajó la corrupción espantosa de la corte papal y convocó al Concilio de Trento bajo el amparo de Carlos V. Tras el relámpago del Papa Marcelo II que tantas esperanzas había concitado desde su luminosa actuación en la primera etapa de Trento, el Papa Paulo IV Caraffa (1555-59) creador e impulsor de una terrible inquisición romana, fue un autócrata que elevó su nepotismo a nuevos excesos, aunque uno de sus nepotes le justifica en parte: San Carlos Borromeo, cardenal arzobispo de Milán y gran reformador. Otro Papa santo, Pío V (1566-72) enfocó profundamente la reforma católica al combatir con lucidez contra las raíces secularizantes de la reforma rebelde, con lo que consiguió que reviviera la idea tan deteriorada de Cristiandad; y con su alto patrocinio de la Santa Liga salvó a Occidente en la victoria de Lepanto (1571) la jornada que llamó el gran testigo Miguel de Cervantes «la más alta ocasión que vieron los siglos». Gregorio XIII Buoncompagni (1572-85) se convirtió de su vida mundana a los treinta y siete años, instituyó el calendario que hoy rige a la Humanidad, combatió a la nueva versión de la Reforma rebelde, el calvinismo, estableció nunciaturas permanentes, creó la universidad de los jesuitas que lleva su nombre, organizó una eficaz contraofensiva católica en Alemania y en Inglaterra, preservó a Polonia para el catolicismo y aunque no intervino en la matanza de hugonotes que sembró en Francia el terror católico en la Noche de San Bartolomé de 1572 se alegró sinceramente de sus resultados. Lo peor es que los espantosos errores y aberraciones de algunos Papas y su curia (en contraste con otros dignísimos y ejemplares) se repetían en el cardenalato y en parte de la jerarquía episcopal y por supuesto en el alto, medio y bajo clero; hasta el punto que puede decirse que ante ese tremendo embate de la Modernidad que fue la Reforma protestante la Iglesia se perdió en parte y se salvó en parte por la conducta de sus pastores, en combinación con las divergentes actitudes de los príncipes cristianos. El pueblo, en su inmensa mayoría, siguió a sus pastores y a sus príncipes, se conservó en la fidelidad o se desgarró y dividió con ellos. La Reforma rebelde o protestante no fue propiamente ni menos primariamente un movimiento espontáneo de masas sino un impulso y una deserción de los dirigentes de la Iglesia y de los Estados. Aunque la responsabilidad principal recayó sobre un iluminado profeta de la disidencia, el fraile agustino Martín Lutero, que arrastró por convicción o por interés secularizador y confiscatorio a varios grandes e influyentes príncipes alemanes, a muchos eclesiásticos y a parte de su propia Orden agustina. Entre los príncipes destacaron los electores de Sajonia y Branden burgo, el landgrave de Hesse, el gran maestre de la Orden teutónica, a quienes siguieron los reyes de Suecia y Dinamarca y desde una perspectiva específicamente diferente el rey de Inglaterra.

[44] Joseph Lortz *Historia de la Iglesia en la perspectiva de la historia del pensamiento,* Madrid, Cristiandad, 1982, II p. 186.

LOS PROMOTORES DE LA REFORMA REBELDE

No es ésta la ocasión para disertar sobre la Reforma rebelde, pronto llamada protestante, pero debemos señalar, a su propósito, sus conexiones e identificaciones –a veces contradictorias– con la Modernidad; y su carácter de precedente respecto a dos importantes movimientos del siglo XX en el seno de la Iglesia católica: el modernismo y el liberacionismo. Por el *libre examen* de la Escritura que es su clave, por la autonomía del hombre en que confluyen la libertad de interpretación bíblica y el antropocentrismo de los humanistas, por la secularización práctica y depredadora que invadió todo el mundo del poder y anuló la primacía de la Iglesia católica en partes muy sensibles de la Cristiandad –que por la Reforma dejó de serlo y no fue reformada sino destruida– la Reforma rebelde se considera, junto con el Humanismo y el Renacimiento, como una de las fuerzas originarias de la Modernidad. Pero atendamos a sus contradicciones. La Reforma rebelde mezcló la política con la religión tanto o más que lo había hecho la Iglesia en la Edad Media. La Reforma y su posición duramente represiva contra los movimientos populares campesinos en Alemania, no digamos contra los focos de resistencia católica en los Estados protestantes, decía venir a liberar al hombre pero en realidad fortaleció al poder absoluto de los príncipes. Lutero se comportó con rebeldía total ante la autoridad de la Iglesia pero se doblegó como manso cordero ante la autoridad de los príncipes y llegó a formular una tesis que asombra al profesor Sabine: « No es ningún modo propio de un cristiano alzarse contra el gobierno, tanto si actúa justamente como en caso contrario»[45]. Por más que Lutero hundió su propia tesis en la rebeldía permanente contra la autoridad imperial de Carlos V, su señor supremo. La Orden de San Agustín, a la que perteneció hasta consumar su cisma, no estaba pervertida ni degradada; Lutero llegó a la secesión por motivos que también eran de signo religioso, como dice Lortz: «ante el hecho de que surgía la duda de si la Iglesia entonces vigente y dominante era realmente la verdadera Iglesia de Jesucristo». (Lortz, o.c. p. 100). Pocas veces el influjo de una sola persona ha sido tan decisivo para su tiempo y para la Humanidad, aunque evidentemente Lutero acertó a catalizar los concentrados factores de protesta que cundían cada vez más en la Cristiandad aterida durante los estertores de la transición entre la Edad Media y la indecisa Edad Moderna. El relevante historiador jesuita Ricardo García Villoslada ha extremado en su grandiosa biografía de Lutero[46] la comprensión cristiana e histórica con el Reformador, pero el Papa Juan Pablo II, que ha prodigado también en este caso su comprensión pontifical, no se ha decidido, pese a intensísimas presiones, a levantar la excomunión que fulminó contra Lutero su predecesor León X. Lortz, que con toda razón no quiere ahogar en la comprensión los hechos ciertos sobre la rebeldía del último gran heresiarca, recuerda su sobrenombre de *doctor hyperbolicus,* su subjetivismo (otra nota primordial de la Modernidad) desequilibrado, su soberbia que parece efecto de la alucinación; y señala profundamente que la huella de Ockam fue decisiva para la evolución interior de Lutero por

[45] G. Sabine *Historia de la teoría política,* México, Fondo de Cultura, 1974 p. 271.
[46] *El fraile hambriento de Dios,* dos vols. Madrid, BAC, 1973.

el carácter antropocéntrico, la separación de la razón y la fe, la lejanía de Dios incomprensible, que como sabemos es un carácter gnóstico. En el dilema que contrapone a Dios y la voluntad humana, (la fe y las obras) Lutero elimina la relevancia de la voluntad mediante una inundación de la gracia. Y se aferra frenéticamente a un presunto carácter exclusivo del célebre versículo de San Pablo a los Romanos que fundamentó la Reforma: «El justo vive de la fe». Si Dios lo obra todo para la salvación, no hace falta el sacerdocio específico; ni la vida religiosa, ni los votos de perfección. En virtud del libre examen, es decir la libre interpretación de la Palabra directamente comunicada a cada individuo (lo que facilitó Lutero con su estupenda traducción alemana de la Biblia, pronto difundida mediante la imprenta) la estructura institucional de la Iglesia no sólo es superflua sino diabólica; una de las claves luteranas es la negación del magisterio y de la Tradición como interpretación y fuente de la fe, respectivamente. La comunidad eclesial jerárquica es sustituida por el individuo, intérprete de la Palabra y sacerdote por su misma condición de cristiano. La autonomía del individuo y la irrelevancia de las obras para la salvación lleva a la anulación de los sacramentos y a un total divorcio entre la fe y la moral; de ahí el *crede firmiter et pecca fortius* que por supuesto Lutero recomendaba a los suyos, pero repudiaba en los católicos y sobre todo en los Papas; siempre fue hombre de dos balanzas. Ante este resumen resalta el fracaso paradójico de la Reforma en cuanto a sus finalidades principales, según el comentario de Lortz: «fue puramente fideísta y sin embargo desembocó en el racionalismo; quiso conceder valor tan sólo a lo sobrenatural y sin embargo debilitó y aun destruyó el concepto de revelación; quiso santificar la vida civil y natural y sin embargo provocó la secularización de la cultura»[47]. El mismo historiador evoca la diferencia de orden metafísico entre catolicismo y protestantismo según el gran teólogo protestante de nuestro siglo, Karl Barth, que reduce «la diferencia esencial a la afirmación (católica) y la negación (protestante) de la analogía del ser, entendiendo por tal una posibilidad legítima de vinculación del conocer o querer natural del hombre en el ámbito divino (Ibid. p. 38). La analogía del ser, llevada a su cumbre metafísica por Francisco Suárez, magistralmente seguido e interpretado en nuestros días por Zubiri en *Naturaleza, Historia, Dios.* Si el protestantismo niega, tras Lutero, la analogía del ser entre Dios y el hombre, tiende a convertir a Dios es un ser ininteligible; ésa es una de las claras características gnósticas de Lutero, como vimos en el comentario de Beer.

Juan Calvino (1509-64) es el fundador de la segunda gran corriente de la Reforma rebelde, desde su autocracia ginebrina. Al contrario que Lutero, los calvinistas (más que Calvino) proclamaron la resistencia al poder, sobre todo en Francia y en Escocia. Fundado en una rígida doctrina sobre la predestinación, con escaso resquicio para la esperanza fuera del núcleo de los elegidos, el calvinismo se impuso mediante una dura represión (el fundador dictó cincuenta y ocho penas de muerte, entre ellas la del famoso médico español Miguel Servet) y propuso el éxito en esta vida como signo de predestinación a la vez que como efugio para la angustia del hombre, según ha explicado en nuestro tiempo el sociólogo Max Weber en su famoso ensayo de 1901 *La ética protestante y el espíritu del capitalismo* (Madrid,

[47] J. Lortz., op. cit. II p. 62.

Península, 1973). Weber refleja adecuadamente el recelo de la tradición doctrinal católica sobre el dinero y el ánimo de lucro, aunque tolere la ganancia lícita al condenar tajantemente la usura; y marca como predominantemente calvinistas dos características del capitalismo naciente, la organización racional del trabajo incesante y planificado así como el término «Beruf», significado intermedio entre la profesión y la vocación, acuñado por la Reforma y en concreto por Lutero que si bien no era afín al capitalismo aportó a éste una intensa valoración ética en la vida profesional que luego el calvinismo y sus derivaciones, como el puritanismo en Inglaterra y América, ampliaron a la identificación del trabajo productivo con la seguridad de la salvación. En fin, que de la rebelión reformadora nacen o se confirman, por cauces derechos o torcidos, algunos elementos de la Modernidad como la autonomía radical del individuo, la lejanía incaptable de Dios, la secularización que dirigida al principio contra la Iglesia de Roma acabó por atacar a la influencia no sólo política sino social de la Iglesia y a la propia presencia de lo sobrenatural y lo religioso en el mundo, la historia y el futuro. Insistamos aquí en que varias directrices fundamentales del protestantismo afloran en nuestro siglo dentro del los movimientos católicos modernistas y liberacionistas, que parecen haber descubierto las tesis de Lutero con varios siglos de retraso en la fruición. Y no olvidemos que ante la ruina religiosa del protestantismo actual, dividido en sectas innumerables y divergentes, el cardenal Ratzinger ha expresado, con firmeza y compasión, que el protestantismo de raíz luterana o calvinista, sin sacramentos, sin magisterio seguro, sin jerarquía sacerdotal no puede considerarse ya como una Iglesia, no es Iglesia sino huella lejana de un cristianismo arrancado, gnóstico, herético.

La descomposición de la Iglesia anglicana en el siglo XX, sus actuales tensiones, deserciones y conversiones en medio de una desertización religiosa lamentable me impulsan a añadir algún comentario en este momento sobre el tercer gran promotor de la reforma protestante, el rey Enrique VIII de Inglaterra. Cuando estalló la rebelión luterana el rey Enrique se opuso firmemente a ella e incluso firmó un libro que le escribieron algunos de sus «negros» teológicos, por el que recibió del Papa el honroso título de «Defensor de la fe» que han exhibido después de él todos sus sucesores después de que Enrique destruyera esa fe de que se ufanaba. Al estudiar el juicio y el martirio de Juana de Arco en 1431, presidido sádicamente por el cardenal Enrique de Beaufort, obispo de Winchester y hermano bastado de Enrique V, conquistador de la Francia del Norte, comprendí la degradación de la Iglesia de Inglaterra; tanto Winchester como otro obispo inglés formaban parte de ese tribunal inicuo que trató no sólo de destruir sino sobre todo de deshonrar a la Doncella de Orleans como símbolo de la Francia renaciente. Enrique VIII Tudor resumía en su figura todo el orgullo, la arbitrariedad, el despotismo y la soberbia de las dinastías de Lancaster (a la que pertenecía ese cardenal) y de York y cuando la Santa Sede se negó a consagrar el repudio de la reina Catalina de Aragón a quien Enrique quería sustituir por su capricho, Ana Bolena, impuso a su pueblo el Acta de Supremacía de 1534 por la que rompió con Roma y se declaró cabeza de la Iglesia nacional anglicana, cuya rama norteamericana se llamó episcopaliana después de la independencia de los Estados Unidos. No hubo razones críticas ni teológicas para el cisma de Inglaterra; sólo el capricho absoluto y arbitrario del Defensor de la fe, que luego decapitaría a la mujer por la que había separado a su reino del catolicismo. Lo más sorprendente es que prácticamente todo el episcopado, todos los sacerdotes y religiosos y todos los católicos ingleses siguieron como borregos a su rey despótico y se arrancaron de la Iglesia católica, con la excepción de mártires insignes como santo Tomás Moro y san Juan Fisher. Se ha querido explicar la catástrofe por la suplantación del episcopado y el clero sajón al sobrevenir la invasión normanda del siglo XI; por la consideración de los reyes de la dinastía normanda como vicarios del Papa en cuanto a la autoridad y otras razones más o menos especiosas. Enrique suprimió los conventos y monasterios, confiscó los bienes de la Iglesia y creó con ello una red de intereses semejante a la que aprovechó Lutero en Alemania; los bienes sustraídos a la Iglesia constituían un tercio de toda la riqueza inmobiliaria inglesa. El anglicanismo mantuvo la jerarquía episcopal y el sistema dogmático de la Iglesia católica pero las disidencias posteriores dentro del protestantismo (sobre todo los puritanos de la Iglesia baja, que seguían el calvinismo y se enfrentaron con la Iglesia alta) y la lenta recuperación de los católicos en medio de terribles persecuciones fueron debilitando al anglicanismo, que a partir del siglo XVIII se identificó en gran parte con la masonería especulativa, un nuevo motivo para ahondar distancias con Roma[48].

ESPAÑA Y LA REFORMA CATÓLICA: TRENTO Y LOS JESUITAS

Hasta casi la mitad del siglo XVI la Iglesia de Roma, fascinada por su contribución al esplendor del Renacimiento, no tomó en serio la gravedad de la Reforma rebelde, a la que no contemplaba como ruptura irreversible de la Cristiandad sino como un aquelarre de peleas frailunas; la fidelidad inquebrantable del emperador Carlos V, enemigo absoluto de la Reforma y valladar contra su propagación, contribuyó tal vez a esa falsa seguridad romana. Sólo algún polemista profundo como el maestro Juan Eck (1480-1543) advirtió la trascendencia de la sedición religiosa desde su cátedra y su parroquia de Ingoldstadt, mientras surgía un enjambre de contradictores (muchas veces desafortunados) contra el profeta de la rebelión. Pero desde el pontificado de Paulo III la Iglesia de Roma se volcó en la defensa de la fe y de la Cristiandad y confirmó el auge de un poderoso movimiento que se ha denominado, peyorativamente, Contra-reforma, a la que se atribuye un tinte reaccionario; pero que realmente fue una espléndida Reforma católica, o Restauración, como propone el historiador de los Papas von Pastor, gracias a la cual no sólo se contuvo al protestantismo sino que se revitalizó asombrosamente el ser de la Iglesia cuya situación religiosa actual, al cabo de cinco siglos parece, pese a los gravísimos problemas de nuestro tiempo, mucho más sólida y enraizada que la dispersión protestante, sumida en un océano de confusiones y degradaciones. Gracias al proceso revitalizador que se inició en la Reforma católica la Iglesia acentuó gradualmente su centralización y su romanización en torno al Pontificado –su gran signo de identidad frente al protestantismo acéfalo– entre los Concilios de Trento y

[48] Cfr. *30 Giorni* ed. esp. año VI n. 63 (1992) 46 s.

el Vaticano I, cuando ya reinaba, en medio de otras crisis agresivas –la del liberalismo radical y la Revolución– Pío IX, el primero de una serie ininterrumpida hasta hoy de grandes Papas que han incrementado como pocas veces en la Historia el prestigio universal de la Iglesia. Un historiador tan sereno como Lortz –y la opinión es compartida por todos los maestros del género, como Jedin y sus colaboradores– confirma que el milagro de la Reforma católica se debe por encima de todo a dos factores: la fiel plenitud de España y la actuación de una nueva Orden universal de origen español, la Compañía de Jesús.

La España de los Reyes Católicos y los dos primeros y grandes reyes de la Casa de Austria, Carlos I y Felipe II, se identificó con la causa de la Reforma católica iniciada ya en Castilla antes de la rebelión luterana por el gran cardenal humanista y gran colaborador de los Reyes Católicos fray Francisco Ximénez de Cisneros. No caeremos en la retórica pero tampoco hemos de disimular la decisiva contribución española a la causa del catolicismo amenazado en lo que para España era su siglo de oro. La Reforma católica fue el objetivo principal de la estrategia española en manos de los dos grandes monarcas del siglo XVI que, tras las huellas de Fernando el Católico, diseñaron por primera vez un esquema estratégico moderno para Occidente y por cierto un esquema atlántico y global que se apoyaba –en el proyecto de Carlos V– en el triángulo Madrid-Lisboa-Londres, flanqueado por la cabeza de puente nórdica de los Países Bajos a los que por ello desgajó Carlos V del Imperio para incluirlos en la herencia atlántica de Felipe II de España y con las Indias como gran expansión y gran reserva de la Cristiandad. España fue, como dijo Menéndez Pelayo, luz de Trento y ofreció a la Iglesia un conjunto inigualable de santos reformadores sin los que no se comprende la salvación de la Iglesia: Ignacio de Loyola, Teresa de Jesús, Francisco de Javier, Juan de la Cruz, que brillaron junto a Felipe Neri y Vicente de Paul. En cuanto a la Compañía de Jesús fue la Orden providencial e innovadora que requerían aquellos tiempos; creada oficialmente por Paulo III en 1540 contuvo mediante un nuevo *limes* romano –cimentado por San Pedro Canisio S.J.– la pleamar de la Reforma en el Norte, cristianizó al humanismo con su impulso cultural y su red mundial de colegios y contribuyó en primera línea al nuevo esfuerzo misionero de la Iglesia. Los jesuitas, por su idea directriz y su cuarto voto de especial obediencia al Papa, colaboraron más y mejor que cualquier otro grupo de la Reforma católica (que fueron muchos y relevantes) a restablecer la confianza de los católicos en las posibilidades religiosas y culturales de la Iglesia, las de siempre, y a objetivar la creencia religiosa, arrasada con la subjetivización protestante. La dureza de la lucha en que estaban empeñados les condujo a graves peligros, no exentos de culpa colectiva; una soberbia creciente, reconocida por su gran historiador Cordara, un exclusivismo que a veces tendía a desplazar o anular a otros compañeros de lucha que no eran, como dicen todavía hoy los jesuitas, *de los Nuestros* y una afición por la intervención política y la influencia social (que ha dejado huella en las admirables Constituciones del fundador San Ignacio, tan admiradas por Lenin) que contribuiría dos siglos después a llevarles a la ruina a manos de sus adversarios políticos y culturales, que eran los mismos adversarios de la Iglesia. Pero los ribetes trágicos de la historia ignaciana no sólo no empañan sino que acrecientan la grandeza histórica de una Orden que fue entonces, como proclamaba su fundador, la caballería ligera del Papa y ahora, después de su muerte a fines del siglo XVIII, su resurrección en el XIX y su cuarto centenario se ha degradado parcial y miserablemente hasta convertirse, como veremos, en semillero de oposición al Papado y de la disidencia postconciliar.

Jesuitas, dominicos (sobre todo de España, unos y otros) junto a reformadores italianos convirtieron en sus tres etapas, que jalonan los grandes impulsos de la Reforma católica en el siglo XVI, al Concilio de Trento en el gran crisol para la restauración de la Iglesia y la racionalización teológica de la fe. En el campo de la reforma rebelde jamás cuajó una asamblea de semejante envergadura, que ha sido estudiada exhaustiva e insuperablemente, para su período menos conocido, por Constancio Gutiérrez S.J. en su obra magna *Trento, un concilio para la unión*[49] Los grandes pensadores de la Compañía de Jesús contribuyeron antes, durante y después del concilio de Trento al mantenimiento de la primacía cultural y teórica del catolicismo. Sólo mencionaré a tres por su influencia que rebasó con mucho los límites de su siglo. Roberto Belarmino, polemista temible contra la Reforma rebelde y luego canonizado, formuló en sus *Disputationes* de 1581 una teoría para fortalecer el poder del Papado que denominó «poder indirecto» sobre los asuntos temporales, para fines concretos y en defensa del poder espiritual, que es pleno. Para ello proponía la tesis, casi revolucionaria en el apogeo de las monarquías absolutas, de que el poder de los gobernantes proviene del pueblo, mientras que el poder del Papa es directamente de origen divino. Algunos autores como Sabine piensan que se trata de una secularización del poder cuando realmente lo que propone Belarmino en cuanto al poder político es una democratización del concepto. Fue más allá el jesuita español e historiador eminente Juan de Mariana que en su tratado *De rege et regis institutione* (1599) llegó a aceptar el tiranicidio contra el gobernante injusto, y aprobó concretamente al que acabó con la vida del último Valois, Enrique III de Francia. (El tiranicidio había sido aprobado a principios del siglo XIV por la Universidad anglófila de París para justificar el asesinato político del duque de Orleans, adversario principal del poder inglés). Luego, en el siglo del despotismo ilustrado, la tesis de Mariana sería uno de los arietes que se dirigieron contra los jesuitas al considerarles como enemigos del trono, lo cual era evidente mente absurdo. Por fin Francisco Suárez, primer filósofo de toda su época, cuyas *Disputationes metaphysicae* son todavía libro de consulta (y hasta el siglo pasado libro de texto) en las primeras Universidades de Occidente, ahondó en su tratado *De legibus* (1612) la democratización de Belarmino; propuso que el Estado surge por la voluntad de los cabezas de familia y que el poder político es inherente a la comunidad. De la ley natural nace el imperio de la ley; y el Estado queda sometido a esa ley. Digamos una vez más que no se trata de una secularización de la política y el poder ya que Dios permanece como fuente del poder para el pueblo, que luego lo confiere al gobernante. Mientras recalcaban el poder indirecto del Papa para situaciones de crisis, los pensadores jesuitas de la Reforma católica reconocían la dignidad del pueblo como receptor y transmisor de poder y anticipaban la Modernidad mucho mejor que los Reformadores protestantes empeñados en la sacralización del poder político.

[49] Madrid, Instituto E. Flórez del CSIC, 1981.

En el caso de Francisco Suárez, como sugiere Julián Marías que le considera como el primer filósofo escolástico después de Guillermo de Ockam, la escolástica modernizada penetró en los orígenes de la filosofía moderna gracias al influjo ejercido por el Doctor Eximio en Descartes, Leibniz y Grocio. Sus *Disputationes* por otra parte, como dijo Zubiri, son el primer ensayo de metafísica independiente después de Aristóteles. La consideración de la metafísica suareciana como independiente de la teología (así lo es) no es tampoco una secularización sino una racionalización del pensamiento; la metafísica de Suárez incluye a la teología natural o teodicea gracias sobre todo a su espléndida profundización en la analogía del ser que comporta una vinculación de la criatura a Dios mediante la relación trascendental. No es una secularización pero sí una clara modernización y no sólo dentro del campo de la Reforma católica sino del pensamiento humano. Por desgracia Francisco Suárez no tomó en consideración para sus elucubraciones cosmológicas los recientes desarrollos de la ciencia moderna que estaban ya a su disposición y que sí fueron analizados y cultivados por algunos clarividentes pensadores jesuitas de su tiempo. Tampoco Roberto Belarmino, aunque trató de acercarse con respeto a la persona y la obra de Galileo, consiguió romper sus prejuicios aristotélicos aunque eludió, en virtud de ese respeto, pronunciarse por la condena del creador de la ciencia moderna.

LA PLENITUD DEL BARROCO

El Barroco –palabra tan insuficiente como imprescindible– es la expresión cultural y sobre todo artística de la Reforma católica. Surge en la segunda mitad, ya bien entrada, del siglo XVI, cuando se agota el impulso del Renacimiento y comunica, tanto en la arquitectura como en las artes plásticas como en la música polifónica la explosión y el desbordamiento de la fe tridentina, que transfiguró hasta lo más hondo del sentir popular como se reflejó en las manifestaciones contemporáneas de la gran literatura católica. La fe plasmada en el Barroco trasluce la vitalidad y el gozo de una España que se agotaba en la expansión, la defensa y el servicio de la Iglesia católica. Pero el Barroco como época cultural no es solamente vitalidad; es también racionalidad que nada tiene ya de medieval sino de plenitud moderna. Porque entre los nombres geniales de la época, donde predominan, como en la Reforma católica, los españoles, figuran varios cuya simple mención nos excusa de cualquier comentario; aquellos eran los siglos de Cervantes, y de Quevedo, y de Lope de Vega, de Velázquez y de Gracián y de Gregorio Fernández y de Juan de Herrera, sin los que (junto a otros muchos) no se comprenderían los fundamentos de la cultura occidental en la Modernidad. Es decir que ni la Reforma católica fue un movimiento reaccionario ni la literatura y el arte católicos del Seiscientos pueden considerarse fuera de los grandes impulsos y realizaciones de la Modernidad. ¿Por qué restringir lo verdaderamente moderno a lo sectario, lo parcial, lo gnóstico, lo negativo?. Y toda esa colosal floración de cultura venía impregnada de fe popular y trascendente, sin sombra de secularización, que alcanzó en el trasplante cultural de España a las Indias una profundidad de expresión originalísima.

Tampoco resulta fácil resumir, dentro del carácter necesariamente introductorio que el lector ha advertido ya en este capítulo, las líneas maestras del siglo XVII en su plenitud y su tendencia de innegable transición. Fue, políticamente, un siglo dominado por España y el Imperio, las potencias católicas, hasta la paz de Westfalia con que se liquidó en contra de España la guerra de los Treinta Años en 1648. La política esencialmente católica de Felipe II había contribuido mucho más de lo que se dice a la salvación de Francia para la religión católica en el siglo XVI; pero la alianza de Francia con el poder turco en el siglo XVI y con las potencias protestantes en el XVII condicionó la decadencia y la derrota de España y frenó el impulso español para la recuperación de la Cristiandad que puede considerarse definitivamente cancelado en esa paz de Westfalia, donde se consagró el triunfo estratégico del protestantismo y se consolidó la división confesional de Europa. Haber intentado empresa tan titánica, aunque desembocase en fracaso y tragedia, es una gloria de España que tampoco suele reconocerse.

Desde la segunda mitad del siglo XVII el poder y la influencia de Francia se implantan en Europa y la monarquía francesa impone a su vez a la Iglesia el galicanismo, es decir un esquema de Iglesia nacional cada vez más subordinada a la Corona y cada vez menos vinculada al Pontificado, en la misma línea inaugurada por Felipe el Hermoso a principios del siglo XIV; a medio camino entre la independencia total de la Iglesia anglicana desde los tiempos de Enrique VIII y la subordinación de la Iglesia de España a la corona católica en virtud del Patronato regio concedido por la Santa Sede a los Reyes Católicos, pero más cerca de este segundo caso. La mayoría de la Iglesia francesa sirvió al designo galicano de la Corona cristianísima, como los pensadores más importantes y la literatura del Gran Siglo. Terminaba el anterior cuando Juan Bodino en sus *Six livres de la République* (1586) asumía una posición moderada después de la terrible Noche de San Bartolomé y aunque falló en su propósito de convertirse en el Aristóteles de la política contemporánea, acuñó el concepto de soberanía en favor de la Corona de Francia y de la propia nación francesa, que debería mantenerse, según él, unida incluso sin unidad de religión; una idea tolerante que entonces equivalía a un paso decisivo en la secularización del poder. La soberanía es la clave del Estado; consiste en un poder supremo no sometido a leyes pero capaz de darlas, aunque estaba limitado por la ley divina y la ley natural. Luis XIII, que confirió su poder virtualmente absoluto al cardenal de Richelieu, artífice de la nueva grandeza de Francia y Luis XIV (1643-1715) que elevó a dogma el galicanismo, llenan todo el siglo XVII apoyados, para sus pretensiones galicanas, por la secta de los jansenistas, cultivadores del rigorismo cristiano que se agruparon en torno al libro *Augustinus* de Jansenio, obispo de Yprés, aparecido en 1640 tras la muerte del autor. Desde la abadía de Port-Royal los jansenistas, a quienes hemos calificado ya como gnósticos, se convirtieron en máximos animadores del galicanismo y enemigos supremos de la Compañía de Jesús cuya teoría del poder indirecto del Papa y su aceptación del pueblo como primer receptor del poder, incluso hasta la posibilidad del tiranicidio, fue interpretada como una traición a la monarquía absoluta de derecho divino.

Con los jansenistas se vinculó la mente clara y simplificadora de Blas Pascal (1623-62) cartesiano que no se entregó tanto a la Razón como Descartes, y que llegó a la verdad por la razón y por el corazón y exaltó la grandeza de Dios sobre el fondo de la miseria del hombre. Sus *Cartas provinciales* fueron el primer ataque de fondo que sufrió la Compañía de Jesús del que ya no se repondría hasta su extinción a fines del siglo siguiente. Pero Pascal, a quien por su simultáneo cultivo de la filosofía, la política teórica y la física matemática todos los observadores consideran como un hombre plenamente moderno, era también un gran cristiano; como prácticamente todos los portavoces literarios del Gran Siglo francés, por ejemplo Fénelon, tan influido por el quietismo de Miguel de Molinos: Bourdaloue, Massillon, el obispo de Meaux Bossuet, alma de la Iglesia de Francia en la época y columna del galicanismo; y los grandes dramaturgos Corneille y Racine. El clasicismo literario de Francia fue profundamente católico con toques gnósticos; en aquel ambiente surgieron nuevas Ordenes como los trapenses, una rigurosa rama del Císter y los Hermanos de la Escuelas Cristianas fundados por san Juan Bautista de La Salle. San Francisco de Sales (1567-1662) saboyano de alma francesa, alumno de los jesuitas, superó la tentación calvinista para predicar heroicamente el catolicismo en la zona más hirsutamente calvinista de Saboya y los Alpes; obispo de Ginebra en 1602, con residencia en Annecy, fue un gran humanista y fundador de los salesianos, religiosos sin clausura que algunos interpretan como una secularización de la ascética, pero que puede calificarse mucho mejor como una infiltración de la santidad en medio del mundo.

Los Papas del siglo XVII no prodigaron los escándalos de algunos predecesores del siglo anterior, procuraron fomentar la continuación de la Reforma católica –ya plenamente consolidada, tanto que sobrevivió sin graves problemas ni mayores pérdidas al lento ocaso europeo del poder español– y quisieron paliar, con escasa fortuna, los estragos del galicanismo mientras apoyaban con esperanza los intentos de restauración católica en Inglaterra bajo la dinastía de los Estuardo. Pero casi todos esos Papas incurrieron en flagrante nepotismo, casi todos favorecieron al arte barroco de la Reforma católica –ahí está la columnata de Bernini ante San Pedro del Vaticano– se enfrentaron al jansenismo y se quedaron casi completamente al margen de la filosofía y la ciencia moderna. Ninguno fue un genio ni un titán. Presidieron la lenta asimilación del Concilio de Trento, favorecieron la expansión y consolidación misionera de la Iglesia, sobre todo en la América española y su figura más ejemplar fue sin duda el beato Inocencio XI Odescalchi (1656-89) inmune al nepotismo, enfrentado seriamente al galicanismo y animador del rey de Polonia Juan Sobieski que salvó definitivamente a Viena del poder turco en 1683. El relativo carácter grisáceo de esta sucesión de Papas del siglo XVII hará que destaquen más, ante nuestro propósito de fijar los jalones de la Modernidad, los dos grandes acontecimientos culturales de ese siglo que si bien impulsados y cuajados por católicos o al menos por sinceros cristianos, se conciben y se desarrollan ya al margen de la Iglesia (aunque no precisamente contra ella) lo que nunca había sucedido en la historia de los grandes movimientos de la cultura desde la caída del Imperio romano de Occidente. Esos dos acontecimientos culturales, claves inequívocas de la Modernidad, son, de forma casi simultánea y además interconectada, el nacimiento de la Ciencia Moderna, gracias a la experimentación y la interpretación de Galileo Galilei; y el nacimiento de la Filosofía Moderna gracias a la duda y a la intuición de Renato Descartes. Ciencia y filosofía que hoy consideramos como dos actividades diferenciadas del conocimiento; y que entonces eran la parte y el todo, porque para sir Isaac Newton, por ejemplo, la consagración de la ciencia físico-matemática se comunicaba en una obra cuyo título era el genitivo de *Philosophia naturalis.*

LA CIENCIA MODERNA: GALILEO Y NEWTON

Ni la ciencia moderna ni el pensamiento que hoy llamamos científico para distinguirle del filosófico son creaciones «ex nihilo» por la magia de Galileo, naturalmente. Hay ciencia y pensamiento científico en los presocráticos, en los sabios del helenismo que dejaron su huella en la Biblioteca de Alejandría, en los alquimistas y los experimentadores medievales, en los cosmógrafos del siglo XV, en los técnicos anónimos de China, en los técnicos y los ingenieros y matemáticos del Renacimiento, como demuestra el caso excelso de Leonardo da Vinci. Pero todo esto no es más que una sucesión, con hitos a veces muy brillantes y sin ritmo de acumulación y progreso afianzado, de antecedentes; a los que faltó la continuidad sistemática, la plenitud del método y la verificabilidad, las conexiones entre la experimentación instrumental y la interpretación en forma de leyes rigurosas. Esas tres carencias de la ciencia anterior fueron precisamente el aporte genial de Galileo Galilei al nacimiento en plenitud, y no como uno más de tales balbuceos inconexos, de lo que pronto se llamó la ciencia moderna. Para la que tuvo Galileo dos antecesores formales y esenciales, entre tantos precursores menos relevantes: Nicolás Copérnico y Francis Bacon.

Nicolás Copérnico (1473-1543) fue un canónigo polaco que vino a Roma y publicó en el año de su muerte un tratado de astronomía, *De revolutionibus orbium coelestium* en el que (de acuerdo con algunas observaciones griegas) proponía un sistema solar heliocéntrico, donde la Tierra, contra la doctrina establecida de Aristóteles y Tolomeo, dejaba de ser el centro de ese sistema (y por lo tanto el centro del Universo) para convertirse en un satélite más del sol, como el resto de los planetas. Otro astrónomo genial, Juan Kepler (1571-1630) publicó luego en 1609 su *Physica coelestis* en que, básicamente de acuerdo con la inversión copernicana de la astronomía, establecía las tablas y leyes del movimiento planetario, deducía de esas observaciones que las órbitas eran suavemente elípticas –con el sol en uno de los polos de la elipse– y fijaba las ecuaciones de ese movimiento. La nueva concepción se mantuvo durante mucho tiempo como un conjunto de abstrusas elucubraciones de los astrónomos hasta que Galileo Galilei (1564- 1642) la propuso resonantemente como una especie de nuevo dogma. Pero antes el canciller de la reina Isabel de Inglaterra sir Francis Bacon, barón de Verulam (1561-1626) había planteado en su *Novum Organum* un nuevo método, el de la lógica inductiva, que procedía a posteriori, es decir, encontraba leyes naturales a partir de una experimentación rigurosa sobre casos particulares. Este Bacon tuvo como precursor a otro Bacon de quien ya hemos hablado, fray Roger, tres siglos antes; para uno y otro el silogismo deductivo, base del método escolástico, explica y particulariza las verdades universales, pero no crea nuevos hallazgos del conocimiento en el campo de la filosofía natural, como entonces se llamaba a la ciencia. Por otra parte Kepler había fundado ya el avance de la ciencia de la naturaleza en su interpretación matemática, con un antecedente tan lejano como la escuela pitagórica para la cual toda la realidad física se reducía a combinaciones numéricas. La diferencia es que los pitagóricos se perdieron en la simbología y en la gnosis; mientras que los científicos modernos utilizaban la matemática para la interpretación precisa de la realidad.

Galileo creó en plenitud la ciencia moderna gracias a su genial combinación del experimento, el dominio de la inducción como método, la capacidad de interpretación matemática y la audacia y espectacularidad en la comunicación de sus resultados. Su figura, sin embargo, se ha mitificado (sin necesidad alguna ya que su grandeza no necesita el mito) como una víctima de la intransigencia de Roma y una prueba de cerrilismo en la actitud oficial de la Iglesia contra él. Conviene no dejarse alucinar (Galileo no lo hizo y permaneció fiel a la Iglesia católica hasta su muerte) por tal congerie de medias verdades. Tengo en avanzada elaboración un libro sobre Galileo después de recorrer varias veces los escenarios de su vida: Pisa, Padua, Venecia, Siena, Florencia, Roma por los mismos caminos que el siguió entre la alegría y el triunfo, la angustia y la esperanza pero no adelantaré aquí resultados. Basta con referirme de momento a la clarificadora introducción de Carlos Solís a las *Consideraciones y demostraciones matemáticas sobre dos nuevas ciencias,* la obra de su mayor madurez, editada por mí en las colecciones de Editora Nacional el año 1974. Al conocer algunas innovaciones instrumentales que tenían lugar en Holanda (cuyo motor fueron las necesidades náuticas y cosmográficas) Galileo construyó un telescopio de treinta aumentos en 1609 y en su libro *Sidereus nuntius* (El anunciador de las estrellas, título espectacular que refleja bien el carácter del descubridor) puso de manifiesto los accidentes de la Luna, así como el aparente carácter ilimitado del Universo. Las dos observaciones resonaron como un asalto directo contra el rutinario aristotelismo de la cosmología universitaria de entonces, empeñada en la perfección absoluta de los cuerpos celestes y en el carácter finito del Cosmos. Los poderosos jesuitas, que cultivaban ya los pródromos de la ciencia moderna, se entusiasmaron con Galileo en Roma pero las Universidades le declararon la guerra total; mientras la Santa Sede le recibía en triunfo y el Papa Paulo V le felicitaba, como los jesuitas de Roma; recibió el apoyo de la prestigiosa Academia romana dei Lincei que le permitió proseguir sus investigaciones para las que hubo de prescindir de la Universidad hostil. Esta evocación sorprenderá quizás a algunos lectores intoxicados por la mitología anticlerical pero eso es lo que sucedió inicialmente en la aventura de Galileo.

El cual, completamente convencido ya por la teoría copernicana, perdió el apoyo de los jesuitas por sus cartas de 1612 a Marco Valseri en las que disputaba (con razón y sin ella a la vez) la primacía del descubrimiento de las manchas solares al científico jesuita Scheiner y se declaraba abiertamente copernicano. De tal forma los aristotélicos (con quienes los jesuitas no se atrevían a romper) volvieron a la carga contra quien se atrevía no solamente a sacar imperfecciones en la luna sino algo mucho peor; manchas en el sol perfecto definido por Aristóteles, cuya doctrina había adquirido, desde Santo Tomás de Aquino (y sin culpa del gran teólogo) visos de fe y de fundamento teológico. Entonces Galileo, dejándose llevar de la intemperancia, arremetió simultáneamente contra jesuitas y aristotélicos e hizo algo más grave; decidió meterse en teología y hermenéutica. Discutió lo que realmente sucedió en el milagro de Josué que detuvo al sol según la Biblia; y proclamó la separación de la teología y la ciencia, sin que la teología tuviera nada que decir, según él, en el plano de la observación e interpretación científica a no ser que pudiera probarse la radical falsedad de esa interpretación. La verdad es que Galileo tenía razón pero la mentalidad teológica de aquella época no se la podía admitir. Los teólogos se negaban a mirar al cielo por el ocular del telescopio e incluso insinuaban la colaboración de causas segundas de signo diabólico. En vista de lo cual un dominico, el padre Lorini, decidió por fin, impulsado por el reaccionarismo universitario, denunciar ante el Santo Oficio la teoría de Copérnico y de paso las ideas de Galileo. En 1616 el heliocentrismo fue declarado formalmente herético, el tratado *De revolutionibus* quedó prohibido pero la denuncia contra Galileo no prosperó aunque el científico pisano fue amonestado por el influyente cardenal jesuita Roberto Belarmino, que se salió para ello de su indudable sabiduría teológica para meterse en camisa de once varas. Pero era lo suficientemente inteligente para no incurrir en la condena de Galileo a quien trató con amabilidad y dejó el trabajo sucio a los dominicos, guardianes de la Inquisición.

Galileo obedeció aparentemente pero no hizo caso de las advertencias y siguió en sus observaciones y sus teorías copernicanas. El descubrimiento de los satélites de Júpiter, casi simultáneo a la condena póstuma de la Iglesia contra Copérnico, confirmaba para Galileo el heliocentrismo; y en 1632 expuso sus razones copernicanas abruptamente, despectivamente, según su carácter, en su espléndido *Diálogo sobre los dos sistemas del mundo,* que concitó contra él una nueva ofensiva de jesuitas y dominicos, decididos a hundirle en nombre de Aristóteles. Los jesuitas convencieron al papa Urbano VIII, amigo de Galileo, de que el científico le había burlado al no cumplir las condiciones que se le impusieron para conceder el «imprimatur» a su libro y el Santo Oficio abrió contra él el celebérrimo proceso que terminó al año siguiente con la condena del libro, la forzada abjuración del autor y su prisión indefinida aunque benigna, durante la cual pudo seguir investigando y preparando su obra magna, *Consideraciones y demostraciones matemáticas sobre dos nuevas ciencias,* publicada sin permiso eclesiástico en 1638, cuatro años antes de su muerte. En este libro de influencia pitagórica Galileo propone un depurado análisis matemático del mundo físico, no sin graves errores como los que repitió toda su vida al obstinarse en que, contra las tesis de Kepler, las órbitas del sistema solar eran rigurosamente circulares; claro que Kepler era considerado en su tiempo poco menos que como un bufón para espectáculo cortesano. Fue Galileo quien logró consideración social y respeto para el hombre de ciencia, que al siglo siguiente sería aceptado como un personaje clave de la sociedad, más respetado que el filósofo y sobre todo que el teólogo, un oficio cada vez más desprestigiado. Pronto abrazarían los jesuitas la hipótesis copernicana pero la Iglesia persistió en la condena de Galileo hasta el Papa León XIII en 1893 aunque se debe a Juan Pablo II la plena rehabilitación del creador de la ciencia moderna, al reconocer el tremendo error de la Iglesia por confundir los planos de la ciencia, la filosofía y la fe.

Gracias a Galileo, que vivió y murió en el seno del catolicismo, la ciencia moderna no interrumpirá ya su ascenso. La escolástica deductiva se hundiría irreversiblemente en la rutina y el descrédito pero entretanto la ciencia nueva habría de hacerse fuera de las Universidades, en institutos, sociedades y academias liberadas de imposiciones a priori, hasta que en el siglo XVIII la ciencia volvió al ámbito universitario, que se iba liberando a marchas forzadas de la escolástica arrastrada. Pero Galileo no fue sólo el creador de la ciencia moderna irreversible sino que abrió el camino a la filosofía moderna, que desde entonces empezó a girar en torno a la primacía de la ciencia, mediante la destrucción del aristotelismo, que parecía inconmovible por su identificación con el sentido común; si la Tierra giraba en torno al sol, decían a Galileo los incrédulos, nos caeríamos por la velocidad del suelo. Galileo rebatió tales argumentaciones en forma que debió ser, aunque no para muchos, convincente; pero al hacerlo convirtió los hechos de la naturaleza en fenómenos, es decir apariencias de la realidad a través de la captación mental. Estamos ya con ello en el umbral del idealismo intuído por un gran admirador de Galileo, Renato Descartes, padre del pensamiento moderno.

Después de Galileo y de la pléyade de grandes científicos que abrieron con él los caminos de la ciencia nueva (su discípulo Torricelli, medidor de la presión atmosférica; el atomista y sacerdote francés Gassendi, el fisicoquímico Boyle, el físico holandés Huygens con su teoría ondulatoria) advino un segundo gran genio creador que prácticamente, y casi teóricamente, elevó la Ciencia Moderna a la categoría de Ciencia Absoluta: sir Isaac Newton.

Newton, no católico pero sí profundo cristiano inglés, (1642-1727) profesor en Cambridge, aunque como Galileo hubo de dejar la Universidad para trabajar sin obstáculos en la Royal Society «no era un hombre afable. Sus relaciones con otros académicos fueron escandalosas y pasó la mayor parte de sus últimos años enredado en acaloradas disputas» dice de él quien le ha sucedido en nuestros días en su misma cátedra de Cambridge, el profesor y astrofísico Hawking. Publicó en 1687 su libro trascendental *Philosophiae naturalis principia mathematica* que expone las leyes de la dinámica (Galileo no había pasado de la cinemática, el estudio del movimiento; Newton estudia los sistemas de fuerzas que originan el movimiento) fija definitivamente el sistema de la ciencia moderna y propone una construcción armónica del Universo material que se ha mantenido perfecta hasta finales del siglo XIX y aun hoy, dentro de ciertos límites (que muchos papanatas aún no han llegado a reconocer) sigue vigente con suma utilidad. Perfeccionó además Newton el instrumento matemático para la medición de las magnitudes físicas, estudió el campo de fuerzas universales más obvio, el gravitatorio, influyó decisivamente, junto a Galileo, en el desarrollo de la cosmología moderna reduciéndola al campo de los fenómenos (es decir las magnitudes medibles) e impuso a la filosofía un predominio de la razón que identificó para muchos a toda la filosofía con lo que se empezó a llamar racionalismo, idea que tiene una recta interpretación si no se quiere, con ella, anular a la fe y a la teología que pueden y deben ser racionales pero no precisamente racionalistas. Eso sí, desde Galileo y Newton la filosofía, al romper su dependencia respecto de la teología, adquirió, hasta hoy, una nueva dependencia, ahora respecto de la ciencia; tanto que para algunos (con exageración clara) la filosofía moderna no es más que la investigación del método de la ciencia.

Galileo era la desembocadura científica del Renacimiento; Newton abría plena mente, con la luz de la ciencia moderna, la época que llamamos Ilustración y que pervive hoy en aspectos importantes y también en equivocaciones importantes. Insisto en el carácter fenoménico de la ciencia moderna gestada definitivamente por ellos dos. Cuando Newton habla de fuerza, y la interpreta matemáticamente como el producto de la aceleración por la constante llamada masa (que resulta ser objeto de medición primaria) analiza la aceleración como derivada de la velocidad respecto del tiempo (el tiempo es otra magnitud primaria) y a su vez a la velocidad como derivada del espacio respecto del tiempo o más sencillamente como el espacio recorrido en la unidad de tiempo. El espacio, la longitud, es una magnitud primaria, junto con el tiempo y la masa; a ellas tres y sus relaciones se reduce el conjunto de los fenómenos. Pero ni la masa, ni el tiempo, ni la longitud son realidades «por dentro» sino mediciones, dependientes de la precisión del aparato medidor; y en el fondo son abstracciones porque la longitud de una línea y la misma línea no existen en sí de forma independiente de la medida, como no existe por sí mismo el punto donde se inicia y donde termina la medida. En esta abstracción y esta imprecisión radicaba precisamente la quiebra profunda de la Ciencia Absoluta, la física newtoniana, disimulada por la perfección admirable del cálculo infinitesimal. Pero la Ciencia Absoluta tardaría casi dos siglos en enterarse.

NACE LA FILOSOFÍA MODERNA: DESCARTES

Aunque Galileo y Newton hundieron al aristotelismo y a sus evidencias de sentido común y con ello, como decíamos, abrieron paso a la filosofía moderna, el creador auténtico de la filosofía moderna fue, en el mismo siglo XVII, Renato Descartes, nacido en Turena en 1596, muerto en Estocolmo en 1650; contemporáneo riguroso, pues, de Galileo, alumno de los jesuitas y por tanto bien formado en lenguas clásicas y filosofía escolástica, a la que siempre creyó útil para explicar, no para avanzar; católico sincero sin mengua de su fe durante toda la vida, soldado en la guerra de los Treinta Años, viajero por Europa en varios ejércitos, descubridor por intuición del Método en 1618 (ocho años después del primer triunfo de Galileo, cuya fama se divulgó por toda Europa). Descartes peregrinó a la Virgen de Loreto en agradecimiento por su intuición. Desde 1629 se estableció en Holanda, entabló relación con filósofos y científicos, ahondó en sus meditaciones filosóficas y sus investigaciones matemáticas, que le llevaron a descubrir la geometría analítica; atacado por los jesuitas, quienes por entonces no gozaban precisamente de sus mejores años, trabó amistad con la reina Cristina de Suecia que le llamó a Estocolmo donde el filósofo influyó en la conversión de Cristina al catolicismo. Publicó el *Discurso del Método,* con el que nace en plenitud la filosofía moderna, en 1637.

Nadie como el profesor Manuel García Morente ha explicado entre nosotros el pensamiento de Renato Descartes en su origen, desarrollo y trascendencia[50]. Desde los presocráticos hasta Descartes las cosas son inteligibles en sí; es el postulado del realismo. El hombre natural y espontáneo es aristotélico, ya que fue Aristóteles quien elevó el realismo a su máxima racionalización. Ahora, al comenzar el siglo XVII, se hunde gracias a Galileo la credibilidad, la seguridad y el realismo de Aristóteles; surge la duda sobre la realidad y Descartes, tras verse atenazado por la duda, la resuelve convirtiéndola en método. Con Parménides se había iniciado la primera navegación de la filosofía, dominada luego por Aristóteles; con la duda metódica de Descartes va a arrancar la segunda.

Al dudar sobre toda la realidad, Descartes busca y encuentra su primera certeza en lo inmediato, el pensamiento. «Je suis une chose qui pense...cogito, ergo sum». Esta es la certeza fundamental, inmanente, subjetiva; la inmanencia y el subjetivismo serán claves de la filosofía moderna. Fuera del yo hay dos grandes problemas de realidad: Dios y el mundo. Para demostrar la existencia de Dios Descartes acepta el argumento ontológico de san Anselmo pero se fía coherentemente de otro argumento más íntimo: la idea de Dios es demasiado alta como para que brote del hombre; al ser mi existencia contingente, necesita un ser necesario, que es Dios: en la propia introspección, que se ha convertido en el punto de partida del pensamiento sistemático, advierto esa contingencia que me requiere la suprema necesidad de Dios. Establecida con certeza la existencia de Dios, de ella proviene la seguridad sobre la existencia del mundo; porque Dios, absolutamente perfecto, no va a engañarnos sobre la realidad del mundo. Se trata de un mundo de ideas claras y distintas, abstractas, geométricas; en el que no interesa la cualidad sino la cantidad medible de las cosas, como había establecido Galileo y pronto iba a corroborar Newton. Ante el problema de la vida, Descartes mecaniza la vida; las sensaciones son pensamientos oscuros, clarificados por el dominio total del intelecto, la razón.

Descartes, por lo tanto, aun reconociendo la existencia de Dios demostrada racionalmente, sitúa al hombre como inicio de la filosofía, que es individual, subjetiva y antropocéntrica; y en cuanto fundada en fenómenos –apariencias captadas por la razón en la realidad– es también una filosofía racionalista e idealista. Descartes va a ser –junto al impacto creciente de la ciencia moderna– la fuente de toda la filosofía moderna, edificada sobre el antropocentrismo y la inmanencia, sobre las ruinas del aristotelismo y la escolástica. Como señala Morente, la más grave equivocación original de la filosofía moderna será confundir el pensamiento, el sujeto y el objeto; el conocimiento, la psicología y la ontología. El rechazo de las consecuencias erróneas del aristotelismo no tenía por qué llevar a los filósofos hasta el rechazo total del realismo; pero eso no se vería claro hasta la filosofía del siglo XX, después de la silenciosa pero definitiva quiebra de la Ciencia Absoluta y de la filosofía idealista y la materialista sobre ella fundada. Y no digamos la positivista, que pretendió ser la Filosofía Absoluta también.

No piense el lector que estamos convirtiendo este esbozo de historia de la Iglesia en un resumen de historia de la filosofía y de la ciencia. De ninguna manera. Lo que sucede es que para comprender el dramático hundimiento cultural de la

[50] M. García Morente y J. Zaragüera, *Fundamentos de Filosofía,* Madrid. Espasa-Calpe, 8 ed., p. 113 s.

Iglesia en los siglos XVIII y XIX se hace completamente imprescindible exponer antes el brusco giro científico y filosófico del pensamiento occidental a partir del Racionalismo que se impone en la segunda mitad del XVII; porque la Iglesia, desgraciadamente, quedó descolgada de ese movimiento moderno que habían provocado dos de sus hijos más fieles, Galileo y Descartes. En este caso el fallo cultural de la Iglesia católica acompañó a su terrible decadencia durante la primera y la segunda Ilustración, mientras los enemigos de la Iglesia, las fuerzas del asalto, trataron de monopolizar contra ella –sin razón ni justificación alguna– las nuevas plataformas de la ciencia y la filosofía moderna, desde las que intentaron destruir a la teología, el saber de lo divino y de la Iglesia. Por esta razón tratamos en estos capítulos iniciales de analizar el origen y desarrollo de la ciencia y el pensamiento modernos.

EL EMPIRISMO BRITÁNICO: HOBBES, LOCKE, HUME

De Descartes como fuente parten las dos grandes corrientes de la filosofía moderna en la segunda mitad del siglo XVII y todo el XVIII, que suelen caracterizarse como empirismo británico y racionalismo continental. Una y otra confluyen en el apogeo del racionalismo que es a la vez origen del idealismo decimonónico, la filosofía de Manuel Kant. Desde Descartes a Kant, mientras la ciencia moderna prosigue su camino triunfal y cada vez más excluyente, la filosofía avanza a partir de la concepción racionalista que es la obertura de la Ilustración; la que podemos llamar Ilustración originaria, o primaria, propia del siglo XVIII, para denominar segunda Ilustración a la del siglo XIX, entre el apogeo de Kant y la quiebra de la Ciencia Absoluta a fines de esa centuria. Desde nuestro punto de vista el problema principal es que la Iglesia católica, encastillada en la escolástica decadente, se va quedando al margen del racionalismo, en sus dos vertientes, la continental y la británica; y como previamente había chocado contra la irrupción de la Ciencia Moderna quedará obligada a luchar con armas desiguales contra las dos Ilustraciones, a partir de unas posiciones culturales insuficientes y retrógradas, que no tenía por qué haber mantenido; porque los dos iniciadores de la ciencia y la filosofía moderna, Galileo y Descartes, eran fervientes católicos y varios importantes cultivadores de la ciencia nueva y de la nueva filosofía eran también católicos o al menos cristianos conscientes que de ninguna manera excluían a Dios de su vida y de su pensamiento. Para colmo de males la Iglesia se enfrentó políticamente –y en un plano tan impropio como la política temporal– con las Ilustraciones por culpa del aferramiento absolutista del Papado a los Estados Pontificios; con lo que las Ilustraciones y uno de sus principales retoños, el liberalismo, abrieron un nuevo frente contra la Iglesia cuya alienación cultural se hizo durante los siglos XVIII y XIX cada vez más sofocante y dramática hasta que León XIII, a fines del siglo XIX, inició la reconciliación de la fe y la cultura, que fomentaron los Papas siguientes con alguna excepción, hasta el actual.

Desde el último tercio del siglo XVII Inglaterra, gracias a la feliz cancelación de sus revoluciones político-religiosas, se adelantó al resto de Europa en cuanto a organización cada vez más racional de la convivencia. Tras las vacilaciones confesionales de los Estuardos en el siglo XVII, la victoria de la revolución puritana de Cromwell después de una sangrienta guerra civil y la fallida restauración del procatólico Carlos II dieron paso a una nueva dinastía conciliadora como fruto de la Gloriosa Revolución de 1688 y el reino avanzó en sentido institucional y predemocrático, gracias a la creciente primacía del Parlamento y a la relativa independencia de los tres poderes del Estado, durante el período de la dinastía hannoveriana en el siglo XVIII, mientras se sentaban las bases del Imperio británico, arrancaba la transformación industrial inglesa en la segunda mitad del siglo y Europa seguía sumida en el despotismo ilustrado o la autocracia monárquica. En aquel contexto de guerras civiles surgió un pensador capital, Thomas Hobbes (1588-1679) secretario de Bacon, que llegó a conocer bien a Descartes e inició en Inglaterra la era del racionalismo empírico tanto en ciencia política como en filosofía.

Hobbes, cuyas obras se escriben entre 1640 y 1651, articula un sistema de pensamiento justamente calificado de moderno. Proyectaba una filosofía total fundada en principios científicos; estudió seriamente matemáticas y física y trató de aplicar el mecanicismo científico a la psicología empírica y a la política. Del movimiento y la geometría salto a la psicología y de ésta a la política. Todo dentro de una concepción mecanicista y materialista en que Dios no cuenta; a veces habla de él pero la filosofía de Hobbes es virtualmente atea, por primera vez en el pensamiento de Occidente.

Para Hobbes la situación natural del hombre es la guerra de todos contra todos y la ley básica del comportamiento humano es la propia conservación. El hombre –esta idea surge de crueles guerras civiles– es un lobo para el hombre; y dado el individualismo absoluto de la naturaleza humana, es la seguridad del individuo la que exige la creación del Estado (El Estado, no la sociedad que para Hobbes es artificial), ese tremendo monstruo Leviatán que puede defender con su poder omnímodo la seguridad de los individuos. Pero «los pactos que no descansan en la espada no son más que palabras»; el Estado se forma mediante contrato de las personas inermes para conferir todo el poder al leviatán. El Estado lo crea todo: la política, la moral y la religión; la Iglesia le debe estar completamente subordinada. Confunde Hobbes al Estado con el gobierno y aun con la sociedad; confunde el derecho con la moral y con la fuerza del poder coactivo. A la vez que fundamenta al Estado absoluto, Hobbes introduce en el pensamiento moderno la idea de pacto y acentúa totalmente la idea de individualismo; en ese doble sentido es un primer antecedente de la doctrina liberal y su influjo en la época de la Ilustración fue muy considerable. Pero como sucede a otros precursores del liberalismo, de su doctrina pueden extraerse también claros antecedentes de totalitarismo.

También John Locke (1632-1704) es empirista en psicología y precursor, casi inspirador ya, del liberalismo en política. Estudió a Descartes, a Bacon y al físico químico Boyle; participó en la revolución de 1688 y su doctrina se condensa en dos libros capitales. El *Essay concerning human understanding* propone un empirismo psicológico donde niega las ideas innatas; las ideas son simples, procedentes de uno o varios sentidos; o compuestas de simples. Pero como Descartes, tampoco Locke es un idealista total; acepta la realidad exterior y nunca sacrificó su fe cristiana a su filosofía. Fue decisiva su teoría de formación de las ideas por asociación, a partir de una experiencia sensorial; y su sensismo deja virtualmente fuera a la metafísica. Aunque sin llegar al ateísmo práctico de Hobbes, la negación lockiana de la metafísica aleja a Dios de la razón; con lo que ya queda asumido el deísmo, –el Dios lejano e incomprensible, inoperante para el hombre, que ya habían propuesto los gnósticos– en el pensamiento moderno, aunque hoy algunos exagerados pretendan encerrar en el deísmo a toda la Modernidad.

El gran ensayo político de Locke es el que suele conocerse como *Ensayo sobre el gobierno civil*, que se reconoce como inauguración expresa de la doctrina liberal e instaura el racionalismo en la teoría política. Partidario de la monarquía constitucional y moderada, Locke considera que la autoridad viene de Dios al pueblo, y éste la confiere al rey; como habían dicho ya los jesuitas del Barroco. Era una intuición apta para la época de Guillermo de Orange, con quien Locke viajó a Inglaterra cuando le ofrecieron la corona. Las libertades públicas, la tolerancia, el sentido de la convivencia fueron las aportaciones de Locke a la nueva orientación política que iba a imponerse en Inglaterra y gradualmente en la América inglesa y en Europa después de la Revolución Atlántica. Hoy sigue siendo Locke un inspirador esencial de la democracia.

Locke había coincidido con Descartes en la concepción del mundo exterior como *cosa extensa* y en la necesidad de Dios, aunque fuese un Dios más lejano del que intuía Descartes en la contingencia humana; pero el siguiente gran empirista británico, Berkeley (que ya no se ocupa de teoría política) se reduce a un idealis mo subjetivo total, en cuanto a la substancia extensa del mundo; aunque sigue admitiendo la sustancia espiritual real en el alma humana y en Dios. No así el último gran maestro del empirismo inglés, David Hume, que vuelve a la doble consideración de la psicología y la política, prescinde de Dios al concluir la imposibilidad de la metafísica e incide en una anticipación del positivismo (1711-1776). Distingue entre impresiones e ideas, elaboradas a partir de las impresiones. Niega la realidad del yo como idea ficticia que es; investiga la asociación de ideas a la que reduce la causalidad. En su otra vertiente de filósofo moral, y dentro de su tónica general de escepticismo, Hume piensa que la percepción moral corresponde más al sentimiento que al entendimiento, con lo que su moral se inclina al hedonismo. Hemos dicho que prescinde de Dios pero tal vez se halla más cerca del deísmo que del ateísmo; le impresiona el orden del universo como huella de una creación y ordenación divina; y si bien no admite una demostración formal de la existencia de Dios tampoco acepta la demostración de su inexistencia. Su contribución más importante al pensamiento político es su teoría de la naturaleza humana, común a todos, en la que se funda una nueva concepción –plenamente secularizada– del llamado *derecho natural* o conjunto de obligaciones morales no basadas en la ley eterna de los escolásticos sino en la naturaleza del hombre. La influencia de Hume en los ilustrados y muy especialmente en Kant, así como en la concepción moderna del derecho, es muy considerable; su crítica del conocimiento y de las nociones metafísicas de sustancia y de causalidad impresionaron profundamente a Kant. Muy relacionado con los ilustrados de Francia y con intensa participación personal en la vida pública, Hume no representa solamente la culminación del empirismo racionalista en Inglaterra sino (como Locke) es uno de los grandes ilustrados británicos.

La teoría política cristiana y la teoría cristiana de la ley y el derecho natural, que habían llevado a tanta altura, como sabemos, los pensadores españoles del Barroco, no continuaron su desarrollo en el siglo XVIII porque tales teorías se convirtieron en arma arrojadiza contra los jesuitas por parte de las Cortes católicas del despotismo ilustrado, con lo que se cortó en el seno del catolicismo tan interesante aportación. Pero la que llama el profesor Sabine «modernización de la teoría *iusnaturalista*» es un siglo anterior a Hume y se realizó en la escuela holandesa de Altusio y Grocio, cuyo precedente en Francisco Suárez reconoce y analiza expresamente Sabine. Juan Altusio, en su *Politica methodice digesta* (1663) sintoniza con la posición antimonárquica de los hugonotes o calvinistas franceses; y funda el entramado político sobre el contrato y no sobre la religión. Considera la asociación de los hombres como un hecho natural, corroborado por un contrato político (de gobernante y pueblo) y un contrato social, de los individuos para la convivencia. Hugo Grocio, en *De iure belli ac pacis* (1625) que tanto debe a la escuela española creadora auténtica del derecho internacional, formula «el derecho natural como un dictado de la recta razón referida a la naturaleza racional» aunque aduce una referencia secundaria a Dios como origen de la ley. Propone un método semejante al matemático para fundamentar ese derecho natural secularizado que se funda en el contrato social; no queda ya más que un paso para que Hobbes y Locke, aun por caminos divergentes, fundasen el derecho natural (en el caso de Locke, muy especialmente, el derecho de propiedad) en el individuo, uno de los postulados básicos del liberalismo. Porque para Locke, frente a Hobbes, los derechos individuales son innatos, la sociedad civil nace del consentimiento para la convivencia, no por simple ansia de seguridad y el poder legislativo no se atribuye a un Leviatán absoluto sino que está limitado por la moderación y la separación de poderes. Aunque el mandato del pueblo al gobernante se haga de una vez por todas; aún no estamos en la democracia sino el los pródromos del liberalismo. Si bien Locke insinúa un avance significativo en dirección a la democracia cuando establece que la comunidad queda representada por la mayoría de los individuos.

EL RACIONALISMO CONTINENTAL: ESPINOSA Y LEIBNIZ

Presentada así la contribución de los empiristas ingleses y los iusnaturalistas holandeses, vemos en su conjunto un claro avance de la secularización hasta el borde del ateísmo en algún caso; y la sustitución, en ellos, de la fe cristiana como fundamento de la racionalidad por un deísmo vago que si no anula la idea de Dios, le aparta de la realidad humana y cosmológica. Paralelamente se desarrollaba en el Continente una corriente del racionalismo –llamada por eso continental– cuyos tres nombres más significativos son Espinosa, Malebranche y Leibniz.

Baruch (Bento) Espinosa, (Amsterdam 1632-1677) es un descendiente de judíos ibéricos (seguramente extremeños) que en su obra *Ethica more geometrico demonstrata* no oculta sus fuentes de inspiración; Descartes inmediatamente, la escuela nominalista de Escoto y Ockam, Francisco Suárez y los textos sagrados del judaísmo -la Biblia, el Talmud y la Cábala. En su actitud esotérica se advierten las huellas de su correligionario Maimónides, el rebelde Giordano Bruno y el pesimista Thomas Hobbes. Parte Espinosa del concepto cartesiano de sustancia e incluso eleva al pensamiento, la «cogitatio» y la extensión a la entidad fenoménica de atributos sustanciales, en la misma línea de Descartes. Las cosas individuales son modos de la sustancia única. Espinosa acepta racionalmente a Dios como ente absoluto e infinito; pero en cuanto identificado con la sustancia única, el sistema se aproxima al panteísmo y al gnosticismo. En su ética, Espinosa es determinista. El hombre no es realmente libre; la única libertad es conocer que no somos libres y también la posibilidad de saber de Dios, el único ser libre. A lo sumo participamos de la libertad divina a través de nuestra identificación con la sustancia única.

El profesor Yirmiyahu Yovel, de la Universidad Hebrea de Jerusalén, ha revisado la significación histórica de Espinosa en su libro de 1989 *Spinoza and other heretics* (Princeton Univ. Press). Espinosa oscilaba entre el judaísmo heterodoxo y una especie de cristianismo liberal «avant la letre»; en 1656 fue condenado por el consejo rabínico de Amsterdam y no acató la decisión. Espinosa rechazó la identidad exclusiva del judaísmo como religión e inauguró el judaísmo secularizado que hoy domina en el Estado de Israel. Contribuyó esencialmente también al racionalismo europeo después de estudiar a Galileo, Newton y todos los empiristas ingleses; por su confianza total en la razón, su sentido de la inmanencia, su inequívoco parentesco con la tradición gnóstica.

En cambio Nicolás Malebranche, sacerdote oratoriano (1638-1715) y tenido por el principal discípulo de Descartes fue un racionalista hondamente religioso, que cultivó el ocasionalismo en su *Recherche de la verité;* a través de Descartes se remonta a la tradición augustiniana. No hay, para él, comunicación real entre la mente humana y los cuerpos exteriores; vemos las cosas en Dios. (En eso se muestra Malebranche casi ontologista, precursor de la línea que adoptaron en el siglo XIX Gioberti y Rosmini). Yo puedo conocer la realidad de las cosas con ocasión del movimiento de las cosas que Dios me hace reflejar en una idea. Estamos pues muy lejos de la tendencia secularizadora del pensamiento y cerca de una especie de misticismo cartesiano que Espinosa orientaba en sentido panteísta.

Sin embargo la cumbre del racionalismo continental se alcanza, sin duda, con la figura gigante de Gottfried Leibniz (Leipzig 1646, Hannover 1716) que puede considerarse como el gran metafísico del racionalismo; y que trata de armonizar expresamente la fe y el mecanicismo. ¡Qué figura tan profunda e interesante!. Leibniz es el último cartesiano; el último humanista con su saber omnímodo, y no digo enciclopedista por no agraviarle; el contemporáneo que disputó a Newton el hallazgo del concepto de fuerza y el descubrimiento del cálculo infinitesimal tenía, probablemente, tanta razón como él; los dos llegaron simultánea e independientemente a tan altos objetivos. Bien formado en el clasicismo y en la escolástica, recapituló toda la filosofía moderna; fue un genial investigador de la matemática, conoció a fondo la física, estudió los reflejos científicos de la alquimia, dominó las investigaciones de Kepler y de Galileo, fue maestro del Derecho y de la Historia y mantuvo una correspondencia increíble con todos los sabios de su tiempo. Era un piadoso protestante muy próximo al catolicismo y trabajó por la unión de las dos confesiones cristianas. Pese a todo murió solo, incomprendido y abandonado. Prestó mucha atención y aquiescencia a los grandes pensadores españoles, especialmente jesuitas (Suárez y Molina) y tomó de éste la doctrina de la ciencia media para salvar la voluntad y la libertad humana ante la predestinación y la omnisciencia divina.

Advierte que el error fundamental del empirismo británico (Leibniz es un adversario total del empirismo) es reducir lo racional a puro hecho; sus *Nuevos ensayos sobre el entendimiento humano* son, desde el mismo título, una refutación a la teoría del conocimiento de Locke. Distingue entre verdades de razón que enuncian una necesidad; y verdades de hecho que se refieren a una contingencia. La matemática es verdad de razón; la historia y la experiencia, verdades de hecho. Las verdades de razón son innatas, son a priori. En Dios el conocimiento se integra por verdades de razón. Las verdades de hecho se elevan a verdades de razón en virtud de una forma de la causalidad que es el principio de razón suficiente, una causalidad racionalizada. La matemática rige las verdades de razón; la física las de hecho. Conviene introducir cada vez más las matemáticas en la física para elevar las verdades de hecho a verdades de razón y ése es el impulso metafísico que lleva a Leibniz a la invención del cálculo infinitesimal.

Sobre la geometría estática cartesiana y la cinemática de Galileo, Leibniz despliega el concepto de fuerza, el «conatus». Busca con ello el aspecto dinámico de la realidad como Newton hace con los fenómenos físicos. Introduce el concepto de fuerza viva o energía, que interpreta matemáticamente como el producto de la masa por el cuadrado de la velocidad. Pero los seres no son figuras geométricas como propusieron Pitágoras y Galileo y conceptualizó Descartes con su «res extensa». Los seres son conglomerados de energía, «mónadas», palabra tomada de Giordano Bruno. La mónada es una realidad indivisible que fundamenta, individualmente, todas las cosas, de Dios a los minerales. Cada mónada es diferente a todas las demás. Las mónadas se crean y aniquilan, no se modifican. Pueden tener conciencia, como las humanas. Que tienen también apercepción (se dan cuenta de que perciben) y memoria; son las almas. En el plano superior de las mónadas están los espíritus, que conocen las verdades de razón; Dios es la mónada suprema. Existe entre las mónadas una jerarquía, regida por una «armonía pre-establecida». Este mundo es el mejor, el más perfecto de los posibles. Dios ha sido el creador de las mónadas y el ordenador de la armonía. Leibniz cree válido el argumento ontológico de san Anselmo que no es incompatible con el racionalismo sino su culminación. No le satisface la lógica deductiva que no sirve para la creación humana; intenta, bajo la influencia de Ramón Llull, una «ars magna combinatoria» es decir una síntesis matemática universal.

El movimiento racionalista iniciado por Descartes tras el impulso científico de Galileo y prolongado en la doble corriente de empirismo inglés y racionalismo continental se desarrolla, pues, en un plano diferente de la fe, pero sin negarla sistemáticamente; sus representantes más señeros, como Descartes y Leibniz, tienden puentes de respeto y comprensión entre la razón y la fe. No es por tanto el racionalismo un movimiento anti-teológico, ni mucho menos ateo, ni siquiera secularizador aunque en varios representantes de la corriente empirista la teología natural desaparece y la fe se aleja hacia el deísmo o incluso (casos de Hobbes y Hume) desaparece en el agnosticismo. Ahora estamos en condiciones de dar el salto a Kant, un salto que por la combinación de Hume y Leibniz resultará relativamente suave; y con Kant el salto a la segunda Ilustración, la del siglo XIX. Pero antes necesitamos examinar críticamente la filosofía francesa de la Ilustración, donde van a formularse ya, con impacto decisivo en la opinión pública, los postulados del deísmo radical, la secularización y la lucha formal contra la Iglesia culturalmente arrinconada, sin que la barahúnda de *les philosophes* permitiera que la Iglesia aceptase entonces un racionalismo serio que, como acabamos de ver, no era ni adversario de la Iglesia ni mucho menos había renegado, como tal, de la fe, sino que había aceptado racionalmente en casos que debieron resultar decisivos el postulado fundamental de la fe, es decir la existencia de un Dios creador y sustentador de la realidad y por tanto del hombre. Las cumbres con que hemos iniciado y terminado la revisión del racionalismo, es decir Descartes y Leibniz, aceptaban el maravilloso argumento ontológico de San Anselmo, que es un apogeo de racionalidad humana. Parece increíble que muchos teólogos de aquel tiempo no lo advirtieran.

LA CONSPIRACIÓN ILUSTRADA CONTRA LA IGLESIA

Ni la ciencia, pues, ni la filosofía moderna nacieron y se desarrollaron contra la religión, ni por supuesto contra la Iglesia. Lo hemos visto con toda claridad al trazar las líneas maestras de su evolución, paralela unas veces, entrecruzada otras. Y sin embargo en el siglo XVIII, tomando como bandera el predominio de la Razón y la supremacía de la Ciencia, se desencadenó contra la religión y contra la Iglesia católica una ofensiva sin precedentes que logró el desmantelamiento cultural, político y social de la Iglesia y desembocó en la terrible persecución declarada y consumada por la Revolución francesa, la más cruel y exterminadora desde los tiempos de Diocleciano y la extinción del floreciente cristianismo norteafricano por el Islam en la Alta Edad Media. Esa ofensiva que tomó como objetivo principal la expulsión y el aniquilamiento de la Compañía de Jesús, considerada como la barbacana de la Iglesia, no se organizó primariamente en las potencias acatólicas sino en los reinos católicos de Europa y muy especialmente en los regidos por la Casa de Borbón: Francia, Portugal, España, Nápoles y los principados italianos de dinastía española. Y tuvo sus centros principales en París, capital de *les philosophes,* y en Roma, la corte papal que el historiador jesuita Cordara considera como centro general de la conspiración contra la Compañía. La ofensiva contra la Iglesia católica no fue por tanto un movimiento impreciso sino un proyecto estratégico organizado por varios centros de acción coordinados entre sí: la corte papal, varias órdenes religiosas, el clan de los jansenistas, las cortes borbónicas y católicas dominadas por sus ministros ilustrados, la asociación de los filósofos reunidos en la Enciclopedia. En las redes de coordinación destaca, entre la realidad y la leyenda, la nueva forma histórica de la Masonería creada a principios del siglo XVIII en Inglaterra y extendida pronto por todo el continente; la Iglesia consideró inmediatamente a la secta como su enemigo principal y mortal. Todo este conjunto de centros de acción y redes de coordinación, que distan de haberse estudiado convincentemente, se envolvieron en el llamado movimiento ilustrado, la primera Ilustración y lo monopolizaron al servicio de sus fines, que pueden resumirse en el intento de secularización total cuya primera y esencial campaña era de signo negativo; la destrucción de la Compañía de Jesús, principal defensora de la Iglesia católica. Para el historiador católico la interpretación de esa ofensiva debe relacionarse, inevitablemente, con la lucha eterna entre la Iglesia y el poder de las tinieblas a que se refiere por dos veces el Concilio Vaticano II; pero como no pretendemos aquí hacer metahistoria, sino atenernos al análisis histórico, dejaremos en el fondo de nuestro razonamiento esa explicación para centrarnos en el establecimiento y concatenación de los hechos comprobables.

Desgraciadamente la Iglesia católica estaba mal preparada para resistir a esa ofensiva. Sólo los jesuitas se sentían capaces de defenderla con las mismas armas del adversario –la filosofía, la ciencia y la cultura– pero una vez acorralados y eliminados los jesuitas la Iglesia quedaría inerme ante la Ilustración. En primer lugar porque la prepotencia regalista de las cortes católicas forzaba, en medio de intromisiones intolerables y coacciones que varias veces llegaron al chantaje político, la elección de una serie de Papas débiles o contemporizadores y en todo caso casi completamente ineptos para encabezar una defensa digna del fantástico pasado cultural de la Iglesia hasta el siglo anterior. Los Papas del siglo XVIII fueron Clemente XI (1700-1721) verdadero pelele en manos de las cortes católicas e incapaz de aferrarse al timón de la barca de Pedro; los anodinos Inocencio XI y Benedicto XIII; el pobre Clemente XII (hasta 1740), anciano, ciego e impedido; el superficial Benedicto XIV Lambertini, que se moría porque le considerasen ilustrado y aunque era hombre de cierto nivel cultural prefería los halagos de Voltaire a la regiduría firme de la Iglesia en las tormentas; Clemente XIII Rezzonico (1758-69) el más fuerte y digno de todos, que encaró decididamente los ataques contra la Compañía de Jesús pero no pudo evitar la serie de sucesivas expulsiones de la Orden, aunque se negó a apuntillarla; el infeliz Ganganelli, Clemente XIV O.F.M. conv. (1769-74) elegido bajo el virtual compromiso de suprimir a la Compañía de Jesús, lo que hubo de cumplir en medio de atroces coacciones y remordimientos que arruinaron su alma y su vida; y Pío VI (1775-99) el Papa víctima de la Revolución francesa que no supieron prever sus predecesores, un cardenal hermoso, mundano, ilustrado y entregado al nepotismo; un perfecto incapaz para el cataclismo que se le vino encima.

La Curia romana y sectores sensibles del episcopado europeo estaban infectados de jansenismo y se convirtieron en colaboradores de la gran conspiración. En el seno de la Iglesia continuó, bajo la tempestad, la práctica y la transmisión de la fe así como el florecimiento de la santidad; lo demostrarán las persecuciones revolucionarias Pero todo el mundo notaba, en el siglo XVIII, la decadencia general de los monasterios, sumidos (con excepciones, naturalmente) en la haraganería y el abandono; la relajación del clero y de no pocos obispos, anegados por el espíritu mundano y participantes en las sectas masónicas que proliferaban en la curia pontificia y en el colegio de cardenales. Cuando se intentaba una reforma, como el obispo y político Loménie de Brienne desde 1768 en Francia , que suprimió 426 conventos relajados, era el Estado quien la emprendía, no la Iglesia. La predicación era muchas veces retorcida y pretenciosa, como denunció en sátira merecidísima el jesuita Isla en su *Fray Gerundio* (que suscitó una implacable sed de venganza en los ambientes frailunos); la Iglesia se encerraba ante la apertura cultural de la Ilustración. La Inquisición coleaba en su agonía, funcionaba a velas desplegadas el Indice de los libros prohibidos que servía de aliciente para devorarlos. «Si se da una ojeada de conjunto a la historia de la cultura en el siglo XVIII –confirma Rogier– se echa constantemente de menos la participación de la Iglesia y de su dirección suprema en las discusiones sobre las cuestiones candentes del tiempo. Si alguna vez intervenía Roma era en forma totalmente negativa; con un «monitum», un anatema o imponiendo el precepto del silencio»[51].

No marchaban mucho mejor las iglesias protestantes separadas que acentuaban su dispersión y se degradaban muchas veces hacia el agnosticismo pese a la saludable oleada de «pietismo» que nacida en el siglo XVII se mantendrá hasta muy dentro del XIX. Varios teólogos protestantes cayeron en la alienación religiosa e incluso en la impiedad al abrazar la nueva dogmática ilustrada. Aparecieron entre los líderes protestantes algunos notables organizadores como John Wesley (+1791) fundador del metodismo, pero ningún nombre importante para el avance y la profundización del pensamiento cristiano salvo el caso marginal de la Ilustración alemana como veremos. La tendencia secularizadora que se enfrentaba al catolicismo hizo estragos en el protestantismo, privado de cabeza y de coordinación religiosa. Ya vimos como el gran cristiano Leibniz murió solo y abandonado, como un símbolo.

EUROPA Y AMÉRICA EN EL SIGLO XVIII

Pero analicemos un poco más de cerca la articulación y contenido de la ofensiva ilustrada contra la Iglesia católica. Para ello debemos resumir ante todo la configuración histórica de la época.

Europa vivía el siglo XVIII dentro de la plenitud del Antiguo Régimen que consistía (en el Continente) en la vinculación, que a veces parecía identificación, de la Iglesia y el Estado, en una «dualidad institucional» com dice Artola, con reparto de funciones –participación de la Iglesia en todos los campos de la educación, pretensión eclesiástica de controlar la cultura mediante la censura, misión asistencial y sistema fiscal paralelo mediante la contribución de los diezmos, las colectas y las donaciones– pero creciente subordinación de la Iglesia al Estado a través de los avances e imposiciones del regalismo (galicanismo en Francia) que

[51] 1. Apun H. Jedin, *Manual de Historia de la Iglesia,* Barcelona, Herder, 1978, VII p. 44.

tendía a la desamortización de los bienes eclesiásticos y al control del aparato eclesial a través de la provisión regia de obispados y beneficios (el Real Patronato en España). Pero junto al regalismo, fervorosamente seguido por todas las Cortes católicas, el siglo XVIII se distinguía por el apoyo de la Iglesia al régimen de monarquía absoluta, conocido como despotismo ilustrado, un sistema continental flanqueado a Oriente por la autocracia rusa y al noroeste por el pre-liberalismo y la pre-democracia británica. El despotismo continental, instaurado por Luis XIV de Francia, fue continuado por Luis XV que mantuvo los privilegios de la nobleza y el clero frente a los movimientos de la burguesía en favor de su mayor participación en el gobierno, lo que sólo pudo lograrse parcial y tardíamente en la época de su sucesor Luis XVI, mientras una espantosa corrupción moral inundaba durante todo el siglo a la Corte de Francia. Bajo Luis XV, sin embargo, el movimiento ilustrado se identificaba aparentemente con el despotismo y el regalismo monárquico, a la vez que minaba las bases de la sociedad y la política del Antiguo Régimen con las ideas que luego triunfaron y se desbordaron en la Revolución. Reinaba en Inglaterra, o mejor en el conjunto que precisamente entonces empezó a llamarse Reino Unido, una dinastía mucho más templada, la de Hannover, firmemente establecida en el protestantismo al que debía su acceso al trono. Las ideas del racionalismo empirista y el pre-liberalismo de Locke junto a las de los *philosophes* de Francia parecían acordes con la reciente aperturta del sistema político, sobre todo en las Trece Colonias de Norteamérica, donde dieron paso –en combinación con una serie de incomprensiones y torpezas de la metrópoli– a la Revolución americana de los años setenta, que desembocó en la independencia de los Estados Unidos, primer acto de una Revolución Atlántica que rebrotó, por influencia de aquélla, en la Revolución francesa y en la Revolución hispanoamericana. La Revolución norteamericana fue política mucho más que social y desde luego puede considerarse primordialmente como ilustrada, en mayor medida que sus seguidoras. La dogmática político-social del liberalismo y la primera Ilustración –resumida en el lema «Libertad, Igualdad, Fraternidad»– y la tolerancia fueron las ideas de la Revolución americana que luego asumieron, con mucha mayor hipocresía, las otras dos. Pero debemos notar desde ahora algo fundamental: esas ideas racional-ilustradas no corresponden siempre unívocamente a las ideas de los filósofos, ni menos a las ideas de los monopolizadores de la Ilustración sino que fueron adecuadamente elaboradas para su utilización revolucionaria por los líderes políticos en las tres fases de la Revolución Atlántica y tales políticos eran ilustrados a su modo, y políticos más que ideólogos. Todos ellos: Franklin, Robespierre y Bolívar.

La monarquía imperial de Austria-Hungría, sucesora del Sacro Imperio, abrazó la dogmática de la Ilustración , incluido el anticlericalismo y el extremo regalismo pero mantuvo una relación respetuosa y profunda con la Santa Sede en el reinado de María Teresa (1740-1780) y el de su hijo José I (1780-90), más ilustrado que católico, que abrió paso a la secularización. En el régimen despótico de Austria se formaba al clero –como una rama del funcionariado– al servicio del Estado multinacional, se suprimieron muchas casas religiosas y se alentó la lucha contra los jesuitas. Prusia luterana, regida por los Hohenzollern que habían tomado desde Federico I en 1701 el título real, era un Estado autocrático con vocación militarista y hegemónica, todo ello encubierto bajo una capa de Ilustración militante por el gran Federico II (1740-86) amigo de *les philosophes* que le jaleaban y adulaban; tolerante con los católicos, ferviente masón (como los reyes de Inglaterra y tal vez Luis XV de Francia). Las demás Cortes borbónicas de Europa seguían en el siglo XVIII las pautas culturales de Francia y cultivaban el despotismo ilustrado, sobre todo Portugal, que bajo el férreo mandato del marqués de Pombal encabezó, con virulencia implacable, la lucha contra los jesuitas. El caso de España es más complejo y dada la concentración de este libro en la problemática religiosa contemporánea de España y América merece que lo analicemos con mayor detenimiento.

Desde 1700 se había extinguido en España la Casa de Austria con el desgraciado Carlos II al que sucedió el primer rey de la Casa de Borbón, Felipe V. Tanto éste como sus hijos Fernando VI y Carlos III, que llenan el siglo hasta la misma víspera de la Revolución francesa, imponen a España y a su imperio el despotismo ilustrado pero son sinceramente católicos y por la acendrada religiosidad de la nación no cundirán en España e Indias ni la espantosa descomposición moral de la Corte y la clase dirigente francesa ni la irreligiosidad secularizadora ni las tendencias más disgregantes de la Ilustración. Existe, sí, un movimiento ilustrado de alcance, encabezado por grandes políticos reformistas y notables escritores como su iniciador, fray Benito Jerónimo Feijóo así como los jesuitas Arteaga, Hervás e Isla. Y al final de siglo brilla el primer intelectual de la Ilustración española, el regeneracionista Gaspar Melchor de Jovellanos, abierto a Europa y precursor formal del liberalismo. Gracias a la estrategia política de los Borbones españoles la nación se unificó vigorosamente en el interior y se vinculó intensamente con las Indias no sin reducir la dispersa presencia española en Europa. El siglo XVIII no es en España una continuación de la decadencia sino una poderosa recuperación económica e internacional, durante la cual España expandió su imperio por inmensas regiones de Norteamérica, consolidó su herencia imperial al sur y la institucionalizó; y participó victoriosamente junto a Francia en la guerra de la independencia de los Estados Unidos, durante la que arrojó a los ingleses del Caribe y el golfo de México.

Eso sí; la cultura y la Ilustración española del siglo XVIII, si bien presentaban caracteres de originalidad y no desatendieron el cultivo de la ciencia moderna, se subordinaron cada vez más al ejemplo de Francia que les impuso la moda y el talante. Quedaba lejos el esplendor cultural del siglo XVII.

No hubo necesidad en España de una concentración pre-revolucionaria como la que se formaba en Francia durante la segunda mitad del siglo XVIII, porque la Corona reformista supo abrir con tiempo las puertas al ascenso político de la burguesía, que alternaba con la nobleza en la dirección de los asuntos públicos; y porque el arraigo de la Monarquía Católica la hacía mucho más popular y firme que en la Francia ilustrada.

Aun así actuó dominantemente durante el reinado de Carlos III un equipo múltiple de políticos ilustrados, reformadores y regalistas hasta el extremo –los condes de Aranda, de Campomanes, de Floridablanca– que se alinearon decididamente con los gobernantes ilustrados de las demás Cortes borbónicas para combatir y extinguir a los jesuitas, que hubieran sobrevivido ciertamente sin la durísima y tenacísima agresión española. Uno de ellos, el conde de Aranda, era volteriano y próximo a la impiedad, aunque lo disimulaba en público; la Inquisición, aunque mortecina, podría desperezarse en cualquier momento y Aranda disimuló sus conexiones masónicas que probablemente llegaron a la afiliación personal. Pero aunque las tendencias foráneas de la Ilustración negativa se reprodujeron en España e Indias no alcanzaron ni de lejos la publicidad ni la relevancia de la Ilustración europea. Bajo el reinado del infeliz Carlos IV (1789-1808) España iba a hundirse ante la agresión de la Revolución francesa cuyo ejemplo desencadenaría en 1810 la Revolución hispanoamericana.

La situación de la Iglesia en España no podía ocultar situaciones degradantes pero el esquema de Antiguo Régimen –la simbiosis del Trono y el Altar– funcionaba con naturalidad y el Concordato de 1753 permitía al Estado un intenso control de la vida eclesiástica que tendía inevitablemente a la desamortización, apuntada ya a finales de siglo. El episcopado era de nivel cultural y pastoral relativamente alto, no ofrecía demasiados escándalos y se vinculaba a la nobleza menos que en Francia. Los defectos del clero y los religiosos se notaban también menos que en Francia; sacerdotes y religiosos mantenían, con reverencia del pueblo, un altísimo prestigio e influencia en la sociedad. Lo mismo sucedía en Indias, donde clero y religiosos llevaban una vida mucho más desordenada como detallan Jorge Juan y Antonio de Ulloa en su informe secreto al gobierno. Estos dos grandes autores ilustrados subrayan el ejemplo destacadísimo de los jesuitas, que tanto en España como en Indias se reconocían por su vida ejemplar, por su dedicación al trabajo apostólico y la enseñanza, su originalidad en las misiones populares y entre los indios. En las Universidades y círculos ilustrados, como las Sociedades de Amigos del País, la recepción de la ciencia y la cultura moderna era considerable aunque la institución universitaria distaba mucho de los siglos de oro. En las polémicas «de antiguos y modernos» que cundieron en España como en toda Europa se reveló el escaso nivel de unos y otros; la escolástica malvivía en descomposición y la filosofía moderna consiguió en España seguidores, pero no representantes de importancia. Florecieron en cambio la ciencia y la técnica, hasta alturas de merecida fama en toda Europa como las investigaciones metalúrgicas en el Colegio de México o los libros de náutica debidos al marino Jorge Juan. La situación de la teología era lamentable. La Iglesia mantenía el único sistema de comunicación popular de que se disponía en el país lo que incrementaba su influjo en la sociedad hasta extremos que hoy comprendemos difícilmente.

IGLESIA Y MASONERÍA: LA SUPRESIÓN DE LOS JESUITAS

El gran combate cultural (y político, en el fondo) del siglo XVIII se planteó entre la Masonería, adversaria máxima de la Iglesia católica según expusieron reiteradamente los Papas (desde aquella época hasta casi la nuestra, y concretamente hasta León XIII) y la Compañía de Jesús. Como en la segunda mitad del siglo XX la Compañía de Jesús ha variado radicalmente su posición, sin que lo haya hecho, que sepamos, la Masonería, y en estas últimas décadas hay un sector filomasónico dentro de la Orden ignaciana, representado en Francia por el padre Riquet y en España por el investigador José Antonio Ferrer Benimeli, recomiendo al lector que para ampliar la síntesis que ofrezco a continuación consulte mis libros *Misterios de la Historia I y II* (Barcelona, Planeta, 1990 y 1992) y *El triple secreto de la Masonería* (Fénix 1994). La hipótesis que subyace en todos los escritos de Ferrer Benimeli es que los Papas se han equivocado sistemáticamente en sus condenas contra la Masonería, una Orden, como dice él, a la que cree justa y benéfica. Lo malo es que otros historiadores eclesiásticos mucho mas importantes, como el profesor Gonzalo Redondo, del Opus Dei, muestran hacia la Masonería una actitud dulcificada que linda con la comprensión. En mi serie de ensayos me atengo al análisis histórico, que coincide con la opinión sobre la Masonería que ha sustentado oficialmente la Iglesia en cada época y que se opone por el vértice a la virtual retractación e incluso clara alianza masónica que exhiben hoy esos jesuitas a quienes he denominado masómanos porque creo que lo son.

Mi último ensayo sobre historia masónica se refiere a los orígenes de la secta, que han sido recientemente investigados con mucha claridad por los propios masones en algunos estudios muy interesantes. Es sabido que la Masonería operativa surgida, para no hablar de orígenes legendarios, en la Edad Media, con posible trasplante de las Ordenes militares en Tierra Santa, y desde luego entre los gremios de constructores, fue incorporando durante el siglo XVII a caballeros, aristócratas e intelectuales y al comenzar el siglo XVIII se transformó, a partir de la unión de cuatro logias de Londres, en la Masonería especulativa, que inmediatamente se identificó con los ideales de la Ilustración, anticipados en Inglaterra por Locke y alentados por los demás empiristas. Esta Masonería de obediencia británica –la Gran Logia de Inglaterra– sirvió durante los dos siglos siguientes como eficaz red de conexiones universales al servicio de los intereses imperiales de Inglaterra cuyos reyes, a partir de la época ilustrada y luego en la época liberal han pertenecido siempre a la secta, que siempre contó allí (y en las Trece Colonias, luego Estados Unidos) con una notoria presencia de la aristocracia de la sangre, del dinero y del saber. Al trasplantarse al Continente, de forma casi inmediata, la Masonería especulativa se difractó en obediencias diversas cada una de las cuales experimentó intentos de instrumentación por parte del poder político, por ejemplo en el caso extremo del bonapartismo; Napoleón hizo a su hermano el rey José gran maestre de la obediencia masónica francesa. Pero durante el siglo XVIII las conexiones de las obediencias no británicas con la Gran Logia eran mucho más claras, si bien nunca se han interrumpido del todo hasta hoy. Sigue existiendo una fundamental unidad de horizonte masónico por encima de las diferencias.

La Masonería del siglo XVIII (y la de hoy) es una sociedad secreta, humanista, deísta (es decir no niega siempre a Dios pero prescinde de él) y netamente gnóstica cuyo objetivo, al identificarse con la Ilustración radical, se planteó como una completa *secularización* de la sociedad. Este ha sido, hasta hoy, y sigue siendo el fin esencial de la Masonería, a la que desde mi reciente ensayo *Historias de la corrupción* (Barcelona, Planeta, 1992) he caracterizado como una forma moderna de la gnosis, y cada vez me reafirmo más en esa interpretación. Indicios muy claros de la gnosis masónica son su alejamiento de Dios a la esfera de lo incognoscible y por tanto irrelevante para el hombre; su antropocentrismo exacerbado, que se disfraza como humanismo; su aparente tolerancia que califica a la fe tradicional católica como fanatismo; su sincretismo del Dios cristiano y, como vimos, los dioses paganos, y sobre todo la pretensión masónica de que quienes no pertenecemos a la secta somos absolutamente incapaces de comprenderla, porque no gozamos del conocimiento profundo, que ellos llaman unas veces luz y otras «oscuridad visible» que a los masones se les da, como por arte de magia, en el ritual de la iniciación. Durante el siglo XVIII la Masonería se identificó con los ideales de libertad, igualdad y fraternidad (que es una tríada masónica) y con el frente antijesuítico. En el siglo XIX la identificación masónica se centró en el liberalismo radical (siempre manteniendo el ideal supremo secularizador) y en el siglo XX ha continuado, con menos agresividad aparente, esa identificación liberal pero se ha corrido también al socialismo democrático como ha expuesto un testigo masónico de primer orden, Jacques Mitterrand, en su libro clave, que ya hemos citado, *La politique des Francmaçons.* Un historiador tan equilibrado y tan poco fanático como el profesor Lortz[52] dice que «el objetivo inmediato de la Masonería en el siglo XVIII pasó a ser la lucha contra la Iglesia católica». Así de claro. Por eso los Papas, que siempre han gozado de una excelente información sobre las luchas de la Iglesia, condenaron a la Masonería a partir de Clemente XII en 1738. La Masonería entroncó, como digo, con la tradición gnóstica que se manifestaba en autores como Edward Cherbury (1561-1647) quien propuso una «religión natural» presidida por un vago e impreciso «ser supremo» al que los masones ilustrados, con su formidable pedantería arquitectónica, denominaron «Gran Arquitecto del Universo».

Tanto el profesor Chevallier, en su importante *Historia de la Masonería francesa* (París, Fayard, 1974 vol I) como el propio Jacques Mitterrand se oponen a la tesis de la Masonería como responsable única de la Revolución pero nos suministran abundantes pruebas de que la secta actuó como fermento revolucionario decisivo. Por ejemplo Mitterrand considera dentro de la «Masonería auténtica y eficaz» a la logia de París «El Contrato Social» y hablando de otra logia, la «Neuf Soeurs» de la que era Venerable nada menos que Franklin y cuyo miembro más famoso fue Voltaire en el apogeo final de su vida y de su gloria, nos explica: «Es el progreso, es el avance, es ya la Revolución» (op. cit. p. 37, 71). Luego reconoce «la importancia política de las logias en vísperas de la Revolución» (p. 72) y las considera en conjunto como «laboratorios de la Revolución» (p. 74). Para nuestro propósito tal confesión de parte resulta más que suficiente. La obra del profesor Chevallier se vende en la excelente librería masónica del Gran Oriente de Francia en rue Cadet, París.

Frente a tan formidable coalición de enemigos de la Iglesia alentados por la red de logias masónicas y monopolizadores del movimiento ilustrado (inmediatamente los vamos a detallar) la Iglesia católica, culturalmente desmantelada, sólo contaba efectivamente con la Compañía de Jesús. El poder religioso de la Orden era enorme; y constituía, ante todo, eso, un poder religioso. Formaba a decenas de miles de dirigentes católicos en su red mundial de colegios y centros universitarios; dirigía las conciencias, es decir la actuación de varios príncipes, innumerables aristócratas y personas influyentes y profesionales; gozaba también de un inmenso poder polí-

[52] Op. cit. II p. 32

tico, como en el caso de los confesores regios, que alguna vez se aproximaba al valimiento; contribuía de forma destacada al esfuerzo misional y en concreto a la evangelización de la América española, portuguesa y francesa; alumbró y cuajó experimentos sociales sorprendentes como las Reducciones del Paraguay; y había adquirido inevitablemente un poder económico considerable, bienes cuantiosos y una red de negocios que les acarrearía muy graves inconvenientes. Era la clave cultural de la Iglesia y su influjo ante los Papas resultaba decisivo.

Tanto poder e influencia les ensoberbeció. Su gran historiador Cordara dijo lapidariamente: «Peculiare vitium nostrum, id est, superbia». La emulación que suscitaban entre las demás órdenes se transformó gradualmente en envidia, aborrecimiento, odio. La secta de los jansenistas les consideraba como enemigo máximo y lo mismo la secta masónica y la secta de *les philosophes,* muy relacionada con los Hijos de la Viuda como estableció el abate Barruel, fuente esencial para el estudio del siglo XVIII. Sobre todo porque los jesuitas respondían a la Ilustración monopolizadora y secularizante con armas culturales de primer orden; habían reparado ya su funesto error contra Galileo y cultivaban las nuevas ciencias mientras conocían desde dentro las tendencias de la nueva filosofía racionalista, aunque no hicieran el gran esfuerzo necesario para vincularla con el catolicismo en cuyo seno había nacido. Montaron en Francia un frente anti-Enciclopedia que casi siempre superaba al centón divulgador y tantas veces pedestre de los Diderot y compañía. No habían logrado instalarse con la misma eficacia en todas las zonas de la nueva cultura pero llevaban camino de conseguirlo y desde luego constituían el único bastión cultural importante del catolicismo, mientras las demás órdenes se atrincheraban por lo general en la escolástica rutinaria. Pero junto a los voceros de la Enciclopedia, los jansenistas y los masones el enemigo mortal de los jesuitas era la conjunción de los ministros del despotismo ilustrado con los adversarios de la Orden ignaciana en Roma. Todos juntos acudieron a todos los procedimientos imaginables del juego sucio para atacar a los jesuitas. Les presentaron como enemigos de las monarquías por la tesis aislada del tiranicidio, que se había inventado en el siglo XIV por la Universidad de París durante las pugnas civiles de Francia; como relajados en moral por la lúcida y comprensiva tesis del probabilismo que ampliaba en la moral el ámbito de la libertad humana; como corruptores de la religión cuando trataban de adaptarla a otras culturas mediante la adopción de los ritos chinos y malabares; como adversarios del poder divino porque asumían, en defensa también de la libertad del hombre, la «ciencia media» que eludía el sometimiento angustioso a una predestinación inapelable; como rebeldes ante la corona de España por las reducciones de América interpretadas como germen de un imperio independiente. La persistente campaña que tuvo su epicentro en la propia corte romana fue atizada por los ministros y los embajadores borbónicos con la misma saña que se había utilizado en otros tiempos contra los templarios; y no pararon hasta conseguir que los jesuitas fueran expulsados de Portugal, Francia, España e Indias y los estados de Italia y conseguir después que el Papa Clemente XIV firmara su aniquilación, sin ofrecer razón alguna –como hizo otro Papa Clemente con la Orden del Temple– en el breve *Dominus ac Redemptor* de 1773. A lo largo del siglo siguiente todo ese conjunto de monarquías borbónicas había caído también, a partir de los dieciséis años del inicuo Breve. La eliminación de la Compañía de

Jesús llevó al paroxismo la degradación y el desmantelamiento cultural de la Iglesia católica y contribuyó de forma considerable a la pérdida del imperio español.

LA COFRADÍA DE LOS «FILÓSOFOS»: HOLBACH

Vengamos ahora al análisis de la agrupación político-cultural cuyos efectos hemos reflejado ya en los epígrafes anteriores: la cofradía de *les philosophes,* los monopolistas de la Ilustración militante. Pese a que reivindicaron el título de «filósofos» generalmente sólo eran divulgadores con un colosal sentido de lo que hoy llamamos relaciones públicas; adaptadores de la ciencia moderna, que generalmente conocían mal y de la filosofía racionalista de la que sólo tomaban lo que les convenía. Aunque es verdad que gracias a la decadencia teológica del llamado «siglo de las luces» resulta exacta la afirmación de Jedin: «La filosofía acabó por ocupar como medio de pensamiento el puesto que hasta entonces había mantenido la teología». (op. cit. VII p. 45).

Estos pensadores con vocación de influjo social se empezaron a denominar entonces con un adjetivo sustantivado, *intelectuales,* cuya utilización se retrasó en España tres cuartos de siglo; en Europa lo acuñó C.P. Duclos en 1784 en sus *Considérations sur les moeurs de ce siècle* editado en Londres. El «intelectual» aparece así en el siglo XVIII como heredero del humanista del Renacimiento y del clérigo que desde la Alta Edad Media hasta el nacimiento del racionalismo había pretendido orientar a la sociedad. Un certero crítico británico, Paul Johnson (a quien debo la cita para señalar el origen del término) ha dedicado un libro memorable al estamento intelectual que precisamente ve nacer en la Ilustración, y que se cierra con un formidable retrato que puede aplicarse por antonomasia a los componentes de la agrupación ilustrada de *les philosophes:*

Una de las principales lecciones de nuestro siglo trágico, que ha contemplado la muerte de tantos millones de inocentes sacrificados a esquemas para mejorar el destino de la humanidad, es ésta: cuidado con los intelectuales. No solamente deben mantenerse bien alejados de las palancas del poder sino que deben ser objeto de especial sospecha cuando tratan de ofrecer su asesoramiento colectivo. Cuidado con los comités, conferencias y ligas de los intelectuales. Desconfiad de las manifestaciones públicas emanadas de sus cerradas filas. Poned en entredicho sus veredictos sobre líderes y sucesos políticos. Porque los intelectuales, lejos de ser gentes altamente individualistas y no conformistas, siguen determinados patrones de comportamiento. Tomados como grupo, son muchas veces ultra-conformistas dentro de los círculos formados por aquellos cuya aprobación ellos buscan y valoran. Esto es lo que les hace peligrosos cuando actúan como masa, porque les permite crear climas de opinión y ortodoxias prevalentes que demasiadas veces generan cursos de acción irracionales y destructivos. Sobre todo debemos recordar en todo tiempo lo

que los intelectuales olvidan frecuentemente: que el pueblo es más importante que los conceptos y debe prevalecer sobre ellos. El peor de todos los despotismos es la tiranía inmisericorde de la ideas[53]**.**

El director de orquesta, promotor y mecenas de la cofradía internacional, aunque de núcleo francés, que formaron los intelectuales de la primera Ilustración, es sin duda un alemán de origen (el Palatinado) que vino a París a los doce años y allí se aclimató perfectamente; el barón Paul-Henri Holbach (1721-1789). Sus salones de París acogían y coordinaban a todo el equipo de la Enciclopedia, al que procuraba infundir con argumentos renovados su anticlericalismo absoluto, su odio inextinguible a los jesuitas, su ateísmo militante y rabioso, su propensión al libertinaje como prueba personal del amor a la libertad. Reunió las muestras de su adoración por Newton y de su idolatría por la ciencia moderna en su obra de 1770 *Systhéme de la Nature,* un centón desordenado y semivacuo jaleado como genial por sus agradecidos contertulios. Exaltaba a la Naturaleza y a la Razón, reducía toda la realidad al materialismo más grosero, regido por el determinismo; y criticaba a los deístas por no prescindir suficientemente del Dios inútil. Apóstol de la impiedad, quiso extenderla cuando advirtió que cundía en Francia como moda de aristócratas desde finales del siglo anterior.

Dos obsesiones movían al equipo de *les philosophes* bajo la batuta incesante de Holbach: primero el combate contra la Iglesia católica, asentada según ellos en la superstición y tributaria del pasado; segundo la idea del progreso exclusivamente basado en el desarrollo de la ciencia moderna. El historiador de la Iglesia Hertling, moderado siempre en sus juicios, describe bien el ambiente creado por el círculo de Holbach: **En el público culto, incluso en el ámbito católico, la Ilustración, más que un sistema de ideas filosóficas, pasó a ser un sistema de tópicos y consignas, una moda. La razón lo impregnaba todo, se predicaba la filantropía y la tolerancia religiosa. Por razón se entendía incredulidad, por naturaleza inmoralidad, de filantropía no se advertía en la práctica el menor vestigio y la tolerancia religiosa se expresaba en un verdadero odio contra la Iglesia y sus instituciones, los conventos sobre todo. El cambio sufrido por los espíritus era asombroso. En el siglo XVII había sido de buen tono tener por director espiritual a un religioso ascético y severo, y discutir en los salones sobre la eficacia de la gracia; en el siglo XVIII lo elegante era ser volteriano y disparar pullas contra el clero y los frailes. Lo único que persistía era la presunción de cultura.** (L. Hertling, op. cit. p. 418).

La idea de progreso, así como la identificación de «progresismo» para toda innovación y toda crítica presuntamente fundada en la ciencia y contraria a la tradición fue formulada por el propio Holbach junto con Helvecio, con antecedentes en Bacon, Pascal y Locke; y resonancias inmediatas en Voltaire. Pero fue Turgot quien en su obra de 1750 *Discours sur le progrès succesif de l´esprit humanin* dentro de la filosofía del utilitarismo, fomentada también por Holbach, dio carta de naturaleza a la idea del progreso dentro de la primera Ilustración. Fijó definitivamente la idea Condorcet en su *Esquisse d´un tableau historique des progrès de l´esprit humain* ya en 1794, cuando el progreso revolucionario, considerado por él

[53] Paul Johnson *Intellectuals,* Londres, Weidenfeld and Nicholson, 1988, p. 342; hay trad. española posterior.

como apertura de una nueva era, se había asentado sobre el genocidio y la persecución y provocaba en Francia un brutal retraso, es decir una trágica regresión en los planos económico y cultural. El progreso es, para Condorcet, el fin supremo de la Historia; la nueva utopía de la Humanidad ilustrada en medio del cambio. El progreso es, sobre todo, una gran palabra que se ha ido vaciando durante los dos últimos siglos. Cuando en nuestros días y en España vemos la fruición con que repiten la palabra «progreso» personajes como Felipe González, Alfonso Guerra , Julio Anguita y Nicolás Redondo, que son promotores profesionales de la regresión y la degradación política, comprendemos hasta qué punto aquel grandioso lema de la Ilustración yace en el fondo de un despeñadero de la Historia.

DE VOLTAIRE A ROUSSEAU

Toda la nueva mitología cultural creada o adaptada por *les philosophes* converge en los enciclopedistas que sintetizan la herencia reciente del empirismo y el racionalismo, viven en postración ante el desarrollo de la ciencia moderna, que avanzaba moderadamente, sin grandes genialidades, en el siglo XVIII, durante el cual el hecho científico más importante, junto al descubrimiento de la electricidad, es la recepción de la físico-matemática newtoniana y la adaptación, iniciada en Inglaterra, de la tecnología o ciencia aplicada a las nuevas máquinas (ante todo la de vapor) para el incremento de la producción industrial y mejora de los transportes. La primera Enciclopedia es el *Diccionario histórico-crítico* de Pierre Bayle, exaltación de la razón y negación de lo religioso. Pero la Enciclopedia por antonomasia es la que se subtitula «Diccionario razonado de las ciencias, artes y oficios» publicada entre 1750 y 1780 por Diderot, literato de segunda, materialista y ateo; y d'Alembert, matemático mediocre, con la colaboración de toda la plana mayor de la Ilustración militante: Turgot, Holbach, el gran promotor; Rousseau, Voltaire y Montesquieu. Tanto Diderot como d'Alembert son antimonárquicos (disimulados) además de ateos; Voltaire, el más incisivo, brillante y superficial del equipo, fue el ariete de la Ilustración, el publicista genial aunque sin pizca de creatividad auténtica, el demoledor de la Iglesia y adversario irracional de los jesuitas; deísta extremo lindante con el ateísmo, del que parece quiso volver, aterrado, al acercarse la muerte; odiador paranoico de la persona y la huella del propio Cristo, al que dedicaba (otros dicen que era a la Iglesia) su abreviatura famosa *Ecr. l'inf (Ecrasez l'infàme).* Este François Arouet (1694-1778) alcanzó en el siglo XVIII más influencia personal que otra persona alguna, lo que denota la estupidez casi universal del siglo XVIII; notable escritor y deleznable filósofo, tocaba de oído en la ciencia moderna y parece mentira cómo sus críticas a la religión, generalmente cretinas, pudieran producir en su tiempo tal impacto. Su único intento dotado de cierta originalidad fue la renovación (fallida) de la historia que interpretó, como todo, superficialmente. Hoy quedan todavía ecos de su ruido pero ninguna huella de su doctrina. Junto a Holbach podemos considerar a Voltaire como paradigma del espíritu gnóstico en la Ilustración y si el término diabólico compete a algún ser humano podría aplicarse seguramente a ellos sin exageración notable. Uno de los rasgos más repugnantes de Voltaire es que se dedicó a calumniar y vilipendiar a Juana de Arco, lo que revela una vez más su profunda ignorancia histórica y su mezquindad humana. Y encima escribió sobre la tolerancia.

Lo que interesa más a nuestro propósito es que estos enciclopedistas actuaban en asociación, en equipo, que por lo irracional de sus obstinaciones muchas veces parece manada. El abate Barruel describió con documentos irrebatibles esa actuación de equipo y en nuestros días el historiador jesuita Bangert les evoca así: «Alejados de la tradición espiritual de la Edad Media y de los movimientos de reforma católica y protestante del siglo XVI e imbuídos del sentido de su propia sabiduría personal e independiente, estos hombres hicieron pacto común para destruir la religión revelada. Hablaron por muchas voces pero existía una sola Ilustración»[54]. El mismo autor (p. 370) señala el origen del término *ultramontanos* aplicado a los jesuitas del XVIII por su defensa de Papado contra los jansenistas y los *philosophes.* La palabra se abrevió después a «ultras» . En un ensayo profundo y delicioso, *El libertino y el nacimiento del capitalismo* el profesor Juan Velarde aduce un texto definitivo de Mirabeau con el que se muestra el hecho de la asociación de ilustrados militantes: «La creación, con ideas de Mirabeau, de una asociación de intelectuales de tipo cosmopolita: ('sostenemos puntos de vista totalmente opuestos, nosotros, hombres ilustrados, perseguimos la libertad y la felicidad, pero ¿quién nos impide hacer por el bien lo que los jesuitas han hecho por el mal?'); que, como acabamos de ver, se vinculaba íntimamente con la idea de imitar la fuerte cohesión de la Compañía de Jesús». Y describe luego Velarde la creación por Weisshaupt de la sociedad secreta de los Iluminados, fundada en 1776, como sabemos, cuyo creador ingresó en la masonería al año siguiente; lo mismo hizo Voltaire como remate de su vida. Algunos investigadores actuales, como A. Maestro y Bonilla Sauras, conceden gran importancia al influjo de esta rama masónica[55].

Entre la general ramplonería agresiva de los *philosophes* hay dos excepciones, dos pensadores dotados de originalidad y relevancia, aunque de ninguna manera exentos de los defectos comunes a la agrupación: Montesquieu y Rousseau.

Charles de Secondat, barón de Montesquieu (1684-1721) publicó en 1748 *El espíritu de las leyes* como un conjunto de observaciones a la constitución política británica no escrita, pero articulada por la costumbre en un sistema de división y contrapeso entre los poderes del Estado, ejecutivo (Corona y gobierno) legislativo (Parlamento) y judicial; una obra básica en la historia de la teoría política, al menos hasta que un indocumentado agresivo y hortera ha negado recientemente en España su validez para fundamentar la democracia en nuestro tiempo. Esa obra es una crítica del despotismo que aplastaba a Francia por su anulación de los poderes institucionales intermedios, un sistema de contrapesos que funcionaba cada vez mejor en Gran Bretaña. Montesquieu exalta la libertad política y civil como base para la convivencia; y describe las tres principales formas de gobierno (república, monarquía y despotismo) fundadas en la virtud cívica, el honor y el temor. El aná-

[54] W. W. Bangert, *Historia de la Compañía de Jesús,* Santander, Sal Terrae, 1981, p. 350.
[55] J. Velarde, op. cit. Madrid, Piramide, 1981 p. 132.

lisis de Montesquieu (que sorprendió agradablemente a los británicos) fue aceptado desde entonces como trama universal para la concreción del ideal democrático que ya apuntaba en los ensayos de Locke y junto con ellos forma parte de los antecedentes inmediatos para la proclamación del liberalismo.

El caso, el ejemplo y la influencia de Juan Jacobo Rousseau (1712-78) es mucho más complejo. Fue el más famoso de los *philosophes* y quizás el más significativo de quienes empezaban a ser llamados intelectuales; es el primer intelectual contemporáneo cronológicamente. Inicia un camino nuevo; el descenso de la teoría a la que se llamará la praxis, es decir que la recuperación de la sociedad puede hacerse por la política. Su fama fue y sigue siendo universal. En plena Revolución (murió durante sus vísperas) Robespierre le llamó «maestro de la humanidad». La Convención llevó sus cenizas al Panteón y le consideró promotor principal del cambio y la «mejora» revolucionaria; pronto discutiremos si esa mejora no presenta también aspectos de una espantosa regresión. Por su culto a la naturaleza influye aún en la educación y el ambiente actual, la práctica del deporte, la costumbre del fin de semana en el campo. Sus doctrinas, falseadas (por él mismo) y contradictorias, han prefigurado soluciones contrarias; el colectivismo (atacó a la propiedad privada, pero no quiso abolirla) y el liberalismo, por su fórmula de gobierno según la voluntad general. Nació calvinista en Suiza y murió en Ginebra, sede principal de su influencia. Pero a los quince años se convirtió al catolicismo sin excesiva profundidad ni consecuencia. Amigo de Diderot y colaborador de la Enciclopedia, rompió luego con ella cuando sus tendencias colectivistas y comunitarias chocaron contra el individualismo del grupo. Se hizo famoso por un trabajo premiado en 1750 por la Academia de Letras de Dijon; el «Discurso de las Artes y las Ciencias», flojísimo y resonante. Cultivador del sentimentalismo moralizante más que del racionalismo, publicó en 1762 el *Contrato social* que al principio obtuvo pocos lectores; luego la *Nueva Eloísa* que alcanzó un éxito enorme y el *Emilio* que le consagró. Ya había retornado al calvinismo y tuvo que esconderse en Francia y huir a Inglaterra cuando el Parlamento de París quemó este último libro.

En el *Contrato social* se opone Rousseau al individualismo sistemático que provenía de Hobbes y de Locke y había arraigado en el grupo ilustrado de Francia. Se libera del individualismo gracias a Platón que le hace aceptar la comunidad como supremo valor moral. Para ello idealiza a su ciudad-estado, Ginebra calvinista. Para Rousseau todos los derechos individuales (incluso el de propiedad, tan atacado por él) sólo pueden ejercerse dentro de la comunidad; el hombre no es individuo sino ciudadano. Todos los hombres son naturalmente buenos; en el estado de naturaleza el buen salvaje (inspirado en las descripciones de los misioneros españoles sobre los indígenas de América) se inclinan naturalmente al bien. En su artículo sobre economía política publicado en la Enciclopedia adelanta el concepto de *voluntad general* que luego será clave del pensamiento democrático si bien Rousseau nunca lo aplicó a los grandes Estados sino a los pequeños cantones suizos donde era posible el funcionamiento de una democracia directa y familiar. El gobierno, para él, es un mero agente de la voluntad general que fija las pautas del comportamiento colectivo e individual. La voluntad general no es simple suma de las voluntades individuales sino algo con vida propia, como emanado de un organismo vivo. Los hombres obtienen la libertad dentro de la comunidad; pero la voluntad general ha de expresarse directamente, no mediante ficciones de representación. Pese a lo cual los jacobinos asumieron la doctrina de Rousseau en un terreno que él había vetado, el de la representación, y proclamaron: «Nosotros somos la voluntad general». Después de los dirigentes independentistas de las Trece Colonias en Norteamérica.

El contrato social que es tácito y como sabemos no fue inventado ni de lejos por Rousseau, porque hundía sus raíces en Hobbes y en la tradición jurídica del poder elaborada por la escuela jesuítica, se consolida desde Rousseau como origen de la sociedad y del Estado; la voluntad general, interpretada como voluntad de la mayoría sin limitaciones de democracia directa, es decir bajo el nombre de Rousseau pero al margen de su doctrina; aun así será la base para el ideal democrático y las aspiraciones al sufragio universal.

Entre las varias contradicciones que se observan en torno a la figura de Rousseau hay una, hiriente, que debería invalidarle como maestro y educador de la humanidad; el contraste entre su doctrina y su ejemplo. A partir de sus Confesiones, publicadas en 1770, casi todo el mundo ha visto en Rousseau un mártir de sus ideas y sus desgracias. No hay tal. Era un insondable vanidoso, recomido de compasión por sí mismo, pero implacablemente egoísta con los demás incluido su círculo íntimo. No cabe mayor antipatía, mayor grosería, mayor cinismo en un comportamiento humano. Adoleció de manía persecutoria, pensaba que terribles conspiraciones se estaban siempre organizando contra él. Sexualmente era Rousseau un obseso exhibicionista, masoquista, sin exceptuar todos los recursos de la mentira para quedar bien. Pretende ser el amigo de la humanidad pero fue el verdugo de su familia. Nunca ejercitó la gratitud. Despreciaba a su abnegada compañera que le aguantó treinta y tres años, Teresa Levasseur, arrojó a la inclusa a sus cinco hijos sin preocuparse siquiera de ponerles un nombre; así se comportaba en la realidad el pretendido educador de su siglo. Quizás por eso afirmó en el *Emilio* que la educación debe confiarse exclusivamente al Estado; el cual debe también velar por la educación de los adultos. Platonismo, doble verdad, doble moral, contradicción flagrante, sofisma sistemático... tantos caracteres que definen a Rousseau como un gnóstico cabal.

De esta forma Rousseau puede considerarse como precursor doctrinal del liberalismo y a la vez del colectivismo e incluso el socialismo y el comunismo utópico; de la democracia y el totalitarismo. Las Revoluciones americana y francesa depuraron su doctrina para tomar de ella lo que más convenía a sus promotores y de esa depuración pasó el Rousseau unidimensional al acervo doctrinal del liberalismo democrático. Otro gran maestro del siglo XVIII emparentado directamente con el padre de la mentira.

Con estas consideraciones hemos completado el análisis de la Modernidad en sus orígenes y primera difusión, que coincide con su primer asalto abierto a la Iglesia. Ese primer asalto de la Modernidad se identifica, durante su último tramo, con el ataque a la Iglesia por parte de la Revolución francesa, que estudiamos dentro del capítulo siguiente.

CAPÍTULO 4

LA IGLESIA ANTE LA REVOLUCIÓN

La Revolución en nuestro tiempo se llama Marx. El fundamento de la Revolución era, para Marx, el ateísmo absoluto, desde el principio al final de su doctrina. El diálogo entre marxismo y cristianismo es contradictorio. Las tres Internacionales han emanado de Marx, que trató de transformar la herencia de la Revolución Francesa en lucha de clases, dictadura proletaria y, por supuesto, destrucción de la Iglesia. Marx murió por vez primera en 1883 y por segunda vez en 1989. Ahora no faltan quienes pretenden resucitarle.

LA REVOLUCIÓN ATLÁNTICA Y EL LIBERALISMO

Las tres grandes ideas-fuerza de la Ilustración militante –la libertad, la igualad y la fraternidad– se inocularon en el caldo de cultivo para la Revolución Atlántica, aunque se utilizaran preferentemente como lema para la Revolución francesa. La libertad proviene sobre todo de Locke y Montesquieu; la igualdad nace de varias fuentes, pero sobre todo de Rousseau que dedicó un discurso famoso al origen de la desigualdad; y fue utilizada como bandera por el Tercer Estado, la burguesía de Francia, para igualarse con los privilegiados de la nobleza y el clero, no adquiriendo las cualidades que habían dado origen a los privilegios sino desmochando esos privilegios y por supuesto marginando por completo la igualdad del campesinado y el proletariado. La fraternidad era un postulado de solidaridad comunitaria, también de cuño roussoniano. El triple ideal se prostituyó y se arrastró en la Revolución francesa que no siguió el ejemplo mucho más coherente de la Revolución americana donde la herencia política de Inglaterra y las condiciones específicas de las Trece Colonias facilitaban mucho más la realización de tan altos ideales. La famosa tríada reconoce, como dijimos, un palmario origen masónico, en interacción con los postulados de *les philosophes.* La fraternidad pertenece a la antigua tradición masónica y la propia secta era designada en sus primeros tiempos de la fase especulativa como «La fraternité». La libertad es una exigencia general de los racionalistas y los empiristas reivindicada por los francmasones porque, al haberse creado la Masonería especulativa por pastores protestantes, necesitaban esa libertad para establecerse en los reinos católicos. En cuanto al postulado de la igualdad se deriva de las conquistas puritanas en las guerras civiles británicas del siglo XVII, encubre un ataque al trono y a la nobleza y se mantiene hasta hoy como uno de los grandes ideales de la Masonería. El primer especialista en la Masonería francesa, Chevallier, titula el primer tomo de su importante trilogía masónica *Escuela de la igualdad.* Y al rechazar la exclusiva masónica para la preparación revolucionaria subraya sin embargo «la idea masónica fundamental, la igualdad» y concluye: «La Masonería en cuanto vehículo de ideas y seminario de preparación política ha jugado un papel no despreciable en la preparación de los acontecimientos pre-revolucionarios»[56].

[56] P. Chevalier, *Historie de la francmaçonnerie française,* Paris, Fayard, 1973 vol. I.

En 1778 se efectuaba en París una conjunción singular: la de Voltaire, pontífice de los ilustrados y los descreídos, con Benjamín Franklin, apóstol y embajador de la independencia de los Estados Unidos. Todo un símbolo o mejor, un conjunto de símbolos. Voltaire, al final de su vida, se iniciaba en la logia masónica Neuf Soeurs, cuyo venerable era, según dijimos, Franklin, y en presencia del obispo de Autun, Talleyrand, que sería después convencional, regicida, ministro de Napoleón, figura clave del Congreso de Viena y ministro de Luis XVIII; todo un paradigma cínico de supervivencia política y de falta de principios. Todos eran compañeros, en el sentido masónico del término, del portavoz del libertinaje Cholderlos de Laclos, secretario del duque masón Felipe Igualdad y autor de uno de los evangelios de la permisividad y el libertinaje, *Les liaisons dangereuses,* que en nuestros días conoce innumerables reediciones en el libro y en el cine («Val mont», de Milos Forman, autor de otra famosa película sobre otra gran figura masónica, Mozart). Franklin era en el París pre-revolucionario el embajador de la Revolución americana que había puesto en práctica las ideas de esa Ilustración, que desde entonces mismo se incorporaba a una naciente tradición liberal. Ya existía pues el liberalismo, el hecho y la doctrina, no el nombre, que surgiría para todo el mundo en las Cortes de Cádiz a partir del invierno de 1810. Franklin era el masón perfecto; libertino profesional, gran científico, ilustrado señero, deísta radical para quien, como ha dicho el profesor Juan Velarde, «la instrumentación de su deísmo anticatólico es la francmasonería»[57]. Franklin, uno de los forjadores del espíritu del capitalismo y del liberalismo en la vida política occidental.

Velarde toma del profesor Perpiñá una sencilla y lúcida definición del liberalismo: «es la reacción contra el absolutismo». Y rastrea los orígenes del liberalismo en el fundador de la escuela fisiocrática de economistas ilustrados, Quesnay, cuyo *Tableau économique* es de 1758. Quesnay, masón conspicuo, inocula al liberalismo naciente el amor a la riqueza y *después* el ansia de libertad. Así se incorpora el liberalismo político-económico a la corriente pre-liberal que había surgido de Hobbes y de Locke en la primera época del racionalismo. Propiamente llamamos liberalismo económico a la doctrina que sustenta el libre juego de los factores económicos sin intervención del Estado; y que postula la libre circulación de mercancías sin barreras arancelarias. El influjo de Quesnay fue intenso en la opinión pública y en la escuela de economistas clásicos que nació poco después, a fines del siglo XVIII en Inglaterra, con sospechosa oportunidad; porque la ventaja de Inglaterra en la revolución industrial necesitaba para la expansión de su comercio el libre tránsito de sus mercancías a través de todas las fronteras y mares. Esto es lo que propusieron los creadores de la escuela de economistas clásicos, sobre todo su iniciador Adam Smith (1725-1790) en su libro capital, *Causas de la riqueza de las naciones* en 1776, sobre todo la riqueza de Inglaterra. La propaganda inglesa logró identificar al liberalismo económico con el político y el gobierno británico utilizó sus redes diplomáticas y no en menor medida las redes masónicas dependientes de la Gran Logia de Inglaterra para extender la doctrina liberal por toda Europa. A veces, como en España, los liberales radicales (que eran casi siempre masones) actuaban en los gobiernos más como agentes, conscientes o no, de

[57] J. Velarde, *El libertino...* op. cit. p. 33.

Inglaterra que como servidores de sus propios Estados. En España los casos de Espartero y Mendizábal serán notorios.

Mientras otro economista clásico, David Ricardo, sentaba las bases de la teoría del salario natural que luego aprovecharía muy a fondo Carlos Marx, el tercero de la escuela, Malthus (1786-1834) corroboraba que para el liberalismo lo primero era la riqueza y lo segundo la libertad; y ése será también, como recuerda Velarde, «el espíritu del capitalismo». A partir de entonces el liberalismo económico se entrelaza con el político, hasta nuestros días.

El liberalismo político, ya lo sabemos, había nacido de la tradición individualista del racionalismo y sobrevivivió a la critica colectivista de Rousseau (que por otra parte resulta también ser uno de los padres del liberalismo moderno); a las elucubraciones del idealismo absoluto de Hegel y al ataque frontal del marxismo tras haberse encarnado, en forma de síntesis depurada, en las tres fases de la Revolución Atlántica: la americana, la francesa y la hispanoamericana. Las dos primeras fases se consideraron *después* como revoluciones liberales además de ilustradas; la hispanoamericana se llamó ya a sí misma liberal, porque ya las Cortes de Cádiz habían popularizado el término en todo el mundo y singularmente en Iberoamérica. Es decir que la Ilustración se prolongó en el liberalismo a través de la triple victoria revolucionaria en el Atlántico. Y por supuesto la Masonería, que había sido escuela de la Revolución, se identificó en el siglo XIX con el liberalismo radical, que asumió también ardientemente otra herencia ilustrada, la secularización, fin esencial de la Masonería especulativa en todas sus épocas. Fecundado por las victorias de la Revolución el liberalismo se impuso como ideal político a Occidente y después al mundo entero, al identificarse también con el sistema de economía libre que conocemos como capitalismo y con la nueva dogmática de libertades civiles, derechos humanos, incluido primordialmente el de propiedad, gobierno constitucional, división y responsabilidad de los poderes públicos, imperio de la ley y en suma el horizonte democrático. Kant y Jefferson suministrarán renovadas bases teóricas al liberalismo, que hoy se acepta como ideal en todo el mundo (incluido el mundo que dice ha dejado de ser marxista y el que lo sigue siendo, como el extraño caso de China) pese a que alguna encarnación de ese ideal, como la Revolución francesa, prostituyó sangrientamente a la libertad, la igualdad y la fraternidad.

En Francia y Austria el liberalismo entró, después de la época napoleónica, en pugna dialéctica con la Restauración reaccionaria. En Rusia fue ahogado por la autocracia zarista hasta fines del siglo XIX. En Alemania quedó relativamente descartado a impulsos de un nacionalismo cuyo proyecto no era liberal; sí lo era en cambio el nacionalismo italiano. En Inglaterra floreció el liberalismo durante el siglo XIX, favorecido por todas las clases de la sociedad y realizó, a la cabeza de Europa, decisivos avances democráticos; no se olvide que el Reino Unido no había sufrido en su carne los efectos de la Revolución francesa. Se produjo en Inglaterra, como ha detectado Sabine, una alianza entre cristianismo evangélico y liberalismo radical sobre el lema de mayor felicidad para el mayor número, como dijo Bentham. Los liberales radicales aceptaron la teoría económica de la escuela clásica de economistas y las corrientes utilitarias y reformistas, que recibieron de Bentham su impulso más importante. Adelantado de las reformas legales, Bentham depende también de Hobbes y de Hume y extendió su influencia a través de su gran discípulo, John Stuart Mill, mientas el conservadurismo británico asumía posiciones firmes pero inteligentes y flexibles ante la evolución de la sociedad industrial gracias al genio creador del primer portavoz conservador moderno, Edmund Burke.

Otro gran pensador del nuevo liberalismo, James Mill, abogó por la extensión de la representación y el sufragio desde las primeras décadas del siglo XIX. La gran reforma del Parlamento en 1832 se debe a Bentham y a los liberales radicales; gracias a la inspiración de la alianza liberal-cristiana (protestante) los gobiernos iniciaron una seria legislación humanitaria para la protección del trabajo a la vez que consideraban al libre comercio como política esencial del Reino Unido y la imponían, bajo etiqueta común de liberalismo político y de Modernidad, por todos los procedimientos y coacciones imaginables a todo el mundo, una vez vencido el proyecto de bloqueo y ahogamiento de la economía británica articulado por Napoleón a partir del decreto de Berlín en 1806, tras la victoria sobre Prusia.

MITOLOGÍA Y REALIDAD DE LA REVOLUCIÓN FRANCESA

El antecedente de la Revolución Atlántica fue, sin duda, la Revolución británica en la segunda mitad del siglo XVII, que recortó los poderes de la monarquía absoluta detentados por los Tudor y los Estuardos, favoreció a la Iglesia baja o puritanismo de origen calvinista frente al monopolio de la Iglesia Alta o anglicana derivada del cisma de Enrique VIII y consagró definitivamente la preponderancia del Parlamento sobre la arbitrariedad del poder ejecutivo. La revolución británica influyó por varios cauces en la Revolución Americana declarada en los años setenta del siglo XVIII que fue, como hemos adelantado, mucho más una revolución política que social y se reconoció a sí misma como revolución ilustrada; el nombre de Franklin, uno de sus promotores que era, a la vez, uno de los grandes ilustrados aceptados en Francia, sería suficiente como prueba. La Revolución americana fue necesariamente sangrienta porque se planteó en forma de guerra civil pero sus excesos traumáticos resultaron mucho menos exagerados que los de la Revolución francesa porque en el proceso de independencia de los Estados Unidos no intervino la persecución religiosa que sería, en cambio, una característica de la Revolución de Francia. Hoy está sobradamente demostrada la influencia directa de la Revolución americana en la francesa; recordemos a la figura simbólica del general Lafayette, «héroe de dos mundos» colaborador militar de Washington y después alineado francamente en el sector de la nobleza «progresista» que favoreció la ruptura revolucionaria de la burguesía en Francia, a la vez que trataba con poco éxito de moderarla. La nueva sociedad política norteamericana, cuyo gran esquema se plasmó en la Declaración de Independencia y en la Constitución de los Estados Unidos ha servido, desde entonces, como modelo mas o menos confesado a todos los regímenes democráticos de la edad contemporánea. Los Estados Unidos nacieron realmente como el primer régimen democrático de la historia moderna y como la emigración europea a las Trece Colonias y después a los Estados Unidos estaba integrada por grupos de confesión religiosa muy variable, la tolerancia en materia de religión se impuso, con serias excepciones prácticas y locales, en la nueva gran nación destinada a la hegemonía occidental y universal.

El bicentenario de la Revolución francesa en 1989 fue organizado por el presidente socialista y masónico François Mitterrand como un formidable espectáculo folklórico, aguado muy pronto por el hundimiento del Muro de Berlín y la estruendosa caída del comunismo en Rusia y en Europa oriental. Para el bicentenario la ciudad de París fue envuelta en el tópico mitológico más descarado, interrumpido genialmente por Margaret Thatcher con la observación irónica de que los derechos humanos estaban inventados ya e incluso ampliamente practicados en el Reino Unido un siglo antes de la famosa Declaración revolucionaria de los Derechos del Hombre y del Ciudadano que tuvo lugar en 1789, también después de la Revolución americana y además falsa de toda falsedad; porque el mejor símbolo de los derechos y libertades que venía a traer la Revolución francesa fue la guillotina para quienes no aceptasen, a juicio de sus verdugos, la nueva dogmática de la Revolución ilustrada y sectaria.

El exjesuita Agustín Barruel denunció con resonancia mundial los orígenes masónicos de la Revolución francesa en uno de los libros más explosivos y difundidos de los últimos siglos, del que ya hemos hablado; las *Memorias para servir a la historia del jacobinismo,* publicado en 1797-1798. Barruel se opuso al juramento exigido por la «constitución civil del clero», ese gran alarde secularizador de la Revolución, luego emigró a Inglaterra y regresó después a París para predicar la sumisión a Bonaparte y recibir del gobierno una canonjía en Nôtre Dame. Tal fue el impacto del libro que desde medios jacobinos, «progresistas» y masónicos se ha hecho lo imposible por desacreditarlo como el mayor fraude de la historiografía moderna; así en España el malogrado Javier Herrero en su libro *Los orígenes del pensamiento reaccionario español*[58] con sobra de prejuicios y notoria falta de análisis documental e histórico. Porque hay en el libro de Barruel (cuya revaluación profunda me parece importante y urgente) una hipótesis que creo muy plausible ante numerosos indicios: la hipótesis de que hay dos masonerías, una aparente y espectacular, otra real, profunda, mucho más secreta y peligrosa.

Dos observadores españoles contemporáneos a la Revolución francesa, informadísimos y equilibrados, coinciden en un diagnóstico que creo imprescindible: fue un conjunto de sectas, entre ellas la Masonería –entre esas sectas conviene anotar a los Iluminados, los jansenistas y los *philosophes* con toda su capacidad de coordinación– lo que logró y cuajó la preparación revolucionaria hasta hacer irreversible, junto con los errores y desenfrenos del despotismo ilustrado, el estallido de la Revolución. Incidentalmente ésa es también la tesis genérica del ideólogo y estratega comunista italiano Antonio Gramsci como cité y expliqué en mi libro *España, la sociedad violada*[59]. Así Jovellanos cuando escribía desde su prisión en el castillo de Bellver en 1802 su *Memoria sobre la educación pública* explicaba los excesos de la Revolución francesa por el desbordamiento de las sectas; así el gran humanista Lorenzo Hervás y Panduro, jesuita expulso, que en sus *Causas de la*

[58] Madrid, Cuadernos para el diálogo, 1973.

[59] Barcelona, Planeta, 1989, p. 230.

Revolución en Francia (libro muy abierto y tolerante, nada ultramontano, acabado en 1794, impreso en 1803 y no difundido hasta 1812) aduce como fin principal de la Revolución el aniquilamiento del cristianismo, la transformación de las monarquías en democracias y como causa, la acción de las sectas filosófica o atea, calvinista, jansenista y masónica; atribuye a la Masonería la preparación del ambiente revolucionario mediante la red de logias; la propaganda y la difusión del credo que informó a la Revolución. El citado Herrero descalifica a Hervás pero sin analizar sus sugerencias y argumentaciones, avaladas por un notable conjunto documental. Un importante documento en el mismo sentido aporta el profesor Juan Velarde: «He leído en su documento original el famoso decreto de la Gran Logia Nacional de Francia, firmado por cierto, entre otros, como orador de la cámara de las provincias por Guillotin. Comienza así: **«Desde el establecimiento de la Masonería en Francia se había deseado permanente mente poder formar una asamblea general en la que los diputados de todas las partes del reino, aportando en común los poderes y las luces de todos sus Orientes, concurriesen a operaciones generales e igualmente útiles para la Orden. Así, en la Asamblea, la Masonería se inclinó al régimen revolucionario, a las órdenes del duque de Chartres, es decir Luis Felipe José, duque de Orleans»**[60]. Autores como Chaunu y Chevallier que niegan la tesis central de Barruel concluyen la responsabilidad (aunque no sea exclusiva) de la Masonería en la preparación efectiva de la Revolución. Claro que luego muchos masones, como muchos ilustrados e incluso grandes jacobinos, perecieron en la máquina de matar inventada por el citado orador masónico de la Gran Logia. Porque su propia obra se les fue de las manos.

Eliminados ya los jesuitas, que aun después de su supresión canónica lucharon eficazmente, como acabamos de ver, contra la Revolución, el cónclave que eligió al Papa Pío VI entre los años 1774 y 1775, sometido a todas las coacciones imaginables, se prolongó durante cinco meses y 265 escrutinios. Las cortes borbónicas, ignorantes de que estaban en vísperas de su agonía, seguían alanceando a la Compañía extinguida sin advertir que se les echaba encima la Revolución. Jean de Viguerie, autor de un libro muy admirado por el profesor Pierre Chaunu, ha trazado la definitiva historia de la persecución revolucionaria contra la Iglesia. El bajo clero se unió al Tercer Estado en la reunión de los Estados Generales de 1789; el clero apoyó a los nobles en la renuncia a los privilegios el 4 de agosto de ese año. El 2 de diciembre fue un obispo, Talleyrand, quien propuso la nacionalización de los bienes de la Iglesia[61]. La proclamada tolerancia de la Revolución se transformó en persecución gradual al principio, y luego total contra la Iglesia de Francia. Fue suprimido el diezmo que sostenía a las parroquias; quedó fulminada la obra asistencial de la Iglesia. El decreto de 13 de febrero de 1790 prohibió los votos solemnes y abolió por lo tanto las órdenes religiosas. El 12 de julio siguiente se votó la constitución civil del clero que convertía a los sacerdotes en funcionarios del Estado y se decretó que obispos y párrocos fueran elegidos en asambleas populares. Sólo juraron al principio dos de los cuarenta y cuatro obispos diputados de la Asamblea; pero dos tercios del clero acataron la transformación, que

[60] J: Velarde, op. cit. p. 135

[61] *Christianisme et Révolution,* Paris, 1986, conclusiones en el art. del mismo autor publicado en *Razón Española* (enero-feb. 1990) 7 s.

suponía una intromisión absurda del Estado en la Iglesia. El Papa condenó la constitución civil en abril de 1791 y muchos sacerdotes repudiaron su juramento. Cuarenta mil sacerdotes emigraron antes de apostatar. Ya con la Convención de 1793 la Iglesia de Francia, incluso sus sectores dóciles y juramentados, dejaba de existir en teoría. Los sacerdotes tendrían que casarse; se entronizó en Nuestra Señora de París a una furcia como diosa Razón. El 8 de noviembre de 1794 Robespierre proclamó en plena Convención el culto al Ser Supremo y, menos mal, la inmortalidad del alma. 1750 curas se casaron públicamente para evitar la guillotina. De 83 obispos juramentados o constitucionales 23 apostataron en público, nueve se casaron, 24 se retiraron y los demás fueron guillotinados. En las matanzas de septiembre de 1792 fueron asesinados trescientos sacerdotes y tres obispos en París; en la oleada descristianizadora de 1793-94 se cambió el calendario por una ridícula ficción naturalista, se sustituyó la semana (que no es de origen cristiano sino sumerio) por la década, se cerraron, despojaron y destruyeron innumerables iglesias. Desde el verano de 1794 el Directorio impuso cierta tolerancia pero continuaron las ridículas sustituciones de la religión: la teofilantropía, el culto decadario, mientras se imponía al clero sometido un inconcebible juramento de odio a la monarquía. Desde los tiempos de Calígula ningún Estado occidental incurría en tales excesos de ridículo. El gran historiador Pierre Chaunu se indigna en su espléndido libro del bicentenario contra esta destrucción de la Iglesia católica francesa (a la que no pertenece) como parte sustancial de la espantosa regresión institucional, humana, económica y cultural que encenagó gracias a la Revolución la historia de Francia[62]. Me he apoyado en este libro primordial para publicar un ensayo sobre la verdad de la Revolución francesa en mi libro *Misterios de la Historia,* primera serie, Barcelona, Planeta, 1990. El mismo ilustre autor analiza el genocidio de la Vendée, ejecutado en gran parte por motivos religiosos; allí perdieron la vida unas trescientas mil personas, hombres mujeres y niños del pueblo, que deben sumarse a las víctimas de la guillotina en el resto de Francia, cifradas entre cuarenta y ochenta mil, con predominio del pueblo y las clases no privilegiadas.

En 1797 la expansión revolucionaria de Francia emprendió la guerra contra los Estados Pontificios, suprimidos al año siguiente y sustituidos por una República romana satélite de Francia. El Papa, que se había aliado a la primera coalición europea antirrevolucionaria después que Francia le confiscara la ciudad de Aviñón, fue llevado cautivo a Valence donde murió en 1799. El ejército napoleónico, como el revolucionario, extendió por toda Europa el odio a la Iglesia católica. Napoleón, sin embargo, comprendió que la persecución perjudicaba más al Estado que a la Iglesia y concertó con el Papa Pío VII el 15 de julio de 1801 un Concordato que mantuvo su vigencia hasta 1905. Y se avino a coronar a Bonaparte como emperador en Nôtre Dame en 1804.

Entre 1801 y 1803 quedó también completamente despojada la Iglesia católica de Alemania. Sin embargo estas catástrofes de la Iglesia en Europa no resultaron completamente negativas. Desapareció el galicanismo y la sangre de los mártires marcó un vigoroso despertar religioso en Francia y en toda Europa, justo cuando la primera Ilustración cedía a los embates del movimiento romántico. La Iglesia con-

[62] P. Chaunu, *Le grand déclassement,* París, Laffont, 1989, p. 91 s.

tribuyó a la época y al sistema de la Restauración una vez eliminado Bonaparte en 1815 e incluso conectó con algunas corrientes culturales de signo tradicionalista en Francia y en Alemania, aunque no se incorporó a la segunda Ilustración en el campo del pensamiento filosófico reorientado por Manuel Kant. Como el liberalismo (sobre todo el radical) seguía identificándose con la herencia de la Revolución francesa, la Iglesia católica mantuvo también su hostilidad al liberalismo continental europeo y siguió durante todo el siglo XIX, por su aferramiento a los Estados Pontificios (recuperados tras la derrota de la Revolución) una línea política reaccionaria y en el fondo, equívoca. Por impulso de la misma Revolución se alumbraron en Europa intensas corrientes de nacionalismo, que chocarían sobre todo en Italia con la Iglesia. A la que esperaba, en buena parte por influjo histórico de la Revolución francesa, un nuevo enfrentamiento a vida y muerte contra una nueva Revolución surgida a mediados del siglo XIX y orientada no sólo contra la Iglesia sino contra la religión y contra la misma idea de Dios: la Revolución marxista cuyas bases teóricas y su imperio occidental acaban de hundirse cuando se escribe este libro.

LA RECEPCIÓN DEL BICENTENARIO EN ESPAÑA

Guiada al principio eficazmente por Edmund Burke y Agustín Barruel, la opinión pública europea de la Restauración abominó de la Revolución francesa. Nunca han faltado en Francia, hasta hoy, notables historiadores de signo conservador que han conseguido fundamentar en sus reconstrucciones la crítica radical a la Revolución. Pero el conjunto de la Revolución atlántica, y singularmente la de Francia, reaccionaron pronto con una defensa cerrada de los ideales revolucionarios y una reconstrucción utópica de lo que alguien llamó Gran Revolución. La izquierda liberal y luego la izquierda hegeliano-marxista, el positivismo, la Masonería continental y las fuerzas de la secularización tomaron como referencia a la Revolución Francesa cuya mitología se impuso en todos los campos de la enseñanza y de la historiografía. En Francia la conmemoración del bicentenario en 1989 fue contrarrestada por una vigorosa crítica que encabezó Pierre Chaunu pero el definitivo libro de este gran historiador, que es un gran hispanista y uno de los primeos historiadores europeos de hoy, no logró encontrar un editor en España. La mayoría de las cátedras de Historia en las Universidades españolas colaboraron en la exaltación utópica de la Revolución francesa, lo que denota la escasa capacidad crítica y la sobra de rutina izquierdista en algunos de sus titulares.

Si la Universidad española se debatió en la rutina acrítica ante el bicentenario de la Revolución francesa, calcúlese lo que perpetrarían esos centones de esoterismo y de carril en que se han convertido los suplementos «culturales» de los grandes diarios españoles, «El País» por descontado, que se cree heredero directo de 1789, pero también ABC, mucho más entusiasta en los elogios a Voltaire que a Ramiro de Maeztu, por ejemplo; eso explica el rotundo y continuado fracaso de su llamado suplemento cultural . Pero el ejemplo supremo de conformismo y acriticismo lo ha ofrecido, visto a una luz histórica, un jurista e intelectual español que goza de merecida reputación, el profesor Eduardo García de Enterría.

El 24 de octubre de 1994 el profesor García de Enterría leyó su discurso (editado luego con mucho éxito) de ingreso en la Real Academia Española sobre *La lengua de los derechos. La formación del Derecho Público europeo tras la Revolución Francesa*[63]. Hay en ese tratado interesantes capítulos de Derecho comparado y notables intuiciones, corroboradas por un amplio análisis de fuentes, sobre la renovación del lenguaje jurídico por obra y a consecuencia de la Revolución. Pero entre innumerables elogios y reconocimientos admirativos a la Revolución no hay en las doscientas cuarenta y tantas páginas del discurso una sola crítica a la Revolución. Un trabajo tan detenido por obra de un jurista de tanto prestigio me ha reconfirmado el recelo que desde hace muchos años alimento, a fuerza de hechos, experiencias y decepciones, contra la teoría y la práctica real del Derecho en nuestro tiempo y sospecho que en todos los tiempos. El Derecho me parece cada vez más una abstracción, que prescinde increíblemente de la realidad para perderse en los vericuetos formalistas de la propia abstracción; el Derecho da por supuestas y aceptables fallas y aun lacras terribles de la realidad y de la Historia y construye sobre ellas, sin molestarse en criticarlas, hermosas teorías y trascendentales decisiones que afectan, en cambio, a nuevas realidades. La posición absolutamente acrítica (insisto en el adverbio) del profesor Enterría sobre la auténtica historia trágica de la Revolución francesa me llena, una vez más de preocupación y alarma. No se puede exaltar así a la Declaración de los Derechos del Hombre y del ciudadano sin advertir sobre lo que hizo realmente la Revolución francesa con esos derechos. Y muy especialmente en España, que fue invadida, depredada, violada y asesinada (más de un millón de españoles, en concreto) en nombre de esos derechos. Yo creo cada vez menos en un Derecho teórico, utópico, conformista, que se mece en teorías alejadas de la realidad y que, eso es lo peor, opera luego demasiadas veces en los foros jurídicos con un espíritu semejante.

LA SEGUNDA ILUSTRACIÓN: MANUEL KANT

Para el propósito de este libro debemos inscribir el desarrollo histórico de la Iglesia en el siglo XIX dentro del ámbito de la historia general de la Humanidad; y en especial la historia del pensamiento y la cultura profunda, que se expresaba entonces en la que hemos llamado Segunda Ilustración, iniciada por las ideas de Manuel Kant. De forma simultánea arrancaba, a principios de siglo, el movimiento literario-cultural denominado Romanticismo que también afectó al pensamiento filosófico. Lo que parecía haberse borrado después de los embates de la Primera Ilustración era la teología, sustituida cada vez más como nueva referencia y nuevo absoluto por la Ciencia Moderna. Hablemos pues de Manuel Kant,

[63] Madrid, Real Academia Española, 1994.

cuya vida personal se extendió a lo largo de casi todo el siglo XVIII (1724-1804) pero que desde nuestra perspectiva nos parece mucho más orientado al futuro, es decir al siglo XIX.

Porque Kant será en gran impulsor de la Segunda Ilustración en el plano filosófico, juntamente con Goethe en el plano literario y cultural. La Segunda Ilustración es un fenómeno paralelo e interpenetrado con el Romanticismo y muy profundamente vinculado a la Ciencia, mientras la Iglesia Católica, desmantelada por la Revolución francesa, yacía postrada y al margen de la cultura y de la nueva Ilustración. El filósofo de Königsberg– allí nació, vivió y murió; en la Prusia oriental que impulsaba a la nueva Alemania y que ahora yace bajo la soberanía de Rusia, sin que el resto de Alemania parezca mostrar excesivos anhelos para recuperarla. Kant era de familia modesta, creyente, protestante pietista. Su obra representa un cruce del racionalismo continental (sobre todo Leibniz) el empirismo británico (sobre todo Hume) y la pleamar de la ciencia moderna que representaba Newton. Para resumir el pensamiento de Kant conviene acudir a su mejor expositor en nuestra lengua, el profesor Manuel García Morente, en su citada obra (desde la p. 193). Naturalmente que no pretendo aquí una exposición completa de la doctrina kantiana sino de los aspectos que más hacen a nuestro propósito, sobre todo el significado del trascendentalismo, por la importancia decisiva de ese enfoque en una relevante (y discutible) tendencia teológica católica del siglo XX, con insospechadas ramificaciones; me refiero a la que protagonizará el famoso jesuita Karl Rahner, en quien pretenden apoyarse los portavoces de la teología política y la teología de la liberación.

Morente resume el conjunto doctrinal de Kant en dos palabras: idealismo trascendental. Idealismo. porque el conocimiento no se refiere directamente a las cosas sino a los fenómenos, ya que la cosa–en-sí es inalcanzable; yo conozco fenómenos, que son la síntesis entre lo que se da (un caos de sensaciones) y lo que pone mi entendimiento; las categorías ordenadoras del espacio y el tiempo. Es decir que la filosofía de Kant es ante todo una teoría del conocimiento en la *Crítica de la Razón Pura* de 1781; desde la que luego da un salto vital al reencuentro de las grandes realidades perdidas, –Dios y el mundo– en la *Crítica de la Razón Práctica* pero basándose no ya en razones metafísicas y racionales sino en motivos morales.

El punto de partida, para Kant, es el conocimiento matemático-físico de la Naturaleza, establecido por Newton; lo cual es para Kant una base definitiva, inconmovible. (A fines del mismo siglo en que muere Kant la interpretación newtoniana estallará al hundirse la Ciencia Absoluta, hecho capital que parecen no tener muy en cuenta los neokantianos y sus afines como Rahner y su escuela). El hecho de la razón pura, principio y fundamento de la filosofía de Kant, es la identificación de teoría del conocimiento con teoría físico-matemática de Newton. Esta identificación, sobre la que acabamos de apuntar una crítica devastadora que volveremos a considerar es, como decimos, fundamental.

Esta ciencia físico-matemática se compone de juicios, que son el principio de la reflexión kantiana. Los juicios no son vivencias sino enunciados objetivos. Pueden ser analíticos en cuyo sujeto se contiene el predicado, como «el triángulo tiene tres ángulos» y sintéticos, en cuyo sujeto no se contiene el predicado, como «el calor dilata los cuerpos». El juicio analítico es una tautología; el juicio sintético, donde se une el sujeto con el predicado, aporta una novedad y sólo se puede formular desde la experiencia. Los juicios analíticos son universales y necesarios; derivan del principio de identidad, son «a priori». Los juicios sintéticos son particulares y contingentes; dependen de la experiencia concreta; son «a posteriori» es decir experimentales. Los juicios analíticos no forman el conocimiento científico; nada nuevo descubrimos con ellos. Tampoco los juicios sintéticos configuran la ciencia porque carecen de validez universal. Para configurar la ciencia es necesario un tercer tipo de juicios; que sean sintéticos (porque requieren la experiencia previa) y que sean a priori porque poseen validez universal. Estos juicios configuran toda la ciencia físico-matemática; luego son posibles. El nexo entre sujeto y predicado no surge de la experiencia sino por evidencia a priori. La Crítica de la Razón Pura se aborda para demostrar la posibilidad y la vigencia de los juicios sintéticos a priori en matemáticas, física y metafísica. En las dos primeras disciplinas el problema está muy claro. Pero en la metafísica no; la metafísica es incierta y oscura, discutible e incluso Hume la negaba; esta negativa fue la que, a confesión propia, galvanizó a Kant. Los juicios sintéticos a priori son posibles en la matemática porque la matemática se funda en el espacio y en el tiempo que no son realidades exteriores sino formas de nuestra intuición. Espacio y tiempo son a priori puros. No son conocimiento de cosas reales sino intuiciones, categorías interpretadas por la mente. Se puede pensar el espacio sin la cosa pero no la cosa sin el espacio. Con ello entramos en el ámbito de lo *trascendental,* la palabra clave del kantismo. Lo trascendente es lo que existe fuera de mí, independientemente de mí; lo trascendental es lo trascendente en cuanto objeto del conocimiento. La sub-posición del espacio, la interposición del espacio es la condición de cognoscibilidad de la cosa-en-sí, que sin la intuición del espacio es incognoscible. Por ello Kant es idealista; porque no conoce cosas-en-sí directamente sino hechos inteligibles mediante la interposición del espacio y convertidos por tanto en fenómenos. Una demostración semejante nos mostraría al tiempo como categoría del conocimiento y posibilidad del fenómeno.

Espacio y tiempo son por lo tanto intuiciones, formas de la sensibilidad. La sensibilidad es la facultad de tener percepciones. El espacio es la forma de las percepciones externas; el tiempo es la forma de las externas e internas. La posición privilegiada del tiempo, forma de la percepción tanto externa como interna, es la clave de la conexión entre aritmética y geometría que logró Descartes con la geometría analítica y Leibniz con el cálculo infinitesimal. Toda la primera parte de la Crítica de la Razón Pura que acabo de resumir se llama «estética trascendental»; estética, de *aisthesis,* sensación, percepción.

La segunda parte se centra en la posibilidad de los juicios sintéticos a priori en la Física y se denomina analítica trascendental. De los juicios divididos según la cantidad, la cualidad etc., Kant extrae las categorías de propiedad, causalidad, posibilidad, existencia, necesidad... hasta doce. Las categorías son la condición de posibilidad de los juicios sintéticos a priori en la física: «Las condiciones del conocimiento son las condiciones de la objetividad», nueva tesis idealista, ya que las categorías proceden de la mente. Kant produce en la teoría del conocimiento lo que él mismo llama con escasa modestia una «inversión copernicana»; son las cosas quienes se ajustan a nuestros conceptos y no al revés. El sujeto cognoscente y el objeto conocido son fenómenos y en ello precisamente consiste el idealismo trascendental.

La última parte de la Crítica de la Razón Pura se dedica a la dialéctica trascendental y se concentra en una pregunta: ¿Es posible la metafísica?. Es decir, ¿es posible el conocimiento de las cosas-en-sí, Dios, el alma y el mundo?. La respuesta es no. No es que Kant niegue a Dios, el alma y el mundo sino la posibilidad de conocerles racionalmente. No hay percepción sensible del alma ni del mundo ni de Dios. Las tres cosas-en-sí son síntesis de síntesis, ideas construidas por la razón saltándose los límites del conocimiento. Es lo que hace la razón en la metafísica, que por lo tanto queda invalidada. No percibimos el alma sino sus vivencias. El Universo en sí no se puede conocer porque lo impiden las cuatro antinomias o trampas cosmológicas que interpone Kant con espíritu e ingenio de sofista. No se puede llegar a Dios en vista de la invalidez de las pruebas racionales clásicas de su existencia, concretamente el argumento ontológico, que niega Kant con lo que interrumpe una tradición filosófica que viene de San Anselmo hasta Leibniz, y que incluye a santo Tomás y Descartes.

Pero Kant es un creyente; consecuente con su fe, no puede permitir que el mundo, el alma y Dios sean arrojados al vacío de lo inexistente una vez declarados incognoscibles por la razón. La recuperación de Dios, el alma y el mundo la consigue Kant en la Crítica de la Razón Práctica.

Hay una vía, diferente a la del conocimiento, para llegar a esas tres grandes realidades. Además del conocimiento el hombre posee una conciencia moral, conjunto de principios que rigen la vida humana. Los juicios morales son tan evidentes como los del conocimiento. La conciencia moral y sus principios integran la Razón Práctica. Hay dos clases de imperativos morales: los hipotéticos (bajo condición) y los categóricos o absolutos, como «honra a tus padres». La ley moral universal se formula así: «Obra de manera que el motivo que te ha llevado a obrar sea una ley universal». Claro que esta moral kantiana es una moral autónoma y por lo tanto libre, no determinada. En ella Kant recupera las grandes realidades de la metafísica, extraídas por tanto de la ética. Mediante los postulados de la Razón Práctica que son, primero, la libertad; segundo, la inmortalidad (la persona moral no sujeta a formas ni categorías no está en el tiempo) y tercero la existencia de Dios; porque hay un abismo entre la conciencia moral y la realidad fenoménica; entre lo que debe ser y lo que es. Debe existir en sí algo que una al ser y al deber ser; ese algo es Dios. Es decir que para Kant la razón práctica tiene primacía sobre la razón pura; así es posible la historia como valoración fenoménica de los hechos humanos en función de la razón práctica y moral.

Al arrojar a Dios de la razón pura Kant le relega todavía más lejos que los promotores del deísmo y le sitúa en las incompensibles tinieblas de la gnosis. Así fomentará, sin pretenderlo, el agnosticismo y el ateísmo de muchos filósofos que le seguirán sin poseer su alta valoración moral o, si se quiere, tan profunda racionalidad moral. La incognoscibilidad de Dios ante la razón pura equivale, insisto, a una profesión de gnosticismo, a un verdadero rebrote gnóstico. Por otra parte Kant propina un nuevo golpe al aristotelismo, quizás porque toma como universalidad unívoca del ser lo que es analogía del ser; quizás porque, como todos los idealistas, confunde el plano de la ontología con el de la psicología. Al fundar Kant su teoría del conocimiento en las intuiciones físico-matemáticas de Newton elevadas a dogma, esa teoría del conocimiento quedará herida de muerte con la disolución de la Ciencia Absoluta de base newtoniana a fines del siglo XIX. La Nueva Física que surge entonces no puede aceptar las simplificaciones del espacio y el tiempo (véase por ejemplo el concepto einsteniano del espacio-tiempo) que para Kant son categorías o formas de la realidad trascendental, formas que emanan de la mente humana, que no «existen» fuera de nosotros. Las clasificaciones de la realidad trascendental propuestas artificiosamente por Kant parecen, examinadas desde nuestra perspectiva ya próxima al siglo XXI, algo así como las combinaciones de Aristóteles con los cuatro elementos y las transiciones de unos a otros... una especie de juego anacrónico.

Comentaba el profesor García Morente que el idealismo psicológico aceptado por los empiristas y el idealismo fenomenológico introducido por Descartes en la filosofía y llevado a sus últimas consecuencias por Kant provocan realmente un alejamiento de la realidad y un encerramiento de la razón sin salida. Descartes elude el encerramiento por el salto directo de la razón a Dios y desde Dios al mundo; Kant por el admirable recurso moral a la razón práctica. Pero los idealistas posteriores se situarán ante la Razón como absoluto y más que alejados, quedaran alienados de la realidad. Hegel apurará hasta las heces el gnosticismo kantiano. Carlos Marx, dentro de las pautas de Hegel, intentará otro salto mortal hacia la realidad pero el resultado será todavía más irreal: el materialismo absoluto. Descartes, los idealistas psicológicos y Kant son, junto a los idealistas del siglo XIX, la explosión final, con apariencias geniales, del viejo nominalismo que reduce a nombres o a fenómenos las cosas-en-sí. Las reacción primero positivista y luego existencialista estaba cantada, así como la resurrección del aristotelismo como realismo crítico, que se cultiva hoy tanto en el campo de la filosofía como en el de la misma ciencia. Y es que en el fondo del kantismo latía una contradicción formidable: *la cosa-en-sí-pensada*. Si es pensada, decía Kant, es ininteligible. Pero se trata de algo más grave. Si es pensada, en sentido kantiano, ni siquiera es manipulada; deja de ser en-sí.

VITALIDAD DE LA IGLESIA CATÓLICA EN EL SIGLO XIX

Introduzco aquí este epígrafe antes de completar el marco de historia integral en que se desenvuelve la vida de la Iglesia en el siglo XIX porque no estoy intentando una historia de la cultura sino un esbozo histórico de la Iglesia; y no deseo que esa vida de la Iglesia aparezca como sumergida por las complicaciones del pensamiento, la política y la cultura en esa época. El Papa Juan Pablo II está demostrando una clara predilección por la santificación pública de católicos ejemplares que vivieron en el siglo XIX, muchas veces ignorados e incluso menospreciados por el brillo más o menos ficticio de la segunda Ilustración. Es cierto, por desgracia, que la Iglesia del siglo XIX vivió divorciada del pensamiento y la cultura de ese siglo, un pensamiento y una cultura que, como acabamos de ver en el caso de Kant, contenía elementos aberrantes. Pero no es menos cierto que la vitalidad de la Iglesia –manifestada en esos grandes ejemplos de santidad recuperados hoy– debe merecer nuestra atención preferente en este capítulo.

Al abordar en su marco histórico la evolución de la Iglesia católica en el siglo XIX era preciso, así lo hemos intentado, establecer como parámetros iniciales la Revolución atlántica, la Revolución francesa y el arranque kantiano de la Segunda Ilustración. Resumimos desde ahora el período de la Restauración tras las convulsiones napoleónicas hasta el advenimiento del Papa Pío IX; y seguiremos a partir de entonces un esquema cuyos períodos correspondan a los Papas. En esa síntesis del siglo XIX donde ya afloran e incluso estallan algunos problemas que siguen vigentes o al menos presentes en la Iglesia de nuestro tiempo (el liberalismo católico, el positivismo, las convulsiones de Iberoamérica y el marxismo, entre ellos) nos asalta cada vez más la sensación de que ya nos asomamos a la actualidad; con nombres diferentes de personas y doctrinas. Caminamos ya en medio de nuestras vísperas, entre el planteamiento próximo de nuestros problemas.

La impresión general que se deduce de muchas historias generales e incluso de algunas conocidas historias de la Iglesia católica en el siglo XIX es de catástrofe cuando no desesperación; pero tal impresión nos parece parcial y superficial. Hay en la Iglesia del siglo XIX factores de crisis, desconcierto e incluso desastre, sobre todo en el terreno cultural, donde tal hecho resulta más hiriente porque tales factores no fueron en absoluto necesarios; pero hay también elementos muy positivos de vitalidad, santidad y hondura, como vamos a ver. Ante todo, eso: vitalidad. Tras los terribles embates de la Primera Ilustración contra la Iglesia, las monarquías borbónicas desaparecieron pronto (Francia, Nápoles, Parma) o se degradaron hasta desaparecer, como en el caso de la dinastía de Braganza en Portugal y Brasil y los Borbones en España, donde sólo después de dos mortales eclipses ha reaparecido en nuestros días la dinastía, por voluntad preponderante del general Franco (pese a los histerismos antihistóricos de una minoría juanista y aberrante) y sin sombra de despotismo ilustrado como no sea en la conmemoración acrítica de Carlos III. La Iglesia católica, por el contrario, revivió (como la propia Compañía de Jesús) y cuando se liberó de los complejos políticos y anticulturales que la siguieron atenazando durante demasiado tiempo, ha patrocinado una admirable reconciliación de la fe con la ciencia y la cultura y ha contribuido decisivamente al hundimiento de un nuevo enemigo mortal que iba a surgir en el siglo XIX, el marxismo ateo; al tiempo que, ya en el siglo XX, se reincorpora a la reconstrucción de Europa de acuerdo con las más profundas raíces de la Cristiandad. Por todas partes surgió en el siglo XIX un reflorecimiento de la vida cristiana, de la presencia católica en la sociedad y (aunque todavía seminalmente) en la cultura y la ciencia; y no se interrumpió, como venimos diciendo, la comparecencia de los santos, apareció una pléyade de congregaciones religiosas adaptadas a la realidad y necesidades de los tiempos y no solamente reaparecieron al frente de la Iglesia los grandes Papas, a partir de Pío IX, sino que desde él todos los Papas, con sus luces y sus sombras, se consideran grandes Papas incluso uno que sólo contó con treinta y tres días para mostrarlo. En medio de las peores crisis y despojos del siglo XIX nunca brilló tan alto el prestigio del Papado y de la Iglesia institucional que en nuestros días se ha elevado a la altura de los grandes momentos de la Iglesia histórica. El crecimiento misional de la Iglesia católica ha sido inmenso; hoy la mitad de los católicos viven en las Américas evangelizadas sobre todo por España, donde la Iglesia ha planteado una defensa llena de esperanza contra el tremendo coletazo del marxismo-leninismo asestado durante la seguda mitad del siglo XX en aquellas tierras de futuro. Y por supuesto que sin la luz y las tinieblas de la Iglesia en el siglo XIX no podremos comprender la realidad de la Iglesia en nuestro siglo XX.

El Papa Pío VII (1800-1823) que había dirigido con gravísimas dificultades a la Iglesia durante la tiranía napoleónica y había devuelto a Francia la paz religiosa después de los espantosos traumas de la Revolución, fue sucedido por dos Papas breves y desdibujados, León XII (1823-29) y Pío VIII (1829-30) a quienes siguió el camaldulense Gregorio XVI (1831-46) el Papa que coexistió (encantado, por cierto) con la estela del movimiento estabilizador y reaccionario de la Restauración europea hasta las vísperas revolucionarias de 1848. Esos dos adjetivos competen también a Gregorio XVI. No comprendió las posibilidades del liberalismo católico pero sí la necesidad de reestructurar la Iglesia de Hispanoamérica arrancada de España tras las convulsiones de la independencia así como la oportunidad de extender la predicación misional del Evangelio en todo el mundo. Gregorio XVI en su dura confrontación con el liberalismo y el pensamiento moderno no fue receptivo ni clarividente; pero nadie le pudo acusar de indignidad. Virtuoso y austero, teólogo clásico, trabajador que estudiaba personalmente los asuntos, no superó los traumas de la experiencia revolucionaria pero acrecentó el prestigio de la Santa Sede entre los católicos que por lo general se sintieron amparados y gobernados. Durante su pontificado surgieron o se consolidaron las líneas principales del pensamiento contemporáneo que, tras incorporar la herencia de la primera Ilustración, han llegado con varia fortuna hasta nosotros.

Vencidas varias enfermedades mortales, aunque tuvo que pasar todo un siglo para que se pudieran considerar controladas las epidemias clásicas, extendida la higiene y en plena progresión la ciencia médica, la Humanidad iba a dar en el siglo XIX un inmenso salto de población que en las Américas se incrementó por inmigraciones multitudinarias. Recuérdese que en 1800 apenas alguna ciudad del mundo rozaba el millón de habitantes y que la inmensa mayoría de las familias se dedicaban a la agricultura. En el siglo XIX la ciencia moderna dejaría de ser espectáculo de salones y trama para la imitación filosófica; se aplicaría en cambio sistemáticamente a la técnica (el fenómeno que conocemos como tecnología) con lo que se provocó una sucesión de auténticas revoluciones industriales y económicas (el vapor, la maquinaria textil, la electricidad, la siderurgia) más decisivas para el hombre que las revoluciones políticas. Alguna ciencia concreta, como la química, pasaba en el siglo XIX de la alquimia a la asombrosa perfección científica del sistema periódico y la química orgánica, que en 1828 lograría la primera síntesis de una sustancia (la urea) hasta entonces sólo producida por los seres vivos, lo que originó algunos recelos teológicos completamente fuera de lugar. Las ciencias naturales hicieron posible, ya en la segunda mitad del siglo, la teoría darwiniana de la evolución, enormemente sugestiva y también teológicamente tempestuosa sobre todo en el campo protestante, donde algunos portavoces se aferraban a la literalidad de la Biblia. La física y la matemática saltaron sus propios límites y hacia el final del siglo iban a experimentar, gracias a la radiactividad, una transformación que se convertiría en punto de partida del pensamiento humano para una nueva era, ya en pleno siglo XX. Pero el avance de la ciencia durante el siglo XIX era ya tan colosal que muchos observadores adoraron a la ciencia como el Nuevo Absoluto sobre todo después de la práctica aniquilación de la teología y el fracaso altisonante de la filosofía en sus anteriores pretensiones absolutas que se hundieron en la frustración y en el ridículo. Por desidia de la Iglesia y avasallamiento de sus enemigos la fe aparecía en abierta contradicción con la Ciencia Absoluta, fenomenal espejismo que se desvaneció en el siglo XX y que por supuesto no afectó al pueblo católico cuya valoración de su Iglesia durante el siglo XIX fue, como insinuábamos antes, cada vez más positiva. Durante el siglo XIX Europa mantuvo su hegemonía teórica en el mundo pero fue cediendo posibilidades de esa hegemonía a potencias extraeuropeas que ya se llamaban a la parte; los Estados Unidos de América, fortalecidos por una inmigración selectiva y reorientados positivamente en los años sesenta después de su trágica guerra de secesión; el Japón, que por entonces salía de la Edad Media y ya era a fines de siglo una potencia mundial moderna; Rusia, europea y asiática, que consumaba en el siglo XIX su formidable expansión imperial en Siberia y ensanchaba sus fronteras musulmanas del sur.

Es verdad que las revoluciones industriales dejaron fuera de la Iglesia a buena parte de la clase obrera trasplantada a los suburbios fabriles; pero también es verdad que muchas familias obreras seguían formando parte de esa masa de católicos que eran 130 millones en 1800 y 350 millones en 1900. Esa vitalidad que demostró el catolicismo al liberarse del ahogamiento revolucionario se concretó en un gran auge de la escuela y de la prensa católica; y del asociacionismo religioso tanto en la vida de perfección como entre los seglares: congregaciones marianas, conferencias de san Vicente de Paul, obras sociales de todas clases, congresos católicos. Cambiaron radicalmente los medios de subsistencia y financiación de la Iglesia; de los diezmos del fenecido Antiguo Régimen además de las fundaciones y rentas de manos muertas al esquema de presupuestos estatales y aportaciones de los fieles. El 3 de diciembre de 1839 Gregorio XVI condenó formalmente la trata de negros y dio con ello un paso decisivo para su abolición en todo el mundo. (Ya Pío II la había condenado con poco éxito en 1462; ahora Gregorio XVI fue más breve, tajante y eficaz). Es verdad que en todo el siglo XIX apenas recordamos a algún maestro de la teología; con la excepción de un Newman en Inglaterra y un Ceferino González en España, nada ajenos además a la corrientes culturales de su tiempo. Pero contamos con relevantes maestros de la espiritualidad, nacieron importantísimas revistas doctrinales y pastorales (en buena parte obra de los jesuitas, resucitados a principios de siglo). La teología acosada por la ciencia y el positivismo se refugió en la apologética y en la transmisión de la doctrina tradicional y se advirtió una revitalización de la Escolástica que a fin de siglo contribuyó poderosamente al renacimiento cultural del catolicismo.

EL SIGLO XIX POLÍTICO: DATOS Y DESENLACES

No podemos ni siquiera resumir en este capítulo la complejidad de la historia política en el siglo XIX aunque tenemos que esbozar los rasgos más importantes para encuadrar la historia de la Iglesia que luego detallaremos en cada pontificado. Volvió Francia a la dinastía borbónica con Luis XVIII (hasta 1824) sucedido por Carlos X, al que derribó la revolución liberal de 1830 que entronizó a Luis Felipe de Orleans, hijo del príncipe masón regicida Felipe Igualdad; que fue expulsado a su vez por la revolución liberal-radical de 1848. Ni el régimen de la Restauración borbónica ni el liberal de Luis Felipe crearon problemas a la Iglesia que, durante una época bien calificada como «el despertar» (le réveil) hubo de enfrentarse con problemas internos y ante todo con la eclosión del liberalismo católico. Los avances, cada vez más claros, del Reino Unido hacia la democracia, para la que fue vanguardia en Europa, gracias al impulso de los liberales y a la clarividencia activa de los conservadores, propiciaron un ambiente de tolerancia dentro del que se produjo un acercamiento de la Iglesia anglicana y la de Roma gracias al movimiento de Oxford cuya figura máxima fue un gran converso, el profesor y luego cardenal Newman. El siglo fue marcado por el largo reinado de Victoria (1837- 1901) que consagró la supremacía industrial, comercial y financiera dentro de una expansión imperialista (el Segundo Imperio tras la pérdida de las Trece Colonias) que retuvo para Inglaterra la hegemonía mundial lograda por la dirección y coordinación de las guerras napoleónicas. El período de la Restauración en Austria, bajo la égida de Metternich, árbitro del Congreso de Viena, consolidó al imperio multinacional danubiano bajo los emperadores Francisco I y Fernando I mientras que el problema cada vez más acuciante consistía en el surgimiento y auge, cada vez más irresistible, de los impulsos nacionalistas desencadenados por la Revolución francesa e identificados, lo mismo que en Italia, con el liberalismo radical. No así en Prusia, donde el nacionalismo alemán, alumbrado por los grandes pensadores de la primera y sobre todo la segunda Ilustración, tomará formas mucho más conservadoras y militaristas, pero igualmente anticatólicas. Rusia mantuvo su autocracia frente a los embates del liberalismo radical y el nihilismo anarquista; una pléyade de grandiosos escritores encabezados por Fedor Dostoievski (1821-81) desplegó un pensamiento cristiano entreverado por la preocupación social que no caló, hasta acabar el siglo, en algunos sectores minoritarios de las clases dirigentes. El esfuerzo misional de la Iglesia fue reduciendo su identificación europea en favor de la universalidad. El avance más considerable del catolicismo en todo el mundo durante el siglo XIX se registró en los Estados Unidos gracias a las grandes inmigraciones católicas y a la anexión de grandes territorios de antiguo dominio español. Los brotes de sectarismo anticatólico fueron al fin ahogados por el sentido de la libertad y la nueva preponderancia del catolicismo. El viajero francés Alexis de Tocqueville revelo al mundo culto de Europa que el ideal democrático cuajaba y progresaba en los Estados Unidos mejor que en cualquier otra parte. Entre 1790 y 1850 entraron en los Estados Unidos más de un millón de católicos; hasta 1900 cinco millones más. En 1790 los católicos eran allí el uno por ciento de la población; en 1850 el 8 y en 1900 el 18. La vigorosa Iglesia católica norteamericana se preocupó intensa y eficazmente de la educación. Los jesuitas eran cinco en 1805 y dos mil en 1914; su trabajo fue inmenso sobre todo en la enseñanza, sin excluir la universitaria, y en la orientación cultural de los católicos para quienes crearon en 1909 el influyente semanario *America.*

¿Que había sido de las fuerzas ilustradas tras su lucha a muerte con la Iglesia católica en el siglo XVIII?. Ya vimos como el regalismo borbónico quedó pulverizado como consecuencia de la Revolución francesa y sus secuelas. La Masonería, una vez fracasado el avasallador, pero efímero conato napoleónico (que había conseguido instrumentarla en Francia y sus dependencias) se identificó con el liberalismo radical hasta el punto que puede decirse sin temor a equivocaciones que, en el continente, todos los liberales-radicales eran masones y todos los masones eran liberales radicales. El profesor Chevallier titula adecuadamente el segundo tomo de su gran historia de la Masonería en Francia , que cubre casi todo el siglo XIX, «La Masonería misionera del liberalismo». Un cronista y testigo tan importante como Jacques Mitterrand dice, a propósito de la revolución liberal de 1848: «La République est dans la Maçonnnerie»[64]. En 1871, según el mismo autor, la Masonería de Francia se adhirió a la Comuna y hasta los comentaristas menos proclives a la leyenda negra masónica coinciden en reconocer la impronta masónica de la oleada anticlerical francesa durante la Tercera República sobre todo durante las tormentas del cambio de siglo; la intervención masónica decisiva en la lucha por la unidad italiana y la supresión de los Estados Pontificios; y la presencia masónica en la Revolución Hispanoamericana y en los sucesivos brotes de la revolución liberal-progresista en España desde la época de Fernando VII hasta el Desastre de 1898. El todo el siglo la Masonería se esforzó en mantener su raíz y su identificación ilustrada y su finalidad perenne en favor de la secularización total de la política, la sociedad y la cultura. Nunca fuero tan duras y tan apremiantes las condenas pontificias contra las sociedades secretas –la Masonería al frente de ellas– como en el siglo XIX, incluso en labios de un Papa tan abierto y tolerante como León XIII. El jesuita Ferrer Benimeli y otros miembros de su Orden prosiguen sin embargo su tenaz labor promasónica en abierta discrepancia con aquellas directrices pontificias y con el propio sentido de la Historia. La Masonería continental llevó su deísmo ilustrado hasta rebasar el agnosticismo; y todo el conjunto masónico universal ha mantenido hasta hoy su talante gnóstico que sólo pueden ignorar quienes desconozcan las raíces y la evolución del gnosticismo.

LIBERALES, MASONES Y JESUITAS DEL XIX

Ya hemos indicado algunas tendencias para fijar los orígenes del liberalismo. Inventado el término para la práctica política en las Cortes de Cádiz y establecidos regímenes liberales en Inglaterra y en los Estados Unidos de forma mucho más verosímil que en Francia, donde la Gran Revolución había pisoteado tantas veces

[64] Op. cit. p. 74.

los derechos humanos y las libertades por ella proclamadas, el liberalismo se fue identificando a lo largo del siglo XIX con los impulsos para lograr la democracia política cuyo horizonte ideal era, sin duda, el sufragio universal, que hizo grandes progresos en Inglaterra y existía como práctica habitual en los Estados Unidos, con exclusión de indios y esclavos, naturalmente. El liberalismo del siglo XIX mantuvo sus raíces ilustradas y se «modernizó», según expresión de Sabine con el utilitarismo de Jeremías Bentham (1740-1832) y John Stuart Mill (1806-1873) tras incorporar, como vimos, las doctrinas del liberalismo económico alumbrado por los fisiócratas y la escuela británica de la economía clásica. En 1841 una comisión regia denunció condiciones infrahumanas en el trabajo de las fábricas inglesas, pese a que la legislación social se había iniciado ya en 1830, de lo que quedan abundantes huellas en las citas de *El capital* de Marx, que son un homenaje involuntario a la preocupación social del liberalismo británico. En 1867 fue un gobierno conservador quien concedió el derecho de sufragio a la mayoría de los trabajadores. Por suerte para el Reino Unido el liberalismo no fue allí portavoz de los intereses de clase, como denuncian falsamente Marx y Engels, sino que comprendió a todos los estratos de la sociedad, aunque con diversos ritmos y alcances.

John Stuart Mill fue sin duda el gran teórico del liberalismo modernizado. Discípulo de su padre Mill el viejo y de Bentham, incorporó las directrices morales de Kant a la tradición liberal radical y así revisó profundamente el principio único de la mayor felicidad para el mayor número formulado por Bentham, con lo que subrayó algunas convicciones morales como la libertad, la integridad y el respeto a la persona. En su obra clave, *On liberty* (1859) estableció que la libertad de pensamiento, de investigación y de discusión son bienes en sí; es el gran teórico de la libertad en expresión moderna. Propone la formación de una opinión pública tolerante; acepta, frente al liberalismo económico absoluto, la legislación social por motivos humanistas. Acepta también una legislación en materia económica y rebaja con todo ello sustantivamente el automatismo implacable del *laissez faire* en su *Representative Government.* Al final se apoya en la sociología positivista de Comte y propone la búsqueda de una norma para el progreso general de las sociedades con lo que el liberalismo modernizado del siglo XIX se vincula nuevamente al ideal de progreso que había alumbrado la primera Ilustración. Parece claro que las acerbas críticas de la Iglesia católica al liberalismo, por motivos políticos y sociales, se refieren más al liberalismo absoluto de Adam Smith o de Bentham, para quienes toda intervención estatal en el juego social de la economía es nefanda; que al liberalismo kantiano y humanizado de Stuart Mill. El liberalismo simplificó, desde luego, la posición reaccionaria de la Iglesia y ésta simplificó también al liberalismo como deshumanizado en todas sus facetas. Y todavía sigue haciéndolo hoy, aunque con críticas más atenuadas y comprensivas, cuando se refiere al capitalismo, que es el sistema económico concreto del liberalismo, llamado también «economía de mercado».

Si los masones, con los matices indicados, mantenían durante el siglo XIX su programa radical de secularización, resulta lógico que la Masonería continental europea, así como la iberoamericana, mantuviera también la guerra a muerte contra los jesuitas resucitados a principios del siglo XIX, que se veían automáticamente expulsados de Francia, España, Italia y otras naciones en cuanto los gobiernos liberales radicales tomaban el poder. Restaurados por el Papa Pío VII el 7 de agosto de 1814, en pleno colapso napoleónico (la Santa Sede inició los movimientos de restauración desde 1801) unos centenares de jesuitas supervivientes, que además no habían interrumpido su actividad en el Imperio ruso por la real gana de la autócrata Catalina, empezaron a reconstruir la Compañía en todo el mundo, sobre las mismas pautas anteriores a la supresión y en 1914 su número se había elevado a 16.894 miembros. El auténtico restaurador de la Orden fue el general holandés Roothaan (1829-50) que se alineó con la política antiliberal de la Santa Sede pero devolvió a la Compañía parte considerable de su actividad y su influjo. Sin embargo los jesuítas del XIX eran y no eran los mismos del XVIII. Lo eran en su categoría espiritual, en su fidelidad inquebrantable y vocacional al Papado, en su dedicación a la enseñanza, en la supervivencia, durante la primera época de la restauración, de algunos veteranos heroicos que comunicaron sus tradiciones y su espíritu a los nuevos retoños. No eran los mismos en cuanto a su apertura y relevancia cultural, ahogada por el ultramontanismo a que les obligaba la posición reaccionaria de la Santa Sede durante casi todo el siglo XIX. En este campo no se repusieron nunca totalmente de los traumas de la supresión, si bien conviene alegar en su descargo que las persecuciones continuadas a lo largo de todo el siglo entre oleadas de calumnias y ataques por la espalda les impidieron demasiadas veces reorganizar sus proyectos docentes y pastorales. Los jesuitas habían respondido, como vanguardia de la Iglesia en los terrenos misionales, a los primeros retos de la Modernidad: el Humanismo, el Renacimiento, la Reforma, el racionalismo y la primera Ilustración. Habían respondido con autoridad y eficacia indiscutible, con plena fidelidad a la Santa Sede. Su respuesta del siglo XIX a los nuevos retos de la cultura y de la Modernidad fue muchas veces desordenada e insuficiente. No habían perdido del todo su originalidad y su sentido de la adaptación a los nuevos tiempos como puede verse en el eclecticismo filosófico de los profesores del Colegio Romano Domenico Palmieri y Salvatore Tongiorgi, muy sensibles al progreso de la ciencia moderna; y en los intentos de Luigi Taparelli d'Azeglio por conciliar liberalismo y catolicismo. Pero no hay un solo pensador jesuita de primera clase ni de magnitud comparable a las luminarias de la Orden en los siglos anteriores; ni un equipo como el que dio cumplida respuesta a los enciclopedistas del XVIII. Aun así la Compañía de Jesús era de nuevo, al acabar el siglo XIX, la orden religiosa más importante e influyente de la Iglesia católica en clara ascensión de fidelidad, de conciencia y de prestigio. No es poco, aunque no lo sea todo. El golpe de la supresión había resultado devastador; aun así los grandes errores de la Compañía en el siglo XIX fueron también los grandes errores de la Iglesia. Nada hacia presagiar, al empezar el siglo XX, que la Compañía de Jesús iba a sumirse, hacia la mitad del siglo, en una crisis espantosa y suicida de la que por desgracia no ha salido cuando se escriben estas líneas.

TEOLOGÍA PROTESTANTE Y MOVIMIENTO ROMÁNTICO

Si la teología católica del siglo XIX, atrincherada en la apologética (es decir, a la defensiva) no osaba asomarse a las corrientes de la segunda Ilustración, la teología protestante fue anegada por la cultura del siglo y perdió casi todas sus posibilidades orientadoras. Por una parte sucumbió a la tentación del absolutismo histórico hegeliano y aceptó que el cristianismo era la Religión Absoluta propuesta por Hegel. Por otra, y gracias a Scheleirmacher (1768-1834) se configuró como teología romántica, cuando en el *Discurso sobre la religión* (1799) y en la *Dogma tik* (1821-22) este autor basaba en la emotividad y el sentimiento (enfoques genuinamente románticos) a la religión, que consistía para él en intuir y sentir más que en razonar; con lo que la teología se transformaba en una especie de antropología trascendental, para expresarlo en términos kantianos. Dios se alejaba del hombre dentro de su incongnoscibilidad racional que se prolongaría en la tradición teológica protestante moderna hasta el gran rebrote de Karl Barth en el siglo XX, aunque no se negaba tajantemente la trascendencia divina sin la cual cualquier religión sería un sarcasmo. Las dos tendencias de esta nueva interpretación religiosa protestante –absolutista y romántica– no se contradicen sino que se interpenetran; el idealismo postkantiano y el impulso nacionalista son aspectos del movimiento romántico en Alemania. Pero hay una tercera tendencia en la teología protestante del XIX, mucho más peligrosa; su penetración por el volterianismo y el agnosticismo de la Primera Ilustración sobre todo en el círculo de los hegelianos de izquierda, como David Friedrich Strauss (+1874) y Bruno Bauer, obsesionados con la permanencia del cristianismo y en concreto con la vida de Jesús y la historicidad de los Evangelios. Vamos a ver muy pronto que la crítica destructiva de la religión será fundamental en la génesis del marxismo dentro de la izquierda hegeliana; en autores como los citados (muy amigos de Marx) la consideración teológica se sustituye por la profesión de ateísmo militante, lo que anuncia ya aberraciones posteriores en el mismo sentido, que afectarían no solamente al campo protestante en el siglo XIX sino, aunque parezca increíble, al campo del mal llamado progresismo católico en el siglo XX. Por último el historicismo racionalista, que floreció con pujanza en el siglo XIX con pretensiones monopolizadoras sobre el conjunto de la historia científica, se aplicó desde el protestantismo a la crítica bíblica y a la propia esencia de la religión y conduciría a sus seguidores, en el último tramo del siglo, a muevas aporias religiosas. Al menos la Iglesia católica, en posiciones casi puramente defensivas, consiguió conservar durante el siglo XIX el depósito de la fe y la tradición, capaz siempre de reflorecer cuando mejorara el ambiente cultural hostil y se fuera desvaneciendo el miedo propio. No cabe sin embargo negar valores positivos del pensamiento religioso en la teología protestante del siglo XIX. La piedad subjetiva de Schleiermacher, en medio de su vacío dogmático, favoreció por vía de razón práctica la pervivencia del sentimiento religioso; y la investigación crítica de las Escrituras, si bien produjo la demolición religiosa de Strauss y confluyó en la desmitificación total de lo religioso a manos del teólogo del siglo XX Rudolf Bultmann (1884-1976) abrió camino, en ese mismo autor, a una interpretación existencialista del Nuevo Testamento y gracias a las investigaciones racionalistas de Adolf von Harnack (1855-1930) depuró los métodos exegéticos sin evitar, es cierto, equívocas interferencias dogmáticas pero con aporte de poderosos estímulos para el análisis de los libros sagrados en el campo protestante y en el católico. Fracasaron en cambio los bien intencionados intentos de conseguir una reunificación de las Iglesias evangélicas con motivo del jubileo de la Reforma en

1877 pero aun ese fracaso sentó las bases para el impulso ecuménico posterior dentro del protestantismo.

Entre la primera y la segunda Ilustración, con epicentro en las convulsiones revolucionarias y napoleónicas, se entremezclaban los movimientos culturales y políticos de forma muy confusa pero con importantes repercusiones en el pensamiento religioso. Primeramente el clasicismo alemán, brote excelso de la primera Ilustración, pudo transfigurarse sin traumas interiores en romanticismo gracias a la genialidad e influjo de figuras como Goethe y pasar, entre desorientaciones y contradicciones, de la idolatría revolucionaria al impulso nacionalista. Basta con un repaso a los grandes nombres: Klopstock, Lessing, (+1781) que propuso una religión de la razón; Herder (+1803) que ya es un precursor del nacionalismo germánico; y sobre todo Goethe (1784-1832) y Schiller (1759-1805). Estos grandes nombres de la que hemos llamado transfiguración literaria y estética tienen una no menos genial correspondencia con los grandes nombres de la música llamada clásica por antonomasia pero que marca también una transición al romanticismo: Haydn (+1809) Mozart (+1791) Beethoven (+1827) que movieron al teólogo del siglo XX Karl Barth a hablar de «música de los ángeles» seguidos por Schubert (+1828) Schumann (+1856), el protestante influido por el catolicismo (que profesaron Mozart y Beethoven) y el católico Anton Bruckner (1824-1896). La idea, la expresión y la emoción religiosa están presentes en todos estos genios de la literatura y la música germánica en la gran transición decimonónica; que se corresponde en el campo del pensamiento con la floración y la recepción ilustrada de Kant y la eclosión idealista-romántica de los postkantianos Ficihte, Schelling y Hegel. Junto a estos tres movimientos simultáneos e interconectados de la cultura en transición –el literario, el musical y el filosófico– se creó la historia científica moderna gracias a las realizaciones de Theodor Mommsen (1817-1903) precedido por Edward Gibbon, el historiador del Imperio romano que llena con su vida el siglo anterior; y Leopold von Ranke (1795-1876). En los cuatro movimientos de la cultura, que vamos también a esbozar en otras naciones, se notó intensamente la presencia católica y además la aproximación a la tradición y a la idea católica por la propia esencia nostálgica del romanticismo; que revalorizó por ejemplo el arte gótico de las grandes catedrales europeas, menospreciadas por el neoclasicismo helado y radical; y alumbró el retorno (al menos sentimental) a la religión y el respeto por el misterio. Es una lamentable paradoja que precisamente durante esa época la Iglesia católica se encerrase en un reducto defensivo y acomplejado frente a una cultura convulsa que se aproximaba profundamente a ella. Sin embargo, como apunta el historiador de la Iglesia y de la cultura, J. Lortz, los círculos de Maguncia, Dillingen y Münster (con la gran figura del obispo de Ratisbona, Sailer) supieron conectar bien con esos impulsos de la era romántica y volverse al estudio de la Escritura y de la patrística fuera de los estrechos bastiones de la apologética. Desgraciadamente la pervivencia anacrónica del Estado pontificio lastró para la Iglesia católica muchas posibilidades de sintonía con los nuevos tiempos; y otras nostalgias más peligrosas, las del paganismo germánico ancestral y las de un nuevo rebrote del gnosticismo se infiltraron en el movimiento nacionalista para enfrentarse en Alemania con la tradición romano-cristiana y embarcarse en el irracionalismo que desembocaría fatalmente en la explosiva aberración primero marxista y luego hitleriana. La izquierda y la derecha de Hegel llevadas al despeñadero[65].

ROMANTICISMO Y CRISTIANISMO EN FRANCIA E INGLATERRA: DE CHATEAUBRIAND A SHELLEY

El movimiento romántico surgió en Europa como una reacción contra las pautas congeladas del clasicismo y contra la dictadura racionalista de la primera Ilustración; por motivos históricos el romanticismo, rompedor de moldes, se convirtió en el movimiento cultural de la Restauración y alentó, naturalmente, al tradicionalismo religioso y literario. Este aspecto del movimiento romántico se impuso en Francia después de los traumas revolucionarios; enmarcó la doctrina del *despertar* y se aproximó, en virtud de esa misma reacción, al ultramontanismo. Sus grandes temas fueron la Legitimidad frente a la Revolución y la usurpación napoleónica; la defensa del Papado y de la tradición en que se funda la Iglesia; la descalificación de la Razón tiránica, que había conducido a tantas contradicciones y aberraciones contra la libertad y la fraternidad. El primero de sus grandes nombres es el de Chateaubriand, converso en 1802, que con su *Genio del Cristianismo* ofreció una difundida e influyente alternativa cultural a los excesos del racionalismo ilustrado. El saboyano Joseph de Maistre (1754-1821) causó un enorme impacto con su obra de 1819 *Du Pape;* defendió al absolutismo y la teocracia frente a los despeñamientos de la Revolución. El conde Luis de Bonald (1854- 1840) se enfrentó en bloque contra el legado del siglo XVIII pero el autor más famoso de esta tendencia, junto con el ya citado abate Barruel, fue Felicité Robert de Lamennais (1782-1854) converso en 1804, devorador de toda la literatura y el pensamiento contemporáneo, sacerdote ultralegitimista en 1815, que conmovió a toda la opinión pública de Occidente con su obra de 1817 *Ensayo sobre la indiferencia en materia religiosa,* un alegato formidable contra el deísmo ilustrado cuyo éxito abrumador marcó la consagración del romanticismo religioso en Francia y por supuesto el abrupto final de los residuos del galicanismo. (Couvert, como hemos visto, señala resabios gnósticos en el tradicionalismo francés; pero hemos de referirlos a una gnosis parcial y por encima de todo cristiana). Convertido en dictador espiritual de la Restauración, Lamennais inventó el concepto de *acción católica* y desde 1822 aludió a la idea del catolicismo social. Agrupó a un notable equipo de pensamiento y opinión católica desde entonces pero, muy atento a las experiencias del liberalismo templado en el mundo anglosajón y a los valores del liberalismo una vez depurado de las aberraciones revolucionarias, inició una evolución interior que resultó una de las más espectaculares en la historia de la Iglesia y alcanzaría consecuencias resonantes algunos años después. El tradiciona lismo católico de Francia tuvo seguidores muy influyentes en España; entre los que destacan el sacerdote Jaime Balmes y el célebre político Juan Donoso Cortés, comprensivos

[65] Cfr. K. D. Bracher, *La dictadura alemana,* Madrid, Alianza ed., 1973, I p. 46.

también con los aspectos positivos del liberalismo (del que procedía Donoso) y muy prestigiados, por la firmeza de sus convicciones, en toda Europa, como tal vez no ha sucedido con ningún otro intelectual español contemporáneo hasta José Ortega y Gasset y Miguel de Unamuno.

Entre los escritores británicos de la primera mitad del siglo XIX, cuya influencia coexiste con la de los forjadores –ya citados– del liberalismo económico y político, conviene registrar dos grandes nombres, por completo divergentes: Edmund Burke y Percy Shelley. Burke, educado en el pre-liberalismo del partido whig, se transformó en el gran pensador del nuevo conservadurismo por su inmediata y profunda reacción ante los excesos de la Revolución francesa, proclamó su admiración por las tesis del abate Barruel y se inscribe en la línea Kant-Hegel para la restauración de los valores absolutos aunque no en el campo del pensamiento teórico sino de la doctrina política. Había comprendido las razones de la Revolución americana y se había opuesto a los intentos de la Corona para apretar su control del Parlamento. Aceptó la teoría de Locke sobre los equilibrios de la monarquía constitucional y definió a la tradición política como un sistema de convenciones consagrado por la costumbre. Propugnó la independencia del parlamentario frente al mandato imperativo de sus electores. El estadista cabal no es un pragmático solamente; ha de poseer un sistema de ideas y ponerlas en práctica. No creyó Burke (las pruebas estaban a la vista) en el postulado revolucionario de la igualdad y manifestó una actitud poco reverente hacia el Estado, al que la Revolución había subvertido y destruido en el Continente. Desde una posición de protestantismo tolerante manifestó un hondo sentido religioso que reconoce un orden moral de origen divino y no se suma a la corriente, ya rutinaria, en su tiempo, de la secularización radical. Toda la Historia obedece misteriosamente a un plan divino. Las ideas de Burke, muy revalorizadas hoy ante el bicentenario de la Revolución francesa, fueron capitales para la construcción de un conservadurisnio liberal, progresista y sin complejos ante el reconocimiento de la religión y el rechazo a la secularización. Se me ocurre que los líderes del nuevo centro-derecha español para los años noventa, ofuscados en su mariposeo entre los fantasmones del izquierdismo liberal, de Azaña para abajo, tendrían que empezar sus reflexiones por las ideas de Burke junto a las de su contemporáneo Jovellanos. Pero dudo que sepan quiénes son.

En el extremo opuesto se sitúa un gran poeta, Percy Bysshe Shelley (1792-1822) que no sólo es el más grande del romanticismo inglés sino que además se adscribe a la línea roussoniana de intelectuales con pretensiones de orientar a la humanidad con sus convicciones y de reconstruir la sociedad perdida en las convulsiones que siguieron a la primera Ilustración. Paul Johnson ha estudiado magistralmente este talante de Shelley. En su *Defence of poetry* de 1821 Shelley pretende además suplir el presunto fracaso de la religión como guía del hombre. Con su cultivada imagen de ángel adolescente y descuidado escribió su largo poema *The revolt of Islam* contra la opresión, por la libertad, como una forma de poesía política. De estirpe noble y rica fue miembro de la secta masónica de los iluminados y experimentó también una fascinación –contradictoria– por las conclusiones del abate Barruel. Ateo práctico y teórico, escandalizó a todo el mundo durante su paso por Eton y Oxford, de donde fue expulsado por su obra de 1811, *The necessi-*

tiy of Atheism. Atacó a su padre, acusó de adúltera a su madre, trató de unirse incestuosamente a sus hermanas menores y como digno amigo de Byron se distinguió como ejemplo de promiscuidad en toda clase de relaciones sexuales. Destrozó a su esposa por su vida bohemia, extravagante y delictiva. Como Rousseau, se desinteresó de su hijo Charles; al suicidarse su primera esposa se defendió acusándola falsamente de prostituta. Tuvo siete hijos de tres madres; casi no extraña que su segunda esposa, Mary, concibiera al monstruoso Frankestein durante una estancia de la pareja junto a Byron en el lago de Ginebra. Jamás se preocupó por sus hijos e incluso dejó morir a algunos por sus desatenciones. Pero semejante bestia humana jamás renunció a sus pretensiones orientadoras de la humanidad, cultivó principios socialistas e incluso comunistas por un impulso, según explicaba, de solidaridad que jamás aplicó a su familia y entre estafa y estafa (de las que fue promotor y víctima) se empeñó en una elevada tarea, la destrucción del catolicismo en Irlanda. Murió muy coherentemente arrojándose a una tempestad a bordo de un velero frágil en la costa de Italia. Su ejecutoria evoca indefectiblemente la imagen de un gnóstico integral apto para la época romántica. Los casos de Burke y Shelley muestran una diferencia esencial entre las tendencias y personalidades de la cultura en el siglo XIX; pero la Iglesia católica se acomplejó ante los ataques y no supo aprovechar las aproximaciones.

LAMENNAIS Y LA CONDENA DEL LIBERALISMO CATÓLICO

Este desfase de la Iglesia con la nueva realidad (que no era necesariamente negativa ni enemiga) se observa muy claramente en la evolución y la desgracia de Lamennais. La Revolución burguesa de 1830, fomentada por sectores de la alta finanza, destronó a los Borbones de Francia y entronizó a un rey liberal-radical y masón, Luis Felipe de Orleans, que sin embargo no se enfrentó a la Iglesia; propuso nada menos que a setenta y siete obispos, casi todos de la clase media, que dieron un excelente resultado pastoral, con lo que se atrajo a numerosos católicos y sacerdotes, sobre todo jóvenes, que desde entonces empezaron a conciliar liberalismo y catolicismo dentro de una nueva mística de la libertad ajena a los excesos de la gran Revolución de 1789, aunque la consideraban desde una óptica de leyenda dorada sin proponer por ello la crítica histórica que merecían tales excesos. Por otra parte los católicos de Bélgica, la nación de gran mayoría católica que había logrado su independencia precisamente en la revolución de 1830, reclamaban la libertad plena de la Iglesia para organizar la enseñanza en los seminarios; luego la plena libertad de enseñanza y la libertad de prensa para defender las ideas católicas ante la opinión pública. Entraron en conjunción los jóvenes católicos con los jóvenes liberales y surgió en la práctica el liberalismo católico precisamente para defender a la Iglesia en terrenos vitales como la enseñanza y la opinión. La experiencia de Bélgica, además de las buenas relaciones entre el liberalismo y la religión en los Estados Unidos y Gran Bretaña y las vinculaciones cristianas con que evolucionaba el liberalismo humanista inglés y nacía en Francia el socialismo utópico impresionaron a Lamennais y a su equipo que rompieron con el legitimismo borbónico e iniciaron una rápida evolución desde el ultramontanismo al liberalismo católico, visible ya en el libro que publicó Lamennais en 1829, *Des progrès de la Révolution et de la guerra contre l'Eglise.* La Revolución de 1830 fue interpretada por Lamennais como una confirmación de sus nuevas posiciones y en ese mismo año fundó, con su equipo, en el que destacaban el dominico Lacordaire y el publicista Montalembert, el periódico *L'Avenir* cuyo lema era *Dios y la libertad.* Allí mitificaba Lamennais a las libertades de 1789 y recomendaba que la Iglesia se distanciara del Antiguo Régimen disfrazado entonces de Restauración. El brote del liberalismo católico ejerció un gran poder de atracción para la juventud europea ante la que Lamennais desplegó nuevos ideales como la unión de Europa, el desarme y el fomento del derecho a la autodeterminación de los pueblos, con expresa mención de Bélgica, Polonia e Irlanda. Poco a poco se fue inclinando al sufragio universal, al régimen republicano, a la democratización de la política e incluso a la separación de la Iglesia y el Estado. Pero defendió la vigencia del poder temporal del Papa en los Estados Pontificios. Otro publicista católico señero, Federico Ozanam, profesor de la Sorbona desde 1841, fundaba en 1833 *L'Univers,* portavoz igualmente de la modernización del catolicismo, donde brilló el gran polemista Louis Veuillot. Ozanam desplegaba un elevado sentido de la solidaridad social que le llevó a la fundación de las Conferencias de San Vicente de Paúl, una obra que se extendió muy pronto por todo el mundo católico y que perdura actualmente con gran pujanza y silenciosa eficacia cristiana.

Sin embargo el aferramiento de la Santa Sede al Antiguo Régimen por el terrible lastre de los Estados Pontificios y la estrecha vinculación con el absolutismo del Imperio austrohúngaro esterilizó este importante y positivo brote del liberalismo católico pese a que las tesis de Lamennais, todo un precursor, serían aceptadas plenamente por la Iglesia en épocas posteriores, cuando el Vaticano se liberase de su obsesión reaccionaria que le atenazaba a lo largo de todo el siglo XIX. Y es que el 4 de febrero de 1831, dos días después de la elección del Papa Gregorio XVI, se produjo la insurrección liberal-radical de Parma, Módena, Bolonia y cuatro quintas partes del territorio pontificio, con la decisiva colaboración de la secta secreta carbonaria. La insurrección fue aplastada por las tropas austriacas, firmes valedoras del poder temporal pontificio y como consecuencia surgió el movimiento liberal-radical y masónico de la Joven Italia credo por Mazzini bajo la bandera del principio de autodeterminación; una tesis inventada expresamente para el caso de Italia y que terminó por enunciarse así: Toda nación (definida por una lengua y una cultura) tiene derecho a constituirse en Estado independiente. Así surgió no sólo un irresistible movimiento en favor de la unidad de Italia sino la lucha contra el poder temporal del Papado que se conoció, durante todo el siglo XIX, como *cuestión romana.* El Papa, aliado de Austria contra sus propios súbditos rebeldes, se convirtió en prototipo del reaccionarismo; alentó a los carlistas españoles contra el régimen liberal patrocinado por la Reina Gobernadora María Cristina, viuda de Fernando VII desde la muerte del ultrarreaccionario monarca en 1833.

Esta desdichada implicación política italiana llevó fatalmente a Gregorio XVI al choque frontal contra el liberalismo católico. Roma, y sus católicos más adictos en Europa, encabezados por los jesuítas, simplificaron la idea del liberalismo; no había para ellos más liberalismo que el anticatólico, masónico y enemigo de la Santa Sede. Lamennais, en función de crítico universal de la sociedad, aceptaba la nueva monarquía liberal-censitaria del rey Luis Felipe, pero se enfrentaba con él al defender para la Iglesia la libertad plena de enseñanza; atacaba los residuos de galicanismo y las fidelidades legitimistas en el episcopado hasta la renovación patrocinada por el que se quiso llamar «rey de los franceses»; y provocó una profunda división en el clero de Francia. En noviembre de 1831 *L' Avenir* suspendió temporalmente su publicación por el descenso de suscripciones y Lamennais, con Lacordaire y Montalembert, viajaron a Roma como «peregrinos de Dios y de la libertad». Allí se enfrentaron con los jesuitas, paladines del ultramontanismo y advirtieron la hostilidad que manifestaban contra ellos casi todas las Cortes de Europa, sobre todo la Rusia autocrática y el Austria de Metternich. La acogida de la Santa Sede fue helada y tuvieron que regresar sin respuesta. Pero esa respuesta se les vino encima como un alud el 15 de agosto de 1832 con la encíclica *Mirari vos* que equivalía a una descalificación total del liberalismo incluso en su versión católica. «Esa falsa y absurda máxima –decía el Papa– o más bien delirio, de que la libertad de conciencia debe ser reconocida y garantizada a cada uno....». La libertad de prensa se calificaba como «esa exacerbada libertad que nunca se podrá detestar suficientemente». Fustigaba el Papa a la «Revolución que ataca a los soberanos». La encíclica identificaba así a la Iglesia con el Antiguo Régimen redivivo y condenaba frontalmente la doctrina de la soberanía popular. Lamennais, moralmente hundido, aceptó la encíclica y renunció a la publicación de su periódico. *Eppur si muove;* lo que no pudo es renunciar a sus ideas.

Lanzado por su pendiente reaccionaria, Gregorio XVI dirigió en junio de 1832 a los obispos de Polonia un Breve en el que condenaba el levantamiento nacional por revolucionario y justificaba la brutal represión del zar de Rusia. El 11 de diciembre de 1833 Lamennais volvió a someterse ante las nuevas y humillantes exigencias de Roma pero (muy comprensiblemente) dejó paso a la expresión de sus dudas sobre la Iglesia católica que se permitía tales incomprensiones. Y con toda razón interpretó que el Papa mezclaba religión y política y que obraba así para obtener apoyos políticos contra la insurrección latente del Estado pontificio. En abril de 1834 publicó Lamennais *Paroles d' un croyant,* serie de poemas en prosa que elogiaban cuanto condenaba la *Mirari vos.* Reaccionó la Santa Sede con la nueva encíclica de 21 de junio de 1834, *Singulari nos* en que se condenaban de forma total y expresa las posiciones de Lamennais sobre todo por intentar apoyarse en la Biblia. Entre 1835 y 1836 (insisto; comprensiblemente) Lamennais dejó de creer en la Iglesia. Publicó en noviembre de 1836 *Affaires de Rome* donde abandonó «el cristianismo del pontificado» por el «cristianismo del género humano». Cayó en el deísmo; su fe en Dios había sido demasiado profunda para arrancársela del todo ante las arbitrariedades reaccionarias de su vicario. Vivió aislado en París porque la izquierda le consideraba demasiado religioso y la derecha simplemente un renegado y un proscrito. Intentó una actividad política en el año clave de 1848, la nueva oleada revolucionaria que él había anticipado proféticamente y murió trágicamente, abandonado de todos, en 1854. Sus adeptos se sometieron a la Iglesia que mucho tiempo después aceptó la doctrina del liberalismo católico, primero con tolerancia, luego con entusiasmo que resulta, desde nuestra perspectiva, un tanto cínico. Por eso la Iglesia debe aún a Lamennais un homenaje de reparación con tantas o mayores razones como las que han inspirado al Papa actual –un polaco de la Resistencia contra una nueva autocracia rusa– el homenaje a otro precursor incomprendido, Galileo. No era la primera vez, ni seria la última, que un espléndido pensador y anticipador católico cayese apuñalado por la espalda desde la ortodoxia anacrónica y prepotente.

EL IDEALISMO ROMÁNTICO ALEMÁN: LA APOTEOSIS DE HEGEL

Venimos hablando en la historia del siglo XIX de varias «revoluciones» de signo liberal-radical y burgués; que suelen conocerse por sus fechas, la de 1830, la de 1848. Se trata de ecos, o como se dice en física elemental, de «armónicos» o resonancias más o menos unívocas de la Revolución francesa de 1789, o «Gran Revolución» cuya etiqueta de «liberal» me parece, como he tratado de mostrar varias veces, una simplificación inaceptable e inducida por la propaganda y la deformación histórica. Después de 1848 brotarán, con carácter anacrónico, otras revoluciones liberales-radicales, pero ya con carácter local, no universal; las de México en los siglos XIX y XX, las de España en 1868 y 1931, las innumerables en otras naciones de Iberoamérica, donde la «revolución» parece ser la regla y no la excepción. Pero después de 1848 la primera Gran Revolución de alcance mundial que registra la Historia, aunque inicialmente estalló «en un sólo país» según frase de sus propios doctrinarios fue la revolución soviética, es decir marxista- leninista de 1917, anticipada en la propia Rusia en 1905 y, como antecedente más remoto, en la Comuna de París de 1871. Se trata ya de un nuevo tipo de revolución que trata de vincularse en ciertos aspectos a la Revolución francesa pero que ya no es una revolución liberal sino teóricamente proletaria, antiburguesa; una revolución marxista, es decir pautada según los análisis de Carlos Marx que había estudiado a fondo la Revolución francesa y las revoluciones liberales del siglo XIX y que había aplicado a su teoría revolucionaria un método dialéctico inspirado en el propuesto por Hegel. Por lo tanto, como el objeto de este libro se centra en estudiar la confrontación entre la Iglesia y la Revolución, tanto liberal como, sobre todo, marxista, se hace preciso analizar la aportación de Hegel a la evolución del pensamiento moderno, porque, según convienen todos los comentaristas, Hegel es uno de los grandes artífices de la Modernidad tal como se comprende en nuestro tiempo.

Mientras la Iglesia católica, por la implicación política de la Santa Sede gregoriana, se enzarzaba en la defensa política de los Estados Pontificios y se empantanaba en la cuestión romana, el romanticismo postkantiano de cuya vertiente literaria y artística ya hemos insinuado algunos trazos, aparecía en el campo universal del pensamiento gracias a la tríada de los grandes maestros del idealismo trascendental, Ficthe, Schelling y Hegel, que combinan el nuevo culto filosófico (ellos lo creían total) a un nuevo Absoluto con una intensa llamada al nacionalismo germánico o mejor pangermánico. Los tres grandes maestros se dejaron llevar primeramente por la fascinación de la Revolución francesa y la figura de Napoleón; al fin y al cabo se sentían herederos de la primera Ilustración cuando estaban forjando la trama de la segunda. Kant no desmintió nunca su fe en la Gran Revolución y en su prolongación napoleónica; tuvo la suerte de morirse antes de contemplar la hecatombe. Johann Gottlieb Fichte (1762-1814) discípulo de Kant, entró en los círculos románticos de Berlín y lanzo en 1807/1808 el evangelio del nacionalismo germánico en sus *Discursos a la nación alemana* después de la victoria napoleónica de 1806 que había humillado a Prusia en la batalla de Jena.

En su sistema de pensamiento Fichte parte de Kant; el Yo es el fundamento de su sistema; el Yo lo es todo. Pero ni por su exaltación del Yo ni por su intento de profundización en la moralidad kantiana de razón práctica ha pasado Fichte a la gran Historia sino por su desencanto revolucionario. Había cantado a la Revolución en 1789 como «la tercera etapa, tras Jesucristo y Lutero, en el camino de la emancipación de la Humanidad»; y ahora, cuando Napoleón triunfaba y su tiranía se cebaba en toda Europa y especialmente en el pueblo alemán sometido, Fichte trataba de despertar a ese pueblo designándole como *Urvolk,* el Pueblo Originario, una alarmante teoría que iba a alcanzar en el siglo XX, alimentada por el orgullo germánico, graves desviaciones y peligros para los pueblos menos originarios. El descarado viraje de Fichte puede servir como aleccionador ejemplo para las pretensiones orientadoras de los grandes intelectuales modernos.

Friedrich Wilhelm Schelling, segundo maestro de la triada idealista, cultivó la estética, la religión y la historia y participó también en la vida de los círculos románticos berlineses. Inicialmente se inspiró en la ciencia moderna para inclinarse al culto de lo Absoluto propio de la escuela idealista. En la sucesión de sus cuatro sistemas de pensamiento global puso en relación a la Naturaleza y el Espíritu, que al identificarse desembocan en una concepción panteísta. Renunció a esa identidad en su tercer sistema, para establecer que la realidad consiste en una evolución de la naturaleza inorgánica a orgánica y de ésta al espíritu cuya forma suprema es la libertad humana. En el cuarto sistema Schelling se aproximó a la religión positiva y propuso una metafísica teísta que le acercó al cristianismo genérico. Y es que de Kant a Hegel la gran escuela idealista alemana no es formalmente anticristiana; concede un alto valor a lo religioso, aunque busca al nuevo Absoluto fuera de la realidad, como creación de la mente humana.

Hemos llegado, pues, a Hegel. Ante su colosal despliegue filosófico ya no nos sentimos en las vísperas de nuestro tiempo sino ante uno de los grandes configura dores de nuestro tiempo. Jürgen Habermas, el epígono actual de la escuela neomarxista de Frankfurt, sostiene que «Hegel abrió el discurso de la Modernidad» y que con su método, que califica como «dialéctica de la Ilustración» Hegel es nada menos que el último filósofo y el primer revolucionario[66]. Aunque poco después de afirmar que Hegel ve en Kant el punto focal de esa Modernidad.

Georg Wilhelm Friedrich Hegel (Stuttgart 1770, Berlín 1831) nacido en una familia burguesa protestante, se extasió, como era de rigor entre los alemanes de

[66] J. Habermas, *El discurso...* op. cit. p. 69.

espíritu abierto y tradición ilustrada, con la Revolución francesa y adoró a Napoleón Bonaparte cuya victoria en Jena contra su propia patria alemana le pareció algo tan asombroso, admirable y definitivo que consideró a esa jornada como «el final de la Historia», frasecita absurda que ha provocado en nuestros días un fenomenal alboroto cuando un lector indirecto de Hegel, Francis Fukuyama, la ha pretendido aplicar al hundimiento del régimen comunista de la URSS en 1989, con criterio tan infundado y apresurado como el de Hegel, quien rectificó muy pronto; porque en 1818, tras el desastre de Napoleón, en plena época de la Restauración, cuando fue llamado por el Estado prusiano, –el vencido de Jena– a una cátedra de Berlín, exaltó a Prusia como «el pueblo unido con su príncipe para acabar con una tiranía extranjera y bárbara». Son famosos en la pequeña historia los virajes abruptos de la posición hegeliana al compás de las nuevas situaciones políticas; es una especie de Talleyrand de la filosofía. Recuérdese que otra de sus frases en la resaca de Jena fue exclamar ante el tirano extranjero y bárbaro: «He visto al Emperador, alma del mundo» lo cual aconseja cierto escepticismo cuando consideramos las teorías de Hegel sobre el alma del mundo.

Intelectual racional puro, como le ve García Morente (pese a esos pequeños deslices de su razón práctica) Hegel se extasía ante el Absoluto y la Razón, que es una potencia dinámica en perpetuo movimiento y cambio; Hegel es el último de los grandes discípulos de Heráclito, frente al inmovilismo de Parménides. Su método dialéctico, clave de la evolución de la realidad en el espíritu hacia el Absoluto y en su seno, consiste en que a una posición (etimológicamente, tesis) sigue necesariamente una contraposición (antítesis) cuya conjunción-choque genera la síntesis, que es a su vez tesis para un nuevo desarrollo dialéctico. Razón y realidad se interpenetran: todo lo racional es real y todo lo real es racional; es el idealismo absoluto. La lógica es la evolución dialéctica de la razón.

En la *Fenomenología del espíritu* (1807) –que según la interpretación de Kojève está escrita bajo el impacto napoleónico y es un panegírico de Napoleón– parte Hegel del concepto de ciencia (del que pronto se despegó hacia la consideración del Absoluto) para subrayar que el conocimiento no es la representación de algo exterior sino parte integrante del objeto; el conocimiento es una marcha hacia el Absoluto a través de la dialéctica sujeto-objeto. El primer movimiento es la captación sensible; que no tiene sentido si no se universaliza en el aquí y ahora. Los movimientos siguientes son la percepción y el entendimiento. Pero la razón no se detiene en la conciencia individual; al relacionarse con la Historia se hace espíritu y recorre varias fases de dependencia (Hegel no se preocupa por la historia científica de los hechos, los testimonios y los documentos; busca un fundamento profundo al devenir histórico en la evolución hacia el Absoluto) hasta el descubrimiento de la vida interior por el cristianismo; que en sus negaciones internas alcanzará la superación y el triunfo final. El espíritu entra en sí mismo por la religión. El final es la conciliación del dogma cristiano con la filosofía y el pleno encuentro del espíritu absoluto consigo mismo.

Sólo el espíritu es real. El espíritu no es una realidad superior sino la esencia, lo que es. El espíritu es la conciencia de la realidad. No parte del saber absoluto: conduce a él. Habermas hace bien en citar la nueva aproximación del pensamiento hegeliano a la religión tras detectar Hegel la quiebra entre Ilustración y religión:

«La orgullosa cultura de la reflexión que caracteriza a la Ilustración ha roto con la religión;... el desprestigio de la religión conduce a una escisión entre fe y saber que la Ilustración no es capaz de superar con sus propias fuerzas. De ahí que ésta se presente en la *Fenomenología del espíritu* como título del mundo del espíritu extrañado de sí mismo»[67].

Así conciliaba Hegel su profunda fe cristiana con su dialéctica del espíritu absoluto. En las *Líneas fundamentales de la filosofía del derecho* (1821) nos ofrecerá su concepción del Estado. El espíritu objetivo es individuo, en marcha hacia la independencia y la libertad. A través de la sensación y el sentimiento el espíritu subjetivo llega a su conciencia, al entendimiento y a la razón. Libertado el espíritu subjetivo, se realiza como espíritu objetivo en el Derecho, en la moralidad y en la eticidad.

El Derecho es el grado inferior en la realización del espíritu objetivo; y afecta sólo a la periferia de la moralidad. La moralidad agrega a la exterioridad de la ley la interioridad de la conciencia. La eticidad salta a lo universal; la familia, la sociedad, el Estado. El Estado es la síntesis entre la exterioridad legal y la subjetividad moral. El Estado es la forma más elevada de la ética objetiva; es la síntesis de la familia y la sociedad civil; el punto de reposo del espíritu objetivo. El Estado es la manifestación de la divinidad en el mundo (Hegel había tal vez intuído esta divinización del Estado en su idolatría napoleónica; ahora transfiere la idolatría al Estado prusiano). Pero el Estado no es el poder arbitrario de un individuo sino que ese individuo representa al Volkgeist, el Espíritu del Pueblo. La filosofía de la historia estudia la evolución de las formas orientales de la dominación hasta la culminación de la Historia en el mundo germánico. La Historia es la culminación del espíritu objetivo, dirá Hegel en su obra póstuma *Filosofía de la Historia.* La síntesis del espíritu subjetivo y objetivo es el espíritu absoluto que se despliega en la intuición de sí mismo como religión; y en el conocimiento absoluto de sí mismo como filosofía.

En su divinización del Estado sobre la intuición del nacionalismo prusiano Hegel ha sembrado, como puede advertirse en el anterior resumen, la idea del Estado Total, que un día saltará de la burocracia militarista prusiana al Estado totalitario; del segundo al tercer Reich. Lo hemos de considerar después. Pero digamos de momento que la filosofía de Hegel es la síntesis de la filosofía liberal del Estado; que su racionalización absoluta de la religión caerá como castillo de naipes cuando el discípulo de Hegel, Carlos Marx, sustituya al espíritu por la materia en la identificación del Absoluto; y que con su fabulosa construcción dialéctica, basada pretendidamente en la razón, en la ciencia y en la Historia, Hegel provocará el estallido de la filosofía irracional, se alejará irremisiblemente de la ciencia (que además dejará pronto de ser absoluta, contra lo que él suponía) y por supuesto de la Historia, que mantiene un contacto real con la realidad, y no es redundancia, mucho más intenso que el intentado por el idealismo en un ambiente fantasmagó rico. «El idealismo filosófico –sentencia quien mejor le ha estudiado entre nosotros, García Morente– es ya hoy en el mundo un postulado caduco y superado». Porque la ontología no se agota en la teoría del conocimiento sino que exige un salto a la realidad sin perderse en las brumas movedizas de lo trascendental. «Hay

[67] Habermas, op. cit. p. 33

que construir –concluye Morente– una nueva ontología realista sobre las ruinas del idealismo»[68]. Ya vemos, por tanto, a qué grado de anacronismo se ha reducido desde nuestra perspectiva, el que según Habermas (con demasiada grandilocuencia y muchísimo retraso sobre el tiempo filosófico real) se ha definido como introito a la Modernidad. Que en todo caso, dígase en honor a Hegel, es un intento desesperado de reconciliar, en la segunda Ilustración, el nexo roto entre la fe cristiana y la cultura. Roto por un sector del pensamiento moderno, no por todo él ni por lo mejor de él, como venimos mostrando en este libro.

El profesor Augusto del Noce llama a Hegel «verdadero arquitecto de la gnosis moderna» porque en el fondo reduce el cristianismo a filosofía, al plano cultural de un «sistema de valores»[69]. Creo que al formular tan fundada acusación el gran pensador italiano tenía presente que la reconciliación hegeliana de cristianismo y cultura ilustrada se relegaba a la realidad idealista, al ámbito trascendental, es decir al deísmo de creación humana, enteramente ajeno a la concepción metafísica de la divinidad. Y todo para desembocar en la síntesis suprema del Estado germánico hegeliano, que en teoría y en la práctica es el auténtico absoluto en quien confluyen la razón, la historia, y la propia religión. Primero Bismarck y luego Hitler tenían ya una excelente base para apoyar su persecución a la Iglesia católica. Al aceptar la calificación de Hegel como gnóstico no estoy asumiendo una continuidad conspiratoria e institucional de la gnosis. Pero la relegación de Dios a las oscuridades de lo incognoscible, una convicción que Hegel hereda directamente de Kant, es claramente de signo gnóstico. Con Dios virtualmente fuera de la realidad racional el hombre se afianza como centro y razón de toda esa realidad. La Modernidad así definida tiene, en Hegel como en Kant, una componente gnóstica que no cabe negar si queremos llamar a las cosas por su nombre.

LAS DOS CORRIENTES DEL HEGELIANISMO

La historia del pensamiento, como había sucedido con Descartes, puede dividirse en antes y después de Hegel. Casi todo, desde la muerte de Hegel, proviene de Hegel. Primero por la profunda e inmediata división entre derecha e izquierda hegeliana; segundo porque las dos grandes corrientes de pensamiento occidental fuera del hegelianismo –el positivismo y el irracionalismo, que se prolongó en el existencialismo– se pueden considerar, fuera de metáfora, lo mismo que los diversos brotes del neorrealismo– como reacciones contra el idealismo de Hegel. Conviene matizar un poco este esquema.

Como ha indicado en su espléndido *Diccionario de Filosofía* (a quien tantas orientaciones deben los epígrafes histórico-filosóficos de este libro) el profesor Ferrater Mora, la demoledora *Vida de Jesús* del hegeliano D.F. Strauss (1855) dividió irreversiblemente al hegelianismo en derecha, que insistirá en el contenido, e

[68] J. García Morente y J. Zaragüeta, op. cit., p. 148 s.

[69] Cfr. *30 Días,* 52 (1992) 55.

izquierda, que repudiará la sustancia de ese contenido y cambiará radicalmente el método, aun manteniendo su carcasa y sus formas. En la derecha hegeliana son menos importantes los nombres concretos citados por Habermas, entre otros, como los de Rosenkranz y Oppenheim; lo que realmente interesa es la impronta de Hegel (sobre todo en su teoría del Estado) en la sacralización del Estado prusiano alrededor del cual se articuló el movimiento pangermanista del Norte y, después de la victoria bismarckiana contra Francia en 1870, el Segundo Reich, cuyo nombre era ya un desafío al Primer Imperio, el imperio católico que subsistía en la Monarquía multinacional de los Habsburgo. Pese a las concepciones jurídico-políticas del Estado de Derecho, que muchas veces no son más que racionalizaciones de impulsos burocráticos, Bracher ha señalado adecuadamente la influencia hegeliana en los politólogos conservadores; y no se olvide que el nacionalismo alemán del siglo XIX fue de signo oligárquico y conservador, no como el italiano, de signo liberal-radical y revolucionario. «El Estado –dice Bracher– no era un simple medio para el fomento del bienestar general sino un fin en sí mismo; y la idea de comunidad y del Estado, tan particularmente alemana, ocupaba una posición central en esa convicción, que no sólo compartía Hegel sino también Ranke y sus discípulos»[70]. El desencanto por las frustraciones de la revolución liberal de 1848 llevó a los alemanes, según el mismo autor, «a una concepción del Estado semejante a un poder ordenador, suprasocial, que garantizaba la unidad y el funcionamiento», una frase que trae fuertes resonancias de Hobbes. Incluso fuera del hegelianismo estricto, la influencia de Hegel alcanzó a todo el pensamiento posterior que pueda considerarse en alguna medida conservador; por ejemplo el de Max Weber. Juan Valera, el gran español observador de Europa desde dentro, (Valera fue un acrisolado liberal) consideraba a Hegel como el mayor genio del pensamiento universal después de Platón. Y Habermas, desde una orilla hegeliana opuesta (la izquierda hegeliana en descomposición, aunque Habermas no se daba cuenta) cree que «de Hegel parte una línea de pensamiento político que a través de Carl Schmitt conduce a aquellos constitucionalistas que mirando retrospectivamente la ingobernabilidad de la República de Weimar creyeron un deber justificar al Estado totalitario»[71]. Hegel, fascinado por el totalitarismo napoleónico, alcanzó con su influjo, a través de la divinización del Estado, a la génesis (o al menos la justificación solemne) del totalitarismo del siglo XX. El problema exegético sigue planteado pero no nos ofrece duda la vinculación hegeliana del fascismo –Mussolini la reconoció de manera expresa– y también del nacionalsocialismo alemán. El totalitarismo soviético y el chino se derivaron también de la misma fuente, pero por la izquierda y a través de Carlos Marx.

LA IZQUIERDA HEGELIANA: MARX, LA RELIGIÓN Y LA REVOLUCIÓN

Porque si la derecha hegeliana desembocó trágicamente en el fascismo y el nazismo, la izquierda hegeliana degeneró en el marxismo a través del ateísmo mili-

[70] Bracher, op. cit.

[71] Habermas. op. cit.

tante. La importancia decisiva que el marxismo y su confrontación con la Iglesia católica va a alcanzar como problema de fondo en los capítulos centrales de este libro justifica que consideremos las relaciones antitéticas de marxismo y religión con cierto detenimiento. Ya lo hice en mi libro *Jesuitas, Iglesia y marxismo* publicado en 1986 (con el anticipo de dos extensos artículos que aparecieron en ABC de Madrid durante la Semana Santa de 1985 y provocaron la saludable polémica que yo esperaba) ante la realidad concreta de España e Iberoamérica y cuando el marxismo-leninismo se esforzaba frenéticamente en sobrevivir mediante su gran ofensiva estratégica en América; mis trabajos de entonces respondían a un proyecto muy anterior que me encargó Rafael Borrás para Editorial Planeta bajo el título *El marxismo, qué es y por qué no sirve* y en ese libro de 1986 se daba cumplida respuesta a esas dos preguntas, con rasgos muy concretos y documentación de primera mano, casi cuatro años antes de la caída del Muro de Berlín, al que otros observadores españoles auguraban por entonces la permanencia de un milenio. Ahora vuelvo sobre el problema tras el hundimiento estrepitoso del marxismo en su fortaleza primordial, la Unión Soviética; y con vistas al sugestivo análisis del mejor biógrafo de Marx (católico y ex-jesuita por cierto), profesor David MacLellan en *Marxism and Religion*[72].

Acabamos de ver cómo la izquierda hegeliana, de la que participó Marx en primera fila y con todo entusiasmo, se formó hacia 1835 al publicarse la *Vida de Jesús* de Strauss, que es, en pocas palabras, una vida atea de Cristo. Los hegelianos de izquierda tomaron como principal inspirador para su crítica anti-religiosa, en la que veían, como dijo Marx, «el presupuesto de toda crítica» a Ludwig Feuerbach, y al descartar al cristianismo, concreción religiosa del Espíritu Absoluto hegeliano, Marx descartó, por supuesto, a cualquier otra manifestación religiosa.

Frente a las torpes interpretaciones edulcoradas de algunos marxistas cristianos en nuestro tiempo, como el exdominico Reyes Mate, el teólogo seglar Enrique Miret Magdalena y gran parte de la caterva liberacionista, el profesor MacLellan acepta la interpretación literal y rotunda del ateísmo de Marx como clave para todo el sistema marxista; así lo hizo el propio Marx aunque lo disimulen algunos intérpretes cristianoides que pretenden ser más marxistas que Marx. El cual se había formado en el deísmo de la primera Ilustración, muy viva entre las familias cultas de su ciudad renana y natal de Tréveris. Cuando ya en Berlín, donde reinaba el recuerdo póstumo de Hegel, advirtió Marx que Hegel había aceptado la religión, pero subordinándola a la captación intelectual del Espíritu Absoluto, la fe del joven hegeliano se desmoronó y ese vacío le impulsó a bucear afanosamente en un Absoluto sustitutorio que, al eliminar la religión, ofreciera un recambio al Espíritu Absoluto. En el círculo de Marx, la izquierda hegeliana, los especialistas en la Biblia, Bauer y Strauss, consideraban al Nuevo Testamento como un conglomerado mitológico urdido por los discípulos de Jesús y Marx aceptó acríticamente tal conclusión. Su tesis de 1841 versaba sobre el ateísmo según Epicuro y se espejaba en la figura del enemigo y rival de los dioses, Prometeo, que se atribuyó la misión de traer la luz y el calor del fuego a los hombres. En *La cuestión judía* de 1844 Marx está ya convencido de que «la religión no tiene contenido y vive de la tierra, no del cielo».

[72] Londres, Macmillan, 1987

En su segundo artículo de los *Anales francoalemanes* de 1843, dedicado a la crítica de la filosofía hegeliana del Derecho, Marx introdujo su famosa descripción de la religión como opio del pueblo (cuando el imperialismo británico adormecía a China entera con las guerras del opio) y máximo factor alienante del hombre. Es una interpretación puramente negativa de la religión y una propuesta activa para eliminarla. Luego va más allá y en los inmediatos *Manuscritos* políticos y económicos considera que el ateísmo no es necesario ni como negación; el hombre existe sin necesidad de esa negación. Continúan, y convendría que lo tuviesen en cuenta quienes tanto insisten en la distinción entre el joven Marx y el Marx maduro, las reflexiones sobre la religión en las obras de madurez, En *La ideología alemana* la religión es simplemente una forma de ideología, es decir, una parte de la superestructura que encubre a la realidad profunda. Se opuso Marx con firmeza y acritud a la aproximación entre cristianismo y socialismo que cundía por Europa en los años cuarenta del siglo XIX y cambió el lema cristiano de la Liga de los Justos («Todos los hombres son hermanos») por el revolucionario e internacionalista «Proletarios de todos los países, uníos». Atacó Marx a Kriege «que está predicando en nombre del comunismo la vieja fantasía de la religión que es la antítesis del comunismo». En el Manifiesto Comunista de 1848 fustigó Marx al «socialismo clerical» y volcó toda su demagogia anticristiana.

Después de la revolución de 1848, que se le escapó y se adelantó al citado Manifiesto comunista escrito para ella, que no pasó de revolución radical burguesa, Marx, instalado ya en Londres, mantuvo su perspectiva contra la religión. En *El Capital* pronostica la desaparición de la religión al advenimiento del comunismo; no podía imaginar entonces que siglo y medio después iba a suceder exactamente lo contrario. Marx escamoteó al Espíritu Absoluto de Hegel para sustituirlo por la Materia en evolución; por eso la doctrina marxista atea es esencialmente materialista. Ese materialismo dinámico –dialéctico, mejor– avanza en la realidad histórica a través de la triada hegeliana de tesis, antítesis y síntesis, con el movimiento doblemente conflictivo de las relaciones de producción y la lucha de clases como motores de la historia objetiva y claves para la interpretación historiográfica de la evolución social y colectiva de la Humanidad, donde el hombre individual del Renacimiento y la Ilustración se ha transformado en el hombre social, el hombre-masa. Todo lo demás, el Derecho, la Religión....queda relegado a la periferia de la realidad, (la «superestructura») como emanación y justificación de aquellas realidades supremas. La clave de la ortodoxia marxista consiste en que el materialismo histórico es ciencia en el mismo sentido que la ciencia físicoquímica de cuño newtoniano; la Ciencia Absoluta que se derrumbaría estrepitosamente a los pocos años de la muerte de Marx en 1883. La física era, para Marx, materialista y de alcance universal; todo podía en último término reducirse a las leyes de la física materialista y determinista. La psicología, las leyes de la mente y por supuesto los mecanismos de la religión podrían reducirse a formulaciones y explicaciones materialistas.

Realmente Marx estudió muy poco a la religión; sabía muy poco sobre las diversas confesiones cristianas, se guiaba por prejuicios ocasionales al opinar sobre las Escrituras, odiaba, como tantos judíos del siglo XIX, al judaísmo del que provenía a través de incontables generaciones. El ateísmo y el odio a la religión por parte de Marx, que en algún momento se muestra como un poseso, se refieren a las imágenes superficiales y falsas que se había forjado arbitrariamente del hecho religioso a través de algunas manifestaciones concretas y decepcionantes del pietismo protestante y tal vez de la actitud refractaria de la Iglesia católica hacia la cultura en el siglo XIX. Antes que los cristianos liberacionistas, los revisionistas del marxismo al principio del siglo XX propusieron una relectura del marxismo como ciencia de la sociedad, e introdujeron una cuña neokantiana dentro del marxismo ortodoxo para subrayar valores propios del hombre entre los que cabría la religión por vía de razón práctica. Es un enfoque muy interesante pero nada tiene que ver con el marxismo auténtico y originario, el marxismo de Marx.

El *alter ego* de Marx, Friedrich Engels, estudió la religión más y mejor que Marx; y escribió abundantemente sobre ella. Al fin de su vida retornó incluso al interés personal por la religión que había cultivado en su juventud: el luteranismo pietista que estimulaba la relación personal con Dios . Se había convertido al ateísmo militante después de leer la *Vida de Jesús* de Strauss y abrazó luego el hegelianismo de izquierda. Para Engels el cristianismo era el resumen de todas las religiones; se basó en la doctrina de Bauer para discurrir sobre las raíces judaicas y gnósticas del cristianismo, sin advertir que, por su identificación primero con Hegel y luego con Marx, estaba contribuyendo a crear una nueva forma de gnosticismo especialmente agresivo contra el cristianismo. No intentó un análisis de clases sobre las formas primitivas del cristianismo. En sus escritos se observan vacíos lamentables; desconoce el cristianismo vital de la Edad Media y analiza muy insuficientemente la relación, es decir la antítesis de Lutero con la rebelión campesina de su tiempo. Consideró al calvinismo exclusivamente como una forma religiosa de revolución burguesa. Interpreta muy superficialmente el enconamiento anti-religioso de la Revolución francesa y no advierte el despertar religioso de la Restauración. Parece convencido de que la Revolución francesa ha terminado para siempre con la religión organizada. Para Marx la religión estaba destinada a desaparecer con el advenimiento del comunismo; para Engels con el avance de la Ciencia. No consiguió intuir que sería precisamente el materialismo dialéctico, principal contribución de Engels, fundado en Marx, al materialismo histórico, lo que se disolvería con el progreso de la ciencia porque ese materialismo dialéctico no se tiene de pie ante una consideración científica moderna, aun de tipo elemental. En su tantas veces citada y recomendada obra sobre la entidad real de los intelectuales modernos, Paul Johnson aduce un impresionante catálogo sobre las mentiras, las profecías fallidas y las resonancias satánicas de Carlos Marx, que resultarían aquí muy sabrosas pero que desgraciadamente consumirían un espacio del que no dispongo más que para la alusión y la adhesión. Es particularmente sugestiva la reseña de Johnson sobre la destrucción de las conclusiones de *El Capita*l a través del implacable análisis de Henders y Chalner en 1958, cuando faltaban aún más de treinta años para el hundimiento teórico y práctico del marxismo[73].

Hay quien se empeña en seguir afirmando que el marxismo no ha sido refutado; ese tal lo ignora todo sobre la quiebra de la Ciencia Absoluta, que indujo fatalmente la quiebra del marxismo, una doctrina edificada sobre los presuntos cimientos de la Ciencia Absoluta. Esa es la principal «refutación» del marxismo; simple-

[73] P. Johnson, op. cit., p. 52 s.

mente no sirve, es un anacronismo cuya distorsión y antítesis con la ciencia renovada se va acrecentando a lo largo de todo el siglo XX. Hoy, al borde del año 2.000, repasamos las tesis principales del marxismo con la misma conmiseración que pudiéramos dedicar a un repaso en profundidad de la teoría aristotélica sobre los cuatro elementos como base de una cosmología.

Sin embargo para sus contemporáneos y las tres o cuatro generaciones siguientes, incluida la Iglesia católica, Marx, con quien Engels se identificó hasta el punto que resulta muy difícil distinguir las contribuciones de uno y otro al marxismo, fue considerado, más que como un teórico, como un temible revolucionario capaz de arrasar a la religión y al orden establecido. Porque además de proponer una teoría fundada en el ateísmo y alzada sobre una orgullosa pretensión infalible de carácter científico («socialismo científico» llamó Marx al suyo) Marx trató de articular y dirigir una «praxis» revolucionaria, una nueva forma de Revolución. A la Revolución liberal y burguesa que había estudiado interesadamente, Marx quiso sobreponer la Revolución obrera, cuyo programa se resumía en la implantación de la dictadura del proletariado a través de la lucha de clases. No se quedó en un programa. El marxismo como praxis se desplegó históricamente en las tres Internacionales. La primera, la Asociación Internacional de los Trabajadores en cuya fundación (Londres 1864) Marx tomó parte muy activa, fue determinante en el estallido revolucionario y masónico que conocemos como Comuna de París en 1871; luego la Primera Internacional se dividió en una minoría autoritaria (Marx) y una mayoría libertaria (Bakunin) de la que se derivaron todos los movimientos anarquistas contemporáneos al margen de Marx y del marxismo. Con los restos autoritarios y marxistas de la Primera Internacional, reorganizados en partidos nacionales, Engels fundó poco después de la muerte de Marx la Segunda Internacional o Internacional Socialista de la que nos ocuparemos en su momento. Por fin, fracasada la Segunda Internacional en sus esfuerzos para evitar mediante la solidaridad obrera la guerra mundial de 1914, Lenin, jefe del partido socialista bolchevique de Rusia, fundó en 1919 la Tercera Internacional o Internacional Comunista, el movimiento marxista y comunista del siglo XX, del que se desgajó León Trostski con su Cuarta Internacional. En cuanto al odio ateo y constitutivo contra la Iglesia las cuatro Internacionales revolucionarias parecían la misma, hasta que ya en nuestro tiempo una nueva y resucitada Internacional Socialista ha tratado de despegarse del marxismo puro y duro y se ha aproximado al liberalismo interpretado según las pautas de la Masonería moderna, como también tendremos ocasión de analizar.

El 9 de noviembre de 1989 caía el Muro de Berlín y se hundía, con él, el marxismo revolucionario, el tinglado de las Internacionales, el comunismo. Estudiaremos en su momento la trayectoria de fracasos que condujo inexorablemente a ese hundimiento; el incumplimiento de las profecías de Marx y de Lenin, la incapacidad real del sistema económico marxista contra el capitalismo, la resistencia de las motivaciones religiosas contra el ateísmo, la inferioridad tecnológica y estratégica en que se sumió la Unión Soviética después de su espectacular victoria en la segunda guerra mundial. Pese a todo, el dogma y la praxis comunista se mantienen en China más o menos desvituadas y tratan de resucitar en todo el mundo en medio del espantoso vacío que dejó, tras la caída del Muro, el legado de

Marx. Lo que nunca podrá resucitar es la teoría de Marx como elemento constructivo del futuro; porque esa teoría se basaba en la identificación del marxismo con una Ciencia Absoluta que dejaba de serlo a los pocos años de la muerte de Marx.

EL POSITIVISMO: COMTE QUIERE SEDUCIR AL PADRE GENERAL

Paradójicamente el idealismo postkantiano, que había pretendido apoyarse en la Ciencia Absoluta como principio, fundamento y criterio de racionalidad incontrovertible, según decreto de Kant, se fue separando de la ciencia moderna hasta provocar una ruptura con ella y una reacción filosófica, desde enfoques diferentes, hacia un reencuentro con la ciencia. Muchos científicos del siglo XX, por ejemplo el profesor Penrose, prescinden del idealismo para su comprensión de la realidad; y esto por razones científicas, apoyadas en el sentido común, no tras un debate filosófico sobre la vigencia del idealismo que no les interesa poco ni mucho. Roger Penrose, uno de los grandes físicos, matemáticos y cosmólogos de nuestro tiempo, ha llegado a decir: «He dado por supuesto que cualquier punto de vista filosófico *serio* debería contener al menos una buena dosis de realismo. Siempre me sorpren do al enterarme de que pensadores aparentemente serios, con frecuencia físicos interesados en las implicaciones de la mecánica cuántica, adoptan la visión fuertemente subjetiva de que, en realidad, no existe en absoluto ningún mundo *allá fuera.* El hecho de que yo adopte una línea realista siempre que sea posible no quiere decir que no sea consciente de que tales visiones subjetivas se defienden seriamente muy a menudo; simplemente que soy incapaz de entenderlas. Para un poderoso y divertido ataque a ese subjetivismo ver Gardner (1983) cap. I»[74].

Ya hemos visto cómo el profesor García Morente descarta al idealismo desde el corazón de la filosofía moderna en pleno siglo XX; los positivistas y los irracionalistas se habían apartado ya de las nebulosas idealistas en pleno siglo XIX.

El positivismo era, pues, un reencuentro con la ciencia moderna, que repelía la obsesión de los idealistas por la construcción de artificiosos y arbitrarios *sistemas* de pensamiento abstracto. Los positivistas trataban de no sacar los pies de la tierra, identificaban en el fondo a la filosofía con la ciencia considerando a la filosofía como una generalización o una profundización conceptual de la ciencia y pretendían anticipar el camino de la ciencia físicomatemática determinista y absoluta a los terrenos hasta los cuales aún no había llegado: las ciencias del hombre y del espíritu, que deberían agenciarse el método más aproximado posible al de las ciencias físicomatemáticas y de la naturaleza. Esta actitud suponía un nuevo abandono de la metafísica y una propensión al materialismo, dada la presentida identidad de los métodos de las ciencias humanas y los de las ciencias físicomatemáticas. En cierto sentido el marxismo era una forma de positivismo; pero tanto Marx como el creador del positivismo, Comte, eran demasiado orgullosos para establecer conexiones o dependencias entre sus doctrinas. Creador, profeta y máxima figura del positivismo

[74] Roger Penrose, *La nueva mente del emperador,* Barcelona, Mondadori, 1991, p. 571 n.

fue Augusto Comte (1798-1857) de familia católica francesa, que recibió formación matemática y científica en la prestigiosa Escuela Politécnica de París y publicó durante varios años hasta 1842 en seis volúmenes un *Curso de filosofía positiva.* Comte era un pensador desequilibrado, que pretendió convertir su método positivista, del que hoy apenas quedan cenizas, en una verdadera religión y estableció para ello un culto ridículo que recuerda las estupideces seudorituales del Directorio.

Augusto Comte se había adherido inicialmente al socialismo utópico de Saint-Simon, de quien fue secretario, y concibió su religión positivista fusionada con su filosofía positiva cuyo subtítulo era «tratado de sociología donde se instituye la religión de la Humanidad». A los cincuenta y nueve años trató de establecer «seriamente» su nueva religión de la ciencia y el progreso mediante un procedimiento de manicomio: fusionando la religión positiva con la Compañía de Jesús, para lo que envió a uno de sus discípulos a Roma con la misión de que tratase sobre este fantástico proyecto con el general de los jesuitas en persona. El padre Beckx no recibió al apóstol de Comte pero mostró una infinita paciencia al encargar a su asistente para Francia que tratase con el buen hombre, el cual a partir del día 5 del mes de Shakespeare del año comtiano del 68 escribió una serie de cartas sobre las «negociaciones» en las que el jesuita demostró una compasión humana legendaria. Comte trataba de que el padre general, que desde hacía tres siglos era «el verdadero jefe del catolicismo» se estableciera en París, relegase al Papa y gobernase al mundo junto con el jefe de la religión positivista, con la misión conjunta de erradicar el protestantismo, el escepticismo y el ateísmo. Este demencial proyecto parecería propio de la historia-ficción si no estuviera documentado en el estudio de Juan del Pino Artacho, de la Universidad de Málaga[75].

El fundamento de la doctrina positivista se parece por su arbitrariedad al materialismo dialéctico de Engels y consiste en la «ley de los tres estados». El estado teológico evoluciona desde el fetichismo al monoteísmo a través del politeísmo pagano; en él predomina la imaginación, es propio de la infancia de la Humanidad y necesita de la idea de Dios. En el estado metafísico se buscan conocimientos absolutos en torno a la idea de Naturaleza. Y en el estado positivo y terminal se investigan las realidades mediante la observación y el método científico. El positivismo es relativista; no reconoce a los absolutos, ni por lo tanto a Dios como realidad. Su lema es Orden y Progreso. El espíritu positivo tiene un carácter social; Comte, a quien se considera creador, aun estrambótico, de la sociología, la llamó primero «física social» que luego quiso convertir en esa «religión de la Humanidad». La filosofía es sencillamente la teoría general de la ciencia y en esta concepción Comte sí que fue un anticipador. Toda la filosofía del siglo XIX está dominada por el positivismo, sobre todo después de la gran aberración y dispersión hegeliana; del positivismo vinieron las peores cargas de profundidad contra la religión y en línea positivista se alinearon Taine, Ernesto Renan, Durkheim y Claude Bernard. En la Iglesia de Iberoamérica, tan indefensa culturalmente durante el siglo XIX, el positivismo hizo estragos, especialmente en Brasil. Más que una filosofía el positivismo fue una forma cultural; un intento de revitalizar el enciclopedismo.

[75] Incluido en *Escritos de teoría sociológica en homenaje a Luis Rodríguez Zúñiga,* CIS s.d. (ca. 1991).

SCHOPENHAUER: VOLUNTAD Y ANIQUILACIÓN

La segunda corriente de reacción contra el idealismo desbordado en el siglo XIX fue el irracionalismo. Ante las exageraciones de la Razón se negó capacidad filosófica a la razón. Esta posición engranó fácilmente con el romanticismo, ya vimos un precedente religioso en la teología sentimental de Schleiermacher. Los tres principales autores de esta tendencia, que por definición no se puede sistematizar, son Schopenhauer, Kierkegaard y Nietzsche. El irracionalismo, término con el no pretendo insinuar una connotación peyorativa sino simplemente distinguirle del racionalismo idealista exacerbado, no se contuvo en los límites del siglo XIX; saltó hasta muy dentro del siglo XX y sigue hoy presente, como también una cierta forma y difusión del positivismo, en el ambiente cultural y las fronteras religiosas de nuestros días.

Arthur Schopenhauer (1780-1860) nacido en Dantzig, fue un filósofo fracasado que se estrelló contra la hegemonía de Hegel y aparece como su antítesis cabal. Rechazó valiosos apoyos en su combate contra el idealismo y sus exageraciones; por ejemplo la herencia ilustrada y el talante romántico. Se valió en cambio de fuentes más lejanas, desde Platón al budismo. El principio de razón suficiente sintetiza para él todas las formas de la intuición. El fundamento del mundo no es de signo intelectivo, es la voluntad. Tal como es, el mundo consiste solamente en apariencia, representación. Tras la apariencia se esconde el Absoluto.

Para llegar al Absoluto el sujeto interpelante se reconoce como voluntad. La voluntad generalizada es la verdad del mundo. La voluntad no es racional. Es la esencia de todas las cosas que son sus objetivaciones. La voluntad aparece en todas las formas de la Naturaleza, orgánica e inorgánica. Los principios de individuación son el espacio y el tiempo; al agrupar las cosas en géneros. Las agrupaciones se identifican con las Ideas de Platón, que son seres intermedios entre la unidad absoluta de la voluntad y la aparente pluralidad del mundo. Por medio del Arte se pueden contemplar las primeras objetivaciones de la voluntad. El Arte revela las ideas eternas de cuño platónico a través de la arquitectura, la pintura, la poesía, la música. La música es el arte supremo, es la expresión del sentimiento al borde ya de la voluntad. Pero el Arte es un lenitivo momentáneo ante la oscuridad del hombre; que debe superarse mediante la filosofía del pesimismo. El Derecho y el Estado son instrumentos para paliar las consecuencias del egoísmo; Schopenhauer se coloca en el polo opuesto de Rousseau y más cerca de Hobbes. La voluntad, al adquirir conciencia de sí misma, puede llevar a la renuncia del yo y por medio del ascetismo llegar al autoaniquilamiento, la inmersión pura en la nada, tan próxima al nirvana budista. Así llega la voluntad a su plenitud, que es la nada. Dos grandes figuras del irracionalismo cultural y filosófico posterior, Wagner y Nietzsche, se basaron en el pesimismo aniquilador de Schopenhauer para sus grandes construcciones del arte y del pensamiento. La Nada acaba por tanto de hacer su aparición en el siglo que alumbraba al nihilismo anarquista como método de acción política y social. El voluntarismo, el irracionalismo, la atracción del aniquilamiento bajo sombra platónica son evidentes elementos gnósticos en la filosofía de Schopenhauer. La fe como «rationabile obsequium» de la voluntad humana en respuesta a la gracia divina –es decir la gran concepción cristiana que armoniza inteligencia y voluntad a la sombra de Dios– queda en el otro extremo.

LA ANTICIPACIÓN DE KIERKEGAARD

Mucho más atractiva resulta la figura, contemporánea, del filósofo cristiano danés Sören Kierkegaard (1813-1855) profeta de la angustia y el existencialismo, un hombre poco y mal conocido en su tiempo –el tiempo dominado por Hegel– pero que ha ejercido una intensa influencia póstuma en el siglo XX, sobre la filosofía existencial y muy especialmente sobre su gran seguidor español de alcance universal, Miguel de Unamuno. Kierkegaard representa una solitaria y terrible reacción contra Hegel, por reducir éste la subjetividad a un momento de la construcción finita del Espíritu Absoluto. Kierkegaard es un creyente profundo, que inicia su aventura del pensamiento en la teología protestante, con intuiciones muy modernas y muy comprensibles hoy; la fe como decisión personal, la fe como riesgo. Kierkegaard parece una figura de nuestro tiempo; supera por todas partes a su siglo. Su vida obsesiva y trágica, como bajo el influjo de una maldición teológica, le lleva a situar a la religión en el centro de su angustia y sus reflexiones. Se enfrenta a la iglesia luterana oficial, a la que opone un cristianismo personal y angustiado, mucho más auténtico. Reprocha al hegelianismo su entrega a las esencias, mientras que la subjetividad auténtica radica en la existencia, que es lo concreto y lo vivo. Formula la paradoja del cristianismo, entre la finitud humana y la infinitud de Dios, que sólo se puede conciliar para el en el absurdo, pero fuera de ese absurdo humano-divino no hay más que la nada. No debe ya extrañarnos que el siglo XIX no comprendiese a este intuitivo genial de la existencia y la angustia, que se presentaba, a las puertas del misterio, como una anticipación cabal de ese siglo XX que parece hecho para su comprensión y su doctrina.

LOS RASGOS DIABÓLICOS DE NIETZSCHE

La tercera gran figura del irracionalismo en el siglo XX es Friedrich Nietzsche, el hombre que no solamente profesó un ateísmo virulento sino que decretó la muerte de Dios, primero como reconocimiento objetivo, luego con saña y hasta con júbilo. Nietzsche concentra así rasgos muy significativos de la Nueva Gnosis que se viene enroscando en la Modernidad desde algunos humanistas y desde Lutero; no me explico el éxtasis de algunos comentaristas católicos ante los desvaríos de Nietzsche, que no se molesta en disimular ciertas resonancias a las que no sé calificar más que como diabólicas. El influjo de Nietzsche ha saltado por varias brechas sobre el siglo XX donde algún exaltado ha pretendido elaborar toda una línea teológica, y por tanto contradictoria, sobre la muerte de Dios. En el interesante estudio de José M.G. Gómez Heras *Religión y Modernidad*[76] se incluye un comentario detenido, analítico y tal vez demasiado comprensivo para Nietzsche a quien se identifica como virtualmente victorioso en su lucha para la «destrucción de la conciencia religiosa moderna» cuando realmente lo que destruyó fue su propia razón y su propia persona. En cambio es muy precisa la relación entre Feuerbach, el pensador que propuso la divinización del hombre (y sumió a Marx en la izquierda hegeliana) y Nietzsche, que quiso proclamarse triunfador sobre el Dios fenecido. Para Nietzsche el acontecimiento mayor de todos los tiempos es la muerte de Dios en nuestro tiempo; se equivoca en diecinueve siglos e ignora la resurrección real de ese Hombre Dios. «Muerte de Dios significa simultáneamente desaparición de la religión y aniquilamiento de la metafísica» (Heras) pero tras el aniquilador Nietzsche han florecido figuras como Zubiri y Juan Pablo II, entre otras mil. Esa anulación de Dios, que es una tragedia de la Humanidad para la interpretación postromántica de Nietzsche, es lo único que da paso a la aparición del superhombre; y ya hemos visto en el siglo XX las catástrofes que son capaces de desencadenar algunos presuntos superhombres. Es muy curiosa y significativa la identidad de Nietzsche con Marx al calificar a la religión como opio del pueblo, con la misma expresión (Heras op. cit. p. 193). Y también me parece muy oportuno resaltar la concepción del superhombre en Nietzsche como «voluntad de poder» porque la palabra «poder» va a ser la gran clave humana del siglo XX.

Recientemente, el profesor José María Valverde nos ha ofrecido un ensayo sobre Nietzsche que es una biografía, una antología y una profundísima interpretación: *Nietzsche, de filólogo a Anticristo*[77]. Este magistral estudio describe la trayectoria del filósofo entre las raíces filológicas –el poder radical de la palabra y el lenguaje– , la atracción-repulsión por la mujer inalcanzable, la inmersión en la cultura y la mitomanía clásica y la génesis de los varios odios cósmicos que jalonan su vida: el de Richard Wagner (tras una alta veneración) y sobre todo el de Dios a través de la figura de Cristo. Valverde va extrayendo cronológicamente de la vasta obra de Nietzsche los fragmentos esenciales y reveladores situándolos en los polos geográficos de esa vida: Basilea y varios enclaves de Suiza e Italia. La identidad absoluta del pensamiento con la palabra y lenguaje fue un modo de ser para Nietzsche aunque hoy, permítaseme el comentario, la rechacen especialistas sobre el cerebro y la mente tan relevantes como Roger Penrose en una obra que ya hemos citado y sobre la que hemos de volver: *La nueva mente del emperador.* El análisis de Valverde sobre los puntos esenciales de la trayectoria de Nietzsche en su deslizamiento a la locura total y al silencio me parece, en su sencillez, un trazado de tragedia humana. Es muy curioso que los nazis, adoradores de Wagner, celebrasen también con toda pompa el 90 aniversario de ese gran enemigo de Wagner.

Como corresponde a tan eminente filólogo, Valverde estudia en cada libro de Nietzsche el estilo, entre el aforismo y la ilación temática; y sobre todo la génesis del odio contra Dios y contra Cristo. Nos hace ver al Nietzsche antisocialista

[76] Córdoba, Cajasur, 1986.

[77] Barcelona, Planeta, 1992.

(como buen reaccionario) antiprusiano, antialemán pero sobre todo anticristiano. En el libro de Valverde confirmo la dimensión gnóstica de Nietzsche sobre todo en sus pasajes sobre el Dios malo, sobre el Dios alienado y sobre un Cristo al que describe entre horribles blasfemias como un idiota. El 3 de enero de 1889 se desplomó en la locura cuando paseaba por la plaza Carlos Alberto de Turín. Fue trasladado junto a su madre; y sus últimas incoherencias le fueron reduciendo al silencio, a la vista de las flores, a la nada. Su hermana le llevó a Weimar donde ella reunió sus manuscritos y los manipuló como le vino en gana. Durante su vida consciente casi nadie le había hecho caso; durante sus años de alienación, que coincidieron con una fiebre anticristiana en todo el mundo, se convirtió, sin que él pudiera saberlo, en una especie de Prometeo encadenado e idolatrado. Murió sin recobrar la luz el 25 de agosto de 1900.

En 1846, cuando parecía apuntar una nueva época en la historia universal, el fantasma de una nueva revolución– pronto predicada por Carlos Marx como la definitiva- recorría Europa, según él mismo iba a anunciar. Pero la de 1848 no fue una revolución marxista, ni mucho menos. En aquel mismo año de antevísperas revolucionarias falleció el discutido y anacrónico Papa Gregorio XVI, poco apto para las grandes luchas de su tiempo, y fue elegido su sucesor Pío IX, que colmaría un largo pontificado. A partir de entonces hasta hoy las grandes etapas en la historia de la Iglesia se identifican con la ejecutoria de cada uno de los grandes pontificados que, con sus resplandores y sus sombras, entonces comenzaban. Así lo haremos en este libro.

PIO NONO, EL ÚLTIMO SOBERANO TEMPORAL

Juan María Mastai Ferretti, Pío IX, subió a la silla de Pedro en 1846 cuando se cernía, como decíamos, sobre Europa una revolución –la de 1848– que no sería marxista ni apocalíptica como pretendía Carlos Marx sino liberal-radical, capitalista, de signo claramente burgués y alentada, como se comprobaría luego, por la política exterior británica en favor del liberalismo comercial (para la destrucción de las barreras arancelaria alzadas por los gobiernos conservadores) en colaboración con las logias masónicas. Una verídica caricatura que sirve a la vez de eficaz demostración histórica puede observarse en las aventuras de la espía británica y masónica Lola Montes (que nada tenía de española ni sevillana salvo el falso nombre) en la corte católica del pobre rey babeante de Baviera Luis I. La revolución liberal, último estertor de la Revolución francesa, acabó paradójicamente con el rey liberal Luis Felipe de Francia, sustituido por una República, la Segunda, con la que pronto se hizo un oportunista de vida airada, el príncipe Luis Napoleón Bonaparte, que tras su golpe de 1851 accedió a la nueva corona imperial como Napoleón III y rivalizó con Austria, privada de Metternich por la tormenta del 48, en la protección a la Santa Sede amenazada por los revolucionarios nacionalistas a las órdenes de Mazzini y Garibaldi y conjuntamente por el reino de Cerdeña y el Piamonte, bajo la misma enseña del liberalismo radical, anticlerical y masónico.

Francia, aliada del reino sardo, permitió que éste abriese el camino para la unidad de Italia bajo la orientación del conde de Cavour y después de la rotunda victoria francesa sobre el joven emperador Francisco José de Austria; pero después Napoleón III no consintió que sus aliados italianos rematasen su proyecto de unidad peninsular con la anexión de los Estados Pontificios. El Papa Pío IX no era desde luego un liberal aunque así lo creían los sectores ultramontanos de la Iglesia; pero sí una persona tolerante que durante los primeros meses de su reinado permitió que cundiese su exagerada imagen de liberal auténtico, por más que sus reformas en el gobierno del Estado pontificio no satisficieron ni a unos ni a otros.

Napoleón III se había aprovechado de la revolución de 1848 tanto para su política como para su economía personal; el general Ramón Narváez, que apostó por el futuro del nuevo Bonaparte con cuantiosas subvenciones personales, había aplastado en España al brote revolucionario alentado por los progresistas y el embajador británico a quien expulsó con ignominia; y los revolucionarios italianos, al comprobar que el Papa no se plegaba a sus proyectos, le echaron de Roma donde proclamaron la República liberal. Intervinieron entonces Napoleón III y la reina de España Isabel II con tropas expedicionarias que en breve campaña devolvieron sus Estados y su sede romana a Pío IX, refugiado en Gaeta. Muy poco después de su elección Pío IX había rebatido en la encíclica *Qui pluribus* (9 nov. 1846) el error de quienes oponían la fe a la razón, la Iglesia al progreso; pero desde los traumas de 1848 se deslizó a posiciones ultramontanas, identificó a todo el liberalismo, incluso al moderado y católico, como enemigo de la Iglesia y de la Santa Sede y alentó un espíritu de cruzada que al grito de *Viva el Papa Rey* confundió lamentablemente el plano político del poder temporal con la misión espiritual y universal de la Iglesia y acentuó hasta lo indecible la antítesis de fe y razón, de fe y cultura, de fe y liberalismo. Se abrirá así, como dice el historiador promasónico Ferrer Benimeli, «un período clave en la confrontación de la Iglesia y la masonería» con más de 260 intervenciones pontificias contra la secta en los reinados de Pío IX y León XIII. Conviene decir, para evitar los torpes silencios y las infundadas descalificaciones de Ferrer Benimeli y otros hipercríticos y masómanos, que el liberalismo radical masónico del siglo XIX (unidos en este campo las Grandes Logias de cobertura inglesa y los Grandes Orientes de parentesco francés) no atentaba en Europa continental y en Iberoamérica solamente contra el poder temporal del Papa sino, de forma reiterada y expresa, contra la misión espiritual de la Iglesia y procuraba una secularización absoluta, es decir la aniquilación de toda la influencia, más que legítima, de la Iglesia y la religión en la sociedad. Conviene una consulta a los historiadores serios de la Masonería, incluso los nada hostiles a ella como el profesor Chevallier o a los propios masones como el citado Jacques Mitterrand, que identifican como masónicos los impulsos y logros del liberalismo radical a lo largo de todo el siglo, la misma tesis que demostró lúcidamente para España el gran historiador Vicente de la Fuente[78]. Esta magna obra en tres vols. ha sido sistemáticamente silenciada y aun escondida por los masones y masómanos tanto que resulta muy difícil su consulta y urgentísima su reedición.

[78] J. Chevallier, op. cit. II p. 550; V. de la Fuente, *Historia de las sociedades secretas antiguas y modernas,* Lugo, Souto Freire, 1870.

No se crea, sin embargo, que la ofensiva total contra la Iglesia en el siglo XIX fue obra exclusiva de la Masonería continental. La Gran Logia de Inglaterra, brazo secreto del Imperio británico en expansión hegemónica, intervino intensamente en la articulación de las revoluciones europeas de 1848 al servicio de los intereses británicos; y el hermano Emmanuel Arago invocaba a fines del siglo la unión de todas las obediencias masónicas contra el enemigo común, la Iglesia católica, según la extensa referencia de Chevallier en la misma página de la cita anterior. Ferrer Benimeli haría mejor en analizar las causas de la reiterada actitud pontificia contra la Masonería sin contentarse con la reticencia y el desprecio, una actitud que me parece indigna de un miembro de la Compañía de Jesús.

Sin embargo sería grave equivocación imaginar que la actuación de Pío Nono y la Santa Sede se agotó durante este pontificado en defensa del anacrónico poder temporal y en la lucha excluyente contra las ideas modernas. Pío IX fue e hizo mucho más. Durante su reinado creció enormemente la popularidad del Papado y el prestigio de la Iglesia acosada, como puede comprobarse en el número y el fervor nunca vistos de las peregrinaciones católicas a Roma, así como en la serie de resonantes conversiones al catolicismo, por todas partes. Ya hemos registrado el crecimiento imparable de la Iglesia católica en los Estados Unidos, donde convivía sin problemas graves con las libertades democráticas y con todas las demás confesiones religiosas. En 1850 restauraba el Papa la jerarquía episcopal católica en el Reino Unido, suprimida desde la apostasía y las persecuciones del siglo XVI. (La restauración jerárquica se retrasó en Escocia hasta 1878, bajo León XIII). La mayoría de los católicos de las islas era de origen irlandés, aunque no faltaban familias que habían conservado la fe de la Iglesia medieval en medio de circunstancias difíciles y humillantes, paliadas por la tolerancia del último siglo. Dos grandes cardenales conversos, herederos de Wiseman, presidían esa resurrección; Newman, líder del Movimiento de Oxford, cuya conversión había impresionado profundamente a la Iglesia anglicana y a la clase intelectual; y Manning, convertido por el ejemplo de Newman, identificado más bien con las clases humildes y el mundo de los obreros industriales. No faltaron durante todo el siglo y hasta nuestros días, tras el camino marcado por Newman, los intentos de aproximación entre la Iglesia de Inglaterra y la de Roma. Restableció también Pío IX en 1853 la jerarquía católica en Holanda; creó en todo el mundo católico 29 arzobispados y 132 obispados; convocó reuniones episcopales muy nutridas en Roma y convirtió eficazmente en estímulos para la unidad de la Iglesia las agresiones permanentes de la política y la cultura contra la cabeza de la Iglesia. También la Iglesia de Francia, raído ya el galicanismo, experimentó a lo largo del siglo XIX, hasta la nueva gran persecución republicano-masónica que estallaría bajo el pontificado de León XIII, una intensa romanización y una clara espiritualización, de la que puede ser símbolo la figura de san Juan Bautista Vianney, cura de Ars, la floración de santas fundadoras de nuevas congregaciones religiosas dedicadas a la enseñanza y la caridad y la devoción mundial a la Virgen de Lourdes. El clero experimentó un crecimiento notable durante el siglo; desde setenta mil miembros después del cataclismo revolucionario a 215.000 en 1878. Tanto la monarquía borbónica hasta 1830 como la liberal hasta 1848 y el segundo Imperio hasta 1870 mantuvieron excelentes relaciones con la Iglesia de Francia y con la de Roma. La Tercera República, después de las convulsiones de 1870-1871 variaría negativamente esa relación sobre todo después de los fracasos de la restauración monárquica, con la que se habían identificado numerosos católicos.

ESPAÑA EN TIEMPOS DE PÍO NONO

Si exceptuamos su última década, el pontificado de Pío IX coincidió cronológicamente con el reinado de Isabel II, la hija de Fernando VII, en España, cuya infausta boda con su doble primo hermano Francisco de Asís, duque de Cádiz, se celebró en el mismo año de la coronación del Papa Mastai. Desde 1843, en que subió al trono Isabel II con trece años de edad, hasta su expulsión por la catastrófica revolución militar, burguesa y masónica de 1868, la política española estuvo casi siempre dominada por los moderados, que eran la derecha dura de la época, y los centristas de la Unión liberal; unos y otros, relativamente afines, guardaron por lo general buenas relaciones con la Santa Sede, que recibió el auxilio militar de una expedición española en 1849 y concertó con el Estado español un concordato en 1851, considerado favorable para ambas partes. Durante los breves períodos de inclinación o exacerbación liberal-progresista, como en el confuso bienio 1854-1856 o en los momentos finales de la Unión Liberal en los años sesenta esas relaciones se agriaron e incluso se interrumpieron por motivos de dogmatismo progresista interior (brotes anticlericales, expulsión ritual de los jesuitas, retorno a las desamortizaciones de los años treinta) o de sintonía liberal en política exterior, como el empeño de la Unión Liberal en reconocer al Reino de Italia constituido en 1861. El episcopado español, seleccionado y orientado por San Antonio María Claret, una de las grandes figuras de la Iglesia en el siglo XIX, confesor de la reina desde 1857, procedía ya de las clases medias y el ámbito rural y no de la alta nobleza como en tiempos pasados; sin grandes lumbreras teológicas o culturales, pero con un nivel medio más que aceptable en uno y otro campo, destacó por su ejemplaridad personal y por la fidelidad inquebrantable, sin una sola excepción, a la Santa Sede en tiempos tormentosos. Pío Nono reconoció a Isabel II y su régimen más o menos liberal, frente a su predecesor Gregorio XVI que se había inclinado en favor de la rama carlista, de notorio ultramontanismo. El episcopado y el clero siguieron esa misma orientación con numerosas excepciones en el País Vasco, Navarra y la montaña de Cataluña. Los primeros pensadores católicos españoles, el político Juan Donoso Cortés y el filósofo y sacerdote Jaime Balmes, aceptaron un liberalismo moderado y anti-revolucionario aunque Donoso, intelectual muy prestigiado en Europa, viró a la teocracia después de los traumas europeos de 1848. La influencia masónica fue determinante entre los progresistas en cuyo seno surgió una escuela intelectual que trasplantó a España las doctrinas de un oscuro, enrevesado y mediocre filósofo alemán con muy claras inclinaciones gnósticas, panteístas y moralizantes, Krause; fueron abanderados de la secularización y plantearon a la Iglesia una lucha tenaz en el campo de la enseñanza y la Universidad. La pugna entre intelectuales y hombres de cultura adscritos al progresismo masónico y al liberalismo moderado (con focos extremistas en uno y otro bando) replanteó la antítesis de las Dos Españas con raíces entre los ilustrados y los tradicionales del siglo XVIII; nadie como José María García Escudero ha estudiado con mayor amplitud y comprensión esta divergencia, así como los esfuerzos fallidos de algunos españoles beneméritos para tender puentes entre las dos formaciones adversarias[79]. Aunque fueron los liberales progresistas de la cultura quienes empezaron a llamarse en España «intelectuales» en la segunda mitad del siglo XIX, sin embargo el mundo de la cultura contaba (en mayoría hasta fines del siglo) con representantes de la derecha y el liberalismo moderado ,entre los que brilló con el máximo prestigio el más importante intelectual español del siglo XIX, el historiador, crítico y publicista católico Marcelino Menéndez y Pelayo, quien sostuvo una victoriosa lucha contra los krausistas.

La disidencia del progresismo que quiso denominarse demócrata se alió con los enemigos del trono, progresistas y centristas, que prepararon la revolución burguesa de 1868 cuyo mentor, el general Juan Prim, «hermano Washington» en su alto grado masónico, impuso en España la candidatura de un rey anodino y por supuesto masón de la casa de Saboya, Amadeo, duque de Aosta, que se hartó pronto de la España anárquica e ingobernable y se volvió al pujante reino de Italia junto a su familia. Su dimisión –me resisto a llamarla abdicación– dio paso a una República caótica, masónica y anárquica que arrastró a la nación dilacerada entre tres guerras civiles –la carlista, la cantonal y la cubana– a lo largo del año 1873. Un pronunciamiento militar acabó con la República el 3 de enero del año siguiente, y tras un año de régimen confuso del que nadie sabía ni el nombre advino al terminar su último mes la primera Restauración (más bien segunda, después de la de Fernando VII) al proclamarse rey al príncipe Alfonso, presunto hijo de Isabel II, por otro golpe militar que sancionaba los avances de un irresistible movimiento de opinión organizado por Antonio Cánovas del Castillo, un liberal católico , a la vez moderado y progresista, que se consagró como uno de los grandes estadistas europeos del siglo XIX y que devolvió a la Iglesia católica su plena libertad y su preeminencia en la sociedad española. El Papa Pío IX, padrino de bautismo de Alfonso XII, mantuvo con el régimen de la Restauración unas relaciones excelentes que se hicieron casi filiales para España durante el reinado de León XIII, aunque los conservadores de Cánovas no tenían nada de ultramontanos sino que practicaban tolerantemente el liberalismo. Los liberales progresistas de Sagasta impulsaron avances democráticos y asumieron, de forma bastante templada y escasamente agresiva, la bandera del anticlericalismo sin molestar en el fondo a la Iglesia en lo que restaba de siglo.

Aunque tanto los liberales conservadores como casi todos los liberales progresistas eran católicos practicantes en la España de Isabel II y de la Restauración, el catolicismo de cruzada suscitado por la lucha político-religiosa del Pontificado contra la Masonería en la segunda mitad del siglo XIX animó a la creación de un catolicismo político militante y casi ultramontano, muy próximo al carlismo, que configuró den-

[79] J:M: García Escudero, *Historia política de las dos Españas,* 2a. ed. Madrid, Editora Nacional, 1976, 4 vols. Esta obra fundamental cubre todo el siglo XIX y el XX hasta el comienzo del reinado de don Juan Carlos I.

tro del partido moderado un grupo llamado neocatólico a lo largo de los años sesenta, y en torno a la cerrada oposición al reconocimiento del reino de Italia. Luego ese grupo se escindió entre quienes se incorporaron al carlismo y quienes acabaron confluyendo en el partido liberal-conservador de Cánovas, favorecido por el Papa León XIII. El asociacionismo católico de carácter social se inició en España ante los ejemplos de Francia y Alemania en esa misma década de los años sesenta y la red de círculos obreros, creada por el jesuita Vicent, adquirió una gran extensión e influencia incluso antes de las grandes declaraciones sociales de León XIII. Pero el asociacionismo social promovido por los católicos españoles tendió inevitablemente, por el clima de exacerbación política en que se movía la vida nacional, a verterse en la lucha política durante el siglo XX. Por lo que hace al propósito de este libro conviene marcar bien los principios de la politización religiosa española en los ámbitos regionales; un fenómeno que alcanzaría graves consecuencias en el futuro. El movimiento carlista, con varios focos en la mitad norte de España, desde Galicia a Cataluña y el Maestrazgo, a partir de 1833, arraigó especialmente en el País Vasco y en Navarra, donde la gran mayoría del clero rural y muchos religiosos le apoyaron y encabezaron. Ante la frustración carlista tras la derrota en la serie de guerras civiles, derrota que parecía definitiva en los primeros años de la Restauración, que canceló los Fueros vascos como represalia, un sector del carlismo y del clero degeneró en nacionalismo radical, racista y separatista, sin abandonar por ello el ideal teocrático. Pero vamos a los orígenes. Cuando en 1861 la Santa Sede y el gobierno de España trataban de crear una diócesis en Vitoria que englobase el territorio de las tres provincias vascongadas (proyecto que se realizó) un abad electo de Santo Domingo de la Calzada, fray Justo Barbagero, escribió una memoria en contrario, con dotes de clarividencia verdaderamente sorprendentes. Dijo en ella: **Teniendo los vascongados obispos de su habla, cabildos y párrocos de su habla, pastorales, sermones, libros en su habla, se aferrarán más y más en ella, tratarán de extenderla por los límites de las tres provincias, ganando el terreno perdido y haciendo de ella una lengua nacional; y si a esto se agrega la mayor afición que cobrarán a sus costumbres, tradiciones y fueros, que en cierto modo se autorizan y sancionan, se habrá contribuido a formar en España una nacionalidad distinta y una base de separación política para los que más adelante quisieren invocar el principio de las nacionalidades**[80]. De momento nadie más que el abad profeta advertía tan grave y real peligro, que surgiría con fuerza semejante en las diócesis catalanas; el nacionalismo catalán, como el vasco, pujantes ya a fines del siglo XIX, no se comprenden sin esa dura componente eclesiástica y clerical, que alienta de forma muy arriscada a fines del siglo XX. En cambio los obispos del conjunto de España, que habían apoyado con excepciones iniciales al trono de Isabel II frente a los carlistas, se reunían en Roma el 1 de enero de 1870 para el concilio Vaticano I y dirigían a las Cortes Constituyentes de la Revolución del 68 una dura requisitoria contra el proyecto de ley de matrimonio civil, presentado poco antes, en el que expresaban su rechazo total en nombre de la familia cristiana[81]. Se trata del primer documento colectivo de la Iglesia española contemporánea.

[80] Apud J. Villota, *La Iglesia en la sociedad española y vasca contemporánea,* Bilbao, Desclée, 1985 p. 71.

[81] Cfr. *Documentos colectivos del Episcopado español,* Madrid, BAC, 1974, p. 61 s.

CONVULSIÓN Y DESMANTELAMIENTO EN LA IGLESIA DE IBEROAMÉRICA DURANTE EL SIGLO XIX

El tremendo vacío que hasta ahora nos atenazaba –con excepciones alentadoras, aunque insuficientes, como el célebre Manual de Hubert Jedin y la sugestiva *Historia de la Iglesia en América Latina* del teólogo de la liberación Enrique Dussel[82] libro inclinado al futuro liberacionismo pero que describe con rasgos acertados y desenfoques palmarios la crisis del siglo XIX– en el confuso campo histórico de la Iglesia en Iberoamérica durante ese siglo XIX se ha paliado, en cuanto a los antecedentes y la época de la independencia (siglo XVIII y primer tercio del siguiente) con el tomo primero de la espléndida *Historia de la Iglesia en Iberoamérica y Filipinas,* dirigida por el doctor Pedro Borges y publicada en la BAC-maior con motivo del Quinto Centenario del Descubrimiento en 1992; con un tomo complementario para las perspectivas regionales. Esta es una de las escasas obras, por cierto, que justifican la arbitraria y anárquica «inversión» dilapidada sin rumbo ni tino en esa conmemoración, más espectacular que enjundiosa. Me refiero a los dos capítulos 44 y 45, *La Iglesia y la Ilustración y La Iglesia y la independencia hispanoamericana,* debidos a J. González Rodríguez y a John Lynch.

Ni uno ni otro se refieren, sin embargo, a un terrible y verídico antecedente: el informe que los insignes marinos Jorge Juan y Antonio de Ulloa, tras un detenido viaje de inspección por Hispanoamérica, elevaron a mediados del siglo XVIII a la Corte española y que tras su captación por el espionaje británico se publicó después y, como ya he dicho, se ha reproducido ahora con el título *Noticias secretas de América.* El panorama de la Iglesia hispanoamericana que ofrecen los dos grandes marinos y patriotas es desolador; una decadencia y una relajación total del clero, de la que sólo se salvan los jesuítas. Por eso la expulsión de los jesuítas a manos de Carlos III representó una catástrofe para España y para la Iglesia de Hispanoamérica, y lo mismo cabe decir sobre Portugal y la Iglesia de Brasil.

La expulsión de los jesuitas, como sabemos, fue una arbitrariedad del regalismo borbónico y del despotismo ilustrado que tuvo por consecuencia la adscripción inmediata del episcopado hispanoamericano –formado casi todo él por peninsulares– al regalismo y al despotismo de la Corona que designaba a los obispos en virtud del privilegio del trisecular patronato regio. Muchos clérigos regalistas eran también ilustrados; la Ilustrración española, a partir de Feijóo, influyó seriamente en el clero hispanoamericano, que participó intensamente en las Sociedades de Amigos del País y en las décadas finales del siglo XVIII experimentó en considerable porcentaje, sobre todo en medios urbanos, el influjo de la Ilustración europea.

El movimiento de emancipación, anticipado ya por las tensiones entre la jerarquía episcopal –casi toda peninsular– y el clero, en gran parte criollo o autóctono, se aceleró de forma torrencial cuando se conoció en América española la invasión napoleónica; la caída de Sevilla en 1810 puede considerarse como la fecha clave

[82] Barcelona, Nova Terra, 1974.

para el arranque del movimiento independentista, aunque la reacción realista en América, con escasa ayuda de la metrópoli invadida, casi consiguió restablecer la soberanía de España en las Indias en el año 1815. El movimiento independentista fue casi siempre criollo; los peninsulares y las capas inferiores de la población –negros, indios y «castas»– se alinearon con la Corona, salvo la gran excepción mexicana, donde la rebelión partió de los curas criollos o mestizos que alzaron ejércitos de indios, mientras muchos criollos y peninsulares (excepto los adscritos a la Masonería escocesa, importada a la corte virreinal a mediados del siglo XVII) permanecieron fieles a España hasta 1820. Dos fechas esenciales de la evolución española repercutieron en América y en favor de la independencia. Los rebeldes, patriotas o independentistas eran por lo general liberales ilustrados, entre ellos todos los llamados Libertadores; Simón Bolívar por ejemplo era agnóstico y masón aunque poseía demasiado sentido político para enfrentarse abiertamente con la Iglesia a la que necesitaba como fuente de legitimidad. La Constitución española dada en Cádiz en 1812 era netamente liberal; y la insurrección liberal-radical de Riego en 1820 se organizó para impedir el envío de un gran cuerpo militar expedicionario que sofocase la rebeldía del Plata. Al triunfar la revolución constitucional de 1820 en España, muchos obispos, clérigos y religiosos antiliberales se pasaron a la causa de la independencia; preferían a los liberales de casa que a los de la metrópoli. Aquel acontecimiento marcó también la adscripción de las clases dominantes mexicanas a la independencia, por fuerza de su propio reaccionarismo derrotado en España.

La doctrina de la gran escuela española de Derecho público –Suárez, Vitoria, Mariana– que establecía desde el siglo XVII el origen del poder en Dios, comunicado al pueblo, que luego lo confiaba al rey, fomentó el movimiento de independencia cuando la Corona de España, degradada, se rindió a Bonaparte en mayo de 1808 y luego se eclipsó mientras las Juntas peninsulares asumían la soberanía abandonada. Algo semejante hicieron las Juntas americanas.

Los obispos de América, casi todos peninsulares, se mantuvieron inicialmente fieles a la Corona aunque Fernando VII, a partir de su regreso en 1814, consiguió de Roma la sustitución de muchos de ellos a quienes consideraba erróneamente sospechosos. La mayoría del clero, sobre todo el rural y bajo, apoyó pronto a la independencia como represalia por su marginación; acabo de indicar que la victoria de los liberales radicales en España sobre la Corona reaccionaria y despótica de Fernando VII en 1820 inclinó a muchos obispos de América al bando patriota que además en aquel año decidía ya militarmente la suerte de tan larga guerra civil. La Santa Sede respaldó inicialmente a Fernando VII y a España por considerar a la revolución iberoamericana como un *escolio* de la francesa, una interpretación muy parcial pero no descabellada. Los Papas Pío VII y León XII proclamaron en documentos solemnes su apoyo a la soberanía española lo cual provocó un gran desconcierto y rechazo entre los liberales independentistas. Gregorio XVI adoptó una política más acorde con la realidad y Roma reconoció a las nuevas Repúblicas y empezó a reconstruir la jerarquía en las nuevas naciones a partir de 1835, dos años después de morir Fernando VII. Los nuevos gobernantes pretendieron y fueron consiguiendo subrogarse en el privilegio del patronato para la designación de obispos, como herederos históricos de la corona de España.

La Iglesia de Hispanoamérica había nacido y vivido –durante tres siglos largos– tan vinculada a la Corona que la desaparición de esa dependencia, junto con las convulsiones de las guerras civiles, dejó desmanteladas y sin rumbo a las iglesias nacionales. En medio del proceso convulsivo la Iglesia vio reducida a la mitad su clero secular, privado de la aportación española, y todavía más al clero regular. El ímpetu secularizador de los gobernantes liberales quebrantó el poder económico de la Iglesia y provocó a lo largo del siglo XIX numerosas persecuciones que afectaron sobre todo a los jesuitas. En general los gobiernos liberales se mostraron hostiles a la Iglesia y los conservadores la apoyaron; el comportamiento de las frecuentes dictaduras militares fue variable y oportunista. Sin embargo la semilla de la fe plantada y cultivada durante la dominación española no fue erradicada; la población de las nuevas Repúblicas se mantuvo por abrumadora mayoría fiel a la religión católica que se expresaba muchas veces a través de una religiosidad popular que algunos tienden absurdamente a simplificar como superstición. La demografía explosiva de Iberoamérica en el siglo XIX y las emigraciones de masas católicas a Norteamérica han logrado el resultado sorprendente de que hoy, a finales del siglo XX, la mitad de los católicos del mundo vivan en América.

Durante el siglo XIX la Iglesia de Hispanoamérica careció de una conciencia eclesial unitaria, que logró en cambio a mediados del siglo XX gracias a la tenaz labor de romanización y coordinación que desde el siglo XIX intentó la Santa Sede. Las aportaciones de clero europeo (sobre todo español) y luego, en menor medida, norteamericano mejoraron, desde las últimas décadas del siglo, el decaído e incluso degradado ambiente clerical, sobre todo cuando las órdenes religiosas y la Santa Sede crearon instituciones en Roma para la formación del clero iberoamericano, como el importante Colegio Pío Latino Americano en 1858, gracias al interés de Pío IX por las Iglesias de América que había visitado como miembro de una misión pontificia de reconstrucción. La situación moral del clero en el siglo XIX respondía, por desgracia, a las descripciones de Jorge Juan y Ulloa para mediados del siglo anterior pese a lo cual el prestigio del sacerdote, el «padresito» se ha mantenido a un alto nivel de aceptación social durante los siglos XIX y XX.

La Ilustración portuguesa durante el siglo XVIII había sido mucho más virulenta contra la Iglesia que la de España. El movimiento borbónico para la expulsión de los jesuitas se originó en Portugal, en sintonía con elementos afines de la corte pontificia y las demás cortes borbónicas. El galicanismo portugués resultó más despótico que el reformismo español, durante la segunda mitad del siglo. En el número 5 de la revista *Nexo* (primer semestre de 1985) el teólogo brasileño Martins Terra traza un documentado y sobrecogedor esbozo sobre la historia eclesiástica de Brasil entre los siglos XVIII y XX que aceptamos sin vacilar, titulado *Fray Boff y el neogalicanismo brasileño.* Al terminar el siglo XVIII la secularización, que parecía dictada por los *philosophes* de la Ilustración francesa, afectaba profundamente a la Iglesia de Brasil, donde «gran parte del clero y la mitad del episcopado eran masones». Con notabilísimo sentido histórico y político la familia real portuguesa abandonó Lisboa en 1808, poco antes de que las tropas invasoras de Junot se asomaran al estuario del Tajo, y bajo la protección de la escuadra británica arribó felizmente a la costa brasileña, un gesto que preservó el régimen monárquico en Brasil hasta casi finales de siglo. Pero durante la fase de dependencia de Lisboa y luego bajo el Imperio de la familia real portuguesa la secularización siguió haciendo estragos en Brasil, como en Portugal; en uno y otro reino la influencia masónica a la que se añadió la invasión del positivismo fue (y es) mucho más intensa que en España e Hispanoamérica, tal vez por la mayor dependencia de Inglaterra, sede de la Gran Logia madre. El padre Feijó, ministro de Justicia y luego regente de Brasil (1835-1837) «fue el mayor enemigo de la soberanía papal en la Iglesia de Brasil» según el citado autor. Es cierto que el galicanismo brasileño fue cediendo el paso a una importante romanización que hacia fines de siglo fue la causa de un gran florecimiento social y cultural de la Iglesia de Brasil, pero no se erradicaron las influencias masónicas ni la proliferación de supersticiones y prácticas esotéricas, sobre todo de origen espiritista, mucho más amenazadoras en Brasil que en las demás naciones de Iberoamérica. En vista de que la regeneración de la Iglesia brasileña se había logrado gracias a la vinculación y orientación romana del Episcopado y la enseñanza católica, el asalto contra la Iglesia de Brasil en el siglo XX se organizaría a través de una formidable infiltración en el episcopado y en la enseñanza católica, como en su momento veremos. Por lo demás muchas lacras e insuficiencias de las Iglesias nacionales hispanoamericanas y su clero durante el siglo XIX pueden aplicarse, incluso con agravantes, a la Iglesia de Brasil, donde el clero era relativamente mucho más escaso para tan enorme extensión y creciente población. En toda Iberoamérica la Iglesia (episcopados y clero, regular y secular) siguieron enfeudados durante el siglo XIX a las clases dominantes y descuidaron en gran medida el apostolado y la protección de los desposeídos, contra lo que habían realizado tan abnegadamente en los siglos de la dominación peninsular. La Iglesia de Iberoamérica a lo largo del siglo XIX estaba cada vez más desmantelada y minada para un asalto general enemigo que se produciría, como un cataclismo, en el siglo XX.

PÍO IX FRENTE AL LIBERALISMO: LOS ANATEMAS DE 1864

La preocupación primordial de Roma durante el pontificado de Pío IX fue, inevitablemente, el continuado asalto del liberalismo radical contra la Iglesia católica y el Estado pontificio; con mezcla inextricable y desdichada entre el problema político temporal y local suscitado por el movimiento de unidad italiana por una parte; y por otra, la misión universal, espiritual y pastoral de la Santa Sede. En ese combate contó el Papado con la lealtad incondicional de la Compañía de Jesús, contra la que se desencadenó también una ofensiva general de las logias masónicas y de los círculos políticos e intelectuales del liberalismo radical europeo. Así el sacerdote Vincenzo Gioberti, paladín de la unidad italiana como confederación de Estados bajo la primacía papal, y luego primer ministro del reino de Cerdeña-Piamonte, publicó en 1846-1847 en cinco volúmenes un arsenal antijesuítico desaforado, *Il gesuita moderno* en el que reiteró todas las acusaciones calumniosas de la época ilustrada y del jansenismo, con innumerables añadidos contemporáneos.

De tan viciada fuente, *horra* de toda objetividad, bebieron los numerosos detractores de la Compañía de Jesús en la segunda mitad del siglo XIX y principios del XX, entre los que destacó el novelista español Vicente Blasco Ibáñez con su novelón de 1892 *La araña negra,* centón de calumnias y deformaciones contra los jesuitas tramado con el odio y el disparate. Es muy curioso que el libelo se reeditara con gran aparato al terminar el régimen del general Franco en España, nunca supe por qué. En la defensa de Roma contra el liberalismo Pío IX contó con el episcopado mundial en bloque y con todas las órdenes y congregaciones religiosas así como con gran parte de la opinión católica universal; incluso los católicos que se creían compatibles con el liberalismo defendieron al Papa y casi siempre a sus pretensiones de prolongar el poder temporal de la Santa Sede.

Restablecido Pío IX en Roma por la conjunción militar de las potencias católicas después de la revolución republicana de 1848, definió el 8 de diciembre de 1854 el dogma de la Innmaculada Concepción de María –que había sido, además de creencia multisecular en la Iglesia, una empresa histórica de la corona y el pueblo de España– con aplauso de todo el mundo católico y con el deseo de inundar de luz espiritual a un siglo que en algunos aspectos políticos y culturales parecía cada vez más alejado de la Iglesia, aunque como venimos diciendo tal apreciación global, muy comprensible ante la cuestión romana, distaba de poseer un alcance universal. Las potencias de Europa se habían distraído frenando la expansión de la Rusia imperial en la guerra de Crimea (1853) pero seis años después retornaba al primer plano el problema de Italia. El conde de Cavour, primer ministro del Piamonte, maniobró hábilmente al amparo de su gran aliado Napoleón III y provocó al imperio austrohúngaro en 1859 dejándole además como agresor ante toda Europa. El ejército francosardo a las órdenes de Napoleón III, cuyo estado mayor hizo un excelente uso de la nueva comunicación por ferrocarril, aplastó al austriaco mandado por el inexperto emperador Francisco José en la batalla de Magenta y la hecatombe de Solferino. Envalentonado con estas victorias, Cavour alentó las rebeliones liberales en Nápoles, regido por los Borbones, y en los Estados Pontificios, por lo que el Papa excomulgó a la casa de Saboya en 1860; pero el condottiero radical Giuseppe Garibaldi, en conjunción con el impulso expansivo de Víctor Manuel II, se apoderó de Sicilia y luego de Nápoles (7 de septiembre de 1860). El ejército piamontés penetró en los Estados pontificios y desbarató al ejército del Papa organizado por el cardenal de Mérode en la batalla de Castellfidardo. (La reina de España, Isabel II, se asombraba de que el Papa pudiera tener un ejército y un ministerio de la guerra). Cavour proclamó el reino de Italia en marzo de 1861, con el acuerdo de Garibaldi, y desde entonces la caída completa del poder temporal del Papa era cuestión de tiempo, y de poco tiempo, aunque Cavour murió en julio de ese mismo año sin gozar de su victoria final. Para defenderse ante la opinión pública mundial el Papa creó *L'Osservatore Romano,* órgano diario y oficioso de la Santa Sede que aún hoy ostenta en su cabecera el título de «periódico político- religioso» rematado por la alusión a las puertas del infierno. Y al año siguiente, 1862, publicó la encíclica *Maximum quidem* denunciando la amenaza de un movimiento para disolver la religion en la historia y la realidad del pensamiento humano. Esta razón, junto al amago mortal contra el Estado pontificio, fue la que principalmente le movió a la hora de convocar un Concilio ecuménico. Dos acontecimientos de 1863 maduraron ese proyecto en la mente del Papa y de sus consejeros. Aparecía en Francia, con amplio eco en todo el mundo, otra Vida de Jesús, la de Ernest Renan, donde, como había sucedido con la de Strauss, se negaba la divinidad de Cristo por motivos, ahora, del más acendrado positivismo. Y en el congreso teológico de Munich el grupo dirigido por Döllinger aceptaba un acerca miento crítico a las corrientes del pensamiento moderno y sembraba el recelo, de honda tradicíon germánica, contra los teólogos «romanos». Reaparecía pues en el contexto católico alemán lo que llamaría el gran teólogo del siglo XX Hans Urs von Balthasar «el complejo anti-romano». Pío IX zanjó la incipiente disidencia en una carta pública al arzobispo de Munich en la que se dolía del ambiente hostil a Roma en un sector de la Iglesia alemana con menosprecio de la «antigua Escuela» y de los «santos doctores». Por otra parte el católico liberal Montalembert acababa de proclamar en otro congreso, el de Malinas, su famoso lema que entonces sonó a trallazo y décadas después la Iglesia católica consideraría como un ideal: «La Iglesia libre en el Estado libre». Tales «desviaciones» en pleno acoso del liberalismo radical al Estado pontificio provocaron la durísima reacción de la Santa Sede el 8 de diciembre del año siguiente, 1864: la encíclica *Quanta cura* y su apéndice condenatorio, el *Syllabus.*

La *Quanta cura* es un documento breve, tajanre, como un clarinazo. Se dirige contra el *naturalismo,* como designa el Papa a ese dogma conjunto de la primera Ilustración que propone una sociedad humana constituida y gobernada sin religión. El Papa considera como «locura» la idea de que «la libertad de conciencia y cultos es un derecho libre de cada hombre» y como nefasta la absoluta libertad de expresión. Niega también la tesis liberal-ilustrada de que «la libertad del pueblo constituye la ley suprema» y fustiga «el funesto error del comunismo y el socialismo» justo en el mismo año en que Carlos Marx y otros promotores anarquistas, ateos y masónicos instituían en Londres la Asociación Internacional de los Trabajadores, la Primera Internacional que reunía (de forma inestable) las tendencias socialistas-comunistas y anarquistas cuya acción pretendía sustituir a la burguesía por el proletariado militante en la dirección de la revolución mundial. La corriente anarquista de Bakunin arrebataría pronto la Internacional al proyecto marxista autoritario; pero durante las décadas siguientes resultaba difícil distinguir con precisión la diferencia entre anarquismo, socialismo, marxismo y comunismo. En este último término se englobaban, vistos desde el campo conservador y eclesiástico, todos los impulsos de la nueva Revolución que tampoco se distinguía bien de la revolución burguesa liberal y radical, como se demostró en el estallido de la Comuna de París en 1871.

El *Syllabus,* un documento anejo a la encíclica[83], es un extracto de los «errores principales de nuestro tiempo» condenados en anteriores documentos del mismo Papa. Se citan en el catálogo las proposiciones condenadas y lo documentos que a ellas se refieren. Son en total ochenta proposiciones del panteísmo, el naturalismo, el racionalismo absoluto y moderado y por supuesto el liberalismo. En la condenada proposición 15 se dice: «Todo hombre es libre para abrazar y profesar la religión que juzgue verdadera». Se condenan en bloque el socialismo, el comunismo, las sociedades secretas, las sociedades bíblicas, las clericales-liberales. Todas ellas

[83] Cfr. los textos en *Doctrina pontificia II, Documentos políticos,* Madrid, BAC, 1958, p. 3 s. Pío IX.

son o defienden «pestilenciales doctrinas». Dice la proposición conde nada número 16: «Los hombres pueden, dentro de cualquier culto religioso, encontrar el camino de salvación». Y la 55: «La Iglesia debe ser separada del Estado y el Estado de la Iglesia». La 76: «La supresión del poder civil que posee la Sede Apostólica contribuirá mucho a la unidad y prosperidad de la Iglesia». El capítulo décimo del catálogo se dedica a «errores referentes al liberalismo moderno». Proposición 77: «En la época actual no es necesario ya que la religión católica sea considerada como la única religión del Estado». Proposición condenada 80: «El Romano Pontífice puede y debe reconciliarse y transigir con el progreso, el liberalismo y la civilización moderna» si bien la alocución *Iamdudum* de 1861 había matizado «si por civilización moderna se entiende destruir a la Iglesia».

Quedaba claro que el Papa respondía a la guerra del liberalismo radical y de la nueva revolución presuntamente proletaria (realmente era otra cosa como demostraría la Historia posterior; se trataba de la dictadura de una minoría intelectual y política *sobre* toda la sociedad, incluido el proletariado) con la guerra santa, la nueva cruzada. El *Syllabus,* nótese bien, fue generalmente bien recibido en la Iglesia de aquel tiempo; uno de sus principales promotores había sido el cardenal Pecci, el futuro conciliador León XIII. El documento es durísimo, intransigente, antihistórico e intolerable para nuestra sensibilidad liberal de hoy; pero debe advertirse bien, para no incurrir en ucronismo, que para muchos enemigos de la Iglesia en el siglo XIX la civilización moderna consistía realmente en el ateísmo y en la destrucción de la Iglesia, como habían proclamado Holbach y Voltaire en el siglo anterior; e incluso en la aniquilación de Dios y de Cristo, como pretendían Marx y Nietzsche en la misma segunda mitad del siglo XIX. Desde entonces la evolución de la Iglesia ha sido muy profunda; algunas proposiciones condenadas en el *Syllabus* se han aceptado de forma expresa por los Papas del siglo XX y el concilio Vaticano II. Los jesuitas, que estaban entonces con el Papa, quisieron sin embargo en algunos de sus focos ilustrados, como la revista francesa *Etudes* entre 1864 y 1874, ser fieles también a su ejecutoria en defensa de la libertad humana. Esto despertó sospechas en Roma y el Papa dirigió una severa advertencia a los intelectuales de la Orden ignaciana en 1868.

Un siglo largo después de la promulgación de estos anatemas de Pío IX sus coletazos –ahora sí ya plenamente anacrónicos– estuvieron a punto de alcanzar, válgame Dios, al autor de este libro. Durante mis oposiciones a la cátedra de Historia contemporánea de España e Iberoamérica en 1975 el profesor Federico Suárez Verdeguer, distinguido historiador y miembro del grupo fundacional del Opus Dei, arremetió contra mis opiniones sobre la *Quanta cura* y el *Syllabus* expresadas con todo respeto en mi libro, entonces de reciente aparición, *Historia básica de la España actual* y las esgrimió con furia goyesca para privarme de la cátedra, lo que afortunadamente no consiguió gracias a la sensatez de la mayoría del tribunal. No lo refiero solamente como anécdota personal sino para señalar las posibilidades de pervivencia del reaccionarismo en la Iglesia y por supuesto en otras instituciones ajenas o no a la Iglesia. Creo que el padre Suárez Verdeguer se arrepintió años después de aquella actitud, tal vez porque leyó detenidamente el libro que con tantos bríos condenó en 1975. Por supuesto que en aquella oposición dio su voto –inútilmente– a un «historiador seguro» del Opus Dei, a quien yo había abierto las puertas de la Editora Nacional cuando la dirigí; no sé si me lo ha agradecido después. Yo siempre he sido bastante inseguro, pese a lo cual haré una clara opción en favor del Opus Dei cuando llegue en esta Historia el momento de hablar sobre él. Para ello tendré que elevar la mira y ahogar algunos resentimintos personales todavía muy vivos, como el que me provocó injusta e irracionalmente don Federico.

EL CONCILIO VATICANO I Y LA PÉRDIDA DE ROMA

Justo en ese mismo año del *Syllabus* convocaba Pío IX el concilio Vaticano el 29 de junio. 41 obispos de España asistieron a la ceremonia de inauguración el 8 de diciembre de 1869, cuando el gobierno liberal, radical y revolucionario (burgués) de Madrid les lanzaba, como un desafío, la nueva ley sobre matrimonio civil. Setecientos sesenta prelados, más de las tres cuartas partes de toda la Iglesia jerárquica, asistieron al Concilio, que celebró sus sesiones en la basílica de San Pedro. Se impuso el secreto absoluto sobre las deliberaciones; cundieron los rumores y las sospechas bajo la creciente presión del Reino de Italia sobre Roma. Un tercio de los Padres eran italianos. Pronto se supo que el gran debate se centraba sobre la infalibilidad. Los prelados se dividieron en dos bandos, pro y contra. Trece de los 17 obispos alemanes, un tercio de los franceses y algunos norteamericanos se declararon en contra del dogma proyectado. Los españoles, en bloque cerrado, estuvieron en todo momento unánimes a favor de los deseos del Papa. Al acercarse la fecha de la votación unos ochenta padres abandonaron las sesiones. La votación se celebró el 18 de julio de 1870, en plena agonía del Estado pontificio. 533 padres presentes votaron sí; dos dijeron no pero aceptaron el dogma, que proclamaba la infalibilidad del Papa cuando habla desde la cátedra de Pedro (ex cathedra) sobre asuntos de fe y costumbres; no se aplica al magisterio ordinario ni a las opiniones o decisiones restantes del Pontífice, aunque desde entonces no han faltado quienes despotrican sobre lo que ignoran. Pero se aprobó una definición adicional que tuvo tanta o mayor importancia y de la que casi nadie habla; la plenitud de poder del Papa sobre cuestiones del gobierno de la Iglesia y disciplina eclesiástica. Ello suponía la decapitación del galicanismo, el regalismo y el conciliarismo. Casi todos los obispos que abandonaron el Concilio habían pedido permiso para ello por razones de conciencia El arzobispo de Maguncia, Ketteler, había suplicado de rodillas al Papa que no procediese a la definición de la infalibilidad pero se sometió como casi todo el corto grupo de oposición. Un pequeño conjunto de cien mil católicos, en Alemania, Austria, Suiza y Holanda, se separaron en protesta. El mundo protestante reaccionó con hostilidad que tal vez encubría en algunos una secreta envidia. El mundo católico aceptó el dogma con casi total aquiescencia[84].

[84] L. Hertling, op. cit. p. 455; J. Lortz., op. cit. p. 416.

Al día siguiente de que se proclamara la infalibilidad pontificia estallaba, por trampas agresivas del canciller de Prusia, Bismarck, la guerra franco-prusiana, que pronto acabaría en la humillación de Francia, la expulsión de Napoleón III, la creación del Segundo Reich alemán en torno a Prusia y el final de la protección francesa sobre lo que restaba del Estado pontificio. El 20 de diciembre de 1870 a través de la brecha abierta en la Porta Pía y tras una resistencia simbólica de las tropas papales, el reino de Italia se apoderaba de Roma para hacerla capital del nuevo Estado de la Italia unida. Fue aplazada *sine die* la continuación del Concilio, cumplido su objetivo principal. Un plebiscito aplastante de la población romana confirmó la anexión de la Urbe al reino de Italia. El Papa quedó prisionero (por su voluntad) en el recinto del Vaticano y no aceptó la ley italiana de garantías dada el 13 de mayo de 1871 que luego se transformaría virtualmente en los acuerdos de Letrán en 1929. El Papa retuvo el Vaticano, San Juan de Letrán y la quinta de Castelgandolfo pero no el Quirinal, que sería residencia de los reyes de Italia. Como habían previsto los católicos liberales, aunque lo condenase el *Syllabus,* la privación del poder temporal acarreó un gran beneficio para la independencia, la espiritualidad y la misión de la Iglesia, así como un notable incremento del prestigio del Papa encerrado, que pudo seguir ejerciendo su alto ministerio para todo el mundo.

Hasta su muerte en 1878 Pío Nono se atrincheró en posiciones ultramontanas y mantuvo la hostilidad de la Santa Sede al reino de Italia, en cuya vida política no podían participar los católicos. Pero la Santa Sede no se opuso a la colaboración de los católicos en la política liberal de otros países continentales como Francia y España o anglosajones como el Reino Unido y los Estados Unidos aunque el ideal vaticano de la política en aquella época seguía siendo, por nostalgia, rutina y debido al despojo italiano, lo que entendemos por Antiguo Régimen, la simbiosis del trono y el altar. El liberalismo moderado fue afianzándose en varias naciones frente al liberalismo radical y la Iglesia de algunos países, como los Estados Unidos, demostró una normal capacidad para convivir con ese liberalismo democrático. Gracias a la hostilidad del marxismo y el anarquismo, que crecían ostensiblemente en la década de los años setenta, el liberalismo moderado se identificó cada vez más con el ideal democrático y muchos liberales radicales, por ejemplo los progresistas españoles, que se habían enorgullecido de su pasado «petrolero» (quemadores de iglesias) se moderaron abiertamente y abrazaron una relativa tolerancia religiosa aunque no renunciaron a impulsar la secularización. Sin embargo estaba ya a la vuelta de la esquina, mientras se acercaban las décadas finales del siglo, un formidable ramalazo liberal-radical y masónico contra la Iglesia, con epicentro en la Tercera República francesa, dominada por las directrices masónicas. Contra lo que todavía hoy creen bastantes portavoces clericales, a veces muy altos, el liberalismo democrático ya no era, desde la recepción de John Stuart Mill, un *laissez faire* implacable y antisocial, y así lo muestra la historia de la sociedad británica a lo largo del siglo XIX; ese liberalismo admitía la intervención social del Estado en beneficio de los más débiles. El liberalismo evolucionado no se presentaba a fines de siglo como sustancialmente anticlerical y consistía básicamente en tres afirmaciones. Primera, el individualismo, que no excluía la solidaridad comunitaria; el respeto a la persona como fin, según la elevada tesis de Kant que la Iglesia no suele valorar en sus críticas frontales al liberalismo al que identifica sin más con el capitalismo despiadado. Segundo, las relaciones de los seres humanos en comunidad son esencialmente morales. Y tercero, una clara distinción entre la sociedad y el Estado. En la práctica, como decimos, el liberalismo era la democracia, lo que no había sucedido muchas veces en épocas anteriores del siglo XIX, donde podían darse, como en España desde 1833, regímenes liberales que no pueden calificarse de democráticos. El liberalismo cada vez más democrático, tras las huellas del Reino Unido y los Estados Unidos, avanzaba lentamente en Europa durante las décadas finales del siglo XIX y terminaría por extenderse e imponerse en el siglo XX, hasta ser aceptado primero en la práctica y luego en la teoría por la Iglesia católica y los partidos en ella inspirados.

APROXIMACIONES DE LA CULTURA A LA RELIGIÓN

La hostilidad cerrada de la cultura republicana de Francia a fines del siglo XIX hizo pensar a muchos católicos, dada la influencia de la cultura francesa en la opinión mundial desde el siglo XVII, que todo el pensamiento del XIX era igualmente anti-religioso. No es verdad. Es cierto que seguía reptando el positivismo incluso fuera de su ámbito acotado por Comte, pero los grandes promotores del evolucionismo, que se imponía a partir de los años sesenta, no eran ateos y conciliaban expresamente su doctrina con la religión; así Herbert Spencer (1820-1903) que aceptaba un Absoluto incognoscible, pero no irreal, como término de la religión conciliada con la ciencia; y sobre todo el gran Charles Darwin, (1809- 1882) que era creyente y que jamás vio en su obra decisiva, *El origen de las especies* (1859) un ataque a la religión sino una hipótesis inductiva para explicar numerosas observaciones sobre la transformación de los seres vivos, y para expresar la selección natural como principio rector de la lucha por la supervivencia. En el siglo XX el jesuita Teilhard de Chardin intuiría, a partir de observaciones paleontológicas, un evolucionismo todavía más profundo que no se opone a la fe cristiana sino que la aureola de ciencia. Teólogos católicos se enfrentaron a Teilhard como muchos teólogos protestantes a Darwin pero la Iglesia católica había escarmentado bien de su aberración en el caso Galileo y no repitió el disparate. Darwin además rechazó el ofrecimiento de Marx que deseaba dedicarle el primer tomo de *El Capital* y pretendía incorporar la doctrina de Darwin a su pensamiento político-social. Era el primer revés de la falsa ciencia marxista ante la Ciencia auténtica.

Más aún, durante la segunda mitad del siglo XIX, ante el desbordamiento del idealismo y el agotamiento del positivismo, apuntaban algunas corrientes de pensamiento más próximas a la religión cristiana, que no fueron debidamente valoradas por el tremendo recelo y el acomplejamiento cultural del Vaticano. Hacia la mitad de la década de los sesenta el libro de Otto Liebmann *Kant y los epígonos* proclamaba el retorno a Kant junto con el entredicho a los epígonos del idealismo desde Fichte a Hegel; el neokantismo surgía en la escuela filosófica de Marburg (Cohen/Natorp) y Baden (Windelband/Rickert). El rechazo del idealismo epigonal conectaba perfectamente con la influencia de un gran filósofo alemán, católico y sacerdote, que actuó como puente entre el pensamiento del siglo XIX y el del siglo XX, Franz Brentano (1838-1917) que exigía el retorno a la minuciosidad conceptual aristotélica; este pensador interesantísimo aceptó plenamente la vinculación metodológica entre la filosofía y la ciencia moderna y, gran conocedor de la Escolástica, postuló un cultivo de la metafísica lejos de las fantasmagorías del idealismo de las que en último término, y con toda razón, hizo responsable al propio Kant. Volveremos sobre él.

Algunos promotores del retorno a la metafísica son católicos o incluso sacerdotes, como Bernhard Bolzano, pensador austriaco (1781-1848) con su *Teoría de la ciencia* muy valorada por Husserl, que le considera como uno de los grandes lógicos de la Historia. Más próximo a Leibniz que a los idealistas, dominó la matemática de su tiempo e influyó en los orígenes de la lógica simbólica. Sacerdote y religioso fue Augusto José Gratry (1805-1872) renovador del Oratorio de Malebranche, que publicó *La connaissance de Dieu,* libro al que Julián Marías considera como el mejor escrito sobre Dios en el siglo XIX; restaurador también de la metafísica centrada en la teodicea, que defendió la unidad de la historia de la filosofía desde los griegos y analizó dos conceptos clave, el de Dios y el de persona. En algunas profundizaciones sobre la relación entre la persona y Dios parece que ya estamos oyendo a Javier Zubiri. Dos sacerdotes italianos muy implicados en la política piamontesa y en la causa de la unidad de Italia figuran igualmente entre los restauradores de la metafísica en el siglo XIX: el ya citado Vincenzo Gioberti y Antonio Rosmini-Serbati (+1855) cultivadores del ontologismo, que adaptan a la época actual el argumento ontológico de san Anselmo abandonado por Kant; el acto de pensar en Dios implica, según ellos, su existencia pero no basta la sola razón para confirmar esa existencia que necesita el apoyo de una intuición supra-racional. Uno y otro reflejan una profunda idea cartesiana sobre la visión de las cosas en Dios; pero tanto Pío IX como los jesuitas se opusieron al ontologismo sin valorar las posibilidades positivas que ofrecía para el avance del pensamiento cristiano en el mundo contemporáneo. Como por lo demás sucedió lamentablemente en casi todos los casos citados; una ortodoxia recelosa se asustaba por los excesos de Renan sin advertir las valiosas posibilidades de todo este espléndido conjunto de pensadores creyentes que salvaban, mucho mejor de lo que Roma creía, el abismo artificial entre la cultura y la fe durante la Segunda Ilustración. Afortunadamente dos Papas de nuestro siglo, Pablo VI y Juan Pablo II, han reivindicado con profundidad la doctrina y la actitud abierta de Rosmini, como ha revelado Gianni Cardinale en su documentado artículo de *30 Giorni* n.92 (1995) p. 55s. Tampoco se preocupaba Roma, sumida en su obsesión política y apologética contra el acoso del reino de Italia y del positivismo militante y ateo, de aprovechar las prometedoras vetas religiosas que ofrecía por todas partes la literatura del siglo XIX. En España los intelectuales neocatólicos (como los profesores Vicente de la Fuente y Marcelino Menéndez y Pelayo) alcanzaban mucha mayor altura objetiva que los desmedrados y jaleados krausistas, quienes sin embargo gozaban y gozan de un sistema de relaciones públicas (es decir, bombos mutuos) mucho más eficaz, que se maniene en nuestros días por la tenacidad de la prensa masónica y la ignorancia de la prensa derechista. Las innegables disonancias de la gran literatura rusa, por ejemplo en las obras de Dostoievski y Tolstoi, se desvanecían ante la grandeza cristiana de sus intuiciones fundamentales; el conde León Tolstoi, por ejemplo, en medio de sus éxitos universales como *Guerra y paz* (años sesenta) y *Ana Karenina* (años setenta) nunca desmintió, en el fondo de sus disparates y sus falsedades, su propósito inicial de «hacer del reino espiritual de Cristo un reino de esta tierra». Es cierto que, como dijimos, la gran literatura del XIX, sobre todo en Francia, ofrece alarmantes vetas gnósticas y que Pío IX estuvo a punto de incluirla en el Indice casi en bloque, lo que afortunadamente no se consumó; pero ni toda Francia escribía al borde de la condena ni todo el mundo cristiano era Francia, donde había dominado hasta poco antes la literatura católica y resurgiría pronto una presencia literaria católica formidable. A medida que profundizamos en la historia real del siglo XIX encontramos nuevas pruebas de que el divorcio entre la fe y la cultura no era, objetivamente, ni universal ni siquiera preponderante. Lo que pasa es que la propaganda cultural anticatólica resultó muy superior a la católica, que vivió demasiados años abrumada por el adversario. Hasta eso iba a empezar a remediarse seriamente en el pontificado posterior, cuando se inició la reconciliación entre la fe y la cultura de nuestro tiempo.

En las décadas finales del siglo XIX iba a producirse, además, sin que la opinión culta se enterase hasta décadas más tarde, una colosal revolución en el seno de la ciencia moderna que derribaría a la Ciencia Absoluta y destruiría con ello los cimientos del muro artificial que separaba a la ciencia de la fe. Pero ese acontecimiento, que es fundamental para nuestra historia, merece el tratamiento detenido que le reservamos en el capítulo siguiente. Carlos Marx, por ejemplo, murió en 1883 sin sospechar que tal revolución científica iba a liquidar, entre otras cosas más importantes, el presunto dogma científico de su artificiosa construcción teórica, incluidas las consecuencias universales de tal teoría.

EL ASALTO DEL KULTURKAMPF

El historiador de la Iglesia Joseph Lortz afirma, al estudiar la actitud de los bolcheviques contra el cristianismo a partir de 1917: «Nunca a lo largo de la Historia había adquirido semejantes dimensiones el odio contra la religión»[85]. Es verdad; pero el diagnóstico del odio (sembrado en la primera Ilustración y en la Revolución francesa) debería adelantarse, referido sobre todo a la Iglesia católica, hasta la segunda mitad del siglo XIX y especialmente al último tercio de ese siglo; cuando se concentraba ante los muros del Vaticano el odio agresivo del liberalismo radical, se presentía la erupcion anticlerical y anti-religiosa del republicanismo francés y desde el corazón prusiano del otro gran nacionalismo europeo, el de Alemania, el canciller Bismarck, forjador del Segundo Reich, desencadenaba una ofensiva total contra la Iglesia católica precisamente en nombre de la cultura, la lucha de la cultura o Kulturkampf. Este ataque amargó los últimos años del pontifi-

[85] J: Lortz, op. cit., II p. 633.

cado de Pío IX y fracasó por la actitud firme y a la vez flexible de su sucesor León XIII. Y puede considerarse, junto a la subsiguiente persecución político- cultural contra la religión y la Iglesia católica en Francia, como el último coletazo del mal llamado «espíritu del siglo» contra ella, que superó desde la Roca la doble y terrible prueba con una renovada eclosión de vitalidad y un proyecto positivo para la reconquista del mundo moderno. Como ha subrayado Bracher[86] la rutilante victoria de Prusia en 1870 –tras haber humillado poco antes a Austria en Sadowa– sobre el segundo Imperio francés le valió la hegemonía continental en Europa y estableció bajo la égida de Bismarck un nuevo equilibrio europeo además de permitir una proyección imperialista por parte del nuevo Imperio alemán del Norte hacia Africa y Oceanía, en busca de las materias primas y las rutas comerciales que abriesen camino a la expansión económica en competencia cada vez más cerrada con Inglaterra, dueña de los mares y tronco de varias dinastías europeas. La confrontación entre las dos grandes potencias arruinaría en 1914 los esquemas de Bismarck y provocaría la primera guerra mndial; pero 1870 era un momento de gloria alemana que coincidía con la victoria total del nacionalismo gernánico predicado por Fichte, la consagración del Estado Absoluto intuído por Hegel, el recrudecimiento militarista y antisemita de la orgullosa sociedad alemana y las exaltaciones de Nietzsche, gran agitador de los espíritus, pese a que, contradictoriamente, era muy crítico del Segundo Reich y del antisemitismo.

En este clima exacerbado donde dominaban el positivismo, los impulsos del posthegelianismo nacionalista, el liberalismo radical europeo y los inicios de la nueva filosofía vitalista e irracionalista, el célebre patólogo Rudolf Wirchow, explorador de la neurología y parlamentario liberal-radical como jefe de un partido bismackiano (aunque Bismarck, con su partido principal, era un conservador reaccionario) desencadenó el Kulturkampf desde el ámbito (o mejor pretexto) cultural con una sentencia no precisamente científica pero que entonces sonó a declaración de guerra: «No he encontrado el alma en las autopsias». Los protestantes de Alemania apoyaban también al protestante Bismarck cuando, aprovechando las posiciones beligerantes de Wirchow, comunicó los primeros signos de hostilidad contra la Iglesia católica y muy especialmente contra la doctrina de la infalibilidad pontificia que consideraba como una especie de ofensa personal. El partido católico del Zentrum, originado en la década de los cincuenta para articular la actuación de los católicos en la política prusiana y luego en el Reichstag, había apoyado con sus 58 diputados en el parlamento de Prusia la guerra contra Francia y se había sumado con entusiasmo al proyecto imperial; pero también se alineaba en defensa del Papa despojado y en favor de la infalibilidad definida en el concilio Vaticano, por lo que Bismarck creyó que el Zentrum era hostil al segundo Reich, sobre todo cuando los católicos polacos y alsacianos se unieron a ese partido. Razones políticas y especiosos motivos culturales, atizados por el partido nacional-liberal del propio Bismarck, gran competidor del Zentrum, empujaron al canciller a una persecución en regla contra la Iglesia católica en Alemania. Una ley de 1872 impuso una dura inspección estatal en las escuelas católicas. Se rompieron las relaciones entre Alemania y el Vaticano; quedó suprimida la Compañía de Jesús en todo el Reich. La ley de 1873 anuló la autonomía de las iglesias y dio paso a nuevas dis-

[86] Op. cit. I p. 44.

posiciones que sometían la Iglesia católica a la supervisión total del Estado, por ejemplo en el vital terreno de la formación del clero y la designación de candidatos para cargos eclesiásticos. Mientras la Iglesia alemana reaccionaba con una inteligente resistencia pasiva, algunos publicistas del partido nacional-liberal proclamaban «la supremacía del Estado Nacional y la superioridad del espíritu alemán» sobre las estrecheces romanas, en términos que anticipan la actitud y la actuación del totalitarismo nazi frente a la Iglesia. Pero los católicos se apiñaron en torno a Roma y a su jerarquía, superados ya todos los traumas de la infalibilidad; y en 1873 el Zentrum aumentó su participación en el Reichstag hasta noventa diputados. Que se opusieron inútilmente a la ley de extrañamiento de 1874, la del matrimonio civil obligatorio en 1875, al encarcelamiento de cinco obispos y a la supresión de las órdenes y congregaciones religiosas en Prusia. Pero al observar que la virulencia de su injusta ofensiva fortalecía la cohesión de los católicos pese al cierre de los seminarios y la humillante prueba del examen cultural exigido a los sacerdotes, Bismarck dejó que se estancase el Kulturkampf desde 1876, volvió sus fuegos contra el crecimiento de la socialdemocracia marxista y al producirse el cambio en el pontificado se mostró dispuesto a una negociación.

El 3 de junio de 1877 Pío Nono celebraba sus bodas de oro con el episcopado. Innumerables peregrinos del mundo entero acudieron a Roma para promover una auténtica apotesis del Papa prisionero. Pero este triunfo final marcaba tambien el ocaso de una gran personalidad y toda su época. Los colaboradores principales del pontificado ya habían desapareido, entre ellos el secretario de Estado cardenal Antonelli, un político mundano y disoluto a quien el Papa oyó en confesion durante horas, y fueron pocas. El propio Pío IX se daba cuenta de que su tiempo ya pertenecía al pasado y hablaba amargamente de que su sucesor tendría que cambiar las cosas, porque él ya no se sentía con fuerzas para ello. Los cardenales más fieles advertían que la Santa Sede se estancaba, carecía de horizontes frente a la realidad, aunque paradójicamente la inmensa mayoría de los obispos y el clero, tanto secular como regular, mantenían su apiñamiento en torno al despojado Papa Rey. El gran enemigo, Víctor Manuel II de Italia, murió en enero de 1878. Unas semanas más tarde le seguía Pío IX, el 7 de febrero. La Iglesia había sufrido mucho bajo su mando, pero se había confirmado en su misión. Hasta los mayores adversarios del Papa, fuera y dentro de la Iglesia, acallaron sus críticas ante la grandeza de su muerte. Aunque por toda la Iglesia se presentía la urgencia de un tiempo nuevo, de una orientación que mirase más al futuro que al pasado.

CAPÍTULO 5

LA IGLESIA ENTRE LOS DOS ÚLTIMOS SIGLOS: LA CONFRONTACIÓN IMPERIALISTA LA NUEVA CIENCIA, LA TERCERA AGRESIÓN MASÓNICA, EL SOCIALISMO MARXISTA Y LA HEREJÍA MODERNISTA

LEÓN XIII Y SAN PÍO X (1878-1914)

El Papa León XIII, que vive el final del siglo XIX y el principio del XX, inicia la reconciliación de la Iglesia con la cultura, condena a la Masonería como forma de la gnosis y es el primero de los grandes Papas de nuestro siglo.

DEFINIR UNA TRANSICIÓN HISTÓRICA

Pío IX, con su grandeza y sus limitaciones, se perdió, tras su muerte, en el siglo XIX del que había sido protagonista. Esbozamos aquí una historia de la Iglesia en nuestro tiempo y vamos a penetrar en el siglo XX que enmarca específicamente a nuestro tiempo. León XIII vivió casi todo su tiempo cronológico en el siglo XIX pero entró unos años en el XX; por su talante abierto y su decidida actitud al encarar los problemas de la Iglesia ante el mundo real, se nos presenta hoy como un hombre de presente y el futuro mucho más que del pasado. Su elevada figura define, pues, una transición en la Iglesia, dentro de la acelerada transición que, sin darse plena cuenta de ello, estaba viviendo toda la Humanidad en las últimas décadas del siglo XIX y las primeras del siglo XX. Por eso los dos pontificados que estudiamos en este capítulo enmarcan una transición dentro de una transición. Hemos de definir para ello, ante todo, las líneas maestras de la transición universal, en la que va a inscribirse la transición de la Iglesia. En el título de este capítulo, inevitablemente largo, he concentrado esas líneas maestras.

En primer lugar, la confrontación imperialista, mucho más compleja de lo que entonces se creyó. La confrontación primaria, aparente, se generaba entonces entre dos imperialismos europeos: el del Imperio británico y el Imperio alemán. Tras la pérdida de las Trece Colonias en el último tercio del siglo XVIII, el Reino Unido había construido, gracias a su talasocracia, a su primacía en la Revolucíón Industrial y a su victoria sobre Napoleón, su Segundo Imperio que se extendía por todo el mundo. La reina Victoria, que cubre casi todo el siglo XIX, se coronó Emperatriz de la India cuando la penetración británica en el subcontinente indostánico llegó a dominarle. Cuando Victoria murió en 1901 Inglaterra se creía la primera potencia mundial, y se lo siguió creyendo hasta 1914 pero en la primera de esas fechas tal presunción se había alejado ya de la realidad, desde dos o tres décadas antes. Con sus victorias sobre el Imperio austrohúngaro en los años sesenta y contra el Imperio del tercer Napoleón en 1870 la Alemania de Bismarck, el Segundo Reich o Imperio alemán, creía habar logrado la hegemonía continental europea –lo que era cierto– y se procuraba en Africa y en el Pacífico un vasto imperio colonial, para el que necesitaba una poderosa marina de guerra. Por otra parte la industria alemana, tenida por insuficiente y chapucera hasta bien entrado el siglo XIX, se incorporó aceleradamente a la revolución industrial y al terminar el siglo sus productos eran ya signo de calidad y aceptación universal. Se gestaba por tanto, inevitablemente, la confrontación entre el experimentado imperialismo comercial británico, poderoso en los cinco continentes y los siete mares, y el joven, pero muy decidido y agresivo imperialismo germánico. El equilibrio europeo, cuya nueva fórmula había impuesto el canciller Bismarck, iba a hendirse por la antítesis germano-británica.

Pero uno de los caracteres más profundos de la transición entre siglos era la rutilante aparición de tres nuevas potencias imperiales, con pretensión hegemónica sin límites. Rusia, gran vencedora de Napoleón, imponía su ley en Europa oriental, donde era dueña de gran parte de Polonia; presionaba fatalmente contra el Imperio turco decadente, en busca de una salida al Mediterráneo; y consolidaba su formidable imperio siberiano hasta el mar del Japón, mientras, sin abordar reformas sociales significativas, trataba de convertirse en una gran potencia industrial y llegaría a conseguirlo si el régimen autocrático se mostraba, como a lo largo del siglo XIX, capaz de ahogar la creciente oposición burguesa y revolucionaria interior. Japón había salido de la Edad Media en el último tercio del siglo XIX y antes de acabar ese siglo ya se había transformado en una gran potencia expansiva con aspiraciones hegemónicas en Extremo Oriente y el Pacífico; su choque con el Imperio ruso parecía también inevitable. En fin, los Estados Unidos surgieron de su cruenta guerra de Secesión en 1865 convertidos ya virtualmente en la primera potencia mundial y a fines del siglo XIX cedieron a los imperativos teóricos de la estrategia marítima e iniciaron una expansión imperial en el Pacífico (islas Hawai y luego Filipinas) y en el Caribe (a costa de España). La tendencia aislacionista de una parte sensible de su población se batía en retirada frente al orgullo imperialista, que brotaba de la enorme y creciente riqueza de la nación y de su población acrecida por inmigraciones selectivas de Europa. Disputaban los Estados Unidos la hegemonía sobre Iberoamérica a Inglaterra; al entrar en el siglo XX se mostraban objetivamente dispuestos a disputarle la hegemonía mundial. El hecho es que, en este período de transición entre siglos, la vieja Europa ya no poseía de hecho el poder hegemónico de que disfrutaba a partir del descubrimiento de América. Tres grandes potencias extraeuropeas se aprestaban al relevo inevitable mientras las naciones de Europa iban a enzarzarse en una Gran Guerra (y por dos veces) que desde nuestra perspectiva no puede calificarse más que como guerra civil y por tanto suicida.

Este es el marco estratégico en que va a vivirse la gran transición entre los siglos XIX y XX, que coincide casi exactamente con los pontificados de León XIII y San Pío X. Las demás líneas maestras de esa transición, que hemos resumido en el título del presente capítulo, las iremos dibujando al hilo de los acontecimientos.

LEÓN XIII ANTE LA MUERTE DE DIOS

Joaquín Vicente Pecci, Papa (de 1878 a 1903) León XIII expresó como divisa de su programa: «conquistar al mundo entero para la Iglesia» e inauguró con ello un gran período pontifical –pontífice, el que tiende los puentes– que con sus inevitables frenos y su combinación de claroscuros ha sido sin duda uno de los más decisivos en la historia de la Iglesia católica. No quiso llamarse, significativamente, como sus dos inmediatos predecesores, Gregorio y Pío; había nacido en una familia burguesa; de figura estilizada y elegante llegó a la Santa Sede a los 69 años y mantuvo hasta su muerte un pleno vigor físico, mental y espiritual. Discípulo de los jesuitas en el colegio de Viterbo, estudió después en el Colegio Romano de la misma orden con el profesor Luigi Taparelli, gran restaurador del tomismo, que ya había cultivado el joven Pecci en el seminario de Perusa donde también se inició en ciencia moderna y en literatura. Había sido legado pontificio en Benevento, nuncio en Bruselas y arzobispo de Perusa desde 1846. Allí creó cooperativas agrícolas, cajas de ahorros –dentro de esa actividad bancario-benéfica de la Iglesia que se contrapuso eficazmente al auge de la banca liberal italiana– y fomentó los progresos de la higiene y la medicina popular. Desde Bruselas había viajado por Europa. Adversario permanente de la política cerrada y negativa impuesta a Pío IX por el cardenal Antonelli, nombró sucesivamente a dos grandes secretarios de Estado, tan firmes como conciliadores; el cardenal Franchi, antiguo nuncio en España y desde 1887 al cardenal Rampolla del Tindaro, mal visto en Austria por la independencia con que regía las relaciones políticas de la Iglesia. Hombre de profunda piedad personal León XIII creía hasta el fin en la doctrina que quiso exponer a la Iglesia en numerosas y resonantes actuaciones de su magisterio. Se mantuvo firme en la condena contra el Reino de Italia por la usurpación de los Estados pontificios y ya sabemos que su preocupación doctrinal había contribuido a la formulación del Syllabus de su predecesor. Pero se mostraba tolerante con las diversas formas políticas, pragmático en su actuación exterior y sin complejos ante la cultura moderna, que pretendió reconciliar con la fe desde posiciones muy firmes del pensamiento católico, al que quiso articular en torno al impulso neotomista, lo que comportaba un realismo crítico frente a los excesos del idealismo y una actitud mucho más abierta ante la ciencia y el saber moderno, como había sido en el siglo XIII la de Santo Tomás, esa gran fuente de la sabiduría universitaria europea. León XIII abrió a los investigadores los archivos del Vaticano, fiel al lema de «no decir falsedad, no callar verdad aunque esa verdad no favorezca a la Iglesia». Reanudó, si bien con escaso éxito, los intentos ecuménicos iniciados con ilusión por Pío IX. Su habilísima relación político-eclesiástica con el Imperio alemán y la cooperación con Bismarck en algunos puntos delicados (como la mediación ante España para el conflicto del Pacífico, donde Alemania penetraba en su esfuerzo expansivo) amortiguaron y, a fines de los años ochenta, cancelaron prácticamente el Kulturkampf, lo que fue interpretado por todo el mundo como un formidable éxito del Papa, que desde el mismo día de su elección había escrito al emperador Guillermo I para mejorar relaciones. Bismarck, al término de la disputa que él había atizado, recibió del Papa la suprema Orden de Cristo, lo que provocó algunos resentimientos en el Zentrum, al que había dejado relativamente al margen de las negociaciones de paz.[87]

Pero si la falsa confrontación oficial con la cultura germánica se desvanecía, la cultura gnóstica y monopolista mantenía y recrudecía, junto con el liberalis-

[87] Cfr. H. Jedin, op. cit. VIII p. 108.

mo radical y el socialismo revolucionario marxista, su hostilidad contra la religión y contra la Iglesia. Ya vimos cómo durante la seguida mitad del siglo XIX se diluía la preponderancia del idealismo, cundía el positivismo radical con pretensiones de englobar al descubrimiento del evolucionismo y también cómo el socialismo «científico» reconocía al ateísmo como su principio y fundamento. Pero también se reclamaba la vuelta a Kant y la restauración de la metafísica, sin excluir, en modo alguno, el redescubrimiento racional de Dios. Aristotélicos de primera magnitud como Brentano tendían puentes transitables entre el pensamiento del siglo XIX y el del siglo XX. Desaparecido Carlos Marx en 1883 su colaborador Engels trató de institucionalizar al marxismo mediante la creación y coordinación de partidos socialdemócratas marxistas en la Segunda Internacional creada en París a los pocos años de morir el frustrado profeta rojo; hacia fines del siglo XIX esos partidos socialistas marxistas pugnaban por hacerse un lugar en la convivencia política de sus naciones, dominada por los partidos liberales, conservadores y nacionalistas; aunque la presencia política del socialismo europeo no cuajó hasta la primera década del siglo XX, la Segunda Internacional no pasó de una modesta oficina de coordinación, sin excesiva fuerza como representación colectiva y los restos de la Primera Internacional, caída en manos de la corriente anarquista, se desintegraban en el terrorismo y luego evolucionaron a varios tipos de sindicalismo revolucionario. En 1866 había aparecido en Alemania un libro espectacular que parecía asumir y sintetizar toda la herencia del positivismo, el materialismo, el determinismo y sobre todo el evolucionismo al que convertía en un nuevo Absoluto: *Fundamentos generales de la ciencia orgánica de la forma, mecánicamente basada en la teoría reformista de la descendencia, de Charles Darwin,* cuyo autor era el investigador naturalista y filósofo Ernst Haeckel (1834-1919) al que pronto siguieron otros como *Los enigmas del Universo y Las maravillas de la vida,* traducidos a todos los idiomas con tiradas que a veces superaban los cien mil ejemplares. Era la propuesta de un materialismo monista, un determinismo total y una identificación de la Naturaleza material, espiritual y humana con la evolución incesante cuyo término era la conciencia de la propia Naturaleza a la que quien quisiera podría llamar Dios; aunque Haeckel pretendía apoyase en Espinosa, en realidad su sistema equivalía a una síntesis de panteísmo y ateísmo, con rechazo total de la metafísica. El alma humana, por ejemplo, no era más que la suma de movimientos del plasma en las células de los ganglios; tales dislates hacían entonces auténtico furor, sirvieron como munición «científica» para el Kulturkampf y exageraron el acomplejamiento de la Iglesia ante la ciencia y la cultura, cuando León XIII intentaba ya colmar el abismo entre la ciencia, la cultura y la fe. Pero si Haeckel excluía la idea de un Dios personal, con lo que Dios y el Hijo de Dios resultaban innecesarios, el mayor ataque contra Dios en todo el siglo XIX –simultáneo al de Marx– vino del pensador a quien hemos calificado como una de las claves del irracionalismo contemporáneo, Friedrich Nietzsche, sobre quien tenemos que volver ahora, pues, aunque parezca imposible, su tesis sobre la muerte de Dios se convirtió, bastantes décadas después de morir el filósofo, en inspiradora de una presunta teología que se puede denominar mucho mejor antiteología.

Ya hemos dicho que este prusiano esquizoide y genial se había entusiasmado en Leipzig con el pesimismo de Schopenhauer y la grandilocuente música de Wagner, con quien luego rompió con parejo entusiasmo cuando enseñaba filología clásica en Basilea. Su tendencia poética y a la vez aniquiladora le impulsaba a «superar» la razón y adoptar una actitud existencial y paradójica. En su primer período, que abarcó hasta la muerte de Pío IX, 1878, se dedicó sobre todo a la crítica de la cultura; sus dos períodos siguientes y definitivos –el de *Humano, demasiado humano* con *La gaya ciencia* y el de *Así habló Zaratustra*– nos revelan a un Nietzsche próximo a los enciclopedistas del XVIII, sumido en el vértigo de la soledad, atraído irresistiblemente por la locura, durante sus estancias en la Universidad de Weimar y su agonía en Neuburg junto a su madre. Pero se reconoce un sentido de unidad sistemática a través de los tres períodos de su pensamiento, que se decide por la victoria de lo dionisíaco (una explosión a la vez vital y desintegradora) frente a la racionalidad y la armonía de lo apolíneo. Este gnóstico cabal (establecía la antítesis universal en torno a dos dioses-símbolo del paganismo) rompió la identificación hegeliana de lo racional y lo real; adoraba a Voltaire pero se oponía a David Strauss y a la cultura burguesa que no se resignaba a vivir en peligro (Ferrater). Trata de descubrir su conjunto de valores nuevos en lucha contra la moral helada y vacía de su época. Para el Nietzsche final los valores de la cultura europea se encarnan en el cristianismo, el socialismo y el igualitarismo democrático; son los tres elementos de una moral que debe descartarse al situarse el hombre por encima del bien y del mal. A estos elementos caducos opone Nietzsche, en pleno arrebato gnóstico, un vitalismo en trance de ascenso irresistible, la voluntad de fuerza y poder. El cristianismo no es en el fondo más que un resentimiento. La presunción de objetividad en que se apoya el hombre de ciencia es falsa. Ante esa falsedad surge la Vida, que es ante todo voluntad de poder y dominio. Al desmoronarse los valores caducos surge el Superhombre, que vive más allá de la moral convencional y rastrera; en la *virtú* del Renacimiento. La vida del Superhombre es lucha, esfuerzo. Posee la moral del señor, contraria a la moral del esclavo y del rebaño, que es la propia de la moral cristiana. El amor al prójimo, la objetividad, la humildad son valores cristianos y serviles.

En la nueva tabla de valores se sustituye a la bondad por la *virtú,* que no denota virtud sino fuerza; la humildad por el orgullo, la satisfacción por el riesgo, la piedad por la crueldad, el amor al prójimo («próximo») por el amor a lo lejano, lo que los hombres vulgares creen inalcanzable. Se hundirá la cultura europea basada en los valores caducos; la voluntad de poder se afirma frente a la sociología y la teoría del conocimiento; la doctrina (gnóstica) del eterno retorno frente a la metafísica y la religión. El Dios cristiano, síntesis y culminación de todos esos valores caducos, ha muerto; resulta inútil para el estadio superior de la humanidad. Ya dijimos que el soñador de estas aberraciones murió loco, abrasado por su irracionalidad sistemática. Este final no resulta difícil de comprender; lo que sí resulta menos creíble es que sobre tal espejismo se fundara en pleno siglo XX esa teología llamada de la Muerte de Dios. Una teología abiertamente gnóstica: Zaratustra es otro nombre de Zoroastro. el gran inspirador de Mani para la creación de la gnosis irania.

UN LIBERALISMO SOCIAL Y EQUÍVOCO: LA SOCIEDAD FABIANA

Mientras el gran portavoz del irracionalismo caminaba así por el despropósito trascendental, una nueva escuela de liberalismo anglosajón daba pasos importantes tras las correcciones liberal-sociales de John Stuart Mill y trataba, en el último cuarto del siglo XIX, de humanizar y racionalizar todavía más al liberalismo. Eran los idealistas de Oxford, encabezados por Thomas Hill Green, que deseaban ampliar la participación de todos en la sociedad, declaraban la guerra a la miseria, impregnaban al liberalismo de sentido social y aun religioso y postulaban que la libertad moral debe ser el fundamento del liberalismo político; la educación, por ejemplo, habría de considerarse como función social de primera importancia. Como indica el profesor Sabine la revisión liberal de Green limó las aristas entre liberalismo e intervencionismo. El Estado puede y debe intervenir en favor de la educación pública obligatoria. Y en los campos de la sanidad, la vivienda y el trabajo. Esta humanización del liberalismo fue aceptada también por los conservadores que seguían fieles a Burke; el idealismo de Green, que consideraba al hombre como un ser social, influyó en la humanización del conservadurismo y en la configuración de un socialismo liberal que excluía la lucha de clases y se apartaba por ello de la tradición marxista, como ya habían hecho frente al propio Marx las Trade Unions del sindicalismo británico. El liberalismo humanista de Green discurría aparentemente próximo al grupo juvenil que organizó la Sociedad Fabiana en 1883; tanto la escuela neoliberal de Oxford como los fabianos defendían independientemente sus postulados como una derivación social del liberalismo y pueden considerarse como inspiradores del movimiento y el partido laborista, que sustituiría al partido liberal a partir de la segunda década del siglo XX como alternativa política al partido conservador en el Reino Unido.

Sin embargo conviene distinguir profundamente el liberalismo idealista y humanitario de Green y el liberalismo social, o mejor el socialismo liberal de la Sociedad Fabiana, que tiene un signo político mucho más izquierdista y una influencia más o menos secreta en el siglo XX. La Sociedad Fabiana, que se presentaba como un club intelectual pero que constituyó desde el principio una auténtica secta de poder con objetivos de orientación y dominio mundial, ha sido estudiada por el joven investigador Manuel Bonilla Sauras en el libro de 1991 *La trama oculta del PSOE*, al que antepuse un breve prólogo; y por la Fundación Veritas. formada por un grupo de antiguos alumnos de Harvard, en el libro, realmente sobrecogedor, *Keynes en Harvard*, publicado en 1981 en versiones inglesa y española , ésta en el Centro de Estudios para la Libertad, Buenos Aires 1982. Las conclusiones de estos estudios me parecen trascendentales; además están probadas convincentemente y aclaran alguno de los grandes misterios de la izquierda económica, política y cultural en nuestro siglo.

La Sociedad Fabiana fue creada por un americano nacido en Escocia, Thomas Davidson, junto con su amigo Edward R. Pease, miembro de la Bolsa de valores de Londres. Su primer fin fue estudiar los problemas del espiritismo y sobre todo profundizar y propagar una ida universal de socialismo afin al marxismo que iba a alumbrar la Segunda Internacional por medio de Engels, pero sin identificarse orgánicamente con ella. Pronto se sumó al proyecto el sexólogo Havelock Ellis, calificado inmediatamente de pornógrafo. Uno de los miembros propuso para la sociedad naciente el nombre de Quinto Fabio Máximo «Cunctator», el dictador romano que utilizaba tácticas dilatorias para desesperar al gran enemigo de Roma hasta que llegara el momento de asestarle el golpe decisivo. Se trataba, por tanto, de un intento de penetración en la sociedad por medio de ideas demoledoras y configuradoras; un proyecto paralelo al que década después organizaría Antonio Gramsci desde un impulso marxista-leninista y con el mismo objetivo: controlar la sociedad por medio de la conquista social y política del poder. Por testimonio interno sabemos que la Sociedad Fabiana abominó desde sus inicios contra el capitalismo, lo que no impidió a muchos de sus miembros aprovecharse del capitalismo para crearse fortunas personales.

Muy pronto se incorporaron a la Sociedad Fabiana miembros importantísimos, entre ellos el dramaturgo George Bernard Shaw y su amigo Sidney Webb, funcionario entonces del Departamento de Colonias; uno y otro se convirtieron pronto en inspiradores principales del fabianismo durante los siguientes cuarenta años. Webb se casó con la multimillonaria Beatrice Potter, frustrada pretendiente de Joseph Chamberlain, heredera del ferrocarril canadiense Grand Truck e inagotable caja de caudales para la expansión del fabianismo, que facilitó además múltiples conexiones con altos medios financieros del Reino Unido y Norteamérica. Los fabianos, entre cuyos líderes figuraban varios ateos conspicuos, ejercieron una influencia decisiva en la creación del Partido Laborista y en la orientación de su línea de izquierdas. Se les agregaron conocidos aristócratas en Inglaterra, como lord Bertrand Russell y lord Kimberley. Desde su consolidación los fabianos, y la izquierda política e intelectual del laborismo que con ellos se identificaba, sintonizaron con todas las causas de la izquierda revolucionaria en el mundo; hospedaron y animaron a Lenin y a los bolcheviques cuando acudieron en 1907 a la Conferencia de Londres, empeño en que se distinguió el dirigente fabiano Ramsay MacDonald, luego primer ministro laborista; la relación se facilitó porque Lenin había traducido ya admirativamente en 1897 la obra de Webb sobre la historia de las Trade Unions. La Sociedad Fabiana mantuvo un estrecho contacto funcional con la Segunda Internacional socialista y marxista, se relacionaron con León Trotski, promovieron la Sociedad de Naciones antes de la Gran Guerra y luego dominaron la Organización Internacional del Trabajo y diversos órganos de las Naciones Unidas tras la segunda guerra mundial, como la UNESCO.

Sin embargo la actividad más decisiva de los fabianos en la orientación de la política y la sociedad a escala mundial fue el dominio que lograron sobre las grandes Universidades anglosajonas (Oxford y Cambridge en Inglaterra, Harvard en los Estados Unidos) así como en los grandes medios de comunicación. El primer periódico del mundo, el *New York Times* es un diario eminentemente fabiano, y lo mismo puede decirse de la cadena informativa por él presidida y orientada; el *Washington Post*, el *Excelsior* de México, *El País* de Madrid, *Le Monde* en París, *The Independent* en Londres, *La Repubblica* en Roma. Las grandes cadenas de televisión en todo Occidente, a partir de las cuatro de los Estados Unidos –NBC, ABC, CBS, CNN– la BBC británica, Televisa de México, Televisión Española y sus afines en el resto del mundo responden a la misma orientación fabiana fundamental, lo que comporta en sus órganos de orientación fuertes improntas de medios masónicos y vinculaciones diversas con medios judíos. Volveré en el segundo libro sobre este resumen pero convenía adelantarlo ahora para resaltar la influencia decisiva del fabianismo.

Apenas creado en la Inglaterra victoriana de los años ochenta en el siglo XIX, el movimiento fabiano saltó, con las mismas características, el Atlántico y se implantó con fuerza expansiva irresistible en los Estados Unidos. El centro de implantación, una auténtica cabeza de puente intelectual, fue la más importante e influyente Universidad norteamericana, la de Harvard, donde gracias a James Robinson existe ya un irreversible foco fabiano en 1887. Los líderes fabianos Sidney Webb y Edward R. Pease desembarcaron en Norteamérica en 1888. Además de Harvard otras Universidades crearon muy pronto centros fabianos de gran actividad, como Princeton, Columbia, Barnard, las Universidades de Nueva York y Pensilvania. Reclutas fabianos de primer orden como el gran comunicador Walter Lippmann y el jurista judío Félix Frankfurter se agregaron al equipo del entonces secretario de Marina, Franklin Delano Roosevelt en 1917 y luego se convirtieron en pilares de la presidencia rooseveltiana, que adquirió un indeleble tinte fabiano. Desde entonces los fabianos de los Estados Unidos, que eran socialistas y soialdemócratas muy proclives, en ocasiones, al comunismo soviético (como en el caso de sus primos ingleses) se conocieron como *liberals*, término voluntariamente equívoco, porque eran socialistas e intervencionistas, todo lo contrario del liberalismo originario y auténtico. Para entonces ya se había convertido en pontífice máximo del fabianismo en Inglaterra, Estados Unidos y todo Occidente, el creador de la Nueva Economía, profesor John Maynard Keynes.

Hasta la vigorosa reacción del auténtico liberalismo económico en nuestros días, guiado por Hayek y von Mises, el «liberalismo» fabiano de Keynes dominó el pensamiento económico (y buena parte del político) a uno y otro lado del Atlántico desde la primera guerra mundial hasta bien entrada la postguerra de la segunda. Las grandes Universidades de Inglaterra y los Estados Unidos, las grandes Fundaciones norteamericanos (Ford, Carnegie, Guggenheim) se han volcado durante décadas en la propagación del keynesianismo, es decir del socialismo democrático intervencionista que se presentaba como salvador del capitalismo cuando realmente vivía al borde de la hostilidad contra el capitalismo. Keynes aprendió de su padre, profesor en Cambridge, el recelo contra el liberalismo clásico y se relacionó con los fabianos desde los 19 años. Profesor en Cambridge desde 1908 su identificación con los fabianos fue cada día más completa, así como su oposición al concepto de libre empresa. Se mostró desbordantemente comprensivo con los bestiales excesos de Stalin que atribuía a la brutalidad del carácter ruso más que a la esencia tiránica del comunismo. Cuando MacDonald accedió al cargo de primer ministro en 1929 los fabianos, con Keynes a la cabeza, coparon numerosos puestos de la administración económica inglesa. Fusionó en 1931 su periódico *The Nation* con el órgano fabiano radical izquierdista *New Statesman*, fundado en 1913 por los Webb y Bernard Shaw. Acrecentó su influencia en la orientación de la política económica norteamericana, sobre todo al sobrevenir la gran crisis mundial de 1929. Desde entonces el partido demócrata de los Estados Unidos, el mundo político de los *liberals* y sus portavoces en la prensa –el *New York Times*– y en los demás medios viven postrados ante John Maynard Keynes y sus colegas de signo fabiano, como Schumpeter y John Kenneth Galbraith. Ninguno de ellos se ha confesado abiertamente marxista pero gracias a ellos y a los demás fabianos el marxismo ha penetrado profundamente en las Universidades de los Estados Unidos y de todo el mundo occidental, y se mantiene absurdamente incluso después de la caída del Muro de Berlín en 1989. El carácter fundamentalmente totalitario sobre el que se basa la doctrina fabiana se ha revelado cuando dirigentes fascistas como el británico Mosley (antiguo miembro de la Sociedad Fabiana) y el Duce italiano Mussolini han manifestado, ya como fascistas, su adoración por Keynes. La Fundación Veritas (Harvard. Buenos Aires, 1981) ha revelado la trama del fabianismo en el fundamental estudio *Keynes en Harvard.*

Por otra parte los *liberals,* sus promotores fabianos y sus entornos socialistas se han relacionado amplia y profundamente con las diversas especies de movimientos mundialistas que también exhiben fuertes improntas de sectores masónicos y judíos. A estas alturas ya no cabe despreciar olímpicamente estas relaciones como forjadas en los delirios de la extrema derecha. Atención al peculiar *principio del nuevo equilibrio mundial* que emerge por todas partes cuando pretendemos analizar de cerca las doctrinas fabianas, *liberals* y mundialistas. Las doctrinas y las actuaciones.

A partir de 1905 la cultura y el gran periodismo español tienen la suerte (no demasiado valorada hoy) de contar en el corazón intelectual de Londres con un observador y partícipe de excepción, Ramiro de Maeztu, un miembro excelso de la generación del 98 de quien Ortega diría que era el hombre más culto de España. Los quince años de su estancia en Londres (entreverados por frecuentes visitas a España) han sido magistralmente estudiados por el profesor Fraga Iribarne[88]. Fraga describe cómo Maeztu se relacionó con el grupo de la revista *New Age* (denominación que ofrece una sospechosa coincidencia con la secta del mismo nombre, revelada por entonces, relacionada con algunos rincones del fabianismo y muy extendida en nuestros días) y con todo el hervidero del liberalismo inglés y sus corrientes de corrección social, entre las que destacaba la misma Sociedad Fabiana, descrita con tintes demasiado idílicos por Sabine. Maeztu, que llegó a ser figura en la vida intelectual de esos grupos ingleses, evolucionó con varios amigos ilustres, como Hilaire Belloc, hacia posiciones organicistas y conservadoras, mientras el matrimonio Webb y otros amigos derivaban a la izquierda, fundaban, como vimos, la revista *The New Statesman* y se aproximarían, andando los años, al comunismo soviético hacia el que mostraron una desmesurada comprensión. Por su parte Manuel Bonilla Sauras, que ha estudiado con profundidad y originalidad los orígenes y desarrollo del mundialismo, se refiere a la Sociedad Fabiana y al laborismo de izquierdas que de ella emanó con fundado recelo crítico, al detectar –según acabamos de ver– las relaciones del fabianismo con los orígenes de lo que hoy llamamos mundialismo[89]. El mismo autor nos informa sobre la adscripción al grupo Webb de extraños personajes como la teósofa y ocultista Annie Besant, profetisa

[88] M. Fraga Iribarne Cánovas, Maeztu y otros discursos de la Segunda Restauración, Madrid, Sala Editorial, 1976, p. 31s.

[89] M. Bonilla Sauras, *La trama oculta del PSOE* Huesca, 1991 p. 43s.

del nuevo gnosticismo, a quien encontraremos como fundadora del movimiento secreto y sectario también llamado New Age al que aludía el Papa en su reciente libro. Todas estas implicaciones nos obligan a valorar con suma precaución las pretensiones de Sabine sobre la humanización del liberalismo a fines del siglo XIX y principios del XX; el esfuerzo de humanización era en parte auténtico pero muchas veces se complicaba con interferencias de movimientos extraños y sociedades secretas, como explica sugestivamente Bonilla Sauras. A principios del siglo XX se estaba gestando, pero aún no aparecía con claridad, la gran lucha de la Iglesia contra la Nueva Modernidad y la Nueva Revolución; el socialismo marxista parecía aún una esperanza y el partido laborista británico no se ha despojado de sus raíces marxistas expresamente hasta las semanas en que se escriben estas líneas, poco antes de abrirse la primavera de 1995. Todas las grandes confrontaciones del siglo XX estaban, en su primera década, apenas planteadas.

En resolución, la doctrina liberal, identificada cada vez más con el ideal democrático en su aspecto político, a lo largo del siglo XIX, y con el sistema de mercado libre o capitalismo en el plano económico, distaba de ser en los comienzos del siglo XX, pese a su confusión, un credo antisocial e inhumano. De hecho, mientras en Europa el término *liberal* mantiene aun hoy su significado primigenio, (doctrina contraria al intervencionismo del Estado) en los Estados Unidos hoy *liberal* equivale a «socialdemócrata» una vez que este término se ha despojado (no sé si del todo)de su marxismo originario. La alianza actual de liberales y socialdemócratas en el Reino Unido, por ejemplo, reconoce como su raíz al liberalismo humanista de la escuela de Oxford. La crítica, muy común en medios de la Iglesia y en la doctrina pontificia, del capitalismo y el liberalismo como doctrinas antisociales dictadas por el egoísmo de clase dominante resulta hoy, ante la práctica liberal y capitalista del siglo XX en las naciones más progresivas, cuando menos anacrónica, como han aclarado pensadores de la talla de Jean-François Revel y Michael Novak o entre nosotros Federico Jiménez Losantos.

UN ACONTECIMIENTO TRASCENDENTAL: LA QUIEBRA DE LA CIENCIA ABSOLUTA

Pero ni la cultura liberal-radical a fines del siglo XIX y comienzos del XX, ni los nuevos filósofos del vitalismo y el irracionalismo, ni los marxistas que se estaban ya dividiendo en revolucionarios bolcheviques y revisionistas humanistas, ni los epígonos del positivismo y el evolucionismo dogmático al estilo de Haeckel, ni los nuevos gnósticos arropados por la Masonería, ni por supuesto los idólatras, que eran legión, de la Ciencia Absoluta en nombre de la cual se proferían tantos apriorismos, ni los observadores más penetrantes que analizaban las corrientes de la cultura con perspectiva católica, ni los renovadores neoescolásticos advirtieron hasta ya bien entrado el siglo XX un fenómeno cultural de primerísima magnitud, tan importante como la creación de la ciencia moderna y el racionalismo en el siglo XVII: me refiero al hundimiento de la Ciencia Absoluta entre la última década del siglo XIX y la primera del siglo XX, el destronamiento de Newton como criterio de certeza infalible y espejo de la filosofía moderna. Pese a la trascendencia de este fenómeno hay todavía numerosas personas cultas, en los campos del pensamiento, la filosofía, la literatura y del derecho, entre otros, que no lo han captado ni menos asimilado; conviene resumir ahora sus principales perspectivas sin las que no se puede comprender una palabra de los planteamientos culturales profundos del siglo XX, que forman el marco para nuestra investigación[90]. El conjunto bibliográfico que acabo de ofrecer en la nota 90 es revelador y hubiera sido impensable antes de 1970; hoy es sencillamente imprescindible. El último coletazo del ateísmo cosmológico, *El azar y la necesidad* de Jacques Monod queda abrumado y sepultado por ese conjunto, escrito desde la ciencia en dirección a la fe. Para que se hayan podido escribir esos libros era necesario el hundimiento de la Ciencia Absoluta que se enmarca históricamente, para nosotros, entre los pontificados de León XIII y Pío X aunque ninguno de los dos Papas, como la inmensa mayoría de los observadores de la Filosofía y de la Ciencia, lo advirtió entonces.

Así resume el profesor Taylor las conclusiones de su capítulo *La vieja Física* en la que por supuesto incluye a Newton:

En conjunto (a fines del siglo XIX) el mundo material parecía un lugar muy lógico y comprensible, y a fines del siglo pasado se juzgaban conocidas sus leyes básicas. Un físico famoso de aquella época aconsejaba a sus alumnos que no se dedicaran a la Física, ya que había quedado convertida en un simple problema de obtener las soluciones de una serie de ecuaciones conocidas; no quedaba –decía– sino calcular la sexta cifra decimal. La historia de la evolución de la Física nos enseña lo peligroso que resulta, en cualquier época, hacer una afirmación como la anterior. El error fue mucho mayor por el momento en que se produjo: en el transcurso de muy pocos años, los fundamentos de la ciencia, que hasta entonces parecían tan firmes, habrían de quedar arrasados, iban a desaparecer las leyes de Newton, el espacio y el tiempo e incluso la certidumbre... Y desde luego iba a quedar desterrada la certidumbre que expresaban las palabras indignas de aquel famoso físico. A partir de aquel momento nada en la Física podría considerarse sacrosanto[91].

El primer ariete contra la Ciencia Absoluta vino del descubrimiento de los rayos X en 1895 por el profesor Roentgen, que comportaba ya la caída de un dogma clásico: la indivisibilidad del átomo. A poco el físico francés Henri Becquerel dio el paso siguiente al descubrir la radiactividad, que implicaba la emisión de radiaciones consistentes en partículas subatómicas cargadas y otras de naturaleza diferente. Después, ya en 1913, el físico danés Bohr demostró que los electrones violaban las leyes de la Física clásica en su giro estable, y en coinciden-

[90] Cfr. algunas obras muy claras: John G, Taylor, *La nueva física*, Madrid, Alianza ed. 1974; R. Penrose, *La nueva mente del emperador,* Barcelona, Mondadori, 1991; Jean Guitton *Dieu et la science,* París, Grasset, 1991; Paul Davies, *La mente de Dios,* Madrid, MacGraw Hill, 1993; y el importantísimo estudio –entre la Física y la Historia– de Antonio F. Rañada, *Los científicos y Dios,* Oviedo, Nobel, 1994.

[91] Taylor, op. cit., p. 45.

cia con las investigaciones anteriores (1900) del físico alemán Max Planck que con su hipótesis de la emisión discontinua de energía, los *quanta*, había predeterminado también la demolición de la Física clásica, tanto las ecuaciones de Newton sobre la dinámica como las de Maxwell para interpretar el electromagnetismo. En 1905 Albert Einstein propuso la teoría especial de la relatividad, que terminó con los conceptos clásicos del espacio y el tiempo; así mostró que carece de sentido hablar de movimiento absoluto y de referencias absolutas para el movimiento de los cuerpos. Era el final de la Ciencia Absoluta, convertida en Relativa. Por último y ya en la segunda década del siglo XX el físico alemán Werner Heisenberg formuló su principio de indeterminación, por el que se descartaba la aproximación objetiva e indefinida a los fenómenos observables y la Ciencia Exacta se convertía fatalmente en aproximación estadística.

Desde entonces quedaba eliminada la Ciencia Absoluta, la ciencia que se había vuelto prepotente y orgullosa más por la interpretación de los filósofos, desde la Ilustración al positivismo, que por las pretensiones de los propios científicos. La filosofía o mejor, un sector de ella, que había considerado a la ciencia como sustitutivo absoluto de la teología desde el siglo XVIII, se quedaba sin modelo; los axiomas de Descartes, de Kant, de Hegel, de Marx y sobre todo de los positivistas de diversos pelajes, la idolatría científica de los enciclopedistas y los ilustrados quedaban asentados en el vacío (¡y después del experimento de Michelson-Morley ni siquiera existía el éter para llenar ese vacío!) ante una Nueva Ciencia mucho mas real, y por ello mucho más humilde. ¿Qué soluciones quedaban a los adoradores de la Ciencia Absoluta?. Solamente dos: sumergirse en el irracionalismo y su variante el existencialismo, para pensar sobre la angustia del hombre radicalmente desarraigado y desorientado; o retornar a la religión y a la teología, abandonadas desde el siglo XVIII. Por eso el siglo XX es el siglo de la angustia existencial y el siglo de un significativo despertar teológico como no se había producido desde el siglo XVII. Claro que esta consideración fundamental no ha calado aún del todo en la opinión pública culta, no digamos en la vulgar; ni tampoco en las corrientes teológicas y culturales de la Iglesia católica. Pero se trata de un vuelco real, demostrable y dramáticamente confirmado por las explosiones nucleares a partir de 1945, por la revolución de la tecnología en electrónica y en informática, por el salto del hombre y sus instrumentos exploradores al sistema solar y fuera de él, por el colosal desarrollo de una ciencia ficción que tal vez no sea más que una anticipación, como sucedió con las novelas de Julio Verne; por los progresos que parecían inalcanzables de la química, de la biología, de la investigación sobre el átomo, de la ingeniería genética, de la medicina, todos ellos ya privados del orgullo fáustico y nietzscheano que exigía para muchos la previa proclamación de la muerte de Dios. En el siglo XX, tras el hundimiento de la Ciencia Absoluta desde fines del XIX, ha sido la propia Ciencia real quien ha prescindido de los anteriores dogmatismos y ha insinuado el retorno a la divino como única referencia absoluta de un hombre y un mundo totalmente relativizados. Astrofísicos eminentes como Hubble, el profesor Fred Hoyle y Robert Jastrow[92] han encontrado o reencontrado a Dios en medio de polvo de estrellas; la hipótesis del *Big Bang* –la explosión que

[92] Hubble era un sacerdote católico; ver R. Jastrow, *God and the astronomers*, Warner Books 1978; y el bestseller de Hoyle *The intelligent universe*.

inauguró al Mundo y al Tiempo– llevó a un Papa del siglo XX (Pío XII) a sugerir una novísima vía hacia la existencia de Dios desde el creacionismo de la astrofísica moderna; y la espléndida reflexión de Hawking, *Historia del tiempo*, bestseller mundial en estos años, consiste, en el fondo, en una meditación sobre la posibilidad, la incertidumbre y el vacío de Dios en medio de los agujeros negros. Este es de hecho el marco de la Nueva Ciencia en que va a moverse la consideración histórica de la Iglesia durante el resto del siglo XX, campo principal de este libro. Aunque un amplio sector de la opinión pública general de la Iglesia y de la teología aún no se haya enterado.

LA ENCÍCLICA «AETERNI PATRIS»

Desde su perspectiva de lucha y acoso el Papa León XIII, que era un excelente observador de la cultura contemporánea, se ocupó, recién llegado a la Santa Sede, de revitalizar el sentido y la acción cultural de los católicos y de proponer una alternativa general de pensamiento para los intelectuales y docentes de la Iglesia en medio de la confusión contemporánea. No atendió, para ello, a las corrientes y esfuerzos aislados del pensamiento cristiano que, como creo haber mostrado en las páginas anteriores, merecían ser tenidas muy en cuenta para tan alto propósito, pero cuya benemérita proximidad al resto de la filosofía moderna les hacía sospechosas y nada ejemplares ante la observación de Roma, adherida aún a los anatemas del *Syllabus*. Preocupaba mucho al Papa la evidente ventaja de la teología protestante en cuanto al análisis histórico y filológico de los texto bíblicos y la sucesión de los dogmas, que pronto alcanzaría nuevas cumbres con las obras de Alfredo Harnack *Historia de la Iglesia alemana* (desde 1892), *Manual de historia de los dogmas* (1885-89) . Para Harnack, y desde una perspectiva historicista y racionalista, la dogmática cristiana es una infusión del espíritu helenístico sobre la trama del Evangelio; el dogma resulta así tributario de la Historia. La historia de los dogmas acaba para Harnack en el siglo XVI; lo que sucede después es historia de la teología por confesiones. El dogma es válido sólo por su mediación histórica; lo que supone una perversión de la tradición, que para la Iglesia católica, antes y después de la Reforma protestante, es una fuente de fe.

El 4 de agosto de 1879 León XIII publicó una de sus grandes encíclicas, la *Aeterni Patris*, «sobre la filosofía cristiana según la mente de Santo Tomás», documento breve y claro al que siempre se atuvo para la orientación cultural de la Iglesia[93]. Las causas de los males en la vida pública y privada son, según el Papa, «unos criterios erróneos sobre las cosas divinas y humanas, emanados hace ya tiempo de ciertas escuelas filosóficas, que han penetrado en todos los órdenes de la sociedad y han sido aceptados servilmente por una gran mayoría». Contra esa penetración disolvente, la filosofía de Santo Tomás de Aquino, por su racionalidad

[93] En 1979 Ediciones de la Universidad de Navarra publicaron las contribuciones a un importante symposium, *Fe, Razón y Teología*, en el centenario de la encíclica.

y su cabal defensa de la fe, representa la máxima cumbre y el faro todavía vigente para el pensamiento cristiano. Pero la escolástica, que recibió de él su máximo impulso, fue descartada y sustituida. La multiplicidad degeneró en la duda «y desde la duda...¡ qué fácilmente se desliza hacia el error el entendimiento huma no»!. Tras este revés a Descartes, el Papa advierte que las ciencias físicas han de ser cultivadas y apoyadas; que no existe contradicción entre la ciencia moderna y la escolástica. Y recomienda la *sabiduría* de Tomás, no las posteriores desviaciones de la Escuela. Más aún, la auténtica filosofía cristiana está en armonía «no sólo con la ciencia sino con las bellas artes y las artes libres». Santo Tomás es la cumbre de la «filosofía perenne». El borrador de la encíclica se había encargado al profesor jesuita Joseph Kleutgen.

Para orientar a los católicos en medio de la dramática confusión de las ideas modernas, León XIII absolutiza la filosofía de Santo Tomás, que era y es un legado inestimable pero dentro de su contexto histórico; y difícilmente podía responder a los problemas contemporáneos desde sus posiciones de Cristiandad medieval en el siglo XIII. Es verdad que el Papa distinguía siempre entre la investigación filosófico-teológica y la docencia, a la que principalmente se refería en su documento. Pero su talante resultaba mas especulativo que positivo y la teología neotomista marginó bastante a la fundamentación bíblica y sobre todo a la historia eclesiástica profunda y más aún a la llamada teología positiva y a los contactos con la cultura moderna entre la que había vetas muy aprovechables. Además de los nombres citados afloraban ya a la historia del pensamiento en la época de la encíclica los del círculo, luego heterodoxo, de Loisy, los del dominico Lagrange, fundador de la escuela bíblica de Jerusalén y las contribuciones a la historia eclesiástica por parte de la Universidad católica de Lovaina. Desde principios del siglo XIX se intentaba una revitalización del tomismo que recibió un impulso enorme con la encíclica. El cardenal de Malinas, monseñor Mercier (+1926) fundador del Instituto filosófico de Lovaina, dio al neotomismo una apertura al pensamiento moderno de la que surgieron el padre Sertillanges, el influyente publicista y filósofo cristiano converso Jacques Maritain, el jesuita Billot y el también jesuita Maréchal, que trató de verter el tomismo en moldes kantianos y diseñó el llamado tomismo trascendental que llegaría a su apogeo (y a su gran desviación) con Karl Rahner. El padre Billot, en cambio, profesor de la Universidad Gregoriana, (magisterio desde 1885 a 1911) fue un neotomista puro opuesto al evolucionismo teológico y a la dimensión histórica de la teología. Los franciscanos siguieron la estela de Duns Escoto después de la encíclica y por lo general los jesuitas interpretaron el tomismo según los avances de Francisco Suárez, pero gracias a los trabajos de los padres Libetatore y Mazzella habían contribuido al impulso neotomista de la encíclica como precursores. La tradición augustniana, tan fecunda en la escolástica primitiva, configuró inicialmente –fuera ya de la escolástica y sobre todo del neotomismo– al pensamiento de Maurice Blondel, el gran filósofo católico que alcanzó gran fama con su *Lettre sus les exigences de la pensée contemporaine en matière d´apologétique* (1896) . En torno a Blondel se formó una escuela de pensamiento católico abierto a la cultura moderna, paralela al círculo de Henri Bergson, el evolucionista de la intuición y el impulso vital que acampó junto a las fronteras del catolicismo. La nueva escolástica consiguió modernizar en cierto modo el pensamiento tomasiano y fomentar el retorno al realismo crítico, pero su posición generalmente ahistórica la confinó en un aislamiento poco atractivo. Sin embargo todos los Papas posteriores a León XIII, así como el Concilio Vaticano II persistieron en su recomendación de la doctrina de Santo Tomás como valor permanente, si bien cada vez menos excluyente; el importante documento conciliar *Optatam totius*, al hablar de los estudios filosóficos en la Iglesia, ya no impone exclusivamente a Santo Tomás pero a él se refiere cuando habla de «patrimonio filosófico perennemente válido; más o menos, si se me perdona la irreverencia, como los socialistas modernizados de nuestro tiempo se siguen declarando discípulos a distancia de Carlos Marx . No así León XIII, que tomó muy en serio sus orientaciones neotomistas (las cuales, por lo demás, persistieron en la enseñanza de los seminarios y casas religiosas de formación hasta entrados los años cincuenta de siglo XX, cada vez con mayor dosis de anacronismo, por lo que la ruptura posterior resultó traumática) y, por ejemplo, en 1879 ordenó que se privase de su cátedra en la Gregoriana al jesuita ecléctico Palmieri, interesante crítico del hilemorfismo, la doctrina aristotélico-tomista de la materia prima y la forma sustancial, muy cómoda para altas aplicaciones teológicas pero insostenible como base para la interpretación de la realidad cosmológica y psicológica en el siglo XX.

Sin embargo el ímpetu cultural del Papa Pecci no se agotó en la propuesta neotomista. Además de abrir, como dijimos, el archivo del Vaticano a la investigación histórica, apoyó la gran empresa de Ludwig Pastor para trazar la historia de los Papas desde la Edad Media, obra magna ya iniciada en tiempos de Pío IX; aprobó, no sin recelos, el proyecto orientalista e histórico-crítico del padre Lagrange; creó en 1902 la Comisión Bíblica, aunque más para vigilancia que para fomento de una exegesis abierta de los libros sagrados; y en definitiva puso en marcha, todavía sin acabar con los complejos del siglo XIX, un nuevo impulso cultural de la Iglesia católica, con la sólida formación de numerosos maestros relevantes de las ciencias sagradas y una mejoría, aún insuficiente, en la enseñanza religiosa. Inició por tanto, con reticencias y pasos atrás, el gran proceso de reconciliación entre la ciencia y la fe que puede considerarse concluido, si tales proyectos pueden concluir alguna vez, con el pontificado de Juan Pablo II, el Papa estudioso de la mística española y de la filosofía centroeuropea moderna.

LEÓN XIII ANTE LA POLÍTICA

Junto a la revitalización cultural del catolicismo el Papa León XIII abordó otros problemas capitales de la Iglesia en el mundo, con parecida decisión y seriedad; las relaciones de la Iglesia con la política y la toma de posición de la Iglesia ante la cuestión social. Para analizar brevemente el primer tema diremos primero algo sobre las orientaciones generales del Papa en el terreno político y concretaremos después la actuación de la Santa Sede ante los problemas políticos de algunas naciones importantes. No sin advertir que la especialísima situación del Pontífice recluido en el Vaticano tras la que consideraba, como su predecesor, usurpación del Estado pontificio por el reino de Italia siguió condicionando, aunque menos virulentamente que en tiempos de Pío IX, la orientación pontificia ante los movimientos y las ideas políticas del tiempo.

Cuando la Iglesia católica y la Santa Sede empezaban a levantar cabeza después de las tormentas y los traumas del pontificado anterior, León XIII se hallaba, para sus orientaciones políticas, ante un situación personal delicadísima y en cierto modo contradictoria; había formado su personalidad pastoral en las ideas del pontificado anterior pero también se había asomado al mundo moderno y tendía naturalmente hacia una mayor tolerancia, un vez perdidos irreparablemente los Estados pontificios, aunque nunca dejó de protestar contra el despojo ni levantó la excomunión a la Casa de Saboya. El Papa se encontraba ante una monarquía autoritaria en plena regresión (Austria, Rusia) una democracia en consolidación y avance (Estados Unidos, Reino Unido) un liberalismo anticlerical y masónico (Francia, Italia) un liberalismo moderado (España) o autoritario (Alemania) y el ya mencionado cruce de imperialismos de diverso signo que atenazaban al mundo colonial (Africa, sur y sureste de Asia) o semicolonial (Iberoamérica, que se debatía entre regímenes inestables, de talante militarista, liberal o conservador, pero todos ellos sometidos al imperialismo económico anglosajón). Ese mundo de tendencias políticas variables aceptaba de grado o por fuerza al sistema capitalista e incluso se identificaba con él, aunque daba paso cada vez más a un socialismo en ascenso, apenas recién distinguido del anarquismo e identificado para muchos observadores con el comunismo, la Revolución y el marxismo ateo; un socialismo que, como acabamos de analizar, no procedía solamente de la herencia marxista sino que apuntaba a la izquierda desde los mismos países dominados por el capitalismo, gracias al laborismo y a la doctrina fabiana. Toda esta compleja convivencia de corrientes políticas en medio del equilibrio impuesto por Bismarck y el imperialismo británico se resumía ante la mirada del Papa en tres posibilidades: la monarquía autoritaria superviviente del Antiguo Régimen, caso de Austria; la democracia liberal y capitalista, con sus diversos matices; y el socialismo marxista. En una encíclica publicada el mismo año de su elección, *Quod apstolici muneris* (28 de diciembre de 1878) comienza el Papa a deslindar el campo de las opciones políticas en relación con el mundo de las ideas. El problema inmediato de la sociedad, dice, es la puesta en discusión de toda autoridad. Las desviaciones actuales más graves son el socialismo, el comunismo y el nihilismo. La causa remota está en las «venenosas doctrinas de las novedades» que brotan de la Reforma protestante en el siglo XVI. En la encíclica *Diuturnum illud* (29 de junio de 1881) abre sus consideraciones sobre la democracia. Cree perniciosa la doctrina de la soberanía popular; afirma que la forma de Estado ideal es la Monarquía paternalista, patriarcal, como en tiempos del Sacro Imperio; pero acepta que «en determinados casos las cabezas del poder público puedan ser elegidas conforme a la voluntad y juicio de la multitud». Para un observador moderno esta doctrina papal parecerá puro anacronismo. Pero si bien el Papa continuaba sentimentalmente apegado al Antiguo régimen, vigente en los Estados pontificios hasta ocho años antes, expresaba por vez primera la tolerancia hacia la idea democrática y aceptaba nada menos que el concepto de voluntad general como posiblemente legítimo. El paso era enorme; los monárquicos juanistas de España, con don Juan a la cabeza, no lo habían dado aún en 1958, como demuestra el libro de Luis María Anson editado en ese mismo año por la Editorial Círculo. El paso era decisivo y se confirmó en la encíclica *Inmortale Dei* sobre la constitución cristiana del Estado (11 de noviembre de 1885). Existen dos sociedades, regidas por dos poderes: la sociedad civil y la Iglesia, que deben relacionarse mutuamente como el cuerpo y el alma. Son el orden espiritual y el temporal, Dios y el César. Los católicos deben participar en la vida pública, tanto municipal como estatal; salvo alguna excepción, que naturalmente es el caso de Italia para la que sigue vigente –en cuanto a política estatal– el *Non expedit* de Pío IX, que ordenaba el retraimiento de los católicos en vista de la usurpación del Estado pontificio. Pero la toma de posición de León XIII ante la política en general llega a su momento más importante con la encíclica *Libertas* –la primera palabra, que según costumbre da nombre al documento, estaba escogida con clara intención– de 20 de junio de 1888, sobre la libertad y el liberalismo. «La Iglesia, defensora más firme de la libertad» es su primera tesis. Pero los liberales de la época «entienden por libertad lo que es una pura y absurda licencia». El Papa acepta la libertad pero recela, e incluso repudia al liberalismo. Identifica al liberalismo con el naturalismo y el racionalismo de la primera Ilustración; el liberalismo que niega la autoridad divina. Pero introduce una distinción con el liberalismo mitigado, que sí admite a Dios pero no a la Revelación y no considera relación alguna entre la Iglesia y el Estado. Esta separación es falsa. Hay una nueva distinción: la de un liberalismo «de tercer grado» que acepta la religión pero sólo en la vida privada, con separación de la Iglesia y el Estado; tampoco lo acepta el Papa, que rechaza la libertad de cultos y sólo admite la libertad de expresión para la verdad y el bien. Cree que los intelectuales depravados son más peligrosos que muchos delincuentes pero acepta el derecho de la Iglesia a la libertad de enseñanza. La Iglesia admite la tolerancia para el bien común; pero hay una tolerancia que puede ser ilícita. La razón moral del liberalismo es la rebelión del hombre contra Dios. Pero después de haber descrito los tres primeros grados de liberalismo –el radical, el mitigado y el suave– León XIII da un nuevo paso importante y define a un liberalismo de cuarto grado que no exige la separación del Estado y la Iglesia, pero considera que la Iglesia debe amoldarse a los tiempos. Si con eso se pide que la Iglesia asuma por el bien común una actitud de tolerancia, el Papa acepta ese liberalismo. Si lo que se pide es condescendencia, no. Aún más: es justo defender la libertad nacional y la liberación de la tiranía si se hace con justicia. Dentro del marco esbozado es lícito y recomendable el fomento y desarrollo de las libertades políticas modernas.

El paso, aun con reticencias un tanto anacrónicas por pasados y todavía recientes traumas, es, sin embargo, importante. La Iglesia católica admite (no solamente tolera) una forma de liberalismo como por ejemplo la que se daba entonces en el mundo anglosajón o la que había proclamado en España la Restaración de 1874 aunque el Papa no cita casos concretos; la tolerancia se impone ya sobre el veto cerrado. Hemos visto que por entonces el liberalismo, en medio de sus equívocos, había desarrollado doctrinas humanitarias; de las que existían ya en varias naciones ejemplos prácticos palpables. Desde el Vaticano se ha prestado siempre mayor atención a la evolución de Francia que a la de Inglaterra o los Estados Unidos y León XIII parecía convencido de que la democracia y el liberalismo se identificaban en origen con la Revolución francesa pero en todo caso, y desde su temprana intervención orientadora en política, *Quod apostolici muneris* (1878) había descartado todo alzamiento contra el poder constituido (salvo caso de tiranía) sin ofrecer otra salida que la paciencia y la oración. Así en *Libertas* desaprueba la subversión católica irlandesa, aunque afirma la licitud de «aspirar a otra constitución del Estado» sin concretar cómo. Esta norma general del acatamiento al poder constituido será aceptada por las organizaciones católicas de todo el mundo y alcanzará decisivo influjo en España.

El 10 de enero de 1890 la encíclica *Sapientia christiana* rechaza toda identificación de la Iglesia con un partido político, aun si está formado mayoritariamente por católicos. Nuevamente en una alocución de 8 de octubre de 1898 el Papa Pecci acepta la democracia si ésta se inspira en la razón iluminada por la fe y reconoce la diferencia de clases[94].

LEÓN XIII 1884: «ARRANCAR A LOS MASONES SU MÁSCARA»

El liberalismo radical y enemigo de la Iglesia, que pese a su tolerancia para el liberalismo de grado tercero y cuarto estuvo siempre en el punto de mira de León XIII, se identificaba para él, teórica y prácticamente, con la Masonería especulativa de los siglos XVIII y XIX. Esa identificación no se formula solamente por el Papa sino por relevantes historiadores universitarios (no sólo por publicistas de combate) como el profesor Vicente de la Fuente a fines del siglo XIX y el profesor Joseph Lortz en nuestros días, que nada tienen de sectarios. «El compacto liberalismo anticlerical, aliado con una masonería extraordinariamente fuerte» es la expresión de Lortz para describir la situación que estudiamos[95] a propósito del festival, más cerca de lo ridículo que de lo sublime, que organizaron liberales y masones para desagraviar a Giordano Bruno en 1889, con el fin de fastidiar al Vaticano. «Cuando parecía existir una lucha de la República francesa con el Vaticano (al volver el siglo) se desarrollaba en realidad una lucha de la Masonería contra el catolicismo por personas interpuestas», dice una fuente fiable, Alec Mellor[96]. Véase una tesis de la misma fuente: «Todo el siglo XX, hasta bien comenzada la guerra mundial, es en Francia sectarismo; nada alejado por cierto del que hostigaba a la Iglesia en España». Y por supuesto en Italia, donde la ofensiva masónica contra la Iglesia, iniciada en el siglo XVIII, había vertebrado la lucha contra el Estado pontificio en lo temporal y contra la Iglesia católica en lo espiritual. Estos hechos innegables, aunque los jesuitas masómanos prefieren pasar por ellos como gato sobre ascuas, motivaron que León XIII haya sido el Papa que mas documentos ha dedicado contra la Masonería en toda la historia de la Iglesia. Pero es que los mismos autores

[94] Cfr. H. Jedin, op. cit. VIII p. 149.

[95] J. Lortz., op. cit., II p. 412.

[96] Apud *Documentos colectivos* op. cit. p. 93; la obra de Mellor es *Histoire de l'anticlericarismo français.*, ed. Mame 1966).

serios y testigos veraces de la masonería coinciden en esta tesis; ver por ejemplo al citado Jacques Mitterrand, cuando tras la identificación de Masonería y liberalismo radical que ya hemos reproducido para la primera mitad del siglo XIX, concreta admirablemente la de la segunda mitad y comienzos del siglo XX[97]. Por lo pronto demuestra la conjunción de las logias masónicas y la Comuna revolucionaria de París en 1871. En el manifiesto de 5 de mayo de ese año los masones de Francia dicen: «París, a la cabeza del progreso humano, en una crisis suprema, hace su llamada a la Masonería Universal, a los Compañeros de todas las Corporaciones y grita: 'A mí, los Hijos de la Viuda'. ¡Viva la República!. ¡Vivan las Comunas de Francia federadas con las de París!». En 1903, a imitación de Voltaire, la heroína de la Comuna Louise Michel ingresó en la Logia del Derecho humano. El masón Gambetta murió en 1882, el año en que el masón Jules Ferry desataba su ofensiva contra la Iglesia en el campo de la enseñanza. Pero antes, en 1877, el Gran Oriente de Francia rompió con la Gran Logia de Inglaterra, que se mantenía fiel al deísmo de sus fundadores, y se declaró fuera de la creencia en un Dios como Gran Arquitecto del Universo. Es decir que por vez primera una obediencia masónica importante se declara compatible con el ateísmo y anula el ya mortecino brillo gnóstico del Dios lejano. Sin embargo la ruptura no ha sido total y de forma misteriosa, que nada tiene ya que ver con la creencia común en el Dios Incognoscible, la unidad de las obediencias masónicas –gnósticas y agnósticas– se mantiene en todo el mundo[98]. Las pruebas, aducidas por Mitterrand, sobre la identificación de la Masonería con la campaña anticlerical que llevó a Francia, pese a los esfuerzos de comprensión por parte del Papa, a la tremenda ruptura con la Iglesia durante la última década del siglo XIX y la primera del XX son abrumadoras y coinciden, por parte masónica, con la tesis de Lortz que acabo de citar. Los liberales-radicales y masones de Italia habían consumado en 1870 su agresión contra la Santa Sede; esta ofensiva masónica de Francia tomó el relevo y no paró hasta conseguir la violenta separación de la Iglesia y el Estado que Napoleón había impedido con su Concordato un siglo antes. La Iglesia de Francia, firmemente adherida a la de Roma, aguantó esta segunda agresión masónica del siglo XIX con entereza y espíritu de fe. El partido radical de Francia, nacido en 1901, fue un nidal masónico pero los Hijos de la Viuda estaban también presentes en otros. «De 1899 a 1905 –dice Mitterrand– el Bloque gobierna Francia; republicanos y masones están en el poder»[99].

Nada tiene de extraño que ante ese ambiente, que se venía gestando desde muchos años antes, el Papa León XIII concentrara su defensa de la Iglesia contra la secta masónica en su formidable encíclica de 1884, *Humanum genus*. En ella reitera las condenas pontificias contra la secta, fulminadas desde 1738. La Masonería, dice el Papa, «ha comenzado a tener tanto poder que casi parece dueña de los Estados». Insiste en el secreto masónico, que los masones (como hacen hoy sus portavoces jesuitas) minimizan y ridiculizan; y en el castigo de muerte a quienes lo violan. Y adelanta este dictamen: «El último y principal de los intentos

[97] Cfr. J. Mitterrand., op. cit. p. 79s.

[98] Cfr. Jacques Mitterrand op. cit., p.59. La ruptura del Gran Oriente con la idea de Dios está admirablemente reflejada en la obra del profesor Chevalier.

[99] Mitterrand., op. cit. p 80.

masónicos es la destrucción radical de todo el orden civil establecido por el cristianismo». El objetivo masónico es la secularización total: «arrebatar a la Iglesia todo su poder e influencia». El Papa lanza a los católicos una consigna: «Lo primero que debemos pensar es arrancar a los masones su máscara». Y reitera la prohibición total de inscribirse en la Masonería para los católicos. ¿Es que los masones y sus acólitos piensan que León XIII era un ultramontano y procedía tan enérgica y reiteradamente sin información?. No era así, desde luego. Es cierto que desde entonces la Iglesia y la Masonería han evolucionado, como iremos viendo a lo largo de este libro. Pero es firme opinión del autor que la Masonería no ha celebrado su Concilio Vaticano II y no ha variado en su estrategia fundamental de secularización absoluta, aunque haya introducido, ante la grosería de sus métodos anteriores, notables variaciones de táctica y de imagen. Pero como ya he indicado León XIII acierta con lo esencial de la Masonería al denunciarla en esta encíclica como reviviscencia del paganismo, es decir como manifestación moderna de la gnosis. Esa es la clave que sitúa irremisiblemente a la Masonería en el campo dominado por el poder de las tinieblas. Aunque cuente en nuestro propio campo con una inconcebible quinta columna de católicos e incluso de jesuitas más o menos alucinados que se empeñan en no ver lo que ven, tal vez porque se trata de lo que llaman los masones oscuridad visible.

Con estas consideraciones sobre orientación política general de León XIII y sus criterios sobre la Masonería podremos comprender mejor su acción para el gobierno de la Iglesia en varios países significativos. Y ante todo, Italia.

LEÓN XIII Y LA DEMOCRACIA CRISTIANA

Después de la conquista de Roma y la conversión de la Ciudad Eterna en capital del Reino de Italia, el gobierno liberal del rey Víctor Manuel II ofreció a la Santa Sede, en son de paz, como sabemos, una ley de garantías para salvaguardar la independencia del Papado, al que se reconocían algunos enclaves territoriales además del recinto del Vaticano y un serie de compensaciones económicas. Este esquema de «Iglesia libre en el Estado libre» que ya habían proclamado los católicos liberales de Francia fue ignorado por Pío IX que se constituyó prisionero en el Vaticano; y rechazado también por León XIII. El Papa Mastai se había cerrado en banda a la participación de los católicos en la política del Reino de Italia con su *Non expedit*, que León XIII mantuvo; los católicos no debían ser electores ni elegidos en el sistema político de aquella casa real excomulgada. Sin embargo ante la irreversibilidad de la usurpación muchos católicos y buena parte del clero creían que el retraimiento resultaba perjudicial para la propia Iglesia al dejar toda la política en manos de sus enemigos. Muchos católicos, además, estaban de acuerdo con la consumación de la unidad italiana y con la nueva capitalidad de Roma.

Así las cosas León XIII, que fomentaba la participación de los católicos en la vida pública dentro de sistemas liberales cada vez más democráticos, como los de Francia y España, y aceptaba esa participación en los países anglosajones, no podía mantener mucho tiempo, sin contradicción, la excepción italiana. Por lo pronto permitió sin reservas la intervención de los católicos italianos en la vida política local. El Estado italiano amplió el derecho de sufragio, restringido hasta entonces de hecho al dos por ciento de la población (como sucedía en otras partes por ejemplo en España, gracias a esquemas censitarios) hasta un diez por ciento. Se creó en 1886 la Sociedad de la Juventud Católica italiana, germen de todos los futuros movimientos cívicos; se extendieron los comités católicos parroquiales, cuna de la Acción Católica; y los Círculos Universitarios católicos, vivero de dirigentes. La acción apostólica y cívica se inclinaba cada vez más a la participación política.

Desde 1874 funcionaba un centro de movilización de masas, la Opera dei Congressi, y el trabajo de los católicos en la sociedad, sobre todo en el Norte que se industrializaba rápidamente, se manifestó en la creación de bancos, editoriales, sociedades de todo tipo y escuelas profesionales. El 1891 se fundó el Partido Socialista Italiano, adherido a la Segunda Internacional marxista de Engels; un partido de profesión marxista y anticlerical e incluso antirreligiosa, lo que estimuló a los católicos del Norte a dar el salto a la política desde sus plataformas de acción social; por ejemplo en el centro católico de Brescia, animado por Giorgio Montini, padre del futuro Papa Pablo VI.

León XIII aprobaba la actividad social de los católicos italianos pero recelaba de su vocación política fuera de los ámbitos locales. En 1898 don Rómulo Murri, sacerdote universitario y creador de círculos para la actividad social, propuso una Democracia Cristiana autónoma, que la Santa Sede desaprobó. Al año siguiente la fundación en Milán de un Fascio Democrático Cristiano alarmó a León XIII y le decidió a plantear el problema de la Democracia Cristiana en una encíclica, es decir un documento universal: *Graves de communi*, (16 de enero de 1901) que, muy significativamente, los católicos de la política española no incluyen en su selección de documentos pontificios políticos publicados en la BAC (en el año 1958) sino en la antología de documentos sociales. El Papa cerraba el camino político a la Democracia Cristiana y le ordenaba que se limitase al campo social y benéfico. Además insistía en el carácter jerárquico de la agrupación, que debía vivir enteramente subordinada al Papa y a los obispos[100]. Nótese que la Democracia Cristiana era entonces la sección político-social de la Opera dei Congressi. Los jóvenes activistas católicos no hicieron caso al Papa, quizás porque se sentían respaldados por importantes personalidades de la Curia, como el secretario de Estado, cardenal Rampolla, el futuro Papa monseñor Della Chiesa y el futuro artífice de los pactos de Letrán, Gasparri. Pero también éstos hubieron de someterse a la decisión del Papa. El 27 de enero de 1902 en la instrucción *Nessuno ignora*, firmada por el cardenal Rampolla, la Santa Sede insistía contra la politización de la Democracia Cristiana y en la plena subordinación del grupo a la jerarquía. Al acabar el pontificado de León XIII las espadas seguían en alto y la Democracia Cristiana mantenía su decisión de convertirse en agrupación política de carácter autónomo.

Este episodio me parece revelador. Muchas veces, en nuestro tiempo, la Iglesia impulsa a los católicos a lanzarse a la vida pública. Pero cuando lo hacen dentro de

[100] Cfr. H. Jedin, op. cit. VIII, p. 160.

instituciones o medios controlados por la Iglesia (universidades, medios de comunicación, asociaciones oficiosas) la Iglesia les mantiene a raya y sometidos a un duro control clerical que impide a la larga cualquier colaboración fecunda de esos católicos si no se convierten en lo que en España se describe con expresión cáustica, «meapilas». Muchos católicos hemos experimentado este control clerical, y nos hemos sentido como sospechosos e incluso como traicionados por la Iglesia al expresar libremente nuestras opiniones críticas. El hecho de que un hortera descreído como el vicepresidente del gobierno socialista Alfonso Guerra exigiera con éxito al secretario de la Conferencia Episcopal en los años ochenta la eliminación del espléndido programa «La Espuela» en la COPE, emisora de la Iglesia, o que el muy creyente, pero no menos antidemocrático presidente del gobierno Leopoldo Calvo Sotelo reclamase algo antes mi propia eliminación como columnista del diario católico «YA» son pruebas palpables, en nuestra propia carne, de que los católicos independientes debemos hacer poco caso de las invitaciones clericales a la participación pública. E intentar esa participación en medios donde se respete más nuestra libertad, nuestra profesionalidad e incluso nuestro sentido católico de la vida.

LA TERCERA REPÚBLICA FRANCESA ROMPE CON LA IGLESIA

El país a cuya evolución política prestó mayor atención León XIII fue, junto con Italia, Francia, que después de la tremenda derrota de 1870 frente a Prusia y las convulsiones de la Comuna de París en 1871 vivía en el régimen confuso y masónico de la Tercera República liberal y radical, pero sometida a fuertes tirones conservadores en favor de una restauración monárquica, deseada por una gran mayoría de católicos aunque no cuajó por la falta de sentido político y la intransigencia de los monárquicos legitimistas. Los republicanos identificaron su causa con el anticlericalismo y la secularización masónica y a partir de 1877 su esfuerzo de «republicanización» se dirigió simultáneamente contra la restauración monárquica y contra el influjo de la Iglesia en la sociedad. Precisamente en ese año 1877 la Masonería francesa había prescindido, como sabemos, incluso de la lejana mención de Dios y había confirmado su talante liberal- burgués tras el dramático fracaso de sus anteriores tendencias anarquizantes y revolucionarias en la Comuna. Todas las fuentes históricas, incluidas las masónicas, respaldan estas identificaciones y este viraje. Pero la Masonería republicana se encontraba ahora frente a una Iglesia socialmente muy fuerte, completamente repuesta de las persecuciones de la Gran Revolución, dirigida por un Episcopado y un clero muy numeroso, ilustrado y firme; a fines del siglo los religiosos rebasaban los treinta mil de los que más de la décima parte, 3.500, pertenecían a la Compañía de Jesús cada vez más influyente. Las religiosas, muchas de ellas adscritas a las jóvenes congregaciones francesas, llegaban a las 128.000. Se habían recuperado y desbordado los efectivos religiosos anteriores a la Gran Revolución[101].

[101] Cfr. G. Cholvy, Y: M: Hilaire, *Histoire réligieuse de la France contemporaine,* vol I, Tolouse, d. Privat, 1986.

Con el pretexto (no enteramente exagerado) de la identificación de católicos y monárquicos –los enemigos natos de la República– el ministro Jules Ferry, masón reconocido, asestó el primer golpe a la Iglesia con su proyecto de 1879 por el que se prohibía la enseñanza a los religiosos, seguido por la ritual expulsión de los jesuitas en 1880 y por la prohibición de nuevas congregaciones decretada en ese mismo año. Eran los tiempos del Kulturkampf en el Imperio alemán y la lucha principal de la República contra la Iglesia católica en Francia se libró en torno a la enseñanza y la familia; si dejamos aparte las motivaciones políticas esa lucha no se puede interpretar más que como una agresión masónica en regla, con objetivo supremo en la secularización total de la sociedad. La ley del divorcio fue aprobada en 1884. El objetivo político de la campaña era la ruptura completa entre el Estado y la Iglesia y por tanto la denuncia del Concordato napoleónico que había permitido la restauración y el florecimiento de la Iglesia. Por eso hay quien llama «discordato» al período entre 1884 y 1914. La torre Eiffel, símbolo del progresismo laico, se alzaba desde poco antes frente a Nôtre Dame de París.

Ante el fracaso de la restauración monárquica, que se frustró en la Asamblea por escasísimo margen, la mayoría de los católicos franceses empezaron a creer en la irreversibilidad del régimen republicano, que consiguió entroncar política e históricamente con la tradición revolucionaria de 1789 gracias a una intensa campaña de manipulación y deformación histórica difundida por los numerosos y decididos efectivos republicanos en el profesorado de todos los niveles. Hoy ese trabajo de manipulación ha sido superado por historiadores críticos mucho más serios pero las huellas de la deformación persisten tenazmente dentro y fuera de Francia, como hemos insinuado. León XIII intentó inútilmente una política de conciliación con la República francesa desde su mismo acceso al Pontificado. Ante las elecciones de 1885 se opuso a la creación de un partido político específicamente católico. Al final de la década de los ochenta apuntaba ya un movimiento de intelectuales en favor del catolicismo. Triunfaban el escritor católico Paul Bourget y el famoso filósofo vitalista Henri Bergson, cada vez más próximo al catolicismo. Reverdecía el sector liberal de los católicos franceses y en 1890 el arzobispo de Argel, cardenal Lavigerie, brindaba con los marinos de la Escuadra por la reconciliación de la República y la Iglesia. Este movimiento de aproximación se llamó *Ralliement* y afectaba también a los tenaces demócrata-cristianos de Italia respecto de la Monarquía liberal italiana así como a los católicos españoles. También en Francia el *ralliement* tomó forma y denominación de «democracia cristiana». En su importante documento de 16 de febrero de 1892, *Au milieu des sollicitudes*, León XIII respondió positivamente al llamamiento de Lavigerie si bien no ignoraba la hostilidad de la República: «Una extensa conjuración pretende aniquilar al cristianismo en Francia». Insiste en su idea de que los ciudadanos deben obedecer a los regímenes constituidos y declara que se puede aceptar el régimen de la República francesa aunque se combata su legislación. A partir de 1894 el asunto Dreyfus lo envenena todo; este capitán judío del Ejército francés fue falsamente convicto de traición, depurado y condenado injustamente, y dividió a Francia entre sus partidarios (las izquierdas) y sus enemigos (las derechas y los católicos), La presencia católica en la Asamblea resultaba insuficiente tras las elecciones de 1893; sólo unos treinta diputados, ante la división de los católicos por motivos políticos. El número aumentó mucho en las elecciones de 1898 (76 diputados) pero no conseguía imponerse al vendaval de hostilidad contra la Iglesia desencadenado por los partidos de izquierda y la Masonería. El nuevo diario católico, *La Croix*, se mostraba netamente *antidreyfusard*. En 1898 se había fundado la Acción Francesa, movimiento nacionalista, monárquico e integrista bajo la inspiración de Charles Maurras (que no era personalmente católico) autor de una famosa *Encuesta sobre la Monarquía* en 1900. Maurras se declaraba también positivista y contribuyó a la desorientación general de la derecha y los católicos.

Waldeck-Rousseau y su sucesor Emile Combes van a desencadenar la ofensiva final de la Tercera República contra la Iglesia de Francia. El *ralliement*, atacado dentro y fuera del catolicismo, fracasa y abre paso a la separación. Las elecciones de abril de 1902 dan mayoría (339 diputados) al Bloque de izquierdas dentro del cual dominan los doscientos diputados de la burguesía anticlerical y masónica. Era el triunfo del neojacobinismo. Combes, exseminarista, apóstata y médico, apoyado en una prensa brutal y sectaria, vinculada a las logias, expulsa entre 1903 y 1904 a veinte mil religiosos, aplica inexorablemente el proyecto de Waldeck-Rousseau contra las Ordenes y congregaciones, cierra en 1902 doce mil escuelas de la Iglesia y por la ley de 1904 prohíbe totalmente la enseñanza religiosa. Los 74 obispos de Francia firman una durísima protesta en 1902; el gobierno responde con sanciones económicas. En 1904 se produce la ruptura de relaciones entre la Santa Sede y la Tercera República francesa. Combes dejó el gobierno en enero de 1905 pero su gran objetivo, la ley de separación con la cancelación del Concordato, se promulgó en julio del mismo año. El Estado no atenderá ya al clero. Los edificios religiosos fueron declarados propiedad del Estado. Sin embargo esta ofensiva masónica no alcanzó, ni mucho menos, los efectos de la persecución revolucionaria posterior a 1789. La Iglesia de Francia era mucho más fuerte y estaba mucho más unida. Sufrió dolorosas depredaciones, expulsiones y vejaciones pero no se registraron crímenes. Los excesos legislativos eran tan claros y escandalosos que las leyes persecutorias se aplicaron mitigadamente y hacia 1914 el clima interior había mejorado mucho cuando los católicos, el clero y los obispos de Francia se incorporaron con espíritu nacional y patriótico a la Gran Guerra. El terrible rebrote del nuevo jacobinismo francés influyó, sin embargo, poderosamente en la exacerbación anticlerical de sus imitadores, los liberales-progresistas de España, de Portugal, de Iberoamérica. En España se desató una persecución jacobina contra la Iglesia, inspirada en la francesa, desde la proclamación de la segunda República en 1931 pero la furia anticlerical que la alimentaba a distancia provenía del contagio francés visible ya en España desde fines del siglo anterior.

En la Monarquía plurinacional de Austria-Hungría se produjo también un brote anticlerical entre 1868 y 1874 pero la aplicación de un jacobinismo mitigado fue tibia y tolerante; la paz religiosa no se perturbó seriamente en el imperio danubiano que se mantenía teóricamente como bastión de la Iglesia hasta la Gran Guerra. Desde 1889 la apertura de León XIII en el campo político favoreció la creación de un partido social-cristiano no bien mirado por los obispos del Imperio que continuaban adscritos a la autocracia de Viena, como resabio del Antiguo régimen. Floreció el asociacionismo católico y el gobierno miraba con creciente aprensión el poco disimulado apoyo del Vaticano a los movimientos nacionalistas que harían explosión tras la derrota de Austria-Hungría en la guerra de 1914. Por ello el gobierno imperial de Viena se declaró enemigo jurado del cardenal Rampolla, secretario de Estado, a quien cerró el camino del Pontificado cuando murió el Papa León XIII.

LEÓN XIII Y LA RESTAURACIÓN ALFONSINA EN ESPAÑA

El Papa Pecci prestó una intensa y lúcida atención a los problemas de España, donde el episcopado, el clero, los católicos y el régimen monárquico de la Restauración le correspondieron con gratitud y devoción incondicional. Al caer Isabel II en la Revolución de Septiembre de 1868 se había instaurado un régimen liberal-radical, condicionado por la Masonería y los llamados «demócratas de cátedra» (profesores Salmerón y Castelar, entre otros) con notable presencia e influjo de los liberales-krausistas, una secta gnóstica con ambiciones de monopolio cultural; pese a que varios generales y políticos de la antigua Unión Liberal, que habían traicionado a su Reina, de la que uno de ellos fue amante, trataban de equilibrar políticamente al heterogéneo conjunto. Pero los elementos moderados abandonaron la orientación ideológica a los liberales radicales, adversarios de la Iglesia, e incluso permitieron que fuese llamado a la Corona de España un príncipe de la Casa de Saboya, Amadeo I, duque de Aosta, primer y único rey de España perteneciente a la Masonería desde el usurpador José I Bonaparte. Muchos católicos se incorporaron entonces al campo carlista que mantenía el ideal religioso del Antiguo Régimen y, gracias a la juventud y el atractivo de un nuevo Pretendiente, don Carlos (VII) tuvo serias posibilidades de vencer en la tercera guerra dinástica, desencadenada como reacción ante el triunfo revolucionario. El Ejército, sin embargo, que como la Marina era adicto al liberalismo, impidió la victoria carlista y luego se fue incorporando cada vez más al proyecto de restauración borbónica que dirigía magistralmente Antonio Cánovas del Castillo, un político liberal templado de convicciones profundamente católicas pero no clericales. El régimen revolucionario degeneró en una República cantonal y caótica desde febrero de 1873, que trajo la desintegración nacional hasta que el Ejército terminó con ella a mano airada al comenzar el año 1874. A fines de ese mismo año, cuando el movimiento de opinión desencadenado y articulado por Cánovas imponía ya la urgencia de la Restauración, el general Martínez Campos liquidó el confuso régimen vigente con su golpe militar de Sagunto al que se incorporaron las fuerzas armadas en bloque. Cánovas se instaló en el poder y llamó urgentemente al príncipe Alfonso, en quien había abdicado, por imposición del propio Cánovas, su desordenada madre Isabel II en el exilio. En un famoso Manifiesto preparado por Cánovas el príncipe Alfonso se había declarado español, católico y, como hombre del siglo, liberal.

Hasta 1885, año en que murió prematuramente el joven Rey y luego durante la Regencia de su esposa María Cristina de Austria, Cánovas dominó enteramente la vida política española, en la que su partido liberal-conservador alternó con el liberal-progresista de Sagasta. Cánovas había desempeñado un puesto diplomático en Roma y suscitaba ciertos recelos en la Curia por su abierta confesión liberal y sus simpatías hacia el reino de Italia pero León XIII confiaba plenamente en el acendrado catolicismo del gran estadista español y decidió, desde su ascenso al solio pontificio un par de años después de la Restauración española, apoyar al régimen de Cánovas e impulsar a los católicos españoles a que se sumasen a su partido. El partido de Sagasta era anticlerical por tradición pero ya estaba desprovisto de sectarismo agudo; su actitud ante el poder social de la Iglesia era de recelo y de freno pero no de agresividad persecutoria ni mucho menos. El régimen de la Restauración, que se prolongó durante la Regencia hasta 1902 y durante todo el reinado de Alfonso XIII hasta el advenimiento de la República en 1931, fue un gran período de paz y prosperidad para la Iglesia católica en España, con gran avance de las órdenes y congregaciones religiosas que lograron una decisiva presencia en el campo de la enseñanza primaria, media y profesional aunque no establecieron cabezas de puente universitarias hasta los primeros años del siglo XX y vivían con cierto acomplejamiento ante la Universidad y ante el mundo intelectual. También desplegó la Iglesia tanto en sus parroquias y obras episcopales como a través de las órdenes y congregaciones religiosas una labor asistencial, de beneficencia y de enseñanza entre las capas medias y humildes de la sociedad que muchos observadores de izquierdas, increíblemente, no se han dignado comprobar ni menos estudiar pero que fue una contribución extensísima, generosa e ingente. Importantes grupos católicos de la derecha política, como la Unión Católica y una parte de antiguos carlistas se incorporaron al régimen de la Restauración a través del partido de Cánovas (que no era confesional) por expresas recomendaciones personales del Papa León XIII. El brote neojacobino de Francia inspiró algunos ramalazos anticlericales a los liberal-progresistas españoles que pretendían reducir el influjo social de la Iglesia sobre todo en la enseñanza; y tanto los anarquistas como el joven partido socialista-marxista se declaraban abierta y agresivamente anticlericales. Pero el Papa velaba por el régimen canovista y le protegió eficazmente contra los desvíos de la extrema derecha y contra las ambiciones imperialistas de Bismarck en torno a las lejanas islas españolas del Pacífico. También reprimió León XIII, en correspondencia directa con la reina Regente María Cristina, las inclinaciones carlistas de muchos religiosos españoles, sobre todo los afincados en las provincias Vascongadas y Navarra[102].

El 8 de diciembre de 1882 León XIII, apoyado siempre con gran firmeza por el episcopado español, dirigió a los católicos de España un importante documento, *Cum multa*, en que les pidió no identificar a la religión con un determinado partido político, como siempre aconsejaba en todas partes. El 6 de enero de 1883 los obispos de España se solidarizaban en documento colectivo con la Santa Sede después que una turba a sueldo hubiese pretendido arrojar al Tíber el cadáver de Pío IX cuando se le trasladaba desde el Vaticano a San Lorenzo Extramuros. El 8 de diciembre de 1886 los obispos de España protestan nuevamente por los desafueros del anticlericalismo romano contra León XIII. En 1887 falla un intento de

[102] He visto en el Archivo de Palacio una interesante correspondencia de la Reina con el Papa y con el general de los jesuitas, padre Luis Martín, sobre ese problema.

aclimatar en España la «Opera dei congressi» y en esa misma década un importante grupo católico, dirigido por el periodista y político Ramón Nocedal, se distancia del carlismo para crear la disidencia integrista, que desde su órgano, *El Siglo Futuro* se mostraba irreductible enemiga de todo liberalismo y se comportaba como más papista que el Papa, quien hubo de reprenderles con caridad y energía. En 1888 los obispos de España se adhieren a la encíclica *Libertas* y protestan nuevamente por el despojo de Roma, aferrados a la tesis de que «el poder temporal es medio convenientísimo para el libre ejercicio del ministerio»[103]. El 22 de julio de 1889 los obispos españoles protestaron por la estatua de Giordano Bruno erigida en Roma como desafío contra el Papado, en cuya inauguración había desfilado un cortejo tras una bandera tragicómica: roja por la República, negra por Satán (sic) y verde por la Masonería, que siempre ha sentido una curiosa nostalgia por los rituales de la Iglesia, sin deslindar a veces lo ridículo de lo sublime. En ese mismo año se notaba cada vez más la desunión de los católicos españoles por motivos políticos. León XIII fomentaba en España el desarrollo del partido (católico) liberal-conservador. El arzobispo de Valladolid, cardenal Cascajares, muy relacionado con la Corte y con medios militares, asumió el proyecto de crear un partido formalmente católico (al que el Papa miraba con recelo) pero nunca consiguió que cuajase; los españoles han sentido siempre una extraña aversión a los partidos confesionales, excepto en medio de la persecución desatada por la República desde 1931.

Pese a la paz religiosa de España los obispos españoles protestaban ante la opinión pública cuando advertían deslices que consideraban intolerables en la legislación. Así el 13 de enero de 1893 se quejaban de una interpretación constitucional benévola para los protestantes y por el creciente anticlericalismo de las cátedras. Y sobre todo por «la propaganda irreligiosa y antiespañola de la Masonería, en cuyas logias se han elaborado todas las insurrecciones separatistas» (del Caribe y Filipinas). No hablaban aún de los separatismos que unas décadas después fomentarían la Iglesia vasca y la Iglesia catalana contra España; nadie lo podía imaginar entonces.

Hacia fines del siglo XIX los católicos españoles habían logrado una presencia importante, e incluso dominante, en el campo de la cultura, sin excluir la Universidad, aunque no consiguieron que cuajara, como estaba a punto de suceder en Francia, un auténtico movimiento cultural católico . En parte porque los intelectuales anticatólicos, herederos o epígonos de los krausistas y los demócratas de cátedra, articularon desde los años setenta anteriores una eficaz red de relaciones públicas (entonces se llamaba de «bombos mutuos») que pronto reivindicaría absurdamente el monopolio de la vida cultural con ayuda de una prensa ultraliberal adicta y sectaria. El hecho es importante porque se viene repitiendo hasta nuestros días e incluso agravándose en los últimos tiempos gracias a la deserción de algunos medios comunicativos presuntamente católicos y derechistas que se han pasado culturalmente al enemigo. Pronto la llamada generación del 98 irrumpiría en la vida cultural española con fuerza torrencial y los católicos que formaban parte de ella (Azorín, Machado, Unamuno, Maeztu) fueron mucho más jaleados cuando

[103] Cfr. para los documentos episcopales la op. cit., *Documentos colectivos...* p. 72s.

actuaban en su juventud con cierto espíritu demoledor que cuando viraron a posiciones conservadoras. En la Unión Católica de Pidal y en los grupos neocatólicos anteriores militaban algunos intelectuales de primerísimo orden, algunos de los cuales se incorporaron después al partido liberal-conservador de Cánovas, entre ellos el profesor Marcelino Menéndez y Pelayo, un titán de las letras y de la Historia respetado por toda la nación, ante la que descubrió el flanco deleznable de los krausistas y revisó la ciencia, la literatura y la historia de las ideas en España con erudición, profundidad y magisterio todavía muy válido hoy, y dentro de un acendrado catolicismo mal comprendido en círculos integristas y tomistas, de los que recibió inconcebibles ataques por la espalda que minaron su vida. Acompañaban a Pidal y a Menéndez Pelayo desde la Unión Católica al partido de Cánovas varios profesores e intelectuales insignes, como el catedrático de Madrid Vicente de la Fuente, notable historiador de la Iglesia y de las sociedades secretas, injustísimamente olvidado hoy. En la misma línea de fidelidad católica se situaban el dramaturgo Tamayo, el escritor y periodista Selgas, los humanistas Rubió y Ors, Milá y Fontanals, el inspirador de Menéndez y Pelayo, Laverde.... El creador de la derecha moderna en España, Antonio Cánovas, antiguo liberal «puritano» es decir, centrista, era tan sincero católico como estimable historiador, gran orador y nada clerical; García Escudero ha delimitado cabalmente sus posiciones hacia la religión, a la que trató con todo respeto pero con plena independencia política, dentro de las directrices de León XIII sobre el liberalismo aceptable[104]. Dentro del movimiento para la restauración del tomismo en España brilló el cardenal Ceferino González O.P. muerto en 1894. Los intelectuales católicos reconocían su prestigio y su magisterio. Enseñó un neotomismo abierto y dialogante, con expresa aceptación de la ciencia moderna y la teología positiva, la Escritura y la patrística, y fue un precursor de las directrices leoninas.

Nada tiene de extraño que la encíclica *Aeterni Patris* suscitara una amplia adhesión en España. Por desgracia la desviación y la intolerancia de los integristas lastró demasiado a la intelectualidad católica que no pudo ofrecer un frente abierto y eficaz contra la alianza cultural de los liberales radicales y los krausistas, empeñados en reivindicar (como hacen hasta hoy sus sucesores) un monopolio intelectual y cultural arbitrario y escorado a posiciones anticlericales y proclives a la izquierda. Hacia el cambio de siglo los dos campos se radicalizaron lamentablemente, Tras la catástrofe nacional de 1898, provocada por la agresión del joven imperialismo norteamericano a la España de ultramar, advino el gobierno liberal-conservador y católico de Francisco Silvela (con el general Polavieja como figura militar) y se hizo notar cada vez más el influjo del brutal anticlericalismo de Francia entre los liberales españoles; la derecha regionalista y católica de Cataluña, que en el País Vasco asumía herencias teocráticas, viró al separatismo tenaz (con importante colaboración de las iglesias locales) y el liberalismo progresista se quedó casi sin más bandera que el anticlericalismo rampante, apoyado por la continuidad del proyecto masónico secularizador. Contribuyó a la exacerbación del anticlericalismo liberal el proyecto del cardenal Cascajares sobre la creación de un partido formalmente católico y la batalla idelógica entre católicos y liberales radicales se planteó desde la primera década

[104] J:M: García Escudero, *Cánovas,* Madrid, BAC., 1989.

del siglo XX en el campo de la enseñanza, con el partido socialista y la Institución Libre, de raíz krausista, empeñados también en el logro de la secularización total. En 1901 el estreno del drama anticlerical *Electra* del gran novelista Benito Pérez Galdós, que ya viraba al republicanismo, concitó el entusiasmo anticlerical, alentado por la nueva generación cultural dominante, la llamada del 98. Como en Francia, la ofensiva laicista en la enseñanza se concentró en la hostilidad contra las órdenes y congregaciones religiosas, atacadas por una prensa de izquierdas injusta y muchas veces soez; y por el empeño del partido liberal en coartar el influjo religioso mediante la aprobación de la llamada Ley del Candado, que al final no consiguió sus objetivos, pese a lo cual estas agrias polémicas dejaron rescoldos de odio contra la Iglesia que provocarían el incendio salvaje del anticlericalismo en la República y la guerra civil. Los liberal- conservadores contrarrestaban esa campaña y respondían, según sus mejores tradiciones, con un serio proyecto de política social (Eduardo Dato) y con la espléndida administración de Antonio Maura en su Gobierno Largo de 1907-1909 pero la Semana Trágica de ese mismo año acabó con ese gran gobierno y el régimen de la Restauración entró en una sucesión de crisis que desembocarían fatalmente en los enfrentamientos sociales, culturales y políticos –siempre con la cuestión religiosa al fondo– que condujeron a la dictadura militar de 1923, a la segunda República de 1931 (dominada inicialmente por los jacobinos del liberalismo) y tras la victoriosa reacción de la derecha católica, al Frente Popular y a la guerra civil de 1936.

LEÓN XIII Y LAS AMÉRICAS

La finalidad específica de este libro nos impulsa ahora a ocuparnos de la situación de la Iglesia católica en América durante este período; comencemos por los Estados Unidos, donde como ya hemos dicho se había registrado durante el siglo XIX el crecimiento más espectacular de toda la Iglesia universal, que en 1800 no significaba casi nada en ese mundo protestante y en 1900, gracias a la incorporación de vastísimos territorios con población católica, pertenecientes antes a la Nueva España más Florida y a una intensa emigración desde la Europa católica se había convertido en una fuerza religiosa decisiva dentro de la Unión. Los obispos norteamericanos comprendieron desde el principio que el futuro de la Iglesia católica dependía allí de la enseñanza más que en parte alguna; y las doscientas escuelas católicas primarias de 1840 se elevaron a casi cuatro mil en 1900. Los jesuitas promovieron, a gran altura, la enseñanza media y superior y, gracias en buena parte a ellos, la Iglesia católica ha contado en los Estados Unidos, desde comienzos del siglo XIX hasta hoy, con una red universitaria que no tiene parangón en otra parte del mundo: Notre Dame, Saint Louis, Fordham, la Catholic University of America en Washington... Quizás por ello la ofensiva demoledora contra el catolicismo tradicional se ha concentrado recientemente en el frente universitario, desde antes del Concilio Vaticano II.

El vigor de la Iglesia norteamericana y su fidelidad a Roma quedaron claros en el primer concilio plenario, celebrado en Baltimore el año 1866. En 1882 de 32 obispos sólo habían nacido ocho en los Estados Unidos; en 1884, 25 de 72, quince de ellos de origen irlandés[105]. León XIII erigió en los Estados Unidos 23 diócesis. En el concilio plenario de 1884, celebrado también en Baltimore, se debatió la actitud de la Iglesia frente a la Masonería pero León XIII, que se opuso totalmente a la secta, como sabemos, en su encíclica *Humanum genus*, dejó libertad a los obispos de Norteamérica ante un problema que allí se plantea desde supuestos diferentes. En un importante documento, *Longinqua Oceani*, el 6 de enero de 1895, León XIII impulsaba la enseñanza católica en los Estados Unidos y pedía ayuda a los católicos para el Colegio Norteamericano erigido en Roma por Pío IX.

El 22 de enero de 1889 en su carta *Testem benevolentiae* León XIII condenaba al *americanismo*, conjunto de desviaciones que reverdeció en 1897 ante la versión francesa de la biografía de W. Elliott sobre el fundador de los paulistas Isaac Hecker (+ 1888) en cuyo prólogo se presentaba como modelo el *sistema americano de catolicismo*, con intentos de conjunción entre católicos franceses y norteamericanos para una apertura a la Modernidad democrática de inspiración revolucionaria. Los jesuitas y los que, como ellos, se adscribían entonces a los medios tradicionales de la Iglesia, se opusieron al americanismo, condenado nuevamente por León XIII en una carta de 1899 en la que rechazaba los principales elementos de esa doctrina: la marginación de los dogmas incomprensibles, la crítica al autoritarismo del Magisterio, la preferencia de la acción sobre la contemplación, el rechazo a los votos religiosos y otros puntos que los cardenales norteamericanos declararon no haber sido nunca defendidos allí seriamente en medios eclesiásticos. Como vamos a ver, el americanismo, que consistió en un brote más que una tendencia organizada, representó una anticipación del modernismo y de rebeldías posteriores que lamentamos hoy; y coincidió con el vigoroso y prepotente despertar de los Estados Unidos como poder mundial consciente. Ese primer brote fue descuajado por la vigilancia de Roma y la fidelidad de la Iglesia norteamericana, que siguió demostrando en la práctica la plena compatibilidad de catolicismo y democracia.

En el complejo mundo iberoamericano al sur de Río Grande la población, de inmensa mayoría católica, había dado un enorme salto en el siglo XIX y rebasaba ya en 1900 los sesenta millones de habitantes, pero muy dispersos en sus 21 millones de kilómetros cuadrados. A la dispersión se añade el analfabetismo; en 1900 sólo el cuatro por ciento de la población sabía leer y escribir. Para elevar el nivel, generalmente bajísimo, del clero y nutrir las sedes episcopales Pío IX había creado en 1858 el colegio Pío Latino Americano en Roma. Los imperialismos económicos inglés y norteamericano, sustitutorios del imperio español paternalista, no se preocuparon por el desarrollo de aquellas naciones sometidas durante los siglos XIX, tras la independencia, y XX a traumas políticos permanentes, entre gobiernos conservadores partidarios de la Iglesia y gobiernos liberales perseguidores; con frecuentísima interposición de dictaduras militares arbitrarias. Las clases dirigentes de casi todos los países se mostraron ineficaces, egoístas y poco dignas de su

[105] Cfr. H. Jedin, op. cit. VIII p. 240.

misión, con el consiguiente abandono y retraso de una población que conservaba la fe católica pero que se veía asediada por los estragos de la secularización liberal, los embates de la Masonería (mucho más semejante aquí a la europea que a la norteamericana) y, hacia finales de siglo, del espiritismo, el esfuerzo misional de los protestantes norteamericanos y toda una proliferación de sectas de muy diversos pelajes cuyo influjo no ha hecho más que aumentar hasta hoy. Los intelectuales católicos, a veces de relevancia excepcional, cedieron el terreno a la intelectualidad masónica y anticlerical por todas partes. La inmigración, muy intensa, provino principal, aunque no exclusivamente, de países católicos europeos, sobre todo España e Italia y fecundó positivamente la vida económica y social de aquellas naciones.

El designio brutalmente imperialista de los Estados Unidos sobre Iberoamérica quedó de manifiesto, por ejemplo, en la ocupación de los inmensos territorios mexicanos al norte del Río Grande, de Tejas a California; en la colonización casi esclavizadora de Centroamérica por la United Fruit, descrita por testimonios irrebatibles emanados de los altos directivos de esa empresa; la imposición anglo-norteamericana de los ferrocarriles, las nuevas industrias, la minería y las redes comerciales[106]. La influencia norteamericana fue sustituyendo a la europea, incluso a la británica, a lo largo del siglo XX y se afianzó gracias a invasiones militares y fomento de golpes de estado en las diversas naciones dependientes, hasta que se ha hecho voz común en los Estados Unidos considerar a las naciones de Iberoamérica como «el patio trasero» de la gran potencia imperial del Norte. El conjunto de esta estrategia quedó de manifiesto en 1889-1890 con motivo de la celebración de la I Conferencia Interamericana en Washington por iniciativa del gobierno de los Estados Unidos. El presidente Theodore Roosevelt, que perpetró personalmente el intervencionismo más grosero, se atrevió a afirmar: «La absorción de América Latina será muy difícil mientras esos países sean católicos»[107]. León XIII, para asociarse al IV Centenario del Descubrimiento de América convocó (con algún retraso) en 1898 (año de la catástrofe española frente a la agresión norteamericana en Ultramar) el Primer Concilio Plenario de América Latina, celebrado en Roma del 28 de mayo al 9 de julio de 1899 por iniciativa del arzobispo de Santiago de Chile. Nadie podía imaginarse entonces que a finales del siglo que iba a nacer la mitad de todos los católicos del mundo viviría en América y que la minoría hispana se iba a convertir en la primera, por número de población, dentro de los Estados Unidos.

Asistieron al Concilio Plenario 13 arzobispos y 40 obispos. La Iglesia de España, creadora de la Iglesia de América, influyó notablemente en las sesiones por medio del arzobispo y cardenal capuchino español José Vives y Tutó, de talante tradicional y próximo al ultramontanismo. El concilio reveló tristemente la deplorable situación de la Iglesia iberoamericana, estancada después del proceso que el propio Concilio reconoció como «la gloria de la civilización ibérica». El concilio adopto una actitud antiliberal, asumió una doctrina tradicional en teología y eclesiología, reconoció con temor los avances del positivismo y la Masonería, la ausencia de clases medias y la deserción laicista de las clases dominantes en gran

[106] He descrito esa colonización en el segundo tomo de mi libro *La Gran Historia de América*, publicado por la revista *Epoca* en 1992.

[107] Cfr. H. Jedin, op. cit., VIII p. 512.

parte. Recomendó sin embargo a lo católicos que participaran en la vida pública y trataran de defender a la Iglesia en los puestos de mando, pero sin aludir a la creación de partidos cristianos. Sin embargo el Concilio estableció una conexión continental entre las Iglesias nacionales que ya no se interrumpirá en el futuro y sería vital para el catolicismo en Iberoamérica.

VITALIDAD ESPIRITUAL Y DOCTRINA SOCIAL

Como venía sucediendo desde la derrota de la Revolución Francesa, también la época de León XIII, al margen de los avatares políticos y los combates ideológicos, registró notables avances en el campo de la vitalidad religiosa. El magisterio de la Santa Sede parecía más prestigiado y respetado cada vez en todo el mundo. La pérdida definitiva del Estado de la Iglesia repercutió favorablemente en la espiritualización del gobierno de la Iglesia sin equívocos. León XIII creó en todo el mundo 238 nuevas diócesis. Las Ordenes religiosas tradicionales se expandieron y se crearon por todas partes nuevas congregaciones de acuerdo con el tono de los tiempos; numerosos santos, canonizados después, florecieron en esta época. Los franciscanos no cuajaron la reunificación de sus familias que ya había intentado Pío IX pero sus Ordenes Terceras, impregnando al pueblo cristiano, crecieron hasta contar con dos millones y medio de miembros. Los benedictinos impulsaron desde la abadía de Solesmes una espléndida renovación litúrgica y aceptaron, si no la reunificación de sus ramas, sí la confederación. Los jesuitas, fortalecidos y confirmados por las incesantes persecuciones del liberalismo radical y masónico, se mantuvieron en todo momento fieles a la Santa Sede aplicando en alguna ocasión la obediencia ciega que les había enseñado su fundador; entraron en el siglo XX lanzados a recuperar la primacía cultural dentro de la Iglesia y dentro del mundo docente y científico que habían abandonado al ser suprimidos absurdamente por Clemente XIV a fines del siglo XVIII. En 1872 una congregación general en Loyola eligió prepósito general al español Luis Martín, al que sucedió en 1906 el alemán Francisco Javier Wernz. Las órdenes y congregaciones se dedicaron primordialmente a la enseñanza de la infancia y la juventud sin excluir el apostolado social que tanto recomendó León XIII ni la atención, notabilísima y abnegada, a las clases humildes y abandonadas de la sociedad; la visión de una Iglesia clasista que algunos han prodigado en bloque no pasa de infundio. Los institutos religiosos se concentraron en Roma en cuanto a sus órganos supremos y así contribuyeron a la romanización y centralización de la Iglesia que fue una de sus características en el siglo XIX y se acentuó en el XX. Se registró una revitalización colosal del asociacionismo católico y de la presencia pública de los cristianos en la sociedad, frente a la ofensiva liberal-masónica de secularización absoluta. En 1881 se celebraba en Lille el primero de los congresos eucarísticos bajo el lema del «reinado social de Jesucristo». La Adoración Perpetua se creó en Roma en 1883 y pronto se extendió a todo el mundo. León XIII consagró el mundo al corazón de Jesús en

1899 y la devoción, fomentada por los jesuitas, se divulgó amplísimamente, como el rezo del Rosario, que fue recomendado por el Papa en una encíclica. Los jesuitas propagaron la obra de las congregaciones marianas que representaba una gran convocatoria de espiritualidad y acción juvenil. Toda esta vitalidad católica se teñía inevitablemente con colores de cruzada ante los planteamientos agresivos del anticlericalismo liberal-radical y masónico, pero contenía vetas muy positivas que se acreditaron como auténticas en las grandes persecuciones del siglo XX contra la Iglesia, como en los casos de México, España, Alemania y Ucrania. Por supuesto que la vitalidad interna de la Iglesia es algo demasiado importante para dejar el comentario (despectivo, además) en manos exclusivas de la ignorancia anticlerical.

En medio de esta renovada vitalidad de la religión bajo León XIII hay que conceder una importancia de primer orden a sus orientaciones en materia social. Como ha reconocido Max Weber, la Iglesia católica fue siempre doctrinalmente fiel a la incompatibilidad evangélica entre Dios y Mamón, el ejemplo de Cristo pobre y la riqueza divinizada; la pobreza fue, desde los orígenes de la Iglesia, una característica del estado de perfección. Desde la Edad Media la Iglesia se opuso vivamente a los abusos de la usura y por eso, aunque no pocos eclesiásticos resultaron, hasta nuestros días, indignos del mensaje, miró con mucho recelo a la extensión del mercantilismo y luego a las consecuencias sociales del capitalismo. Siguiendo también ejemplos evangélicos la Iglesia no se opuso nunca por principio y sin matices a la riqueza cuando ésta se utilizaba de acuerdo con la caridad y la solidaridad. Pero hubo que buscar en otra parte –en el calvinismo concretamente, según Max Weber– la teología del capitalismo y la justificación por la riqueza y el éxito material. El recelo subsiste hasta hoy, como ha mostrado recientemente el Papa Juan Pablo II en su viaje de mayo de 1990 a México, donde junto a su habitual condena del comunismo ha reiterado sus críticas a los posibles aspectos inhumanos del capitalismo.

Debo confesar, desde la fe católica y el respeto por la Santa Sede, que en la llamada doctrina social de la Iglesia, conjunto de ideas y orientaciones en el campo social propuesto primeramente por León XIII y ampliado por todos los Papas siguientes, noto una tendencia simplificadora que presenta al liberalismo capitalista, demasiadas veces, como una caricatura; quizás por ser eso, liberalismo, doctrina general que, según hemos visto, la Iglesia consideró como bestia negra, a veces con poco motivo, durante el siglo XIX. Por ejemplo, León XIII o sus sucesores no valoraron apenas la intensa presencia cristiana en los orígenes del movimiento obrero, de la que sí se dio cuenta Carlos Marx, a propósito del socialismo utópico, en el mismísimo Manifiesto Comunista; ni las raíces parcialmente cristianas del movimiento sindicalista británico, las Trade Unions; ni la humanización, también parcial, pero tampoco ajena a las motivaciones religiosas, del liberalismo inicial en el siglo XIX y el liberalismo maduro a mediados de esa centuria; ni las correcciones sociales que ha ido introduciendo en sus prácticas de gobierno el liberalismo democrático, al que la Iglesia ha confundido casi siempre con las líneas brutales de un *laiisez faire* en estado puro[108]. Tampoco voy a negar, sin embargo, los abusos del capitalismo y los gravísimos pecados sociales y clasistas de la industrializa-

[108] Cfr. Q Aldea et. al., *Iglesia y sociedad en la España del siglo XX* Madrid, CSIC, 1987 p. Lvs.

ción, que provocaron, explicablemente, las reivindicaciones del movimiento obrero, manipuladas luego por los revolucionarios profesionales, desde Marx a Lenin, para desviarlo a finalidades políticas que han provocado, hasta el hundimiento del comunismo en nuestros días, tantas catástrofes. León XIII no fue el inventor de la doctrina moderna social de la Iglesia sino el coordinador clarividente de muchos impulsos sociales presentes en los movimientos citados y en algunos insignes católicos, precursores de la sistematización leonina. Ya antes de 1848 los obispos de Francia denunciaron las aberraciones sociales del capitalismo desmandado bajo el reinado de Luis Felipe. El arzobispo de Maguncia Ketteler es el gran precursor europeo de la doctrina social católica, desde sus famosos sermones de 1848. Los cardenales Manning y Gibbons adoptaron una clara línea social en Inglaterra y en los Estados Unidos. Federico Ozanam (+1853), ya lo dijimos, realizó en Francia sus ideas de solidaridad social en las Conferencias de San Vicente de Paúl además de defenderlas como difundido publicista. En el campo protestante fue Adolfo Stocker (1835-1909) el pensador social mas conocido. El asociacionismo social y político de los católicos alemanes prestó, gracias a inspiraciones como la de Ketteler, intensa atención teórica y práctica a los problemas del mundo laboral.

León XIII, desde su experiencia belga, sintonizó apostólicamente con estos precursores y percibió el adelantamiento de los proyectos revolucionarios, concretados en las dos primeras Internacionales, en la preocupación y la acción social. Liberada ya a Iglesia, desde la caída de Roma, de la obsesión política por el mantenimiento de los Estados pontificios, el Papa Pecci concedió prioridad, en sus instrucciones generales, a la revitalización de los estudios y la cultura eclesiástica y católica; y al fomento de los deberes de los católicos en la vida pública. Su grave preocupación por el problema social, muy agudizado por el desarrollo de la Revolución industrial, se expresó desde el primer año de su pontificado; recordemos la encíclica *Quod apostolici muneris* del 28 de diciembre de 1878, en la que, al oponerse a los «comunistas, socialistas y nihilistas» unidos a «una inicua asociación» (la Masonería) estableció que «la verdadera igualdad ante Dios debía buscarse en la familia y la propiedad». No debe extrañar la insistencia de León XIII y la doctrina social de la Iglesia en el derecho de propiedad, que socialistas y comunistas querían entonces demoler aunque han terminado recuperándolo en vista de su fracaso; porque como los marxistas han terminado por reconocer, tardíamente, la propiedad es la salvaguardia de la libertad y ningún régimen que la haya negado ha sido libre. En fin, asentadas ya las demás bases doctrinales del nuevo pontificado, León XIII decidió escribir *Sobre la situación de los obreros* la más famosa de sus encíclicas, *Rerum novarum*, el 15 de mayo de 1891, una vez que ya estaban en marcha, según dijimos, importantes movimientos católicos de signo social en Europa y América.

Se ha motejado a esta encíclica, sacándola de su contexto real, como reaccionaria y tardía. Con escasa razón. Para su tiempo la ***Rerum novarum*** es audaz y progresista, y suscitó muchos recelos en medios católicos de derecha dura. Por otra parte las críticas al comunismo y al socialismo que contiene se refieren al comunismo y el socialismo de entonces (que se identificaban) no suficientemente distinguidos del anarquismo terrorista, portavoces de la lucha de clases, el ateísmo militante, el marxismo puro y duro (Marx había muerto en 1883, Engels le continuaba con igual virulencia) la aniquilación de la Iglesia y la religión y la dictadura del proletariado, como puede verse en cualquier programa de los partidos «socialdemócratas» recién integrados en la Segunda Internacional marxista como el PSOE. Nunca insistiremos bastante en que León XIII hablaba del liberalismo radical y el socialismo de su tiempo, no del nuestro.

Pero la primera crítica de la *Rerum novarum* se refiere a los excesos del capitalismo, al que denomina con el nombre clásico de la tradición doctrinal cristiana desde la Edad Media, la *usura*; la «voraz usura reiteradamente condenada por la Iglesia» a cuya inspiración, por cierto, se dedicó toda una serie de instituciones de crédito popular, los Montes de Piedad y las Cajas de Ahorro, florecientes desde el siglo XVIII. Insiste en la misma línea: «No sólo la contratación del trabajo sino también las relaciones comerciales de toda índole se hallan sometidas al poder de unos pocos, hasta el punto que un número sumamente reducido de opulentos y adinerados ha impuesto poco menos que el yugo de la esclavitud a una muchedumbre infinita de proletarios». La descripción del Papa es durísima y tal vez insuficientemente matizada; pero afecta a muchos casos reales de su tiempo.

Frente a este problema la característica esencial del socialismo según León XIII es el objetivo de terminar con la propiedad privada y una igualdad de desmoche (que los socialistas conservan hasta hoy como ideal y como práctica, pero que no se aplican a ellos) que el Papa desaprueba: «No se puede igualar en la sociedad lo alto con lo bajo». Niega también el principio marxista fundamental de la lucha de clases porque no son naturalmente enemigas; y además de los derechos insiste en los deberes de los obreros y los patronos. Combate la opresión de los obreros; y encomienda al Estado (contra las normas del liberalismo puro) velar por la aplicación de la justicia distributiva. Se declara partidario de las sociedades obreras de socorro mutual y también de las que denomina sociedades de obreros con lo que abría las puertas al asociacionismo católico. Insiste en que el Estado no debe coartar la creación y funcionamiento de estas sociedades. Estos son los puntos esenciales de la *Rerum novarum* que no debe descalificarse desde perspectivas diferentes. Y que representa un enorme acierto histórico; porque constituye el primer golpe frontal a los disparates utópicos del comunismo y de lo que luego se llamaría «socialismo real», que se hundieron en 1989 con el Muro de Berlín después de haber sumido a la humanidad en sus aberraciones y sus catástrofes. Y que hoy permanecen en el comunismo chino, en los partidos comunistas disfrazados de Occidente y colean en los tenaces estertores revolucionarios del liberacionismo.

La recepción de la encíclica fue muy positiva en todo el mundo católico, donde numerosos apóstoles sociales incrementaron sus trabajos de organización, que con frecuencia fracasaron no por la incomprensión de la Iglesia sino por los recelos de los Estados liberales y el reaccionarismo de las clases pudientes, sobre todo en Iberoamérica. Maurice Rigoux enumera 1.516 documentos episcopales en todo el mundo (de ellos 96 en España) sobre problemas sociales durante los cuarenta años siguientes a la llamada social de la *Rerum novarum*[109].

[109] M. Rigoux, *La hiérarchie catholique et le probléme social* París, Spes, 1931.

LAS DOS DIRECCIONES DEL SOCIALISMO

La Asociación Internacional de los Trabajadores o Primera Internacional, creada en Londres (1864) bajo la inspiración de Carlos Marx, los grupos anarquistas europeos y los elementos extremos de la Masonería revolucionaria, se dividió pronto en dos grandes agrupaciones; la libertaria, de signo anarquista, dirigida por el ruso Bakunin, que degeneró en el terrorismo contra el Estado y las instituciones de la sociedad; y la autoritaria (menos numerosa) que seguía las directrices totalitarias de Marx y se concretó en un conjunto de partidos socialistas revolucionarios llamados también socialdemócratas, a quienes poco después de la muerte de Marx agrupó el colaborador de Marx, Friedrich Engels, en la Segunda Internacional, precursora de la actual Internacional Socialista. El PSI de Italia y sobre todo, el SPD alemán, que era el más importante de todos, figuraba en esa Internacional, a la que se incorporaron otros partidos del mismo signo como el Partido Socialista Obrero Español y el partido socialdemócrata de Rusia. Mientras la Primera Internacional, entregada al nihilismo anarquista, sembraba el terror en toda Europa, con predilección por abatir a las testas coronadas y a los políticos más relevantes (entre sus víctimas se cuenta la emperatriz Sissi de Austria-Hungría y los estadistas liberales españoles Cánovas del Castillo en el siglo XIX y Eduardo Dato en el XX) el socialismo revolucionario fue evolucionando también en dos sentidos divergentes: el *revisionismo* humanista, que se iba inclinando a la Reforma más que a la Revolución y el *marxismo duro* que se incubó en los partidos socialdemócratas de Alemania y de Rusia, con gravísimas consecuencias para la historia de Europa y el mundo en el siglo XX.

El Partido Obrero Socialdemócrata ruso se fundó en Minsk, marzo de 1898, a partir de varias organizaciones locales –Petersburgo, Moscú, Kiev– por el acuerdo de nueve delegados entre los que figuraban los del Bund o Unión General de Trabajadores judíos de toda Rusia y Polonia, que estaba en gran parte bajo dominio ruso. El nuevo partido era de talante marxista como los demás integrados en la Segunda Internacional y aceptaba las dos etapas para la toma del poder, la de cooperación con los demócratas o burgueses radicales y luego la socialista revolucionaria. Exigía –como su homólogo el PSOE español, fundado por Pablo Iglesias– la abolición de la propiedad, insistía en la lucha de clases junto a la abolición de las fuerzas armadas y la supresión de la Iglesia cristiana, y expresaba la convicción de que, ante la debilidad de la burguesía en Rusia, que por entonces iniciaba su industrialización sin eliminar el sistema feudal en la distribución de la tierra, la tarea revolucionaria recaería fatalmente sobre el proletariado militante articulado por el Partido.

La evolución del socialismo ruso tiene importancia primordial a la hora de evaluar las configuraciones y crisis futuras del marxismo. Durante toda la etapa anterior el protagonismo revolucionario en Rusia había recaído en los *naródniks*, partidarios de la revolución campesina por métodos de nihilismo, anarquismo y terrorismo; no se olvide que Bakunin, raptor de la Primera Internacional, era un aristócrata revolucionario ruso. Al fin de la década de los setenta del siglo XIX Plejánov rompió con los naródniks, se convirtió al marxismo y fundó en el exilio suizo de

1883 el grupo «Emancipación del trabajo». Junto a Axelrod y Vera Zasúlich luchó contra los naródniks para centrar el proyecto de revolución social sobre un previo desarrollo capitalista, de acuerdo con la estrategia de Marx. Proliferaron gracias a su ejemplo los grupúsculos marxistas en toda Rusia; en 1895 se fundó una «Liga por la emancipación de la clase obrera» en la que pronto se distinguió un joven discípulo de Plejánov, Vladimir Ilich Ulianov llamado Lenin, nacido en 1870 en Simbirsk, hijo de un funcionario subalterno, que vio ejecutar a su hermano por haber participado en una conjura contra el zar. El sovietólogo español Angel Maestro ha detectado documentadamente los complejos orígenes del pensamiento y la estrategia revolucionaria de Lenin, que no se formó exclusivamente en el marxismo sino que dependía intensamente de la tradición autóctona revolucionaria de Rusia en el siglo XIX[110]. Convertido al marxismo, combate Lenin a los naródniks y por dedicarse a la propaganda revolucionaria entre los obreros sufrió deportación en 1895 a Siberia hasta 1900. Allí profundiza en los debates teóricos del socialismo y acuerda con Plejánov la fundación de un periódico popular, *Iskra* (La Chispa) y otro teórico, *Zaria* (La Aurora), asume el sobrenombre de Lenin desde 1901 y ya en el exilio ginebrino publica en 1902 su primera obra política importante, *Qué hacer*, sobre estrategia y organización de la actividad revolucionaria. A la muerte de León XIII en 1903 estaba a punto de plantearse el cisma dentro del socialismo ruso con inconmensurables consecuencias para toda la humanidad en el siglo XX; entre la dirección radical revolucionaria de Lenin y la actitud marxista ortodoxa, pero más moderada, de Plejánov, como en su momento veremos[111].

La segunda dirección del socialismo, asumida precisamente por Plejánov, es la que provenía de Marx a través de Engels y desde el partido director de la Segunda Internacional, la socialdemocracia alemana SPD, que albergaba, como hemos indicado, un reducto revolucionario explosivo hasta la Primera Guerra mundial pero que en su mayoría evolucionaba antes de acabar el siglo en sentido reformista y revisionista. Los ideólogos de esta tendencia, Kautsky y Bernstein, habían llegado al marxismo a través del *Anti-Dühring* de Engels, manual de marxismo para la segunda generación. Este marxismo alemán es positivista e insiste en su entronque científico. Pero adopta el darwinismo y las posiciones radicales de Haeckel, lo que difumina su raigambre hegeliana y acentúa el divorcio marxista entre socialismo y cristianismo en pleno auge de la Kulturkampf. El programa socialista de Erfurt en 1891 relegó la religión exclusivamente a la esfera privada; Kautsky, el nuevo teórico del socialismo marxista para el siglo XX, decretó en sus *Fundamentos del cristianismo* que Jesús de Nazaret era un revolucionario y que su organización subversiva fue la clave para el desarrollo posterior del cristianismo. El cristianismo primitivo había sido de carácter proletario; Cristo, un rebelde. (No debe extrañarnos que Kautsky sea considerado como un precursor para los teólogos de la liberación, que han reeditado cordialmente su libro)[112]. La arbitrariedad de las fuentes y la exegesis de Kautsky, destruidas por la investigación bíblica posterior, no resisten el

[110] Angel Maestro, *Antecedentes no marxistas de Lenin: Los orígenes del comunismo ruso* Verbo 271-272 (1989) 187s.

[111] La mejor introducción histórica a los orígenes del socialismo ruso en su contexto puede verse en E. H. Carr *La revolución bolchevique*, I., Madrid, Alianza ed. 1950.

[112] En Ediciones Sígueme, Salamanca, 1974.

más leve análisis. Sin embargo a medida que el socialismo se adentraba en el siglo XX, su proyecto revolucionario inicial se iba diluyendo en un reformismo humanista, sin empacho en colaborar con gobiernos burgueses; según las directrices del ideólogo reformista y revisionista Eduard Bernstein (1850-1932) que se había enfrentado a la ofensiva antisocialista de Bismarck y propuso desde los primeros años del siglo XX un socialismo gradual, influido por la ética neokantiana, con lo que la Revolución quedaba relegada a la utopía y el socialismo, o mejor la socialdemocracia, sería capaz de convivir con los partidos de la burguesía y alternar con ellos en el poder. Cierto que Kautsky se opuso al revisionismo de Bernstein en nombre del marxismo revolucionario, pero al triunfar el bolchevismo en Rusia se enfrentó a él y mereció de Lenin la calificación de revisionista, remachada por la pretensión de Kautsky sobre la moral: de la que no eximía, (en términos kantianos) ni siquiera a la lucha revolucionaria. La relativa aproximación del neomarxismo revisionista a la religión por obra de Kautsky y por tolerancia de Bernstein se acentuó por el influjo del *austromarxismo*, en autores como Otto Bauer y Max Adler, que juzgaron positiva desde 1901 la realidad religiosa y trataron también de incorporar al marxismo los postulados de la razón práctica kantiana, que incluían la necesidad de Dios. El socialismo –ya moderado– de la Segunda Internacional iba situando representantes elegidos democráticamente en los municipios y los parlamentos europeos y concentró sus esfuerzos, desde principios de siglo hasta 1914, en evitar la guerra mundial mediante la invocación a la solidaridad del proletariado contra la confrontación de los imperialismos burgueses; el dramático fracaso de esa ofensiva pacifista desmanteló a la Segunda Internacional y abrió paso a la Tercera, la Internacional Comunista creada por Lenin en 1919 sobre las ruinas de la Segunda. Sin embargo el sistema socialista-marxista para la coordinación de los partidos nacionales, creado por Engels, no desapareció con la Gran Guerra aunque quedó maltrecho y marginado; ya seguiremos sus oscuros avatares hasta su resurrección en forma de Internacional Socialista después de la Segunda Guerra Mundial.

EL TESTAMENTO DE LEÓN XIII

Sobre la recepción de la encíclica *Rerum novarum* en España se han proferido algunas interpretaciones despectivas con escaso fundamento y sobra de anacronismo. Notabilísimos apóstoles sociales, como el jesuita Antonio Vicent (n.1837) y el marqués de Comillas, Claudio López Bru (1853-1925) crearon toda una escuela de seguidores inspirados como Severino Aznar, Pedro Gerard O.P., el jesuita Sisinio Nevares y el creador de instituciones docentes y sociales Angel Herrera, futuro inspirador de la derecha católica y luego cardenal de la Iglesia. Gracias a ellos la Iglesia realizó en España, desde la creación del primer círculo de obreros en Alcoy el año 1872 hasta el advenimiento de la segunda República en 1931, mucha más labor social que el Estado, imbuido de principios liberales, donde por cierto la actividad de política social más interesante y efectiva corrió a cargo de los liberal-conservadores mucho más que de los liberales-progresistas, relativamente refractarios a la acción social. José Andrés Gallego en su estudio *La política religiosa en España 1889-1911*[113] Quintín Aldea y colaboradores en su libro ya citado y Carlos Seco Serrano en su contribución al libro *La cuestión social en la Iglesia española contemporánea*[114] pueden ofrecer una visión profunda y objetiva, bastante mejor que la de D. Benavides en su aireada obra *El fracaso social del catolicismo español*[115] –escrita desde una perspectiva de izquierda radical– sobre las realidades, logros y frustraciones del catolicismo social contemporáneo, que sobre todo en los campos de Castilla, León y Aragón ejerció desde comienzos de siglo una acción profunda que luego resultó decisiva para la gestación de fuertes bloques regionales de derecha católica, como se reveló en la República y la guerra civil. Aunque también es cierto, como muestran los autores citados, que la Iglesia no acertó a mantener plenamente su presencia entre los hombres y mujeres desarraigados del campo a través de las grandes emigraciones industriales de siglo XX; y que los católicos españoles, con excepciones, no atendieron más que muy tibiamente a las llamadas clarividentes de León XIII y de los apóstoles sociales. La crítica simultánea propuesta por León XIII al socialismo marxista y al liberalismo capitalista insinuaba ya el patrocinio de la Santa Sede a una vía media, ni capitalista ni comunista, hacia el planteamiento justo y cristiano de la convivencia social. Centró su atención la Iglesia, para ello, en las clases medias donde concitaba mayor adhesión y trató de protegerlas a lo largo del siglo XX. Un tratadista social belga, Charles Périn (+1905) adelantó ya la idea de *propiedad cristiana* en la riqueza moderada como objetivo de las clases medias y a lo largo del nuevo siglo la Iglesia favoreció primero las soluciones corporativistas que insensiblemente se acercaron al fascismo; hasta que después de la segunda guerra mundial y la decisiva derrota del fascismo ante el capitalismo occidental y el comunismo soviético, esa vía media se centró en la promoción de la Democracia Cristiana, rechazada antes formalmente como vía política por León XIII y Pío X. Ya en nuestros días, en vista de la evolución menos parcial) del socialismo reformista hacia el abierto anticomunismo y hacia la convivencia y el respeto (relativo) por la religión, la Iglesia tolera e incluso fomenta soluciones de tipo socialdemócrata. Es lo que han procurado las alas izquierdas de la Democracia Cristiana, figuras relevantes como el cardenal Angel Herrera (al final de su vida) y el cardenal político Vicente Enrique y Tarancón y el sector dominante de los jesuitas desde 1965, aunque tal sector se ha inclinado todavía más a la izquierda e incluso al marxismo. Ya profundizaremos en estos puntos; debíamos sin embargo ahora señalarlos en origen.

Durante los primeros años del siglo XX y de forma especial en 1902 León XIII había dejado atrás un fecundo pontificado pero su ancianidad, lúcida hasta el fin, renovaba sus amarguras ante la tormenta contra la Iglesia en Francia, imitada por los liberales-radicales y por los masones de todo el mundo cristiano. A ello se agregaban las primeras ráfagas de una nueva amenaza interior, que por los años finales del Papa Pecci se empezaba a considerar como una peligrosísima herejía, *el*

[113] Madrid, Editora Nacional, 1975.
[114] El Escorial 1991.
[115] Barcelona, Nova Terra, 1973.

modernismo. Por ello León XIII decidió publicar su testamento pontificio en forma de la más triste, pero también la más firme de sus encíclicas, *Annum ingressi* (sobre la guerra de hoy contra la Iglesia) el 19 de marzo de 1902. Es un documento estremecedor este canto de cisne de un Papa que había dedicado su vida y su misión a reconciliar a la Iglesia con la cultura y con el mundo moderno y si bien insistía en esa actitud contemplaba cómo el mundo moderno declaraba a la Iglesia una «guerra total». No de ahora; era la última de una larga serie desde el Imperio romano, la sucesión de las herejías, la presión de los bárbaros, el asalto del Islam, las intromisiones del cesarismo, las corrupciones medievales, las deserciones de la Reforma, la ofensiva de los filósofos ilustrados en el siglo XIX, el naturalismo y el materialismo. Para la situación del mundo el liberalismo ofrece un mal remedio. La solución, para el Vicario de Cristo, es el retorno al cristianismo. La Iglesia, contra lo que dicen sus adversarios, no es enemiga de la ciencia, ni de la cultura, ni de la libertad.

El culpable mayor de esta guerra –dice el Papa– es la Masonería, promotora del despojo del poder temporal de la Iglesia y gran peligro para toda la humanidad. Si por tantas actuaciones parece admirable León XIII este toque de rebato final, en plena coherencia con su ejecutoria, con su apertura, con su lucha, resulta realmente dramático y grandioso. Por esa llamada final contra el gnosticismo masónico paganizante, cuando la Nueva Modernidad –el modernismo– ya se había infiltrado en el seno de la Iglesia, cuando estaba a punto de nacer el terrible enemigo exterior de Dios, de la Iglesia y de Occidente, el bolchevismo de Lenin, la Nueva Revolución.

Aquel aristócrata y asceta del pensamiento y la preocupación pastoral murió el 20 de julio de 1903 y su figura se agiganta ante nuestra perspectiva. En la elección de su sucesor y ante el inmenso prestigio acumulado por León XIII para la Santa Sede se movilizó el interés de las potencias católicas, del pueblo cristiano y de todos los observadores mundiales mucho más que para el cónclave que le había elegido en 1878.

LA ELECCIÓN DE UN SANTO: PÍO X

A la muerte de León XIII el cardenal que parecía favorito del Cónclave era el secretario de Estado monseñor Rampolla del Tindaro. Francia y España, a través de sus cardenales, apoyaban la elección de Rampolla; por última vez las «grandes potencias católicas» se permitían una fuerte presión oficiosa en favor de «sus» candidatos. Esta era una posición evidentemente anacrónica; una intromisión política grosera que, sin embargo, fue tenida en cuenta. Austria, con su ejecutoria de Imperio católico y defensor del Estado pontificio, se oponía cerradamente a Rampolla por la política pro-rusa y anti-polaca que se atribuía, no sin razón, al cardenal-secretario, contra quien se alzaba la implacable hostilidad de la Polonia católica y sojuzgada por el Imperio ruso. Fue precisamente el arzobispo de Cracovia quien formuló en pleno Cónclave el veto formal de Austria, ante 34 cardenales italianos y 24 no italianos. (La Europa tradicional mantenía su poder abrumador en el más alto círculo de la Iglesia católica, cuando ya estaba perdiendo a chorros, aunque sin enterarse, su hegemonía universal de los últimos siglos). Los cardenales se sintieron obligados a aceptar el veto austriaco aunque, para guardar las formas, otorgaron en la votación siguiente un voto más a Rampolla; pero al fin eligieron al patriarca de Venecia, cardenal Giuseppe Sarto, que quiso llamarse Pío X «en nombre de los Papas que durante el siglo XIX lucharon contra las sectas y los errores». Adoptó el lema *Instaurare omnia in Christo* y en su inmediata instrucción, *Commisum nobis*, anuló formalmente el presunto derecho de veto para la elección papal que seguían invocando Francia y España además de Austria. La cancelación surtió efecto; el veto se había ejercido por última vez en ese cónclave de 1903.

En contraste con la figura aristocrática y el aire intelectual de León XIII, su sucesor era un Papa pastor, sin gusto por las sutilezas diplomáticas, empeñado en la profundización religiosa, autoritario e indomable, que demostró una elevada santidad personal, reconocida por la Iglesia al beatificarle en 1951 y canonizarle tres años después; el primer Papa oficialmente santo en la Edad Contemporánea. Nunca había salido de su Véneto natal; mantuvo siempre una actitud irreductible ante la usurpación del Estado pontificio por el Reino de Italia; y un recelo, sin los matices necesarios, ante las innovaciones doctrinales que desde el primer momento le asaltaron con la eclosión del modernismo. Pastoralmente fue un Papa reformador y hondamente religioso; culturalmente se encerró en una fortaleza reaccionaria y lo demostró desde los primero momentos, en su encíclica *Supremi apostolatus* del 4 de octubre de 1903 frente al «funesto ataque que ahora en todo el mundo se promueve y se fomenta contra Dios». Así entroncaba con las visiones apocalípticas que marcaron el final del pontificado de León XIII pero conviene calibrar la perspectiva de aquel terrible inicio del siglo XX con la resaca del positivismo, la pleamar del ateísmo en cultura y en pensamiento social –el marxismo estaba ya a punto de dar el salto al poder mundial– y la ofensiva masónica y anticlerical que rampaba en Francia, en Italia, en Iberoamérica y en España. En esa primera comunicación, puramente defensiva, se le nota muy preocupado e incluso abrumado al nuevo Papa que no propone, como había intentado León XIII, soluciones concretas en el campo cultural ni tampoco supo detectar, en el horizonte cerrado, los claros de esperanza y de sintonía cristiana en muchos sectores de que luego hablaremos. Casi toda la culpa de esa cerrazón debe atribuirse al equipo de colaboradores principales del Papa, en cuyo descargo conviene también anotar la dureza de la ofensiva anticatólica, que no es ninguna exageración aunque tampoco alcanzó el carácter universal y exclusivo que ellos pensaban. Ahora, desde luego, es mucho mas fácil comprenderlo que en medio de aquel combate.

Tres cardenales, entre ellos dos españoles, fueron los consejeros de más alto nivel para el Papa Sarto: José Vives y Tutó, OFMcap (+1913), miembro de la Curia desde 1884 a quien hemos visto ya como primer inspirador del primer concilio iberoamericano; Gaetano de Lai (+1928) prefecto de la Congregación consistorial y Rafael Merry del Val (1865-1930) hijo de un aristócrata y diplomático español, secretario de Estado a los 37 años, que se mantuvo en el cargo durante todo el pontificado y tuvo como sustituto a monseñor della Chiesa (futuro Benedicto XV) que había desempeñado la misma función en el equipo del cardenal Rampolla. Junto a los tres cardenales el grupo papal de asesores se ampliaba a cuatro influyentes secretarios, que acentuaban más el reaccionarismo; y todo el conjunto se apoyaba en los jesuitas de Roma, totalmente dedicados entonces a la defensa de la Santa Sede sin discusiones ni fisuras. Y si León XIII había tratado de ofrecer a los católicos opciones culturales, sociales y aun políticas ante la ofensiva de la sociedad moderna, Pío X, reafirmándose en los supuestos doctrinales de su predecesor, prefirió concentrarse en la renovación estrictamente religiosa que, por lo demás, era precisamente lo que los católicos pedían a su pastor supremo.

El pontificado de Pío X coincidió cronológicamente con la llamada «época de las crisis»hasta el estallido de la primera guerra mundial en 1914; una sucesión de convulsiones en todos los planos de la vida humana. Dos grandes potencias extraeuropeas, los Estados Unidos y el Japón, entraban en el juego de la hegemonía mundial, detentada aparentemente por el Imperio británico, en clara pugna económica y estratégica con la Alemania post-bismarckiana del Segundo Reich. Los Balcanes eran el avispero de Europa desde el asesinato del rey Alejandro de Serbia en 1903 hasta la ocupación austriaca de Bosnia y Herzegovina en 1908, que enconó la inevitable hostilidad de Austria y Serbia de la que surgiría el pretexto final para la guerra europea, tras la victoria de Serbia (siempre respaldada por Rusia) en la guerra balcánica de 1912-1913. El principio de las nacionalidades y su autodeterminación política, fundada en diferencias culturales, amenazaba con reventar al imperio danubiano de Austria y al imperio turco en Oriente Próximo, que incluía a los países árabes. El Imperio autocrático de Rusia, gracias a estadistas clarividentes como Stolypin, parecía ir sentando las bases para su modernización pero la revolución bolchevique se aprestaba al asalto del poder desde el inmenso desprestigio del zarismo en la guerra contra Japón, que acabó con la flota y el orgullo ruso en Extremo Oriente el año 1905. El mundo colonizado por los imperialismos seguía aparentemente dormido pero ya se notaban los primeros síntomas de un despertar que se retrasaría, a trancas y barrancas, hasta la segunda guerra mundial. En varios momentos del pontificado de Pío X parecía llegar ya la guerra general, como tras el incidente francoaleman de Agadir (Marruecos,1911) en medio del choque imperialista de las dos potencias en Africa; y lo más grave para la Santa Sede era que los católicos de cada nación en pugna mostraban un gran entusiasmo patriótico para seguir los ímpetus belicistas de sus gobernantes, por ejemplo en Francia, donde el compromiso de los católicos con su gobierno republicano había apaciguado ya la guerra interior religiosa en vísperas de 1914; o en Austria donde el partido socialcristiano y los obispos se alinearon decididamente con el veterano emperador Francisco José. Algo semejante cabría decir de Italia donde los católicos se sentían cada vez más italianos.

Como si adivinase que la ciega marcha del mundo hacia la guerra general escapaba de todo control, Pío X insistió, según decimos, en su impulso pastoral de religiosidad y a esa luz ha de enjuiciase su pontificado. Entre 1905 y 1907 intervino públicamente doce veces en favor de la comunión frecuente, que amplió, contra las restricciones hasta entonces vigentes, a los niños. Acometió la primera reforma litúrgica importante desde el Concilio de Trento, gracias a la concertación de un grupo de abadías benedictinas que sembraron ideas y estudios para esa reforma a lo largo de la segunda mitad del siglo XIX; reformó el misal y el breviario, recomendó el canto gregoriano y la polifonía religiosa. Renovó los seminarios, bastante decaídos y dictó nuevas normativas para el sacerdocio. Propuso un nuevo catecismo y fundó la Acción Católica en 1905 como centro del apostolado seglar, si bien como prolongación poco autónoma de la actividad clerical. Planteó la reforma de la Curia (que no se hacía desde los tiempos de Sixto V) compuesta hasta entonces por casi cuarenta organismos confusos y vinculados todavía a la estructura del poder temporal desaparecido. Potenció a la Secretaría de Estado, revitalizó al tribunal de la Rota y en su constitución de 1906 distribuyó a los funcionarios de la Curia en once congregaciones, tres tribunales y cinco oficios, con inmediatas consecuencias positivas en el gobierno de la Iglesia. Encomendó a un canonista experto, Pietro Gasparri, la reforma del Código de Derecho canónico; el joven monseñor Eugenio Pacelli actuó como secretario de Gasparri. Se completaba así el proceso de centralización romana de la Iglesia católica tan visible a lo largo de todo el siglo XIX. En el campo de la cultura teológica Pío X confirmó las directrices tomistas de León XIII y fundó, en colaboración con los jesuitas, el Pontificio Instituto Bíblico en 1909, destinado a convertirse para los tiempos siguientes en foco de investigación histórica y exegética con prestigio universal.

LA EXPLOSIÓN DEL MODERNISMO

Sin embargo esta serie de actuaciones religiosas y positivas de Pío Décimo siguen hoy oscurecidas (injustamente) ante las tremendas polémicas doctrinales que suscitó la explosión del modernismo y la consiguiente reacción del integrismo, muy apoyada por el equipo de asesores pontificios. El *modernismo* se llamó así desde 1904; había surgido al volver el siglo con el nombre de Nuevo Catolicismo y claro entronque con el liberalismo católico alumbrado por Lamennais. Los modernistas pretendían algo muy positivo: verter la doctrina católica en moldes de cultura moderna[116], como los liberales católicos habían intentado en el campo de la política. Desgraciadamente los deslices modernistas y la durísima reacción de la Santa Sede les condujo a un encastillamiento de tipo gnóstico; un alejamiento, casi inevitable, de la Iglesia como ya había sucedido en el caso de Lamennais. Ahora le tocaba a la Iglesia católica experimentar la crisis cultural interna que había afectado medio siglo antes al protestantismo a impulsos de su ala liberal y de la exegesis positivista-racionalista del Nuevo Testamento. Los avances de la crítica bíblica fuera del catolicismo afectaron profundamente a los modernistas para sus planteamientos. Para nosotros, en este libro, el modernismo de principios de siglo alcanza un interés grandísimo; porque ese impulso neoprotestante se nos aparece desde nuestra perspectiva como un claro precursor de modas teológicas y comportamientos político-religiosos que se desataron después de la segunda guerra mundial y en gran parte perduran hoy[117].

[116] Cfr. J. Lortz., op. cit. II p. 451.

[117] Además de la bibliografía que se contiene en las historias de la Iglesia que nos vienen sirviendo de guía (H: Jedin, J. Lortz) debe consultarse el estudio monográfico de Ramón García de Haro *Historia Teológica del modernismo* Pamplona, Edics. univ. de Navarra 1972.

El iniciador del movimiento modernista fue Alfred Loisy (1857-1940) discípulo del exegeta bíblico Duchesne. Ante el movimiento crítico suscitado en Francia por el propio Duchesne y el padre Lagrange, fundador de la Escuela Bíblica de Jerusalén en 1890, León XIII había expresado ya sus reservas y en la Curia romana se hablaba de «anarquía intelectual» de algunos círculos selectos del clero francés[118]. Alfred Loisy, tan inteligente como brillante, dotado de garra expresiva que para el clero joven de su tiempo resultaba irresistible, quedó muy impresionado ante la traducción francesa (1902) de la obra del exegeta racionalista alemán Harnack *La esencia del cristianismo* y publicó muy poco después *LÉvangile et l' Église* que obtuvo una enorme resonancia. Para Loisy la evolución histórica del cristianismo permitía reconstruir la figura de Cristo desde una nueva perspectiva histórica, mucho más cerca de la ortodoxia que cuanto había apuntado Harnack. Pero «Jesús anunció la venida del Reino de Dios y lo que vino fue la Iglesia» puede que la herejía modernista –porque en eso acabó– naciera, como tantos otros disparates, de una frase, hay quien se muere por una frase. Loisy cree en la evolución de los dogmas, instituciones, ritos y sacramentos; y relativiza los dogmas concebidos como símbolos más que como realidades objetivas. Pero al introducir así el historicismo en la doctrina católica no quería demoler a la Iglesia sino todo lo contrario: establecer la autenticidad espiritual de su origen. León XIII valoró bien el impacto de Loisy pero no quiso condenarle expresamente.

Después de la eleccion de Pío X Loisy justificó su libro de 1902 con una breve explicación: *Autour d´un petirt livre*. Su intención había sido liberar a la historia del catolicismo de una tutela rígida y anacrónica; y reafirmar la independencia de la crítica bíblica y la especulación teológica. Con ello Loisy planteaba el gran problema personal que iba a afectar a muchos investigadores y a muchos teólogos del siglo XX: combinar la necesaria libertad de pensamiento e investigación con la obediencia al magisterio de la Iglesia como intérprete autorizado –y, en su caso, infalible– de la fe y la ortodoxia. Las múltiples rebeldías teológicas de nuestro tiempo arrancan de ahí.

Loisy no reconocía límite alguno. Rechazaba varios dogmas intangibles para un católico: la Inmaculada Concepción de María e incluso la propia Resurrección de Cristo, a la que San Pablo había descrito como piedra angular de la fe cristiana. Para Loisy el objeto de la historia primordial de la Iglesia no es la vida de Cristo resucitado sino la fe de los discípulos que va evolucionando. El 6 de diciembre de 1903 el Santo Oficio, en reacción fulminante, condenó las tesis y las obras de Loisy que de momento aparentó someterse y continuó sus trabajos exegéticos. Pero después declaró que había perdido la fe en un Dios personal y en la divinidad de Cristo desde 1902. Desde entonces era, por tanto, un hereje, un gnóstico.

De forma prácticamente simultánea un jesuita irlandés, el padre Tyrrell, planteaba el modernismo en los campos de la teología fundamental y la filosofía de la religión. Para Tyrrell «el modernismo es un cristianismo que cree en la posibilidad de la síntesis entre verdades religiosas y verdades de la ciencia moderna» (Jedin). Como en el caso de Loisy, el punto de partida es más que legítimo, si bien Tyrrell no llegó a advertir que la ciencia moderna a que él pretendía referirse dejaba ya de

[118] Cfr. H. Jedin, op. cit. VIII p. 602.

ser la Ciencia Absoluta proveniente de la edad de oro newtoniana; y como a Loisy la reacción implacable de la Santa Sede le arrojó a un gnosticismo herético. Jorge Tyrrell (1861-1909) había ejercido como convincente apologeta, hasta que la influencia de su amigo y admirador el barón Friedrich von Hügel, un noble inglés de raíz germánica, humanista católico y enciclopédico, gran popagador del modernismo en Europa, le introdujo en la crítica bíblica y en el neokantismo. Tyrell, converso desde el anglicanismo, ingresó en la Compañía de Jesús donde chocó con barreras de censura y publicó sus primeros libros modernistas en 1902 y 1903 contra «la autoridad despótica de Roma». Entonces un jesuita no podía decir tales cosas y fue expulsado de su orden en 1906 pero no se sometió; incluso trató de crear una «asociación de excomulgados». Desde Roma, Duchesne y Hëgel extendieron por Europa las doctrinas de su amigo Tyrrell, que como las de Loisy influyeron en el líder de la Democracia Cristiana dentro de la Opera dei Congressi, Romano Murri, por la confluencia de esas doctrinas con las posiciones del liberalismo católico. Tyrrell degeneró en un inmanentismo y un simbolismo muy propios de su nueva condición gnóstica; pero tanto su doctrina como la de Loisy sucumbieron pronto ante la indiferencia con que se las consideró desde Alemania, que ya entones era (y sobre todo, se sentía) clave cultural del catolicismo contemporáneo; y ante la contraofensiva demoledora que emprendió la Santa Sede cuando el modernismo no había afectado aún al conjunto del pueblo católico sino solamente a círculos reducidos de sacerdotes en Inglaterra, Francia o Italia. Cincuenta años más tarde los promotores del nuevo modernismo –la teología política y la teología de la liberación– mostraron que habían aprendido bien las lecciones del fracaso modernista y lograron un contagio mucho más eficaz y extenso.

LA REACCIÓN ROMANA: EL INTEGRISMO

Ya dijimos que la reacción romana se había iniciado a raíz de la publicación de las obras modernistas fundamentales, en 1903, cuando las de Loisy se perdieron en el Indice. Dos encíclicas de 1904 mantuvieron la oposición y al año siguiente el Papa ordenó varias modificaciones de signo reaccionario en la Comisión Bíblica. Sin embargo la contraofensiva principal tuvo lugar en el año 1907. El 3 de julio apareció el decreto *Lamentabili* por el que se condenan 65 proposiciones modernistas, como la 1ª: «La ley eclesiástica que ordena someter a censura previa las obras que traten de la Sagrada Escritura no afecta a los escritores». O la 57: «La Iglesia se manifiesta enemiga de los progresos en las ciencias naturales y teológicas». El golpe mayor vino, sin embargo, en la tremenda encíclica *Pascendi* de ese mismo año. «El peligro –dice Pío X– se encuentra dentro de las venas y las entrañas de la Iglesia». Los modernistas toman como punto de partida el agnosticismo; tesis tajante que, en el caso de Loisy no anda descaminada, a confesión posterior de parte. «Recluyen –sigue la encíclica– a la razón humana en el ámbito de los fenómenos... es decir, la apariencia... afirmando que la razón no tiene derecho ni facultades para traspasar los límites de la apariencia»; es la crítica a la dimensión neokantiana del modernismo. Como aspecto afirmativo del modernismo, el Papa señala la inmanencia vital, que les hace confundir la fe con el sentimiento. En el campo político los modernistas subordinan de hecho la Iglesia al Estado. Y aplican a la vida de la Iglesia, como clave, la ley de la evolución, al referirse a la fe y a los dogmas.

Señala Pío X que las principales posiciones modernistas ya estaban anticipadamente condenadas en el *Syllabus* y que los modernistas aplican a sus adversarios «la conjura del silencio». Propone, para contrarrestar ese cúmulo de errores, la depuración de las cátedras, la prohibición de libros, la actuación de censores de oficio, la creación de una comisión de vigilancia en cada diócesis.

Después de la *Pascendi* la Iglesia católica se sentía, en frase del propio Pío X, «en estado de sitio». La dura represión incluía abundantes palos de ciego. El 1 de septiembre de 1910 se empezó a exigir a los graduados en facultades eclesiásticas y a los ordenandos un juramento antimodernista que comprendía un nutrido catálogo de errores concretos. Frente al modernismo se propuso lisa y llanamente, desde la Santa Sede, el integrismo con lo que se envenenó para toda una generación el ámbito intelectual y teológico de la Iglesia. Se desató una auténtica caza de brujas entre personas e instituciones; especialmente en la escuela bíblica de Jerusalén, la facultad teológica de Friburgo y el Instituto católico de París. La resaca del integrismo perduró hasta muy dentro del pontificado de Pío X por ejemplo en la enseñanza filosófica y humanística de los jesuitas, pese a que algunos de ellos habían tratado de mantener un mínimo de racionalidad en la investigación de la filosofía y las ciencias sagradas, por ejemplo el padre Léonce de Grandmaison, director de la revista *Etudes* (+1907). Sin embargo el instrumento más contundente y reaccionario del integrismo fue una institución alentada por el Papa, el círculo de asesores y la Curia, el llamado *Sodalitium pianum* fundado por monseñor Umberto Benigni, funcionario de la Secretaría de Estado (1862-1934) una especie de instituto secular más conocido como *La Sapinière* que contaba con unos cincuenta miembros en Europa, todos ellos bien situados en los medios de comunicación (prensa y editoriales); todos ellos bien conectados con centros de poder político e influencia social, en forma de sociedad secreta dedicada a la militancia más arriscada del integrismo y el antimodernismo, sin excluir la fabricación de rumores, denuncias y campañas de toda clase. Tanto el Papa como el cardenal Merry del Val conocían las actividades de Benigni y le apoyaban[119] Benigni informaba diariamente a Pío X a través del coordinador del equipo de secretarios y recibía del Papa el encargo expreso de informes y encuestas. El Papa estaba convencido de la absoluta necesidad que justificaba este sistema. «El error que hoy trata de propagarse –dijo en 1911– es todavía más mortífero que el de Lutero». Y como se verá varias décadas más tarde no decía una simple exageración.

El apogeo del contramodernismo integrista llegó en 1912-1913. Lagrange tuvo que dejar su centro de Jerusalén y se sometió ejemplarmente. Varias revistas católi-

[119] Cfr. H. Jedin, op. cit. p. 651.

cas se vieron obligadas a cerrar. El espléndido equipo de los Bolandistas, famoso por sus trabajos en la depuración crítica del santoral católico con seriedad irreprochable, se libró de milagro gracias a la clarividencia del cardenal Mercier. La prensa católica moderada tuvo serios problemas y más de una vez fueron apuñalados por la espalda intelectuales católicos de probada fidelidad como Marcelino Menéndez y Pelayo en España, a quien la contraofensiva integrista amargó y acortó la vida; y no digamos Miguel de Unamuno, un católico profundo que todavía hoy lleva, para los epígonos del integrismo actual, el sambenito de hereje que entonces le colgaron. Chocó contra el muro del integrismo el interesante movimiento social de un grupo de jóvenes católicos liberales franceses, Le Sillon, creado por Marc Sagnier (1873-1950) vigente como tal movimiento desde 1899, cuando empezó a intervenir en política y abrirse a católicos, protestantes y masones. El Sodalitium pianum se propuso la demolición del Sillon sobre todo desde 1909. En agosto del año siguiente Pío X condenó al movimiento por su coincidencia con la filosofía enciclopedista, por predicar la autonomía respecto de las autoridades eclesiásticas y por los contenidos modernistas de su doctrina. Mientras atacaba al Sillon el equipo pontificio se mostraba complaciente con la *Action Française* de Charles Maurras, un pensador monárquico e integrista (aunque agnóstico) que incluía entre sus postulados el culto al Estado de versión totalitaria y la instrumentación de lo religioso. En 1910 Pío X llamó a Maurras «buen defensor de la Santa Sede y de la Iglesia». El Santo Oficio, mejor informado después, preparaba en 1914 la condena de Maurras y su movimiento pero Pío X se negó a suscribir esa condena, ya preparada, que vería la luz bajo Pío XI en 1930.

Hacia el final del pontificado de Pío X el modernismo, incapaz de resistir a la ofensiva integrista, se había desmoronado casi por completo aunque alguna de sus raíces, como el neokantismo, la autonomía de la investigación histórica y teológica, la evolución de los dogmas y la conjunción con las presuntas libertades revolucionarias, se mantuvieron en vida latente hasta después de la segunda guerra mundial cuando rebrotaron violentamente en los movimientos contestatarios y concretamente en la teología de la liberación, que tiene al modernismo como a uno de sus más claros antecedentes. Pero mientras se derrumbaba el modernismo se hacía notar también en la Iglesia, hacia 1913, un sana reacción contra los excesos del integrismo. Varios cardenales con Mercier al frente, un sector avanzado de los jesuitas con las revistas *Etudes, Stimmen der Zeit* y hasta la oficiosa *Civiltá Cattolica* se mostraban cada vez más disconformes con el integrismo, hasta el punto que Pío X dirigió a los jesuitas una seria admonición en 1914 por esas «desviaciones» y parece que estuvo a punto de destituir al general de la orden, padre Wernz[120]. Pero tanto el Papa Negro como San Pío X murieron muy poco después, casi a la vez.

El modernismo era un intento de Nueva Modernidad en toda regla. Hasta con las reviviscencias gnósticas de la Modernidad clásica. Pío X advirtió perfectamente la importancia demoledora del movimiento al que consiguió ahogar aunque no extinguir. Ya veremos con detalle cómo resucita con fuerza poderosísima, en nuestros mismos días.

[120] Cfr. Jedin, op. cit. VIII p. 664.

LA NUEVA CIENCIA, UN FENÓMENO SECRETO

Ya hemos indicado al hablar de León XIII que en el período de transición que enmarca su pontificado y el de Pío X brotaba un fenómeno trascendental, el de la Nueva Ciencia, que durante aquella época se puede considerar también como un fenómeno secreto; porque no caló en la opinión pública ni fue advertido en la cumbre de la Iglesia ni en muchos círculos de la alta cultura aunque sí en algunos ámbitos del pensamiento. Sin embargo esta eclosión de la Nueva Ciencia es tan importante y decisiva para la consideración cultural de la religión que debemos insistir sobre ella sin miedo a reiteraciones.

El endoso casi absoluto del Papa Sarto a la contraofensiva integrista, provocada por el pánico de la Santa Sede al modernismo, ahogó un posible reconocimiento de Roma a las vetas cristianas y católicas del pensamiento moderno, que tanto pudieran haberse aprovechado si el equipo pontificio de asesores hubiera incluido a personas con la preparación amplia y la clarividencia suficiente para comprender que la hostilidad inveterada de un sector de la ciencia y el pensamiento contra la Iglesia (positivismo radical, ateísmo marxista, gnosticismo modernista) no coincidía, ni muchísimo menos, con todo el ámbito de la cultura en las dos primeras décadas del siglo XX. De momento ningún consejero papal prestó atención al hecho de que justamente entonces la Ciencia Absoluta se desmoronaba por todas partes en sentido nada contrario, sino muy favorable a la compatibilidad con la fe y la religión. En el auge del neokantismo la Santa Sede vió un peligro –cierto– de reclusión fenomenológica y no una sana reacción –cierta también– contra el idealismo desbocado y el positivismo; además de un retorno a los postulados de una moral racional en indudable convergencia con la cristiana. Las llamadas «filosofías de la vida» podían encubrir una desviación inmanentista, como sugería la *Pascendi*; pero algunos pensadores rastreaban allí una seria aproximación al catolicismo, sin que la actitud cerrada de la Santa Sede les ayudase mucho en su búsqueda. Todo ello marcaba, en vísperas de la gran convulsión mundial de 1914, una posible gran ocasión perdida para la fe.

El positivismo y el marxismo eran dos filosofías del siglo XIX –esencialmente décimonónicas, por cierto– que pretendían prolongar su vigencia durante el siglo XX y que aparentemente lo han conseguido hasta hoy, pese a que las conexiones de una y otra con la ciencia moderna estaban objetivamente cortadas de raíz ante la crisis de la ciencia moderna, la ciencia newtoniana, que se produjo al cambiar de siglo, aunque ni positivistas ni marxistas se enterasen. Desde entonces había que buscar una nueva relación entre la filosofía y la ciencia, como intentó lúcidamente José Ortega y Gasset al detectar inmediatamente la importancia de la indeterminación formulada por Werner Heisenberg en la segunda década del siglo XX. Desde los golpes de Planck y Einstein , tras los descubrimientos y las interpretaciones de Rutherford y Bohr en el mundo subatómico y los de Hoyle y Hubble en la astrofísica, para no hablar de los fantásticos progresos de la bioquímica, la química orgánica, la electrónica y la informática que han convertido al siglo XX, desde sus inicios, en una permanente revolución científica, la filosofía se ha aproximado cada vez más a la nueva ciencia hasta transformarse, aunque no exclusivamente, en interpretación profunda de los hechos científicos, formulada muchas veces por los propios teóricos de la ciencia nueva, desde Einstein a Hawking y Penrose. Una actitud absolutista en filosofía como la de Hegel resulta no sólo anacrónica sino impensable en el siglo XX; la filosofía que se despega de la ciencia se pierde en el vacío de la especulación gratuita. Y dentro de la interacción de nueva filosofía y nueva ciencia queda ahora un lugar para la religión y la teología que parecía cegado desde el siglo XVIII. Muchos grandes científicos son creyentes, algunos se asoman a la religión desde sus investigaciones físicas y quienes expresan respetuosamente sus dudas metafísicas, como es el caso de Hawking en su *Breve historia del tiempo*, convierten su presunto vacío religioso en una forma oscura de fe, en una carencia consciente e incluso angustiada de Dios. Además de Ortega, los casos de Brentano y Zubiri muestran hasta qué punto la mejor filosofía del siglo XX penetra en la problemática de la nueva ciencia; los ejemplos, desde Bergson y Blondel, podrían multiplicarse. Todos estos grandes nombres son creyentes positivos excepto Ortega, cuyo tratamiento de la religión descuella por su respeto tanto como por su lejanía; por ejemplo cuando describió nostálgicamente a la filosofía como «llenar el vacío de raíces que deja, al arrancarse, la fe». La Santa Sede y muchos pensadores católicos tardaron demasiado tiempo en comprender las perspectivas esperanzadoras que emanaban de ese nuevo talante de la ciencia hacia la fe; creo que corresponde a Pío XII la gloria de haberlo comprendido cabalmente. Ahora la época de Juan Pablo II cierra en cierto sentido el ciclo abierto por León XIII para la reconciliación de la ciencia y la fe, como lo expresó el propio Papa Wojtyla –compatriota de Copérnico– en su memorable lección magistral de la Universidad de Madrid en 1982, bajo la efigie coherente del cardenal Cisneros. Estas consideraciones, seguramente demasiado esquemáticas, me parecen esenciales para la configuración del marco cultural auténtico de siglo XX, aunque sólo ahora, a fines del siglo, comienzan a calar algo en la opinión pública culta, prendida aún en tantos espejismos anacrónicos.

Y no se trata de un buen deseo, un piadoso *wishful thinking*. Por supuesto que las manifestaciones culturales del hombre alienado y el poder de las tinieblas se han esgrimido muchas veces en nuestro siglo como armas arrojadizas contra la Iglesia y la luz de Cristo. Charles Moeller se ha esforzado con inmensa comprensión en exponer y revelar las conexiones, abiertas u ocultas, ente la literatura del siglo XX y el cristianismo pero naturalmente no puede minimizar los ataques culturales contra Dios y la religión. Hay científicos agnósticos que lamentan su incredulidad, lo cual ya es un balbuceo de fe, pero no faltan los que afirman estúpidamente que no encuentran a Dios entre los átomos o en el espacio exterior. Lo que en todo caso ha cambiado es que no puede ya identificarse el alejamiento de Dios como una exigencia científica. Claro que en el neokantismo y en el vitalismo laten peligros y amenazas de gnosticismo; pero por arrancar la cizaña no tenemos por qué empeñarnos en prescindir de la buena siembra. Lo que ya ha cambiado para siempre es la identificación de ciencia y ateísmo, la expulsión de Dios en nombre de la ciencia y la cultura. El siglo XX marca uno de los grandes retornos de Dios a la historia humana. Es el pobre Nietzsche quien ha muerto, no Dios.

EL SIGLO DE BRENTANO

Ya vimos cómo desde la segunda mitad del siglo XX aparecía en Alemania una refloración del kantismo, el neokantismo, como reacción contra los excesos del positivismo e incluso del idealismo hegeliano en sus dos corrientes, derecha absoluta e izquierda marxista. Así cuajó en el siglo XX la escuela de Marburg, con Hermann Cohen (1842-1918) –maestro de Ortega– y Ernst Cassirer (1874-1945). El neokantismo se extendió también por otras escuelas de pensamiento e impresionó vivamente a algunos filósofos católicos entre los que destacan dos jesuitas, Maréchal y Karl Rahner, quienes trataron sucesivamente de interpretar el realismo tomista en categorías de trascendentalismo neokantiano. La enorme influencia de Rahner entre la juventud intelectual de su orden (y en toda una generación de teólogos) a partir de los años cincuenta, su carácter de fuente originaria para la teología política de izquierdas y la teología de la liberación, de lo que hablaremos en su momento y lugar, nos impulsa ahora a adelantar una consideración: la ciencia de que partió el pensamiento de Kant y en la que se apoyaban también los neokantianos (entre los que desde luego incluyo a Maréchal y Rahner) era la Ciencia Absoluta, que estaba ya objetivamente descartada, según hemos mostrado, cuando los dos notables pensadores jesuitas planteaban su reconversión kantiana del tomismo (que en las historias de la Orden se conoce como Tomismo Trascendental). No puedo menos de anticipar un firme convencimiento: la Teología Política del discípulo principal de Rahner, J.B. Metz y la teología de la liberación tan vinculada a ella se fundan, filosóficamente, en un anacronismo formidable del que no fueron conscientes, por insuficiente formación e intuición científica, ni Rahner ni por supuesto Maréchal. Y tal vez uno y otro hubieran debido tener mucho más en cuenta que desde una apoyatura científica mucho más sólida el neokantismo estaba ya superado en origen por el nuevo realismo de Franz Brentano.

Este genial pensador católico, (1831-1917) a quien ya hemos anunciado al hablar de las aproximaciones de la cultura y la fe en el siglo XIX, parece cada vez más imprescindible para centrar una adecuada perspectiva cultural del siglo XX. Sacerdote católico, profesor en Viena, una tragedia íntima le apartó del sacerdocio y la Iglesia, *que faze a sus omes e los gasta*, como sucedía en el caso contemporáneo de Menéndez y Pelayo; pero mantuvo firme su fe hasta el final. Casi todos sus escritos se publicaron póstumamente; y alguien ha dicho que toda la mejor filosofía del siglo XX dimana de él. Es una lástima que muchos católicos se lamenten por el desvío de los intelectuales respecto de la fe y no adviertan que en cierto sentido nada exagerado el siglo XX pude considerarse, en el campo del pensamiento profundo, como el siglo de Brentano.

Sus obras son poco extensas pero de calidad hondísima. Parte, naturalmente, de la ciencia, que conoce directa y profundamente, como Dilthey, otro gran abanderado de la filosofía actual; mientras Dilthey pretendía convertirlo todo en historia, Brentano se situó conscientemente en una ampliada «filosofía perenne» proveniente de Leibniz y Descartes, pero también de Tomás de Aquino y Aristóteles. Una de sus obras capitales es *Psicología desde el punto de vista empírico*, de la que se deriva toda la corriente fenomenológica, que no expondrá siempre la clara distinción de Brentano entre el plano trascendental y el realismo crítico que él renovó y propuso. Renovó también la ética desde su referencia a Aristóteles. Rechazó como un extravío el desbordamiento idealista desde Kant a Hegel. Brentano es un pensador empírico pero no empirista, ni menos positivista. Ante su pensamiento se comprende mejor que con cualquier explicación el significado de la filosofía perenne.

En su tiempo y bajo el impacto positivista se pretendía reducir la psicología a la física materialista, pretensión ridícula para Brentano que distingue cabalmente los dos ámbitos: el acto psíquico es intencional, es decir, apunta a un objeto, real o no pero no se identifica sin más con ese objeto. Al describir la esencia de los fenómenos estamos ya ante un precursor de Husserl. Brentano clasifica los fenómenos psíquicos en representaciones, juicios y emociones. La percepción puede ser interna si se refiere a los propios fenómenos psíquicos y externa si se refiere al mundo exterior. En el caso de la ética Brentano supera a Kant; objetiva el mundo real que no depende solamente de nuestra valoración y aceptación. De esta ética objetiva de Brentano ha surgido la filosofía de los valores.

Brentano representa el retorno a la metafísica, una vez superados los escollos del idealismo y el positivismo. Acepta las pruebas a posteriori, como Santo Tomás, para la existencia de Dios: la teleológica, desde una perspectiva científica; la fundada en el movimiento hacia el Primer Móvil, de cuño aristotélico; la psicológica, por la naturaleza del alma humana, con resonancias que vienen de la profunda poesía intelectual de Platón en el *Fedón*. Brentano es el retorno a la esencia y el apoyo en la evidencia para el pensar filosófico.

Junto a Brentano, Wilhelm Dilthey (1833-1911) puede considerarse como una segunda fuente para la filosofía del siglo XX. Pero en sentido muy diverso. Si Brentano era el retorno a la metafísica, la revitalización del realismo crítico, el ansia de objetivación para huir de la arbitrariedad, Dilthey (que también fue un gran humanista, cultivador de la historia literaria y la psicología, conocedor cabal de todo el despliegue histórico de la Humanidad desde sus orígenes hasta hoy) introduce enérgicamente la historicidad en el pensamiento filosófico en cuyo centro sitúa la idea de la vida. Para Dilthey la conciencia histórica impone la superación del positivismo grosero a través de la crítica vital operada por la razón histórica. La filosofía es la ciencia del espíritu para el análisis de lo humano –la vida ante todo– en la historia. Profesor en varias cátedras entre Basilea y Berlín, Dilthey no participa de la sana cura de objetividad y realismo propuesta por Brentano para la formación del pensamiento contemporáneo sino que incide –reincide, mejor– en el relativismo filosófico que la Nueva Ciencia estaba descubriendo. Niega, según la tradición kantiana, la posibilidad de un conocimiento metafísico y no desmiente su entronque hegeliano a través de Windelband y Rickert. Pretende completar, más que superar a Kant a través de una «crítica de la razón histórica». Introduce la separación metodológica entre la ciencias de la Naturaleza (que se nos dan mediante una serie de conexiones interiores) y las ciencias del Espíritu a las que accedemos de forma inmediata. Las ciencias del espíritu tienen prioridad respecto de las ciencias de la naturaleza y en cierto sentido las comprenden, porque éstas poseen también carácter histórico. Sin embargo Dilthey propone una psicología que no identifica su método con el de las ciencias naturales sino que capta al hombre en su totalidad como entidad histórica. El objeto del análisis histórico es la captación de la vida misma. La metafísica es a la vez inevitable e imposible; los filósofos transcendentales no utilizaron el análisis histórico, no captaron la corriente de la vida. Considerada como hecho histórico, la filosofía se transforma en «filosofía de la filosofía».

La tendencia antimetafísica de Dilthey es importante para la formación del sustrato teológico liberacionista; por su relativismo, su no superación del idealismo –con su consiguiente carga de inmanentismo– y su vitalismo que excluye toda necesidad de lo divino. El hombre no es un ser permanente para Dilthey sino un despliegue vital. La vida es la razón última de todas las concepciones pero es a la vez el fundamento no racional del mundo. Entre la vida y la historia se establece una relación dialéctica incesante. Así la inteligencia es un proceso que se desarrolla en la especie humana y que al adquirir la plenitud ofrece, como aspectos de su realidad, la religión, la metafísica y lo incondicionado: una desembocadura netamente hegeliana para todo el impulso del pensamiento de Dilthey.

De manera prácticamente simultánea otros filósofos del vitalismo penetraban en el siglo XX impulsados también por el ímpetu de la teoría evolutiva darwiniana, elevada quizás con demasiado apresuramiento a dogma intangible de la Nueva Modernidad. Georg Simmel (1858-1918) profesor en Berlín, reflexionaba sobre la vida y sobre el tiempo. Y en cierto sentido, aunque no exclusivo, se le considera como el introductor del tiempo en la filosofía actual, justo cuando el tiempo físico clásico entraba en su crisis irreversible dentro de los mundos subatómico y astrofísico. En Francia investigaba también los misterios de la evolución y del tiempo otro gran filósofo de la vida, Henri Bergson (1859-1941) en sus dos obras capitales, *Matière et mémoire y L'evolution créatrice* en pos del concepto básico de *élan vital* captado por la intuición, mientras la inteligencia congela y cuadricula, al enfocarle e interpretarle, el proceso de la vida. Contrapone Bergson el tiempo «espacial» exterior al tiempo interno, el tiempo de la vida; y establece con hondura las contraposiciones de espacio y tiempo, materia y memoria, cuerpo y alma, pensamiento e intuición, concepción estática y dinámica de lo real. Un elemento de irracionalidad se insinúa por estas contraposiciones, como por toda la filosofía vitalista. Pero Bergson, en su búsqueda de la vida, no se acercaba solamente a las intuiciones trascendentales de Dilthey sino también a un catolicismo vital junto al que desembocó su originalísimo pensamiento. No muy lejos un notable pensador católico no bien comprendido por el catolicismo oficial, Maurice Blondel (1861-1949) sorprendió al mundo filosófico europeo con su libro de 1893, *L'Action*, emanado de una brillantísima tesis doctoral, en el que trata de describir la acción, el dinamismo, como clave de la vida, ya que en ella se encuentra el sentido y el destino de lo vital. Desde posiciones anti-estáticas y abiertamente anti-escolásticas Blondel propone sin embargo que la filosofía debe «preparar y justificar los caminos de la fe». La acción engloba al propio pensamiento; la filosofía de la acción es la crítica de la vida. La filosofía de la acción confluye mediante la contemplación activa en la intuición de Dios. Siempre identificó Blondel su pensamiento con la ortodoxia católica consciente. La filosofía lleva al hombre hasta la aceptación de la vida divina. Desde la intransigencia católica (mediante la confusión de fe y escolástica) se quiso acusar a Blondel, muy superficialmente, de inmanencia sin advertir las raíces positivas de la inmanencia, nada confundidas con el panteísmo, que pueden detectarse en el pensamiento y la mística cristiana a través de la Historia. A través de la intuición profunda en el propio espíritu, es decir la profundización en una inmanencia que no se agota en sí misma, se puede alcanzar la transcendencia sin contradicción alguna.

Dejamos la descripción de otras corrientes y otros pensadores del siglo XX – así como de la gran literatura y el arte nuevo que distingue la primera mitad del siglo XX– para el siguiente capítulo, ya que si bien algunos grandes nombres actuaban ya, en algunos casos, durante las primeras décadas del siglo, su despliegue y su influencia conocieron un apogeo posterior. Pero debemos cerrar este epígrafe con una breve consideración sobre el pragmatismo.

Que puede considerarse en cierto sentido como una reacción contra los excesos del idealismo y del propio positivismo; como un deseo de acoplar la filosofía a los problemas humanos y sociales suscitados desde la realidad. Los pragmatistas, que florecieron sobre todo en el ámbito norteamericano, llegaron precedidos por los transcendentalistas Ralph Waldo Emerson (1803-1882) y Henry David Thoreau (1817-1862) en Nueva Inglaterra, que ya habían expresado su reacción contra el positivismo y el materialismo europeo. Pero la edad adulta del pensamiento norteamericano se debe a los maestros del pragmatismo. Fue el primero Charles Sanders Pierce (1839-1914) profesor de Harvard, creador del movimiento pragmático, para quien la filosofía es una rama de la ciencia teórica; el objeto de la filosofía es anticipar, clasificar y depurar las ideas y métodos de la ciencia. Las concepciones intelectuales no se valoran por su claridad (Pierce es oscurísimo) sino en función de sus consecuencias prácticas con lo que, al menos en el ámbito de la actuación privada, el austero pensador descalifica a una buena parte del estamento intelectual, como ha hecho Paul Johnson, con toda razón y mucha mayor claridad, en nuestros días.

Todavía alcanzó mayor fama internacional William James (1842-1910) también profesor de Harvard, psicólogo, moralista y estudioso de la religión, que demostró interés por la metafísica, interpretó los fenómenos de la psicología dentro de un flujo de la conciencia y se mostró anti-intelectualista e irracionalista en sus concepciones. Abandonó la especulación y el culto a los sistemas para centrarse en lo concreto, los hechos, la acción, el poder. Las teorías deben ser solamente un instrumento para el cambio. Las ideas son verdaderas en cuanto que sirven; verdad es lo que sale bien. James ha influido, y sigue influyendo, en la configuración de la mentalidad norteamericana de forma incalculable. Su irracionalismo utilitario –sin sombra de metafísica– forma parte de la *american way of thinking*, hasta hoy.

PÍO X ANTE FRANCIA, ITALIA Y ALEMANIA

Ya es hora de volver al pensamiento y la acción de Pío X ante las realidades concretas de su tiempo, ahora en una consideración por naciones. Pío X destiló en su encíclica *Vehementer nos*, el 11 de febrero de 1906, toda la amargura de la ofensiva republicano-masónica contra la Iglesia en Francia, después que el gobierno rompiera las relaciones con la Santa Sede a fines de julio de 1904 y el Parlamento aprobase la ley de separación a fines de 1905. Ya vimos cómo tras un período de comprensión el Papa se vio obligado a condenar a los liberales católicos del *Sillon*, lo que equivalía a un repudio de la democracia por parte de la Iglesia; aunque el rechazo provenía de que Sagnier y sus adeptos sólo veían una posible acomodación política del catolicismo dentro de un marco de ese carácter, con exclusión de otros esquemas[121]. Impulsos semejantes guiaron a la Santa Sede en sus recelos contra la Democracia Cristiana en Italia. Poco después de su elección Pío X ordenó a los jóvenes activistas de la Opera dei Congressi que se atuvieran estrictamente a las directrices de León XIII y no interpretasen la democracia cristiana en sentido político sino sólo benéfico y social bajo la dependencia total de la jerarquía. No le hicieron caso y a fines de julio de 1904 la asamblea de la Democracia Cristiana acordó apoyar los proyectos políticos que proponía don Murri, pese a que la Santa Sede había disuelto poco antes la Opera dei Congressi. Persistía el Papa al año siguiente, 1905, en la prohibición política; pero el padre Murri se mantuvo firme y pretendió transformar la Democracia Cristiana en una liga democrática para la reforma del Estado y de la propia Iglesia. Fue suspendido *a divinis* en 1907 y excomulgado dos años después[122]. Varios seguidores de Murri, que le consideraron modernista (como la Santa Sede) crearon en 1911, en torno al sacerdote siciliano don Luigi Sturzo, una nueva Liga Democrática Cristiana que pronto dio origen al Partido Popular. Ante la marginación social y económica del Sur, el atrasado *Mezzogiorno*, de donde venía don Sturzo, el sacerdote político se sentía ajeno al liberalismo, lo cual suponía un punto a favor suyo en el Vaticano. El nuevo movimiento, que reconocía un horizonte político al fondo, penetró seriamente en los ámbitos culturales gracias a profesores como el de derecho Contardo Ferrini (hoy en los altares) y el biólogo converso Agostino Gemelli OFM, fundador de la universidad católica de Milán. La Democracia Cristiana reconoce su origen en el Partido popular de don Sturzo y a él ha retornado después de su crisis corrupta e implosiva en los años noventa del siglo XX. El proyecto político-corporativo del fascismo interfirió agresivamente con el Partido Popular en los años veinte. Los restos de la Opera dei Congressi se refugiaron, tras someterse de nuevo a Roma, en una vigorosa Acción Católica Italiana que en su momento –tras la derrota en la segunda guerra mundial– nutriría los cuadros del renovado Partido Popular y de la nueva Democracia Cristiana, el gran partido anticomunista de la postguerra.

Gracias a la excelente formación del clero alemán en la segunda mitad del siglo XIX apenas prendió en sus filas la fiebre modernista. Durante la paz que siguió a los conflictos del Kulturkampf hasta la primera guerra mundial no hubo serios problemas entre la Iglesia y el Estado en el Segundo Reich. Los círculos intelectuales católicos evolucionaron hacia un liberalismo reformista que tomaba distancias del autoritarismo prusiano pero se mostraba compatible con el patriotismo nacional alemán. Una gran asociación social católica, el *Volksverein für das katolischen Deutschland*, templada en las luchas bismarckianas, penetraba profun-

[121] Pío X *Nôtre charge apostólique,* carta al episcopado de Francia 25.8.1910.
[122] Cfr. H. Jedin, op. cit. VII p. 610.

damente en la sociedad y se oponía efectivamente a las pretensiones de la socialdemocracia marxista pero sin espíritu reaccionario; en 1914 contaba con más de ochocientos mil miembros y un poder social considerable. De forma relacionada y paralela, pero enteramente autónoma, el partido cristiano del Zentrum, de mayoría católica, suscitaba ciertos recelos de Pío X por su independencia respecto de la jerarquía, pero como León XIII le había tolerado, el Papa Sarto dejó discurrir las cosas de igual forma. Basten estos apuntes para anticipar que los dos grandes partidos católicos europeos de la segunda postguerra mundial, la Democracia Cristiana en Italia y la CDU alemana, no fueron una improvisación sino una resurrección del Partito Popolare y el Zentrum, anteriores a la primera Gran Guerra y recuperados después de los turbiones y las ruinas del fascismo y el nacional-socialismo.

PÍO X Y ESPAÑA HASTA 1914

Insisto en que la especial atención que presto a España (y a los Estados Unidos) lo mismo que a Roma e Italia a lo largo de este libro, sin descuidar por ello a otros escenarios europeos (sobre todo Rusia, Francia y Alemania) se debe a que para el asalto y la defensa de la Roca frente a la Modernidad y la Revolución, que es objeto principal de este libro, los grandes combates del siglo XX no se pueden comprender en toda su amplitud y virulencia sin todo ese conjunto de localizaciones, desde las que se va a proyectar después la lucha de la luz y las tinieblas sobre el mundo iberoamericano. A lo largo de la sucesión de capítulos irá comprendiendo el lector la necesidad de estos estudios de ámbito nacional sin los que no puede entenderse el origen y la coordinación de las líneas y fronteras de lucha que luego confluirán en América y en la Europa del Este, sin que por ello descuidemos algunas significativas acciones de expansión y de flanqueo en otros continente, todos los demás sin excepción porque se trata de un conflicto ecuménico, universal.

Las relaciones entre la Iglesia católica española, la sociedad y la política durante el pontificado de Pío X, que coincidió con los primeros años del reinado efectivo del joven Alfonso XIII (jurado Rey en 1902) resultaban muy poco claras. El Rey estuvo siempre muy supeditado a su madre, la Reina ex-Regente María Cristina de Austria, que había conseguido preservar la unidad y la dignidad del Estado y la nación después del trágico asesinato de Antonio Cánovas del Castillo (1897) y la desastrosa guerra colonial por agresión imperialista de los Estados Unidos, que arrebataron a la decadente corona hispánica Cuba, Puerto Rico, las Filipinas y las demás islas españolas del Pacífico. Desde la muerte de Cánovas el Estado español vivía una profunda crisis; el sistema liberal de partidos turnantes (liberal y conservador) se alejaba cada vez más del país real y el impacto del anticlericalismo masónico francés hizo estragos en España al ser imitado servilmente (aunque no tan destructivamente) por el partido liberal-progresista. Sin embargo primero Francisco Silvela y luego Antonio Maura aparecieron al frente de los liberal-conservadores como dignos sucesores de Cánovas y contribuyeron a la regeneración de España después del Desastre de 1898. El gobierno largo de Maura en 1907-1909 fue un bienio de paz, reconstrucción, sentido social y progreso dentro de la mejor tradición moderada en España, aunque terminó abruptamente por la hostilidad de las izquierdas (muy cargada de anticlericalismo) en la Semana Trágica de Barcelona a fines de julio de 1909. A la caída de Maura tomó el poder una situación liberal que se empeño en remedar las leyes anticlericales de Francia e hizo aprobar (pero no logró cumplir) la llamada Ley del Candado, que pretendía quebrar el influjo social y sobre todo educativo de las órdenes y congregaciones religiosas, que era determinante. Su promotor, el liberal José Canalejas, era sin embargo un católico practicante que procuró a España una nueva época de serenidad y esperanza, interrumpida por su asesinato a manos de un anarquista en 1912. Desde entonces el sistema político de la Restauración entró en barrena, se complicó por la sangrienta e intermitente guerra colonial en el protectorado de Marruecos (que se fue arrastrando hasta su final en 1927) y caminaba inexorablemente hacia la insolidaridad política y el enfrentamiento nacional, como un prólogo para la todavía lejana, pero cada vez más presentida guerra civil de 1936. La Semana Trágica de Barcelona, explosión anticlerical con quema de muchos conventos y asesinatos de religiosos marcó un apogeo de la propaganda contra la Iglesia alimentada tenazmente por la extrema izquierda; mientras los liberales se quedaban sin más bandera política que el anticlericalismo y la secularización. La campaña de la izquierda contra la Iglesia era falsa y absurda, se fundaba en mentiras flagrantes y para nada tenía en cuenta la profunda y amplísima labor social que ejercían las órdenes y congregaciones religiosas en la enseñanza y la asistencia social de las clases humildes. Contra ese desbordamiento de caridad, atemperado, eso sí, con el egoísmo y el desinterés social de las clases ricas, se abatía en las cuatro primeras décadas del siglo XX un auténtico alud de mentiras y odios, calumnias y vilezas, aireadas por una prensa infame y soez que contrastaba con la objetividad y maestría de una nueva gran prensa católica cuyo abanderado fue el gran diario *El Debate*, fundado por la Asociación Católica Nacional de Propagandistas en 1911.

Los liberal-conservadores, que nunca fueron clericales, gobernaron en sus turnos de poder con criterios muy favorables a la Iglesia que de momento no fomentó, tras la muerte del cardenal Cascajares, la creación de un partido político específicamente católico porque no hacía falta alguna. Los partidos de la derecha católica, regionalista y autonomista, tanto en el País Vasco (PNV) como en Cataluña (Lliga Regionalista) reptaban hacia el separatismo por reacción anticentralista, alentada por buena parte de su clero. Uno y otro se habían configurado a fines de siglo aprovechando el deshielo del carlismo y los nuevos impulsos de una cultura autóctona basada en una lengua regional; la condición que había propuesto Mazzini en la lucha por Italia del siglo XIX para formular su famoso principio de las nacionalidades, una reivindicación muy viva en el seno de los Imperios multinacionales austrohúngaro y otomano en los tiempos que precedieron a la Gran Guerra de 1914.

Como había sucedido a lo largo del siglo XIX, las diversas obediencias de la Masonería española se alineaban, durante las primeras décadas del siglo XX, junto al liberalismo radical y anticlerical y promovían con cerrado sectarismo la secularización absoluta, aunque el actual masonólogo jesuita Ferrer Benimeli se empeñe en negar la evidencia[123]. Los hombres clave de la Revolución de 1898, de Prim para abajo, eran masones; como el propio rey Amadeo y los dirigentes de la Primera República. El directivo masónico principal al cambiar el siglo fue Miguel Morayta, que logró en 1888, ya en la Restauración, la unificación de obediencias en el Gran Oriente Nacional de España, pronto surcado de nuevas fisuras y escisiones que sin embargo mantenían la unidad fundamental con la masonería genérica europea. Hacia 1914 la otra gran rama masónica española, la Gran Logia catalano-balear, se había reintegrado a la unidad masónica mediante un pacto de amistad con el Gran Oriente. Historiadores de indudable envergadura como el profesor Pabón insisten en la importancia de la acción masónica (por ejemplo en el caso del político liberal Segismundo Moret) y dejan entrever la distinción, en la que no nos cansaremos de insistir, entre masonería oficial, más o menos ritual y estrambótica, y masonería real, por cuyas conexiones circulaban los impulsos secularizadores que constituyeron, desde la creación de la Masonería especulativa al comenzar el siglo XVIII, la característica principal de la que sus adeptos llaman Orden o Arte Real. Durante el pontificado de Pío X y concretamente en el ámbito español e iberoamericano la acción masónica se mantuvo dentro de los mismos parámetros que durante la época de León XIII y mereció de la Iglesia católica la misma repulsa. Es inútil encontrar en las disquisiciones de Ferrer las causas de esa repulsa; las huellas reales de la ofensiva masónica contra la Iglesia en la política y en la enseñanza.

Durante ese confuso período el Episcopado español, seleccionado con el mismo rigor pastoral que en la época de San Antonio María Claret, formaba un cuerpo ejemplar y compacto sin una vacilación en torno al Papa, y secundaba las orientaciones pontificias unánimemente. La colección de documentos colectivos del Episcopado (que ya hemos citado) ofrece continuas pruebas. El 15 de enero de 1904 el cardenal primado monseñor Sancha, en nombre de todos los obispos,protestó ante el gobierno por las injurias vertidas contra monseñor Nozaleda, ex-arzobispo de Manila propuesto ahora para la sede de Valencia donde al fin le impusieron los liberal-conservadores cuando llegaron al poder. El 10 de febrero de 1905 los obispos protestaron ante el Rey contra el proyecto de ley de tribunales que ofendía a la Iglesia. El 20 de diciembre de 1906 vuelven a protestar ante la Corona contra el proyecto liberal de ley de Asociaciones, que restringía la libertad para el establecimiento de órdenes y congregaciones en España (ésta es la Ley del Candado) y advierten que su cumplimiento acarrearía a los responsables el pecado mortal y la excomunión por coartar la libertad de la Iglesia, en contra del vigente Concordato. El 26 de noviembre de 1909 los obispos escriben al presidente del Consejo, don Antonio Maura, ya a punto de ser expulsado del poder, contra la proliferación de escuelas laicas después de la Semana Trágica de Barcelona (que los obispos condenan abiertamente) en cuya trama había figurado el anarquista y masón, fundador de la Escuela Nueva, Francisco Ferrer Guardia por cuya ejecución, decretada legalmente en consejo de guerra, la izquierda europea y la maso-

[123] Mucho mejor orientado está el libro de la profesora Gómez Molleda *La Masonería en la crisis española del siglo XX* (Madrid, Taurus, 1986) donde se presta especial atención a los aspectos políticos de la secta y a su proyecto se cularizador de la enseñanza.

nería habían desencadenado una estentórea e inicua campaña contra el gobierno liberal-conservador, que sería pronto exonerado por Alfonso XIII. «Así como de la neutralidad escolar –decían los obispos al Rey– se pasa al ateísmo, de éste al socialismo no hay más que un paso». El 16 de marzo de 1910 los obispos de España expresan su solidaridad fraternal con los perseguidos obispos de Francia, que habían enviado a España una parte sustancial de sus religiosos en busca de refugio. En diciembre de 1910, en plena tormenta por la ley del Candado, los obispos españoles escriben al Papa Pío X protestando por las injurias que le había inferido el alcalde judío de Roma, Nathan. Ya en situación liberal los obispos protestan el 14 de septiembre de 1912 ante el gobierno por la legislación sobre enseñanza; los liberales habían montado una tenaz campaña de laicismo en la educación desde 1909, con el pleno apoyo de los socialistas. Con motivo de la proclamación de la República portuguesa en 1910 –de carácter liberal radical, masónico y anticlerical– los obispos españoles manifestaron su solidaridad y su apoyo a los de Portugal, uniéndose a ellos en la persecución. Todas estas actuaciones se inspiraban en un intenso espíritu de cruzada religiosa y de participación de los católicos en lo que solía llamarse «reinado social de Jesucristo» que se expresaba cada vez más en el símbolo del Corazón de Jesús y el grito de «Viva Cristo Rey». Ante la persecución contra la Iglesia que surcaba las naciones vecinas, la Iglesia de España, que gozaba de mejores relaciones con los gobiernos de la nación y del apoyo de la Corona, movilizó eficazmente a los católicos y respondió a las amenazas con la cruzada. Ahora resulta muy cómodo y bastante rutinario tomar peyorativamente ese espíritu de cruzada, sin parar mientes, por supuesto, en las arbitrariedades, las agresiones y las sinrazones de la persecución. Pero la cruzada, que era simplemente legítima defensa social, surtió efectos patentes. La Ley del Candado, aprobada el 4 de noviembre de 1910 por los liberales en mayoría, parecía esterilizada en origen ante su propio precepto de anularse si en los dos años siguientes no se aprobaba una nueva ley de asociaciones. La movilización de los católicos resultó tan intensa que esa nueva ley nunca se aprobó por lo que las asociaciones religiosas pudieron seguir desplegando con tranquilidad su apostolado social y docente. Cuando en junio de 1911 un solemne y mutitudinario Congreso Eucarístico se remató con una manifestación superior a las cien mil personas (jamas se habían reunido tantas en España para un acto público) con la presencia de las Reales Academias casi en pleno, el liberal José Canalejas desistió de proseguir la campaña secularizadora y la amenaza pasó, de momento, a la historia.

No debe pensarse, sin embargo, que la acción de cruzada era puramente negativa. Muy al contrario, durante el pontificado de Pío X se intensificaron los esfuerzos positivos de la Iglesia y los católicos españoles, que siguieron con gran aceptación las directrices espirituales del Papa Sarto, crearon nuevas asociaciones de notoria eficacia y organizaron desde bases renovadas un apostolado social significativo. Entre las asociaciones de seglares destacaba la ya citada Asociación Católica Nacional de Propagandistas, creada a fines de 1909, (cuando arrancaba la gran controversia anticlerical sobre la enseñanza) por el jesuita Angel Ayala (n. Ciudad Real 1867) y el abogado del Estado Angel Herrera (n. Santander 1888) gracias al apoyo de un sector ilustrado de los católicos vizcaínos, agrupados en la Junta de Vizcaya que creó José María Urquijo, amigo del padre Ayala. (Para el autor de este libro van entrando en esta Historia personajes que llegó a conocer personalmente en épocas siguientes, como el padre Ayala, el futuro cardenal Herrera, la familia Maura, mi abuelo Juan de la Cierva, Alfonso XIII y su familia, varios militares, políticos, financieros, periodistas y profesionales; empiezo ya a contar los episodios de la Historia no sólo por los documentos sino también por lo que he oído de protagonistas y testigos, pronto ya empezaré a hablar de lo que he visto). Los Propagandistas se foguearon en recorridos populares por media España, recibieron del padre Ayala (que no era un intelectual pero sí un gran formador de hombres y equipos, dotado de singular sentido común y adicto a la corriente que daba ya relevante importancia a las «minorías selectas» para el influjo en la sociedad) una formación religiosa admirable y una devoción inquebrantable a la Santa Sede; y empezaron a prepararse de lejos para el asalto a la política desde la creación de una gran plataforma de acción social, en la que pronto fue pieza clave el gran diario *El Debate* que compraron en ruinas y pronto convirtieron en el primer periódico de España, junto con el monárquico ABC de Madrid, fundado poco antes en la primera década del siglo por un sevillano liberal y emprendedor, Torcuato Luca de Tena. El ABC, que se arrastraba en la penuria, dio el salto a la grandeza y la influencia cuando apoyó al gobierno liberal-conservador de Maura desde la Semana Trágica de 1909 y a partir de entonces hasta 1985, más o menos, ha sido digno de su magnifica ejecutoria monárquica, católica y liberal, que logró mantener en Sevilla durante la guerra civil cuando la edición de Madrid fue raptada y violada por los rojos, enemigos de cuanto significaba el periódico. Desde 1985, más o menos, ABC ha experimentado un confuso proceso de involución hacia esa fase roja sobre todo en su repugnante suplemento cultural; el periódico marcha dando tumbos, convertido en un sumidero mercantil de desorientaciones, obsesiones y contradicciones, rasgadas de vez en cuando con un relámpago que viene de sus raíces ocultas para recordarnos que quien tuvo, retuvo. *El Debate* no sobrevivió a la guerra civil; resucitó precariamente en el diario católico *Ya* que más o menos en 1985 y por culpa del obispo secretario de la Conferencia Episcopal, don Fernando Sebastián Aguilar, (que transfirió al periódico y a la red de emisoras de la Iglesia su propia desorientación interior) perdió el rumbo, se hundió espiritual y materialmente en la incoherencia y desapareció tragado vergonzantemente por el corrupto sindicato socialista. Nadie podía esperar en la segunda, tercera y cuarta décadas del siglo XX un final tan airado para las dos espléndidas empresas de prensa madrileña y nacional. Una trayectoria no menos errática siguió, en sus diversas etapas, *La Vanguardia*, el gran diario de la burguesía catalana creado por los hermanos Godó y hoy irreconocible, porque ni siquiera sabemos cuál es su línea. Ha cabido mejor suerte al que en la primera década del siglo se conocía como *Trust* de periódicos liberales, entre los que destacaba *El Imparcial*; representaba la línea «progresista» del liberalismo, fue salvado como empresa por el apoyo altruista de los liberal-conservadores (concretamente mi abuelo y sus amigos) para revolverse luego contra ellos en la resaca de la Semana Trágica. El Trust mantuvo la misma línea, reforzada por el diario oficioso del estamento intelectual, *El Sol*, desde la segunda década del siglo; línea que se diluyó en la segunda República y se hundió en la guerra civil pero reapareció, armada de todas sus armas, en el nuevo Trust de don Jesús Polanco a poco de morir el general Franco. De los grandes diarios españoles solamente *El País,* de clara tendencia liberal-radical, «progresista», socialista y masónica mantiene exactamente la misma línea de sus homólogos que florecían vigorosamente en el primer tercio del siglo. Son consideraciones sobre la prensa que nunca he visto formuladas en historia alguna; y que me parecen fundamentales[124].

La Compañía de Jesús había recuperado en la España de comienzos de siglo buena parte de su relevancia apostólica y social, perdida en los traumas de la extinción a fines del siglo XVIII y mal restaurada durante las persecuciones liberal-radicales del siglo XIX. En la época de Alfonso XIII la Iglesia, sus órdenes y congregaciones disfrutaron de paz social y seguridad jurídica (salvada la amenaza de la Ley del Candado, que naufragó en su propia ridiculez); lograban un influjo determinante en la enseñanza primaria, media y profesional, sin excluir, ni mucho menos, el trabajo entre las clases medias y pobres, cosa en la que no me cansaré de insistir; y ya iniciaban (jesuitas y agustinos) una importante presencia en la enseñanza superior gracias a centros de creciente prestigio; el Instituto Católico de Artes e Industrias de Madrid, reputada escuela de ingeniería y montadores; el Instituto Químico de Sarriá, el Observatorio del Ebro, la Universidad Comercial de Deusto en Bilbao, el Real Colegio María Cristina de los agustinos en San Lorenzo del Escorial. (Los jesuitas, sin embargo, no intentaron la penetración en la Universidad pública hasta después de 1939, donde fueron superados netamente por el Opus Dei).También fue decisiva la actuación de los jesuitas en el apostolado social incluso antes de la *Rerum Novarum*; ahora, ya dentro del siglo XX promotores sociales tan clarividentes como los padres Sisinio Nevares y Angel Ayala, acompañados por otros miembros de la Compañía de Jesús y otras congregaciones, ampliaron la red social del catolicismo, que resultó particularmente eficaz en Castilla la Vieja, con efectos que se notarán después incluso en el campo de la política. Las primeras semanas sociales de España siguieron la estela de los cursos de extensión social abiertos desde 1892. El salto de los antiguos y un tanto personalistas Círculos católicos a verdaderas asociaciones profesionales y sindicales, basadas en la doctrina social de la Iglesia y no en el odio de clases, era una realidad cuajada en la segunda década del siglo XX aunque no progresó debidamente por la cerrazón social de las clases pudientes en España. Sin embargo hay que contrarrestar la tendencia a minusvalorar la acción social de la Iglesia española antes de la guerra civil, como se ha pretendido sistemáticamente desde la izquierda rutinaria. La fantástica floración de testimonios –martirios– de la guerra civil tuvo también su campo abundantísimo entre las clases humildes, obreros, empleados y campesi-

[124] Cfr Mercedes Monteró y J:M: Ordovás *Historia de la Asociación Católica Nacional de Propagandistas*, Pamplona, EUNSA, dos vols. 1993. Sobre documentos pontificios, *Historia del magisterio pontificio contemporáneo*, F: Guerrero (dir.) dos vols., Madrid, BAC 1991. Ya hemos cit. *Documentos Colectivos del Episcopado Español* 1878-1974 Madrid BAC 1974. Sobre historia de la Prensa cfr. Pedro Gómez Aparicio *Historia del periodismo español vol «De las guerras coloniales a la Dictadura»* Madrid, Editora Nacional 1974. Sobre Angel Herrera v. Obras, (BAC 1963) y varios libros de José María García Escudero: *El Pensamiento de Angel Herrera* (BAC 1987) *Conversaciones con Angel Herrera* (BAC 1987) y *El pensamiento de «El Debate»* (BAC 1983) Del mismo autor otro libro importante sobre el diario «YA» de cuya agonía vergonzosa soy testigo presencial y dolido.

nos[125] lo cual no se debió al fanatismo ni a la casualidad sino a una fe de muchos siglos fecundada por una actuación no por mal conocida menos importante de la Iglesia en la sociedad de nuestro tiempo. Nombres como los ya citados, a los que cabría añadir otros muchos como el de Claudio López Brú, marqués de Comillas, Antonio Monedero Martín, Carlos Martín Alvarez, Severino Aznar, Maximiliano Arboleya y José María Salaverría no pueden encontrar la glosa que merecen en este libro pero ocupan un lugar de honor en la historia social del catolicismo español.

LA CULTURA ESPAÑOLA EN EL PRIMER TERCIO DEL SIGLO

En 1910, cuando los Propagandistas daban sus primeros pasos en defensa de la Iglesia y arreciaban liberales y masones en su ofensiva secularizadora, los jesuitas lanzaban su gran revista *Razón y Fe* que desde entonces hasta las vísperas de nuestro tiempo se convirtió en un foco de orientación intelectual y cultural para los católicos. (Ahora no; desde hace unas dos décadas el foco se ha cegado y en la revista de los jesuitas se pueden encontrar críticas al Papa más que defensas del Papa). Pese a discrepancias y excepciones la Compañía de Jesús era en España, durante la primera mitad del siglo XX, un bastión de la Santa Sede, como había querido su fundador vasco, antiguo capitán de los ejércitos de Carlos V. (Leí con pasmo hace algunos años un artículo de *Razón y Fe* con título provocativo que decía, más o menos: «San Ignacio no fue un capitán; la Compañía no es una milicia». (El capitán Iñigo López de Loyola –¿o tampoco se llamaba así?– fundó a su Orden como «la caballería ligera del Papa» pero a ciertos hijos suyos díscolos de hoy les hubiera gustado presentarla como la KGB del protestantismo o algo así). Cierto que en la España del primer tercio de este siglo los jesuitas se inclinaban algo más de la cuenta al integrismo (como hacía, por lo demás, el Vaticano) y los resabios del integrismo perduraron en la educación interna de la Orden hasta que fueron sustituidos, cuando se iniciaba la segunda mitad del siglo XX, por un remedio peor que la enfermedad: los raigones del liberacionismo. Pero en su acción exterior, en su apostolado social y docente, en sus obras múltiples los jesuitas de la primera mitad del siglo XX formaban un cuerpo digno de su altísima historia, en claro progreso numérico y avance de influjo social, que hacían presagiar un futuro bien distinto del que ahora contemplamos por desgracia. Por eso se estrellaban contra ellos libelos inmundos como el del ex-jesuita Miguel Mir, académico de la Española enemistado con los superiores, que publicó por venganza en 1913 una repulsiva *Historia interna documentada de la Compañía de Jesús* todavía más artera y deleznable que las bufonadas de Gioberti en *Il gesuita moderno* y las de Vicente Blasco Ibáñez en *La araña negra*, fuentes de la ofensiva permanente de los liberal- radicales contra la Iglesia y la Compañía. Ya en el siglo XX el escritor

[125] Para una estremecedora comprobción de mártires humildes de la fe cfr. R. Casas de la Vega, *El Terror, Madrid 1936*, Fénix, 1994.

asturiano Ramón Pérez de Ayala, quien andando los años se arrepentiría amargamente por ello, lanzó en plena campaña anticlerical su novelucha *A.M.D.G.*, caricatura absurda y alevosa de la vida en un colegio de jesuitas, con argumentaciones, actitudes y trasfondos deshechas definitivamente en nuestros días por el eminente crítico jesuita Victoriano Rivas Andrés[126]. Pero estas consideraciones sobre los jesuitas en la época de Pío X me impulsan a considerar un hecho sorprendente. Estaban aquejados entonces los ignacianos, pese a su relevante formación y a las no menos espléndidas individualidades en que abundaba la Orden, de un inexplicable complejo ante los grandes nombres de la cultura literaria y universitaria. Y transmitieron a todo el campo católico ese complejo que, si bien muy atenuado, continúa hoy.

En efecto, las sucesivas oleadas de la cultura española contemporánea se suelen analizar por el esquema de las generaciones; de las cuales la primera fue la de los «demócratas de cátedra» combinados con los krausistas. La segunda sería la de los regeneracionistas del 98 (Azorín, Antonio Machado, Maeztu, Baroja, Valle Inclán) con sus precursores (Costa y Valera) y sus grandes epígonos Ortega y Unamuno que encabezan ya la generación siguiente, la llamada Edad de Plata durante el reinado de Alfonso XIII, seguidos por la generación poética del 27. Pues bien, un avasallador sistema de propaganda, bombos mutuos y relaciones públicas que todavía se sigue apoyando en el descomunal influjo de José Ortega y Gasset sobre la cultura española de los años veinte y treinta hace pensar a muchos observadores, incluso hoy, que nada hay en la vida cultural española contemporánea fuera de estas *generaciones*, a las que se quiere encasillar, además, en una línea liberal-radical, anticlerical, «progresista» republicana y muchos etcéteras que solamente existen en la imaginación de sus promotores. Basta fijarse en la triste situación cultural de algunos órganos de la derecha moderada de hoy, (alejados lo indecible de su ejecutoria cultural genuina) para comprender esa aberración; la cual estimo sinceramente que se deriva del terror cultural que indebidamente inspiraron Ortega, Marañón, y el citado Pérez de Ayala a los consejeros liberales de la Corona en 1930, cuando esos tres grandes intelectuales desertaron de la Monarquía por razones tan poco sólidas que en 1936 viraron radicalmente en favor de la causa del general Franco.

Está por hacer, porque los interesados y sus *fans* acríticos prefieren olvidarlo (véanse las auténticas chorradas del profesor Marichal sobre Azaña y otros personajes) la historia auténtica de los intelectuales españoles en la Edad Contemporánea. Mientras vivió Menéndez y Pelayo, hasta 1912, la primacía intelectual de Ortega y Unamuno carecía de posibilidades. Unamuno era, además, un intelectual católico de primera magnitud aunque el sector integrista de la Iglesia española se obstinara en ignorarlo. Fuera del famoso esquema generacional figuran numerosos intelectuales católicos, casi enteramente marginados por el sistema informativo dominado (y en parte creado) por el propio Ortega y Gasset, quien tras el triunfo de su conferencia *Vieja y nueva política* en 1914 se convirtió en el pontífice y pronto en el dictador de la nueva intelectualidad española, aunque, incluso cuando se declaraba fuera del catolicismo, mostró siempre un respeto exquisito

[126] R. Pérez de Ayala *AMDG* ed. Madrid, Cátedra, 1983. V: Rivas Andrés S. J. *La novela más popular de Pérez de Ayala, anatomía de A.M.D.G.* Gijón 1983.

hacia la religión y vertebró su pensamiento entre vetas conservadoras, sobre todo cuando se desengañó (como ya habían hecho Unamuno y Maeztu) de una fugaz aproximación a las ideas del socialismo. La derecha, la Iglesia y sus órganos de información no supieron fomentar la creación y coordinación de frentes culturales como los que jaleaban la izquierda y el liberalismo radical. El resultado fue una inflación exageradísima de la presunta influencia de los intelectuales en la vida pública; una influencia mucho más negativa y restringida que lo habitualmente proclamado, y que acabó por despeñarse en la decepción orteguiana de la República («No es esto, no es esto») y en el aventamiento general del frente intelectual español durante la guerra civil, sin capacidad para entrar a fondo en la interpretación del gran conflicto.

La investigación pendiente sobre la auténtica vida cultural española en la Edad Contemporánea revelará muchas sorpresas; demostrará que numerosos intelectuales, hombres y mujeres de cultura y grandes científicos y profesionales jamás disimularon su condición de católicos; y que el predominio de la cultura anticlerical y de izquierdas es un espejismo relativamente barato, aunque lo acepten sin crítica quienes desprecian cuanto ignoran. Recordemos, por ejemplo, que la tríada de grandes filósofos españoles en el siglo XX –Manuel García Morente, Javier Zubiri y Julián Marías– son católicos ejemplares y, los dos primeros, sacerdotes; otra tríada incomparable, ahora de científicos, eran igualmente católicos como Esteban Terradas, Juan de la Cierva Codorníu y el jesuita Enrique de Rafael; y la tríada literaria formada por Menéndez Pelayo, Gerardo Diego y José María Pemán –entre docenas de ejemplos semejantes– resiste cualquier comparación con sus homólogos de la izquierda. Para no hablar, en el campo de las altas ideas políticas, de otros tres grandes católicos españoles; Antonio Cánovas del Castillo, Antonio Maura y Ramiro de Maeztu. Cuando pergeño este epígrafe veo un artículo actual del profesor López Garrido según el cual la derecha española ha sido ajena a la inteligencia. Pobre hombre. Ni el errático y desquiciado plumífero staliniano-felipista, Eduardo Haro Tecglen, ha proferido jamás tontería semejante, por más que se esfuerza en ello todos los días.

LAS AMÉRICAS DE PÍO X

Pío X normalizó la situación de las diócesis de los Estados Unidos que, hasta su pontificado, dependían de la Congregación de Propaganda Fide y ahora se insertaron, gracias a su plena madurez, en el régimen ordinario de la Iglesia católica. En las naciones de Iberoamérica la suerte de la Iglesia fue muy variable entre los diversísimos problemas políticos, económicos y culturales del Continente, que entraba no ya en expansión sino en proceso de explosión demográfica. México, después de la larga etapa dictatorial del porfiriato, alumbraba ya hacia 1910 una durísima persecución contra la Iglesia a caballo de la llamada Revolución; lo explicaremos más adelante. Colombia vivía una situación conservadora entre 1865 y 1931; la Iglesia pudo actuar sin trabas. La Iglesia venezolana pasó el cambio de siglo casi en estado de coma por la persecución liberal. La cruel dictadura de Juan Vicente Gómez (1908-1935) no acentuó la persecución pero mantuvo la opresión. Mantuvo también, contradictoriamente, el régimen de patronato, heredado de España. La clase dirigente era positivista, dominada por la Masonería. El régimen liberal-radical que gobernó el Ecuador entre 1895 y 1930 siguió pautas del anticlericalismo francés incluso la abolición del Concordato. La Constitución de 1907 fue atea y se impuso la secularización en la enseñanza pública. En Perú se mantenía la situación confesional del Estado hasta 1933 y la libertad de cultos no se implantó hasta 1915. En cambio en la vecina Bolivia subió al poder el partido liberal en 1898 y permaneció hasta 1920; con los consiguientes ramalazos de anticlericalismo e intentos de laicización total, aunque perduraba paradójicamente el régimen virreinal del patronato español y la Iglesia seguía reconocida y tolerada. También se mantenía el régimen de patronato en Chile donde la separación mutua de la Iglesia y el Estado no se decidió hasta 1925. La República Argentina sostenía el culto católico, adoptó también el régimen español de patronato pero admitía desde 1862 el laicismo en la escuela pública. La caída del Imperio en Brasil, ya a fines del siglo XIX, no acarreó problemas graves a la Iglesia, que pudo desarrollarse en libertad y progreso, si bien muy afectaba por el persistente anticlericalismo de la clase política liberal y por la acción de las corrientes espiritistas, las sectas masónicas y los intentos de penetración protestante, muy intensos desde diversos centros norteamericanos sobre toda Iberoamérica desde finales del siglo XIX y durante todo el siglo XX. En 1905 el obispo de Río de Janeiro fue investido como primer cardenal de Iberoamérica. Contrastaba la fidelidad católica de Paraguay, donde el catolicismo era religión del Estado, con los progresos del laicismo y la secularización en Uruguay, justamente calificado como república masónica durante décadas, a partir de 1855 y casi hasta nuestros días.

Cada pequeña nación de Centroamérica, el istmo brutalmente colonizado por el imperialismo económico de los Estados Unidos (que provocaron a principios del siglo XX la secesión de Panamá respecto de Colombia por motivos estratégicos relacionados con el dominio del canal interoceánico) presentaba problemas religioso-políticos diferentes al volver el siglo. En El Salvador amainaba la tradicional hostilidad del régimen liberal contra la Iglesia a partir de 1907, gracias al presidente Fernando Figueroa. En Nicaragua, nación especialmente religiosa, el presidente José Santos Zelaya (1893-1909) oprimió más que persiguió a la Iglesia. La Constitución hondureña de 1898 era laicista, condujo a la exclusión de los religiosos pero no afectó más que superficialmente a una fe popular muy viva. Costa Rica, que se distinguía por su general tolerancia, ideó un modus vivendi entre el Estado y la Iglesia, interrumpido por varias leyes anticlericales. Guatemala fue víctima especial de una intensa penetración protestante. En Panamá la separación nacional de Colombia fue seguida por la separación de la Iglesia y el Estado; pero la Constitución de 1904 reconoció que la religión católica era propia de la mayoría del pueblo. Sin embargo según la siguiente reforma constitucional se decretó que el Estado carecía de religión, en medio de una ofensiva liberal y masónica contra la Iglesia.

De tan confuso mosaico se deduce una diversidad de situaciones político- religiosas que se agravaban ante la dramática carencia y la deficiente formación de los sacerdotes en toda Iberoamérica, donde las órdenes y congregaciones religiosas jugaron un papel esencial, gracias sus aportaciones misionales, en la preservación de una fe popular muy profunda que algunos observadores trataban ya de confundir con grosera superstición. Todavía más grave fue, en todo el siglo XIX y en el siglo XX hasta hoy, la responsabilidad de las clases superiores y dirigentes en casi todas las nuevas naciones iberoamericanas; unos grupos por lo general lamentables, egoístas, casi enteramente desprovistos de sentido social, preocupados sólo de gozar y enriquecerse enfeudados al imperialismo económico y político de los Estados Unidos y de Inglaterra. La aportación de los emigrantes católicos de Europa resultó importantísima y positiva ante este panorama desolador, del que no cabe excluir de culpas sociales y culturales a la Iglesia católica que, si bien se preocupaba también de los pobres y los oprimidos, parecía ante ellos más vinculada a los pudientes. Sin embargo el catolicismo no era, al volver el siglo, un asunto del pasado sino una vivísima raíz americana capaz de florecer en cuanto se ahondase la conciencia universal de la Iglesia sobre los problemas del Continente donde antes de lo que muchos pensaban iba a vivir pronto la mitad de todos los católicos del mundo. Lo malo es que no sólo se alertó la conciencia católica ante las Américas, sino también la conciencia estratégica de los grandes bloques y muy especialmente del bloque marxista, que empezaba a tomar forma embrionaria con una primera fase de la Nueva Revolución en 1905[127].

BOLCHEVIQUES Y MENCHEVIQUES

La Nueva Modernidad se concretaba, como acabamos de ver, en el Modernismo cuando empezaba el siglo XX; el gran movimiento crítico y contestatario que reventó en el seno de la Iglesia católica tras la segunda guerra mundial, en sus diversas fases de Nueva Teología, Teología Política y Teología de la liberación conectará también con el Modernismo y a través de éste con la reforma protestante del siglo XVI como veremos en su momento. Pero al hablar del siglo XIX hemos estudiado ya la reacción de la Iglesia ante la primera Revolución moderna, la Revolución atlántica y liberal; y también hemos anticipado que junto al apogeo de la Revolución liberal se configuraba desde mediados del siglo XIX la fuente –el marxismo– de la Nueva Revolución, que se abatiría sobre la Iglesia católica a lo largo del siglo XX, de principio a fin. En el liberacionismo contestatario de la segunda mitad del siglo XX se combinarán, como estudiaremos, los dos impulsos, el de la Nueva Modernidad y el de la Nueva Revolución, el nuevo Modernismo y el marxismo-leninismo. Fracasado el intento de Carlos Marx y Federico Engels

[127] Sobre la Iglesia en los Estados Unidos y México al volver el siglo hablaremos más adelante con mayor hondura. Para Iberoamérica en general me parece insuperable el estudio de Quintín Aldea y Eduardo Cárdenas en el tomo X del *Manual de Historia de la Iglesia* de Herder, Barcelona, 1967.

para orientar en sentido marxista la Revolución liberal de 1848, el marxismo se mantuvo hasta la muerte de Marx (1883) como doctrina teórica e incitación revolucionaria. El nuevo intento de Marx para condicionar a la Primera Internacional en 1864 fracasó también; esa Primera Internacional, la Asociación Internacional de los Trabajadores, se desvió en sentido anarquista y luego sindicalista. Fue Engels, poco después de la muerte de Marx, quien creó, como vimos, la Segunda Internacional, socialista-marxista o socialdemócrata (que entonces era exactamente lo mismo) formada por los diversos partidos socialistas nacionales en ella agrupados y que evolucionaron en sentido reformista hasta la Gran Guerra de 1914. Pero uno de esos partidos, el Partido Socialdemócrata de Rusia, no se conformó con esa evolución hacia el reformismo burgués y alentó en su seno a un socialismo revolucionario para el que su profeta, Lenin, reivindicó la legítima sucesión del marxismo auténtico. Así nacerá la Nueva Revolución del siglo XX, cuya historia tiene una importancia capital para la historia de la Iglesia católica en nuestro tiempo.

La posición primordial que la revolución de Rusia va a alcanzar en los siguientes capítulos de este libro exige que prestemos una atención específica a lo que estaba sucediendo allí al comenzar el siglo XX, dentro de una perspectiva política y religiosa. Asesinado en 1881 el zar Alejandro II, que se había empeñado en conseguir la liberación de los siervos de la gleba, le sucedió Alejandro III (1881-1894) autocrático y reaccionario, encerrado en sus palacios y sus anacronismos, como por desgracia hizo también su sucesor Nicolás II, gobernante más humano pero débil de carácter y propenso a las fantasmagorías familiares. Durante su reinado (1894-1917) se sobrepusieron dos procesos históricos importantes: la rusificación, que había sido el gran objetivo de todos los zares del siglo XIX, y se hizo notar especialmente en Polonia, Finlandia y el vastísimo imperio eurosiberiano, cuyo límite meridional, sobre las vertientes del Cáucaso y las estepas del Asia Central, incluía numerosos y diversos pueblos cristianos y musulmanes; y la modernización de la economía y la sociedad rusa, en la que se empeñaron dos estadistas notables, los ministros Witte y Stolypin. La hecatombe de la dogmática totalitaria comunista a fines del siglo XX nos obliga a considerar que el imperio de Rusia estaba en el buen camino a fines del siglo XIX y parecía abocado a transformarse por fin en una gran nación euroasiática moderna, como había sido el sueño de Pedro el Grande. Sin embargo la trágica y humillante derrota en la guerra contra el Japón en 1905 y luego contra Alemania en la guerra de 1914, la horrenda inercia de una estructura feudal y una clase dominante nefasta y la acción implacable del líder bolchevique Lenin sumieron al Imperio de los zares en una espantosa regresión que se arrastró por un mar de sangre propia y ajena hasta que el comunismo, es decir el marxismo-leninismo ha tenido que reconocer dramáticamente el fracaso de su teoría y de su *praxis* ya en nuestros días.

En la época del ministro Witte (1849-1915) la industrialización de Rusia, muy retrasada respecto de Europa, conoció sus primeros éxitos prometedores; el tendido del gigantesco ferrocarril transiberiano, la apertura de los yacimientos petrolíferos de Baku, las nuevas zonas industriales en torno a San Petersburgo. El campo, sin embargo, seguía estancado y no solamente por culpa de la nobleza, que llegó a vender la mitad de sus tierras a la alta burguesía que iba surgiendo de la industrialización, pero que no aplicó a la agricultura su espíritu empresarial. Los campesinos emigraban a los suburbios fabriles y desde fines de siglo se producían sangrientos motines en las zonas agrarias.

El notable desarrollo industrial de Rusia fue posible gracias al estímulo de la inversión extranjera, mientras el marxismo revolucionario se difundía intensamente durante las dos últimas décadas del siglo XIX entre los círculos intelectuales. Ante la relativa ausencia de una doctrina y una corriente liberal (derivada de la insignificancia de la clase media) el régimen zarista aceptó a los marxistas «legales» cuya figura capital era Peter Struve (seguido por Bulgakov y Berdiayev) que favorecían, de acuerdo con la ortodoxia marxiana, la consolidación del Estado burgués como plataforma para la posterior revolución del proletariado industrial, y con pleno desprecio a la capacidad revolucionaria de los campesinos. Los marxistas legales coincidían con el régimen zarista en la enemistad a muerte contra los *naródniks*, elementos radicales y nihilistas que poseían ya a fines de siglo una amplia tradición de violencia revolucionaria y anárquica.

En julio y agosto de 1903 se celebró entre Bruselas y Londres el segundo congreso del Partido Socialdemócrata de Rusia, adherido a la Segunda Internacional y dirigido –sin discusión hasta entonces– por Plejánov, que presidía las reuniones. Integraban el congreso 25 organizaciones socialistas con dos votos cada una. Desde que volvieron de su deportación a Siberia el joven Vladimir Ilich Uianov «Lenin» y sus adeptos, denunciaban a los marxistas legales y a los llamados «economistas» que de hecho predicaban el reformismo burgués. En su primera obra teórica y revolucionaria importante, *Qué hacer*, Lenin reafirmaba la idea que venía siguiendo en la década de los noventa: atribuir al proletariado, férreamente dirigido por el partido, la función de apoyar a la inevitable revolución burguesa mientras ésta ofreciera garantías de eficacia; pero ante el retraso que tal proceso sufría en Rusia por la debilidad y las insuficiencias de la burguesía, proponía simultáneamente (Lenin fue siempre un gran maestro del doble lenguaje) la lucha directa del partido y el proletariado contra el capitalismo burgués. Desde las páginas de su órgano *Iskra*, que era además un grupo de presión dentro del partido socialdemócrata, Lenin exigía el reconocimiento de la importancia de la teoría y por tanto el predominio de los intelectuales en el partido; una posición abiertamente platónica destinada a terninar en un desastre político semejante al platónico. El Partido era, para Lenin, una élite revolucionaria capaz de introducir la conciencia revolucionaria en la clase obrera. El Partido era la vanguardia del proletariado. Y sin embargo, una vez asegurada la hegemonía del Partido en el planteamiento y desencadenamiento de la Revolución, Lenin exaltó, como ya había hecho Marx, la *primacía de la praxis*, es decir, el oportunismo político más grosero, directamente fundado en la tesis maquiavélica de que los medios vienen justificados en definitiva por el fin y el éxito[128].

Implacable hasta la deshumanización, consagrado totalmente a su obsesión revolucionaria, incluso cuando meditaba en las casi nulas perspectivas que Marx había concedido a una revolución del proletariado en Rusia, Lenin dominó, con el grupo Iskra, el congreso socialdemócrata de 1903 frente a la organización obrera judía *Bund*, muy influyente en los nuevos centros industriales. En el congreso Lenin ade-

[128] Para la vida personal y política de Lenin cfr. el capítulo que dedico al personaje en mi libro *Carrillo miente,* Madridejos, Fénix, 1994, hoy en sexta edición.

lantó su tesis de que el naciente capitalismo ruso estaba ya agotado y que por tanto había que saltarse la fase de revolución burguesa para plantear sin dilación la dictadura del proletariado[129]. Sin embargo no deseaba eliminar las posibilidades de apoyo revolucionario que podría aún albergar la burguesía y por eso hizo que el congreso aprobase la reclamación de las libertades, el sufragio universal, las mejoras sociales para obreros y campesinos, el derrocamiento del régimen autocrático y la convocatoria de una asamblea constituyente; éste fue de hecho el programa del Partido hasta la victoria de la Revolución, tras la cual Lenin se saltó traidoramente todas esas argucias democráticas. Pero en el mismo II congreso surgió la diferencia entre duros (Lenin) y blandos (Martov). Lenin reclamaba la constitución de un grupo dirigente y cerrado de revolucionarios profesionales; Martov se inclinaba a abrir ese grupo y orientarlo al reformismo. Plejánov, de momento, se adhirió a Lenin; Trotski, –León Bronstein–un intelectual judío de gran ascendiente revolucionario y popular, se enfrentó a Lenin. En un primer movimiento Lenin fue derrotado; ganaron los blandos por 28 contra 23 delegados. Pero Lenin dividió a sus adversarios. Consiguió que el congreso rechazase las pretensiones del Bund para representar en exclusiva al proletariado judío y el Bund se retiró del congreso. Al final, por la retirada adicional de varios blandos, venció Lenin en toda la línea (con Plejánov a su favor) y su fracción vencedora fue denominada *la mayoría* (en ruso, *bolcheviques*). Los perdedores, los blandos, se conocieron desde entonces como «la minoría» (*mencheviques*). Cuando Lenin pretendió eliminar toda la influencia de los mencheviques, Plejánov se le opuso y dio a los mencheviques el control de «Iskra». Lenin hubo de pasar a la defensiva.

Iskra y Plejánov acosaron entonces a Lenin, motejado de bonapartismo (máximo anatema para un marxista después de las diatribas de Marx contra Luis Napoleón); rechazaron la dictadura del proletariado; compararon a Lenin con el despótico Luis XIV entre abiertas descalificaciones como dictador, todas ellas perfectamente merecidas. El reformista Kautsky, que se creía portavoz del marxismo ortodoxo dentro del SPD alemán, inclinó en apoyo de los mencheviques a la socialdemocracia alemana, la más influyente de Europa. Hasta Rosa Luxemburgo, que representaba en Alemania una posición más radical, atacó a Lenin , que insistía en una férrea jerarquización del partido según lo que luego se llamó «centralismo democrático»; el marxismo-leninismo nació, pues, como dictadura hacia fuera (la del proletariado) y dictadura hacia dentro (la interior del partido) y así se conserva el comunismo cuando pervive en nuestros días, mal que le pese a don Julio Anguita, seductor de derechistas incautos y demócratas de pacotilla. Lenin, instalado en el exilio de Ginebra, creó en 1904 una central bolchevique con el título «buró de los comités de la mayoría» y fundó un órgano de expresión contra «Iskra». El abismo creciente entre mencheviques y bolcheviques se corrió al plano teórico; Lenin acariciaba cada vez más el proyecto de desencadenar la revolución proletaria sin esperar al éxito de la revolución burguesa. Los mencheviques, por su parte reclutaron a los trabajadores más cualificados en las artes gráficas, los ferrocarriles, la nueva siderurgia del sur; los bolcheviques agruparon a los obreros menos especializados, los metalúrgicos y textiles de Moscú y San Petersburgo. Los sindicatos eran, en su mayoría, mencheviques; y operaban con talante más reformista y occidental que revolucionario.

[129] Para los orígenes de la revolución soviética cfr. E:H: Carr, *La revolución bolchevique*, (1917-1923) Madrid, Alianza ed., 1975, I., p. 41s.

LA PRIMERA REVOLUCIÓN RUSA EN 1905

En estas circunstancias políticas dentro del partido socialdemócrata de Rusia estalló la guerra ruso-japonesa de 1904/1905, que marca el principio del fin del zarismo. El 2 de enero de 1905 la plaza fuerte rusa y base naval en Extremo Oriente, Port Arthur, se rindió al ejército japonés, que luego, en el mes de marzo, venció a las tropas rusas de tierra en la batalla de Mukden. Las huelgas pre-revolucionarias, intermitentes desde casi el comienzo del siglo, se hacen, en este año desastroso, abiertamente revolucionarias. El 22 de enero treinta mil obreros conducidos por un pope transformado en líder social tratan de acercarse al Palacio de Invierno para presentar al zar una serie de reivindicaciones democráticas. Las tropas abren fuego y un número de muertos –entre mil y cinco mil– quedan tendidos sobre la nieve; los revolucionarios tienen ya una bandera sangrienta que no se arriará hasta la victoria final contra el régimen. El 27 de mayo la poderosa escuadra rusa que acudía a Extremo Oriente cae destrozada por la flota japonesa en la batalla de Tsushima; la guerra está perdida y los motines militares se recrudecen en Rusia; sublevación del acorazado *Potemkin* el 27 de junio, motín de la base de Cronstadt el 8 de noviembre. Los revolucionarios (al principio sin intervención de los socialistas) crean casi espontáneamente una institución llamada a alcanzar una importancia decisiva; el *soviet* o consejo obrero, que apareció primeramente en mayo de 1905 durante una huelga textil. La guerra con Japón, terminada mediante acuerdo de paz en septiembre por la mediación de los Estados Unidos, con gravísima humillación de Rusia y elevación del Japón a gran potencia, así como la revolución de obreros y marineros había tomado completamente desprevenido al partido socialdemócrata, cuya rama bolchevique celebró ese año un congreso en Londres al que los bolcheviques denominaron tercero. Allí se distinguieron Bogdanov, Lunacharski, Kamenev y Litvinov. Sin embargo la fuerza del partido (no escindido formalmente todavía) seguía a los líderes mencheviques Plejánov, Martov, Axelrod y Trotski, que llegó a encabezar uno de los nuevos soviets. Los bolcheviques de Londres decidieron organizar y preparar al partido para la insurrección armada; una conferencia simultánea de los mencheviques decidió oponerse al gobierno provisional burgués surgido de los sucesos revolucionarios en los que, como hemos dicho, apenas influyeron ni mencheviques ni bolcheviques, cuyos cuadros de mando seguían en el extranjero. Lenin llegó a ir a Petersburgo en octubre de 1905, cuando la revolución ya declinaba; pero no intervino en el movimiento de los soviets, donde los mencheviques lograban algunos progresos. A fines de 1905 se registra la primera intervención pública de un dirigente bolchevique llamado a grandes destinos pero que hizo toda su carrera a la sombra del aparato del partido; el exseminarista y agitador georgiano José Vissarionovich Djughashvili, llamado Stalin.

Tras la revolución de 1905 y la trágica derrota militar el zar Nicolás II sustituyó al ministro Witte por el gran regeneracionista Stolypin, quien se dispuso a la modernización económica y política de Rusia; era el camino acertado y lo emprendió sin vacilar. Una constitución otorgada estableció un parlamento elegido, la Duma. El primer ministro acometió seriamente la reforma agraria mediante el estímulo del Estado a la adquisición de propiedad individual. Los proyectos y realizaciones en industria y en obras públicas marcaban serias posibiliades de progreso pero el gran ministro reformista cayó asesinado en el teatro de Kiev ante la presencia de los zares el 14 de septiembre de 1911 y desde entonces hasta la revolución de 1917 la política de Rusia marchó a la deriva mientras lograba el dominio de la Corte el pope visionario y tiránico Rasputín, sostenido por la emperatriz Alexia –nieta de la reina Victoria de Inglaterra– porque el curandero conseguía aliviar con recursos mágicos la desastrosa salud del zarevitch hemofílico; esta terrible enfermedad, proveniente de la propia reina Victoria, afectaba casi a la vez también a la familia del rey de España Alfonso XIII a través de la reina Victoria Eugenia, nieta de la soberana británica.

Tras la frustrada revolución de 1905, que cerró en falso, el nuevo régimen parlamentario funcionó desordenada y precariamente entre bandazos de autocracia. La desigualdad social en Rusia no tenía igual en Europa, con anchas bandas de esclavitud. Se registraron varios intentos para la reunificación de mencheviques y bolcheviques en el seno del partido socialdemócrata. La reunificación se logró sobre el papel en el congreso de Estocolmo (1906) con mayoría menchevique y en el de Londres, al año siguiente, con mayoría bolchevique, pero el proyecto no terminó de cuajar. Lenin publicó en 1909 su alegato teórico *Materialismo y empiriocriticismo* (varias veces reeditado a partir de 1973 en la transición española, con gran sorpresa de los servicios secretos del Estado en aquella época) contra la «desviación idealista» de Bogdanov y Lunachaski que pretendían reconciliar al socialismo y la religión en vista de la profunda religiosidad del pueblo ruso, que para Lenin era simplemente superstición; con ello la revolución bolchevique en ciernes cometía uno de sus errores más gratuitos y estúpidos, reiterado en la transición española de 1973 por los comunistas empeñados en contribuir con el libelo leninista al intento de secularización radical que también formaba parte desde siempre hasta hoy del programa máximo de los socialistas. (Es muy importante esta toma de posición de Lenin contra la religión cuando preparaba al partido para el asalto al poder y el planteamiento de la Revolución mundial: la Revolución soviética, fundada en un marxismo esencialmente ateo, se configuraba como enemiga de Dios y la religión; mientras que Santiago Carrillo, discípulo confeso de Lenin, atemperaba en 1974 el sectarismo ateo con el pragmatismo político y procuraba la alianza de un iluso sector católico). Esta significativa obra de Lenin no es un tratado contra la religión, a la que sólo considera marginalmente. Lo más importante del libro (aparte de su intento para descalificar «científicamente» a sus adversarios socialdemócratas) es una consideración (filosófica, no científica) sobre la crisis de la física moderna inducida por el fenómeno de la radiactividad, en el que el gran físico y matemático francés Poincaré intuía certeramente una revolución total de la Ciencia Absoluta. Lenin no. Desde su insuficiente formación científica se atreve a descalificar a Poincaré (y a despreciar a Einstein, nada menos) es decir, a negar en el fondo la crisis de la física moderna refugiándose en especulaciones sobre el materialismo dialéctico, que ya era entonces una antigualla filosófica sin entronque científico alguno[130]. Debido a su recelosa intuición, Lenin vislumbra que la crisis de la

[130] Cfr. V:I: Lenin *Materialismo y empiriocriticismo*, ed. esp. Barcelona, Laia, 1974 cap. 5 p. 289.

Ciencia Absoluta podría ser una amenaza mortal contra el marxismo «científico»; pero prefiere aferrarse a sus principios dogmáticos y desatendió el gravísimo problema que terminaría con las posibilidades «científicas» del marxismo en la segunda mitad del siglo XX. Para mí. éste es el momento más bajo en la tensión teórica de Lenin. Poco antes de ese capítulo se refiere Lenin al catolicismo al que descarta con desprecio dogmático: «El catolicismo es, sin duda, una experiencia socialmente organizada; pero no refleja la verdad objetiva... sino la explotación de la ignorancia popular por determinadas clases sociales». (Ibid. p. 265). Me parece muy importante que este trabajo de Lenin, considerado reverentemente por los comunistas españoles ¡en 1974! arremeta con semejante grosería intelectual contra la religión católica y contra la Nueva Ciencia de la que Lenin jamás logró sino arañar la superficie. Y éste era el renovador del marxismo «científico», que en el mismo libro se extasía ante Marx y Engels porque «hacían filosofía de partido».

Desde 1905 a 1912 Trotski trataba de situarse por encima de los dos bandos de bolcheviques y mencheviques. En Praga, enero de 1912, se celebró una importante conferencia del partido socialdemócrata ruso, teóricamente unificado; el convocante había sido Lenin. La represión de la policía secreta zarista, la Okrana, había dejado prácticamente fuera de combate tanto a los mencheviques como a los bolcheviques y había provocado una nueva oleada de antisemitismo en toda Europa (aprovechando el afloramiento de vetas antijudías en medios cristianos de Occidente, lo que venía sucediendo a lo largo de todo el siglo XIX) gracias a la publicación de un presunto plan judío para lograr el poder total en el mundo; el escrito, manifiestamente apócrifo, tuvo su primera edición en San Petersburgo en 1902; se trataba de los demasiado célebres *Protocolos de los sabios de Sión*, tomados, según decía la publicación, de las actas de un congreso sionista, y que todavía hoy se consideran como una especie de evangelio del antisemitismo[131]. Hemos de hablar en otra parte de este libro sobre la influencia del pueblo judío en el mundo actual; pero basándonos en fuentes menos contaminadas; la Okrana pretendía descalificar a los influyentes grupos judíos de Rusia que conspiraban contra el zarismo dentro de la socialdemocracia. El caso es que la Conferencia de 1912 fue un golpe de Lenin para apoderarse del control político y revolucionario de todo el partido. En abril del mismo año fundó Lenin el órgano de la revolución bolchevique, *Pravda*, en San Petersburgo, aunque él había trasladado su residencia de París a Cracovia. En agosto de 1912 Trotski convocó en Viena una reunión socialdemócrata boicoteada por Lenin. Estas dos reuniones de 1912 marcan, por su fracaso, la escisión definitiva entre mencheviques y bolcheviques.

Como había sucedido en el antecedente de 1905, también en 1914 el estallido de la guerra en Rusia iba a señalar el principio de una nueva, y definitiva, fase de la Revolución. Lenin se trasladaba desde Cracovia a Suiza; Plejánov al frente de los mencheviques se adhirió a la guerra patriótica del gobierno zarista contra los Imperios germánicos centrales. Los delegados bolcheviques de la Duma fueron deportados a Siberia. Aparentemente el bolchevismo había dejado de existir. Justo cuando iba a llegar su hora.

[131] Tengo delante la tercera edición, muy ampliada por la editorial de Pamplona «Sancho el Fuerte» en 1986.

ESTALLA LA GRAN GUERRA Y MUERE SAN PÍO X

Estos movimientos políticos y revolucionarios, apenas comprendidos entonces, se iban sucediendo durante el pontificado de Pío X, que había cumplido con su deber, sin convencer a muchos, en la defensa y la orientación espiritual de la Iglesia en tiempos de convulsión y gravísimos peligros[132]. El fin de este pontificado coincide en la historia del mundo con el trágico principio de la Gran Guerra o Primera Guerra Mundial provocada, como chispa, por el asesinato del archiduque heredero de Austria, Francisco Fernando, y su esposa el 28 de junio de 1914 en la ciudad bosnia de Sarajevo que entonces formaba parte del imperio danubiano. El 1 de agosto Rusia invadía la Prusia oriental sin declaración de guerra; el 4 de agosto Alemania, el Segundo Reich, iniciaba su ataque a Francia a través de Bélgica. El 5 de agosto el Reino Unido respondía a la agresión alemana con la guerra junto a Francia; y al día siguiente Austria se sumaba al bando de Alemania. El terrible conflicto se extendió a casi toda Europa y casi todo el mundo, dada la extensión colonial de los beligerantes. El imperialismo británico no podía convivir pacíficamente, por motivos económicos y estratégicos, con la expansión del imperialismo alemán. Funcionó la nueva Entente de Inglaterra y Francia, aliadas de Rusia. Los Estados Unidos aguardarían su oportunidad para romper su aislacionismo. Italia luchó junto a los aliados occidentales contra los imperios germánicos; el imperio turco combatió junto a Alemania. España, en virtud de su propia debilidad, logró mantenerse neutral. La propaganda de los beligerantes presentó la Gran Guerra, desde el bando occidental, como un enfrentamiento de las democracias contra las autocracias de Europa central pero los motivos fueron menos utópicos; se trataba de un choque estratégico entre los dos grandes imperialismos europeos, del que Europa iba a salir con su prersunta hegemonía definitivamente perdida ante el surgimiento de las grandes potencias extraeuropeas; una de ellas, Rusia, transformada pronto en foco agresivo para una Revolución mundial.

El estallido múltiple de la Gran Guerra anegó en sangre y hierro a las intenciones pacíficas del Papa Pío X, quien trató de mediar entre Austria y Serbia en vísperas del choque y luego apoyó reservadamente la actitud vindicativa de Austria contra Serbia después del atentado de Sarajevo, perpetrado por un activista serbio. Pío X no supo ni pudo hacer más para evitar o reducir la espantosa conflagración; los pueblos de Europa, aunque parezca increíble, no temían la guerra, la anhelaban. Aún no había terminado ese mes trágico, agosto de 1914, cuando murió San Pío X. Italia no había decidido aún entrar en la guerra por lo que los cardenales de los países beligerantes pudieron asistir libremente al cónclave y elegir un sucesor.

[132] Ver la excelente antología de textos de San Pío X, *Escritos doctrinales*, Madrid, Ediciones Palabra.

CAPÍTULO 6

LA IGLESIA ENTRE LAS DOS GUERRAS MUNDIALES: LA REVOLUCIÓN Y LA VICTORIA COMUNISTA LA CRISIS Y LA VICTORIA DEMOCRÁTICA 1914-1945

Vladimir Ilich Lenin amplía la Revolución marxista a un nuevo imperialismo decidido a conquistar el mundo por medio de la Internacional Comunista. El adaptador de Lenin para la infiltración comunista en Occidente fue el comunista italiano Antonio Gramsci. Nunca la utopía fanática de un intelectual acabó con tantas vidas humanas.

SECCIÓN 1: LA GRAN GUERRA

LA NUEVA GUERRA DE LOS TREINTA AÑOS

Guerras mundiales y período de entreguerras: éste es el ámbito histórico en que se desarrolla el presente capítulo. Un capítulo complejísimo, sobre el que se han escrito decenas de millares de libros, sobre el que existen, no siempre clasificados, millones de documentos. Un capítulo polémico por esencia y presencia, que todavía invita y casi exige tomar partido porque los acontecimientos y las ideas que en él se enmarcan siguen en carne viva para una gran parte de la Humanidad.

En el período que vamos a estudiar sufrió la Humanidad la más ancha y profunda convulsión de toda su historia y se dividió a muerte en varios conflictos en los que se jugaba el destino y hasta la existencia física del hombre sobre la Tierra. No pretendemos, naturalmente, trazar una historia completa de esos treinta largos años; porque si bien las guerras mundiales fueron dos, otras varias guerras localizadas mantuvieron el clima de confrontación durante esas décadas que bien pudieran encuadrarse en una nueva Guerra de los Treinta Años. Era inevitable que la Iglesia, como institución mundial, se viera profundísimamente afectada por este espantoso conflicto de tres décadas; que en algunas fases –revolución comunista, exacerbación del nazismo, guerras civiles de México y España– desencadenó contra la Iglesia persecuciones atroces, comparables e incluso más sangrientas que las peores sufridas por ella en toda la Historia. Una convulsión universal tan prolongada arrojó como resultado un mundo y una Humanidad diferente, desquició los esquemas morales y culturales por todas partes y acarreó consecuencias imprevisibles que se manifestarían, para la siguiente etapa de la Iglesia, en forma de crisis nunca hasta entonces experimentadas. Nuestro tratamiento de este capítulo ha de ser necesariamente esquemático, para que no se nos desborde la copiosísima información que contiene; pero también suficientemente completo en cuanto a las líneas históricas esenciales, para que podamos comprender mejor las crisis posteriores.

Esas líneas esenciales se encierran en el título del capítulo y se despliegan en las ocho secciones de que consta. Empezamos con la presentación de la Gran Guerra, la primera guerra mundial, que cambió los mapas del mundo pero no solucionó los tremendos problemas que la suscitaron. En el seno de esa Gran Guerra surgió, como consecuencia de la derrota y desintegración del Impero ruso, la Revolución comunista, la Nueva Revolución prevista y profetizada por Carlos Marx aunque de forma muy divergente con esas predicciones, que a fin de cuentas resultarían fallidas en toda la línea, pero a costa de una tragedia indecible para la Humanidad entera y muy especialmente para Europa y para Rusia. Entre la primera guerra mundial, mal cerrada en 1918 y la segunda, que reventó en 1939, se malvivió la múltiple crisis de entreguerras: avance, al parecer imparable, del comunismo, crisis universal de la democracia, del pensamiento y de la cultura; revoluciones persecutorias y guerras civiles de dos grandes naciones católicas, México y España. Afectó muy profundamente a la Iglesia un fenómeno directamente derivado de ese conjunto de crisis, que las agudizó hasta el paroxismo: el nacimiento y desarrollo –sección cuarta– del populismo antidemocrático, el fascismo y el nacionalsocialismo. Como un cruce histórico de todas esas crisis y no como un simple conflicto regional intentamos trazar en la sección quinta las líneas maestras de la guerra civil española, que no fue, ni mucho menos, un simple prólogo de la segunda guerra mundial, a la que dedicamos la sección sexta del capítulo.

No reivindicamos la absoluta posesión de la verdad histórica pero tampoco cederemos a las modas dominantes y a las interpretaciones históricas dictadas por una propaganda unidireccional. Esto significa que si bien nuestro análisis histórico se basa en fuentes de primera mano, muchas veces nuestras conclusiones chocarán con las que exhiben alegre y acríticamente muchos oportunistas de mentalidad excluyente, servil y totalitaria, aunque se presentan como borrachos de democracia verbal pese a su prolongada confesión comunista o bien, como decía sobre ellos Dionisio Ridruejo, a veces no fueron fascistas simplemente porque no llegaron a tiempo. Pero mi principal preocupación será exponer la verdad en que creo racionalmente, no polemizar con los gamberros y los meapilas de la Historia.

Los dos fenómenos dominantes de todo el siglo XX son, casi con total seguridad, la deshumanización absoluta motivada por el ansia –sin frenos religiosos ni humanitarios– de poder y hegemonía universal; y las inconmensurables derivaciones teóricas y tecnológicas de la Nueva Ciencia. El afán absoluto de poder provocó las dos guerras mundiales, las guerras mal llamadas menores o localizadas, las hecatombes del totalitarismo comunista y el holocausto del totalitarismo nacional–socialista. El siglo XX aniquiló, en la práctica, la ilusión de los ilustrados que pronosticaban para la humanidad un progreso sin límites una vez alejada de las conciencias la idea de Dios. Muy al contrario, en términos de vida y sufrimiento humanos, que son los más importantes, el siglo XX supone para la Humanidad una regresión espantosa, con sus genocidios y sus holocaustos que no fueron solamente obra de Lenin, de Stalin, de Hitler o de Mao, sino que se prolongan hasta hoy mismo en las catástrofes atómicas de la segunda guerra mundial, en guerras de exterminio como la de Vietnam –por ambas partes– o en los genocidios tribales africanos. El segundo factor dominante de nuestro siglo –el vertiginoso avance teórico y tecnológico derivado de la Revolución Científica– ha contribuido, sin duda, a la mayor mortandad bélica de la Historia pero también ha producido efectos de progreso real inmensamente beneficiosos; la revolución de las comunicaciones en todos los sentidos del término, los avances de la industrialización y la producción, el incremento insospechado de la capacidad y velocidad de información. Ese progreso científico y técnico, que nos ha conducido hasta asomarnos al espacio exterior, ha puesto en nuestras manos la posibilidad de corregir los efectos destructivos que provoca la contaminación industrial de todas clases, con grave peligro para la vida en nuestro planeta. Pero en todo caso lo indudable es que el progreso humano, aniquilado moralmente por los tirones de deshumanización, ha cambiado también nuestro mundo en sentido positivo, con mayor eficacia que en todo el conjunto de la historia humana hasta 1900. Y ha hecho posible, además, una explosión demográfica que constituye, sin duda, uno de los problemas más acuciantes del hombre sobre la Tierra.

LA GUERRA EUROPEA

La guerra que empezó en agosto de 1914 como una venganza del Imperio austrohúngaro contra la pequeña y agresiva Serbia se transformó muy pronto en guerra general. Después de su repetición ampliada en 1939-45 se llamó al conflicto de 1914 «primera guerra mundial», porque lo fue; pero antes se la conocía como «guerra europea» y más pretenciosamente como «Gran Guerra». Después de 1945 la guerra de 1914 hubiera merecido mejor el calificativo de «pequeña guerra mundial» pero se justifica históricamente mucho mejor la denominación de «guerra europea». Porque si bien se libró también fuera de Europa, en el Atlántico y en Oriente Medio (Inglaterra y los árabes contra el Imperio turco) el escenario principal del conflicto fue Europa; las modificaciones más importantes en los mapamundis afectaron a Europa; y como resultado de una guerra que puede considerarse también como guerra civil europea, la hegemonía mundial de Europa, ya puesta en entredicho desde finales del siglo XIX y principios del XX (derrota de España ante los Estados Unidos en 1898, derrota de Rusia ante Japón en 1905) quedó transferida a potencias extraeuropeas, si bien las potencias de Europa que formaron en el bando vencedor de la Gran Guerra no se enteraron del todo hasta la crisis de Suez en 1956, cuando Washington y Moscú impusieron la humillante retirada franco–británica de Egipto.

Dentro de los límites que nos hemos impuesto para la síntesis en que consiste este capítulo me atendré al mejor estudio sobre la Gran Guerra de que disponemos en lengua española, los capítulos XXIII a XXVIII del *Manual de Historia Universal* (vol. IV) debido al profesor Vicente Palacio Atard. Para las repercusiones de ese conflicto en España me refiero a mi *Historia básica de la España actual.*[133]

[133] La magna obra del profesor V. Palacio está editada por Espasa Calpe, Madrid 1960. Mi obra citada por Planeta, Barcelona, 12 edic. 1981.

La Gran Guerra abrió paso a una concepción universal de la Humanidad en lo político; las naciones vivían hasta 1914 aisladas, encerradas en sus concepciones egoístas, que sólo contemplaban al resto del mundo desde perspectivas imperialistas (Inglaterra, Alemania) o aislacionistas, como los Estados Unidos que parecían contentarse con el dominio de lo que allí se llama «hemisferio occidental» es decir la totalidad del Continente americano, si bien sus gobiernos se habían mostrado sensibles a las motivaciones estratégicas desde la guerra contra España, el rapto de las islas Hawai y la compra de Alaska a los rusos. Al vislumbrarse ya el final de la Gran Guerra (gracias a la poderosa intervención americana) un Presidente idealista, Woodrow Wilson, (muy condicionado por los fabianos de Europa y Norteamérica) impuso su concepción mundialista que cristalizaría en la Sociedad de Naciones, primer intento de organismo representativo mundial con carácter igualitario. Pero hasta 1914 la Humanidad vivía según esquemas anteriores; el siglo XIX no termina, históricamente, hasta 1914.

Como ya hemos anticipado, la Gran Guerra se desencadenó tras una serie de fricciones internacionales, por motivos principalmente económicos y estratégicos, derivados de la rivalidad entre los Imperios alemán y británico; fue ante todo un choque de imperialismos. A esta rivalidad principal se agregaban otras dos; el odio de Francia contra Alemania por la humillante derrota francesa en la guerra franco-prusiana de 1870, con pérdida de Alsacia y Lorena; y la duradera confrontación entre el Imperio austriaco y el ruso por el dominio estratégico de los Balcanes, que para Rusia significaba la ansiada salida directa al Mediterráneo, para lo que inevitablemente chocaba también con el agonizante Imperio turco. Una idea-fuerza tan propia del siglo XIX como el principio de las nacionalidades minaba la convivencia dentro del Imperio austrohúngaro (independentismo de Hungría, Checoslovaquia, los pueblos balcánicos) y los dominios del Imperio otomano, contra el que se agitaban los pueblos árabes sometidos.

Los inmensos progresos de la tecnología tras siglo y medio de revolución industrial en Occidente facilitaron la transformación del choque austro-serbio en conflicto mundial, librado en forma de guerra total en todos los continentes, por tierra, mar y aire, incluidas las nuevas armas submarina y aérea, una eficacia mejoradísima de la artillería y las armas automáticas (e incluso las armas químicas) y un rendimiento hasta entones desconocido de las comunicaciones. Era ya la guerra total, que empezaba a afectar a las retaguardias casi tanto como a los combatientes; y que se atizaba con una aplicación masiva de la propaganda y la guerra psicológica.

El polvorín balcánico comunicó casi inmediatamente al resto de Europa la explosión iniciada por el atentado de Sarajevo. Al atacar el Imperio austriaco a Serbia, el Imperio ruso acudió en socorro de su aliada balcánica e inició la invasión de Prusia y Austria. El Estado Mayor alemán había preparado minuciosamente un plan –el plan Schulten– que consistía en destruir al ejército francés en guerra relámpago a través de Bélgica para revolverse luego contra Rusia y evitar de este modo el combate en dos frentes principales. Inglaterra envía un aguerrido cuerpo expedicionario a Francia, las tropas belgas resisten más de lo previsto y los ejércitos del general von Moltke, si bien consiguen invadir el nordeste de Francia, quedan frenados en la primera batalla del Marne durante la primera decena de septiembre de 1914. Moltke no ha conseguido el aniquilamiento del ejército francés que fue la clave de la victoria alemana en 1870. El general que sustituye a von Moltke, Falkenhayn, intenta entonces envolver por separado a los ejércitos de Francia e Inglaterra en noviembre pero también fracasa y los grandes movimientos se convierten en una guerra de desgaste desde posiciones atrincheradas hasta las grandes ofensivas alemanas de 1918. Neutralizada la guerra en Francia, el Estado Mayor alemán decide concentrar sus mayores esfuerzos contra Rusia.

La nación y la sociedad rusa estaban en 1914 minadas por sus insolubles problemas interiores y desmoralizadas por la situación lamentable de la familia imperial y de la corte. Pero el ejército imperial ruso, gran vencedor de Napoleón a partir de 1812, disponía de efectivos humanos inagotables y aunque mal pertrechado estaba bien armado sobre todo gracias a su legendaria artillería de campaña. El mando ruso atacó desde el primer momento con efectivos superiores a los de Austria –ocupada en reducir la resistencia serbia– y penetró con éxito en las regiones polacas incorporadas a Austria; invadió también la Prusia oriental, corazón del Imperio alemán y amenazó a su capital, Koenigsberg. Las grandes victorias de Rusia en el verano de 1914 permitieron al mando zarista preparar, con tropas traídas de Oriente por el Transiberiano, una gran ofensiva desde Varsovia con objetivo nada menos que en Berlín.

Pero dos genios de la guerra, los generales Hindenburg y Ludendorff, reorganizaron los efectivos alemanes con eficacia fulminante y coordinaron perfectamente con el mando imperial y real del ejército austriaco. En cuanto apunta la primavera de 1915 los ejércitos alemanes liberan la Prusia Oriental y destrozan la masa militar más importante del ejército ruso en la batalla de los Lagos Mansurianos. Hindenburg se revuelve hacia el sur hasta tomar Varsovia, se apodera de Lituania y juntamente con el recuperado ejército austriaco ocupa casi toda Polonia. Los rusos han sufrido ciento cincuenta mil muertos y casi un millón de prisioneros. La desmoralización y los amotinamientos se suceden cada vez con mayor frecuencia en las filas rusas derrotadas. Como en el ensayo general de 1905, el dramático invierno de 1915 a 1916 va a significar la incubación de un nuevo movimiento revolucionario en los frentes y en la retaguardia rusa. Pese a ello el enorme ejército ruso no se rinde y sus jefes tratan de estabilizar el vastísimo frente que recorre, en línea casi recta, las antiguas fronteras de Rusia entre Riga, sobre el Báltico, y el límite de Rumania junto al Dniester.

A fines de octubre de 1914 Rusia había declarado la guerra a Turquía una vez que el imperio otomano permitió a la escuadra alemana el paso por los Estrechos para bombardear las plazas rusas del Mar Negro. La entrada de Turquía en la guerra amenaza directamente al canal de Suez y sobre todo compromete la explotación británica de los yacimientos petrolíferos de Oriente Medio, fuente principal de abastecimiento para la Royal Navy[134]. En febrero de 1915 la Escuadra británica protege un gran desembarco en los Dardanelos, que no consigue mantener una cabeza de puente abandonada casi un año después. Inglaterra trata por todos los medios de crear un segundo frente balcánico para aliviar la desesperada situación de Rusia pero el reino de Bulgaria se suma a los Imperios centrales y les ayuda a la conquista de Serbia; von Mackensen toma Belgrado el 9 de octubre.

[134] He estudiado la influencia del petróleo en la Gran Guerra en mi libro *Historias de la Corrupción*, Barcelona, Planeta, 1992, p. 220s.

En 1916 los alemanes estabilizan el frente ruso –cuya retaguardia se desintegra por momentos– y desencadenan el 25 de febrero la hasta entonces más demoledora ofensiva artillería de la Historia contra la plaza francesa de Verdun, llave de todo el dispositivo de la defensa aliada en Francia. El asalto artillero se prolonga inútilmente durante todo el año gracias a la heroica resistencia del general Pétain; y tampoco la ofensiva inglesa en el Somme –una batalla de desgaste donde se utilizaron por vez primera carros blindados– consigue romper el frente enemigo. Fracasa también la nueva intentona aliada en los Balcanes apoyándose en Rumania que se ha sumado a su causa, pero caerá aplastada por Alemania y Bulgaria. Todo el conjunto balcánico queda dominado y pacificado por los Imperios centrales.

Finalizada la guerra de grandes movimientos en Europa, el conflicto se replantea cada vez más en términos de resistencia y potencia económica. Para ello Inglaterra necesita provocar el desmoronamiento del Imperio turco y alejar así la amenaza sobre el canal de Suez; e impedir simultáneamente la libre salida al Atlántico de la poderosa escuadra alemana de guerra. La guerra en Oriente Medio no pudo empezar peor para los ingleses, cuyo ejército angloindio fue destruido en mayo de 1916 por los turcos bien entrenados y encuadrados por oficiales alemanes. Pero al mes siguiente un oficial excéntrico del servicio secreto británico, el coronel Lawrence, se identifica con los árabes de la Meca y, hermanado con el príncipe Feisal, levanta en armas a todos los pueblos árabes oprimidos por el imperio otomano. En el segundo semestre de 1916 y todo el año 1917 la caballería de los árabes guiada por Feisal y Lawrence flanquea al ejército inglés de Allenby que ataca desde Bagdad (ocupada el 11 de marzo de 1917) y desde Egipto, a través de la franja de Gaza. El general británico entra respetuosamente a pie y descubierto en Jerusalén el 9 de diciembre de 1917. Un mes antes lord Balfour prometía al magnate judío Rothschild el apoyo británico para la creación de un Hogar Nacional judío en Palestina, sin que nadie pudiera sospechar entonces las consecuencias y las convulsiones que acarrearía para la región, dominada entonces por una gran mayoría árabe, este colosal proyecto histórico.

Para el curso de la guerra económica, principal, aunque secreta batalla continua de la Gran Guerra, el plano decisivo era, naturalmente, la guerra en el mar. El importante imperio alemán en ultramar (en Africa y algunos archipiélagos del Pacífico) estaba indefenso y cayó sin demasiadas dificultades en manos aliadas. La escuadra alemana de superficie, apoyándose en suministros de países neutrales, venció a una escuadra inglesa del Pacífico ante las costas de Chile el 1 de noviembre de 1914 pero fue aniquilada en las islas Malvinas un mes después. Desde entonces sólo algunos cruceros auxiliares alemanes hicieron la guerra de superficie por su cuenta. Inglaterra decretó el bloqueo total del Báltico, donde se encerraba la principal fuerza naval de Alemania, a la que sólo quedó un recurso, pero de graves consecuencias para el bando aliado; la guerra submarina, con la que consiguió hundir en seis meses cuatro millones de toneladas. La escuadra alemana intentó forzar la salida al mar del Norte pero los barcos ingleses le cerraron el paso en el combate naval de Jutlandia a fines de mayo de 1916; el resultado fue incierto pero el bloqueo se mantuvo. La guerra submarina era una amenaza gravísima, capaz de forzar el colapso del Reino Unido pero se volvió contra Alemania porque suscitó un movimiento imparable de solidaridad anglosajona, que es una de las constantes más firmes y seguras de la Edad Contemporánea y que resurge en todas las crisis económicas y políticas, como se ha demostrado en las dos guerras mundiales y hasta en conflictos menores, como los que se derivan de la pesca en nuestros días.

El 7 de mayo de 1915 los submarinos alemanes hundieron al transatlántico inglés *Lusitania* con 124 pasajeros de los Estados Unidos a bordo y una importante carga de material de guerra para Inglaterra. El gobierno alemán, con las pruebas de ese transporte bélico, se negó a ofrecer explicaciones y el presidente Woodrow Wilson advirtió que incidentes así constituían un «casus bellli».La opinión norteamericana, hasta entonces reticente ante la guerra ajena de Europa, dio un vuelco irreversible. Wilson advirtió claramente que los Estados Unidos eran la fuerza decisiva para desequilibrar el conflicto en favor de los aliados y desde su gran discurso de 22 de enero de 1917 propuso «una paz entre iguales» para un orden mundial diferente. Los Imperios centrales no descartaron la oferta pero los líderes belicistas de Inglaterra (Lloyd George) y Francia (Briand) sólo querían la victoria. El Estado Mayor alemán, que tampoco estaba por la paz, recrudeció la agresividad submarina y el 2 de abril de 1917 los Estados Unidos declararon la guerra a Alemania. La gigantesca máquina industrial norteamericana se reconvirtió para intervenir en el conflicto y el gobierno reclutó sin dificultades un millón de hombres para romper los frentes alemanes en Europa occidental. Aquel día los Imperios centrales tenían perdida la guerra. La capacidad americana de construcción naval cubría de sobra las cuantiosas pérdidas de la guerra submarina. Mejoraron los sistemas británicos para la detección y neutralización de los temibles U-boats germánicos y Alemania empezaba ya a perder en el verano de 1917 la guerra bajo los mares.

Sin embargo los Imperios centrales conservaban importantes bazas militares en su favor. Las tropas austroalemanas destrozaban al ejército italiano en la ofensiva del Isonzo a partir del 24 de octubre de 1917 y alcanzaban la línea del Piave. De mucho mayor importancia estratégica era la victoria final de Alemana y Austria en el frente ruso. La derrota militar de las tropas zaristas prendió definitivamente la revolución, a la que contribuyó el Estado Mayor alemán enviando a Lenin desde la frontera suiza en un vagón precintado para que encabezase el movimiento revolucionario, del que hablaremos en una sección aparte por su inmensa trascendencia histórica. Los soviets, decididos a lograr a cualquier precio la paz con Alemania y Austria, firmaron el armisticio de Brest-Litovsk el 15 de diciembre de 1917, un mes después del definitivo triunfo de la Revolución, y lo confirmaron en la paz firmada allí mismo el 3 de marzo de 1918 cuando los ejércitos alemanes habían reanudado el avance sin dar tiempo a que su retaguardia se desintegrara, como Lenin había procurado y esperado. Rusia perdía Polonia, Ucrania y los países bálticos pero ganaba tiempo para articular su proyecto revolucionario interior y universal. Rumania, desamparada tiene que rendirse a los imperios centrales el 7 de mayo.

Pero la ofensiva pacifista de mayor envergadura fue planteada por el presidente de los Estados Unidos, profesor Woodrow Wilson, en su famosa propuesta de los Catorce Puntos del 8 de enero de 1918, que sería ya el último año de la Gran Guerra. Era un Nuevo Orden Mundial que desmantelaba a los imperios multinacionales de Austria y de Turquía en nombre del principio de las nacionalidades; establecía la libertad de los mares, la supresión de barreras económicas, la evacuación de los países ocupados por tropas extranjeras, la independencia de Polonia con salida al mar, el paso libre por los Dardanelos y la creación de una Sociedad de naciones para velar por la paz mundial. Luego el propio Senado de los Estados Unidos desautorizaría a su Presidente, pero a principios de 1918 Wilson se presentaba como inapelable árbitro de la paz.

Con vistas a abordar las inevitables negociaciones de paz desde posiciones firmes, Ludendorff trata de romper el frente francés en la primavera de 1918 antes de la llegada del ejército americano. Los aliados designaron al mariscal Foch para el mando único pero los ejércitos alemanes alcanzaron la línea del Marne a fines de abril, bombardearon París con su artillería de largo alcance y a mediados de julio se jugaron el resultado de la guerra en la segunda batalla del Marne, el gran proyecto para la conquista de Reims. Pero la reacción militar y popular de Francia contiene al enemigo y logra la salvación de París. A fines de julio el general Pershing con su millón de soldados de América emprende, a las órdenes de Foch, la ofensiva de la victoria mientras los generales alemanes se preocupan por la revolución socialista de su retaguardia tanto como por el empuje enemigo en los frentes.

El dispositivo general de los Imperios centrales y sus aliados se derrumba. El ejército aliado que mantenía la cabeza de puente de Salónica avanza en flecha sobre Bulgaria que se rinde el 27 de septiembre de 1918. Turquía queda completamente aislada y el ejército inglés de Oriente medio, con la caballería árabe del emir Feisal y el coronel Lawrence en vanguardia, consigue su objetivo final, la toma de Damasco, tres días después de la derrota búlgara. Turquía firma el armisticio el 31 de octubre y queda fuera de combate. Los italianos se sacan al fin la vergüenza de Caporetto y derrotan a los austriacos en toda la línea del Piave a fines de octubre. Desde mediados del mes anterior Austria, agotada, pide negociaciones de paz al margen de Alemania. Lo mismo hace el nuevo gobierno pacifista de Alemania el 4 de octubre, presidido por Max de Baden, que se dirige directamente al presidente Wilson. El 11 de noviembre Alemania firma el armisticio en Rethondes. La Gran Guerra había terminado.

UNA GUERRA MUNDIAL CERRADA EN FALSO

La Gran Guerra acabó con tres grandes imperios: el austrohúngaro, que provenía, como Sacro Imperio Romano Germánico, de la Edad Media; el turco, cuya creación y apogeo marcan el comienzo oriental de la Edad Moderna; y el alemán del Norte, gestado en torno a las victorias de Prusia en 1870. Poco antes el Partido Nacional (Kuo-min-tang) derriba al milenario imperio del Centro, China, en una revolución que proclamó la República en 1912, inspirada por Sun-Yat-sen, político formado en el estudio de Confucio, Marx, Rousseau y Ford. De la Gran Guerra surge el nuevo imperio hegemónico mundial, aunque retraído sobre sí mismo, los Estados Unidos, y se refuerza, pero sólo en apariencia, el Imperio británico que ya es sólo la segunda potencia mundial.

Veíamos cómo, ante la retirada general del ejército alemán frente a los aliados y la amenaza fulminante de una revolución de la extrema izquierda socialista –una revolución comunista según el modelo de Rusia y las predicciones expresas de Carlos Marx– Max de Baden formaba gobierno en octubre de 1918 para negociar la paz a cualquier precio. Poco antes del armisticio las clases de la Marina se sublevan en Kiel y los espartaquistas prenden el incendio revolucionario en varios puntos sensibles de Alemania. El emperador Guillermo II se ve obligado a abdicar y se refugia en Holanda. El alto mando militar propicia la formación de un gobierno socialista moderado pero el líder socialista Ebert no consigue apaciguar la revuelta espartaquista que se convierte en un incendio general desde enero de 1919. La oficialidad del Ejército estaba convencida, desde entonces, de que la derrota alemana se produjo por la rebelión de la retaguardia, porque las fuerzas armadas no habían sufrido ningún desastre decisivo. No les faltaba una parte de razón; y fueron las unidades militares reorganizadas tras el armisticio las que ahogaron en sangre la revuelta espartaquista. Pero la predicción de Marx invirtió su sentido. La Revolución triunfó en Rusia –pese a que Marx había decretado que allí era imposible– gracias a que los bolcheviques se aprovecharon del desconcierto militar y parlamentario; pero fue abortada en Alemania por el Ejército y no pudo evitar que el nuevo parlamento de la República, elegido a comienzos de 1919, impusiera un régimen democrático de corte burgués. Las naciones maduras para la Nueva Revolución marxista eran, según Marx, Alemania y el Reino Unido. La realidad desmintió la profecía. Obra de profesores idealistas, la Constitución de Weimar, aprobada en el verano de 1919, estableció una democracia calcada, para la elección del supremo mandatario ejecutivo, sobre la de los Estados Unidos. Los resultados fueron, sin embargo, ligeramente distintos. Los Estados Unidos eligieron para 1933 al presidente Franklin Delano Roosevelt; con un sistema semejante, Alemania elevó el mismo año a la Cancillería a un «cabo bohemio» de la Gran Guerra, Adolfo Hitler. Por supuesto que Lenin y Trotski, autores de la más sangrienta y tiránica revolución de la Historia, eran también destacados intelectuales.

El Imperio austrohúngaro se desintegró antes de la firma del armisticio. El 21 de octubre de 1918 el conde Karolyi separó a Hungría de Austria; el emperador Carlos VI abdicó el 13 de noviembre –un día después de que se proclamara la república en Viena– y casi a la vez se instauraron regímenes republicanos independientes en Praga y en Zagreb. En marzo de 1919 la decisión de un bolchevique húngaro, Bela Kun, derribó de un golpe al gobierno liberal de Karolyi en Hungría e instauró un régimen revolucionario que impuso su dictadura del terror rojo. Los vencedores invaden Hungría y se hunde el régimen comunista de Bela Kun, a quien sustituye una regencia bajo el almirante Horthy el 1 de marzo de 1920.

El Imperio turco se desintegró también como resultado de la derrota militar en los frentes de Europa y de Oriente Medio. El nuevo sultán de Constantinopla, Mohamed VI, encarga la represión de los desórdenes en Anatolia al prestigioso general que había arrojado a los aliados al mar desde la cabeza de puente de Gallípoli: Mustafá Kemal. Firmado el tratado de paz en Sévres el 10 de agosto de 1920 Kemal consigue la retirada de los invasores franceses, ingleses, griegos e italianos mediante una hábil mezcla de negociaciones y contraofensivas, que dirige sobre todo contra los griegos, a quienes expulsa de Asia menor en 1922. En ese mismo año una asamblea favorable al general victorioso declara abolida la monarquía imperial de los otomanos y Mustafá Kemal asume la dictadura militar con régimen de partido único. Proclama la separación del poder civil y el islámico y al frente de la República turca se dispone a emprender la modernización del país, que ha perdido todo dominio sobre las naciones árabes y sólo conserva en Europa la Tracia Oriental y la gran ciudad de Constantinopla.

Estos son los movimientos principales que se producen en la resaca del armisticio y en espera de una paz que se quería definitiva e irreversible. Tanto que los principales representantes del bando vencedor se fijaron como objetivo histórico acabar para siempre con la guerra como amenaza contra la Humanidad. Tanta felicidad iba a conseguirse en la Conferencia de París, donde veintisiete delegaciones de los aliados se reúnen a partir del 16 de enero de 1919 bajo la presidencia del «Tigre» Clemenceau, artífice moral de la victoria francesa. Junto al premier británico Lloyd George, Clemenceau ha de ceder la primacía moral y política de la conversaciones al idealista presidente de los Estados Unidos, Woodrow Wilson, cuyos Catorce Puntos forman la trama de las negociaciones de paz. Pero la cordura equilibrada y generosa que reclamaba Wilson choca con el espíritu de venganza y desquite que poseía a Inglaterra y a Francia, que exigían el aniquilamiento económico de Alemania por vía de «reparaciones de guerra». El 18 de abril de 1919 fue creada la Sociedad de Naciones cuyos miembros originarios serían los veintisiete vencedores y los trece neutrales.

En la paz de Versalles se impuso a la Alemania vencida un *diktat* humillante. Francia ocuparía provisionalmente toda la orilla izquierda del Rin; el ejército alemán se reduciría a unos modestos efectivos de cien mil hombres, y a la orilla derecha del Rin se demarcaría una zona desmilitarizada de cincuenta millas. La escuadra alemana, que se había hundido voluntariamente antes de entregarse a Inglaterra, sólo podría reconstruirse en condiciones mínimas y precarias, con cruceros inferiores a las diez mil toneladas. Inglaterra y Francia impusieron a Alemania reparaciones onerosas y en definitiva inviables. Polonia recuperó su soberanía, hasta entonces perdida en los sucesivos repartos de sus vecinos; y recibió en Dantzig (Gdansk) una salida al mar. Los delegados alemanes llegaron a París para recoger el tratado impuesto, sobre el que no se les permitía replicar, salvo por escrito. El *diktat* de Versalles , forzado ante todo por la intransigencia de Francia (que por supuesto recuperaba Alsacia y Lorena) se firmó el 28 de junio de 1919 en la galería de los Espejos del palacio borbónico en que se proclamó el Imperio alemán en 1870. Alemania tuvo que ceder importantes territorios a Francia, Bélgica, Polonia y todo su imperio colonial. Alemania quedada solemnemente condenada como culpable única de la guerra y se le imponían humillantes restricciones militares e indemnizaciones económicas. Estas condiciones onerosas e imposibles exacerbaron el resentimiento de Alemania. Los Estados Unidos negaron la ratificación del Tratado y se sumieron en su tradicional aislamiento. Por otros tratados paralelos se consagraba el desmantelamiento de los imperios de Austria y Turquía, pero no se daban a Italia, vencedora al fin, las satisfacciones que reclamaba. El presidente Wilson, fracasado, no se presentó a la reelección. Los políticos vencedores de Francia –Clemenceau– e Inglaterra –Lloyd George– fueron derrotados en las elecciones siguientes. La paz de

Versalles y las demás concomitantes trazaron un nuevo mapa de Europa pero no hicieron posible la época de estabilidad en que Wilson había soñado. La primera guerra mundial cerraba en falso y a partir de 1919 no se abría una etapa de esperanza sino un incierto período de democracias débiles, incapaces frente a la sucesión de crisis políticas, económicas y sociales, con una nueva guerra mundial cada vez más próxima en el horizonte amenazador. La Gran Guerra había cerrado decididamente en falso.

BENEDICTO XV, EL PAPA DE LA PAZ

No estoy escribiendo una historia universal sino una historia de la Iglesia ante la Modernidad y la Revolución. Dejábamos a la Iglesia orante ante el cadáver de un Papa santo, Pío X; que legaba a su sucesor el tremendo problema de procurar la paz en un mundo obstinado en la Gran Guerra. El conflicto mundial lo anegó todo; el Papa, prisionero más que nunca en un Vaticano no reconocido internacionalmente, recibía de su predecesor Pío X una Iglesia más concentrada en su nueva espiritualidad pero también más recelosa de la ciencia y el progreso, casi completamente alienada por su adicción al integrismo y flotando en la incertidumbre territorial de su propia sede romana, garantizada sólo unilateralmente por la voluntad del Reino de Italia. Ante la opinión pública mundial, incluyendo a muchos cristianos cultos, el prestigio de la Santa Sede había caído muy por debajo del que gozaba en los tiempos de León XIII. Pero lo más grave es que la explosión belicista, nacionalista e imperialista de la Gran Guerra –para no hablar de la Revolución rusa, que desde su propio triunfo interior en 1917 apareció como una esperanza roja de sangre para el proletariado universal– dejaba poco espacio a los hombres y a los gobiernos para que pudieran preocuparse de los pensamientos y los consejos de un respetable e impotente obispo de Roma incapaz de franquear los altos muros de su recinto al otro lado del Tíber.

Giacomo cardenal Della Chiesa, hombre mínimo y enteco, nacido de noble familia genovesa en 1854, no se arredró ante una misión pontifical que desbordaba con mucho sus fuerzas y las de la Iglesia y se dispuso a cumplir su función altísima como si gozase del poder y la influencia de un Papa medieval. Poseía una formación y una experiencia muy completa para el empeño. Doctor en ambos derechos por la Universidad de Génova, estudió teología en el Colegio Capránica de Roma y continuó su formación en la Academia de Nobles, semillero de la alta diplomacia vaticana. El cardenal Rampolla, su protector, le llevó a España como secretario, conocido, por su ejercicio de la caridad, como «el cura de las dos pesetas» en el castizo barrio madrileño de los Austrias; y una moneda de dos pesetas en 1882 daba de comer varios días a una familia. Desde 1901, siempre a las órdenes de Rampolla, actuó como sustituto en la Secretaría de Estado de León XIII pero nunca descuidó una intensa actividad pastoral entre los necesitados. Mantuvo su puesto cuando el cardenal Merry del Val ascendió a secretario de Estado bajo Pío X y cuatro años después el Papa le designó arzobispo de Bolonia, donde desplegó un trabajo pastoral incansable y eficaz. Recibió la púrpura pocos meses antes que la tiara.

El cónclave abierto el último día de agosto de 1914, bajo el estallido reciente de la Gran Guerra, se celebró con normalidad y sin presiones políticas, tajantemente prohibidas por Pío X a raíz de su elección. Los sesenta cardenales electores (entre los que se encontraba Mercier de la Bélgica ocupada por Alemania, que pudo viajar con permiso de Alemania) estaban divididos entre «el círculo de los píos», partidarios de mantener las directrices integristas de Pío X, y los llamados «progresistas», antiguos partidarios de Rampolla que ahora preconizaban al inteligente Gasparri. Pronto se impuso la humilde figura de Della Chiesa, por su excelente formación, su rechazo a las exageraciones integristas, su vida inmaculada y su acreditada experiencia diplomática. Y fue elegido como Benedicto XV, en memoria de su predecesor en Bolonia, el gran cardenal Lambertini del siglo XVIII. El nuevo Papa dominaba los entresijos de la Curia, la actividad pastoral y las relaciones internacionales. No suscitaba, además, hostilidades significativas. Rampolla, descartado en 1903, se veía coronado en su mejor discípulo. El cual dejó traslucir inmediatamente sus dos mayores preocupaciones. Descartó al integrismo, sin grandes gestos, apartando de la Curia a monseñor Benigni y otros epígonos de la intransigencia; y restauró el talante abierto de León XIII. De puertas afuera se dedicó, consciente de su impotencia y de las enormes dificultades del empeño, a la causa de la paz mundial. Fue el Papa de la paz; en ello radica su gran fracaso y su indiscutible gloria. Nombró secretario de Estado, a la temprana muerte del exnuncio en París, Ferrata, al gran cardenal Gasparri, experto canonista y conocido por sus ideas moderadas y pactistas; y apartó de momento las demás preocupaciones para dedicarse en cuerpo y alma a frenar la hecatombe en que degeneraba semana tras semana la Gran Guerra.[135]

Dos terceras partes de los católicos se vieron implicados en la Primera Guerra Mundial; 124 millones en el bando aliado, la mitad en el germánico. La otra tercera parte vivió el conflicto bajo la influencia de la propaganda aliada menos España, cuya opinión pública se dividió acerbamente entre cada bando. Desde su primer mensaje Benedicto XV expresó su línea de conducta, de la que no se apartó un milímetro: la Santa Sede no tomaba partido a favor ni en contra de nadie aunque no era un secreto que el Papa favorecía la restauración nacional de Polonia. Daba plena libertad a los católicos para que siguieran el impulso de su deber, que casi sin excepciones les alineó a favor de sus respectivos gobiernos y ejércitos; y procuró por todos los medios la reducción del conflicto, la mediación para la paz y cuando vio que esto era imposible, se volcó en la ayuda humanitaria a los prisioneros, a las víctimas de la guerra, a los desplazados. Todo ello mediante gestiones secretas, a veces muy directas, para salvar vidas (lo que logró el Papa en miles de casos) y paliar en lo posible la tragedia y los sufrimientos de la guerra, sin discriminaciones de bando, religión o raza. Era una postura nobilísima, profundamente religiosa y humanitaria, que muchas veces fue mal comprendida por el nacionalismo y el patrioterismo de algunos católicos y algunos clérigos e incluso algunos gobiernos que le acusaron injustamente de parcialidad y le exigían la condena del enemigo. Pero no era el enemigo del Papa sino el enemigo de ellos.

[135] El mejor resumen sobre el pontificado de Benedicto XV en H– Jedin y K. Repgen, *Manual de Historia de la Iglesia*, IX, Barcelona, Herder, 1984, m 50s, 76s. Muy interesante G. Redondo, *La Iglesia en el mundo contemporáneo*, Pamplona, EUNSA, 1979, II p. 156s. Y F:G: de Cortázar et al. *Los pliegues de la tiara*, Madrid, Alianza ed. 1991 p.56s. Breve y atinada biografía en Jean Mathieu-Rosay, *Los Papas*, Madrid, Rialp, 1990 456s.

Benedicto XV designó nuncio en Munich, capital de la católica Baviera –incorporada el Imperio alemán– al joven e inteligente monseñor Eugenio Pacelli, que dedicó esfuerzos ímprobos a proponer proyectos viables de paz. No consiguió resultados, aunque sí la consideración de algunos gobiernos en contraste con la frialdad de otros. Aun antes de acabar la Gran Guerra una estatua de Benedicto XV se alzaba en la lejana Estambul; todo un símbolo de reconocimiento.

Sacerdotes y católicos participaron en el esfuerzo de guerra dentro de sus ejércitos nacionales; como capellanes o como soldados de filas, según los casos. Esta actitud disipó todos los recelos contra los católicos y el clero por parte de algunos gobiernos cuyas relaciones estaban rotas con la Santa Sede, como en el caso de Francia o el de Italia; en cuyos gobiernos de guerra figuró, sin oposición del Papa, algún ministro católico. El Papa no quiso formular condena alguna por la inicua invasión alemana de Bélgica, para no salirse de su estrictísima neutralidad y para no herir a los católicos alemanes, pero por medio del Nuncio Pacelli se esforzó por que Alemania devolviera a Bélgica su independencia nacional y estuvo muy cerca de lograrlo. Benedicto XV conocía perfectamente el escasísimo juego internacional que le estaba permitido pero no dejó escapar una sola oportunidad. Sintió vivamente la incorporación de Italia a la guerra en 1915 pero no la condenó. Aceptó mansamente la humillación de ver excluida a la Santa Sede de las negociaciones de paz aunque consiguió la presencia de un representante personal. Procuró seriamente establecer contacto con influyentes asociaciones judías internacionales en favor de la paz. El 1 de agosto de 1917, al cumpliese los tres años de la guerra, dirigió un llamamiento solemne a todos los jefes de Estado y de gobierno de los beligerantes; sabía que su voz iba a clamar en el desierto pero la alzó sobre el fuego y las ruinas. Sin embargo sus esfuerzos nobilísimos no resultaron baldíos. Aumentó el número de naciones que establecieron relación diplomática con la Santa Sede, entre ellas el Reino Unido. En 1921, como gesto de gratitud por la colaboración de los católicos franceses a la causa de Francia, la República francesa restableció relaciones oficiales con la Santa Sede. Al acabar la Gran Guerra las representaciones diplomáticas en el Vaticano se habían duplicado respecto a 1914.

La ausencia injusta del Papado en la paz de Versalles permitió a Benedicto XV proclamar, clarividentemente, que aquél era un tratado para la guerra y no para la paz. El opresivo peso de la guerra no coartó totalmente al Papa para sus actividades en el gobierno de la Iglesia. Aprobó en 1917 el Código de Derecho Canónico, que refundía claramente la legislación de la Iglesia y condenaba expresamente a la Masonería como asociación establecida para «maquinar contra la Iglesia». Publicó en 1919 una de sus grandes encíclicas, la *Maximum illud* para fomentar la expansión misional de la Iglesia y muy especialmente al clero indígena. En el gran movimiento de reconciliación con Francia canonizó en 1920 a Juana de Arco y al año siguiente a Margarita María de Alacoque, promotora de la devoción al Corazón de Jesús. En 1921 se esforzó en sacudir la indiferencia universal sobre el caos postrevolucionario de la Unión Soviética, cuyas masas se debatían en medio de un hambre espantosa.

Encauzado el problema de la reconciliación con la República francesa, Benedicto XV tuvo que enfrentarse –por medio del cardenal Gasparri– con la definición política de los católicos italianos dentro del Reino de Italia. Ya vimos cómo León XIII y Pío X descalificaron a la Democracia Cristiana como agrupación política.

Ahora el Papa della Chiesa aceptó al Partito Popolare creado por don Luigi Sturzo como «partido no confesional». Había nacido al fin la Democracia Cristiana política con un estigma de contradicción, que muchas veces he comentado inútilmente con mis amigos de la Democracia Cristiana en España. Y es que un partido esencialmente cristiano que es, por definición, no confesional, me ha parecido siempre una contradicción flagrante. Don Sturzo quería significar, sin duda, que el Partito Popolare era «no clerical»; no era una dependencia del episcopado y el clero. «Lo cierto, sin embargo –dice Gonzalo Redondo, observador certero– es que desde el primer momento la Secretaría de Estado dirigió al Partido, al reservarse la determinación de lo que, en última instancia, era política pura»[136]. Así fue siempre. El Partito Popolare fue el partido de la Iglesia italiana, por muchos circunloquios que se le echaren. Poco antes de que Italia celebrase las primeras elecciones tras la guerra, Benedicto XV levantó el solemne veto de Pío IX, el *Non expedit*, y por tanto daba vía libre a los católicos para intervenir en política nacional lo que hicieron con cumplido éxito: 103 escaños en la Cámara. Por desgracia este prometedor brote de cristianismo político fue ahogado muy pronto por el acuerdo de la Iglesia con el fascismo, ya en el pontificado siguiente.

Una nueva generación de políticos católicos, la Ligue, predominaba sobre los antiguos católicos conservadores en las elecciones belgas del mismo año, 1919, si bien los católicos quedaron en minoría parlamentaria. En la encíclica de 1920 *Pacem Dei munus* el Papa permitía la visita al Vaticano de los príncipes católicos aunque también rindiesen pleitesía al Reino de Italia en el Quirinal. El Papa no condonaba con ello la «usurpación» de 1870 pero abría la puerta a la reconciliación con el Reino de Italia, que consumaría su sucesor. Cambiaban los tiempos; importantes partidos católicos estaban presentes, junto a los socialistas reformistas, en varias naciones antiguas y modernas después de la paz de Versalles. Un veterano país católico, Irlanda, conseguía su autonomía respecto de Inglaterra –que se reservaba el dominio de Irlanda del Norte, el Ulster– en 1921. Y cuando todo parecía entrar en una difícil, pero firme etapa de normalidad, los efectos disgregadores de la paz de Versalles y la creciente amenaza de la Revolución soviética triunfadora estaban a punto de alumbrar en 1922 el surgimiento de una nueva y tremenda convulsión: el fascismo. No alcanzó a verlo Benedicto XV, el Papa de la paz, que murió a fines de enero de ese año tras breve e inesperada dolencia.

SECCIÓN 2: LA REVOLUCIÓN COMUNISTA

ENCUADRAMIENTO Y FUENTES DE LA REVOLUCIÓN

Como sabemos, el ensayo general con todo para la Revolución comunista de 1917 tuvo lugar en la Revolución de 1905, que estalló a consecuencia de la humi-

[136] Op. cit. p. 163..

llante derrota del Imperio ruso en la guerra de Extremo Oriente contra Japón. La Revolución de 1917, conocida como Revolución Soviética, se produce también a consecuencia de una terrible derrota; la del ejército imperial ruso en la Gran Guerra a manos de los ejércitos imperiales de Alemania y de Austria, una vez frenada la profunda penetración inicial de los ejércitos rusos en Prusia Oriental (contra Alemania) y en la Galitzia polaca ocupada por Austria. El mando ruso se había adelantado, como vimos, a la acción enemiga en agosto de 1914 y estaba dispuesto a concentrar en Varsovia importantes fuerzas transportadas de Extremo Oriente para lanzarlas en flecha con dirección a Berlín. Pero los generales alemanes Hindenburg y Ludendorff, en combinación con el mando militar austriaco, montaron una inteligente contraofensiva en 1915 que destrozó a los ejércitos rusos y les persiguió hasta la primitiva frontera de Rusia, una inmensa línea recta desde el Báltico a la cuenca del Mar Negro. Los ejércitos de Rusia no estaban todavía aniquilados a fines de 1916 pero sí completamente desmoralizados. Todos los grupos liberales que se oponían al régimen autocrático del Zar, todos los partidos y agrupaciones revolucionarias entre las que destacaba el partido bolchevique dirigido por Lenin, contribuyeron a erosionar y desintegrar la fe del Ejército y la moral de la retaguardia, mientras el débil zar Nicolás II, abrumado por la hemofilia que amenazaba la precaria salud de su heredero adolescente, estaba harto de guerra y de lucha política y se mostraba cada vez menos a la altura de las circunstancias.

Hasta hace unos años el mundo entero vivía sometido a la abrumadora propaganda de la Revolución de Octubre, que por la diferencia de calendarios entonces vigente se consumó en nuestro mes de noviembre de 1917. Incluso cuando aparente (y falsamente) el líder comunista español Santiago Carrillo decía haber roto con el comunismo soviético, se declaraba hijo de la Revolución de Octubre y entonaba sus endechas; todavía lo hace hoy, aunque después del documentado repaso a sus mentiras vitales e históricas que le dediqué en mi libro de 1994, *Carrillo miente*, en esta misma editorial, tengo la impresión de que ya no se lo cree ni él mismo. La Revolución de Octubre era el maná con que desde 1917 hasta 1989 se han alimentado en todo el mundo los intelectuales fanáticos del totalitarismo rojo, y casi ninguno de ellos se ha repuesto aún de tan prolongada indigestión. Gracias a Dios hoy podemos hablar del ciclo desencadenado por la Revolución de Octubre de 1917 como una pesadilla histórica cerrada, aunque como veremos en otros capítulos no faltan hoy en Rusia y en Occidente quienes pretenden reabrir su magia letal. Pero el sistema expansivo comunista que nació en la Revolución de Octubre de 1917 ha sido el primer enemigo con que ha debido enfrentarse la Iglesia católica en el siglo XX y debemos estudiarlo con toda detención. El presidente Ronald Reagan llamó a ese sistema «El Imperio del Mal» y los jenízaros del comunismo agonizante trataron de ridiculizarle cuando estaba diciendo esa inmensa verdad. El Papa Juan Pablo II calificó al marxismo, savia matriz de la Revolución de Octubre, como pecado contra el Espíritu Santo. Para una Historia como la que aquí pretendemos articular está clarísimo que con la Revolución de Octubre de 1917 se abre en pleno siglo XX una de las más siniestras Puertas del Infierno en toda la Historia humana.

No pretendemos aquí el análisis completo de la Revolución comunista. Lo ha hecho ya, incomparablemente, el historiador británico E.H. Carr en los tres tomos de *La Revolución bolchevique*[137] y en los dos de *El socialismo en un solo país.*[138]

Ha resumido hechos y enfoques, con su habitual claridad y rigor, el profesor Palacio Atard en la *Historia Universal* que hemos citado. Ha revisado datos y perspectivas, magistralmente, Paolo Calzini[139] Queda, como un rojo recuerdo nostálgico, el reportaje rendido del fabiano y comunista norteamericano John Reed *Diez días que conmovieron al mundo.*[140] Hago gracia al lector de cien fichas más, aunque no quisiera omitir la certera *Crónica del siglo XX* de Plaza y Janés para los detalles cronológicos; y para aducir una revisión del bando comunista, la obra de Albert Menarókov, increíblemente reciente[141]. Esta evocación es la última publicada por la URSS antes del hundimiento del comunismo; tiene, para nosotros, un valor de epitafio antes de que los propios rusos profanasen la tumba de la Revolución.

Tengo delante ese conjunto de fuentes al emprender este resumen, que no es, insisto, un estudio monográfico sobre la Revolución soviética pero sí un hito fundamental para una historia de la Iglesia en nuestro tiempo. El problema más importante con que se enfrenta el historiador cuando trata de presentar los hechos y los rasgos esenciales de la Revolución soviética es que la realidad histórica no se ha liberado todavía de la gigantesca montaña de falsía y propaganda que se ha acumulado sobre ella desde el mismo verano de 1917. Una gran parte del proletariado mundial creyó desde entonces en el «paraíso soviético» y divinizó la figura de Lenin. Luego se impuso una nueva divinidad roja, la de Stalin, hasta que Kruschef demolió su imagen para exaltar nuevamente a la de Lenin, cuyas estatuas se mantuvieron en pie hasta el hundimiento del comunismo en 1989.

Apenas han empezado ya los propios historiadores rusos a revelarnos la autopsia del mito Lenin. Lo ha hecho, en sus terribles y valerosas denuncias, el premio Nobel Soljenitsin, custodio del alma genuina de Rusia durante las décadas del Gulag y la mentira institucionalizada. Lo ha concretado, inapelablemente, el general historiador Dimitri A. Volkogonov en 1994. Los crímenes monstruosos de Stalin no han de servir como coartada para disimular los de Lenin; Stalin no fue, en sus aspectos más siniestros, sino la reedición corregida y ampliada del promotor principal de la Revolución. Lenin era un intelectual auténtico; un pensador marxista cuya doctrina, el llamado marxismo-leninismo, consiste fundamentalmente en añadir al marxismo de Marx y Engels dos ingredientes muy originales; la tradición revolucionaria rusa del XIX, que va del jacobinismo extremo al impulso nihilista de los *naródniks*, como ha detectado certeramente el sovietólogo español Angel Maestro[142]; y el cinismo mas insondable que justifica por la *primacía de la praxis*

[137] Madrid, Alianza ed. tres vols. 1972-1974.

[138] Ibid. 1974-1975.

[139] En *Nuove questione di storia contemporanea*, Marzorati, Milano, 1968, vol IIp. 911s.

[140] México. Cía Gral, de Ediciones, 1961.

[141] *Historia ilustrada de la Gran Revolución Socialista de Octubre*, Moscú. ed. Progreso, 1980.

[142] A. Maestro, *Antecedentes no marxistas de Lenin: los orígenes del comunismo ruso.* Verbo 271-272 (1989) 187s.

cualquier desviación teórica del marxismo ortodoxo que conviniera al mantenimiento del poder absoluto, dictatorial, tiránico. Es cierto que la primacía de la praxis y la dictadura del proletariado pertenecen también a la herencia de Marx; pero Lenin las elevó de especie a género, de teoría a dogma implacable. Más aún, la principal inspiración de Marx la toma Lenin, como explica Maestro, del Marx más radical y jacobino, del revolucionario fanático más que del teórico «lúcido». Y, añadamos nosotros, en el jacobinismo estaba incluido el odio absoluto hacia la religión.

Lenin y sus delirios intelectuales son responsables de haber desencadenado la más sangrienta tragedia de la Humanidad, que aherrojó al pueblo ruso y se extendió por todo el mundo durante más de setenta años con el impulso y el objetivo más tiránico de la Historia; que pervive hoy en la inmensa China y en el olvidado Sureste asiático y alienta en movimientos de «liberación» que constituyen un peligro mortal para España –la marxista-leninista ETA– y para Iberoamérica. Estas teorías dogmáticas de Lenin han sumido a su patria rusa, a media Europa, media Asia y partes muy sensibles de América (Cuba es el ejemplo más flagrante pero no el único) en el retraso y la catástrofe, en el hambre, la penuria y la esclavitud, con un saldo final de muertos que seguramente supera los sesenta millones de personas. Esta barbarie espantosa se interpretaba, antes de 1989, como «necesidad histórica» y después de esa fecha todo lo más como «equivocación política» por los comunistas alucinados, ahora reconvertidos en fervientes demócratas.

El historiador Volkogonov nos ha ofrecido el fin, desde Rusia, el auténtico retrato de Lenin. Aferrado a su utopía lunática se movía por el odio a Rusia y por el desprecio a sus compatriotas. Cultivó en todas sus versiones el terrorismo de Estado, la mentira sistemática, el crimen y el secuestro. Ordenaba fríamente ejecuciones en masa con fines pedagógicos. El odio a Rusia se identificaba para él con el odio a Dios. Destruyó más de setenta mil iglesias ortodoxas en la Unión Soviética. Es responsable directo de la ejecución de al menos trece millones de personas durante la lucha revolucionaria. Su único norte era alcanzar el poder y utilizarlo para extender la Revolución a todo el mundo; para ello cedió a los alemanes victoriosos enormes porciones del fenecido imperio ruso con la seguridad de cobrarse algún día tales amputaciones, de lo que se encargaría su fanático sucesor Stalin. Instauró el llamado por él mismo «terror rojo» tras el atentado que sufrió en agosto de 1917[143].

LA VICTORIA BOLCHEVIQUE EN 1917

Ya hemos visto cómo, durante su exilio en Suiza, Lenin trató de reactivar el pacifismo de la Segunda Internacional socialista para desencadenar en los Imperios centrales y sus aliados europeos el caos revolucionario que él preparaba activamente para Rusia. Vimos también cómo las reacciones cívicas y militares en

[143] Revelaciones de Volkogonov en ABC, 24.6.94 p.40.

Alemana, en Austria y en Hungría frustraron esos proyectos. Pero fue el propio alto mando alemán quien, para acelerar la desintegración de la retaguardia rusa, contribuyó al estallido de la Revolución soviética. Que se desarrolló, como es sabido, en dos fases, según el calendario ruso; la de febrero y la de octubre.

En febrero de 1917 Lenin se consumía, en su exilio suizo, de ansiedad para encabezar la revolución bolchevique en su patria. Esperaba en Zurich la misteriosa llamada de la Historia. Trotski había huido a América y el oscuro Stalin permanencía deportado en Siberia. La señal para la Revolución la dio el 23 de febrero una gran manifestación de mujeres en San Petersburgo que sólo pedía pan. Inmediatamente se proclama la huelga general, pero ahora no será una de tantas como se venían sucediendo desde 1905. Los soviets –consejos de obreros y soldados, con algunas infiltraciones de socialistas mencheviques y bolcheviques, pero que de ninguna manera se pueden considerar como órganos del bolchevismo– canalizan la protesta popular. El 2 de marzo el Zar, apremiado por los altos jefes del ejército, decide la abdicación y trata de salvar la monarquía; pero el régimen esta minado por su inoperancia y por la corrupción de la Corte y no podrá mantenerse. La Duma, el débil y confuso parlamento otorgado por el Zar tras la revolución de 1905, encarga la formación de un gobierno provisional al príncipe Lvov, cuya figura principal es Kerenski, que pronto se erigirá en árbitro de la situación política, aunque carecía de dotes y decisión para orientar a Rusia hacia un régimen liberal sólido. Kerenski y la mayoría de los ministros liberales del gobierno provisional pertenecían a la Masonería, como se ha revelado hoy documentalmente[144]. No quiero decir con ello que Kerenski y la Masonería promovieran la victoria del comunismo; pero lo cierto es que Kerenski estaba muy vinculado a la Masonería europea y al gran capital norteamericano y de hecho dio paso al comunismo, aunque fuera contra su voluntad de poder. Lenin, desde Suiza, repudió la instauración de la nueva República en Rusia y clamó contra la prosecución de la guerra que había anunciado el gobierno provisional. Los controles gubernamentales sobre el orden público se aflojaron. Stalin regresó de Siberia y se hizo cargo del diario bolchevique *Pravda* desde el que apoyó la acción del gobierno provisional. Lenin le desautorizó fulminantemente desde Suiza; pero Stalin censuró los comunicados de Lenin como le vino en gana.

En vista de que la República parlamentaria de Rusia se mostraba decidida a continuar la guerra, el mando alemán estableció contacto con Lenin, le metió en un vagón precintado que atravesó toda Alemania y le facilitó la llegada a San Petersburgo, que entonces se llamaba Petrogrado. Llega a la capital de Rusia a principios de abril y pronuncia una alocución incendiaria contra la continuación de la guerra y en favor de una revolución total e inmediata. Pero las Tesis de Abril, que confirman y amplían esas propuestas, son rechazadas por la dirección del partido bolchevique (y especialmente por Stalin, dueño del aparato) que prefieren la alianza con los mencheviques y se niegan a derribar al gobierno provisional. Entonces Lenin apela directamente a la opinión pública y se convierte en el líder cada vez más indiscutible de las masas y los soviets; a partir de junio Stalin, siempre bien dotado para advertir la dirección del viento dominante, se alinea en favor de Lenin y trabaja eficazmente para poner al aparato del partido bolchevique a las

[144] Nina Berberova, *Les francmaçons russes du XXe, siècle* París, les ed. Noir sur Blanc, 1990.

órdenes de Lenin. El ejército americano del general Pershing participa ya en los combates contra Alemania en el frente francés; Lenin lo sabe y trata por todos los medios de minar la resistencia militar de Rusia, con actitud que sólo puede calificarse como alta traición y como pago al mando alemán del favor que le hicieron al traerle a Rusia. A Lenin no le interesa la patria, ni la guerra; sólo persigue la conquista del poder.

A fines de octubre Lenin, que había huido a Finlandia para escapar de la represión gubernamental, regresa a Petrogrado y propone nuevamente la toma del poder por los bolcheviques. La dirección del partido se divide; Zinoviev y Kaménev se oponen, Stalin y Trotski –que goza de un gran ascendiente entre los soviets y los militares revolucionarios– le apoyan. El 24 de octubre, 6 de noviembre según el calendario occidental, marca el principio del fin. Hasta entonces los bolcheviques han aceptado el «doble poder»: el gobierno provisional respaldado por la mayoría de la Duma; y la Revolución en la calle, las fábricas y los cuarteles, cada vez más infiltrados y controlados por los soviets, éstos a su vez por el partido bolchevique. El primer ministro Kerenski, con pésima información sobre la realidad en el ejército y en la sociedad, se debate en la incertidumbre y la indecisión. Pero el poder real reside en el Soviet de Petrogrado, que se reúne en el Instituto Smolny para el II Congreso Panruso. Lenin ha conseguido una neta mayoría bolchevique en el Soviet, que decide la inmediata insurrección armada. Los mencheviques y demás grupos de izquierda quedan arrinconados por la decisión de Lenin, que gracias a Trotski puede contar con la acción de diez mil «guardias rojos», milicias armadas del partido bolchevique, y con la complicidad de muchos mandos militares subalternos en la guarnición de Petrogrado y la base naval. Los guardias rojos controlan, en la tarde del 6 de noviembre, todos los puntos vitales de la capital. A medianoche, cuando ya entra el 25 de octubre –nuestro 7 de noviembre– de 1917 Lenin se presenta en el Smolny y dicta las órdenes finales para la Revolución. Kerenski, desmoralizado y abatido, no encuentra concursos militares eficaces y huye en esa misma madrugada del palacio de Invierno, sede del gobierno provisional. La Revolución ha vencido en una guerra de posiciones más que por medio de combates sangrientos. Es la hora de los símbolos; el crucero *Aurora* dispara una salva contra el Palacio de Invierno y cuando los bolcheviques se lanzan al asalto nadie les resiste. Kerenski se pone bajo la protección de los Estados Unidos y pasará el resto de su vida explicando su fracaso pero sin entenderlo. Lenin, como promotor y líder de masas; Trotski, como organizador y jefe de los guardias rojos, son los vencedores. Stalin tratará, desde entonces, de aferrarse a las glorias ajenas.

Los bolcheviques toman el poder sin esperar una hora. Lenin, dictador absoluto, crea un Consejo de Comisarios del Pueblo para administrar la victoria. El nuevo gobierno implanta el régimen marxista, decreta la nacionalización de la tierra y la industria, impone la «dictadura del proletariado», es decir del partido, «vanguardia del proletariado» según Lenin; es decir, la dictadura férrea y personal de Lenin. El Imperio ruso ha cambiado de autocracia. El 8 de diciembre los bolcheviques sufren una derrota para la Asamblea Constituyente pero prescinden del resultado democrático, se aferran al poder y eliminan a sus enemigos. El 22 de diciembre consiguen la firma del armisticio con los imperios centrales; necesitan la paz a cualquier precio para consolidar su poder en Rusia.

LA INTERNACIONAL COMUNISTA

Vladimir Ilich Ulianov, Lenin, había dedicado muchas horas de frustración y exilio a configurar en su mente alienada y fanática la Rusia marxista de sus ensoñaciones, y para convertirla inmediatamente en plaza de armas de la Revolución universal. Esa ensoñación se fundaba en una doctrina falsa por los cuatro costados –el marxismo– modificada por el propio Lenin con ingredientes de la tradición revolucionaria y nihilista de Rusia. Ni que decir tiene que el marxismo de Lenin, el llamado marxismo-leninismo, se basaba, como el marxismo de Marx, en el aniquilamiento de la religión y de la misma idea de Dios, a la que consideraba, como Marx, fabricación de las clases dominantes para aherrojar al proletariado.

Para realizar su utopía, Lenin sólo dispuso de algo más de cinco años. Tenía que transformar a un extensísimo imperio muy complejo por sus diversas nacionalidades, muy atrasado por su anacrónica contextura social, en una sociedad comunista sin clases, sin privilegios, formada por hombres nuevos encuadrados en un sistema económico nuevo destinado al más horrible fracaso porque se fundaba en un conjunto de aberraciones intelectuales al margen de la naturaleza humana. Para realizar su obsesión sólo disponía, como fundamento, de un dogmatismo férreo y como método, de un terror absoluto. Utilizó los dos sin reparar en absurdos ni en crímenes. La Revolución francesa de 1789, ejemplo para Marx y para los revolucionarios marxistas de todos los tiempos, enseñó a Lenin la necesidad del terror y el objetivo de erradicar la religión y la idea de Dios.

El instrumento político totalitario para la transformación revolucionaria de la sociedad era el Partido Comunista, nombre que asumió el Partido bolchevique, rama desgajada de la socialdemocracia a partir de 1912. Pero Lenin hubo de enfrentarse, ante todo, a la invasión del antiguo imperio ruso y a la guerra civil provocada por los militares del Zar que no se resignaban a la Revolución. Ya en la primavera de 1918 los japoneses establecían una cabeza de puente ofensiva en Siberia, los británicos abrían un frente en el Artico, los franceses decidieron defender a Polonia, que iba a recuperar su independencia ancestral pero se sentía amenazada por la Revolución rusa. A fines de mayo los ejércitos anti-revolucionarios, los «blancos» acosaban a los bolcheviques por varios frentes. Pero Alemania se derrumbó militarmente y los generales blancos actuaban sin coordinación y sin ganarse a la opinión popular. La aparente fuerza de la revolución espartaquista en Alemania animó a Lenin para plantear de forma inmediata la revolución universal y en la primavera de 1919 declaró la defunción de la Segunda Internacional socialista, incapaz de haber impedido la Gran Guerra, y la sustituyó por la Tercera Internacional, la Internacional Comunista o abreviadamente Comintern[145]. Para Lenin la Comintern sería simplemente una red de partidos comunistas nacionales, creados a partir de escisiones de los partidos socialistas y de los sindicatos anarquistas, como una constelación revolucionaria dependiente con disciplina absoluta de los órganos de la Revolución soviética y concretamente del Partido Comunista de la Unión Soviética (PCUS) así denominado a partir de 1922,

[145] La base para el estudio de la Comintern es la articulada colección documental de Jane Degras, *The Communist Inernational 1919-1939 Documents*, Oxford Univ. Press 1965.

para formar un partido comunista –uno solo por cada nación del mundo– era necesario que sus dirigentes aceptasen las 21 condiciones impuestas por Lenin, los 21 puntos del marxismo-leninismo entre los que no figuraba, por supuesto, ni la democracia ni la libertad. Los partidos comunistas empezaron a funcionar a partir de 1921; el sucesor de Lenin, José Stalin, endureció todavía más su dependencia servil y abyecta respecto del PCUS y les transformó, además, en un instrumento ciego de la política exterior del Estado soviético.

El Ejército Rojo, creado y mandado por León Trotski, logró liquidar la guerra civil contra los blancos en 1921. El fenecido Imperio ruso estaba en ruinas. Casi toda la población parecía a punto de morir de hambre y millones de personas sucumbieron. La economía marxista-leninista había fracasado y Lenin impuso cínicamente la llamada «Nueva Política Económica» saludada por la naciente propaganda de la Comintern como un invento genial cuando no consistía más que en una precaria racionalización superficial de la economía colectivista. En 1922 la salud de Lenin flaqueó. Stalin ganaba terreno inexorablemente a Trotski para la sucesión del ídolo rojo. Lenin, en una fase lúcida de su prolongada agonía, intentó descalificar a Stalin y alzar a Trotski al mando supremo. Pero Stalin era dueño del aparato del PCUS y marginó a su gran rival mientras mantenía a Lenin virtualmente secuestrado. Poco antes de su muerte en 1940 Trotski aseguró que Stalin había envenenado poco a poco a Lenin. El alucinado promotor y jefe de la Revolución comunista murió aislado del mundo el 21 de enero de 1924 y Stalin, el exseminarista georgiano, se dispuso a heredar íntegramente el poder del fundador.

LA REVOLUCIÓN COMUNISTA Y LA RELIGIÓN

El comunismo ha sido el peor enemigo de la Iglesia –de todas las religiones– y de la civilización occidental en el siglo XX pero resulta muy curioso que casi todas las historias de la Iglesia y casi todas las historias del siglo XX apenas mencionen la tragedia y la vesania de la persecución religiosa que desencadenó la Revolución comunista. La verdad es que sólo en la excelente historia de la Iglesia debida al profesor Gonzalo Redondo he encontrado un tratamiento cabal de este problema[146]. La propaganda soviética perpetró un repugnante «estudio» de falsedades sobre este tema en lengua española[147]. Dos teólogos de la liberación, afectos al marxismo, han osado publicar en España, sin que la Iglesia española haya formulado la menor observación ni crítica (con grave negligencia pastoral, que no constituye excepción alguna) una antología muy comprensiva sobre marxismo, leninismo y religión en la que afirman que «los aportes de Lenin a la crítica de la religión son valiosos»[148]. El estudio más interesante, aunque por desgracia apenas sale del marco teórico, es el de David McLellan *Marxism and Religion*.[149]

[146] G. Redondo, op. cit., vol II p. 276s.

[147] V. Kuroiédov *La religión y la Iglesia en el Estado soviético*, Moscú, Editorial Progreso, 1981.

[148] Karl Marx et al *Sobre la religión* Ed. preparada por Hugo Asmann y Reyes Mate. Salamanca, Eds. Sígueme, dos vols, 1979 y 1975. El dislate mencionado figura en el vol II., p. 261.

[149] Macmillan Press, 1987.

No necesito volver sobre el pensamiento de Carlos Marx acerca de la religión; se trata, como ya vimos, del ateísmo puro y duro y además despectivo. Pero Marx nunca alcanzó el poder político y por eso no tuvo ocasión de traducir en hechos persecutorios ese ateísmo agresivo y militante. Los seguidores de Marx en las Internacionales Segunda y Tercera sí tuvieron esa ocasión y la aprovecharon a fondo. Por ejemplo el Partido Socialista Obrero Español, integrado en la Segunda Internacional, participó muy activamente en la persecución religiosa de la República y la guerra civil española de los años treinta, como veremos en este mismo capítulo; y por supuesto la aniquilación de la vida y la idea religiosa formó parte del programa y de la actuación de Lenin y sus continuadores en la Revolución comunista.

Para formar su mentalidad anti-religiosa Lenin no abrevó solamente en el pensamiento de Marx sino también, muy principalmente, en la tradición de la intelectualidad rusa del siglo XIX, que al hablar de religión tenía sólo delante a la Iglesia ortodoxa de Rusia, dotada sin duda de una fe profunda pero muy tocada de gnosticismo, alejada de toda preocupación cultural (incluso teológica) y desatenta a toda implicación social en favor del pueblo. La Iglesia ortodoxa se identificaba virtualmente con la autocracia zarista y por tanto era objeto del menosprecio y la hostilidad de los intelectuales revolucionarios del XIX, cuya opinión en asuntos religiosos estaba completamente anclada en el enciclopedismo y el jacobinismo[150]. El creador del partido socialdemócrata, Plejánov, era un materialista convencido con fuerte adherencia al gnosticismo de Espinosa; y Lenin experimentó una gran influencia de Plejánov, lo confesara o no. Ya hemos visto cómo enjuiciaba Lenin a la Iglesia católica, expresamente, en *Materialismo y empiriocriticismo.* En un trabajo de fondo publicado en 1909, a propósito de los debates en la Duma sobre el presupuesto del Sínodo ortodoxo, Lenin interpreta muy acertadamente la posición de Marx y de Engels frente a la religión –cualquier religión– y la hace plenamente suya para aplicarla a un caso de política práctica. No se trata por lo tanto de una simple disquisición teórica, aunque aún no había alcanzado el poder:

La socialdemocracia basa toda su concepción del mundo en el socialismo científico, es decir en el marxismo. La base filosófica del marxismo, como declararon repetidas veces Marx y Engels, es el materialismo dialéctico, que hizo suyas plenamente las tradiciones históricas del materialismo del siglo XVIII en Francia y de Feuerbach (primera mitad del siglo XIX) en Alemania; del materialismo incondicionalmente ateo y decididamente hostil a toda religión. Recordemos que todo el Anti-Dühring de Engels, que Marx leyó en manuscrito, acusa al materialista y ateo Dühring de inconscuencia en su materialismo y de haber dejado escapatorias a la religión y a la filosofía religiosa. Recordemos que en su obra sobre Ludwig Feuerbach, Engels le reprocha haber luchado contra la religión, no para aniquilarla sino para renovarla, para crear una religión nueva, «sublime», etc. La religión es el opio del pueblo. Esta máxima de Marx constituye la piedra angular de la concepción marxista en la cuestión religiosa. El marxismo considera siempre que todas las religiones e iglesias modernas, todas y cada una de las organizaciones religiosas, son órganos de la reacción burguesa llamados a defender la explotación, a embrutecer a la clase obrera.[151]

[150] MacLellan op. cit. p. 90s.

[151] V.I. Lenin, *Actitud del Partido Obrero ante la religión* en *Obras escogidas*, vol I, París, col. Ebro, 1972, p.173s.

En un artículo de 1905 dedicado íntegramente al problema religioso, Lenin define a la religión como **uno de los tipos de opresión espiritual que cae en todas partes sobre las masas populares, aplastadas por el trabajo eterno para otros, por la pobreza y la soledad. La impotencia de las clases explotadas en la lucha contra los explotadores engendra inevitablemente la fe en una mejor vida de ultratumba, del mismo modo que la impotencia de los salvajes en la lucha contra la Natraleza hace nacer la fe en los dioses, demonios, milagros etc. La religión enseña resignación y paciencia en la vida terrenal a quienes trabajan y pasan necesidades toda la vida consolándose con la esperanza de recibir la recompensa en el cielo. Y a quienes viven del trabajo ajeno, les enseña caridad en la vida terrenal, ofreciéndoles una absolución muy barata de su existencia de explotadores y vendiéndoles a precios módicos pasajes al bienestar celestial. La religión es el opio del pueblo. La religión es una especie de aguardiente espiritual de mala calidad en el que los esclavos del capital ahogan su figura humana, hunden sus reivindicaciones de una vida digna del hombre.**

La religión, para Lenin en 1905 –el año de la primera revolución rusa del siglo XX– debe ser asunto privado en relación con el Estado; asunto enteramente privado y personal. Pero no para el Partido, que debe luchar por erradicarla con todas sus fuerzas:

Todo socialista, habitualmente, es ateo. Pero por motivos de estrategia no se prohíbe a los cristianos que ingresen en el Partido. Aunque la explicación del programa del partido **comprende también, de modo necesario, las explicaciones de ls verdaderas raíces históricas y económicas de la «niebla religiosa». Nuestra propaganda incluye obligatoriamente la propaganda del ateísmo.**[152]

En la ya citada obra de 1909, *Actitud del partido obrero ante la religión*, se explica esta estrategia que permite admitir a cristianos creyentes, e incluso a sacerdotes, en las filas del partido marxista. Es un texto vital para comprender la estrategia del marxismo-leninismo en las luchas para la «liberación» de Iberoamérica y otras partes del mundo en el resto del siglo XX, la estrategia que la Internacional Comunista denominará «la hoz y la cruz» como veremos, a partir de 1936– 1939.

El marxismo es materialismo. En calidad de tal es tan implacable enemigo de la religión como el materialismo de los enciclopedistas del siglo XVIII o el materialismo de Feuerbach. Esto es indudable. Pero el materialismo dialéctico de Marx y Engels va más lejos que los enciclopedistas y que Feuerbach, pues aplica la filosofía materialista a la historia y a las ciencias sociales. Debemos luchar contra la religión. Esto es el abecé de todo el materialismo y por tanto del marxismo. Pero el marxismo no es un materialismo que se detenga en el abecé. El marxismo va más allá. Afirma: hay que saber luchar contra la religión y para ello es necesario explicar, desde un punto de vista materialista, los orígenes de la fe y de la religión entre las masas. La lucha contra la religión no puede limitarse ni reducirse a la prédica ideológica, abstracta; hay que vincular esa lucha a la actividad práctica concreta del movimiento de clases, que tiende a eliminar las raíces sociales de la religión... Se deduce que la propaganda atea de la socialdemocracia debe estar subordinada a su tarea funda-

[152] Lenin, ibid. p. 117.

mental: el desarrollo de la lucha de clases de las masas explotadas contra los explotadores.

Esta lucha de clases, **entre las circunstancias de la sociedad capitalista moderna, llevará los obreros cristianos a la socialdemocracia y al ateísmo cien veces mejor que la mera propaganda atea... El marxista debe ser materialista, o sea, enemigo de la religión, no en el terreno abstracto puramente teórico, de prédica siempre igual, sino de modo concreto, sobre la base de la lucha de clases que se libra de hecho y que educa a las masas más que nada y mejor que nada.... Si un sacerdote viene a nuestras filas para realizar una labor política conjunta y cumple con probidad el trabajo del Partido, sin combatir el programa de éste, podemos admitirlo en las filas socialdemócratas.**[153]

Anticipemos, ante semejante contundencia documentada, una conclusión fundamental de este libro. Dos dogmas de la teología de la liberación –la primacía de la praxis y la inserción de sacerdotes y cristianos en la lucha revolucionaria de clases, tal y como proponen Gustavo Gutiérrez en su libro clave y Leonardo Boff en el suyo, *Iglesia, carisma y poder*– no son más que reiteraciones teóricas y aplicaciones concretas de la doctrina lennista para luchar contra la religión, al menos según Lenin. Aunque tal vez los teólogos de la liberación, en sus pretensiones de asumir las tesis básicas del marxismo-leninismo sin abrazar el marxismo-leninismo, se crean mucho más inteligentes que el creador del marxismo-leninismo.

Al triunfar la Revolución soviética Lenin no solamente aplicó estas teorías contra la religón sino que las recrudeció. Repudió enérgicamente a Hegel por la favorable actitud de Hegel ante la religión. Estaba seguro de que la revolución proletaria acabaría con la religión, pero insistía en tomar medidas enérgicas para acelarar el final de toda idea y práctica religiosa. La Constitución soviética de 1918 había aceptado, para la galería, la libertad de conciencia y el derecho a difundir propaganda religiosa. Pero en el programa del Partido que redactó en 1919 Lenin impuso una actitud bien diferente:

Con respecto a la religión, la política del Partido Comunista Ruso (bolcheviques) consiste en no contentarse con la ya decidida separación de la Iglesia y el Estado y de la Escuela y la Iglesia. El Partido se empeña en la disolución completa de los lazos entre las clases explotadoras y la organización de la propaganda religiosa, así como en la emancipación real de la masa trabajadora respecto a los prejuicios religiosos; a este fin el Partido organiza con la mayor amplitud posible la propaganda científica, educativa y anti-religiosa[154]. D. MacLellan, de quien tomo la cita anterior, concluye: «Dada la creciente convergencia entre las estructuras del Partido y del Estado, la distinción previamente trazada por Lenin entre la actitud del Partido hacia la religión y la del Estado quedó fuera de uso y la persecución activa de la religión se hizo inevitable»[155].

Lenin pasó con toda naturalidad de los programas a los hechos. Acabamos de ver cómo la separación de la Iglesia y el Estado fue una de las primeras medidas de la Revolución, dictada el 23 de enero de 1918. Pero la Iglesia ortodoxa no se rindió sin lucha. Convocó un concilio nacional que eligió como patriarca de Moscú

[153] ibid. p. 176.
[154] Lenin, *Obras completas* (ed. inglesa) tomo 29 p. 134.
[155] Op cit. p. 104.

al obispo Tijon, de Vilna y trató de preparar a los fieles contra la persecución inminente, que se desató en el mismo año 1918. Casi todos los bienes de la Iglesia ortodoxa fueron confiscados de hecho. El arzobispo Vladimir de Kiev y muchos sacerdotes fueron asesinados en ese mismo año. La confiscación oficial de lo bienes de la Iglesia se promulgó al año siguiente, junto con un nuevo cierre de iglesias y supresión de 600 conventos. La incautación se convirtió en despojo a partir de 1922, acompañado por la condena del arzobispo de Petrogrado, Benjamín. El patriarca Tijon acabó en la cárcel. El último bienio de Lenin coincidió con una orgía persecutoria. Se cerraban las iglesias por centenares, para convertirlas en graneros o museos. El gobierno quiso eliminar el domingo declarándole laborable. Como en los ridículos rituales del Directorio revolucionario en Francia se crearon nuevas festividades políticas para sustituir a las religiosas. Se intensificaba la lucha teórica y la propaganda activa del ateísmo. La nueva Internacional Comunista asumió la doctrina y la práctica del partido matriz. Los comunistas se ufanaban por todas partes de que sus enemigos les llamaran «los sin Dios». Si la Revolución trataba de combatir con esta saña a la Iglesia ortodoxa calcúlese lo que tramaría contra la Iglesia católica, que contaba antes de la Gran Guerra con quince millones de fieles, reducidos a millón y medio tras las amputaciones aceptadas por Lenin para lograr la paz. El pequeño grupo de obispos católicos estaba en la cárcel en 1923. Más iglesias fueron cerradas o dedicadas a otros usos, la mayoría de los sacerdotes y religiosos presos o asesinados. El Vaticano respondió con una generosa misión de ayuda entre 1922 y 1924, que salvó de la inanición a millares de hambrientos, pero el gobierno soviético no expresó la menor gratitud ni aflojó el rigor de la persecución. Benedicto XV creó el Pontificio Instituto oriental y una Comisión Pro-Rusia con la intención de restaurar de algún modo la jerarquía católica y con la heroica colaboración de los jesuitas, pero sin resultado alguno.

Los cristianos de la URSS tuvieron que abandonar casi del todo la práctica pública de su religión pero una parte muy considerable de ellos, incluso entre las nuevas generaciones a quienes se intentó arrancar la idea de Dios durante setenta años se mostraron capaces de conservar en secreto su fe. En 1941, con motivo de la entrada de la URSS en la segunda guerra mundial y en 1989, al hundirse el comunismo, el mundo pudo comprobar que la Cruz había sobrevivido a la vesania de la Hoz.[156]

Queda pendiente una cuestión espinosa. ¿Contó la Revolución soviética, enemiga mortal del capitalismo, con una retaguardia secreta en el capitalismo?. El investigador español Manuel Bonilla Sauras en su citado libro (p.76s.) y la Fundación Veritas en su también citado trabajo sobre el fabianismo en Europa y América lo insinúan con aporte de indicios nada despreciables. Un sector de la gran Banca judía en Norteamérica y los medios de comunicación infiltrados o dominados por el liberalismo socialista fabiano en el Reino Unido y los Estados Unidos han mostrado muchas veces flagrantes proclividades hacia el bolchevismo, como el supercentro fabiano de Harvard del que salió una cohorte de espías soviéticos. El escritor norteamericano James Burnham, en *The web of subversion* (Nueva York, John Day, 1954) y el documentado publicista francés de derecha Henry Coston, en su libro sobrecogedor *Les financiers qui ménent le monde* (Publications H.C., 1989, p. 126s) ofrecen

[156] G. Redondo, op, cit. II p. 276 s.; H. Jedin op cit IX p. 746s.

pistas y auténticas pruebas en sentido positivo sobre la cooperación de un sector de la alta finanza y la Revolución soviética. Hemos de volver sobre el caso al final de estos libros pero debíamos plantar aquí esta referencia, con indicación de fuentes, para apuntalar una vez más la sospecha de que para fabianos y *liberals* toda aberración sectaria es posible e incluso planificable.

SECCIÓN 3: LA CRISIS DE ENTREGUERRAS

VEINTIÚN AÑOS DE CRISIS: LA URSS Y LA COMINTERN

El período de entreguerras (1918-1939) está marcado históricamente por la crisis. El idealismo y el compromiso personal del presidente de los Estados Unidos, Woodrow Wilson, parecía indicar, durante la agonía de la Gran Guerra, un camino y una esperanza. Por eso la frustración general resultó mucho mayor. Wilson fue desautorizado por su propio Senado y los Estados Unidos, como asustados de su nueva posición hegemónica, se refugiaron de nuevo en el aislacionismo. La paz de Versalles alteró dramáticamente los mapas políticos pero no solucionó los problemas mundiales. El mundo entero, sin liderazgo y sin horizonte, quedó a la deriva. Si los veintiún años que median entre el final de la Gran Guerra y el comienzo de la Segunda Guerra Mundial pueden resumirse en una sola palabra, esa palabra es crisis. Crisis universal, en todas partes; crisis múltiple, en la economía, la sociedad, la cultura, los valores, las relaciones internacionales y, en definitiva, la convivencia. La crisis generalizada provocó, en todo el mundo, la incertidumbre. La Sociedad de Naciones, proyectada como asamblea mundial para evitar una nueva Gran Guerra y como foro para encauzar los problemas que afectaban a toda la Humanidad no pasó de actuar como un ágora cada vez más inútil para el revanchismo y las discrepancias. El mundo de entreguerras vivió entre dos polos de alta tensión; uno, la crisis de la economía, la política y la sociedad occidental; otro, la nueva esperanza roja que para las clases desposeídas y un proletariado cada vez más militante, representaba la Unión Soviética primero bajo el mando de Lenin y luego de Stalin. Esa esperanza era tan roja como falsa; el «paraíso soviético» era una simple fabricación de la propaganda alentada en todo el mundo por la Internacional Comunista, la Comintern, pero las clases obreras atenazadas por la frustración, el paro y el hambre, creían ciegamente en esa propaganda del odio. Crisis, incertidumbre y tensión creciente entre esa crisis y la estrella roja que se alzaba en la URSS; esa fue, durante veintiún años, la historia esencial del mundo de entreguerras.

No resulta fácil dilucidar cuál se presento primero, la crisis económica o la crisis política. El análisis de los datos y los hechos produce la impresión de que una y otra faceta de la crisis se plantearon de forma simultánea y provocaron en todo el mundo la crisis social y la crisis cultural. Ante la tormenta general, las naciones, los gobiernos, no fueron capaces de ofrecer, ni dentro ni fuera de le enteca Sociedad de Naciones, soluciones generales y viables. Cada gobierno, cada nación, trató de salir de la crisis con criterios egoístas, al grito de sálvese quien pueda. Los Estados Unidos habían dado el ejemplo con su retorno al aislacionismo. Los países democráticos encastillaron sus economías en la más completa insolidaridad. Los países agraviados por el resultado de la guerra y las injusticias de la paz, obsesionados además con lo que empezó pronto a denominarse «peligro comunista» cancelaron el sistema democrático y se sumieron en un totalitarismo que comportaba una economía de guerra –es decir una preparación para la guerra– que les permitió evadir la crisis convirtiéndose ellos mismos en amenaza para la convivencia. La crisis y el miedo al comunismo provocaron el nacimiento de los fascismos, como movimiento generalizado incluso en el seno de las naciones democráticas. En medio de todo este desconcierto no debe extrañarnos que las manifestaciones culturales –el pensamiento, la filosofía, la literatura y el arte– reflejasen también la incertidumbre angustiada. Y que el miedo degenerase en odio; como diría el político español Manuel Azaña en 1937; el odio y el miedo generaron la guerra civil. Azaña hablaba de España; pero su intuición admirable puede aplicarse también a esa segunda guerra civil europea y mundial que fue la que estalló a continuación de la española, en 1939. Como es natural, la vida de la Iglesia católica, regida en este período por los Papas Benedicto XV, Pío XI y Pío XII, se resintió por la crisis generalizada y participó, en el campo de las orientaciones políticas, de la misma incertidumbre. Pero con un rasgo de lucidez serena, que no comprendieron, ni mucho menos, todos los gobiernos democráticos de la época; su tajante oposición y condena contra el comunismo soviético y la Internacional comunista; su postura menos tajante, aunque siempre recelosa y en progresión hacia el repudio de las soluciones totalitarias aunque se enfrentasen al comunismo.

Los regímenes políticos de Europa tras la llamada, con simplificación evidente, «victoria de las democracias» en la Gran Guerra, eran formalmente democráticos y oscilaban entre el predominio conservador (Reino Unido) y el predominio de alianzas de izquierdas, caso de Francia. En Alemania, Italia y las nuevas naciones reconocidas en Versalles (Hungría, Checoslovaquia, Polonia) la democracia formal aparecía, por meses, más débil y más incapaz de satisfacer las tendencias nacionales y de encarar los problemas económicos y sociales. Lo mismo sucedía en algunos neutrales, sobre todo en el caso de España. En el Reino Unido la tradicional alternancia en el poder entre conservadores y liberales cambió en este segundo término; los liberales se hundieron irremisiblemente y fueron sustituidos como alternativa de poder por los laboristas, que eran un partido socialista-reformista, es decir, fabiano, dividido entre moderados y radicales; el problema exterior más importante que afectó al Reino Unido fue la insurrección pacífica de la India, cuya población hindú guiada por el Mahatma Gandhi, reclamaba por eficaces métodos de no violencia y resistencia pasiva una autonomía claramente orientada a la independencia del subcontinente. Algunos estadistas europeos clarividentes, como el alemán Stresemann y el francés Aristide Briand, se esforzaron en colmar el foso de sangre, ambiciones y odio que separaba a las dos grandes naciones y concluyeron en octubre de 1925 el acuerdo de Locarno que no fue simplemente un tratado de límites y no agresión sino, como se reconoció certeramente en aquella época, todo un espíritu, «el espíritu de Locarno» que pudo marcar el comienzo de una nueva era de paz en Europa, pero que fue arrasado hacia el final de la década de los veinte por la crisis económica, los avances del comunismo y las falsas soluciones del ultra-nacionalismo fascista.

Las claves para el destino inmediato del mundo se concentraban, durante los años veinte, en la evolución de los Estados Unidos y la Unión Soviética; seguidos por el crecimiento del imperio japonés. Los Estados Unidos salieron de la Gran Guerra como el gran vencedor, e iban a repetir tan para ellos feliz circunstancia en la segunda guerra mundial. Pero ya en 1918 se habían convertido, pese a las nostalgias británicas, en la primera potencia del mundo. Desacreditado y arrinconado el presidente demócrata Woodrow Wilson triunfaron los republicanos –el partido conservador de los grandes intereses y el capitalismo exacerbado– en las elecciones presidenciales de 1920, y se mantuvieron –con los presidentes Harding, Coolidge y Hoover– hasta las elecciones que siguieron a la gran crisis de 1929. El signo de la época era, en los Estados Unidos, la riqueza y la prosperidad desbordante, que desencadenó con irresponsabilidad y falta de previsión manifiesta, una loca oleada de especulaciones bursátiles y dinero fácil. «En 1924 la Unión norteamericana acumulaba casi el 40 por ciento de las reservas mundiales de oro. La riqueza nacional se estimaba igual a las de Inglaterra, Francia e Italia juntas. Los Estados Unidos, que en 1914 eran deudores al extranjero por un total de 2.000 millones (de dólares oro) habían pasado en 1924 a ser acreedores de todo el mundo, hasta la cifra total de 18.000 millones»[157]. Está claro (desde nuestra fácil perspectiva, porque entonces nadie lo advirtió; no existía una conciencia económica mundial ni la ciencia económica había progresado como hoy) que al convertirse, con esas enormes reservas, en la primera fuente de inversiones del mundo, sobre todo en Europa, una retirada súbita de esas inversiones causaría una crisis de la economía mundial. Es precisamente lo que sucedió en 1929.

La Unión Soviética, dirigida férreamente por Stalin cuando logró arrinconar a Trotski tras la muerte de Lenin en 1924, parecía inmune a cualquier crisis torpe y egoísta de la economía mundial, según proclamaban sus voceros de la propaganda en la Comintern. La URSS no engañaba a nadie: «La constitución soviética de 1924 proclamaba enfáticamente que la Unión Soviética era el comienzo de una Unión Mundial de Repúblicas Socialistas»[158]. José Stalin, el oscuro hombre del aparato del Partido, el dueño de los órganos represivos de la URSS, impuso su tiranía vesánica por medio del terror y pronto se convirtió en el mayor criminal de la Historia. Stalin necesitó tres años para afianzar su dictadura personal que ya nadie discutió hasta su muerte en 1953. En ese año 1927 la URSS recuperaba el nivel económico y productivo -de 1913!, es decir inmediatamente anterior a la Gran Guerra. Stalin canceló la Nueva Política Económica de Lenin e impuso la economía totalitaria de los Planes Quinquenales. Este gran designio se trazó con un criterio obsesivo: sobrepasar cuanto antes al poder económico de las decadentes democracias occidentales. La carga del Plan –de todos los Planes– recayó sobre la explotación de millones de esclavos –no eran otra cosa los presuntos disidentes recluidos en los Gulags– y el sacrificio de

[157] V. Palacio Atard op. cit., p. 530.
[158] V. Palacio Atard, op. cit. p. 504.

millones de obreros y campesinos de la URSS. A precio de la libertad y de la civilización el Primer Plan inició una vasta transformación económica e industrial de la URSS, sobre todo en infraestructura, energía e industria pesada. El fracaso en la agricultura, aherrojada por la colectivización, fue gravísimo (como prácticamente en toda la serie de Planes Quinquenales) pero quedó ahogado por los clamores de la propaganda interior y exterior. Las críticas, muy fundadas, que desató en las altas y bajas esferas del PCUS esta fallida colectivización agraria (que se tradujo en una patente regresión) fueron acalladas por Stalin mediante el terror absoluto, las Grandes Purgas que jalonaron los años treinta hasta el estallido de la segunda guerra mundial. El Segundo Plan (1932– 1936) continuó el avance de la producción industrial pesada, decretó el fomento de una pequeña industria de consumo (con elevación del nivel de vida desde la miseria absoluta a la satisfacción de algunas necesidades elementales) y desembocó en la Constitución soviética de 1936, que declaraba a la URSS, con perversión absoluta del lenguaje político, como «la gran democracia socialista». En mi reciente libro *Carrillo miente*[159] he detallado la trayectoria tiránica de Stalin durante su mandato y el trágico precio en vidas y sufrimientos humanos que acarreó al pueblo de la URSS una política económica marcada y una represión absoluta como no se había conocido jamás en la Historia.

Stalin empuñó con firmeza los mandos de la Internacional Comunista, cuyos órganos centrales confió a funcionarios incondicionales entre los que destacaron dos: el búlgaro Dimitrov y el estratega Manuilski. Incorporó a tales órganos a comunistas de la Europa occidental que recibieron una formación teórica y un entrenamiento práctico de primer orden hasta identificarse con los fines y los métodos de la Comintern, cuyas redes en todo el mundo trabajaban en estrecho contacto con los servicios secretos del Estado soviético y las fuerzas armadas: la Cheka, servicio represivo creado por Lenin y luego perfeccionado por Stalin hasta conferirle, en sus diversas instituciones y denominaciones, una decisiva y siniestra acumulación de poder, era, para las actividades exteriores, el brazo ejecutor de la Internacional Comunista. Entre esos altos funcionarios de la Internacional Comunista, a quienes luego se confiaron importantes misiones informativas, propagandísticas y ejecutivas fuera de la URSS, destacaron el italiano Palmiro Togliatti «Ercoli», el ardoroso comunista francés Jacques Doriot, que luego desertó para fundar un nutrido partido fascista en Francia, el húngaro Erno Geroe, a quien se encomendó antes de Togliatti la tutela y orientación del malformado Partido Comunista de España y el joven Santiago Carrillo, tránsfuga del PSOE desde 1935, que tras la derrota comunista en España fue nombrado agente de la Comintern en América. La mejor biografía sobre un agente de la Comintern es la de Togliatti por Giorgio Bocca[160]. En mi libro *Carrillo miente* estudio el imprescindible testimonio de dos grandes agentes secretos soviéticos, Orlov (de la OGPU, NKVD y KGB, nombres diversos para los llamados en Moscú «Servicios» y el general Krivitsky, creador y director de los servicios secretos militares GRU; uno y otro actuaron a fondo en España durante la guerra civil antes de desertar a Occidente para no caer en las purgas enloquecidas de Stalin.[161] Además del com-

[159] Madridejos, ed.Fénix, 1994.
[160] Barcelona, Grijalbo, 1977.
[161] R. de la Cierva, *Carrillo Miente*, Fénix 1994.

pleto libro de Jane Degras, E.H. Carr ha estudiado unos años decisivos de la Comintern en su libro *Twilight of the Comintern*[162] El libro de referencia para los servicios secretos soviéticos es el de John Barron[163]. La guerra civil española mostró, como en un laboratorio de Historia, la estructura y método de coordinación de todos los servicios exteriores de la URSS, uno de los cuales era el Partido Comunista local, dependiente hasta el servilismo más completo de «La Casa» como los propios comunistas españoles llamaban a la central moscovita de la acción revolucionaria exterior. Con frecuencia los delegados de la Comintern eran a la vez delegados personales de Stalin, con línea directa al Kremlin y plenos poderes.

Lenin había instaurado la Internacional Comunista como red internacional para el fomento de la subversión revolucionaria en Occidente. Para justificar su proyecto, había elaborado una teoría por la que trasladaba la lucha de clases clásica, propuesta por Marx, a la lucha entre potencias imperialistas y pueblos oprimidos. Esta tesis de Lenin se convertirá, durante la segunda mitad del siglo XX, en otro de los postulados fundamentales de la teología marxista-leninista de la liberación. Lenin la formuló en 1916, inmediatamente antes de su gran victoria revolucionaria en Rusia, mediante el opúsculo *El imperialismo, fase superior del capitalismo.*[164] Ya en 1920, victoriosa la Revolución en Rusia y recién creada la Comintern, redactó un informe para la comisión de las cuestiones nacional y colonial en el que concreta y extiende la distinción entre opresores y oprimidos, tan típicamente marxista, a las potencias imperialistas y los pueblos dependientes. Y se inclina a favorecer, en las naciones dependientes, es decir las coloniales y semicoloniales, a los movimientos revolucionarios de clase proletaria más que a los movimientos democráticos burgueses, **ya que la burguesía de los pueblos oprimidos, pese a prestar su apoyo a los movimientos nacionales, lucha al mismo tiempo de acuerdo con la burguesía imperialista, es decir al lado de ella, contra los movimientos revolucionarios y las clases revolucionarias.**[165] Por ello cree Lenin que la fase intermedia capitalista del desarrollo puede omitirse en los pueblos atrasados, que pueden pasar directamente del subdesarrollo al Estado marxista de la dictadura del proletariado.[166] En estas consignas late todo el impulso revolucionario que harán suyo, en la América de la segunda mitad del siglo XX, los teólogos de la liberación, cuyos teóricos insistirán en la teoría de la dependencia frente al imperialismo.

Pero cuando Stalin asumió el poder a la muerte de Lenin se preocupaba menos que Lenin por la expansión revolucionaria universal, que era también la gran prioridad del defenestrado y expulsado León Trotski. Stalin se encontraba al mando de una red de partidos comunistas dispersos por todo el mundo; nacidos a partir de 1920 por transformación de mayorías socialistas o sindicalistas (casos de Italia y de Francia) o de minorías obreras apoyadas en intelectuales desviados y suicidas (caso de Estados Unidos e Inglaterra) o bien de minorías exiguas procedentes de varios extremismos proletarios (caso de España, donde el PCE provenía de una

[162] New York, Pantheon Books, 1982.
[163] *KGB*, Londres, Hodder and Stoughton, 1974.
[164] *Obras escogidas*, I., p. 423, 436.
[165] Ibid., II, p. 397s.
[166] Ibid. p. 339.

pequeña escisión socialista en Madrid y un aporte mayor de sindicalistas de la CNT en Sevilla). Stalin envió a todos esos partidos dispersos una cohorte de delegados de gran personalidad y sentido implacable de la disciplina pero con una finalidad completamente distinta de la expansión revolucionaria mundial ideada por Lenin. Para su sucesor este objetivo utópico podía esperar y quedaba sólo en el horizonte lejano. Para Stalin, acuciado por los problemas internos de la URSS en la época de los Planes Quinquenales y las grandes purgas, así como por el creciente recelo de Occidente ante el comunismo como peligro mortal, los partidos comunistas tenían que convertirse en instrumentos dóciles, flexibles y ciegos de la estrategia soviética; es decir de la estrategia del partido soviético que se identificaba, naturalmente, con la estrategia del Estado soviético. Como el fascismo alentaba ya en la Europa de los años veinte, y al conquistar Alemania se había convertido en amenaza directa contra la URSS, la Comintern, con su constelación de partidos nacionales, fue transformada por Stalin en un instrumento esencial de la «lucha contra el fascismo y la guerra» según se hartaba de repetir; y como el recurso supremo para enfrentar de nuevo a las democracias occidentales con las potencias ahora fascistas de Centroeuropa. Stalin estaba poseído de una admiración trascendental por Alemania. Con la conversión de Alemania en Estado totalitario, esa admiración se trocó en terror. Toda la política soviética de alianzas en los años veinte y treinta –primero con Francia, luego con la propia Alemania hitleriana en 1939– toda la acción exterior soviética, como su intervención en la guerra civil española, se subordina a esa política de defensa nacional e imperial de la URSS frente a las amenazas exteriores; y cuando creyó tenerlas conjuradas mediante el pacto germano-soviético, el zar rojo se empeño en enzarzar a las democracias contra los fascismos, es decir a desencadenar una nueva guerra civil europea que pudiera entregar Europa, destrozada e inerme, al imperialismo de la URSS. Esto es lo que sucedió exactamente en la segunda guerra mundial, y en las obras que acabo de citar existen todas las pruebas necesarias para corroborar la tesis. Esto significa que la Internacional Comunista se transformó desde 1927 en un factor deletéreo de desestabilización para Occidente; que actuaba, además, como esperanza violenta de redención para los millares de occidentales azotados por la gran crisis económica que se desató al acabar los felices e irresponsables años veinte.

Al término de la Gran Guerra las naciones occidentales habían sufrido ya una leve depresión económica que produjo en casi todas ellas serios problemas de malestar social y de inestabilidad política, pronto aliviados por las buenas perspectivas de paz gracias al «espíritu de Locarno» en Europa y sobre todo por la oleada, que parecía inextinguible, de prosperidad originada en los Estados Unidos que convirtió a la década en esos «felices años veinte». Pero los problemas derivados de la guerra –pérdida de unos diez millones de vidas humanas (a los que se sumaron casi otras tantas por la represión de Lenin en Rusia) alteración traumática del sistema de mercados e inversiones, costo total de la guerra estimado en unos 170.000 millones de dólares– se solucionaron muy insuficiente y provisionalmente con la aportación de grandes inversiones americanas, incremento de los impuestos, depredaciones de la ocupación, sobre todo francesa, de zonas vitales para la industria alemana, para asegurar el pago de las reparaciones de guerra, inflación (que en Alemania se volvió galopante) y problemas complicadísimos de la deuda interaliada. Todos estos factores provocaban situaciones angustiosas en las naciones deudoras, aunque a partir de 1924 el ambiente europeo mejoró sensiblemente gracias a la prosperidad y las grandes inversiones americanas; Alemania se puso seriamente a trabajar y aunque se resentía aún profundamente por sus deudas de guerra el espíritu de Locarno reanimaba las esperanzas y ni el fascismo, que ya había prendido con éxito en Italia, ni el comunismo, durante la fase incierta entre Lenin y Stalin, se configuraban como amenazas graves. El flujo mundial de mercancías duplicaba en 1929 al de 1913 y las bolsas de paro, que no habían desaparecido desde el final de la Gran Guerra, empezaban a reducirse.

La ciencia económica estaba aún en mantillas durante los años veinte y los regímenes democráticos europeos practicaban un liberalismo abstencionista en la economía, que no merecía llamarse «política económica». Aun así los sectores económicos –empresariado, finanzas, redes comerciales– procedían entonces en Europa con relativa cautela; las naciones se habían desprendido en parte de sus reservas de oro para reactivar la actividad industrial y comercial y algunas de ellas– Alemana y Francia sobre todo– dependían vitalmente de la continuidad e incluso el incremento de las grandes inversiones americanas, muchas de las cuales se habían convenido a corto plazo y con fines especulativos. Porque en la boyante economía norteamericana el signo de los tiempos era la especulación. La Bolsa de Nueva York había aumentado desmesuradamente sus operaciones, en las que participaban capas sociales hasta entonces ajenas. El juego de la Bolsa era en 1929 el deporte nacional para clases altas y bajas, del que brotaban, con probabilidad razonable, fortunas insospechadas. El dinero podía obtenerse a interés moderado y la nación estaba presidida por un experto con bien merecida fama de eficacia como gestor y organizador, el Presidente republicano Herbert Hoover. La producción de los Estados Unidos sobrepasó, desbocada, a la demanda y empezaban a fallar los pagos pero la euforia bursátil no se moderó. Las acciones valían cada vez más, mucho más que el valor real de los activos que representaban.

A mediados de octubre de 1929 se produce en Londres la quiebra de un famoso financiero , que provoca la repatriación de capitales británicos y la venta nerviosa de valores en la Bolsa de Nueva York por los avisados especuladores ingleses. En la sesión negra del 24 de octubre las órdenes de venta de valores se amontonan en los corrillos de la Bolsa de Nueva York, rompen todos los frenos y controles financieros y desencadenan el pánico general. La riada no tiene fin; las acciones van cayendo hasta perder el 75 por ciento de su valor, los bancos y agentes que han fundado su negocio en la especulación se vienen abajo, quiebran, cierran y en muchos casos los responsables se suicidan. El dinero, que había corrido con tanta alegría, se agota como por ensalmo y al desaparecer el crédito miles de industrias y casas comerciales tienen también que cerrar. Se pierden millones de empleos en todas partes porque al repatriarse de golpe las inversiones americanas en el extranjero la crisis de Nueva York se reproduce en Europa, en Iberoamérica y en todo el mundo. Naciones enteras como Uruguay y Argentina suspenden pagos. Casi todos los bancos centrales devalúan sus monedas. Quiebran los primeros bancos de Austria y de Alemania en 1931; el desplome durará tres años y se reproducirá, como una nueva onda sísmica, en 1931. El Banco de Inglaterra tiene que abandonar el patrón oro. La producción se colapsa en todo el mundo industrial. Caen los precios, sobre todo los agrícolas. El comercio internacional pierde el setenta por ciento de su valor. Muchos propietarios agrícolas en América y en Europa se quedan sin tierras. Las cifras de paro que se registran en 1932 son pavorosas; de dos millones de parados en los Estados Unidos para 1929, la cifra crece en 1932 hasta casi quince millones. Cinco millones son los parados de Alemania, ocho los del Reino Unido, casi en todas partes el porcentaje de parados supera el veinte por ciento y como todavía no se ha arbitrado más que un precario sistema de subsidios y ayuda social, en todo Occidente se organizan «marchas del hambre» y estallan gravísimos desórdenes públicos. Como la propaganda soviética, muy eficaz ya en todo el mundo, proclamaba que la crisis era una enfermedad mortal del capitalismo y no afectaba a la Unión Soviética lanzada entonces a su gran proyecto de planificación, muchos obreros, pequeño-burgueses e intelectuales de Occidente creyeron los mensajes del «paraíso» y los partidos comunistas aumentaron sus afiliaciones. La crisis de Occidente y el comunismo; ya estaban en plena carga de tensión los dos polos de la confrontación universal que estallaría diez años después del reventón de la Bolsa neoyorkina.

Occidente no buscó una salida general y solidaria de la crisis. Todo lo contrario, cada gobierno procuró salvar independientemente a su nación. Las grandes economías –Estados Unidos, Inglaterra, Francia– alzaron sus barreras comerciales y trataron de salvarse con sus propios recursos. En los demás se impusieron las soluciones autárquicas y se agravó el resentimiento contra los vencedores de la Gran Guerra. Los gobiernos impusieron su control sobre la actividad económica con criterios intervencionistas que a veces se extraían de la doctrina socialdemócrata, como en los Estados Unidos bajo la presidencia de Roosevelt, que sucedió al desacreditado Hoover en 1933. Era la gran hora de Keynes y la economía fabiana, que se presentaba como salvadora del capitalismo y preconizaba, contra el liberalismo puro, la intervención dirigista de los gobiernos en la vida ecomómica y social. El proteccionismo y las barreras arancelarias sustituyeron al libre cambio de los felices veinte y de la tradición liberal. Los gobiernos favorecieron la creación de grandes grupos de monopolio industrial, en Estados Unidos, Inglaterra y Alemania. Esta intervención creciente del Estado en la economía se traducía políticamente en la formación de gobiernos de signo autoritario incluso en las naciones democráticas; éste es el sentido del *New Deal*, sistema intervencionista impuesto por el presidente Franklin Delano Roosevelt en los Estados Unidos, que implantaba la intervención económica y social del gobierno, en sentido «liberal» que en Europa se traduce como «socialdemócrata». Inglaterra trató de salir de la crisis con un gobierno de unión nacional de mayoría conservadora pero bajo un jefe laborista y fabiano, Ramsay Macdonald, en 1931. En Francia la depresión se traduce en un desprestigio creciente del parlamentarismo y una alternancia de gobiernos de izquierda y derecha que no controlan la situación. Pero los cambios más significativos de orientación se registraron, durante estas dos décadas de crisis, en Italia, Alemania y el Imperio japonés, con graves repercusiones en otras partes del mundo y un deslizamiento peligrosísimo a la economía de guerra para salir de la crisis; y luego hacia la guerra misma como solución final para los problemas tan deficientemente planteados en Versalles.

«La crisis de la democracia alcanza hoy características universales». Esta sentencia la pronunció en 1935 uno de los creadores del fascismo español, Ramiro Ledesma Ramos y constituye el arranque exacto de un lúcido análisis que creaba su propia perspectiva[167]. Lo cierto es que cuando Occidente vivía aún la resaca de la crisis de 1929 el sistema democrático pervivía sin dudas serias en los Estados Unidos, Inglaterra y Suiza, había naufragado ya en Italia y parecía cada vez mas desacreditado y casi desahuciado en casi todas las demás naciones; en la propia Francia dos fuertes partidos, uno comunista y otro fascista, luchaban activamente por imponer un totalitarismo antidemocrático. Hay que tener sumo cuidado en no aplicar las condenas contra el fascismo formuladas tras la derrota del fascismo en 1945 a la época anterior a 1939 en que el fascismo no era, como hoy, un insulto sino todo lo contrario, una gran esperanza para millones de europeos, como lo era el comunismo para millones de personas en todo el mundo. Más aún, como el primero de todos los fascismos, el de Italia, parecía funcionar más que aceptablemente y carecía de horrores persecutorios comparables con el totalitarismo soviético, muchos europeos no fascistas le mostraban una patente comprensión, hasta que surgió el nacional-socialismo que provocó las aberraciones de la guerra mundial y salvajes represiones como el Holocausto, comparables a las soviéticas.

Se han estudiado ya desde la ciencia histórica y de forma satisfactoria los orígenes y el desarrollo del fascismo en Europa. La bibliografía valorada llenaría por sí sola un ensayo voluminoso. Señalaré como obras capitales y equilibradas para el fascismo italiano las de Renzo de Felice [168]. Para el nacional-socialismo recomiendo las obras en que voy a apoyarme, debidas a Ritter y a Bracher.[169]

Italia había formado entre los vencedores de la Gran Guerra pero la mayoría del pueblo italiano llegó a sentir que se le daba trato de nación vencida. El exacerbado nacionalismo de los italianos, con el impulso de su unidad nacional todavía reciente, se veía frustrado en sus reivindicaciones territoriales. La «pequeña crisis económica» de posguerra afectó a Italia como crisis grande; moneda arrastrada, paro muy extendido, contrastes sociales. Tres partidos se disputaban el poder bajo la Monarquía de Saboya: el socialismo moderado de Nitti, el liberal de Giolitti y el Partido Popular, demócratacristiano, de don Luigi Sturzo, que no alcanzó la jefatura del gobierno. Nirtti y Giolitti, se alternaban en el disfrute de un poder que desatendía a las reivindicaciones de la calle. En 1921 el gobierno Giolitti firmó con Yugoslavia –el Estado multinacional balcánico salido de la Gran Guerra– el tratado de Rapallo que obligaba a Italia al abandono de la ciudad marítima de Fiume, próxima a Trieste y ocupada dos años antes por el poeta aventurero e iluminado Gabriel D'Anunzio. El nacionalismo de los italianos vibró de indignación y fue capitalizado por un exsocialista; Benito Mussolini, lanzado ya a la acción directa

[167] R. Ledesma Ramos, *¿Fascismo en España*? 1935, reeditado por Ariel después de la guerra civil.

[168] R. de Felice *Le origini del Fascismo* en «Nuove questioni...» op. cit., I, p. 729 y otras obras de este autor, complementadas por el ensayo de Pietro Quaroni *L'Italia dal 1914 al 1945*, ibid. II p. 119.

[169] Gerhard Ritter *Le origine storiche del Nazionalsocialismo*, en «Nouve questioni...» I, p. 799s; Karl Dietrich Bracher *La dictadura alemana* dos vols. Madrid, Alianza ed. 1973.

en el Norte fabril, donde el gran capitalismo industrial encomendaba a los «fascios de combate» organizados por Mussolini contrarrestar la peligrosa actividad de los obreros comunistas, cada vez más osados y poderosos; el comunismo italiano había surgido, como el español, de una escisión socialista.

Mussolini era un personaje elemental, patriota y ultranacionalista, exdirector del diario socialista y ferviente anticomunista. Exageraba al colmo la espectacularidad propia de los italianos y se dispuso a dar la batalla política contra el débil sistema democrático desde dos posiciones muy fuertes; un nacionalismo irredento que buscaba para Italia una proyección imperial en los Balcanes y en Africa; y un anticomunismo decidido a impedir que Italia se convirtiera en una república soviética. Poseía además un sentido político innato, que le movía a respetar a la Iglesia como fuerza social poderosa; y un sentido social de signo populista, pero sincero y efectivo. Demostraba una cultura política confusa pero no despreciable. Se declaró discípulo de Hegel, de Nietzsche y de Sorel, el teórico de la acción directa que influyó en los movimientos sindicalistas a principios de siglo. Hay autores que niegan su dependencia de Hegel por pura arbitrariedad; cada uno se declara discípulo de quien desea y el fascismo es, en efecto, una emanación hegeliana por la derecha, como el marxismo lo es por la izquierda.

En el mes de agosto de 1922 los obreros comunistas declararon la huelga general en el valle del Po, máxima concentración industrial de Italia, e iniciaron la ocupación de fábricas. Ante la pasividad del gobierno los fascios de combate a las órdenes de Mussolini derrotaron a los comunistas, impidieron la ocupación de centros industriales y salvaguardaron el orden público. Un gran movimiento de opinión, harta de los cabildeos parlamentarios, se declaraba a favor de la nueva fuerza. Con gran respaldo del capital y de la industria, Mussolini organizó el 22 de septiembre de 1922 la Marcha sobre Roma (que se realizó en gran parte por vía férrea) y exigió al rey de Italia, Víctor Manuel III, la entrega del poder. El rey cedió a la fuerza de los «camisas negras» que dominaban la calle y Mussolini formó gobierno con fascistas, populistas cristianos e independientes. Obtuvo del Parlamento y del rey plenos poderes y convocó al año siguiente elecciones generales que le dieron una clara mayoría absoluta.

La colaboración de los democristianos con Mussolini duró muy poco; los ministros «popolari» dimitieron y don Sturzo se exilió. Los cristianos de la política se refugiaron en la Acción Católica y ejercieron desde sus centros una discreta oposición, preparándose para mejores tiempos. Socialistas y comunistas quedaron fuera del juego político y el principal teórico del partido comunista, Antonio Gramsci, escribió en la cárcel fascista sus obras más importantes. Mussolini acabó con la vigencia de los partidos políticos (sin excesivas protestas de una opinión pública harta de ellos) y ejerció una represión selectiva, de corte maquiavélico, que terminó con los críticos más peligrosos como el diputado socialista Matteotti, asesinado en junio de 1924. Al comenzar 1925 el partido fascista se convirtió en partido único , clave del «Estado Nuevo» y puente entre el pueblo y el Estado. En enero de 1926 el Duce dictó una ley de prensa netamente totalitaria que amordazaba a cualquier expresión pública contraria al régimen. Disolvió los sindicatos y los sustituyó por las Corporaciones fascistas, de talante profesional, no partidista. Diversas leyes articularon el Estado totalitario, entre ellas la Carta del Lavoro (abril de 1927) con prohibición de la huelga y el cierre patronal e instauración de los contratos colectivos laborales. En diciembre de 1928 se crea el Gran Consejo Fascista, órgano supremo del Partido y del Estado, al que se atribuía la propuesta de miembros para el parlamento, elegidos luego por lista única. En las elecciones de 1929 el noventa por ciento de votantes dieron su aprobación a los diputados de la lista única.

Pocas personas, dentro y fuera de Italia, lamentaron la desaparición de una democracia que había demostrado una y otra vez su garrulería y su ineficacia. Después de 1945 muchas voces se alzaron en contra del régimen fascista, entre ellas las de muchos fascistas; pero ese cambio de actitud se debió a la derrota del fascismo en la segunda guerra mundial, no al fracaso del régimen. Las simpatías que despertaba el fascismo en todo el mundo durante los años veinte se extendían hasta Inglaterra y los Estados Unidos. Los comunistas y socialistas estaban, naturalmente, en contra así como los democristianos pero la Santa Sede puso sordina a las protestas de la Acción Católica. Italia empezó a funcionar desde que Mussolini se consolidó en el poder. La adhesión de una mayoría popular era evidente, así como la del gran capital, la gran industria y una parte significativa de la Iglesia, de los intelectuales y de las fuerzas armadas. Italia empezó a progresar. «Mussolini ha conseguido que los trenes lleguen a tiempo por vez primera en la historia de Italia» era una de las frases espontáneas más repetidas, y no por la propaganda del régimen. Grandes obras públicas como la desecación del Agro Pontino, cerca de Roma, pendiente desde la época romana, se acometían y se terminaban. Mejoraban radicalmente las infraestructuras y en un ambiente en que reinaba el orden público prosperaban la grande y la pequeña industria, se expandía el comercio y desaparecía el paro. Claro que la nueva prosperidad dependía cada vez más peligrosamente de una economía de guerra, puesta al servicio de las aspiraciones imperiales de Mussolini en Africa; el fascismo creaba una potente escuadra y una aviación temible que para algunos observadores figuraba ya en 1935 entre las primeras del mundo, tanto en caza como en bombardeo. Sin embargo Mussolini no había roto ostensiblemente con sus aliados occidentales de la Gran Guerra, y los aliados, especialmente Inglaterra, parecían dispuestos a no hostilizar al fascismo mientras éste no se convirtiera en una amenaza para la seguridad europea. Cierto que Francia recelaba del aumento visible de la potencia militar italiana en el Mediterráneo, que durante los años treinta se iba transformando en una zona de riesgo estratégico. Pero incluso después de la agresión alemana a Polonia y a Francia en septiembre de 1939 Inglaterra y los Estados Unidos confiaban en mantener a la Italia fascista fuera del conflicto. De haber escogido Mussolini una seria neutralidad el futuro de su régimen y su nación hubiera podido resultar bien diferente.

Pero a raíz de la victoria fascista de 1922 tras la marcha sobre Roma a Benito Mussolini le salió un oscuro discípulo inesperado cuyo nombre era Adolfo Hitler. Este «cabo bohemio» de la Gran Guerra nacido en Austria cerca de la frontera alemana se convirtió a lo largo de los años veinte, en una síntesis personal de todos los resentimientos que aquejaban a la gran nación vencida. El pueblo alemán mantenía vivísima la humillación de Versalles, donde se le impuso una paz injusta. Las fuerzas armadas creían firmemente que habían perdido la guerra por la sublevación comunista de la retaguardia, sin haber sufrido una derrota decisiva en el campo de batalla y no les faltaba parte de razón. Las reparaciones de guerra eran desmesuradas y se impusieron con saña, sobre todo por parte de Francia que para asegurarse el cobro llegó a invadir militarmente zonas vitales para la industria alemana. La débil República de Weimar, de impecable corte democrático, se mostraba tan incapaz de manejar los problemas nacionales como los gobiernos liberales de Italia hasta 1922 o los de España hasta 1923. En 1923 la moneda alemana carecía de valor; hubo gentes que empapelaron habitaciones con enormes e inútiles billetes de un millón de marcos. Sin embargo la normalidad monetaria y política quedaban restablecidas en 1924, año electoral que quitó fuerza a los extremistas del nacionalismo, el socialismo y el comunismo para otorgar el poder a una mayoría relativa del Zentrum cristiano y otros moderados. Murió en 1925 el prudente Presidente socialista Ebert y se celebraron elecciones presidenciales –decisivas– con dos candidatos: el canciller católico Marx, con los votos del Zentrum, los moderados y gran parte de los socialistas y el mariscal Hindenburg, héroe de la Gran Guerra, por quien votaron los nacionalistas de todas clases, incluso los más exacerbados; los militaristas y los revanchistas. Con catorce millones y medio de votos y un estrecho margen venció Hindenburg que promovió los avances del nacionalismo revanchista aunque hubo de gobernar con una mayoría parlamentaria moderada y democrática.

La nueva consulta electoral celebrada en mayo de 1929 , en un clima de recuperación económica pero de exacerbación política y revanchismo, alteró el mapa político de Alemania. Socialistas y comunistas aumentaban su representación, contrapesados por una significativa victoria del Partido Obrero Nacional Socialista (abreviadamente nazis) creado por Adolfo Hitler al principio de la década y reorganizado en 1925, tras pasar una temporada en la cárcel condenado por su golpe político de Munich en 1923, para el que contó con algunas complicidades militares. En la cárcel Hitler había escrito su evangelio, *Mein Kampf* (Mi lucha) un alegato de extremo nacionalismo alemán que prescindía de ambiciones coloniales pero reivindicaba un espacio vital para la Gran Alemania (*Lebensraum*) a la que deberían agregarse el territorio de Austria, los sectores alemanes de Checoslovaquia, otras bolsas de raza germánica dispersas y el inmenso granero de Ucrania para formar un gran Estado nacional centroeuropeo del que estuviese absolutamente excluida la raza en que Hitler, movido por oscurísimos resentimientos personales e históricos, veía como el máximo enemigo de su gran sueño: los judíos. El odio de Hitler a los judíos no era un invento suyo. Todo el nacionalismo alemán del siglo XIX había profesado un antisemitismo radical. Los pueblos de Alemania y de Austria en pleno siglo XX, guiados por muchos políticos e intelectuales, alentaban también un aborrecimiento irracional contra los judíos, a quienes acusaban de dominar de forma egoísta y excluyente gran parte de la vida profesional, la vida económica y los medios de comunicación. La influencia judía en esos ámbitos era un hecho real; ganado por los judíos durante generaciones a fuerza de trabajo y solidaridad como pueblo. Pero se comportaban también con un sentido ejemplar de la convivencia y gentes como Hitler, inspirados en resentimientos medievales, no veían otra solución que eliminar a los judíos, aunque *Mein Kampf* no detalla los métodos para lograr esa eliminación. Después de los acuerdos de

Locarno y la recuperación económica la República de Weimar parecía entrar en una época de normalidad, con un Parlamento en que predominaban los moderados del socialismo y el centrismo católicos, aunque la extrema izquierda comunista y la extrema derecha nacionalista, guiada por Hitler, incrementaban su amenaza. Hitler estaba ya dotado de sólida base parlamentaria y gozaba de una creciente influencia en la calle. Hitler se inspiraba en toda la tradición cultural del nacionalismo alemán del XIX (de Fichte a Hegel), alentó cada vez más el resentimiento nacional de los alemanes contra las injusticias de Versalles, ahondó su racismo con el extraño invento de una raza aria a la que él no pertenecía ni de lejos, creó grupos de asalto para sembrar el terror callejero y seducir a la juventud a la que una economía de marcha lenta ofrecía perspectivas cada vez más escasas y llamó poderosamente la atención de las resentidas fuerzas armadas, del gran capital amenazado por el comunismo y el socialismo y de amplios sectores del funcionariado imperial que no habían sido depurados por la República. El ejemplo de la sencillez teórica y la eficacia práctica del fascismo le impresionaba cada vez más. Concibió un odio absoluto contra los «plutócratas» anglosajones, a quienes atribuía, por sus conexiones judías, todos los males de Europa. Declaraba la guerra a muerte al comunismo soviético, como enemigo del ideal germánico y a los socialistas, como creación del judaísmo (Existían, en efecto, socialistas judíos, así como judíos conservadores en Alemania). Hitler era, por encima de todo, un gran simplificador y acertó en el halago al sentimiento nacional alemán y a la superioridad germánica en la que muchos alemanes creían desde siglos antes.

La explosión de la Bolsa de Nueva York afectó con especial dureza a las finanzas y la economía de Alemania. La Banca y la industria sufrieron un verdadero cataclismo que se tradujo en un alarmante crecimiento del paro, cuando todavía yacía Alemania bajo la presión insufrible de las reparaciones de guerra y las limitaciones a su soberanía por parte de los aliados. Todos los grupos extremistas –socialistas de izquierda, comunistas y nazis– se crecen ante la crisis. En marzo de 1931 se plantea primero y luego fracasa por la presión internacional un gran proyecto de unión aduanera con Austria que significaba una vía de solución económica y un paso más hacia el pangermanismo que Hitler había predicado en *Mein Kampf* y muchas personas de habla alemana consideraban como una ilusión. En 1931 se suceden las crisis bancarias y el número de parados rebasa aceleradamente los cinco millones. La estatura política de Hitler crece; en las elecciones presidenciales de 1932 consigue 13,4 millones de votos frente a los 19,3 millones del ídolo militar Hindenburg, a quien habían votado los socialistas y el Zentrum para frenar a Hitler. El canciller (jefe del gobierno) Brüning, privado de apoyo parlamentario y presidencial, hubo de dimitir en favor de Franz von Papen, líder católico y amigo personal del presidente Hindenburg. Se convocaron elecciones generales para el 31 de julio de 1932.

Se ha discutido mucho si Adolfo Hitler, el gran totalitario, llegó al poder por vía democrática. Una fría consideración de las cifras (aducidas exactamente por Palacio Atard) hará ociosa la disputa. En las elecciones celebradas en junio de 1932 los nacionalsocialistas obtuvieron 13.7000.000 votos, (el 34 %) y 270 escaños en el Reichstag; primer partido de la Cámara pero sin lograr aún la mayoría absoluta (305 diputados). Von Papen disuelve nuevamente el Reichstag y en las elecciones subsiguientes no se resuelve nada aunque los nazis pierden 35 escaños. La agilación ultranacionalista crece como una tormenta, los grupos de asalto de Hitler siembran selectivamente el terror; tanto Hindenburg como los medios militares como la gran banca y la industria, como el propio Zentrum piensan cada vez más seriamente que Hitler es más peligroso fuera que dentro del Poder. Hitler, que se siente cada vez más fuerte, rechaza una propuesta equilibrada de Hindenburg quien se ve obligado a entregar la Cancillería al general Schleicher como solución provisional.

De Hindenburg para abajo todo el mundo sabía que Schleicher no era más que un gobierno puente. El 30 de enero de 1933 Hindenburg designó canciller a Adolfo Hitler. Hasta este mismo momento la vía de acceso de Hitler al poder había sido casi impecablemente democrática. No en virtud de una mayoría absoluta pero sí como jefe del partido más votado en dos elecciones seguidas, el partido con más escaños en el Reichstag. Un partido que además sería capaz de gobernar con apoyo parlamentario más que suficiente; Franz von Papen entraba en el gobierno Hitler como vicecanciller y le proporcionaba muchos votos católicos y moderados. Figuraban en el mismo gobierno el diplomático von Neurath, el general von Blomberg como ministro del Ejército, el presidente de la primera industria alemana, la Krupp. Sólo dos ministros nazis acompañaban a Hitler en el gobierno: Goering y Frick. Hitler llegó, pues, al poder de forma indiscutiblemente democrática. Por supuesto que con la presencia de Papen, de Blomberg y de Hugenberg (el presidente de Krupp) Hindenburg pretendía contrapesar a Hitler y no lo consiguió. Porque Hitler pensaba utilizar el poder, inmediatamente, contra la democracia y convertir Alemania en un Estado totalitario, racista y vengativo. Pero llegó al poder democráticamente, (si se exceptúan las coacciones de los nazis en la calle) en virtud de la Constitución de Weimar.

Los nazis celebraron esa misma noche del 30 de enero la conquista del poder por Hitler con una gigantesca marcha de antorchas que pasó bajo la puerta de Brandenburgo en Berlín. No había transcurrido un mes cuando el incendio del Reichstag sirvió a Hitler de pretexto para procesar a Dimitrov como culpable y poner a los comunistas fuera de la ley. Hitler disolvió el Reichstag y convocó, bajo presión que ya era totalitaria, nuevas elecciones generales que le dieron, el 5 de marzo de 1933, mayoría de 288 diputados que unidos a los 52 del partido nacional alemán le otorgaban la mayoría absoluta, formalmente democrática pero moralmente discutible por las presiones electorales ejercidas por Frick desde el Ministerio del Interior. El nuevo Reichstag concedió a Hitler plenos poderes con los que echó a von Papen del gobierno (aunque le mantuvo en el círculo del poder) y nombró ministro de Propaganda a Josef Goebbels, un manipulador de informaciones y de conciencias que apenas tiene rival en la historia de la comunicación, fuera de Stalin y de algún español. Hitler fue disolviendo a todos los partidos y el 14 de julio de 1933 solo quedó en pie el partido único nacional-socialista. Los Estados regionales reconocidos por la Constitución perdieron su autonomía y Adolfo Hitler, aclamado como Führer, declaró el 23 de agosto de 1933 en Nürenberg el advenimiento del Tercer Reich, que debería durar un milenio. El 12 de diciembre del mismo año, ya en pleno delirio totalitario, un plebiscito con el 93,4% de los votos asentó al régimen nazi y atribuyó a los candidatos del partido único el 92 por ciento de los escaños. El Führer Canciller recibió el poder de modificar la Constitución a su antojo y al año siguiente, a raíz de la muerte de Hindenburg, Adolfo Hitler acumuló la jefatura del Estado a la Cancillería del Reich.

Provisto de plenos poderes y rodeado de colaboradores adictos e inteligentes, Hitler se enfrentó ante todo con el caos económico en que había recaído Alemania después de la crisis de 1929-1932. Controló rigurosamente los precios agrícolas cuyos pagos sólo podían hacerse por extranjeros con marcos bloqueados, sólo útiles para comprar mercancías alemanas. Solucionó radicalmente el paro con un plan grandioso para la construcción de viviendas y autopistas (las primeras autopistas del mundo, aún hoy en servicio) y a partir de 1934 mediante una economía de guerra que devolvió a Alemania su rango de gran potencia militar, una vez eliminada la ocupación extranjera y desobedecidas las restricciones militares de Versalles; Las fuerzas amadas eran en 1936 las primeras de Europa en aviación, artillería y carros.

Si el mundo exterior había mirado con cierta simpatía los resultados positivos del fascismo italiano, la resurrección y el rearme de Alemania causaron en todas partes admiración en los posibles amigos y aprensión en vías de pánico para los presuntos enemigos. Hitler empezó pronto la represión contra sus enemigos políticos interiores en campos de concentración como el de Dachau y las medidas restrictivas contra los judíos, pero la noticia de estas persecuciones no se conocieron en el resto de Occidente hasta el fin de la segunda guerra mundial; éste es un hecho clarísimo que conviene dejar bien sentado en este momento y los sistemas occidentales de información, que no podían ignorar los primeros excesos represivos, tienen su parte de culpa en ello. Se conoció, en cambio, la implacable represión política de los nazis contra sus enemigos declarados, los comunistas y los socialistas, pero recayó un extraño silencio sobre los demás sectores de represión, que fue progresando gradualmente hasta la locura y la vesania.

Las relaciones internacionales de los años treinta no registran más que una sucesión de retiradas y cesiones ante la presión belicista de Italia, el Japón y sobre todo de Alemania. Parece que en las Cancillerías occidentales nadie se había tomado la molestia de leer el libro de Hitler «Mi lucha» donde detallaba casi con precisión los proyectos expansivos que luego fue realizando uno por uno en servicio de la Gran Alemania. Una vez fracasado el proyecto pangermánico de Unión aduanera entre Alemania y Austria el canciller de la derecha católica Engelbert Dollfuss subió al poder en Austria, donde cundía cada vez con más fuerza el movimiento de unión con Alemania (Anschluss) patrocinado por un partido nazi paralelo. Las medidas de Hitler, de Mussolini y de Dollfuss contra comunistas y socialistas, que sufrían a principios de 1934 una represión cada vez más insufrible, desencadenaron el «miedo rojo» en Europa –alentado por Stalin abiertamente– y fueron la causa de sangrientas eliminaciones en Alemania y de choques armados multitudinarios en Francia y en Austria durante el mes de febrero de 1934, que repercutieron poderosamente, como veremos, en la radicalización revolucionaria de los socialistas españoles. El canciller Dollfuss, católico autoritario que pretendía crear en Austria un sistema corporativista, fue asesinado en Viena en ese mismo año poco antes de un golpe fallido de los nazis para hacerse con el poder en lo que

Hitler llamaba «Marca Oriental». Pero Mussolini, amigo de Dollfuss, frustró el intento con el envío de varias divisiones al Brennero, paso fronterizo entre Italia y Austria. Su gesto fue respaldado por el jefe del gobierno francés Pierre Laval, que firmó poco después acuerdos de seguridad mutua entre Francia e Italia.

El territorio del Sarre volvía por plebiscito a la patria alemana el 13 de enero de 1935. Hitler, cada vez más envalentonado, anunció nuevas decisiones militaristas y belicistas. En abril de 1935 se reunieron en Stresa los ministros de Asuntos Exteriores de Italia, Inglaterra y Francia con el intento de frenar el belicismo alemán. Los occidentales mimaban a Italia, su aliada de la Gran Guerra y poco después, el 2 de mayo de 1935, Laval firmó con la URSS el pacto francosoviético con el mismo fin de acordonar a Hitler. Para rebajar la tensión europea Inglaterra concedió a Alemania el 18 de junio de 1935 la posibilidad de reconstruir su flota de guerra, con arrinconamiento del tratado de Versalles. Todo eran tanteos sin rumbo ante el auge y el peligro que para Occidente estaban gestando, cada cual por su lado, la Rusia soviética y la Alemania nazi.

Pero es que además, en plena crisis de la democracia, el ejemplo de los colosales logros que ya apuntaban en los regímenes totalitarios cundía por gran parte de Europa y también por otras partes del mundo. Este es un capítulo olvidado en la historia general del fascismo, que sin embargo no debemos menospreciar en una visión de alcance global.

La primera imitación de Mussolini se registró oficialmente en España. Hasta 1912 dos grandes estadistas, Antonio Maura, conservador, y José Canalejas, liberal, parecían a punto de conseguir la continuación de la alternativa Cánovas-Sagasta truncada por el asesinato de Cánovas en 1897 y por la agresión imperial de los Estados Unidos sobre Cuba y Filipinas en 1898. Pero el veto implacable de las izquierdas contra Maura y el asesinato de Canalejas por un anarquista en 1912 sumieron a la Monarquía en un estado de desorden político y desorientación social del que ya no se repondría. El desastre militar de Annual en el protectorado de Marruecos contra las bandas rifeñas en julio de 1921, con varios millares de muertos, agravó hasta el paroxismo el fracaso del sistema político liberal, cuyas instituciones se arrastraban lejos de las necesidades populares. El 13 de septiembre de 1923 el capitán general de Cataluña, don Miguel Primo de Rivera, exigió al Rey el poder que don Alfonso XIII, con el aplauso de casi toda la opinión pública, le concedió inmediatamente.

Primo de Rivera gobernó de forma personalista y carismática, apoyado primero en un Directorio exclusivamente militar, al que sustituyó en 1925 por un «gobierno de hombres civiles». Lo cierto es que mantuvo durante casi todo su mandato el apoyo de la opinión popular, gobernó con criterios autoritarios y paternalistas y resolvió uno tras otro todos los problemas angustiosos de España; acabó con la permanente guerra de Marruecos, que había consumido la mitad del presupuesto, liquidó fulminantemente los gravísimos brotes de desorden público, ordenó e impulsó la economía (anticipándose a los remedios del New Deal) por creación de eficaces infraestructuras, fomento de la industria y la exportación y comunicó al país una beneficiosa sensación de prosperidad. En un viaje a Italia que hizo acompañando a los Reyes quiso presentarse como un Mussolini español y creyó serlo pero su experiencia militar y populista poco tenía que ver con el fascismo. Cayó en

1930 por una equivocada percepción de la crisis mundial (que repercutió relativa mente poco en España) y por la hostilidad de varios grupos sociales (entre ellos parte del Ejército) a quienes había agredido verbal e imprudentemente. El Rey, muy abatido por la muerte de su madre la Reina María Cristina, se echó en brazos de los liberales que, sin el menor espíritu creador, permitieron injustas campañas de descalificación contra el Rey y abrieron paso a una República que no había ganado, sino perdido las elecciones municipales de abril de 1931. Incluso para los españoles de hoy República sigue siendo sinónimo de caos.

En algunos países de Europa se crearon fuertes partidos fascistas, como el de Jacques Doriot, antiguo mando de la Comintern, en Francia; o el partido nacional–socialista de Austria, imitador del alemán. El mariscal Pildsuski gobernó con autoridad en Polonia a partir de 1930, como presidente o como hombre fuerte. El régimen liberal logró sobrevivir en Checoslovaquia bajo las presidencias de Masaryk y Benes, pero la nación creada en Versalles estaba marcada por las apetencias pangermánicas de Hitler. El rey Alejandro de Yugoslavia emprendió desde 1930 una transformación autoritaria del Estado plurinacional en torno a Serbia pero fue asesinado en 1934 para dar paso al regente Pablo quien, en nombre del rey adolescente Pedro trató de aflojar el control autoritario pero sin renunciar a la hegemonía de Serbia. En Grecia se pasó del autoritarismo republicano de Venizelos (que gobernaba desde 1928) a la Monarquía autoritaria restaurada en 1935 por el rey Jorge II con el general Metaxas, influido por Italia. Desde 1930 el rey Carol de Rumania sustituye a su hijo el Rey Miguel pero el autoritarismo de sus ministros no parece suficiente a la Guardia de Hierro, una agrupación fascista dirigida por Cornelio Codreanu. Durante los años treinta el ejemplo totalitario de Alemania cunde en las nuevas dictaduras de Bulgaria y los países bálticos, Estonia, Letonia y Lituania, El fracaso de la democracia en la República portuguesa fue aprovechado por el hacendista Antonio de Oliveira Salazar para consolidar su «Estado Novo» en la Constitución de 1935, que aseguró la paz interior y la continuidad del Imperio bajo la protección de Inglaterra. El totalitarismo de Alemania y el autoritarismo corporativista y cristiano de Austria, implantado por el canciller Dollfuss y continuado, tras su asesinato, por el canciller Schussnigg, (el «Estado cristiano» sin partidos) influye en la orientación autoritaria de la vecina Hungría.

La opinión de Ramiro Ledesma Ramos sobre el fracaso universal de la democracia no era una frase sino toda una tesis demostrada por los hechos. La salvaje crisis económica de los Estados Unidos repercutió sin paliativos sobre toda Iberoamérica donde se formaron gobiernos autoritarios de signo populista no fáciles de distinguir, por sus ideas y métodos, del fascismo. Así el general Rafael Leónidas Trujillo tomó en 1930 el poder en Santo Domingo y el mismo año se proclama presidente autoritario de Brasil Getulio Vargas, que diseñó un plan complejo de reformas económicas, sociales y políticas . En la Constitución de 1934 introdujo una Cámara corporativa con participación de representantes sindicales junto a los diputados de elección por sufragio. Pese a que se fortalecía el poder central y presidencial, esta Constitución fue suspendida por Vargas en 1937 en favor de una organización corporativa del Estado, con «suprema autoridad» para el Presidente y un consejo económico de carácter colegislador. La resistencia de varios sectores a estas medidas de corte fascista no impidieron que Vargas las pusiera en práctica. En agosto de 1930 el coronel Sanchez Cerro sustituye por medio de un golpe de Estado al presidente del Perú, Leguía. Poco después el general Uriburu se hace con el poder en Argentina e inaugura una sucesión de gobiernos fuertes.Golpes autoritarios de diversas clases se suceden en el Ecuador, en Chile, en Uruguay.

Los dos grandes imperios de Oriente, China y Japón, entran también en esta época en la órbita del autoritarismo y el militarismo. En las convulsiones republicanas que marcan la desaparición del Imperio manchú se afianza en el Sur de China como guía para el futuro, el líder carismático Sun-Yat-sen que eleva a un pariente de su mujer, el general Chiang-Kai-Chek a jefe de la Academia Militar, vivero para en nuevo ejército de la nueva China. Chiang cobra mucha fuerza como salvador de la República a la muerte de Sun Yat Sen en 1925, frente a los comunistas que parecen próximos a la conquista del poder en la gran nación confusa y dividida. Asegurado su poder en la China del Sur, Chiang, respaldado por el Kuo–min-tang, el partido de la revolución nacional creado por Sun, emprende la marcha militar hacia el Norte y logra entrar en Pekin el 10 de junio de 1927. Proclama allí la dictadura del Kuo-min-tang, partido único que se identifica con el Estado, bajo cierta inspiración del régimen soviético. Emprende desde Pekín unos vastos planes de regeneración nacional, infraestructuras, industria y educación, con la radio como principal instrumento para consignas y comunicaciones. La depresión de 1930 golpea por todas partes a China y los japoneses en auge ocupan el Manchu kuo en 1932; coronan allí a Pu-Yi, el último emperador manchú de China, como títere.

Poco antes Chiang se había convertido al cristianismo y había terminado con una intentona secesionista en China. El Generalísimo arrinconó con éxito a las fuerzas comunistas dirigidas por un intelectual revolucionario, Mao Tse Tung, quien tras su legendaria «Larga Marcha se instala en la región norteña de Yenan en 1934 para recibir directamente la ayuda soviética. Pero la hostilidad más general de la Nueva China se dirige contra el expansionismo japonés, que no se contenta con la ocupación del Manchukuo y no disimula sus apetencias sobre la conquista del antiguo Imperio del Centro a mediados de los años treinta. Volveremos en este mismo libro sobre la guerra civil de China y su caída en el régimen comunista.

Durante los años veinte el Imperio japonés, ahogado por su población creciente, su falta de recursos primarios y su escasa superficie territorial, muy reforzado como potencia militar desde su gran victoria contra Rusia en 1905 y después de combatir junto al bando aliado en la Gran Guerra, se había regido por gobiernos liberales que desembocaron, en 1927, en el gobierno militarista de Tanaka que preconizó la intervención armada en China y la expansión japonesa en Manchuria. Pero los militares japoneses no se contentaron con proteger los intereses económicos de Japón en el continente asiático sino que reclamaron abiertamente la intervención activa. La ocupación de Manchukuo, recibida con entusiasmo por la población japonesa, consolida la línea militarista y autoritaria en los gobiernos. El conflicto entre militaristas y parlamentarios se va agudizando y los partidarios de la línea dura propician varios asesinatos políticos hasta la formación de un gobierno de unión nacional bajo la presidencia del príncipe Konoye en 1937.

Desde dos años antes se había reandado la expansión militar del Ejército japonés en el norte de China, donde los japoneses fomentan la creación de reductos secesionistas gobernados por militares chinos corruptos. En 1936 la China de Chiang Kai Chek oscila entre la amenaza comunista y la amenaza japonesa. Un conflicto de grandes dimensiones parece a punto de estallar en Extremo Oriente.

Y es que la mal llamada paz de entreguerras estuvo jalonada por conflictos localizados que a veces degeneraban en guerras declaradas. Como estableció el profesor Jesús Pabón los escabrosos caminos del mundo en crisis experimentaron sucesivos «virajes hacia la guerra». Adolfo Hitler no disimulaba sus apetencias expansionistas en Centroeuropa y Japón empezaba a realizar las suyas en torno a China como acabamos de ver. El autoritarismo fascista, que era un nacionalismo exacerbado, comportaba, en todos los casos, un proyecto de expansión imperialista para el que habían dado ejemplo, como bien sabemos, las grandes potencias democráticas, Inglaterra y Francia; e incluso los Estados Unidos a partir de los años noventa del siglo XIX. En 1935 la Italia fascista, tan bien armada, creyó llegada la hora de vengar la derrota italiana de 1896, a manos del negus etíope Menelik. Etiopía o Abisinia era un vasto reino cristiano –copto el legendario Preste Juan– que ocupaba el interior del Cuerno de Africa al sur del curso alto del Nilo y entre los mares Rojo e Indico. Un reino primitivo más que atrasado, dividido entre varios señores de la guerra que desde 1928 prestaban cierta obediencia al negus Tafari, hijo del jefe militar que había vencido a los italianos en Adua y que como Haile Selassie fue proclamado emperador en 1930. A fines de 1934 Mussolini decidió la invasión de Etiopía por motivos de expansión y propaganda. Inglaterra reforzó su escuadra del Mediterráneo y, como Francia, se opuso a los proyectos de Mussolini pero ninguna de las dos potencias actuaron de forma efectiva y se contentaron con unas sanciones inoperantes decididas por la inútil Sociedad de Naciones. El 8 de octubre un ejército de doscientos mil italianos emprendió la invasión desde sus bases en Eritrea a las órdenes del mariscal Di Bono a quien pronto, ante sus graves fracasos, sustituyó Badoglio. El peor adversario de los invasores fue una orografía imposible, con vías de comunicación impracticables por más que las tropas etíopes, armadas de forma elemental, lucharon con decisión y valor. El 5 de mayo de 1936 el ejército italiano entraba en la capital, Addis Abeba y el rey Víctor Manuel III recibía poco después el título de emperador de Etiopía. Una propaganda gloriosa disimuló las dificultades militares de Italia y Mussolini, resentido con la Sociedad de Naciones, se dispuso a reemprender nuevos proyectos imperiales a la vez que organizaba muy eficazmente la colonización de Abisinia y los demás territorios del pequeño imperio africano de Italia: Eritrea, Somalia y Libia-Cirenaica. Una de sus reivindicaciones más sostenidas para su Nueva Roma era el protectorado francés de Túnez, donde se había alzado la antigua Cartago. Hitler no se quiso quedar al margen y el 7 de marzo de 1936 dio orden a su ejército, la Wehrmacht, para que cancelase con su presencia una exigencia onerosa de los occidentales, la desmilitarización de Renania. El espíritu de Locarno saltaba definitivamente en pedazos y el Tercer Reich alemán se acercó ostensiblemente al fascismo italiano y al militarismo japonés.

A lo largo de la primera mitad del siglo XX, hasta la Segunda Guerra Mundial, el continente y las islas de Iberoamérica yacían absurdamente olvidadas desde los

Estados Unidos –que sólo se preocupaba de su dominio imperialista y su monopolio– y desde la vieja Europa, que les enviaba importantes contingentes migratorios pero también se desentendía, por sus agudos problemas propios, de aquella prolongación de su ser y de su Historia. Iberoamérica no era un problema en la primera mitad del siglo XX. Volveremos sobre su historia reciente cuando empiece el problema, en la segunda mitad del siglo. De momento nos contentaremos con anticipar que Iberoamérica era un semillero terrible de injusticias, de marginaciones, de olvidos... y también de fe cristiana. Allí iban a vivir ahora, en nuestros días, la mitad de los católicos del mundo. Nadie se preocupaba por ello durante la primera mitad del siglo XX.

SECCIÓN 4: LA SOMBRA MASÓNICA Y LA GUERRA CRISTERA EN MÉXICO

LAS GUERRAS CIVILES DE MÉXICO Y ESPAÑA

En las dos secciones anteriores hemos revisado, dentro de la crisis general de entreguerras, los aspectos de la crisis política y económica primero; y luego su consecuencia principal, el nacimiento y extensión del fascismo. Ese método nos conduciría a plantear ahora otro aspecto general de la gran crisis contemporánea: la crisis cultural en el mundo de las ideas y las expresiones, el mundo de la ciencia, la literatura y el arte. Pero la Historia debe seguir a la realidad, no imponer su método a la realidad viva y sucesiva. Y el hecho es que entre los diversos conflictos violentos que sacudieron al mundo de entreguerras hay dos, que ofrecen rasgos esenciales comunes, cuya presentación debemos insertar en este momento, porque los dos grandes pueblos a quienes afectaron –España y México– van a adquirir una importancia decisiva en el conjunto de nuestro estudio; en ellos se han incubado y desarrollado fases de primordial interés dentro de la subversión en el seno de la Iglesia, en medio del asalto y la defensa de la Roca. La confrontación –que degeneró en guerra civil abierta, la guerra cristera de 1926-1929–, entre el pueblo católico y la Revolución mexicana representa el apogeo en aquella nación de la lucha más que secular entre la Iglesia y la Masonería; la guerra civil española de 1936-1939, justo una década después, dividió y conmocionó al mundo entero mucho más que si se tratase de una pequeña guerra independiente y localizada. En el conflicto de México y en el de España el comunismo soviético, con diversos aliados y diversos tapujos, trató de conseguir dos objetivos esenciales para su estrategia de asalto a la Roca. Nada tiene de particular que la Roca emparejase la denuncia de uno y otro intento en la defensa que formuló el 19 de marzo de 1937 el Papa Pío XI, a cuya figura dedicamos una próxima sección de este mismo capítulo, cuando creyó su deber ineludible pronunciarse sobre los efectos del comunismo y el ateísmo en tres persecuciones revolucionarias: la de Rusia, la de México y la de España. Examinaremos la importantísima encíclica con la atención que se merece. Ahora la cito para justificar la alusión, en este momento, a la persecución mexicana de la que habla así el Papa Ratti:

En las regiones en las que el comunismo ha podido consolidarse y dominar –Nos pensamos ahora con singular afecto paterno en los pueblos de Rusia y de México– se ha esforzado con toda clase de medios por destruir (lo proclama abiertamente) desde sus cimientos la civilización y la religión cristiana y borrar totalmente su recuerdo en el corazón de los hombres, especialmente de la juventud. Obispos y sacerdotes han sido desterrados, condenados a trabajos forzados, fusilados y asesinados de modo inhumano; simples seglares, por haber defendido la religión, han sido considerados como sospechosos, han sido vejados, perseguidos, detenidos y llevados a los tribunales.[170]

LA MASONERÍA EN LA INDEPENDENCIA DE MÉXICO

La tristísima ignorancia que reina en España sobre la historia de México y la importancia vital que México alcanza hoy en la vida de la Iglesia, ya que, por su población y su porcentaje de fieles es una de las dos primeras naciones católicas del mundo, y la primera de habla hispánica, me obliga a proponer unos apuntes históricos esenciales, tanto más cuanto que desde el principio de la ofensiva revolucionaria y liberacionista en América hasta hoy, México es el objetivo estratégico capital contra el que se ha orientado toda la subversión centroamericana. En 1992 incluí un extenso capítulo sobre México en la *Historia de América* que publiqué en la revista Epoca; pero en mis viajes de inmersión a México en 1988 y 1995 he reunido una copiosa colección de fuentes contemporáneas y he recibido lecciones magistrales inolvidables, como la del profesar Carlos Alvear en la Universidad de las Américas en Puebla y la del profesor José Antonio Núñez Ochoa en la Universidad Anáhuac de la Ciudad de México. Además de la bibliografía que cité en esa *Historia* quiero referirme ahora a dos libros del profesor José Fuentes Mares, *Génesis del expansionismo norteamericano* (México, Grijalbo, 1985) y *Poinsett, historia de una gran intriga* (México, Océano, 1982); al gran éxito de Enrique Krauze *Siglo de caudillos* (México, Tusquets, 1994); a dos obras del profesor Carlos Alvear, *Historia de México* (México, ed. Jus, 1984) y los ya citados *Episodios de la Revolución mexicana* (ibid. 1988); a la impresionante trilogía *La Cristiada*, de Jean Meyer (México, siglo XXI, 1993) y a dos libros sobre la historia masónica de México, el del profesor Díaz Cid (que pude consultar breve pero intensamente) y el del Gran Inspector masónico don Ramón Martínez Zaldúa *Historia de la Masonería en Hispanoamérica* (ed. reciente, s.d. s.ed.). Me han impresionado especialmente las *Memorias* de don Jesús Degollado Guízar, último general en jefe del Ejército cristero, (México, ed. Jus, 1957).

[170] Pío XI, *Divini Redemptoris*, en *El Magisterio pontificio contemporáneo*, Madrid, BAC, 1992, II p. 584.

Bajo la Corona de España, que mantuvo en México, la Nueva España, la soberanía hasta finales del primer cuarto del siglo XIX; México era el reino mas rico, vasto, próspero y culto de todas las Indias. La Ciudad de México era, a comienzos del siglo XIX, una de las grandes urbes de la Tierra. La calidad ilustrada y cultural de México asombraba a los visitantes de la Ilustración cuando comprobaban en las instituciones culturales allí creadas por España tal altura de investigación que sólo en el campo de los descubrimientos metalúrgicos se descubrieron allí varios elementos (wolframio, vanadio) de lo que pronto sería el sistema periódico, los cuales un siglo más tarde hubieran merecido automáticamente el premio Nobel. La vida de la Iglesia católica durante el virreinato, con sus luces y sus sombras, presenta aspectos admirables y aun asombrosos en cuanto a la extensión de la fe, la hondura religiosa y el sentido cultural.

La primera fase de la independencia de México corrió a cargo de los curas caudillos, don Miguel Hidalgo, criollo ilustrado y cura de Dolores y don José María Morelos, que llevaba sangre española, india y negra. La razón de esta guerra de Insurgencia fue la misma que en el resto de América española; el abandono en que se sentían los españoles de América ante la posibilidad de que los virreinatos fueran entregados a Napoleón después de la conquista de Sevilla por los franceses en 1810, año que marca en toda América el comienzo de la rebelión; y las reivindicaciones de los criollos contra los españoles peninsulares que ocupaban la gran mayoría de los cargos públicos. Hidalgo reunió bajo el estandarte de la Virgen de Guadalupe y el retrato de Fernando VII a decenas de millares de indios, a quienes trataban inútilmente de encuadrar algunos oficiales de milicias, criollos y mestizos. Marchó hacia la ciudad de México en riada humana que se dedicó a toda clase de saqueos y desmanes. Logró algunas victorias parciales pero fue destruido sin excesiva dificultad por el pequeño ejército virreinal a las órdenes del general don Félix Calleja, que fue recompensado con el virreinato de Nueva España. En calidad de tal consiguió cortar la sucesión de cuatro campañas emprendidas por el cura don José María Morelos, dotado de mucha mayor capacidad militar y política que Hidalgo pero que al fin fue derrotado y fusilado a fines del año 1815, cuando casi todos los focos de rebelión en Hispanoamérica habían quedado extinguidos gracias a la reacción de los realistas (entre los que figuraban numerosos criollos y la mayoría de «castas», indios y negros). En ese mismo año había desembarcado en Venezuela una poderosa expedición española al mando de un héroe de nuestra guerra de la Independencia, general Morillo, que completó la recuperación del virreinato de Nueva Granada. El de Lima había logrado defenderse con sus propias fuerzas, que eran mínimas; no pasaban de 25.000 los soldados peninsulares españoles encargados de defender el Imperio americano desde Alaska a la Tierra de Fuego. Sólo restaba el foco rebelde de Buenos Aires que sin embargo en ese año de 1815 aún no había repudiado la soberanía y la bandera de España.

Entre 1814 y 1820 Fernando VII reinaba en España con régimen de Monarquía absoluta, a la que se oponían los rebeldes o patriotas liberales de Suramérica; que a las órdenes de sus caudillos masónicos, entre los que destacaba el venezolano Simón Bolívar y bajo la protección y cooperación de la Masonería imperial británica lograron su conjunción en Quito el año 1819 tras asegurar el triunfo de la Independencia en el Plata, Chile, Nueva Granada y el Perú. El primer día de enero de 1820 la segunda gran expedición preparada por Fernando VII en Cádiz para ahogar la fundamental rebelión de Buenos Aires quedó frustrada por el pronunciamiento masónico de Riego, alentado también por los agentes de Inglaterra (entre ellos Juan Alvarez Mendizábal) y el ejército español de los Andes siguió resistiendo heroicamente durante varias campañas, pero ya sin posibilidad de victoria. La excepción a este triunfo de la independencia hispano-americana fue México, donde la aristocracia española y la alta clase criolla estaban conformes con el régimen absoluto. Cuando éste se hundió tras el golpe de Riego en 1820 para dar paso al Trienio liberal-radical de 1820-1823, que fue un apogeo político de la Masonería en España, los criollos independentistas de México, con muchas colaboraciones de españoles anti-liberales y criollos hasta entonces realistas se inclinaron cada vez más a la causa de la independencia mexicana. Las convulsiones fernandinas contribuyeron, pues, de forma decisiva a la pérdida de América.

Durante los años finales del predominio realista en Nueva España varios caudillos insurgentes trataron de proseguir, con escaso éxito, la lucha por la independencia en el Sur, pero no consiguieron vencer al ejército virreinal que contaba entre sus jefes más distinguidos con el criollo don Agustín de Iturbide, que ya había combatido victoriosamente contra la primera insurgencia. En 1817 el famoso guerrillero de la Independencia española Javier Mina –Mina el Joven– convertido al liberalismo durante su prisión y exilio en Francia , trató inútilmente de imponerse al absolutismo de Fernando VII y se presentó en México con ayuda financiera y militar de Inglaterra y los Estados Unidos. Penetraron en México pero después de varias victorias Mina y sus aliados extranjeros fueron derrotados por el ejército virreinal, que fusiló al guerrillero por la espalda.

La implantación del régimen constitucional de Cádiz en 1820 tras la victoria de Riego llegaba ya tarde para convencer a los patriotas liberales de Surarmérica y provocó, por motivos contrarios, la pérdida de la Nueva España, donde el gobierno de Madrid ordenó promulgar las leyes liberales y anticlericales que rigieron en la metrópoli durante el caótico trienio cuya estrella indiscutible fue el propio Riego. La Iglesia hispano-mexicana, la aristocracia peninsular y los criollos ilustrados se unieron en el rechazo a la nueva situación, contra la que se urdieron varias conjuras sobre las que se impuso, en la propia capital del virreinato, el Plan de la Profesa, así llamado porque se fraguó en la iglesia de San Felipe Neri, antigua casa profesa de los jesuitas. Los conspiradores se inclinaban a entregar el gobierno al general criollo don Agustín de Iturbide, muy distinguido al frente del ejército virreinal en las luchas contra los insurgentes. Nombrado por el virrey Apodaca jefe de la división que reducía a los insurgentes del Sur, acabó tratando con ellos y con otros militares criollos del ejército realista. Redactó el Plan de Iguala, impreso en la ciudad de Puebla y proclamado el 24 de febrero de 1821 con tres objetivos o garantías: la unidad religiosa, contra las leyes anticlericales del liberalismo peninsular; la independencia respecto de España, con ofrecimiento de la Corona a Fernando VII o alguno de sus hermanos; y la unión de todos los habitantes de México sin distinción de razas y procedencias. Se creaba un Congreso Constituyente y una Junta provisional de gobierno. Las triple garantía se simbolizaba en una bandera tricolor –blanco, rojo, verde– que luego evolucionó a la actual enseña mexicana. Gracias al Plan de las Tres Garantías el proceso de independencia, con Iturbide como Libertador de México, se desarrolló casi sin traumas. Muchos españoles se adhirieron al Pan de Iguala por las tres garantías.

Expulsado el virrey Apodaca por presiones masónicas, fue sustituido desde fines de julio por el último virrey español, brigadier OïDonojú, liberal y masón, quien pronto se puso de acuerdo con Iturbide en el Tratado de Córdoba, que suprimía el requisito de pertenecer a casa reinante para el candidato a emperador de México. Las tropas realistas abandonaron sin lucha la capital, en la que entró triunfalmente el que sería pronto nuevo Emperador, Agustín de Iturbide, el 27 de septiembre de 1821. Para corroborar la normalidad con que se produjo la transmisión de poderes baste decir que tanto Iturbide como el ya ex-virrey O'Donojú formaron parte de la Junta provisional de gobierno.

El 15 de septiembre de 1821 las demarcaciones españolas de Centroamérica se independizaron de España; fueron las primeras San Cristóbal y Tuxtla, actuales escenarios de la rebelión pseudozapatista de Chiapas. Al repudiar España el tratado de Córdoba los Borbones quedaron excluidos del trono imperial mexicano por lo que el Regimiento número 1, en medio del entusiasmo popular, proclamó emperador a Iturbide con el nombre de Agustín I, lo que fue ratificado por el Congreso Constituyente. Por desgracia el Primer Imperio mexicano apenas duró un año. Los diputados mexicanos que habían vuelto de las Cortes españolas, el agente confidencial de los Estados Unidos Joel R. Poinsett (que exigía tempranamente la cesión de inmensos territorios al norte e incluso al sur del Río Bravo (lo que el Emperador rechazó airadamente) y la presión de la Masonería escocesa regida por la Gran Logia Mexicana se aliaron para derribar a Iturbide. Traicionado por sus propios generales, el Emperador, que había disuelto el Congreso, lo restableció para enviarle su abdicación el 19 de marzo de 1923. Acto seguido se embarcó para Europa.

INTROMISIÓN E INVASIÓN DE LOS ESTADOS UNIDOS

Los nacientes Estados Unidos pensaron muy pronto en apoderarse, como fruta madura, de los inmensos territorios españoles de Norteamérica incluso antes de que fueran traspasados a la nueva soberanía mexicana. El propio Fernando VII les entregó, en venta torpísima y corrupta, nada menos que la Florida en 1819. Consumada la ya independencia de México el agente confidencial y luego primer embajador de los Estados Unidos Poinsett, que ya había intrigado a fondo en el antiguo Reino de Chile, propuso al emperador Iturbide, como sabemos, la cesión de los territorios del Norte de México desde Texas a California. De momento no lo consiguió por el noble rechazo de Agustín I pero el designio expansivo y arrollador de los Estados Unidos quedaba más que claro. Como ha puesto de manifiesto el historiador Fuentes Mares el intervencionismo imperialista de Washington ha sido una constante onerosa de la vida política y la historia de México desde la tercera década del siglo XIX a nuestros días, sin la más mínima solución de continuidad.

A la caída de Iturbide rigió durante año y medio los destinos de México un triunvirato de generales denominado Supremo Poder Ejecutivo. Sin embargo el hombre fuerte de este régimen y los que siguieron fue, por fortuna para México, uno de los grandes estadistas de su historia, don Lucas Alamán. El primer asunto grave con que hubo de enfrentarse el triunvirato fue la separación de las provincias de Centroamérica que decidieron formar pequeñas naciones independientes en 1823, aunque lo que hoy es territorio de Chiapas, vecino de Guatemala, permaneció –hasta hoy– bajo soberanía mexicana. En la pugna entre los partidarios de una República centralista, como fray Servando Teresa de Mier, el colaborador de Mina, y quienes preferían una República Federal, calcada formalmente de la Constitución norteamericana (orientados por el intrigante Poinsett) se impusieron éstos y promulgaron la Constitución Federal el 4 de octubre de 1824, donde, por influjo suplementario de la Constitución española de Cádiz, se proclamó a la religión católica como única profesada y permitida por la nación, si bien el Presidente de la República se reservaba, como había hecho la Corona española, el derecho de conceder el pase a cualquier documento o decisión pontificia sobre México. Desde el principio de la República el espíritu liberal trataba no ya de separar a la Iglesia del Estado sino de someterla al Estado. La situación económica y social de la nueva República sólo podía calificarse de catastrófica hasta el punto que muchos pensaron reclamar el regreso del emperador exiliado para acabar con el caos. Así lo hizo, ingenua y valerosamente, don Agustín de Iturbide, que desembarcó sin armas y en son de paz pero fue preso y fusilado el 19 de julio de 1824.

Ante los ensueños de Fernando VII que pretendía la reconquista de su imperio americano perdido con el apoyo de la Santa Alianza, una vez recuperado su poder absoluto gracias a la intervención europea en España, el gobierno de los Estados Unidos ideó en 1823 la Doctrina Monroe para disuadir a los europeos de cualquier intervención armada en las Américas. Era la proclamación oficial de la tutela norteamericana sobre todo el hemisferio occidental, donde el imperialismo norteamericano estaba ya empeñado en desplazar al imperialismo económico y político de Francia y de Inglaterra.

En virtud de la Constitución federal fue elegido como primer Presidente de México el general Guadalupe Victoria (1824-1829) que consiguió la rendición del último bastión español en México; el fuerte insular de San Juan de Ulúa, en 1825. Joel R. Poinsett, ya embajador de los Estados Unido en México, detentaba el auténtico poder en la República gracias a la extensión de la Masonería yorkina por él trasplantada, cuyas logias dependían de la misma obediencia dominante en los Estados Unidos. Pronto experimentaron los numerosos españoles que habían contribuido a la independencia de México que el traidor no es menester cuando es la traición pasada; en medio de las luchas políticas internas de la República se decretó la expulsión de todos los españoles de México el 20 de marzo de 1829. Los historiadores mexicanos se muestran de acuerdo en los aspectos negativos de tal medida, que dejó desmantelados a los territorios y a las misiones del Norte, privó a la República de una población numerosa y trabajadora y perjudicó a México por la cuantiosa salida de capitales. El efecto fue igualmente negativo para la Iglesia de México y era un secreto a voces la inspiración masónica de tal decisión. En 1829 la Masonería yorkina fomentó y logró la elección presidencial del general Vicente Guerrero, miembro de la rama. La presidencia del general Bustamante (que desempeñó por dos veces la magistratura suprema) fue el primer período de paz y progreso en la República mexicana, gracias a la eficacia de Lucas Alamán, primer colaborador del nuevo Presidente. La Santa Sede dejo de apoyar las pretensiones revanchistas de Fernando VII y accedió a la provisión de sedes vacantes en México. Se agitaban en México y en Nueva Orleans, centro logístico de la Masonería mexicana, los liberales radicales ansiosos de tomar el poder para implantar sus reformas. Al comenzar el año 1833 se hizo cargo de la Presidencia un militar y político singular y voluble: el general don Antonio López de Santa Anna. Fue Presidente once veces. Había entrado como cadete en el ejército realista en 1810; luego se adhirió a Iturbide antes de luchar contra él. Amigo de Guerrero, le abandonó y participó en todas las luchas interiores y exteriores de México. Se ofreció a los imperiales de Maximiliano, que le rechazaron. Ha pasado a la Historia como el principal responsable de la pérdida de los territorios del Norte. Murió pobre y olvidado en México en 1876.

En 1833 Santa Ana llegaba al gobierno como liberal-radical y confió a su vicepresidente Valentín Gómez Farias el primer intento de Reforma que experimentó la República; Reforma tiene en México una interpretación liberal y anticlerical, de comprobada inspiración masónica. Farias era masón conspicuo, perteneciente a una nueva obediencia, el Rito Nacional Mexicano. Pero el ideólogo principal de la Reforma era el sacerdote apóstata José María Luis Mora, ultraliberal y masón, empeñado en condicionar a la voluntad del gobierno los nombramientos eclesiásticos. Varios obispos expresaron su protesta y fueron desterrados. La primera Reforma trató de excluir a la Iglesia del campo de la educación y cerró la Universidad Pontificia. Mora impuso al Seminario de México un texto de teología protestante. Cundió la protesta y Santa Anna recuperó la plenitud del poder desde el que derogó las leyes anticatólicas en 1834. El primer intento de Reforma terminaba en derrota pero el camino de los liberales quedaba bien marcado.

Ya vimos cómo desde la anexión de Florida en 1819 los Estados Unidos nunca desmintieron su propósito de apoderarse de los grandes territorios que formaban el Norte de México. La estrategia resultaba bien sencilla; una infiltración previa de colonos anglosajones que después se unían para reclamar la independencia de la región, aprovechándose de la debilidad mexicana, las luchas internas y revueltas de México y la ausencia de los residentes y misioneros españoles expulsados indiscriminadamente, sin medir las consecuencias. Este sistema se había aplicado en Florida y se repitió con igual éxito en otros territorios, empezando por la inmensa Texas, donde la primera concesión importante de terreno había sido entregada por la Corona española (en concreto, las Cortes de 1813) a Richard Keene. La concesión exigía ciertas condiciones de seguridad que nunca se cumplieron. Fernando VII otorgó otra gran concesión a Moisés Austin en 1821, y los gobiernos mexicanos de la Independencia la ratificaron en favor de su hijo Esteban Austin, dirigente de la Masonería texana. En la bibliografía antes citada, y señaladamente en la *Historia de México* del profesor Alvear puede encontrar el lector confirmación de las vinculaciones históricas entre la Masonería y la Independencia, que admite también desde sus estudios en la biblioteca Bodleiana de Oxford don Salvador de Madariaga. El embajador

Poinsett, importador de la Masonería yorkina a México, participó activamente en estas gestiones.

El general mexicano Manuel Mier y Terán propuso un acertado plan estratégico para impedir la penetración de los Estados Unidos en los territorios mexicanos del Norte pero la precariedad política y la penuria económica lo hicieron inviable. Dos generales norteamericanos, Samuel Houston y el futuro Presidente Andrew Jackson aprovecharon la transformación centralista de la nación mexicana en 1835 para proclamar la independencia de Texas como Estado soberano. Una reunión de masones norteamericanos y mexicanos en el centro masónico de Nueva Orleans decidió apoyar al movimiento tejano de independencia. Conocido en México semejante propósito el gobierno encomendó la preservación del territorio al general López de Santa Anna que dirigió una expedición de dos mil soldados más allá de Río Bravo. Logro superar la valerosa resistencia de tejanos y norteamericanos en el fuerte del Alamo, a la salida de San Antonio (un pequeño choque magnificado por la propaganda y el cine de los Estados Unidos) pero el general Jackson, ya Presidente, ordenó al general Houston que eliminase la contraofensiva de Santa Anna. El general mexicano, de escasas dotes militares, se dejó sorprender por Houston en el combate de San Jacinto (abril de 1836) donde fue derrotado y hecho prisionero. Allí tuvo que firmar los tratados de Velasco que reconocían la independencia de Texas, anexionada nueve años después a la Unión. El mexicano masón Lorenzo de Zavala vio premiada su traición con la vicepresidencia de la República independiente de Texas.

El Congreso mexicano había cambiado el régimen federalista por el centralista (provincias en vez de Estados, restricción de poderes locales en favor del gobierno) poco antes de la guerra tejana. En la segunda presidencia del general Bustamante tanto España como la Santa Sede reconocieron la independencia de México. En 1838 Francia envió una expedición naval a Veracruz para reclamar indemnizaciones por daños inferidos a sus súbditos. Para sustituir a Bustamante, derribado por una conjura, fue de nuevo elevado a la Presidencia el general López de Santa Anna que ejercía una extraña e injustificada fascinación sobre sus compatriotas pese a la sucesión de desastres que jalonan su vida. El 13 de mayo de 1846 los Estados Unidos decidieron consumar sus proyectos de expansión contra México y declararon la guerra a la República centralista que se transformó de nuevo en Federal, con el inevitable Santa Anna al frente; y el masón doctor Gómez Farias en la vicepresidencia.

Esta vez la guerra contra México asumió abiertamente la forma de invasión, ordenada por el presidente James Polk en varias direcciones. El objetivo consistía en apoderarse de todo el territorio mexicano desde la frontera de Texas hasta la costa del Pacífico en California, con el río Bravo como nueva frontera. El ejército del general Kearney marchó sobre Nuevo México, ocupó la capital de este Estado, Santa Fe y se lanzó sobre California en conjunción con la Marina que se apoderó sin dificultades de Monterrey y San Francisco. Los mexicanos consiguieron reconquistar la ciudad de Los Angeles pero la cedieron después a fuerzas muy superiores. Otras columnas norteamericanas avanzaron hacia el interior de México pero el ejército del general y futuro Presidente Zacarías Taylor, que había rebasado la ciudad de Saltillo, fue detenido por el ejército de Santa Anna en La Angostura aunque el general mexicano ordenó inexplicablemente la retirada, lo que dio origen a todas las sospechas. Mientras tanto el vicepresidente masón Gómez Farias, con la Hacienda exhausta, se dedicó a exprimir y esquilmar a la Iglesia, que había contribuido generosamente a la financiación de la guerra.

Los Estados Unidos decidieron entonces la invasión de México a partir de la costa atlántica. El 9 de marzo de 1847 el general Winfield Scott se apoderó del puerto de Veracruz, venció a Santa Anna en Cerro Gordo y marchó sobre la capital tras la ocupación de Puebla. Las tropas mexicanas se defendieron con bravura pero no lograron evitar la caída de la capital tras la toma por el enemigo del castillo de Chapultepec entre cuyos ochocientos defensores combatieron hasta la muerte varios jovencísimos cadetes, los «Niños Héroes» entre los que sobrevivió don Miguel Miramón, futuro Presidente conservador. Santa Anna abandonó la Ciudad de México y escapó del país. El 2 de febrero de 1848 México hubo de firmar el humillante tratado de Guadalupe Hidalgo, por el que perdía más de la mitad de su territorio. Por desgracia unos días antes el Ayuntamiento liberal de la ciudad de México rindió un homenaje servil al general norteamericano vencedor a quien pidieron que «no saliera de México sin haber destruido la influencia del clero y el ejército». Don Lucas Alamán, que por entonces fundaba el Partido Conservador, ganó merecidamente las elecciones a esa banda de traidores y encabezó la reacción nacional que devolvió el poder al general Antonio López de Santa Anna, quien le nombró ministro de Relaciones al asumir el gobierno, que duró de 1853 a 1855. Desgraciadamente don Lucas Alamán murió poco después y el último mandato de Santa Anna, que se desenvolvió bajo pompa monárquica e invocaciones a una Monarquía que pusiera fin a las desgracias de México, se distinguió por un retorno (no declarado) al centralismo, por un renovado respeto hacia la Iglesia y por una tenaz persecución contra los liberales, entre los que destacaban don Benito Juárez y don Melchor Ocampo. Esto avivó el descontento general, que se concretó en el Plan de Ayutla contra el régimen de Santa Anna. Los conjurados, con ayuda norteamericana (que siempre favoreció a los liberales radicales a través de conexiones masónicas) consiguieron el derrocamiento de Santa Anna, que nuevamente abandonó la capital y el país para dar paso a una situación liberal cuyo primer Presidente fue el general Juan Alvarez.

EL RÉGIMEN LIBERAL-MASÓNICO Y SU DEGENERACIÓN PORFIRISTA : EL TRÁGICO INTERMEDIO IMPERIAL

La presidencia del general Alvarez, con la que se inauguraba en octubre de 1855 el régimen liberal-radical en México no fue más que el trampolín del que saltaría al primer plano político su ministro de Justicia, don Benito Juárez. Buscó y obtuvo éste el apoyo incondicional de los Estados Unidos contra los conservadores, ya conocidos por sus tendencias monárquicas; quienes, para contrarrestar el auxilio de Washington a los liberales buscaron un respaldo político-militar en

Europa, por partida doble: por parte del Imperio austriaco, al ofrecer el trono del Segundo Imperio mexicano al archiduque Maximiliano, casado con la princesa Carlota de Bélgica y hermano del Emperador Francisco José; pero bajo el patrocinio y con la ayuda militar de Napoleón III, titular del Segundo Imperio francés y muy prestigiado por sus victorias en Italia. Sin embargo los conservadores mexicanos hubieron de aproximarse también a las ideas liberales que se imponían en Europa después de la Revolución liberal-burguesa de 1848; Napoleón III procedía del liberalismo familiar y en definitiva debía el trono a aquella revolución que había derribado al rey de los franceses Luis Felipe de Orleans. La estrella ascendente de Benito Juárez tenía, además, un claro significado de cambio racial. Hasta la caída definitiva de Santa Anna el más alto círculo del poder en México estaba integrado por los criollos blancos; Juárez, en cambio, era un indio puro zapoteca, de Oaxaca, «mestizo espiritual» como le llamaría Miguel de Unamuno, por quien la alta política mexicana entra en la era del mestizaje, de acuerdo con la tendencia de mezcla racial que se imponía ya en el avance demográfico. Juárez ignoraba el castellano hasta los once años, estudió luego en el seminario de Oaxaca, que abandonó para hacerse abogado. Liberal de toda la vida fue gobernador de Oaxaca, se opuso a Santa Anna y vivió un tiempo en los Estados Unidos, de donde regresó para unirse al Plan de Ayutla. Miembro de la Masonería, llegó a convencerse de que la Iglesia, como máxima enemiga del progreso y la libertad, debía ser reducida y esterilizada. Con su mandato se inaugura casi siglo y medio de hostilidad permanente y militante entre el Estado mexicano, liberal-masónico, y la Iglesia católica. No comprendo cómo algunos escritores pueden trazar las líneas maestras de la historia contemporánea mexicana descartando la clave masónica. Consiguen eso: una historia sin clave.

Como suele suceder en los regímenes llamados liberales, las primeras medidas del gobierno Alvarez constituyeron flagrantes atentados y represiones contra la libertad. Se cometieron ejecuciones arbitrarias contra enemigos políticos de signo conservador, se privó a los sacerdotes de sus derechos políticos y a fines de 1855 quedó aprobada la Ley Juárez que invalidaba la obligatoriedad del fuero eclesiástico para los sacerdotes. Cundieron las protestas incluso entre los partidarios del gobierno, uno de los cuales, el gobernador de Guanajuato, se quejó de que el nuevo régimen «pretendía introducir en la República una especie de protestantismo». Harto de críticas dimitió el general Alvarez en favor del general Ignacio Comonfort, liberal moderado que mantuvo el poder hasta 1858. Recrudeció el control de la prensa crítica; otra medida clásica de los liberales en muchas partes. Por motivos políticos y sin inspiración alguna de la Iglesia una conjura conservadora se apoderó de Puebla pero el gobierno liberal acusó falsamente de complicidad a la Iglesia, desterró al obispo, confiscó los bienes del clero y dictó una dura ley desamortizadora que afectaba gravemente a las propiedades de la Iglesia y las corporaciones locales, como se venía haciendo en España en las décadas de los años treinta y los años cincuenta del siglo XIX. Como en España la desamortización aumentó los latifundios, perjudicó a los campesinos y enriqueció a un sector de oportunistas; las relaciones entre el régimen liberal y la Iglesia de México se agriaban a ojos vistas. El Congreso elaboró la Constitución liberal de 1857, a la que luego se incorporaron las leyes desamortizadoras y anticlericales. Quedaron desautorizados constitucionalmente los votos religiosos y suprimido el fuero eclesiástico. Protestaron los Obispos y el Papa Pío IX, que sin embargo trató de contemporizar para evitar la ruptura completa. Por su parte Benito Juárez, ahora gobernador de Oaxaca, favoreció las pretensiones norteamericanas para abrir un canal interoceánico en el istmo de Tehuantepec. Sin intervención directa de la Iglesia grupos conservadores se alzaron contra la tiranía liberal y dos generales jóvenes, Miguel Miramón y Luis Osollo, se apoderaron audazmente de la Ciudad de México. El Presidente liberal, Comonfort, huyó del país y representantes conservadores de varios Estados le sustituyeron por el general Zuloaga. Benito Juárez, ya presidente de la Corte Suprema de Justicia, se negó a reconocer a Zuloaga y reclamó la Presidencia de la República, con lo que se abrió la Guerra de Reforma o de los Tres Años. Juárez atribuyó falsamente el golpe de estado conservador al influjo del alto clero. Juárez huyó a los Estados Unidos mientras Zuloaga abolía las leyes anticlericales. El general Miramón se impuso militarmente contra las tropas y partidas liberales.

El embajador de los Estados Unidos, Forsyth, exigió en 1858 al gobierno Zuloaga nuevos y extensos territorios mexicanos pero ante la firmeza del gobierno no se consumó esta vez el despojo. De 1858 a 1860 el general Miramón obtuvo grandes victorias contra los juaristas, muy apoyados por los Estados Unidos. Miramón alcanzó la Presidencia de la República sin haber cumplido los treinta años. En plena guerra civil Benito Juárez promulgó sus célebres Leyes de Reforma, como represalia contra la Iglesia a la que acusaba de promover la guerra y apoyar al gobierno enemigo; los obispos negaron enérgicamente la acusación y protestaron contra esas leyes que, si bien no podían aplicarse en la mayoría del territorio, dominado por los conservadores, dictaban la nacionalización de todos los bienes de la Iglesia. Quedaban suprimidas las órdenes religiosas de varones, se implantaba la libertad de cultos y se pretendía crear una Iglesia mexicana cismática. A fines de 1860 y gracias al apoyo de los Estados Unidos Benito Juárez inclinó a su favor la guerra civil, se apoderó de la capital y consiguió la victoria, seguida de una cruel represión. Miramón logró evadirse a Cuba. La guerra había destrozado al país y el 17 de julio de 1861 el caos financiero forzó a la suspensión de pagos de la Deuda exterior, que afectaba a Inglaterra en 70 millones de pesos, a Francia en 27 y a España en 10. Aprovechando que los Estados Unidos se enzarzaban hasta 1865 en su cruenta Guerra de Secesión las tres potencias afectadas firmaron en octubre de 1861 la Convención de Londres para una intervención conjunta contra México. Los cuerpos expedicionarios de cada país desembarcaron en Veracruz y establecieron una sólida cabeza de puente entre diciembre de 1861 y enero siguiente. Los españoles, al mando del general Prim, eran más numerosos y rebasaban los seis mil hombres. Francia envió tres mil e Inglaterra 800. A su llegada se extendió por México un intenso movimiento monárquico que contaba con el apoyo de Napoleón III. El general español, miembro de la Masonería, casado con una mexicana y muy bien informado sobre el apoyo de los Estados Unidos a Juárez, apostó por la victoria de Juárez y decidió la retirada de sus tropas, lo que provocó en España una tormenta política muy intensa. Convenció de lo mismo a los ingleses; pero no a los franceses que deciden apoyar militarmente a los conservadores y monárquicos mexicanos. Negar la influencia masónica sobre estos sucesos equivale a negarse a la evidencia. Prim era un gran admirador de los Estados Unidos; regresó a España por territorio norteamericano y logró que la reina Isabel II le diera la razón.

Napoleón III, que no calibraba la potencia de Estados Unidos, se empeñó en realizar su sueño imperial americano. El general Juan Almonte organizó con gran actividad un partido monárquico al que se sumaron en México no sólo los conservadores sino numerosos liberales. El cuerpo expedicionario francés se puso en marcha hacia el interior pero fue derrotado en su ofensiva contra Puebla por el ejército republicano del general Zaragoza, en acciones donde empezó a sonar un nombre del futuro, el general Porfirio Díaz. Era el mes de mayo de 1862 y si bien los franceses vencieron en Cerro del Borrego el emperador de Francia dio el mando de la expedición al mariscal Forey, que con 22.000 franceses y 6.000 mexicanos repitieron el intento sobre Puebla, que tomaron tras dura resistencia de los republicanos. En junio de 1863 el ejército franco-mexicano entró triunfalmente en la Ciudad de México donde proclamó en ausencia como Emperador a Maximiliano I. Juárez tuvo que escapar e instalar su capital republicana en la ciudad fronteriza de El Paso, sobre el Río Grande, para recibir cómodamente las ayudas de Norteamérica. Sin embargo Napoleón III, que en su política interior francesa trataba inteligentemente a la Iglesia, ordenó a sus representantes en México que evitasen el enfrentamiento ideológico con los liberales, a quienes habían venido precisamente a combatir. El propio Maximiliano, que era masón, no repudió con energía las Leyes de Reforma con lo que se alienó la voluntad de los conservadores y de la Iglesia. El general Miramón se presentó en la capital y ofreció su espada al mando francés que no hizo mucho caso, lo mismo que el emperador a su llegada, sin advertir que sólo el joven militar mexicano, auténtico rayo de la guerra, era capaz de llevarla a buen fin. Napoleón III entregó el mando militar supremo a un jefe con escasas dotes y mala estrella, el mariscal Bazaine.

El mando francés constituyó en la Ciudad de México una Junta de gobierno seleccionada en Francia, entre los mexicanos exiliados, que designó una Junta de 215 Notables para ofrecer formalmente la Corona imperial al archiduque Maximiliano de Austria, virrey de la Italia del Norte. La restauración imperial suscitó en todo el país innumerables adhesiones; autores liberales reconocen que un altísimo porcentaje de la población aceptaba el Imperio. El mariscal Bazaine, Napoleón III y el propio Maximiliano se mostraron partidarios de la consolidación de las leyes desamortizadoras. Firmado el instrumento de aceptación los Emperadores mexicanos visitaron en Roma al Papa Pío IX y desembarcaron en Veracruz el 28 de mayo de 1864. Sin embargo Juárez mantenía viva la guerra civil desde su reducto del Norte, ayudado desde el sur por el general Porfirio Díaz. Los Estados Unidos, pese a su guerra civil, continuaron su ayuda militar a los republicanos e incluso amagaron con una marcha sobre la frontera. Mientras tanto el Emperador trataba de congraciarse con su pueblo en tan difíciles circunstancias. No acertó en la orientación del gobierno –predominantemente liberal– ni en la dirección estratégica, mal llevada por el mariscal Bazaine. Fracasó al negociar con el Nuncio un acuerdo en que mantenía la línea liberal y en cambio aceptó la dignidad masónica de Protector de la Orden. Pero en la primavera de 1865 la Unión americana derrotó definitivamente a la Confederación y el gobierno victorioso mostró su hostilidad y su repulsa al emperador Maximiliano y a su protector Napoleón III, que estaba próximo a enzarzarse en su fatal guerra contra Prusia. En mayo de 1866 Napoleón III anuló los acuerdos de Miramar y comunicó a Maximiliano su decisión de retirar gradualmente las tropas francesas de México. La animosa emperatriz Carlota viajó entonces a Europa para suplicar protección; nada logró de Napoleón III y durante una audiencia con el Papa sufrió un terrible ataque de locura. Hubo de recluirse en la corte de Bélgica donde murió a los 86 años en 1927.

Viéndose perdido, el emperador de México decidió defender el Trono. Los republicanos de Benito Juárez, con desbordante apoyo de Estados Unidos, emprendieron la marcha hacia la capital con cuatro ejércitos a partir de julio de 1866.El general Miramón olvidó los desprecios a que le había sometido el Emperador y se mantuvo a su lado hasta el fin. El ejército imperial se encerró en Querétaro por lo que el general Porfirio Díaz tomó la Ciudad de México el 21 de junio de 1867; Benito Juárez llego poco después en triunfo para restablecer la República. Miramón defendió Querétaro hasta que una conjura de traidores entregó la plaza al enemigo. Maximiliano, con los generales Miramón y Mejía, fueron condenados a muerte y ejecutados. La Masonería reprochó a Juárez haber dado muerte a un compañero en la Orden y decidió borrarle, hasta hoy, de sus libros.

Benito Juárez, que venía ocupando la Presidencia de la República, por no haber reconocido al régimen imperial, desde 1858, prolongó su mandato autoritario durante más de catorce años hasta su muerte en 1872. Tras los malos ejemplos conservadores también los liberales practicaban la autocracia y han perpetuado, de diversas formas, la misma costumbre hasta nuestros días; el pueblo de México no ha gozado prácticamente de un régimen democrático en toda su historia independiente y buena parte de culpa recae por ello en la gran democracia del Norte. Juárez no gobernó según la Constitución liberal teórica sino en virtud de poderes excepcionales. Por supuesto que restableció y recrudeció las Leyes de Reforma y se empeñó en acorralar y anular la acción de la Iglesia católica. Organizó la educación con criterios positivistas y anticatólicos pero la dureza de su régimen no contribuyó al saneamiento económico del país ni impidió la proliferación de insurrecciones, casi todas de signo liberal. Las características principales de su gobierno fueron el sometimiento a los Estados Unidos, la corrupción, la arbitrariedad y el fraude. El general Porfirio Díaz había organizado la gran conspiración de la Noria cuando murió Juárez el 18 de julio de 1872 Le sustituyó el presidente de la Suprema Corte de Justicia, licenciado Sebastián Lerdo de Tejada, hasta 1876.

Lerdo amortiguó la tensión antijuarista con un decreto de amnistía y construyó el importante ferrocarril de México a Veracruz. Reformó la Constitución para intensificar la lucha contra la Iglesia, trató de encerrar a la Iglesia en los templos y en cambio apoyó la difusión del protestantismo gracias a impulsos de sectas protestantes norteamericanas. Su carácter autoritario y orgulloso provocó un nuevo estado de malestar que desembocó en la rebelión victoriosa de 1876, dirigida por un héroe de la guerra civil, el general Porfirio Díaz.

Mediante varios efugios legales el general Díaz se mantuvo en el poder (con un intermedio presidencial de su compadre, el general Manuel González) durante casi treinta años, hasta el 25 de mayo de 1911, el período que se conoce como «porfirismo» o «porfiriato». Mestizo de Oaxaca, hijo de un hojalatero español y madre india, su régimen equivale a una degeneración del liberalismo que desembocó necesariamente en la Revolución Mexicana de 1910, el tracto histórico en que todavía vive México, aunque ya presenta claros síntomas de agonía. Al término de su primer mandato Díaz cedió aparentemente el poder al general Manuel González «dedicado al saqueo del tesoro público» según frase de un historiador. Luego reformó a su gusto la Constitución para ser reelegido una y otra vez. Su régimen fue una dictadura de procedencia liberal-radical, netamente oligárquica, inconcebiblemente corrupta y abierta de piernas al más grosero imperialismo económico anglo-norteamericano. En 1895 el 91 por ciento de la población podía considerarse como clase baja subproletaria; el 8 por ciento como débil clase media y el 1 por ciento como clase alta. En 1900, año de la cuarta reelección de Porfirio Díaz, la población de México era de 13,6 millones de habitantes, de los que apenas dos millones no eran analfabetos; el 97 por ciento de las familias carecían de tierra, En ese año el capital extranjero –según Enrique Ruiz García, el aventutero español que llegó sorprendentemente a consejero áulico de un Presidente antiespañol y pintoresco, Luis Echevarría– controlaba 172 de los 202 establecimientos comerciales importantes de México, Distrito Federal, y en 1911, cuando ya se había producido bajo el porfiriato el primer impulso industializador, dos tercios de las inversiones industriales eran de propiedad británica o norteamericana. Díaz, eso sí, sacrificó la libertad al orden y logró un innegable progreso material cuyos resultados justificaba la dictadura merced a una propaganda estruendosa y excluyente. Los intereses anglo-norteamericanos se cebaban por supuesto en la industria, pero además en la agricultura latifundista y en el petróleo, la gran riqueza de México en el siglo XX, del que se habían descubierto yacimientos de suma importancia.

Los historiadores mexicanos más equilibrados, como el profesor Carlos Alvear, reconocen los rasgos negativos del porfiriato pero tampoco ocultan los positivos. El progreso material se logró gracias a un mantenimiento implacable del orden público. Todos los niveles del gobierno dependían de las designaciones personales del Presidente, que coartó a la prensa crítica y pretendió ahogarla con su prensa adicta y subvencionada. Se incrementaron las inversiones, las exportaciones y las importaciones pero el predominio del capital norteamericano, más de mil millones de dólares en 1910, llegaba casi a la mitad de la riqueza total del país. Aumentó escandalosamente el latifundismo y disminuyó para las clases campesinas su participación en la propiedad de la tierra. El porfiriato careció de política social, no fomentó la creación de sindicatos y el principal líder social, Ricardo Flores Magón, se deslizó al anarquismo. La Iglesia fue tolerada y no perseguida; aumentó a 23 el número de diócesis, los sacerdotes superaron los cinco mil y se restablecieron en parte las órdenes religiosas. Se permitió en 1895 la coronación de la Virgen de Guadalupe pero el gobierno mantuvo su talante laicista. Al comenzar el siglo XX el régimen de Porfirio Díaz no era ya más que un prolongado anacronismo. Por todas partes surgían voces y proyectos de autentificación política en sentido democrático, exigencias en política social y educativa, planes para romper la onerosa dependencia nacional respecto del imperialismo económico extranjero. Porfirio Díaz respondía cínicamente que México estaba ya maduro para la democracia.

En 1908 había aparecido un semanario satírico de gran influjo, *El Tercer Imperio*, muy crítico contra el porfiriato y dirigido por un intelectual y político con buena imagen, Francisco Ignacio Madero, a quien un historiador mexicano me describía como «un hacendado español» si bien pertenecía a la Masonería, practicaba el espiritismo y, como otros líderes de la inminente Revolución Mexicana, apenas ocultaba su dependencia de los Estados Unidos, que han jugado a todos los paños en la historia de México. Madero fundó, para concurrir a las elecciones de 1910, un Centro Antireelecionista . Porfirio encarceló a Madero y amañó su nueva elección presidencial, Madero pudo huir a los Estados Unidos y desencadenó un movimiento político con un lema degradado por el dictador: «Sufragio efectivo, no reelección». En un manifiesto famoso, Madero prometió reformas profundas, nacionalismo financiero y reparto de tierras. Pero casi a la vez Porfirio Díaz celebró con un derroche de propaganda sus ochenta años, mientras el 1 por ciento de la población poseía el 97 por ciento de la tierra y 870 hacendados gratos al régimen dominaban el campo mexicano; el analfabetismo seguía aprisionando al ochenta por ciento del pueblo.

Madero había puesto en marcha la Revolución Mexicana de 1910, la primera de las que conmovieron al siglo XX después de la de 1905 en Rusia. Fue una confluencia integrada por tres corrientes principales. Primero el liberalismo moderado y regeneracionista de las clases medias suscitado por Madero. Segundo el agrarismo radical, pero que respetaba la idea de propiedad, de los pequeños propietarios y los campesinos sin tierra que seguían a su ídolo del Sur, Emiliano Zapata. Y tercero el radicalismo obrero, confusa mezcla de anarcosindicalismo y –más tarde– de marxismo elemental, contenido en el programa revolucionario de Flores Magón. La Revolución, que carecía de coherencia entre sus corrientes, estalló en Puebla en septiembre de 1910 y pronto cundió por toda la nación al grito de «Tierra y Libertad». Y es que las concesiones porfiristas de caucho en el Estado de Durango a las familias norteamericanas Rockefeller y Aldrich gracias a sustanciosos sobornos, no eran más que el colmo de una entrega total al imperialismo económico extranjero mientras la nación yacía en la miseria, la incultura y el abandono.

Después de tres décadas despóticas Porfirio Díaz, acorralado por la Revolución de 1910, renunció a la Presidencia y marchó al exilio el 21 de mayo de 1911. Madero asumió la Presidencia y abrió una nueva época, que hoy perdura: la Revolución Mexicana. Para este movimiento la lucha contra la Iglesia no figuraba en programa alguno; lo fundamental era el impulso democrático y la lucha por la tierra. Sin embargo la Revolución Mexicana cayó pronto en el ataque y la descalificación contra la Iglesia católica. Este giro trágico, que conduciría a una nueva guerra civil, se derivó de las directrices masónicas; no existe otra explicación.

DE LA REVOLUCIÓN DE 1910 A LA GUERRA CRISTERA

En medio de una gran esperanza nacional asumió Madero la Presidencia desde fines de 1911 a 1913. Era candidato de su propio partido y del Partido Nacional

Católico, a quien sin embargo fueron escamoteados muchos escaños en las elecciones inmediatas. Sin embargo la época revolucionaria defraudó por completo las esperanzas populares. Al consultar las historias más acreditadas del México contemporáneo el lector experimenta una terrible confusión de ideologías, actos de fuerza, banderías, presiones extranjeras y directrices políticas. El verdadero árbitro de la política mexicana en los primeros tiempos de la Revolución fue el embajador de los Estados Unidos Henry Lane Wilson, que logró mantener la cohesión de la oligarquía liberal y retiró bien pronto su apoyo al presidente Madero, quien apenas pudo esbozar sus proyectos de reforma agraria y social, más o menos convenidos con Emiliano Zapata, el cual rompió con el nuevo Presidente. Al amparo de la Revolución defraudada se formó una nueva oligarquía que pactó con la antigua y la restableció en su poder social y político, bajo la protección intervencionista del embajador norteamericano. Madero designó al general Victoriano Huerta comandante de la Ciudad de México para reprimir la sublevación de los oligarcas pero Huerta traicionó a Madero y firmó con los sublevados el Pacto de la Ciudadela, concertado realmente en la embajada norteamericana. El resultado fue el derrocamiento de Madero y el ascenso de Huerta a la Presidencia el 19 de febrero de 1913. Pronto fue asesinado Madero, el profeta de la Revolución, que se dividido en tres corrientes, dirigidas por tres caudillos; los villistas, a las órdenes de Doroteo Arango, (a) Pancho Villa, guerrillero en el Norte; los carrancistas, partidarios del general Venustiano Carranza, protegido de los norteamericanos, cuyo apoyo principal era el general Alvaro de Obregón, dominador de la región occidental; y los seguidores del iluminado Emiliano Zapata, que seguía alzado en el Sur y en Morelos. En julio de 1914 Carranza, Obregón, Villa y Zapata consiguen echar al Presidente Huerta pero vuelven a dividirse tras la victoria, que degenera en anarquía.

Poco a poco logró imponerse el poder de Carranza, en nombre del cual tomó la Ciudad de México el general Obregón en agosto de 1915. Este caudillo, al margen de su jefe, desencadenó una violentísima persecución religiosa con expulsión de sacerdotes, depredación de bienes eclesiásticos, cierre de colegios católicos y violaciones de monjas. Obregón logró derrotar a Pancho Villa en 1915; y Carranza eliminó por traición a Zapata en 1919. Promulgó la Constitución revolucionaria de 1917, masónica y ferozmente anticlerical, que prohibía la enseñanza religiosa y nacionalizaba los bienes eclesiásticos. El Papa Pío XI condenó estos excesos en la encíclica *Iniquis afflictisque,* el 18 de noviembre de 1926. Convertido en autócrata, Carranza abrió las puertas del Estado a la más flagrante corrupción de su historia. Tras el asesinato de Zapata el general Alvaro de Obregón decidió volver a la política cuando advirtió que Carranza pretendía consolidar su dictadura. Alzado en armas, Obregón venció a los partidarios de Carranza y le obligó a huir, lo que hizo tras robar del Tesoro público treinta millones de pesos y llevándose consigo todo un harén. Pretendía llegar a Veracruz pero hubo se internarse en la Sierra de Puebla donde uno de sus oficiales le asesinó el 21 de mayo de 1920.

Tras un breve interregno presidencial el general Alvaro de Obregón venció en las elecciones por abrumadora mayoría. Casi todas las antiguas fuerzas revolucionarias le apoyaban, más una nueva: la Confederación Regional Obrera Mexicana, fundada en 1918, impulsora del movimiento anticlerical junto con los liberales radicales y mezcla detonante de marxismo grosero y violencia anarcosindicalista de cuño soreliano. Nacieron además la central obrera CGT y el partido comunista mexicano, que confirieron un tinte de extrema izquierda al curso de la Revolución. Todos sus enemigos tradicionales y renovados se conjuraron contra la Iglesia, bajo la perdurable inspiración masónica, para alentar una persecución inexplicable que se estrelló contra la fe multisecular del pueblo mexicano.

Patrocinado por Obregón subió a la Presidencia en 1924 el general Plutarco Elías Calles, un demagogo reformista y prevaricador que recrudeció hasta el paroxismo desde 1926 la persecución contra la Iglesia y los católicos. Los historiadores mexicanos reconocen a Calles un eficaz impulso regeneracionista en obras públicas e instituciones económicas, pero siguen sin explicarse la vesania masónica con que pretendió aniquilar a la Iglesia en la nación mexicana, incluso repitiendo el intento anterior de crear una Iglesia apóstata y cismática. Las vejaciones contra la Iglesia, los obispos y el Delegado Apostólico, que fue expulsado, provocaron al fin la reacción violenta de los católicos en varios estados –Jalisco, Colima, Zacatecas, Guadalajara y Michoacán– a impulsos de la Liga Defensora de la Libertad religiosa. Es la rebelión armada contra la tiranía anticatólica que se conoce en la Historia como Guerra Cristera o Cristiada, entre 1926 y 1929.

La Guerra Cristera, absurdamente desconocida en España, es un conflicto de primordial importancia histórica que constituye además un clarísimo precedente de la guerra civil española. Este conflicto, ejemplo clásico de resistencia legítima a una tiranía despiadada, según una clara tradición doctrinal de la Iglesia, no se desencadenó en modo alguno por la provocación de los católicos sino muy al contrario, por la persecución intolerable de Calles-Obregón contra los católicos, con violación de las leyes más elementales de la convivencia. El diario masónico *El Universal* reprodujo insistentemente varias provocaciones gubernamentales a principios de 1926. La protesta católica, al principio, se encauzó por vías legales, entre ellas la presentación de dos millones de firmas; pero todas esas vías fueron cegadas con saña y sinrazón; el gobierno respondió con nuevas e insufribles agresiones a la libertad religiosa y a las libertades civiles. Tanto que el Episcopado mexicano decretó, como suprema medida de protesta, el interdicto que suspendía el culto público en todas las iglesias de la nación. Obregón y Calles habían dado muestras inequívocas de burlar la Constitución para perpetuarse sucesivamente en el poder. Entonces el alzamiento armado de los cristeros brotó en las regiones mexicanas de mayor entraña católica. Nunca se había visto una guerra popular de semejante envergadura después del alzamiento de la Vendée contra los excesos de la Revolución francesa. La respuesta gubernamental fue la esperada; decenas de sacerdotes fueron asesinados, cundieron las profanaciones, los atentados y las violaciones públicas por los jefes militares, que luego entregaban sus víctimas a la soldadesca. Los rebeldes se llamaron «cristeros» por el grito con que llegaban a la muerte y entraban en batalla, «¡Viva Cristo Rey!». La juventud católica femenina peleó heroicamente en las Brigadas Juana de Arco. La lucha más enconada se libró en Jalisco y Michoacán. Varios obispos bendijeron las armas cristeras y el Papa Juan Pablo II ha beatificado, en la fiesta de Cristo Rey de 1992, a veintidós sacerdotes y tres miembros seglares de la Acción Católica, víctimas del odio a la fe en los años de la guerra cristera. (*Beatos de la Acción Católica*, A.C. Mexicana,

1994). En 1927 el general Obregón, candidato de nuevo a la Presidencia, sufrió un atentado en Chapultepec, del que salió ileso; pero el gobierno acusó falsamente al jesuita Miguel Agustín Pro, que para nada había intervenido. El jesuita fue fusilado y también ha sido beatificado por Juan Pablo II, con grave indignación de los masones mexicanos y no demasiado entusiasmo por parte de los jesuitas de hoy. Al año siguiente Obregón, presidente electo, fue asesinado efectivamente por un vengador cristero.

En 1929 quedaba claro que ni el Ejército lograba sofocar la rebelión cristera ni los católicos rebeldes conseguían que su gesta derribase al gobierno anticlerical. Eliminado Obregón asumió la Presidencia una marioneta del general Calles, que pronto se haría llamar «Jefe Máximo», don Emilio Portes Gil, quien, bajo el patrocinio del embajador de los Estados Unidos, Dwight W. Morrow, celebró negociaciones con varios prelados y concluyó con ellos los llamados «Arreglos» que pusieron fin al conflicto cristero. El embajador redactó el texto que fue traducido al castellano y firmado por ambas partes en papel sin membrete y sin más garantías. Quedaba disuelto el Ejército cristero, llamado Guardia nacional; el gobierno no cancelaba la legislación anti-religiosa pero se comprometía a no aplicarla y aceptaba un régimen de tolerancia. Sin embargo, tras deponer sus armas los rebeldes, se produjeron numerosos asesinatos y represalias por lo que tanto el Delegado Apostólico como el presidente de la República hubieron de tranquilizar públicamente cada uno a sus partidarios. La obediencia de los cristeros, que no habían sido vencidos, resultó casi sobrehumana; las explicaciones del Presidente a sus compañeros masones, que hemos subrayado en el Pórtico de este libro, demuestran de forma inequívoca la conjunción absoluta entre la Revolución mexicana y la Masonería, auténtica impulsora de la persecución. Es uno de los documentos más extraordinarios en la historia de México y en la historia de la Iglesia.

En la época de Portes Gil, bajo la supervisión de Calles, tomó forma el 4 de marzo de 1929 el Partido Nacional Revolucionario con pretensiones de monopolio político absoluto; luego cambiaría su nombre por el de Partido Revolucionario Institucional o PRI, que convertido en la ficción democrática más escandalosa del mundo sigue hoy detentando el poder en México. Nació sobre la trama de los grupos políticos regionales que habían contribuido a la consolidación revolucionaria y de tres poderosas fuerzas sociales: la Confederación Nacional Campesina (casi diez millones de votos) la Confederación de Trabajadores de México y la Confederación Nacional de Organismos Populares, con casi ocho millones de votos en la actualidad. El PNR/PRI se funda desde su nacimiento en su tejido de organización y encuadramiento social que, alimentado con fondos propios y con las arcas del Estado, del que es parásito, le hacen merecedor, hasta hace poco, del título con que se le distingue en México: El Invencible. Y desde su nacimiento hasta hoy es un partido sustancialmente masónico y enemigo de la Iglesia católica.

Después de Portes Gil otros tres presidentes marionetas del Jefe Máximo, Plutarco Elías Calles, se sucedieron en el poder aparente, controlado por el embajador americano Morrow con lo cual el Coloso del Norte renovaba el régimen de proconsulado que ya había ejercido en México durante las situaciones liberales anteriores. En 1931 el régimen del brutal y arbitrario Calles intensificó las medidas persecutorias contra la Iglesia católica a la que se pretendió eliminar del alma mexicana junto con el recuerdo y las raíces de la presencia hispánica. No pudo conseguir el régimen ni uno ni otro objetivo; las raíces profundas de los pueblos nunca se arrancan más que superficialmente. Calles, corrompido hasta la médula, mantenía un férreo control del partido autocrático e instaló como presidente en 1933 a Abelardo L. Rodríguez, su socio en la pingüe explotación de los garitos que proliferaban en la Baja California, donde los prósperos vecinos del norte se dejaban el dinero y la vergüenza. Los gangsters mexicanos de la época, dirigidos por su «capo» que era el propio Calles detentaban el poder en los Estados Unidos mexicanos. Pero cuando en 1934 Calles patrocinó para la Presidencia a quien consideraba como un hijo, el general Lázaro Cárdenas, cometió el error de su vida; porque Cárdenas primero anuló a Calles y luego le expulsó de México con lo que logro asumir desde la Presidencia el dominio del PNR/PRI, que ya no han dejado nunca de empuñar los presidentes en ejercicio. Cárdenas, sincero populista, fue el gran impulsor de una reforma agraria efectiva. Inclinado abiertamente al marxismo y el comunismo favoreció a la causa del Frente Popular durante la guerra civil española y acogió luego con generosidad, que la España reconciliada debe agradecerle, a millares de refugiados republicanos de la España vencida, quienes, fuera de algunos arribistas y mangantes del aparato socialista exiliado (que como algunos dignatarios mexicanos se lucraron con el tesoro del yate *Vita*, cargado de despojos robados a particulares en España) recalaron en México para sobrevivir y trabajar y contribuyeron beneficiosamente al desarrollo económico y cultural de México. Cárdenas nacionalizó los recursos petrolíferos pero no perdió por ello el amparo de los Estados Unidos. Insistió cada vez más inútilmente en las medidas anticlericales, con lo que provocó la famosa encíclica de Pío XI *Divini Redempto ris* en 1937 donde el Papa equiparaba las persecuciones de signo comunista contra la Iglesia en Rusia, México y España. En 1935 Cárdenas había otorgado plena legalidad al partido comunista de México y durante su mandato el marxismo penetró profundamente en la enseñanza. Hasta su relevo en 1940 Cárdenas era considerado en el mundo comunista, con el absurdo beneplácito de los *liberals* norteamericanos, como un notable colaborador de Stalin.

SECCIÓN 5: LA GUERRA CIVIL ESPAÑOLA

ESPAÑA 1936: MEDIA NACIÓN NO SE RESIGNA A MORIR

Cuando aún no se habían extinguido los ecos, ni se había secado la sangre cristera de la guerra civil religiosa en México estallaba en España otra guerra religiosa a media tarde del 17 de julio de 1936. Fui testigo infantil de la guerra civil española, he conocido a numerosos testigos que combatieron en uno y otro de sus bandos, incluso a la máxima altura política o militar; y creo ser el autor que más libros ha escrito sobre esa guerra, a la que pienso volver con nuevos proyectos editoriales y de investigación. Esto significa que debo dominarme hasta lo indecible para no sobrepasar los limites que tengo asignados a la guerra civil española en este libro.

Para el estudio general de la guerra civil española debo referirme, sin falsas modestias, a dos de mis libros: *Nueva historia de la guerra civil*, publicada con motivo del cincuentenario de su comienzo, como resumen y perspectiva de los documentos y trabajos que considero más importantes entre los millares de obras y colecciones documentales publicadas; y *1939, Agonía y Victoria* que fue premio Espejo de España en 1989, mereció (por vez primera para un libro español) una amplia reseña en *Time* (con divertidísima pataleta de los desorientados señores Tusell y Preston) y no solamente estudia sobre la base de siete mil documentos casi todos inéditos los desconocidos meses finales de la guerra española sino que apunta unas líneas de perspectiva sobre todo el conjunto histórico del conflicto[171]. En el primero de esos dos libros me refiero también a la época de la segunda República como prólogo de la guerra civil inevitable. Sobre el enfoque específico del problema religioso en la segunda República y en la guerra de España la bibliografía es abrumadora pero selecciono, ante todo, el libro que sigue siendo fundamental: el de monseñor Antonio Montero, que desgraciadamente se ha negado, por altos y a mi modo de ver equivocados criterios pastorales, a reeditarlo, como si la verdad histórica pudiera oponerse a la reconciliación auténtica[172]. Son también importantes otros estudios: el ya citado tomo X del *Manual de Historia de la Iglesia* escrito por Quintín Aldea y Eduardo Cárdenas; los dos espléndidos tomos de Gonzalo Redondo[173] el sobrecogedor análisis del general R. Casas de la Vega *El terror, Madrid 1936*, publicado en 1994 por esta misma Editorial y la interesantísima *Guía de la Iglesia y de la Acción Católica española* de 1943, que contiene datos y documentos esenciales para el período 1930-1939. Es una tarea ingente extraer de todo el conjunto documental y bibliográfico disponible los rasgos fundamentales que encajen en los límites de este libro; pero voy a intentarlo.

En la segunda República y en la guerra civil de los años treinta reventó una terrible carga de odio contra la Iglesia que se venía acumulando en España a partir del final de la guerra de la Independencia; porque antes no había existido prácticamente el anticlericalismo en España, fuera de algunos focos mínimos en algún sector de los ilustrados del XVIII; y eso que la Ilustración española, al contrario de la francesa, no fue en modo alguno anticlerical sino fundamentalmente católica. El profesor Jesús Pabón se lamentaba de la falta de estudios sobre los orígenes del anticlericalismo español lo cual es, me parece, culpa de algunos presuntos especialistas en la historia eclesiástica del XIX cuya aportación se ha limitado a repetir listas y biografías ramplonas de algunos obispos. La Iglesia de España había proclamado como Cruzada contra el impío invasor y usurpador Bonaparte la guerra de la Independencia; y el pueblo entero la siguió sin vacilar tanto en la resistencia contra los franceses como en la nostalgia por Fernando VII el Deseado. Planteada en las Cortes de Cádiz desde 1810 la antítesis entre los que pronto se llamaron

[171] La *Nueva Historia* en «Epoca», 1986; *Agonía y Victoria* en Barcelona, Planeta, 1989.

[172] A. Montero *Historia de la persecución religiosa* en España Madrid, BAC, 1961.

[173] *Historia de la Iglesia en España 1931-1939* Madrid, Rialp, 1993.

(como un insulto de la parte contraria) liberales y serviles, la inmensa mayoría del clero y los religiosos se adscribieron al bando servil con lo que dio comienzo la lucha secular entre la Iglesia y el liberalismo radical, que en gran parte se identificaba con la Masonería. Al dividirse los liberales, en la tercera década del siglo XIX, en exaltados y moderados, casi todos ellos seguían siendo de confesión personal católica; pero los moderados eran generalmente pro-clericales y los exaltados, anticlericales. La gravísima disidencia carlista, planteada incluso antes de la primera guerra civil en 1833, identificó a parte de la Iglesia (sobre todo en Navarra, las provicias vascongadas, Galicia y Cataluña) con el absolutismo carlista mientras casi todo el episcopado se mantenía fiel a la dinastía fernandina aunque contrario al liberalismo. Las primeras agresiones y persecuciones del liberalismo radical contra la Iglesia se registran a partir de 1835 y precisamente por la sospecha, alentada por los liberales, de que la Iglesia favorecía a la causa del carlismo lo cual no era cierto de forma general.

La agresión y la persecución anticlerical rebrotaban a lo largo del siglo XIX cuando los liberales radicales ocupaban el poder o participaban en él; volvía la paz religiosa durante los períodos, más prolongados, de dominio político moderado. El Sexenio revolucionario (1868-1873) marca la etapa más larga de anticlericalismo persecutorio pero sin llegar, salvo casos aislados, a la agresión sangrienta contra la Iglesia. La primera Restauración entre 1875 y 1923 y la dictadura de Primo de Rivera fueron épocas de paz religiosa salvo los encrespamientos, por imitación francesa, de principios de siglo. Continuaba sin embargo la siembra del odio contra la Iglesia que se había iniciado, como dijimos, a raíz de la adscripción absolutista de la Iglesia española tras la guerra de la Independencia. La siembra del odio durante el siglo XX depende de dos impulsos. Primero, la hostilidad jacobina y masónica de los liberales anticlericales, a imitación de sus homólogos franceses de la Tercera República en la última década del siglo XIX y primera del XX; y la enemistad declarada contra la Iglesia por parte del movimiento obrero organizado en el anarcosindicalismo y el socialismo revolucionario, porque el comunismo español fue insignificante hasta 1934.

Desde esos dos impulsos se identificó injusta y absurdamente a la Iglesia española con los peores aspectos del régimen monárquico, con las clases dominantes y con la más negra reacción. Monseñor Antonio Montero nos proporciona una espeluznante antología del odio anticlerical a partir de los cominezos del siglo XX. Antes de proclamarse inesperadamente la segunda República en abril de 1931 los promotores del nuevo régimen tuvieron buen cuidado de no presentarse como hostiles a la Iglesia; tanto que entre ellos formaba parte una minoría católica a la que pertenecían nada menos que el primer presidente de la República, don Niceto Alcalá Zamora y el ministro de la Gobernación don Miguel Maura Gamazo. El nuncio monseñor Tedeschini conspiró con ellos contra la Monarquía. La Santa Sede, la Acción Católica y la Asociación Católica Nacional de Propagandistas, con sus influyentes órganos de opinión, acataron al «poder constituido» como entonces se decía, incluso exageradamente; el Episcopado siguió la misma pauta. Pese a todo ello la República menospreció ese acatamiento y se presentó desde las primeras semanas como enemiga mortal de la Iglesia contra la que esgrimió, como dijo la propia Iglesia oficialmente, un «laicismo agresivo». El 11 de mayo, antes de cumplirse el primer mes de la República, ardían numerosos conventos y edificios religiosos en Madrid y otros puntos de España ante la estúpida e inexplicable indiferencia del gobierno de la República. Eran las hogueras que marcaban el comienzo de la persecución frente a la que los católicos de España, como habían hecho los de México, no se resignaron. Y desde entonces, con sus obispos al frente, respondieron a la persecución con la cruzada. Esta interpretación me parece no sólo fundada y exacta sino esencial. Los pretextos que esgrimió el gobierno para expulsar de España a dos obispos, el cardenal Segura, arzobispo primado de Toledo y monseñor Múgica, obispo de Vitoria, no resisten la menor crítica histórica; consistían en simples falsedades.

Durante el primer bienio de la República (1931-1933) la figura capital de la política fue don Manuel Azaña, perteneciente a una familia católica y conservadora pero convencido liberal anticlerical de clara línea jacobina, que consideraba a la Iglesia como un obstáculo para la modernizacón de España y asumió por tanto un designio secularizador implacable, como árbitro entre las dos tendencias que ya hemos citado: el jacobinismo de los liberales radicales y la hostilidad cerrada de los partidos y sindicatos obreros. Este anticlericalismo se convirtió en norma constitucional; la Constitución de 1931 incluía expresamente la supresión de los jesuitas, que fueron expulsados de España. Directrices masónicas y odio socialista convergieron en la legislación anticatólica del bienio Azaña, calcada de la francesa de principios de siglo; se prohibió a las congregaciones religiosas el ejercicio de la enseñanza y se trató por todos los medios de arrancar de la sociedad española todo influjo de la Iglesia. La profesora Gómez Molleda y su equipo han fijado históricamente este designio secularizador así como la coincidencia de Masonería y socialismo en su planteamiento y ejecución[174].

Desahuciados los partidos políticos de la Monarquía, los católicos españoles crearon, por directa orientación de la Iglesia, un gran partido católico, la Confederación Española de Derechas Autónomas (CEDA) en 1933, que se declaró posibilista y participó activamente en el juego político de la República. Los monárquicos se agruparon en Renovación Española, abiertamente hostil al régimen como sus dos anexos, el grupo intelectual Acción Española y la red conspiratoria Unión Militar española. Se mantuvo la Lliga Regionalista en Cataluña, de la que formaban parte los católicos autonomistas moderados; y el Partido Nacionalista Vasco, de origen y tendencia separatista, acenedradamente católico y clerical, aliado al principio de los tradicionalistas y los católicos españoles pero que hacia el final de la República había evolucionado estratégicamente hacia una alianza con la izquierda de la que esperaba el reconocimiento de la autonomía vasca. En el mismo año en que Hitler llegaba a la Cancillería del Reich, 1933, la situación Azaña se hundía irremisiblemente y la CEDA junto con los demás grupos de la derecha triunfó en las elecciones celebradas en noviembre de ese año, por las que llegó al Parlamento, en las listas de la derecha, el fundador de Falange Española, agrupación principal del fascismo español José Antonio Primo de Rivera, a quien sin embargo separaban del fascismo mimético, según confesó él mismo, dos rasgos importantes: su sincera confesión católica y su sentido del humor.

[174] M.D. Gómez Molleda *La masonería en la crisis española del siglo XX* Madrid, Taurus, 1986.

La CEDA, primer partido en votos y escaños, consiguió formar mayoría absoluta en el Parlamento gracias a su alianza táctica con los republicanos radicales de Alejendro Lerroux, un veterano político corrupto y anticlerical que había evolucionado claramente hacia posiciones de centro-derecha. Esta alianza trató de arreglar los desatinos del bieno Azaña, cortó en seco la persecución religiosa, situó de nuevo a la Iglesia en posición de normalidad, permitió incluso la actuación docente encubierta de los jesuitas y gobernó con relativa eficacia en medio de las consecuencias de la crisis mundial destada a partir de 1929. Pero el terror experimentado por el socialismo español ante las persecuciones sufridas por sus correligionarios en Alemania y en Austria le impulsó a preparar un alzamiento revolucionario en regla tras identificar, absurdamente, a José Maria Gil Robles con el católico gobernante de Austra Engelbert Dollfuss. Bien es verdad que la coalición de centro-derecha gobernaba en España de 1933 a 1935 no sólo por el hundimiento de los partidos republicanos de 1931 sino también por la abstención total en que se habían encerrado los anarcosindicalistas, decepcionados por la República, en las elecciones de 1933. A la impecable victoria electoral del centro-derecha respondieros los socialistas en primer término, y luego los catalanistas de izquierda y los demás partidos republicanos de 1931 con un gesto totalmente antidemocrático, la Revolución de Octubre de 1934, que fue aplastada por el gobierno en Cataluña (gracias a la actuación unida del Ejército y las fuerzas de orden público en una sola noche) y en Asturias tras una sangrienta lucha de quince dias, que produjo casi dos millares de muertos, entre ellos numerosos sacerdotes y religiosos asesinados por los revolucionarios. La persecución anti-religiosa de los republicanos se convertía en sangrienta.

La Revolución de Octubre de 1934 fue un gesto antidemocrático de la izquierda española que, como diría Salvador de Madariaga, le privó de toda razon para protestar contra el alzamiento cívico-militar de 1936. Desde octubre de 1934 España vivió un clima de pre-guerra civil mientras las izquierdas se reagrupaban para la siguiente confrontación electotal y los anarcosindicalistas, que habían participado en el alzamiento de Octubre, se acercaban a la unión de las izquierdas a través de la común reivindicación de la amnistía, vivísima ante los quince mil presos encarcelados por el gobierno tras su intervención en los sucesos revolucionarios. La alianza de las izquierdas se concertó a partir de noviembre de 1934 entre el republicano Manuel Azaña, perseguido equivocadamente por el gobierno de centro-derecha y el socialista Indalecio Prieto que había conseguido escapar a Francia tras el fracaso de la Revolución, en la cual se consagró como estrella del comunismo español la activista del Partido Comunista de España Dolores Ibárruri, la Pasionaria, que sacó de la inoperancia política a su partido. Aterrado ante la posibilidad de un ataque alemán, Stalin modificó en 1934/1935 la política agresiva de la Comintern hacia los partidos socialistas y pequeño-burgueses y dictó en el verano de 1935 su consigna de Frente Popular, que llevaría al poder en Francia a una coalición de izquierdas en la primavera de 1936; pero que influyó relativamente poco en España, donde el Frente Popular ya estaba virtualmente en marcha desde la conjunción de Azaña y Prieto a fines de 1934.

El Papa Pío XI había protestado enérgicamente contra el anticlericalismo de la República española en la encíclica *Dilectissima nobis* el 3 de junio de 1933. No se oponía el Papa al régimen republicano de España, y atribuía la formal persecución contra la Iglesia a «sectas subversivas de todo orden religioso y social, como por desgracia vemos que sucede en México y en Rusia». Es decir, señala como enemigos expresamente a la Masonería y al comunismo. El motivo de la encíclica ha sido protestar ante todo el mundo por la ley azañista de confesiones y congregaciones religiosas dictada poco antes en el mismo año 1933. El Papa acusa al gobierno republicano de usurpador de los bienes de la Iglesia, de aplicar un trato inhumano a los religiosos, de injusticia en la disolución de los jesuitas, con clara ofensa al propio Papa; y exhorta a la unión de los católicos para defensa de la Iglesia[175]. Pierden el tiempo quienes discuten si la carta colectiva del Episcopado español de 1937 fue una proclamación de la cruzada; esa proclamación ya la había hecho Pío XI en su encíclica de 1933.

El Papa señala en ese importantísimo documento que la Iglesia se había esforzado desde los mismos comienzos de la República en colaborar con el nuevo régimen, sin hostigarlo, y tiene toda la razón. El futuro cardenal Angel Herrera, director en 1931 del diario católico *El Debate* fue junto con el nuncio Tedeschini, que conservó su puesto en la República, el negociador con el gobierno por parte de la Iglesia. Los dos se esforzaron lo indecible para evitar la ruptura. Cuando se convencieron de su fracaso ante la ley de congregaciones de 1933 dejaron al Papa vía libre para la condena y la ruptura. Un año antes, según nos enteramos muchos años después por su diario, Manuel Azaña, jefe del gobierno y encarnación de la República, había ingresado en la Masonería española.

Un día antes de la encíclica de Pío XI el Episcopado español había roto también su silencio que no quiso convertir en complicidad y lanzó un documento durísimo contra la ley de congregaciones. Ya habían protestado en vano los obispos contra los artículos agresivos de la Constitución a poco de promulgarse ésta en diciembre de 1931. Ahora recrudecen su protesta contra «aquel laicismo agresivo inspirador de la Constitución». La nueva declaración colectiva enumera un terrible catálogo de ataques a la Iglesia por parte de la República. La carta colectiva está firmada en primer término por los cardenales Vidal y Barraquer, de Tarragona e Ilundain, de Sevilla; y por los arzobispos y obispos representantes de todas las provincias eclesiásticas. Junto con la encíclica del día siguiente el documento episcopal de 1933 representa la proclamación de la cruzada contra los excesos de la persecución. Debo insistir en que la agredida injustamente fue la Iglesia, no la República, que se ganó a pulso la hostilidad de la Iglesia. Y como señalaba Pío XI, el mayor absurdo es que estos ataques jacobino-marxistas a la libertad se hicieran en nombre de la libertad de una España cuya mayoría de habitantes, lo decía también el Papa, profesaba la religión católica[176].

En 1935 la obra de gobierno del centro-derecha, muy estimable en varios sectores, se vio cada vez más entorpecida por las noticias sobre la confrontación europea del fascismo con el socialismo, del fascismo con el comunismo soviético e internacional, del fascismo con la democracia en regresión. Contra lo que proclamaba el miedo desbocado de las izquierdas, el fascismo no progresaba en España;

[175] Texto de la encíclica en A. Montero, op. cit. p. 675s.

[176] Declaración colectiva de 1933 en A. Montero, op. cit. p. 656s.

Gil Robles y la CEDA no eran fascistas aunque las juventudes de Acción Popular, núcleo político de la CEDA, se dejaban arrastrar más de la cuenta por la moda fascista exterior. Pero no eran Gil Robles ni la CEDA quienes habían ejecutado la agresión antidemocrática y revolucionaria de Octubre de 1934 sino la izquierda socialista y la izquierda catalanista respaldadas por los partidos republicanos de izquierda. La perturbación interior más importante de 1935 era la sucesión de escándalos que afectaban gravemente al socio republicano de la CEDA, el Partido Radical de Lerroux; unos escándalos que a la actual escala de la corrupción socialista en la España de los noventa parecen de broma y de juguete pero que entonces acarrearon nada menos que la desunión y la caída del gobierno de centro-derecha en diciembre de 1935. En aquel momento arreció la campaña para el Frente Popular, cuyo pacto (una verdadra acta de desacuerdos, dijo Gil Robles) se concluyó en vísperas de la campaña electoral. Los partidos republicanos pedían el retorno al primer biernio; los partidos obreros proclamaban en ese programa, anticipadamente, la Revolución. Se celebraron las últimas elecciones de la República el 16 de febrero de 1936. Varios autores señalan esta fecha, no sin fuertes razones, como el inicio de la guerra civil.

España estaba dividida electoralmente en dos mitades, cada una con unos cuatro millones y medio de votos. Pero los caprichos de la ley electoral, que en noviembre de 1933 habían favorecido al centro-derecha, ahora favorecieron al Frente Popular, una vez desaparecido del mapa político, por sus corrupciones, el Partido Radical de centro. Las izquierdas no ganaron la mayoría absoluta en la primera vuelta pero el gobierno provisional del masón Portela Valladares abandonó el poder y dio paso a un gobierno Azaña, que manipuló las elecciones a golpe de pucherazo y logró la mayoría absoluta de forma coactiva e irregular. Bajo la jefatura de Azaña, cada vez más impotente, los partidos obreros, desde fuera del gobierno, trataron de forzar con hechos la Revolución que no pudieron cuajar en octubre de 1934. Bajo una total censura de prensa las derechas, dirigidas por Gil Robles (derecha católica) y por José Calvo Sotelo (derecha monárquica) enumeraban en cada sesión de Cortes los desmanes del Frente Popular. Cundían por toda España el odio y el miedo. La persecución contra la Iglesia, desatada en el primer bienio republicano, se recrudeció ahora con asaltos a iglesias y crímenes contra el clero. Las izquierdas plantearon la acción política como una venganza por su derrota de Octubre. El odio se palpaba en la calle, en el campo, en los viajes; y el historiador que suscribe actúa ya como testigo infantil de aquellos meses aciagos. En aquella primavera trágica José María Gil Robles, jefe de la CEDA, que seguía siendo un gran partido en las Cortes, acertó con la fórmula exacta para describir la situación: *«Media España no se resigna a morir»*.

Esto es lo que sucedió precisamente. Ante la degradación revolucionaria del Frente Popular un grupo de generales se constituyó en Junta, eligió como jefe para un eventual alzamiento al general José Sanjurjo, marqués del Rif, exiliado en Portugal y luego aceptaron como delegado y coodinador al general Emilio Mola Vidal, a quien el gobierno había trasladado desde el mando de las fuerzas de Africa al gobierno militar de Navarra. El 13 de julio de 1936 fuerzas de orden público, dependientes directamente del gobierno, dirigidas por socialistas y algún pistolero comunista, intentaron asesinar a Gil Robles que estaba ausente y eliminaron vilmente de un tiro en la nuca a José Calvo Sotelo, jefe de la oposición monárquica. Todo el mundo comprendió que era la señal irreversible para la guerra civil, que se desencadenó a media tarde del 17 de julio de 1936 en la guarnición de Melilla.

LA PERSECUCIÓN Y LA CRUZADA

La guerra civil fue posible por la división profunda de las fuerzas armadas y las de orden público, que contra la Revolución de Octubre de 1934 actuaron unidas y ahora, en julio de 1936, desunidas. Sólo cuatro de los veintiún generales con mando de división o asimilados se alzaron en armas contra el Frente Popular; porque la guerra civil no se planteó contra la República sino contra el Frente Popular desmandado. La mayoría de los generales y jefes se quedaron con el gobierno. La gran mayoría de los oficiales y los suboficiales –es decir la juventud militar y las capas militares más próximas al pueblo– se sublevaron contra el Frente Popular. La Guardia Civil y las fuerzas de Seguridad y Asalto se dividieron. En casi todos los casos triunfó el alzamiento cuando la mayoría militar se sublevó; y fracasó, como en Madrid, Barcelona y Valencia, cuando la mayoría militar se opuso o se inhibió.

El gobierno partía inicialmente con enorme ventaja. Estaba a su favor la estructura del poder, las ciudades principales, la mayoría de la marina, de la aviación y del armamento y efectivos de tierra, las comunicaciones centralizadas en Madrid, las regiones más ricas, la industria y los medios de pago. La mayoría de la población quedó en zona gubernamental. Los sublevados carecían de mando único, de coordinación inicial, de comunicaciones, de armamento pesado y sobre todo de dinero. Aunque historiadores que en esos puntos fundamentales proceden como auténticos aficionados partidistas lo ignoren la diferencia principal entre gubernamentales y rebeldes, entre rojos y nacionales como se llamaron pronto, era sencillamente moral. Los rojos estaban profundamente divididos según las fisuras del Frente Popular, como diría Azaña; los sindicatos anarquista y socialista hacían la guerra por su cuenta e ignoraban al gobierno. La consigna de la zona republicana era el «No pasarán»; la principal actividad militar, las fortificaciones defensivas. En la zona nacional no se dudó jamás de la victoria; y el mando prefería el avance a la defensa.

Desaparecido en mortal accidente el general Sanjurjo, se impuso cada vez más la figura del general Francisco Franco, que había volado desde Canarias a Tetuán para tomar el mando del ejército de Africa, el conjunto más aguerrido de las fuerzas amadas, más de veinticinco mil hombres a quienes consiguió trasladar por avión (primera aplicación de un puente aéreo militar) y por mar a la península. Mientras el general Mola avanzaba desde Navarra por Guipúzcoa y fijaba contra fuerzas muy superiores los frentes de la zona norte, el general Queipo de Llano se apoderaba de Sevilla, enlazaba con Córdoba y Granada y establecía el frente andaluz; y el general Franco, al frente de sus tropas de Africa, legionarios y regulares, avanzaba desde Sevilla hacia Madrid a través de los valles del Guadiana y el Tajo y aceptaba la elección como jefe supremo a la vez que sus tropas liberaban a una fortaleza legendaria, el Alcázar de Toledo. Este hecho alcanzó un enorme impacto moral en todo el mundo y demostró la indudable superioridad moral del alzamiento sobre el Frente Popular.

Desde los primeros momentos de la guerra civil los rebeldes (Franco se enorgullecía de ese insulto enemigo) reconocieron al factor religioso como su principal vínculo de unión; y en la zona republicana se desencadenó una persecución espantosa contra la Iglesia y la religión. La guerra civil española fue, por encima de todo, una guerra de religión, que en México se llamó guerra cristera; y en España, cruzada. La agresión violenta contra la Iglesia comenzó en la zona republicana durante la misma tarde del 18 de julio de 1936, con la quema de la iglesia de San Andrés en Madrid y el asesinato de varios jóvenes de Acción Católica que habían acudido a defenderla. Varias iglesias más ardieron ese mismo día; varios sacerdotes fueron asesinados, entre ellos los ancianos residentes en la Mutual del Clero. Las últimas misas públicas se dijeron en Madrid el domingo 19 de julio; pero en las primeras setenta y dos horas de la guerra civil fueron profanados más del treinta por ciento de los edificios religiosos en Madrid y la Iglesia entró en la clandestinidad en toda España con la excepción parcial de Guipúzcoa y Vizcaya. La persecución adquirió muy pronto estado legal. Entre el 27 de julio y el 12 de agosto de 1936 varios decretos declaraban a la Iglesia fuera de la ley y decidían la ocupación de todos los edificios religiosos. El Frente Popular declaraba la guerra a la Iglesia católica y todo el mundo se estremeció ante el conocimiento de tantos horrores[177].

Cada nueva investigación, a partir de la magistral de monseñor Montero, añade nuevas facetas a la tragedia. Montero estableció la relación fundamental de víctimas religiosas en la zona republicana: trece obispos, 4.184 sacerdotes del clero secular, 2.365 religiosos y 283 religiosas[178], cifras que definen a la persecución roja de España como una de las más violentas en toda la historia de la Iglesia, comparable al genocidio perpetrado por los musulmanes en su conquista del norte de Africa y la España cristiana, a la Revolución francesa, las revoluciones soviética y mexicana e incluso a las grandes persecuciones del Imperio romano; y por desgracia las cifras de Montero deben hoy ser corregidas al alza. Además entre las ochenta mil víctimas de la represión roja un elevadísimo porcentaje lo fueron por su condición y confesión de católicos, y muchos de ellos cayeron al doble grito de Viva España y Viva Cristo Rey.

Incluso antes de conocer las primeras noticias sobre la persecución contra la Iglesia en la zona enemiga los partidarios del Alzamiento concibieron su lucha como una cruzada en sentido religioso. El general Franco habló ya de cruzada nada más llegar a Marruecos desde Canarias pero inicialmente lo hizo en sentido patriótico. Varios obispos identificaron ya en el mes de agosto de 1936 al alzamiento nacional como una cruzada, y éste fue el nombre y el sentido que, aceptados también por el general Franco, perduraron durante décadas en España para referirse a la guerra civil. Por supuesto que las torpes excusas de fuentes republica-

[177] G. Redondo op. cit. II p. 19s.

[178] A. Monero, op. cit. p. 762.

nas (e incluso del propio gobierno) para justificar la agresión contra la Iglesia como represalia o incluso «justicia popular» contra la cooperación activa de diversos eclesiásticos a la insurrección armada en los primeros días del alzamiento son falsos sin excepción alguna; no se ha podido probar un solo caso.

El 6 de agosto de 1936 el obispo de Vitoria, monseñor Múgica y el de Pamplona, monseñor Olaechea, publicaron un documento en que reprobaban la alianza antinatural de los católicos nacionalistas vascos del PNV con el Frente Popular. En ese importantísimo documento, ideado por el cardenal primado monseñor Gomá, que estaba a salvo en la zona nacional, se contiene una importante definición del Alzamiento:

En el fondo del movimiento cívico-militar de nuestro país late, junto con el amor de patria en sus varios matices, el amor tradicional de nuestra religión sacrosanta[179]. Movimiento cívico-militar; la expresión militante de la «media nación que no se resigna a morir» descrita por Gil Robles antes del estallido. Y aún quedan propagandistas alucinados que definen a la guerra de España como una lucha del Ejército contra el Pueblo. Pobres hombres. El 23 de agosto el obispo de Pamplona, Olaechea, invocaba ya a la cruzada en sentido religioso, seguido el 29 de agosto por el arzobispo de Zaragoza, monseñor Doménech:

Ha transcurrido poco más de un mes desde que nuestro glorioso Ejército, secundado por el pueblo español, emprendió la presente cruzada en defensa de la patria y de la religión[180]. El 14 de septiembre de 1936 el Papa Pío XI en Castelgandolfo, en presencia del secretario de Estado cardenal Pacelli, dirigió una significativa alocución a quinientos peregrinos españoles en la que abiertamente declaró su apoyo al movimiento nacional y al referirse a las víctimas del Frente Popular calificó su muerte como «verdadero martirio», expresión que ha servido de fundamento histórico y doctrinal para que el Papa Juan Pablo II, tras las lamentables vacilaciones de Juan XXIII y Pablo VI, haya beatificado solemnemente a un número ya importante de mártires de la Cruzada.

El 30 de septiembre de 1936, víspera de la proclamación del general Franco como jefe supremo de la zona nacional, el obispo de Salamanca doctor Pla y Deniel firmaba una importante pastoral con una importante tesis: **Ya no se ha tratado de una guerra civil sino de una cruzada por la religión, la patria y la civilización**[181]. El cardenal Gomá se convirtió en el más ardiente y efectivo defensor de la Cruzada ante la Iglesia de Roma y las de todo el mundo. El 23 de noviembre de 1936 escribió el primero de sus grandes documentos, *El caso de España*, que alcanzó una difusión amplísima. A poco fue designado por la Santa Sede como representante oficioso ante el gobierno del general Franco. En su mensaje de Navidad Pío XI volvió a expresar su apoyo a los católicos que respaldaban en España al Alzamiento. Como ya sabemos el Papa citó solemnemente el caso de España, junto a los de Rusia y México, en su encíclica *Divini Redemptoris* el 19 de marzo de 1937. El propio cardenal Pacelli animó al cardenal Gomá para que los obispos supervivientes preparasen un documento conjunto, que el cardenal promo-

[179] Cfr. M.L. Rodríguez Aisa, *El Cardenal Gomá y la guerra de España,* Madrid, CSIC, 1981. Otra obra fundamental.

[180] Circular número 16 de la archidiócesis de Zaragoza, archivo del autor.

[181] Cfr. A: Montero, op. cit. p. 688s.

vió con tenacidad de acuerdo con Franco; Gomá redactó el borrador que fue aprobado por Roma y luego firmado por 43 obispos y 5 vicarios capitulares. No lo firmaron por motivos pastorales (sus diócesis estaban ocupadas al menos en parte por el enemigo) el cardenal de Tarragona, Vidal y Barraquer, y el obispo de Vitoria, Múgica; pero uno y otro estaban de acuerdo con el contenido de la Carta Colectiva que apareció, dirigida a todos los obispos del mundo, el 1 de julio de 1937.

La Carta Colectiva es un documento trascendental, que inclinó definitivamente a los católicos del mundo a favor del Movimiento nacional. Contra lo que afirman muchos sin haberla leído, no figura en ella formalmente el término cruzada, aunque sí su espíritu. Proclaman los obispos de España «nuestro perdón generoso para nuestros perseguidores» en plena persecución y no a toro más que pasado como hicieron los botarates de la Asamblea Conjunta de 1971. Vuelven a designar al alzamiento como «cívico-militar». Y le definen: «La guerra es como un plebiscito armado.» La división en dos bandos es tajante: «el espiritual, con la defensa de la patria y de la religión; el materialista, con el comunismo, el marxismo y el anarquismo». Repasan los horrendos datos de la persecución y declaran que sólo la victoria de Franco puede salvar a la Iglesia de España.

Muchos años después el Papa Pablo VI, tan reticente con el régimen de Franco, reconocía al despedirse del embajador Antonio Garrigues el auténtico significado (e incluso el nombre) de la Cruzada. Lo sabemos desde poco antes de publicarse este libro gracias a la revelación del informe del embajador a Franco:

El caso de España, dentro de ese gran proceso, revestía una particular importancia, porque la Cruzada había constituido, en tiempos tan modernos, una verdadera epopeya en la que el factor religioso tuvo una influencia decisiva y predominante. Gracias a ella se salvó la vida de la Iglesia española e incluso la vida física de miles de sacerdotes y Obispos. Conocía perfectamente y había vivido dolorosamente los estragos que en ese orden de cosas la guerra y la revolución habían producido en la zona no dominada por los ejércitos nacionales.[182]

LOS CASOS DE CATALUÑA Y EL PAÍS VASCO

Con vista al futuro uno de los problemas más espinosos suscitado por la guerra civil española en su aspecto religioso es el de los católicos vascos. No así el de los católicos catalanes, que alguien ha querido enmascarar décadas después exagerando la abstención del cardenal Vidal y Barraquer ante la Carta Colectiva de 1937. Los católicos catalanes, cuya adscripción política estaba en la Lliga de Cataluña y en la CEDA, se sumaron al Alzamiento de 1936 de corazón cuando no pudieron hacerlo personalmente por haber caído Cataluña en la zona roja. Durante mucho tiempo las bandas anarcosindicalistas, una auténtica horda, acorralaron al débil gobierno de la Generalidad y junto con otros elementos afines (socialistas y comu-

[182] Boletín de la Fundación Francisco Franco, 64 (abril 1995) p. 6.

nistas) asolaron a la Iglesia catalana con una persecución crudelísima, en la que cayeron asesinados tres Obispos; el de Barcelona, monseñor Irurita, el de Lérida monseñor Huix y el auxiliar del cardenal Vidal en Tarragona, monseñor Borrás. El abad de Montserrat, padre Marcet y sus monjes huyeron del monasterio para salvarse. Sólo en Barcelona fueron destruidas doscientas iglesias y capillas, el treinta por ciento de los sacerdotes catalanes fueron asesinados[183]. El líder histórico de la Lliga, Francisco Cambó, ayudó eficazmente a la causa nacional desde el extranjero; sus colaboradores participaron con efectividad que muchos desconocen en la propaganda exterior del Alzamiento y en el espionaje y contraespionaje, capítulos de la guerra civil que han dejado numerosísimas huellas documentales en el Servicio Histórico Militar. Se ha repetido absurda y gratuitamente que Cataluña fue vencida en la guerra civil española; muy al contrario Cataluña se dividió como el resto de España y ante los disparates de separatistas, anarquistas y demás sectores del Frente Popular la entrada de las tropas de Franco en Cataluña resultó apoteósica, como reconoció el propio jefe de Estado mayor del ejército vencido, general Vicente Rojo en su tremendo libro *Alerta los pueblos*.

El caso de lo católicos vascos fue muy diferente. Allí el partido nacionalista católico, el separatista PNV, que había sido aliado de las derechas al principio de la República, hizo una opción hacia el Frente Popular a fines de 1935 y la mantuvo al estallar la guerra civil. Un sector del nacionalismo vasco apoyó a la Cruzada pero la mayoría siguió a su líder José Antonio de Aguirre y recibió como premio el Estatuto de autonomía una vez consolidados los frentes de la guerra civil. La provincia de Alava se alineó desde el principio a favor de los nacionales y la de Guipúzcoa fue conquistada relativamente pronto, en su mayor parte, por las columnas del general Mola.

Ya hemos visto cómo el obispo de Vitoria, monseñor Múgica, cuya diócesis comprendía entonces las tres provincias vascongadas, había sido expulsado por la República en 1931; y cómo dirigió en 1936 a sus diocesanos de la zona republicana una carta abierta en la que, junto con el obispo de Pamplona, reprobaba su alianza con el Frente Popular, y luego fue expulsado también por la Junta de Burgos y se abstuvo de firmar la Carta colectiva. Cuando en la primavera de 1937 el general Mola preparaba su ofensiva contra Vizcaya se produjo un intento de negociación para conseguir la rendición del gobierno vasco y evitar mayores tragedias en la rica provincia industrial católica pero todo fue inútil. Antes de que el general Franco llegase al poder supremo el 1 de octubre de 1936 las columnas de Mola habían fusilado a varios eclesiásticos nacionalistas, unos dieciséis, lo que motivo la intercesión posterior del cardenal Gomá ante Franco que le garantizó el cese de las ejecuciones y cumplió su palabra. En mi libro *Misterios de la Historia* he reproducido las esquelas de los cincuenta y ocho sacerdotes y religiosos fusilados por el Frente Popular entre el 24 de julio de 1936 y el 14 de junio de 1937, algunos de ellos pertenecientes al PNV[184], que gobernaba en la zona donde habían ocurrido los fusilamientos.

[183] Cfr. G. Redondo, op. cit. II, p. 20s; y la magnífica colección *Cataluña prisionera*, de Editorial Mare Nostrum, recientemente editada en cuatro tomos.

[184] Barcelona, Planeta, 1990, p. 231s.

Los nacionales no fusilaron a ningún sacerdote vasco nacionalista tras la caída de Bilbao en junio de 1937 pero las Provincias vascongadas fueron las únicas de España en que cayeron fusilados por los nacionales algunos eclesiásticos durante la guerra civil, con una única excepción, el sacerdote Jerónimo Alomar Poquet, próximo a Esquerra Republicana de Cataluña, fusilado en 1937 en Mallorca por ayudar en la huida de algunos correligionarios perseguidos (cfr «El País» 5.5.95 p. 32). Por supuesto que la propaganda separatista ha exaltado después esas dieciséis muertes y ha ignorado bien poco cristianamente a las cincuenta y ocho víctimas del Frente Popular en un territorio en que los católicos nacionalistas luchaban y gobernaban junto a republicanos, marxistas y anarquistas. Sin embargo es muy cierto el hecho de que, sin ejecuciones, muchos clérigos nacionalistas fueron perseguidos por los vencedores de la guerra civil a raíz de la conquista completa del País vasco en 1937.

Un importante testigo y sacerdote nacionalista vasco, don Juan de Usabiaga publicó en 1960 un libro apasionado y parcialísimo, pero muy interesante, sobre la represión ejercida por el bando nacional contra el clero vasco, en el que por supuesto no dice una palabra sobre los sacerdotes fusilados allí durante el mando del Frente Popular y el PNV[185]. Por supuesto que eleva la anécdota a categoría y no ve más ejecuciones en la guerra civil que las atribuidas a los vencedores. Pero, aunque de forma dispersa, nos ofrece bastantes datos sobre las deportaciones de sacerdotes y religiosos vascos nacionalistas durante y después de la guerra civil a varios establecimientos religiosos de España y luego a América, concretamente a Centroamérica. Allí estos sacerdotes deportados sufrieron duras críticas de sus compañeros, partidarios de la cruzada; pero en el testimonio de «Iturralde»» creo ver el origen de un odio contra la España victoriosa que a través del tiempo enlazaría, en varias órdenes religiosas (entre ellas la Compañía de Jesús) con las inclinaciones revolucionarias del liberacionismo, a las que han contribuido en la segunda mitad del siglo, sobre todo en Centroamérica, religiosos y especialmente jesuitas vascos. Me parece importante anotar aquí esta raíz histórica; no conozco el número de sacerdotes y religiosos vascos deportados por los vencedores de la guerra civil pero recuerdo lejanos testimonios de algunos de mis maestros que apuntaban a una elevada cantidad, unos doscientos, tal vez la mayoría enviados a América.

Para contrarrestar el impacto mundial de la Carta Colectiva del Episcopado, el gobierno de la República y los políticos nacionalistas vascos que huyeron a Cataluña tras la conquista del Norte por Franco trataron de montar una inútil campaña de contrapropaganda que nada pudo contra los hechos terribles y probados de la persecución. Para ello crearon en Barcelona nada menos que un falaz «Instituto católico de estudios religiosos» y una capilla vasca para uso de los nacionalistas allí refugiados. Fue inútil; nadie se lo creyó, aunque el tal Instituto publicó un libro contra la Carta Colectiva que no leyó nadie dentro ni fuera de España. La persecución, con algunos leves atenuantes, se mantuvo en la zona republicana hasta el final. La Santa Sede acabó por reconocer oficialmente al gobierno de Franco. Salir a la calle con sotana o hábito equivalía al suicidio y ningún sacerdote ni religioso

[185] «Juan de Iturralde» (Usabiaga) *El catolicismo y la cruzada de Franco,* Vienne, ed. Egiindarra (1960).

lo hizo, aunque muchos fomentaron la vida religiosa en régimen de catacumba. Cuando las tropas nacionales se acercaban al Pirineo catalán y «toda Cataluña ansiaba ya a Franco» (general Rojo) una agrupación comunista conducía hacia la frontera al obispo de Teruel, fray Anselmo Polanco, con su vicario general y otros prisioneros capturados en la toma de aquella ciudad por el Ejército popular a principios de enero de 1938. Monseñor Polanco había firmado, cuando se encontraba en libertad, la Carta Colectiva de 1937. La agrupación comunista le fusiló el 7 de febrero de 1939 junto a su vicario y el defensor de la ciudad, coronel Rey d'Harcourt. El Papa Juan Pablo II ha decidido la beatificación de fray Anselmo y su vicario el 2 de julio de 1994[186].

EL PADRE ARRUPE EN LOS ESTADOS UNIDOS, 1936-1938

En la revista católica de los Estados Unidos *National Catholic Reporter*[187] un ignorante absoluto, un tal Tim Brennan,evocaba no hace mucho la guerra civil española a propósito de la guerra civil de Nicaragua . «La Historia nunca se repite. En España la buena lucha se perdió; en Nicaragua, ahora, se ganará, debe ganarse». Soltaba además una sarta de disparates históricos sobre las ejemplares brigadas internacionales, a las que el historiador americano David T. Cattell llamó certeramente «una fuerza soviética en España» y luego apilaba Brennan otras maravillas especialmente absurdas para ser divulgadas en una publicación católica. Dos religiosos españoles, el jesuita Félix Maiza, exmisionero en China y párroco de Hollywood, y el dominico Angel Vizcarra, contestaron cumplidamente al orate a vuelta de correo y le dejaron en el mas completo de los ridículos. Sin embargo otros religiosos, otros jesuitas hacían entonces desesperadamente suya la causa de los sandinistas de Nicaragua como repetición de la lucha del bando rojo en la España de la guerra civil. Ahora ya sabe el lector que Tim Brennan se equivocó y que la guerra civil de Nicaragua ha terminado con la derrota de los rojos. Pero la conexión histórica, aunque haya salido al revés de lo que Brennan pretendía, estaba bien apuntada y me parece muy significativa para los propósitos de este libro.

Cuando estalló en España la guerra civil un jesuita bilbaíno de treinta años, Pedro Arrupe y Gondra, que había estudiado brillantemente la carrera de Medicina en Madrid, se ordenaba sacerdote en Marneffe (Bélgica) junto con otros compañeros de su Orden expulsados de España en 1932 en virtud de la Constitución y las leyes de Azaña. Arrupe había sido alumno predilecto del doctor Juan Negrín a quien el biógrafo del ilustre jesuita, Pedro Miguel Lamet, un jesuita superficial, bastante rojo y mal perdedor (aún se recuerda su pataleta cuando fue destituido, por su sectarismo, de la dirección de *Vida Nueva*) hace nada menos que «Presidente de la República en 1936»[188]. Sin embargo el libro de Lamet ofrece

[186] Cfr. «Siempre p'alante» 1 oct. 1994 p. 11.
[187] NCR 11 de mayo de 1989.
[188] P.M. Lamet *Arrupe, una explosión en la Iglesia*, Madrid, Temas de Hoy, 1989, p. 51.

datos muy interesantes y significativos sobre el padre Arrupe. La decisiva importancia que el futuro general de los jesuitas va a adquirir en la presente historia justifica que nos detengamos un momento en sus experiencias de los años treinta.

Pedro Arrupe había nacido en una familia vasca profundamente católica; su padre participó en la gran aventura editorial de La Gaceta del Norte a principios de siglo, que inauguró la prensa católica moderna en España. Hasta entrada la República, como sabemos, los católicos tradicionalistas y los católicos separatistas del PNV se sentían relativamente próximos porque el separatismo fundacional del PNV no volvió a exacerbarse hasta la aproximación del partido al Frente Popular a fines de 1935. Lamet y el propio Arrupe tuvieron siempre buen cuidado de no identificar políticamente al futuro padre general, quien poco después de su ordenación fue destinado a los Estados Unidos para especializarse en moral médica en Washington y cursar su última etapa de formación en la orden ignaciana, la Tercera Probación, en Cleveland. Estuvo dos años en los Estados Unidos, de 1936 a 1938, cuando fue destinado, tras insistentes peticiones, a la misión del Japón que marcaría su vida y su futuro.

En el destierro belga el padre Arrupe coincidió con otro joven jesuita de parecida edad, el padre José María de Llanos, que participó en un grupo clandestino dentro de su comunidad religiosa de estudiantes. «Nos dimos un título –confiesa años después– *Nosotros* (Llanos no sabía quizás que ése era el mismo título de una famosa agrupación anarquista de la época). Con un reglamento e ideario del todo clandestino. En estudios, tras lo más avanzado: tras Maréchal y los heterodoxos del momento, con Heidegger a la cabeza. No sin estupor y espanto de nuestro profesor, el padre Hellín, discutimos todas las pruebas filosóficas de la existencia de Dios, en tanto el existencialismo de la época nos comía. Simultáneamente se produjo nuestra atracción por la literatura». El grupo, enteramente ilegal dentro de la orden, conspiraba secretamente y provocó serias censuras de los superiores por su comportamiento de secta. La inclinación al existencialismo de la mano de Heidegger amenazaba directamente al concepto de lo sobrenatural que la teología católica considera esencial para la formación de un sacerdote. Llanos dejó al margen los textos habituales utilizados en la formación filosófica y teológica de los jesuitas y se volcó en autores como Rahner, Schillebeeckx y Küng, más otras lecturas pre-liberacionistas que cultivó antes y después de su ordenación según sus propias confesiones. Los superiores estuvieron a punto de negarle esa ordenación pero al estallar la guerra civil el padre Llanos supo del asesinato brutal de su hermano Manuel en Madrid (que fue toreado y martirizado por los milicianos) y le encargaron un libro admirable, *Nuestra ofrenda*[189] que exaltaba a los mártires jesuitas de la provincia de Toledo a la que Llanos pertenecía. Intelectualmente seguía apegado a sus lecturas «heterodoxas» pero vitalmente se entregó no ya al franquismo sino al fascismo totalitario más ardoroso, en el que permaneció hasta su conversión definitiva a otro totalitarismo, el comunista, cuando observo en los años cincuenta que el totalitarismo anterior ya no le servía. En el fondo Llanos fue toda su vida, además de una gran persona, un totalitario cabal.

[189] Madrid, Apostolado de la Prensa, 1942.

No conozco las lecturas de Arrupe durante sus años de exilio y formación en Bélgica. Tampoco nos dice su biógrafo jesuita y rojo lo que Arrupe pensaba sobre la guerra civil española, aunque Lamet apunta sobre ella algunos dislates dignos de Brennan e insinúa un cierto lejano paralelismo con la trayectoria del doctor Negrín, que desde mayo de 1937 se convirtió en presidente del gobierno entregado a los comunistas y a los soviéticos y actuó como dictador totalitario en su zona, como ha establecido definitivamente Burnett Bolloten contra algunos aficionados de la Historia. Pero sí poseo testimonios directos muy sorprendentes que ahora se publican por primera vez y me permiten deducir que durante su estancia en los Estados Unidos el joven sacerdote jesuita no simpatizaba en absoluto con la causa nacional sino que, tal vez conmocionado por la división y la tragedia de los católicos vascos, se mostraba favorable a la causa del PNV, aliado antinatural del Frente Popular[190].

El testimonio proviene de uno de mis asiduos corresponsales jesuitas de los Estados Unidos, cuyo nombre, naturalmente, debo silenciar y cuya declaración tengo clasificada en mi archivo bajo las siglas FRSJ (Fuentes reservadas de la Compañía de Jesús) que cito, en cada caso, con el número de archivo y la fecha de la comunicación.

Americanos que le conocieron aquí, 1936-1938, no se fiaban del padre Arrupe. El era un defensor (advocate) del Frente Popular toda su vida. Nunca pude ver una orientación religiosa en su mensaje. Su «contemplación en la acción» significaba todo acción y nada de contemplación en la práctica; todo lo contrario de las prioridades de Ignacio. Mi impresión es que él estaba intentando ser alguien que no era. Por esa razón nunca pude fiarme de él. Los padres... y... que le conocieron en 1936-1938 recibieron la misma impresión[191]. Naturalmente que un jesuita norteamericano en 1936 no estaba obligado a distinguir entre PNV y Frente Popular, aliados en el mismo bando persecutorio durante la guerra de España, contra la España nacional bendecida por el Papa y los obispos de España y de todo el mundo. Pero reproduzco el testimonio con sus mismas palabras.

La misma fuente directa me envió tres años después otro testimonio importante sobre la actitud de los jesuitas norteamericanos en la guerra civil española.

El tiempo de la guerra civil española fue el último en el que los jesuitas de los Estados Unidos estuvieron unidos en torno a un mismo problema. Bajo la dirección del padre Talbot, todos estábamos unidos tras la revista «América» en el apoyo a José Moscardó, Queipo de Llano y Franco. Si usted quiere, le envío el libro sobre el Alcázar de Toledo editado por «América». Es una curiosa coincidencia, quizás contradictoria, que aquella fue la época en que el sacerdote vasco padre Arrupe vivió en los Estados Unidos, para estudiar teología y hacer la Tercera Probación...[192] El libro a que se refiere mi corresponsal es la traducción de Henri Massis y Robert Brasillach, *The cadets of the Alcazar*, foreword of Francis X. Talbot, S.J, Editor of «America»[193].

[190] Sobre la trayectoria del padre Llanos cfr. mi libro *Misterios de la Historia*, segunda serie, Barcelona, Planeta, 1992 p. 345s.

[191] FRSJ D1 18 nov. 1986.

[192] FRSJ D2 14.3.1989.

[193] New York, The Paulist Press, 1937.

Hoy en España, mañana en Nicaragua, decía cincuenta años después de acabar la guerra civil española el pobre Tim Brennan en una publicación católica de los Estados Unidos entregada, como tantas otras, al marxismo. No imaginaba el profeta que pocos meses después de su comparación se le iba a caer encima el Muro de Berlín y que una de las consecuencias de tal caída iba a ser el final de la dictadura sandinista en Nicaragua. Pero a fines de los años treinta el futuro y alucinado general de los jesuitas daba en Norteamérica la impresión de ser «un partidario del Frente Popular» y bastantes sacerdotes vascos empezaban a sembrar en Iberoamérica y en Centroamérica las semillas del odio político del que brotarían futuras tempestades.

La Iglesia, la de España y la de Roma, sabían ya con certeza quién era su verdadero enemigo –el enemigo de la Iglesia y de España– en la primavera de 1937. Lo sabían tras una dolorosa acumulación de datos y de testimonios; y tuvieron el acierto y el valor de proclamarlo. En la Carta colectiva de 1937 decían los obispos: **una de las partes beligerantes iba a la eliminación de la religión católica en España**. Y concretan el núcleo enemigo haciendo suya la expresión de «observadores perspicaces» que definen la guerra civil como **una lucha internacional en un campo de batalla nacional: el comunismo libra en la Península una formidable batalla de la que depende la suerte de Europa**. Y definen así a «la otra parte»: **La materialista, llámese marxista, comunista o anarquista, que quiso sustituir la vieja civilización de España, con todos sus factores, por la nueva civilización de los soviets rusos**[194].

Menos de cuatro meses antes el Papa Pío XI había señalado también al comunismo como el enemigo fundamental de la Iglesia en la guerra de España: **También allí donde, como en nuestra queridísima España, el azote comunista no ha tenido aún tiempo de hacer sentir todos los efectos de sus teorías, se ha desquitado desencadenándose con una violencia más furibunda. No se ha contentado con derribar alguna que otra iglesia, algún que otro convento sino que cuando le fue posible, destruyó todas las iglesias, todos los conventos, y hasta toda huella de la religión cristiana, por más ligada que estuviera a los más insignes monumentos del arte y de la ciencia. El furor comunista no se ha limitado a matar obispos y millares de sacerdotes, de religiosos y religiosas, buscando de modo especial a aquellos y aquellas que precisamente trabajaban con mayor celo con pobres y obreros, sino que ha hecho un número mucho mayor de víctimas entre los seglares de toda clase y condición que diariamente, puede decirse, son asesinados en masa por el mero hecho de ser buenos cristianos o tan sólo contrarios al ateísmo comunista...**

Y es esto lo que por desgracia estamos viendo; por primera vez en la Historia asistimos a una lucha fríamente calculada y cuidadosamente preparada «contra todo lo que es divino» (2 Thes. 2,4). El comunismo es, por naturaleza, anti-religioso; y considera a la religión como «el opio del pueblo» porque los principios religiosos que hablan de la vida de ultratumba desvían al proletariado del esfuerzo por realizar el paraíso soviético, que es de esta tierra[195]

[194] Carta colectiva, apud. A. Montero, op. cit. p. 732.

[195] Encíclica *Divini Redemptoris* apud A. Montero, op. cit. p. 743.

Unos días antes de que el Papa dirigiese al mundo entero estas palabras el joven comunista Santiago Carrillo era aclamado en el Pleno ampliado de su partido, que se celebraba en Valencia, como responsable glorioso de la terrible represión del pasado mes de Noviembre en Madrid, donde miles de católicos, ente ellos numerosos sacerdotes, religiosos y religiosas, como decía el Papa, habían sido asesinados en masa por odio a la fe[196]. Varios de ellos ya están en los altares.

En los Estados Unidos, el joven sacerdote jesuita Pedro Arrupe conocía los datos esenciales sobre la trayectoria de la guerra civil en España, que apasionaba, hay de ellos pruebas innumerables, a sus compañeros jesuitas de Norteamérica. Pero con seguridad absoluta conoció la encíclica de Pío XI y la carta colectiva del episcopado español y sabía por tanto que según la más autorizada opinión de la Iglesia católica el marxismo y el comunismo eran los responsables principales de la tragedia que pretendía aniquilar a la Iglesia y a la religión en España. Sin embargo en la biografía escrita por el jesuita Lamet, que contó para ella con los papeles del propio Arrupe, no figura una sola opinión de Arrupe sobre la guerra civil. Lamet resume las vísperas de la guerra civil con una falsedad que es además una tontería insigne: «Militares como Mola, Varela, Franco, en conexión con políticos derechistas *y con los gobiernos nazi-fascistas de Alemania e Italia* (s/n) habían preparado la sublevación desde marzo de 1936. «Tras años de búsqueda interesada, los enemigos de Franco no han podido probar conexión significativa alguna entre los gobiernos nazi-fascistas y el estallido de la guerra civil española; léase al menos Lamet por encima el estudio de Angel Viñas, más próximo a él que a mí, *La Alemania nazi y el 18 de julio*. Pero Lamet sí deja entrever que mientras el Papa se declaraba ya en septiembre de 1936 a favor de los «rebeldes» como hemos visto, «en la cubierta del buque que le llevaba a América, Pedro Arrupe miraba al mar, creyendo en un Evangelio que hablaba de la fuerza del amor y le situaba claramen te a favor de *los pequeños*.» Evidentemente, los pequeños eran los rojos, los perseguidores de la Iglesia que por lo visto, según Arrupe y su biógrafo, asesinaban a trece obispos, ocho mil eclesiásticos y decenas de miles de católicos en nombre del Evangelio. Esta insinuación de Lamet coincide con los testimonios de los jesuitas norteamericanos que hemos citado, y que nos presentan a un Arrupe partidario del Frente Popular ya en 1936. Reconozco que al comprobar esta coincidencia me he sentido durante unas horas casi fulminado por la sorpresa porque conocí y hablé un buen rato con el padre Arrupe cuando vino a España después de su tremenda experiencia en Hiroshima. Ante este terrible antecedente se comprende mucho mejor la elección de Arrupe en 1965 y su actuación política como general de los jesuitas durante el período más negro en la historia de la Compañía de Jesús. Por supuesto que un conjunto de superiores promarxistas y liberacionistas le empujaron a la catástrofe. Pero yo había creído que Arrupe era el arrastrado, la víctima. Ahora me inclino a pensar que era el promotor[197].

Mientras el padre Arrupe escandalizaba a sus compañeros de orden en los Estados Unidos, un gran periodista, Burnett Bolloten, a quien muchos años después

[196] Datos sobre la represión comunista en mi libro *Carrillo miente* y en el libro del general Casas de la Vega *El terror, Madrid 1936*. Madridejos, ed. Fénix 1994..

[197] P.M. Lamet, op. cit. p. 95.

traté con breve intensidad, registraba minuciosamente decenas de miles de datos y testimonios sobre la política de la zona republicana, a la que había llegado como corresponsal de guerra. Era lo más opuesto a un reaccionario pero lo que vio y comprobó en España le convirtió en el más formidable anticomunista del periodismo mundial y en el autor de un libro esencial que ha ido apareciendo en varias versiones, hasta la definitiva, ya después de su muerte. En ese libro Bolloten demuestra, para desesperación de los historiadores comunistas que han intentado inútilmente mordisquearle, el designio comunista y soviético para conquistar el poder militar y político en la zona republicana, es decir la confirmación plena de que los obispos de la Carta Colectiva y el Papa Pío XI habían visto muy claro el papel del comunismo en la guerra de España cuando hablaron al mundo en 1937[198].

SECCION 6: FIGURA, OBRA Y ORIENTACIÓN DE PÍO XI

UN PAPA DE COMPROMISO

Pío XI, el Papa de entreguerras, fue elegido el 5 de febrero de 1922 y prolongó su pontificado hasta las vísperas de la segunda guerra mundial en 1939. Al aceptar la elección escogió su nombre porque había nacido en Desio, Lombardía, en el seno de una familia de la clase media industrial del Norte, bajo Pío IX en 1857; y había dado los pasos iniciales de su alta carrera eclesiástica bajo Pío X. Achille Ratti, estudiante brillante y eclesiástico intachable de gran capacidad intelectual para el estudio, el tratamiento de las fuentes, la Historia eclesiástica y las relaciones culturales, hizo sus estudios superiores en varios centros pontificios de Roma y fue sucesivamente prefecto de la biblioteca Ambrosiana en Milán y de la Vaticana (1914) hasta su nombramiento como visitador apostólico en Varsovia en 1918. Fascinado por la ciencia moderna, crearía la Pontificia Academia de Ciencias para subrayar la concordia necesaria entre la ciencia y la fe. Nuncio ante el gobierno dictatorial del mariscal Pildsuski, consiguió la atenuación de las persecuciones que sufría la Iglesia católica en la zona fronteriza de Rusia y en Ucrania con lo que adquirió una experiencia directa sobre la realidad del comunismo soviético en tiempos de Lenin. En 1921 recibió la púrpura al ser designado arzobispo de Milán, donde desarrolló una actividad intensísima de organización y apostolado y conoció también de primera mano la gestación y el avance imparable del fascismo, el nuevo sistema político respaldado por las gentes de orden y los magnates de la industria del Norte. Tras cinco años en la archidiócesis milanesa acudió a Roma para el cónclave de 1922, que debía elegir al sucesor de Benedicto XV. Treinta y

[198] B. Bolloten *La guerra civil española, revolución y contrarrevolución*. Madrid, Alianza Editorial, 1989.

un cardenales italianos, entre los cincuenta y tres del Sacro Colegio, se dividían entre el cardenal Gasparri, secretario de Estado de Benedicto XV y considerado como candidato aperturista y el cardenal Merry del Val, secretario de Estado de Pío X y representante del espíritu más defensivo. Como tras muchas discusiones y votaciones la antítesis se mostraba irreductible se propuso la candidatura de Ratti como un compromiso que acabó por imponerse. El prefecto de la Vaticana llegaba a la sede de San Pedro con un reconocido prestigio cultural, una evidente capacidad para las relaciones culturales y diplomáticas pero no era un teórico alejado del mundo real, del que había palpado problemas tan vivos como los del comunismo y el fascismo nacientes. Su comportamiento pastoral en Milán había resultado admirable. Sus electores se convencieron inmediatamente de haber acertado cuando el nuevo Papa abrió de par en par los balcones centrales de San Pedro, cerrados desde 1870, y dio desde ellos la bendición *urbi et orbi* que antes se impartía de espaldas a la nueva Italia. Era todo un indicio de que Pío XI se proponía resolver cuanto antes la *cuestión romana*. Su divisa también resultó reveladora: *La paz de Cristo en el reino de Cristo*. Es decir que la Iglesia de ventanas abiertas no iba a encerrarse en las sacristías sino que intentaría reconstruir su influencia social como una adaptación moderna de la Cristiandad medieval, presidida por el Vicario de Cristo para todas las grandes cuestiones de la convivencia entre los pueblos y la moral individual y social. El gran enemigo para ese gran designio es lo que Pío XI llamaría siempre *el laicismo*, es decir el materialismo liberal obstinado en la secularización. Pero el enemigo supremo sería el comunismo, que buscaba arrancar violenta y sangrientamente toda idea de Dios en los países donde llegó a dominar; y en menor manera el socialismo, que aun atenuado resultaba incompatible con el cristianismo. Todas esas directrices, que Pío XI iba a desarrollar coherentemente en su amplio y profundo magisterio, estaban ya claras para los observadores más penetrantes del nuevo Papa en la misma mañana de su elección. El Papa pondría al servicio de sus ideales su formidable capacidad de trabajo, su valor indomable y su salud de hierro, reflejo de una energía interior inextinguible.

Nací bajo el pontificado de Pío XI y seguramente se me nota en el entusiasmo objetivo con que estoy presentando su aparición ante la Historia. No participan de ese entusiasmo otros historiadores, incluso católicos, que sistemáticamente le menosprecian, le hipercritican y le sacan de su contexto. Como historiador católico esto me parece una aberración. Seguiré para este epígrafe otros ejemplos muy altos y bien diferentes; el tomo X del magno *Manual de historia de la Iglesia* de Hubert Jedin, el tomo II de la importante *Historia de la Iglesia en el mundo contemporáneo*, de Gonzalo Redondo; he citado anteriormente a una y otra obra que me parecen ejemplares; con pleno dominio de las fuentes, sentido cabal del contexto y desde luego sin renunciar al análisis y la crítica histórica nos ofrecen una visión de Pío XI y su tiempo bien distinta a la distorsionada que podemos encontrar en otras obras, incluso de autores católicos, como García de Cortázar, empeñado en juzgar a los Papas de la primera mitad del siglo XX según criterios (casi siempre desviados, además) de la segunda mitad o de nuestros días. El libro de Cortázar es incitante y está muy bien escrito. Pero representa, a mi modo de ver, la misma opción jesuítica de izquierdas que había abrazado el jesuita Lamet para su sectaria biografía del padre Arrupe; esta opción, entre liberal y marxista de muchos jesuitas contemporáneos les lleva, dicho sea con perdón. a proferir auténticas jaimitadas sobre las épocas de Pío XI y Pío XII aunque luego se extasíen acríticamente ante su icono de Juan XXIII[199]. El pecado capital que cometen estos historiadores hipercríticos es el mismo de los antifranquistas profesionales de Tusell a Preston; la ucronía y el anacronismo, la falta de sentido de los contextos, la esclavitud de someterse a la moda.

Apoyándonos en las historias serias y en las excelentes colecciones documentales de la BAC ya citadas, podemos trazar una panorámica del magisterio de Pío XI, al que cabe calificar de admirable. Su condena del laicismo, en sus dos frentes, materialista-ultraliberal y marxista-comunista, es clarísima y está muy bien fundada, como ya hemos visto para el caso de España; pero además no es, ni mucho menos, una reaccionaria negación sino una exigencia de que se reconozca un lugar a la Iglesia en la vida pública y social. La invocación a la Cristiandad medieval no significa, como quieren los deformadores, un salto atrás en la Historia sino un reencuentro de la Historia con Dios; las tragedias de la primera guerra mundial, la guerra cristera, la revolución comunista en Rusia y en España estaban dejando muy a las claras hasta dónde podía despeñarse la Humanidad por el camino del laicismo, nombre que como he dicho es el que atribuye Pío XI a la secularización, la lucha para arrancar a Dios y a la religión de la sociedad. La divisa del pontificado, *La paz de Cristo en el reino de Cristo,* es decir el empeño de la Iglesia en el entronque con las raíces cristianas de la sociedad, quedó plasmada en la instauración de la fiesta de Cristo Rey proclamada en una de las primeras grandes encíclicas de Pío XI, *Quas primas* (11nov. 1925) . Mucho más que las relaciones políticas importaba a Pío XI la reconstrucción y revitalzación interior de la Iglesia, un conjunto de problemas pastorales al que dedicó todo un cuerpo de doctrina. En la encíclica *Misserentissimus Redemptor* (1928) fomentó la devoción al Corazón de Jesús, muy difundida por los jesuitas de entonces aunque muchos de los actuales la han abandonado. En la *Mens nostra* (1929) recomendó la práctica de los ejercicios espirituales, otro de los grandes legados de San Ignacio de Loyola a la espiritualidad cristiana. En 1931 dedicó la *Ad catholici sacerdotii* al ministerio sacerdotal.. Justamente conocido como «El Papa de las misiones» proclamó con especial vigor el mensaje evangelizador de Cristo a todo el mundo en la encíclica *Rerum ecclesiae* de 1926. Orientó a los católicos sobre dos problemas que consideraba vertebrales, el de la familia y el de la educación, en las encíclicas *Casti connubii* (1930) y *Divini illius magistri* del año anterior. Conviene insistir en este cuerpo doctrinal, que no se limitó a marcar directrices teóricas sino que fue predicado y puesto en práctica por la jerarquía eclesiástica y los religiosos, mucho más atentos entonces que ahora a la implantación de las orientaciones pontificias. Sin embargo y dado el encrespamiento de los tiempos resulta comprensible que entre los grandes documentos de Pío XI hayan quedado en la memoria histórica de la humanidad las tres grandes encíclicas que se dedicaron a los grandes problemas de la sociedad y la política en aquella época: la *Qudragesimo anno* de 1931, sobe la evolución del problema social y las soluciones corporativas; y las dos condenas contra el nacionalsocialismo y el comunismo, que el Papa quiso hacer coincidir, significativa-

[199] Cfr. F. García de Cortazar y J.M. Lorenzo, op. cit. p. 61s.

mente, con cinco días de diferencia, la *Mit brennender Sorge* de 14 de marzo y la *Divini Redemptoris*, del 19 del mismo mes y año, 1937. Pero conviene que situemos estos importantísims documentos en su contexto histórico; ya lo hemos hecho con el último, proclamado en plena guerra civil española.

PÍO XI ANTE EL FASCISMO: ACUERDOS DE LETRÁN Y DESACUERDOS

La bendición enviada a la Roma real, desde el balcón de San Pedro, así como la confirmación del cardenal Gasparri, partidario de la reconciliación con el reino de Italia, como secretario de Estado, manifestaron la voluntad de Pío XI para una rápida solución de la *cuestión romana*, planteada por la ruptura de la Santa Sede y el reino de Italia desde la caída de Roma en 1870. Benito Mussolini, jefe del fascismo, había mostrado su disposición favorable hacia el arreglo incluso antes de la marcha sobre Roma, cuando aún no había alcanzado el poder. Ya al frente del gobierno y del nuevo régimen, Mussolini solucionó en un encuentro secreto con el cardenal Gasparri la situación angustiosa del Banco de Roma, dependiente del Vaticano y se mostró de acuerdo en designar como mediador al jesuita Pietro Tacchi-Venturi. Es muy importante comprender la posición real de la Santa Sede ante las circunstancias reales del momento. El fascismo era aceptado como una solución a la amenaza comunista y al caos democrático incluso por los expresidentes democráticos Nitti y Giolitti en pleno Parlamento; incluso por el último secretario general del Partito Popolare, Alcide de Gasperi. El Vaticano consintió en la retirada gradual de don Luigi Sturzo, fundador del Partido Popular, y muchos católicos se apuntaron con entusiasmo al régimen fascista. La gran mayoría del Episcopado italiano así como una oleada casi unánime de opinión pública se manifestaron en favor de los acuerdos de la reconciliación, firmados por Mussolini y el cardenal Gasparri el 10 de febrero de 1929 y que se ratificaron rápidamente el 7 de junio. Alcide de Gasperi manifestó su conformidad. Los Pactos de Letrán consistían, en primer lugar, en un Tratado entre el reino de Italia y la Santa Sede por el que se reconocían mutuamente como Estados soberanos; el dominio papal se denominaba Estado de la Ciudad del Vaticano y comprendía el recinto vaticano (basílica y plaza de San Pedro, palacios apostólicos, jardines y edificios del Vaticano) más un conjunto de edificios y terrenos situados bajo la soberanía pontificia y dotados de la condición de extraterritorialidad, entre ellos la finca de Castelgandolfo. Pese a su pequeña extensión la Ciudad del Vaticano era un Estado con plena soberanía, al que pronto fueron reconociendo muchos Estados del mundo; aunque para ciertos aspectos administrativos, como la moneda, gozaba de la cooperación del Estado italiano. Este primer pacto comprendía también un acuerdo financiero por vía de indemnización que el Reino de Italia concedía a la Santa Sede tras la ocupación de sus tierras y bienes no devueltos ahora: y se cifraba en la sustanciosa cantidad de 1.750 millones de liras, que resultaron muy útiles para el saneamiento de las maltrechas finanzas vaticanas y para la creación de un patrimonio financiero que andando los años causaría muy serios probemas a la

Iglesia, bajo el pontificado de Pablo VI. El segundo de los pactos de Letrán era un Concordato en regla, dentro de la política general de pactos que fomento consumo interés Pío XI.

Los Pactos de Letrán, que han mantenido su vigencia después de la caída del fascismo, resultaron beneficiosos para ambas partes. Mussolini los interpretó, con éxito, como un reconocimiento de la Iglesia al régimen fascista, capaz de solucionar un grave contencioso contra el que se había estrellado la democracia. La Iglesia zanjaba un problema enojoso y se liberaba del lastre de los Estados Pontificios manteniendo lo esencial del «poder temporal»: la independencia territorial que garantizaba el libre ejercicio de su misión ecuménica.

Benito Mussolini se confesaba agnóstico pero no era un enemigo de la Iglesia. Sin embargo la intensidad y la arbitrariedad del totalitarismo fascista fueron suscitando, inevitablemente, graves conflictos con la Santa Sede que se iban aproximando a una ruptura. Pío XI había transformado radicalmente el concepto anterior de Acción Católica y quería utilizarla como instrumento para la influencia de la Iglesia en la sociedad. La Acción Católica de Pío XI era una amplia organización clerical, dependiente de la jerarquía pero muy activa en sus movimientos juveniles, universitarios y sociales. Casi todos los dirigentes del antiguo Partito Popolare se habían integrado en lo cuadros de dirección de la Acción Católica y ni querían ni seguramente podían reprimir avances cada vez mas claros hacia la acción política más o menos encubierta. Así la Acción Católica italiana se iba configurando, inevitablemente, como una especie de oposición al régimen fascista que trató de coartarla por todos los medios en virtud de los principios del totalitarismo. Pero la Acción Católica había sido reconocida formalmente en el Concordato de los Pactos de Letrán y Pío XI hubo de intervenir en su defensa cuando en 1931 el régimen fascista pretendió cortar las actividades juveniles, universitarias y sociales de la institución. Mussolini había llegado a disolver las organizaciones juveniles y sociales de la A.C. el 29 de mayo de 1931 y al Papa replicó con suma dureza el 29 de junio con la encíclica *Non abbiamo bisogno,* que constituyó la primera condena formal del fascismo en alguno de sus puntos esenciales; el monopolio de la educación, la «verdadera divinización del Estado con carácter pagano», la contradicción del fascismo con «los derechos naturales de la familia y los derechos sobrenaturales de la Iglesia». Mussolini aceptó una nueva reconciliación en la que salió como claro vencedor; la Iglesia cedía demasiado para salvar lo posible. La Acción Católica tuvo que recortar sus alas de intervención en el movimiento juvenil y en la actividad social. Pero sus dirigentes más duros siguieron actuando contra el régimen desde una especie de clandestinidad larvada, dispuestos a salir a plena luz cuando el fascismo entrase en crisis.

El segundo conflicto se produjo en 1938, cuando ya el fascismo italiano y el nazismo alemán habían formado, desde fines del año 1936, el llamado Eje Roma Berlín motivado por la cooperación de Alemania e Italia con la causa de Franco en la guerra civil española. (La cooperación e incluso el apoyo militar no significaban en modo alguno, como creen hoy algunos historiadores apresurados o reduccionistas, algo parecido a una identificación). Los nazis exacerbaron al ala radical del fascismo italiano en sentido racista y pretendieron transferir al derecho matrimonial italiano las normas racistas contra el matrimonio en que una de las partes era judía. El porcentaje de casos que se daban en Italia era mínimo pero se trataba de una cuestión de principio y la Santa Sede no transigió aunque no pudo impedir el resabio nazi en la legislación matrimonial italiana. Sin embargo no cesaban las violaciones concordatarias por parte del fascismo y a raíz de esta crisis Pío XI pensó en preparar un nuevo documento condenatorio del fascismo italiano, que no llegó a publicar ante la aparición de la muerte. Al tratar del corporativismo veremos cómo Pío XI no pudo evitar la fascinación del fascismo en su orientación social; pero queda ya muy claro que no cedió ante las imposiciones totalitarias del fascismo en los aspectos realmente esenciales del fascismo.

PÍO XI FRENTE A HITLER

Poco después de los Pactos de Letrán el Papa Pío XI licenció al cardenal Gasparri, artífice de tan importantes y positivos acuerdos y nombró para sustituirle a un prelado de la aristocracia romana, el cardenal Eugenio Pacelli, que había desempeñado con general aplauso la Nunciatura en Munich y Berlín y que, aunque no comulgaba ni muchísimo menos con el nazismo se fue convenciendo a lo largo de los años treinta de que el Reich de los Mil Años proclamado por Adolfo Hitler podía constituir, en la práctica, una dramática realidad; su principal argumento para esa convicción, que nunca expresó públicamente, era la entrega fanática del pueblo alemán, que se creía el más excelso y culto de la Tierra, el *Urvolk*, al iluminado y morenusco «cabo bohemio» en cuyos rasgos no podía encontrarse la más mínima semejanza con la raza aria como no fueran los aullidos guturales de sus entrecortados discursos.

Hoy está demostrado que la Santa Sede no tuvo la mas mínima intervención en la llegada de Hitler al poder a fines de enero de 1933. Lo que sí es cierto es que el partido fundamentalmente católico *Zentrum* y la conferencia episcopal alemana de Fulda dieron luego su aprobación a la Ley de Poderes Extraordinarios que marcaba el comienzo de la dictadura totalitaria de Hitler, porque la inmensa mayoría del pueblo alemán, las grandes fuerzas de la finanza y la industria y la gran mayoría de los mandos militares estaban también de acuerdo; ademas porque esperaban a cambio un Concordato favorable, que en efecto fue concedido por el nuevo régimen. Pío XI creyó en 1933 que Hitler sería un valladar contra el comunismo soviético y la Internacional comunista pero en el mes de agosto de ese mismo año 1933 protestó contra las primeras persecuciones antijudías de los nazis[200]. Pío XI y Pacelli creyeron que ante la dictadura totalitaria la Iglesia y sus poderosas asociaciones sociales necesitaban cuanto antes el Concordato con el III Reich. Y en 20 de julio de 1933 el cardenal Pacelli y el vicecanciller católico del Reich, Franz von Papen, firmaron el Concordato en el Vaticano. Poco después el Zentrum, como los demás partidos políticos de Alemania, aceptó su autodisolución. Las asociaciones católicas, en virtud del Concordato, lograron sobrevivir, aunque con crecientes

[200] Cfr. H. Jedin op. cit. IX p. 115.

problemas; el Concordato, aprobado por la gran mayoría de la Conferencia episcopal y los católicos alemanes, fue un éxito rotundo para Hitler, que había admitido cínicamente la supervivencia de las asociaciones católicas con la intención de anularlas en el monopolio totalitario del Tercer Reich.

Ahora, cuando se celebran los cincuenta años de la catástrofe alemana en la guerra mundial, nos enteramos de que casi todos los alemanes formaban parte de la oposición contra Hitler. La verdad histórica es bien diferente. En los años treinta. Hitler había logrado unificar y capitalizar el orgullo ancestral de los alemanes, sus resentimientos seculares y recientes, su sed de venganza por la paz de Versalles y el atropello de las reparaciones de guerra, el nacionalismo exacerbado y el antisemitismo que provenían de la Edad Moderna e incluso en parte de la Edad Media y arrasaban la conciencia colectiva de los alemanes desde el auge de Prusia y la derrota de Napoleón. Adolfo Hitler era un paranoico genial con sobredosis de cualidades políticas capaces de seducir a un pueblo tan profundo y tan inteligente hasta lanzarle a la expansión ciega de los años treinta y la hecatombe de la segunda guerra mundial. Entre la inmensa mayoría del pueblo alemán, o mejor del pueblo panalemán que siguió como un solo hombre a Hiter y aceptó o al menos toleró sus estúpidas doctrinas racistas y sus arbitrariedades totalitarias e irracionales formaban casi todos los cristianos, católicos y protestantes, de Alemania.

Hans Dietrich Bracher ha analizado muy documentada y equilibradamente el comportamiento de protestantes y católicos frente al Tercer Reich. En rigor no hubo una actitud «frente» al Reich sino con él. Los protestantes, consecuentes con la servil doctrina luterana sobre el poder de los príncipes, no sólo aceptaron a Hitler sino que muchos de ellos se integraron en una especie de Iglesia alemana política, los Cristianos Alemanes, que aceptó la imposición, por parte del régimen nazi, de un «Obispo del Reich» vicario de Hitler cuyo único acto consecuente fue el suicidio al hundrse el Tercer Reich. Esto no significa una ausencia absoluta de oposición en el campo protestante; una oposición muy minoritaria pro selectísima, dirigida ideológicamente por los grandes teólogos evangélicos Karl Barth y Dietrich Bonhoeffer y el valeroso pastor de Dahlem, Martín Niemöller, héroe de la Gran Guerra. La Liga provisional de Pastores, inspirada y dirigida por ellos, reunió desde 1933 a un tercio de los clérigos protestantes de Alemania pero poquísmos entre ellos participaron de forma efectiva en una oposición política. Bonhoeffer fue una de las grandes excepciones.

Gracias a su mayor cohesión interna –la jerarquía episcopal– y a la comunicación con Roma, donde Pío XI y el cardenal Pacelli se preocupaban muy directa y personalmente de la Iglesia alemana, los católicos resistieron mucho mejor el empuje nazi y articularon una oposición mucho más eficaz. Esto no quiere decir en modo alguno que rechazaran al Tercer Reich; todo lo contrario, la gran mayoría de católicos y de obispos alemanes lo aceptaron, y con entusiasmo en muchísimos casos. Roma y la Conferencia Episcopal de Fulda consintieron en la autodisolución del partido Zentrum cuyo dirigente Kaas fue artífice importante del Concordato de 1933, firmado por Papen, como sabemos, el más notorio de los católicos pertenecientes a la derecha alemana y vicecanciller de Hitler. El cardenal de Munich monseñor Faulhaber, que se había inclinado ante los hechos consumados, criticó desde el principio del régimen «la idelogía anticristiana y las pretensiones totalitarias del nacionalsocialismo» (Bracher). El mismo autor, que no es un panegirista del catolicismo, reconoce: «A pesar de estas limitaciones, el significado de la oposición católica es bastante impresionante» y demuestra ampliamente la tesis con numerosos casos concretos, pr ejemplo: «Miles de sacerdotes y laicos fueron encarcelados o llevados a campos de concentación». El jesuita Alfred Delp fue, junto al teólogo protestante Bonhoeffer, un auténtico mártir –testigo– de la oposición contra el nazismo. Hubert Jedin califica al concordato como «excelente línea defensiva» y concluye: «El hecho de que el catolicismo alemán pudiera salir de la etapa del Tercer Recih esencialmente mucho más intacto que casi todos los demás grandes grupos de situación similar, es una de las consecuencias a largo plazo del acuerdo de 20 de julio de 1933»[201].

La Iglesia Confesional alemana, agrupación de iglesias evangélicas frente a la Iglesia nazi de los Cristianos Alemanes, difundió en junio de 1936 un valiente memorandum: «Se rompió aquí el silencio –dice Bracher– protestando no solo contra el rumbo antieclesiástico sino también contra la filosofía nacional-socialista, el antisemitismo racista y la arbitrariedad jurídica; se criticó abiertamente el hecho de que en Alemania, que se considera un estado de derecho, haya todavía campos de concentración...El memorandum protestaba abiertamente contra el culto al Führer». La protesta de los evangélicos exasperó a los nazis y alcanzó una cierta resonancia en el mundo. Pero no alcanzó ni de lejos el impacto de la declaración pública de Pío XI al año siguiente.

El Papa y el secretario de Estado Pacelli estaban indignados por las continuas violaciones del Concordato de 1933 perpetradas por Hitler y sus secuaces. Atrincherados en el Concordato manifestaban al gobierno alemán en notas durísimas «la brutal discrepancia» (Jedin) entre Concordato y realidad y rechazaban algunos principios esenciales del nazismo como la absolutización del Estado. Las notas no eran sólo de carácter diplomático y reservado; el Vaticano las hizo imprimir en un Libro Blanco dividido en varias series entre 1934 y 1936, y comunicó esta documentación a los obispos de Alemania. Pero algunos obispos jóvenes (von Galen de Münster y von Preysing de Berlín) reclamaban una acción más enérgica, con lo que se mostró de acuerdo el cardenal de Munich, monseñor Faulhaber, quien redactó un proyecto de manifiesto pontificio que, reelaborado por Pacelli, se convirtió en la encíclica *Mit brennender Sorge* (Con ardiente preocupación) de 14 de marzo de 1937, publicada casi simultáneamente, como dijimos, a la gran condena del comunismo en la *Divini Redemptoris.*

El régimen nazi trató por todos los medios de impedir la difusión del documento pero inútilmente; los casi doce mil púlpitos católicos de Almania tronaron contra el nazismo y la encíclica se imprimió repetidas veces en Alemania y alcanzó una gran repercusión en el mundo entero. Franco y Serrano Suñer, que necesitaban vitalmente la ayuda militar alemana en un año de iniciativa estratégica compartida por el enemigo, impidieron la difusión de la encíclica en España y consintieron en la intromisión de la propaganda exterior nazi a favor de esa prohibición. El cardenal Gomá se avino a recomendar a los obispos el silencio sobre la encíclica pero él mismo, junto con otros prelados, la publicó en los bole-

[201] H. Jedin, op. cit. IX p. 122. K.D. Bracher, op. cit. II p. 126s.

tines diocesanos en 1938[202]. España vivía en 1937 sus propios y gravísimos problemas entre los que no figuraba la difusión de la ideología nazi, con la que comulgaban solamente algunos intelectuales fascistas encargados de la propaganda del régimen de Franco, no del de Hitler. En Alemania Hitler hablaba ya por entonces de «aniquilar» a la Iglesia católica (Bracher); Franco, como reconocerían pronto los obispos de España en su Carta colectiva, acababa de salvarla. Establecer ahora paralelismos ideológicos o políticos entre los dos personajes («Franco el hitleriano» ha dicho un gran periodista desorientado, hace poco) no sirve a estas alturas ni para ganarse el asentimiento de la izquierda.

En la *Mit brennender Sorge* Pío XI demostró haber captado ese designio final de Hitler sobre la aniquilación del cristianismo en Alemania y tuvo el valor de proclamarlo ante todo el mundo. **Describía la persecución de la Iglesia católica bajo el III Reich no sólo como un hecho innegable sino también como un hecho directamente derivado de los fundamentos y objetivos políticos del nacionalsocialismo. «Por otra parte –decía el Papa– se ha erigido en norma ordinaria el desfigurar abiertamente los pactos, eludirlos, desvirtuarlos y finalmente violarlos más o menos abiertamente... La experiencia de los años transcurridos habia puesto al descubierto las maquinaciones que, ya desde el principio, no se propusieron otro fin que una lucha hasta el aniquilamiento». Se explicaba luego, con lujo de detalles, que esta lucha de aniquilación tenía su raíz en el hecho de la incompatibilidad de la fe católica con los principios de dominio nacionalsocialistas. «Si la raza o el pueblo, si el Estado o una forma determinada del mismo, si los representantes del poder estatal u otros elementos fundamentales de la sociedad humana tienen en el orden natural un puesto esencial y digno de respeto, con todo, quien los arranca de esta escala de valores terrenales elevándolos a suprema norma de todo, aun de los valores religiosos, y, divinizándolos con culto idolátrico, pervierte y falsifica el orden creado e impuesto por Dios, está lejos de la verdadera fe y de una concepción de la vida conforme a ella»[203].**

El régimen nazi desencadenó una campaña de injurias y nuevas persecuciones contra la Iglesia católica pero aunque amagó con la ruptura total nunca se atrevió a realizarla. La Iglesia tampoco. Muchos critican cómodamente después de 1945 que la Iglesia mantuviera, pese a todo, sus pactos con el régimen de Hitler. Pero esos pactos –el Concordato defensivo de 1933– no alcanzaron el compromiso ni la resonancia ni la permisividad del gran pacto de las democracias con Hitler y Mussolini en Munich al año siguiente de la encíclica papal, 1938. Tampoco clamó la Iglesia contra las sucesivas expansiones que emprendió Hitler como consecuencia del pacto de Munich; el desmembramiento de Checoslovaquia y la anexión de Austria, el Anschluss, con el que se mostraron de acuerdo la inmensa mayoría de los católicos de Austria con sus obispos al frente. Hitler navegaba sobre la pleamar y ya hemos visto que el propio cardenal Pacelli, redactor final de la *Mit brennender Sorge,* creía seriamente durante los años treinta en la viabilidad del Reich de los Mil Años, aunque se opusiera frontalmente –acababa de demostrarlo en 1937–

[202] G. Redondo (apoyado en el estudio de M:L: Rodríguez Aisa) op. cit. II p. 208.

[203] *El magisterio pontificio...* op. cit., II p. 556s. H: Jedin, op. cit., IX, p. 125s.

a sus principios fundamentales. En este contexto hay que explicar la actitud reticente de la Iglesia ante la persecución y la aniquilación de los judíos europeos por el Tercer Reich.

HITLER Y LOS JUDÍOS: LA PERSECUCIÓN

Adolfo Hitler había señalado colectivamente a los judíos como el Enemigo Absoluto de su ensueño pangermánico en su libelo programático *Mein Kampf*. Pero nueve años después, en 1933, el ensueño se hizo realidad, con lo que la suerte de los judíos de Alemania, y de los ámbitos europeos luego conquistados por Alemania, estaba echada. He publicado una primera aproximación al problema del Holocausto en mi libro *El Tercer Templo*[204] y tengo el propósito de volver sobre un problema que, pese a una inmensa bibliografía, publicística y filmografía, dista, en mi opinión, de haberse sustanciado históricamente, aunque me atengo a mis conclusiones de 1992, basadas en los estudios más serios que pude encontrar entonces como el clarificador Atlas histórico de Gilbert. Karl D. Bracher, en su citada obra, expone sugestivamente el mismo problema[205]. Para el estudio del caso en relación con la Iglesia católica, dentro del objeto de la presente historia, he de dividirlo en dos epígrafes; la persecución, que abordo ahora; y la aniquilación, a la que me referiré al estudiar el pontificado de Pío XII. Pero ya desde este momento he de adelantar una adherencia importante. Muchos de los hipercríticos de la Santa Sede en relación con el problema judío ignoran o callan el hecho comprobable de la increíble ausencia de protestas efectivas contra la persecución nazi de los judíos hasta terminada la segunda guerra mundial. Ni Francia, ni Inglaterra, ni los Estados Unidos, ni siquiera los centros y medios sionistas internacionales elevaron de forma audible su condena contra el nazismo durante las fases de persecución y de aniquilación. Por eso resultan ridículas muchas imputaciones contra el silencio– desgraciadamente real– de la Santa Sede o el silencio de otras personalidades, como el general Franco, de quien consta, como he demostrado en el citado libro, que según fuentes judías de toda solvencia salvó a más de cincuenta mil judíos del Holocausto mediante las gestiones de sus diplomáticos y el seguro del territorio español.

En Europa central y occidental vivían cuando Hitler subió al poder unos seis millones de judíos, además de unos tres millones en territorio de la Unión Soviética. De aquellos ocho millones serían unos seiscientos mil los alemanes, ciento ochenta mil vivían en Austria, doscientos setenta mil en Francia, trescientos cuarenta mil en Inglaterra, ciento cincuenta mil en Holanda, trescientos sesenta mil en Checoslovaquia, casi medio millón en Hungría, tres millones y cuarto en Polonia, la mayor concentración de judíos en Europa. Los primeros ataques nazis, en forma de boicot contra los judíos alemanes, empezaron a raíz de la primera

[204] Barcelona, Planeta, 1992.
[205] Op. cit.I., p. 337s.

legislación antisemita que data ya del mes de marzo de 1933 y legalizaba prácticamente las purgas y las persecuciones, que sin llegar a los excesos posteriores se cobraban ya las primeras víctimas en los primeros atropellos. La Sociedad de Naciones condenó los primeros brotes de la persecución antijudía en mayo de 1933 pero con escasísima resonancia y efecto. Grandes científicos como Albert Einstein o el creador del psicoanálisis, Sigmund Freud, figuraban entre los cien mil judíos que lograron escapar de las furias nazis de 1933 a 1939, período en que las purgas dejaron en la calle a cuatro mil abogados y tres mil médicos judíos en lo que ya empezaba a ser la Gran Alemania. Las Leyes de Nürenberg, improvisadas sádicamente a mediados de septiembre de 1935 y aprobadas después servilmente por el Reichstag privaban virtualmente de la ciudadanía a los judíos alemanes. Al año siguiente el eminente científico y líder del judaísmo internacional Chaim Weizmann predecía que de no ponerse remedio a la persecución, seis millones de judíos europeos podrían ser exterminados. Casi nadie le prestó atención en Occidente. La persecución antijudía animó a cada vez más numerosos grupos antisemitas en casi toda Europa, incluso en naciones democráticas como Francia. En 1938 se registraron los primeros pogroms que coincidían con un recrudecimiento institucional de la censura de prensa, libros y radio en Alemania. Una de las razones de la ausencia de protestas, y del mismo silencio del Vaticano, fue que los nazis animaban a las organizaciones judías internacionales a facilitar la emigración de sus hermanos mediante algo parecido a un rescate que ascendió hasta octubre de 1941 a casi diez millones de dólares; y nadie quería excitar aún más la vesania antijudía de Hitler, cuyos efectos, por lo demás, se conocían bien poco fuera de Alemania. Pero muchos miles de judíos que huían de Alemana y Austria encontraban serias dificultades para establecerse en los Estados Unidos y las autoridades británicas les cerraban también la acogida en el Hogar Judío de Palestina ya en 1939, justo cuando la persecución iba a degenerar en genocidio. Es cierto que la Santa Sede se enfrentó con el fascismo italiano en 1938 con motivo de una legislación alógena y antijudía. Pero tampoco brotó en el Vaticano la protesta contra las persecuciones de que eran objeto en la Gran Alemania los que todavía eran llamados en la liturgia de Semana Santa los pérfidos judíos.

PÍO XI Y LA SOLUCIÓN CORPORATIVA

La confrontación intensa y simultánea de Pío XI con el comunismo y el nacional-socialismo no debe hacernos prescindir de otros aspectos de su pontificado que entonces alcanzaron gran resonancia. Dejo para un capítulo próximo el impulso de este Papa al progreso de la Iglesia en las Américas para apuntar algunas consideraciones sobre Francia e Italia.

Ya indiqué que la entrega de los católicos franceses a la causa nacional en la Gran Guerra terminó de atenuar la confrontación entre la Iglesia y la República que había llegado a la violencia política en los dos pontificados anteriores. La convivencia continuó y mejoró en el período de entreguerras, gracias a la irrupción de una notabilísima intelectualidad católica renovada –sobre la que diré algo en la sección siguiente– pero se agrió, dentro del campo católico, en la controversia con la *Action Française*. Este movimiento político y cultural de extrema derecha monárquica, creado por Carlos Maurras, había sido ya condenado en los últimos tiempos de San Pío X, que sin embargo aplazó la publicación de la repulsa. Maurras, que era personalmente agnóstico, expresaba su respeto por la Iglesia pero pretendía instrumentalizarla para su causa política, fundada en un naturalismo filosófico que poco tenía que ver con el cristianismo, pero que atrajo a numerosos católicos. El 29 de diciembre de 1926, por orden de Pío XI, el Santo Oficio publicó la condena suspendida con la consiguiente protesta de la Action Française, que sin embargo envió al Papa siguiente, Pío XII, una carta de sumisión en 1939 y consiguió el levantamiento de la condena. El movimiento desapareció después de la segunda guerra mundial, porque su fundador y buena parte de sus adheridos habían colaborado con el régimen vencido del mariscal Pétain y no quedaba de ellos sino el recuerdo de un fervoroso anacronismo. En los demás aspectos las relaciones entre la Iglesia y el Estado de la Tercera República se mantuvieron dentro del mutuo respeto sin que por ello se alterasen las leyes anticatólicas de principios de siglo, caídas ya en desuso tras la primera guerra mundial.

La orientación positiva más importante en cuanto al orden social (e inevitablemente político) que emanó del magisterio de Pío XI fue, sin duda, la encíclica *Quadragesimo anno* de 15 de mayo de 1931. Con motivo del indicado aniversario del famoso pronunciamiento social de León XIII en la encíclica *Rerum novarum* la nueva carta pontificia señalaba el camino de la *tercera vía* entre liberalismo capitalista y marxismo comunista que los Papas han seguido desde entonces hasta hoy y que por tanto debemos entender y exponer con la claridad que se merece. Tengo la impresión de que la innegable aproximación de la Santa Sede al fascismo italiano podría explicarse, además del buen clima que generaron los acuerdos de Letrán, porque el fascismo era también un intento de *tercera vía*; por su oposición absoluta al comunismo y por su crítica al liberalismo capitalista para encontrar una solución populista y «corporativa» a la problemática social. Tanto la solución concreta del fascismo italiano (más o menos felizmente imitada por el régimen del general Franco en España con su estructura de sindicatos verticales) como la delineación teórica del corporativismo pontificio en esta encíclica dejaban al margen la configuración democrática de la sociedad; más aún el sistema democrático, que como no nos cansaremos de insistir atravesaba una hondísima crisis en los años veinte y treinta, era ya entonces menospreciado y descalificado como «democracia inorgánica» a la que se contraponía la «democracia orgánica» virtualmente identificada con el corporativismo. La democracia orgánica no era precisamente un concepto fascista; el autor que mejor la explicó y más convencidamente la proclamó en toda Europa era un liberal de toda la vida, el exministro de la segunda República y pronto profesor de Oxford don Salvador de Madariaga, en su libro de 1935 *Anarquía o jerarquía*, publicado entonces (y reeditado en España al fin de la época de Franco) por la editorial Aguilar[206].

[206] La edición actual fue patrocinada por el ministro Alfredo Sánchez Bella.

Pío XI resume y resalta, ante todo, el contenido y los beneficiosos efectos de la *Rerum novarum* que «desborda audazmente los límites del liberalismo» para confiar al «patrocinio del Estado» el deber de «velar por los débiles y los necesitados»[207]. Es una lástima que los asesores de León XIII y los de Pío XI no les hubieran informado sobre las tendencias, que ya reseñamos, del «liberalismo social» desde el propio siglo XIX, que incorporaba ya, como sabemos, elementos esenciales de la «tercera vía pontificia»; pero la llamada justamente «doctrina social de la Iglesia» ha tendido siempre a describir al liberalismo y al capitalismo como un sistema inhumano y egoísta. Pío XI, tras reclamar la potestad de la Iglesia para impartir orientaciones en materia económica y social (a lo que tiene pleno derecho) reconfirma el derecho de propiedad pero apunta para él una dimensión social, entre el individualismo y el colectivismo. Queda afirmada, pues, de nuevo la «tercera vía» aunque el Papa nunca la llama así.

Luego critica con dureza la pretensión capitalista de reivindicar para el capital la totalidad del producto «dejando al trabajador apenas lo necesario para reparar y restituir las fuerzas». Por supuesto que atribuye este exceso capitalista «a los liberales llamados vulgarmente *manchesterianos*»; y sin matizar nada sobre las correcciones humanitarias del liberalismo capitalista critica inmediatamente después las pretensiones socialistas de recabar para el Estado el dominio de todos los medios de producción. Queda por tanto nuevamente abierto el hueco para la «tercera vía». Que empieza a formularse con elementos muy certeramente expresados: la constitución de un patrimonio familiar para los trabajadores, lo que exige previamente un salario digno y justo; y la concepción de la empresa dentro de un contexto de bien común. La intervención del Estado, que antes se ha propuesto como necesaria en favor de los humildes, ahora se matiza, con nuevo acierto, por la conveniencia de que el Estado admita la participación de «asociaciones inferiores» y se contente con una «función subsidiaria», es decir supletoria de la iniciativa privada; ésta es una constante de la doctrina moderna de la Iglesia en la ordenación social y la enseñanza, y una doctrina muy coherente con la oposición de la Iglesia al totalitarismo. La solución corporativa se insinúa de nuevo al evocar la importancia de los municipios y de la coordinación entre «las profesiones» para evitar la lucha de clases preconizada por el colectivismo marxista. «Tales corporaciones... llegan a ser consideradas por muchos...como connaturales a la sociedad civil». Y serán la base de la «organización sindical y corporativa» en la que quedarán prohibidas las huelgas.

En una nueva condena del capitalismo internacional le califica de «dictadura económica» que monopoliza tanto la industria como las finanzas. Y tiende a condicionar e incluso a adueñarse del poder público y a intervenir en los conflictos entre Estados. Extiende el Papa expresamente su condena al «imperialismo económico» y al «imperialismo internacional del dinero», un aspecto muy sugestivo de la encíclica que casi todo el mundo pasa por alto y que resulta interesante en nuestros días cuando tanto se habla de «nuevo orden mundial» tal vez fundado en esas premisas.

Vuelve después sobre el socialismo. Condena con durísimas expresiones al «bloque violento o comunismo» como «enemigo de la santa Iglesia y de Dios».

[207] Cfr. el texto en El magisterio pontificio... op. cit. I, 524s.

Examina entonces al «socialismo moderado» que seduce a muchos cristianos. Pero le condena también enérgicamente, porque en realidad no renuncia a la lucha de clases ni a la abolición de la propiedad; y porque «el socialismo, si sigue siendo verdadero socialismo, aun después de haber cedido a la verdad y la justicia...es incompatible con los dogmas de la Iglesia católica, puesto que concibe la sociedad de una manera sumamente opuesta a la verdad cristiana». Pío XI tenía razón. El socialismo moderado de 1931 no era comunismo pero seguía declarándose formalmente marxista. Hasta que renunciara al marxismo la condena pontificia seguía siendo válida. La experiencia del socialismo en la República española, que acababa de estrenarse, confirmaría de lleno las apreciaciones de Pío XI.

El Papa llama «desertores» a los católicos que han abrazado el socialismo. Pero recalca la incompatibilidad: «Socialismo religioso, socialismo cristiano, son términos contradictorios: nadie puede al mismo tiempo ser un buen católico y un socialista verdadero».

El Papa proponía por tanto como solución institucional entre el liberalismo capitalista y el colectivismo comunista o socialista una tercera vía, el corporativismo. El fascismo italiano trató de interpretar esta recomendación como una nueva legitimación pontificia de su sistema social, que sin embargo derivaba cada vez más al totalitarismo excluyente. El canciller católico y socialcristiano de Austria, Engelbert Dollfuss, trató de implantar en su país el corporativismo de la *Quadragesimo anno* pero fracasó por los tirones destructivos y contradictorios del socialismo marxista (ahogado por él) y el nacionalsocialismo que acabó por adueñarse de Austria y entregarla a la Alemania de Hitler. La derecha católica española agrupada en la CEDA conocía bien la doctrina social de la Iglesia pero el encrespamiento político de los años treinta le impidió ponerla en práctica. Se aproximó más al sistema de democracia orgánica el régimen del general Franco en España, pero tampoco era una democracia aunque trató de adaptar a España el corporativismo pontificio a través de los estudios emprendidos por algunos jesuitas que trabajaban en este campo desde antes de la guerra civil como el padre Azpiazu y la revista *Razón y Fe* que entonces se dedicaba a divulgar la doctrina papal y no a criticarla y atacarla. Hasta la segunda posguerra mundial no se intentó eficazmente la implantación parcial de la doctrina de Pío XII por los partidos católicos que ya se llamaban abiertamente, después de 1945, Democracia Cristiana. Pero se movían en una concepción plenamente democrática, que nunca fue la de Pío XI.

SECCIÓN 7: LA COMPLEJÍSIMA CRISIS CULTURAL DEL SIGLO XX

LA RECONCILIACIÓN ENTRE LA CIENCIA Y LA FE

Este capítulo sexto merecería todo un libro; todos sus epígrafes constituyen libros embrionarios. Esta sección sobre la cultura del siglo XX apenas puede esbozarse dentro de estas dimensiones. Vayamos, como otras veces, a la misión imposible de apuntar lo esencial. Pensé por primera vez en estos apuntes cuando el Papa Juan Pablo II nos dirigía a unos trescientos profesores de Universidad su lección magistral acerca de la reconciliación de la cultura y la fe, bajo el retrato del cardenal Cisneros, en el aula magna de la Facultad madrileña –que no complutense– de Derecho. Algunos sentíamos, y lo comentamos, que con esa lección se cerraba felizmente el ciclo de aproximación entre la fe y la cultura que abrió León XIII tras las oscuridades y los equívocos que envolvieron a la Iglesia durante los siglos XVII –el de Galileo– y XVIII –el de la Primera Ilustración– y sobre todo en el XIX, el siglo del Dios expulsado por la Ciencia Absoluta. Juan Pablo II representaba todo lo contrario; la apertura definitiva de la fe a la ciencia y a la cultura.

Porque el hecho capital de nuestro tiempo ha sido, sin duda alguna, el hundimiento de la Ciencia Absoluta entre finales del siglo XIX y principios del XX y su sustitución por una Ciencia relativa, no exacta sino aproximada y estadística, no prepotente y orgullosa sino sencilla y humilde en su propia grandeza. Ya lo hemos apuntado al referirnos al momento en que se producía esa transformación; pero el mundo del pensamiento y de la cultura, y mucho menos la opinión pública, no advirtieron la trascendencia de ese cambio hasta después de la segunda guerra mundial y por eso pudo arrastrarse durante muchas décadas un absurdo como el «marxismo científico» una ridiculez como «el ateísmo exigido por la ciencia» y una resaca positivista que seguía excluyendo a Dios en nombre de «razones» ilustradas. Todo lo contrario. Al conseguir avances prodigiosos en lo indefinidamente grande –la astrofísica, la exploración del espacio– y lo indefinidamente pequeño –el descubrimiento de nuevas partículas «elementales» en medio de una indeterminación de materia y energía, de materia y antimateria– la Ciencia auténtica, una vez arrumbada para las magnitudes próximas la Ciencia Absoluta, ha redescubierto nada menos que la creación del mundo, exigida por la teoría fundamental del principio explosivo, el Big Bang; nada menos que la posibilidad de Dios, el vacío de Dios y hasta la exigencia de Dios. Stephen Hawking convierte su famosa *Historia del Tiempo* en un angustioso debate sobre el vacío de Dios; y hasta en las escenas del Evangelio pueden rastrearse pruebas de la presencia de Dios a través de su vacío, *Creo, Señor, pero ayuda a mi incredulidad*. En otros grandes exploradores del Universo –Hubble, Fred Hoyle, Penrose, Jastrow– puede sentirse casi físicamente la huella y la atracción de Dios que habían experimentado Galileo, Newton y Darwin. Los delirios ateos de los «científicos» enciclopedistas, positivistas y marxistas no tienen ya su sitio en los clausurados Museos del Ateísmo sino en los desvanes de la historia científica. Una vez más recomiendo al lector el libro del profesor Fernández Rañada *Los científicos y Dios*[208] donde se muestra con toda claridad que la ciencia y la fe no son ni han sido incompatibles en la mente de muchos grandes científicos de todos los tiempos, y muy especialmente de nuestro tiempo.

Ahora bien, a lo largo del siglo XX la filosofía –el pensamiento sistemático– se ha vinculado cada vez más estrechamente a la Ciencia; e incluso para algunos filósofos, creo que exageradamente, el único papel que le queda a la filosofía es la

[208] Oviedo, Bibl. básica Nobel, 1983.

interpretación de la Ciencia. La cancelación de las antiguas hostilidades entre la ciencia y la fe liquidan también la torpe dogmática positivista de una filosofía necesariamente excluyente de la fe. Y paradójicamente abren el camino para que una nueva teología pueda considerarse como plenamente científica.

Fernández Rañada explica detenidamente cómo la actitud religiosa (o anti-religiosa) de los científicos suele depender de motivos personales. Por eso me siento justificado al confesar que si bien la fe me vino por tradición familiar, como a tantos cristianos, la confirmación personal en la fe se derivó de una actitud histórica; del estudio personal y apasionado, pero rigurosamente histórico, del Nuevo Testamento en su expresión original , en la profundización de sus contextos incluso en el ámbito geográfico –Palestina y muy especialmente Jerusalén, Roma– a través de varios viajes, porque creo intuitivamente en la veracidad histórica de los contactos locales, en el aprisionamiento del tiempo en las huellas del espacio. Claro que el impulso interior e inmerecido del que arranca la fe consciente tiene mucho que ver con esa presión de los contextos hacia la verdad pero comprendo perfectamente que uno de mis personajes históricos preferidos, Santa Elena, descubriese el lugar exacto del Calvario y otras localizaciones de la vida de Cristo por intuición apoyada en el testimonio vivo de dos o tres generaciones; y como se sabe, aunque algunos afecten ignorarlo, la magistral arqueología israelí de nuestro tiempo ha ido confirmando uno por uno los hallazgos de Santa Elena, auténtica musa de la protohistoria cristiana. Para mí, como historiador profesional, el que Tácito, nada menos, se refiera a Jesús como «un tal Cristo» es una contraprueba del Evangelio tan válida como la aproximación creciente de los hallazgos de Qumrán, a cuyas cuevas me asomé con sobrecogimiento un año antes de escribir estas líneas a fechas no ya del siglo II sino del tiempo en que vivían los testigos de Cristo que según el estúpido hiper-racionalismo germánico del XIX se habían reunido para inventarse la «mitología» evangélica. A la persona divina, pero física y real de Cristo se puede llegar científicamente a través de un método histórico riguroso. Lejos de toda jactancia debo confesar que yo lo he hecho así, durante años.

LA INVASIÓN CULTURAL MARXISTA Y EL HOMBRE NUEVO SOVIÉTICO

Todo el siglo XX se ha vivido en medio de una reconciliación objetiva entre la ciencia y la fe, pero una fortísima corriente de pensamiento y cultura, apoyada en un bloque estratégico de alcance mundial y capaz de cubrir al mundo entero con los tentáculos de su propaganda y su formidable poder de infiltración –me refiero al marxismo-leninismo– ha realizado durante más de setenta años esfuerzos inauditos para arrancar a Dios de la conciencia humana y crear un «hombre nuevo» enteramente ajeno a la huella y la idea de Dios. Este impulso cultural del marxismo-leninismo no ha consistido en simples influjos expansivos sino en unos planes estratégicos muy meditados y predeterminados mediante métodos muy eficaces de captación y penetración. Ya he analizado el carácter ateo de la doctrina de Marx y de Lenin. Y he citado la oposición de los Papas del siglo XX –por el momento hasta Pío XI– sobre el ateísmo marxista y comunista.

La Academia de Ciencias de la URSS, tres años antes de la caída del Muro, se ocupo oficialmente de la figura de Cristo. Logré hacerme con esta curiosísima cristología soviética, obra de un tal I. Kriveliov pero coordinada por el señor Grigúliévitch, a quien ya conocía por un libro, relativamente difundido aunque aberrante, en favor de la teología de la liberación, que en su momento citaré[209]. Se trata de una «investigación» ramplona, una especie de rapsodia de toda la mitología anti-cristológica desde Arrio a la época de Tolstoi; se pone en duda «científicamente» la existencia de Cristo, se acude a las deformaciones de la izquierda hegeliana y el ateísmo contemporáneo, desde Bauer a Barbusse; si alguien pretende atribuir carácter diabólico a esta memez tendrá que referirse a algún demonio secundario en situación de meritoriaje. Pero es hasta divertido que el órgano supremo de la cultura soviética intentara la destrucción histórica de Cristo tres años antes de que se le cayera encima el Muro. Más interesante es el libro de 1981 *La religión y la iglesia en el Estado soviético*[210] que trata de convencernos sobre la admirable libertad religiosa de que ha gozado siempre la URSS; con omisión flagrante de todas las persecuciones y crímenes de que está jalonada la persecución soviética contra las instituciones religiosas, atemperada, eso sí, por Stalin para lograr la cooperación de la Iglesia ortodoxa en la «Gran Guerra Patria» de 1941.

Cuatro años antes de la caída del Muro se publicó un documentadísimo alegato donde se demuestra, sin género alguno de duda, el titánico esfuerzo de los dirigentes soviéticos para crear el «hombre nuevo» anunciado por Lenin que pretendía, según el autor, «un hombre hormiga, hombre-perno, hombre atrofiado», es decir el hombre completamente deshumanizado que anunció George Orwell en su maravillosa profecía «1984»[211]. La penetración de las estructuras del Partido Comunista en la sociedad soviética, con sus dieciocho millones de miembros jerarquizados férreamente y dedicados a hacer cumplir las consignas de lo alto permitió durante setenta años la agresión contra la personalidad humana de los súbditos aunque en vísperas de la catástrofe de 1989 los objetivos, muy avanzados, no se habían logrado del todo. La clave del proyecto era la fabricación de un engranaje en el que cada habitante de la URSS tuviese asignada su función. Así se logró, según Heller, el milagro de que un país mísero llegara a convertirse en una superpotencia capaz de dominar medio mundo y pretender el dominio del resto. El disidente Alexandr Zinóviev utilizaba, desde su puesto en el engranaje, el lenguaje preciso de Orwell para describir al mundo soviético; escribía treinta años después de Orwell, pero convencido de que el sistema del Gran Hermano no tendría fin en la URSS. Los instrumentos del PCUS para la deshumanización han sido, según Heller, ante todo el miedo tras las hecatombes y las purgas; luego el trabajo, la corrupción y sobre todo la educación en la escuela, en la familia y en la mitología revolucionaria. Para ello el Partido hubo de montar, desde el principio, un gigantesco y eficacísimo sistema de desinformación, la KGB[212]. Los «Servicios» como se conoce todavía hoy a esta central del terror

[209] I. Kriveliov *Cristo, ¿mito o realidad?* Academia de Ciencias de la URSS 1986. Moscú, Redacción «Ciencias sociales contemporáneas».

[210] de Vladimir Kuroiedov, Moscú, Ed. Progreso, 1981.

[211] Michel Heller *El Hombre nuevo soviético*, Barcelona, Planeta, 1985.

[212] John Barron *KGB* Londres, Hodder y Stoughton, 1974.

secreto soviético y sus actuales sucedáneos, ha ejercido en sus diversas formas a partir de la inicial Cheka un control inflexible sobre todas las manifestaciones intelectuales y culturales de la URSS, una tiranía sádica cuyos detalles se han podido revelar hace muy poco[213]. Providencialmente uno de los grandes escritores de Rusia, el premio Nobel Soljenitsin, consiguió evadirse del «archipiélago Gulag» –título de uno de sus libros-denuncia– y explicar al mundo, durante la agonía del comunismo, la auténtica amenaza del comunismo volcado en la destrucción del hombre y en la creación del hombre nuevo esencialmente truncado.

Sin embargo el totalitarismo cultural soviético no se contentaba con deshumanizar a la población entera de la URSS y de los pueblos sometidos por la URSS después de su victoria en la segunda guerra mundial. El PCUS montó desde los primeros momentos del triunfo revolucionario, gracias a la red de la Internacional Comunista y a los miles de tontos útiles fascinados por el paraíso soviético una tupida red de contactos, terminales y altavoces intelectuales y culturales en todo el mundo y señaladamente en Occidente. Este es un fenómeno que todos conocemos pero que no se ha estudiado seriamente en toda su amplitud. Y lo más grave, esta red, cuyos nudos humanos quedaron de momento estupefactos y hundidos moralmente con la caída del Muro, se ha reconstruido después y pervive entre nosotros, en todo Occidente, como un peligro gravísimo que nunca me cansaré de denunciar. He de volver sobre este problema en los capítulos finales de este libro, al hablar sobre la reconstrucción del marxismo y la posible resurrección de la URSS. Pero debo apuntar ahora algunos rasgos históricos de primordial importancia.

La Internacional Comunista y la KGB habían logrado esa red cultural procomunista durante los años treinta con varios centros, de los que el más importante era París, donde trabajaba un agente de probada eficacia, Willi Muenzenberg. David Caute ha estudiado con detenimiento la penetración comunista en el mundo intelectual francés desde la Revolución a los años sesenta. Y analiza tres casos muy influeyentes: André Gide, André Malraux (luego emigrado al gaullismo) y Jean-Paul Sartre, deificado por los comunistas de todo el mundo pese a sus sospechosos contactos con los alemanes en París y los repugnantes episodios de promiscuidad sexual colectiva que le organizaba su compañera Simone de Beauvoir, otra heroína.

La Unión Soviética contó en la Inglaterra de los años treinta con dos superagentes. El primero, Víctor Gollancz, que no era formalmente comunista ni estaba a sueldo de la KGB pero que actuaba, por un desviado fanatismo, como el gran coordinador cultural prosoviético a través de su influyente actividad editorial. Miembro de una familia judía de la alta sociedad británica, Gollancz, brillantemente formado en Oxford y especializado en los clásicos, creó para su uso personal una religión sincrética que cabría describir como platonismo cristiano y aunque profesaba ardientemente el marxismo vivía como un gran capitalista gracias al éxito de sus empresas editoriales, que se convirtieron en una plataforma para la propaganda socialista de izquierda, comunista y soviética, sobre todo la Nueva Biblioteca Soviética y el famoso Club del Libro de Izquierdas, eufemismo que siempre encubría en él al comunismo puro y duro. Se volcó en la propaganda contraria a la causa nacional en la guerra civil española y se negó indignado a publicar

[213] Vitali Chentalinski *De los archivos literarios del KGB.* Madrid, Anaya- Muchnik, 1995.

[214] David Caute *Communism and the Fench intellectuals* 1914-1960, Londres, A. Deutsch, 1964.

los grandes libros anticomunistas de George Orwell, el *Homenaje a Cataluña, Animal Farm* y sobre todo *1984* pero su indignación fue absurdamente mayor cuando conoció después el éxito del autor a quien había rechazado. Su editorial se convirtió en la agencia cultural del comunismo británico y soviético hasta que rompió con la URSS en 1939. Presa de una vanidad insondable se llevó un chasco cuando su barco tocó en las islas Canarias y la policía de Franco no acudió a detenerle. El chasco se debió a que nadie en las Canarias sabía quién era el gran Gollancz, ni siquiera el cónsul británico que atendió a la llamada del viajero. Sin embargo Gollancz, junto con la revista *New Statesman* y el *Daily Mirror* fueron los artífices de la injusta victoria electoral laborista contra Churchill en 1945[215].

El segundo superagente soviético en el Reino Unido fue Harold «Kim» Philby, uno de los traidores más grandes de todos los tiempos, que nos ha contado en su cínica autobiografía su inconcebible trayectoria. Junto a otros jóvenes universitarios de la época, Philby abrazó el comunismo por motivos inexplicables que según él tienen que ver con un idealismo retorcido y absolutamente acrítico. Participó como corresponsal de derechas en el bando nacional de la guerra civil española, ingresó en el servicio secreto inglés desde el que prestó a la Unión Soviética servicios impagables hasta que huyó a su nueva patria para evitar la captura. Su vida es una muestra de la degradación comunista en la que se sumió, más o menos temporalmente, una parte selecta de la joven intelectualidad británica en la crisis de entreguerras[216]. Y una demostración sorprendente de la eficacia reclutadora de los agentes soviéticos en Occidente durante este período.

Italia, sometida desde 1922 a 1945 al régimen fascista, no cuenta con intelectuales comunistas de categoría excepto uno, cuya influencia ha sido enorme: Antonio Gramsci. Fundador del partido comunista italiano, fue encarcelado después por Mussolini y escribió en prisión prácticamente toda su obra. Se le llamó justamente el *Lenin italiano*; su mérito principal, desde una óptica marxista, consiste en haber trazado las directrices para la infiltración marxista-leninista en las sociedades occidentales, por lo que los comunistas difundieron intensamente sus escritos después de 1945 y le convirtieron en uno de los grandes inspiradores de la teología marxista de la liberación. Ahondó la orientación oportunista de Lenin en su *filosofía de la praxis* (que consiste en que toda línea teórica debe inclinarse ante la razón suprema que es la conquista del poder). Para Gramsci la lucha contra la Iglesia (cuya implantación en la «sociedad civil» (término gramsciano puro) es también su modelo) y contra la sociedad burguesa debe acometerse mediante una táctica de infiltración profunda encomendada a los que llama Gramsci *intelectuales orgánicos*; este tipo de intelectual es el creador, conservador y garante de las ideologías de clase (burguesía, Iglesia) en la historia y a ellos debe oponerse una generación de intelectuales orgánicos marxistas que prepare el triunfo de la Revolución mediante una labor tenaz de subversión ideológica y cultural. «Toda revolución –dice Gramsci en uno de sus textos capitales– ha sido precedida por un intenso trabajo de crítica y de penetración cultural». Y pone como ejemplo a la acción de los ilustrados previa a la Revolución francesa[217].

[215] Cfr. Paul Johnson, *Intellectuals,* London, Weidenfeld and Nicholson, 1988 p. 269s.
[216] Kim Philby, *My silent war* New York, Grove Press, 1968.
[217] A. Gramsci *Antología* Madrid, Siglo XXI, p. 16s.

La infiltración marxista-leninista en el mundo cultural de Occidente, –la Universidad, la escuela, los medios de comunicación– según las pautas de Gramsci, se había iniciado ya en los años treinta (por ejemplo los socialistas marxistas españoles conquistaron desde 1931 a una parte importante de los maestros de primaria y profesores de Instituto) pero se desencadenó de forma masiva tras la segunda guerra mundial con tal intensidad que perdura en nuestros días. Nos ocuparemos, por tanto de este fenómeno en los capítulos correspondientes.

LOS INTELECTUALES ANTE LA GUERRA CIVIL ESPAÑOLA

La guerra civil española dividió en dos bandos a los intelectuales españoles y a muchos de todo el mundo. Las tensiones ideológicas que se habían gestado durante la crisis de entreguerras –fascismo contra comunismo era la más espectacular– reventaron en España entre contornos más claros, aunque muy distorsionados después; porque los extranjeros que acudían a la guerra de España venían a combatir «su» guerra que a veces tenía que ver muy poco con la auténtica guerra española. La guerra civil española no fue un prólogo homogéneo de la segunda guerra mundial. No fue un combate entre el fascismo y el comunismo, ni mucho menos entre fascismo y democracia; en España, ni en la zona nacional ni en la roja había demócratas, como advirtió claramente Largo Caballero, jefe del gobierno republicano, a José Stalin a principios del año 1937. Unos cientos de judíos vinieron a España a luchar contra Hitler pero otros cientos de judíos, por ejemplo los de Tánger, los de Marruecos y los de Gibraltar, ayudaron generosamente a la causa del general Franco.

Los intelectuales españoles se dividieron ante la guerra civil como el resto de los españoles. Algunos, como don Salvador de Madariaga, se quedaron al margen pero eso fue una rarísima excepción. Quienes afirman que los mejores intelectuales españoles lucharon contra Franco se equivocan de medio a medio. En otro libro he estudiado con nombres y apellidos el problema de los intelectuales en la guerra civil y no volveré ahora extensamente sobre el caso[218]. Baste decir que Antonio Machado estuvo con la República y su hermano Manuel con los rebeldes; que Alberti, Miguel Hernández y Pablo Picasso prefirieron al Frente Popular pero José María Pemán, Pedro Sainz Rodríguez , Manuel de Falla y Pío Baroja favorecieron al otro bando; que José Ortega y Gasset, Gregorio Marañón y Ramón Pérez de Ayala huyeron (los dos primeros) de la zona roja y los tres colaboraron con su actitud, sus escritos o sus propios hijos en contra del Frente Popular. Federico García Lorca fue asesinado en la zona nacional; Ramiro de Maeztu en la republicana. Miguel de Unamuno fue destituido como Rector de Salamanca por los dos bandos en lucha.

El caso de los intelectuales extranjeros resulta también muy revelador. Algunos grandes de las letras mundiales del siglo vinieron a la zona republicana pero no

[218] *Misterios de la Historia,* op. cit. p. 159s.

todos (más bien casi ninguno) salieron entusiasmados de ella. Eric Blair, más conocido por George Orwell, estuvo a punto de perecer a manos de los comunistas en la pequeña guerra civil de Barcelona, mayo de 1937; sus escritos posteriores le proclaman como el anticomunista más eficaz de la posguerra mundial. André Malraux, que entonces estaba en la órbita comunista, hizo el ridículo como aviador en la zona roja y luego prefirió apuntarse a algo tan poco comunista como el gaullismo. Arthur Koestler, agente comunista a las órdenes de Willi Muenzenberg, estuvo en zona nacional, luego fue capturado en la caída de Málaga, salvó la vida y abominó del comunismo y de las purgas soviéticas (en las que pereció Muenzenberg) con su famoso libro *Darkness at noon* que se tradujo en España como *El cero y el infinito*. Ernest Hemingway vino también a la zona republicana como corresponsal, envió unos despachos de prensa que leídos ahora juntos nos producen una hilaridad irreprimible, prefería la vida lujuriosa del Hotel Florida de Madrid a la presencia testimonial en los frentes y se le nota en su famosa novela *Por quién doblan las campanas*, sobre una batalla que no presenció: y en la que cualquier parecido con la realidad es simple coincidencia. Me parece que el intelectual más importante de cuantos intervinieron en la guerra civil española fue el presidente de la República Manuel Azaña, que en su *Velada en Benicarló* y en sus espléndidos artículos enviados desde el exilio a la prensa de Argentina nos ofrece un elevado y validísimo diagnóstico sobre lo que realmente fue nuestra guerra civil.

En Inglaterra y en Francia la guerra civil española provocó hondas divisiones entre los intelectuales. Especialmente aguda fue la confrontación en Francia, donde los partidarios de Franco, cuya figura más relevante era el diplomático, poeta y dramaturgo Paul Claudel, publicaban continuos manifiestos en la revista *Occident*, financiada por Francisco Cambó, contra un pequeño núcleo de intelectuales también católicos que, por excepción entre todos los del mundo, se mostraban críticos con la España nacional y especialmente con el endoso total de la Iglesia a esa causa, sin que por ello respaldasen, como se ha dicho, los crímenes contra la Iglesia que se perpetraban en la zona republicana. Los escritores más famosos que escogieron esa posición fueron François Mauriac, Jacques Maritain y Georges Bernanos pero insisto en que, aunque adversarios de la cruzada, no favorecieron a los rojos y además su actitud constituye una excepción en todo el panorama del catolicismo mundial. La figura de Maritain es importante en la historia cultural de la Iglesia y a él nos referiremos en el capítulo que describe el período entre el final de la guerra mundial y el Concilio Vaticano II.

Todo esto quiere decir que la verdadera historia de los intelectuales ante la guerra civil española, sobre la que se han escrito muchos más disparates que sobre los demás capítulos de los años treinta, debe ser revisada de arriba abajo, tarea que me he propuesto realizar algún día.

EL REINO DE LA ANGUSTIA: DE LA CONVERSIÓN AL EXISTENCIALISMO

El período que corre entre 1914 y 1945 y que incluye las dos guerras mundiales y algunas «pequeñas» guerras intermedias tan sangrientas como la de China, la de México y la de España, es, dentro de la edad contemporánea, la época de la angustia. Diez millones de personas perecieron en la Gran Guerra, cincuenta millones en la segunda guerra mundial y un número de ese orden en las salvajes represiones soviéticas de Lenin y de Stalin. Seis millones de judíos, como veremos, fueron exterminados directa o indirectamente por Hitler y una cifra mucho mayor enumera los deportados de sus hogares y de sus tierras, los confinados en el archipiélago Gulag por el totalitarismo soviético. Desde las invasiones de Gengis Kan y desde la marea islámica sobre el norte de Africa y la España cristiana no se había acumulado en la Historia tanta crueldad ni tanto sufrimiento humano. Ante semejantes hecatombes es inevitable pensar que la mano diabólica se ha extendido sobre la primera mitad del siglo XX, sin que su acción mortífera se haya cancelado por completo en la segunda mitad, ni mucho menos; recordemos los casos de Vietnam y Afganistán, los desmanes del fundamentalismo islámico y el terrorismo universal, las guerras civiles de «liberación» en Centroamérica, los conflictos del Cáucaso. Esto significa que el siglo XX, y muy especialmente el período marcado por las guerras mundiales y su incierto intermedio, es el reino de la angustia.

Para evadirse de la angustia muchos hombres y mujeres del siglo XX han optado por la conversión a la Iglesia católica, en busca de la seguridad de la Roca de Pedro. En el Africa negra, gracias a una intensificada acción misionera (a la que contribuyó clarividentemente Pío XI con el fomento de la jerarquía episcopal indígena) se han registrado en nuestro siglo conversiones en masa, aunque siempre tras una intensa instrucción de carácter personal porque la conversión tiene que ser un proceso y una decisión personal. El converso más famoso del siglo XIX había sido, sin duda, el cardenal Newman, cuyo ejemplo ha repercutido en algunas conversiones británicas del siglo XX. Conozco estudios muy reveladores sobre las conversiones a la Iglesia católica en el siglo XX, que a Dios gracias forman una verdadera legión y pienso que la hoy desacreditada apologética podría muy bien revitalizarse con trabajos de investigación y divulgación sobre ese conjunto de grandes conversiones, que contradicen a los impulsos, realmente tremendos, del ateísmo militante –acabamos de verlo en el caso del comunismo– y del ateísmo personal. Quisiera profundizar en la espléndida relación de las grandes conversiones, pero ello requeriría tantas páginas que casi debo contentarme con un catálogo abreviado.

El genial novelista y crítico social Gilbert K. Chesterton y el originalísimo publicista Malcolm Muggeridge son los conversos más famosos de Inglaterra, al menos hasta la reciente conversión de la duquesa de Kent, primer miembro de la familia real que vuelve a la Iglesia católica en nuestro tiempo, después de las misteriosas circunstancias que rodearon, bajo la reina Victoria, el caso del duque de Clarence. En Italia contamos con el colosal escritor Giovanni Papini, cuyos escritos siguen hoy tan vivísimos como la obra universitaria, cultural y social del franciscano Agostino Gemelli, fundador de la Universidad Católica de Milán. La Francia del siglo XX ofrece una constelación de conversos tan rutilante como la España del siglo XVI y tan sincera; aunque a estas alturas del siglo XX no faltan historiadores judíos que identifican, arbitrariamente, a nuestros grandes conversos de la Edad Moderna como simples *marranos.* Me refiero a estrellas del pensamiento y la literatura como el gran inspirador de la juventud europea Charles Péguy, muerto en la batalla del Marne; el existencialista cristiano Gabriel Marcel; el ya citado Paul Claudel, cantor de los mártires españoles de la guerra civil; el humanis ta cristiano Jacques Maritain, mentor de Pablo VI; y Henri Bergson, cuya aproximación al catolicismo no ha sido valorada como merece por algunos círculos integristas. España, con porcentaje mayor de católicos, ofrece menor número de grandes conversos entre los que no cabe ignorar a la reina Victoria Eugenia, cuya conversión sincerísima voy a describir en un próximo estudio con datos admirables y sorprendentes; Manuel Azaña, que realmente nunca abandonó la fe pero se reconcilió dramáticamente con la Iglesia al sentir en el exilio la presencia de la muerte; y uno de los primeros filósofos del siglo, el profesor Manuel García Morente, intérprete de Kant, que se convirtió a través de una iluminación en la guerra civil y abrazó el sacerdocio para ganarse con ello el silencio vergonzoso de no pocos intelectuales mucho menos importantes. Entre los conversos alemanes destaca la eximia filósofa judía Edith Stein, discípula de Husserl junto a una auténtica pléyade de escritores de primera fila. Como ve el lector figuran varios ilustres nombres de origen judío en esa admirable relación; no podemos prescindir, entre ellos, del cardenal Lustiger, arzobispo de París.

Si he calificado, sin exageraciones, en el capítulo anterior al siglo XX como el siglo de Brentano –católico y sacerdote– en el mundo del pensamiento, no debe extrañarnos que, como hemos visto en el campo de la ciencia, también en la filosofía del siglo XX una importante presencia cristiana y católica haya acabado también con la falacia de la incompatibilidad entre la cultura y la fe. Ya hemos señalado la relativa disolución del idealismo y el positivismo al contacto con la Nueva Ciencia; este importante cambio de actitud se comprueba en el pensamiento de Albert Einstein (de quien Lenin, nerviosamente y sin enterarse apenas, escribió con indisimulable recelo) y se confirma con nitidez en ensayos profundos como el del gran científico y notable pensador Roger Penrose[219]. Lo que me interesa destacar no es que el pensamiento más profundo del siglo XX sea cristiano, sino que los cristianos y los católicos participan con prestigio universalmente reconocido en ese pensamiento, como en los demás campos de la ciencia, la literatura, el arte y, en general, la cultura. Estamos a un abismo de los siglos XVIII y XIX, cuando se aceptaba como dogma cultural y filosófico la antítesis entre la cultura y la fe.

Sin embargo además del ateísmo marxista clásico (de Marx a Lenin), otros géneros de ateísmo y gnosticismo se enfrentan en nuestro siglo a la fe, aunque la fe se haya reconciliado con todos los campos de la cultura. La hostilidad contra Dios y contra el mensaje cristiano proviene, según me parece, de dos focos (insisto: aparte del marxismo originario que es el adversario principal): el ateísmo que se quiere presentar como «científico» y exigencia racional; y la degradación moral institucionalizada como pensamiento permisivo, que también exhibe pretensiones científicas.

El pensador no marxista que ha proclamado con mayor tenacidad y energía el ateísmo científico en este siglo es, sin duda, lord Bertrand Russell, quien como sabemos fue miembro prominente de la Sociedad Fabiana. No llegó al ateísmo por

[219] R. Penrose, *La nueva mente del emperador*, Barcelona, Mondadori, 1991.

rutina o menosprecio sino después de una honda y angustiosa reflexión; por eso tiene un lugar adecuado en un capítulo sobre la angustia. En 1986 su discípulo Al Secker, preocupado por la «ola de fundamentalismo religioso» que crecía en Occidente decidió, para contrarrestarla, publicar una colección de los ensayos más importantes de Russell contra Dios y la religión[220]. Que se abre con estas palabras del propio Russell en la p. 17: «Estas pasiones, como fuertes vientos, me han llevado de aquí para allá, siguiendo un rumbo caprichoso, por encima de un hondo océano de angustia, hasta llegar al borde mismo de la desesperación». En medio de una «terrible soledad» se refugia en el amor, en los orígenes lógicos de la matemática, en toda una serie de causas más o menos contradictorias y estrambóticas, para desembocar en una directa confesión gnóstica tras la «búsqueda del conocimiento» para comprender «el poder pitagórico por el que el número domina al flujo». En ese angustioso proceso se ve como formando parte de un mundo diabólico –esa tesis central del gnosticismo– desde el que declara que Dios no hace falta y que las religiones, todas ellas, no solamente son falsas sino nocivas.

Sin la menor intención de ridiculizar a Russell debo resumir objetivamente su trayectoria, fiel al criterio seguido en todo este libro, cuando trato de iluminar las doctrinas con la experiencia personal de los hombres que las formulan. Nacido en una familia aristocrática que contribuyó desde el liberalismo radical a las reformas de la era victoriana, los padres de Bertrand eran radicales y ateos. No es fácil encuadrar en una vida tan agitada la publicación de sesenta y nueve libros sobre todo lo divino y lo humano (sin excluir el método para zurrar a la propia esposa, como apostilla irónicamente Paul Johnson). Russell, sin duda para oponerse al ateísmo de sus padres, inició su adolescencia como creyente pero perdió la fe al comprobar que los argumentos racionales sobre la existencia de Dios sólo funcionaban para quien deseaba creer previamente en su validez. (Por supuesto que, aunque fue siempre evolucionista absoluto, no vislumbró el «principio antrópico», hoy tan aceptado en el mundo científico, de una creación en expectativa consciente del hombre; ni mucho menos el argumento ontológico). Adicto en principio al idealismo kantiano y hegeliano se desprendió de ellos en favor de un realismo que luego interpretó de muy diversas maneras. Desde esa base articuló sus teorías matemáticas, concretadas en su obra magna, *Principia mathematica,* que le valió un renombre mundial y la admiración de mentes tan preclaras como la de Einstein; gracias a ella Russell sigue hoy siendo un autor capital para la lógica matemática. Lo malo es que sobre el fundamento de una negación –la carencia de lógica probatoria en los argumentos sobre la existencia de Dios– se lanzo a pensar, opinar y escribir sobre todos los aspectos de la historia, la vida, la política y la moral. Fracasó en sus pretensiones políticas bajo aluviones de huevos podridos; se casó cuatro veces pero tomó de las teorías de su primera esposa la dedicación al amor libre; fue condenado y encarcelado por el gobierno cuando, llevado por sus actitudes pacifistas, invitó a los alemanes a que desembarcaran en las costas británicas; alabó ardorosamente a la Unión Soviética y después de visitarla declaró que aquello no era más que un campo de concentración, lo que demuestra que no todas sus observaciones políticas eran aberrantes. Se convirtió con tanto ardor al antisovietismo que propu-

[220] B. Russell *Sobre Dios y la religión,* Barcelona, Martínez Roca, 1992.

so declarar a la URSS la guerra preventiva para evitar que construyera la bomba atómica; luego, naturalmente, se retractó. Menos mal que durante la segunda guerra mundial se había declarado favorable a su patria y a los aliados, por incompatibilidad con Hitler. Después creó un tribunal de crímenes de guerra con jueces tan imparciales como la inmunda pareja Sartre-Beauvoir. Murió en 1970, a dos años de cumplir el siglo.

El ensayo contra Dios y contra la religión más importante entre los varios que Russell dedicó al problema es *Por qué no soy cristiano,* del año 1927. El fallo más inconcebible de Russell no es su increencia, sino que trata de demostrar lógicamente la inexistencia de Dios y el absurdo de la religión. Un hombre que se obstina en no comprender (y seguramente en desconocer) el argumento ontológico y el principio antrópico, un genio reconocido de la lógica matemática no debería acumular argumentos tan ramplones para «demostrar» un imposible. «La idea de que las cosas deben tener un comienzo se debe realmente a la pobreza de nuestra imaginación»[221].

Desgraciadamente el gran matemático no tuvo tiempo para retractarse de tan apresurada tesis cuando se impuso en el mundo científico la cada vez más confirmada hipótesis creacionista del Big Bang. Las «pruebas» que nos ofrece Russell no rebasan la categoría de sofismas baratos. Por ejemplo: «Si las leyes que Dios nos dio tuvieran una razón, entonces el mismo Dios estará sometido a la ley». Es una aplicación divertida de la teología democrática; pero resulta casi más comprensible que la extensión russelliana del rechazo a la Razón Pura de Kant hasta el inexplicado rechazo a la Razón Práctica (p. 75s). Parece en cambio muy reveladora la confesión gnóstica que Russell nos presenta a continuación.

Y mucho más lamentable la anticristología de Russell. Por lo pronto se atreve a poner en duda la misma historicidad de Cristo (p. 79) y dictamina que «en el carácter moral de Cristo hay un defecto muy grave: creer en el infierno». (p. 80). Remata este epígrafe con una grosería inútil: «Buda y Sócrates están por encima de él» (p. 82). No me extraña que proclame su identificación con los superficiales enciclopedistas del siglo XVIII cuando nos ofrece esta conclusión sobre la Iglesia: «Afirmo sin ambages que la religión cristiana tal como está organizada en sus iglesias ha sido y sigue siendo el principal enemigo del progreso moral del mundo». (p. 83). No me preocupa demasiado esta reserva de un personaje como Russell que durante su peregrina trayectoria no acumuló precisamente los ejemplos morales para su tiempo. En fin, que toda esta sarta de originalidades remata en la tesis de que la religión tiene al miedo como fundamento y que «el concepto de Dios deriva de los antiguos despotismos orientales» (p. 84s).

La Iglesia católica demostró, desde el último tercio del siglo XIX, que había aprendido muy bien las lecciones de su comportamiento irracional en el caso Galileo, el gran católico y auténtico creador de la ciencia moderna que ha merecido un clarividente homenaje por parte del Papa Juan Pablo II. La lección bien aprendida, ya lo hemos insinuado, se refiere al comportamiento de la Iglesia católica ante la teoría de la evolución alumbrada por Charles Darwin, contra quien se estrellaron muy lamentablemente amplios sectores del protestantismo en Europa y

[221] B. Russell, op. cit. p. 71.

en los Estados Unidos. No faltaron, desde luego, contradictores católicos del evolucionismo, pero no alcanzaron tanta resonancia. Una prueba muy positiva del cambio de actitud de la Iglesia ante la ciencia es el espléndido libro colectivo *La evolución,* publicado en 1976 en una editorial de la Iglesia por un conjunto de antropólogos y paleontólogos católicos que son a la vez científicos de reconocida solvencia, incluso internacional, y que establecen con plena libertad la compatibilidad de la fe y la teoría evolutiva[222]. Nuevamente cabe destacar la presencia de los católicos en un campo tan importante de la ciencia y la cultura, en el que naturalmente también actúan los ateos; es el caso del famoso antropólogo Marvin Harris, cuyas obras están muy difundidas en la Universidad española actual, que prescinde por completo de un Dios espiritual y del Cristo histórico (aunque incluye la Pascua cristiana como una especie de sublimación simbólica de los sacrificios humanos) en su conocidas obras[223].

El segundo foco de ateísmo «científico», ahora con resabios y raíces marxistas, si bien heterodoxos, está instalado en el campo de la moral social y tras las inhibiciones del siglo XIX se ha desarrollado vertiginosamente en nuestro tiempo (gracias sobre todo al cine y la televisión, además de la literatura) en forma de permisividad galopante. Una vez arrancado Dios de la conciencia humana como fuente de la moral, ésta se convierte en algo difuso llamado «ética» que resulta un término falaz, e incluso sarcástico, cuando lo utilizan fervorosamente grupos oficialmente agnósticos como los socialistas españoles de hoy, entre los que se ha incubado una corrupción generalizada formidable, una degradación moral que casi no tiene parangón en la historia moderna. A mí una moral atea me parece, o bien un torpe sucedáneo de la moral cristiana o bien una simple contradicción *in terminis.*

Ya hemos hablado en el capítulo anterior de Percy Bysshe Shelley, nacido a fines del XVIII, uno de los grandes poetas ingleses del romanticismo. Ya conoce mos su temprana profesión de ateísmo y sus resonantes ejemplos personales de promiscuidad y permisividad, dignos de su no menos romántico amigo lord Byron. Pero si la generación de Shelley y Byron –con conspicuos precedentes en el mundo libertino de los ilustrados– abrieron en Occidente la vía de la permisividad, ya proclamada desde el siglo XVIII por escritores como Cholderlos de Laclos, la autentica era de la permisividad es, sin la menor duda, el siglo XX y su profeta del pensamiento se llama Wilhelm Reich, el filósofo que trató de lograr la síntesis entre el marxismo y el psicoanálisis.

Reich, nacido en la Galitzia austriaca en 1897, nos ha ofrecido una explicación vital y personal del fundamento de sus teorías en una serie de escritos autobiográficos sobre su atormentada juventud, recientemente publicados[224]. Nació en una familia judía increyente, rural y profundamente desgraciada. Inició sus primeras relaciones sexuales con las criadas de su casa y presenció la hostilidad entre su padre y su madre, que se convierte en amante del preceptor del joven Reich con la colaboración de su abuela. El preceptor siguiente intenta el mismo camino y ante el estallido celoso del padre el joven Wilhelm le revela el anterior adulterio de la madre, que acaba suicidándose; el padre muere bien pronto y deja a la familia en la

[222] M. Crusafont, B. Meléndez y E. Aguirre, *La evolución*, Madrid, BAC, 1976.
[223] Marvin Harris, *Caníbales y reyes*, Barcelona, Argos-Vergara, 1981.
[224] W. Reich, *Pasión de juventud* 1897-1922 Barcelona, Paidos, 1990.

miseria. Reich huye de aquel infierno en ruinas, combate en la Gran Guerra, que luego describe con rasgos de tremenda sordidez y consigue avanzar en sus estudios, que cursa en Viena, a fuerza de hambre y desvelos. Con estos antecedentes entra en la escuela de psicoanalistas freudianos en 1919 y en 1927 ingresa en el partido comunista. Se afana desde entonces en conciliar el marxismo con el psicoanálisis. La clave de su proyecto consiste en incorporar la praxis de la completa liberación sexual a la lucha por la realización total del socialismo marxista. Para ello expone, como punto central de su pensamiento, la teoría del orgasmo en un clima de completa permisividad sexual. Situado en la extrema izquierda freudiana proclama que la neurosis no tiene naturaleza personal sino sexual; la permisividad completa es el remedio liberador contra esa neurosis. Y no se contentaba con la formación teórica; creó un conjunto de dispensarios de higiene sexual, coordinados por una Asociación Socialista.

Mediante esta experiencia, –dice el cabal presentador de la obra esencial de Reich[225]– **pudo constatar cómo la dominación del capital y su corolario, el trabajo alienado, tienen como contrapartida la represión y la angustia, la renuncia al goce sexual, la disminución de la aptitud de vivir. Supo entonces que la familia, con su ideología patriarcal, era el ámbito donde se pastaba el autoritarismo, donde se engranaba al individuo reprimido en su futuro rol pasivo, donde se reproducía la ideología de la sociedad capitalista. Y comprendió que la moral sexual era una cobertura que justificaba la existencia del matrimonio monogámico. Y que éste, social e ideológicamente, estaba al servicio de una sexualidad meramete reproductora.**

Reich politizó la lucha contra la represión sexual al crear en 1931 la Asociación para una política sexual proletaria. Pero el partido comunista se asustó de los excesos de Reich y le expulsó de su seno en 1934. Luego trató de mantener su combate en el psicoanálisis esotérico y afirmó haber descubierto una energía sexual cósmica de color azul o gris azulado que se podía acumular; y se llamaba «orgón». Emigrado a Estados Unidos donde fue encarcelado como estafador; murió en la cárcel en 1957. Sin embargo su pensamiento inspiró a dos filósofos de la Escuela de Frankfurt –Herbert Marcuse y Erich Fromm– y a través de ellos fue asumido por la Internacional Socialista, cuyas orientaciones para la destrucción de la familia y el fomento del desenfreno sexual y homosexual se han puesto en práctica en España a partir de la victoria socialista de 1982 bajo la dirección de uno de los personajes más ridículos y nefastos de la historia española, Alfonso Guerra.

En la segunda mitad del siglo XX la permisividad soñada por Wilhelm Reich se ha implantado en la sociedad occidental a través del cine y la televisión. Ha llegado a cambiar la legislación de los Estados por medio de un nuevo dogma, la «libertad sexual». Para desentonar de este nuevo ambiente, configurado además por una auténtica pleamar de comunicación pornográfica, el precursor libertino Shelley hubiera tenido que transformarse en puritano.

Si los ateos presuntamente científicos trataban de evadirse de la angustia con ingenuas «pruebas» de la inexistencia de Dios, como Bertrand Russell, o a través de una síntesis de marxismo y psicoanálisis que desembocaría en la general degra-

[225] W. Reich, *La revolución sexual*, Barcelona, Planeta-Agostini, 1985.

dación de la Humanidad, caso de Reich, la línea más alta y atractiva del pensamiento del siglo XX brotaba de Franz Brentano mediante el más grande de sus discípulos, Edmund Husserl y no se configuraba en modo alguno como contraria a la religión y al catolicismo sino más bien al contrario. Es ahora el momento de seguir esta línea, en el escabroso camino que arranca del ateísmo «científico» del siglo XX y, bajo el horizonte de la angustia, va a desembocar en el existencialismo. Un camino que a veces, como acabamos de ver, parece hundirse en las arenas movedizas de un nuevo gnosticismo.

Husserl (1859-1931) , profesor en Göttingen y Friburgo, siguió a Brentano en el conocimiento profundo de la ciencia moderna (era un matemático notable) y en la continuación de la «filosofía perenne» modernizada por Brentano; que partía de Aristóteles, atravesaba la mejor escolástica e integraba aspectos de Kant, Bolzano, Leibniz y Hume. (Julián Marías). Maestro de Heidegger y de la gran conversa Edith Stein, Husserl se acreditó como renovador de la filosofía en 1903 con sus *Logische Untersuchungen* y sobre todo en 1913 con sus *Idee zu einer reinen Phänomenologie*; el nombre de Husserl está ligado a la Fenomenología. Cuando Husserl propone sus grandes obras, a principios del siglo XX, estaban agotados el idealismo y el positivismo, sin que otra filosofía importante les hubiera sustituido, aunque lo pretendía insuficientemente el psicologismo inglés, empeñado en reducir el pensar filosófico a análisis psicológico. Una de las grandes contribuciones de Husserl fue el restablecimiento de la verdad objetiva del principio de contradicción, liquidado por el idealismo. Al carácter escéptico y relativista del psicologismo contrapuso Husserl «la lógica pura de los objetos ideales» (Marías). Eso es precisamente le fenomenología: la ciencia de los objetos ideales, la ciencia de las esencias y de las vivencias. Una vivencia (Erlebnis) es todo acto psíquico. Las vivencias son intencionales; no se conciben sin la referencia a un objeto. La fenomenología como estudio de las vivencias es, en términos derivados de Kant, a priori y universal. Los objetos ideales –el número tres, el círculo, el principio de contradicción– son esencias y especies; carecen de principio de individuación, al contrario del ser real (mesa) que está sujeto al aquí y el ahora. Los objetos ideales son intemporales e inespaciales. Tienen validez, no ubicación.

Poseído por el miedo a la metafísica, Husserl rehuye situar a los objetos ideales. La significación está entre la palabra y el objeto. Husserl, cuyas referencias kantianas son evidentes, no llega a superar sin embargo la subjetividad «trascendental» de Kant. Y define la conciencia como una vivencia intencional. Sin embargo Husserl no consigue superar el idealismo, lo que le lleva a la contradicción: «Si pensamos a fondo la fenomenología, nos salimos de ella». No es idealista porque niegue la realidad exterior sino porque la conoce solo a través de la vivencia interior. ¿Podría describirse su filosofía como un cartesianismo trascendental?.

Siempre que me refiero a la huella de un gran pensador aplico el principio evangélico de conocerle por sus frutos. El principal fruto de la enseñanza de Husserl fue la clarividencia, el heroísmo y la santidad de Edith Stein. El fruto siguiente fue la filosofía de los valores de Max Scheler –discípulo de Brentano y de Husserl– de cuya proximidad cristiana se ha ocupado, en una excelente tesis, nada menos que Karol Wojtyla. La teoría de los valores nace de la teoría brentaniana del amor justo: amo a algo porque tiene valor. (Recordemos que para los mejores escolásticos el valor se identifica con el bien). El valor nos obliga a estimarle y posee una polaridad positiva o negativa. Los valores son realidades objetivas; la filosofía del valor no rehuye su fundamentación metafísica en el Ser.

Muy influido por Bergson, además de por Brentano y Husserl, Max Scheler (Colonia 1877-1928) se convirtió al catolicismo al que defendió con espíritu apologético; luego se desvió a una especie de panteísmo. Su obra maestra es la *Etica* que se concibe como una crítica a la moral formalista de Kant. Más fenomenológico que metafísico, su línea ha desembocado en el análisis existencial. Nicolai Hartmann, en cambio, en su *Philosophie der Natur*, sobre la que inicié una tesis doctoral en 1956, avanza mucho más hacia la metafísica; pero acepta la moral de los valores según Scheler.

Karol Wojtyla, tan interesado en la filosofía moderna centroeuropea como en la gran mística española del XVI, ha intentado una seria aproximación a la ética fenomenológica de Scheler en una importante tesis[226]. Esta aproximación me parece ejemplar para quienes, desde el campo católico, intentan acompasar sus formas de pensamiento y expresión a las del pensamiento contemporáneo, pero sin sacrificar en ningún momento las esencias cristianas. El futuro Papa demuestra un conocimiento notable de la filosofía germánica moderna y acepta varios aspectos importantes de la teoría de los valores como congruentes con una ética cristiana. Pero de las claves fenomenológicas y emocionales que son el punto de partida de Scheler, Wojtyla no puede deducir «el carácter normativo de la conciencia moral ni la existencia de un orden de valores objetivos cuya última apoyatura se halla en la perfección absoluta de Dios». Es válida y ejemplar la aproximación del pensador cristiano a la filosofía moderna, con tal de no pasarse a ella con armas y bagajes. Tengo la impresión de que Wojtyla no cedió a esa tentación en su comprensivo análisis de Scheler; y que, por el contrario, el gran teólogo jesuita Karl Rahner sí que cedió a ella en su aproximación a Martin Heidegger.

Max Scheler es un pensador muy atento al desarrollo de la Nueva Ciencia y a la evolución de las ciencias sociales. En actitud semejante a la de Brentano, el ejemplo de su vida equivale a la proclamación de un nuevo humanismo que requiere una tensión y una amplitud cultural extraordinaria. Pero sigue una línea de coherencia histórica diferente a la de Brentano; que pasa por Platón-Agustín-Pascal-Nietzsche y Dilthey. Esa actitud humanista es semejante a la de otro gran pensador del siglo, Max Weber.

Max Weber (1864-1920) nacido en Erfurt, estudió y luego enseñó en grandes centros universitarios de Alemania. Por encima de todo es un sociólogo, de clara profesión anti-marxista. Su obra más conocida e influyente es *La ética protestante y el nacimiento del capitalismo*[227] que, aparecida en 1901, se ha convertido en un clásico de nuestro tiempo, que entre nosotros debe leerse siempre junto al luminoso ensayo del profesor Juan Velarde Fuertes *El libertino y el nacimiento del capitalismo*[228] que es, además, un trabajo fundamental para comprender lo que antes se ha insinuado sobre el desarrollo de la permisividad y sobre algunos aspectos poco comentados de la Masonería.

[226] K. Wojtyla *Max Scheler y la ética cristiana* Madrid, BAC, 1982.
[227] Barcelona, Península.
[228] Madrid, Piramide, 1981.

Con esto llegamos ya al momento cumbre de este epígrafe, la consideración del existencialismo como filosofía principal de la angustia y como fenómeno intelectual más característico e interesante del período que comprende las dos guerras mundiales del siglo XX. Otro problema que requeriría todo un libro, aunque debemos contentarnos con un resumen.

Todo el mundo buscaba evadirse, entre 1914 y 1945, de la espantosa angustia provocada por la crueldad antihumana de las guerras y las entreguerras. Como la Nueva Ciencia y las nuevas propuestas de pensamiento moderno tardaron mucho en calar en el gran público, el mensaje que flotaba en el ambiente cuando sonaban los primeros cañonazos de la Gran Guerra era el nihilismo de Nietzsche, que había decretado la Muerte de Dios; después el galopar de los Cuatro Jinetes del Apocalipsis que escuchó y difundió Vicente Blasco Ibáñez; y el mensaje sangriento y esperanzador del nuevo Paraíso soviético que desde 1917 anunciaba, por la proclamación de una hecatombe, la redención de la Humanidad. Sin embargo en un mundo del que parecían desaparecer las esencias la mente profunda de Martín Heidegger convirtió a la angustia trascendental en método para comprender –y aferrarse– a la existencia. Ese es, me parece, el contexto y la clave de la nueva filosofía iniciada por Heidegger que conocemos como existencialismo. Un pensamiento que ha ejercido una influencia directa sobre la sociedad y la teología del siglo XX y que por tanto debemos fijar en este momento con la claridad posible.

Martin Heidegger nació el 26 de septiembre de 1889 y con motivo de su centenario, celebrado en vísperas de la caída del Muro, se entabló una polémica terrible de alcance mundial fundada en la adscripción –innegable aunque muy exagerada y tergiversada– de Heidegger al nacional-socialismo en el año ominoso de 1933. Entre los innumerables trabajos biográficos que entonces se publicaron como armas arrojadizas el más documentado y equilibrado me parece el de Otto Poggeler[229]. Este autor da cuenta del creciente interés que suscita actualmente Heidegger, ya muy por encima de Hegel; en China acababan de venderse decenas de miles de ejemplares de la obra cumbre del filósofo, *El ser y el tiempo.*

Nacido en una familia católica en una localidad de la Selva Negra, Martín Heidegger siente la vocación religiosa e ingresa en la Compañía de Jesús, dato que nunca he visto publicado y sobre el que me han informado algunos veteranos y muy clarividentes jesuitas de California que le conocieron a fondo[230]. Permanece en la orden ignaciana por breve tiempo, pero suficiente como para que su primer estudio superior importante fueran la filosofía y la teología católicas (Poggeler). A partir de 1919 ejerció la docencia en Friburgo como ayudante de Edmund Husserl que le había iniciado en la fenomenología. Entre las lecturas que el joven Heidegger frecuentaba en Friburgo con un grupo de filósofos y científicos de su edad estaban Henri Bergson y el pensador danés Sören Kierkegaard, teólogo firmemente cristiano (luterano) y filósofo de la angustia en el siglo XIX (1813-1855) a quien el grupo de Heidegger sacó del olvido y colocó en su definitivo lugar como precursor de la angustia existencial. Para Heidegger el precedente de Kierkegaard fue un jalón hacia la búsqueda de un punto de partida filosófico enteramente nuevo. Empeñado en proseguir su búsqueda a través de la amistad mejor que den-

[229] *La política de Heidegger,* en «El País» 21.9.89, cuaderno «Temas de nuestra época».
[230] FRSJ D-3.

tro de una escuela, Heidegger contrastó ideas con el filósofo de Heidelberg Karl Jaspers y luego con el profundo teólogo protestante Rudolf Butmann en Marburgo, junto con el que elaboró una «interpretación existencial del mensaje cristiano» (Poggeler). Impartió en Friburgo un curso (1929/1930) en que citó abundantemente a Max Scheler y Oswald Spengler, el autor de *La decadencia de Occidente*, obra entonces amplísimamente difundida. Para entonces ya había publicado (en 1927) el primer (y único) tomo de su obra fundamental *Sein und Zeit*.

Julián Marías y José Ferrater Mora son los autores españoles que mejor han explicado las claves del pensamiento de Heidegger, muy oscuro y muy complicado en cuanto a terminología. La palabra fundamental es el Dasein, traducido literalmente por «estar-ahí» e identificado con el hombre, cuya esencia es la existencia. El ser (Sein) ha de comprenderse desde el Dasein. Hay que romper las costras dejadas por toda la filosofía anterior partiendo de algo más radical que el «cogito» cartesiano, desde más hondo que el enfoque trascendental de Kant y el fenomenológico de Husserl. El tiempo es el horizonte trascendental de la pregunta sobre el ser. El Dasein es su propia posibilidad, que es su propio ser. El Dasein no es un ente sino un existente. El Quién del Dasein soy yo mismo, pero un ser-con, Mit–Dasein. El modo de ser fundamental del Dasein es el Sorge (cuidado, preocupación). El Dasein es estar en el mundo, estar caído; hay posibilidad de levantarse por la Angustia en la que el Dasein se comprende en su nihilidad ontológica. La estructura del Dasein es Estar-en-el-mundo; no es objeto del mundo (realismo) ni el mundo en un sujeto (idealismo). La Angustia revela al Dasein en su flotar en la nada. «¿Por qué hay ser y no más bien nada?» es la pregunta fundamental de la metafísica; «no es una pregunta dirigida a explicar por qué hay algo sino más bien a hacer comprender la nada que lo sostiene todo y en la cual sobrenada todo ente» (Ferrater). El Dasein como preocupación permite entender su temporalidad. Ese es el punto de inserción de la metafísica de Heidegger, que se explaya en los problemas de la muerte y la conciencia. El sentido ontológico de la Preocupación es la temporalidad. El Dasein se temporaliza primero como anticipación de sí mismo; es la primacía del futuro en el Dasein. La última pregunta de «Sein und Zeit» es si el tiempo es horizonte del ser.

Después de «Sein und Zeit» aparece el «segundo Heidegger» pero sin perder nunca la referencia a la obra fundamental. El segundo Heidegger es tan poético como filosófico. El ser es un claro del bosque donde los caminos no van a ninguna parte. El Ser es una luz alejada en el lenguaje poético creador. Un horizonte del ser es el lenguaje poético, no científico.

Heidegger no tiende puentes entre el pensamiento filosófico y la fe. La fe es incondicional; el pensamiento es problemático. La fe no puede pedir respuestas a la filosofía porque ya conoce esas respuestas por la revelación. Este doble plano, sin camino transitable, entre la filosofía y la fe me parece insinuar una fuerte inclinación gnóstica en el pensamiento de Heidegger. Al que, desde una posición de racionalidad cristiana, desearía hacer dos preguntas, una sobre el tiempo, otra sobre Dios.

Sein und Zeit es una obra publicada en 1927. Es decir, el tiempo de Heidegger es el tiempo newtoniano en cuanto al mundo; el tiempo augustiniano en cuanto a la experiencia existencial íntima. Me parece que no se trata todavía del tiempo de la Nueva Ciencia, el tiempo indeterminado, el tiempo reversible, el tiempo que se pierde en las ultramacro –y las inframicro– magnitudes de la Nueva Física. Esto me parece un posible y tal vez inevitable desliz del tiempo heideggeriano en el anacronismo.

Y el Dios de Heidegger, al que tal vez siguió adherido por la fe –no he visto en comentario alguno que hubiera caído en el agnosticismo– tiene cerrados los caminos en el bosque del Sein. El profesor Antonio Millán Puelles lo deja entrever en su magistral ensayo sobre Heidegger[231]. Rastrea Millán Puelles la huella de Dios en la oscilación de Heidegger entre el Dasein y la nada. «Ante la teología de la fe, Heidegger se sitúa en una diametral oposición a los *preámbulos racionales* del asentimiento del creyente. De nuevo nos encontramos con una apelación a la experiencia, concretamente a la experiencia de lo divino en una acepción que incluye las instancias de Dios al hombre, pero que no recoge lo que la fe necesita para ser el *obsequio razonable* de que habla San Pablo... La significación de lo divino en el pensamiento de Heidegger queda ambigua y oscura. La crítica que dirige al concepto cristiano de la creación significa, en sustancia, que Heidegger no concibe a Dios como Creador en el sentido bíblico. Todo lo cual se ratifica por el hecho de haber lanzado Heidegger sobre la teología cristiana la acusación de un esencial platonismo que estriba en la separación de Dios y el mundo. Tal reproche no puede comprenderse sino en virtud de un fuerte coeficiente inmanentista –unido, no pocas veces, a una exaltada mística de la Tierra– pues la idea cristiana de la trascendencia de Dios respecto al mundo se conjuga con el concepto de una presencia divina en todos y cada uno de los seres creados... Los más graves reparos a la filosofía heideggeriana son los que surgen de una visión cristiana de la vida y del mundo.» Heidegger el gnóstico, he ahí el resumen.

El pensador y filósofo jesuita John Philip Conneally, que hace poco cumplió sesenta años de ejemplar permanencia en la orden ignaciana, ha estudiado profundamente desde su juventud la filosofía europea del siglo XX. De 1973 a 1978 enseñó en Los Angeles la filosofía de Hegel y sus continuadores.

«Con Hegel –dice en un ensayo de 1991– surge un tipo de historicismo por el cual la concienciación sustituye a la visión estática de la realidad con la del proceso y el flujo, en expresión de Antonio Gramsci. Este es el error que Martín Heidegger tomó del discípulo de Hegel, Karl Marx. Heidegger expresa al historicismo como la dimensión esencial que convierte a la concepción marxista de la Historia en algo superior a todas las demás. Porque ni Husserl ni, hasta donde puedo verlo, Sartre, reconocen el carácter esencial de lo histórico en el ser». Y toma esta cita de *Platons Lehre von der Warheit,* Berna, 1947, p. 87.

Vuelve entonces el padre Conneally a la tesis central de *Sein und Zeit*. «A través del influjo de tales discípulos de Hegel, el error del historicismo ha hecho a la ética y la teología cristiana tan mudables como una camisa sucia. Nada de orden sobrenatural o inmutable se reconoce en Jesucristo. Por el *Jesús histórico* se significa el *Jesús medible*, reducible a meros parámetros históricos, nos dice el especialista bíblico jesuita Ignace de la Potterie; y esto priva a Jesús de todo significado pleno como inmutable y creador. Una vez que Heidegger identifica el ser (el

[231] Publicado en ABC el 26 de septiembre de 1989 p. III del suplemento.

Dasein) con el cambio histórico, es fácil detectar la tendencia anti-teológica del filósofo y de los exegetas que le siguen como el padre Raymond Brown.»

El mismo autor concreta aún más la temporalización del ser en Heidegger y sus funestas consecuencias para la teología cristiana del siglo XX en su ensayo, contemporáneo del anterior, *Martin Heideggerïs goal*:

«Nietzsche había proclamado el colapso del teísmo en el siglo XIX, así como la entrada de Occidente en la Era del Nihilismo. El objetivo de Heidegger era rescatar a Occidente del nihilismo al sobrepasar las especulaciones metafísicas tradicionales desde el siglo III antes de Cristo, que habían desembocado según él en ese colapso de lo divino.

En su curso sobre la fenomenología de la religión (invierno de 1920-21) enfoca la vida de los cristianos primitivos como experiencia. Hablando de la Iglesia actual Heidegger dijo que la tarea de la fenomenología consiste en liberar aquella experiencia original del aparato metafísico en el que ha caído por la filosofia y revelar la experiencia en todo su vigor primitivo.

Porque de acuerdo con Heidegger la pureza de la experiencia religiosa original quedó viciada en las siguientes épocas por los conceptos filosóficos, con los que se identificó tal experiencia. Por ejemplo, según Heidegger la experiencia se vició en el neoplatonismo de San Agustín. Pero Agustín realmente difiere de Heidegger en un aspecto más importante: Agustín cree en lo sobrenatural, una esfera de experiencia que equivocadamente –según Heidegger– postulaba una existencia suprema como la base de todas las demás cosas. Sin embargo Heidegger afirma que *después de Agustín Dios es un objeto de visión, como cabeza de una jerarquía de valores en los que lo invisible es superior a lo visible...* Pero esa concepción de Dios presentada por Agustín vicia, para Heidegger, la experiencia cristiana original; Heidegger llega a semejante conclusión a través de varios textos de San Pablo. Sin embargo su recomendación de usar la fenomenología para rescatar al siglo XX del nihilismo fracasa cuando arbitrariamente expulsa a Dios del pensamiento. Conscientemente ignora a Dios en la filosofía.»[232] Ruego al lector que no descarte por tediosas o esotéricas estas consideraciones sobre Heidegger. Porque constituyen el punto de partida de la doctrina de Rahner, el teólogo jesuita que desempeñará un papel primordial en la desviación de su Orden y de una parte sensible de la Iglesia católica en la segunda mitad del siglo XX, como veremos.

Al lado de este importantísimo truncamiento en la filosofía de Heidegger, su desviación política y totalitaria en los años treinta , tan jaleada con motivo del centenario, ve reducida su importancia aunque no cabe desdeñarla. Para evitar el hundimiento de Alemania en el período de entreguerras el profesor Heidegger aceptó la esperanza del nacionalsocialismo y se adhirió a los proyectos de Hitler en 1933, al asumir el rectorado de la Universidad de Friburgo. Proclamado a los cuatro vientos por la propaganda nazi, el compromiso de Heidegger con Hitler fue, desgraciadamente, concreto y profundo y quedan de él textos bochornosos, porque parecen poner uno de los pensamientos más hondos de la Edad contemporánea al servicio de aquel tirano paranoico. Sin embargo no cabe tampoco exagerar tan triste verdad. En páginas tan poco sospechosas como las de «El País» el ya citado

[232] J.F. Conneally S:J: Correspondencia con el autor.

Poggeler nos confirma que Heidegger se había desencantado por completo del nazismo en 1935. En «soledad casi completa», como escribió a su amigo Karl Jaspers, trabajó intensamente en sus *Aportaciones a la filosofía* en las que rechazaba la teoría del racismo como «simple estupidez». Nietzsche le había llevado al borde del abismo totalitario pero el desprecio al racismo no significó para Heidegger una abdicación de su rechazo a la democracia. «Europa –escribió– todavía quiere seguir aferrándose a la democracia y no quiere aprender que ésta sería su muerte histórica». Está claro que el horror a la dictadura comunista fue otro impulso principal que le llevó a aceptar la dictadura de Hitler. Pero como indica certeramente Poggeler no cabe concentrar sólo sobre Heidegger las acusaciones de haber cedido al totalitarismo en los años treinta. «Georg Lukács –dice– se declaró inmediatamente después de la I Guerra Mundial a favor del comunismo, en contra de las convicciones que acababa de expresar. Ernst Bloch ensalzó durante años a Stalin. Aún en 1934 Theodor W. Adorno celebraba ante la puesta en música de los poemas del dirigente nazi Baldur von Schirach el *realismo romántico* exigido entonces por Goebbels».

Me he detenido en la figura de Heidegger por la tremenda influencia que ejercerá en sucesos capitales que serán estudiados en otros capítulos. Y sobre los que nadie habló al conmemorar el centenario del gran filósofo.

DE JEAN PAUL SARTRE A MIGUEL DE UNAMUNO

El existencialismo, llevado a la cumbre –aunque fuera una cumbre gnóstica– por Martín Heidegger se despeña en su discípulo francés e ídolo comunista, Jean-Paul Sartre. Al terminar la segunda guerra mundial la filosofía existencial era un arcano que sólo compartían los más altos círculos filosóficos y el grupo de jesuitas afanosos de novedades que empezaban a adorar al más influyente discípulo de Heidegger, el jesuita Karl Rahner. La opinión pública ni siquiera conocía en nombre de *existencialismo*, ni se preocupaba lo más mínimo por las investigaciones y las desventuras de Heidegger, Hasta que emergió en el centro del espectáculo cultural de 1945 un enano singular, llamado Jean-Paul Sartre que asumió al existencialismo como un banderín de enganche para la juventud y le convirtió en una moda deletérea e irresistible.

Desde que descubrí el fantástico libro de Paul Johnson, *Intellectuals*, a las pocas semanas de su aparición en 1988 releí ávidamente mis libros de Sartre, algunos de los cuales, como *Le sursis* habían vuelto medio intensos, de puro hastío, a mis estantes y comprendí como nunca hubiera soñado la entraña del filósofo francés. Recomiendo vivamente a mis lectores que si quieren comprender a Sartre empiecen por un estudio detenido del capítulo 9 del libro de Johnson, que ya cuenta con una magnífica traducción española. Como tantos intelectuales desde Rousseau y Voltaire a José Ortega y Gasset y Bertrand Russell, Sartre vivió poseído por el ansia de comunicación con el gran público; necesitaba la luz de las candilejas para explicar su pensamiento. Era, por supuesto, un filósofo, un devorador de libros –su ritmo habitual era uno por día– y no carecía de originalidad interpretativa, aunque nunca me lo puedo imaginar como un creador; creo que no pasó de adaptador, y su campo de adaptación era principalmente la filosofía centroeuropea y sobre todo las obras y el pensamiento de Martín Heidegger, el cual jamás había pensado ni escrito para la galería sino para un grupo selectísimo de adictos, como los maestros gnósticos. Si queremos comparar a Sartre con un maestro gnóstico sólo podríamos elegir a Simón Mago.

Sartre venía de una familia provinciana de clase media bien situada. Su padre, oficial de marina, murió en la infancia de su hijo que luego reconstruyó una figura arbitraria de su progenitor, a quien llego a despreciar y odiar. Adoró en cambio a su madre que le crió entre algodones hasta casi más allá de la adolescencia; y que le ayudo siempre, aun cuando Sartre ya gozaba de fama universal pero se mostraba incapaz de pagar sus facturas. Al hablar de su padre Sartre lo resume todo en una frase: «Por fortuna murió joven». Ese era Sartre de cuerpo entero.

Sus grandes problemas de la infancia eran la debilidad de sus ojos, que le llevaría a la ceguera muchos años después y el terrible choque de quien se creía un joven hermoso y descubrió en el colegio que sólo era un pequeñajo feo, cada vez más feo. Buscó en su desorbitado afán de mujeres una compensación a su fealdad. Gozó, gracias a su madre, de una educación excelente; el liceo Enrique IV, la Escuela Normal Superior. Entre sus compañeros y amigos destacan el escritor Raymond Aron, cuya presencia le abrumaba un poco, y la universitaria, escritora y feminista Simone de Beauvoir, que fue su querida desde la juventud hasta la muerte, a quien sedujo con tal intensidad intelectual que ella contradijo flagrantemente su feminismo teórico para convertirse en su esclava, en su sirvienta, en su confidente y en la suministradora principal de jovencitas –alumnas de él, alumnas y a veces amantes de ella– que le llevaba asiduamente a la cama. Jean-Paul y Simone habían convenido contarse fielmente las traiciones de cada uno al otro; y cumplieron fielmente su compromiso. No conozco en toda la historia de la literatura y el pensamiento un caso tan detonante de abyección consentida y compartida, dicho sea en los términos vulgares en que me muevo, aunque los discípulos de ambos jaleaban como supremo rasgo de liberación y Modernidad tan repugnante comportamiento. Que semejante trasgo y semejante virago fuesen durante décadas los inspiradores de la nueva juventud liberada explica mejor que cualquier otra consideración la sentina degradada en que vivía una parte muy sensible de la juventud occidental en la postguerra.

Al principio Sartre se dedicó a la enseñanza. Fue profesor en Le Havre pero prodigó sus estancias en Berlín donde estudió detenidamente la fenomenología de Husserl y la filosofía existencial de Heidegger, quien como hemos visto, precisamente en 1933 aplicaba sus categorías trascendentales a la mayor gloria de Adolfo Hitler. Desde entonces Sartre se convirtió en un divulgador de Heidegger a través de la novela, el teatro y el ensayo. Aunque en la posguerra Sartre actuaba como el escritor más jaleado por la propaganda cultural comunista, jamás fue un auténtico marxista, jamás leyó un solo libro de Marx. No poseía para ello la formación económica, histórica o sociológica necesaria. No he leído todo Sartre pero sí sus obras principales y no he podido detectar en ellas el menor signo de que se hubiera asomado a la Nueva Ciencia, ni siquiera a la ciencia newtoniana. Antes y durante la guerra mundial no se apuntó a partido alguno. Era un individualista absoluto y anárquico, que tampoco mostró jamás la menor atracción por la democracia ni por el liberalismo. No era un liberal sino un libertario. No se interesó por Hitler pero tampoco le criticó. El Holocausto no suscitó su atención y le dejó frío. Se quedó al margen de las controversias francesas sobre la guerra civil española.

Su primera obra importante, que pretendía ser una novela sobre la trama filosófica de Heidegger, apareció en 1938 y la editorial le cambió el título, que figuró como *La náusea*. Luego tuvo mucho éxito pero pasó desapercibida cuando apareció. Y llegó la segunda guerra mundial, cuyos principales vencedores fueron Stalin..y Sartre. Participó en la defensa de Francia como encargado de la observación por globo en un regimiento de artillería; hecho prisionero no se mostró precisamente hostil a sus captores y fue puesto en libertad, por afección ocular, menos de un año después, en 1941. Se instaló en París, dio clases en el Liceo Condorcet y gozó del beneplácito de los ocupantes alemanes por su conocimiento de Heidegger y su participación en publicaciones colaboracionistas. Pero aprendió a jugar a dos paños y se afilió a una mínima e importante agrupación de la Resistencia donde no hizo nada; la propia agrupación se disolvió por cansancio. «Nunca hemos sido más libres que bajo la ocupación alemana» dijo cínicamente después. En su caso era verdad. Nunca censurado y siempre protegido por los nazis (encantados por el culto de Sartre a Heidegger) consiguió representar pequeños dramas y publicar algunas novelas que le dieron a conocer al gran público, que le apreciaba por su facilidad para el doble lenguaje. Ideológicamente se encontraba entonces próximo al anarquismo teórico de Proudhon.

En medio de la guerra y la ocupación empezó a ser un personaje conocido en el Barrio Latino, en los cafés de Saint-Germain, que desde entonces fueron el marco de su vida. Allí escribió su biblia del existencialismo, *El Ser y la Nada*, junto a la cual su modelo Heidegger parece un fulgor de claridades. Ni que decir tiene que si Heidegger sospecha a Dios con los recelos de un gnóstico, Sartre prescinde totalmente de Dios, es un simple intérprete del Demiurgo pero ni se molesta en confesarlo. Sartre es el ateo absoluto, que no reconoce ni el vacío de Dios. El gran libro se publicó en plena ocupación alemana, en 1943, poco antes de su nueva obra teatral, *Las moscas*. Al año siguiente, en vísperas del desembarco en Normandía, estrenó otro drama filosófico, *Huis clos*, con sus tres personajes en diálogo frente a la puerta del infierno: «el infierno son los demás». Y el final que resume la idea del infierno para Sartre, cuando los personajes se disponen a repetir sus tristísimos alegatos: «Eh bien, continuons». El drama fue el primer gran éxito de Sartre; el ensayo heideggeriano remontó fama y se vendió por centenas de millares.

Al término de la segunda guerra mundial Sartre lograba auditorios inmensos en sus lecciones públicas, a las que acudía el todo París y cada vez más jóvenes. Nadie se enteraba de nada pero todo el mundo, público y crítica, aclamaba como un genio del pensamiento y la literatura al ídolo del Barrio Latino. La combinación de libertad sin límites, angustia e incertidumbre –que se resumían en la palabra mágica, «existencialismo»– marcaban la orientación del pensamiento europeo, justo cuando Heidegger, el inspirador de Sartre, se veía expulsado de la enseñanza y malvivía en la postguerra. Sartre con su corte de amigos, algunos muy inclinados al comunismo, lanzó su revista *Les temps modernes*, órgano de la nueva orientación existencial y cultural. El Santo Oficio colaboró eficazmente con Sartre al incluir en el Indice todas sus obras en bloque. Los medios culturales de la NKVD soviética abominaban de Sartre el libertario, tanto como los pensadores socialistas que pronto serían conocidos como Escuela de Frankfurt. Pero Sartre vivía por encima del bien y de mal, como rey del Barrio Latino y dictador cultural de Francia, mientras Simone de Beauvoir le suministraba discípulas íntimas cada vez más jóvenes, cada vez más fascinadas; y el maestro mantenía, además, cuatro queridas fijas a la vez, a fuerza de tabaco, alcohol y droga en cantidades alarmantes.

La red intelectual y cultural del comunismo en Europa decidió abandonar su desprecio por Sartre y captarle. Agradecían que el filósofo jamás hubiera condenado los crímenes de Stalin ni los desmanes comunistas en la media Europa dominada por Stalin. A partir de 1948 se convirtió en compañero de viaje aunque su adscripción se fijaba más bien en la extrema izquierda que en el comunismo ortodoxo. No asistía a los congresos comunistas pero desde 1948 colaboraba ardientemente en la campañas comunistas de propaganda; se transformó en el Tonto útil más relevante de Europa. Ello le hizo perder buena parte de su falso prestigio intelectual y la presentó como un «sensacionalista de la inteligencia». Su conjunción con el partido comunista quedó formalmente sellada en 1952, justo cuando las atrocidades de Stalin empezaban a divulgarse; así que Sartre puede considerarse como el último staliniano. Participó en las protestas rituales contra la OTAN. En 1954 visitó Rusia y entonó las endechas de la tiranía roja con tanto ardor como la Pasionaria y Santiago Carrillo. Pero se sentía cada vez más incómodo y aprovechó la invasión de Hungría para romper con los comunistas. Encontró pronto nuevas causas de disidencia; traicionó a Francia al manifestarse en favor de los rebeldes argelinos, tronó contra los Estados Unidos con motivo de la guerra de Vietnam e hizo un ridículo espantoso al participar y animar a los estudiantes de su Barrio latino en la gran revuelta de 1968. Apuró la copa de los despropósitos al empeñarse en suscitar en Europa una Revolución Cultural bajo la inspiración de Mao. Decaído, avejentado y casi ciego por sus excesos, no sabía qué hacer para conservar un liderazgo sobre la juventud que había perdido muchos años atrás.

Sus últimos años los vivió con los mismos excesos, mientras se incrementaba su diarrea verbal. Cayó en la ruina más espantosa. Se refugió en el apoyo de Simone de Beauvoir, que le acompañó hasta la muerte, el 15 de abril de 1980. Inmediatamente se supo que había adoptado como hija a su última querida joven, Arlette, con lo que Simone no vio un franco de los derechos de autor. Al evocar su vida y releer sus libros principales no puedo resumir nada parecido a un cuerpo de doctrina. Al divulgar el dilema heideggeriano del Ser y la Nada la enseñanza de Sartre se convierte cada vez más en anécdota. Vivió en la mentira y eligió la nada. En ella se hundió desde el momento de morir.

Infinitamente más noble es la figura del gran existencialista español, Miguel de Unamuno y Jugo, que es considerado cada vez más como un maestro universal. Sus dos pequeños tomos de ensayo editados en la colección Joya de Aguilar se alinean en mi cabecera desde hace décadas. Vuelvo a ellos con frecuencia, aunque seguramente mi relectura final de Sartre es la que acabo de comunicar en los párrafos anteriores. Unamuno es gran testigo y gran intérprete de la historia de España; gran explorador del alma humana, gran buscador de Dios, el más intenso desde Job.

Gran español de Bilbao (1864) y por tanto gran vasco, su vida y su muerte están vinculadas a Salamanca, en cuya Universidad obtuvo la cátedra de griego en 1891, que luego acumuló a la de filología comparada de latín y castellano. Luego fue Rector ordinario de aquella Universidad y Rector perpetuo desde 1934, cuando ya había sido nombrado ciudadano de honor de la República. Su independencia crítica le hizo víctima de la dictadura de Primo de Rivera, que le desterró absurdamente a Fuerteventura; esa isla preciosa no puede jamás verse como un destierro.

Su vida se trenzó entre la angustia por la España decadente y la angustia por su búsqueda de Dios. Es el lazo de unión entre el existencialismo de Kierkegaard y el de Heidegger, aunque tomó del precursor danés el impulso para su racionalización de la angustia. Se incorpora a la tradición paulina y augustiniana al considerar al hombre como un ser real e integral, inmerso en la vida real que siempre es amenazadora y traumática. Supera por todas partes al racionalismo abstracto para concebir al «hombre de carne y hueso» de forma integral y vital. El hombre es ansia de supervivencia y de inmortalidad; cuando se le enfoca desde la razón abstracta sólo se le descubre como un haz de contradicciones. El afán de inmortalidad se funda en la esperanza, contrarrestada por la angustia; por eso la vida humana, según el más profundo ensayo de Unamuno, es un «sentimiento trágico». La inmortalidad no es sólo del alma sino de la vida integral, el cuerpo y el alma, según la promesa de Cristo. La propia duda profunda es el contrapunto de la esperanza. «En principio era el Verbo» y la realidad del Verbo se detecta a través del lenguaje humano. La idea unamuniana del Verbo coincide dramáticamente con la idea de la teología clásica medieval que contemplaba al Verbo como «exemplar» de todas las cosas en el momento de la creación de las cosas. Sin embargo para Unamuno, receloso siempre de lo racional, la línea filosófica española no consiste en las doctrinas escolásticas sino en la serie de los místicos y en las intuiciones de la gran literatura hispánica. El pensamiento de Unamuno no sólo debe detectarse en sus ensayos, grandes y menores, sino también en su cada vez más revalorizada poesía:

«Méteme en tu pecho, Padre Eterno,
escondido hogar
que vengo cansado y deshecho
de tanto bregar».

Pensador de la angustia y la existencia, que proviene directamente de Kierkegaard, Unamuno se encuentra entre los primeros filósofos cristianos del siglo XX. Sus implicaciones políticas me parecen cada vez más anécdota irrelevante; se aproximó en su juventud al socialismo para huir de él como de la peste en cuanto lo conoció. Dios está en el horizonte próximo de sus reflexiones. Resulta asombroso que algunos obispos le condenasen e incluso propusieran su inclusión en el Indice. Unamuno, con su bruñido lenguaje cada vez más actual, que será actual siempre, adquiere ante mi recuerdo casi permanente la talla de un Padre de la Iglesia. Su personalidad es una de las más atrayentes y originales de nuestro tiempo. Un tiempo de España y de Europa que no se puede comprender sin él.

Murió al acabar 1936, el primer año de la tragedia española, con el alma rota por esa tragedia. Vivirá mientras exista esto que llamamos España aunque cada vez sepamos menos lo que es.

DIOS ANTE EL ARTE Y LA LITERATURA DEL SIGLO XX

Quisiera cerrar esta sección con un simple brochazo sobre un aspecto fundamental de la cultura del siglo XX, el arte y la literatura, aunque por el propósito de este libro me he centrado más en la evolución del pensamiento. Es imposible reducir a pautas las tendencias artísticas de un siglo cuya característica más visible ha consistido en la negación y la destrucción de las pautas; pero cabe señalar el fracaso de las concepciones totalitarias en los campos artísticos, donde casi sólo han producido abortos y testimonios de frustración, compensados por los robos en masa de obras auténticamente artísticas que perpetraron los nazis y los soviéticos y enfangados por las espantosas destrucciones de grandes tesoros de arte que lograron los rojos españoles. Sería fácil, como hemos intentado en otros campos de la cultura, demostrar que la religión católica ha sido fuente y campo de inspiración para grandes arquitectos, pintores, escultores y músicos católicos o ajenos a la Iglesia; como Gaudí, Marc Chagall y Matisse, los músicos geniales y grandes católicos Bruckner, Falla y Messiaen. La Iglesia católica ha hecho un esfuerzo importante para recuperar y revitalizar su propio patrimonio arquitectónico y plástico, su herencia musical (que ha obtenido insospechados éxitos como el del canto gregoriano) y sus grandes manifestaciones artísticas que se han admirado en exposiciones multitudinarias. Pero debo detenerme aquí para no hacer interminable este ya desbordado epígrafe.

En los epígrafes que preceden ya me he referido en muchas ocasiones a obras literarias que contienen, además, líneas de pensamiento originales. Un tratado sobre literatura y religión en el siglo XX sería muy sugestivo, pero quedaría en este libro completamente fuera de lugar. Además tenemos la suerte de que un especialista como Charles Moeller (fallecido en la primavera de 1986) haya estudiado ese problema de forma tan exhaustiva y competente en su serie de cinco tomos sobre *Literatura del siglo XX y cristianismo*, muy certeramente evocados por el jesuita Cristóbal Sarrias en su necrológica de Moeller publicada en el diario YA el 14 de mayo de ese año; y muy bien traducidos por Editorial Gredos.

Profesor en Lovaina y secretario de la Congregación para la Doctrina de la Fe, Charles Moeller –que se me hace particularmente simpático por su profunda comprensión de Unamuno– no se dedica sistemáticamente a ceder posiciones esenciales de la fe para cohonestarla con una literatura que muchas veces es hostil. Su método consiste en rastrear las huellas positivas de Dios en nuestra literatura contemporánea y en no despreciar, cuando lo detecta, el vacío y la angustia del Dios perdido en los diversos autores. El cambio de escenario en las relaciones de la literatura y la fe me parece muy semejante a lo ocurrido en el campo general del pensamiento. En el siglo XIX, ya lo hemos visto, dominaba la gran literatura anticristiana y sobre todo anticatólica. En el siglo XX no. Por lo pronto existen en varias literaturas nacionales autores y líneas de expresión netamente cristiana. Sin animo de ofrecer listas completas recuérdense los casos de Gilbert Chesterton, Graham Greene y Evelyn Waugh en Inglaterra; Claudel, Bernanos, Mauriac, Maritain y Péguy en Francia; Romano Guardini, Golo Mann, en Alemania, Guareschi, Papini, del Noce y Riccioitti en Italia; Soljenitsin en Rusia; Menéndez Pelayo, Valle Inclán, Azorín, Ramiro de Maeztu, el citado Unamuno, José María Pemán, Ricardo León, Miguel Delibes, Gonzalo Torrente Ballester, Ignacio Agustí, Josep Pla, Claudio Sánchez Albornoz, Jesús Pabón, Pedro Laín Entralgo y Juan Antonio Vallejo-Nágera en España, Rubén Darío, Gabriela Mistral y José Vasconcelos en Iberoamérica. No afirmo que todos los autores citados hacen literatura específicamente cristiana, aunque la mayoría sí. Lo que quiero decir es que todos ellos son cristianos y escriben, aunque sea muy críticamente, desde un contexto interior y una mentalidad cristiana.

Por tanto en el siglo XX ser cristiano y declararse como tal no supone impedimento alguno para un escritor, como sucedía en los siglos XVIII y sobre todo XIX. Por supuesto que hay en el siglo XX numerosos ejemplos y líneas de literatura atea, anticatólica o agnóstica. André Gide y Jean-Paul Sartre son casos destacados en Francia; ya conocemos otros, como el de Russell y algunos grandes escritores que provienen del cristianismo, como James Joyce, no han ofrecido después una obra cristiana. Lo único que me interesa resaltar es la presencia cristiana en el mundo de la literatura, como he subrayado, y aún me quedan algunos nombres fundamentales por aducir, en el terreno del pensamiento.

SECCIÓN 8: PÍO XII Y LA SEGUNDA GUERRA MUNDIAL

PASTOR ANGELICUS

Pío XI, el Papa Ratti, había mostrado discretamente en sus últimos años sus preferencias por que le sucediera el cardenal secretario de Estado, Eugenio Pacelli. Desde mediados del siglo XVII ningún secretario de Estado había resultado elegido en cónclave pero por una vez la opinión del Papa anterior, la mayoría clara de los cardenales, el consenso de los vaticanólogos e incluso grandes sectores de la opinión pública coincidían en la figura de Pacelli. El mundo de 1939 parecía cada vez más cerca del abismo y todos valoraban la categoría humana y espiritual del Secretario de Estado, su formación excelente, su capacidad de trabajo riguroso, su don de gentes y de lenguas, su experiencia diplomática, su conocimiento de los ambientes internacionales en Europa y las Américas, su virtud intachable y su reconocida piedad y espiritualidad. En esa extraña serie de profecías que a veces consigue grandes aciertos se le designaba como *Pastor Angelicus*, no he encontrado mejor título para presentarle en esta Historia.

Eugenio Pacelli había nacido en Roma el 2 de marzo de 1876, en el seno de una familia de la nobleza de toga: su abuelo había sido ministro del Interior en el Estado Pontificio y su padre Filippo, abogado de la Rota, había intervenido en la codificación del Derecho Canónico. El hermano mayor de Eugenio, Francesco, negociador en los Pactos de Letrán, tuvo cuatro hijos; uno, ex-novicio con los jesuitas, murió joven; los otros tres, Carlo, Marcantonio y Giulio, conocidos (y criticados) como «los nepotes del Papa» fueron, en efecto, protegidos de Pacelli cuando se quedaron sin padre; y Pacelli logró para ellos del gobierno italiano el rimbombante título de «príncipes Pacelli» pero fuera de estas exageraciones no dieron escándalo alguno como otros famosos nepotes de la historia pontificia. Eugenio Pacelli cursó (brillantemente) estudios eclesiásticos y civiles y demostró desde la niñez gusto por las artes, la música y el deporte, para compensar su constitución no muy fuerte, que fue mejorando con la edad hasta que su figura alta y esbelta, sus ojos negros y su total dominio de sí mismo le confirieron un porte a la vez sencillo y majestuoso. Demostró en varias ocasiones críticas (Austria 1919, Roma 1943) un valor personal indomable. Muy apegado a su familia consiguió permiso para vivir con su madre hasta los 38 años y mantuvo cordiales relaciones con su única hermana, Benina. No todo le fue fácil en su carrera; pasó, en la adolescencia, una breve pero angustiosa crisis de fe y una crisis de vocación al enamorarse de una hermosa campesina de la montaña donde solía pasar sus vacaciones. Nadie se atrevió jamás a insinuar después, sobre su comportamiento personal, la menor sospecha. Nunca mostró ambición personal ni ansia de poder, aunque una y otra característica abundaban en los jóvenes y maduros eclesiásticos de la época, y de otras épocas.

Al menos hasta la llegada de ese volcán humano que es Juan Pablo II, el Papa Pacelli ha sido seguramente el más indiscutible y prestigioso en este siglo de grandes Papas, incluso a través de las terribles pruebas de la segunda guerra mundial. La figura de Pío XII contaba, sin embargo, con dos tenaces frentes enemigos; uno, el de los comunistas, contra cuyo ateísmo totalitario siempre se había mostrado vigilante y hostil; otro, el de un sector cerrado de judíos anticatólicos, que, sin tiempo para documentarse cabalmente sobre la auténtica actuación de Pío XII ante el Holocausto, le acusaron punto menos que de cobardía e incluso de complicidad ante los desmanes de Hitler. Una feroz campaña contra la memoria de Pío XII se abatió, desde estos dos frentes más o menos impúdicamente combinados, a partir de la publicación del drama (dramón histérico, más bien) de un autor hasta entonces desconocido, Rolf Hochhuth, *El Vicario* en 1963[233].

Con ese calificativo ya he adelantado la opinión que me merece *El Vicario*, obra antihistórica e indocumentada, a la que se refiere un alucinado columnista español de segunda mano atribuyéndola, como es su costumbre, a Peter Weiss. No para refutarla, que no es recomendable matar mosquitos a cañonazos, sino para fundamentar históricamente el pontificado de Pío XII recomiendo el excelente estudio de G.Angelozzi Gariboldi *Pío XII, Hitler y Mussolini*[234], las memorias de la colaboradora y confidente del Papa[235] y el, a pesar de su título, interesantísimo y

[233] Ed. española Barcelona, Grijalbo, 1977.
[234] Milán. Mursia, 1988, trad. esp. Acervo, mismo año.
[235] Sor María Pascalina Lehnert *Al servicio de Pío XII* Madrid, BAC, 1984.

positivo libro de Paul Murphy, definitivo en cuanto al problema de Pío XII con los judíos[236]. Pero por encima de todo los nueve tomos de la ingente obra documental encargada por la Santa Sede a un equipo relevante de historiadores jesuitas *Actes et documents du Saint Siége relatifs a la seconde guerre mondiale*[237]. No existe otro Pontificado, que yo conozca, con mejor y más completa documentación disponible sobre sus aspectos más controvertidos. Al elogiar este *magnum opus* de la gran historiografía jesuítica en nuestro tiempo no puedo menos de lamentar las tristes pseudocríticas que se han escrito sobre Pío XII desde la izquierda jesuítica y antipapal, como el ya citado y apresurado libro de Fernando Cortázar, que ha preferido ofrecernos sobre Pío XII una simple y desmañada caricatura.

Apenas terminados sus estudios no fue difícil al joven Pacelli, con todas sus conexiones romano-vaticanas a su favor, ingresar como «minutante» en la Secretaría de Estado, dentro de la Congregación para Asuntos Eclesiásticos extraordinarios, que lleva las relaciones exteriores de la Santa Sede. Allí hizo toda su carrera, hasta la Silla de Pedro. Era el año 1904 y pudo observar desde primera fila la lucha de San Pío X contra el modernismo, pero no cayó en actitudes integristas. Fue un sereno y apasionado colaborador, cada vez en misiones y puestos de mayor importancia, de la política de paz que intentó, con tanto sentido del deber como escaso éxito, el Papa Benedicto XV y se ganó la confianza del cardenal secretario de Estado, Gasparri, que le propuso en 1918 como Nuncio en la capital de Baviera, Munich.

El todavía joven y ya muy acreditado en los ambientes romanos monseñor Pacelli llego a la Nunciatura de Munich con tiempo para vivir, en su propia casa, los peligros de la revolución espartaquista, promovida por los comunistas alemanes contra el débil gobierno republicano de Baviera. Los espartaquistas llegaron a irrumpir en la Nunciatura y trataron de saquearla y de apoderarse del automóvil de Pacelli, quien se opuso con valiente firmeza a los asaltantes y consiguió expulsarles de la sede diplomática. Le defendió en tan dramática escena, con riesgo de su vida, abriendo sus brazos entre el Nuncio y los asaltantes, una hermana de la congregación docente de la Santa Cruz, campesina bávara de pura cepa, sor Pascualina Lehnert, que con otras religiosas acababa de entrar al servicio del Nuncio y había quedado, desde el primer momento, fascinada por él. Sor Pascualina, famosa por su belleza, por su espiritualidad y su energía (y menos famosa por su cocina germánica) ya no se apartó de la vida de Pacelli hasta la muerte del futuro Papa; le ayudó a evadirse de sus depresiones, moldeó su carácter y sus ideales, despreció, como él, las inevitables maledicencias romanas sobre su profunda amistad y escribió, ya anciana, unas deliciosas memorias que ya he citado. Cuando se instaló con su breve comunidad en el apartamento pontificio los cardenales solían besarle la mano; ella les correspondía con deferencia pero sin dejarse avasallar por los grandes prebostes de la Curia, hasta el punto que toda Roma comentó la sonora bofetada que un día propinó la monja bávara al hirsuto y corpulento cardenal de Francia, Tisserant, su gran rival en el círculo íntimo de Papa. Pero jamás hizo uso del poder decisivo que Pacelli le confirió desde 1918; toda su vida se mantuvo en la más total discreción y silencio. Entre los mejores amigos de la monja figuraba el futuro

[236] P.I. Murphy y R.R. Anderson *La Papisa* Barcelona, Plaza y Janés, 1987.
[237] Librería Editrice Vaticana.

cardenal de Nueva York, Spellman; entre sus más tenaces adversarios el entonces joven monseñor de la Secretaría de Estado, Giovanni Battista Montini.

La experiencia directa de la revolución comunista, ahogada por la derecha paramilitar y los regimientos alemanes que volvían de la derrota en la Gran Guerra, marcó para siempre al Nuncio Pacelli, quien a partir de 1920 fue destinado a la Nunciatura de Berlín. Pacelli , en estos dos altos destinos germánicos, era considerado como un prelado alemán por los alemanes; y como el mejor diplomático del Vaticano. Concertó los Concordatos con Baviera y con Prusia y se identificó por completo con el Episcopado alemán, que regía a más de cuarenta millones de católicos. Había conocido personalmente al alucinado revolucionario nacional Adolf Hitler en Munich y le animó, en un principio, a luchar contra el bolchevismo. Pero cuando fracasó el golpe nacional-socialista en esa misma ciudad en 1923 y Hitler fue amablemente encarcelado, escribió entre rejas su delirante libro programático *Mein Kampf* que tuvo en el Nuncio de Berlín uno de sus más preocupados y angustiados lectores.

Concluidos los Pactos de Letrán, Pío XI decidió el relevo de su artífice, cardenal Gasparri, que le había expresado su cansancio. Y al comenzar el año 1930 le sustituyó por el Nuncio en Berlín, a quien hizo cardenal de la Iglesia. De momento sor Pascualina se quedó en Baviera, hasta que cuando llegó el verano de 1930 recibió la grata sorpresa de que el cardenal secretario de Estado volvía para pasar unas vacaciones en el sanatorio *Stella Maris*, de la congregación de la Cruz, donde la monja había tratado una grave enfermedad del entonces Nuncio en Baviera. Que vino en 1930 acompañado por un fornido monseñor norteamericano, Francis Spellman, que había transformado desde varios años atrás la anticuada oficina de prensa pontificia y gozaba de excelentísimas relaciones con todo el Vaticano y los más altos medios de la política y la finanza de su país. En las alturas romanas se le consideraba como una especie de Rey Mago desde que decidió que uno de sus amigos, el millonario católico Brady, regalara un suntuoso Chrysler al cardenal Gasparri. (Quería regalar otro a Pacelli, que no aceptó). Desde aquellas vacaciones de 1930 Pacelli, Spellman y sor Pascualina, a quien divertía enormemente el prelado yanqui, formaron un trío inseparable llamado a grandes destinos en la Iglesia y en el mundo[238]. Pacelli comentó varias veces ante los dos la grave preocupación que sentía por las actividades de Bernardino Nogara, el financiero del Papa; y Spellman presentaba un cuadro tétrico sobre la deficitaria situación financiera de las más importantes diócesis norteamericanas. Y más o menos insinuaba que él conocía los métodos para solucionar tan espinosos problemas aquende y allende del océano. Para Pascualina, sin embargo, el primer efecto de aquella súbita amistad *á trois* fue la llamada de Pacelli, ya de vuelta a Roma, para que se incorporara al Vaticano gracias a las gestiones de Spellman, a quien nadie podía negar nada en la Urbe; acababa de conseguir de parte de sus grandes amigos de Norteamérica el regalo de un tren privado y tres automóviles Graham Paige para Pío XI.

Como eficacísimo Secretario de Estado en los difíciles años treinta, Eugenio Pacelli fue el ejecutor, pero también el inspirador y el más alto colaborador de Pío XI en medio de las tensiones, relativamente amistosas, de la Santa Sede con el fas-

[238] P.L. Murphy, op. cit. p. 119.

cismo y de los problemas, mucho más grandes, que presentaban dos personalidades monstruosas, José Stalin y Adolfo Hitler. Pascualina, al llegar a Roma, encontró la prevista hostilidad de la Curia y para sacarla de la cocina tuvo Spellman que incluirla en su oficina de prensa, donde muy pronto demostró una competencia notable. Poco a poco consiguió instalarse como ayudante y luego como secretaria personal del cardenal Pacelli, en el antedespacho de la Secretaría de Estado, tras un encuentro casual con Pío XI con el que supo ganarse al anciano Pontífice.

Pío XI preparó a su cardenal secretario de Estado para más altos destinos; esto parece claro ante la sucesión de misiones importantes que le confió en Europa y América. Le nombró legado pontificio para un solemne triduo de la Iglesia francesa en Lourdes en 1933. En todas partes el cardenal Pacelli causaba gratísima impresión en el pueblo y los gobernantes, como en 1934, cuando presidió en nombre del Papa el Congreso Eucarístico de Buenos Aires –el mismo año en que Pío XI, de pleno acuerdo con su Secretario de Estado, encerraba en el Indice el absurdo libro racista del ideólogo nazi Rosenberg *El mito del siglo XX*– y en noviembre de 1936 viajó Pacelli a Estados Unidos para apaciguar la cruzada anti-Roosevelt que había desencadenado el predicador fundamentalista católico Charles Coughlin contra el Presidente, que vio en peligro su reelección. Pacelli, acompañado por monseñor Spellman –obispo auxiliar de Boston desde 1932– y por sor Pascualina recorrió muchas ciudades de los Estados Unidos, impuso silencio al padre Coughlin por motivos de alta política vaticana, visitó al presidente Roosevelt –que muy pronto salió reelegido– y dejó firmemente establecida una relación de amistad entre el Vaticano y la Casa Blanca justo cuando se preparaba la condena romana contra el nazismo y el comunismo. En aquella visita se inició el que pudiéramos llamar «giro democrático» del cardenal Pacelli[239].

Ya conocemos el doble rayo fulminado por Pío XI en la primavera de 1937 a través de las dos grandes encíclicas contra el nazismo y el comunismo. El Concordato de 1933 con Hitler había salvado muchas cosas pero no había evitado la presión irracional del Führer y los nazis contra el clero y las organizaciones católicas de Alemania. Pacelli, artífice de aquel Concordato, fue también colaborador principal en la redacción de las encíclicas *Mit brennender Sorge* y *Divini Redemptoris*. Poco después volvió a Francia como legado pontificio para las conmemoraciones de Lisieux y en mayo de 1938 presidió, con la misma dignidad, el congreso eucarístico de Budapest. Por entonces tuvo lugar el fastuoso viaje de Adolf Hitler a Roma, del que la Santa Sede quedó por completo al margen. Corrió como la pólvora por todo el mundo el comentario de Pío XI, que se retiró muy oportunamente a Castelgandolfo: «La cruz que hoy entra en Roma (la cruz gamada) no es la cruz de Cristo». Pacelli veía acercarse, con temor creciente, la nueva conflagración mundial; conocía personalmente a sus grandes protagonistas, había convivido con los pueblos que iban a ser enemigos, y los había visitado directa y profundamente. Al comenzar el ominoso año 1939 Pío XI se sentía agotado y muy enfermo. Preparaba sin embargo una nueva encíclica para protestar contra las vejaciones que sufrían la Iglesia y los católicos en los regímenes de Italia y Alemania. No tuvo tiempo de terminarla. Murió el 10 de febrero de 1939.

[239] Cfr. P. Murphy, op. cit., p. 161s.

El eclesiástico más respetado y universalmente conocido de la Iglesia católica en aquel momento era, sin duda, el cardenal secretario de Estado, Eugenio Pacelli. Todo el conjunto de sus virtudes y cualidades espirituales, humanas y diplomáticas pesaron de forma abrumadora en el Cónclave, donde no se registró tensión alguna entre cardenales italianos y no italianos. Fue el cónclave más breve de los últimos tiempos, celebrado en un solo día, 2 de marzo de 1939. A la tercera votación quedó elegido Eugenio Pacelli que escogió el nombre de Pío XII en honor a su predecesor. Desde el primer momento todo el mundo comprendió que la presunta profecía sobre la sucesión de los Papas acertaba de plano; y cuando se produjo la película del mismo título (que Pío XII llegó a contemplar aunque no completa) muchos pensaron que *Pastor Angelicus* era una descripción oficial.

LA BENDICIÓN DEL PAPA SOBRE ESPAÑA

Pío XII nombró secretario de Estado al cardenal napolitano Luigi Maglione, que habia sido nuncio en París, y formó, a sus órdenes directas, un eficaz y fidelísimo equipo semisecreto del que casi nadie, salvo los muy iniciados, tenía noticia. Lo componían, en primer término, sor Pascualina Lehnert, cuya ocupación oficial era la de gobernanta del apartamento pontificio, para lo que le ayudaban algunas hermanas de su congregación; pero que realmente actuaba como secretaria íntima y confidente (a instancias del Papa y, con todo respeto, por iniciativa propia); filtraba las audiencias e influía poderosamente en el Papa, sin pasar jamás de la raya aun cuando alguna vez lo fingía. Una de sus ocupaciones era mantener a los diversos y hermosos pájaros del Papa, entre ellos un verderón romano que se incorporó al grupo, a quienes a veces se dejaba en libertad dentro del apartamento. (Tisserant odiaba muy especialmente a esta pajarería y los pobres pájaros, como si lo adivinasen, se vengaron más de una vez en sus ropas). Contaba además el Papa con dos consejeros secretos jesuitas y alemanes: el padre Robert Leiber, su secretario particular desde los tiempos de Munich y el padre Martagoni, director de la revista oficiosa de los jesuítas, *La Civiltá Cattolica,* con quien despachaba la línea editorial y el contenido. Se agregaba a los consejos del Papa monseñor Kaas, antiguo jefe del partido Zentrum y colaborador para el concordato de 1933. Había designado además a otros consejeros de la Compañía de Jesús; el escriturista Agustín Bea y los padres Grundlach y Hürth; se trataba de una guardia de corps germánica y el Papa no lo disimulaba. Mantuvo al tambien jesuita padre Tacchi– Venturi, como enlace personal con Mussolini y, según fuentes tan acreditadas como Benni Lai y sor Pascualina llamaba de vez en cuando a una religiosa española, la madre Mercedes Anguera, superiora de la Asunción e hija de un diplomático, para consultarle altos asuntos de la Iglesia. Ya desde la fase agónica de la segunda guerra mundial, al morir en 1944 el cardenal Maglione, el Papa no le sustituyó; fue, según ha dicho alguien, «el secretario de Estado de sí mismo». Dividió la Secretaría de Estado entre el prosecretario monseñor Domenico Tardini y el sustituto monseñor

Giovanni Battista Montini; y empezaron a moverse pías sombras extrañas por las «escaleras secretas» del palacio apostólico. Estas «escaleras» eran reales pero además un eufemismo para significar el relativo acceso directo de que gozaban ante el Papa algunos políticos importantes de la Democracia Cristiana, a quienes la Iglesia, desde el triunfo del fascismo, mantenía en reserva para una posible era democrática. Los dos más importantes eran Alcide de Gasperi, refugiado en el Vaticano durante la guerra, y el presidente de los universiarios católicos Giulio Andreotti.

Las grandes y pequeñas historias de la Iglesia apenas mencionan, cuando lo hacen, una temprana y espontánea actuación de Pío XII: su identificación con la victoria del bando nacional en la guerra civil española, que tuvo lugar el 1 de abril de 1939. Gracias a un inequívoco radiomensaje transmitido el 16 de abril, después de la felicitación entusiasta que el Papa había dirigido al general Franco al conocer la noticia de la victoria; como había hecho el rey exiliado don Alfonso XIII y su hijo don Juan de Borbón, quien por tres veces (insisto, tres veces) había intentado participar como voluntario en el conflicto. Desde los primeros momentos de su pontificado Pío XII utilizó la fórmula rápida e inmediata del radiomensaje para expresar su doctrina concreta acerca de algún punto importante. Esta alocución del Papa Pacelli a la España victoriosa no suele encontrase en la colecciones de documentación y magisterio pontificio. No es por ello menos significativa:

Con inmenso gozo nos dirigimos a vosotros, hijos querididimos de la católica España, para expresaros nuestra paternal congratulación por el don de la paz y la victoria con que Dios se ha dignado coronar el heroísmo cristiano de vuestra fe y caridad, probándoos en tantos y tan generosos sufrimientos.

Recuerda la alocución de Pío XI a los prófugos de España en septiembre de 1936, cuando había interpretado el Alzamiento como **la difícil tarea de defender y restaurar los derechos de Dios y de la religión** y continúa:

Los designios de la Providencia, queridísimos hijos, se han vuelto a manifestar una vez más sobre la heroica España. La nación elegida por Dios, principal instrumento de evangelización del Nuevo Mundo y como baluarte inexpugnable de la fe católica, acaba de dar a los prosélitos del ateísmo materialista de nuestro siglo la prueba más excelsa de que por encima de todo están los valores eternos de la Religión y del espíritu. La propaganda tenaz y los esfuerzos constantes de los enemigos de Jesucristo parece que han querido hacer en España un experimento supremo de las fuerzas disolventes que tienen a su disposición repartidas por todo el mundo, y aunque es verdad que el Omnipotente no ha permitido por ahora que lograran su intento, pero ha tolerado al menos alguno de sus terribles efectos para que el mundo entero viera cómo la persecución religiosa, minando las bases mismas de la justicia y la caridad, que son el amor de Dios y el respeto de su santa ley, puede arrastrar a la sociedad moderna a los abismos no sospechados de inicua destrucción y apasionada discordia.

Exalta el Papa al pueblo español que **se alzó en defensa de los ideales de fe y de civilización cristiana**, y supo resistir el empuje **de los que, en realidad, no luchaban sino en provecho del ateísmo**. Este es, según el Papa, el **primordial significado de vuestra victoria**. Alaba después los **nobilísimos y cristianos senti-**

mientos de que han dado pruebas inequívocas el jefe del Estado y tantos caballeros, sus fieles colaboradores, con la legal protección que han dispensado a los superiores intereses religiosos y sociales, conforme a las enseñanzas de la Sede Apostólica. Y tras esta identificación con Franco y su causa, declara con un texto evangélico el auténtico martirio de los sacrificados: **Nos, con piadoso impulso, inclinamos ante todo nuestra frente a la santa memoria de los obispos, sacerdotes, religiosos de uno y otro sexo y fieles de todas edades y condiciones que en tan elevado número han sellado con su sangre la fe en Jesucristo y su amor a la religion católica: «No hay mayor prueba de amor» (Juan, 15,1)**[240].

La posición de la Santa Sede, que contaba desde casi los primeros momentos con representación oficiosa y luego diplomática en la España nacional, y disponía de una información cabal sobre lo sucedido en los dos bandos de la guerra civil, no puede ser más clara desde el pronunciamiento inicial de Pío XI en septiembre de 1936 al final de Pío XII en abril de 1939. Ya vimos cómo Pablo VI, tan aparentemente alejado de la España nacional, pensaba prácticamente lo mismo sobre la que llamaba cruzada. Juan Pablo II ha consagrado ya como mártires a un nutrido grupo de españoles a quienes los dos Píos habían llamado genéricamente con ese nombre. Puede calcularse la impresión indeleble que recibió Franco, que era un fiel católico de toda la vida, ante este pronunciamiento público del Papa que se difundió en todo el mundo. Andando las décadas variaron algo ciertos criterios y por motivos políticos vinieron de Roma, durante un largo paréntesis, otros vientos de interpretación, que fueron seguidos un tanto servilmente en España por el voluble cardenal Tarancón y otros clérigos oportunistas de tercera fila en lo personal y poco versados en la historia auténtica. Después las aguas de la Historia volvieron a su cauce, el cauce de Juan Pablo II. Todo eso quedaba todavía muy lejos en abril de 1939.

EL TRIPLE FRENTE DE PIO XII EN LA SEGUNDA GUERRA MUNDIAL

El radiomensaje a la España victoriosa del comunismo marcaba ya la pauta que iba a seguir Pío XII en la primera parte de su pontificado, el período 1939-1945 que coincide con los años de la segunda guerra mundial. Prodigaría insistentemente sus esfuerzos por la paz, combinados con una efectiva actividad en servicio de las víctimas de la guerra; pero no por ello descuidaría su alta función de magisterio como Vicario de Cristo, que iba a ejercer con interpretaciones sobre la tragedia –el caso del radiomensaje recién transcrito– y con orientaciones sobre puntos esenciales del dogma y la doctrina católica. Paz y magisterio serán sus dos primeros frentes. El tercer frente –abordémoslo desde el principio, sin rebozos– era el frente del silencio, contra el que se cebaron críticas injustas y partidistas, que jamás tuvieron en cuenta la admirable y abnegada labor asistencial y salvífica de Pío XII, que supo realizar, en virtud de su intensa energía espiritual, una misión imposible.

[240] Texto en Boletín Of. Obispado Pamplona (1939) p. 121 s. Reproducido en A. Monero, op. cit. p. 744.

Los esfuerzos del Papa por la paz se desplegaron cuando aún no había estallado la guerra; el radiomensaje del 24 de agosto de 1939 es un llamamiento desesperado por la paz. Pero ese es precisamente el día en que se conoce una terrible sorpresa: la firma del tratado de no agresión y virtual alianza entre Alemania y la URSS, entre Hitler y Stalin. Todo el mundo comprendió que ese pacto inicuo entre los dos dictadores significaba el reparto de Polonia y el comienzo de la guerra mundial.

Hoy está demostrado históricamente que Hitler preparó cuidadosamente la provocación a Polonia y la fulminante invasión del gran país católico. Como Inglaterra y Francia habían ofrecido garantías formales a Polonia, está claro que Hitler fue el agresor y el iniciador de la segunda guerra mundial. Pero se repite menos que si la táctica agresiva corresponde a Hitler la estrategia para la agresión fue elaborada por Stalin. En mi citado libro de 1989, *Agonía y victoria* lo he mostrado claramente desde que a fines de 1938, tras el indigno pacto de Munich, Stalin abandonó a la República española donde sus secuaces comunistas pretendieron liquidar el conflicto con un final numantino en marzo de 1939. Al empezar ese año Stalin estaba ya decidido a aliarse con Hitler –por quien siempre había sentido una morbosa admiración– con el designio de enzarzar a las democracias occidentales contra la Gran Alemania, es decir que pretendía repetir en su favor, y quedándose de momento fuera, el choque mortal que, como guerra civil europea, se había desarrollado en 1914. La alianza con Stalin permitió a Hitler preparar y ejecutar victoriosamente sus campañas nórdicas y sus campañas occidentales contra Bélgica, Holanda y Francia. Desde agosto de 1939 a junio de 1941 los comunistas europeos, que no entendían nada, actuaron como aliados de su archienemigo Hitler. No conviene olvidarlo.

El 1 de septiembre de 1939 la Wehrmacht invadió Polonia en guerra relámpago que terminó con la resistencia enemiga el 27 del mismo mes en la capitulación de Varsovia. El 6 de octubre Hitler confirmaba que los diez millones de polacos orientales habían sido entregados al ejército soviético. En Polonia vivía la mayor concentración de judíos de todo el mundo, cuya suerte trágica, tanto en la zona de ocupación alemana como en la soviética, estaba echada. En virtud de una cláusula secreta del pacto germano soviético las Repúblicas bálticas de Estonia, Letonia y Lituania fueron también entregadas a Stalin, que consolidaba así la primera expansión de su imperio europeo.

En circunstancias tan trágicas Pío XII publica su primera encíclica, *Summi Pontificatus*, a poco de la caída de Polonia, el 20 de octubre de 1939. Los primeros párrafos estaban escritos antes de la guerra y señalaban los dos males de la época: el agnosticismo religioso y moral. Pero cuando escribe esas líneas le llega la «terrible noticia» de que pese a todos sus esfuerzos ha estallado la guerra en Europa. El origen de esos males se remonta, para Pío XII, a la escisión de la Cristiandad en el siglo XVI; como había dicho Pío XI, como diría Juan Pablo II, la idea de la Cristiandad es algo muy vivo en la memoria histórica de los grandes Papas de nuestro siglo, en el que «aparecen señales del viejo paganismo», escribe Pío XII, en medio de una evocación de las tinieblas que cubrieron al mundo tras la muerte de Cristo. En las primeras semanas de la guerra tiene el valor de condenar pública y abiertamente al totalitarismo como raíz de la insolidaridad humana;

acabo de comentar que la nueva guerra mundial fue desencadenada por los dos peores totalitarismos de la historia contemporánea, el nazi y el comunista: **la elevación del Estado o de la comunidad social puesta en lugar del mismo Creador, como fin supremo de la vida humana y como norma suprema del orden jurídico y moral**. Protesta por la cínica rescisión de los convenios pactados, en clara alusión al comportamiento de Hitler contra el Concordato de 1933; y vuelve a calificar la hora de la guerra mundial como la hora de las tinieblas. Alude a la tragedia de la católica Polonia, que debe salir salva de la tormenta presente. Insiste en que **hicimos todo lo posible... para impedir el recurso a las armas... aun temiendo que la manifestación de nuestras intenciones y nuestros fines fuese mal interpretada**[241].

La segunda guerra mundial era, en gran medida, un conflicto entre católicos. Más de cincuenta millones de católicos vivían bajo el «Gran Reich». Italia era mayoritariamente católica, como Francia. El catolicismo había progresado mucho en Inglaterra y se imponía como fuerza religiosa creciente, con pretensiones hegemónicas dentro de la tolerancia democrática, en los Estados Unidos. Pío XII abrazó una neutralidad total que él prefería interpretar como «imparcialidad». Había conocido y comprendido recientemente a los Estados Unidos pero se sentía muy identificado con Alemania (aunque a mil leguas de Hitler) y pensaba que Alemania era un valladar inexpugnable contra el comunismo, al que, mientras vivió, consideró como el principal enemigo de la Iglesia católica; y la guerra civil española había demostrado las profundas razones de esa convicción, ya asentada en la mente del Papa desde que conoció e incluso vivió personalmente los primeros excesos de la Revolución soviética. Para no politizar sus alusiones a la URSS preferirá ahora hablar del comunismo como «el ateísmo materialista», Naturalmente que logró hacerse una idea muy aproximada sobre la trayectoria auténtica de la guerra pero no atendió a las reclamaciones de la Iglesia francesa que le exigía una condena contra Alemania, ni a las exigencias de Hitler que le invitaba a sumarse a la «cruzada de Occidente contra el comunismo» a parir de 1941. Eso sí, en las Actas documentales a que me he referido existen pruebas que demuestran la clarividencia del Papa cuando los diplomáticos aliados le querían convencer de que Rusia volvería a la democracia tras la victoria. Tanto Pío XII como el general Franco conocían mucho mejor a Stalin que las cancillerías aliadas y lo manifestaron donde debían hacerlo durante los años de la guerra mundial.

La Santa Sede consiguió de Italia una interpretación generosa de los acuerdos de Letrán que permitió el libre acceso de misiones aliadas al Vaticano incluso después de la entrada de Italia en la guerra. Hasta entonces Pío XII desplegó todos sus esfuerzos para lograr la abstención de Mussolini, que reconocía la impreparación de Italia pero, fascinado por las victorias alemanas en Dinamarca, Noruega y el frente occidental durante la primavera de 1940 no pudo resistir a la tentación de subirse, con poca gallardía, al carro del ya vencedor de Francia el 10 de junio de 1940. La situación del Papa, con la Ciudad del Vaticano como un enclave dentro de la capital de un país beligerante, se convirtió en delicadísima. Cuando se perfiló el peligro de un asalto (alemán) al Vaticano e incluso un secuestro del Papa se tra-

[241] El Magisterio pontificio... op. cit. II p. 620s.

zaron varios planes para encontrarle un refugio en España o en Brasil, que le hubieran acogido de mil amores. Pero Pío XII el Romano se negó tajantemente, jamás abandonaría el Vaticano a no ser por la violencia física. Cuando tropas alemanas llegaron a mostrarse a la entrada de la Plaza de San Pedro con ademán ofensivo Pío XII ordenó personalmente a la Guardia Suiza que avanzase hasta la línea blanca de separación con las armas montadas y cubierta por puestos de ametralladoras. No se trataba de ningún símbolo sino de una decidida voluntad de resistencia, que consiguió sus objetivos; Hitler, además, no era Napoleón, como ya había demostrado al abstenerse de invadir España entre 1940 y 1941, tras la entrevista con Franco en Hendaya, por temor a suscitar un levantamiento guerrillero como el de 1808[242].

Durante la primavera de 1941 los cazas británicos, que habían impedido ya desde el otoño anterior en la «batalla de Inglaterra» la invasión alemana de las islas, seguían montando muy eficazmente la guardia sobre el Canal y, gracias a la decisión de Franco, Hitler renunciaba también a la invasión de España para cerrar el Estrecho de Gibraltar. Su idea estratégica era doble: por una parte preparaba activamente la invasión de Rusia para esa misma primavera; por otra tomaba posiciones hacia el Mediterráneo para cerrar en Suez la otra salida del Mare Nostrum. En abril la Wehrmacht se apoderó en guerra relámpago de Yugoslavia y Grecia; en mayo los paracaidistas alemanes cayeron sobre la isla de Creta y la dominaron. Nuevamente se encontraba Europa en víspera de grandes decisiones estratégicas cuando Pío XII, el 1 de junio de 1941, dirigió al mundo un radiomensaje sobre la actualización de la doctrina social de la Iglesia: *In solnennitá*[243]. Es el más importante de sus documentos sociales. Rememora las encíclicas de León XIII y Pío XI y, frente al comunismo (sin nombrarlo) proclama como parte del orden natural «la propiedad privada y el libre comercio», importante declaración en favor de la economía de mercado que no he visto citada casi nunca. Pío XII recalcaba, naturalmente, las enseñanzas de sus predecesores sobre la dignidad del trabajo y la dimensión social de la propiedad. Pero nadie prestó demasiada atención a sus enseñanzas. Porque tres semanas después del radiomensaje social los ejércitos de Hitler, bien aprendida en la guerra de España la táctica de las «bolsas» que Franco había utilizado en las grandes campañas de 1938 en Aragón y de 1939 en Cataluña, invadieron los impreparados frentes de la Unión Soviética, embolsaron a grandes masas militares desprevenidas y se plantaron muy cerca de las dos grandes capitales, Leningrado y Moscú. Paul Murphy, un periodista de investigación muy favorable a Pío XII y a sor Pascualina, pero a la vez muy profesional, habló largamente con la monja bávara muchos años después de la muerte del Papa y recoge de primera mano esta convicción; «No obstante el odio de Pascualina contra Hitler y los nazis, había cierta ironía en sus sentimientos; pues a la hora de elegir entre nazismo y comunismo ella estaba plenamente con el Führer. Cuando los ejércitos hitlerianos cruzaron la frontera rusa en junio de 1941, la monja se mostró tan jubilosa como el Papa. Ambos unieron fuerzas en oraciones fervorosas. Desafiando incluso la opinión pública mundial, Pío y Pascualina rezaron novenas por los nazis

[242] Historiadores de espíritu fuerte como Preston y Tusell toman a broma esta posibilidad. Por eso yo suelo tomar a broma a Preston y a Tusell.

[243] El magisterio pontificio... op. cit. II, p.626.

y rogaron la intercesión de Dios para darles el triunfo total sobre Rusia». La misma fuente revela que el cardenal secretario de Estado, Maglione, explicó esta actitud del Papa al enviado especial de Roosevelt ante el Vaticano, Myron Taylor[244]. Esta posición del Papa la compartíamos fervorosamente todos los anticomunistas del mundo, incluso muchos habitantes de los países aliados que deseaban por encima de todo la aniquilación del comunismo soviético y el final de Stalin. La propaganda aliada, sin embargo, montó una gigantesca campaña para presentar a Stalin como «demócrata» sobre todo desde la entrada de los Estados Unidos en la guerra después del ataque de la marina y la aviación japonesa a la base de Pearl Harbor en las islas Hawai el 7 de diciembre del mismo año.

La entrada en guerra de los Estados Unidos representó el viraje trascendental del conflicto, aunque los resultados tardaron varios meses en aparecer. 1942 será el año que marca ese viraje; uno de los primeros observadores en advertirlo y obrar en consecuencia fue el general Franco, que dio muestra clara y pública de ello al recibir en la primavera de ese año al nuevo embajador de los Estados Unidos, profesor Carlton Hayes –un comprensivo amigo de España– y acto seguido, al facilitar sin hostigamiento alguno los preparativos del bando aliado para el gran desembarco en el norte de África que tuvo lugar el 8 de noviembre de 1942 cuando Franco acababa de recibir una carta del presidente Roosevelt asegurándole la no intervención de los aliados en España y sus asuntos internos. Por entonces el grandioso y doble proyecto alemán de 1941 había fracasado. El Afrika Korps de Rommel, tras sus espectaculares avances en Libia y Egipto, estaba frenado en seco ante las defensas británicas de El Alamein y los ejércitos alemanes, fracasados también ante Moscú y Leningrado, no podrían ya evadirse de la trampa mortal que les tendieron los soviéticos en Stalingrado, sobre el curso inferior del Volga. La colosal potencia humana, industrial y militar de los Estados Unidos había entrado ya en pleno rendimiento que Alemania y el Japón, y sobre todo la Italia exhausta y desmoralizada, no podrían contrarrestar. A fines de 1942 Pío XII estaba completamente convencido de la victoria aliada en virtud de las informaciones de un íntimo amigo suyo y de sor Pascualina que ocupaba un puesto de observación realmente excepcional: monseñor Spellman que iba a complicarse, con silencioso permiso del Papa, en una insólita aventura.

LAS GRANDES ENCÍCLICAS DE PIO XII EN 1943

Fiel a su principio de neutralidad, Pío XII no se había adherido a la Carta del Atlántico en 1942 ni a las conclusiones de la conferencia de los aliados occidentales en Casablanca, el 14 de enero de 1943. Para Alemania la rendición de sus ejércitos en Stalingrado el 31 de enero significaba el principio del fin, como para el Japón la victoria norteamericana de la isla de Guadalcanal en el Pacífico. A mediados de mayo se rendían las tropas alemanas de África y se cantaba el inminente

[244] P.L. Murphy., op cit. p. 207.

desembarco de los aliados en algún punto de Europa, que con toda probabilidad sería Italia; la guerra mundial se aproximaba a Roma. En efecto, el 11 de julio los ejércitos aliados efectuaban con éxito el desembarco en Sicilia, con el decidido propósito de establecer desde allí un segundo frente continental. Este desastre marcó el final de Mussolini. Los aliados exhortaban por todos los medios a los italianos para que se desenganchasen de Alemania y encontraron eco hasta en el Gran Consejo Fascista que derrocó a Mussolini; el rey Víctor Manuel III nombró para sustituirle el 25 de julio al mariscal Badoglio que manifestó su decisión de continuar la guerra mientras entablaba secretamente negociaciones para la paz separada. Cinco días después el ejército alemán penetraba en Italia y el mariscal Kesselring organizaba su cuartel general cerca de Roma. El 8 de septiembre los aliados desembarcaron en Salerno pero iban a encontrar una inesperada resistencia por parte del ejército alemán. La situación de Pío XII, con los alemanes a las puertas del Vaticano, se hace crítica hasta la ocupación de Roma por los aliados el 5 de junio del año siguiente, 1944. La propia ciudad de Roma fue bombardeada varias veces; con especial gravedad el barrio de la basílica de San Lorenzo al que acudió el Papa para socorrer a los afectados. Volvió al Vaticano con la sotana blanca ensangrentada. Se debió a sus gestiones la declaración de Roma como ciudad abierta y la salvación de la ciudad, que le confirió al término de la guerra el merecido título de *Defensor civitatis*.

A la vez que intervenía, como luego veremos, en aventuras secretas de insólita envergadura y prestaba a los afectados por la guerra, dentro y fuera de Roma y de Italia, una asistencia admirable, Pío XII demostró una elevada conciencia de su misión pastoral al proclamar en año tan dramático nada menos que dos grandes encíclicas. El 29 de junio, cuando los alemanes acababan de descubrir en el bosque de Katyn las pruebas del genocidio de oficiales polacos perpetrado por los soviéticos y el mundo esperaba el desembarco aliado en Italia, Pío XII proclamaba la encíclica *Mystici corporis Christi*, que es la Iglesia según las mismas palabras de Cristo explicadas por San Pablo. Cree el Papa muy oportuno hablar de la Iglesia en tiempos de confusión, cuando muchos vuelven «a las doctrinas, costumbres e instituciones de la antigüedad pagana» y otros innumerables gimen bajo las calamidades de la guerra, cuando tantos hijos de la Iglesia dirigen sus miradas hacia el Padre común, el Papa, que les contempla «con absoluta imparcialidad para con los bandos contrarios». Quiere el Papa aprovechar el impulso eclesial de los últimos tiempos, por ejemplo en la Acción Católica, y denunciar además ciertos errores como el naturalismo y el falso misticismo, que pretende borrar los límites entre Dios y los hombres. La Iglesia es el Cuerpo místico de Cristo. Un cuerpo orgánico y jerárquico, dotado de medios vitales que son los sacramentos, un cuerpo formado por los fieles bautizados, cuya cabeza es el propio Cristo.

Resulta asombroso que, en medio de circunstancias tan encrespadas y dramáticas, cuando su propia persona y la Ciudad del Vaticano se encontraban casi en el frente de combate y expuestas a gravísimas amenazas, Pío XII, a quien muchos describen como fascinado exclusivamente por la alta política, defina a la Iglesia con tan elevado sentido de espiritualidad y poco después. El 30 de septiembre del mismo año 1943, con una Italia sacudida simultáneamente en su territorio por la guerra mundial y la guerra civil, fije el Papa las reglas, mucho más abiertas que antes, para los estudios bíblicos en la nueva encíclica *Divino afflante Spiritu*, que recomienda un estudio estrictamente científico de los textos sagrados, con preferencia según las lenguas originales y el sentido literal dentro de los contextos filológicos e históricos; y profundizando en la necesidad de conocer los géneros literarios utilizados en unos escritos que son, en definitiva, obra humana aun inspirada por Dios. La encíclica proclama, junto con el ineludible respeto al Magisterio y a la tradición patrística, la libertad de exegesis por parte de los investigadores. Estamos ya muy lejos de los recelos anticulturales y reaccionarios del integrismo; ningún investigador científico serio debe sentirse coartado con las nuevas instrucciones de la Santa Sede[245]. Pero la guerra mundial estaba a las puertas de Roma; veamos cómo se comportaba la Santa Sede ante sus peligros.

TRES ARRIESGADAS AVENTURAS DE PÍO XII EN PLENA GUERRA

Pío XII, como prelado del Vaticano y diplomático de carrera, era hombre prudentísimo. Sin embargo la segunda guerra mundial provocaba un clima de exaltación al que hombre tan sensato no resultó inmune. En ese clima se entregó a tres aventuras que para muchos lectores resultarán increíbles, como para mí hasta que los testimonios y los documentos me convencieron de su veracidad. En un plano bien diferente un príncipe tranquilo como era don Juan de Borbón, padre del actual rey de España, dejó su cómodo retiro de Suiza para echarse al monte en una aventura partisana durante la que estuvo a punto de caer en manos de una patrulla alemana, como él mismo contó a don Pedro Sainz Rodríguez y éste lo refirió en su famoso libro *Un reinado en la sombra*.

La primera aventura, o más bien conjunto de ellas, porque fueron innumerables, es en parte conocida y en parte desconocida; se refiere a las obras y actos de asistencia emprendidas por el Papa o por diversas instituciones del Vaticano bajo su dirección para ayudar a las víctimas de la guerra mundial, informar a los familiares de los prisioneros y desaparecidos y salvar a numerosísimos perseguidos entre ellos a muchísimos judíos. Estos hechos contradicen de plano a quienes acusan a Pío XII, sin más pruebas que su encono, de silencio cómplice ante el Holocausto.

La oficina de información sobre desaparecidos y presos, según las pautas humanitarias de Benedicto XV en la Gran Guerra, se instaló en la Secretaría de Estado bajo la responsabilidad de monseñor Giovanni Battista Montini. Este mismo prelado cargó también, por orden directa del Papa, con la responsabilidad de la «Oficina de socorros» que actuó en silencio (éste era el silencio real del Papa), para no despertar recelos ni suspicacias, en favor de todos los perseguidos a quienes pudiera llegar su acción y muy especialmente los judíos, a quienes se refería especialmente el informe de actividades del organismo correspondiente en 1939 pero después nunca (aunque no por ello cesaban las

[245] Texto en *El magisterio pontificio...* op. cit. I, p. 86s..

ayudas sino que se incrementaban) ante las protestas del embajador de Alemania. Hay registradas no menos de mil intervenciones concretas, individuales y colectivas. Hasta junio de 1941 la Santa Sede actuó en favor de los perseguidos en Alemania (entre ellos muchos judíos) por medio de la asociación de San Rafael, con centro en Hamburgo. Intercesiones directas y apremiantes ante Mussolini contribuyeron a que la situación de los judíos en Italia fuese incomparablemente menos peligrosa que en Alemania. En Rumania, Hungría y Eslovaquia la protección papal a distancia alcanzó resultados muy importantes. Desde fuentes seguras el gran historiador H. Jedin ha podido establecer que hacia el 80 por ciento de unas novecientas mil personas (casi todas de raza judía) salvadas del Holocausto en los países de influencia alemana durante la guerra mundial se debe a acciones expresas de los católicos, alentados en muchísimos casos por la Santa Sede[246]

En otro libro[247] he ofrecido una primera aproximación sobre las víctimas del Holocausto, quienes en conjunto, directa o indirectamente, pueden alcanzar la cifra de seis millones. Debe notarse sin embargo que los judíos se refieren muy pocas veces al enorme número de judíos cuyo sacrificio inició Stalin y completó Hitler; y no insisten lo suficiente en que el dictador nazi eliminó también en masa, junto a los judíos, a los integrantes de otras presuntas razas inferiores como los gitanos y a los miembros de grupos disidentes entre ellos a innumerables católicos, protestantes, sacerdotes y pastores además de a personas pertenecientes a partidos políticos, sobre todo comunistas y socialistas. Según el importante testimonio de sor Pascualina recogido por Murphy, el Papa y su confidente conocieron las primeras noticias serias sobre el Holocausto cuando se enfriaron sus entusiasmos por la invasión alemana de Rusia, hacia el verano de 1942. Por sugerencia de la monja, el Papa pidió a monseñor Spellman un informe concreto sobre las atrocidades nazis contra los judíos, que debía recabar personalmente, con indicación de su destino, cerca del presidente Roosevelt. Al cabo de una semana Spellman adelantó al Papa telefónicamente el informe documentado de Roosevelt y Pío XII intensificó entonces los trabajos del Comité de Socorro, con expresa orientación en favor de los judíos perseguidos y amenazados. Murphy, que es muy favorable a los judíos, acumula numerosos datos y pruebas sobe la acción personal del Papa y su consejera en favor de ese pueblo acosado por Hitler en pleno delirio de la «solución final». Hizo que el cardenal Maglione interviniese ante el mariscal Kesselring y encargó a su secretaria la dirección ejecutiva del Comité. Facilitaron muchas tarjetas falsas de identificación a judíos refugiados en Roma para albergarlos en dependencias del Vaticano u la Iglesia. Muchos de los quince mil refugiados que lograron llegar a Castelgandolfo eran judíos. Pascualina consiguió la colaboración secreta del propio embajador alemán von Weizsäcker que era contrario al genocidio. Pío XII contribuyó decisivamente a pagar los rescates exigidos por las autoridades alemanas entre la comunidad judía y colaboró con el gran rabino de Jerusalén en el auxilio a los judíos de Rumania. Murphy aduce el testimonio de varios prominentes líderes judíos del mundo que manifestaron entonces y después su gratitud a Pío XII[248].

[246] Cfr. H. Jedin op. cit. IX p. 151.
[247] R. de la Cierva, *El Tercer Templo*, Barcelona Planeta, 1992.
[248] P.I. Murphy, op. cit. p. 278s.

En este contexto de ayuda real y multitudinaria hay que situar el famoso «silencio» de Pío XII. Que no fue cobardía sino sacrificado cálculo para no perjudicar a los judíos ni provocar ramalazos de Hitler como el que costó la vida a muchos miles de judíos holandeses cuando los obispos de su país protestaron valientemente contra las primeras persecuciones nazis de 1940. Una vez más no debemos olvidar que los países de Occidente no se distinguieron por su clamor ni menos por su ayuda efectiva a los judíos entre 1939 y 1945. Creo tener la seguridad histórica de que las dos personas individuales que más judíos salvaron del Holocausto en la segunda guerra mundial fueron el Papa Pío XII y el general Francisco Franco.

La segunda aventura de Pío XII durante la guerra la emprendió en colaboración con su amigo monseñor Spellman. El cual fue designado como arzobispo de Nueva York, el puesto más importante en la Iglesia de los Estados Unidos, por Pío XII, gracias a los consejos de sor Pascualina, en 1939, entre los primeros nombramientos de su pontificado. Pío XII y la monja confiaban en las sólidas virtudes de su amigo de los días de Munich pero además conocían perfectamente la amistad del prelado con el Presidente Roosevelt y sus excelentes relaciones con la alta finanza y la alta sociedad de su poderoso país. El nuevo Papa se preocupaba por las finanzas del Vaticano y por las de la propia diócesis de Nueva York, a la que su anterior titular, el cardenal Hayes, había dejado casi en la bancarrota gracias a su caridad verdaderamente pródiga. La competencia para cubrir el cargo era tan encarnizada como en la lucha política; así sucede casi siempre en la Iglesia aunque los navajeos se suelen ocultar piadosamente, entre las hopalandas, a la curiosidad de los fieles.

Además de aplicar inmediatamente a su inmensa archidiócesis sus acreditados talentos de organización y comportarse siempre como un baluarte del Pontificado, Spellman reveló sus dotes financieras con la eficaz ayuda a monseñor Di Jorio para que transfiriera con tiempo a la custodia de la Banca de los Estados Unidos los principales activos de la Santa Sede, que con ello apostaba, sin que entonces se enterase nadie, por la victoria aliada en la inminente guerra mundial cuando aún faltaban dos años para la entrada de los Estados Unidos en la guerra. El arzobispo formó un consejo financiero diocesano con primeras figuras de la Banca y los negocios y recurrió a un original método, basado en la insaciable vanidad nobiliaria de los norteamericanos, que constitucionalmente no pueden ostentar ejecutorias ni títulos de nobleza pero sí aceptar, como católicos, distinciones pontificias; abrió una sección de la Soberana Orden de Malta, que es de derecho pontificio, y admitió el ingreso de caballeros de Honor y Devoción y sobre todo de Gracia Magistral, e incluso a Damas de la Orden, de quienes contribuyesen con generosas sumas que en ocasiones rebasaron la cantidad de doscientos mil dólares[249]. Spellman consiguió del Vaticano algunos ostentosos títulos pontificios para sus más excelsos benefactores y celebraba cada año solemnes capítulos de Malta en el Waldorf Astoria, con rutilantes cenas tras las que circulaban enormes bandejas de plata que debían renovarse varias veces cuando no soportaban el peso y volumen de los donativos. Recabó también Spellman la ayuda de los Caballeros de Colón, otra

[249] Cfr. mi libro *Misterios de la Historia, segunda serie*, Barcelona, Planeta, 1992 p. 62s..

famosa asociación católica e invirtió cuantiosas sumas en acciones tan bien seleccionadas que la antes deficitaria archidiócesis de Nueva York llegó a recaudar anualmente más de ciento cincuenta millones de dólares, de los que donativos muy generosos eran llevados personalmente al Papa por el eficaz arzobispo. Nadie pudo acusarle nunca, sin embargo, de corrupción. Edificó más de cien escuelas católicas y contribuyó a toda clase de obras docentes, culturales y de caridad. Por otra parte el Presidente Roosevelt nombró al arzobispo jefe de los capellanes castrenses en las fuerzas armadas norteamericanas con grado de general de cuatro estrellas, lo que le permitía viajar por todo el mundo en misiones religiosas y políticas; estuvo varias veces en Roma sin preocuparse por el ejército que rodeaba al Vaticano y contribuyó a mantener el fuerte núcleo de opinión favorable de que siempre gozó en los Estados Unidos el general Franco.

En 1942 el presidente Roosevelt, comandante en jefe, convocó al arzobispo y general del clero castrense, Francis Spellman, para encargarle una arriesgada misión. Una gran parte de los trabajadores portuarios de los Estados Unidos eran católicos pero entre ellos se había deslizado un selecto grupo de espías alemanes, que informaba puntualmente a los submarinos de Hitler sobre la navegación con destino a los puertos de Inglaterra. Roosevelt sabía que la mafia siciliana controlaba los muelles de la costa Este y que Frank Costello, gángster y devoto católico, controlaba a la mafia. Ante los escrúpulos de Spellman el Presidente le encargó que recabase el permiso del Papa para tan difícil y necesaria misión cerca de Costello. Spellman voló a Roma, convenció a sor Pascualina de que intercediera por él y recibió por ella la respuesta; el arzobispo debería obrar según su conciencia, el Papa no se había enterado de nada. Spellman tomó el recado como una aprobación –es lo que era– se reunió secretamente con Costello, que reaccionó con el patriotismo que de él se esperaba y recomendó que se sacara de la cárcel (donde cumplía condena de treinta a cincuenta años) a su lugarteniente Lucky Luciano, para que dirigiese la operación costera, que alcanzó de manera perfecta un éxito fulminante. Los espías nazis fueron eliminados de los puertos y Luciano recibió un segundo encargo; asegurar la colaboración de la Mafia original, la de Sicilia, para el proyectado desembarco aliado de 1943 en la isla. Así se hizo y Luciano fue «deportado» al sur de Italia después de la guerra como premio a su colaboración en la victoria. Ya en su patria de origen Lucky Luciano creó un gran sindicato de la droga dura, que dirigió con su habitual maestría hasta su misterioso final en 1962[250]. Pero nadie supo nunca una palabra, hasta las revelaciones de Murphy, sobre la «abstención activa» de Pío XII y sor Pascualina en esta increíble aventura de la guerra mundial.

La tercera resulta casi más increíble todavía, aunque Murphy la documenta cabalmente y cuenta además con el respaldo de un historiador tan serio como Hubert Jedin[251]. **«Todo lo dicho hace aún más asombrosa la extraordinaria capacidad de riesgo del Papa» (Becker) cuando, en el invierno de 1939-1940 y en estrecho contacto con la oposición militar alemana, actuó como intermediario para transmitir a Inglaterra las opiniones de esos militares. También en 1944 mantuvo relaciones directas con aquel sector de la resistencia alemana. Tal vez aquí tiene sus raíces, en la vertiente de 1943-1944 la esperanza del**

[250] Paul I. Murphy, op. cit. p. 253s.
[251] H. Jedin, op. cit. p. 145. Jedin aduce estudios convergentes y seguros.

Papa de que «acaso en un espacio de tiempo no demasiado largo» también los estadistas responsables estarían dispuestos a escuchar sus propuestas de paz contenidas en el mensaje de Navidad de 1943 .... No se cumplieron esas esperanzas porque la oposición no pudo derrotar a Hitler[252]**.** Fue la tercera aventura secreta de Pío XII durante la segunda guerra mundial.

LA FASE FINAL DE LA GUERRA: VICTORIA ALIADA, VICTORIA ROJA

El año 1944 fue ya víspera de victoria para los aliados en todos los frentes de la guerra mundial. El Ejército Rojo avanzaba hacia el territorio del Reich bajo el signo de la venganza. Los aliados entraban por fin en Roma el 4 de junio, dos días antes del desembarco sangriento, pero irreversible, en las playas de Normandía para crear un tercer frente que apuntaba, como el ruso y el italiano, hacia Alemania. El 22 de agosto, al fallecer el cardenal secretario de Estado, Maglione, Pío XII, que deseaba dirigir de forma personal y directa la acción de la Iglesia en torno a la organización de la paz, no le sustituye formalmente aunque, como dije, divide las funciones de la secretaría de Estado entre el prosecretario, monseñor Tardini, y el secretario del Consejo para Asuntos Extraordinarios –puesto que había desempeñado él mismo– monseñor Giovanni Battista Montini, una criatura eclesiástica de la Democracia Cristiana que, bajo la dirección personal del Papa, se aprestaba a controlar políticamente la transición y desarrollo de la paz en Italia. En el quinto aniversario del estallido de la guerra, 1 de septiembre de 1944, Pío XII dirige a todo el mundo el radiomensaje *Hoy (Oggi)* en que afirma: **la fidelidad al patrimonio de la civilización cristiana y su valiente defensa contra las corrientes ateas y anticristianas es la clave de bóveda que jamás puede ser sacrificada a ningún beneficio transitorio, a ninguna mudable combinación**. Entonces, inesperadamente para muchos, vuelve a profundizar en la doctrina social de la Iglesia entre el liberalismo capitalista y el comunismo colectivista. Frente al comunismo que avanzaba victorioso por el Este reafirma que **la conciencia cristiana no puede admitir como justo un ordenamiento social que niega en absoluto o hace prácticamente imposible o vano el derecho natural de propiedad, tanto sobre los bienes de consumo como sobre los medios de producción**.

Acto seguido el Papa reprueba al capitalismo salvaje; no simplemente al capitalismo. Leamos el texto antes de opinar: **Por ello, donde, por ejemplo, el «capitalismo» se basa sobre tales erróneas concepciones y se arroga sobre la propiedad un derecho ilimitado, sin subordinación alguna al bien común, la Iglesia lo ha reprobado como contrario al derecho natural**.

Lo que la Iglesia condena no es la economía de mercado (expresamente aprobada antes por Pío XII, como vimos) sino el capitalismo salvaje y antisocial, volcado al incremento del poder económico, agrupado en grandes compañías que para nada tienen en cuenta las necesidades y problemas humanos de los trabajadores.

[252] H. Jedin, op. cit. IX p. 145s.

Nos, efectivamente, vemos la continuamente creciente masa de los trabajadores encontrarse con frecuencia ante excesivas concentraciones de bienes económicos, que disimulados de ordinario bajo formas anónimas, llegan a sustraerse a sus deberes sociales y ponen al obrero poco menos que en la imposibilidad de formarse un propiedad suya efectiva.

Vemos la pequeña y mediana propiedad palidecer y desvigorizarse en la vida social, corta y estrecha como es, en una lucha defensiva cada vez más dura y sin esperanza de éxito.

Vemos, de un lado, las ingentes riquezas dominar la economía privada y pública, y frecuentemente incluso la actividad civil; del otro, la innumerable multitud de aquellos que, privados de toda directa o indirecta seguridad de la propia vida, no toman interés por los verdaderos y altos valores del espíritu, se cierran a las aspiraciones hacia una genuina libertad, se entregan al servicio de cualquier partido político, esclavos del primero que les ofrece como sea pan y tranquilidad. Y la experiencia ha demostrado de qué tiranía en tales condiciones, incluso en los tiempos presentes, es capaz la humanidad.

Se opone por tanto el Papa al capitalismo salvaje, el que llamó Pío XI «manchesteriano» pero también a las grandes concentraciones de capital privado, capaces de dominar al mundo laboral e imponer la política a los Estados. Está anticipando el recelo de la Iglesia ante el imperio de las multinacionales que se desarrollará después de la guerra pero que ya contaba con antecedentes conspicuos, como en el caso del petróleo y la explotación de Iberoamérica. Apunta como objetivo la creación de patrimonios personales para los trabajadores, lo que luego se llamará «capitalismo popular». No renuncia a la solución corporativa, pese al fracaso histórico del fascismo, cuando se refiere a **la actividad ordenadora del Estado, de los municipios, de las instituciones profesionales**. Reconoce los esfuerzos de asistencia y socorro realizados por los aliados y las autoridades italianas para mitigar los desastres de la guerra en Italia.

No propone Pío XII de forma expresa la «tercera vía» que será la doctrina social de la inminente Democracia Cristina. No examina las realidades del capitalismo asistencial, que a partir del «New Deal» de Roosevelt había incorporado una pauta de intervención económica y asistencia social. Marca grandes líneas pero se queda un poco en las nubes y, por supuesto, no se opondrá a que los activos de la Iglesia salvaguardados en los Estados Unidos se dediquen pronto a la participación en grandes empresas capitalistas y multinacionales[253].

El 24 de diciembre del mismo año 1944, cuando el final de la guerra se adivina ya inevitablemente próximo, Pío XII dirige al mundo un gran radiomensaje de Navidad, *Benignitas el humanitas*, que marca un auténtico hito en la doctrina de la Iglesia sobre el orden político; porque proclama, por vez primera, la plena aceptación de la democracia. Hasta entonces los Papas de los siglos XIX y XX o bien se habían opuesto frontalmente a la democracia (hasta Pío IX inclusive) o bien habían tolerado el «gobierno popular» como una especie de mal menor, mientras expresaban claramente sus preferencias hacia sistemas más autoritarios. Ahora la terrible realidad de la guerra mundial, con su desenlace ya cantado, impulsa a Pío XII a la

[253] Radomensaje *Oggi* en *El magisterio pontificio*... op. cit. II p. 641.

consagración del sistema democrático, tan desacreditado hasta 1939. Porque la victoria en la guerra era una victoria doble. Por una parte aparecía como una clarísima victoria de la democracia occidental contra el totalitarismo fascista, cuyos crímenes y genocidios iban a quedar al descubierto con pruebas palpables. Pero por otra parte el totalitarismo comunista de la URSS, más inhumano todavía que el de los nazis, participaba también en la victoria de las democracias, estaba a punto de dominar a varias naciones esenciales de la Europa central y oriental y amenazaba con anegar al mismo Occidente de Europa tras el avance irresistible del Ejército Rojo. Stalin había proclamado en la Constitución soviética de 1936 a la URSS como «la gran democracia socialista» y los partidos comunistas de Occidente –algunos tan poderosos como los de Italia y Francia– cantaban también la dimensión democrática de la victoria de Stalin, aunque tal dimensión constituía el mayor engaño político de todos los tiempos. Victoria democrática, victoria comunista; ésa era la realidad esquizofrénica que iba a tomar cuerpo en 1945 y se adivinaba ya en la Navidad anterior, cuando Pío XII dirigía su radiomensaje.

Aleccionados por tan amarga experiencia se oponen (los pueblos) con mayor energía al monopolio de un poder dictatorial incontrolable e intangible y exigen un sistema de gobierno que no sea incompatible con la libertad y la dignidad de los ciudadanos (El Papa se refiere a los ciudadanos de Alemania, Italia, y otros países sometidos al totalitarismo fascista; no dice una palabra sobre el totalitarismo rojo). **Siendo ésta la disposición de los ánimos, ¿es de extrañar que la tendencia democrática se apodere de los pueblos y obtenga por todas partes la aprobación y el consentimiento de quienes aspiran a colaborar con mayor eficacia en los destinos de los individuos y de la sociedad?**. Cita entonces a León XIII , presupone que una democracia puede instituirse tanto en monarquías como en repúblicas y reconoce que **la forma democrática de gobierno parece a muchos como un postulado natural impuesto por la misma razón**. Señala las características que deben poseer los gobernantes democráticos, entre ellas la «incorruptibilidad», cuya violación será luego, en Francia, en Italia y en España, el cáncer de la democracia; reprueba una vez más el absolutismo del Estado; y presenta a la Iglesia como defensora de la libertad, lo cual es cierto en su pontificado, pero por desgracia no puede extenderse como característica común a toda la historia de la Iglesia, tan vinculada muchas veces a la arbitrariedad, el absolutismo y el despotismo incluso en su propio gobierno temporal. Pero lo importante es que con este radiomensaje la Iglesia bendecía al sistema democrático que ya se imponía en todo el mundo, con verdad como en Occidente, con enorme mentira en la URSS y sus países aherrojados[254].

El Ejército Rojo entraba en Varsovia el 17 de enero de 1945 tras permitir cínicamente el aplastamiento de la rebelión polaca contra los alemanes y Stalin, el gran demócrata, deja en claro que no iba a consentir la instalación de un gobierno libre en Polonia. El 4 de febrero en la conferencia de Yalta Churchill y el decadente Roosevelt, asesorado por traidores, entregan varias naciones europeas a Stalin, que les promete instaurar en ellas regímenes democráticos. Los aliados occidentales, para impresionar a Stalin, arrasan a mediados de febrero la indefensa ciudad

[254] El magisterio pontificio, op. cit., II p. 649s..

alemana de Dresde con un cuarto de millón de muertos según fuentes alemanas. Muere Roosevelt tras el fiasco de Yalta, le sustituye Harry Truman el 12 de abril. Benito Mussolini ha sido capturado mientras pretendía escapar a Suiza, e inmediatamente ejecutado por los comunistas, que cuelgan los cadáveres como cerdos boca abajo en el piazzale Loreto de Milán. El 30 de abril Adolfo Hitler se suicida en su bunker de la Cancillería berlinesa para evitar ser capturado por los soviéticos que ya entran en la capital alemana. El 8 de mayo Alemania se rinde sin condiciones y al día siguiente termina la guerra en Europa. La rendición del Japón se retrasa hasta el 2 de septiembre, tras la explosión de dos bombas atómicas que destruyen las ciudades de Hiroshima y Nagasaki.

Recién terminada la guerra en Europa el Papa Pío XII recibe, con motivo de su onomástica, a los cardenales presentes en Roma, a quienes dirige una importante alocución. Se refiere, inevitablemente, a la paz que ya se ha impuesto en Occidente. Evoca los doce años que convivió con el pueblo alemán. **Por eso abrigamos la esperanza de que ese pueblo pueda alzarse otra vez a nueva dignidad y nueva vida después de haber alejado de sí el espíritu satánico mostrado por el nacionalsocialismo y una vez que los culpables, como ya hemos tenido ocasión de exponer otras veces, hayan expiado los delitos que han cometido**. Repasa entonces sus esfuerzos para frenar al nazismo y recuperar la paz. Piensa que el Concordato de 1933 con el III Reich fue conveniente para evitar mayores males. Evoca el clarinazo que supuso para todo el mundo la encíclica *Mit brennender Sorge* de 1937. Enumera algunos casos en que la Santa Sede, bajo su personal dirección, intervino contra los horrores nazis: **Nos mismo, durante la guerra, no hemos cejado, especialmente en nuestros mensajes, de contraponer a las destructoras e inexorables aplicaciones de la doctrina nacionalsocialista, que llegaban hasta a valerse de los más refinados métodos científicos para torturar y suprimir personas con frecuencia inocentes, las exigencias y las normas indefectibles de la humanidad y de la fe cristiana....**

Cita después casos concretos, como los 2.800 sacerdotes y religiosos polacos recluidos de 1940 a 1945 en el campo de Dachau, entre ellos el obispo auxiliar de Wladislava que murió allí de tifus. En abril de 1945 quedaban solamente 816. Se supo en 1942 que estaban encerrados también en Dachau 480 ministros del culto de lengua alemana, entre ellos 45 protestantes[255].

Se ha sabido recientemente, gracias a un documentado artículo de uno de los grandes historiadores jesuitas de este siglo, Robert Graham, en La *Civiltá Cattolica*[256] que Hitler diseñó y experimentó un plan para extirpar el cristianismo católico y protestante de Europa, a partir de 1940, en Warthegau, Polonia occidental. Mediante un decreto especial las iglesias se cerraban y se reducían a sedes de asociaciones privadas sin bien alguno propio, con prohibición de ingreso a los jóvenes. Se clausuraron todos los conventos y se prohibieron las obras asistenciales. Para no irritar a Hitler la Santa Sede nombraba administradores apostólicos y no obispos en las diócesis vacantes de Polonia.

En fin, han aparecido recientemente varios estudios de interés diverso sobre la actitud de la Santa Sede en la guerra mundial. El profesor Italo Garzia estudia

[255] Radiomensje en el libro de Angelozzi Gariboldi, cit. p. 378s.
[256] Cfr. ABC de Madrid 25.3.95 p. 73.

seriamente en *Pio XII e l'Italia nella seconda guerra mondiale*[257] el prudente comportamiento del Papa respecto de Italia e Inglaterra. El profesor Carlo Falconi expone con documentación y equilibrio el contexto de la actuación del Vaticano en los casos de Polonia y Croacia en su trabajo *Il silenzio di Pio XII* publicado por Sugar, de Milán, en 1965 pero ninguna de estas investigaciones puede compararse con las *Actas y documentos* de la Santa Sede ordenadas por el equipo de historiadores jesuitas a quienes hemos hecho referencia según el ejemplo de Jedin. Un renegado alemán, Karlheinz Deschner, que en otro libro delirante sólo ve crímenes en la historia de la Iglesia, ha acumulado todas las acusaciones contra la Iglesia, y especialmente contra Pío XII, con un método que él mismo califica de diabólico, en su libro *La política de los papas en el siglo XX*[258] que es un antimodelo de objetividad histórica y un centón de desahogos infundados. Cuando se escriben estas líneas, aparece un serio estudio de Renzo de Felice según el cual el asesinato de Mussolini fue promovido por los británicos para evitar ciertas revelaciones sobre anteriores connivencias de Churchill con el Duce. Todo es posible.

Con la Historia en la mano estoy convencido de que Pío XII pasó la espantosa prueba de la segunda guerra mundial de forma muy digna de su altísima misión. Su silencio debe ser juzgado desde el contexto en que se produjo; cuando Hitler era el amo de Europa y el Reich de los Mil Años no parecía utópico a millones de europeos, incluso a muchos anglófilos. Ahora, en 1945, le esperaba un desafío no menos peligroso, el de la postguerra, porque se trataba de un asalto no sólo exterior sino también interior a la Roca.

[257] Morcelliana, 1989.

[258] Zaragoza, ed. Yalde, 1994 y 1995, dos vols.

CAPÍTULO 7

LA INFILTRACIÓN
1945-1958
(PÍO XII EN LA POSTGUERRA MUNDIAL)

Pío XII, «Pastor Angelicus», bendijo a la España victoriosa del comunismo en 1939, se enfrentó con Hitler, salvó a miles de judíos aunque algunos judíos le calumniaron, luchó por la paz, salvó a Roma, denunció al comunismo y a las desviaciones teológicas y llevó a la Santa Sede hasta su máximo prestigio. En manos de un médico desaprensivo y corrupto su agonía fue espantosa.

SECCIÓN 1: LA CREACIÓN DEL IMPERIO DE STALIN

VERDADERA Y FALSA VICTORIA DEMOCRÁTICA

Entre mayo y septiembre de 1945 se consumó la derrota total y la rendición sin condiciones del Pacto Tripartito, las potencias totalitarias de Alemania, Italia (que se había adelantado a septiembre de 1943) y el Imperio japonés a quienes habían abandonado ya, ante la ocupación de los aliados, los países que habían combatido en la misma órbita. Los vencedores, tanto occidentales como soviéticos, insistieron tanto en que habían logrado una victoria común de las democracias que cincuenta años después, cuando se escriben estas líneas, se han atrevido a celebrar esa victoria común con diversos actos conmemorativos en Londres y en Moscú. Pero si bien en esos actos se ha exaltado la victoria contra el nazismo (con asistencia incluso del actual canciller de la Alemania entonces vencida) nadie se ha atrevido a repetir ahora, como se repitió hasta la saciedad en 1945, que la victoria contra Hitler fue una victoria democrática. Porque no es más que media verdad.

Para los aliados occidentales sí que la segunda guerra mundial se saldó con una victoria de la democracia liberal y parlamentaria, un sistema –conviene de vez en cuando recordarlo, porque se olvida– que se asienta sobre dos pilares, la voluntad general de convivencia y las elecciones libres para la formación de los Parlamentos legislativos y la elección de los cargos ejecutivos. Más aún, el baldón de la derrota completa del totalitarismo nazi-fascista y el prestigio de la victoria total de las democracias occidentales aventó los terribles recelos que surgieron entre la primera y la segunda guerra mundial contra el ideal y la realidad democrática; e impusieron a todo Occidente y a los países de la franja oriental de Pacífico, de Japón para abajo, un horizonte democrático que se hizo inmediatamente realidad en el continente europeo (con tres décadas de retraso en España y Portugal) o mejor dicho en las naciones europeas incluidas en la zona de influencia anglo-norteamericana; y que se retrasó durante décadas –aunque sin perder vigencia como modelo e ideal– en todo el resto del mundo (por ejemplo Iberoamérica) fuera de la dependencia soviética. Pero la victoria de 1945 no fue solamente de los aliados occidentales sino también de la URSS, regida férreamente por José Stalin bajo un régimen comunista, es decir marxista-leninista, dotado de una irrefrenable vocación expansiva, desde que Vladimir Ilich Ulianov, Lenin, creó en 1919 la Internacional Comunista; la Comintern había desaparecido teóricamente en 1943 para engañar a los aliados occidentales pero la expansión comunista se mantenía en forma de Movimiento Comunista y otros eufemismos de la estrategia soviética para el dominio universal, como ya habían adivinado algunos observadores clarividentes antes de 1945 y pronto comprobaría el mundo entero. El gran libro del profesor Gregorio R. de Yurre *La estrategia del comunismo*, hoy (Madrid, BAC. 1983) aunque se concibe en un plano teórico y un tanto abstracto, convencerá al lector sobre la tesis del dominio universal como objtivo comunista, si a estas alturas alguien puede dudarlo. Stalin había definido a la URSS en la Constitución soviética de 1936 como «la gran democracia socialista» pero tal expresión no era más que el engaño político más colosal de la historia moderna. La Unión Soviética de 1945 era un Estado todavía más totalitario que el de Hitler, Stalin es el mayor criminal de la Historia por delante de Hitler; la responsabilidad por haber desencadenado la trágica segunda guerra mundial es, también lo hemos adelantado, tácticamente de Hitler pero estratégicamente tanto de Stalin como de Hitler y por tanto la victoria de Stalin, que además aparecía en 1945 como el gran vencedor de la guerra mundial en Europa, no era una victoria democrática sino una victoria totalitaria que se iba a manifestar de dos formas: mediante la implantación de regímenes comunistas en todas las naciones europeas dominadas por el Ejército Rojo y a través de la restaurada red de partidos comunistas en Europa y en todo el mundo; los partidos comunistas, unidos en lo que ya no se llamaba Comintern sino Movimiento Comunista y gobernados a distancia o en proximidad por los servicios secretos soviéticos, la KGB (Servicios de Seguridad del Estado) y GRU (Inteligencia militar) no eran, sobre todo hasta la muerte de Stalin en 1953, más que peones en la estrategia del Partido Comunista de la Unión Soviética, al que Stalin identificó, desde los años treinta hasta su muerte, con la estrategia expansiva de la Unión Soviética. Estas ideas están hoy admitidas por todos los historiadores de Occidente (excepto, naturalmente, los comunistas y sus compañeros de viaje) y no merece la pena que nos detengamos en probarlo con más detalle.

Sin embargo los aliados occidentales, arrastrados por el tremendo esfuerzo de la guerra común contra Hitler y seducidos por los agentes comunistas y la credulidad suicida (o algo peor) de los *liberals*, parecían dispuestos a conceder ingenuamente a Stalin una cierta credibilidad democrática; una cierta esperanza de que, junto a la victoria de las democracias, haría que la URSS evolucionase hacia un sistema democrático y, por supuesto, permitiría que las naciones ocupadas por el Ejército Rojo pudieran organizarse más o menos democráticamente. Winston Churchill y el jefe de la Francia libre, Charles de Gaulle, jamás se tragaron semejante ingenuidad, aunque Churchill se mostró ambiguo en algunos momentos bajos; pero el presidente Franklin Delano Roosevelt, en fase casi terminal de su decadencia personal y política, llegó a confiar en Stalin, sobre todo porque en momentos cruciales para el futuro, como la Conferencia de Yalta en febrero de 1945, Roosevelt se rindió virtualmente a Stalin gracias a los consejos de su principal asesor, Alger Hiss, que luego fue identificado como superespía soviético[259].

[259] Cfr. el definitivo testimonio de un agente comunista arrepentido, Whittaker Chambers, *Witness*, New York, Random House, 1953.

Las conferencias decisivas de los Tres Grandes (Estados Unidos, Reino Unido y URSS) para el reparto de Europa se celebraron en 1945. En la de Yalta (Crimea, 4 al 11 de febrero) se decidió la división de Alemania en zonas de ocupación aliada, se dibujaron las nuevas fronteras de Polonia y Stalin se mostró conforme en reconocer a todos los pueblos el derecho a gobernarse democráticamente tras la celebración de elecciones libres. A cambio Stalin se comprometía a entrar en guerra contra Japón, cuando la guerra mundial estaba ya decidida. El compromiso de Stalin para permitir regímenes democráticos se cumplió al revés; y por supuesto no lo aplicó jamás a la URSS, donde intensificó su control totalitario. Ya conseguida la victoria en Europa, y dos semanas antes del lanzamiento de la bomba atómica contra Japón, se clausuraba el 2 de agosto la conferencia de Potsdam, (Berlín) donde se acuerda el desmantelamiento de la vencida Alemania, se anexiona a la URSS el norte de Prusia oriental con la ciudad de Koenigsberg y se ordena la expulsión de millones de alemanes establecidos en territorios que dejaban de ser alemanes[260]. Los datos más fiables sobre este espantoso éxodo acordado en Potsdam concretan la cifra de expulsados de origen alemán en 6,6 millones de personas, que deben abandonar sus hogares para reinstalarse en la zona soviética de Alemania (2.750.000) y el resto en las zonas occidentales. Cada año se recuerda, con toda razón, el destino trágico de los seis millones de judíos eliminados por Hitler. Jamás hay la menor alusión para los casi siete millones de alemanes, de los que perecieron centenares de miles, expulsados por orden de la conferencia de Potsdam.

La preponderancia de la victoria soviética, aceptada por los aliados occidentales, y la presión del Ejército Rojo indujeron en toda Europa el «gran miedo», la *grande peur*, el *Miedo Rojo* de la inmediata postguerra; Roosevelt ya no asistió a la conferencia de Potsdam; había muerto en abril y le sustituyó el vicepresidente Harry Truman. Tampoco Churchill pudo intervenir en la segunda parte; el «gran miedo» había aterrorizado a los electores británicos que echaron del poder al salvador de Inglaterra en las elecciones del 5 de julio, para entregárselo al laborista Clement Attlee, un socialista fabiano y sectario que había expresado en la guerra civil española mediante una visita personal su adhesión a las brigadas internacionales comunistas. A la hora de la victoria soviética los partidos comunistas (que habían colaborado, como Stalin, con Hitler entre agosto de 1939 y junio de 1941) renacen con fuerza que parecía imparable en toda Europa occidental y millones de personas en todo el mundo, especialmente en Europa, creen inminente la ocupación total de Europa por el Ejército Rojo. Entre esos millones de personas había muchos católicos e incluso altísimas personalidades de la Iglesia y del Vaticano; y por supuesto innumerables sacerdotes y religiosos. En este caldo de cultivo, que mantendrá su capacidad de seducción durante décadas, va a surgir, impulsado además desde los servicios secretos soviéticos, el fenómeno que llamamos infiltración. El asalto interior, de signo o connivencia marxista, a la Iglesia católica, defendida sin embargo con tesón inquebrantable por el Papa antinazi y anticomunista Pío XII.

[260] Cuando no se señala específicamente la fuente tomamos los datos de la magnífica cronología de Mourre, *1945-1970*, París, Eds. Universitaires, 1971.

LOS COMUNISTAS ASALTAN EL PODER EN EUROPA ORIENTAL

El Ejército Rojo conquistó la Europa oriental en 1944 pero Stalin, decidido desde el principio a construir sobre esas naciones el nuevo Imperio Soviético –el Imperio de Stalin, más allá de todo lo que habían soñado los zares– diseñó una estrategia habilísima, muy semejante a la de Hitler cuando creó la primera fase de la Gran Alemania entre 1938 y 1941. En todos los casos aprovechó la presencia coactiva y abrumadora del Ejército Rojo; ni una sola nación europea no dominada por las tropas soviéticas se entregó voluntariamente al régimen comunista. En segundo lugar dirigió a los partidos comunistas locales hacia la toma del poder por medios aparentemente democráticos –como había hecho Hitler en los años veinte y hasta 1933– pero en ningún caso pudo evitar la intervención del Ejército Rojo o al menos su presencia opresiva en apoyo de fuerzas armadas o milicias comunistas. Y por último el régimen que se estableció en todos los países sometidos a este proceso de poder fue un régimen totalitario, comunista, subordinado a la URSS de forma abyecta y disimulado con una redundancia repugnante «democracias populares». Muchos católicos asistieron a esta inicua toma comunista del poder con satisfacción o por lo menos con resignación, fascinados por la victoria soviética y la utopía comunista. La reacción más característica de estos católicos fue la expresada por el famoso antropólogo y teólogo «progresista» y jesuita Teilhard de Chardin cuando al oír una descripción de las nuevas naciones esclavas de Europa oriental tuvo solamente esta ocurrencia mirando al lejano futuro: «Ah, sí, pero esas muchedumbres cósmicas». Una reacción muy diferente a la de George Orwell en sus colosales profecías contra el totalitarismo rojo, *1984 y Animal Farm*, o la asombrosa prospectiva de Aldous Huxley en *Un mundo feliz*.

El estudio de referencia para el análisis histórico de la trama comunista del poder en la Europa oriental de la postguerra es el dirigido por Martin McCauley, al que sigo a continuación[261]. En el prefacio queda claro que la obsesión de Churchill por preservar del comunismo a sólo dos naciones, Polonia y Grecia (con fracaso en la primera, éxito en la segunda) le hizo bajar la guardia en la defensa de las demás. Los aliados occidentales, sobre todo Roosevelt, confiaron absurdamente en la palabra de Stalin y la presencia soviética en las Comisiones aliadas de control para los países «liberados» en 1944/45 fue una farsa en los ocupados por el Ejército Rojo. Lo aliados descubrieron que los soviéticos eran mucho más fuertes militarmente de lo que ellos habían pensado y estaban decididos a imponer su totalitarismo a cuantas naciones pudieran. Por otra parte los Estados Unidos poseían de momento el monopolio nuclear, por lo que Stalin decidió la toma comunista del poder en Europa oriental bajo una ficción democrática y una infiltración gradual, no brutalmente a raíz de la ocupación militar. Confiaba en la estupidez y el miedo de Occidente, intoxicado por la resaca de su propaganda de guerra.

Las primeras naciones que cayeron en poder de la URSS fueron los Estados bálticos, Estonia, Letonia y Lituania. Liberados de la Rusia comunista fueron virtualmente devueltos a la URSS en virtud del pacto germanosoviético de 1939 y

[261] Martin McCauley (ed.) *Communist Power in Europe 1944-1948* London, Macmillan, 1977.

ocupados efectivamente por el Ejército Rojo durante la alianza de Stalin con Hitler, en junio de 1940. La presión del Ejército Rojo impuso gobiernos comunistas pseudonacionales que organizaron un ficticio movimiento de adhesión, aceptado por el Soviet Supremo en julio del mismo año, cuando los tres Estados, convertidos en repúblicas soviéticas, entraron a formar parte de la URSS. Lo más curioso y cínico es que el motivo alegado por los soviéticos para la anexión fue que en los tres Estados se notaban demasiadas simpatías en favor de la causa aliada... y entonces Stalin estaba aliado con Hitler. Inicialmente los comunistas ocuparon los ministerios esenciales dentro de gobiernos de tipo Frente Popular.

El caso de Polonia resultó especialmente traumático y paradójico. La segunda guerra mundial había estallado precisamente para salvar a Polonia de la agresión hitleriana y el resultado fue una Polonia mutilada en su franja oriental anexionada a la URSS, aunque compensada con una franja occidental que había pertenecido a Alemania, cuyas fronteras se fijaban ahora en la línea Oder-Neisse; la parte meridional de la Prusia oriental y la ciudad de Dantzig, que había sido el pretexto para la guerra, fueron entregadas a Polonia. Los patriotas polacos anticomunistas habían formado unidades de combate muy eficaces en los frentes aliados y habían reconocido a un gobierno que se creó en el exilio de Londres. Pero la URSS no reconoció jamás a ese gobierno de pretensiones democráticas y dirigió la política polaca desde que el Ejército Rojo ocupó a la nación católica en el verano de 1944. Los terribles sacrificios de Polonia durante la guerra desembocaron en la nada. La nación había sufrido más de seis millones de muertos, entre ellos seis mil oficiales del ejército ametrallados por los soviéticos en las fosas de Katyn, una ejecución calcada sobre la que comunistas soviéticos y españoles habían perpetrado durante el mes de noviembre de 1936 en las fosas de Paracuellos del Jarama, a pocos kilómetros de la salida nordeste de Madrid. (Sabemos que los nazis asesinaron a centenares de sacerdotes católicos polacos sólo en Dachau). Una inesperada consecuencia de la reordenación fronteriza fue que los católicos polacos, quienes en 1921 sólo constituían el 68 por ciento de la población, subieron ahora, en 1945, dentro de las nuevas fronteras, al 95 por ciento, lo que sin duda alcanzó una decisiva influencia en su combate contra el comunismo soviético bajo la guía de Pío XII y luego de Juan Pablo II, el Papa polaco.

Las conversaciones entre la URSS y los aliados occidentales sobre el futuro político de Polonia terminaron en un diálogo de sordos una vez que los aliados concedieron a la URSS que Polonia cayera en la zona de influencia comunista. El Ejército Rojo llegaba a Polonia en 1944 teóricamente como liberador pero se comportó como conquistador inhumano y desmanteló numerosas fábricas y elementos industriales. La KGB soviética (denominaremos así a los Servicios de Seguridad del Estado, cuyas siglas en 1944 eran NKGB) dominó la política interior e incluso consiguió apoyo de los comunistas polacos, por medio de su central satélite de seguridad, para acciones de infiltración comunista en Occidente, como veremos. Los líderes de la Resistencia polaca no comunistas fueron detenidos en marzo de 1945 y deportados. Se formó, bajo la égida soviética, un Comité polaco de Liberación Nacional dominado enteramente por los comunistas. Inmediatamente se nombró un gobierno sometido a la URSS, un gobierno provisional que se llamaba de Unidad Nacional pero que realmente era una marioneta soviética aunque

Occidente miraba para otro lado y no empezó a protestar hasta dos años después, cuando dimitió el embajador americano en Varsovia para contribuir a la protesta antisoviética de la opinión occidental. Se celebraron elecciones trucadas el 19 de enero de 1947 con victoria (ochenta por ciento) de un Bloque Democrático dependiente de los comunistas. El 22 de julio de 1952 los comunistas se quitaron la careta y convirtieron oficialmente a Polonia en una República Popular de tipo soviético, en la que poco a poco se fue incubando un movimiento de resistencia que sería decisivo para terminar con el comunismo y provocar el desmantelamiento de la URSS. La Iglesia católica de Polonia fue, sin desfallecimientos, el alma heroica de esa resistencia. Naturalmente en Polonia no brotó nada parecido a una teología de la liberación.

Checoslovaquia, nación un tanto artificial creada en el Tratado de Versalles, situada al sur de Polonia y Alemania, al norte de Austria y Hungría; pertenecía más bien al Centro de Europa que al Este. Hitler la había desmembrado en 1938 ante la cobarde connivencia de Francia e Inglaterra, sumidas entonces en su política de apaciguamiento a toda costa; ahora resurgía con las fronteras anteriores al despojo alemán, aunque la URSS le había dado un grave mordisco en su región más oriental, la Rutenia subcarpática.

Checoslovaquia no era comunista. Los líderes de su pequeño partido comunista con su secretario Klement Gottwald, habían pasado la guerra en Moscú y regresaron con el Ejército Rojo pero acataron la presidencia indiscutible del prócer liberal Edvard Benes, a quien Hitler arrojó del gobierno en 1938, quien hubo de admitir a los comunistas en puestos importantes de su gobierno. La presión soviética (sin intervención armada directa después del rapto de Rutenia) apoyó a los comunistas que consiguieron un espectacular crecimiento (hasta un 38%) en las elecciones del 26 de mayo de 1946; pero lograron la mayoría absoluta gracias a la alianza con los socialistas de signo socialdemócrata, una conjunción que resultó vital para el triunfo comunista en toda la Europa centro-oriental. Muy a su pesar, Benes tuvo que aceptar a Gottwald como jefe del gobierno en julio del mismo año.

El caso de Checoslovaquia era entonces muy esgrimido por los comunistas de Europa occidental para demostrar que el comunismo podía gobernar democráticamente en un país relativamente desarrollado. Pero la ilusión no podía durar mucho bajo Stalin. El ministro de Defensa, general Svóboda, era filocomunista y permitió la infiltración comunista en las fuerzas armadas. La policía checa, muy poderosa, era una fuerza completamente comunistizada, bajo un ministro comunista del Interior. La policía secreta era una dependencia de la KGB soviética. Hasta que la situación estuvo madura para el golpe de Estado comunista que se produjo entre el 17 y el 25 de febrero de 1948, como una respuesta de la URSS al plan Marshall para la reconstrucción de Europa, una vez que la URSS y Checoslovaquia lo hubieron rechazado. Los comunistas organizaron un proceso revolucionario clásico, con manifestaciones cada vez más agresivas y frecuentes muestras de terrorismo político, apoyadas por las fuerzas de seguridad. Gottwald forzó el cese de los ministros no comunistas que el presidente Benes, abrumado, se vio obligado a aceptar. El 25 de febrero Gottwald y Svóboda «armaron al pueblo», es decir entregaron armas a la milicia comunista, que había preparado cuidadosamente su actuación. El Ejército soviético no intervino pero claramente respaldaba al golpe, que causó una profunda conmoción en Europa y convenció incluso a muchos comunistas occidentales (que sin embargo se tragaron el desafuero) de que un régimen controlado por la URSS era enteramente incapaz de vivir en democracia. El presidente Benes, destrozado por su segundo fracaso histórico, (primero ante Hitler, ahora ante Stalin) dimitió y murió de frustración.

Hungría, independizada del imperio danubiano de Austria después de la primera guerra mundial, era teóricamente un reino en 1944, en la órbita de la Gran Alemania y bajo la jefatura del regente Horthy. En 1944 la nación sufrió dos ocupaciones extranjeras seguidas; cuando el almirante Horthy trataba de negociar la rendición con los aliados, la Wehrmacht ocupó Hungría y los nazis húngaros de la cruz flechada tomaron efímeramente el poder, del que les expulsó el Ejército Rojo. La totalidad del territorio no fue conquistada hasta el 9 de abril de 1945 cuando ya se había establecido un gobierno de coalición a base de comunistas, socialdemócratas, dos partidos de campesinos y pequeños propietarios y personalidades independientes. El partido comunista magiar (MKP) había dejado triste memoria por los excesos que cometió en 1919 bajo la breve dictadura de su líder Bela Kun y contaba con escasos militantes que crecieron como la espuma ante la presencia militar soviética., hasta rebasar el medio millón en octubre de 1945, pese a que el Ejército Rojo había ocupado el país con métodos especialmente brutales. Los comunistas crearon un bloque de izquierdas en que colaboraron los socialistas. Proclamada la República, los servicios de seguridad del Estado, bajo completo control comunista, detuvieron a miembros prominentes de la oposición en diciembre de 1946. Los comunistas destituyeron al presidente Ferenc Nagy que se había marchado de vacaciones a Suiza (probablemente para escapar del país) y organizaron elecciones trucadas en agosto de 1947. Luego absorbieron al partido socialista, continuaron su penetración en todos los centros vitales de la vida política y administrativa y lograron una nueva mayoría, ahora aplastante, en las elecciones del 15 de mayo de 1949. Desde 1945 habían prohibido la creación de un partido demócrata-cristiano y desde los primeros momentos de la ocupación habían aprovechado a fondo la presencia coactiva del Ejército Rojo, como reconoció después el propio líder de los comunistas húngaros, Rakosi. Poco antes de su definitiva conquista del poder los comunistas húngaros se sintieron tan fuertes que organizaron un proceso de cuño y método soviético contra el cardenal primado de Hungría, monseñor Jószef Mindszenty, que desde los primeros instantes de la ocupación soviética se había opuesto con apostólico valor a la sovietización de su patria. En el proceso, que se celebró del 3 al 5 de febrero de 1949, el cardenal apareció patéticamente destrozado, tras haberse sometido contra su voluntad a los métodos de lavado de cerebro y otras coacciones humillantes como las que describió Arthur Koestler en su novela-testimonio *Darkness at noon* (El cero y el infinito) que alcanzó una extraordinaria difusión en todo Occidente. Condenado a cadena perpetua es uno de los primeros grandes mártires de la que ya se empezaba a llamar Iglesia del Silencio, aunque la Iglesia católica no se ha comportado con él como él con la Iglesia. Sus memorias son un documento imprescindible sobre el terror de las «democracias populares»[262].

[262] J. Mindszenty *Memorie,* Milano, Rusconi, 1975.

Rumania, la vasta nación conquistada y romanizada por nuestro emperador Trajano, se sentía tan enemiga de los nazis como de los soviéticos, que con la complicidad de su alianza hitleriana se habían anexionado la Besarabia y la Bucovina del norte en 1940. El mariscal Antonescu, «conducator» de un régimen totalitario en la órbita alemana, había tratado de sacar a Rumania de la guerra mundial mediante una paz separada con los aliados occidentales al principio de 1944, un objetivo que también procuró el joven rey Miguel apoyado por un grupo de políticos democráticos. Pero los occidentales se negaron a concertar una paz separada con Rumania, a la que incluyeron en la zona soviética de influencia y control. El 29 de agosto de 1944 el Rey Miguel, sus militares adictos, su grupo de políticos democráticos y los mismos comunistas rumanos llevaron a buen termino un golpe de Estado que echó del poder al mariscal Antonescu y situó a Rumania en el bando aliado, lo que fue factor importante para acelerar la derrota de Hitler. Las zonas efectivas de influencia quedaron fijadas en el convenio Churchill-Stalin celebrado en Moscú en octubre de 1944 y luego confirmado en Yalta y en Potsdam; el destino de Rumania se entregaba a Stalin, que decidió proceder gradualmente hasta la toma del poder por los comunistas, que siempre fue su objetivo en las naciones «liberadas», es decir esclavizadas por el Ejército Rojo. La intervención soviética en los asuntos de Rumania fue, desde el principio, más descarada que en otros casos como el de Checoslovaquia. Para ello contaba Stalin con una militante histórica del comunismo rumano, Ana Pauker al frente de una vieja guardia vengativa e implacable.

Los comunistas, cuyo número en 1944 era exiguo pero, como sucedió en los demás países del Este europeo, creció vertiginosamente, articularon, según las instrucciones de Stalin, su estrategia de la forma habitual; acusar a los partidos democráticos y liberales de tendencias fascistas, formar un Frente Popular (en este caso, patriótico) con los compañeros de viaje y por fin asimilar o subordinar a los socialistas, que se les rindieron con escasa lucha. En octubre de 1944 formaron el Frente Nacional Democrático, que no era ni lo uno ni lo otro y el 4 de noviembre forzaron un gobierno procomunista . El Rey Miguel trató de restablecer la democracia con un gobierno de técnicos y militares pero los aliados occidentales no le apoyaron; seguían convencidos de que Stalin no impondría un régimen comunista en Rumania. Stalin envío a Rumania como árbitro de la situación a un asesino histórico, al siniestro Vichinsky, el abyecto fiscal de los procesos y las purgas de Moscú en los años treinta. En febrero de 1945 Rumania llegó al borde de la guerra civil entre los militares fieles al Rey Miguel y los comunistas dirigidos por Vichinsky, que ordenó ciertos movimientos amenazadores al Ejército Rojo y el desarme del ejército rumano en la zona de Bucarest. Por fin los Estados Unidos intervinieron enérgicamente ante Stalin pero Churchill, para salvar a Grecia, se negó a colaborar en la presión. El 6 de marzo de 1945 el Rey Miguel tuvo que anunciar un nuevo gobierno presidido por el virtual comunista Groza. En las elecciones celebradas el 19 de noviembre de 1946, y salvajemente trucadas, el bloque comunista venció rotundamente y se dispuso a eliminar a todos los partidos de oposición, ya muy desmoralizados, lo que se consiguió en algunos meses. Al Rey Miguel no le quedaba más camino que la abdicación que firmó el 30 de diciembre de 1947. Ese mismo día se proclamó la República Popular de Rumania.

La victoria absoluta de la estrategia comunista tuvo importantes efectos de signo religioso. La Iglesia católica de rito griego (Uniatas) fue disuelta e incorporada a la Iglesia ortodoxa cismática; muchos miembros de la jerarquía uniata fueron encarcelados, así como numerosos sacerdotes católicos. El régimen impuso las normas soviéticas para la economía y la cultura, aunque nadie podía imaginar que ese régimen iba a desembocar en un monstruo llamado Nicolae Ceaucescu, el gran amigo del líder comunista español Santiago Carrillo.

Finlandia firmó la paz con la URSS y el Reino Unido el 19 de septiembre de 1944. Había combatido heroicamente contra la URSS y luego se incorporó a la lucha de Alemania contra Stalin. Seguramente la admiración que había despertado en todo el mundo su defensa contra el gigante rojo la salvó, por la garantía británica, de la ocupación soviética aunque Stalin le arrebató una de sus más queridas regiones y estableció una importante base militar en Porkkala, a media hora de Helsinki por carretera. Estratégicamente Finlandia se convirtió en un protectorado soviético pero consiguió evitar que Stalin le impusiera un régimen comunista. Más aún, junto con el Imperio del Japón, Finlandia fue el único país vencido que mantuvo a su anterior jefe del Estado, el mariscal Mannerheim, aunque sólo hasta febrero de 1946. Al declararse la guerra fría el pueblo finlandés estaba de corazón con los aliados occidentales pero hubo de reconocer una «especial dependencia» de su tremendo vecino rojo. Los comunistas intentaron asaltar el poder en 1948 pero fracasaron. Con habilidad y firmeza ejemplar Finlandia se salvó de la URSS y de sus propios comunistas. Vinculada coactivamente a la URSS no fue, sin embargo, un país satélite.

Tampoco lo fue Yugoslavia, la artificial nación salida de Versalles como un Estado múltiple donde convivían varias razas, religiones y pueblos minados por odios mortales cuyas raíces se hundían en los siglos, cuando el territorio balcánico fue sangrienta frontera entre la Cristiandad y el imperio otomano bajo la atenta mirada y a veces bajo la abierta intervención de los imperios de Austria y Rusia. La Wehrmacht había logrado un éxito fulminante en la invasión de Yugoslavia, que fue empañado por la lucha partisana dirigida independientemente por dos líderes de gran tenacidad; el serbio monárquico coronel Mihailovich y el croata comunista Josip Broz, conocido por Tito, que había participado en la organización de las brigadas internacionales durante la guerra civil española. Al producirse el colapso de Alemania fue Tito, respaldado por el Ejército Rojo y apoyado por Churchill, quien se hizo con el poder, abolió la monarquía y fusiló a su rival Mihailovich en julio de 1946. Para evitar la explosiva disgregación del Estado yugoslavo, Tito instauro una férrea dictadura comunista y desde 1945 organizó la lucha contra la Iglesia católica acusándola de colaboración con el régimen fascista croata de Ante Pavelic. Muchos sacerdotes católicos fueron perseguidos y encarcelados, por lo que el arzobispo de Zagreb, monseñor Stepinac, fue procesado y condenado el 14 de octubre de 1946 a 16 años de trabajos forzados. El Papa Pío XII creó al prelado cardenal in pectore y decretó la excomunión contra quienes hubieran participado en su condena.

El 28 de junio de 1948, con enloquecida reacción de Stalin, se produce la primera ruptura en el bloque comunista; Tito rompe con la URSS sin abandonar el comunismo. La conmoción entre los partidos comunistas de Occidente fue demoledora, sobre todo porque la rebelión de Tito se producía a los pocos meses del golpe antidemocrático de Praga; pero todos ellos acataron en un nuevo colmo de servilismo a la URSS e insultaron a Tito, que trató de encontrar una vía nueva al socialismo por medio de una palabra mágica, la «autogestión» que realmente no significaba nada; pero fue repetida hasta la náusea por los «progresistas» de Occidente como un hallazgo histórico y un horizonte de futuro. Tito se erigió también en campeón del neutralismo y ejerció mucha influencia en los pinitos autonómicos que después de la muerte de Stalin fingieron los comunistas de Occidente, cada vez más incompatibles con la democracia auténtica.

Los comunistas de Bulgaria tuvieron menos problemas que los de Yugoslavia para aceptar el yugo soviético. Bulgaria había sido siempre un satélite de Rusia.

Una vez asegurado el control del país los soviéticos organizaron en febrero de 1945 una purga típicamente staliniana que acabó con la ejecución de tres antiguos regentes, 22 ministros, 68 parlamentarios y ocho consejeros del ex-rey Boris, a quien sucedió precariamente su hijo el joven rey Simeón. Los comunistas formaron un «Frente patriótico» dirigido por un hombre de confianza de Stalin, el célebre Dimitrov, procesado por los nazis y luego jefe de la Internacional Comunista. Las protestas de los aliados occidentales resultaron del todo inútiles. El 8 de septiembre de 1948, el año del golpe de Praga, la URSS ordenó a sus comunistas de Bulgaria la organización de un referendum que arrojó, naturalmente, el 92,8% de sufragios a favor de la República. El joven rey Simeón salió para el exilio hacia España, donde es un personaje tan discreto como respetado y querido.

EL CASO DISPAR DE LAS DOS ALEMANIAS

He incluido a Finlandia en el epígrafe anterior porque, si bien logró evitar la sovietización, tampoco se incorporó plenamente al mundo libre, con el que sintonizaba la gran mayoría de sus habitantes, y permaneció con una «especial dependencia» respecto de la URSS. Ahora incluyo a Grecia entre las naciones libres porque los comunistas, muy poderosos en ella, consiguieron desencadenar una guerra civil para hacerse con el poder; pero el Ejército Rojo no acampó dentro de sus fronteras, Grecia gozó de un especialísimo apoyo británico y finalmente consiguió vencer a la insurrección comunista e incorporarse plenamente al mundo libre. Al marcharse las tropas alemanas tomaron el relevo en Grecia las británicas y el 18 de octubre de 1944 se formó el gobierno nacional de Georges Papandreu bajo protección británica; los ingleses detuvieron el avance sobre Atenas de las milicias comunistas de ELAS y Stalin, muy a su pesar, tuvo que abandonar a sus súbditos comunistas de Grecia cuando comprobó que los aliados occidentales no estaban dispuestos a tolerar la creación de un Estado comunista en lugar tan sensible del Mediterráneo. El final definitivo de la guerra civil en Grecia se retrasó sin embargo hasta septiembre de 1949, ya en plena época de la guerra fría.

El caso de Alemania resultó, por muchos conceptos, excepcional. Bajo el mando de Hitler la Gran Alemania había sido el responsable principal y el gran enemigo de los aliados y de los soviéticos en la segunda guerra mundial. Toda clase de sueños de venganza eterna se abatieron sobre el extinto Tercer Reich, al que los soviéticos querían borrar del mapa para siempre y los aliados occidentales trataron de neutralizarlo, convertirlo en un país agrícola y en una palabra aniquilar como potencia y posibilidad de futuro a una nación que, si bien alucinada y fascinada por Hitler y por sus propios prejuicios nacionales más que seculares de orgullo despectivo, de imperialismo y de antisemitismo (Hitler no inventó esos prejuicios, se limitó a exacerbarlos hasta la locura) era uno de los grandes pueblos de Europa y tenía necesariamente que volver a encontrar una posición y un camino en Europa. La solución que adoptaron los aliados, y que venía ya predeterminada desde la Conferencia de Yalta, fue aplazar el problema de la Alemania futura mediante una partición arbitraria; los soviéticos decidirían el destino de la Alemania Oriental mutilada por la extensa franja entregada a Polonia más allá de la línea Oder-Neisse; los occidentales dividirían entre sí la Alemania occidental en tres subzonas (británica al norte, americana al oeste, francesa al este) y las cuatro potencias participarían en la ocupación permanente de Berlín, la capital, que hubo de ser dividida igualmente en zona soviética y triple zona occidental, bajo soberanía teórica y conjunta de los cuatro vencedores.

Aceptada la rendición de Alemania en mayo de 1945 los vencedores no admitieron la continuidad del gobierno alemán y encarcelaron a sus miembros supervivientes; el dominio absoluto de toda Alemania se atribuyó a una Comisión Aliada de Control. Curiosamente la URSS se adelantó a los aliados en la creación de un Estado alemán intervenido, pero dotado de cierta autonomía. El comunista histórico Walter Ulbricht, staliniano acérrimo, volvió con su vieja guardia comunista a Berlín desde Moscú a fines de abril de 1945. Muy pronto los soviéticos permitieron la creación o restauración de partidos antinazis en Alemania Oriental; así fueron reconocidos el Partido Comunista de Alemania (KPD), el Partido Socialdemócrata alemán (SPD) la Unión Cristiano Demócrata CDU (28 de junio de 1945) y el Partido Liberal democrático, en julio. Los mismos partidos empezaron a funcionar en Berlín. El SPD reapareció como mucho más marxista que antes de 1933 y reclamó inmediatamente una economía socialista rigurosa. La CDU provenía evidentemente del antiguo Zentrum de predominio católico pero ahora se presentaba como partido cristiano, dado que en la zona soviética de Alemania dominaban los protestantes.

La jefatura política y total de la zona oriental alemana –incluso el control estricto de estos partidos políticos– correspondía a la Administración Militar soviética, que desde los primeros momentos se dedicó a desmantelar todas las industrias y servicios de Alemania Oriental que creyó convenientes para su traslado a la URSS, incluyendo en el rapto a equipos enteros de científicos e ingenieros que se utilizaron en la investigación nuclear y otros sectores delicados de la industria soviética. La propiedad de las restantes empresas se arrebató a los medios privados y se decretó una reforma agraria radical en la zona. Los soviéticos escarmentaron de los resultados electorales en Austria, que se había descuajado de Alemania y se había constituido como un Estado neutral bajo control de soviéticos y occidentales. La URSS ejercía en Austria honda influencia pero no hegemonía como en su zona alemana. En las elecciones austriacas celebradas en noviembre de

1945 los comunistas sufrieron un desastre a favor de los socialdemócratas. Como en la propia Hungría, y no digamos en la zona americana de Alemania, los primeros resultados electorales fueron adversos al comunismo, los soviéticos decidieron amalgamar por la fuerza en Alemania oriental a los partidos comunista y socialista según el esquema de «partido único del proletariado» decidido por Stalin desde 1934 lo que lograron en abril de 1946 (tras innumerables coacciones, encarcelamientos y torturas de socialistas) al crear el SED (Partido alemán de unidad socialista) junto con un sindicato unitario, todo bajo el control total de los comunistas. En el mismo año 1946 la CDU y el Partido liberal se fueron diluyendo en el magma político comunista de Alemania oriental. Los aliados occidentales entraron en razón desde principios de 1946 y suspendieron el desmantelamiento industrial de las zonas occidentales de Alemania. Muy inteligentemente habían obligado a los soviéticos a no imponer al restaurado Estado austriaco reparaciones de guerra. La creciente divergencia entre los occidentales y la URSS condujo inevitablemente a la gestación de dos Estados alemanes; la República Federal de Alemania el 10 de mayo de 1949, dotada de una Constitución democrática, la Ley Fundamental de Bonn; a lo que los soviéticos respondieron mediante la creación de la República Democrática alemana el 7 de octubre del mismo año.

Los nuevos partidos democráticos de las zonas occidentales se venían preparando desde finales del dominio nazi y salieron a la luz en 1946. El partido socialdemócrata SPD, que había sido el predilecto de Carlos Marx y el partido primordial de la Segunda Internacional, de signo marxista, fundada por Engels, resurgía de la noche hitleriana con gravísimas desorientaciones internas, fuerte carga marxista y profundo temor por la absorción que había sufrido por parte del partido comunista en la zona soviética. El gobierno –mejor, el Establishment– de los Estados Unidos decidió transformarlo, como veremos en el siguiente capítulo. Por esa incertidumbre de los socialistas el partido clave para la nueva Alemania Occidental democrática fue la CDU, cuya rama bávara era el partido cristiano social de Baviera, la CSU. Una publicación oficial alemana define a la CDU y la CSU como «nuevos partidos democristianos de miembros católicos y protestantes». Eran herederos del benemérito Zentrum y se alineaban en el ámbito del centro-derecha populista, con marcado carácter social y sincera independencia jerárquica de toda confesionalidad político-religiosa; pero eran (y son) partidos formalmente cristianos, tolerantes, muy bien vistos desde una Iglesia alemana que trataba de exaltar sus indudables méritos en la oposición a Hitler y disimular sus no menos indudables aproximaciones al régimen nacional-socialista. La propaganda aliada y la soviética machacaron durante años y años a los alemanes como colectivamente responsables de las atrocidades y las locuras de Hitler, lo cual generó en gran parte del pueblo alemán, y especialmente entre los católicos y protestantes más conscientes, un profundo complejo de culpabilidad que luego se desahogó en impremeditadas ayudas a los movimientos marxistas de liberación que brotaron en América, como veremos. Pero los alemanes de 1945 querían sinceramente un régimen democrático y para ello encontraron una palanca providencial en la CDU/CSU, que designó presidente en junio de 1946 a uno de los grandes políticos del siglo XX, el católico Konrad Adenauer, nacido en Colonia en el año 1876 y que a sus setenta lúcidos años empezaba una nueva juventud en plenitud de facultades personales y políticas. La pérdida de Prusia Oriental y la franja oriental de Alemania y la separación indefinida de la Alemania Oriental de mayoría protestante incrementaron el peso social y político de los católicos en Alemania Occidental[263]. El 1 de octubre de 1946 dictó su veredicto el Tribunal interaliado de crímenes de guerra formado en Nurenberg de acuerdo con la ley de los vencedores y varios jerarcas nazis, de Goering para abajo, fueron condenados a la horca y sus cenizas aventadas para evitar futuros cultos, como hicieron los soviéticos con el cadáver de Adolfo Hitler[264]. La República Federal de Alemania se creó, como dijimos, en mayo de 1949 y la CDU obtuvo en las inmediatas elecciones 139 escaños seguida por los socialistas con 131 y el Partido liberal con 52. Los comunistas consiguieron solamente el 3,7 por ciento de los votos y desde entonces acentuaron su decadencia hasta ser formalmente excluidos de la convivencia política. Empezaba así la era Adenauer, a quien siguieron con voluntad de hierro los habitantes de la destrozada Alemania. Algún tiempo después tuve la suerte de visitar Alemania Federal por primera vez y bajo la apuntalada Catedral de Colonia escuché a un profesor alemán que me guiaba unas palabras que lo explican todo y no olvidaré nunca: «Hemos empezado por reconstruir, mucho mejor que estaban, las fábricas y las carreteras. Ahora estamos reconstruyendo las viviendas. Toda Colonia, y toda Alemania, trabaja varias horas extra, gratis, para el desescombro y la reconstrucción. Nadie pide nada, nadie protesta, nadie habla del pasado.» Aquella tarde supe que Alemania volvería a ser, en menos de una generación, la primera potencia de Europa que ha escogido, como el Japón, el trabajo y la penetración económica como método mucho más eficaz que la guerra para rehacer su imperio. «En estos pocos años desde la catástrofe –seguía mi amigo– los comunistas de Alemania Oriental han conseguido algo imposible; que unos millones de alemanes de las regiones más trabajadoras de Alemania estén ya próximos a no saber ni querer trabajar». Mientras tanto los comunistas españoles y sus estúpidos compañeros de viaje andaban por ahí exaltando la gran ventaja que Alemania Oriental estaba tomando sobre la Occidental. Algunos, ya he dicho alguna vez sus nombres, repitieron esa sandez hasta el mismo año 1989.

Pero ni a ellos ni a otros muchos observadores menos lunáticos se les ocurrió que la aparición –reaparición, mejor– de la CDU/CSU era un triunfo personal de Pío XII, el Papa que conocía tan bien a Alemania y a los alemanes.

LA METAMORFOSIS DE FRANCIA

Antes de la segunda guerra mundial Francia estaba tan profundamente dividida entre derecha e izquierda, entre extrema derecha y extrema izquierda, que los choques extremistas de signo contrario en París, el 6 de febrero de 1934, fueron ampliamente interpretados, como los de Austria en aquellos momentos, como los

[263] Cfr. *Fragen am deutsche Geschichte*, Centro de Información del Bundestag, Bonn 1986.
[264] J.J. Heydecker y Johannes Leeb *En Proceso de Nurenberg* Barcelona, Bruguera, 1974.

de España en octubre del mismo año, en clave de vísperas para sendas guerras civiles. Luego, en 1936, Francia fue el único país de Europa, junto con España, que fue gobernada por un sistema político de Frente Popular, el gran recurso de Stalin «contra la guerra y el fascismo», es decir, para defensa de la URSS, planteado en el VII Congreso de la Comintern que se celebró en julio de 1935. Francia fue arrastrada por su Entente con el Reino Unido a la segunda guerra mundial; era una nación desmoralizada, dividida, con duros tirones totalitarios en un poderoso partido comunista, un socialismo dubitativo y marxista, un Partido Popular que seguía a Jacques Doriot, hasta hace muy poco comunista y miembro de la Comintern, luego líder de un partido fascista de masas, el más importante fuera de Alemania e Italia. Pero sobre todo Francia era en la primavera de 1940 una nación vencida y aplastada por la superioridad de Alemania, que dividió al territorio francés en un núcleo interior, con capital en Vichy y apoyo en la costa del Mediterráneo; y una gran franja exterior en L invertida, desde Burdeos a Bretaña, desde Normandía a París y hasta la frontera alemana. El régimen de Vichy se configuró como una dictadura paternalista, en parte conservadora y en parte fascista, dirigida por el mariscal Pétain, héroe de la Gran Guerra que se había sacrificado al asumir el mando supremo de Francia cuando ya no quedaba esperanza alguna de resistencia frente a Alemania. Surgió entonces un hombre providencial para la Francia vencida, el general Charles de Gaulle, que se negó a rendirse y a colaborar con los alemanes, huyó a Londres, creó la Francia Libre con otros rebeldes y un creciente apoyo del Imperio colonial francés después del desembarco de los aliados en el Norte de Africa en noviembre de 1942. Charles de Gaulle, ferviente católico, poseía «una cierta idea de Francia» como reza la primera línea de sus Memorias y una voluntad indomable que consiguió, contra viento y marea, hacer un hueco vergonzante, luego reconocido, a Francia entre las grandes potencias mundiales. Casi toda Francia, incluida una buena parte de la Iglesia y la jerarquía episcopal de Francia, estaba al principio con el mariscal Pétain. Poco a poco, al calor de las victorias aliadas y de las estupendas escenificaciones que montaba de Gaulle casi sin compañía y sin tramoya, la Francia libre se fue agrandando y consiguió gran número de partidarios en el exterior y en el interior de Francia, e incluso logró la formación de grandes unidades militares que participaron en la reconquista del norte de Africa (general Leclerc) y en el gran desembarco aliado en Normandía a partir del 6 de junio de 1944. La obra genial de Charles de Gaulle, uno de los franceses más esenciales de la Historia, se resume en una sola palabra: metamorfosis. Con la división Leclerc apareció en la primavera de 1944 como el reconquistador de París, donde alcanzó toda una apoteosis; consiguió, aunque no del todo, que los Tres Grandes se ampliasen, con él, a los Cuatro; y mudó a la Francia abyectamente vencida en una Francia gloriosamente vencedora que hasta obtuvo su zona de ocupación militar en Alemania y un puesto primordial, con los Tres Grandes y China, en el Consejo de Seguridad de las nacientes Naciones Unidas. Todo el mundo sabía la desbordante carga de exageración que alentaba en esa metamorfosis; pero los franceses necesitaban creer en esa exageración y endiosaron al *grand Charles* mientras, después de la victoria, le hacían, políticamente, la vida imposible. Pero le mantenían en la reserva de su retiro en Colombey-les-deux-Eglises, del que saldría más de una vez para sacar a Francia del callejón cerrado que ella misma se había forjado en Argelia y para crear una Quinta República que subsiste hasta hoy y que ha dotado a Francia de un régimen democrático y presidencialista, dividido casi a partes iguales entre derecha e izquierda. Charles de Gaulle había salvado ya antes a Francia dos veces; primero del deshonor casi absoluto que brotaba de la derrota en 1940; segundo, de una temible amenaza comunista, dada la fuerza y la decisión del PCF, dirigido por el staliniano Maurice Thorez, que consiguió convertir al partido rojo, en los primeros tiempos de la postguerra, en el primer partido de Francia. El propio Thorez reconoció que no había declarado la revolución durante la época del «miedo rojo» porque se hubiera encendido en Francia la guerra civil y gracias al apoyo americano indudable los comunistas la hubieran perdido[265].

Ya hemos observado cómo se organizó incluso antes de terminar del todo la guerra una trágica depuración en todos los países vencidos. Polonia era teóricamente un país vencedor, pero sus pérdidas humanas se aproximaron a los siete millones. La cifra para Alemania, la supervencida, cuyas poblaciones sufrieron la deportación y la recolocación más inhumana, además de la venganza y la represión directa, fue muy superior. En Francia se gestó un movimiento de Resistencia con primeros brotes en 1943 pero con actividad importante sólo a partir del desembarco aliado en Normandía en junio de 1944. Muchas personas participaron en la Resistencia pero su núcleo duro y represor estaba formado por los *maquisards* comunistas, que se fueron agrupando en unas «Fuerzas francesas del Interior» culpables de numerosísimos desmanes y atrocidades. Puede hablarse en Francia, entre 1943 y 1946, de una guerra civil en la que participaron activamente unos miles de rojos españoles refugiados allí desde 1938 y en parte regresados de campos de trabajo y campos de concentración alemanes, donde habían perecido unos ocho mil, según las cifras que ellos mismos han alegado. Las ejecuciones sumarias, sin garantía jurídica alguna, de «colaboracionistas» antes de que se estableciera un gobierno de relativa autoridad en Francia (sucesor del que de Gaulle había establecido en Argel en 1944 y presidido también por él) oscila, según las estimaciones, entre treinta mil y ciento cinco mil, pero seguramente está más próximo a esta segunda cifra. A comienzos de 1945 permanecían detenidas más de cien mil personas. Se crearon tribunales de excepción cuyos jueces habían sido miembros de la Resistencia; y otro tipo de tribunales especiales para la depuración. Los escritores y periodistas fueron tratados con mucha mayor dureza que los industriales que habían participado en el esfuerzo de guerra a favor de Alemania; los jueces y magistrados servidores del régimen de Vichy apenas fueron molestados[266]. Medios católicos y conservadores franceses han difundido recientemente una documentada y estremecedora publicación, *Le livre noir de l'épuration*[267] que se abre con estas palabras del ministro comunista de justicia en tiempos de la liberación, Marcel Willard: «En adelante el emblema de la Justicia no será la balanza sino la metralleta». Según el exministro del Interior Adrien Tixier la cifra de ejecuciones sumarias (es decir, arbitrarias) entre el 6 de junio de 1944 y el mes de febrero de 1945 ascendió al límite superior antes citado, 105.000, casi todas por obra de los comunistas, muy olvidados ya que desde agosto del 39 a junio del 41 habían colaborado

[265] Cfr. M. McCauley, op. cit. p. 150.
[266] Cfr. Mourre, op. cit. p. 13.
[267] París, KS ReproService, 1994.

fervientemente con Hitler. El notable y objetivo historiador Robert Aron, en su libro documentadísimo *Histoire de l'épuration*[268] publica la estadística de las penas capitales impuestas por el Alto Tribunal creado al efecto y revisadas por el general de Gaulle en su primer período de gobierno. Sobre un total de 1.594 penas de muerte de Gaulle hizo uso del derecho de gracia en favor de 998 y permitió la ejecución de 596 personas, casi todas de calidad.

Las ejecuciones perpetradas por los comunistas no se habían decidido con tantas garantías. Pero un profundo silencio ha caído sobre ellas, aunque se han recordado, merecidamente, las muy numerosas ejecuciones de los alemanes y sus colaboradores franceses contra los «resistentes» y otras personas desafectas. Basten estos datos para concluir que la liberación de Francia se envolvió en una auténtica guerra civil entre franceses.

Los alemanes occidentales habían creado unos eficaces sindicatos profesionales a la vez que los grandes partidos democráticos e independientes de ellos. Pero los comunistas franceses se adueñaron del más importante sindicato de Francia, la CGT y lo convirtieron en un sindicato reivindicativo de clase cuyo objetivo era la lucha marxista revolucionaria. El PCF controlaba mediante sus ministros que de Gaulle hubo de incluir en su gobierno de la victoria todos los sectores esenciales de la economía nacional, cuyo pésimo funcionamiento estaba, por ello, descontado. Presidente de Francia desde el 13 de noviembre de 1945, (aunque ya lo era virtualmente desde 1944) esperanza máxima de los moderados, de Gaulle se sentía coartado y acosado por los partidos de izquierda, que formaban la mayoría del gobierno reconfirmado en noviembre de 1945, en el que sólo un gran partido de nuevo cuño, el MRP de Georges Bidault, una formación moderada y demócrata-cristiana con profundo sentido social, se identificaba casi plenamente con el general. En enero de 1946, bajo el creciente miedo rojo y la presión cada vez mas insufrible de la URSS transmitida a través de los partidos comunistas y socialistas de Europa libre, se reunían por vez primera las Naciones Unidas en Londres (pronto se trasladaron a su sede definitiva en Nueva York) y de Gaulle, cada vez más enemistado con los partidos que dominaban la mayoría de la Asamblea Constituyente, un parlamento sectario, ineficaz y gárrulo, se hartó y presentó su dimisión el 20 de enero. Le sucedió el socialista de izquierda Félix Gouin, que colaboró con los comunistas y con los laboristas ingleses en la opresión –no cabe llamarla de otro modo– política y económica contra la España de Franco, que continuaba cada vez más aislada su esfuerzo de reconstrucción. En las elecciones generales celebradas el 2 de junio de 1946 se demuestra que Francia abomina del caos; la izquierda retrocede y el MRP adelanta a los comunistas como primer partido de Francia. El general de Gaulle no se resigna y clama por un régimen presidencialista que termine con la anarquía política, pero Georges Bidault, líder del MRP, es elegido jefe del gobierno el 25 de julio. Era el tercer líder demócrata-cristiano que concentraba la esperanza de serenidad y reconstrucción en un gran país de Occidente, junto a Konrad Adenauer y Alcide de Gasperi. Sin embargo Bidault, por incómodo que se sintiera, había tenido también que gobernar con ministros socialistas y comunistas en Francia. Aun así Maurice Thorez, que en plena época del gran miedo había

[268] Vol II París, Fayard, 1969 p. 35.

soñado con obtener democráticamente el poder en la Asamblea francesa, empezó inevitablemente a retroceder con los primeros ramalazos de la guerra fría. De Gaulle, los democristianos de Bidault y el sentido nacional profundo del pueblo francés habían salvado, gracias a la presencia y la presión de los aliados occidentales, una crisis que en algunos momentos había parecido mortal. El brutal empuje hacia el poder comunista en Europa oriental por parte de Stalin haría el resto.

PÍO XII DIRIGE A LA DEMOCRACIA CRISTIANA EN ITALIA

Estamos viendo –casos de Alemania y de Italia– que la Democracia Cristiana (la CDU/CSU, el MRP) fue el gran recurso de la Iglesia católica para frenar a los comunistas en los años del Gran Miedo e incluso para imponerse a ellos. Pero en Alemania y Francia los partidos católicos actuaban de forma autónoma respecto del Episcopado y de Roma, aunque sintonizaban con los obispos y con el Papa; en Italia la Democracia Cristiana alardeaba de autonomía pero con notoria exageración; porque era el partido de la Iglesia, dirigido desde el Vaticano a donde acudían por las «escaleras secretas», como sabemos, los líderes del movimiento, para recibir instrucciones de monseñor Montini y del propio Pío XII. La Democracia Cristiana, nacida como una rama política de la *Opera dei Congressi*, no fue tolerada para actividades políticas por León XIII ni por Pío X; ya lo hemos visto. El Partito Popolare de don Luigi Sturzo, que fue la forma política de la Democracia Cristiana en los años veinte, fue sacrificado por Pío XI a la concordia de la Santa Sede con el régimen fascista y los principales cuadros del Partido se refugiaron en la Acción Católica desde la que no ocultaron su oposición reticente y moderada al régimen de Mussolini. Al llegar la guerra mundial el último secretario general del Partito Popolare, Alcide de Gasperi, se refugió en el Vaticano donde Pío XII le protegió con un encargo de bibliotecario. Monseñor Montini tenía en la mano los hilos para que los líderes del Partito Popolare y los dirigentes de la Federación de Universitarios católicos –Giulio Andreotti– saltaran a la vida pública, ya con el nombre pleno de Democracia Cristiana, bajo el escudo de la cruz con el lema *Libertas* y la misión de encuadrar a los católicos para la lucha de postguerra contra el Partido Comunista de Italia, que contaba con un líder de primera magnitud y acrisolada experiencia en la Comintern y en la actividad revolucionaria: Palmiro Togliatti, alias «Ercoli», delegado de Stalin para dirigir la política comunista en la guerra civil española, que procedente de Moscú y de acuerdo con el general Eisenhower hizo escala en Argel para presentarse en Salerno, donde el Rey Víctor Manuel III y el general Badoglio dirigían la lucha antifascista en 1944 tras su rendición a los aliados en octubre de 1943. A este grupo institucional y político se le llamó «El Reino del Sur» por oposición a la «República de Saló», el gobierno fascista republicano que por entonces dirigía Mussolini como satélite de los alemanes, después que el aviador Otto Skorzeny lograse, en operación arriesgadísima, liberarle por vía aérea (sin campo de aterrizaje y utilizando a fondo la sorpresa) de la prisión del Gran Sasso donde le habían recluido sus nuevos enemigos políticos.

Recordemos los momentos fundamentales que pusieron a «Italia fuera de combate», título de un libro del gran corresponsal español Ismael Herráiz que causó una honda conmoción en España. El quinto ejército de los Estados Unidos y el octavo británico desembarcaron en Sicilia en julio de 1943 cuando ya contaban, como hemos visto, con la eficacísima cooperación de la Mafia siciliana, alertada por el gángster de Nueva York Lucky Luciano, aliado a su vez del arzobispo Spellman. El Rey Víctor Manuel III había despedido a Mussolini –censurado y traicionado por el Gran Consejo Fascista– y le había sustituido al frente del gobierno por el mariscal Badoglio a fines del mismo mes de julio. Badoglio disolvió al partido fascista y negoció la rendición de Italia ante los aliados, que se firmó el 8 de septiembre del mismo año 1943; la Unión Soviética –dato muy importante– se abstuvo de participar en esa negociación pero se dispuso a intervenir políticamente en Italia mediante la resurrección y potenciación de un poderoso partido comunista, a partir del exiguo, pero disciplinado partido de cuadros que era en 1943. En el invierno de 1942-43, cuando ya se venteaba la derrota fascista, se constituyeron clandestinamente los demás partidos: el Partido Socialista (PSI) que dirigirá Pietro Nenni, veterano de las brigadas internacionales en España y partidario de la unión con los comunistas; el grupo garibaldino (liberal-radical) *Giustizia e Libertá* (luego Partido de Acción) cuyas primeras figuras eran el dirigente político Parri y el espléndido cronista y analista político Giorgio Bocca; el Partido Liberal, cuya figura egregia era el gran pensador Benedetto Croce, ateo y anticlerical; y la Democracia Cristiana, cuyo líder en Roma era Alcide de Gasperi y en Milán Pietro Malvestiti; que difundieron en julio de 1943 el documento programático *La idea reconstruida de la Democracia Cristiana* en que se reasumían los puntos fundamentales del Partito Popolare, con mayor preocupación social; y defendían la permanencia en las estructuras del sistema corporativo, aún no demolidas. Entre los grupos católicos que confluyeron en la nueva Democracia Cristiana destacaban los estudiantes universitarios con sus líderes Giulio Andreotti y Aldo Moro; y el clero italiano casi en bloque, dirigido por los numerosísimos obispos de Italia (la nación del mundo con más densidad episcopal por kilómetro cuadrado). Un ejemplo muy significativo es el de un santo profesor del seminario de Belluno, en los Alpes vénetos, don Albino Luciani, que participó en la Resistencia como activista y después electorero de la DC, por la que se le propuso un escaño en el primer Parlamento; don Albino lo rechazó pero continuó su activismo en sentido abiertamente anticomunista y un día iba a convertirse en el breve Papa Juan Pablo I[269]. Durante las semanas posteriores al armisticio del 8 de septiembre todos estos partidos antifascistas formaron, en las zonas liberadas, comités de liberación nacional (CLN) que improvisaron un cierto poder político unitario bajo el mando militar aliado. Les coordinaba un comité central.

Tras la rendición del Rey y Badoglio los alemanes se apoderaron de toda la Italia del Centro y el Norte y desarmaron al ejército italiano excepto las unidades afines. La confusión en toda Italia era espantosa y el jefe militar alemán, mariscal Kesselring, consiguió montar una serie de líneas de resistencia que contuvieron el avance de los ejércitos aliados gradualmente y prolongaron la presencia militar

[269] Ver mi libro *El diario secreto de Juan Pablo I* para este episodio. Barcelona, Planeta, 1990.

alemana en Italia mucho más de lo esperado por sus enemigos. Este relativo estancamiento de la guerra grande en Italia dejó a los italianos manos libres para enzarzarse, durante veinte meses (Bocca) en una confrontación que no merece otro nombre sino el de guerra civil, lo mismo que había sucedido en Francia después del desembarco aliado en Normandía en junio de 1944. Una personalidad decisiva para este período es precisamente la del líder comunista Palmiro Togliatti, que como hemos adelantado se presentó en el Reino del Sur el 27 de marzo de 1944 y en vez de proclamar la revolución violenta, como muchos temían, habló con el Rey y con el mariscal Badoglio, que acampaban en Salerno y se les ofreció, así como a los demás partidos, para cooperar en un gobierno de unidad nacional y reconstrucción democrática. A este gesto, que fue aceptado, se le designa en la historia italiana como «el vuelco de Salerno» (*la svolta d Salerno*) y condicionará toda la transición de la guerra a la paz en la confusa Italia de 1944 a 1946[270].

La República Social Italiana o República de Saló fue, como dije, un satélite alemán pero no un mero títere. Un importante estudio de Lutz Klinkhammer nos ofrece la mejor descripción que conozco sobre ese régimen y sobre la guerra civil de los veinte meses, acerca de la cual los historiadores italianos evitan facilitar cifras de víctimas, quizá por lo terribles que resultan[271]. El historiador alemán cree que la administración de Saló era «caótica pero eficiente»; muestra que los alemanes encerraron en campos de trabajo a unos 700.000 militares italianos junto con unos 150.000 civiles. En su República fascista Mussolini reunió a un ejército italiano de unos 245.000 hombres, a los que deben añadirse 135.000 de la policía y de la milicia fascista; parece claro que la República Social consiguió movilizar a una parte importante de la sociedad del Norte, sin excluir el clero.

Sin embargo cuando a fines de 1944 se ha consolidado la Resistencia de las guerrillas antifascistas en el Norte, la fuerza de estas agrupaciones, según Togliatti, era de unos 120.000 «patriotas» (en gran mayoría comunistas); unos 45.000 en el Piamonte, unos 20.000 en Lombardía, unos 40.000 en el Véneto, algunos millares en la Liguria y la Emilia[272]. Estos efectivos iban a librar la guerra civil indicada contra las fuerzas, muy considerables, de la República de Saló. Los aliados ayudaban a los guerrilleros; los alemanes a los fascistas. El balance de víctimas, que seguramente habrá de dividirse casi por igual entre ambos bandos, oscila, según el historiador alemán a quien sigo, en torno a las doscientas mil personas. Una cifra espantosa, superior a los asesinatos que se produjeron en los dos bandos juntos de la guerra civil española. Una cifra de orden parecido al que arrojaba, como recuerda el lector, la ignorada guerra civil de la postguerra francesa.

A estas cifras deben agregarse, según la misma fuente, los setecientos mil soldados italianos deportados por Alemania y el medio millón de muertos en los diversos frentes de la guerra mundial. Sobre esta tremenda sangría humana los partidos de Salerno trataban de organizar a la vez la depuración y la reconciliación.

[270] Giorgio Bocca *Palmiro Togliatti* Barcelona, Grijalbo, 1977 p. 314. Otros datos para este epígrafe en otro libro de Bocca, *Storia della Repubblica Italiana* Milano, Rizzoli, 1982, el libro citado de Martín McCauley, p. 168s. y el equilibrado de Aurelio Lepre *Storia della prima Repubblica*. Bologna, Il Mulino, 1993.

[271] L. Klinkhammer, *L'occupaziones tedesca in Italia* Bollati Borrighieri, 1993 p. 712s.

[272] G. Bocca, *Togliatti* p. 332.

El 5 de junio de 1944, el mes en que Roma fue liberada por los aliados, el Rey Víctor Manuel III, sometido cada vez a críticas más insufribles por su larga colaboración con Mussolini, designa lugarteniente del Reino al príncipe heredero Humberto, atribuyéndole todas las funciones regias. Era un paso previo a la abdicación que cada vez se presentaba como más necesaria para salvar la Monarquía de Saboya, una idea fomentada por los aliados que temían como a la peste una caída de Italia en manos del comunismo. Sin embargo el sector más influyente de la Democracia Cristiana era antimonárquico, como venganza por la opresión de Mussolini contra ellos, consentida por el Rey; y por la vieja lucha de los Saboya y la Iglesia católica durante el siglo XIX. La verdad es que el príncipe Humberto, un excepcional Saboya alto esbelto y fuerte, quien hasta el momento se había dedicado a los placeres de la vida de forma desenfrenada, asumió en tan graves momentos su papel con gran inteligencia y decisión y consiguió atraer a la Monarquía a buena parte de la opinión pública italiama. Con este traspaso de los poderes regios a su hijo, el Rey Víctor Manuel III despidió a Badoglio y encargó el gobierno a un veterano político de la etapa prefascista, Ivanoe Bonomi. Desde el primer gobierno Badoglio los partidos antifascistas participaban en estos gobiernos de transición, que operaban precariamente bajo el protectorado militar de ingleses y americanos. Cuando terminó casi a la vez la ocupación alemana del Norte de Italia y la guerra mundial asumió el poder el gobierno de Ferruccio Parri, del partido de Acción, al frente de una coalición cuyos miembros ignoraban la fuerza real de electores que les respaldaba. Sin embargo en 1945 estaba claro que la gran confrontación política de la postguerra italiana se iba a plantear entre dos grandes partidos y dos enérgicas personalidades; el Partido Comunista de Togliatti y la Democracia Cristiana de Alcide de Gasperi. Cada uno de ellos con un poderoso respaldo: para Togliatti la Unión Soviética de Stalin en el apogeo del Gran Miedo; para de Gasperi, el Papa Pío XII y los Estados Unidos. El 4 de diciembre de 1945, ante la dimisión de Parri, forma su primer gobierno Alcide de Gasperi, con una coalición de democristianos, socialistas y comunistas. De Gasperi se mantendrá al frente del poder hasta 1953; los partidos de su coalición, como en los gobiernos anteriores, estaban agrupados en el Comité de Liberación nacional. El problema fundamental a que se iba a entregar el gobierno, junto a la reconstrucción nacional y la depuración de fascistas, era doble; la convocatoria de una Asamblea nacional constituyente de la que emanase un parlamento democrático; y la decisión definitiva sobre el régimen monárquico o republicano para Italia.

De Gasperi y Togliatti. Dos grandes italianos, dos políticos italianos típicos, con la visión y la sutileza que provenía, a lo largo de los siglos, de las experiencias políticas de la Roma clásica. Una gran base de masas detrás de cada uno. Un apoyo estratégico para cada uno, cuando ya iba a plantearse la guerra fría: la expansiva URSS de Stalin, que estaba saltando a la yugular del poder en toda Europa; los Estados Unidos, primera potencia mundial y decidida a frenar la expansión de la URSS en el Mediterráneo central, en el corazón espiritual de Europa. Pero además de enemigos eran dos políticos moderados que sentían mutuo aprecio hasta el desbordamiento del elogio. Era una lucha a muerte pero también todo un espectáculo. Togliatti venía de Moscú, provisto, como nuevo evangelio revolucionario, de los Cuadernos escritos en la cárcel de Mussolini por su amigo y cofundador del PCI Antonio Gramsci; De Gasperi llegaba desde su refugio en la Biblioteca Vaticana, completamente identificado con la actitud anticomunista de Pío XII, y con la propuesta democrática hecha por el Papa en su mensaje de Navidad de 1944.

Con todo el clero y el episcopado de Italia detrás, con la tradición intervencionista de la Iglesia en los asuntos de Italia, que provenía más o menos desde la época de Nerón, De Gasperi impulsó la penetración de la Democracia Cristiana en las universidades, tras resucitar la antaño poderosa Federación de Universitarios Católicos Italianos, (FUCI) que no pudo desmontar Mussolini; politizó abiertamente la implantación de la Acción Católica; utilizó cada púlpito de Italia como un altavoz de propaganda para la DC; entró inteligentemente en el tejido rural de las cooperativas, en las agrupaciones de pequeños propietarios; aprovechó la red bancaria católica que se había creado desde el siglo XIX contra el monopolio liberal de la Banca; y se hizo con el apoyo de los grandes industriales que en los años veinte se habían inclinado por Mussolini.

Contra él Togliatti desechó públicamente la revolución violenta de tipo soviético y adoptó la estrategia pausada –la «guerra de posiciones» de su amigo Antonio Gramsci. Al principio con cierta sordina; luego, a partir de los años cincuenta, a velas desplegadas. Exhibió desde el principio una tendencia al «comunismo nacional», una cierta autonomía respecto de Stalin y el PCUS, todo más aparente que real. Y desde el principio los cursos internos de formación para los dirigentes comunistas se inscribieron en lo que llama Giorgio Bocca, el mejor biógrafo de Togliatti, «operación Gramsci». Una operación compleja de varias fases, la última de las cuales fue, ya casi en la agonía roja, lo que se llamó eurocomunismo en los años setenta.

Entre nosotros quien mejor ha explicado la doctrina y estrategia de Gramsci es el investigador y escritor Angel Maestro[273], en un completo trabajo del que podían aprender los burdos suplementos que en su ridícula competencia de centenarios (sobre los que no suelen saber una palabra) publicaron los diarios ABC y El País, de Madrid, al celebrar el de Gramsci en 1991. Un siglo antes nació Antonio Gramsci en Cerdeña en una familia burguesa luego venida a menos y caída en la miseria por condena del padre a la cárcel. La desgracia familiar le provocó un terrible resentimiento e incluso influyó en el deterioro de su físico; desde entonces soñó con ímpetu anarquista en destruir aquella sociedad injusta. El joven Gramsci obtuvo una beca en la Universidad de Turín, donde conoció a Palmiro Togliatti. Era ya Gramsci un revolucionario profesional antes de la Revolución soviética, en 1916. Se entusiasmó con las noticias de Rusia y participó en motines callejeros en 1917 y 1918 mientras adoptaba como modelo la figura de Lenin. Con Togliatti y Tasca crea un nuevo órgano socialista radical, el «Ordine Nuovo» en 1919 con el fin de trasplantar a Italia el experimento soviético. La naciente Comintern se fija en Gramsci, cuya salud es pésima pero su ánimo altísimo. La marcha sobre Roma de 1922 le sorprende en Moscú donde debe recluirse en un sanatorio; allí conoce a Julia, una rusa de origen escandinavo con la que llegó a casarse. Trabajó en el ejecutivo de la Comintern que le destinó a Viena en 1924 y luego a Roma, donde

[273] *Gramsci: la Revolución actualizada,* Verbo (1982) 201-202, 63s.

había sido elegido diputado. Pese a ello fue detenido en noviembre de 1926 y permanecería en la cárcel hasta su muerte once años después. Allí escribe sus famosos treinta y dos cuadernos, unos cuatro mil folios que contienen lo más importante de su obra.

Gramsci experimentó en su juventud un influjo determinante de Benedetto Croce, el pensador liberal cuyo punto clave consiste en que el hombre moderno «puede y debe vivir sin religión» (Maestro). Sin embargo para Gramsci la filosofía de Croce es esencialmente burguesa y destinada a fundamentar la dominación de clase. Gramsci se despegó de Croce pero nunca dejó de admirar su influencia, que trató de conseguir para el intelectual revolucionario al que denominará «orgánico» en cuanto está al servicio total del Partido. Para Gramsci sólo es un intelectual el que crea, aplica y transmite la única verdad social transformadora, el marxismo-leninismo. Esto parecerá a un observador normal una reducción intolerable y lo es; recuerdo que un joven catedrático de Historia, seguro del resto del Tribunal al que yo pertenecía como *outsider*, afirmaba rotundamente en sus ejercicios de oposición que cualquier trabajo histórico que no se apoyara sobre el juego marxista de infraestructura-superestructura sería otra cosa pero no era Historia (A los pocos meses se le cayó encima el Muro; no sé lo que explicará ahora).

Gramsci es el Lenin de Occidente. Su doctrina trata de adaptar el marxismo-leninismo a los países de Occidente que viven en democracia. Ya Marx había recomendado que su doctrina no se utilizase como un dogma sino como una guía para la práctica revolucionaria y Lenin exaltó la «primacía de la praxis» como norma primordial, es decir el oportunismo revolucionario. Gramsci toma esa doctrina como bandera e incluso alguno de sus intérpretes identifica a «praxis» con «marxismo» ya que Gramsci escribía bajo vigilancia penitenciaria. Para Gramsci la toma del poder político ha de hacerse previa infiltración profunda en la «sociedad civil» término que toma de Hegel más que de Marx. Infiltración en las instituciones, en las organizaciones, en los centros de la sociedad civil y por encima de todo en el mundo de la cultura. El antimodelo para esa infiltración cultural –que Gramsci atribuyó con precisión histórica al trabajo cultural de los enciclopedistas de la Ilustración Francesa para desembocar en la Revolución de 1789– debe estar dirigido por el Partido a través de la red de intelectuales orgánicos. La toma del poder cultural es la fase previa para lograr la hegemonía de clase –otro término gramsciano clave– en la sociedad civil. Como la cultura se adquiere por la educación y se manifiesta en la literatura y el arte, Gramsci es el teórico de la educación marxista-leninista que pretende, además, condicionar el conjunto de las ideas y manifestaciones culturales.

El intelectual orgánico debe procurar la destrucción sistemática de los valores religiosos, los valores morales, los valores culturales clásicos y burgueses –reli gión, patria, sentido moral, familia– con lo que se anticipa como precursor no ya sólo del marxismo-leninismo occidental sino de la obra demoledora utilizada en España y otros países por los partidos socialistas y especialmente el PSOE. Uno de sus objetivos primordiales es la destrucción de la Iglesia católica –cuya fuerza social le obsesionaba– por medio de la infiltración; Angel Maestro recuerda con razón que las páginas de Gramsci escritas en enero de 1922 parecen una profecía de la teología de la liberación y las comunidades de base. Sus bestias negras son

Maurras y Pío X; llega incluso a postular, no menos proféticamente, una oposición entre jesuitas e integristas, aunque nunca soñó en la extraña especie de los jesuitas marxistas de la que nosotros estamos disfrutando durante tantos años. Me he extendido en la presentación de la doctrina de Gramsci, porque tanto Togliatti, como el líder comunista español Santiago Carrillo como el prototeólogo de la liberación Gustavo Gutiérrez figuran entre sus discípulos más ardientes y eficaces a partir de 1950. Hasta esa fecha Togliatti, depositario de los cuadernos de Gramsci, prefirió utilizar primordialmente el juego político puro. Sin embargo, como nota Bocca, Togliatti publica de forma restringida (y muy manipulada) los Cuadernos de Gramsci ya en 1946, tal vez para uso interno de los dirigentes comunistas. La gran presentación de la doctrina de Gramsci al mundo occidental, con toda la trompetería orgánica de los intelectuales comunistas al unísono, la retrasará hasta diez años después.

Al llegar la primavera de 1953 el Rey Víctor Manuel III advierte que su situación se ha vuelto insostenible y para salvar la Monarquía abdica el 9 de mayo en su hijo y lugarteniente el príncipe Humberto quien, ante la proximidad del referendum sobre Monarquía y República, se lanza a una campaña admirable, lucha por su corona y por su dinastía con un tesón y un sentido popular que asombra a sus propios enemigos. Las izquierdas –socialistas y comunistas– estaban en bloque por la República. La Democracia Cristiana parecía dividida pero en todo caso no quiso jugarse por la Monarquía aspectos constitucionales que consideraba de primera importancia. Fue una situación en cierto modo parecida a la que vivimos los constituyentes españoles de centro-derecha (la UCD) en 1978 cuando los socialistas nos proponían verdaderos chantajes constitucionales bajo amenaza de rechazar la Monarquía con todas sus fuerzas. Nosotros, por preservar la Monarquía, cedimos a los chantajes en materias tan delicadas como la plena libertad de enseñanza, la prohibición tajante del aborto y la acentuación del laicismo. La Democracia Cristiana de Italia prefirió en 1946 prescindir de la Corona sin ceder a chantajes semejantes. La Historia juzgará si ellos o nosotros tuvimos razón; en todo caso ni por un momento lo dudamos entonces.

El 2 de junio de 1946 se celebraron en Italia, simultáneamente, el referendum sobre la Monarquía y las elecciones generales a una asamblea constituyente. De Gasperi seguía presidiendo el gobierno convocante. Venció la República con más de doce millones setecientos mil votos. La Monarquía, gracias a la contribución histórica de la Casa de Saboya y a la campaña del rey Humberto II casi alcanzó los once millones. El Rey, con secretos apoyos de los aliados, se resistía a marchar. Por fin lo hizo el día 13; se proclamó la República y Enrico de Nicola fue elegido presidente provisional de la Primera República italiana.

La Santa Sede no intervino en la polémica sobre la Monarquía saboyana que la había despojado en 1870 de los Estados Pontificios. Se volcó, por el contrario, en respaldar a la Democracia Cristiana que venció en las elecciones con el 32% de los votos y 207 escaños, seguida por los socialistas (21%, 115 escaños) los comunistas (19%, 104) con sólo 17 escaños para los monárquicos. Alcide de Gasperi preside el siguiente gobierno de coalición con su partido, los socialistas, comunistas y republicanos, en medio de una situación económica angustiosa. Togliatti y los comunistas sufrieron una grave decepción; habían soñado con poco menos que la mayoría absoluta, por su contribución a la Resistencia. Pero el pueblo italiano recodaba también los crímenes de la Resistencia comunista y puede que los fantasmas de Mussolini y Claretta Petacci colgados como reses en el piazzale Loreto de Milán hicieran más contra los comunistas que las prédicas de todo el clero italiano en favor de la DC. Los Estados Unidos quedaron contentos del resultado y se dispusieron a ayudar a de Gasperi para la reconstrucción de Italia y la pronta eliminación de los comunistas del gobierno. Los sucesos de la guerra fría y el apoyo de Pío XII contribuirían eficazmente al mismo objetivo; aun así la lucha permanente entre DC y PCI sería la clave de la Primera República, sobre todo desde que el socialista moderado Giuseppe Saragat se escindiera, bien pronto, de los socialistas procomunistas dirigidos por Pietro Nenni.

SECCIÓN 2: LA GUERRA FRÍA

LAS ETAPAS DE LA GUERRA FRÍA

En rigor la llamada guerra fría consiste en la confrontación entre los antiguos aliados de la segunda guerra mundial; los aliados occidentales, dirigidos por los Estados Unidos contra la Unión Soviética con su bloque de países satélites del «socialismo real», es decir del comunismo puro y duro. Guerra fría es prácticamente sinónimo de «estrategia de bloques»; el bloque occidental (al que se unieron el Japón y la franja de países libres en la costa oriental de Asia, desde Corea del Sur a Singapur, Australia y Nueva Zelanda) contra el bloque marxista-leninista, con la URSS, los satélites europeos y desde 1949 la inmensa China. Quedaban teóricamente fuera de la estrategia de bloques, pero en realidad sometidos a los tirones de cada bloque, los llamados países del Tercer Mundo, como casi todos los de Africa, los de las riberas del océano Indico y las naciones de Iberoamérica, que los Estados Unidos consideraban, ya desde fines del siglo XIX, como su patio trasero aunque la URSS alentaba sobre ellos ambiciones contrarias.

La muerte de Stalin en 1953 y la confesión de los crímenes del monstruo revelada por Nikita Kruschef tres años más tarde parecían atenuar las gravísimas tensiones de la guerra fría pero sólo en apariencia; porque los sucesores de Stalin hasta Leónidas Breznef mantuvieron la estrategia de expansión revolucionaria e imperial, con diversos períodos y matices. En realidad la guerra fría termina con la plena victoria de Occidente sobre el bloque soviético en 1989, cuando la URSS y ese bloque se desintegran, lo cual, según veremos en los capítulos finales del segundo libro, no significa que la amenaza contra Occidente desaparezca en 1989, cuando solo un aficionado a la Historia pudo proclamar el final de la Historia.

La Iglesia católica participó activa y pasivamente en la guerra fría y contribuyó de forma decisiva a la resurrección de Europa desde 1945 y al final de la confrontación desde 1982. Más aún, los movimientos de infiltración marxista en la Iglesia católica, que estudiamos en este capítulo, así como la teología de la liberación y movimientos con ella relacionados son vectores estratégicos de la guerra fría muy directamente. Por eso nos interesa en esta sección resumir claramente el concepto y desarrollo convencional de la guerra fría para comprender en los capítulos siguientes esas implicaciones que se refieren directísimamente a la Iglesia.

En realidad la guerra fría se prefigura (como había previsto pública y expresamente el general Francisco Franco) a raíz del término de la guerra mundial. Suelen señalarse como su principio las fases iniciales del asalto soviético al poder en los países ocupados de Europa oriental, entre 1944 y 1945; y la intervención británica en Grecia para frenar al comunismo que avanzaba irresistible. Cuando la URSS había conseguido ya los objetivos reales o virtuales para la creación de su imperio comunista en Europa, el salvador de Inglaterra Winston Churchill, despedido absurdamente por sus compatriotas en 1945 gracias a un acto reflejo del Gran Miedo se tomó cumplida revancha en su famoso discurso de Fulton (Missouri) en presencia del presidente de los Estados Unidos, Harry Truman. Sus palabras, además de exactas, constituyen la declaración de la guerra fría:

Puede volver la Edad de Piedra... Estén alerta, lo aseguro, esto puede producirse en breve espacio de tiempo. De Stettin en el Báltico a Trieste en el Adriático un telón de acero ha caído sobre el Continente... La experiencia de la guerra me ha enseñado que «nuestros amigos» rusos lo que más admiran es la fuerza y lo que menos respetan es la debilidad militar... Así pues es necesario que los pueblos de lengua inglesa se unan urgentemente para desalentar las tentaciones de la ambición y de la aventura...La amenaza de una victoria de la tiranía pesa sobre el tejado de cada casa, sobre la cabeza de todo ser humano[274].

Churchill había utilizado ya la expresión «telón de acero» en una carta dirigida a Truman el 12 de marzo de 1945. El discurso de Churchill en el Winchester College ante cuarenta mil personas estalló como una bomba en todo el mundo, convenció a Truman, el hombre de Missouri y logró que desde entonces la postguerra se conociera como guerra fría.

Las consecuencias se hicieron notar inmediatamente. En las elecciones holandesas del 17 de mayo siguiente vencieron los católicos. El secretario de Estado norteamericano James F. Byrnes pronunció un discurso en Stuttgart que parecía un eco de Fulton: exigió la unidad económica y la reintegración plena de Alemania en el concierto de las naciones pacíficas, echó en cara a la URSS las crecientes trabas que imponía en Europa a la circulación de las personas, las ideas y los bienes. Respaldados por la URSS los comunistas indochinos a quienes dirige un líder de primer orden, Ho Chi Minh, intentan hacerse con el poder en Hanoi y fracasan contra el ejército francés; pero inmediatamente crean un ejército popular a las órdenes de un estratega colosal, el general Vo Nguyen Giap. Había empezado la guerra de Indochina, uno de los conflictos más característicos de la guerra fría.

Se habla casi siempre de guerra fría política pero Occidente la planteó desde el principio, muy acertadamente, en el terreno económico. El 1 de marzo de 1947

[274] Texto en F. Fonvielle-Alquier, *El gran miedo de la posguerra*, Barcelona, Dopesa.

entra en funciones el Fondo Monetario Internacional, creado en los acuerdos de Bretton Woods en 1944, mediante los que se constituía un fondo en oro y divisas aportados por los Estados miembros para asegurar la cooperación monetaria internacional y financiar el desarrollo de las naciones menos favorecidas. En Fondo Monetario ha sido una empresa de los fabianos y los *liberals*, como muestran las fuenes que hemos aducido anteriormente para describir al fabianismo. El FMI, con su institución paralela, el Banco Internacional de Recuperación y Desarrollo o Banco Mundial, tardó bastantes años en funcionar de acuerdo con sus fines; que consistían sobre todo «en el carácter de revisión regular y profunda de toda la gama de medidas económicas de los países miembros». (M.G. de Vries). El FMI fue creado bajo la inspiración del gran economista de la época y gran promotor del Estado de Bienestar, el superfabiano John Maynard Keynes, que sobre todo en sus desahogos privados mostaba profundos recelos contra el capitalismo, aunque públicamente trataba de presentarse como un defensor del capitalismo. Tanto el FMI como el BM se constituyeron y desarrollaron como un poderoso medio de control financiero internacional principalmente en manos de los Estados Unidos (sector *liberal*) como potencia hegemónica de Occidente. La URSS había firmado los acuerdos de 1944 pero no los ratificó y quedó fuera del Fondo[275]. Esta guerra fría en el campo económico adquirirá una importancia enorme como concreción de la lucha entre el capitalismo liberal del bienestar y el comunismo dogmático.

Unos días después del inicio real del FMI el presidente Truman, de acuerdo con el discurso de Churchill, reacciona ante la gestación del imperio soviético en Europa y para atender a las demandas de socorro lanzadas por los gobiernos de Grecia y de Turquía propone la llamada *doctrina Truman* que marcará la estrategia político-económica de la guerra fría, que consiste en contener la expansión del comunismo mediante una generosa ayuda económica y militar a los países amenazados. De ello va a encargarse el nuevo secretario de Estado, general Marshall, que acertó de lleno en la ayuda a la Europa libre pero abandonó sin pensarlo bien a la China nacionalista de Chiang Kai Chek; la siguió apoyando pero sin la menor fe en sus posibilidades frente al empuje de los comunistas chinos y soviéticos. Así se llegó al año 1947, en que la guerra fría se desencadena en toda su plenitud. La Conferencia de los Cuatro celebrada en Moscú el 24 de abril para convenir el destino de Alemania termina en fracaso completo; los negociadores soviéticos rompen con los occidentales, quienes por su parte no disimulan ya su reprobación a las presiones comunistas para tomar o afianzar su poder en Europa oriental. En vista de la situación, los comunistas son excluidos de los gobiernos occidentales en que participaban, Francia e Italia. Acto seguido, el 5 de junio, los Estados Unidos proponen el plan Marshall como gran palanca para la reconstrucción de Europa. La URSS y sus satélites lo rechazan; el Plan contribuirá decisivamente al desarrollo y el progreso europeo, aunque España, que no había intervenido en la guerra mundial, queda absurdamente fuera de él. Pero no del todo; los Estados Unidos forzaron a Inglaterra para que aceptase una nueva política de los aliados hacia España, considerada por el Pentágono como un bastión del anticomunismo. En ese año don Juan de Borbón, tan mal aconsejado como siempre, publica, con escasa resonancia, su

[275] J. Velarde, *El cincuentenario de Bretton Woods,* Epoca 504 (24.10.94) 80s. Además cf suplemento especial de ABC, Madrid, 4.10.1994.

segundo manifiesto, mucho más antifranquista que el de 1945; justo cuando los Estados Unidos habían decidido aceptar indefinidamente al régimen de Franco para evitar una guerra civil en España. Algunos historiadores juanistas todavía no se han enterado. Don Juan, pretendiente al trono de España, perdió ese día el trono.

El impulso descolonizador que se originó con fuerza imparable por los grandes movimientos y convulsiones de la segunda guerra mundial cobra un vigor extraordinario mediante la independencia de la India y el Pakistán el 15 de julio de 1947; está naciendo el Tercer Mundo. La URSS contraataca al Plan Marshall con la creación de la Komiform, mucho más que un simple órgano informativo; se trata de una reencarnación de la Comintern con aparente respeto por la «autonomía» de los partidos comunistas nacionales, por la que Stalin no sentía ni demostraba el menor respeto. La creación del Estado de Israel tuvo lugar a las cero horas del 15 de mayo de 1948. Los ejércitos árabes se arrojaron sobre los dispersos territorios de Israel, que resistió de manera asombrosa a una guerra desigual hasta lograr la primera de sus grandes victorias. Desde entonces un nuevo factor histórico de importancia decisiva tomaba cuerpo en el conflictivo Medio Oriente.

La creciente hostilidad entre los dos bloques alcanza uno de sus tractos culminantes con el golpe comunista de Paga (febrero de 1948, como sabemos) y el bloqueo de Berlín decretado alevosamente por los soviéticos el 25 de junio. Pero al día siguiente el mando militar norteamericano salva a la ciudad con el comienzo del puente aéreo a través del triple corredor permitido para el tránsito aliado. Este alarde de la organización y la decisión norteamericana dura hasta mayo de 1949, en que los soviéticos deben aceptar el fracaso de su chantaje. En el mismo año 48, como sabemos también, el bloque soviético se estremece con su primera fisura, la rebelión de Tito en Yugoslavia. Pero si la URSS pierde alguna batalla, continúa con tesón dogmático su guerra fría contra Occidente. A comienzos de 1949 crea el falso Mercado Común comunista, el COMECON, que instituye la tiranía económica de la URSS sobre sus países sometidos y se saldará con un fracaso estrepitoso porque no se construyó racionalmente sino como réplica estratégica al plan Marshall. Este es el año en que a la creación de la República Federal de Alemania responde la URSS con la República Democrática Alemana, a la que desea presentar como estrella del progreso económico y social del comunismo; lo malo es que muchos compañeros de viaje entre la intelectualidad occidental se lo llegan a creer sin molestarse en analizar la información falsa que distribuye la propaganda soviética. En abril de este año 1949 se firma la Alianza Atlántica y se crea su sistema de defensa estratégica, la Organización del Tratado del Atlántico Norte u OTAN, convertida desde el primer momento en blanco de las invectivas soviéticas y de los terminales soviéticos en el mundo occidental de la cultura y la información. Pero el año 1949 vendrá marcado por una tragedia incalculable: la victoria final de los comunistas chinos, a las órdenes de Mao Tse Tung, contra el corrupto Kuomintang de Chiang Kai chek, cuyos restos han de refugiarse en la isla de Taiwan sin abandonar nunca el sueño de la reconquista. Para colmo la URSS hace explotar, gracias al trabajo secreto de sus espías en Norteamérica, su primera bomba atómica que le permite establecer el equilibrio del terror. La conmoción en todo el mundo es tremenda.

El 25 de junio de 1950 la invasión comunista de Corea del Norte sobre la del Sur inicia un nuevo conflicto clásico de la guerra fría: la guerra de Corea, con masiva intervención posterior del ejército comunista chino. Se renovó el Gran Miedo de la postguerra y muchas gentes creyeron llegada la hora de la tercera guerra mundial, con poder nuclear en uno y otro bando. No fue así; se llegó a un final en tablas y el horizonte parecía aclararse para Occidente cuando en 1952 fue elegido Presidente de los Estados Unidos el general Dwight D. Eisenhower y en 1953 murió de muerte espantosa el dictador soviético José Stalin.

LA GUERRA FRÍA DESPUES DE STALIN

Stalin había muerto a principios de marzo de 1953. Pero quienes pensaron en una atenuación de la guerra fría quedaron decepcionados bien pronto. Algo más de tres meses después se produjo una sublevación de trabajadores en Berlín y otros puntos de la República Democrática alemana. Una huelga revolucionaria en el paraíso soviético era un acontecimiento insólito, precedido además por la fuga a la otra Alemania de más de 160.000 alemanes orientales desde principios del año. Los sublevados pusieron en libertad a prisioneros políticos y confraternizaron con la multitud hasta la llegada de los carros de combate soviéticos que aplastaron la rebelión. Las autoridades detuvieron a veinticinco mil culpables. La comparación entre las dos Alemanias se hacía cada vez más hiriente pero los confusos sucesores de Stalin reaccionaron ante la sublevación alemana con técnica staliniana pura. Y no renunciaron a la expansión revolucionaria de la URSS. El 26 de abril de 1954 el general comunista Giap sumergía tras una heroica defensa a la guarnición francesa aislada en Dien Bien Fu; una derrota que marcaba el final de la guerra de Indochina para Francia, donde tomarían el relevo los Estados Unidos de acuerdo con la doctrina Truman de la contención. Pero la misma Francia que se iba a retirar de Indochina sufre en lo más vivo una nueva guerra revolucionaria: la de los independentistas argelinos, alentados por el bloque soviético, a partir del 1 de noviembre de 1954. El nuevo liderazgo de la URSS se clarifica el 8 de febrero de 1955, en manos de Bulganin y Kruschef. A las pocas semanas se celebra la conferencia de líderes del Tercer Mundo en Bandung (18-26 de abril). Un vastísimo campo para la expansión chino-soviética de pleno acuerdo con la doctrina de Lenin sobre la lucha de clases a escala mundial, para «liberar» a las naciones oprimidas por el imperialismo de Occidente unciéndolas al imperialismo marxista-leninista. Afianzado en el poder supremo de la URSS el orondo Nikita Kruschef sorprende al mundo entero, y todavía más a los correligionarios comunistas, cuando aprovecha el XX Congreso del PCUS para denunciar las aberraciones y los crímenes de Stalin, el dios rojo que hasta el momento habían venerado los comunistas de todo el mundo. Nada tiene de extraño que la Polonia sometida al comunismo creyese en la desestalinización por lo que sus obreros se alzaron en Poznan contra la tiranía comunista el 28 de junio siguiente al XX Congreso; pero la represión del Ejército Rojo reprodujo los excesos de lo sucedido en Alemania. Sin embargo la prueba más concluyente sobre la continuidad de la guerra fría se dio ese mismo año; cuando Francia e Inglaterra, creyendo aún que seguían siendo grandes potencias, invadieron Egipto en combinación con una ofensiva relámpago de Israel, con el fin de derribar al líder del nuevo Egipto y del Tercer Mundo, Gamal Abdel Nasser. Pronto saldrían todos de su error. Los Estados Unidos y la URSS actuaron coordinadamente y ordenaron a franceses, ingleses y judíos que cortaran en seco su ofensiva. Desde aquel momento no hubo más que dos superpotencias en el mundo; y una de ellas, la URSS, aprovechó arteramente la aventura de los occidentales en Suez para invadir con sus fuerzas acorazadas a una Hungría que había osado derribar a su dictadura staliniana en nombre de una confusa libertad inscrita entre el comunismo moderado y la ilusión democrática. Nuevamente los carros soviéticos se encargaron de aplastar a los rebeldes y reimplantar el comunismo ortodoxo. Las naciones de Occidente desatendieron las llamadas de socorro que les enviaron los húngaros y no se movieron. El espíritu de Yalta seguía rigiendo los destinos de Europa.

Pero Europa occidental, cada vez más recuperada económicamente, se consolidaba institucionalmente con la firma, el 25 de marzo de 1957, del Tratado de Roma que significaba bastante más que la creación de un Mercado Común infinitamente más libre y eficaz que el pacto de vasallaje soviético llamado COMECON. En la URSS Nikita Kruschef elimina a su «grupo antipartido» según la acrisolada terminología y táctica de su maestro Stalin y reafirma su dictadura absoluta mientras va fracasando lamentablemente en todos sus esfuerzos de reforma y desarrollo económico, aunque estos fracasos se ocultan cuidadosamente a Occidente gracias a la faramalla del primer satélite artificial lanzado el 5 de septiembre del mismo año. Por fin el 27 de marzo de 1958 Nikita Kruschef concentra en su persona todos los poderes del Estado y del Partido. Poco después fallecía el Papa Pío XII.

SECCIÓN 3: LA PÉRDIDA DE CHINA

DE LA LARGA MARCHA A LA REPÚBLICA POPULAR

La pérdida de China desde las manos del corrupto régimen de Chiang Kai chek a las del comunista Mao Tes tung no es un simple episodio de la guerra fría sino un cataclismo cuyas consecuencias trágicas perviven hoy y han afectado profundamente a la Iglesia católica implantada, con más calidad que número de adeptos, en aquel inmenso país de Asia. Entre la nutrida bibliografía que voy a utilizar para esta sección recomiendo dos libros de especial interés. Primero el estudio –único– del profesor James T. Myers *Enemies without guns*[276] que es una documentadísima historia sobre la persecución comunista contra la Iglesia católica en China; el segundo, *China, otra perestroika*[277], nace de un inteligente y penetrante jurista y observador español, Alberto Ballarín Marcial.

[276] New York, Parangon House, 1991.
[277] Por Alberto Ballarís Marcial, Madrid, San Martín, 1988.

Caído el milenario Imperio del Centro en 1911, el creador del partido reformista y nacionalista Kuo min tang, doctor Sun Yat sen, artífice de la República de China, tuvo que enfrentarse en cruenta guerra civil con los señores de la guerra en medio de la anarquía y el caos que llegaba a su apogeo en 1919, cuando un joven bibliotecario ayudante de la Universidad de Pekin, el desconocido Mao Tse tung entraba ya en contacto con los agentes de la Comintern y fundaba en 1921, con otros intelectuales, el Partido Comunista de China, a quien Lenin ordenó firmar una alianza táctica con los nacionalistas del Kuo min tang. Era la primera aplicación expresa de lo que se llamaría en los años treinta «frente unido», en este caso contra los señores de la guerra que dominaban el Norte de China. En el inmediato intercambio de consejeros soviéticos y políticos nacionalistas chinos llegó a Moscú para recibir la formación política adecuada el joven oficial y ayudante del doctor Sun, llamado Chiang Kai chek, que se hizo muy amigo de Trotski. A su regreso fue nombrado jefe de la Academia militar (cerca de Cantón) donde intimó con un joven asesor político comunista, Chu En lai. Cuando se preparaba la campaña militar contra el Norte rebelde, Chiang Kai chek dio un golpe de Estado en Cantón para eliminar la influencia comunista que minaba al Ejército pero los consejeros soviéticos se tragaron la afrenta y lograron una precaria reconciliación con Chiang. Ya era Stalin el amo de la URSS y, lo mismo que Lenin, consideraba a la inmensa China como un objetivo esencial de la Internacional Comunista. Convertido ya en figura nacional, Chiang Kai chek emprendió la gran expedición contra los señores de la guerra en el Norte y los fue reduciendo uno por uno. Conquistó Nankin en marzo de 1927, completó su victoria poco después con la toma de Shangai y se revolvió contra los enemigos políticos que le acechaban desde el Partido, a cuya ala izquierda depuró sin contemplaciones. La derecha de China, las grandes fortunas, los terratenientes y los dueños de la industria se alinearon a sus órdenes. Ordenó una matanza de líderes comunistas en Shangai y marchó sobre Pekin, entonces en manos comunistas; su entrada en la capital histórica de China fue la apoteosis de un paseo militar. Chiang Kai chek se convirtió en el sucesor indiscutido de Sun Yat sen y en el amo del Kuo min tang y del Ejército.

Es difícil para un observador occidental comprender el sutil juego de ideología, intereses y poder que forman la trama de la contradictoria relación entre Chiang Kai chek y los comunistas chinos. Cuando en 1927 éstos se convencieron de que el joven general victorioso era un enemigo de clase organizaron una insurrección contra el Kuo min tang en agosto, fecha que desde entonces consideran como la fundacional del Ejército Rojo de China. El golpe fue reprimido con eficacia por las tropas de Chiang y el Ejército Rojo, entre cuyos organizadores estaba Mao Tse tung, tuvo que retirarse hacia el sur de China, donde fracasó al provocar una insurrección en Cantón. El Ejército Rojo volvió a retirarse al interior, convertido en una tropa nómada que después de varios contratiempos consiguió unirse en abril de 1928 con otro ejército reclutado entre los campesinos de su provincia por Mao Tse tung, que rehusó seguir las directrices estratégicas de lucha revolucionaria en las ciudades y dirigió a sus tropas del interior para una lucha de guerrillas apoyada en los campesinos oprimidos; así nacía el maoísmo con orientación absolutamente divergente del marxismo y el leninismo que sin embargo profesaba. El Ejército Rojo se rehízo en el Kiangsi (al nordeste de Cantón) pero Chiang no pudo atacarle porque seguía enzarzado en la lucha del Norte contra los señores de la guerra residuales. Por fin en 1930 Chiang Kai chek trató de aniquilar al Ejército Rojo pero Mao y Chu En lai rehuyeron constantemente el enfrentamiento, disolvían sus unidades y las rehacían a retaguardia del enemigo, que era muy superior, pero sufría permanentemente la hostilidad de los campesinos adoctrinados por la eficaz propaganda comunista. Chiang fracasó en sus dos «campañas de exterminio» contra el Ejército Rojo, en 1930 y 1931; Mao contaba ya con trescientos mil hombres. En la campaña de 1931 los comunistas alcanzaron una importante victoria militar y Chiang hubo de frenar la contraofensiva al saber que los japoneses habían invadido la Manchuria, al norte de China, donde establecieron el Estado satélite del Manchukuo. Chiang contemporizó con los japoneses mientras Mao y Chu les declaraban solemnemente la guerra, sin la menor posibilidad de trabar contacto con el invasor. Chiang volvió a fracasar en su cuarta «campaña de exterminio» en 1932 pero, de acuerdo con asesores militares enviados luego por Hitler, decidió cercar al Ejército Rojo y ahogarle poco a poco.

Esta táctica dio resultado en la quinta campaña de Chiang contra el Ejército Rojo, que se había reducido a cien mil hombres. Mao no dominaba aún la dirección del partido comunista ni tampoco era el jefe absoluto del Ejército Rojo pero su prestigio político y militar era ya muy grande cuando los comunistas decidieron romper el cerco y emprender la legendaria Larga Marcha hacia el Norte, en octubre de 1934. El Ejército Rojo empezaba una sinuosa marcha a través de diez mil kilómetros, por territorios donde campaban los señores de la guerra, primero hacia el Oeste, luego hacia el Norte, sin atacar a las ciudades, viviendo sobre los campos, perseguidos por Chiang. El comportamiento del Ejército Rojo con los campesinos y los propietarios de alimentos fue ejemplar. A veces marchaban más de cien kilómetros al día.

En junio de 1935 las tropas de Mao enlazaron con otro ejército comunista que se había formado en el oeste de China. Mao impuso su criterio de que avanzasen todos juntos hacia el norte, a través del inhóspito Tibet oriental, porque deseaba entrar cuanto antes en contacto ofensivo con los japoneses. A mediados de septiembre de 1935 las diferencias entre Mao y Chu se agriaron y decidieron dividir fuerzas y separarse. Al frente del Primer Cuerpo del Ejército Rojo Mao siguió el avance hacia el norte, irrumpió en la provincia de Kansu y derrotó a las fuerzas nacionalistas que al fin trataron de cerrarle el paso. El 20 de octubre de 1935 se reunía con el Cuerpo de ejército de Kao en el Shensi del Norte. Era el final de la Larga Marcha.

Con la llegada de un nuevo contingente del interior en 1936 el Ejército Rojo contaba con ochenta mil hombres; los seguidores de Mao, diezmados en el terrible camino, sólo eran treinta mil. Establecieron su cuartel general en Yenan, protegida por cadenas montañosas. Chiang Kai chek trató de organizar una nueva campaña de exterminio, ahora dirigida contra el bastión comunista de Yenan. Pero la invasión japonesa de China en el verano de 1937 forzó una tregua entre nacionalistas y comunistas chinos.

El 7 de julio de ese año se cruzaron disparos junto al puente Marco Polo al oeste de Pekin entre soldados japoneses del barrio de las legaciones y un destacamento chino. Poco antes el líder comunista Chu En lai había liberado a Chiang de la detención a que le sometió uno de sus subordinados, a cambio de lo cual Chiang pactó con los comunistas chinos para enfrentarse al ejército del Japón. Sin previa declaración de guerra los japoneses tomaron Pekin y doblegaron las defensas chinas de Shangai en noviembre, para marchar luego sobre Nankin, que fue tomada el 13 de diciembre. En 1938 los avances japoneses lograron grandes victorias como la toma de Cantón. Sin embargo Chiang decidió resistir desde su nueva capital, Chugnking mientras los japoneses cometían toda suerte de desmanes en su zona ocupada, a lo que Chiang y sobre todo los comunistas respondieron con una extensa guerra de guerrillas que sirvió a los comunistas para ganarse muchas simpatías de los campesinos. Porque la fuerza guerrillera principal estaba formada por los comunistas de Yenan que crearon una estructura de poder en las «zonas liberadas». Estos éxitos despertaron la envidia de Chiang, cuyas tropas estaban casi a la defensiva cuando no hostilizaban arteramente a los comunistas. En 1944 el ejército de Mao superaba de nuevo los 300.000 hombres y al final de la guerra mundial en 1945 la gran mayoría de los pueblos en la zona ocupada por los japoneses estaba en manos de los comunistas. La URSS invadió la Manchuria japonesa en los últimos días de la guerra mundial. A fines de 1945 los comunistas chinos, con el apoyo inmediato de los soviéticos, estaban decididos a enfrentarse con los nacionalistas. El general Marshall, enviado a China como mediador entre comunistas y nacionalistas, estaba convencido al principio de la enorme superioridad militar de Chiang contra Mao; un ejército cuatro veces mayor, una aviación poderosa mientras los comunistas carecían de ella. En 1946 la guerra civil de nacionalistas y comunistas estalló por el dominio de Manchuria y pronto prendió, gracias a la siembra guerrillera de Mao, en toda China.

Los comunistas se adueñaron de los campos y de las comunicaciones en el norte de China. Los nacionalistas lograron la conquista de Yenan, la capital comunista de la guerra pero los comunistas les acorralaron en las ciudades de Manchuria. La guerra civil iba a decidirse por el factor moral; frente al irreprochable comportamiento del Ejército Rojo las tropas de Chiang se distinguían por su opresión y por su corrupción. Al comenzar 1948 Lin Piao, segundo de Mao, lanzó su ofensiva final contra los nacionalistas en Manchuria. A partir de entones el Ejército Rojo, que había minado la retaguardia enemiga con sus infiltraciones, empezó a tomar ciudades importantes y llevó la guerra al centro de China. A fines de octubre Lin Piao destrozó al ejército de socorro enviado por Chiang a la capital cercada de Manchuria, Mukden, y la rindió inmediatamente. Cuatrocientos mil nacionalistas cayeron prisioneros en Manchuria; cuatrocientos mil comunistas se pusieron desde allí en marcha hacia el sur y atravesaron la Gran Muralla. En noviembre seiscientos mil comunistas vencieron a un número equivalente de nacionalistas en la gran batalla de Huan Hai, una de las más decisivas de la historia universal. El Ejército Rojo había vencido por clara superioridad militar y sobre todo moral. Era el principio del fin. Pekin y Tientsin cayeron en enero de 1949. El Ejército Rojo cruzó el Yang tse y conquistó Nankin en abril y Shangai en mayo. Las divisiones de Chiang desertaban en masa, lo mismo que sus comandantes locales. El 1 de octubre de 1949 Mao Tse tung proclamó la República Popular de China en Pekin. Al año siguiente el Ejército Rojo ensanchó su victoria con la invasión y ocupación de la altiplanicie del Tibet. El bloque comunista –la URSS y sus satélites, China y los suyos– se configuraba como una nueva amenaza para el mundo. Muchos occidentales, muchos países del Tercer Mundo, muchos cristianos –entre ellos dos futuros Papas– creyeron que se iniciaba un nuevo milenio rojo irreversible. Otro Papa, el de entonces, Pío XII, se dispuso a luchar contra la pleamar comunista; no hasta la muerte sino hasta la victoria. Aunque no sería él quien la lograra. El bloque comunista albergaba la misma decisión de combate; y para entonces pretendía penetrar en las defensas de Occidente y de la Iglesia –desde 1944– mediante la estrategia de persecución y de infiltración[278].

MAO TSE TUNG BUSCA LA ANIQUILACIÓN DE LA IGLESIA CATÓLICA

Gracias al profesor James T. Myers, que se apoya en documentos y testimonios irrefutables, conocemos hoy con todo detalle la terrible persecución de la República Popular china contra la Iglesia católica bajo la dictadura de Mao Tse tung. Una persecución que coincide casi cronológicamente con las que sufrió la Iglesia durante el vasto proceso de toma del poder por los comunistas y la URSS en los países sometidos de la Europa Oriental.

La Iglesia católica había entrado en China en el siglo XVI, gracias a la Compañía de Jesús que envió a Extremo Oriente, con el apoyo de Portugal, nada menos que a San Francisco Javier. Tras una estancia en las colonias portuguesas del Indico, Javier se lanzó a la evangelización del Japón donde obtuvo éxitos notables pero en Japón advirtió la veneración y complejo de inferioridad cultural que los japoneses sentían hacia China, el Imperio del Centro, y cuando a ella se dirigía murió en una isla del litoral. Le siguió a fines del siglo XVI un ilustrado equipo misionero de jesuitas dirigidos por el padre Mateo Ricci que se ganó el respeto universal de la Corte y la clase dirigente del Imperio. En los siglos XVII y XVIII los jesuitas franceses, siempre tentados por el poder, llegaron a desempeñar importantes puestos de gobierno en tiempos de la dinastía manchú.

En 1947, cuando los comunistas iniciaron la persecución contra la Iglesia en las zonas que dominaban, el censo católico comprendía 3.274.740 fieles que ejercían, pese a su escaso porcentaje en una China de 500 millones de habitantes, una influencia social muy considerable. Comprendía la Iglesia china 20 arzobispados, 85 diócesis y 39 prefecturas apostólicas. De los 5.788 sacerdotes católicos 2.968 eran chinos. De los 7.463 religiosos, 5.112 chinos. Los establecimientos católicos de enseñanza llegaban a 12.739 antes de la guerra contra el Japón y la guerra civil; se habían reducido a la tercera parte después de la guerra pero contaban aún con más de trescientos mil alumnos entre los que se lograban muchas conversiones. Existían tres magníficas universidades católicas en Shangai, Pekin y Fu Jei. La Iglesia dirigía 210 hospitales, que en 1948 atendieron a más de ochenta mil pacientes. El número de edificios católicos existentes en China en 1949 superaba a los de la Iglesia en Estados Unidos[279].

[278] Datos sobre la evolución política y militar en China en *Historia mundial del siglo XX,* vols. 3 y 4, Barcelona, eds. Vergara, 1968.

[279] Datos en Myers, op. cit. p. 37s.

La persecución abierta, aunque de momento localizada, empezó en 1947, dos años antes de la toma comunista del poder en toda China, cuando tropas comunistas destruyeron la espléndida abadía cisterciense de Yang Ji Pin, ochenta millas al noroeste de Pekin; secuestraron, vejaron y asesinaron a los monjes, algunos de los cuales murieron como auténticos mártires. Mao se había hartado de proclamar la plena libertad religiosa en la Nueva China pero su concepto de esa libertad se parecía mucho a la de Stalin cuando afirmaba lo mismo. El espíritu supremo de la República Popular China, nacida como sabemos el 1 de octubre de 1949, era «el pensamiento de Marx, Lenin y Mao». Ese pensamiento tenía como punto central y fundamental el ateísmo y la consiguiente decisión de erradicar toda religión; Mao se ensañó especialmente con la católica, por la obediencia de sus fieles a una «autoridad extranjera», el Papa de Roma. Al principio, sin olvidar excesos como el que se ha indicado, Mao conoció a todas las fuerzas sociales de China según la táctica staliniana del «Frente Unido» para la lucha contra el imperialismo extranjero y la liberación de la patria. Poco antes de su victoria definitiva en 1949 proclamó la «Dictadura democrática del pueblo», una contradicción in terminis que realmente significaba la dictadura del partido comunista y pronto su propia dictadura personal. La primera ofensiva contra la Iglesia consistió en una infiltración comunista en todos los centros católicos de enseñanza, que terminaron por caer bajo el completo control comunista, una vez que, por ejemplo en las Universidades, los comunistas fomentaran la indisciplina y la anarquía. Las propiedades de los establecimientos y misiones católicas fueron gradualmente confiscados. Pero en 1950, con el estallido de la guerra de Corea en la que pronto intervinieron fuerzas militares chinas, la persecución religiosa se recrudeció. Se promulgó una ley del matrimonio que atentaba directamente a la familia tradicional china, que contenía elementos muy coincidentes con las normas católicas. La ley de reforma agraria equivalía a una confiscación de muchas propiedades eclesiásticas, y su objetivo final era la colectivización de la tierra. De 1950 a 1952 fueron expulsados casi todos los misioneros extranjeros, y a la cabeza de ellos el Internuncio de S.S. monseñor Antonio Riberi, tras sufrir un arresto domiciliario. En ese mismo año un numeroso grupo de líderes protestantes acordaron con el primer ministro Chu En lai participar en el programa de las «Tres autonomías» para las iglesias: autonomía para la administración, para la financiación y para la propagación de la fe. Los católicos no participaron en esta propuesta que en realidad entregaba como contrapartida el control político de las iglesias al poder del Estado comunista. El régimen creó un departamento de asuntos religiosos en 1951 y trató de conseguir una seria infiltración en las filas católicas. La primera brecha se había abierto en el Manifiesto de Independencia y Reforma publicado por un sacerdote católico en 1950 que proclamaba la independencia de todo imperialismo y que fue suscrito por muchos católicos chinos y bastantes sacerdotes. Era la siembra de la Iglesia Patriótica, el cisma provocado con éxito por los comunistas contra la autoridad pontificia sobre los católicos de China.

El siguiente recurso de que se valieron los comunistas contra los católicos fue la campaña «contra los antirrevolucionarios» desencadenada en 1951. Esta campaña permitía las ejecuciones en masa, de las que en 1951 y sólo en una provincia se registraron 28.000, entre ellos muchos católicos. En la campaña persecutoria de 1951 fueron detenidos diecinueve obispos católicos chinos y extranjeros junto a tres mil sacerdotes. Para entonces ya habían sufrido expulsión un millar de misioneros, incluidas numerosas monjas. Tres jesuitas franceses fueron detenidos bajo falsas acusaciones de espionaje. Siguió aumentando la lista de mártires pero también la de sacerdotes y fieles que se adherían a la Iglesia Patriótica. En 1954 los comunistas tomaron por asalto, incluso físicamente, la diócesis de Shangai, la más próspera de toda China. La presión persecutoria no cejaba. En 1954 de los más de cinco mil misioneros católicos extranjeros que vivían en China en 1949 sólo quedaban 267, de los cuales 71 en la cárcel. En diciembre de ese año sólo quedaban 61, de ellos 21 en la cárcel. El Papa Pío XII se vio obligado a intervenir ese mismo año con una encíclica dirigida al pueblo chino, en que hacía expresamente compatibles la fe católica plena y al patriotismo nacional, aunque censuraba a la Iglesia patriótica amargamente, cuyos promotores replicaron al Papa con dureza. En ese mismo año 1954 se habían producido detenciones en masa contra los sacerdotes chinos que rechazaban sumarse a la Iglesia gubernamental.

En 1956 y 1957 Mao desencadenó la «Campaña de las Cien Flores» para animar engañosamente al debate público sobre cualquier cuestión, pero cuando los intelectuales ingenuos levantaron la voz pronto cayeron bajo la guadaña de la «campaña antiderechista» con la que Mao preparaba su «Gran Salto adelante» de 1958. Las Cien Flores se habían convertido en un aluvión de críticas al maoísmo, que cortó esas flores con decenas de miles de ejecuciones; se trata de una de las trampas más criminales de la Historia. Quiso hacerlas olvidar con el Gran Salto Adelante, un gigantesco esfuerzo para fabricar acero en hornos domésticos y reagrupar a los campesinos en enormes comunas. La catástrofe fue indescriptible. El acero producido en los corrales no servía ni para chatarra y todos los demás proyectos naufragaron en la incultura y la ignorancia de la población; las consecuencias del Gran Salto no se han remediado todavía.

En medio de estas alucinaciones el propio primer ministro Chu En lai se decidió a relanzar la Iglesia patriótica de China. Aunque muchos prelados y fieles se mantuvieron firmes y leales a Roma esta vez los comunistas cuajaron el cisma que pretendían desde 1949; la Iglesia patriótica contó con varios obispos desertores, numerosos sacerdotes y miles de fieles. Los obispos cismáticos desatendieron el aviso de excomunión que les vino de Roma y ordenaron a otros obispos y muchos sacerdotes. Algunos obispos y sacerdotes habían desertado después de años de prisión y tortura; y si bien criticaron acerbamente al Papa declararon muchas veces que seguían en comunión con el Papa. Restaba aún a la Iglesia de China (incluida la Patriótica) la espantosa e irracional prueba que se conoce como Revolución Cultural de los Guardias Rojos, diez años eternos a partir de 1966. Pero he preferido referirme a la persecución de la Iglesia en China hasta el fin del pontificado de Pío XII. Ya veremos en su momento que cuando se inició la era reformista de Deng Xiaoping la Iglesia católica no había sido aniquilada en China a pesar de sus terribles heridas. Como en el caso de México, como en el caso de España, los católicos de China habían preservado en gran número su fe, y se dispusieron a seguir luchando por la libertad. No fue éste el menor de los fracasos de ese repugnante e infrahumano fracasado que se llamó Mao Tse tung.

SECCIÓN 4: LA INFILTRACIÓN EN OCCIDENTE: EL MOVIMIENTO PAX

LA DENUNCIA DEL CARDENAL WYSZYNSKI

El coronel José Ignacio San Martín fue nombrado en 1969 jefe del Servicio Central de Documentación de la Presidencia del Gobierno español (SECED) un organismo para la seguridad del Estado que tras varias evoluciones se ha transformado en lo que hoy es el CESID. Al referirse a los primeros años cincuenta el coronel recuerda, en sus Memorias, un dato interesante:

Entre tantas contradicciones que creaban fisuras y disgregaciones se había formado un buen caldo de cultivo para que la subversión política se introdujera en el ámbito religioso, utilizando muchos temas religiosos como medio de una acción demoledora. No era nada nuevo. Diecisiete años antes se me habían proporcionado en París documentos del máximo interés en los que figuraban las consignas de los partidos comunistas para penetrar en los medios religiosos, recomendando incluso la ordenación sacerdotal, para lograr extender su influencia sobre la sociedad[280]. Estos proyectos de infiltración fueron conocidos por San Martín, pues, en 1952, el año anterior al que señala como principio de la agitación subversiva en la Iglesia española. Sin embargo el programa para la infiltración comunista en las sociedades occidentales –según la estrategia de Gramsci que hemos explicado– tiene su origen en la consigna sobre «la hoz y la cruz» dada por uno de los líderes de la Comintern, Manuilski, al nuevo agente de la Comintern, el joven Santiago Carrillo tras la derrota comunista en la guerra civil española, en 1939[281]; durante la segunda guerra mundial se produjeron muchas aproximaciones (sobre todo en campos de concentración) entre cristianos y comunistas y la consigna de 1939 se convirtió, al terminar la guerra mundial, en plan de infiltración elaborado por el PCUS y la KGB desde una plataforma satélite del catolicismo polaco: así nacía el movimiento cristiano-comunista llamado PAX.

Al terminar la segunda guerra mundial un movimiento católico «progresista», es decir, cada vez más claramente comunista, difunde sus actividades «culturales», es decir políticas y proselitistas, en Polonia (presentándose siempre como movimiento católico) y de allí, por la acción personal de su fundador, el conde Boleslaw Piasecki, se extiende a Francia y a Bélgica, prepara activamente el seguimiento y la cobertura informativa del Concilio Vaticano II mediante una institución creada al efecto, el IDOC (esta es la grafía que utiliza el boletín de la institución, de la que hablaremos más tarde) y salta también el Atlántico donde, bajo la forma de «Pax Christi» y de IDOC establece centros activistas en México, los Estados Unidos y muchos puntos de Iberoamérica. Hasta 1963 la prensa «progresista» europea,

[280] J.I. San Marín *Servicio Especial,* Barcelona, Planeta, 1983, p. 120.
[281] R. de la Cierva, *Carrillo miente,* Madridejos, Fénix, 1994 p. 362s.

sobre todo la francesa, obsesionada desde 1945, como veremos, con el entonces famosísimo «diálogo entre cristianos y marxistas» jalea constantemente a PAX y a Piasecki, que siguen extendiendo su red mundial. Pero llega la primavera de 1964 y revienta uno de los grandes escándalos de la Iglesia en este siglo. La revista francesa *Permanences*[282] publica una carta, hasta entonces reservada, de la Secretaría de Estado del Vaticano al Nuncio en París en la que se incluye un informe detallado del cardenal primado de Polonia, monseñor Wyszynski, sobre el movimiento PAX y su fundador-director. Los obispos y superiores religiosos de Francia reciben la carta pero la mantienen en secreto hasta que alguien la filtra, con el informe Wyszynski, en 1964. La revista *Itinéraires* comprueba a fondo las fuentes, se asegura de la autenticidad y publica íntegramente los dos documentos poco después. Era el apogeo de Juan XXIII y del Concilio; la conmoción en el mundo católico y en el mundo estratégico fue terrible y la prensa «progresista», es decir cristiano-marxista de Francia levantó un clamor «ostentóreo» (ese precioso neologismo que ha popularizado la radio satírica) hasta que, por fas o por nefas, hubo de tascar el freno. Me dicen que se publicó una edición española del dossier *Itinéraires* en la Editorial Afrodisio Aguado pero la Iglesia española de entonces, asombrada en el Concilio, vivía las dulzuras oposicionistas de la era Riberi-Benelli (que describiré en el correspondiente capítulo) y alguien debió de comprar de golpe la edición íntegra (como dicen que solía hacer don Juan March con los libros que le molestaban y se ha dicho también sobre mis libros sobre jesuitas y teología de la liberación en los años ochenta) y el dossier no se difundió en España. Creo que por primera vez se publica íntegramente en castellano, con referencia de fuentes, en este libro[283]. Luego matizaré esta exclusiva.

CARTA DEL NUNCIO DE SU SANTIDAD EN FRANCIA 6 JUNIO 1963

El Secretariado del Episcopado ha recibido de Monseñor el Nuncio apostólico la carta siguiente:

«El Cardenal secretario de Estado me ruega poner en conocimiento del Episcopado y de los Superiores Mayores de los religiosos residentes en Francia la nota adjunta sobre la actividad del movimiento PAX.

A este propósito el Cardenal Wyszynski, autor de este informe, ha resumido así su pensamiento:

1.– PAX no es una organización con fin cultural, sino únicamente un medio de propaganda disfrazado para denigrar la actividad de la Iglesia en Polonia mediante la difusión de informaciones falsas.

2.– Este movimiento recibe órdenes y directrices del partido comunista, de la policía secreta y de la oficina para los asuntos del culto.

3.– Como recompensa por su sumisión, PAX se beneficia de ciertas actividades y apoyos, por ejemplo en sus publicaciones y en sus empresas comerciales.

En consecuencia el secretariado del Episcopado hace llegar de buen grado a nuestros señores los Obispos y a los Superiores Mayores de los religiosos residentes en Francia el documento adjunto».

[282] n. 8 (marzo 1964).

[283] Textos íntegros de la carta de la Secretaría de Estado y el informe Wyszynski según la versión autentificada de *Permanences* en *Itinéraires* supl. al nº 86, 3º trimestre 1964.

INFORME DEL CARDENAL WYSZYNSKI A LA SECRETARIA DE ESTADO

Desde hace algún tiempo, pero sobre todo desde el principio del Concilio, la agrupación PAX se presenta como «movimiento de los católicos progres» sobre todo en Francia, difundiendo noticias falsas o equívocas que perjudican a la Iglesia.

PAX se aprovecha de la ignorancia de ciertos medios católicos occidentales sobre lo que se ha venido a llamar «la experiencia polaca de la coexistencia» pero también del silencio forzoso de los obispos, sacerdotes y seglares polacos que se niegan a toda información sobre la realidad polaca, sabiendo que, a su regreso, todas sus palabras serán cribadas por el aparato policial y que la menor imprudencia por su parte provocaría duras represalias.

En estas condiciones, que favorecen la proliferación de opiniones erróneas, con grave perjuicio para la Iglesia de Polonia, se impone una posición vigilante.

1.– PAX se presenta en el extranjero como un «movimiento» de los católicos progresistas polacos. De ello se deriva la tentación de asimilarle a esos movimientos progresistas occidentales que, bajo regímenes democráticos, profesan con toda libertad sus opiniones y sus simpatías por las tendencias de la izquierda política en sus países respectivos.

En realidad PAX no es un «movimiento» sino un órgano del aparato policial articulado estrictamente, que depende directamente del Ministerio del Interior y ejecuta con obsesión ciega las directrices de la policía secreta, la UB[284]. Este hecho no se ignora en Polonia, pero se sabe que es peligroso hablar de ello. Una sola vez, al abrigo del «deshielo» de octubre de 1956, comunistas y católicos estuvieron de acuerdo en denunciar y estigmatizar abiertamente el carácter y las actividades de esta agencia secreta de la UB, de obediencia staliniana. Fue un desahogo de resentimientos largamente reprimidos a propósito de los agentes dobles notorios y temidos, cuyo papel repugnaba no sólo a los católicos sino también a los comunistas honrados. Subrayemos que en esa época la prensa comunista se comportó con especial ferocidad contra PAX. Se llegó hasta sacar a la luz pública, en una revista económica, sus balances para demostrar los favores muy particulares de los que se beneficiaba cerca del régimen, entre otros la exención de todo impuesto sobre las rentas, las concesiones lucrativas y el monopolio en ciertas zonas de la producción (publicaciones religiosas, arte sacro) que la habían convertido en un verdadero trust capitalista dentro de un régimen comunista.

La libertad de expresión debida al «deshielo» de 1956 fue pronto yugulada, pero el pueblo polaco se había valido de ella para aprovisionarse de verdades de las que se le había privado durante mucho tiempo y después nunca ha podido PAX aspirar a la menor influencia efectiva sobre las masas obreras y campesinas, de las que se ha aislado.

Su razón de ser dentro del tablero político del P.C. se reduce pues a su eficacia en el extranjero, donde su colaboración se ha revelado como preciosa. Sobre todo Francia se ha confiado de forma muy particular a los

[284] La UB era la sucursal polaca de la KGB soviética. (N. del E.).

servicios de PAX, sostenidos discretamente por los medios diplomáticos polacos.

2.– Para comprender mejor las actividades de PAX conviene remontarse a sus orígenes. Su fundador, el señor Piasecki, condenado a muerte por los soviets por intervenir en la Resistencia, salvó la vida al precio de un compromiso formal para coartar y esclavizar a la Iglesia en beneficio de la revolución comunista.

Desde el principio PAX ha tenido el carácter de una agencia secreta de estricta obediencia. Todos sus miembros son funcionarios retribuidos (las formas de estas prestaciones varían) obligados a ejecutar planes precisos y a rendir cuenta de ellos. Las órdenes emanan de la oficina central del P.C. El señor Piasecki depende directamente de la Oficina de Seguridad (UB) y de la Oficina de Cultos que dispone actualmente en Polonia de un poder absoluto y de hecho totalitario para todo lo que concierne a la Iglesia católica[285]. El papel del Sr. Piasecki no ha sido siempre fácil. Ha debido y debe maniobrar entre los escollos del «Partido» y del «Antipartido». Caído en desgracia tras el deshielo de 1956, ha podido restablecer poco a poco su posición gracias a los apreciables servicios que ha prestado en el extranjero, sobre todo en Francia.

En Polonia PAX está completamente alejada de las masas campesinas y obreras, más libres para manifestar su desconfianza y más independientes. Los intelectuales, sobre todo los escritores, son evidentemente más vulnerables dado que PAX posee una editorial próspera que paga bien. En un país donde, según confesión del gobierno, los salarios alcanzan raramente el nivel de mínimos, la tentación de colaborar con PAX es evidentemente grande y el rechazo de toda colaboración supone una fuerza de ánimo poco común. Escritores de categoría se han dejado embridar por ventajas materiales. Nadie ignora en Polonia que esta influencia relativa de PAX sobre ciertos intelectuales es función de esas ventajas materiales y que si se la priva de sus rentas quedaría desprovista de la única fuerza de atracción de que dispone en Polonia.

Por encima de esa turba famélica de aprovechados a pesar suyo y de traficantes de progresismo actúa el círculo restringido de los «iniciados» que constituye una casta cerrada e impermeable, ligada por compromisos, es decir por juramentos estrictos y severos. El señor Piasecki es el jefe incontestable de PAX, a todos los niveles.

El señor Piasecki ha dado su medida a raíz de la publicación, en 1955, (en el peor momento del terror staliniano y durante el internamiento del cardenal Wyszynski y otros obispos polacos) de su libro titulado «El problema esencial» que después fue condenado por el Santo Oficio. Esta condena ha obliga-

[285] Cuando se les comunican cuestiones que conciernen, aún de forma indirecta, a la Iglesia, los ministerios polacos se declaran inmediatamente incompetentes (por ejemplo el Ministerio de Defensa Nacional para el servicio militar de los seminaristas, reclutados como represalia contra los obispos por demasiado «refractarios» y las envían automáticamente a la Oficina de Cultos cuyo titular, el Sr. Zbinski, antiguo staliniano, relegado en 1956, rehabilitado después, dispone de poderes practicamente ilimitados para cuanto se refiere a la Iglesia. En Polonia se habla normalmente del «tribunal de la Inquisición Comunista» y de su Gran Inquisidor. (N. del informe).

do al señor Piasecki a revisar sus posiciones. Los católicos de Occidente han hecho mucho caso a su sumisión sin sospechar que él tenía su razón de ser sobre el tablero del P.C., como «sometido» para quedar no FUERA sino DENTRO de la Iglesia. Independientemente del mérito que pudiera alcanzar la retirada de su libro y la nueva orientación de su revista, no olvidemos que, una vez desenmascarada, PAX no tenía otra salida. Es un dato significativo que después, y hasta una fecha reciente, PAX se ha preocupado mucho por la ortodoxia de sus publicaciones.

4.– En realidad sólo la táctica ha cambiado, no el plan estratégico[286]. Después de algunos meses PAX se dispuso a reanimar y difundir las ideas-fuerza de «Problemas esenciales».

Notemos que los años de reclusión del cardenal Wyszynski marcan el apogeo de poder del señor Piasecki. En esta época, a las órdenes de sus grandes patrocinadores, PAX absorbió a TODAS las publicaciones católicas hasta entonces independientes. La destalinización marcó su eclipse y le dejó en la reserva. Hasta que recientemente la estrella del señor Piasecki recupera su fulgor, gracias a la misión que se le ha confiado en relación con el Concilio ecuménico.

5.– Antes de precisar el carácter de esa misión recordemos brevemente los principios que no han cesado de orientar las actividades del Sr. Piasecki que se ajustan siempre, sin fisuras, al plan del partido comunista[287]. «Para acabar con la religión –dijo Lenin– es más importante introducir la lucha de clases en el seno de la Iglesia que atacar la religión de frente». Se trata pues de actuar disolviendo; de formar focos de disensión entre los fieles, pero sobre todo en los medios eclesiásticos y religiosos. Escindir a los obispos en dos bloques: los «integristas» y los «progresistas». Alzar a los sacerdotes bajo mil pretextos contra los obispos. Cavar una sutil base entre las masas mediante distinciones ingeniosas entre «reaccionarios» y «progresistas». Jamás atacar a la Iglesia de frente, sino «por su bien»; por sus «estructuras avejentadas» y los «abusos que la desfiguran». Con hábil labor de zapa, formar en los medios eclesiásticos nudos de insatisfechos para atraerles poco a poco «al clima fecundo de la lucha de clases». Lenta «adaptación» y paciencia para la infiltración de contenidos nuevos en las ideas tradicionales. La ambivalencia de ciertos términos que tienen un sentido muy diferente en Francia y en Polonia («progresismo» e «integrismo»; actitud «abierta» y «cerrada»; democracia, socialismo etc.) contribuye a crear equívocos. En suma, no se trata de «liquidar» a la Iglesia sino de ponerla en trance de embridamiento al servicio de la revolución universal.

«Nos esforzamos en facilitar un proceso histórico inevitable que obligue a la Iglesia universal a revisar sus posiciones» escribe el señor Piasecki en un

[286] Se advertira la ausencia de un párrafo 3 en el informe. Esta omisión o error se deben al documento. (nota de *Itinéraires*).

[287] Esta identidad de puntos de vista e incluso las formulaciones choca a todo lector de la prensa polaca. Las publicciones de PAX reproducen servilmente hasta las expresiones de la prensa oficial. Un jefe invisible parece orquestar los menores detalles. Así muy recientemente el conformismo servil en las apreciaciones del Concilio por toda la prensa polaca salta a la vista. No conocemos un solo caso en que PAX haya dado muestras de una cierta independencia, tomando partido por la Iglesia y contra los patrones de PAX (N. del doc.).

editorial del 25.11.1955. Al mismo tiempo el señor Piasecki se esfuerza en explotar las ideas mesiánicas que halagan el amor propio nacional; «¿No estaría llamada Polonia por la Providencia a servir como MODELO DE COEXISTENCIA entre la Iglesia católica y el Estado comunista?». «Evidentemente –escribe– para que Polonia pueda servir de modelo, hace falta que con la mayor rapidez el catolicismo polaco se transforme en progresista y colabore cada vez más activamente a la construcción económica del socialismo. Este es el deber cotidiano de nuestro movimiento progresista» (Pentecostés 1956).

6.– Para lograr estos fines es absolutamente necesario que «católicos inteligentes, sacerdotes y seglares, encuentren el valor necesario y los argumentos para convencer a los obispos y para mantenerles en una justa evaluación de la realidad temporal político-social».

Esta tentativa de PAX fracasó y entonces «en otoño de 1953 fue necesario hacer un nuevo esfuerzo, muy serio, para asegurar un desarrollo normal de las relaciones entre la Iglesia y el Estado...mediante la decisión del gobierno de prohibir toda actividad al cardenal Wyszynski» («Problemas esenciales», p. 184-5). Esta «decisión» parecía abrir ante el señor Piasecki un campo ilimitado de acción. Alentado por su éxito, el señor Piasecki tomó entonces ABIERTAMENTE el lado del gobierno contra los obispos prisioneros. Sus declaraciones, de una brutal franqueza, le desenmascararon ante el pueblo. Durante los años de reclusión del cardenal Wyszynski el señor Piasecki, seguro de sí mismo y de sus grandes patrones, no escondía su juego. Cínicamente no reconocía a la Iglesia más que «un papel funcional» en el campo socialista, a quien correspondía «la función productora, verificable en la Historia» (ibid.).

La liberación del cardenal en el otoño de 1956 fue para el señor Piasecki un grave fracaso personal. El resentimiento que le produjo explica el encarnizamiento que despliega en sus campañas de denigración, de insinuaciones, hasta de calumnias contra el cardenal Wyszynski más que contra cualquier otro obispo polaco. Esta campaña, ineficaz en Polonia, no deja de lograr cierta influencia sobre los extranjeros que ignoran los datos del problema. He aquí, a título de ejemplo, algunas claves de acusación, sardónicamente difundidas por los servicios del señor Piasecki:

«Los obispos polacos son grandes señores de estilo feudal, anegados en los bienes de la tierra y situados a distancia de los sacerdotes y los fieles».

«Los seglares están oprimidos por los obispos que les privan de toda iniciativa en un sistema de clericalismo obsoleto».

El hecho es que en Polonia ningún obispo tiene cuenta en un banco porque sería inmediatamente confiscada. La caricatura de «grandes señores» esconde una gran pobreza auténtica que en Polonia nadie desea ostentar (sobre todo ante los extranjeros) y que consiste en vivir al día, de recursos otorgados por la Providencia, sin preocupación por el mañana. Pero hay más. Los obispos polacos se aferran celosamente a su pobreza, porque les acerca a las masas. Cuando, con motivo del «deshielo» de 1956 el gobierno del señor Gomulka propuso al Episcopado polaco la restitución de los bienes confiscados a la

Iglesia, la asamblea plenaria de los obispos el 14 de diciembre de ese año tomó por unanimidad la decisión de declinar el ofrecimiento «para seguir junto al corazón de las masas». Un obispo polaco pasa su vida en visitas pastorales y se siente en casa y en familia entre los campesinos y los obreros. Este fenómeno social se desconoce en los países cuyas masas están descristianizadas.

En cuanto a los «seglares» cada obispo, cada párroco, tiene su «consejo» diocesano y parroquial que presta servicios impagables en forma de auténtica trinchera contra las medidas represivas de la oficina de cultos. Cuando estas medidas se aplican pese a esa resistencia, esos seglares protestan en silencio con su presencia que se cifra en millones. ¿Qué obispo no ha visto afluir a su misa, tras un golpe sufrido la víspera, masas de hombres silenciosos, jóvenes y viejos, con el aire grave y decidido?. Estos seglares, privados de los medios de apostolado conocidos en los países occidentales, representan por su calidad y por su número una fuerza que atemoriza al régimen y que explica, al menos en parte, la situación excepcional de la Iglesia en Polonia bajo el gobierno comunista. Subrayemos que ningún miembro de PAX ha formado parte ni puede hacerlo de los consejos diocesanos y parroquiales. Los extranjeros que PAX toma a su cargo y orienta ignoran evidentemente la situación real del laicado polaco.

7.– Con ocasión del Concilio el señor Piasecki fue encargado de una nueva misión que hizo recuperar importancia a su prestigio político y a sus finanzas. CIEN millones de zlotys como crédito anual en vez de cincuenta. CIEN distritos como campo de acción en vez de treinta: ése es el precio, pagado por adelantado, por el que se vincula la participación activa del Sr. Piasecki para la explotación del Concilio a favor del «campo socialista». Es un hecho significativo que sean los comunistas polacos, animados por el activismo del señor Piasecki (a quien consideran como un agente doble notorio) quienes informan y ponen en guardia a los obispos polacos. «Queremos una lucha ideológica, leal –dicen– no un sistema de opresión que se sirve del aparato policíaco y de medidas administrativas para lograr sus fines». Notemos que agrupaciones de ateos polacos invitan a veces a los obispos a debates abiertos sobre cuestiones que les apasionan y que rehúsan discutir con PAX porque no se fían de ella.

8.– No queda, pues, más que el extranjero como campo de acción válido para PAX. No habiendo logrado escindir la cohesión del Episcopado polaco, PAX se esfuerza ahora en oponerle a Juan XXIII, proclamado como «Papa de la coexistencia» así como al episcopado francés, «abierto» y «progresista». Esta tesis, machacada sin desmayos desde hace algún tiempo, toma de pronto, tras el comienzo de 1963, amplitud y resonancias particulares. El tono de la prensa de PAX se vuelve cada vez más virulento y agresivo. La encíclica «Pacem in terris» ha sido recibida estruendosamente y «con profunda satisfacción» como «la consagración oficial» y «la coronación de los esfuerzos» desplegados desde tanto tiempo antes por el señor Piasecki y su grupo:

«El jefe de la Iglesia da la razón a quienes están empeñados en una ideología de coexistencia pacífica y de colaboración con personas que profesan otras ideologías, lo que constituye precisamente el programa de nuestra izquierda política» (Slowo Powscechne, 2.5.63). Según PAX gracias al Papa

Juan XXIII «la era tridentina» de la historia de la Iglesia parece disolverse definitivamente en una época nueva que comienza; «más abierta y más tolerante, inclinada al compromiso». Es decir que «la línea de Juan XXIII invita al Episcopado polaco a revisar sus posiciones fenecidas y tributarias del integrismo de Pío XII». La prensa de PAX insinúa que el cardenal Wyszynski y los obispos polacos están abochornados por esta toma de posición «revolucionaria» del Papa y que con la ayuda «de medios conservadores» del Vaticano hacen todo lo posible para minimizar el alcance de esta «encíclica histórica».

9.– No hay que decir que la óptica de PAX rechaza ver en la PACEM IN TERRIS lo que contraría a sus posiciones ideológicas, y que la negativa de la censura a publicar la traducción polaca de MATER ET MAGISTRA se ha pasado en silencio. Por el contrario el deber de los obispos polacos que discrepaban, según PAX, de esa gran carta de la coexistencia que constituye la PACEM IN TERRIS se detalla minuciosamente:

«El fundamento de la normalización tan esperada en las relaciones entre la Iglesia y el Estado implica el reconocimiento oficial por parte del Episcopado polaco de la estabilidad del régimen socialista, con todo lo que ello implica». (Slowo Powszechne 25.4.63). Esta declaración del Sr. Jankowski, redactor jefe de esa publicación –el diario de PAX– no deja duda alguna sobre las condiciones impuestas por el régimen de Varsovia para la «normalización tan esperada» en las relaciones de la Iglesia y el Estado. Se trata en suma de la aplicación íntegra del famoso principio «política ante todo» mediante la esclavización total de la Iglesia en beneficio de la revolución comunista. Para que no quede duda alguna sobre este punto, el señor Jankowski insiste:

«La experiencia que resulta del reencuentro de la izquierda católica con el mundo socialista consiste sobre todo en la constatación de la necesidad intelectual de enriquecer el contenido del socialismo por los cristianos aliados al Partido de la clase obrera» (ibid.)

El señor Jankowski da a los obispos polacos instrucciones en este sentido: «Habiendo reconocido oficialmente el Papa la primacía del principio de la coexistencia pacífica», el Episcopado polaco debería sacar las consecuencias pertinentes «conformes a las necesidades de Polonia y publicar una declaración especial que sería el punto de partida para la normalización de las relaciones entre la Iglesia y el Estado». (ibid.) Dicho de otra manera, esa «normalización» no puede darse sin un compromiso formal de la Iglesia polaca al servicio de un partido político determinado. Más aún, los representantes de PAX se sienten «impulsados a pasar a la acción en virtud del mandamiento del Papa Juan XXIII». Por consiguiente, la prensa de PAX prodiga a los obispos polacos consejos, es decir amenazas apenas disimuladas, que evocan de forma hiriente la campaña psicológica de la época staliniana. Por eso las protestas del cardenal Wyszynski y del Episcopado polaco contra la intrusión del Estado en la enseñanza religiosa recluida en el interior de los templos ha chocado con la reprobación formal de PAX. En un editorial de «Slowo Powszechne» con fecha de 11,4,63 titulado «Responsabilidad por una perspectiva» leemos lo que sigue:

«La coexistencia pacífica no se favorece por la transferencia de contradicciones filosóficas evidentes en el campo político. Hay que constatar con profunda preocupación que por desgracia algunos sermones del Primado de Polonia no están exentos de tales tendencias. Así el cardenal juzgó oportuno retornar, en un sermón a los Institutos, a la cuestión REGULADA Y EN PLENO FUNCIONAMIENTO de la enseñanza religiosa fuera de las escuelas, y de una forma que, por desgracia, no favorece la solución de problemas difíciles y complicados dentro de las relaciones entre la Iglesia y el Estado».

Pues bien, tres semanas antes de ese editorial una carta pastoral del Episcopado polaco con fecha 21.3.63 había dado a los fieles un aviso sobre esta cuestión aparentemente «regulada y en pleno funcionamiento»:

a) Desde comienzos de 1963 no han cesado de multiplicarse los decretos sobre la enseñanza religiosa.

b) La Oficina de cultos prohíbe enseñar el catecismo a los sacerdotes que pertenecen a institutos religiosos, aun si son curas o vicarios encargados de parroquias, a las religiosas y a muchos catequistas seglares.

c) Se prohíbe la enseñanza religiosa en los domicilios privados, en las salas parroquiales, en las capillas e incluso en determinadas iglesias.

d) Inspectores de la enseñanza pública exigen a los párrocos informes detallados sobre la enseñanza religiosa que tiene lugar en sus iglesias y multiplican las visitas de inspección.

e) Los párrocos que se niegan a esos informes son castigados con fuertes multas hasta diez mil zlotys o más. Los que no pueden pagar esas sumas exorbitantes son amenazados, retenidos y frecuentemente metidos en la cárcel.

f) Se usan todos los medios de intimidación, por ejemplo amenazas, para impedir que los niños acudan al catecismo. Los padres que rechazan someterse son víctimas de graves sanciones. Ciertos grupos sociales (funcionarios, agentes de UB etc.) reciben una prohibición formal de enviar a sus hijos al catecismo, bajo pena de expulsión.

g) Todos los años las colonias de vacaciones agrupan millares de niños a quienes se estorba bajo mil pretextos ir a misa el domingo. En algunos casos se les mantiene recluidos detrás de cercas de alambre mientras se celebran las misas parroquiales.

h) Ningún sacerdote a ningún precio tiene derecho de acceso al recinto de las colonias o de los campos de vacaciones.

i) Los niños que consiguen escapar para ir a misa el domingo son castigados.

j) Los jóvenes que salen de excursión con un sacerdote son seguidos por la policía, frecuentemente con helicópteros, para comprobar si al abrigo del bosque o de la montaña participan en la misa. Sorprendidos «in fraganti» los estudiantes se ven muchas veces privados de proseguir sus estudios.

Todas estas molestias y vejaciones están en contradicción frontal no solamente con la Constitución de Polonia popular y con el acuerdo de 1950 sino también con las leyes y cartas internacionales que garantizan la libertad de conciencia y la enseñanza religiosa, oficialmente reconocidas por el gobierno polaco.

Alertados por la Oficina de cultos, los agentes de la policía secreta vigilan a todos los párrocos de Polonia para prohibir la lectura desde el púlpito de esta carta pastoral que compromete al régimen. Ante la resistencia, pasan a las amenazas: «¡Ateneos a graves consecuencias!. «Pero monseñor Choromski, secretario del Episcopado polaco, responde: «¡Nada puede ser peor de lo que es!».

10.– La actitud de PAX a la luz de los hechos detallados por la carta pastoral del Episcopado polaco es elocuente. Lejos de solidarizarse con las protestas de los obispos ante una situación angustiosa que provoca una justa indignación a todo hombre honrado, aun increyente, PAX proclama «regulada y en pleno funcionamiento» la cuestión, abierta más que nunca, de la enseñanza religiosa en Polonia. Obrando así obedece al Partido en detrimento de la Iglesia.

Nadie ignora en Polonia semejante táctica. Se sabe de antemano que todas las consignas del partido comunista, publicadas por la prensa oficial, se aceptarán y ejecutarán por PAX. No sucede lo mismo en el extranjero, sobre todo en Francia, donde la propaganda de PAX no cesa de intensificarse, utilizando hábilmente las simpatías y tendencias de los medios progresistas franceses, para beneficiarse de su apoyo.

El mayor secreto se guarda en todo lo que concierne la dependencia directa de PAX respecto de los servicios de la policía secreta en Polonia. Por el contrario los agentes de PAX en el extranjero, encargados de operar en Francia, hacen gran hincapié en la «persecución» de que son víctimas por parte del Episcopado polaco retrógrado e integrista. Las mayores invectivas se dirigen contra el cardenal Wyszynski.

11.– Al disponer de fondos considerables PAX activa desde hace tiempo sus contactos y su propaganda, difundiendo en francés una «Revista de prensa católica en Polonia» que sirve a los fines de la organización. PAX facilita igualmente el viaje a Polonia de católicos franceses, sacerdotes y seglares, a los que toma a su cargo y que regresan a Francia con una visión parcial y unilateral, es decir, errónea, de la realidad polaca. Los sacerdotes franceses pilotados por PAX encuentran en Polonia a «sacerdotes patriotas». Los obispos polacos se niegan a verles, por temor a indiscreciones. Vuelven a Francia para difundir, a veces por la radio como el Padre Molin (el cual luego desmintió todo contacto con PAX, nota del doc.) noticias de Polonia que tal vez correspondan a su buena fe, pero no a la verdad. En Francia los agentes de PAX están en permanente contacto con ciertos centros de católicos progresistas que toman su defensa cuando les creen amenazados. En el fondo PAX ha llegado a implantar en ciertos medios católicos franceses la convicción de que sufre persecución por parte del cardenal Wyszynski y el episcopado polaco en virtud de las tendencias progresistas de la entidad. Esta actitud se manifestó de forma espectacular al aparecer en «La Croix» una serie de artículos sobre la situación de la Iglesia en Polonia, en febrero de 1962. El R.P. Wenger, redactor jefe de «La Croix» fue inmediatamente fustigado por sacerdotes y seglares que desmentían violentamente el contenido de esos artículos, fundándose en sus viajes o excursiones a Polonia. La mayor parte de estos contradictores eran amigos de PAX, del entorno de «Informations catholiques internationales». Informado de que el cardenal Wyszynski reconocía la exactitud de los

hechos revelados en los artículos de «La Croix» y sin atreverse a atacarle de frente, el señor De Broucker, redactor en jefe de I.C.I., descubrió su pensamiento en una de sus «cartas a los amigos de I.C.I.» distribuidas a los iniciados, donde hizo entender que el cardenal debería rendir cuentas, con motivo del Concilio, a los cardenales de la Iglesia romana. «Sus jueces y sus pares». Cuando los artículos de «La Croix» estaban a punto de aparecer en forma de libro el censor eclesiástico de París hizo saber al autor «que no podía rechazar el imprimatur al no haber encontrado en el texto error doctrinal alguno, pero que esperaba que el autor tuviese el valor de suprimir el capítulo sobre PAX. Una vez publicado este libro (Pierre Lenert, «La Iglesia católica en Polonia») sufrió una campaña encarnizada por parte de PAX y de sus amigos franceses. Curiosamente, en su boletín, PAX expresa su asombro por la concesión del imprimatur a esa obra. Ningún hecho se ha desmentido. PAX reconoce que el libro de Lenert se difundió durante la primera sesión del Concilio, pero olvida decir que los obispos polacos, consultados sobre ese punto, fueron unánimes en reconocer la exactitud de los hechos relatados. Está claro que PAX teme verse desenmascarada en Francia. En ello le va su propia existencia. Reconocida por los católicos de Occidente como simple agencia de una red policial encargada de coartar y anegar a la Iglesia perdería toda credibilidad en los medios católicos y por este hecho perdería su razón de ser ante quienes la dirigen.

«No son los comunistas a quienes tememos» dice un obispo polaco. «Quienes nos llenan de angustia son los FALSOS HERMANOS».

El lector que conozca ahora por vez primera la realidad del movimiento PAX quedará sin duda tan asombrado como el autor una vez que comprobó la autenticidad de los documentos que se han transcrito, y sobre la que no cabe duda alguna. Si alguien tomaba a broma las acusaciones de infiltración comunista para la demolición de la Iglesia aquí tiene una prueba irrefutable, cuyo origen se remonta a los años cuarenta. Por otra parte queda de manifiesto el heroísmo de la Iglesia de Polonia, que resistió el embate rojo en condiciones dificilísimas, invadida e infiltrada por el comunismo prepotente. Esta victoria interior de los años cuarenta y cincuenta –debida en gran parte a la ya legendaria figura del cardenal Wyszynski– prefigura y explica la victoria definitiva de la Iglesia y Occidente contra el comunismo en 1989, gracias a la superioridad del sistema económico libre y a la clarividencia y el valor sobrehumano de otros dos grandes polacos, Lech Walesa y Karol Wojtyla. Pero hemos de completar este dramático relato con la polémica que suscitó el célebre informe.

LA POLÉMICA SOBRE EL DESENMASCARAMIENTO DE PAX

Las revelaciones sobre el escándalo PAX desencadenaron en Francia un escándalo formidable cuyos efectos acabaron por confirmar el tremendo informe del Primado polaco. En la misma fuente de donde hemos tomado el informe se reseñan detalladamente los puntos fundamentales de la controversia. La revista ultra progresista *Informations catholiques internationales* tardó mucho tiempo en responder a las gravísimas acusaciones que se le dirigían en el informe y lo hizo de forma balbuciente y contradictoria; alguien le recordó públicamente que en 1961 «Informations» había denunciado a PAX. Quedó en claro que la famosa revista se había fundado en 1953 por el padre Boisselot, director de «Les éditions du Cerf» con el nombre de «L'Actualité réligieuse» y cambió su nombre en 1955 por la oposición del episcopado al tratamiento dado por la publicación al asunto de los sacerdotes obreros. (Tanto Cerf como ICI son de «inspiración dominicana»; el progresismo aberrante ya estaba instalado en un sector de la Orden de Santo Domingo, así terminan los tomistas exagerados). Desde el cambio de nombre en 1955 el director de ICI fue Georges Houdin, desprovisto de toda formación teológica «fuera del catecismo y el Credo», según declaró al hacerse cargo de la revista. Desde luego se le nota.

Houdin trató de desvincularse todo lo posible de la organización PAX; el informe Wyszynski había dado en la diana. El director adjunto de ICI no consiguió tomar la palabra en un acto religioso que fue interrumpido por una violenta manifestación de católicos disconformes. Houdin, seguido por algunos obispos de Francia, se refugió en la falsedad de que PAX era un movimientó progresista que sólo actuaba en Polonia, no, como decía el informe, un movimiento comunista destinado a influir en Occidente, en vista de que en Polonia nadie le hacía caso. Mientras tanto otras publicaciones francesas reprodujeron íntegramente el informe Wyszynski y los «progresistas» franceses iban quedando cada vez más en evidencia. El propio Houdin tuvo que declarar públicamente en Lyon que PAX era un organismo comunista de la policía polaca. Por fin el 15 de junio de 1964 ICI publicó, con algunos errores, lo esencial del informe Wyszynski, reconociendo su autenticidad. ICI se vio obligada a admitir la expansión de PAX en Francia, cosa que hasta ese momento había negado insistentemente; así como el intento de actuar en el ambiente del Concilio por parte de PAX. Por fin el 1 de julio del mismo año Jean Madiran publicaba en *La nation française* nuevas revelaciones que completaron el desenmascaramiento de PAX.

Resulta que Boleslaw Piasecki no dependía solamente de los servicios polacos de seguridad sino de la propia KGB soviética, de forma directa. Piasecki era «una criatura del general soviético Ivan Serov, de la NKVD (nombre anterior del KGB) llegado a Polonia en 1944. En esa época Piasecki, como dice el informe Wyszynski, estaba preso de los servicios soviéticos y condenado a muerte. Antes de la guerra dirigía un movimiento juvenil llamado «Falange» inspirado en el antisemitismo nazi y en el fascismo italiano. Tras la invasión alemana fue detenido por la Gestapo y luego liberado; entró en la Resistencia anticomunista y por eso acabó preso y condenado por la NKVD. Los soviéticos reclutaban frecuentemente a sus agentes entre quienes conocían a la Gestapo activa o pasivamente; Piasecki estaba en los dos casos. El plan de infiltración demoledora en la Iglesia fue trazado precisamente por el general Ivan Aleksandrovich Serov, cuyo éxito en la operación PAX le valió seguramente el ascenso a jefe de la KGB y luego del GRU, la inteligencia militar soviética, de lo que nos informa el puntual libro de Barron y el más detallado de Villemarest, que nos describe a Serov como el ojo de Stalin en la

NKVD desde 1934 y luego como director de represiones en masa y especialmente de la matanza de oficiales polacos en Katyn[288]. Cuando aún no se le había desenmascarado, Piasecki trató todo lo posible a los obispos de Polonia según instrucciones de Serov; grababa las conversaciones que fueron utilizadas, por ejemplo, en el proceso contra monseñor Kaczmark, obispo de Kiece, en 1953. Por su protesta contra este proceso el gobierno destituyó al cardenal Wyszynski y le mantuvo preso hasta 1956. Piasecki viajó a París en 1954. Como espía soviético registró muchas conversaciones con dirigentes católicos de Francia. Recogió mucha información, que luego utilizaba para chantajes y coacciones.

La conclusión del espléndido dossier de *Itinéraires* logrará sin duda el pleno acuerdo del lector: **El asunto PAX no es otra cosa que una tentativa –que llegó muy lejos– para la implantación de los servicios de espionaje soviéticos en la Iglesia católica. Ello permite detectar a los sectores católicos que son especialmente vulnerables a semejantes intentos**.

Sin embargo no es esto lo peor. Lo más grave es que el relanzamiento de PAX al acercarse el Concilio Vaticano II se combinó con una metamorfosis del «movimiento progresista», es decir de la central polaco-soviética para la infiltración en la Iglesia: mientras PAX proseguía y ampliaba sus actividades, generó una red mucho más peligrosa, la llamada IDOC, que intensificaba la obra demoledora de PAX y debe considerarse, desde nuestra perspectiva, como uno de los antecedentes esenciales de otro gran movimiento de la estrategia comunista internacional: la llamada Teología de la Liberación y agrupaciones conexas.

DE PAX A PAX CHRISTI: EL PACIFISMO CRISTIANO PROSOVIÉTICO

El informe del cardenal Wyszynski, comunicado por la Secretaría de Estado del Vaticano en 1963 y publicado, previa filtración a la prensa, el año siguiente, supuso un golpe mortal a las actividades de PAX fuera de Polonia. Pero no del todo. Hasta la caída del Muro la estrategia soviética ha patrocinado intensamente los movimientos pacifistas en Occidente; no existía, por supuesto, movimiento pacifista alguno en la URSS y sus satélites. En 1967 el Papa Pablo VI creó el Consejo pontificio «Iustitia et Pax»[289] que hoy preside un conocido «progresista», el cardenal Rotger Etchegaray y en cuyas comisiones nacionales suelen figurar notorios prelados y seglares muy escorados a la izquierda. La conexión entre la KGB y los movimientos pacifistas de Occidente es tan clara que apenas es necesario probarla. Hasta la caída del Muro ejercía un activismo desbordante en España el llamado Movimiento Comunista, centro máximo de la propaganda pacifista, interpretada como contraria al imperialismo americano, naturalmente; ni una palabra, ni un cartel contra el imperialismo soviético. Pues bien, el Movimiento Comunista no ha podido explicar nunca la procedencia de los cuantiosos fondos

[288] J. Barron, op. cit. p. 72n, 128, 303. P: de Villemarest, *G.R.U.* París, Stock, 1988.
[289] Anuario pontificio 1995 p. 1740.

que necesitó para inundar casi todas las paredes de España con carteles (muchas veces agresivos y soeces) al servicio de la «pax soviética». Los sectores más radicales del PSOE y las Juventudes Socialistas fueron pacifistas profesionales hasta que su líder decidió, contra toda su trayectoria anterior, patrocinar el ingreso de España en la OTAN. Entre los promotores y participantes en el V Congreso de teología (liberacionista) celebrado en Madrid en septiembre de 1984 figuraban el movimiento Cristianos por la Paz, Justicia y Paz, comunistas y excomunistas, el padre putativo de la teología de la liberación Gustavo Gutiérrez, los socialistas Ignacio Sotelo, Manuel Reyes Mate y Pablo Castellano, conocidísimos teólogos, el padre Díez Alegría con el canónigo González Ruiz y el presidente y fundador del grupúsculo democristiano PDP, profesor Oscar Alzaga, a quien alguien había dado vela en ese entierro. El pacifismo liberacionista había ofrecido ya un congreso en 1983, con mayoría absoluta de comunistas, socialistas radicales, Cristianos por el Socialismo y partidarios de la teología de la liberación. Durante el quinquenio que precedió a la caída del Muro la estrategia soviética se dedicaba, como hemos comprobado después, a fomentar los movimientos y los alardes pacifistas contra la defensa de Occidente, la OTAN y contra los Estados Unidos que ya preparaban las órbitas para la «Iniciativa de Defensa Estratégica» caricaturizada por la propaganda soviética y pacifista como «guerra de las galaxias». Los pacifistas cristianos se unieron ridículamente a esa campaña y por eso el Muro les cayó también encima a ellos en 1989. Una lectura atenta a los números de la felizmente desaparecida revista roja claretiana *Misión Abierta* de 1983 a 1986, que constituyen una antología del disparate pacifista, sería hoy muy útil y sobre todo muy divertida.

Entre la línea prosoviética de PAX para la infiltración en Occidente a través de la escisión de la Iglesia y las actividades del movimiento católico PAX CHRISTI, revitalizado en los años setenta y ochenta, no veo solución alguna de continuidad. El 28 de Octubre de 1982 el intrépido jesuita de Los Angeles Juan Felipe Conneally, uno de los observadores y analistas mejor informados del mundo sobre los movimientos de «liberación» y sus orígenes, en el contexto de la estrategia soviética y gramsciana, dirigía una carta abierta al cardenal Silvio Oddi, prefecto de la Sagrada Congregación del Clero. Le recordaba la denuncia Wyszynski contra el movimiento PAX y endosaba la reciente condena del cardenal Alfonso López Trujillo, el obispo franciscano fray Boaventura Kloppenburg y treinta y tres obispos del CELAM (Consejo Episcopal Latino Americano) contra el informe emitido por el obispo marxista y liberacionista italiano de Ivrea, cerca de Turín, monseñor Luigi Betazzi, presidente internacional de «Pax Christi» acerca de Nicaragua; un informe absolutamente favorable a los marxistas-leninistas del sandinismo. El informe Betazzi fue publicado tras una visita a Centroamérica por una comisión de Pax Christi Internacional y recomendaba abiertamente el apoyo de la Iglesia católica a los movimientos marxistas de liberación. El obispo Betazzi, según la carta del padre Conneally al cardenal Oddi, fue durante muchos años corresponsal y representante en Italia del movimiento originario PAX; queda clara la conexión de este movimiento con PAX CHRISTI[290]. Betazzi estaba relacionado con el obispo Thomas Gumbleton, quien proclamó en el centro claretiano de Los Angeles el 6 de

[290] Cfr. *Our Sunday Visitor*, 23.V.1982.

noviembre de 1981 la necesidad de rendirse ante las pretensiones del bloque soviético en caso de conflicto[291]. El obispo Gumbleton era presidente de Pax Christi para los Estados Unidos, donde se ha mostrado muy activo un hombre de PAX en Norteamérica, el publicista Gary MacEoin, con el que vamos a encontrarnos inmediatamente. *El National Catalice Reportar* de 30 de octubre de 1981 informaba sobre el crecimiento del movimiento Pax Christi en Norteamérica. En menos de tres años el número de miembros se había duplicado hasta unos cinco mil. Cinco años antes el número de obispos militantes era sólo de tres; ahora ya se contaban cuarenta y seis. La sombra de Piasecki había fructificado en la retaguardia del gran enemigo. Por lo que hace al obispo Betazzi ahora, cuando se escriben estas líneas, se acaba de descolgar con una ardorosa defensa del aborto. No se le puede negar una gran coherencia[292].

LA RED DE PAX PARA LA INFILTRACIÓN EN OCCIDENTE: EL IDOC

Hemos visto en el informe Wyszynski que cuando la KGB y su sucursal polaca comprobaron que el movimiento PAX no lograba uno solo de sus objetivos en Polonia se le encomendaron dos misiones en el exterior: infiltrarse en medios católicos de Occidente (empezando por Francia) e influir todo lo posible, mediante informaciones sesgadas y contextos múltiples, en la orientación del Concilio Vaticano II. Pax cumplió esta doble misión a través de la red IDOC con la que formó en toda América la trama para el brote de la teología de la liberación; y en Europa toda una estructura de retaguardia dedicada al fomento de la subversión cristiano-marxista en América. La agrupación Cristianos por el Socialismo y las Comunidades de base, frentes íntimamente relacionados con la teología de la liberación, son elementos comunes de la misma estrategia en Europa y en América, que después saltaron a los demás continentes. Tomo la información sobre el IDOC de fuentes muy contrastadas. En primer lugar la espléndida investigación *Planificación comunista para España* (que contiene datos y fuentes sobre otras partes) debida a un grupo universitario relacionado con el cardenal primado don Marcelo González Martín y cuya figura principal es una relevante historiadora de investigación. María Luisa Rodríguez Aisa[293]. Segundo, el documentado informe *El IDOC, ¿una jerarquía paralela?*[294]. Y tercero el informe *Catholic Educators and Marxist Ideology. An Unholy Alliance*, que ha obtenido una enorme resonancia en los medios católicos de Estados Unidos[295]. He recurrido además a otras fuentes publicadas o reservadas cuyos datos he confirmado cuidadosamente: entre ellas el gran trabajo de Alejandro Gutiérrez Balboa *Redes internacionales de teólogos*

[291] Cfr. *National Catholic Register*, 22.5.1982.

[292] ABC 12.6.95 p. 19.

[293] M:L: Rodríguez Aisa ha escrito la obra definitiva sobre el cardenal Gomá en la guerra de España. *Planificación* se publicó en 1976 por la Asociación de Universitarias Españolas.

[294] Madrid, CIO, 1968.

[295] *The Wanderer Forum Foundation,* Marshfield, Wis., 1990.

contestatarios. La Inteligencia soviética en los antecedentes de la teología de la liberación[296]. La reconstrucción que propongo queda probada mediante la coordinación de esas fuentes. Que se logra por la interconexión entre los protagonistas y con la presencia común de unas siglas mágicas cuya reiteración está evidentemente pretendida: DOC.

Cronológicamente debemos arrancar, según la información de «Summa» del año 1955, en el que se celebró la primera Conferencia General del Episcopado Latinoamericano (CELAM) en Río de Janeiro, «en ella se plantea que la Iglesia en América Latina padece de problemas muy similares». Ante esto el Papa Pío XII hace un llamado a la Iglesia Universal para atender a la Iglesia de Latinoamérica, llegando a exclamar: «todo lo que se le dé, ella lo devolverá con creces para bien de la Iglesia Universal». (Summa).

Para el autor de este interesante informe se producen dos respuestas al llamamiento de Pío XII; dos respuestas que, por desgracia, resultan muy desviadas de los objetivos del Papa. En primer lugar, y ese mismo año, «surge la Fundación de Estudios de Investigación Económica y Socio-religiosa (FERES) con sede en la Universidad de Lovaina, que de inmediato se da al estudio de la sociología latinoamericana. En 1960 surgirá una sucursal latinoamericana de FERES en Bogotá, que tendrá al frente al sacerdote colombiano Camilo Torres Restrepo, que había estudiado en Lovaina, donde conoció al «padre» de la teología de la liberación, el peruano Gustavo Gutiérrez Merino, y que posteriormente se involucraría en la guerrilla colombiana, resultando muerto en combate el 15 de febrero de 1966, en la localidad de Patio Cemento, provincia colombiana de Santander». El activista principal del centro de Lovaina en Iberoamérica es el sacerdote belga Joseph Comblin, (n. 1923) doctor en Teología por Lovaina y profesor de esa Universidad, que pasó a Iberoamérica en 1958 y ejerció la docencia mientras sembraba el liberacionismo en Brasil, Santiago de Chile y el Instituto Pastoral Latinoamericano de Quito, de donde volvió a Brasil, y tras su expulsión en 1972, a Chile. Comblin es uno de los teólogos de la liberación más tenaces y viajeros.[297]

Otra respuesta (desviada) al llamamiento de Pío XII –sigue el informe Summa– «vino de parte de los jesuitas. La Universidad de Fordham en Nueva York, de esos Padres, funda un Centro de Preparación de Misiones, con la idea de capacitar a los futuros misioneros que irían a América Latina ante una realidad de miseria y de ignorancia, ya que previamente los misioneros realizaban un trabajo empírico y ahora se trataba de darle un sentido mucho más «científico». El primer director ejecutivo del Centro fue el ex-monseñor Iván Illich Regenstreif, personaje nefasto con el que vale la pena detenernos un poco» (Summa, p. 4).

Iván Illich es uno de los activistas primordiales de la Teología de la Liberación y un claro nexo entre el movimiento PAX, el IDOC y sus sucursales americanas. Nacido en 1926 en la ciudad croata de Split fue enviado a los 14 años a un seminario alemán; cursa luego en Roma estudios diplomáticos y es destinado a Puerto Rico como asesor del Episcopado y vicerrector de la Universidad Católica en el bienio 1956-1957. Por sus desviaciones ideológicas se enfrenta con los obispos de Puerto Rico que llegan a excomulgarle durante unos meses. Pasa a Panamá donde

[296] México, Summa, 23.4.1994.
[297] Cfr. Misión Abierta 77 (4 sept. 1984) 44.

pronto es también expulsado y entonces los jesuitas de Fordham le encargan la dirección de su centro de preparación misionera. En él crea el *Center of Intercultural Formation* (CIF) que traslada en 1960 a Cuernavaca, Morelos, en México, con el nombre de Centro Intercultural de Documentación (CIDOC), primera de las instituciones de la serie DOC. Protegido contra viento y marea por el original obispo marxista de Cuernavaca, monseñor Sergio Méndez Arceo, compra el Hotel Chulavista y convierte al CIDOC en un centro de activismo «progresista», contestatario y pre-liberacionista, por el que pasan en cursos diversos, entre 1960 y 1967, unas siete mil personas, sacerdotes, religiosos y religiosas, e incluso varios obispos sobre todo del Brasil. «Tales cursos, que duraban cuatro meses –prosigue el informe Summa– tenían como objetivo «desyanquizar» a los misioneros norteamericanos y demás participantes, haciéndoles un buen lavado de cerebro y presentándoles la realidad norteamericana desde una perspectiva esencialmente marxista. En el lapso del curso había conferencias, discusiones, cursos de idiomas que ocupaban la mayor parte del día, acabando la jornada normalmente a las dos de la mañana. Abundaban las sesiones de historia y de «sensibilización intercultural» en que se creaba para los asistentes un deliberado clima de furia y remordimiento y al final terminaban por culparse de todos los males que aquejan a los latinoamericanos. Iván Illich aseguraba que la Iglesia es «el negocio de Dios y el supermercado del Señor». Ante el cúmulo de informes y denuncias sobre la actividad de Illich el cardenal Franjo Seper, prefecto de la congregación para la Doctrina de la Fe, impuso su expulsión en 1969, pero el daño ya estaba más que hecho.

El jueves 22 de junio de 1995 bajábamos hacia el riente valle de Cuernavaca, reino de la primavera perenne, para encontrar a las sombras destructoras y grotescas del excéntrico Obispo don Sergio Méndez Arco y sus dos ángeles negros, monseñor Iván Illich y el tristemente famoso padre Lemercier. No me explico cómo este trío siniestro pudo unir sus nombres y sus fechorías, durante tantos años. Nos detuvimos unos momentos ante la preciosa fachada renacentista del castillo-palacio donde pasó Hernán Cortés los mejores momentos de su vida y seguimos a pie hasta el conjunto catedralicio, reformado por don Sergio con unos plastrones indigenistas sobre la fachada de la iglesuela que se alza a la entrada, aunque no consiguió destruir su interior barroco como hizo al desnudar su catedral hasta darle la apariencia de un fría iglesia protestante. La diócesis ha cumplido hace poco un siglo; la catedral desmantelada por don Sergio era una antigua iglesia de la Compañía de Jesús, que al arrancarle retablos y altares laterales dejó al descubierto unos preciosos frescos, trazados con técnica escurialense, sobre los mártires del Japón, con los que Méndez Arceo no se atrevió. A mediodía habíamos asistido a la misa de pontifical y órdenes menores que presidió el actual Obispo de Curnavaca, monseñor Luis Reynoso Cervantes, que ha restaurado esa gran diócesis minada por Arceo. Monseñor Reynoso es un canonista insigne, artífice de la reciente e histórica reconciliación de la Iglesia y el Estado en México. Dijo una homilía admirable, interrumpida varias veces por el clamor de los dos mil fieles que le escuchábamos en la Misa del Sagrado Corazón. «¡No hay más que una Iglesia, la de Cristo, el Pueblo de Dios, que nadie debe confundir con esa falsa Iglesia popular!». Acababa de inaugurar un bellísimo seminario repleto de vocaciones y describió en la homilía lo que debía ser el estudio y la investigación científica para sus sacerdotes.

Al acabar la misa nos acercamos y le pedimos que nos considerase miembros de su diócesis. «Ningún obispo de España –le dijimos– es capaz de hablar como usted habla». Y eso que aún no sabíamos la respuesta que había dado –y publicado– al vicelíder de los revolucionarios pseudozapatistas de Chiapas, el fantoche embozado «Marcos» cuando le invitó a la Convención Nacional Democrática: «No asistiré a eso que no es ni convención, ni nacional ni democrática».

Nos recibió a las cinco de la tarde en su despacho, el despacho de Sergio Méndez Arceo entre 1952 y 1983. Nos habló de él con firmeza y caridad. Don Sergio había sido padre espiritual en el Seminario Conciliar de México; excelente sacerdote, integrista y exageradamente estricto. Allí estaba su sombra y sus fotos con el Papa Pío XII y con el entonces seminarista Reynoso, del Colegio Pío Latino Americano. Cuando se casó con la diócesis de Cuernavaca –como solía decir– era tan estricto que anunció la suspensión a divinis contra cualquier sacerdote que llevase en su coche a una mujer, aunque fuera su madre. El Obispo buscaba libros y papeles en su biblioteca. Mercedes se levantó para ayudarle y descubrió en un anaquel mi libro de 1993 *Los años mentidos*, muy subrayado en el capítulo del pobre jesuita Ellacuría. Se rompió el hielo.

Lo que sigue combina las opiniones del actual Obispo con mi dossier sobre Cuernavaca; monseñor Reynoso hablaba de su antecesor con caridad exquisita. Llegaron Iván Illich y el dominico Lemercier y lavaron el cerebro al bueno de don Sergio, que luego, en el Concilio, abogó por el reconocimiento de la Masonería y la aplicación del psicoanálsis a toda la Iglesia, según el ejemplo de Lemercier en el convento de Cuernavaca, al que logró convertir en un antro freudiano. Don Sergio se moría por la publicidad y el protagonismo morboso. Don Sergio se convirtió fervorosamente al marxismo-leninismo y permitió que el CIDOC formase a los futuros apóstoles de Iberoamérica como emisarios de una Iglesia paralela que no necesitaba ni jerarquía ni clero. En varios artículos de «Excelsior» y otros medios mexicanos, desde 1967, se acumulan las herejías patrocinadas por Méndez Arceo y las airadas protestas de los católicos. Cuando el original obispo anunciaba una visita pastoral, párrocos y fieles le prohibían muchas veces la entrada en el pueblo; luego abandonó su actividad pastoral y se dedicó a viajar por todo el mundo como propagandista rojo, pero en hoteles de cinco estrellas, la opción por los pobres. Aquello tenía que acabar como el rosario de la aurora. Lemercier, a sus cincuenta y tantos años, se enamoró de una jovenzuela y pidió a don Sergio que le casase con ella (*Excelsior* junio 1968). Méndez Arceo se definió como «zapatista», nada menos, y en 1969 la Santa Sede sometió a Illich, antes de expusarle, a un interrogatorio en que se le preguntaban cosas horrendas, de las que trató inútilmente de zafarse (Ibid.2 y 3 feb.1969).

Méndez Arceo enloquecía con la mención de los pobres; pero nada hacía para ayudarles a salir de la pobreza. Le sucedió en Cuenavaca monseñor Posadas, el futuro cardenal asesinado, a quien hicieron la vida imposile los sacerdotes de don Sergio e Illich. Cuando Méndez Areco cumplió los 75 años fue cesado en cuestión de minutos (como le sucedió, recordé yo, al cardenal Trancón; a los dos les dio un soponcio). Se dedicó a dar conferecias marxistoides por Cuba, Nicaragua y los reductos de cristianismo marxista. Murió en 1993. Ivan Illich vive, con un terrible cáncer en la cabeza. Le llaman a dar conferencias sobre sociología. El actual

Obispo, que controló desde el primer momento a los «sergistas» con firmeza y comprensión, ve a Illich de vez en cuando; el antiguo sembrador de herejías y odios está ya de vuelta de todo, reconciliado con la Iglesia. Las sombras de la aberración y del cisma se han desvanecido en la idilica Cuernavaca, que tiene hoy la suerte de regirse por uno de los grandes Obispos de América. Casi no queda ni el recuerdo de la insufrible pesadilla, que demuestra de paso que la crisis de la Compañia de Jesús había ya roto aguas en los años cincuenta.

Cuando el movimiento PAX iba a ser desenmascarado por el informe Wyszynski en vísperas del Concilio (que se abrió en diciembre de 1962, aunque el desenmascaramiento no se hizo público hasta el año siguiente) PAX continuó, como hemos visto, sus actividades en Occidente mediante nuevas formas pero centró su principal objetivo en influir sobre el Concilio y condicionarlo. Esto no debe extrañarnos si anticipamos un hecho increíble, que documentaremos en el capítulo próximo; el pacto vaticano-soviético para excluir del Concilio cualquier condena e incluso cualquier crítica al comunismo; la máxima victoria de Kruschef contra Juan XXIII y Pablo VI. Ruego al lector que congele su asombro hasta el capítulo próximo, donde sin duda quedará completamente convencido; también a mí me costó convencerme hasta que comprobé la evidencia documentada. La actuación de PAX sobre el Concilio, denunciada ya en el informe Wyszynski, se ejerció por estas vías:

a) «Mediante contactos a alto nivel, tanto personales (padres conciliares, teólogos etc.) como con organismos dirigidos a la captación de personas y creación de centros que continuaran la labor de PAX; una vez desenmascarado este movimiento –incluso por la revista ICI– tenía que pasar necesariamente a segundo plano» .

b) «Por medio de la creación de una célula en la oficina de Prensa del Vaticano II instalada en Viale Vaticano 54. El montaje y funcionamiento de este centro operativo se debe al periodista polaco conde Krasicki, corresponsal de la agencia A.R., portavoz oficial del gobierno y del partido comunista polaco (y por tanto de PAX). Krasicki, hombre de gran capacidad intelectual y habilidad política, se trasladó unos tres años antes a Roma. Allí montó una «central operativa» involuntariamente acogida por la Sala de Prensa del Concilio Vaticano II. Se rodeó de miembros o simpatizantes de PAX (el periodista Zbigniew Czaukowski y Nicolás Rodostowski, otro aristócrata vendido al marxismo) y otros de Znak. Explorando su situación en la sala de Prensa, se ha permitido el lujo de explicar a todos los ingenuos periodistas, incluso italianos, pendientes de sus labios, que el comunismo se ha hecho bueno. Tanto es así que en Polonia los católicos se han hecho comunistas. Y en caso de duda el conde Krasicki estaba dispuesto a pedir confirmación de la verdad a algunos de sus acólitos, miembros de PAX. Ya no estaban W. Jankowski, redactor jefe del diario de Piasecki y su vice, J. Stefanowicz, que fueron los primeros que en el pasado mes de mayo establecieron el contacto entre PAX, el movimiento genialmente ideado por Stalin y el tal vez un poco menos genial P. Balducci y su grupo florentino *Testimonianze*[298]».

c) La célula de PAX en la Sala de Prensa trabajaba en íntima conexión –es decir, estaba integrada– con el Centro de Coordinación de Comunicaciones

[298] Cfr. Planificación... op. cit. p. 165 y n. 23, Eurico de Boccard, El Español, 2.1.65.

Conciliares (CCC) sobre el que el informe Summa proporciona datos y conexiones de mucho interés:

«Durante el desarrollo del Concilio se formó el Centro de Coordinación de Comunicaciones Conciliares para la prensa (CCC) que era coordinado por cuatro personas, una de las cuales era dirigente del Movimiento Cistiano en México, José Alvarez Icaza, que posteriormente sería fundador del Partido mexicano de los Trabajadores, miembro del partido mexicano Socialista y actualmente del PRD. Esta oficina fue la principal responsable de la labor de desinformación en el Concilio y la autora de la calificación a los padres conciliares de «reaccionarios» o «progresistas» según estuviesen a favor o en contra de las actividades y planteamientos de la corriente contestataria. Al finalizar el Vaticano II, CCC se une al centro de información que había creado los obispos holandeses (grupo de los más contestatarios dentro del Concilio) y que habían denominado DOC. Con esta fusión se crea el IDOC, Centro Internacional de Información y Documentación de la Iglesia Conciliar, que será toda una organización inernacional que coordine todos los grupos nacionales de activistas, progresistas y «reformadores». IDOC garantizará la publicación simultánea de las noticias favorables a sus fines en todo el mundo, derramará un continuo caudal de escritos doctrinales al margen del Magisterio oficial de la Iglesia y por funcionar desde un centro situado en Roma dará un matiz católico a la totalidad de su empresa. Hay que resaltar el hecho de que IDOC está muy vinculada y recibe dinero del movimiento PAX de Boleslaw Piasecki, que tiene estrechos vínculos con una serie de revistas en todo el mundo que le permiten tejer una eficaz red de propaganda en influencia... todo lo anterior sirvió de caldo de cultivo para la gestación de la teología de la liberación en diversos países[299]».

La creación el DOC y del CCC así como su fusión en el IDOC y su dependencia de PAX están plenamente confirmados, en términos muy parecidos, en el informe español *Planificación comunista...* que estamos citando y que por su detallada documentación alcanza una notable credibilidad. Acerca de la eficacia de la oficina holandesa DOC facilita un importante testimonio del canónigo contestatario español José María González Ruiz, miembro por cierto del IDOC: «El material ofrecido por el DOC fue amplísimamente utilizado por los padres conciliares, hasta penetrar –a veces casi intacto– en las últimas redacciones de los textos más significativos del Concilio. El DOC cumplió su función principal durante el Concilio, aportando una buena parte de si mismo a las conclusiones de la magna asamblea[300]».

Los propios órganos del IDOC se han encargado de definirlo: «IDOC es un grupo internacional cuyo cuartel general se encuentra en Roma y una creciente red de ramificaciones que abarcan el mundo entero... En realidad –añade por su cuenta el informe español– la misión del IDOC consiste en llevar adelante la línea de PAX para el postconcilio, difundiendo los «nuevos contenidos» a escala universal:

1.-Constituyendo una potentísima red de difusión de ideas por medio de Editoriales, Prensa, Radio, grupos de trabajo, etc.

[299] Informe Summa p. 7-8.
[300] *Sábado Gráfico,* enero 1975, Madrid. *Planificación...* p. 182.

2.– Creando, potenciando, coordinando movimientos de presión contestatarios del clero y fieles, especialmente por medio de Comunidades de Base[301].

3.– Erigiéndose en una «Jerarquía paralela», en órgano supremo de orientación de los fieles, suplantando al Magisterio de la Iglesia por la prensa y los medios de comunicación manipulados.

4.– Mediatizar y aglutinar a gentes del pensamiento.

5.– Realizar campañas mundiales para promocionar su ideología, prestigiar a sus adeptos y anular a sus oponentes.

Como puede ver el sin duda atónito lector el *Sodalitium pianum* de San Pío X, tan encarnizadamente fustigado por los «progresistas» era un guiñol para niños en comparación con esta formidable red del IDOC que explica muchas cosas del Concilio y del postconcilio. Muchas cosas: inundación de libros en seminarios y casas religiosas, exaltación de teólogos mediocres como genios de Patmos, divinización del pobre Juan XXIII y abominación de Pío XII...

El 27 de agosto de 1972 la Santa Sede desautorizó al IDOC :

«Ciudad del Vaticano, 27. La Santa Sede ha desautorizado al IDOC por sus actividades relacionadas con el Sínodo de Obispos. Es un centro de documentación instalado en Roma, que comenzó siendo de documentación eclesial de ambigua orientación y que de un tiempo a esta parte se ha convertido en un organismo de presión e indiferencia hacia la Iglesia. Su principal actividad es la de obtener, por medios no siempre legítimos, documentos reservados y secretos de la Santa Sede o de las Conferencias Episcopales y ponerlos, por un alto precio, a disposición de los periódicos. Está también especializado en campañas de propaganda en el interior de la Iglesia contra las orientaciones del Papa y ciertas decisiones del Concilio[302]».

Según los propios documentos reservados del IDOC (de los que el autor posee una amplia colección) el Comité internacional que le rige está integrado por 120 especialistas de 20 países. Casi todos son teólogos y religiosos o sacerdotes. Según J. Abreu Vale, miembro del comité internacional del IDOC en 1967, el presidente era el dominico Van Kets; el secretario general Leo Altig von Gnesau, que al facilitarse estos datos realizaba una larga incursión por las Américas, para organizar centros del IDOC en México, Brasil, Colombia, Chile y Uruguay; ya estaban en funcionamiento los centros de Estados Unidos, España, Holanda, Francia e Irlanda. El secretario técnico era el activista norteamericano Gary MacEoin, que ha relatado las experiencias fundacionales del IDOC en unas descarnadas Memorias donde revela que se encargó personalmente de fundar la sede norteamericana del IDOC en 1967 y unos años después tradujo y publicó en Estados Unidos el libro contestatario del jesuita español José María Díez Alegría *Yo creo en la esperanza*.

El centro norteamericano del IDOC (IDOCNA) en combinación con medios izquierdistas de la Compañía de Jesús ha actuado como una auténtica plataforma para la teología de la liberación[303]. En sus memorias, Gary MacEoin reconoce el activismo mundial de la red IDOC, en la que actuó como «general manager»; se jacta de haber apoyado desde el principio a la teología de la liberación y relata un viaje esperpéntico con un grupo del IDOC en 1968, a Moscú, Praga, Budapest y

[301] Cfr. «IDOC Internacional» nums. 3, 12, 14, 15, 16 19 20, 22.

[302] Ya, Madrid, 28.8.72.

[303] Cfr. «An unholy Alliance» op. cit.

Varsovia, que resume de pleno acuerdo con el jesuita mexicano Enrique Maza: «Nosotros los católicos hemos sido los agresores. Cuando estemos dispuestos a hacer la paz con los comunistas, ellos harán la paz con nosotros». Clarividencia se llama esta figura[304]. Como muestras de las conexiones entre el IDOC y PAX el informe *Planificación* cita la cooperación en la revista inglesa *Slant*, representada en el Comité Internacional del IDOC por Neil Middleton; y el testimonio de Terry Eagleton en la conferencia de Edimburgo (26-11-1966) sobre las estrechas relaciones de la revista y PAX. Las conexiones de la revista francesa ICI con PAX fueron objeto de denuncia pública en el informe Wyszynski, como sabemos; ICI ostentó la primera representación del IDOC en Francia. En Polonia la representación del IDOC la llevaba el círculo «Zatak» que es una virtual emanación de PAX[305].

En el informe, ya citado, de J. Abreu Vale, miembro del Comité del IDOC, que revelamos por vez primera en este libro, figuran los nombres de los miembros del Comité Internacional «para el desarrollo de la información y documentación religiosa», es decir del IDOC . Entre los alemanes aparece el jesuita Seibel, de la revista *Stimmen der Zeit*. Entre los ingleses el entonces jesuita Peter Hebblethwaite, ya famoso publicista y vaticanólogo que abandonó la Orden. Entre los franceses el jesuita Roquette, de la revista *Etudes*. Entre los italianos el jesuita Tucci, de *La Civiltá Cattolica*, revista oficiosa del Vaticano. Entre los argentinos el jesuita J. Luzzi. Los dos chilenos son jesuitas: Juan Ochagavia de *Mensaje* y el teólogo de la liberación Renato Poblete. El sacerdote Gustavo Gutiérrez es el único miembro peruano del Comité Internacional, cuatro años antes de que apareciera su resonante libro primordial sobre la teología de la liberación. La nómina de los miembros españoles es más numerosa: el exministro de Franco «converso» a la democracia por monseñor Benelli, profesor Ruiz-Giménez, fundador de *Cuadernos para el Diálogo*, la revista cristiano-marxista que se encargaba de la difusión del IDOC; el entonces reverendo padre Arias, de *Pueblo*; el inevitable canónigo José María González Ruiz; el no menos inevitable químico Enrique Miret Magdalena; monseñor Jesús Iribarren, del diario Ya; el Rvdo. Dr. Ducastella; y otros miembros más, que están hoy muy de vuelta de aquellas veleidades y desempeñan tan altas misiones en la Iglesia –los dos son grandes Obispos– que prefiero no revelar su nombre. Entre estos miembros españoles del IDOC no aparece, de momento, jesuita alguno, aunque sí en otras naciones. Y eso que la crisis de la Compañía española ya rampaba en el subsuelo de la Iglesia y muy pronto iba a reventar[305].

Como habrá podido comprobar el lector, muchos personajes que han aparecido y volverán en este libro se juntan en las listas del IDOC, del falso progresismo católico, de los jesuitas y otros religiosos de izquierda y de la teología de la liberación apenas naciente. Es un primer indicio –que en los capítulos siguientes hemos de corroborar una y otra vez– de que todos esos nombres y sus organizaciones son, ante el análisis histórico, frentes diversos, pero interconectados y a veces superpuestos, de un gran movimiento contestatario en el seno de la Iglesia, pero vinculado a la estrategia comunista impulsada por el programa católico-comunista PAX y difundido a través del IDOC. Sólo pueden negarlo, e incluso dudarlo, quienes tienen ojos para ver y no ven o no quieren ver, o ven demasiado. Por lo demás el

[304] Gary MacEoin *Memoirs &Memories*,.Mystic, Conn. p. 160s.

[305] Informe oficial (reservado) de J. Abreu Vale, IDO-C 1967. Como la entidad es muy aficionada a difundir informes reservados no me duelen prendas al retribuirle con la misma moneda.

movimiento y la organización IDOC han sobrevivido, inasequibles al desaliento, hasta nuestros días; tengo delante los boletines de 1985-1988 que conservan el mismo espíritu cristiano-marxista que en los buenos tiempos del diálogo. Como en el caso de ciertos teólogos «progresistas» y liberacionistas la caída del Muro no parece haber terminado con el IDOC aunque sus publicaciones parecen, desde entonces, boletines para zombies.

SECCIÓN 5: LA TRAMPA MARXISTA DEL DIÁLOGO

INFILTRACIÓN MARXISTA Y CAPTACIÓN POR EL DIÁLOGO

A partir de los años cuarenta en Occidente no se hablaba de otra cosa que del diálogo. (En España esta piadosa costumbre no arrancó hasta los sesenta, pero con fuerza arrasadora). El diálogo, por supuesto, se planteaba entre marxistas decididos y cristianos ingenuos con vocación suicida. (He leído alguna vez a Santiago Carrillo riéndose del diálogo; y afirmando, con bastante razón, que ningún comunista se ha hecho cristiano por el diálogo, pero muchos cristianos se han hecho comunistas). El diálogo se había iniciado en tiempos del dialogante Stalin pero llegó a su apogeo como método para lograr la «coexistencia pacífica» que era la obsesión de Nikita Kruschef, el cual con ese diálogo lo que pretendía era ganar tiempo para que la economía y la sociedad soviética adelantasen y desbordasen a la occidental; es sabido que acabó estrellándose, pero su interlocutor era, al principio, el Papa Juan XXIII que creía en el diálogo por motivos que explicaremos al trazar sus rasgos biográficos y pastorales. De todas maneras el diálogo, como acabo de indicar, empieza mucho antes de Kruschef; es un recurso táctico de los comunistas y sus movimientos afines, como PAX y luego el IDOC a raíz de la victoria soviética en la segunda guerra mundial y sobre todo en la época conciliar. El fundamento del diálogo era la seguridad de los soviéticos en alcanzar pronto la hegemonía universal y la sospecha e incluso la certeza temerosa de muchos occidentales –entre ellos los dos Papas Juan XXIII y Pablo VI, seguidos por gran parte del clero y de la Iglesia– de que el comunismo pudiera imponerse en todo el mundo. Es decir que leyeron a George Orwell y en vez de enardecerse el espíritu para el combate se creyeron literalmente la profecía de *1984*. Porque el diálogo se daba sólo en Occidente; dentro del bloque comunista ya hemos visto el tipo de diálogo que se utilizaba. El término sonaba muy bien; pero no significaba realmente intercambio sino entrega de los cristianos a los marxistas, como tan certeramente había propuesto Lenin. Aquellos cristianos abrumados y alucinados por el tremendo avance del marxismo-leninismo, que en pocos años, desde 1944, había llegado a dominar medio mundo, entonaban el «sálvese quien pueda» como tantos obispos y cristianos a partir del siglo IV ante la salvaje presión y las primeras incursiones de los pueblos bárbaros del Norte contra el Imperio romano. Pretendían que la Iglesia sobreviviera a la gran invasión y esperaban, entregándose a ella, tal vez encauzarla y dominarla, como en efecto consiguieron; porque de aquel choque de pueblos transformado en síntesis brotó nada menos que la Cristiandad medieval. La diferencia es que los bárbaros de los siglos IV y V se mostraron dispuestos a la asimilación del mensaje cristiano; y los bárbaros comunistas del siglo XX trataban de apoderarse de Occidente para arrancar de raíz el Cristianismo y hasta la idea de Dios.

Los cristianos que dialogaban con el marxismo no dialogaban con su propia Iglesia, la increpaban, se rebelaban contra ella. Junto al término «diálogo» el más famoso desde 1945 a 1985, más o menos, era el de «profetismo» utilizadísimo como una bandera por los «contestatarios» que eran, sencillamente, los cristianos y curas y monjas marxistas y sus congéneres, tan redomadamente cursis (además de falsarios) que cuando se enfrascaban en la crítica heterodoxa contra la Iglesia decían expresar una «denuncia profética»; ese término se utilizó mucho en España desde 1969 a 1975 como sinónimo de protesta política contra Franco. Por supuesto que toda esa nutrida tropa jamás expresó una sola denuncia profética contra el régimen de la Unión Soviética y sus países satélites, incluidas, en su momento, Cuba y Nicaragua. Y buena parte de la Iglesia y de la jerarquía se tragaba esas palabras vacías y parciales, sin la menor crítica, sin el menor sentido del ridículo. En resolución, y ante un análisis histórico elemental desde nuestra perspectiva de hoy, el diálogo de la época conciliar era un movimiento de origen marxista-leninista para la captación de los cristianos «progresistas», es decir, retrógrados; porque no cabe actitud más retrógrada que orientarse hacia la catástrofe marxista. Y frente a su propia Iglesia esos cristianos exhibían muchas veces, con actitud prepotente, la «contestación» y la «denuncia profética». Hoy nos parece ridículo pero el diálogo y la denuncia duraron décadas enteras. Nunca olvidaré cómo intérpretes desorientados –pienso en el pobre José Luis Martín Descalzo– elogiaban a los contestatarios de los años sesenta y setenta (que no eran más que escuadras para la demolición) como «una parte muy sensible de la Iglesia». Si estaban en la Iglesia, que lo dudo, constituían su parte más insensible.

LOS PRECURSORES DEL DIÁLOGO CAEN EN EL MARXISMO: LOS CASOS DE JOSÉ BERGAMIN Y EMMANUEL MOUNIER

Ya vimos en el Pórtico de este libro la confesión pública de dos grandes prelados de la Iglesia de Francia, monseñor Albert Decourtray, presidente de la Conferencia Episcopal y el cardenal Lustiguer, arzobispo de París, sobre la complicidad de la Iglesia francesa con el marxismo a partir de los años cuarenta[306]. **Los primeros campos de concentración soviéticos** –recuerda el cardenal de París, una de las grandes figuras de la Iglesia actual– **datan de 1923, antes del triunfo**

[306] Cfr. ABC de Madrid, 7.1.1990 p.

de Hitler. Creo que sería oportuno reflexionar sobre toda nuestra historia. ¿Cómo ha podido la opinión pública estar prisionera de tales fascinaciones y tales esperanzas?. La alianza táctica entre los occidentales, especialmente entre los Estados Unidos y Stalin, también debiera ser objeto de reflexión. ¿Era necesario aliarse con el diablo para vencer al diablo? No se puede acusar sólo a la Iglesia de falta de coraje y lucidez. Todo Occidente ha sido cómplice del marxismo.

Monseñor Lustiguer no duda en pronunciar en voz alta los adjetivos más crueles. El «terrorismo intelectual» practicado por una parte decisiva de toda la intelligentsia marxista contra el resto de la comunidad ciudadana. Monseñor Lustiguer subraya en particular la influencia trágica del marxismo en un número sensible de obispos, compañeros de viaje de "Action Catholique Ouvriére" entre 1965 y 1975.

Eran los obispos del diálogo. Pronto concretaremos los nombres de los responsables del «terrorismo intelectual marxista» aunque a algunos ya los hemos citado: los esbirros stalinianos del movimiento PAX, que tan hondas raíces echó en Francia. Pero antes voy a mencionar a algunos iniciadores del famoso diálogo en Italia, en España y en Francia. He antepuesto la denuncia –tardía– de los cardenales franceses porque tiene validez general para todo Occidente, como afirma monseñor Lustiguer.

El ejemplo personal del salesiano Giulio Girardi, apóstol del diálogo y precursor del liberacionismo, ilustra muy bien sobre los efectos reales del diálogo entre cristianos y marxistas. Girardi inició sus contactos con el marxismo desde una posición muy crítica, como puede verse en el importantísimo libro colectivo *El ateísmo contemporáneo* dirigido por él, y que contó con la colaboración de una gran parte de los más eminentes teólogos de la época, de Karl Rahner a John Courtney Murray[307]. Muy poco después de que actuaran unidos en esta magna obra sus diversos autores se aventaron; algunos se mantuvieron fieles a la Iglesia, otros cayeron en el polo marxista del diálogo, encabezados por el propio Girardi, quien hubo de dejar su cátedra en la Universidad Pontificia salesiana de Roma para convertirse en marxista militante y predicador del liberacionismo marxista más radical. La teología de la liberación y demás movimientos del cristianismo marxista nacieron del diálogo. La posición de Girardi como director de esa obra colectiva es cinco años posterior al Concilio Vaticano II; su «conversión» al marxismo ya se estaba gestando por entonces. He querido abrir estos apuntes sobre el diálogo con el ejemplo de Girardi, por la relevancia teológica del personaje y la magnitud de su escándalo en la Iglesia. Y porque su caída en el marxismo constituyó uno de los grandes impulsos iniciales para la teología de la liberación. Pero merece la pena que nos remontemos en el tiempo para descubrir a los auténticos precursores del diálogo cristiano-marxista y explicar su captación en las redes del comunismo; se trata de dos célebres escritores católicos, el español José Bergamín y el francés Emmanuel Mounier.

Durante la segunda República española Bergamín fundó la revista *Cruz y Raya* que se publicó entre 1933 y 1936 como órgano del embrionario cristianismo de

[307] G. Girardi (dir) *El ateismo contemporáneo* vol IV. (Turín 1970). Trad. esp. de Edics. Cristiandad, Madrid.

izquierdas en aquella España de persecución y de cruzada. Allí E. Imaz había aportado una interesante aproximación al marxismo[308] y el propio Bergamín exaltó al paraíso cultural de la URSS en su elogio al sistema de congresos internacionales de la cultura, que eran portavoces de la propaganda staliniana en los años treinta (ibid. p. 408). De ahí a la colaboración descarada con el comunismo staliniano no había mas que un paso y Bergamín lo dio en la guerra civil española. Su repugnante prólogo al libro de Max Rieger, *Espionaje en España*, editado en 1938 por el centro comunista «Unidad» en Barcelona, justificaba (p.8) la persecución marxista contra la Iglesia mártir de España: **Aquella humareda de un centenar de templos incendiados, acaso muchos por la provocación facciosa, y las muertes de muchos religiosos que no fueron, sin embargo, víctimas del cumplimiento de su fe católica, sino más bien del hecho de no haberla cumplido, traicionando, o por sí mismos o por la criminal irresponsabilidad de su jerarquía, sus ineludibles deberes ciudadanos...** Y luego arremete, de acuerdo con las consignas de Stalin, contra los presuntos trotskistas españoles, acosados por los comunistas stalinianos. No pudo caer más bajo el presunto diálogo; no pudo resultar más vergonzoso el ejemplo, que ha sido seguido después, de forma increíble, por católicos como Enrique Miret Magdalena, que cuando sólo era un adolescente defendía durante la República, pistola en mano, la Iglesia de San Jerónimo el Real de Madrid y luego se atrevió, en los años ochenta, a atribuir el asesinato del santo obispo de Barcelona, monseñor Irurita, durante la guerra civil, a que el prelado fomentaba la custodia de armas en las iglesias de su diócesis, lo cual, además de una falsedad, me parece una estupidez. El señor Miret, cristiano marxista, es un compañero de viaje de los socialistas españoles más radicales durante la transición que siguió a la muerte de Franco[309].

La figura de Bergamín no se puede comprender sin el precursor francés y paralelo del diálogo cristiano-marxista, Emmanuel Mounier, nacido en Grenoble el año 1905. En su juventud experimentó una gran influencia de Charles Péguy, impulsor de una especie de revolución socialista cristiana, romántica y utópica; la de Maritain, de la que Mounier extrajo su primordial convicción socio-política, el personalismo. Su trayectoria se orientó desde una imprecisa «revolución personalista» (que Maritain, en su correspondencia con Mounier, criticó como proclive al marxismo) al diálogo abierto con el marxismo y la cooperación cristiano-marxista[310]. La influencia de Mounier en el pensamiento cristiano contemporáneo nos impulsa a seguir su trayectoria desde la sucesión de sus obras[311]. El primer libro importante de Mounier es *El pensamiento de Charles Péguy* (Plon, 1931) en que Mounier admira en su modelo la sublimación cristiana del socialismo utópico. En 1932 Mounier funda la revista católica *Esprit* que dirigió hasta el final de su vida y mereció los recelos de Maritain ante su claro deslizamiento hacia la revolución proletaria de signo marxista. En 1935 Mounier expone en *Revolución personalista*

[308] Cruz y Raya, *Antología*, Madrid, Turner, 1974, p. 144.

[309] El señor Miret se extrañaba, en conversación conmigo, de que yo conociera el episodio de su defensa de San Jerónimo el Real. Es que otro de los defensores era mi padre.

[310] Cfr. *Maritain-Mounier*, 1929-1939, Desclée, 1973.

[311] Vol I, (1931-1939) editado por Laia en 1974; y un tomo III (1944-1950) de Seuil en 1992 contienen, a mi ver, las obras fundamentales.

y comunitaria, (compuesta por artículos publicados en *Esprit*) su posición anti–derechista; la necesidad de «separar lo espiritual de lo reaccionario». Pero a la vez está buscando una tercera vía entre liberalismo y marxismo; en esta búsqueda consumirá su vida, sin imaginar que de hecho esa vía es imposible en el mundo contemporáneo. En 1935 Mounier criticaba al marxismo por decir que «toda actividad espiritual es una actividad subjetiva (op. cit., I., p. 167) aunque muestra su aprecio por el método marxista (ibid. p. 170). Propone al personalismo como vía entre el individualismo liberal y las tiranías colectivas (p. 207) De la persona se eleva a la comunidad, concebida como «persona de personas». (p. 233). La comunidad es espiritual; la Iglesia sólo se realiza en el otro mundo. Pero «somos totalitarios en intención última» (p. 242) Tras un excelente análisis del fascismo, al que Mounier rechaza sistemáticamente (p.257/ se declara también, hasta el final de su vida, antidemócrata: «No es posible combatir la explosión fascista con lacrimosas fidelidades democráticas, con unas elecciones (p.257). Esta posición de Mounier en 1935, de la que nunca se retractó, jamás se expone ni se reconoce en medios demócrata-cristianos de hoy que dicen inspirarse en su doctrina.

Sin embargo creía entonces Mounier que quienes se entregan a Moscú sufrirán «nueva servidumbre» (p. 295). Con motivo de los enfrentamientos de 1934 en Francia Mounier ratifica su posición antidemocrática y reclama «un personalismo popular» (p. 338) contra «la ley del número no organizado.» Combate a la «ideología de 1789 que envenena a todos los demócratas, incluso a los demócrata-cristianos» (p. 339). Porque «nunca se denunciará bastante la mentira democrática en régimen capitalista» (p. 340). Acepta ya la lucha de clases (p. 383) y critica a los partidos políticos «que son un estado totalitario en pequeño» (p. 397). Se muestra partidario, según la doctrina política de la Iglesia de entonces, de la «acción orgánica o corporativa» (p. 397). Había reiterado sus posiciones en otra obra de 1934, *De la propiedad capitalista a la propiedad humana*, donde persiste en su tercera vía utópica entre capitalismo y socialismo.

En septiembre de 1936, tras el estallido de la guerra civil española, Mounier compone una de sus obras capitales: el *Manifiesto al servicio del personalismo*. Definido como «toda doctrina que afirma la primacía de la personalidad humana sobre las necesidades materiales y sobre los mecanismos colectivos» ibid. p. 556). José Bergamín ha convencido ya a Mounier de que tome partido a favor del Frente Popular en la guerra de España; pero Bergamín ha caído ya en la plena cooperación con el marxismo, Mounier repudia todavía al marxismo porque «queda en efecto en la base del marxismo una negación fundamental de lo espiritual como realidad autónoma, primera y creadora» (p. 590). La crítica de Mounier al marxismo en 1936 se extiende entre las páginas 590 y 599 de sus obras, primer tomo de la edición española citada y es completa y profunda. «La laguna esencial del marxismo –resume– es haber desconocido la realidad íntima del hombre, la de su vida personal» (p.597). En 1937, cuando Bergamín se convierte, como acabamos de ver, en cómplice de la campaña comunista contra la Iglesia de España, Mounier proponía, en *Anarquía y personalismo*, una seria crítica a los teóricos anarquistas, no sin expresar algunas afinidades que sin duda no contrastó con los crímenes y disparates que los anarquistas perpetraban entonces en la zona roja de España. Tras el resumen *Personalismo y cristianismo* (1939) Mounier expone su posición contraria a los acuerdos de Munich en 1938 mediante su libro profético *Los cristianos ante el problema de la paz* (1939). Cree con razón que la falsa paz de Munich es «un silencio erizado de odio» (p.903).

La segunda guerra mundial imprime un viraje de Mounier hacia el marxismo. Este cambio de actitud coincide con el de muchos cristianos que habían convivido con los comunistas en cárceles y campos de concentración alemanes y habían dialogado con ellos sin convencerles demasiado, pero dejándose convencer por la fe en el futuro que demostraban los hombres de la Comintern, sobre todo cuando el Ejército Rojo avanzaba como un rodillo sobre la Europa oriental y central. Mounier se había enfrentado con el régimen colaboracionista de Vichy. Había sufrido cárcel durante la ocupación alemana. Fue precisamente uno de los muchos cristianos que había entablado en la cárcel relaciones personales con los comunistas. Esos contactos le transformaron y desde entonces orientó su teoría personalista en sentido de diálogo primero y luego en abierta cooperación con los marxistas y los comunistas. La nueva doctrina de Mounier, que se enfrentaba a las cautelas y las enseñanzas de Pío XII, arrastró a buena parte de la opinión católica *progresista* en Francia y se convirtió en el nuevo evangelio de un cristianismo de izquierdas; ya vimos cómo José Bergamín se adelantó varios años a su amigo francés en este viraje. Señala con razón Alfonso Carlos Comín que Mounier, muerto en la plenitud de su vida el año 1950 no llegó a dar el último paso –la militancia marxista y comunista– que dieron muchos de sus discípulos, entre ellos el propio Comín, miembro de la asociación Bandera Roja y el Partido Comunista, de cuyo Comité Central llegó a formar parte. Y dice Comín con toda lógica que la última consecuencia de la aproximación cristiano-marxista iniciada por Mounier fue precisa mente la teología de la liberación.

Vengamos ahora a la exposición de las ideas de Mounier en el tomo III de la edición francesa de sus obras. En *L'affrontement chrétien* (1945) expone el fracaso y la angustia del cristianismo en el mundo moderno. (Mounier sintió una honda influencia de Unamuno). En la *Introduction aux existentalismes* de 1947 concibe al existencialismo, (entonces esgrimido ya por Sartre) como una reacción contra la filosofía de las ideas y de las cosas (III, p. 70). El existencialismo de Sartre consistía en una apoteosis del ateísmo nihilista pero el de Mounier marca un retorno a la religión, compatible con el ateísmo (p. 175). Y es que la aproximación a la marxismo inducía a Mounier a espejarse en el absurdo.

La otra clave para comprender el viraje de Mounier hacia el diálogo y la convergencia con el marxismo es también de 1947, *Qué es el personalismo*. Se inicia con una revisión del Manifiesto de 1936. Y con la afirmación –impensable en 1936– de que «el personalismo es compatible con el comunismo» (III., p. 179). Reconoce que en 1936 *Esprit* corría peligro de deslizarse en la utopía (p. 188). Y demuestra su viraje de guerra: en 1936 excluía totalmente al marxismo pero en 1947 cree que «la crítica marxista de la alienación y la vida del movimiento obrero está impregnada de personalismo» (p. 203). La guerra –y la victoria de las democracias liberales– le impulsa a dulcificar sus condenas anteriores contra la democracia; en 1947 la libertad de espíritu, movimiento e iniciativa son para Mounier patrimonio de la democracia parlamentaria (p. 203). Y también hay cierto personalismo en el cristianismo liberal. Pero para salir de la utopía Mounier abandona pronto la tentación democrática y se inclina a un claro compromiso con el marxismo en un texto fundamental que reproduce, alborozado, Alfonso Carlos Comín:

El hombre es un ser en el mundo... La persona no vive ni existe independientemente de la Naturaleza... No hay creación que no sea, a la vez, producción. No hay, para el hombre, vida del alma separada del cuerpo, ni reforma moral sin aparato técnico, ni, en tiempo de crisis, evolución espiritual sin revolución material. El gran éxito del marxismo es haber puesto en evidencia esta solidaridad y haberla analizado en la realidad moderna... Nos sentimos frecuentemente acordes con el marxismo en esta exigencia de método. En un mundo donde el súbito empuje de las técnicas condiciona el planteamiento de todos nuestros problemas, no hay menos razón de insistir sobre la importancia histórica de las estructuras económico-sociales. En estas afirmaciones nada hay de materialista necesariamente, en el sentido exclusivo del término.(Ibid. p. 217). Nada tiene de extraño que en la p. 227 Mounier baje la guardia ante un marxismo que ya no es un término de combate y proponga que marxismo y cristianismo se sobrepasen mutuamente hacia el futuro.

En *La petite peur du XX siècle* Mounier propondrá nuevas orientaciones de signo monista que asumirá, en su momento, la teología de la liberación. «La esperanza cristiana –dice– no es evasión. La esperanza del más allá despierta inmediatamente la voluntad de organizar el más acá» (p.346). De ahí a negar la realidad del mas allá no hay más que un paso, que los liberacionistas darán apoyados en la utopía marxista más que en la esperanza cristiana. Insiste: «El más allá está desde ahora entre vosotros, por vosotros». Porque «quedan en Europa dos grupos de hombres en los que arde la fe: los marxistas y los cristianos» (p. 391).

En 1949 vuelve Mounier a su negación de la democracia. La última de sus obras (1950, año de su muerte) es *Feu la Chrétienté*, en la que descuella una feroz crítica a la Democracia Cristiana que ha tomado el poder en algunas naciones de Europa después de la victoria aliada de 1945. Mounier , al borde de la entrega total al marxismo, se indigna porque muchos cristianos se encuentren tan a gusto con la democracia burguesa después de las dos guerras mundiales, justo cuando esa democracia está a punto de expirar (¡Qué vidente!). Para él los partidos democristianos son «uno de los peores peligros que corre el cristianismo en Europa» (p. 532). La DC europea de postguerra es «el clericalismo centrista». Y despeñado por el despropósito, Mounier cree que «comunismo y cristianismo se unen como Jacob y el ángel con una fraternidad del combate que sobrepasa infinitamente el juego del poder» (p. 614). Y es que el comunismo «forma parte del reino de Dios» y por eso «la mano tendida es impulsada por el Dios invisible» (p. 615). Un año antes Pío XII había condenado solemnemente al comunismo. En cambio el Papa Juan XXIII, tan condicionado por el movimiento de las ideas en Francia, se sintió muy impactado por el pensamiento de Mounier, el gran teórico del diálogo entreguista entre cristianos y marxistas. La evolución del Mounier español, Alfonso Carlos Comín, es una prueba clara del final lógico al que irían a desembocar las utopías, las confusiones, las aberraciones de un personalismo abocado al marxismo.

Ya he indicado cómo Alfonso Carlos Comín, católico perteneciente a una familia de derechas, terminó su trayectoria en un comité central comunista. En su introducción al tomo I de las obras de Mounier, Alfonso Carlos Comín le reconoce como precursor de diálogo y revela el desenlace de su propia evolución, el paso final que Mounier no tuvo tiempo de dar: **la reinterpretación de la fe desde la opción socialista asumida**.(Mounier, Obras, I., p. XLV) . En momentos dramáticos de la pre-transición española hablé algunas veces en Barcelona con Alfonso Carlos Comín, que ya mostraba un aspecto muy enfermizo en su extrema delgadez. Hablamos con talante de comprensión mutua y unidos en la misma fe católica. Pero algo me decía que mi interlocutor había caído en corral ajeno y que la fe marxista superpuesta que me demostraba dependía más del fanatismo que del «obsequio razonable». Con José Bergamín no llegué a hablar pero mantuve con él una breve correspondencia a mediados de los años setenta. Conservo sus cartas, comprensivas, amables y patéticas. Me daban la impresión de que se sentía en la etapa final de una vida que no había sido la suya. Murió a fines de agosto de 1983 en San Sebastián y fue enterrado envuelto en una bandera vasca entre los desmesurados (y crudelísimos) elogios de la izquierda y la extrema izquierda española, especialmente la separatista. Aún me estremezco al recuerdo del epitafio que el mismo se había dedicado: «Y no quisiera morirme aquí y ahora, para no darle a mis huesos tierra española»[312]. Así acabaron los dos grandes precursores católicos del diálogo cristiano-marxista: Emmanuel Mounier en plena desobediencia al mandato de Pío XII contra el comunismo; José Bergamín con un acto final de odio a España, tras haber calumniado gravísimamente a la Iglesia de España en 1937 con su actitud servil ante la propaganda comunista. Alfonso Carlos Comín, por su parte, ha sido, como Girardi, una conexión viva entre el diálogo y los movimientos liberacionistas, concretamente el de Cristianos por el Socialismo, es decir, el comunismo.

LA TRAYECTORIA FALSEADA Y LA RETRACTACIÓN DE MARITAIN

Jacques Maritain ha sido sin duda el intelectual católico más influyente durante los dos primeros tercios del siglo XX. Entre sus innumerables discípulos se cuentan Emmanuel Mounier, Giovanni Battista Montini y la Democracia Cristiana en pleno. El 8 de diciembre de 1965, al término del Concilio Vaticano II, el Papa Pablo VI entregó solemnemente a su maestro Maritain el primer ejemplar de la Constitución *Gaudium et spes* como reconocimiento excepcional a la doctrina del gran pensador sobre la Iglesia en el mundo real. La Internacional demócrata cristiana ha instituido la Fundación Jacques Maritain con centros en todo el mundo pero he podido comprobar a lo largo de bastantes años que muchos presuntos discípulos de Maritain no demuestran haber leído una palabra del escritor; y por supuesto jamás citan sus opiniones sobre la Democracia Cristiana ni menos su admirable libro de palinodia y despedida, con el que el apóstol del progresismo católico abominaba del progresismo.

[312] Cfr. «El País» 30.8.1983 p. 20.

La mejor guía para la vida y la obra de Maritain es seguramente el libro de su discípulo Jean Daujat, *Maritain, un maître pour notre temps*[313]. Había nacido en París en 1882, en una familia adicta al protestantismo liberal. Evolucionó desde el racionalismo a la fe gracias a la ciencia contemporánea, que conocía por dentro. Henri Bergson le dio el sentido de lo absoluto; y dos grandes escritores católicos, Charles Péguy y León Bloy, le acercaron a la Iglesia. Se casó en 1904 con Raïssa Oumancoff, joven judía de ascendencia rusa, poetisa profunda y contemplativa vocacional. Con ella entra en la Iglesia católica en junio de 1906 y desde entonces su vida es una historia de amor en la fe. Se orienta hacia las posiciones integristas de la *Action Française* en la que no llegó a ingresar, pero colaboró con Henri Massis y participó en la lucha de la derecha francesa contra Dreyfus. Un dominico, el padre Clerissac, le condujo hasta Santo Tomás de Aquino, con quien hasta el fin de su vida entró Maritain en fecunda simbiosis, que no le privó ni de originalidad ni de sentido de la auténtica modernidad. Su primer libro se dedica, en 1913, a la filosofía bergsoniana; quizá date de este hecho mi viva inclinación a Maritain ya que mi primer estudio monográfico en el campo del pensamiento fue también una tesis sobre Bergson –en 1951– que presenté como trabajo de licenciatura con acogida entusiasta de un filósofo eminente, el profesor Antonio Millán Puelles, que tal vez nunca supo el impulso interior que acertó a dar a mi vida. En 1914 Maritain fue nombrado profesor del Instituto católico de París; estimaba a su cátedra sobre todas las cosas. Siguieron varias obras sobre la filosofía tomasiana; Maritain se convirtió en el gran pregonero de Santo Tomás en nuestro tiempo. Causó gran impresión su libro de 1925 *Tres reformadores* (Lutero, Descartes y Rousseau) a quienes considera como fuente de los errores de la modernidad. La maestría con que Maritain domina a los filósofos modernos avala la honda dureza de sus críticas, que en conjunto son implacables; no les muestra, como pensadores, el más mínimo respeto. Ente 1923 y 1939 su casa de Meudon se convirtió en el hogar del gran pensamiento católico de Francia, compartido por el padre Garrigou-Lagrange, los jesuitas Riquet y Daniélou, los filósofos y pensadores Gilson, Berdiaeff, Marcel, Thibon, Mounier y Massis; los literatos Mauriac, Green, Bernanos y Maxence, el pintor Chagall. Cuando Pío XI condenó a la *Action Française* Maritain se situó incondicionalmente al lado de Roma.

La ruptura con el movimiento de la ultraderecha impulsa a Maritain a buscar un pensamiento cristiano más independiente de la política aun cuando deba influir intensamente en la política; entre 1925 y 1930 el filósofo cristiano experimenta una profunda transformación que le llevará, en varias obras resonantes, a la formulación de tesis aceptadas luego plenamente por la Iglesia, como son la autonomía de lo temporal y el concepto de Nueva Cristiandad. La transformación es ya patente en su libro de 1930 *Religión y cultura* que se reasume y profundiza en el de 1933 *Du régime temporel et de la liberté*[314]. Este es un libro clave, cuyo análisis tira por tierra muchos intentos de manipulación demoliberal a que se ha querido someter, desde nuestra cómoda perspectiva (por ejemplo a manos de los desmedrados demócrata-cristianos de la transición española a partir de 1975) al pensamiento político de Maritain.

[313] París, Téqui, 1978.
[314] 2ª ed., París, Desclée, 1933.

En este libro Maritain expone que la filosofía tomasiana es la filosofía de la libertad. Muy de acuerdo con las directrices político-sociales del Papa Pío XI, quien ante el fenómeno ascendente del fascismo corporativo proponía, desde el comienzo de los años treinta, un sistema corporativo como ideal político para la sociedad contemporánea, Maritain, como haría pronto en España Salvador de Madariaga, dice que **la organización corporativa y sindical de la economía de la ciudad está de tal forma en las exigencias del tiempo presente que en formas variadas y al servicio de ideales diferentes se realiza en la Rusia soviética y en la Italia fascista. En la sociedad...que no es concebible más que después de la liquidación del capitalismo, la estructura política y la estructura económica combinarían en su unidad orgánica cuerpos sociales diferenciados y solidarios**[315]. El ideal de Maritain, pues, en ese momento, es la democracia orgánica entre el capitalismo y el totalitarismo, a los que repudia por igual; y esta intuición permanecerá en la conciencia político-social de la Iglesia católica hasta nuestros días, al menos parcialmente, como puede comprobarse en el Documento de Puebla, 1979 y en varios textos pontificios.

En 1933 Maritain no es precisamente un liberal. El liberalismo –dice– no es solamente un error; es algo terminado, liquidado por los hechos. (Ibid. p. 77). Introduce ya su concepto clave de *humanismo integral* que es teocéntrico y se contrapone al humanismo antropocéntrico (p. 165), ante el fracaso del Zentrum católico de Alemania, incapaz de resistir a la marea nazi, Maritain rechaza la fórmula de un partido específicamente católico (como era entonces en España la CEDA, p. 176) y prefiere que los católicos viertan su influencia en partidos diferentes. Sería también ésta la posición de la Iglesia española en la transición de 1975; no así la posición del Vaticano en la postguerra de 1945, como hemos visto. Desde luego en 1933 Maritain, con esas ideas, no era precisamente un precursor de la Democracia Cristiana; sino a lo más, del cardenal Vicente Enrique y Tarancón.

En busca de la fórmula, o mejor de la utopía de *Nueva Cristiandad*, Maritain dictó en 1934 unas lecciones en los cursos de verano organizados por un grupo católico español en Santander y sobre esas conferencias publicó en 1936 su obra más importante: *Humanisme intégral*. Cito por la edición Aubier de 1968.

El humanismo clásico y renacentista fue antropocéntrico; el humanismo cristiano debe ser teocéntrico (p. 36). La dialéctica del humanismo antropocéntrico que incluye a la Reforma protestante desemboca fatalmente en la Muerte de Dios proclamada por Nietzsche. Analiza Maritain los males aberrantes del comunismo soviético. El comunismo es un sistema completo; es una religión atea para la que el materialismo dialéctico es la dogmática (p. 45). Muy profundamente subraya que el ateísmo es el punto de partida de ese sistema y de la propia evolución personal del pensamiento de Marx (p.45). Pero cree que el «relámpago de verdad» que brilla en la obra de Marx es el reconocimiento de la alienación y de la deshumanización del capitalismo (p. 55); por lo que parece situarse, anacrónicamente, en la perspectiva decimonónica de Marx sobre el capitalismo de su tiempo, tan diferente al nuestro, por más que Maritain formulaba esa equiparación en un momento grave de crisis capitalista y democrática, los años treinta.

[315] Ibid., p. 68.

El ateísmo se describe bellamente como invivible (p. 68); la tragedia del marxismo es que resulta tributario del humanismo burgués precisamente en su convicción atea (p. 88). El humanismo socialista, sin embargo, no es necesariamente marxista y ateo (p.96) aunque su marxismo originario es un vicio natal. El humanismo integral puede asumir los aspectos positivos del humanismo socialista (p.96) por ejemplo la iniciativa social, sobre todo en el campo de la justicia social durante el siglo XIX y el amor a los pobres.

En su capítulo *El cristiano y el mundo* Maritain, tras identificar cultura y civilización, cree que una y otra constituyen el orden temporal, trascendido por el orden espiritual que es el mundo de la religión, la cual es independiente y libre de lo temporal. Maritain critica la *teología política clásica*, que postulaba un Reino de Dios realizado por el Sacro Imperio. Frente a la tesis pesimista de Karl Barth, la ciudad terrena no es el reino de Satán. Ni tiene por qué ser una teocracia como la España del Siglo de Oro. Ni exclusivamente el reino del hombre como pretendía el Renacimiento. La solución cristiana consiste en afirmar que la ciudad terrena es a la vez el reino de Dios, del Hombre y del Diablo. El cristiano tiene una misión temporal. El mundo cristiano de la Edad Media estaba lleno de defectos pero era vivible (p. 120). El mundo del Antiguo Régimen que estalló a fines del siglo XVIII, era vivible pero se hizo invivible. Sin embargo su estructura social por estamentos «había sido por largo tiempo una estructura orgánica adaptada a la necesidad de la vida» (p.121). La nueva sociedad decimonónica fundada sobre dos clases, el proletariado sometido y el «capitalismo sin freno» se veía arrastrada «a un materialismo social que proclamaba la ruina del espíritu cristiano». Maritain, por tanto, acepta el esquema de Marx; ignora la realidad cada vez más ancha de una clase media entre la burguesía capitalista y el proletariado. Aunque «el mecanismo ideal de la economía capitalista no es esencialmente malo e injusto como pensaba Marx» P.122). Porque el capitalismo exalta la potencia creativa e inventiva, el dinamismo del hombre y las iniciativas del individuo; pero odia a la pobreza y desprecia al pobre (p. 112). Y sobre todo, «el rico es consumidor, no persona». Está claro que Maritain presenta una caricatura del capitalismo, no sin reconocer alguna de sus ventajas esenciales.

El cristiano debe colaborar con una filosofía social, política y económica que descienda a soluciones concretas. Debe basarse en la doctrina de León XIII y Pío XI con varias soluciones plurales. Una transformación social cristiana debe dimanar del heroísmo cristiano. El cristiano debe trabajar para una realización proporcionada (en espera de la realización definitiva del Evangelio, que es para después del tiempo) de las exigencias evangélicas y de la sabiduría práctica cristiana, en el orden social temporal (p. 133).

Dedica Maritain su capítulo cuarto al ideal histórico de una nueva cristiandad. No quiere proponer una utopía sino «un ideal histórico concreto». Se trata de «un régimen común temporal cuyas estructuras llevan la impronta de la concepción cristiana de la vida ». Y que responde «al clima histórico de nuestro tiempo». El bien común temporal es comunitario, personalista, intermediario (para un fin último). La ciudad humana debe concebirse con carácter peregrino. Es la misma concepción de la cristiandad medieval, pero con otras características y circunstancias. El sacro Imperio era una concepción cristiana sacral de lo temporal; con la unidad religiosa del Papado, la doctrinal en la Universidad de París, la política en el Imperio. Se empleaba el aparato temporal para fines espirituales. El ideal de la cristiandad medieval se disolvió en el mundo humanista antropocéntrico. Desde Maquiavelo y la Reforma hasta la paz de Westfalia se disuelve la Cristiandad.

El liberalismo individualista «era una fuerza puramente negativa» (p. 164), Maritain ha dado un salto tremendo desde la Reforma al siglo XIX. Y apunta por primera vez una aproximación a la democracia contemporánea: «Actualmente el cristianismo aparece en ciertos puntos vitales de la civilización occidental como único capaz de defender la libertad de la persona y las libertades positivas que corresponden sobre el plano social y político a esa libertad espiritual» (p. 166). El salto dialéctico de Maritain es muy arriesgado; acepta la civilización occidental en su forma presente, que está fundada sobre el liberalismo; pero quiere sustituir al liberalismo por la concepción cristiana como fundamento y garante de la libertad. En esa hipótesis incurre en un audaz escamoteo de cimientos; ha sido el liberalismo, y no la Iglesia enfeudada tanto tiempo al Antiguo Régimen quien ha planteado y conseguido la libertad en el mundo de hoy.

La Nueva Cristiandad debe comprender «una concepción profana cristiana» de lo temporal (p. 166); es la clave para la doctrina sobre la autonomía de lo temporal, respuesta cristiana en el siglo XX al ímpetu ilustrado de la secularización. Hay que decir que los Papas, sobre todo Pablo VI, han asumido plenamente esta intuición maritainiana.

El humanismo integral es una concepción contraria al liberalismo y al humanismo inhumano de la era antropocéntrica, e inversa al sacro Imperio. Equivale sin embargo «al retorno a una estructura orgánica que implique un cierto pluralismo» (p. 169). Han de fomentarse los cuerpos intermedios de la sociedad. Ha de admitirse a los no cristianos en la sociedad temporal. Maritain se opone al totalitarismo nazi, fascista y soviético; los partidos no deben ser únicos sino múltiples. La autonomía de lo temporal se funda en la doctrina de León XIII. Debe existir libertad de expresión, auto-regulada profesionalmente. Todos deben tener acceso a la propiedad. Se concibe la propiedad societaria de los medios de producción mediante un «título de trabajo». La producción y el consumo deben regularse por sustitución del capitalismo (p. 195). El régimen de cristiandad será una democracia personalista y no de masas. Sólo en la Nueva Cristiandad se salvaría el valor de la democracia, que es un valor ético y afectivo. Ha de superarse la división de la sociedad en clases, sustituida por la «aristocracia del trabajo» (p. 207). Para la convivencia de los no cristianos en la sociedad cristiana habrá que convenir en una «obra práctica común» (p. 210). lo que constituye para Maritain una versión cristiana de la praxis leninista y gramsciana como campo de colaboración entre cristianos y marxistas.

En el capítulo sexto trata Maritain de adaptar al ideal cristiano la idea marxista de liberación y redención del proletariado; por aplicación de principios éticos a la política. Los marxistas tratan de lograr ese objetivo mediante una lucha violenta, material; los cristianos deben lograrlo mediante una lucha espiritual que Maritain no concreta. Sí que va a concretar mucho más su proyecto de nueva cristiandad en el vital capítulo octavo de su libro, que titula *Hacia un porvenir más próximo*. Hay que lograr la Nueva Cristiandad a largo plazo. No formar ahora un Zentrum único, monopolizador del ideal cristiano en política sino varios partidos de inspiración cristiana. «Los hombres unidos por una fe religiosa pueden diferir y oponerse en política» (p. 264). Una cosa es la participación de los cristianos a título personal en la vida política –lo cual es posible y lícito– y otra la articulación general de una política cristianamente inspirada.

En la edición de 1946 Maritain introduce una nota en la que apunta que en 1934– 36 le parecía conveniente la creación de un tercer partido formado por un conjunto de hombres de buena voluntad, aplicados a «un trabajo de justicia social e internacional», reformador, en contacto con medios profesionales, dispuesto a colaborar con otros de manera útil al bien común. Tras la Segunda Guerra Mundial, dice, ese tercer partido carece de sentido. ¡Y sin embargo fue el gran momento de las Democracias Cristianas en Europa!. Impactado por la aproximación de su amigo y discípulo Mounier a los marxistas, Maritain cree que ahora (hasta que llegue la Nueva Cristiandad) se necesitan formaciones minoritarias como fermentos, «que puedan emprender todas las alianzas» (p. 275). Y pone por ejemplo ¡la alianza de la monarquía francesa moderna con los otomanos y los herejes!. Desde 1936 Maritain había perdido el rumbo en la política concreta, cuando, convencido por Mounier y Bergamín, se había opuesto, al igual que Mauriac y Bernanos, a la cruzada española contra el comunismo que trataba de aniquilar a la Iglesia. Menos mal que no mucho después recuperó el alto sentido político, mientras Mounier se iba hundiendo en la aproximación marxista.

La clave política de *Humanismo integral* está en las páginas 276-277; rechazada la cooperación con el fascismo, Maritain, quizá poseído por el Gran Miedo Rojo, admite una posibilidad mayor de que los cristianos colaboren en política con el marxismo y el comunismo. He aquí una aberración tremenda, que constituye el punto mas bajo en la trayectoria de Maritain como pensador, junto a la incomprensión casi radical de las virtualidades humanistas del capitalismo en cuanto régimen de libertades. Y es que las nuevas formaciones políticas cristianas poseen una «base existencial» que consiste en el «movimiento que lleva a la Historia a una mutación sustancial en la que el cuarto estado (el proletariado) accederá, bajo un signo fasto o nefasto, a la propiedad, a una libertad real y a una participación real en la vida social y política» (p. 276). El comunismo comparte esa «base existencial» pero tiene una filosofía errónea del hombre y la sociedad; las nuevas formaciones políticas quieren integrar a las masas en la civilización cristiana, el comunismo en la civilización atea; las nuevas formaciones cristianas proponen una colectivización, en gran medida, de la economía, el comunismo la colectivización total (p. 277). Las nuevas formaciones cristianas ponen a la persona sobre la colectividad y el comunismo pretende colectivizar a la persona. Las nuevas formaciones cristianas se oponen «a las dos formas contrarias de totalitarismo político y social». Pero se podría pactar con el comunismo «sobre objetivos limitados y neutros, con significación material» (p.277) «Si en particular, ante un dinamismo comunista ya poderosamente desarrollado, los cristianos no mantienen siempre su independencia y su libertad de movimiento, correrían el riesgo, tras haber aportado un momento su estímulo romántico y la frescura de un humanismo místico a sus aliados de un día, de ser absorbidos por ese aliado como ha sucedido en Rusia a los elementos no marxistas que se habían apuntado a Lenin en nombre de la revolución espiritual». Maritain advierte que sus consejos de cooperación con los marxistas le hacen jugar con fuego; pero aunque introduce cautelas no retira tales consejos, que luego hará suyos, con escaso sentido de la perspectiva, un lector asiduo de Maritain llamado Juan XXIII. Y se pregunta el filósofo si las nuevas formaciones cristianas (se está refiriendo a las que propuso antes de 1939) al ser tan pequeñas, no quedarán aplastadas por vecinos tan poderosos. Su respuesta es ingenua y utópica; los cristianos tal vez lograrían, en su contacto con los comunistas que les tienden la mano, librarles del ateísmo que es el origen de todos sus males. Maritain no dice cómo; nosotros ya lo hemos visto en la zona roja de España, en Polonia, en Checoslovaquia, en Hungría, en Alemania Oriental, en Rumania, en Cuba y en Nicaragua. Todo este planteamiento del diálogo y la cooperación cristiano-marxista, al que seguramente Maritain fue arrastrado por Mounier y por su rechazo de la cruzada española, le convierte en arquetipo del *progresismo* católico y en compañero de viaje potencial de los comunistas en la postguerra mundial, hasta que le sobrevino el amargo desengaño del que luego hablaremos.

Entre los caracteres positivos del fascismo nota Maritain «la crítica de un individualismo liberal y de la democracia ficticia del siglo XIX» (p. 282). Formula una profecía que se cumplió como consecuencia de la segunda guerra mundial: los totalitarismos fascistas atraerán a Europa la invasión comunista y la caída en el comunismo (p. 284). En cambio no se cumplió otra profecía paralela: las «democracias liberales individualistas» llevan a las naciones de antigua cultura occidental al umbral del régimen comunista «por disolución y debilitación»; el totalitarismo fascista producirá el mismo efecto, «por exceso de tensión» (p. 284). Los estados totalitarios de Italia y Alemania –Maritain escribe en 1934– dejan cada vez menos sitio a la actividad cristiana, aunque en Italia la resistencia de la Iglesia ha frenado al fascismo.

Después de su toma de posición disonante, y contraria al sentir de la Iglesia universal, sobre la guerra civil española (no fue partidario de los rojos, pero se opuso a la cruzada) Maritain no volvió sobre ese problema histórico, del que apenas dejó alusiones posteriores. En 1940 estaba en América cuando sobrevino la catástrofe de la Tercera República ante el asalto de Alemania. Desde entonces Maritain se desconectó de la juventud francesa pero adquirió relieve mundial. Publicó ese mismo año *De la justice politique*, donde afirma que el pacto germano-soviético de 1939 ha desenmascarado al enemigo; son «dos aspectos opuestos del mismo mal». Pronostica equivocadamente que «la guerra dejará atrás las viejas fórmulas del capitalismo y socialismo»; el general Franco decía entonces más o menos lo mismo. Propone una Europa federal para la postguerra, con un ejército federal. Su estancia en los Estados Unidos le arrastra a la admiración por la democracia norteamericana, que le hace dulcificar sus anteriores actitudes contra el capitalismo. Allí publica en 1942 *Les droits de l'homme et la loi naturelle*, donde todavía reclama como régimen político perfecto la combinación orgánica de monarquía, aristocracia y democracia. Y cree que la idea democrática es confusa; hay que buscar otro concepto más claro. Porque la democracia se identifica con la libertad humana como regla absoluta. En *Cristianismo y democracia*, obra de 1943, cree que, aunque el cristianismo no se debe enfeudar a forma política alguna, «el empuje democrático ha surgido en la historia humana como manifestación temporal de la inspiración evangélica» pero «a condición de liberar (a la democracia) de todo compromiso con el error del liberalismo individualista». Converso de guerra a la democracia occidental, todavía intenta Maritain, anclado en sus resabios antiliberales, privarla de su origen y fundamento histórico, el esquema capitalista de la economía, el esquema liberal de la convivencia. Su viraje (es ya el tercero de su vida, tras la conversión, el tomismo antidemocrático y ahora la democracia victoriosa) suena muy a hueco. Y en *Principios de una política humanista* (1944) critica duramente a Rousseau y a Proudhon y recae en su viejo ideal de la democracia orgánica.

Adicto al general De Gaulle, desempeñó la embajada de Francia ante la Santa Sede entre 1945 y 1947. Se opuso al existencialismo rampante en su obra de 1947 *Court traité de l'existence et de l´existant.* Ocupó después una cátedra en la Universidad de Princeton. Publicó un nuevo alegato contra el Estado totalitario, *El hombre y el Estado*, en 1951. Después de la muerte de su esposa y colaboradora en 1960 se fue a vivir con los Hermanos de San José, donde profesó en 1971. Desde su retiro había publicado en 1963 un profundo estudio sobre Dios y el problema del mal. Y en 1966 sorprendió al mundo católico con una formidable reflexión crítica y profética contra las desviaciones del *progresismo* eclesiástico, a propósito del Concilio, en la más profunda de sus obras, que los progresistas, lanzados entonces frenéticamente a su campaña para la exaltación unilateral del Concilio, pretendieron inútilmente sepultar viva: *Le paysan de la Garonne*, cuya traducción española, publicada por Desclée, es tan difícil de encontrar que llegué a dudar de su existencia. Citaré por la edición de 1966 en francés y en esa misma editorial.

El octogenario escritor católico escribe su obra en los primeros meses de 1966, desde su retiro en Toulouse. «Un viejo seglar se interroga sobre el tiempo presente». El campesino del Garona «llama a las cosas por su nombre». El Concilio Vaticano II «pastoral más que doctrinal» (p. 9) ha subrayado las ideas de libertad y de persona. Y el neomodernismo de la «apostasía inmanente» es mucho más grave y pernicioso que el modernismo de los tiempos de Pío X. Este nuevo modernismo es inmanente a la Iglesia, porque está decidido a quedarse dentro a cualquier precio (p. 16). Estaba «en preparación desde muchos años antes y ciertas esperanzas oscuras de las partes bajas del alma, levantadas acá y allá con ocasión del Concilio, han acelerado su manifestación, impuesta mentirosamente a veces al espíritu del Concilio, al espíritu de Juan XXIII». Esta oleada neomodernista se resume en la hipótesis de que «el contenido objetivo al que la fe de nuestros antepasados se ligaba no es más que un conjunto de mitos». Por ejemplo el pecado original, el Evangelio de la Infancia, la resurrección de los cuerpos, la creación, el Cristo de la Historia, el infierno, la Encarnación, la Trinidad... «Vivimos –dice– en el mundo de Augusto Comte, la ciencia completada por el mito (p. 18). Como puede ver el lector, ya desde este primer capítulo, Maritain se sitúa, ante el mensaje final de su vida, en posición tremendamente crítica contra el *progresismo* con el que muchos le habían identificado (no sin culpa del propio Maritain); los mismos que ahora, con igual falsedad, le acusan de integrista. Cuando no es más que un viejo cristiano que, situado ya por encima del bien y del mal, ventea correctamente la tormenta que se está abatiendo sobre la Iglesia católica.

La acusación contra el progresismo se agrava en el capítulo II, *Nuestro condenado tiempo.* Que se abre con la famosa admonición profética de San Pablo a

Timoteo, sobre los falsos profetas y maestros futuros de la degradación. San Pablo –en el texto que he reproducido en el Pórtico de este libro– atribuye a los maestros (Maritain dice intencionadamente *a los profesores*) un papel central en el desastre doctrinal de nuestro tiempo. Hoy reina «la adoración de lo efímero». (p. 28) La «prefilosofía del sentido común» que hoy se desvanece, nació del «milagro natural» griego fecundado por la revelación judeo-cristiana. «No hay gobiernos más débiles que los de derechas conducidos por temperamentos de izquierda», dice Maritain pensando en Luis XVI (p. 40). «Hasta ahora, y a pesar, o a causa de la entrada en escena, en varios países, de partidos políticos que se dicen cristianos (la mayoría son sólo combinaciones de intereses electorales) la esperanza en el advenimiento de una política cristiana ha quedado completamente frustrada. No conozco más que un ejemplo de *revolución cristiana* auténtica, la que en este momento intenta el presidente Eduardo Frei en Chile, y no es seguro que triunfe» (p.40). ¿Seguirán, ante este texto, los democristianos españoles (en el Partido Popular lo son oficialmente todos, por un pronto de Manuel Fraga) pese a que parece escrito para ellos, insistiendo en ver en Maritain a un precursor y un teórico de la democracia cristiana cuando es su más firme crítico?. «Sólo hay en Occidente –dice Maritain, al borde de la *boutade*– tres revoluciones dignas de ese nombre: Eduardo Frei en Chile, Saul Alinsky en América y yo en Francia, lo cual no sirve para nada porque mi vocación de filósofo destruye mis cualidades de agitador» (p. 41). En la carta sobre la Independencia, escrita por Maritain hace treinta años, dijo que una política cristiana sería de izquierdas, pero desde principios muy diferentes a los de los partidos de izquierda. Y protesta contra el empleo indiscriminado y equívoco de la antítesis derecha-izquierda en el campo religioso, donde tampoco admite la dicotomía de conservador-progresista.

Al hablar en el capítulo III de *El mundo y sus contrastes*, enumera los fines del mundo: primero, el dominio del hombre sobre la naturaleza y la conquista de la autonomía humana; es el fin natural. Segundo, el desarrollo de las capacidades creativas del hombre. El cristianismo no puede depender hoy de la protección de las estructuras sociales. Debe impregnarlas de su espíritu. La cristiandad antigua vivía feliz, sin problemas de doctrina, pero en el siglo XIX y primera mitad del XX todo se ha venido abajo y el virus ha penetrado en la sustancia. La crisis de este siglo se ha desencadenado ante la presunta hostilidad de religión y ciencia que reveló el modernismo. Y por la conjunción de intereses entre la religión y la clase social atacada. Al llegar el Concilio el péndulo cambia de signo y reina la tontería de querer arrodillarse ante el mundo. El Esquema XIII conciliar (que desembocó en la constitución pastoral *Gaudium et spes*) insiste en la persona humana que proclamaron, entre los conceptos de personalismo y comunitarismo, Mounier y sobre todo el propio Maritain, de quien Mounier tomó su inspiración; como fórmula preferentemente anti-totalitaria. Y a este propósito Maritain incide en su terrible autocrítica del clero *progresista*, páginas 86 a 91, que se prolonga en la crisis del inmanentismo y por tanto se aplica a la teología de la liberación.

Estas son precisamente las páginas del *Paysan de la Garonne* a las que se refería Mauriac cuando las comparaba con un cura de leche fresca contra el anterior veneno, una frase venenosamente cristiana:

¿Qué vemos a nuestro alrededor?. En anchos sectores de clero y el laicado –pero es el clero quien da ejemplo– apenas se ha pronunciado la palabra «mundo» surge un relámpago de éxtasis en los ojos de los oyentes. Todo lo que amenaza con recordar la idea de ascesis, de mortificación o de penitencia, queda naturalmente apartado... Y el ayuno está tan mal visto que mejor será no hablar del que sirvió a Jesús para preparar su vida pública... En la iglesia un amigo oyó el otro día el pasaje de San Pablo: «Se me ha dado como estímulo de mi carne un ángel de Satán, que me abofetee» con esta interpretación: «Tengo problemas de salud...». El sexo es una de las grandes y trágicas realidades del mundo. Es curioso ver qué interés cercano a la veneración demuestran ante él una muchedumbre de levitas ligados a la continencia. La virginidad y la castidad tienen mala prensa.

La otra gran realidad que se nos enfrenta desde el mundo es lo social-terrenal con todos sus conflictos y dolores y toda su inmensa problemática, con el hambre, la miseria, la guerra, la injusticia social y racial. Sabemos que contra esos males hace falta luchar sin descanso y no tengo más que recordar lo dicho sobre la misión temporal del cristiano. Pero no se trata de nuestro solo y único deber porque la tierra y lo social-terrestre no son la única realidad. Más aún, ese deber temporal no se cumple verdadera y realmente por el cristiano más que si la vida de la gracia y de la oración levanta en él las energías naturales en su propio orden.

En la hora actual muchos cristianos generosos se resisten a reconocerlo; al menos en la práctica, y en su forma de actuar, y... en doctrina y forma de pensar (de pensar el mundo y la propia religión) el gran asunto y la sola cosa que importa es la vocación temporal del género humano, su marcha contrariada pero victoriosa hacia la justicia, la paz y la felicidad. En vez de comprender que hace falta dedicarse a la tarea temporal con una voluntad tanto más firme y ardiente cuanto que se sabe que el género humano no llegará nunca a librarse completamente del mal en la Tierra, por causa de las heridas de Adán y porque su fin último es sobrenatural, se hace de estos fines terrestres el verdadero fin supremo de la Humanidad.

No cabe resumir más certeramente una crítica definitiva –clarividentemente anticipada– sobre la misma esencia del liberacionismo, que estaba, cuando Maritain escribía estas líneas, a punto de brotar de su caldo de cultivo progresista y temporalista. Maritain remacha: «En otros términos, no hay más que la Tierra. ¡Completa temporalización del cristianismo!». Y llama a esos cristianos, fascinados por la parusia del Hombre Colectivo, «nietos de Hegel». Elegante expresión para calificarles como hijos de Marx.

Los párrafos anteriores son, sin duda, el momento capital de *Le paysan de la Garonne.* Y se completan con la demoledora crítica del inmanentismo a partir de la p. 94: **No hay –para ellos– reino de Dios diferente del mundo; el mundo reabsorbe en sí ese reino. Ese mundo no tiene necesidad de salvarse desde arriba, ni de asumirse y transfigurarse en otro mundo, un mundo divino. Dios, Cristo, la Iglesia, los sacramentos son inmanentes al mundo, como un alma que va moldeando su cuerpo y su personalidad supra-individual. Desde dentro y mediante esa alma interior se salvará el mundo. ¡Arrodillémonos, por**

tanto, con Hegel y los suyos, ante ese mundo ilusorio; a él nuestra fe, nuestra esperanza y nuestro amor!.

Los capítulos restantes son una profundización en el sentido maritainiano de la Iglesia y el mundo, pero el esfuerzo principal del libro ya se había hecho. En el capítulo IV hay una peligrosa concesión a la «praxis» que ya quedó formulada en *Humanismo integral*; «Un cristiano y un comunista dan interpretaciones esencialmente diferentes de la constitución democrática pero pueden ponerse de acuerdo para la acción». En el capítulo V Maritain vuelve en sí y descalifica al marxista dialogante Roger Garaudy y al filósofo jesuita evolucionista Teilhard de Chardin; a quien cree un poeta ilusorio, no un pensador serio. Su teología es para Maritain una gnosis católica, una teología-ficción. Y Teilhard arranca la teología de su fuente, la relación Cristo-Trinidad, para situarla en la relación Cristo-mundo. Entona Maritain en el capítulo VI un cántico a Santo Tomás de Aquino y cree que Teilhard y otros teólogos fascinados por la evolución y la fenomenología tratan de «servir a los ídolos del mundo» (p.234). «Los presuntos renovadores –dice– son retardatarios que pretenden devolvernos al punto cero». Estas reinterpretaciones son «tonterías imbéciles» y «tonterías de presente» (p. 235). Y han nacido como reacciones contra el integrismo. Termina el libro con una gran meditación sobre la Iglesia a la luz del Concilio.

Después de *Le paysan de la Garonne* Maritain, desde su retiro, publicó en 1967 un hermoso tratado teológico sobre la gracia y la humanidad de Jesús. Vivió muy impresionado por los valores humanos y la posible proyección espiritual del movimiento *hippy*. Publicó en 1970 el último de sus libros, *Sobre la Iglesia de Cristo* y cuando murió el 28 de abril de 1973 tenía preparados los materiales para otra obra de penetración crítica en los grandes ideales y los grandes problemas de la vida.

Sinceramente creo que éste es el auténtico Maritain según la figura que emerge de su vida y de su obra. No fue un democristiano ni menos un precursor de la Democracia Cristiana. Fue un gran cristiano comprometido con su tiempo, permanentemente fiel a la Iglesia, fascinado por el auge colosal del marxismo en los años treinta y cuarenta, promotor del diálogo cristiano-marxista sin caer en el marxismo, pero sin la menor idea de los grandes recursos estratégicos del marxismo para convertir ese diálogo en instrumento de expansión y dominio. En numerosos comentarios y cursos los democristianos españoles han hablado de Maritain por los codos, pero sin haberse molestado en leerle. Sólo el profesor Ruiz Giménez, en polémica con un correligionario indocumentado, acertó a interpretar al Maritain auténtico en septiembre de 1986. De los demás participantes y sus dislates prefiero no hablar, por caridad cristiana.

En *Le Paysan de la Garonne* Maritain arremete contra el progresismo católico que él, con Mounier, tanto había contribuido a gestar. Ese libro fundamental constituye el primer aviso importante contra las desviaciones peligrosísimas que pretendían fundarse en el Concilio Vaticano II.

Como epílogo a estos epígrafes sobre el diálogo debo citar el ejemplo de Garaudy y la crítica de Augusto del Noce. Roger Garaudy formaba, con Maritain y Mounier, la tríada de precursores franceses del diálogo cristiano-marxista en los años treinta. Fue el único de los tres que cayó en el comunismo incluso antes de que José

Bergamín se convirtiera en compañero de viaje; nada menos que en 1933. Luego ascendió vertiginosamente en la jerarquía del partido comunista de Francia y después de la guerra mundial se convirtió en el gran interlocutor comunista de los dialogantes cristianos. Su libro *La alternativa*, edición francesa de 1972, se veneró como la biblia del diálogo cristiano-marxista sobre todo para un grupo democristiano de izquierda, capitaneado por el político y profesor Gregorio Peces-Barba junior, que lo tradujo al español en 1974 dentro de la editorial «Cuadernos para el diálogo» que como la publicación periódica del mismo nombre entendía el dialogo como captación marxista de los cristianos ingenuos. (Ahora el señor Peces Barba, que ha sido presidente socialista de las Cortes y es Rector de la Universidad socialista Carlos III, abomina de don Felipe González y colabora asiduamente en el ABC de don Luis María Anson; otro claro ejemplo del despropósito permanente en la España actual).

De acuerdo con Maritain y Mounier, pero desde la orilla roja, Garaudy planteaba el diálogo en el terreno de las obras comunes, *la praxis*, que, como hemos repetido, había sido un consejo táctico de Lenin y Gramsci. Sin embargo la finalidad de Garaudy no era cristiana sino marxista; y coincide con el programa que Santiago Carrillo quiso implantar luego en España desde la secretaría general del PCE. Garaudy no proponía la síntesis de cristianos y marxistas sino la instrumentación de los cristianos por los marxistas y su absorción final.

Pero lo más divertido del caso no es el hecho de que esta propuesta de Garaudy fuera tomada tan en serio por el profesor Peces-Barba. Lo realmente sorprendente es que cuando al fin Roger Garaudy se decidió a volver personalmente a la religión, fue invitado por Televisión Española a un debate ideológico al que también me llamaron a mí. Al principio confieso que no entendía yo una palabra de lo que allí se decía. Hasta que un contertulio compasivo me dio la clave: «Garaudy ha vuelto a la religión. Pero no al catolicismo sino al Islam». Mi capacidad de asombro es casi infinita pero quedó desbordada. Resulta que el principal promotor del diálogo cristiano-marxista desde el lado marxista tiraba por la calle de enmedio y se nos volvía mahometano. No sé si a estas alturas estará tramando un diálogo entre el Islam y el budismo; el profesor Peces-Barba podría organizar en su Universidad un curso titulado «la nueva alternativa»...

Al final de la década de los años cincuenta un grupo de dirigentes democristianos de Italia pidió al profesor Augusto del Noce, uno de los pensadores católicos más relevantes de nuestro tiempo, unos apuntes sobre la necesaria reorientación ideológica de la DC. El filósofo les entregó ese dictamen, publicado casi treinta años después[316]. Del Noce sitúa históricamente los orígenes del progresismo católico entre los años treinta y cuarenta, analiza muy certeramente las posiciones de Maritain en *Humanismo integral* (aunque no completa la trayectoria del filósofo francés porque escribe sus apuntes diez años antes de *Le paysan de la Garonne*) y define al progresismo católico como un encuentro con el marxismo en que los católicos menospreciaron la capacidad filosófica que el marxismo parecía poseer entonces. (Hoy sabemos que se trataba de una fe cuasireligiosa, no de un pensamiento que ya era entonces anacrónico). La mitología de la Resistencia después de 1943 consolidó la conjunción cristiano-marxista, de la cual no se había liberado del todo la Democracia Cristiana cuando recibió el dictamen de Del Noce.

[316] A. del Noce *I cattolici e il progressismo*. Milán, Leonardo, 1994.

Y esto es todo lo esencial, a mi entender. El diálogo cristiano-marxista desde los años treinta a los setenta fue un pavoroso espejismo inducido por la prepotencia irresistible –sólo en apariencia– del marxismo y la estrategia del bloque marxista– leninista. Pero ese diálogo constituyó un poderoso instrumento para la penetración del marxismo en la Iglesia, de la que se originaron la teología de la liberación, las comunidades de base y los Cristianos por el Socialismo, es decir los tres frentes del liberacionismo cuyos orígenes estamos ahora rastreando a fondo.

SECCIÓN 6: LA REVOLUCIÓN TEOLÓGICA DEL SIGLO XX

LA DENUNCIA DE PIO XII Y DE JACQUES MARITAIN

En pleno mes de agosto de 1950 se leyó en todos los seminarios y centros religiosos de enseñanza superior una tremenda encíclica del Papa Pío XII, *Humani generis*, «sobre las falsas opiniones contra los fundamentos de la doctrina católica»[317]. Por entonces me empezaba a interesar seriamente por la historia del pensamiento católico (que incluye a la teología, aunque la desborda) y creo que éste fue el primer documento pontificio que traté de estudiar a fondo, aunque sólo capté superficialmente su sentido, su alcance y sus causas. Me extrañó el tono de la admonición papal, que más bien parecía una filípica en regla que un texto tranquilo de orientación. Deduje que el Papa advertía en la Iglesia de la segunda postguerra mundial desviaciones gravísimas que luego he ido comprendiendo.

Soy consciente de que en esta sección pido al lector medio un esfuerzo extraordinario. Pero es imprescindible. La principal amenaza que se dirige en el siglo XX desde las Puertas del Infierno contra la Roca de Pedro es –además de la secularización radical de signo masónico, con varios siglos ya de vigencia– el comunismo desde el exterior; y la perversión teológica desde dentro. La amenaza comunista ha sido –y no ha muerto– de orden estratégico. La amenaza teológica –entre la desobediencia, la disidencia y la herejía– se ha incubado en el corazón de la Iglesia y desde allí se ha aliado con la secularización –de raíz masónica– y el marxismo, enemigo de Dios. No trato pues, en esta sección, de complicadas disputas técnicas entre teólogos que viven más o menos en las nubes. Detecto y estudio las desviaciones ideológicas –los Papas las han calificado así– que alimentan rebeliones abiertas –Teología Política, vinculada con el ímpetu masónico y marxista y Teología de la Liberación, que es una máscara teológica del comunismo y no es otra cosa. La lucha de ideas es complicada pero el católico que desea comprender

[317] Texto en *El Magisterio pontificio contemporáneo*, vol I, p. 228s., Madrid, BAC, 1991.

y vivir su fe tiene que esforzarse en conocer esa lucha. Muchos lectores comprenderán bien esta sección. Otros tendrán que releerla y profundizarla. Trataré de exponer mis posiciones –que no son mías, sino tomadas del Magisterio de la Iglesia– con claridad y sin retorcimientos. Pero no puedo eludir el problema porque el Enemigo no le elude sino que le plantea y le utiliza a fondo.

El Papa Pio XII, en la citada Encíclica de 1950, veía «combatidos aun los principios mismos de la civilización cristiana». Y no se estaba refiriendo sólo al asalto del enemigo exterior, a cuya fuerza más característica, el comunismo marxista-leninista, había condenado enérgicamente el año anterior. Le preocupaba sobre todo la infiltración de las falsas doctrinas en el mundo teológico, en la que llama el Papa Nueva Teología. El primer error que señala es el evolucionismo absoluto que se extiende al origen de todas las cosas, con criterio monista y panteísta. Esta aberración conduce a un segundo error de tipo filosófico: el existencialismo, «que rechaza las esencias inmutables de las cosas». Y el tercer error es el historicismo «que al admitir tan sólo los acontecimientos de la vida humana, tanto en el campo de la filosofía como en el de los dogmas cristianos, destruye los fundamentos de toda verdad y ley absoluta». Reclama el Papa respeto y obediencia a la posición del Magisterio por parte de los filósofos y teólogos católicos, los maestros, que a veces, por afán de novedad, desprecian al Magisterio. Algunos, por ganarse a las personas de distinta fe, proponen desmantelar por completo el método teológico que aprueba la Iglesia. La clave de muchos errores consiste en «que el dogma pueda ser formulado con categorías de la filosofía moderna, ya sea a través del inmanenismo, o del idealismo o del existencialismo». De esa posición se cae en el «relativismo dogmático», es decir en privar a los dogmas de su contenido inmutable al interpretarlos no sólo en su expresión, sino en su concepto y contenido, de acuerdo con la evolución del pensamiento de la humanidad a lo largo de los siglos.

Por supuesto que la expresión de los dogmas se puede perfeccionar y que la Iglesia «no pude ligarse a ningún efímero sistema filosófico» pero sería temerario y reprobable abandonar las nociones y los términos que la Iglesia, sus doctores y sus concilios, han aprobado y utilizado durante siglos. Sería «suma imprudencia» sustituir los conceptos tradicionales con que se expresa la Revelación «con nociones hipotéticas o expresiones fluctuantes y vagas de la nueva filosofía que, como las hierbas del campo, hoy existen y mañana quedarán secas». Además «estos amigos de novedades fácilmente pasan del desprecio de la teología escolástica a tener en menos y aun a despreciar también el Magisterio de la Iglesia». De esta forma algunos teólogos prescinden del Magisterio pontificio o a lo sumo lo interpretan según la doctrina de Padres antiguos. Aun para el Magisterio ordinario, que ejercen los Papas en sus encíclicas, vale el dicho evangélico «El que a vosotros oye a mí me oye».

Por supuesto que los teólogos han de volver a las fuentes de la Revelación y al estudio de la Tradición. Pero la teología, aun la positiva, no puede convertirse en una ciencia meramente histórica. La interpretación auténtica del depósito de la fe no ha sido confiada por Dios a los fieles ni siquiera a los teólogos sino al Magisterio de la Iglesia. No se puede restringir el valor y la certeza de la Sagrada Escritura. No se puede ofrecer una interpretación exclusivamente humana de la Escritura, sin tener en cuenta a la Tradición y al magisterio. No se puede sustituir el sentido literal de la Escritura por un confuso sentido simbólico. El mal está muy generalizado: Pío XII llega a afirmar que «no hay que admirarse de que estas novedades hayan producido frutos venenosos ya *en casi todos los tratados de la teología*». Se ponen en duda las pruebas racionales de la existencia de Dios; se niega que el mundo haya tenido principio; se niega la personalidad de los ángeles, la diferencia entre materia y espíritu, el carácter gratuito del orden sobrenatural; el concepto del pecado original, junto con la noción de pecado en general; se afirma que no hay presencia real de Cristo en la transubstanciación, sino sólo simbólica; se niega la identificación, propuesta por el propio Papa, entre el Cuerpo místico de Cristo y la auténtica Iglesia. «Otros reducen a una pura fórmula la necesidad de pertenecer a la verdadera Iglesia para conseguir la salvación eterna».

Pío XII defiende el valor y la vigencia de la *filosofía perenne*, que puede enriquecerse y renovarse, pero no sustituirse alocadamente por la última novedad. Insiste en la instrucción de los futuros sacerdotes en la doctrina de Santo Tomás. Rechaza nuevamente sistemas de pensamiento como el Inmanentismo, el Idealismo, el Materialismo, tanto histórico como dialéctico y el Existencialismo, tanto el ateo como el que niega el valor del raciocinio en la metafísica.

Entra el Papa en el campo de las ciencias positivas, que aprueba en cuanto las hipótesis que contienen no se opongan a la fe y la tradición. Expresamente aprueba la investigación sobre el evolucionismo, pero reitera la doctrina de la Iglesia sobre la creación del alma humana por Dios y pide que no se confundan las hipótesis con las certezas en la propia ciencia. Se opone a la hipótesis del poligenismo (que después de Pío XII ha sido, en efecto, descartada por la mayoría de científicos serios). Defiende el carácter histórico de los libros sagrados, en concreto los primeros capítulos del Génesis, aunque el método histórico allí utilizado no coincida con el de los grandes historiadores de la posteridad. Las narraciones de la Escritura no deben confundirse con los relatos mitológicos. Termina el Papa su carta con una grave admonición a los profesores católicos, a quienes prohíbe la docencia si no se ajustan a estas instrucciones.

Muchos teólogos han abominado de esta carta ejemplar de Pío XII, que ejerce en ella su responsabilidad suprema en la Defensa de la Roca. Su términos son duros porque el mal se extendía peligrosamente. El Papa no lo dice expresamente, pero en no pocos sectores de la Nueva Teología se estaban descubriendo dos Mediterráneos: el Protestantismo y el Modernismo, interpenetrados, en algunos puntos sensibles, nada menos que por una intensa politización que pronto permitiría proponer nada menos que una Teología Política. Y no precisamene aséptica, sino en numerosas ocasiones, de signo claramente marxista, como Pío XII había advertido con toda claridad. Cuarenta y tantos años después de esta encíclica hay que darle la razón al Papa en algunos puntos esenciales de su denuncia: además del poligenismo en entredicho, ha surgido un nuevo creacionismo con la teoría del Big Bang, que exige un principio del mundo; y el marxismo se ha hundido como teoría y como práctica.

La solemne advertencia de Pío XII en 1950 causó honda conmoción en la Iglesia pero muchos maestros, filósofos y teólogos de centros de la Iglesia, no se sometieron. La nueva denuncia que acabamos de escuchar a Maritain en 1966 contra los falsos maestros progresistas es la prueba de esa insumisión. Ahora vamos a poner nombres y apellidos a las alusiones del Papa.

LA EVOLUCIÓN DE LA TEOLOGÍA PROTESTANTE

Acabo de indicar que la Nueva Teología criticada por Pío XII en 1950 equivalía en parte a un redescubrimento del protestantismo. Nacida al calor de un impulso tan positivo como el movimiento ecuménico de aproximación entre las diversas corrientes del cristianismo no pocos teólogos han pasado de la aproximación a la contaminación; ya vimos al trazar la historia de la gnosis cómo entre los teólogos católicos alemanes Lutero ya no es el heresiarca sino casi un nuevo Padre de la Iglesia. La rebeldía de muchos teólogos actuales contra la Santa Sede –por ejemplo el caso flagrante de Hans Küng– ha degenerado en una actitud protestante casi clásica. Y la teología de la liberación va a surgir, como veremos con detalle, de fuentes teológicas protestantes tanto como de fuentes católicas de la teología «progresista» y política.

El protestantismo no es hoy religión dominante en España, Portugal, Francia e Iberoamérica por la enérgica actuación histórica de las coronas de España y Portugal al oponerse, desde el siglo XVI, a partir del Emperador Carlos V, a la pleamar luterana. Felipe II continuó la obra de su padre y salvó a Francia de caer en la Reforma, aun a precio de renunciar a sus derechos a la Corona de Francia. Desde el siglo XVI la frontera religiosa entre el catolicismo y el protestantismo en Alemania está marcada por la fundación de una línea estratégica de colegios creados por la Compañía de Jesús. Desde la independencia iberoamericana a fines del primer cuarto del siglo XIX las confesiones y sectas protestantes, con el apoyo expreso de los Estados Unidos, han intentado la penetración del protestantismo en aquellas naciones y hace poco han conseguido el primer Presidente protestante de una república hispánica, Guatemala. Pero la herencia de la lucha y la corona española ha mantenido a Iberoamérica en la fe católica y ha preservado a España de una penetración protestante significativa aun en estos tiempos de plena libertad religiosa[318]. Quizá por eso el gran público español e hispanoamericano carece de una visión general sobre el pensamiento teológico protestante desde los tiempos de la Reforma. Será por tanto muy conveniente que presentemos brevemente ese desarrollo, a veces sobre los textos más sugestivos de la teología protestante; y a veces según el hilo de una obra profundamente orientadora, el libro del profesor José María Gómez Heras *Teología protestante, sistema e historia*[319]. El año en que se fecha este libro es clave: porque en él se lanza desde España, y por los jesuitas españoles, la oleada teológica de la liberación que inundó a toda América. En algún caso flagrante, como el de Hugo Asmann, uno de los principales teólogos marxistas de la liberación y vinculado a la Compañía de Jesús en su formación, el

[318] Ver por ejemplo M. López Rodríguez, *La España protestante*. Madrid, Sedmay, 1976.
[319] Madrid, BAC minor, 1972.

neoprotestantismo no es una simple etiqueta. Abandonó luego la Iglesia católica para hacerse formalmente protestante, como había hecho muchos años antes otro precursor, el jesuita español padre Carrillo de Albornoz, que había ejercido un intenso apostolado entre la juventud de Madrid y después se incorporó al protestantismo ginebrino en medio de una explosión de escándalo en España.

La reforma protestante del siglo XVI, encabezada por Lutero, es, como dijimos, una corriente básica y originaria de la Modernidad. La Reforma era un sí al Evangelio y un no a Roma, que se materializó en la protesta de los delegados reformistas en una de las Dietas imperiales donde Carlos V trataba de reconducirlos a la unidad; por eso se llamaron desde entonces protestantes. La Reforma fue, desde el principio, exclusivista; su doctrina se resumió muy pronto en una serie de exclusiones: Sólo Dios, Sólo Cristo, Sólo la Gracia, sola la Escritura, sola la fe. En su origen la Reforma generó un grave pesimismo antropológico: el hombre está encadenado por el mal si se abandona a su naturaleza, redimida solamente por la gracia de Dios. Esto equivale a un teocentrismo radical que andando los siglos, al haberse cortado por Lutero la conexión con el Vicario de Cristo, degeneraría fatalmente en antropocentrismo deísta, cuando la Reforma, enfeudada a los príncipes protestantes, fuera asumiendo el ímpetu secularizador que venía larvado en el Humanismo y el Renacimiento. Solus Christus: la Reforma es ambiente cristocéntrico, reconoce a Cristo como mediador único, anula la capacidad mediadora de María y su contribución esencial a la historia de la salvación; recela de la creencia católica en la intercesión de los santos. Una clave de la Reforma es la Teología de la Cruz, reasumida vigorosamente en nuestro tiempo por la teología católica y el Magisterio. La Reforma es ruptura con Roma pero –teóricamente– no con la Iglesia y la tradición cristiana, a quienes se considera desde la Reforma como degradadas por Roma. La Reforma se monta sobre una serie de antítesis: Hombre-Dios, la salvación es toda de Dios, el hombre no puede cooperar. Gracia-naturaleza; de donde surge la diferencia clave entre protestantes y católicos, a propósito de la justificación, que según los reformadores se verifica solamente por la fe, sin exigencia de obras; según los católicos requiere también la cooperación del hombre mediante las buenas obras. El protestantismo no rechaza las obras sino que las exige; pero como emanadas de la fe, no como requisito para cooperar a la salvación. Los protestantes rechazan todos los sacramentos como mediación inútil; sólo admiten el Bautismo y la Cena, como meros símbolos. Rechazan también a la Iglesia como mediadora, y al Papa como su cabeza; no admiten una teología natural –que lleva a Dios por la mera razón humana– sino sólo sobrenatural. Los protestantes exigen un mínimo de instituciones y un máximo de carisma; valoran sobre todo la Palabra, donde Cristo se hace presente. Interpretan personalmente la Escritura, sin mediación ni orientación del Magisterio. Las biblias protestantes carecen de notas; la interpretación depende de cada lector.

El hombre que desencadenó toda esta revolución en el pensamiento religioso (que en sus rasgos esenciales comparten todas las ramas protestantes, aunque luego la Reforma se dividió en sectas innumerables) fue el doctor agustino Martín Lutero (1483-1546) a quien ya hemos presentado como gnóstico cabal. Le ha dedicado una magistral biografía el gran historiador español Ricardo García Villoslada S.J.en la BAC, recientemente, en dos grandes tomos. Temperamento ardiente, sometido a múltiples influencias, obseso por las dudas y la crisis interior, dominado por una fe profunda lastrada por una infinita soberbia, creyó ver la luz en la epístola de San Pablo a los Romanos, I., 17, que interpretó como justificación por la sola fe y rechazó la necesidad de las obras, que en el caso de las indulgencias recomendaba Roma en circunstancias abusivas, que daban al pueblo la impresión de que el bien espiritual vinculado a las indulgencias era objeto de compraventa por parte de quienes las predicaban. La disputa de las indulgencias tuvo lugar en 1517 y la ruptura de Lutero con Roma en 1520. Desde entonces sus discrepancias teológicas se combinaron con las disciplinarias dentro del inestable contexto político del Imperio alemán, regido por otro superhombre del siglo XVI, el rey de España Carlos I. La pugna entre Lutero y Carlos es uno de los tractos épicos de la historia humana. Un gran equipo de pensadores y humanistas hizo posible el triunfo de Lutero en la consolidación de la Reforma, mientras el nuevo ejército español y una orden religiosa española, la Compañía de Jesús, asentaban y defendían las nuevas fronteras de la Iglesia católica amenazadas por la formidable expansión centroeuropea del protestantismo, que abrazaron muchos príncipes de Centroeuropa que deseaban apoderarse de los cuantiosos bienes de la Iglesia con entusiasta aprobación, no simple tolerancia, de Martín Lutero, quien además canalizó los fuertes impulsos del nacionalismo alemán mediante su espléndido uso de la lengua germánica, a la que tradujo la Biblia. Melanchton, Bucer, Osiander son algunos nombres del gran equipo luterano; Melanchton, el principal, fue un gran humanista, coordinador y sistematizador del luteranismo, que pronto experimentó hondas disensiones doctrinales y disciplinarias, privado del reconocimiento y la orientación de un Magisterio institucional. Fragmentación frente a unidad, será la característica del protestantismo frente al catolicismo en los cuatro primeros siglos de su confrontación. En el último siglo, el nuestro, la fragmentación y la amenaza a la unidad han invadido también el campo católico, por los tirones ideológicos de la rebelión teológica y por la servidumbre estratégica del liberacionismo.

Otros grandes reformadores, inspirados en Lutero, extendieron fragmentadamente el mensaje de la Reforma en su primer siglo. Zwinglio, humanista melanchtoniano, lo difundió desde su sede de Zurich en Suiza, Juan Calvino instaura desde 1555 una implacable dictadura teocrática en Ginebra, donde se identifican la Iglesia y el Estado, se simplifican los cultos, se instala la predestinación como problema central de la teología y se establece una férrea inquisición que ejecuta a personalidades como el científico español Miguel Servet, descubridor de la circulación de la sangre. El primer cuerpo doctrinal de la Reforma se desarrolla en una serie de Confesiones y Profesiones de fe.

A mediados del siglo XVII, con motivo de la paz de Westfalia que pone fin a la guerra civil europea de los Treinta Años en la que España había tratado desesperadamente de salvar la unidad religiosa del Continente, la Reforma victoriosa (gracias a la traición de la Francia católica, aliada del bando protestante) puede darse como consolidada históricamente. Una Reforma de origen personal, nacida del egoísmo lúbrico del rey Enrique VIII, asesino sucesivo de sus mujeres, estaba consolidada desde fines del siglo XVI por la victoria de Isabel I contra Felipe II, después de la deserción en masa de la Iglesia católica de Inglaterra guiada por sus indignos pastores. La Casa de Austria fracasó en la guerra de los Treinta años por la eficacia militar de la Suecia luterana y la indicada traición de Francia, que puso, al revés que España, la conveniencia política por encima del ideal religioso. Desde 1648 la Reforma se estabiliza, se consolida, se implanta en los dominios británicos de Norteamérica y se estereotipa en una especie de sistema escolástico que se conoce como la época de la ortodoxia, sin grandes creadores de doctrina pero con un notable arraigo de las creencias (aun fragmentadas en las diversas ramas protestantes, como luteranismo, calvinismo, anglicanismo) gracias a la piedad litúrgico-musical, en la que sobresale ese creador genial llamado Juan Sebastián Bach. El abismo que separaba a los protestantes de Roma parecía infranqueable.

Durante el siglo de la primera Ilustración, el XVIII, continúa la vigencia de la ortodoxia protestante que sigue ahondando en el pietismo, ese movimiento surgido desde fines del XVII y prolongado hasta muy dentro del XIX. Dentro de la ortodoxia, el pietismo busca una profundización personal en la fe, desconfía de las rigideces dogmáticas y se deja influir por el catolicismo en cuanto a talante y ambiente; por ejemplo la mística española del siglo de Oro. El pietismo exige una nueva conversión interior, cultiva el arte litúrgico sobre todo en música –tras el ejemplo de Juan Sebastián Bach– y se presenta en Inglaterra con la variante del metodismo, que se extendió en los Estados Unidos y se opuso a la rigidez de la Iglesia oficial anglicana o Iglesia Alta, muy combatida también por el puritanismo o Iglesia Baja, versión inglesa del calvinismo. Además del pietismo, que es una actitud más que una ideología religiosa, el pensamiento protestante durante el siglo XVIII va a experimentar un intenso influjo de la Ilustración con tres efectos principales. Primero la teología sufrirá el tirón sustitutorio de la filosofía. Segundo, en esa transmutación de teología a filosofía, el pensamiento teológico experimentará el embate y acoso del racionalismo; la teología protestante se hará más y más racionalista, con detrimento de su impulso sobrenatural. Y tercero, la tendencia a la secularización, que caracteriza al pensamiento ilustrado, penetrará en los ámbitos teológicos, contradictoriamente; y empujará a la teología hacia versiones secularizadas que florecerán abiertamente en los siglos siguientes, sobre todo en el nuestro. Por otra parte la Iglesia anglicana se aproxima durante el siglo XVIII a la nueva Masonería especulativa que nace en Inglaterra a principios de siglo y en la que ingresan miembros de la familia real y la nobleza, titulares de la Corona y cada vez más numerosos obispos, dignatarios y clérigos anglicanos, como sucedía en el Continente con numerosos eclesiásticos, incluso obispos católicos. A lo largo del siglo XIX casi puede hablarse de identificación entre Masonería e Iglesia anglicana.

La teología ilustrada protestante tenderá por tanto a la inmanencia, a la antropología y al reconocimiento de la autonomía del hombre respecto de Dios, un Dios que se aleja hacia el deísmo y la concepción del nuevo gnosticismo. Los teólogos racionalistas moderados inauguran una línea de pensamiento que se conoce como neología. Algunos extremistas llegan a rechazar lo sobrenatural. El gran humanista ilustrado Lessing propondrá una «religión de la razón» que tiende a la perfección humana más que a la investigación de la divinidad. Immanuel Kant, una cumbre de la Ilustración, descarta la revelación sobrenatural en sentido estricto y basa la religión sobre la ética, no sobre el dogma. La teología queda subordinada así a la razón práctica. En Inglaterra los filósofos racionalistas se convierten en librepensadores deístas que no niegan a Dios pero le marginan. Otros, como Hume, son virtualmente ateos e infundirán su indiferencia en la configuración profunda de la modernidad. No así el admirable Leibniz, cumbre del pensamiento ilustrado, pensador religioso y piadoso que aproximará posiciones entre el protestantismo y el catolicismo. Pero su gran ejemplo quedó aislado e ignorado.

El movimiento racionalista y secularizador de la primera Ilustración continúa en el siglo XIX sin desnaturalizarse entre las nuevas oleadas de romanticismo e idealismo. En Alemania, que inicia entre el final del siglo XVIII y principios del XIX su apogeo cultural moderno, las líneas de la Ilustración, el Romanticismo y el Idealismo se interpenetran y se interfecundan en una intensa unidad cultural de signo pluralista, aunque algunos autores prefieren, con razón, llamar Segunda Ilustración a la que se despliega en el idealismo –de Kant a Hegel– y en sus derivaciones, como la izquierda hegeliana cuyo máximo representante, tras las huellas de Feuerbach y el magisterio dialéctico de Hegel, será Carlos Marx. A lo largo de todo el siglo XIX la antítesis entre la ciencia y la fe, la demoledora ofensiva del positivismo y la degradación cultural del pensamiento y hasta del magisterio católico (y no sólo católico) marginan y anquilosan a la teología y rematan la sustitución de teología por filosofía ante los grandes problemas teológicos, como el problema de Dios; mientras que los métodos racionalistas inspirados en la Ciencia Absoluta condicionan férreamente la investigación bíblica, que se hace depender directamente de las investigaciones y teorías históricas y arqueológicas. El idealismo continúa, por una parte, los impulsos de la Ilustración; por otra los supera, gracias a su identificación filosófica y cultural con el Romanticismo, que impone una nueva evaluación mucho más positiva de los orígenes religiosos, la Edad Media, los valores modernos del misterio, la subjetividad y la emotividad. Pero a la vez el idealismo enfoca a Dios ya no como persona (cree que ésta es una concepción antropomórfica) sino como Absoluto panteizante, que incitará a Marx a identificar a ese Absoluto despersonalizado con la proyección de alienaciones humanas. Para Hegel, por ejemplo –el pensador central del siglo XIX, la cumbre del Nuevo Gnosticismo contemporáneo– la religión, el cristianismo y Dios son temas esenciales de su especulación; por lo que la teología se va reduciendo a filosofía de lo religioso. En la izquierda hegeliana se imponen dos direcciones. Una, la de Feuerbach-Marx, acabará con toda posibilidad teológica al negar la realidad trascendente de Dios y fijar esa negación como fundamento de todo pensamiento filosófico, que ha de centrarse sobre el hombre. Otra, con D.F. Strauss, aplicará a la religión de forma implacable la critica racionalista, reducirá el Nuevo Testamento a un conjunto subjetivo-colectivo de mitos irreales, decretará la irreconciliabilidad entre la fe y la filosofía y en definitiva hundirá los fundamentos hegelianos de la religión desde el corazón del propio sistema hegeliano.

Frente a esta desnaturalización de la fe y la teología, Schleiermacher alzará la enseña de la teología romántica (1768-1834) desde su actitud arraigada simultáneamente en el pietismo protestante, la Ilustración y el Romanticismo. En su resonante *Discurso sobre la religión* (1799) y en su *Dogmatik* (1821-22) tratará de encontrar un nuevo cimiento religioso y teológico que eluda el cerco del racionalismo y el idealismo; y creerá encontrarlo en la emotividad y el sentimiento. La religión es intuir y sentir más que razonar. El hombre religioso se sumerge en el infinito, experimenta una religión que anida en la relación hombre-universo. Reduce la teología a antropología, pero no alienante sino trascendente. Y en el fondo se rinde a la filosofía racionalista al hurtar de ella la consideración de un Dios al que sólo se llega por intuición experimental, no por las vías de la razón; en lo que concuerda con la profunda tradición doctrinal del protestantismo, que en cierto sentido rebrotará en Karl Barth[320].

Al comenzar el siglo XX el racionalismo, la secularización y el complejo de inferioridad ante la ciencia habían arrinconado a la teología protestante centroeuropea; no a la anglosajona, que como vamos a ver, había iniciado en el Reino Unido y en Norteamérica un importante proceso de renovación. Pero la teología germánica seguía siendo dominante en el universo protestante y en ella surgió, tras una etapa inicial de frustración, una época verdaderamente titánica, por las relevantes personalidades que no sólo irradiaron al mundo religioso protestante y católico, sino que influyeron y siguen influyendo poderosamente en el ámbito universal de las ideas y de la cultura, como nunca había sucedido desde los tiempos de la Reforma. Como en la Inglaterra del XIX y en la América del siglo XX surgen también figuras titánicas dentro de la comunidad evangélica, como gustan llamarse los protestantes de hoy, debemos ampliar a toda la Edad Contemporánea esa calificación de época titánica para el pensamiento protestante. He aquí un fenómeno que los católicos españoles e iberoamericanos desconocen demasiadas veces y que merece la pena reseñar críticamente con todo respeto. En los medios teológicos protestantes de Centroeuropa durante el siglo XX las directrices principales, (que desde ellos influirán intensamente en los medios de la teología católica) son la dedicación al estudio científico y a la vivencia religiosa de la Biblia; el reencuentro y la profundización con la Reforma del siglo XVI; la simbiosis con las corrientes de la filosofía contemporánea para expresar mediante sus categorías el mensaje teológico no de forma adjetiva y meramente formal sino mediante una verdadera interacción entre filosofía y teología. Las corrientes del pensamiento moderno que contribuyen a esa simbiosis teológica serán el racionalismo, el historicismo y el existencialismo, a las que como acabamos de ver se refería con mucho recelo Pío XII en 1950. A última hora, y después de la segunda guerra mundial, el marxismo se incorporará contradictoriamente a este proceso de interfecundación.

Durante los primeros años del siglo XX permanece como línea dominante en la teología evangélica la herencia del siglo XIX: que consiste, como ya sabemos, en el racionalismo, la aplicación del método histórico-crítico al estudio de la Biblia y la aceptación acomplejada de la secularización inevitable. El impacto de David Federico Strauss anteponía la necesidad de distinguir entre el núcleo de la Revelación y el ropaje mitológico que la envolvía. El teólogo protestante principal para esta época es Adolfo Harnack (1851-1930) que en su *Manual de historia de los dogmas*, publicado con gran resonancia, cultiva el más depurado historicismo, incorpora los nuevos datos arqueológicos y afirma, como tesis principal, que el helenismo ha desfigurado la verdad cristiana primitiva. Harnack fue maestro de toda una gran generación teológica protestante; sus investigaciones impulsaron

[320] Algunas de estas consideraciones ya las hemos insinuado al estudiar el pensamiento del siglo XIX en relación con la situación cultural de la Iglesia. Pese a ciertas coincidencias no nos importa reiterarlas en parte dentro de este resumen sobre la evolución teológica del protestantismo .

también a la Iglesia católica a organizar y fomentar con creciente rigor los estudios bíblicos, orientalistas y patrísticos, y gracias a ello la ciencia teológica del catolicismo no desmerece hoy de la que desde el siglo XIX se construyó en el protestantismo, lo que ha favorecido, sin duda el diálogo ecuménico entre expertos, basado en el mutuo respeto y reconocimiento. Pero este progreso de la teología católica en el campo histórico no se ha logrado sin tirones regresivos y sin recelos, de los que ha quedado clara huella en la encíclica de Pío XII en 1950.

Desde el impacto de la *Vida de Jesús* de Strauss en pleno siglo XIX arranca la viva contraposición protestante entre el Cristo de la fe y el Cristo de la Historia, que como el contraste entre el núcleo y el ropaje de la Revelación constituye una constante del pensamiento evangélico de nuestro siglo, y se trasluce también en la citada instrucción de Pío XII. Para W. Wrede (1859-1906) los Evangelios no son más que una interpretación tardía de la comunidad cristiana primordial. En esa línea de contraposición se inscribe también otra gran personalidad del pensamiento y la acción del protestantismo contemporáneo, el doctor Albert Schweitzer. Y también, en su primer período, Rudolf Bultmann, para quien en esa época los Evangelios carecen de valor biográfico y son expresiones del sentir colectivo de la primera comunidad cristiana.

Algunas personalidades citadas –Harnack y Schweitzer– merecen ya, en el mundo actual protestante, el calificativo de titánicos. Algunos que luego se citarán también son acreedores a esta distinción de imagen. Pero sin duda alguna los dos titanes del pensamiento evangélico centroeuropeo en el siglo XX son los profesores Karl Barth y Rudolf Bultmann, jefes de cada una de las alas de la que se ha llamado *teología dialéctica*, a la que cabe el honor y el mérito singular de haber restaurado en plenitud la teología en el protestantismo; donde yacía hasta ellos, desde la Ilustración y el Romanticismo, como *ancilla* subordinada a la Razón y a la Filosofía.

Contra la teología racionalista, inevitablemente secularizada, Karl Barth (1886-1968), el gran teólogo de Basilea, abandera la retauración teológica al afirmar, contra todas las excrecencias del racionalismo, la revelación transhistórica de Dios al hombre. Su objetivo permanente es concebir la teología como base para la pastoral de la Palabra, como se trasluce en esa admirable colección de sermones (varios de ellos pronunciados en la cárcel de Basilea) y oraciones, *Al servicio de la palabra*[321]. Se dio a conocer universalmente en 1921, cuando en el *Comentario a la Epístola a los Romanos* supera ya por todas partes la exegesis histórico-filosófica, rebasa de lleno el plano teológico del maestro Harnack. Y marca para siempre su posición cristocéntrica frente al antropocentrismo de la teología liberal, racionalista y secularizada. Cristo, conjunción de lo divino y lo humano, enlace entre Dios el hombre y el mundo.

En su obra magna, *Kircliche Dogmatik*, publicada entre 1932 y 1959, parte de la intuición de que la teología versa sobre la realidad de Dios en Jesucristo. Cristo es «el principio de la inmanencia de Dios en el mundo». Pero el dogma es inconciliable con la ciencia, la fe con la razón; cada una de ellas se mueve en planos diferentes sin encontrarse, aunque sin chocar. Para la comprensión humana –que por

[321] Salamanca, «Sígueme» 1985.

tanto ha de ser también racional– de la Revelación, Barth no se apoya en la analogía del ser, admitida y postulada por los católicos, que para Barth es una aberración descrita con duras expresiones, sino en la analogía de la fe, que no se funda en el ser sino en la capacidad misteriosa de significación en la Palabra; entre la expresión divina y los signos humanos de comprensión. Pero ¿no estará Barth, que parece confundir la analogía del ser aceptada por los católicos –por ejemplo en la luminosa doctrina de Francisco Suárez– diciendo lo mismo que Suárez desde otro punto de vista, el de la comunicación de signos, que Suárez sitúa en la capacidad de relación del ser?. Barth acepta de lleno toda la tradición cristiana común y previa a la ruptura del siglo XVI; por ejemplo las doctrinas de San Agustín y de Santo Tomás de Aquino, a quienes equipara con Lutero y Calvino. Barth se inscribe en el gran movimiento de la *teología dialéctica* pero sin apoyarse en estructuras metafísicas para tender el puente Dios-hombre, que él sólo confía a la dialéctica elemental y profunda de la Palabra. Dios y el hombre se unen así por la Palabra, es decir por la dialéctica de la Revelación, independientemente de consideraciones de razón y de ciencia. Es una hermosa y –como hemos dicho– titánica restauración del pensar teológico, con toda su recuperada autonomía, en medio del reino de la ciencia; es una negación radical del último fundamento de la secularización.

Frente al sentido trascendente de Karl Barth, el ala existencialista de la teología dialéctica protestante toma su inspiración y dirige su diálogo a la actitud de la filosofía existencialista, esa gran reacción contra el idealismo que, como sabemos, había iniciado el angustiado pensador danés Sören Kierkegaard en la primera mitad del siglo XIX, resucitado, después de tantas décadas de olvido, como profeta para la crisis del siglo XX. El existencialismo llegará a su cumbre con Martín Heidegger, con quien comulgan los teólogos protestantes de esta rama...y la escuela de teólogos católicos (muchos de ellos jesuitas) que sigue a Karl Rahner S.J. Kierkegaard rechazaba toda interpretación racional del cristianismo; identificaba a Cristo como una paradoja transcendente y humana a la vez; y llegaba a Dios por la fe, no por la ciencia. Estas intuiciones, que suscitan también profundos ecos en Karl Barth, son originalmente comunes a las dos ramas de la teología dialéctica, inmersa en la angustia y el temor de nuestro tiempo de entreguerras.

Tras el iniciador de esta corriente existencialista, Brunner (1889) es Friedrich Gogarten quien la desarrolla. Admite una teología natural existencial y trata de construir la teología sobre una reflexión existencial antropológica. Pero es Rudolf Bultmann (1884-1976) quien puede considerarse, junto a Barth, como el segundo titán de la teología dialéctica y de la restauración teológica en el siglo XX dentro del campo protestante. Biblista y profesor en Marburgo, Bultmann acepta inicialmente el método histórico-crítico de la teología liberal, pero trata de superarlo. Heidegger le suministra la interpretación existencial del Nuevo Testamento; y aborda desde la dialéctica de la existencia el problema de la desmitologización de la Biblia cristiana, un problema que pendía y actuaba desde Strauss sobre toda la teología protestante. Para Bultmann la Escritura es formulación de posibilidades de existencia. La fe es una fórmula divina que se propone como guía de la existencia humana en diálogo con la Biblia. La fe cristiana no puede exigir la aceptación de la cosmovisión mitológica de la Biblia por el hombre moderno. El hombre actual posee, desde sólidas bases racionales, una cosmovisión de signo científico que choca con la mitología. La desmitologización se refiere ante todo al acontecimiento Cristo que en su presentación neo-testamentaria está envuelto en elementos mitológicos: la ascensión, el descenso a los infiernos, los milagros, la resurrección biológica... El mito debe interpretarse antropológicamente, existencialmente. Efectuada la desmitologización queda vivo el núcleo vital del Nuevo Testamento. El mito no forma parte de la dialéctica de la revelación sino de la dialéctica de la existencia. Desmitificar equivale a interpretar existencialmente el Nuevo Testamento. Los Evangelios no son otra cosa que un modo de entender la existencia. Privado de sus ropajes mitológicos, el mensaje central de la revelación, es decir la presencia de Dios en la Historia, queda, en medio de su misterio, dispuesto para ser comunicado al hombre moderno, sin interferencias adjetivas de cosmovisiones. El que se comunica es un Dios más profundo, pero también más auténtico; un Dios en medio de su misterio y de su realidad, a través del Cristo real, no del Cristo adjetivo y mitificado. El lector está ya poniendo el nombre de Bultmann y los teólogos –protestantes y católicos– que le han seguido en las apenas veladas alusiones de Pío XII en 1950 a la presunta mitologización del Antiguo y el Nuevo Testamento.

Con la mejor intención de aproximar la idea de Dios al mundo sin Dios toda una línea teológica protestante nos ha propuesto en este siglo un camino imposible. Vamos a recorrer las enseñanzas de algunos autores importantes en este sentido.

Dietrich Bonhoeffer (1905-1945) está aureolado para la historia del cristianismo contemporáneo por su martirio ya a la vista de la liberación. Discípulo de Harnack, su teología le llevó al enfrentamiento directo con el totalitarismo hitleriano, al que se opuso desde la misma victoria nazi, cuando en 1933, al día siguiente de la proclamación de Hitler como Führer, manifestó pública y resonantemente su rechazo y sus temores.. Pasó como consecuencia dos años en Londres donde completó su experiencia de relaciones exteriores, que había iniciado ya en otros puntos de Europa, por ejemplo en Barcelona, donde fue vicario de la parroquia evangélica alemana. Miembro activo de la Iglesia confesante –un movimiento antinazi, como sabemos, de las iglesias protestantes alemanas, creado en septiembre de 1933 contra la aceptación del racismo por gran parte de la Iglesia prusiana– se enfrentó por ello con su facultad teológica de Berlín, que había contemporizado con el nazismo, lo mismo que muy amplios sectores de la Iglesia católica, según vimos.

Regresó valientemente a Alemania en 1935. Fue destituido de su cátedra por los nazis en 1936. En 1941 eludió el servicio militar para enrolarse en la red de contraespionaje organizada por otro resistente oculto, el almirante Canaris, que aconsejaba por entonces al general Franco la oposición a todos los proyectos hitlerianos de invadir la Península. Intervino Bonhoeffer, con otros miembros de su familia, en la conspiración para derrocar y eliminar a Hitler en que también estuvo implicado el propio Canaris. Desde 1943 se le recluyó en una prisión militar, desde la que envió sus famosas cartas que forman en conjunto la más célebre de sus obras, que se ha editado en excelente versión española con el título *Resistencia y sumisión*[322]. Acusado por faltas contra la moral defensiva y de lo que trataba de defender en esas cartas, fue condenado a muerte después del atentado contra Hitler

[322] Salamanca, «Sígueme» 1983.

que fracasó el 20 de julio de 1944. La magnitud se su sacrificio se acentúa si recordamos que en junio de 1939 se había refugiado en Nueva York, pero impulsado por su vocación de servicio quiso regresar a Europa en el último barco que zarpó de América antes del estallido de la segunda guerra mundial. Durante su época de cooperación con Canaris contribuyó a las actividades de la Resistencia con motivo de sus viajes al extranjero, por ejemplo a Suiza y Suecia. Fue ahorcado junto con el almirante cuando ya agonizaba la Alemania nazi en 1945.

He detallado la trayectoria vital de Bonhoeffer porque fue un profeta de la acción anti-totalitaria más que un pensador contemplativo pero tampoco puede menospreciarse su contribución teológica. Cuya clave inicial fue la idea de la comunión de los santos, que le acercó a las posiciones del catolicismo espiritualista; concebía a la Iglesia como una, santa, católica, con diversas confesiones en su seno y Cristo como único Señor de todos; es por tanto un adelantado del ecumenismo. En sus escritos y señaladamente en sus cartas desde la cárcel dibuja su antítesis entre la concepción medieval del mundo adolescente –con un Dios *ex machina,* suplente de la impotencia humana– y un «mundo adulto» actual, dominado por la concepción a-religiosa y secularizada, para quien hay que reinterpretar a Dios en categorías seculares y a-religiosas. Hay que encontrar a Dios no sólo en la muerte sino en la vida; no sólo en el fracaso sino en el éxito. Cristo, encarnación de Dios, ha de mediar entre los hombres y el mundo, entre Dios y el mundo. Se ha dicho certeramente que Bonhoeffer es el profeta de la plena profanidad, vivida en compañía de Cristo crucificado. Es también muy interesante su epistolario en libertad, reunido en el libro *Redimidos para lo humano*[323].

Si Bonhoeffer volvió de América a Alemania en busca del martirio, el profesor Paul Tillich (1886-1963) se quedó en América para impartir desde allí, como hizo Maritain en el campo católico, un fecundo magisterio de alcance mundial. Su experiencia como capellán de guerra en el ejército alemán durante el conflicto de 1914 le acercó a las necesidades de los pueblos angustiados. Sus contactos culturales de postguerra le impulsaron a lograr una síntesis de teología y cultura, en sentido contrario a la que Gramsci intentaba desde su marxismo cultural. Tras profesar la teología en Alemania hasta 1933 se trasladó a los Estados Unidos donde enseñó, hasta su muerte, en Harvard y Chicago. Poseemos sobre su pensamiento una excelente tesis española de Alfonso Garrido Sanz, *La Iglesia en el pensamiento de Paul Tillich*[324].

Paul Tillich es, ante todo, un conciliador; que trata de relacionar e intefecundar la teología con la filosofía y la cultura. Concibe, para el hombre moderno, a la religión como una forma de cultura; y trata de detectar los entronques religiosos de la cultura contemporánea. A preguntas existenciales, envueltas en el ambiente cultural de nuestra época, trata de responder con teología profunda. Para ello se ve obligado a conceder demasiado; por ejemplo concibe la revelación divina no como expresión o comunicación sobrenatural formal sino más bien como símbolo. Cristo es solamente un hombre excepcional; la teología no es por tanto ateísta sino antiteísta en cuanto se refiere a Cristo.

Pero Dios es, en cierto sentido, trascendente. Dios no es una realidad aparte pero es ante todo profundidad del ser. Son los enunciados teológicos sobre Dios,

[323] Salamanca, «Sígueme» 1979. Cartas de 1924 a 1942.

[324] Ibid., 1979.

más que el propio concepto de Dios, los que poseen un valor simbólico. Dios es el ser mismo; es la única realidad no simbólica sobre la que versa la teología. Esto significa que Tillich, como única gran excepción entre los teólogos protestantes, admite la analogía el ser en sentido semejante al que aceptan los católicos como puente natural y metafísico entre el hombre, el mudo y Dios.

Instalado en la realidad y volcado a las síntesis, Tillich se muestra teológicamente muy preocupado por el grave problema social del hombre contemporáneo. Su dialéctica trata de crear una síntesis a partir de las tesis críticas de la escuela liberal que seculariza la religión y la teología; y de la antítesis barthiana que separa de plano el hombre-mundo y la suprema realidad de Dios. Es un teólogo de extraordinario atractivo para muchos teólogos de nuestro tiempo, una figura de aproximación superada, desde luego, por la inmensidad de su intento, pero muy estimable y digna de atención.

LA TEOLOGÍA PROTESTANTE ANGLOSAJONA DEL MOVIMIENTO DE OXFORD A LA SECULARIZACIÓN

La ruptura entre anglicanos y católicos no se originó por motivos doctrinales sino de orden personal, y además abyecto, por parte del rey Enrique VIII en su conflicto con la Santa Sede por su repudio de Catalina de Aragón, la hija de los Reyes Católicos, para casarse con su capricho, Ana Bolena, a la que después de mil días decapitó ritualmente. Una abrumadora mayoría de los obispos, el clero, los religiosos y los católicos ingleses reconoció a su lujurioso y arbitrario monarca como cabeza de la Iglesia, con excepción luminosa de un puñado de grandes mártires; con lo que esta deserción en masa de la Iglesia de Inglaterra es una de las páginas más oscuras y lamentables de toda la historia de la Iglesia, y en ella pienso muchas veces al contemplar la actual desintegración de la Iglesia anglicana, cuyo encefalograma parece más plano cada año. El inconcebible cisma fue fortalecido por un juego de intereses de todas clases, sin excluir los más rastreros; así como por la continuada hostilidad contra España, bastión del catolicismo durante la Reforma católica. De esta forma penetraron además en las islas británicas (con excepción de la fiel y heroica Irlanda) las diversas doctrinas protestantes del Continente, por lo que el impacto del Humanismo y la Ilustración ahondó la separación con Roma. De ahí que los fermentos secularizadores hayan actuado sobre el protestantismo británico mucho más intensamente que sobre el resto de Europa, tanto protestante como católica.

A lo largo de toda la historia moderna el protestantismo británico fue surcado por tres corrientes:

–la Iglesia Alta, con sus fases nacionalista, anglocatólica y el Movimiento de Oxford.

–la protestante dura: Iglesia baja, puritanismo (en Inglaterra y en Escocia) presbiterianismo, metodismo.

–el racionalismo liberal: Iglesia Ancha (Broad Church) Ilustración, racionalismo, deísmo, secularización profunda.

En todos los períodos de la modernidad coexisten estas tres tendencias, con diversas fases dominantes de una u otra. Sabido es que desde el cisma del siglo XVI hasta la tolerancia que se empieza a imponer a fines del XVII la Iglesia católica fue duramente perseguida en el que desde principios del XVIII se llamó Reino Unido, donde Roma ha reconocido una admirable floración de mártires a quienes la Iglesia anglicana ha tratado siempre de degradar por motivos políticos, pero que sucumbieron claramente por el odio a la fe.

En los siglos XVI y primera mitad del XVII, con claro predominio de la Iglesia Alta u oficial, apuntan varios intentos de conciliación de vía media entre el catolicismo y el protestantismo. La Iglesia anglicana conserva –hasta hoy– el sistema episcopal, con los obispos incluidos en el sistema político (Cámara de los lores) como rasgo típico de lo que en el Continente había sido el Antiguo Régimen. Al producirse la Revolución parlamentaria de Cromwell en la segunda mitad del siglo XVII surge el predominio de la Iglesia Baja, que cede de nuevo el paso a la Alta al llegar la Restauración; con la instalación de una nueva dinastía continental al ser expulsados los Estuardos se implanta una tolerancia cada vez mayor, se restablece el equilibrio entre las corrientes y la controversia religiosa, ya dentro del siglo XVIII, cede el paso a la penetración del racionalismo secularizador, que coincide, sin que éste sea el momento de concretar conexiones históricas y estructurales, con la profunda renovación de la Masonería en Inglaterra a partir de la segunda década del Siglo de las Luces; la nueva Masonería especulativa, que sustituyó a la Operativa, alcanzó un gran éxito en Inglaterra y se trasplantó desde allí al Continente y a América. En todas partes la Masonería actuará como decisivo factor de secularización, hasta hoy mismo[325].

Ni el siglo XVI ni el XVII dio teólogos relevantes el protestantismo británico en todas sus corrientes. Como reacción a la secularización liberal e ilustrada del siglo XVIII, prolongada en el XIX, apareció en Inglaterra el Movimiento Evangélico, versión insular del pietismo protestante continental. Fue una oleada de renovación interior que afectó sobre toda la Iglesia Baja, el bajo clero de muchas parroquias y que, a mediados del siglo XIX, fue enérgicamente contrarrestado por otro movimiento renovador, ahora en la Iglesia Alta, el Movimiento de Oxford surgido en los ambientes teológicos de esa gran Universidad y que bajo la dirección del profesor J.H. Newman (1801-1890) marcó una fuerte tendencia de aproximación primero y luego de conversión hacia la Iglesia católica, en la que se integró el propio Newman, seguido por numerosos adictos, en 1845. La Iglesia anglicana vibró en sus cimientos, pero el profesor Pusey logró mantener al Movimiento de Oxford en el seno del anglicanismo.

Antes de la conversión de Newman los portavoces del Movimiento de Oxford vertían sus ideas renovadoras en los célebres folletos *Tracts for the times*, de los que se publicaron noventa entre 1833 y 1841. Algunos son opúsculos, siempre muy sugestivos; otros alcanzan el rango de verdaderas monografías teológicas. El punto central es la eclesiología y concretamente la sucesión apostólica. En uno de

[325] Para la Masonería cfr. mi libro *El triple secreto de la Masonería*, ed. Fénix 1994; y el ensayo inicial de *Misterios de la Historia*, Barcelona, Planeta, 1990.

los *tracts* Newman intenta la conciliación de los Artículos de la Iglesia anglicana con la doctrina del Concilio de Trento; alarmadas las autoridades anglicanas decidieron suspender la publicación. Los *tracts* formulan la clásica vía media entre catolicismo romano y protestantismo continental; y se apoyan en la tradición patrística común. Tanto el movimiento evangélico como la teología racionalista se opusieron vigorosamente al Movimiento de Oxford. Después de su conversión, que fue uno de los grandes acontecimientos religiosos del siglo XIX, Newman fue creado cardenal por el Papa.

El Movimiento de Oxford no consiguió, como se pudo esperar en algunos momentos, la conversión general de la Iglesia anglicana al catolicismo pero dio definitiva carta de naturaleza al catolicismo entre las comunidades cristianas del Reino Unido; desde entonces se han multiplicado los gestos de aproximación entre anglicanos y católicos, se han producido nuevas conversiones significativas (hace muy poco, la duquesa de Kent) y la Iglesia de Roma ha contado siempre en las islas con un apoyo intelectual de primer orden, como demuestran los nombres de Gilbert K. Chesterton, Graham Greene y el original publicista Malcolm Muggeridge; aunque también ha sufrido deserciones gravísimas hacia el agnosticismo, como el alumno de los jesuitas y célebre autor irlandés James Joyce. En los meses y años que anteceden a este libro algunas desviaciones dogmáticas de la Iglesia anglicana, tal vez aterrada por el vacío creciente de sus templos (por ejemplo la ordenación sacerdotal y episcopal de las mujeres) han ahondado de nuevo la separación pero han suscitado una auténtica riada de conversiones de fieles, sacerdotes y aun obispos hacia la Iglesia católica, que ha tratado a los conversos con exquisita comprensión y sin alardes de triunfalismo. También, desde los escritos del antiguo pastor converso y luego sacerdote católico Walton Hannah, que denunció documentalmente el contubernio entre la jerarquía anglicana y la Masonería (por lo que hubo de refugiarse en una parroquia canadiense) esa estrecha cooperación se ha enfriado muy notablemente en los últimos tiempos.

Las convulsiones religiosas de Inglaterra en la época de los Tudor y los Estuardo así como la violenta represión de la católica Irlanda por los invasores protestantes británicos impulsaron una nutrida emigracón a Ultramar –las Trece Colonias en el siglo XVII y XVIII, luego, a finales de ese siglo, los Estados Unidos– de minorías perseguidas que proliferaron luego en la nueva tierra de promisión con libertad e impusieron allí una ejemplar tolerancia (con dolorosas excepciones regionales): los católicos en Maryland, los presbiterianos y puritanos en Nueva Inglaterra, los irlandeses católicos en las grandes ciudades del Este durante el siglo XIX. La Iglesia anglicana también se trasplantó a las Trece Colonias donde tras la independencia se transfiguró en Iglesia episcopaliana, cuyo gran templo de San Juan el Divino en Nueva York me ha dado siempre la mayor sensación de frialdad vacía que he podido observar en cualquier edificio de cualquier religión por todo el mundo. Otras minorías católicas, como italianos, polacos y bávaros se instalaron en diversos Estados y supieron conservar su identidad religiosa. Cuando en el siglo XIX los Estados Unidos arrebataron más de la mitad del territorio hispano-mexicano, desde Florida a California, la minoría hispano-católica, enormemente incrementada después, hasta nuestros días, por la inmigración de Iberoamérica –señaladamente México, Puerto Rico y Cuba– se ha convertido en la más importante fuera de los anglosajones y ha conservado también muy celosamente su tradición religiosa y cultural. Por su parte las diversas confesiones protestantes del Reino Unido y Europa se distribuyeron también por el mosaico religioso de Norteamérica, donde algunas de ellas adquirieron diversas formas específicas y generaron otras. En todo este complicado conjunto pueden detectarse los caracteres siguientes:

Primero, una degradación secularizadora cada vez mayor en los medios racionalistas-ilustrados que han desembocado en un generalizado deísmo, coexistente con el acentuado sentimiento religioso tradicional en muchas minorías originarias que han arraigado en los Estados Unidos y que se mantiene en vivo contraste con la secularización oficial de la vida pública europea con ritos públicos de raigambre religiosa, como en los momentos de alta tensión institucional de la nación.

Segundo, un crecimiento constante e imparable en influencia, prestigio y peso relativo de la Iglesia católica desde la independencia de las Trece Colonias hasta el Concilio Vaticano II, con especial mérito y rendimiento de la Compañía de Jesús, cuyo contingente norteamericano se convirtió en el más floreciente y prometedor de toda la Orden. La coexistencia natural de la Iglesia católica con la democracia norteamericana resultó sumamente beneficiosa para corregir las desviaciones y las vacilaciones autoritarias e integristas de la Iglesia en los siglos XIX y XX. Pero la crisis posterior (manifestada en los años sesenta, ya larvada antes) ha afectado de forma gravísima a la Iglesia católica en los Estados Unidos y en particular a la Compañía de Jesús, hondamente dividida; crisis católica y división jesuítica que ofrece un extraño y hondo paralelismo histórico con fenómenos semejantes en España, que con los Estados Unidos es el país más influyente en la Iglesia de Iberoamérica. Este paralelismo será objeto de nuestro especial análisis y estudio.

Tercero, una proliferación del pietismo norteamericano en multitud de núcleos interconfesionales, movimientos de renovación incluso en el complicado campo de las sectas cristianas, con deplorables consecuencias también en Iberoamérica.

Cuarto, un creciente dominio de la teología liberal como doctrina de las principales iglesias protestantes de los Estados Unidos, en las que ha hecho estragos la secularización, como se revela en el primer Harvey Cox, en su libro *La ciudad secular*, del que vamos a hablar inmediatamente, así como de las reacciones suscitadas contra los excesos de la secularización.

Comprendo históricamente, aunque no comparto sus fundamentos ni sus tendencias, el fenómeno de la secularización, que como hemos visto se inicia en la Baja Edad Media con el auge del Humanismo, continúa en la Reforma y el Renacimiento y se incrementa con fuerza torrencial por el Racionalismo y las dos Ilustraciones, fomentado además, desde principios del siglo XVIII hasta hoy, por la Masonería que hace de la secularización su principal bandera y objetivo. Naturalmente que acepto la secularización como «autonomía de lo temporal» según la expresión de Maritain aceptada por la Iglesia pero he de rechazar, con la misma Iglesia, la secularización radical que llamó Pablo VI *secularismo* y que consiste en privar a la Iglesia de toda influencia en la sociedad. Este es el sentido masónico de la secularización; pero lo que me parece un absurdo sarcástico es que se haya planteado, y siga hoy vigente, toda una teología de la secularización, que me suena lo mismo que «una filosofía contra el pensamiento» o una racionalidad de la sinrazón. La tal «teología de la secularización» es la más detonante de las llamadas «modas teológicas a las que se han referido dos libros de suma importancia; el de dos jesuitas –el cardenal Daniélou y el profesor Cándido Pozo, de la Comisión Teológica Internacional– *Iglesia y secularización*[326] y el de J.A. Aldama et al. *Los movimientos teológicos secularizantes*[327], certeros estudios que resultaron, además, proféticos, porque se publicaron cuando levantaba el vuelo la teología de la liberación, un movimiento contaminado de secularismo como iban a demostrar los hechos. Pues bien, entre los autores principales de esta moda teológica ocupan un lugar preeminente algunos teólogos norteamericanos.

Por ejemplo el teólogo radical T.J.J. Altizer, para quien la religión, al estar construida por un conjunto mitológico, ritual y místico, debe sustituirse con ventaja por la ciencia, la técnica (que arrincona a la magia ritual) y el humanismo. En tiempos antiguos logró el cristianismo la destrucción de la religión pagana afectada por esos caracteres; pero la tarea, no cuajada del todo, corresponde en nuestros tiempos al marxismo, que es para este teólogo estrambótico un cristianismo consecuente, ya que el cristianismo de hoy debe prescindir de la religión. Es decir, para sobrevivir el cristianismo debe hacerse ateo. Este autor no es por tanto un teólogo sino un ateólogo. El cardenal Daniélou cita otras formas peregrinas de teología secularizadora; la que niega la distinción entre lo sagrado y lo profano (las iglesias deben convertirse en museos, el sacerdocio es superfluo) y la que pretende la separación radical y absoluta entre el dominio de la religión y el dominio de la civilización. Esta es la posición «religiosa» de los totalitarismos de izquierda o de derecha cuando pretenden encerrar a la Iglesia en las sacristías. El cardenal concluye que la aceptación de estos absurdos secularizantes por algunos cristianos sólo puede nacer de la cobardía y en el fondo la falta de fe.

Sin embargo el teólogo de la secularización que ha ejercido una autentica influencia en amplios medios culturales de todo el mundo es el profesor de Harvard Harvey Cox, de origen baptista, por medio de un libro célebre, *La ciudad secular,* al que me acabo de referir, publicado en 1965, con difundida traducción española en 1983. No debemos olvidar que Harvard, la Universidad primordial de Estados Unidos, creada como centro de enseñanza religiosa y teológica, se diversificó después a todos los campos del saber y se convirtió desde principios del siglo XX en centro principal de la irradiación fabiana y liberal, en sentido filosocialista, donde por tanto encontraba natural acomodo la teología de la secularización. En ese libro Cox acepta plenamente la secularización como un hecho irreversible. En el luminoso epílogo que Daniélou y Pozo escriben para su ya citado libro resaltan como principales promotores del secularismo a Cox en *La ciudad secular* y al también teólogo protestante Jürgen Moltmann en su famosa *Teología de la esperanza* (Munich 1964, Salamanca 1969) que consideraremos como una de las inspiraciones primordiales para la teología de la liberación. Daniélou y Pozo resumen el impacto de estos dos autores sobre la moda teológica de la secularización con estas palabras: «En toda esta literatura se da por supuesta una serie de cosas no siempre igualmente indiscutibles: el hecho de la secularización del mundo, que estaría constatado por una serie de encuestas sociológicas y que además sería irreversible,

[326] Madrid, BAC minor, 1973.

[327] Madrid, BAC minor, mismo año que el anterior.

ya que corresponde a la edad madura a que ha llegado la Humanidad; una valoración positiva del fenómeno (obvia desde el momento que el fenómeno corresponde a la madurez de la Humanidad) y consecuentemente la necesidad de adaptar a la nueva situación todos los términos que esa literatura combina con el concepto de mudo secularizado».

Cuando la moda teológica de la secularización hacía estragos entre muchos superficiales teólogos católicos, su dos creadores, Moltmann y Cox, dieron frenazo y marcha atrás y dejaron a sus alucinados seguidores –cuando no plagiarios– con un palmo de narices y en el más espantoso de los ridículos. Daniélou y Pozo comentan en ese mismo epílogo que los estudios sociológicos que pretenden haber demostrado la secularización del mundo están cada día más desacreditados (op. cit., p. 183). El viraje de Cox se advierte en *La fiesta de los locos* (1969); el de Moltmann en *Los primeros liberados de la creación* (1971). Para uno y otro ha entrado en crisis el tipo de cristiano propuesto por la teología de la secularización, el homo faber, constructor de la ciudad secular. Moltmann se siente decepcionado ante los peligros que la tecnología desbordante ofrece al mundo contaminado; esta intuición le obliga a retornar a la ortodoxia luterana, mucho más pesimista frente a su anterior alarde de esperanza y deja de ver evidente el paralelismo entre el cambio de estructuras y la liberación del hombre, al cuartearse la «ilusión idealista de la que deberían irse desprendiendo también los marxistas» (op. cit. p. 193). Moltmann tiende entonces a definir la religión como juego y como fiesta, con predominio de los valores estéticos o contemplativos.

Cox va a llegar a planos paralelos (que constituyen una nueva moda en la que caerán algunos incorregibles teólogos católicos, verdaderos monos de imitación) a través del fenómeno *hippy* que introduce en nuestra sociedad algo tan poco secularizante como la fiesta y el rito. (Cox, muy próximo a Moltmann, no pasó un verano en Ibiza, como el autor de este libro; de allí extraje consecuencias muy sabrosas pero escasas inspiraciones teológicas, como no fueran de historia púnica). Es alarmante cómo estos reputados teólogos evangélicos derriban sus construcciones teóricas anteriores al conjuro –no muy teológico– de las cambiantes oleadas de moda juvenil en nuestro tiempo; cualquier día nos ofrecen la teología mixta del *bakalao* y el *karaoke*. Cox, por su parte, glorifica al misticismo y al monaquismo, que están en los antípodas de la ciudad secular (ibid. p. 196).

En su todavía más sorprendente libro, *La religión en la ciudad secular*[328] el profesor de Harvard da un paso todavía más claro: repudia formalmente la teología de la secularización a la vista del inesperado –para él– renacimiento religioso y teológico que observa en dos fuentes actuales y contrarias: el fundamentalismo conservador norteamericano y la teología de la liberación en Iberoamérica. Su nueva tesis queda clarísima desde la introducción: «La religión retorna a la ciudad secular». Esto sucede a fines de los años setenta, cuando la religión, que parecía desahuciada, inicia su retorno, Cox, gran teólogo protestante, identifica esa epifanía con el viaje de Juan Pablo II a México en enero de 1979, para abrir el gran encuentro episcopal de Puebla; Cox fue testigo asombrado de la llegada del Papa. También se impresionó en 1982 al contacto con el baptista fundamentalista Jerry Falwell, fundador de la «Mayoría moral». Le

[328] Nueva York, Simon y Schuster, 1984.

afecta profundamente que tanto el liberacionismo como el fundametalismo desarrollen inmensas fuerzas sociales y políticas que sacuden los cimientos de la ciudad secular (ibid., p. 20). Fundamentalismo y liberacionismo arrasan con su crítica convergente –desde posiciones contrarias– los postulados y las rutinas de la teología moderna. En la página 59 arriesga Cox una profecía: «predigo que en el mundo postmoderno en el cual la Ciencia, la Filosofía y la Teología acaban de empezar a intercomunicarse, y en el cual la política y la religión ya no habitan compartimentos diferentes de la empresa humana, la actual separación antinatural de la fe y la inteligencia será también superada». Subraya admirativamente el valor de lo fundamentalistas al enfrentarse críticamente con la secularización como causa de la decadencia de Occidente, en lo que el teólogo protestante vuelve a coincidir con Juan Pablo II. Cierto que Cox asume con escasísimo sentido crítico los orígenes y desarrollo de la teología de la liberación; a la que concede un futuro mucho más decisivo que al fundamentalismo; y ni por asomo advierte que Juan Pablo II acudió a Puebla para frenar y destruir a la teología de la liberación y todo lo más a encauzarla, no a fomentarla; se le nota en ese desenfoque el ramalazo fabiano de Harvard. Pero lo que realmente me interesa es que los postulados esenciales de la teología de la secularización han quedado reducidos a cenizas en las retractaciones de sus dos promotores más importantes, sin que muchos de sus imitadores católicos hayan dado muestras de haberse enterado.

La teología anglosajona es muy proclive, como estamos comprobando, a las modas teológicas. Esto sucede también con otra moda todavía más detonante: la teología de la muerte de Dios, que, con oscuras raíces en el enloquecido portavoz de la muerte de Dios, Friedrich Nietzsche, se ha propuesto recientemente en los Estados Unidos sin advertir el colosal contrasentido de que, ante un Dios muerto, la correspondiente teología nace mas muerta todavía.

Esta es una «teología» que se puede considerar como creación de la gran Prensa de los Estados Unidos en torno a 1965, a propósito de un trabajo sobre el teólogo Robinson y su libro *Honest to God*. Fueron periodistas los que detectaron la tendencia a la muerte de Dios en las ideas aberrantes de algunos teólogos y los que proclamaron la muerte de Dios poco más que como un fenómeno publicitario que luego arrastró a un sector sensacionalista y morboso del mundo teológico. Algunos comentaristas católicos se han enfrentado a esta moda interpretándola como una convergencia de varias líneas teológicas protestantes; la desmitologización de Bultmann, las directrices de Tillich, el cristianismo arreligioso de Bonhoeffer. Pero más que como cultivadores masoquistas del ateísmo, los presuntos teólogos de la muerte de Dios tratan de situarse junto al hombre moderno privado de Dios para explicarle una versión moral y cultural del cristianismo. Juan Pablo II, en su encíclica *Dominum et vivificantem* mostró cierta alarma por esta moda teológica, dentro de su denuncia contra el ateísmo. Y con toda razón identifica la que llama «ideología de la muerte de Dios» con el suicidio espiritual del hombre ateo. Tras este repudio pontificio podríamos cerrar estas consideraciones con la última y original propuesta de Harvey Cox sobre el juego como orientación a un método teológico en su ya citada obra *La fiesta de los locos*. Lo he explicado con cierto detenimiento en otra ocasión[329]. Pero en este

[329] R. de la Cierva, *Oscura rebelión en la Iglesia,* op. cit. p. 153. No lo haré ahora; este intermedio lúdico dice poco al propósito de este libro.

momento sólo me interesa concluir que la inconsistencia de la teología protestante en su conjunto no constituye precisamente una garantía para fundamentar, como de hecho fundamenta, muchos ambientes, principios e inspiraciones de la teología de la liberación. Y es que la teología de la liberación, ya lo hemos dicho, posee fuertes vetas neoprotestantes, sobre todo en la actitud de sus principales promotores.

LOS JESUITAS Y LA NUEVA TEOLOGÍA: LA GLORIA Y LA PERVERSIÓN DESDE LUBAC Y TEILHARD A KARL RAHNER

Para el lector, teólogo o aficionado, que desee conseguir una imagen moderna y segura de la historia teológica sin excluir el momento actual le recomiendo la *Historia de la teología* de José Luis Illanes[330]. Allí podrá encontrar una presentación, por naciones, de los principales representantes de la Nueva Teología en un ambiente de notable comprensión y amplitud. Voy a tener en cuenta este Manual pero voy a rebajar la comprensión en algunos casos, por mi conciencia del daño que alguno de estos teólogos ha hecho a la Iglesia del Tercer Mundo por medio de su influencia inspiradora en la teología de la liberación; y porque además mis notas directas de lectura y mis apuntes biográfico-políticos me obligan a profundizar un poco más al servicio de mis lectores. Por eso voy a presentar en primer lugar a los grandes teólogos jesuitas de este siglo; luego estudiaré la influencia de los teólogos domínicos de Le Saulchoir; y en tercer lugar me referiré al diálogo teológico cristiano-marxista, que alcanzó mayor importancia que el diálogo político, ya citado, entre una y otra tendencia, que ya hemos estudiado, entre Maritain-Mounier y Roger Garaudy. Tras este recorrido, más alucinante de lo que tal piensa el lector no especialista, dejaremos para el siguiente libro a otros teólogos importantes que han ejercido su influencia sobre todo en la época posconciliar y a los teólogos de la demolición, cuya estrella es Hans Küng, porque el díscolo escritor suizo constituye ya una fuerza de flanqueo para la teología de la liberación; los teólogos que preceden en estas tres series pertenecen, o bien a los grandes precursores del Concilio o bien forman parte de los orígenes, inspiraciones e impulsiones de esa teología abiertamente cristiano-marxista, cuyos pródromos estamos detectando y exponiendo como advierte el lector, con la profundidad posible. Por supuesto que entre estos cultivadores de la Nueva Teología hay algunos sumamente fieles a la Iglesia, varios jesuitas entre ellos; que sometidos a sospecha, a veces injusta, se conservaron fieles, incluso hasta la heroicidad y fueron después justamente rehabilitados. En otros casos, por desgracia, no sucedió así y el daño que acarrearon fue inmenso.

También habrá advertido el lector que jesuitas de diversos pelajes han aparecido ya de forma más o menos dispersa en estas páginas, cuando lo exigía el guión. Por ejemplo el jesuita Tyrell fue una de las estrellas de la herejía modernista, el futuro General Pedro Arrupe hizo ya, según vimos, sus pinitos en América a favor

[330] Madrid, BAC, 1995, serie «Sapientia fidei».

del Frente Popular durante la guerra civil española, en la cual otros muchos hermanos suyos ganaban el martirio; y varios jesuitas eminentes formaron parte de los equipos de Pío XI y de Pío XII. Ahora el panorama va a variar radicalmente. La convulsión histórica que defino en este libro como «deserción de la Compañía de Jesús» y el Papa Pablo VI calificó, en diálogo episcopal que poseo y publicaré, como «disolución del ejército» constituye el último y espeluznante capítulo de este libro pero cada vez me siento más seguro, ante la acumulación de testimonios y documentos, de que la crisis mortal de la Compañía de Jesús en la segunda mitad del siglo XX se deriva, ante todo, de una perversión teológica y de una especie de conversión política muy relacionada con ese viraje teológico. Por eso tiene tanta importancia lo que vamos a expone en los siguientes epígrafes.

El teólogo jesuita francés más conocido por el gran público en este siglo es, sin duda, Pierre Teilhard de Chardin (1881-1955). El profesor Illanes no le considera propiamente un teólogo pero le dedica una amplia nota informativa en su historia teológica que acabo de citar (p. 331 n. 40). Teilhard era un científico –paleontólogo y antropólogo– de primera magnitud, un filósofo y por supuesto un teólogo pero por encima de todo un poeta; no simplemente un imaginativo sino un poeta de la teología en relación con la ciencia. Perseveró en la Compañía de Jesús hasta el final, jamás renegó de la Iglesia (aunque una y otra procedieron contra él con incomprensión lamentable, le privaron de su cátedra, le prohibieron la publicación de sus libros, que sólo aparecieron tras su muerte). Alarmado por la difusión y el éxito de sus obras el Santo Oficio le dedicó un *monitum* descalificador nada menos que en 1962. Es una tragedia que la Iglesia, tras no haber condenado al evolucionismo como hicieron muchas confesiones protestantes, rozase ahora el anatema contra uno de los grandes pensadores católicos del siglo XX. Hoy está plenamente rehabilitado, aunque muchas de sus posiciones científicas se han superado ampliamente.

A mi modo de ver este tremendo desliz de la Iglesia y de la Compañía de Jesús, que en tiempos de Teilhard era fiel a la Iglesia hasta en los errores, se debió a un fallo de enfoque; en la encíclica de Pío XII dictada en 1950 se condena, sin citar el nombre, al padre Teilhard. El desenfoque consiste en considerarle como si fuera un teólogo escolástico y no un poeta de la ciencia empeñado en interpretar poéticamente la fe desde los nuevos descubrimientos paleoantropológicos. Teilhard participó en grandes expediciones e investigaciones de esa especialidad –que llevaron al descubrimiento del sinántropo– y consiguió labrarse un sólido prestigio en el mundo de la ciencia moderna, con lo que recuperó para su Orden y para la Iglesia las conexiones culturales de la época ilustrada interrumpidas por la agonía de los jesuitas desde mediados del siglo XVIII. Concibió su dedicación a la ciencia moderna como una forma de apostolado, que ejercitó con gran altura y eficacia. Insignes científicos se honraron con participar en el comité de edición de sus obras, que como he dicho son póstumas en gran mayoría.

La primera de estas obras póstumas en ver la luz y seguramente la más significativa del pensamiento teilhardiano es *Le phénomène humain* (Paris, Seuil, 1955) por lo que resumo lo esencial de su contenido, que intenta una síntesis arrebatadora entre la ciencia y la fe. Parte Teilhard de otra fe, una fe absoluta en la teoría radical de la evolución, concibe su libro como «una memoria científica, no una obra teológica» nacida de «una visión tan clara, un ideal». Y que consiste básicamente en «un esfuerzo para ver». Maritain, que jamás comprendió a Teilhard, dijo de él que esta concepción le parece en el fondo una hermosa fantasmagoría; un arranque poético enteramente inasimilable por la teología auténtica. Pero Maritain es, en este juicio, muy injusto. ¿No es la fulgurante ciencia contemporánea, como ha dicho Penrose, un ejercicio supremo de poesía?. Puede criticarse a Teilhard desde la teología clásica y también desde algunas posiciones de la ciencia que hoy, como acabo de decir, parecen seriamente superadas. Pero su colosal intento de conjugar la ciencia con la fe me parece, en el momento cultural de la Iglesia que vivió Teilhard, un servicio inmenso a la Iglesia y a la propia ciencia.

Teilhard parte del hombre como «centro de constitución del Universo» (p. 27). Y de la intuición de un Universo que se abre a la plenitud por debajo –el mundo inframicroscópico– y por arriba, el mundo de las galaxias en expansión. La Evolución, que desde su misterioso comienzo lleva impresos los gérmenes de la Vida y el brote de la Conciencia, se desarrolla en cuatro movimientos: la Previda, la Vida, el Pensamiento y la Sobre-Vida. De la masa molecular cada vez más compleja se pasa, al llegarse a un punto crítico, a la aparición de la Vida (p.43), uno de los momentos claves del libro, en que brilla, entre metáforas fulgurantes, la intuición poética montada sobre un insondable vacío de explicación. «*On passe a la Vie*» así, tranquilamente. Teilhard escribe, eso sí, desde dentro de la Ciencia; y conecta lúcidamente la evolución como proceso dirigido entre los dos principios termodinámicos de la aparición y la degradación de la energía, que no se hace por simple transformación. Hay un aspecto espiritual de la energía, que no por descuidado en el pensamiento científico occidental es menos real y objetivo. La multitud de proteínas en el umbral de la vida es también «el polvo primordial de la conciencia» (p.72). Los virus son un estado intermedio entre la materia y la vida. Esta es la tesis capital: «La Vida tiene un sentido y una línea de progreso...que serán admitidos por la Ciencia de mañana» (p.154). Esta profecía se ha cumplido; muchos científicos de hoy, en los años noventa del siglo XX, hablan cada vez con mayor naturalidad del «principio antrópico»; una hipótesis que explica por qué la Evolución ha podido saltar de lo inorgánico a lo orgánico, y al propio Hombre, contra la ley general de degradación que impone el Segundo Principio de la Termodinámica (sobre el que desbarra, sin entender una palabra, un político español degradado y oxidado). Y aceptan que desde el principio del tiempo (porque hay un principio del tiempo) la creación se orienta hacia la aparición del Hombre que acabará por dominarla, como en un momento de la Historia real se escribió en el Génesis. Yo creo que la aparición del principio antrópico en medio de la actual comunidad científica es el cumplimiento de la profecía de Pierre Teilhard de Chardin.

Teilhard es, por supuesto, un creyente; admite de forma expresa la «operación creadora» en la aparición del Hombre, del que científicamente sólo puede tratarse, en el momento clave de la Evolución, como un fenómeno humano. Con la aparición del Pensamiento surge la Noosfera en medio de la Biosfera; el Hombre «entra en el mundo sin ruido» y en comunión con la Naturaleza. ¿Se detendrá la Vida al desembocar en el Hombre?. El hombre moderno se obsesiona en despersonalizar lo que más admira, al revés del hombre primitivo, que personalizaba las grandes fuerzas y las grandes ideas del Universo (p.286). La Evolución ha de culminar en una conciencia suprema que lleve en sí la percepción de la conciencia humana. Así la Evolución converge sobre «el fin del mundo» que no es simplemente una catástrofe cósmica sino el *Punto Omega*, donde el Universo se hiper-personaliza, donde se concentran la Vida, el Pensamiento y el Amor. La convergencia final se logra en la Paz.

Como epílogo, Teilhard superpone el fenómeno humano al fenómeno cristiano. No para hacer apología barata sino como sublimación del fenómeno humano. En el Punto Omega actúa un Centro Universal de Unificación, que los cristianos llaman Dios; el Punto Omega es la eclosión de una Idea-realidad que ya se encontraba germinalmente desde el Punto Cero de la Evolución, el Punto Alfa; el Dios Providencia que será Dios Revelación y Dios Redención. No se trata de un panteísmo grosero sino de un Dios «todo en todos».

Este es el esquema base de *Le phénomène humain* sobre el que Teilhard vuelve majestuosamente, profundamente, en el resto de su obra. La figura de Cristo como intermediaria entre Dios y el mundo no es una negación de la teología tradicional sino una conexión de la teología tradicional con los horizontes de la ciencia moderna. El divorcio entre Ciencia y Teología se había ahondado tanto desde la Ilustración que este genial esfuerzo teilhardiano para conectarlas de nuevo tuvo que realizarse de forma traumática. Pero no hay en toda la obra del jesuita francés una sola proposición heterodoxa; ni en un solo momento se sale Teilhard, que es también un teólogo, de la doctrina y de la tradición de la Iglesia. Lo que hace es iluminarlas desde la incierta y mal conocida luz de la Ciencia moderna, que él conoce también en sus fuentes. La figura de Cristo como superador supremo de la Humanidad y como guía suprema de la Humanidad redimida por él desde la Noosfera a la Sobre-Vida parece, en pleno siglo XX, un eco de otro poeta cósmico, fray Luis de León, en *Los nombres de Cristo*. La intuición de una nueva fase para la Evolución a partir de la comunidad humana es una de las grandes ventanas al infinito que se abren para el pensamiento del siglo XX. Puede que los fundamentos científicos de Teilhard estén rebasados hoy en buena parte, pero su intuición fundamental conserva y acrecienta su validez. El jesuita francés ha sido un gran apóstol de la Ciencia en nuestro siglo; un gran renovador de los impulsos teológicos más que de la propia Teología. Su aproximación cultural a la religión, su iluminación religiosa de la Ciencia son una de las gestas intelectuales de la verdadera Modernidad.

Creo haber expresado muy claramente, como científico y como estudioso de la religión en la Historia, mi aprecio por la persona y el pensamiento del padre Teilhard de Chardin. Pero soy historiador y no puedo, profesionalmente, ocultar la verdad. El resto de la verdad, como anticipé en el Pórtico de este libro, es muy desagradable. Teilhard cometió en su vida, dos fallos personales que no pueden pasar sin comentario. El primero es el peor: se metió en política y además en la peor política. Ante el avance del comunismo tras la segunda guerra mundial y la esclavización de los países del Este europeo por el totalitarismo soviético, no sólo acepto el hecho sino que apostó por la eternidad del marxismo-leninismo, una doctrina que le era absolutamente ajena. No se extendió en el reconocimiento y el elogio, pero soltó una de esas expresiones francesas de exculpación que lo dicen todo. Al reconocer la actual barbarie de la ocupación comunista intuyó el futuro de un comunismo universal y exclamó: «¡Sí, pero esas multitudes cósmicas!.» Como si la multitud de esclavos fuese una justificación de la esclavitud. Afortunadamente pronto retornó a sus sueños y no repitió, que yo sepa, su insondable metedura de pata.

El otro desliz –muy perdonable en un poeta– se refiere a su vida privada. Pero resulta que, abrumado tal vez por el injusto silencio que Roma imponía a sus obras, se echó una especie de novia más o menos platónica, la escultora norteamericana protestante Lucile Swan, cuyo epistolario, que duró veinticinco años, han difundido sus compañeros, los jesuita de Georgetown. La dama se empeñaba, en sus cartas, en convencer a Teilhard de que cuando el amor espiritual se comunica al amor físico, los límites de éste son difíciles de precisar. Teilhard, en cambio, concebía el amor íntimo entre hombre y mujer como «tercera vía» que siempre me ha parecido un efugio hipócrita. No sé que rayos tiene que ver con todo esto el solemne voto de castidad del ardoroso jesuita paleontólogo pero el diario superprogresista de Madrid, que tanto jalea a los católicos progresistas, se recrea cual monja cogida en renuncio cuando les sorprende en alguna tercera vía de éstas. (Cfr *El País* 17.2.95 p. 38). Confío en que los jesuitas de Georgetown le hayan enseñado al príncipe Felipe de Borbón cosas más sustanciosas y menos mórbidas que el epistolario ecuménico en cuestión.

Un segundo jesuita francés, eximio y ejemplar, víctima de la intransigencia que superó por una heroica lealtad a la Iglesia, fue Henri de Lubac (1896-1991) perteneciente al grupo teológico de su Orden en Lyon-Fourvière. Ingresó muy joven en la Compañía de Jesús, que le destinó en 1929 a la docencia de la Teología en Lyon. Allí se sumergió en un profundo estudio de la patrística y la teología medieval, sin abandonar el contacto permanente con la literatura y la filosofía de nuestro tiempo.

Durante la ocupación alemana de Francia preparó su gran libro –colección de ensayos sobre varios escritores contemporáneos en torno a Dios y a la negación de Dios– que apareció a poco de la liberación de París: *El drama del humanismo ateo*, mejorado después en innumerables reediciones y traducciones[331]. No es una obra sistemática sino un conjunto coherente y armónico de ensayos sobre el ateísmo contemporáneo, centrado en el humanismo de Feuerbach heredado por Carlos Marx, el humanismo agresivo de Nietzsche y el positivismo de Augusto Comte, con incursiones igualmente profundas en las figuras de Kierkegaard, Heidegger y Dostoievski; el análisis salta además de uno a otro de esos autores, entre los que se establecen originales relaciones de perspectiva. El ateísmo moderno se define genialmente como «humanismo absoluto» (p. 21). El estudio sobre Feuerbach, creador de la izquierda hegeliana, sobre el pivote de un ateísmo radical y enlace esencial para el quiebro de Hegel a Marx es clarísimo. Feuerbach aplica su teoría del ateísmo al concepto hegeliano de alienación y lo transmite a Marx íntegramente. La aparición de la *Esencia del cristianismo* de Feuerbach en 1841, diez años tras la muerte de Hegel, conmocionó a los jóvenes hegelianos especialmente a Engels. Marx asume la clave de las enseñanzas de Feuerbach de forma definitiva en cuanto al problema de Dios, es decir de la negación de Dios. Nietzsche publica su primer

[331] Cito por la ed. séptima, París, Cerf, 1983.

libro el año en que muere Feuerbach. Su aversión contra Dios y contra el cristianismo tiene algo de instintivo, según él mismo confesó. Su postulado sobre *la muerte de Dios* nace de la agresividad, de un odio inexplicable. Es el creador de la expresión *los sin Dios* que se convertiría en consigna para la Rusia soviética. A raíz de la guerra franco-prusiana de 1870 publica *El nacimiento de la tragedia* con su famosísima antítesis entre lo apolíneo y lo dionisíaco. De Lubac contrapone al delirio ateo de Nietzsche, precursor del totalitarismo nazi, el proto-existencialismo de Kierkegaard, el danés ensimismado que se aproximó al catolicismo desde la crítica del luteranismo y que «en un siglo arrastrado por el inmanentismo fue el heraldo de la trascendencia» (ibid. p. 113). Mientras Nietzsche concretaba su odio a Dios en la figura de Cristo crucificado en «el árbol más venenoso de todos» y se atrevía a llamar a quien se definió como fuente de vida «maldición para la vida».

El estudio de Lubac sobre Augusto Comte es una maravilla de comprensión y de penetración. En 1842 Comte acababa su vasto *Curso de filosofía positiva* cuando Feuerbach acababa de publicar su *Esencia del cristianismo*. Con su positivismo que remata en la fundación de una ciencia nueva, la Sociología, Comte aspiraba a sustituir al cristianismo incluso como religión; lo que le llevó a consecuencias personales aberrantes, al considerarse como el nuevo Papa de una religión diferente. Desde 1822 había formulado su famosa teoría de los tres estados de la Humanidad, que ya conoce el lector. Se trata, dice Lubac, del apogeo de la secularización cultural en aras de la Ciencia Absoluta, que reinaba sobre el ambiente del siglo XIX. Comte no ataca directamente a Dios; le rebasa, prescinde de él. Aborrece a Jesús como «esencialmente charlatán» y pretende aliarse, como sabe también el lector, con la Compañía de Jesús en un episodio demencial.

No se había extinguido aún el éxito de este gran libro de Lubac cuando el jesuita publicó una obra resonante sobre el misterio de la gracia en relación con la persona humana, *Surnaturel*. Como un eco de las luchas *de auxiliis* que enfrentaron a jesuitas y dominicos del barroco, con amplia repercusión en las Universidades y en plena calle, el teólogo dominico Garrigou-Lagrange, justamente famoso por la restauración y modernización del tomismo en el siglo XX, arremetió de forma implacable contra el jesuita De Lubac y arrastró al Papa Pío XII, abrumado por la «Nueva Teología» que forzó al general de los jesuitas para que privase de su cátedra de Lyon al eximio teólogo de su Orden, contra quien dirigió también en parte su encíclica de 1950. Fue un largo momento de martirio para el padre De Lubac que aceptó su silenciamiento sin una palabra ni un gesto de protesta pese a que ni se le acusó de nada concreto, ni se le abrió proceso, ni se le concedió la posibilidad de defenderse. Se sumió de nuevo en la meditación y en el estudio; y en 1953 sorprendió al mundo católico y al propio Papa, con su maravillosa *Meditación sobre la Iglesia*[332], que fue el principio de su rehabilitación. El propio Pío XII leyó con detenimiento las obras que le habían presentado con reflejos frailunos de otras épocas; se convirtió en admirador del teólogo y luego Juan XXIII le nombró miembro de la comisión preparatoria del Concilio. En 1983 fue creado cardenal por Juan Pablo II. La provisional condena del padre De Lubac fue tal vez el último coletazo del tomismo rígido y del dogmatismo aristotélico de los

[332] París. ed. Montaigne, 1953; trad., esp de Desclèe en 1966 y Encuentro en 1986.

que, desde la Baja Edad Media, fueron más tomistas que Santo Tomás (que siempre fue un pensador extraordinariamente abierto); la rehabilitación del jesuita francés subrayó también la victoria de la patrística y el retorno al pensamiento cristiano pre-tomista, hacia las fuentes vivas de la Tradición.

Meditación sobre la Iglesia no es solamente un ejemplo de fe y de coherencia interior en el plano personal; es uno de los libros más importantes que se hayan escrito sobre la Iglesia católica en nuestro tiempo. Más que un tratado es un desbordamiento de ciencia teológica, de historia eclesiástica y de sentido filial. Al presentar ante todo a la Iglesia como misterio, aventura Lubac que «pudiera ser que el siglo XX esté destinado a ser en la historia del desarrollo doctrinal el siglo de la Iglesia». (p. 32). Al establecer «las dimensiones del misterio» nos ofrece la imagen de una Iglesia eterna, anterior incluso a la venida de Cristo, extendida a todo el Cosmos con inclusión del mundo angélico (p.51). Al conjuro de Cristo, los cristianos de todos los tiempos y los Padres en la fe se convierten en contemporáneos nuestros (p.55). No se puede reducir la Iglesia a una comunidad interior diferente de una estructura exterior plagada de defectos humanos; la Iglesia es una y única. La expresión «Místico» con que desde el siglo XII se adjetiva a la Iglesia como cuerpo de Cristo la distingue del cuerpo eucarístico de Cristo que es el corazón de la propia Iglesia. Todo el libro es una sinfonía sobre el dogma de la Comunión de los santos; que se remansa en el capítulo V sobre la Iglesia en medio del mundo –clara anticipación de las ideas conciliares, a las que tanto contribuyó de Lubac– que critica con agudeza las exageraciones proferidas en nuestro tiempo contra el llamado constantinismo (p.143), subraya la dimensión colectiva de la Iglesia por encima de las restricciones de la soledad y el individualismo (p. 190), supera la tentación de identificar la causa de la Iglesia con la causa propia (p.221), describe algunas actitudes hipercríticas como «hastío secreto de la tradición de la Iglesia» (p. 231) y desemboca en un capítulo admirable sobre la Iglesia y la Virgen María, en el que establece que las mismas dudas –por ejemplo desde la Reforma– formuladas contra la Iglesia se han dirigido desde los mismos campos sobre la figura y la misión de María en la Iglesia y en la economía de la salvación (p. 247). Ya hemos citado anteriormente alguna obra importante del principal amigo y discípulo y colaborador. de Lubac, el también jesuita y cardenal Jean Daniélou (1905-1974) que es autor de obras fundamentales sobre la teología y la espiritualidad de la Iglesia en los primeros siglos. Con el apoyo de Lubac impulsó una gran colección que ha dado a conocer estas fuentes sin las que hoy no puede darse un paso en el estudio histórico-teológico, *Sources chrétiennes*. Además de su labor intelectual, el padre Daniélou asumió una actitud pública y valiente contra los excesos de la teología de la liberación y, en general, de las desviaciones teológico-políticas de nuestro siglo. Eso es lo que sus enemigos situados en el interior de la Iglesia –que son a veces peores que quienes viven extramuros– no le perdonaron con motivo de su muerte repentina cuando visitaba a una mujer en misión de consuelo y apostolado. Confieso que cuando supe los detalles de este suceso y los retorcimientos de la venganza contra el cardenal sentí la tentación de escribir un ensayo para desenmascarar a los detractores y arrastrarles por el fango que ellos habían tratado inútilmente de acumular sobre su ejemplar memoria. No lo hago porque son personajillos tan repugnantes como insignificantes y porque en este libro quiero utilizar la luz para iluminar caminos, no para descubrir albañales. Dejo a los reptiles en sus agujeros; algunos hace ya tiempo que han muerto, ignorados, en ellos.

Y hemos llegado al momento de presentar al padre Karl Rahner S.J:, que para muchos *fans* del catolicismo político de izquierdas, para toda la Teología de la Liberación en bloque (o mejor, en masa) e incluso para la poderosa maquinaria de propaganda montada por los superiores de izquierda político-religiosa que hoy detentan (utilizo este verbo con su sentido cabal) el poder en la Compañía de Jesús no es solamente el primer teólogo del siglo XX sino el jesuita más importante en toda la gloriosa historia de la Orden ignaciana. A mí semejantes incensadas me parecen exageraciones absurdas, falsedades comprobables y, hablando en plata, mentiras podridas dictadas por la desviación política mucho más que por la verdad histórica pero debo confesar que en mis primeros escritos sobre estos problemas, aunque jamás renuncié a la consideración crítica que llevo en la sangre, me dejé arrastrar indebidamente, debido a insuficiente información y reflexión, por esa universal fascinación hacia Karl Rahner a quien tras aquellas primeras aproximaciones he estudiado durante muchos años para llegar a las conclusiones, relativamente opuestas, que voy a exponer a continuación. Pero ante todo debo probar la mayor exageración de cuantas acabo de denunciar y que además el lector comprobará gráficamente si quiere, en la portada de un libro. Resulta que en 1981 los jesuitas españoles que dirigen la editorial *Sal Terrae* tuvieron la feliz idea de traducir y publicar la espléndida Historia de su Orden compuesta por el jesuita norteamericano William V. Bangert, que es un estudio excelente, riguroso y atractivo. Lo malo es que añadieron al libro un apéndice sobre la Congregación General XXXII (1974-1975) que cierra tan interesante obra con una manipulación histórica en regla, según el punto de vista que explicaré en el último capítulo de esta obra. Y lo peor es la portada con que lanzaron la edición española; porque nos explican que se debe a un intérprete español. En esa portada el pobre San Ignacio queda relegado a la esquina superior izquierda de la composición. Por ahí lejos anda también san Francisco Javier. Hay dos Papas en lugares secundarios; el más visible está de espaldas, nada menos. Y en el centro del *collage*, en el lugar de honor de la Historia de la Orden figura, triunfal y sonriente, Karl Rahner. La prominente nariz del padre Arrupe comparece por dos veces, pero bien debajo de Rahner el Superjesuita, el Punto Omega en la evolución de la Orden y que me perdone el padre Teilhard de Chardin, que se hubiera horrorizado al contemplar la portadita. Lo que viene a continuación es tremendo pero una imagen vale más que mil palabras.

La profundización que he intentado durante años en la doctrina y el ejemplo de Karl Rahner me ha convencido, por desgracia, que la valoración acerca de esa doctrina y ese ejemplo que formulé en mis libros de 1986– 1987 sobre la teología de la liberación y las desviaciones de los jesuitas resultaban demasiado comprensivas y optimistas; y que tanto la doctrina como el ejemplo del gran teólogo deben ser expuestas aquí a mis lectores con mucha mayor carga negativa y mucha mayor sensación de peligro. Por tres motivos. Primero, el principio evangélico «por sus frutos los conoceréis»; segundo, por un nuevo y continuado desliz personal del teólogo con una de sus admiradoras, semejante, pero más morboso, al que ya he comentado respecto de Teilhard de Chardin; y tercero por el análisis más reposado y fundado de la doctrina rahneriana.(Por cierto que la historia teológica del profesor Illanes ofrece un magnífico, profundo y claro epígrafe sobre el teólogo alemán). Es un deber histórico muy desagradable desarrollar esas tres razones pero tengo que hacerlo inmediatamente.

Por sus frutos los conoceréis. Karl Rahner no es el creador de la teología marxista de la liberación pero sí el formador principal de los pre-teólogos y teólogos de la liberación más efectivos y peligrosos. No es el único responsable de la degradación de la Compañía de Jesús, pero ha sido un ejemplo vivo de esa degradación, ha desobedecido –en vísperas de su muerte– una importantísima instrucción del Papa y ha sido maestro de algunos jefes de fila de esa degradación. El principal discípulo (y colaborador) de Rahner ha sido Johann Baptist Metz, a quien estudiaremos en su momento como responsable de la politización teológica –un cáncer de la teología actual– animador esencial del diálogo teológico entreguista entre cristianos y marxistas y asesor teológico de la juventud socialista marxista alemana –los arriscados jusos– a quienes animó a permanecer hostiles a lo que el propio Metz llamaba «religión burguesa». Promociones enteras de jóvenes teólogos de todo el mundo, señaladamente jesuitas y españoles, han experimentado en los años más decisivos y delicados de su formación la influencia de Rahner, y entre ellos se cuentan muchos que luego han actuado como impulsores políticos primordiales de la teología de la liberación e incluso como estrategas de la falsa liberación y la auténtica Revolución violenta cristiano-marxista, como es el caso de Ignacio Ellacuría., S.J. cuya imagen, que estimo falsa, está profundamente extendida en todo el mundo y singularmente en España en virtud de una tenacísima propaganda de los jesuitas de izquierda que dominan política y desgraciadamente hoy a la Orden ignaciana, si es que aún se la puede llamar así. Esto en cuanto a los discípulos más significativos, que no han derivado su actitud de su oposición al maestro sino de sus enseñanzas. Otro de los grandes discípulos de Rahner es Hans Küng, el disidente que según declaración oficial de la Santa Sede «no puede ser considerado como un teólogo católico». Los ejemplos se podrían multiplicar.

Pensábamos en estas enseñanzas de Karl Rahner una mañana radiante de Innsbruck en 1990, mientras paseábamos sobre las losas de piedra que forman el pavimento de la plazuela que se abre ante la Facultad teológica donde él enseñó bajo el horizonte de las montañas por cuyos vericuetos tuvo que escapar de mala manera nuestro emperador Carlos V para evitar que le capturase el más díscolo y mejor general de todos los príncipes luteranos. El lugar se adornaba con un rótulo, *Karl Rahnerplatz* y muchos fantasmas que van apareciendo ordenadamente en este libro parecían cobrar vida entre los zócalos de piedra. Durante aquella pausada visita fue cuando decidí volver sobre el caso Rahner después de nuevas y recientes lecturas.

No conocía entonces otro de sus ejemplos vitales, mucho menos importante pero mucho más desagradable: el libro escandaloso de su novia, (en el sentido con que se usa el término en la España socialista de hoy) la teóloga y escritora Luise Rinser, a la que también me he referido en el Pórtico. Por favor, que no se me achaque a mí el afán por el morbo, sino al Papageno y la Papagena de esta *Flauta Mágica*, y cito a tan divertida música porque en aquel viaje íbamos para Viena, en cuya Opera comprendimos, gracias a la Reina de la Noche y a las escenas de la iniciación en pleno bosque, la verdadera entraña de la Masonería en la que envolvieron al pobre Mozart. El año pasado tuve una larga temporada sobre la mesa el detonante libro de Luise Rinser, *Gratwanderung* (no sé si traducir el título como *Caminando por la cresta*)[333]. En la portada y en numerosas fotografías interiores aparecen los dos en muchos momentos de su larga relación. El libro contiene las cartas de la dama a Rahner desde 1962 (año en que Rahner fue nombrado por el Papa Juan XXIII perito del Concilio) hasta 1984, el año de su muerte; son por lo tanto doce años de epistolario íntimo. Los jesuitas alemanes han logrado convencer a Luise de que no publique las cartas del teólogo, que jurídicamente hablando son propiedad de ella; y por el momento ella ha aceptado. Lo más divertido es que el argumento de los jesuitas alemanes ha sido «preservar la libertad de expresión» cuando realmente lo que han hecho ha sido obstaculizarla. Es posible que la ya anciana señora, retirada en Italia, haya querido ganarse unos marcos con el epistolario, que desde luego ha estallado como una bomba en la prensa mundial. La escritora reproduce los dibujos de sus cartas, casitas, arbolitos y sobre todo pececitos, nombre con que distinguía al gran teólogo. A veces se pasa un tanto de la prudencia, como cuando le comunica que «estoy aterrada de que me ames con tanta pasión»; y otras lindezas típicas de la «tercera vía». No voy a recrearme en la suerte ni a reproducir la fruición con que la prensa «progresista» internacional comentó el asuntillo, cuya principal cualidad me parece su carácter morboso. Pero la credibilidad de Rahner como gran orientador de la teología católica en nuestro tiempo se me cuartea por grietas peligrosas. Tampoco imitaré a los amigos de Rahner que se cebaron con injusta crueldad en las circunstancias (ya mencionadas) de la muerte de otro jesuita, el cardenal Daniélou. Y casi prefiero que al fin de cuentas no se publiquen las cartas del propio «querido pececito» a su fervorosa admiradora. Pero el hecho de que Karl Rahner se incorpore al museo viviente de la «tercera vía», por llamarla púdicamente, me parece, en su caso, especialmente lamentable. A él desde luego no se le aplica retroactivamente el original decreto de la Congregación General 34 recién comunicado por su Orden, en el que la Compañía se arrepiente del poco caso que ha hecho a las mujeres en el pasado.

Esto supuesto voy a mi tercera crítica a Karl Rahner, que se refiere a sus discutibles tesis doctrinales. Mi tarea resulta tan necesaria como difícil; porque la obra escrita de Karl Rahner es inmensa y no se ha ido publicando, ni de lejos, con un criterio sistemático. Como teólogo dotado de gran inteligencia él advirtió esta dificultad y en 1977 publicó una obra manejable de sistematización, que se tradujo poco después al castellano con el título *Curso fundamental sobre la fe*[334]. Pero tengo la impresión de que alguno de los puntos más discutibles en la obra de Rahner no figuran en este resumen. Debo advertir, ante todo, que gran parte de ese libro y de la obra de Rahner son, en cuanto he podido conocerlas y analizarlas, admirables y plenamente ortodoxas; no le estoy criticando por esa ortodoxia sino por los aspectos discutibles y más que discutibles, sin guiarme sólo por mi reacción sino por maestros teológicos de primer orden. Hay además un rasgo reiterado en los escritos de Rahner que me autoriza a moverme en esa crítica con cierta garantía personal. Rahner (como su discípulo Ignacio Ellacuría) insisten en que no

[333] Munich, Kösel Verlag, 1994.
[334] Barcelona, Herder 1979.

deben ser considerados como teólogos sino como filósofos. Por otra parte la filosofía de los dos tiene una evidente relación con la política, y con esa extraña ciencia (cuyo pontífice es J.B. Metz) que quiere llamarse teología política cuando realmente es política de la teología. Pues bien en la filosofía y en la política me siento en mi terreno profesional y experimental; lo mismo que en la ciencia, sobre la cual ni Ellacuría ni Karl Rahner me han demostrado nunca que poseen una idea aceptable, ni de lejos.

Pues bien, la curiosa editorial Zero, muy activa al principio de la transición española, y cuyos promotores principales hacían gala de un «cacao mental» a veces sobrecogedor, publicó un extraño librito cuyos autores eran nada menos que los teólogos católicos Metz y Rahner junto a los protestantes Cox y Asmann, ya conocidos nuestros. El librito se titulaba *Teología, Iglesia y política*. En él, como era de esperar, Metz, Cox y Asmann desbarraban lo suyo; en cambio Karl Rahner nos sorprendía con un estupendo quiebro que él mismo calificaba «de derechas» y plenamente ortodoxo, aunque con notoria imprudencia permitió que su nombre figurase en tan peligrosa compañía. Este es un error común de grandes teólogos católicos que se pirran por aparecer «progresistas» incluso en sus grandes momentos de acierto y lucidez.

Acabo de indicar que Karl Rahner no es un teólogo (o filósofo) sistemático, pero voy a intentar una cierta sistematización inteligible en la continuación de mi apunte crítico, como vengo haciendo desde que he iniciado mi comentario sobre él. Vamos ante todo con sus rasgos biográficos. Nació el 5 de marzo de 1904 en Friburgo de Brisgovia. Ingresó en la Compañía de Jesús en Feldkirch en 1922 y tras los estudios en su Orden fue discípulo de los profesores Honecker y Martín Heidegger en la Universidad de Friburgo entre 1934 y 1936 (la época nazi de Heidegger) y pasó a Innsbruck en 1936, donde se doctoró en teología dogmática e inició su docencia, que hubo de interrumpir porque el régimen de Hitler cerró aquella facultad por lo que Rahner pasó al Instituto pastoral de Viena; enseñó después en Pullach y Munich (1945-48), año en que volvió a la Facultad de Teología de Innsbruck hasta 1963. El año anterior había sido designado perito para el Concilio Vaticano II. A partir de 1964 ocupó la cátedra Guardini en Munich. Desde 1967 fue profesor de teología en la Universidad de Münster y desde 1971 enseñó filosofía en Munich. Murió, como hemos dicho, en 1984. Y a propósito de Romano Guardini, a quien antes he citado como gran intelectual alemán, aunque de origen italiano; seguramente debería haberle dedicado mucha más atención en este libro. Su cátedra era la de «cosmovisión católica». Es pensador de inmensa cultura, fe profunda y capacidad antropológica sobresaliente. Su libro clave de 1937 *El Señor* es la «recapitulación de todas las cosas en Cristo» pero, con aire y terminología moderna, mucho más inmediato al Nuevo Testamento que a los desahogos poéticos de Teilhard. Personalmente se trata del libro que más me ha acercado al Cristo real y al Cristo total. Cuando en mis incursiones por Israel siento la difícil tentación de escribir una vida de Cristo, me animo a emprenderla con mis notas de aquellos caminos, los Evangelios y el libro de Guardini.

Los datos biográficos de Rahner los he tomado del *Curso fundamental* editado por Herder y ya citado y del importante estudio que le dedicó quien le conocía muy bien; el profesor Adolf Kolping, decano de la Facultad de teología en

Friburgo de Brisgovia en su libro *Katholische Theologie gestern und heute...*[335] Su director de la tesis de Filosofía en Friburgo le suspendió con durísimas expresiones que traduzco libremente así: «Esto es una ligereza neoescolástica que tiene que ver con Tomás de Aquino lo que los existencialistas de Montmartre con el existencialismo». Para quien se consideraba filósofo antes que teólogo fue un mal comienzo; pero Rahner, que fue un creador imaginativo sin asomos de método científico, afirmó en otras ocasiones que se sentía teólogo mucho más que filósofo. No tenía suerte con las tesis doctorales, quizás porque en ellas se exige una seria aplicación del método científico. La de teología, que presentó en Innsbruck y versaba sobre el nacimiento de la Iglesia del costado de Cristo, era tan mala que, según mis noticias no se ha publicado nunca. Después de penetrar (muy trabajosamente por cierto) en algunas de sus obras fundamentales saco la impresión bastante clara de que Karl Rahner no era un intérprete de Santo Tomás ni de Kant ni de Heidegger, sino que se inspiraba en su lectura arbitraria de esos autores para crear sus propias construcciones cuya inspiración luego les atribuía a ellos. Tengo delante el libro que los adoradores de Karl Rahner dedicaron a su maestro en su 70 cumpleaños, junto con nombres ilustrísimos que no fueron sus alumnos, y observo en él una circunstancia muy extraña; sobre un autor tan polémico, criticado de forma racional y demoledora por pensadores con la talla de von Balthasar, Cornelio Fabro y el propio Kolping, los rahnerianos no le dedican la más mínima crítica, todos se deshacen en elogios rendidos que demasiadas veces suenan a hueco y a oportunismo de carril[336]. Parece claro que entre tanta polvareda perdimos a don Beltrame.

Voy a proseguir mi exposición crítica, sin embargo, con un reconocimiento positivo. Varias veces dice Rahner que su pretensión es interpretar el pensamiento teológico tradicional (y concretamete el de santo Tomás de Aquino) con términos, intuiciones y categorías del pensamiento contemporáneo más importante e influyente; lo malo es que entiende por tal, de forma muy exclusiva, la línea que va del idealismo de Kant al existencialismo de Heidegger, a quien Rahner llama expresamente «mi único maestro». Las otras grandes figuras del pensamiento moderno, digamos un Brentano, son enteramente ajenas a su consideración. Este exclusivismo, desde luego, me parece unilateral, arbitrario y lamentable; pero la intención de presentar la dogmática y en general, el pensamiento cristiano, en función de una serie de grandes pensadores modernos es comprensible y encomiable. Lo malo es que, como hemos oído decir a su director de tesis filosófica, en esa interpretación de Rahner no hay asomo de método científico. Y me gustaría añadir una fuerte impresión personal: ni por formación ni por ampliación demuestra Karl Rahner la menor idea de la Ciencia moderna. La Ciencia no le interesa, debería de parecerle algo de bajo nivel al lado de la especulación filosófica pura. El hecho de que algunos de sus modelos, empezando por Kant y alguno de los grandes pensadores modernos que él no considera, como Brentano y José Ortega y Gasset, incluso algunos autores que contribuyen generosamente al citado homenaje a Rahner, como Pedro Laín Entralgo y Javier Zubiri, sí que conocen a fondo el desarrollo y las posibilidades de la Ciencia Moderna que Rahner ignora. He aquí una segunda

[335] «Teología católica ayer y hoy». Bremen 1964, págs 247s. datos biográficos 396s.

[336] Universidad Pontificia Comillas, Madrid *Teología y mundo contemporáneo,* homenaje a K. Rahner., Madrid, Eds. Cristiandad 1974.

prueba de que el pensamiento de Rahner se explaya al margen de la ciencia y del saber moderno en toda su amplitud. Y sólo se apoya (como inspiración arbitraria, según acabo de recordar) en función de una línea idealista y existencial-inmanentista, que desde la Ciencia del siglo XX está, si no descartada, al menos cada vez más arrinconada. El presunto teólogo clave del siglo XX desprecia a la Ciencia, por ignorancia, tanto como los grandes teólogos católicos del siglo XVII, que explicaban la eficacia de la rémora para detener a los galeones por las causas segundas que ejercían su influjo a través de la Luna. Eso, de la Luna.

Hay una obra que me parece definitiva para enfocar críticamente a Karl Rahner; el libro del gran filósofo y teólogo italiano Cornelio Fabro, publicado en vida de Rahner sin réplica, que yo sepa, por parte de Rahner; y es que ciertas réplicas son imposibles y además Rahner ofrece muchas veces una cualidad lamentable; resulta completamente impermeable a la crítica, hasta ese punto adora a su propio pensamiento, alentado por la legión de papanatas que le jalean acríticamente. Fabro nació en 1911 en Udine, estudió a fondo filosofía y teología pero, al revés que Rahner, se inició profundamente en la ciencia moderna; biología y psicología. Su curriculum nada tiene que envidiar al de Rahner; su conocimiento del saber teológico antiguo y moderno, su magisterio en varias universidades, algunas de ellas pontificias, su espléndida familiaridad con Tomás de Aquino, su contacto permanente con la filosofía y la teología moderna y su reconocimiento internacional no son inferiores, sino superiores a los del orgulloso y prolífico teólogo de Friburgo, a quien aventaja por todas partes en rigor lógico y sentido científico. Su libro crítico acabará prevaleciendo sobre las confusiones rahnerianas, cuando la máquina jesuítica de propaganda se oxide alguna vez, lo que va a suceder mucho antes de lo que creen los encargados de su mantenimiento[337]. Pero antes quisiera comentar lo que empecé a insinuar sobre el punto de partida del pensamiento de Karl Rahner.

Cuando el jesuita alemán empezaba a escribir en la década de los cuarenta, el tomismo *lato sensu* era, tras las recomendaciones de León XIII, poco menos que la doctrina oficial y única para la filosofía y la teología católica. Tal vez por eso Rahner, disimuló sus primeras elucubraciones como si fueran una interpretación de Santo Tomás. La verdadera entraña de esas disquisiciones era forzar el pensamiento tomasiano según la aproximación kantiana del padre J. Maréchal, (muerto en 1944) primer jesuita que intentó aproximar la doctrina de Kant al pensamiento católico, aunque sólo consiguió un extraño híbrido que los jesuitas actuales llaman Tomismo Trascendental, en el sentido kantiano del término, cuyo contenido no superaba la cerrazón idealista. La doctrina de Maréchal sobre el punto de partida de una nueva metafísica estaba considerada como una aberración excéntrica por los jesuitas hasta los años cincuenta, pero Rahner ya había arrancado de ella para su despliegue ideológico.

Esto supuesto voy a resumir lo que creo esencial en la crítica –por cierto durísima y a veces casi despectiva– de Cornelio Fabro sobre el pensamiento de Rahner. El pensador italiano recuerda que la expresión «giro antropológico» con que resume la filosofía teológica de Rahner es del propio Rahner, que se ufanaba

[337] C. Fabro *El viraje antropológico de Karl Rahner.* Milán, Rusconi 1974; CIAP, Buenos Aires 1981. Cito esta cuidada traducción.

de ella. «La operación que Rahner intenta desarrollar –dice Fabro– es la de plegar la teología a la antropología trascendental de su maestro Martín Heidegger y constituye el intento más brillante y afortunado de las repetidas tentativas de nuestro siglo para retornar a la línea...rechazada hace ya un siglo por el episcopado alemán y los pontífices y definitivamente condenada por el Concilio Vaticano I.» (p.7).

Rahner, según afirma y demuestra Fabro, dice estudiar la doctrina tomista sin tener en cuenta las dependencias históricas y el contexto histórico de Santo Tomás. «Ha desvirtuado sistemáticamente los textos tomistas y sus contextos, invirtiéndoles el sentido». Rahner trata de seguir a Heidegger «que como es sabido, ha llevado hasta el fondo el principio moderno de la inmanencia». La idea de Rahner no es propiamente interpretar a Santo Tomás a través de Heidegger sino «conciliar a Kant y al mismo Santo Tomás con Heidegger». Pero «Rahner resulta dos y hasta tres veces aberrante y falsificador: de Kant, de Santo Tomás y del mismo Heidegger» (p.8). El objeto principal del análisis de Fabro son dos obras fundamentales de Rahner: *Geist in Welt* (1939, 2ª ed. 1964) y *Hörer des Wortes* (1940, 2 ed. 1963). La principal manipulación que hace de la doctrina tomista, situada en la trascendencia de Dios, es interpretarla según la inmanencia kantiano-heideggeriana, a la que llama, con términos kantianos, trascendental. Interpreta, es decir transforma y tergiversa, la metafísica tomista en antropología existencial. En esta crítica fundamental Fabro coincide con el director de la tesis filosófica de Rahner que la reprobó como escolástica barata interpretada con los criterios existencialistas de Montmartre. En la primera de las obra citadas de Rahner nos ofrece una confesión palmaria: «Si en este sentido el lector tiene la impresión de que aquí se está haciendo una interpretación de Santo Tomás que procede de la filosofía moderna, el autor considera semejante constatación no como un defecto sino como una ventaja del libro» (Fabro p. 26). Sin embargo Rahner es muy descuidado respecto a las citas de los filósofos modernos; no se refiere explícitamente a Kant, a Hegel, a Scheler y muy poco a Heidegger, con quien se encierra en el ciclo de *Sein und Zeit*. No sólo ignora Rahner la ciencia moderna sino que no demuestra un conocimiento razonable de las fuentes patrísticas. Por el contrario la crítica de Cornelio Fabro está perfectamente articulada sobre centenares de citas –todas en su contexto– tanto de Rahner como de sus presuntas fuentes de inspiración, tomasianas y modernas.

Los jesuitas rahnerianos (en la versión castellana y manipulada de la estupenda Historia del padre Bangert) se refieren a la doctrina filosófica de Rahner, tras las huellas de Maréchal, como «tomismo trascendental». Esta explosiva combinación es, además, una engañifa. Equivale a decir «objetividad subjetiva» o «razón irracional». El término «trascendental» que se ha utilizado en la filosofía perenne en sentido óntico-lógico «se reduce en Rahner al significado idealista kantiano de la Razón Pura. Significa aquello que es y debe ser dado a priori en el sujeto», (Fabro p. 95) lo que me permito atribuir a la ignorancia de Rahner sobre el neo-realismo no sólo filosófico sino sobre todo científico. «El trascendental –concluye Fabro– ha devenido así la fórmula radical del significado radical del principio moderno de inmanencia, que forma la unidad o identidad de ser y pensamiento» (p.95). La conclusión de Fabro es terrorífica: «La hermenéutica rahneriana se presenta inasible, anormal y tergiversante de principio a fin, ya sea que se refiera a Kant como a Heidegger, a Hegel como al pseudoDionisio... Cada uno de estos autores, que hacen de telón de fondo al viraje antropológico de Karl Rahner, dice exactamente lo contrario y se mueve en un contexto exactamente opuesto a cuanto Rahner expone y al modo en que Rahner pretende interpretarlo» (p.207).

En mi libro de 1987 *Oscura rebelión en la Iglesia* extremé la comprensión con las teorías de Rahner porque no le conocía tan extensamente ni tan a fondo como ahora. Y es que ahora, de pleno acuerdo con Fabro, pienso que Rahner, como su «único maestro» Heidegger, no ha sido capaz de liberarse del inmanentismo. Rahner era un narrador teológico más que un analista científico y lo mismo que enmascaró sus primeras obras como tomismo *sui generis,* trató luego de defenderse de las acusaciones de relativismo y modernismo con un efugio brillante pero inane. No acude a una consideración de la Historia porque Rahner se sitúa fuera de la Historia, en buena parte porque la desconoce. También se sitúa fuera de las concepciones modernas del tiempo porque como ya vimos al tratar de Heidegger, el tiempo de *Sein und Zeit* es el tiempo implícito de Newton, sin que ni Heidegger ni Rahner profundicen en esa noción formal del Tiempo Absoluto, aunque la den por supuesta; y ya en su época existía suficiente información científica general sobre el Nuevo Tiempo, el tiempo relativo, el tiempo cuántico y en parte el tiempo reversible y las «flechas del tiempo» en astrofísica y ultramicrofisica para que un intelectual abierto de verdad a la cultura moderna (Ortega y Gasset lo advirtió cabalmente) pudiera ponerse un poco al día sobre el «tiempo real» que bien poco tiene que ver con el andamiaje «trascendental» de Rahner. Hay, además, una obra de Rahner, en colaboración con P. Overhage, *El problema de la hominización*, cuyo subtítulo es «El origen biológico del hombre» (Madrid, Cristiandad, 1973) en cuyo prólogo se nos advierte que se va a tratar de las relaciones entre la fe y la ciencia moderna. La decepción del lector es enorme: Rahner se dedica a consideraciones (no muy profundas) sobre la filosofía y la teología de la evolución pero no demuestra ni el más mínimo conocimiento de las bases paleontológicas (aunque cita este término) y de los avances científicos de la evolución. Este es, desde el punto de vista de la Ciencia moderna, Rahner de cuerpo entero. El cual se defiende a veces de acusaciones y sospechas (teológicas; en las que se le pueden formular desde la ciencia no entra jamás) porque en el relativismo y el modernismo los dogmas evolucionan, según Rahner, a través de consideraciones meramente filosóficas (en realidad debería decir historicistas); mientras que para Rahner, y éste –es un punto central de su doctrina teológico-antropocéntrica– el espíritu humano está dotado de un a *priori* donado por Dios, al que llama Rahner *existencial sobrenatural* que puede ser reconocido por nosotros como fruto de la reflexión teológica. Esta siembra divina en el espíritu humano –la versión rahneriana de la gracia– es un intento de conciliar el antropocentrismo con la inspiración teológica; pero consiste, en mi opinión, en una arbitrariedad gratuita, una de esas *entitaculas* que algunos escolásticos se inventaban para concretar realmente, casi físicamente, las grandes realidades metafísicas y espirituales; el alma que sale como un fantasma blanco del hombre en el momento de la muerte, la existencia realmente distinta de la esencia. Lo peor es que este «existencial sobrenatural» es la base de una de las más extrañas y discutidas teorías de Rahner: los «cristianos anónimos[338]».

Como la propuesta de tomismo trascendental, aunque constituya el fundamento de toda la doctrina rahneriana, es muy abstrusa, la teoría más famosa de Rahner es precisamente ésta de los «cristianos anónimos» que se deriva directamente de la anterior a través del «existencial sobrenatural». Rahner la explica en *El cristianismo y las religiones no cristianas*[339], en *Los cristianos anónimos*[340] y en *Ateísmo y cristianismo implícito*[341] Rahner pretende que gracias al «existencial sobrenatural» todos los hombres, aun los no cristianos, son fundamentalmente cristianos por lo que el trabajo de las misiones católicas, que se fundamenta en el mandato de Cristo «Id y predicad a todas las gentes» resulta superfluo; incluso uno de los rahnerianos más fervientes, H.R. Schlette, llega a afirmar que el trabajo de los misioneros debería consistir en esclarecer a los no cristianos el sentido oculto de su propia religión[342].

En el coloquio de Bombay (1964) inspirado en la teoría misional de Rahner, se replanteó toda la acción misionera de la Iglesia. Reaccionaron frente al dislate varios teólogos, como el padre Daniélou.Ya antes reaccionaron, con mucha mayor dureza, varios equipos de misioneros católicos, que preguntaron a Rahner, instalado cómodamente en su gabinete de trabajo (y muy ocupado ya en su correspondencia con Luise Rinser) si tenían sentido sus sacrificios de abandonar familia y patria si los paganos y los miembros de otras religiones eran ya cristianos sin saberlo. Publicaron un tremendo manifiesto, *Une concepction moderne du salut des infidèles qui fait obstacle a lïélan apostolique; des missionaires expressent leur inquiétude*[343]. Y el Papa misionero, Juan Pablo II, puso punto final a la lamentable controversia suscitada por la irresponsabilidad de Rahner en la encíclica *Redemptoris missio* de 7 de diciembre de 1990, dedicada al auténtico sentido cristiano de las Misiones.

Otro cardenal y antiguo jesuita, Hans Urs von Balthasar, uno de los grandes teólogos de este siglo con mucho mayor motivo y seriedad que Rahner, combina en un importante diálogo su crítica a la metafísica trascendental rahneriana con su asombro por la teoría de los cristianos anónimos:

«Yo admito abiertamente que nunca he comprendido el lugar que ocupan las categorías trascendentales de Rahner, que él tomó de Kant, en una teología cristiana. Aparentemente Eric Przywara tampoco lo pudo entender, cuando de acuerdo con monseñor Strobl preguntó a Rahner durante un encuentro en Viena: ¿para qué rayos sirve eso?. Que Rahner deseaba abrir las puertas de la salvación a las innumerables personas carentes de una fe expresa en Cristo es cierto; sus investigaciones teológicas fueron motivadas sobre todo por una preocupación pastoral. Pero ¿no eran suficientes las antiguas ideas sobre la fe implícita y el bautismo de deseo?

[338] K. Rahner *Sobre la relación entre a naturaleza* y la gracia en *Escritos teológicos* tomo 1 Madrid, Taurus, 1961, p. 327-350.

[339] *Escritos teológicos* t. 5 (Madrid, Taurus, 1964) p. 135-156.

[340] Ibid. p. 535, 544.

[341] *El ateismo contemporáneo*, op. cit. t. 4 p. 103s.

[342] *Réligions et salut*, en Eglise vivante 17(1965)67.

[343] Le Christ au monde, 8 (1963)457s.

Yo veo una contradicción en el término «cristiano anónimo» porque un cristiano es, por definición, quien recibe su nombre como testigo de Cristo. Ese término, necesariamente, se convierte en el punto de partida de una trivialización de lo que significa ser cristiano, aunque Rahner no lo haya pretendido así. Basta con echar un vistazo a ciertos teólogos americanos que abiertamente dependen de Rahner para que podamos comprobar que débil cosa es ser cristiano; dicen que a través de Cristo ha llegado al mundo la noticia de que Dios es ante todo un Dios de amor y no de venganza; que la gracia funciona incluso dentro de quienes no la han invocado, en tanto que ellos sinceramente (una expresión favorita de Rahner) sigan a su conciencia; que, de acuerdo con McBrien, no es necesario hablar del pecado original en adelante y sobre todo que Cristo no llevó la cruz para sustituir al hombre pecador. A fin de cuentas, debido a su aversión por la teoría de san Anselmo sobre la satisfacción por el pecado, Rahner enseñó abiertamente que la Iglesia puede prescindir de que la Cruz fue *por nosotros*; que sólo la llamada «teología tardía» de San Pablo inventó esa idea; que nadie puede realmente cargar con los pecados de otro y que así la Cruz representa solamente la señal de la plena solidaridad de Dios con los pecadores[344]...».

Podríamos extendernos mucho más sobre Rahner pero no parece necesario. Creo que bastan estos apuntes para mostrar que no se trata del jesuita más importante de la Historia como pretenden sus fanáticos sino por el contrario representa –por su obra y por su desdichado ejemplo personal– uno de los orígenes más claros de la degradación moral, teológica e ideológica de la Compañía de Jesús en el siglo XX. La consideración de sus discípulos rubricará esta necesaria acusación.

LA ESCUELA DOMINICANA DE LE SAULCHOIR

Hemos visto cómo algún dominico tronaba anacrónicamente contra el cardenal de Lubac, pero los que fundaron y ahondaron en la Nueva Teología dentro de la llamada Escuela de Le Saulchoir pertenecen al progresismo teológico de nuestro siglo, en los sentidos buenos y menos buenos del término. Los dominicos crearon en 1869 un *Studium Generale* en Flavigny, que luego pasó en 1904, durante la época de la absurda persecución del gobierno republicano contra la Iglesia, al pueblo belga de Le Saulchoir, de donde tomó el nombre, para trasladarse por fin a Etoiles, en Seine-et-Oise. La Escuela ha dado a la teología de nuestro siglo dos grandes maestros: Marie-Dominique Chénu y el luego Cardenal Yves Congar.

M.D. Chénu (1895-1990) ha trabajado en dos direcciones bien diferentes, cuyas improntas pueden comprobarse en la citada obra colectiva dirigida por G. Girardi sobre el ateísmo contemporáneo (tomo IV). La primera se titula *Historia e inmutabilidad del ser cristiano* (ibid. p. 151s) y parte de Santo

[344] Hans Urs von Balthasar, Test everything, San Francisco, Ignatius Press, 1989p. 37s.

Tomas de Aquino con bastante más seriedad que Rahner y con un intento de modernización no menos audaz pero mucho más fundado. La Teología debe ser solidaria con el tiempo; por tanto debe buscar en cada tiempo un sistema de expresión que sea inteligible para los contemporáneos. Analiza las relaciones entre el contenido y el método teológico, que poseen una conexión íntima vinculada a la circunstancia histórica de cada teólogo. Chénu, apoyándose en la doctrina del Vaticano II (que por lo demás confirma algunas de sus propias intuiciones muy anteriores) insiste en el mantenimiento de la fe a través de la historicidad del ser cristiano; es decir de las relaciones ineludibles entre ese ser cristiano y su circunstancia histórica. En el artículo a que me refiero no cita a Ortega y Gasset pero está dejando traslucir la doctrina del filósofo español sobre la esencialidad de la circunstancia. Ahora la Iglesia ha pasado del anatema al diálogo; y más que en la refutación del ateísmo trata de profundizar en las raíces y la necesidad de la fe. La fe no es algo estático; la Iglesia es «la forma histórica de la gracia» expresión bellísima que resume el pensamiento más profundo del teólogo dominico.

Estas ideas de M.D. Chénu son admirables y aceptables; pero por desgracia al aplicarlas a la realidad concreta de los años centrales del siglo XX se deja llevar de su noble ansia de diálogo y toma una buena parte de su inspiración concreta del marxista Garaudy y del propio Marx. Y desde ese momento empieza a desbarrar.

Esto se advierte muy claramente en el segundo ensayo del mismo volumen, *La teología del trabajo frente al ateísmo (p.295s)*. Por desgracia esa será desde entonces la posición dominante en la teología de M.D. Chénu, de quien hubiéramos podido hablar más adecuadamente en el siguiente epígrafe, sobre los teólogos del diálogo entreguista con el marxismo. No critico ahora a Chénu por su tendencia al diálogo; sino porque en ese diálogo coloca al cristianismo y al marxismo en el mismo plano, propone una interpenetración ingenua de los dos credos y sobre todo exhibe un sentido crítico, a veces demoledor, contra el cristianismo concreto mientras evita cuidadosamente toda crítica profunda al marxismo. Considera al marxismo como una doctrina y no como una estrategia de la praxis; no advierte que el diálogo que preconiza no se monta entre dos teorías y dos concreciones de la realidad que pueden ser compatibles sino entre una fe, la cristiana, y una estrategia de dominación que parte, esencialmente, de la negación de Dios. Parece conmovido ante las acusaciones de Marx contra la alienación de los cristianos en cuanto tales. Se convierte, sin pretenderlo, en un infiltrado, en un compañero de viaje. No se da la más mínima cuenta de que el marxismo no es una actualización de la Historia sino una falsedad histórica absoluta, una metodología política de imperialismo y dominación, una alienación mucho más peligrosa que la llamada unilateralmente por Marx alienación cristiana. Después de 1989 el padre M.D. Chénu ha dejado de ser un teólogo vivo y ha pasado a una sala oscura y polvorienta en el museo de la teología católica. Dios le concedió vida suficiente para advertirlo, aunque no sé si su lucidez se conservaba con capacidad crítica en el año 1989, el penúltimo de su existencia.

En la época de la efervescencia cristiano-marxista Chénu estaba considerado como el primer teólogo de Le Saulchoir y el padre Yves Congar como el segundo. Pero la historicidad esencial de la Iglesia le jugó una mala pasada a Chénu y en cambio han exaltado en sus años finales a Yves Congar. Ha sido toda su vida un teólogo de frontera; a veces sus incursiones fronterizas le han jugado muy malas faenas pero nunca le han desviado definitivamente del camino. Como los demás teólogos de Le Saulchoir el padre Congar ha comprendido y transmitido el mensaje tomasiano pero ha mostrado especial interés por *el dato revelado*, por la combinación de la teología y la exegesis histórica, por la preservación del tomismo esencial –el legado profundo y abierto de Santo Tomás– fuera de los encorsetamientos de la escolástica fosilizada y decadente. Creo con toda sinceridad que el padre Congar, por ejemplo, ha comprendido y transmitido el mensaje tomasiano en nuestro tiempo mejor que Jacques Maritain, para quien el tomismo no se desprendió nunca totalmente de su carga dogmática adquirida por procedimientos idolátricos a través de las escuelas tomistas rígidas a partir del siglo XIII.

Yves Congar, afectado por las suspicacias del Vaticano durante la época de Pío XII, que criticó a la Nueva Teología en su alocución a la Congregación General de los jesuitas en 1946, y repitió la crítica ante el Capítulo General de los dominicos antes de lanzar a toda la Iglesia su encíclica de 1950, ha sido siempre, insisto, un teólogo de frontera. Al entrar en la ancianidad mostró un cierto declive que le hizo parecer ante nosotros –con todo respeto– como un tanto *gagá* y le impulsó a defender, sin excesiva resonancia, algunas vías muertas, algunas causas perdidas. Pero ahora prefiero prescindir de esos pecadillos de vejez y voy a centrarme en el análisis de las principales posiciones político-culturales del gran Congar, de su gran época que abarca los quince años previos al Concilio, su actuación en el Concilio y en la década siguiente. Toda una vida de lúcidos y arriesgados servicios a la Iglesia.

En esa época Yves Congar ha sido (como lo fue Rahner) miembro de la Comisión Teológica Internacional. El mismo definió noblemente su frontera, que consiste en empujar desde dentro hacia el progreso y el *aggiornamento*, pero con permanente y absoluta sumisión a la autoridad y el magisterio de la Santa Sede. Por eso Congar no dio nunca, en su gran época, esa sensación de tumba abierta, de riesgo temerario que nos asalta desde tantas páginas de Gustavo Gutiérrez, de Leonardo Boff, de M.D. Chénu, de Hans Küng, de Johann Baptist Metz. Está en vanguardia; pero jamás ha perdido la conexión con el mando ni con el grueso del ejército.

Entre la copiosa producción del padre Congar hay dos obras que merecen especial atención a nuestro propósito. La primera y más famosa es *Verdaderas y falsas reformas en la Iglesia*, escrita hacia 1947 en primera versión, publicada en 1950 con demasiada fronda *progresista* (por ejemplo con el abuso del término *profético*) que luego el autor podó acertadamente en la segunda edición, de la que el Instituto de Estudios Políticos hizo en Madrid una traducción excelente en 1973. La edición francesa había aparecido a poco de la rebelión estudiantil de 1968 y lleva un comentario final acerca de ella.

En ese epílogo (y en el prólogo que es de 1967) se nota claramente la evolución serenadora y conservadora de Congar desde sus ilusiones *progresistas* de postguerra. Varias veces se identifica con los temores y las críticas de Maritain en *Le Paysan de la Garonne*. En el prólogo de 1967 Congar insiste en que la tarea principal de la cultura cristiana es repensar la realidad cristiana ante el resto del mundo, no simplemente someterse al mundo con servilismo, que son casi las mismas palabras de Maritain. Se muestra Congar muy preocupado ante las desviaciones y las crisis posconciliares. Por eso suprime en esta segunda edición su apéndice hipercrítico sobre el integrismo que había publicado agresivamente en la primera, y ofrece la noble actitud de reconocerlo. El libro está «plenamente sometido al juicio de la Santa Iglesia» (p. 17). Reconoce el influjo de Maritain-Mounier y el snobismo de algunos jóvenes intelectuales católicos en la inoculación del «virus marxista» para intentar una contradictoria revitalización del catolicismo en la postguerra. El punto de partida del libro es la descripción de ese reformismo cristiano que brota en 1945 y que Congar quiere justificar con sólidos argumentos de ortodoxia, dentro de su espíritu renovador. Ese reformismo de los años cuarenta y cincuenta, con epicentro en Francia, no es una agresión sino una autocrítica de la Iglesia. Los fermentos venían del sensacional libro de los sacerdotes Godin y Daniel *La France, pays de mission* (1943) y de la eclosión de revistas y libros desde 1945. Ahora el libro de Congar es una teoría y una historia –entreveradas– de las reformas históricas en el seno de la Iglesia, sobre todo en la Edad Media y en la Edad Moderna. Gran defensor de la Iglesia histórica, Congar fustiga a quienes pretenden descalificarla a partir de nuestras categorías de hoy (p. 111). Propone una serie de notas para calificar de verdaderas y de falsas las reformas; la principal es que los reformadores (cuyos fermentos de verdad y de preocupación pastoral reconoce en casi todos los casos) se queden dentro de la Iglesia, sin caer en el orgullo del cisma como desgraciadamente sucedió a Valdés, a Lutero, a Calvino y a Lamennais. El diverso camino que siguieron dos precursores del liberalismo cristiano, y de la adaptación eclesial al mundo moderno, como fueron Lamennais y su amigo el dominico Lacordaire –el cisma para el primero, la abnegada fidelidad en el segundo– es uno de los motivos directores del libro. En una profunda tercera parte Congar analiza los elementos negativos y positivos en la reforma protestante frente a la pervivencia de la Iglesia.

En el certero apéndice que se añade al libro ante los sucesos de mayo de 1968 Congar se muestra muy sensible a los aldabonazos del cambio pero irreducible al defender lo esencial de la Iglesia frente a la contestación anárquica. «Hay cosas –dice– en que la *contestación* no puede permitirse en el seno de la Iglesia:

1.– Destruir la caridad.

2.– Poner en tela de juicio la estructura pastoral jerárquica.

3.– Negar artículos de doctrina por los que se debiera estar dispuesto incluso a dar la vida.

4.– Clasificar a todos los que piensan de modo distinto a nosotros en la categoría de malos o irrecuperables.

5.– No parece que puedan admitirse expresiones contestatarias en la liturgia, por ejemplo en la homilía (p. 508).

Al año siguiente de *Le paysan de la Garonne* y casi a la vez que la edición definitiva de *Verdaderas y falsas reformas* el padre Congar publicaba otro libro,

Situation et tâches présentes de la theologie[345] que hace particularmente al propósito de nuestro estudio. Se trata de una gran presentación teológico-cultural del movimiento renovador de la teología europea en la postguerra pero desde una perspectiva de segura ortodoxia y de fidelidad a la Iglesia totalmente compatible con el impulso renovador. Los temores que suscitaron la encíclica *Humanis generis* de 1950, en la que Pío XII advertía sobre los peligros de que la teología se apartase de la norma tomista y dependiera de la filosofía historicista, existencialista y aun marxista pueden –según Congar– considerarse superados en lo que concierne a los reformadores teológicos de la postguerra, que impulsaron desde dentro de la ortodoxia la renovación de las fuentes y los métodos de la teología; aunque haya quedado clara la conciencia de los teólogos sobre la relevancia social de su trabajo y el giro antropológico rectamente entendido como presencia del hombre en el quehacer teológico. Y es que el Concilio que había incorporado a buena parte de los renovadores teológicos en sus comisiones de trabajo, ha querido insertar a la «religión del hombre» en la «religión de Dios». El caldo de cultivo para la renovación cultural y teológica cristiana en la postguerra consiste en que, gracias a numerosas innovaciones y publicaciones, la reflexión sobre las verdades-en-sí se transfirió también a la relación de esas verdades con los problemas del hombre. En este sentido el cristianismo renovado ha mostrado gran interés por los problemas del ateísmo moderno.

Congar nos ofrece en este libro una visión optimista –tal vez exageradamente optimista– sobre la preparación, desarrollo y resultados del Concilio Vaticano II, al que dedicaremos el capítulo siguiente. El tratamiento que se ha dado en el Concilio a la doctrina de Santo Tomás –un punto de partida, no un dogma– ha sido el que el propio Doctor angélico hubiera deseado. Ahora hay que seguir las mismas pautas; por ejemplo la atención teológica a la vía evolución-ciencia moderna tan sugestivamente propuesta por Teilhard de Chardin. Pero debemos huir del horizontalismo secularizante (en esta crítica Congar incluye, sin nombrarla, una descripción precisa del monismo liberacionista). La Iglesia no debe limitarse a ser interpelada por el mundo; debe interpelar también al mundo.(p.73) Hay que conectar la antropología con la teología. Blondel (+1944) marca un camino que parece cada vez más estimable: la elaboración de una apologética del cristianismo y específicamente de la dogmática de la Iglesia católica a partir de un análisis de situación y de la experiencia existencial del hombre. Hay que intentar la aproximación de la cultura teológica a las ciencias del hombre. Hay que reelaborar algunos capítulos de la teología, como la conexión entre la creación y la redención; y la teología de las realidades terrestres.

El dominico Jean-Pierre Jossua publicó, durante el tracto de plenitud de Congar, una biografía espléndida seguida por una serie de ensayos que reflejan exactamente su obra, esclarecida además por una bibliografía muy completa. El 30 de octubre de 1994 el Papa Juan Pablo II le creó Cardenal como homenaje a su vida, a su obra, a su dedicación al servicio y el progreso de la Iglesia y de la Ciencia de Dios. No gozó mucho de la púrpura; falleció poco después, el 22 de junio del año en que se escribe este libro, 1995. Poco antes sus discípulos habían

[345] París, ed. du Cerf., 1967.

reunido en un interesantísimo volumen los principales estudios históricos del ya Cardenal, cuya muerte me sorprendió precisamente cuando estaba subrayando su ensayo sobre la eclesiología de San Bernardo[346]. Un gran teólogo y humanista español, Olegario González de Cardedal, dedicó un precioso artículo, realmente informativo, a la muerte de Congar en ABC dos días después de esa muerte. (De vez en cuando ABC –quien tuvo retuvo– publica alguna maravilla acorde con la ejecutoria del periódico, que nos compensa por los berrinches diarios que a miles de españoles nos provocan las cómicas exageraciones de su falso juanismo y la obsesión edípica de los ridículos insultos contra Franco y las deformaciones históricas intolerables de su director, que pasa por un extraño trance desde hace ya demasiados meses, postrado de hinojos ante la Academia, don Camilo, el ignorante cronista Preston y ahora, inevitablemente, Tusell, a quien hace poco insultaba). Pero sobre ABC y sus recientes aberraciones preparo ya el libro más amargo y divertido de mi vida. Ahora sólo quisiera comentar la extrañeza del doctor González de Cardedal ante la elevación al cardenalato de sólo tres de los cuatro grandes teólogos del siglo XX: Congar, von Balthasar y De Lubac; (podía haber añadido al cardenal Daniélou) y el olvido del cuarto «cardo», Karl Rahner, en esa altísima distinción. Nuestro gran teólogo conoce mucho mejor que yo, no faltaba más, la ciencia teológica y las altas directrices del Vaticano. Pero yo voy mucho por el Vaticano y conozco bien a quienes conocen bien lo que hay que conocer bien. Parece mentira que yo pueda descubrir a don Olegario algo que él no conozca sobre la Iglesia. Pero voy a hacerlo porque lo sé. Resulta que cierto gran teólogo polaco e intérprete del Concilio que vive en Roma y conoce muy bien el despliegue de los discípulos de Rahner no cree que Karl Rahner haya sido, en tesis fundamentales, un teólogo digno de recibir un homenaje pontificio de ese calibre, sobre todo después de haber puesto verde al Papa en dos señaladas ocasiones de los años ochenta. Y en tono menor, ese alto observador conocía el asuntillo de Luise Rinser mucho antes que lo revelara la gran prensa mundial; quiero decir, en vida de Karl Rahner.

Como no pasa trimestre sin que me dé una vuelta por los expositores de la Procure, junto a San Sulpicio, me ha sorprendido agradablemente, desde los años sesenta y setenta, la ausencia casi total de libros sobre la teología de la liberación entre las preferencias del gran público francés. Hay algunas traducciones y algún recuento pero nada semejante a la inundación de literatura cristiano-marxista barata que recarga a las Paulinas de San Bernardo en Madrid o a la Librería Parroquial de Clavería en la Ciudad de México. Es una señal de excelente salud mental en el catolicismo francés; sobre el que se han lanzado las revistas cristiano-rojas, desde *Esprit* a las *Informations Catholiques Internationales*, frecuentadas más bien por convencidos e iniciados de no muy alto nivel cultural. La alta cultura católica francesa tiene demasiados grandes nombres en sus librerías como para admitir las insensateces de los Boff y los Sobrinos. En la España del siglo XX hemos gozado de autores católicos de primer orden, que ya he citado más de una vez en este libro, desde Zubiri y Marías a Morente, el cardenal González Martín y el citado González de Cardedal, entre otros muchos. Pero creo que ha sido el bajo nivel cultural de nuestros clérigos rojos y nuestras monjas rosáceas

[346] Yves Congar, *Eglise et Papauté* París, ed. du Cerf, 1994.

quienes han hecho posible la difusión de tanta baratija liberacionista como permanece aún en nuestras librerías religiosas. Esa lamentable perversión cultural, a la que ni me atrevo a llamar teológica, tiene unos directores de orquesta y unos responsables clarísimos. Ya les daremos el correspondiente repaso; de momento me limito a expresar mi sana envidia por el nivel cultural de los católicos franceses en cuanto tales.

LA POLITIZACIÓN Y DEGRADACIÓN DE LA TEOLOGÍA POR EL MARXISMO: BLOCH, MOLTMANN, METZ Y LOS JESUITAS DISCÍPULOS DE RAHNER

Me encantaría disponer de la perspectiva que tan acertadamente utilizó el cardenal De Lubac para trazar las conexiones entre los grandes humanistas ateos del siglo XIX. Su yo la tuviera, podría relacionar inequívocamente a los iniciadores y promotores del diálogo cristiano-marxista en el siglo XX y así comprenderíamos mejor las consecuencias catastróficas de esas relaciones y conexiones. Pero algunos protagonistas de la degradación teológico-marxista en el siglo XX apenas han desaparecido, otros sobreviven y la gran cuestión, relacionar la degradación teológica cristiano-marxista con el Concilio Vaticano II, o mejor con una parte del ambiente conciliar, pecaría de arbitraria si sólo la fundo en pocos datos y muchas sospechas. Aun así puedo utilizar en este epígrafe y los siguientes, que me parecen vitales para este libro, un punto de partida basado en certezas importantes:

1.– El diálogo entre cristianos y marxistas se abre, bajo la cobertura «cultural» de la III Internacional, ya en los años treinta del siglo XX. Casos de Mounier y Bergamín con los comunistas stalinianos de su época.

2.– Ese diálogo se intensifica desde los años de la segunda guerra mundial y sobre todo a partir de 1945: la posición de Rahner y la fascinación de muchos intelectuales por Sartre contribuyen a ello, junto con el plano inclinado por el que se desliza cada vez más peligrosamente Mounier.

3.– Algunos grandes teólogos, intelectuales y prelados católicos –Maritain, M.D. Chénu, el propio Teilhard de Chardin, el cardenal Roncalli, monseñor Montini– sienten pánico ante la formidable expansión del comunismo en Europa oriental, Asia y el Tercer Mundo y en algunos casos coquetean pastoralmente con el marxismo.

4.– La infiltración general del marxismo en la Iglesia católica está impulsada y dirigida desde 1945 con increíble eficacia por el movimiento PAX y sus sucedáneos, sobre todo el IDOC.

5.– Todos estos movimientos convergentes nacen y se desarrollan o al menos se preparan ANTES de la convocatoria conciliar y durante el pontificado de Pío XII. La infiltración y degradación teológica por el marxismo, que ya se nota en alguno de los casos precedentes, por ejemplo el de Mounier, el de Chénu y el de PAX, va a irrumpir en la Iglesia masivamente algo más tarde, en el entorno conciliar; va a aprovechar las convulsiones positivas y negativas del Concilio pero no se va a identificar con el Concilio, ni mucho menos. Por eso algunos de los movimientos de aproximación y contaminación a que me voy a referir en este capítulo –por ejemplo la propuesta de Bloch– son anteriores al Concilio, otros simultáneos, otros posteriores. Pero todos ellos, apoyándose en una interpretación falsa y reduccionista del Concilio, van a confluir, como una cabecera de torrentes, en la puesta a punto y el lanzamiento –1971/1972– de la Teología de la Liberación y sus movimientos complementarios y derivados. El esquema anterior demuestra por sí sólo que la Teología de la Liberación no es un movimiento autóctono de la mal llamada América Latina sino una clarísima planificación europea que toma a algunos teólogos de Iberoamérica, discípulos de los teólogos *progresistas* europeos, como mascarones de proa para halagar a las masas americanas a quienes se pretendía conquistar para una Revolución dirigida, como objetivo final, por la estrategia soviética contra el bajo vientre del monstruo capitalista, los Estados Unidos, desde una última gran base final, México. Para ello se necesitaba una base de partida, que se había intentado con notorio fracaso en Centroamérica y se consiguió, gracias a la insondable estupidez de los *liberals* norteamericanos y sus alucinados portavoces, con la conquista de la gran plaza de armas comunista para la gran operación, Cuba, el 1 de enero de 1959. Ese será, a partir de este momento, el gran objeto de nuestro estudio en los capítulos que restan de este libro y en el libro siguiente, que esperamos ofrecer al público en la primavera próxima de 1996, *La Hoz y la Cruz*. Dos libros independientes pero íntimamente conectados.

Muy significativamente el profesor Karl Rahner, de quien veo la mano negra aunque apenas oculta en los próximos epígrafes, dijo del gran filósofo marxista alemán Ernst Bloch (1885-1977) que era «el teólogo más importante de nuestro tiempo». Para un pensador que jamás ha creído en Dios me parece un elogio sorprendente, pero es que pocos personajes tan sorprendentes como Rahner. La obra clave de Bloch, de la que va a partir la perversión de un importante sector de la teología católica en el siglo XX, es de 1954; por eso la consideración de Bloch tiene su lugar adecuado en este momento de nuestro libro. Para los liberacionistas y los cristianos dialogantes Bloch es (mucho más que el errático Garaudy, caído en el Islam) el pilar del diálogo desde la orilla marxista. Toda la teología de la esperanza del teólogo protestante Jürgen Moltmann, y los mismos cimientos de la teología política de Metz y de la teología de la liberación se ha tendido con referencia a las posiciones de Bloch, el marxista que más ha influido, sin duda, en los cristianos de izquierda de nuestro tiempo, incluidos mucho teólogos fascinados por la originalidad y la exuberancia intelectual del personaje. Su obra fundamental es, a este propósito, *El principio esperanza* (1954, como dijimos) cuyo análisis completaré con *El ateísmo en el cristianismo* (1968 ed. alemana, 1983 en ed. española de Taurus (Madrid) una notable editorial, dirigida e inspirada por el intelectual y teólogo superprogresista Jesús Aguirre, hoy duque de Alba, que nos puede servir de punto de referencia permanente contra las posiciones de la Iglesia institucional y mantiene excelentes relaciones, naturalmente, con el grupo de empresas de don Jesús Polanco, del que en su momento hablaremos. Dos exegesis de Bloch se han publicado recientemente en España. Una la de los jesuitas españoles discípulos de Karl Rahner agrupados en el centro Fe y secularidad dirigido (el centro y el elogio a Bloch) por mi antiguo compañero de Areneros José Gómez Caffarena (que empezó en posiciones tradicionales para luego convertirse al rahnerismo radical) obra publicada también en Taurus, 1979 con el apoyo del Instituto Alemán, no sé si dependiente entonces de la Embajada que durante tantos años ha dirigido el aspirante a marqués de Chamberí, don Guido Brunner, hoy famosísimo por sus comisiones sustanciosas y su original teoría del «convoluto». La segunda exegesis, mucho más seria, científica y documentada, se debe al doctor Manuel Ureña Pastor, hoy Obispo de Alcalá de Henares y uno de los primeros intelectuales del Episcopado español, *Ernst Bloch ¿Un futuro sin Dios?*[347]

Los jesuitas de *Fe y secularidad* invitaron a Bloch para que viniera a España a celebrar su 90 cumpleaños en 1975. Las ejecuciones de septiembre contra los asesinos de varios miembros de las Fuerzas de Seguridad cancelaron el proyecto pero los jesuitas progresistas españoles organizaron un gran encuentro sobre Bloch, y después de la muerte del filósofo, del 11 al 17 de mayo de 1977. El libro que brotó de ese encuentro es una prueba concluyente del trasplante mediato de la teología progresista europea a la teología de la liberación iberoamericana a través de la acción de los jesuitas rahnerianos españoles.

Uno de ellos, José Antonio Gimbernat (que ha abandonado la Compañía de Jesús, como otros miembros del grupo) participó en el encuentro con un interesante trabajo *Introducción a Ernst Bloch, un filósofo marxista*[348]. Recuerda complacientemente que Bloch, antes de acabar la Primera Guerra Mundial, «había publicado un manifiesto antibelicista dirigido a los soldados alemanes instándoles al abandono de las armas» (p.30) para favorecer luego a la revolución marxista-espartaquista que exigía lo mismo. Exalta Bloch la figura de Thomas Münzer, el sacerdote que acaudilló la revolución campesina alemana del siglo XVI (y que fue traicionado por Lutero). Exiliado por la persecución nazi, Bloch regresó en 1949 a la República Democrática alemana pero se negó a ingresar en el partido comunista. Su obra cumbre fue elaborada en los Estados Unidos de donde Bloch volvió, tras su experiencia oriental, a Alemania Federal, donde ejerció la docencia en Tubinga. Gimbernat reconoce de lleno las coordenadas marxistas en el pensamiento de Bloch. Su heterodoxia marxista no niega las posiciones esenciales del marxismo. Lo que sucede es que la utopía es para Bloch una expresa llamada a la esperanza.

En su contribución, A. Schmidt recalca el ateísmo de Bloch. «Para Bloch –dice– ha muerto toda mitología de un ser como ser divino y toda teología como ciencia positiva» (p.70). Dios es una imagen del hombre o del ideal del hombre. Dios es a lo sumo un deseo del hombre, no una realidad; ésta es precisamente, como sabe el lector, la tesis central del marxismo ortodoxo en cuanto a la esencia de la religión, que debe convertirse en una antropología (p. 77). El sentido de una cristiandad inmanente en el ateísmo, que tanto fascina a los católicos admiradores de Bloch, no es más que una negación de la trascendencia; *homo homini Deus*. Heinz Kimmerle tipifica la filosofía de la religión en Bloch como «ateísmo humanista». (p. 79). Para Bloch, «Feuerbach, a quien se adhiere Marx de un modo inmediato, plantea taxativamente *como punto central de su pensamiento* el tema de la humanización de la religión (p. 83). El diálogo entre la teología cristiana y la filosofía de Bloch se plantea, pues, para Bloch desde la realidad; para la teología cristiana, desde la ficción. Para Bloch, el que Dios se haga hombre significa: «Dios se

[347] Madrid, BAC. 1986.

[348] Ibid. p. 29s.

convierte en el reino de Dios, y el reino de Dios, que trae Jesús cuando habla de él, no contiene ya Dios alguno» (p. 91). Bloch cree en el diálogo cristiano-marxista si los cristianos luchan contra la opresión y si los marxistas creen en la libertad. No es una conjunción teórica sino puramente práctica. Lenin y Gramsci, añadiría yo, en estado puro.

Estas son las tesis de Bloch subrayadas y exaltadas por los católicos y los jesuitas fascinados por la posibilidad del diálogo, que es, en el plano objetivo, una simple invitación a la conversión de los cristianos al marxismo; a la cooperación práctica de los cristianos con el compromiso de los marxistas. En su libro *Teología de la liberación* Gustavo Gutiérrez ofrece expresamente nueve citas de Bloch junto a otras nueve de Blanquart, cinco de Girardi y diecisiete –alta cifra– de Karl Rahner, la alta fuente del liberacionismo. Para la teología progresista y la teología de la liberación Bloch, el filósofo marxista humanista que acampa a mil leguas de Cristo, separado de Cristo por el desierto marxista infranqueable, no es solamente una fuente de inspiración, sino como acaba de decirnos Karl Rahner, el de las diecisiete citas de Gutiérrez, el primer teólogo de nuestro tiempo. Un teólogo cuya tesis básica era, de acuerdo con su marxismo constituyente, la negación de Dios.

En cambio el libro sobre Bloch que nos ofrece monseñor Ureña posee una capacidad de orientación relevante. El especialista francés padre Martelett S.J, alaba en la presentación al doctor Ureña por «poner en claro la verdadera identidad de este pensamiento intrínsecamente ateo y advertir del peligro que corre siempre una teología cuando, sin pararse a pensar en la calidad del material filosófico que asume, ni en el modo con que lo asume, se percibe de pronto envuelta en las tentadoras mallas de la gnosis (p. XV). Bloch, en efecto, es un gnóstico de nuestro tiempo. «Negándose tercamente a reconocer el misterio imprescriptible del alma humana y empeñado sobre todo en reivindicar acríticamene una autonomía incondicional del hombre y el mundo, cree poder explicar, a partir de la razón, el fundamento último de una realidad que su ateísmo de principio mutila irremediablemente. Atribuyendo al hombre poder siempre trascenderse a si mismo, sin tener nunca a nada ni a nadie más que a sí, niega toda trascendencia que permita conceder una realidad a Dios y a la fe en Dios (p. XVI).

Heredero de Nietzsche, de Feuerbech, de Augusto Comte y de Marx, Bloch, más sutil que todo ellos, pretende englobar en el marxismo la tradición y energía cultural del cristianismo. Incluso trata de descubrir en la Escritura y la esencia del cristianismo o la suprema justificación del ateísmo. «Según Bloch –sigue Martelet– la misma Biblia enuncia, con términos encubiertos, descifrables en adelante, el mensaje radical de la modernidad en el ámbito religioso: que el ateísmo es la verdad de la fe y que entre el ateo y el cristiano se da una total reversibilidad de significaciones, bajo la égida absoluta del primero (p.XVII). Es la formidable paradoja de Bloch, que no en vano invoca a Miguel de Unamuno como uno de sus autores predilectos, aunque no parece advertir que Unamuno fue siempre, por debajo de toda paradoja, un profundísimo cristiano.

Bloch, que fue toda su vida un militante marxista, que había apoyado al movimiento espartaquista de Rosa Luxemburgo, pero que por su sentido crítico no se encontraba tan cómodo en Alemania Oriental (donde no le permitían pensar en voz alta) como en la occidental (donde algunos católicos y algunos jesuitas le convirtieron en ídolo teológico) actuó explicablemente, por judío y por marxista, como enemigo a muerte de los nazis, aunque su odio le cegó hasta atribuir a la Iglesia católica una completa complicidad con el nazismo, lo cual como sabemos es una exageración insostenible hoy. Toda la historia eclesiástica de Bloch es una caricatura disonante, que ignora la comunicación de espiritualidad y santidad y los testimonios más importantes de la doctrina y la tradición católica, como la encíclica de Pío XI *Mit brennender Sorge* por la que los jesuitas de otros tiempos hubieran defendido al Papa contra Bloch, pero los jesuitas españoles rahnerianos se solidarizan con Bloch y ni esbozaron una defensa del Papa. Fue Bloch, ante todo, el adelantado marxista del retorno a Hegel, prohibido y marginado por la ortodoxia marxista del poder soviético. Rechazó, con razón, la fementida distinción entre Marx joven y Marx maduro a propósito del humanismo y la religión. Relee profundamente a Marx a quien pretende despojar de mecanicismos deterministas para inscribirle en el humanismo moderno: un intento tan anacrónico como aplicar a Marx las categorías de nuestro tiempo, tanto del neomarxismo como de la nueva modernidad.

El doctor Ureña trata de fundamentar, con objetividad y hondura, la sugestiva teoría cultural de Bloch en su despliegue ontológico. El pensamiento de Bloch –desarrollado como una cosmovisión y un sistema dentro de la gran tradición contemporánea de la filosofía alemana– se centra en la esperanza como idea y como ideal, la esperanza es el motor de la realidad *in fieri* identificada con la utopía que tiende a una realidad –que anida en el hombre– que se está haciendo y que todavía no ha llegado a cuajar. La utopía a quien señala la esperanza se va aproximando mediante la integración en la historia de una serie escalonada de sueños, entre los que el hombre se realiza en el mundo y el mundo en el hombre. La esperanza, que es una realidad metafísica en la dialéctica del hombre y el mundo tendidos hacia la utopía, es también, subjetivamente, un afecto esencial, que supera por todas partes a la angustia y que por su capacidad de conocimiento real reduce y arrincona al miedo. Por la esperanza trata Bloch de superar al determinismo optimista y al determinismo pesimista. Busca inútilmente, entre la dialéctica marxista, la libertad.

La contribución de Bloch a la filosofía de la religión e incluso a la teología, como pretenden sus idólatras, se inscribe, para el doctor Ureña, en el ámbito de la interpretación y la asimilación histórica de la cultura. La construcción religiosa de Bloch –a partir de su ateísmo riguroso jamás desmentido– y su despliegue histórico en torno a la trayectoria de la Iglesia cristiana es de una arbitrariedad y un subjetivismo que linda demasiadas veces con lo paranoico; y se rige mediante una obsesión continuada por lo heterodoxo, lo marginal y hasta lo estrambótico. Releyendo sus páginas nos asalta una y otra vez la evocación de los maestros cosquilleantes de la carta a Timoteo (quizás en justa correspondencia por el aborrecimiento que Bloch siente por San Pablo) y el asombro por la caterva de teólogos católicos papanatas que admiran a Bloch de forma que sólo cabe explicar como masoquista.

La trayectoria judeo-cristiana introduce en el mundo de la religión un proyecto desmitificador, una filosofía del futuro y una auténtica preocupación social. El Dios de la Biblia es ante todo un Dios de liberación. Por supuesto que la verdadera y legítima herencia del cristianismo primitivo se desnaturaliza y se pierde, para

Bloch, en la Iglesia oficial, en Pablo de Tarso y Agustín de Hipona, aunque revive en heterodoxos como Thomas Münzer. Bloch pasa revista a la serie de utopías que se han propuesto en el mudo cristiano y en el mundo socialista del XIX. Desde el sueño sionista de Herzl a la isla homérica de los feacios y el reino del Preste Juan todas las utopías, marginaciones y excentricidades de la historia mágica se entreveran en las páginas de Bloch, que podrían ser una adecuada fuente de inspiración para mi amigo Fernando Sánchez Dragó (mucho mejor escritor de metahistoria que Bloch) pero no precisamente para teólogos católicos y menos jesuitas.

Bloch supera las interpretaciones de Feuerbach y de Carlos Marx sobre la entraña del hecho religioso: «Mientras que los padres del socialismo –resume, certeramente, Ureña– reinterpretan la religión como ideología y con falsa conciencia, nuestro autor detecta en la tradición religiosa de la Humanidad una herencia cultural que puede y debe ser asumida por la herencia concreta del marxismo, por cuanto la religión anticipa y preludia esa utopía (op. cit. p. 483). De este modo la utopía del reino destruye la ficción de un Dios creador y la hipóstasis de un Dios celeste, pero no el espacio vacío ni el espacio final. La fe es, en el fondo, fe en el reino mesiánico de Dios sin Dios, ya que el inconsciente colectivo de la Humanidad es materialista dialéctico. Hacen falta por tanto las dos cosas: la fe religiosa vaciada de su objeto trascendente (espacio vacío) y el ateísmo mesiánico que sustituye al Dios trascendente por la patria de la identidad todavía por venir (espacio final) (p. 48).

Ernst Bloch, el filósofo marxista y ateo que trata de raptar la herencia cultural cristiana para insertarla en el marxismo humanista, es en el fondo un enemigo de Dios y de la religión mucho más peligroso que Marx. Porque Marx negaba a Dios y desechaba la religión como figuración alienante; Bloch trata de vaciar a Dios sin acabar de destruir su huella, para agregar después a ese Dios vaciado como trofeo para la esperanza marxista. Esto no es teología sino a lo sumo vampirismo teológico, al que sucumben el ingenuo y espectacular Karl Rahner y los alucinados teólogos – Moltmann, Metz– que entablan a golpe de concesiones abyectas el diálogo con Bloch sin que Bloch ceda un ápice. Y sin este triángulo fatídico –Bloch, Moltmann, Metz– no se comprende la raíz teológica europea de la teología de la liberación, que es otra respuesta positiva cristiana a Ernst Bloch.

DOS TEÓLOGOS CRISTIANOS SE RINDEN AL MARXISTA BLOCH: EL CATÓLICO METZ Y EL PROTESTANTE MOLTMANN

La teología de la liberación, como analizaremos en su momento, es un gran impulso marxista de la estrategia soviética que se deriva de inspiraciones teológicas europeas por dos vías, una y otra dependientes de Ernst Bloch: la Teología Política del católico J. Baptist Metz y la Teología de la Esperanza que el protestante Jürgen Moltmann toma de Bloch. Para elegir el orden de aparición en escena de estos dos personajes me he atenido a un criterio casi aleatorio; contar las citas, muy numerosas, que hace de cada uno de ellos el creador aparente de la teología de la liberación, Gustavo Gutiérrez. Cita a Metz quince veces; a Moltmann catorce. Pues bien, aunque tanto monta monta tanto, voy a empezar por Metz, a quien flanquean (aún más que a Moltmann) los jesuitas rahnerianos españoles, y no sólo españoles.

Johann Baptist Metz, discípulo predilecto y colaborador de Karl Rahner, ha estado siempre tan próximo a los jesuitas rebeldes que en mis primeros artículos de 1985 le identifiqué con ellos, lo que provocó la única protesta con cierto fundamento del padre José Luis Martín Descalzo contra esos artículos; porque sobre el resto no dijo más que mentiras comprobadas e insulseces. Yo podría replicarle ahora con cierta dureza y dañar notablemente su imagen pero no lo haré; ha muerto hace poco y me consta que hizo bien a mucha gente; y además ya le repliqué seriamente mientras vivía, sin que naturalmente se sintiera capaz de contestarme. Vayamos pues a Metz y sus doctrina.

Metz, nacido en 1928, es a Karl Rahner más o menos como Engels a Marx. Ya sé que esa comparación es algo exagerada pero muchas veces las caricaturas expresan relaciones muy profundas entre personalidades. Metz reelaboró algunas obras esenciales de Rahner y se convirtió en el jefe de fila de sus discípulos. Radicalizó la antropología existencial de su maestro y cuando advirtió que esa línea entraba en declive lanzó una nueva destinada a grandes convulsiones: la Teología Política. Este término lo habían puesto en circulación algunos autores de la época anterior pero fue Metz quien lo elevó a categoría y aun a escuela teológica. La Teología política, muy conectada a la Teología de la Revolución, de la que también se ocupó Metz, es la matriz de pretexto teológico que generó a la teología de la Liberación, que es ante todo, Teología política en sentido revolucionario. En el panfleto político de Ediciones Zero que hemos citado más arriba se incluye el diálogo de Metz con Rahner sobre teología de la Revolución, en el que Rahner prefiere quedarse un poco en las nubes para dejar a Metz la consideración sobre la teología de la violencia revolucionaria en Iberoamérica, con la que se muestra abiertamente conforme. Rahner dejó a sus discípulos que abriesen el camino a la teología revolucionaria; de la que Metz es un indudable precursor.

En la línea rahneriana Metz publicó en 1962 su primera obra clave, que es su tesis doctoral, con el título *Antropocentrismo cristiano*, (Salamanca, ed. Sígueme, 1972). Frente al cosmocentrismo de la filosofía griega, asumido por los grandes teólogos clásicos, Metz, tras las huellas de Rahner, propone ahora un antropocentismo para fundamentar culturalmente la teología sobre bases de pensamiento ilustrado y moderno. Metz, como Rahner, se apoya ficticiamente en Santo Tomás de Aquino interpretado según las categorías kantianas de Maréchal. Las relaciones entre naturaleza y gracia ofrecen un campo privilegiado para pulsar la eficacia de la nueva teoría en contraste con la explicación teológica clásica de la *potencia obediencial*, sustituida por el *existencial sobrenatural* de Rahner. «Este estar ordenado por la libre voluntad de Dios (a la vida eterna) implica en el hombre un *poder recibir* la gracia y la visión beatífica, una permanente orientación hacia ellas» (op. cit p. 93). Metz se inscribe en este libro dentro de la línea rarhneriana; pero ya es mas que sospechoso que el libro, publicado en el año 1972, cuando se lanzaba la teología de la liberación, esté presentado, en su edición española, por el agitador liberacionista y político socialista radical, el exdominico Reyes Mate.

Pero Metz no se va a estancar en el giro antropológico de Rahner. Además de filósofo y teólogo Metz era un activista y propone un nuevo giro dentro del giro de Rahner. Para Metz, y para el grupo de jesuitas españoles fascinados teóricamente por Rahner y prácticamente por Metz la posición de Rahner resultaba demasiado teórica y timorata, demasiado volcada al interiorismo y la subjetividad. Les interesaba pasar de una consideración inmanentista del hombre a una consideración más históricamente concreta; del individualismo del hombre arrojado al mundo y condicionado por Dios en cuanto a las categorías trascendentales a la dimensión social-comunitaria más tangible; de la interioridad del espíritu al hombre integral de carne y hueso ligado y condicionado por las leyes materiales, económicas y culturales; de la teoría a la praxis, de la Teología existencial a la Teología Política. En *Teología del mundo* (1971)[349] Metz se distancia en este sentido de su maestro Rahner, sin romper nunca con él sus relaciones teóricas; de su nueva posición tomaron buena nota los promotores de la teología de la liberación (cuyo núcleo principal eran los jesuitas españoles rahnerianos y la vasta red de conexiones que ya habían anudado en América, sobre las tramas del IDOC). Porque de hecho, en teoría y en práctica, el giro político dentro del giro antropológico que Metz propone equivale a la regresión del existencialismo al hegelianismo; del individualismo al colectivismo; de Heidegger a Hegel y de Hegel a Marx. Nótese que este giro de Metz aconteció en vísperas del lanzamiento de la teología de la liberación que, como veremos, se efectuó en 1972 por los rahnerianos españoles en el Encuentro del Escorial. Para Metz su nuevo plano teológico se concreta como teología política y se convierte en una nueva bandera para la cada vez más inminente teología de la liberación. En el verano de 1979 el cardenal Ratzinger, arzobispo de Munich, se opuso al nombramiento de Metz para una cátedra en esa ciudad y Karl Rahner salió en defensa de su discípulo; fue un choque sintomático que revelaba y presagiaba antítesis muy graves entre los dos grandes teólogos alemanes. En su momento comentaremos el importante encuentro organizado en Madrid por los jesuitas rahnerianos en 1974, que marcó la apoteosis de la Teología política cuando ya iba a iniciarse la agonía de Franco y se había lanzado ya en España la Teología de la liberación para toda América. Metz intervino en ese coloquio como Moltmann y como Rahner, naturalmente y se mostró muy radical y próximo a los liberacionistas en su interpretación del pueblo, dentro del que sólo incluía a las clases oprimidas[350]. En su crítica a la falsa unidad de la Iglesia casi nunca se refiere Metz a los excesos opresores del totalitarismo marxista sino sólo a los del capitalismo, concebido con evidente simplificación.

El lector está ya sin duda intuyendo que el grupo de jóvenes jesuitas que estudiaron teología en Innsbruck a quienes estoy designando como «los jesuitas rahnerianos españoles» tienen un protagonismo notable en estas convulsiones de la Iglesia Católica durante los años sesenta y setenta. La intuición es certera y la voy a ahondar en este libro y en el siguiente, *La Hoz y la Cruz* mucho más que en ensayos anteriores; nunca creí que el giro político de estos jóvenes teólogos alcanzase tanta importancia, influencia y contaminación en la Iglesia de América, en la

[349] Salamanca, eds. «Sígueme».

[350] K. Rahner et all *Dios y la ciudad. Nuevos Planteamientos en Teología política.* Madrid, Cristiandad, 1975.

Iglesia de España y en la sociedad española. Al principio seducidos por Rahner y Metz, se convirtieron en sus discípulos y seguidores; después fueron ellos quienes arrastraron a los dos, sobre todo al Rahner senil, y han continuado perpetrando verdaderos desmanes en Centroamérica y en España, notoriamente en la Universidad Comillas de Madrid, pero todo a su tiempo. Ahora debo rematar esta parte del epígrafe revelando a mis lectores el despeñamiento de Metz.

En 1980 Johann Baptist Metz publicó en Alemania un libro muy significativo cuyo título en la edición española fue *Más allá de la religión burguesa*[350]. Con este motivo me enteré de que la religión que millones de católicos seguíamos, a veces con mucho sacrificio, era, despectivamente, una religión de la burguesía; y comprobé que, con ese título abiertamente marxista, el profesor Metz perdía la razón cuando se quejaba de que los teólogos de la liberación le habían desbordado por la izquierda al sumirse en el marxismo, porque no cabe una expresión más marxista que la utilizada por él. El contenido del libro confirmaba, por desgracia, la aprensión del título. Por lo pronto Metz se inscribe en la cobardía catastrofista de aceptar, con alta probabilidad, que el futuro del mundo va a pertenecer al marxismo. Critica con cegata dureza al Papa Juan Pablo II bajo el cual, dice, «Mi Iglesia católica busca recuperar enérgicamente su orientación básica occidental europea y consolidarla en nueva manera» (p. 61). ¿Es que no ha leído Metz los avisos de Juan Pablo II a la cristiandad occidental sobre su degradación que escandaliza a las Iglesias orientales?. Cree que Juan Pablo II patrocina «una tendencia regresiva clara» y consagra una sección del libro al homenaje acrítico casi servil al poeta-ministro marxista (antiguo fascista) Ernesto Cardenal, con inclusión de esta frase ingenua: «Yo, por el contrario, quisiera manifestar aquí la presunción de que en Nicaragua se va plasmando una nueva relación entre cultura y sociedad política, un proyecto de formación de identidad social que alberga en sus raíces la fuerza, no sólo impulsiva, sino ejemplar para una política de paz» (ibid. p. 95). Pues se lució el profeta de la Teología política, quien durante una conferencia dirigida a un auditorio socialdemócrata alemán se presenta abiertamente como socialista, afirma que los ciudadanos del Primer Mundo «han de ser liberados no de su impotencia sino de sus excesos de poder, no de la pobreza sino en definitiva de su riqueza» (ibid. p. 72). Y critica al SPD alemán porque le parece poco socialista en sus planteamientos políticos (ibid. p. 7). Esta importante alocución me parece fundamental para comprender la ideología y el talante político de Metz, quien sin escarmentar por sus arriesgados delirios proféticos adelanta en este mismo libro que comentamos (p. 52s) estos disparates:

«Vemos que nosotros estamos –si las apariencias no engañan– en el punto final histórico y en el punto de quiebra de este mundo burgués. El cristianismo está hoy día en el contexto del fin de ese mundo burgués y (del principio) de un mundo postburgués, postcapitalista... el individualismo occidental empieza a ser más bien un fenómeno cultural marginal». Y poco después, (p. 69) remacharía la barbaridad: «Estamos en el punto final y de cambio del mundo burgués». En ese mismo año el Estado Mayor soviético, como veremos, estaba ya convencido sobre el final del comunismo y la inevitable derrota histórica de la URSS, por implosión interna. Así desbarraba Metz, a quien su colega español Alvarez Bolado, en el citado encuentro

[351] Salamanca, eds. «Sígueme» 1982.

de Madrid en 1974, había incluido, junto a Moltmann, Gustavo Gutiérrez y Juan Luis Segundo entre los «miembros del movimiento de la teología política»[352]. Cuando ya se había producido el despeñamiento de la teología política en la teología de la liberación, que es su rama y efecto principal. El cardenal López Trujillo cree que Metz se constituyó, desde el principio, «en pieza clave para el apoyo, en su país, del liberacionismo»[353]. Y atribuye el origen de su influencia al libro *Teología del mundo* de 1968, a través de la traducción española posterior en la citada editorial «Sígueme» de Salamanca.

En el cónclave de los principales portavoces de la Teología Política celebrado en Madrid en 1974, del que acabamos de hacer mención, figura, junto a Metz, el teólogo protestante de la esperanza Jürgen Moltmann. Le ha llegado el turno en nuestra consideración. Moltmann, el polo protestante del diálogo con Bloch en que hemos visto enfrascados a Rahner y los rahnerianos, es el gran inspirador de la línea protestante de la teología de la liberación, que corresponde al polo de la teología católica representado por Metz en dependencia de Rahner; si Moltmann, en su libro fundamental, toma de Bloch la referencia a la esperanza, los rahnerianos españoles, con Rahner y Metz a la cabeza, acaban de pronunciarse en los párrafos anteriores *En favor de Bloch*, como titularon a las actas de su encuentro de 1974 y también, no faltaba más, en presencia de Moltmann.

«La teología de la liberación iberoamericana –dice el teólogo rahneriano español José Gómez Caffarena, principal animador, junto con su colega Alfonso Alvarez Bolado, de la conjunción teológica germano-iberoamericana con fuerte impronta marxista y a través de un trasplante español desde finales de los años sesenta– ha nacido también de la teología alemana» Esta cita corresponde a la p. 13 del ya citado libro *Dios y la ciudad*, libro de actas del encuentro, organizado por los rahnerianos españoles en 1974, entre los creadores y portavoces de la teología progresista y política alemana y sus transmisores de la teología española. En este encuentro, al que nos hemos referido varias veces, uno de los grandes participantes fue esa otra estrella de la teología progresista germánica, el protestante Jürgen Moltmann, que inicia su intervención con una adecuada cita de Marx: «La Naturaleza está esperando su verdadera resurrección al reino humano del hombre» (ibid. p 92). Aunque Moltmann cuando alude a la liberación de la opresión y la injusticia, nunca se refiere al bloque soviético de entonces, deja escapar esta interesante tesis: «No se puede pretender liberar en un campo erigiendo una dictadura en otro» (ibid. p. 110) por más que no concreta campos ni dictaduras. Se apoya en Bloch y en Rosa Luxemburgo para afirmar que no hay socialismo sin democracia ni democracia sin socialismo (p.111) con olvido flagrante de que su maestro Bloch tuvo que huir de la Alemania socialista porque no encontró en ella ni asomos de democracia; y que Rosa Luxemburgo, a quien había seguido Bloch, era una marxista-leninista sin el menor atisbo de democracia. ¿Qué democracia observaba Moltmann en los países del socialismo real, en la Cuba y en la Nicaragua de 1974, año en que hablaba en Madrid?. El teólogo español José Martín Palma, muy respetado en Centroeuropa, traza agudamente la dependencia liberacionista del protestantismo, centrada en la *Teología de la esperanza* del propio Moltmann, tan citado

[352] *Dios y la ciudad,* op. cit. p. 178, op. cit.

[353] Sillar (enero, marzo 1985) 25.

por Gustavo Gutiérrez; y concreta la línea protestante de la teología de la liberación, cuyos portavoces son Shaull, E. Castro, J. de Santa Ana, R. Alves, J. Míguez Bonino y el teólogo exjesuita Hugo Asmann, que acabó en la Reforma[354]. En el excelente trabajo sobre la teología protestante del profesor José María Gómez-Heras, a quien ya hemos citado con el debido elogio[355], se destaca como la figura protestante esencial para los orígenes de la teología de la liberación a Moltmann, cuya edición alemana de *Teología de la esperanza* –la respuesta cristiano-protestante a Bloch– es de 1964 con éxito clamoroso. El profesor Cándido Pozo S.J., miembro desde hace muchos años de la Comisión Teológica Internacional y sin duda uno de los grandes teólogos españoles de este siglo, ha propuesto un exhaustivo análisis de esa obra clave de Moltmann en su ya citado libro, que escribió en colaboración con el cardenal Daniélou, *Iglesia y secularización* de 1973.

La obra de Moltmann se inserta en el período post-bultmanniano de la teología protestante. Las dos claves de Moltmann son, primero, la superación de Bult mann; segundo, el diálogo con el marxismo sobre el futuro. En el libro esencial de Moltmann figura como apéndice un diálogo con Bloch. Un gran mérito de Bultmann consiste en establecer de forma clarísima y en confrontación superadora de Bultmann que el mensaje evangélico, sobre todo el misterio de la Resurrección, no es mitológico sino simplemente real. (A Bloch esta tesis le supo muy mal, naturalmente). No es, como quería Bultmann, algo «cierto para mí» sino algo «sencillamente cierto». La resurrección como hecho es la clave del cristianismo. La Resurrección es un hecho histórico, inscrito en coordenadas de tiempo y espacio. Pero no es un hecho intramundano; no puede ser objeto de percepción humana. Y por eso no se le puede analizar –según Moltmann– teológicamente, racionalmente. No hay analogía con el hecho de la creación, no experimentable tampoco (Molt mann se llevaría la gran sorpresa si alguna vez llegó a enterarse del Big Bang). Tampoco con la resurrección final de la Humanidad, anunciada en el Nuevo Testamento. (Ante estas concesiones de Moltmann Bloch se sentiría más en su terreno).

Resulta esencial en la concepción de Moltmann la distinción entre religiones de promesa (como la bíblica) y religiones de epifanía, como las cananeas y la helenística. Las religiones de epifanía exaltan el logro; las de promesa, la esperanza. Moltmann critica al cristianismo primitivo por su contaminación helenística. Al excluirse el logos, se hacen menos necesarias la doctrina y el culto en la religión. Entonces la Iglesia carece de funciones como comunidad cultural y doctrinal y se convierte en comunidad de camino, en éxodo, cuya función es infundir a los peregrinos la esperanza en medio de ese éxodo. Tal esperanza no es un opio alienante sino una fuerza para luchar contra la miseria y la opresión, contra todo lo que lleva el signo de la muerte. En este terreno se recomienda el diálogo con los humanismos y especialmente con el humanismo marxista. Es más importante, como fundamento de ese diálogo, la praxis común para el camino que las ideologías particulares, aisladas. La ortodoxia se relaciona con el logos; la coincidencia se verifica en la ortopraxis. A ese diálogo y a esa praxis común el cristiano aporta su esperanza.

[354] J. Martín Palma, *Génesis de la teología de la liberación*, «Ideal», Granada 24.3.1985 p.3.
[355] J. M. Gómez Heras *Teología protestante, sistema e historia*, Madrid, BAC min. 1972.

La teología de la esperanza se ofrece, en manos de Moltmann, como alternativa a la teología de la muerte de Dios y a la desmitificación radical de Bultmann. Pero a un precio insufrible: la desdogmatización, la eliminación virtual de los dogmas. Es cierto que Moltmann evita la alienación de que Marx acusa a la religión, especialmente al cristianismo; porque la teología de la esperanza incita a cooperar en la construcción de la ciudad terrena más justa. Pero se trata de una «esperanza sola», típicamente protestante, con marginación de la fe y de la caridad. La posición entre promesa y epifanía es unilateral. La helenización no afectó solamente al cristianismo primitivo sino al conjunto del Nuevo Testamento. Es arbitrario descartar al helenismo como contaminación para aceptar solamente como legítimas las categorías semitas en la fundamentación del auténtico mensaje cristiano. Hay también vetas helenísticas, además, en el Antiguo Testamento, como en el Libro de la Sabiduría.

¿Por qué, para salvar al hombre de la opresión, recomienda Moltmann el diálogo con los marxistas, cuyos regímenes se han basado y se basan (caso actual de China) en la más implacable opresión?. ¿Por qué minimiza Moltmann la importancia de la idea frente a la praxis, que puede ser ciega y manipulada?. En el fondo se sitúa en la misma concepción «dialogante» que Lenin o Gramsci; admitir a los cristianos en las empresas comunes del marxismo sin permitirles exponer en ellas su base ideológica; aprovecharles como carne de lucha de clases. El marxismo es, ante todo, un humanismo deshumanizante al privar al hombre de su relación trascendental con Dios. Como resume el profesor Pozo, para Moltmann «las obligaciones sociales y políticas del cristiano no sólo adquieren una gran importancia sino que se constituyen prácticamente en el único quehacer; en estos términos el cristianismo se reduce a temporalismo puro (op. cit., p. 119).

Jürgen Moltmann es uno de los ídolos aceptados por los jesuitas rahnerianos españoles para el trasplante de la teología de la liberación a Iberoamérica. En la intervención de Moltmann durante el encuentro de Madrid en 1974 Moltmann se hace eco del clamor por la libertad; acepta la repulsa de Marcuse a la predicación del amor de Dios en un mundo de odio institucionalizado (p. 95); toma en serio *La alternativa* de Garaudy; y define la muerte «como un poder personal y político en medio de la vida» (p. 102) pero se guarda mucho de aludir a los grandes detentadores de ese poder, Lenin, Stalin y Castro. Presenta unilateralmente la lucha liberadora del Tercer Mundo: «Los pueblos oprimidos de Africa y de Asia empiezan con la lucha nacional por la liberación del dominio colonial» (p. 103) pero no añade que en algunos casos han caído después en un régimen neocolonial de signo marxista-leninista e incluso tribal con el que han prolongado y agravado su opresión; podría ya hablar de Etiopía, aunque no fuera capaz de adivinar el futuro de Ruanda. Ataca radicalmente al capitalismo sin advertir que, con todos sus defectos, se trata del único sistema que ha conseguido, en la Historia, el progreso y la libertad. «La Iglesia –dice– está en muchos países enganchada a un sistema social que extiende por el mundo la discordia y la injusticia» (p. 104) pero no cita a la URSS ni a la China de Mao, que por lo visto extendían la concordia y la justicia. En una obra posterior, *El experimento esperanza*[356] Moltmann publica un conjunto de conferencias y ensayos en que vuelve sobre varios puntos de su teología de la

[356] Salamanca, «Sígueme» (1974)

esperanza. «La teología cristiana –subraya– será en adelante cada vez más práctica y política (p. 24). «La filosofía de Bloch es ateísta, pero no deja por ello de ser religiosa» (p.40). Le encanta oscilar entre la paradoja y la estupidez.

En noviembre de 1986, cuando ya casi se resquebrajaba el Muro, Jürgen Moltmann, como Johann Baptist Metz, volvió a Madrid para participar en un ciclo de conferencias organizado por el Instituto Alemán. Ahora sí que don Guido Brunner, el gran teórico del diálogo entre el convoluto y la corrupción, estaba al mando de la extensión madrileña de la cultura germánica pero no se habló de tan apasionante problema, que bien pudo titularse «La teología de Aida Alvarez». Moltmann justificó el uso de la violencia política contra la injusticia en el caso de los oprimidos en Sudáfrica, pero no levantó la voz para ayudar a los oprimidos por los coletazos finales de la URSS en Polonia. En cambio acusó al Vaticano de frenar al movimiento ecuménico al prohibir la práctica de la intercomunión[357]. En el diario *El País* el jesuita José María Mardones, que ya despuntaba como la nueva estrella de la teología «progresista» en España, dedicó un artículo a Moltmann con este motivo. Y con una cita significativa del teólogo de la esperanza: «Una esperanza escatológica tiene relevancia política y un cristianismo radical tiene efectos revolucionarios»[358]. En ese trabajo se daba cuenta del nuevo proyecto de Moltmann: una *Teología mesiánica* sobre los temas centrales de la reflexión cristiana en torno a Dios y a su obra, entre los que figuraba una teoría ecológica de la creación. (No dijo Mardones si Eva cometió delito ecológico al arrancar la manzana más famosa de la historia humana). Pero seguramente la contribución más «duradera» de Moltmann será su teología unilateral de la esperanza, como fuente del liberacionismo, justificación teológica del diálogo cristiano-marxista y aliento al impulso subversivo y revolucionario de los cristianos radicales. Ahí ha desembocado, en nuestros días, la renovación de la teología protestante iniciada al principio del siglo XX. Lo que menos podría imaginar Moltmann es que el 9 de noviembre de 1989 sus equívocas doctrinas cristiano-marxistas y esperanzadamente revolucionarias iban a quedar sepultadas bajo los cascotes destrozados del Muro de Berlín. Para evitar que alguien pueda recuperar los restos y reencuadernarlos con argamasa podrida de esos cascotes se escribe, en gran parte, este libro y el que pronto, Dios mediante, va a seguirle.

Faltan, en esta sección, algunos nombres de teólogos y líderes religiosos de primer orden –españoles, europeos, norteamericanos, asiáticos, iberoamericanos, católicos y no católicos, amigos y enemigos– que ya habríamos podido citar, y que en ocasiones hemos citado someramente, pero que dejamos para capítulos siguientes porque su actuación principal es, seguramente, posterior. Por lo que se refiere a nuestro propósito la preparación teológica –positiva y negativa– del Concilio Vaticano II y de la teología de la liberación, la marcha de aproximación estratégica, histórica y teológica a los dos acontecimientos, que como el lector ha comprobado reviste muchas veces carácter de infiltración, puede ya considerarse como suficientemente esbozada. Quedan también pendientes algunas siembras del liberacionismo –el origen de las comunidades de base, los movimientos sacerdotales contestatarios, el impulso marxista en la educación por medio de Paulo Freire, los

[357] ABC 29.11.86 p. 42.
[358] El País 28.11.86 p. 32.

balbuceos del asalto enemigo en Brasil y en Chile– que se comprenderán mucho mejor cuando estudiemos a fondo, en *La Hoz y la Cruz,* el programado estallido del liberacionismo, tras proponer una panorámica profunda de la situación de América y de las dos grandes plataformas logísticas de los movimientos liberacionistas, España y los Estados Unidos. Pero la roturación estratégica y teológica del liberacionismo, por medio de la gran infiltración en la Iglesia, está, según nuestro entender, más que suficientemente detectada, descrita y valorada. Con tres excepciones: porque ahora faltan para rematar este capítulo tres epígrafes de la mayor importancia, y después, para terminar este libro, dos grandes capítulos esenciales; la verdadera historia del Concilio Vaticano II y la increíble historia de la Compañía de Jesús en la segunda mitad del siglo XX, auténtico quicio metodológico entre *Las Puertas del Infierno y La Hoz y la Cruz.* Vamos, con el ánimo sereno y decidido, hasta el final de este primer libro.

SECCIÓN 7: INFILTRACIÓN Y DESINFORMACIÓN: LA QUINTA PLUMA

BREVE HISTORIA DE LA DESINFORMACIÓN

La desinformación es un recurso estratégico fundamental. La estrategia –en cualquiera de sus manifestaciones– tiene como objetivo el poder, y para ello, antes de emprender el asalto frontal y final a las defensas del enemigo hay que confundirle y desorientarle para inutilizar esas defensas. Simultáneamente el mando propio debe disponer de una información adecuada sobre la situación de las fuerzas propias y ajenas. La desinformación se identifica, en la guerra, con el engaño y la propaganda sistemática. El Asalto y la Defensa de la Roca son un combate permanente –que según el Concilio Vaticano II se libra desde el principio hasta el fin de la Historia– en el que la información y la desinformación son, inevitablemente, recursos esenciales de los Hijos de la Luz y del Poder de las Tinieblas. Uno de los nombres de Satán, uno de los que personalmente más me impresionan, es el de Padre de la Mentira. Y el gran especialista en desinformación contemporánea, Jean-François Revel, empieza su famoso libro *El conocimiento inútil*[359] con la no menos famosa frase, que es toda una tesis: «La primera de todas las fuerzas que dirigen al mundo es la mentira».

La mentira estratégica, la desinformación aplicada a la Historia con fines políticos es tan antigua como el hombre. La primera mujer, con la eficaz ayuda de la Serpiente, acarreó el pecado original de la Humanidad –y la expulsión del Paraíso– mediante la primera mentira de la Historia. Ya en tiempos históricos me gusta recordar, y lo hago muchas veces, que dos grandes historiadores contrapuestos de la Edad

[359] Barcelona, Planeta, 1988.

Antigua, Tucídides y Julio César, semejantes en la forma sencilla y arrebatadora de sus relatos, se distinguen porque Tucídides escribió su Guerra del Peloponeso tras investigar científicamente la verdad de los hechos para exponer la verdad histórica; mientras que el romano deformó sistemáticamente los hechos en su Guerra de las Galias y en su Guerra Civil para convertir a la Historia, con fines políticos, en instrumento de mentira. Por eso siempre he considerado a Tucídides como a mi modelo y a César como mi antimodelo. Esto no excluye que el historiador pueda engañarse; a veces es inevitable. Lo importante es que busque científicamente la verdad; y que reconozca su error cuando advierta que lo ha cometido. En este libro, por ejemplo en el caso Rahner, he seguido varias veces ese camino de *metanoia* histórica.

Uno de los principales recursos de la Gnosis en todos los tiempos ha sido la mentira. Los maestros gnósticos primordiales se presentaban a veces como cristianos aunque su finalidad fuera el retorno del paganismo. Los obispos ingleses y franceses y los maestros de la Universidad de París que condenaron a Juana de Arco fueron mentirosos formidables al servicio del poder, como Lutero y Enrique VIII. Galileo sufrió persecución por su verdad científica y algunos de los teólogos que, sacando los pies del plato, se atrevieron a condenarle, se habían negado antes a enfrentarse con la verdad en nombre de sus prejuicios. Podríamos reescribir la Historia desde la dialéctica de la verdad y la mentira pero ello desbordaría por todas partes el objeto de este libro. La leyenda negra contra España fue toda una ofensiva de mentira histórica desencadenada por dos traidores a España llamados Antonio Pérez y Guillermo de Orange, más los colaboradores de una enemiga de España que fue Isabel de Inglaterra y –antes que todos ellos– un dominico alucinado e hijo de la mentira que se dedicó muchos años a la esclavitud de los indios, luego tronó contra la esclavitud de los indios mientras fomentaba la de los negros y se llamó fray Bartolomé de las Casas. Los más famosos y menos profundos ilustrados del siglo XVIII, de Holbach a Voltaire pasando por Rousseau, deben distinguirse como los más contumaces mentirosos de la Edad Moderna. Los revolucionarios de 1789 y sus epígonos, envueltos en su bandera masónica de la Libertad, la Igualdad y la Fraternidad, crearon, como hemos visto en este libro, una de las mentiras más persistentes de la Historia. con la guillotina como adecuado símbolo. Sus amigos los estadistas de las Cortes borbónicas y la corte pontificia de Clemente XIV expulsaron y aniquilaron a los jesuitas tras sepultarles en el montón de basura y mentira mayor de aquella gran época de la mentira.

Napoleón pasa por inventor de la propaganda moderna, que en buena parte es el nombre elegante de la mentira estratégica en los siglos XIX y XX, aunque el nombre inicial de propaganda es la nobilísima expresión del mandato misional de Cristo en una Congregación –de Propagada fide– creada por la Santa Sede. Sin embargo la mentira más enorme y trágica de nuestra Edad Contemporánea es el marxismo, su doctrina y su praxis, y sobre todo el marxismo-leninismo que institucionalizó la mentira estratégica en el órgano soviético que empezó llamándose GPU y cristalizó luego como los servicios de Seguridad del Estado, la KGB. Creo sinceramente que la KGB es la principal responsable de la red mundial para la desinformación en que se ha basado la infiltración marxista-leninista en el seno de la Iglesia católica y en las sociedades de todo el mundo –singularmente en Occidente– con una fecha inicial demostrable: 1919, la creación de la Internacional

Comunista. Con lo que entramos de lleno en el objeto específico de esta sección, dentro de un capítulo, ya desmesurado, en que analizamos los diversos frentes y portillos de la infiltración del poder de las tinieblas en la Iglesia de nuestro tiempo.

LA KGB Y UN APUNTE SOBRE EL CASO DE ESPAÑA

En los epígrafes y capítulos anteriores de este libro ya hemos acumulado algunas pruebas sobre la infiltración de la KGB en el ámbito de la Iglesia católica por medio de la desinformación. La prueba más importante nos la ha revelado en este mismo capítulo el informe del cardenal Wyszcinski sobre el movimiento PAX, articulado en la sección polaca de la KGB y aceptado por el Vaticano, por toda la jerarquía de la Iglesia universal y por todos los medios católicos de información incluídos los «progresistas». Esta sección se refiere a la desinformación comunista, no al conjunto de la estrategia marxista-leninista en Iberoamérica, que expondremos y probaremos en el capítulo siguiente, a propósito de la conquista roja de Cuba en 1959 y en el libro siguiente, *La Hoz y la Cruz*. Pero en un sección dedicada a la desinformación hemos de indicar el origen institucnal de esa desinformación en la época que nos ocupa, que es la KGB.

El libro más importnte sobre la KGB lo ha escrito, sin duda, John Barron y ya lo hemos citado[360]. Los Servicios de Seguridad del Estado soviético, que tal significan las siglas KGB, última forma institucional de la Cheka y la GPU, nacidas sucesivamente en tiempos de la Revolución soviética, como he explicado con detalle cronológico en mi libro *Carrillo miente*, dependían, hasta el final de la URSS (lo cual no significa que la KGB haya desaparecido hoy, con excepción del nombre) simultáneamente del presidente del Consejo de ministros y del Politburó del Partido Comunista, habitualmente presidido por la misma persona, el dictador de la URSS. La KGB estaba al mando de un jefe supremo, dependiente de esa doble instancia, que en alguna ocasión (caso de Yuri Andrópov) fue elevado a la suprema dictadura desde su puesto al frente de la KGB. Esta central informtiva y represiva se desplegaba en cuatro directorios principales. El Primer Directorio, responsable de todas las actividades soviéticas en el exterior, poseía una serie de departamentos «regulares» por zonas del mundo: Norteamérica, China y Latinoamérica eran los tres primeros. Entre sus «departamentos especiales» destacaba el dedicado a la desinformación, que a partir de 1950 se elevó hasta aparecer como uno de los más importantes de la KGB; y se dedicaba, según detalla Barron, a las campañas de desinformación, propaganda y contapropaganda exterior, la desmoralización de las sociedades extranjeras que fueran objetivo más o menos próximo de la estrategia soviétca, a la difamación y descrédito de políticos, escritores y periodistas considerados como enemigos por la URSS y el PCUS, disimulaba palabras de mal sonido como «comunismo», que se recomendaba sustitur por «socialismo» o «socialismo real», identificaba tenaz y absurdamente a la URSS como «democracia» (los viejos resa-

[360] J. Barron *KGB* Londres, Hodder and Stoughton, 1974.

bios del «paraíso soviético» de los años veinte y treinta) etc. Entre los departamentos geográficos del Primer Directorio el quinto se dedicaba a España, Francia, Italia y Holanda. Dentro del Quinto Directorio principal, otro de los muy importantes, existía un departamento especial dedicado a la acción soviética entre el clero.

En el libro de Barron sobre la KGB existen innumerables referencias a la actividad de los servicios secretos soviéticos en los Estados Unidos, en Iberoamérica (un importantísimo capítulo sobre México que en su momento aprovecharemos a fondo) y sobre otras partes del mundo entre ellas varias naciones de Europa. No aparecen en cambio, aparte de las citadas, infomaciones concretas sobre España. Creo que conozco la razón. Desde la creación del Partido Comunista de España en 1921 como sección española de la Internacional Comunista y sobre todo desde la actividad de los agentes soviéticos en España durante la República y la guerra civil, en los años treinta y luego durante el régimen de Franco hasta la creación de oficinas diplomáticas, la accion secreta soviética en España se dirigía a través de enviados personales de Stalin, (Vittorio Codovila «Medina», el reclutador de Carrillo, Mikhail Koltsov, Palmiro Togliatti que así distinguía a España con esta conmovedora muestra de su interés) y comunistas españoles. Los dirigentes comunistas españoles no eran solamente agentes de la Comintern, misión que cumplían vocacionalmente y en algunos casos, como Santiago Carrillo, tras la derrota comunista en España y su entrenamiento internacional en Moscú en 1939, también institucionalmente; por ejemplo Carrillo, como he explicado en mi libro, era el único agente de la Comintern que actuaba en toda América en 1940, durante la época en que Stalin vio cumplido junto a la Ciudad de México uno de los grandes sueños de su vida, la eliminación de Trotski.

En mi libro sobre Carrillo he descrito y documentado con detalle, y sin que Carrillo ni sus partidarios (entre los que hay algunos historiadores que no me pueden ver ni en pintura) se haya atrevido a contradecirme ni a puntalizarme en una sola de las 156 mentiras detalladas que publico, algunas de ellas referidas a la actuación de los servicos secretos soviéticos en España, que destacaron para diversos cometidos a cual más siniestros a los que ya eran o pronto serían sus jefes históricos principales; tanto la que pronto se llamaría KGB como el que ya se denominba GRU o servicio secreto militar, cuya historia ha trazado inimitable mente Pierre de Villemarest[361].

En ese mismo libro, *Carrillo miente* (publicado por esta misma Editorial a fines de 1994 y que pese a tan poco tiempo tiene ya a la venta su sexta edición) presto una atención especial a las actividades desinformadoras de los soviéticos y los comunistas españoles durante la guerra civil, la época de Franco y el período de la transición. La mentira más trágica y más imensa que tal coyunda ha intentado (y hasta mi libro había conseguido hacer tragar en parte) ha sido establecer como verdad en la reciente historа de España que Santago Carrillo no tuvo relación alguna con los monstruosos crímenes de Paracuellos del Jarama en noviembre-diciembre de 1936; ni siquiera los comunistas, y mucho menos los escritores y periodistas decentes a quienes Carrillo había conseguido seducir se han atrevido después de las horrendas pruebas que acumulo –muchas de ellas tomadas de testimonios comunistas– a repetir aquella enormidad. En ese mismo libro investigo un hecho

[361] P: de Villemarest *GRU* París, Stock, 1988.

que me preocupa expresamente: la profunda y amplísima infiltración y actuación comunista en el mundo de la cultura y en el mundo de la información a partir de los años cincuenta en España. Cometí sin embargo un error gravísimo, espantoso, incalificable, que ahora voy a subsanar tras haber visto en su delicuescente columna las quejas del interesado: entre los periodistas rojos que cito en mi libro se me olvidó nombrar a un genio del periodismo contemporáneo, don Eduardo Haro Tecglen. El buen hombre se lamenta con amargura indescriptible por mi omisión y voy a compensarle. La verdad es que no se me había ocurrido leer, desde hace mil años, una sola columna de señor Haro Tecglen, que ahora, con dolor incontenible por mi omisión, me honra con sus insultos y llega a hablar de mis «mal llamados libros», como aquellos «mal llamados años» de Fernando VII. Es comprensible la analogía; el señor Haro Tecglen es un personaje de Fernando VII y por eso no le nombro en mis relatos de la época actual. Conservo sin embargo una declaración manuscrita del señor Haro Tecglen frmada en 1973, creo, y sin duda en la época final de Franco, en la que alababa generosamente la «indudable racionalidad» de mis escritos. Parece que desde entonces todos hemos evolucionado y el señor Haro Tecglen más. Porque se trata del único escritor comunista que ostenta con orgullo, a la vez, la condición de felipista. Esta es una síntesis que deja al pobre Hegel reducido a un escolástico decadente. Por eso, y por los deslices culturales del señor Haro Tecglen, que sólo cabrían en un libro de humor negro, ni le leo ni le cito más que marginalmente. Explicación cumplida, pues, de mi inexplicable error.

Pues bien, en *Carrillo miente* he procurado detectar los orígenes de la infiltración comunista y marxista en los medios españoles de información y cultura desde la década de los cincuenta. El principal responsable de tal hazaña se llama, sin duda, Jorge Semprún, aunque en algún manifiesto en favor de Fidel Castro se firma «Georges» cosa que no comprendo; porque ahora ha perdido la Academia Francesa por su contumaz, admirable y picassiana negativa a adquririr la nacionalidad francesa. El caso es que Jorge Semprún inicia un efectivo trabajo en los medios culturales de la juventud y la Universidad española a mediados de los años cincuenta, con gran oportunidad porque en esa época se estaba produciendo ya un acelerado cambio generacional que fue aprovechado contra el régimen por quien ya era entonces profeta de la oposición interior contra Franco, el antiguo falangista y notable escritor Dionisio Ridruejo. En 1956 fracasaba el intento aperturista que había montado con intelectuales de signo demócrata-cristiano y neoliberales de procedencia falangista (Pedro Laín Entralgo, Antonio Tovar, Manuel Fraga Iribarne) el ministro de Educación Joaquín Ruiz Giménez, hijo de un ministro liberal de la Monarquía pero ardoroso franquista hasta su cese; este grupo neoliberal se venía enfrentando desde los años cuarenta con un equipo de intelectuales no menos franquistas pero suscitados por la acción político-cultural del Opus Dei en sentido mucho más tradicional y, en algunos casos, abiertamente integrista, como demostraba en sus libros de la época su jefe de filas, el profesor Rafael Calvo Serer. Desde nuestra perspectiva podemos observar, no sin cierto asombro, que los nombres más importantes de una y otra ala del franquismo intelectual entonces enfrentadas por el poder cultural dentro del régimen terminaron, con el mismo ardiente entusiasmo y convicción, como enemigos profundos del régimen y paladines de la democracia de la que abominaban en los años cuarenta y cincuenta.

Sobre el profesor Ruiz-Giménez hablaremos a fondo en su momento. Rafael Calvo Serer, que ya entonces trataba de jugar chapuceramente a dos barajas entre Franco y don Juan de Borbón, aunque ninguno de los dos le hiciera demasiado caso, escribió luego libros tremendos contra Franco, tan poco leídos como los que había escrito a favor de Franco. Siendo ministro de Información el profesor Fraga Iribarne, a partir de 1962, los servicios de propaganda que actuaban a sus órdenes editaron un alegato clandestino, aunque con exacta y tremenda documentación, que se titulaba *Los nuevos liberales*, en que se ponía como chupa de dómine al poeta y escritor Dionisio Ridruejo, a los profesores Pedro Laín, Antonio Tovar, José Antonio Maravall, Santiago Montero Díaz y José Luis López Aranguren de quienes se exhibía una copiosa antología de textos que habían escrito en rendido homenaje a Franco. Es evidente que las hemerotecas son el más peligroso enemigo de los intelectuales; por más que el coordinador, a las órdenes de Fraga, de aquel detonante librito que atacaba por liberales y demócratas a los antiguos escritores franquistas oficia hoy ante toda Europa como liberal y demócrata de toda la vida, lo mismo que hace en el otro bando el historiador comunista don Manuel Tuñón de Lara, a quien Jorge Semprún, el ministro demócrata de Felipe González y antiguo comunista staliniano, presenta en su premio Planeta como agente de la KGB. Muchas veces he sentido la tentación de escribir una historia cultural de la España contemporánea. La escribiré Dios medante pero hasta ahora me he resistido, pese a que cada vez me siento más dotado para el humor negro. En ella pienso incluir, como parte de la cultura, al periodismo, no faltaba más. Ofrezco un anticipo en esta misma sección.

DOS GRANDES DENUNCIANTES: REVEL Y CATHALA

Para los fines del presente libro el centro más importante de la desinformación mundial es, sin duda, la KGB, directamente y a través de sus satélites, las agencias secretas del antiguo bloque soviéticos y los partidos comunistas de todo el mundo. Pero a todo poder, y con mucha más razón a todo superpoder o poder internacional, corresponde una agencia de información y desinformación. Vamos a ver en el capítulo siguiente cómo la agencia secreta de China comunista difundió un esquema estratégico para la infiltración y esterilización de la Iglesia en América una vez lograda la conquista comunista de Cuba. Estoy convencido de que los servicios informativos de la Santa Sede, o los del Opus Dei, procuran ante todo defender, casi siempre con datos y argumentos objetivos y verídicos, a sus altas instituciones pero a veces encubren la verdad y la deforman, aunque ésta sea mas bien la excepción que la regla. La poderosa red informativa de la Compañía de Jesús, cuya amplitud y eficacia me ha sorprendido muchas veces, está en manos de una dirección de la Orden que desde 1965 hizo una opción política de izquierdas que todos los Papas desde entonces han declarado, incluso públicamente, impropia y equivocada; y en el último capítulo de este libro demostraré cumplidamente la capacidad de la actual dirección jesuítica para la desinformación, que es palmaria y a veces descarada. El superpoder estratégico que se ha opuesto, en lucha de vida o muerte, a la URSS, es decir el USIS o Servicio de Información de los Estados Unidos ha difundido desde hace décadas una información sobre el comunismo que me parece de primera calidad, que se basa en publicaciones científicas de los propios Estados Unidos y que he aprovechado muchísimo en mis libros y aprovecho en éste y en el siguiente, *La Hoz y la Cruz*, entre otras razones porque en la lucha contra el comunismo siempre he estado en el mismo bando que el USIS. Sin embargo en otros flujos informativos de base norteamericana, como el *Office of Strategic Services y* el *Office of War Infomation* de los años cuarenta, o las informaciones reservadas de la CIA he detectado innumerables veces un cúmulo de equivocaciones que con frecuencia han producido lamentables y aun trágicas consecuencias para los Estados Unidos y para el mundo; recuerde el lector la impotencia del Gobierno de los Estados Unidos para convencer a su propia juventud universitaria sobre la guerra del Vietnam, el espantoso error informativo del general Marshall que provocó nada menos que la pérdida de China, la equivocadísima información aceptada por la CIA sobre los propósitos de imán Jomeini y luego de Sadam Hussein, la paranoia informativa –oficialmente aceptada por el Departamento de Estado– al fiarse del lunático gurú del *New York Times* Herbert Matthews (el mayor metepatas en la historia del periodismo mundial) que acarreó la caída de Cuba en manos de la estrategia soviética, la imbecilidad informativa crónica (muchas veces compartida por la CIA) de los fabianos y *liberals* norteamericanos, el tradicional desacierto de la CIA, compartido a veces por el USIS, para seleccionar a sus protegidos en el mundo informativo de los países extranjeros... Algún día publicaré esa lista comentada sobre los periodistas y escritores a quienes favorece o aborrece la CIA y la USIS en España y las carcajadas se van a escuchar hasta en Alaska, porque en los círculos bien informados de España se escuchan desde hace mucho tiempo, sin que algunos negritos y especuladores de terrenos que a veces han ocupado altos puestos de representación de los Estados Unidos en España se hayan enterado ni aun después de conocer directamente las pruebas de sus equivocaciones.

Pero sobre la desinformación de los *liberals* norteamericanos ya hemos dicho algunas cosas y pienso revelar algunas más; ahora deseo presentar a dos grandes denunciantes internacionales de la desinformación, entre los muchos que merecerían un estudio detenido.

En el campo de la Historia, que es el mío, ya me he referido en este libro al gran escritor británico Paul Johnson, que en su libro de 1988 *Intellectuals* desmonta inapelablemente a tantos fantoches y falsos ídolos de la intelectualidad moderna; no me queda más que confirmar todo lo dicho sobre él y agradecérselo de nuevo. Merecería un estudio especial el profesor de Oxford David Caute, por su espléndido análisis de la tentación y la manipulación comunista entre los intelectuales franceses de 1914 a 1960[362]. Pero en el curso del presente libro ya he explorado suficientemente el problema desde el ángulo de la religión, que nos interesa especialmente. Vamos pues a quienes he calificado como grandes denunciantes de la desinformación: Cathala y Revel.

Henri-Pierre Cathala publicó en 1988 un libro interesantísimo porque, además de exponer numerosos casos de desinformación, atribuye la fuente inicial de esa

[362] David Caute *Communism and the French Intellectuals* Londres, A Deutsch 1964.

desinformación, que coincide con la nuestra, al impulso estratégico de la URSS y traza además una certera teoría con la que casi nadie se ha atrevido[363].

Cathala se ha inspirado en las experiencias e investigaciones de personas (generalmente militares) relacionadas con el Instituto de Altos Estudios de la Defensa Nacional (p. 17). Apunta que el término «desinformación» es la traducción literal de una palabra soviética puesta en circulación por Lenin y sus colaboradores en los años veinte; en Rusia ya se tenía importante experiencia sobre la desinformación moderna, después del gran éxito de la policía secreta zarista en difundir por todo el mundo como cierta aquella invención antisemita de principios de siglo, *Los protocolos de los Sabios de Sión,* cuya falsedad he discutido y aceptado ya en mi libro *El Tercer Templo*. Hay, por supuesto, ejemplos más antiguos como el famoso telegrama de Ems manipulado en 1870 por Bismarck y que desencadenó la guerra francoprusiana. Cathala refiere una serie de ejemplos de desinformación utilizados en la segunda guerra mundial, sobre todo por la estrategia británica, que logró engañar al Estado Mayor alemán sobre el auténtico punto del desembarco en Sicilia y sobre todo el desembarco en Normandía en 1944. Para ello Winston Churchill había creado en 1940 una sección específica para la desinformación en su estado mayor personal (p. 27). El jefe adjunto de los servicios secretos checos refirió convincentemente un espantoso fracaso de la desinformación soviética en septiembre de 1965; cuando la KGB trataba de envenenar las relaciones entre los Estados Unidos e Indonesia provocó la ejecución en masa de medio millón de comunistas indonesios por la violenta reacción del ejército del presidente Sukarno (p. 33).

La desinformación se relaciona íntimamente con el espionaje. La traición del espía alemán Guillaume, que provoco la caída de Willi Brandt y la actividad anterior de Harry D. White y Alger Hiss, agentes soviéticos en la Administración de Roosevelt, son dos casos clásicos (p. 34). En cambio el detallado informe de la AFCA en 1982 sobre el neutralismo y el pacifismo en Occidente revela uno de los mayores éxitos de la desinformación soviética al enconar a gran parte de la opinión pública europea contra la OTAN, contra la guerra del Vietnam y contra la instalación de los misiles Pershing en Europa. (p. 36). Para detectar a los periodistas españoles que actuaban a partir de los años sesenta como compañeros de viaje basta con repasar las hemerotecas y anotar a quienes abogaban en favor de esas causas «humanitarias» sin proferir jamás una crítica contra los alardes belicistas de la URSS. Son muy interesantes los epígrafes en que Cathala ofrece pruebas sobre la desinformación en la enseñanza (desde la primaria a la universitaria) y la penetración del marxismo en las Universidades occidentales. La conquista de muchas cátedras españolas y norteamericanas por el marxismo, a partir de los años setenta, preferentemente en materias vitales como la historia, las ciencias de la información y la sociología, es un hecho que todavía ignora una gran parte de la opinión pública. En su momento citaré un caso flagrante que se refiere a la enseñanza de la Religión y que denuncié sin éxito alguno, aunque con pruebas palpables, al anterior arzobispo de Madrid, que prometió el remedio más inútil entre los que se conocen; crear una comisión para estudiar el asunto. En cuanto a la desinformación en la Historia he publicado ya en esta misma Editorial dos

[363] H.P. Cathala *Le temps de la desinformation,* París, Stock, 1986.

libros de la «serie amarilla» sobre mentiras históricas y ante el éxito obtenido pienso continuar la serie.

Uno de los casos más terribles de desinformación de que jamás he tenido noticia es el internamiento en campos de «reeducación» por los comunistas de Vietnam de numerosos prisioneros anticomunistas y católicos para someterles a las más crueles torturas psicológicas con el objetivo de «reconvertirles». De Vietnam se hablaba muchísimo hasta la caída de Saigón, después no hemos tenido más noticias que las películas de Rambo. Ese tipo de adoctrinamiento se parece mucho al que los agentes «misionales» católico-marxistas en Iberoamérica han tratado de aplicar a pueblos y naciones enteras durante la época triunfal de la teología de la liberación. A esos pueblos y a las retaguardias occidentales sobre todo España y los Estados Unidos.

Expuesta esta serie impresionante de casos concretos, Cathala analiza con gran vigor teórico las condiciones de la desinformación desde varios puntos de vista: estratégico, psicológico, ambiental, político. No es el momento de intentar siquiera un resumen; en este libro estoy presentando los hechos de la desinformación con sus pruebas documentales, así como las estructuras y tendencias de la estrategia soviética y demoledora en la infiltración dentro de las sociedades cristianas y en la propia Iglesia. Para ello encuentro un refuerzo considerable en dos grandes periodistas y escritores de Occidente: Federico Jiménez Losantos y Jean-François Revel.

Me dicen, en pleno verano de 1995, que Federico Jiménez Losantos se toma un año sabático en Norteamérica. Si es para su descanso y para su salud me resignaré al terrible vacío que va a dejar entre nosotros. Su fantástica columna de ABC, sus artículos de alto bordo en *Epoca*, sus intervenciones diarias en la tertulia nocturna de la emisora de la Iglesia COPE, donde a veces algunas mozas unidimensionales-desbarran a tope sobre el felipismo, palabra que Jiménez Losantos ha elevado a categoría, su desmontaje sistemático del totalitarismo socialista, su marcaje heroico del separatismo catalán al que viene desenmascarado desde hace décadas, su defensa de la unidad de España mientras las altas representaciones del Estado parecen desinteresarse del tema, convierten a Federico Jiménez Losantos en el Revel español, con la diferencia de que, siendo Revel un grandísimo escritor y un genio de la dialéctica, no alcanza la altura ni la eficacia del autor de *Lo que queda de España*. (Afortunadamente no está solo; intelectuales e informadores eximios como el profesor Amando de Miguel y los periodistas Márquez Revriego y el inconmensurable Martín Ferrand, con los correspondientes directores de programas, alternan a su nivel). Pero en todo caso que vuelva pronto porque de lo contrario puede encontrarse con que no queda nada.

Que nadie vea en mi comparación anterior un demérito para Jean-François Revel. Todo lo contrario; se trata de uno de los más grandes analistas y escritores de nuestro tiempo. Si libro *El conocimiento inútil* debería ser de obligada lectura en todas las escuelas, todas las Universidades y todas las familias de Occidente.

El ex-primer ministro socialista marxista de Francia, Michel Rocard, ha dicho que en el siglo XXI el papel antiguo de la lucha de clases como motor de la Historia será desempeñado por la pugna para la hegemonía entre los medios de la comunicación. La intuición marxista es errónea pero la predicción informativa tiene muchos visos de verdad. Revel abre su libro con la afirmación de que el papel de los medios de información entre los dirigentes del mundo actual es mucho más importante que en otras épocas; y que la orientación o manipulación de la opinión pública –que es posible incluso en las democracias– es un gravísimo peligro de nuestro tiempo. Cree que el siglo XXI será la época en que «la información constituirá el elemento central de la civilización». Pero la experiencia del siglo XX nos enseña que, como ya he citado, «la primera de las fuerzas que rigen al mundo es la mentira». Es increíble pero también es cierto que la opinión pública vive abierta a toda clase de mentiras y manipulaciones. Las ciencias sociales, la historia y la información se presentan demasiadas veces con la verdad triturada. (p. 14). Los filósofos actuales, preocupados más por la elegancia y la apariencia que por el rigor, han contribuido a la confusión; por más que Revel hubiera podido remontarse al siglo XVIII, como sabemos, para detectar los orígenes de la mentira intelectual moderna.

Revel atribuye la principal capacidad e intención de engaño a la desinformación soviética, como acaba de decirnos Cathala. La absurda imposición por el Estado soviético a partir de 1935 de la teoría biológica de Lyssenko es todo un síntoma inicial; Lyssenko rechazaba la teoría cromosómica y negaba la existencia de los genes; en la URSS nadie podía pensar ni menos opinar de otro modo, un ejemplo supremo de manipulación y negación de los hechos reales. El mito ario inventado por los ideólogos del nazismo es otro disparate infundado y convertido en dogma de fe. Pero si los regímenes totalitarios imponen la mentira, en los democráticos se impone también lo que llama Revel «el gran tabú» y expresa así: «El gran tabú –a partir de 1945– prohíbe a todo escritor, a todo periodista, a todo hombre público, mencionar un atentado contra los derechos del hombre, un abuso de poder cualquiera, un trivial fracaso económico, en suma, dar una información sobre un hecho que se sitúa en una sociedad clasificada convencionalmente como *de izquierda* sin señalar inmediatamente una imperfección equivalente en una dictadura de derechas o en una sociedad capitalista democrática» (p. 32). Este tabú ha regido en Occidente durante treinta años a partir de 1945. Uno de los tabúes que cita Revel es la prohibición de hablar de la represión efectuada en Francia contra los partidarios de Vichy a partir de 1944, un tema que el lector ya conoce por nuestros datos comunicados en este libro. (Otro de los tabúes, en España, era también de imposición comunista, Paracuellos, con el que creo haber terminado para siempre; otra sucesión de tabúes y mentiras históricas es la fomentada por don Luis María Anson en los últimos tiempos, que ya he empezado a desmontar y con la que pienso terminar en breve). Las atrocidades de la represión soviética eran también innombrables; ahora, tras las obras de Soljenitsin y el hundimiento del Muro, han quedado a plena luz. Revel tiene el valor de enfrentarse también con las mentiras informativas de origen judío, de las que hablaremos en esta sección (p. 44). El Parlamento europeo se ha ocupado hipócritamente mucho mas de los brotes neonazis que de los grandes coletazos del totalitarismo soviético (p.59). Los comunistas y sus epígonos tratan de equiparar la inevitable condena del comunismo fracasado con la propaganda contra un racismo del que existen brotes reprobables pero que no es un fenómeno universal (p. 62) Una de las últimas grandes mentiras de la URSS agonizante fue el artificial entusiasmo suscitado en los medios de comunicación occidentales por la figura de

Gorbachov, a quien se quería presentar como el resucitador de un comunismo humano (p. 63). Revel ha sido el gran precursor de los grandes denunciantes contra las mentiras de Felipe González en España, que hoy se han convertido en proverbiales; y cuando la opinión pública mundial exaltaba a González, Revel insistía en reprobar esas mentiras sistemáticas (p. 67). También es Revel uno de los denunciantes de la campaña contra la nueva derecha que aparecía siempre durante las épocas de la hegemonía de izquierdas en Europa (p.72).

No es Revel un escritor religioso pero se extraña, con razón, de la insistencia de los obispos franceses (lo mismo hicieron algunos españoles) sobre que el SIDA no es un castigo de Dios (p.78). Hay un párrafo interesantísimo en que Revel identifica la propaganda mendaz de las izquierdas europeas y la de los *liberals* norteamericanos:

Aunque ellos lo nieguen, los socialistas europeos, igual que los «liberals» norteamericanos, por lo menos muchos de ellos si no la totalidad, encuentran que la frontera entre los defensores y los enemigos de la democracia y los derechos del hombre pasa entre ellos y los liberal-conservadores europeos, y no entre todos los demócratas y los comunistas. En otras palabras, los verdaderos totalitarios continúan siendo, a sus ojos, los partidarios del capitalismo y de la sociedad abierta y, curiosamente, lo piensan ahora más que en el pasado. Es el caso desde, aproximadamente, 1975, que se produce en la mayoría de partidos reunidos en la Internacional Socialista y más particularmente los laboristas británicos y el SPD alemán después de que Helmut Schmidt perdiera la Cancillería. Es el mismo caso, por supuesto, y aún más, para todos los que están a la izquierda de los socialistas, los «verdes» alemanes, los «radicales» norteamericanos, los seguidores de la Campaña para el Desarme Nuclear en el Reino Unido, También ellos se manifiestan siempre contra la OTAN, los Estados Unidos y Occidente, jamás contra la Unión Soviética, la dictadura sandinista de Nicaragua o los stalinistas de Addis Abeba que diezman a los desgraciados campesinos etíopes. (p.80).

La denuncia pronunciada por Revel contra los *liberals* norteamericanos es una de las páginas más lúcidas de su libro. En Europa y en Iberoamérica «un *liberal* es quien reverencia la democracia política, o sea la que impone límites a la omnipotencia del Estado sobre el pueblo, no la que la favorece. Es, en la economía, un partidario de la libre empresa y del mercado, o en pocas palabras, del capitalismo. Es, en fin, un defensor de los derechos del individuo. Cree en la superioridad cultural de las sociedades abiertas y tolerantes.

«En los Estados Unidos un *liberal* es todo lo contrario: sostiene la intervención masiva del Estado en la economía, en la redistribución autoritaria de las riquezas, y simpatiza más con los regímenes socialistas que con el capitalismo, en particular en el Tercer Mundo. Un *liberal* norteamericano se inclina por la tesis marxista sobre el carácter ilusorio de las libertades políticas cuando la igualdad económica no las acompaña... Los *liberals* norteamericanos, sobre todo en las universidades, durante años han cerrado los ojos a las violaciones de los derechos humanos más elementales por Fidel Castro y luego por los sandinistas. En pocas palabras, se parecen a la izquierda marxista en Europa, a los extremistas del partido laborista británico, a los sectores prosoviéticos, aunque antistalinistas de la Internacional

Socialista de los años sesenta a ochenta, marcados por la influencia de Willi Brandt, Olof Palme o Andreas Papandreu. (p. 82). Revel aplica esa doctrina a la controversia internacional en torno a Sudáfrica, una batalla en la que se empeñó con todas sus fuerzas agónicas la propaganda soviética. Luego compara Revel el caso de Sudáfrica con el caso de Burundi, nación negra de divisiones tribales (como hemos visto en Ruanda) en que la Iglesia se ha puesto en el lado de los oprimidos por lo que ha sufrido persecuciones contra las que los teólogos «progresistas» de Occidente no han levantado la voz, entre otras cosas porque carecen de la menor idea sobre el problema y a lo sumo utilizan a los «pobres» como carne de cañón política, no apostólica. En ningún otro estudio he visto, como en el de Revel, un intento tan serio de penetración en los problemas de Africa descolonizada cuando distaba de contar con la preparación imprescindible para que sus naciones se gobernasen a sí mismas. En Ruanda hemos visto el resultado. Jamás se habla de los crímenes y los genocidios de la izquierda. Ya he aludido antes al tremendo silencio que se ha abatido sobre el Vietnam rojo tras la derrota y la salida de los norteamericanos, Revel lo confirma con pruebas y cifras horrendas (p. 107). Luego vuelve a Europa y adelanta unas observaciones magistrales sobre la España de Felipe González:

En España el partido comunista prácticamente ha desaparecido salvo en el terreno sindical y el partido socialista, que ha rechazado oficialmente al marxismo, practica una economía liberal. Pero una gran parte de los intelectuales y de la prensa, sobre todo el influyente diario «El País» y la televisión continúan transmitiendo una ideología antiliberal digna de los años sesenta: anticapitalismo, tercermundismo, antiamericanismo, procastrismo. Hasta 1985 rechazaban obstinadamente como reaccionarias las denuncias del fracaso del sistema comunista que, gracias al «glasnost» iba a revelarse más apocalíptico aún que todo lo que habían descrito los anticomunistas más acérrimos (contando, naturalmente, a Gorbachov entre ellos). La izquierda cultural está en todas partes retrasada con respecto a la izquierda política. (p. 109) Debo sin embargo puntualizar a Revel en dos cosas; no creo en la desaparición virtual del PCE ni tampoco en que el PSOE practique una política «liberal» en sentido europeo sino en sentido americano, es decir intervencionista próxima al totalitarismo.

Revel critica acerbamente a Mitterrand por sus desenfoques terribles sobre la historia reciente y la situación de Iberoamérica; volveremos en su momento sobre estas críticas, a veces muy acertadas. Revel incluye un capítulo apasionante sobre la contaminación de la ciencia por la ideología (aunque a mi modo de ver trata con cierta incomprensión a Teilhard de Chardin) y otro, imprescindible, sobre la manipulación periodística en todo el mundo y singularmente en España por varios centros de intoxicación, los años ochenta, en el que refiere casos espeluznantes sobre el diario *El País* en relación con unas primarias en Estados Unidos, el semanario «Cambio 16» al insistir en una mentira sobre el Pentágono y la hazaña de un jurado de prensa reunido en Sevilla que se inclinó con descaro a favor de una propuesta soviética y en contra de la admirable periodista francesa Christine Ockhrent, quien hubo de marcharse asqueada de la reunión. Cuando equiparo en el elogio antifelipista a Revel con Jiménez Losantos estoy hablando con datos y documentos en la mano.

Uno de los más grandiosos capítulos de Revel se refiere a la «traición de los profesores» en virtud de la inclinación prosoviética que se advierte en todos los niveles de la enseñanza occidental; sólo me queda añadir que toda esa masa de autómatas rojos siguen ahora sembrado el desconcierto entre sus alumnos mientras tratan de sacudirse el polvo fétido del Muro de Berlín, entre cuyas ruinas continúan atrapados. El capítulo siguiente, *El fracaso de la cultura* coincide muchas veces con el presente libro en valoraciones como la del cristiano-marxista Emmanuel Mounier y en su repudio –insuficientemente indignado, aunque claramente despectivo– sobre la calidad cultural y política de la teología de la liberación. Si tengo el honor de que Revel lea este libro y el siguiente seguramente acentuará esa repulsa cultural en futuras ediciones del suyo. El enorme mérito del libro de Revel consiste sobre todo en que se publicó en Francia en 1988, cuando ya estaba a punto de caer el Muro. Es un libro que hoy conserva todo su valor, toda su audacia, toda su frescura original. Es uno de los grandes libros de nuestro tiempo, un legado del mejor siglo XX para los siglos venideros. Un alarde de lucidez y documentación que me ha servido de estímulo y ejemplo desde que le leí y releí durante toda una semana.

EL PINCHO Y LA QUINTA PLUMA SE SEPARAN

Ahora me encuentro con el desagradable, pero necesario deber, de describir las trayectorias –antes paralelas y ejemplares, ahora divergentes, por desgracia– de dos grandes periodistas internacionales, una belga (al menos de origen) y otro español, que se llaman Arnaud de Borchgrave y Luis María Anson. De Borchgrave lleva el mismo apellido que el barón así llamado, ejemplar diplomático belga en el Madrid rojo de 1936, que fue vilmente asesinado por los rojos, (y tal vez por los servicios secretos soviéticos) lo que motivó un grave escándalo internacional y el desengaño que muchos observadores de todo el mundo sintieron ante el comportamiento de aquella República que algunos habían creído democrática. No sé si el barón es pariente del actual periodista, que ha sido durante toda su vida profesional un lúcido y consecuente luchador anticomunista y antisoviético y que desde hace varios años dirige, con enorme valor y lucidez, el diario de Washington que se ha atrevido a luchar frente a frente en la propia ciudad con el portavoz de los prepotentes *liberals* en pleno distrito federal USA; me refiero al *Washington Post* y el diario de Borchgrave es el *Washington Times*, cada vez más influyente y mejor orientado, porque además carece de los orgullosos prejuicios de su competidor. Arnaud de Borchgrave fue ese famoso periodista que mantuvo en 1976 una explosiva conversación con el Rey don Juan Carlos quien le confesó que estaba harto de don Carlos Arias; el periodista lo publicó, seguramente de acuerdo con el Rey, en un record histórico de borboneo; y como es natural a don Carlos no le quedó más remedio que marcharse. Para su libro, de Borchgrave ha contado con la colaboración de Robert Moss, un famoso periodista norteamericano con el que ha escrito en 1981 *The spike*, traducido en España en ese mismo año como *El pincho*, ese instrumento en que suelen clavarse, en las redacciones, los artículos que de momento quedan sobre la mesa para pasar después, en muchos casos, a la papelera. La excelente traducción la hizo en España Plaza y Janés. Es decir que Arnaud de Borchgrave mantiene hoy en Washington la misma línea ideológica, política y cultural por la que ha luchado toda su vida. Suerte que tienen los lectores de la capital norteamericana.

La trayectoria del otro protagonista de este epígrafe, Luis María Anson, era semejante pero ha terminado desviándose de manera que para mí, que le conozco hace varias décadas, resulta inconcebible. Dirige también un gran periódico –el ABC– en una gran capital de Occidente, Madrid. En el próximo curso editorial, 1995-1996, tengo el propósito de dedicar un ensayo, seguramente un libro entero, al señor Anson y al discutible príncipe, a quien él se obstina en llamar Rey de derecho aunque jamás lo fue, don Juan de Borbón y Battenberg, a quien el señor Anson ha dedicado un libro de gran difusión y mayor promoción, y a quien ha tratado de convertir en un ídolo; ya he dedicado a don Juan varios análisis históricos pero tengo ahora nuevo e increíble material que me impulsa a escribir una nueva obra sobre el conde de Barcelona, el señor Anson, otros colaboradores de don Juan y un extraño historiador inglés de quinta o sexta fila a quien el señor Anson proclama un nuevo Toynbee (dice que es el primer historiador inglés de este siglo, lo que me parece una enormidad difícilmente superable). Por eso no voy ahora a extenderme sobre la biografía del señor Anson, ni sobre las insuficientemente conocidas evoluciones políticas de don Juan y sus colaboradores, entre ellas las del propio señor Anson y el señor Preston, que es ese horripilante historiador inglés; por cierto que en mi libro va a aparecer bastante más Masonería de la que yo había imaginado. Ahora no diré más que lo imprescindible para que el lector comprenda el trasfondo histórico variable de una famosísima obra breve del señor Anson sobre el problema de la desinformación, que es el que estoy tratando en este capítulo. Esa obra –que es uno de los artículos más famosos y certeros jamás publicados por el señor Anson– se titula *La quinta pluma* (título que inventó el señor de Borchgrave) y fue publicado en ABC el 30 de abril de 1981, cuando ya verdeaban, bastante estropeados por cierto, los almendros que habían anunciado crípticamente el pronunciamiento del 23 de febrero del mismo año. El objeto de este epígrafe es afirmar que estoy de pleno acuerdo con *El pincho* y con *La quinta pluma*; proclamar que los dos trabajos siguen vigentes; y lamentar que la trayectoria de los autores se haya separado de forma tan detonante y escandalosa.

El pincho, que se mantuvo un año entero en las listas de bestsellers de Estados Unidos, y que arrebató a millones de lectores la venda de los ojos, nos relata de primera mano la actuación secreta de los Directorios de la KGB en la gran prensa norteamericana. Robert Hockney, un brillante periodista de puro cuño *liberal*, perseguidor implacable y azote del presidente anticomunista Nixon, se enamora de una actriz radical de Hollywood pero se empeña en detectar extraños indicios sobre estrategia soviética que en su periódico, un famoso órgano de la misma tendencia, se consideran pasados de moda, es decir vetados por la KGB. (Muchos lectores norteamericanos pusieron nombres y apellidos al redactor y al periódico). Entonces el investigador va recorriendo todos los escenarios y entresijos mundiales de la acción secreta soviética, la guerra del Vietnam, los bajos fondos del terrorismo prosoviético en

Alemania y en Roma, la *dolce vita* de la alta sociedad de París infiltrada de espías soviéticos y rebosante de compañeros de viaje, hasta que descubre la trayectoria (tomada también de la realidad) de un topo del KGB que se aproxima al Consejo Nacional de Seguridad en la Casa Blanca. Los autores conocen de primera mano, y mano maestra, muchos de los escenarios que describen, así como la historia de muchos personajes reales cuya personalidad apenas se disimula en este libro.

La quinta pluma de Luis María Anson dio la vuelta al mundo. Curiosamente yo leí el artículo famoso por primera vez en *El Mercurio* de Chile. Cuando Anson recibió el 17 de mayo de 1991, diez años después, el premio Príncipe de Asturias de Comunicación y Humanidades, más que merecidamente, aunque tras un intenso trabajo de relaciones públicas como es de rigor, su archirrival Juan Luis Cebrián le reprodujo en *El País* a toda plana *La quinta pluma*, con el ánimo de fastidiarle, tal vez para subrayar el viraje de Anson entre esos dos años. Creo que Cebrián hizo un gran favor al director de ABC porque innumerables lectores de *El País* se sintieron completamente de acuerdo con Anson por el contenido de ese artículo. Seguramente el lector experimentará ahora, si aun no lo conoce, el mismo acuerdo. Lo voy a reproducir íntegramente porque me parece un diagnóstico espléndido de cuanto se está afirmando en esta sección.

Gramsci ha derrotado a Lenin en la estrategia de la lucha revolucionaria a largo plazo. El asalto al Estado por la vía de la violencia guerrillera todavía se utiliza para algunas naciones de menor rango. Pero en general la subversión del orden social de Occidente se ha organizado ya sobre la conquista de las superestructuras del poder, la cátedra, el cine, el teatro, la prensa, la radio y la televisión, la música, los ateneos, las salas de arte, los círculos intelectuales. El mundo de la educación, el de la cultura, el de la información, constituyen los objetivos preferentes de las fuerzas subversivas. Y asombra la inteligencia y la eficacia con que han actuado.

La guerra de la información está planteada globalmente, tanto en España como en América y se extiende desde la cátedra hasta el tebeo. No existe una sola parcela del mundo de la comunicación que no haya sufrido la infiltración subversiva, sujeta a un plan minuciosamente elaborado.

Los profesionales de la información constituyen el gran objetivo de esta maniobra. Crear o adquirir o financiar agencias, periódicos, emisoras es caro y se deja a la iniciativa de los eficaces empresarios del mundo occidental. De lo que se trata es de utilizar esos medios en los que otros arriesgan su dinero, su esfuerzo y su tiempo. A través de los periodistas se procura distorsionar, con gasto mínimo y eficacia máxima, el propósito fundacional de agencias, diarios, revistas y emisoras de radio y televisión, hasta colocarlos al servicio de la fuerza que pugna por subvertir el modelo de sociedad occidental.

Los estrategas de la guerra de la información no creen demasiado en el idealismo ni en los principios éticos de los periodistas. No tratan de introducir el caballo de Troya en la ciudad occidental. Han instalado más bien el pesebre de Troya. Aunque la inmensa mayoría de la profesión permanece sana, a numerosos periodistas, mal pagados en casi todos los países del Oeste, se les proporciona una fuente suplementaria de ingresos a través de determinadas instituciones o de fáciles trabajos ocasionales. Se trata de habituarles a vivir

por encima de su sueldo profesional para que se plieguen luego a las indicaciones de quienes pagan el complemento. Se compromete así a redactores,colaboradores, columnistas, auxiliares de redacción. Para los puestos directivos que suele cubrir el empresario con hombres de su confianza, se empuja y apoya a profesionales de carácter débil, de vida complicada o de antecedentes políticos vulnerables.

No pocos periodistas, sin embargo, consideran que lo principal no es el dinero sino el éxito. A ésos se les filtran exclusivas reales o informes reservados ciertos. Producido el éxito profesional, el periodista acudirá de forma espontánea a la fuente que se lo proporcionó.

Dentro de la estrategia general de la guerra informativa, las maniobras de infiltración tienen muy varias facetas.

En los periódicos impresos se intenta, primero, la ocupación de la sección laboral. Luego, cultura y educación. Y se continúa la escalada. En la sección religiosa se infiltra al cura progresista de turno que, no pocas veces, es un agente más de la subversión. Se compromete también a auxiliares de redacción y hasta cortadores de teletipo. Al director o redactor jefe se le burla impunemente. Ni siquiera llegan a sus manos, en muchas ocasiones, las noticias que la subversión quiere silenciar. En Europa y las Américas existen diarios financiados por demócratas y liberales que salen a la calle impregnados de un procomunismo sutil. Cuando la infiltración en las redacciones resulta imposible, entonces se efectúa la penetración en el taller para erosionar económicamente a la empresa. Buen número de diarios conservadores y liberales tanto europeos como americanos tienen hoy los pies de barro. El más prestigioso título del periodismo mundial, «The Times» podrá explicar muy bien cómo se quebrantaba una institución que parecía inconmovible.

En la radio y la televisión la operación resulta más fácil porque los controles suelen ser menores. Si la televisión tiene carácter estatal, se reblandecen sus estructuras a través de campañas periodísticas de descrédito y corrupción. Italia es un buen ejemplo de la eficacia de procedimiento. Luego se infiltran las secciones empezando por la laboral, hasta escalar los puestos de decisión. No se olvidan los programas infantiles, porque en la guerra de la información se juega también a largo plazo y es necesario intoxicar la mente de los niños, más influidos ya por la radio y la pequeña pantalla que por la familia y la escuela.

La infiltración libra también en los diversos países occidentales dos batallas ya clásicas: las facultades de Ciencias de la Información y los Colegios de Periodistas. La subversión en los centros universitarios se inyecta con tenacidad desde abajo, profesor a profesor, hasta conquistar el decanato. Como se trata de una guerra, todo vale, hasta las jugadas más sucias.

En los Colegios de Periodistas se busca la victoria por la vía electoral. Si no se consigue, se crean entonces asociaciones paralelas para desmontar a las que resistieron la infiltración subversiva. Algunos empresarios prestan a esta operación, bien por voracidad, bien por ceguera, un auxilio inestimable. En Iberoamérica, por ejemplo, la inmensa mayoría de los periodistas, sea cual sea su ideología, lucha por la colegiación, la titulación universitaria, la cláusula de conciencia, el secreto profesional. Se trata de aspiraciones conquistadas ya en la mitad de los países hispanohablantes. Algunos editores, en su deseo de disponer de mano de obra dócil y barata, han convertido en bandera de las fuerzas subversivas estas aspiraciones cuando lo inteligente, desde un punto de vista empresarial, hubiera sido encauzarlas, porque la profesión periodística no debe ser enemiga de los propietarios, pero tampoco su esclava. Con paciencia, con dinero, con tenacidad, sin prisas, sin pausas, las fuerzas subversivas han creado en todo el Occidente, a través de las maniobras de infiltración que acabo de exponer, lo que Arnaud de Borchgrave ha identificado como la quinta pluma. Su actuación y su vigor constituye ya una realidad innegable.

La quinta pluma aplaude el progresismo disgregador en la Iglesia. Estimula el divorcio. Defiende el aborto. Justifica la droga. Alienta la pornografía. Quebranta la familia. Ridiculiza la moral cristiana. Se carcajea de las vírgenes y sus milagros. Paganiza las fiestas religiosas. Se mofa del Papa. Trabaja, en fin, denodadamente, para descristianizar a las sociedades occidentales.

La quinta pluma estimula la división en el seno de las Fuerzas Armadas. Batalla hasta escornarse para crear dentro de ellas una dialéctica de contradicción entre reaccionarios y liberales. Ridiculiza el sentido del honor de los militares. Se pitorrea de su amor a la Patria. Escarnece el culto a la bandera. Se coñea de los oficiales. Envenena a los soldados. Mantiene una campaña sistemática para el desprestigio de los Ejércitos.

La quinta pluma ayuda al terrorismo. Magnifica sus actos criminales al otorgar los mejores espacios de los periódicos impresos, hablados o audiovisuales. Asume su lenguaje de reivindicaciones, ejecuciones, liberaciones, ejércitos populares, con lo que le brinda la primera victoria que es la semántica. La quinta pluma propaga la dictadura del miedo. La injerta en lo tejidos profundos de la sociedad. Lánzase a campañas frenéticas para glorificar a los terroristas que ocasionalmente hayan sido víctimas de malos tratos policiales, con el fin de astillar la imagen de las Fuerzas de Seguridad.

La quinta pluma vapulea a los Gobiernos moderados, ya sean conservadores ya laboristas. Y como el medio es el mensaje, por bien que éstos lo hagan los cuartea ante la opinión pública.

La quinta pluma aviva la discordia en el interior de los partidos enemigos. Azota a los políticos genuflexos ante ella. Los acollona. Los zarandea, los escupe. Les befa. Les deja en harapos. La quinta pluma señala los hombres a destruir. Prepara informes amarillos sobre ellos, que luego filtra para decapitar, ente la calumnia y el escándalo, a los políticos que resisten. La quinta pluma babea ahora en España ante la Monarquía y la inciensa sin rubor, mientras se prepara para apuñalarla por la espada.

La quinta pluma atiza el fuego social. Apoya peticiones salariales imposibles. Enciende las huelgas salvajes. Contribuye a la desestabilización económica. Se esfuerza, en fin, porque triunfe el gran objetivo marxista que es la proletarización de la clase media.

La quinta pluma condiciona a los escritores, a los pintores, a los músicos, a los actores, a los cantantes, puesto que los medios de comunicación infiltrados

por ella sólo elogian a los que se producen en una determinada línea, mientras vapulean o silencian a los otros, con lo que se consigue la subversión general de la cultura.

La quinta pluma impulsa un periodismo amarillo y letrinal, Engava (sic) a los editores. Carnea a los profesionales independientes. Pastorea el rebaño del esnobismo intelectual. Acusa sistemáticamente de fascista o de ultra a todo periodista que no se pliegue a sus propósitos. Lapida con frenesí a los que osan denunciar sus maniobras.

La quinta pluma distorsiona la realidad internacional. Ataca a muerte a la OTAN. Se opone, histérica, a las centrales nucleares. Acalla las sirenas de alarma de Angola, de Yemen del Sur, de Etiopía, de Afganistán, y excita según le conviene la política de distensión.

La quinta pluma convierte la libertad de expresión, que podría ser la gran fortaleza de Occidente, en su talón de Aquiles. Porque si es cierto que a una nación más le vale tener periódicos libres aun sin Gobierno, que un Gobierno sin periódicos libres, también es cierto que en muchos casos la libertad de esos diarios resulta un sarcasmo pues la quinta pluma los maneja a su antojo.

La quinta pluma manipula de forma sistemática, intoxica, distorsiona, hornaguea (sic) deforma, desinforma, esparce las siembras de Caín sobre los surcos doloridos de Occidente, anestesia a la opinión pública para operar sin reacción, impone el terrorismo intelectual.

Los servicios de inteligencia de los Estados Unidos y de otros países occidentales se esfuerzan por contrarrestar a la quinta pluma con la puesta en marcha de sus propias operaciones de infiltración. Pero aceptar este planeamiento sería caer en una trampa dialéctica. Porque existe una quinta pluma que el Este ha introducido en el Oeste pero no existe una quinta pluma del Oeste dentro del Este. Esa es la diferencia y la explicación profunda de por qué Occidente está perdiendo la guerra de la información.

Al hablar de este tema conviene conservar el sentido de la realidad. La quinta pluma no forma el eje de la disputa por la supremacía mundial. Es sólo un diente en los engranajes de la poderosa maquinaria que una de las grandes potencias ha puesto en marcha. Sobrevalorar el alcance de la quinta pluma sería un error. Desatender su acción profunda y demoledora dejaría exsangüe al Occidente frente al vendaval del Este. Porque el pájaro negro de la tercera guerra mundial aletea ya sobre el rostro de orbe. Los europeos, los americanos, viven como si no sintieran su aliento y disfrutan a manos llenas de la ciudad alegre y degenerada en este tiempo dorado de la relajación de las costumbres, del ocio y la holganza. Es la fascinación de la decadencia. Pero si no queremos que todo se desmorone, habrá que superar una época que se hace irremediablemente vieja. Habrá que barrer las hojas muertas de una generación occidental que consume ya los días postreros de su otoño. Habrá que construir un mundo nuevo que supere al comunismo esclavo y al corrupto capitalismo. Ciertamente son muchos los que no creen en la necesidad de la evolución; muchos los deslumbrados por la brillantez del espectáculo occidental. Lo que no saben es que están contemplando el esplendor del incendio.

Tendríamos que hacer algunas precisiones de detalle a este alegato de Anson. Gramsci no derrotó a Lenin, simplemente le adaptó. En 1981, fecha del artículo, la batalla estratégica no estaba perdida, sino ganada por Occidente. Y una docena de reparos más. Pero el diagnóstico sobre la quinta pluma es exacto y valiente. Ya lo explicaré con detalle, documentos en mano, en mi libro venidero sobre don Juan, don Luis María y otros colaboradores de Estoril. Ahora sólo quiero indicar que antes de «la quinta pluma» tan brillantemente denostada en 1981 el señor Anson había utilizado con igual fervor una cuarta pluma integrista, antidemocrática, antiliberal y encima con censura eclesiástica. Algo he dicho sobre el asunto, pero me queda mucho más. Se le nota algún resabio en este artículo cuando al final arremete contra el capitalismo al que ahora obsequia con emocionante dedicación; porque el ABC de hoy sirve fielmente al capitalismo al que en 1981 llamaba corrupto, a la derecha de intereses en estado puro, si puede hablarse de pureza entre tal tropa. Hablaremos, en ese libro prometido, de la cuarta pluma.

Y sobre todo de la sexta. Porque en un momento determinado después de este artículo –la determinación será importante– el señor Anson clavó la quinta pluma en el Pincho de Borchgrave y empuñó, con el fervor que pone siempre en todas sus empresas, la sexta. Y me gustaría adelantar algún comentario sobre la sexta pluma.

En «la quina pluma» se defendía a la Monarquía. En la sexta pluma se han causado ya a la Monarquía daños irreparables que el titular de la Corona conoce perfectamente.

En «la quinta pluma» se defendía a España. En la sexta pluma se nombró primero al señor Pujol «español del año» y ahora se abomina diariamente del señor Pujol.

En «la quinta pluma» se atacaba al comunismo y al socialismo. En el ABC de la sexta pluma se subraya la colaboración de ilustres comunistas y socialistas, que por lo visto son monárquicos de toda la vida.

En «la quinta pluma» se veneraba al Ejército, según la tradición de ABC. La sexta pluma insulta, calumnia y abomina como «hitleriano» del militar más importante del siglo XX en España, don Francisco Franco, a quien el ABC dedicó, al fin de la guerra civil, tres emocionantes portadas seguidas firmadas por el anterior Marqués de Luca de Tena, cuya palabra arrastra ahora por los suelos, gracias a la sexta pluma, el director actual del ABC, a quien le ha estallado un odio irracional y antihistórico por Franco. El señor Anson me encargó hace años una biografía de Franco que, al aparecer su primer número como encarte del ABC, le hizo superar por vez primera el millón de ejemplares. Ahora parece entregado a la antibiografía mendaz del lamentable historiador inglés Preston, de quien ya he dado buena cuenta en mi libro «No nos robarán la Historia». Tendré que insistir porque el señor Anson no parece haberse enterado.

En «la quinta pluma» no se nombraba a don Juan de Borbón. La sexta pluma dirige tales incensadas antihistóricas a don Juan de Borbón que, muy a mi pesar, me obligan a publicar en mi próximo y citado libro no ya documentos franquistas y falangistas, sino abierta y expresamente fascistas escritos y firmados de su puño y letra por don Juan de Borbón. El señor Anson no conoce esos documentos; me los ha entregado quien conserva los originales.

En «la quinta pluma» se defendía a la Iglesia y se fustigaba a quienes insultaban a las Vírgenes y al Papa. La sexta pluma ha introducido en las páginas de ABC al escritor que mayores blasfemias ha proferido contra la Virgen y peores insultos contra el Papa y cuando miles de lectores, indignados, amenazaron con hundir el periódico, tuvo que echar al blasfemo pero le sigue exaltando irracionalmente con ocasión o sin ella.

En «la quinta pluma» se reprueba como infiltración enemiga la entrega de las secciones culturales de los periódicos al enemigo, pero la sexta pluma ha converti do la sección y las noticias culturales de ABC en un exaltación de la izquierda comunista y en una intolerable orientación de equívocos de la que ya me he quejado y que voy a analizar punto por punto en mi libro.

Lamento muy sinceramente este vaivén enloquecedor de la cuarta, la quinta y la sexta pluma. Pero somos miles los lectores de ABC que no vamos a tolerar ya por más tiempo esta infiltración, esta manipulación y esta degradación. Que no vamos a aceptar por más tiempo que el «Don Juan» de la sexta pluma aparezca en las listas de libros más vendidos sin mencionar una vez los motivos y los despropósitos de esa inclusión, mientras se deciden arbitrariamente otras exclusiones.

La sexta pluma ha terminado con mi paciencia, que hasta hoy he ejercido con paciencia heroica. Ahora vamos a la verdad desnuda, a ver si conseguimos el nacimiento de la séptima pluma que miles de lectores echamos de menos cada mañana, antes de decidirnos a tirar el ABC al basurero sin leerlo. Aunque protesten esas curiosas corporaciones «en favor de la libertad» precioso tema del que tendré también algunas cosillas que decir.

SECCIÓN 8: APOGEO Y AGONÍA DE PÍO XII

«EL PAPA MÁS BRILLANTE DEL SIGLO XX» (JEDIN)

Nadie duda de que el profesor Hubert Jedin es el primer historiador actual de la Iglesia Católica y que su Manual (en Alemana se permite llamar «Manual» a un inmensa obra de diez enormes tomos) es la más importante y moderna de cuantas se han escrito con criterio científico sobre la historia de la Iglesia. El profesor Jedin utiliza a colaboradores relevantes de cuyos capítulos se responsabiliza como director de la obra pero escribe personalmente muchos de ellos. Uno de los firmados personalmente por él incluye las biografías breves de algunos Papas del siglo XX. Y al llegar a la de Pío XII escribe sin vacilar: «Aquel pontífice alto, delgado, de aire ascético y cabeza romana que ponía sumo esmero en todos los aspectos de su presencia exterior fue, sin duda alguna, la figura más brillante de la serie de pontífices del siglo XX, más admirado aún por los no católicos que por los mismos católicos Para aquellos era el pontífice perfecto, la más cabal encarnación, por su presencia y sus actos, de la Iglesia católica romana. Los romanos nunca olvidarán que en los días más duros de la guerra permaneció a su lado y fue su único defensor. Aunque en su círculo familiar íntimo figuraban tres alemanes –los jesuitas Robert Leiber y Agustín Bea, el antiguo director del Zentrum, Ludwig Kaas[364]– y –para las tareas domésticas– la hermana Pascualina, de la Congregación de Hermanas de la Cruz de Suiza, aunque entre sus consejeros formaban los jesuitas alemanes Gundlach y Hürth, estaba muy lejos de sentir preferencias por Alemania y mucho menos de promover una política germanófila. Advirtió, antes que muchos alemanes, la amenaza que el nacionalsocialismo entrañaba para el cristianismo, aunque le parecía más grave aún la que implicaba el bolchevismo. El y sólo él dirigió la nave de la Iglesia universal. En sus manos estaban todos los hilos del rumbo de la Iglesia. Con una capacidad de trabajo casi sobrehumana, analizaba personalmente las actas de las que surgían sus decisiones...

Recuerda Jedin que, a la muerte de cardenal Maglione en 1944, no designó jamás Secretario de Estado aunque dividió el despacho de los asuntos con monseñores Tardini y Montini. «El Sacro Colegio –termina– era convocado cada vez más raras veces y se veía cada vez más alejado de la marcha de los negocios».

Recuerda también Jedin que la piedad personal de Pío XII, nacida de una fe profundísima y un alto sentido de su propia misión como Vicario de Cristo, era de una enorme sinceridad y verdad. Cuando su más íntima colaboradora, sor Pascualina, se asombraba de que sus sucesores no le canonizaran rápidamente expresaba –con toda la experiencia del sentido íntimo–, lo que la Iglesia universal pensaba del Papa. Desde mi pequeño y sincero puesto de observación estoy plenamente de acuerdo; la fe y el sentido de misión de Pío XII irradiaban a toda la Iglesia, se sentían en todas partes, aunque yo no tuve el honor de verle personalmente, pero si de oírle.

Las tremendas convulsiones que hemos expresado en el capítulo 6 sobre la guerra civil española y sobre todo, a partir de 1939, sobre la segunda guerra mundial, los movimientos histórico-sísmicos de la victoria soviética, la guerra fría, la pérdida de China, la infiltración enemiga en la Iglesia y la múltiple rebelión teológica que hemos analizado en las secciones anteriores de este capítulo 7 afectaban directísimamente al Papa cuya conducta en la segunda guerra mundial hemos repasado a fondo y que antes, en y después del conflicto en ocasiones señaladas intervenía en la Defensa de la Roca con toda su gran capacidad de información y toda su energía interior, como hemos visto cuando lanzó en 1950 la encíclica *Humani generis* sobre los peligros de la Nueva Teología. Hoy es muy fácil tildarle de exagerado. Pero aquella dura reacción ¿no contribuyó a que varios grandes teólogos situados en posiciones equívocas volvieran al difícil y necesario camino que el Papa les marcaba?. Como vamos a ver es completamente falso que Pío XII fuera insensible a la necesidad de las reformas en el seno de la Iglesia y en las relaciones de la Iglesia con el mundo; promovió algunas, y trascendentales, en el campo de las instituciones religiosas por ejemplo. Es cierto, sin embargo, que su espíritu conservador (y esta palabra nunca es peyorativa en una Iglesia que considera a la

[364] La traducción española de este tomo IX de Jedin, p. 69, sufre un grave error al considerar al futuro cardenal Bea como «antiguo director del Centro Ludwig Kaas». Ningún centro romano se llamó así. Monseñor Kaas, ecónomo de San Pedro, había sido director del Zentrum, el gran partido de la católicos alemanes hasta 1933.

Tradición como fuente de fe) le hizo tal vez tensar los frenos con excesiva rigidez. Pero también es cierto que Pío XII no sólo se comportó con dignidad, sino con altísima dignidad, ante la inmensa tarea que tenía delante y que el elogio del profesor Jedin sobre su brillantez y su grandeza me parece, como historiador católico, perfectamente merecido.

Me repugna, como ya he indicado en ocasión anterior, que un presunto historiador como Karlkeinz Deschner redacte su historia de los Papas del siglo XX sobre una trama de insultos a los Papas, que en el caso de Pío XII llegan al delirio[365]. Pero que un historiador católico, jesuita por más señas, haga casi lo mismo aunque naturalmente con menos grosería y avilantez no solamente me preocupa y me apena, sino que se me transforma en una nueva comprobación de la degradación en que ha caído la Compañía de Jesús, defensora constitucionalmente del Papado, al enjuiciar la trayectoria de Pío XII no sólo con sentido crítico, que es lícito y yo pienso también hacerlo, sino con superficialidad hiriente y en algunos casos falsedades demostrables. El profesor García de Cortázar parece pensar que el poder de un Papa para condicionar la situación convulsa de las grandes potencias de este mundo lanzadas a la segunda guerra mundial era tan grande como en tiempos de la Crisiandad medieval. El hecho de que Pío XII tratase de orientar a las diversísimas especies de católicos y no católicos que acudían a visitarle, y tras concienzuda preparación les hablara de los asuntos que a ellos les interesaban personal o profesionalmente lo interpreta Cortázar como «prepotencia pastoral». ¡Qué injusticia y qué disparate!. La firmísima posición de la Iglesia frente al comunismo (que Juan Pablo II calificará como «pecado contra el Espíritu Santo» la describe Cortázar como «escozor antisoviético». Los problemas gravísimos de la Misión de Francia y de la Nueva Teología, que he abordado en este libro con inmenso trabajo y documentación exhaustiva, los despacha el jesuita de Deusto con una frivolidad digna de ese «historiador» alumno suyo que dirige una sala folklórica[366]. El profesor Cortázar es hombre muy inteligente y preparado; no puede comprometerse, ni comprometer a su Orden, que nació y se constituyó como baluarte del Papado, en estas historias de los hermanos Marx, sin excluir a Carlos. ¡Qué diferencia con la actitud de otros historiadores, católicos o no católicos, cuando se enfrentan con todo respeto a la siempre dificilísima tarea de trazar la historia de los Vicarios de Cristo!. Protestantes como Ranke en el siglo pasado, católicos como José María García Escudero en nuestros días[367]. El espléndido capítulo que García Escudero dedica a Pío XII es, en parte, una réplica contundente a Cortázar cuyo libelo tiene evidentemente delante. Recuerda las palabras de Pablo VI al inaugurar el monumento a Pío XII: «Fue un amigo de nuestro tiempo. El diálogo con todas las formas de la vida moderna fue abierto e iniciado sistemáticamente por él». Cuando Cortázar suelta la enormidad de que el Vaticano II significó la derrota de Pío XII y le ignoró totalmente, el gran historiador español le recuerda que «después de la Biblia, los textos de Pío XII fueron los más citados en el Concilio; 190 referencias a sus documentos oficiales. Sólo en la constitución *Lumen Gentium* 31; y en la

[365] K. Deschner, *La política de los Papas en el siglo XX,* tomo II p. 245s.

[366] F. García de Cortazar et al *Los pliegues de la tiara*. Madrid, Alianza ed. 1991 p. 91s .

[367] J. M García Escudero *Los cristianos, la Iglesia y la política* I Fundación Univ. S. Pablo CEU 1991 9.305s.

Gaudium et spes, 25»[368]. Lo que sucede es que García Escudero, hombre de conciliación y moderación, no cita por su nombre generalmente a los autores de los dislates que critica; y yo en cambio, cuando me tropiezo con una barbaridad, no puedo evitar señalar con el dedo e incluso hacer alguna pintada psicodélica en mis libros para que resulte bien visible tanto la barbaridad como su autor. Lo grave, sin embargo, no es el comprobado error sino que esa actitud anide en un profesor inteligente y miembro de la Orden ignaciana, de la que muy pronto voy a hablar a fondo en el último capítulo de este libro.

UNA SINFONÍA DE ELEVACIÓN ESPIRITUAL

A media mañana del 1 de noviembre de 1950 yo tenía la suerte de encontrarme en un edificio medieval –cuyas partes primordiales son del siglo IX– junto a un aparato de radio, que resultaba entre aquellas piedras venerables un tanto anacrónico... hasta que sonó la voz del Papa Pío XII desgranando con emoción que casi podía sentirse en las ondas la Constitución apostólica *Muniificentissimus Deus* sobre la Asunción de la Virgen María, una creencia que ya consideraban cierta los constructores de aquel templo-fortaleza en que yo escuchaba al Papa, porque ya en el siglo IV hay testimonios escritos sobre la Asunción provenientes de los primeros cristianos. «Proclamamos –decía Pío XII, y esta es la ocasión a la que me he referido cuando he dicho que una vez escuché su voz– declaramos y definimos ser dogma divinamente revelado que la Inmaculada Madre de Dios, siempre Virgen María, cumplido el curso de su vida terrestre, fue asunta en cuerpo y alma a la gloria celestial»[369]. La verdad es que en aquellos momentos me importaban poco las discusiones teológicas sobre el enfoque cristológico o eclesiológico de la mariología, una ciencia histórico-teológica por cuyos cultivadores he sentido siempre especial envidia; y faltaban aún años para que Pablo VI declarase en el Concilio a María como Madre de la Iglesia. Tampoco me preocupaba el alcance teológico del «nuevo» dogma, que no era nuevo más que formalmente porque la Iglesia había creído en él durante muchos siglos (varias catedrales españolas están consagradas a la Asunción de la Virgen). Lo que me parecía, y me sigue pareciendo enormemente significativo, cargado de sentido y de iluminación, es que en el momento en que cruzábamos la mitad del siglo XX, con todas sus tragedias, en medio del triunfo del marxismo-leninismo (China se acababa de perder a manos del comunismo) y cuando, apenas vencida en Occidente el hambre y la locura de la guerra mundial, que se iban sustituyendo por el endiosamiento del dinero, el poder y los valores materiales; cuando estaba en pleno curso el asalto a la Roca desde dentro, por las desviaciones teológicas recién condenadas por el

[368] García Escudero., p. 306

[369] Sobre el dogma de la Asunción, su historia y sus circunstancias, cfr. la obra del primer mariólogo de la Iglesia actual, profesor Cándido Pozo S.J., *María en la obra de la salvación*, Madrid BAC, 1974, p. 321.

Papa y se gestaban ya, en plena filtración enemiga, las marchas de aproximación del marxismo teológico en sus diversos frentes, un sacerdote vestido de blanco declarase en plena plaza de San Pedro que una anciana y humilde señora de Galilea, a fines del siglo I, subía al cielo en cuerpo y alma, rodeada, según esa tradición anterior al siglo IV, por los discípulos supervivientes de su hijo y por los primeros cristianos de Jerusalén que la acompañaban cuando cayó en su último sueño –la Dormición de la Virgen se celebraba en la Jerusalén del siglo VI– sin que aquel acontecimiento antiguo tuviera la menor repercusión, naturalmente, en el inmenso Imperio de Roma que entonces dominaba la Tierra. Que esto hubiera sucedido a finales del siglo I y que cientos de millones de católicos nos lo creyéramos sin sombra de duda al mediar el siglo XX me parecía, mientras escuchaba al Papa Pío XII, una auténtica sinfonía de espiritualidad, uno de esos sucesos que sólo pueden brotar de la fe y de la esperanza mientras confirman esa fe al irrumpir en la vida de los hombres. Poco podía imaginar yo en aquel momento sinfónico que tenía a dos pasos, y luego comenté con ellos el acontecimiento, a dos de los futuros promotores esenciales –entonces ni lo sospechaban– de esa teología marxista-leninista; que por cierto me recriminaban que en mis ratos libres me dedicase a penetrar en autores tan peligrosos como Henri Bergson mientras ellos no daban un paso fuera de la escolástica decadente.

La declaración dogmática de la Asunción de María, así como el clarísimo carácter mariano del pontificado de Pío XII, es una clara prueba del profundo sentido espiritual que el Papa Pacelli imprimió a todo su magisterio. Ya conocemos las encíclicas que dirigió a la Iglesia hasta 1945, en medio de los horrores de la segunda guerra mundial. Después de la guerra, y además de la Constitución dogmática asuncionista, dictó el 21 de noviembre de 1947 la encíclica *Mediator Dei et hominum*, que se ha llamado exactamente «Carta magna del movimiento litúrgico». Pío XII favoreció la aproximación de los fieles a la Misa y a la comunión al autorizar el cumplimiento del precepto dominical los sábados y reducir considerablemente el tiempo de ayuno previo a la Comunión. El 25 de marzo de 1954 explicó los aspectos mas positivos y admirables de la virginidad y el celibato eclesiástico, sin demérito alguno del matrimonio, en la encíclica *Sacra Virginitas*, otro cántico de espiritualidad, incluso heroica, en el mundo materializado. Cuando ya se acercaba a la muerte recomendó el culto al Corazón de Jesús en la encíclica *Hauriens aquas* el 15 de mayo de 1956. También podría calificarse como «Carta magna de las Misiones» la encíclica *Evangelii praecones* de 2 de enero de 1951, que como todos los escritos y alocuciones de Pío XII contiene datos muy interesantes y resulta de alto valor informativo. Desde 1926 las Misiones católicas han crecido desde 400 a 600; los sacerdotes misioneros casi se han duplicado hasta llegar ahora a 26.000. En 1926 casi todos los obispos eran extranjeros en misiones; ahora ya existen 88 obispos indígenas. Se han celebrado tres concilios plenarios en países de misión. Se han fundado varias instituciones para favorecer la obra misional. Este auge de las Misiones, y el fomento del clero y el episcopado indígena era ya un movimiento irreversible fomentado por Pío XII para la universalización de la Iglesia. Esta es una de las grandes encíclicas «modernas» de Pío XII, que recomienda en ella la adaptación a las culturas locales sin mengua de la fe, y resalta la importancia del «sector artístico». Volvió sobre las Misiones en la encíclica «Fidei donum» el 27 de abril de 1957, un documento dedicado especialmente al enorme auge de las misiones africanas durante su pontificado.

La excelente antología *El magisterio pontificio contemporáneo*, realizada por Fernando Guerrero, en la que puede consultar el lector las encíclicas sobre espiritualidad que acabo de citar, no incluye la Constitución dogmática sobre la Asunción de María, lo cual no me explico y tampoco enumera en la sección «documentos sociales» ninguno debido a Pío XII, que sin embargo desarrolló una intensísima actividad de magisterio en relación con la sociedad (dejando aparte la política, de la que luego trataremos). Pero no hay contradicción. En otra antología admirable de textos pontificios, seleccionada con mayor amplitud y debida a la BAC sí que figuran en su tomo IV, con acertadísima selección del profesor Federico Rodríguez, numerosos documentos sociales de Pío XII. Lo que sucede es que al no tener rango de encíclica no entran en las normas que ha seguido Fernando Guerrero para su selección, aunque sí se incluyen, naturalmente, en el apartado referente al «orden sociopolítico». Algunas de estas encíclicas y documentos, los anteriores al fin de la segunda guerra mundial, ya los hemos citado y comentado en el capítulo 6. Ahora me refiero brevemente a algunos de la postguerra, y dentro del epígrafe que dedico al magisterio espiritual de Pío XII porque todos los documentos de este Papa, sin excluir ni mucho menos los sociales, están transidos de impulso espiritual. Esta es a mi juicio la característica más clara y evidente de Pío XII y no tengo, desde luego, la menor intención de someterme a la preferencia, que cabría designar como manía, de bastantes comentaristas e historiadores acatólicos e incluso católicos que sólo enjuician a Pío XII desde el ángulo (muchas veces distorsionado por ellos) de sus actuaciones políticas. Muy al contrario, incluso sus actuaciones políticas deberán enfocarse desde el ángulo de la espiritualidad.

El 1 de noviembre de 1945, en carta al cardenal Faulhaber, Pío XII toma ocasión de una orden dictada por los aliados occidentales para su zona de ocupación en Alemania autorizando a los trabajadores para que se agruparan en sindicatos democráticos. Por parte de Pío XII esta carta *Vixdum vobis* es un gesto de fraternal aproximación a los obispos de la Alemania deshecha por la persecución de Hitler y los horrores de la derrota. Recomienda la reinserción en la Iglesia de los descarriados por el nazismo. Se preocupa por la conexión entre los obreros católicos y sobre la enseñanza infantil en una Alemania cuyo rumbo era incierto en manos de aliados tan divergentes. Protesta contra los desmanes que se han cometido en la zona soviética tras la victoria de Stalin y reclama el pronto restablecimiento de las asociaciones católicas, antaño tan florecientes en Alemania. La carta es, sobre todo, una prueba de que el Papa sigue estando con Alemania en las horas de adversidad que siguen a la derrota. Otra de las «anticipaciones modernas» de Pío XII es su alocución a las mujeres trabajadoras católicas, el 15 de agosto de 1945; que aprovecha, como tantas otras ocasiones, para hablar de la familia. El 10 de julio de 1946 se dirige a la Semana Social de Francia y muestra sus preferencias por la asociación corporativa de los trabajadores más que por la nacionalización de las empresas que la izquierda pretendía en Francia, aunque no la declara ilícita. Ante algunas interpretaciones que acusan al Papa de nostalgia por el corporativismo fascista se apresuró a explicar que con esa palabra recomendaba las asociaciones profesionales, totalmente opuestas a la organización totalitaria del trabajo.

El 15 de noviembre de 1946 dedica el primer documento pontificio orientado exclusivamente a los agricultores. Muestra sumo interés, en alocuciones y cartas diversas, al desarrollo de un nuevo catolicismo social. El 18 de diciembre de 1947 en forma de encíclica *–Optatissima pax–* aboga por una paz construida sin lucha de clases y pide la vuelta a Cristo como remedio para la desesperación de tantas naciones y personas en momentos en que se prolongan las consecuencias de la guerra. El 28 de junio de 1948 anima a los miembros de la Asociación Católica de Trabajadores Italianos que habían provocado la ruptura de la unidad sindical (ante el peligro del control sindical por los comunistas) pero formando un sindicato abierto y no confesional. El Papa, sin entrar en cuestiones internas, les pide que mantengan en la vida del trabajo «un cristianismo vivo» y el «apostolado del ejemplo». Y les recomienda que se aparten de la lucha de clases como finalidad de su actuación.

En la alocución *Nel vedere*, el 12 de septiembre de 1948 el Papa habla a los jóvenes de Acción Católica italiana en sentido plenamente espiritual; les anima a la victoria contra el ateísmo, a buscar la evidencia de un Dios personal, a reactivar su fe. En vez de aprovecharse de la miseria social con fines desviados y políticos, como tantos grupos de la izquierda católica ya pretendían, les indica el camino del amor contra el odio y el afianzamiento de los valores. En 1949, el 7 de mayo, habla con igual claridad a las asociaciones patronales católicas. Contra la lucha de clases propone «la comunidad de intereses entre patronos y obreros». Se identifica con Pío XI en sus formulaciones sobre la doctrina social de la Iglesia. Realmente la preocupación social de Pío XII es desbordante; no pasa año sin que intervenga con gran moderación y realismo en favor de unas relaciones sociales justas y pacíficas, alejadas de toda lucha extremista pero sin caer en la ingenuidad ni la inoperancia. El 20 de septiembre de 1949 insiste en su doctrina sobre otro de sus temas predilectos, la familia. El 11 de marzo de 1951 dirige un mensaje radiofónico a los obreros de España, cuando el despertar económico tras los años del hambre suscitaba los primeros conflictos sociales; dedica su alocución a obreros, técnicos y empresarios. En 1952 rinde tributo a la obra asombrosa, tan injustamente desconocida por muchos, de las Conferencias de San Vicente de Paúl.

Pío XII, que fue el primer «Papa de la radio» acudió con mucha frecuencia a este medio para comunicarse directamente con la Iglesia; nada más asumir el Pontificado ya escuchamos el mensaje de la Victoria dirigido a España en abril de 1939. Es otra de las señales para comprender su adaptación al mundo moderno. Estaba interesadísimo en los medios de comunicación y no se contentaba con las noticias oficiales del diario del Vaticano ni con las comunicaciones oficiosas que entregaba o encargaba a los jesuitas para «La Civiltá Cattolica». Los jesuitas eran, durante todo el pontificado, lo grandes comunicadores del Papa. La rebelión de la Compañía de Jesús a partir de 1965 hubiera sido inimaginable bajo Pío XII, aunque ya en su tiempo la infiltración general enemiga que experimentaba, secretamente, la Iglesia, había afectado seriamente a varios sectores de la Orden. Los Mensajes de Navidad acentúan el talante espiritual de Pío XII; en el de 1952 se dirige ante todo a los pobres y los oprimidos. Es un mensaje personalista, antimecanicista, que hizo las delicias de Maritain. En el mensaje de 1953 advierte sobre los peligros de la tecnificación considerada como remedio único, insiste en el carácter espiritual de los caminos humanos y en la defensa de la familia; y consciente siempre de la necesidad de resurgimiento que se siente en Europa presenta uno de sus muchos discursos europeístas; también fue Pío XII el Papa de Europa cuando Europa trataba de renacer. Pero no deja escapar una sola reunión internacional de trabajadores católicos para reafirmar la doctrina social de la Iglesia como hizo ante el Congreso de Düsseldorff el 8 de mayo de 1955. El 3 de junio de 1956 habla de sus problemas a las mujeres del servicio doméstico; con el mismo detalle que empleaba al recordar a los tranviarios los pequeños problemas del cambio de moneda en los transportes públicos, un rasgo precioso que a algunos fariseos de nuestro tiempo les parece «prepotencia pastoral». Las Semanas Sociales de Francia, que influían en todo el mundo católico, contaron muchas veces con las altas consideraciones del Papa como el 10 de julio de 1956, cuando ya estaba Pío XII minado por la enfermedad y el pésimo tratamiento a que le habían sometido médicos desaprensivos. Poco después amplía aún la mira cuando habla al Congreso de la Unión Internacional de Ciencias Económicas (9 de septiembre de 1956). A menos de dos años de su muerte parece que la presiente y el mensaje navideño de 1956 es un breve tratado de teología elemental, pero fundamental, sobre los grandes problemas del hombre a la luz de la historia de la salvación; pero no olvida referirse a las tribulaciones de Hungría oprimida por la invasión soviética reciente. En 1958, el año de su muerte, encarga a la Secretaría de Estado una carta a la Semana Social de España el 30 de junio de 1958. Es el último documento que figura en la antología del profesor Federico Rodríguez; como la alocución a España, vencedora del comunismo en 1939, fue una de las primeras intervenciones públicas de Pío XII. Quizá por ello los peregrinos españoles clamaban en la plaza de San Pedro durante la época de Pío XII «España con el Papa» a lo que siempre contestaba él «El Papa con España».

Pero insisto en que en este apresurado resumen he querido reflejar la amplitud de los temas, la seriedad de los tratamientos (que el Papa no encomendaba sólo a secretarios y asesores sino que los trabajaba intensa y personalmente) y sobre todo la hondísima espiritualidad que dimanaba de las actuaciones pontificias. Sería absurdo buscar en la doctrina de un Papa normas concretas de organización social, sindical y no digamos política. Pío XII se sentía ante todo Vicario de Cristo y en todo momento ejercía como tal.

Quisiera terminar este epígrafe con un importante rasgo de la doctrina pontificia, la que se refiere a la opinión pública. En la antología *Documentos políticos* de la BAC, figura el importantísimo discurso dirigido al I Congreso Internacional de la Prensa Católica[370] «Una sociedad sin opinión pública –afirma– es una sociedad enferma». Critica duramente la deformación de la opinión pública en la prensa moderna, por la estrechez y el sectarismo de muchos de sus promotores. Anima a la prensa católica a que corrija esos defectos e insuficiencias de la prensa laica. Pero la contribución más importante y original de este mensaje de Pío XII es la recomendación de que se cree una auténtica opinión

[370] *Doctrina pontificia II*, Madrid, BAC, 1958 p 968s.

pública dentro de la Iglesia. Esto nunca lo había dicho un Papa hasta ese momento. Y es que la Iglesia, dice el Papa, es un cuerpo vivo que necesita una opinión pública libre y responsable. El periodista católico ha de actuar con plena sinceridad dentro del respeto a la verdad divina y a la propia Iglesia, «lejos del servilismo y de la crítica descontrolada». Pero debe actuar con firme claridad. «Debe hablar sobre la misión y sobre las posibilidades de la Iglesia en el dominio temporal»

Confieso que estas palabras, nuevo reflejo de la auténtica modernidad de Pío XII, me han animado a escribir sobre la Iglesia desde que decidí estudiarla históricamente; sin dejar en exclusiva a cronistas obsequiosos y críticos ajenos o desviados esa tremenda y necesaria responsabilidad. Este libro es el resultado, sobre el que juzgarán la Iglesia y la opinión pública.

PÍO XII ENTRE LA DEMOCRACIA Y EL COMUNISMO

Vimos en el capítulo 6 cómo Pío XII, en su radiomensaje navideño de 1944, apostaba decididamente por la democracia como el mejor sistema para la organización del mundo de la posguerra. Ese paso fue importantísimo y dejó arrinconadas las dudas, las reticencias y las medias palabras de los Papas anteriores y el silencio de Pío XI que nunca se había definido sobre el problema, aunque ni un solo Papa de la Edad contemporánea se había expresado en contra de la convivencia armónica de los católicos con los regímenes democráticos donde éstos existían, por ejemplo en Inglaterra y en los Estados Unidos. A Pío XII, como a Jacques Maritain, la terrible experiencia de los totalitarismos fascistas y no digamos del totalitarismo soviético les había inclinado definitivamente en favor del sistema occidental de convivencia. Como ha recordado puntualmente José María García Escudero Pío XII insistió y matizó la misma doctrina favorable a la democracia en documentos posteriores, como el discurso de 2 de octubre de 1945, o el de 17 de febrero de 1950 sobre la opinión pública, que ya hemos recordado. El 6 de diciembre de 1953 Pío XII defendió la libertad religiosa, en una adaptación a los nuevos tiempos que contrastaba con enseñanzas mucho más restringidas de Papas anteriores, mantenidas hasta mucho después por el integrismo católico. Tampoco elude el Papa las advertencias sobre que también las democracias pueden deshumanizarse y ahogar mediante una exagerada aplicación de la técnica una verdadera vida en libertad[371]. Pío XII era hombre de su tiempo y sabía perfectamente que la democracia tenía sus raíces en el liberalismo; por eso en su doctrina, aunque menciona alguna vez los posibles excesos del liberalismo, se abstiene de condenarlo como sistema político y económico, al contrario de cuanto habían hecho sus antecesores quienes, por lo demás, se habían referido siempre al liberalismo radical anticristiano y antihumano y, desde León XIII, habían distinguido entre liberalismo condenable y liberalismo tolerable. Pero este antítesis entre

[371] José M. García Escudero, *Los Cristianos...* op. cit. p. 319s.

Iglesia y liberalismo desaparece ya a partir de Pío XII una vez que este Papa había aceptado la idea y la práctica de la democracia. Cuando después reaparezcan las críticas al capitalismo se referirán siempre al capitalismo inhumano (muchas veces con toda razón) para recomendar la clásica «tercera vía» del sistema social, que es una constante en la doctrina social de la Iglesia.

La Masonería ha estado profundamente relacionada con el liberalismo a lo largo de toda su historia. Condenada en duros términos por el Papa Clemente XII en 1738, los Papas siguientes, como sabemos, renovaron la condena hasta que Pío IX y León XIII, la recrudecieron en términos implacables. El Papa Benedicto XV, de acuerdo con esa tradición bisecular, decretó la excomunión contra los católicos pertenecientes a la Masonería en los cánones 684 y 2335 del Código de Derecho Canónico promulgado el 27 de mayo de 1917. Su sucesor, Pío XI, no creyó precisar nuevas explicaciones ante la contundencia de los cánones; pero dedicó, como vimos, una parte considerable de su esfuerzo doctrinal a la denuncia y la lucha contra el laicismo, cuya equiparación con la Masonería, aunque implícita, no queda por ello menos clara. Pío XII tampoco denunció concretamente a la Masonería, pero conservó la condena expresa del Derecho canónico y ya en su primera encíclica *Summi Pontificatus* de 1939, como vimos con detalle, atribuyó al laicismo, que era la principal bandera y la cifra del ideal masónico, los más nefastos males del tiempo, cuya cifra era «la corruptora falsedad del viejo paganismo». Reiteró luego la misma doctrina en su permanente combate contra quienes querían arrancar a Dios de la vida humana y de la entraña social, los totalitarismos y los materialismos. No se contentó con ello y decidió concretar más. Quizás alarmado al conocer que en varios países se empezaba a entablar un diálogo –y algo más que un diálogo– entre católicos (sin excluir a varios sacerdotes) y masones de varias obediencias, encargó a los jesuitas de su órgano oficioso, *La Civiltá Cattolica* una confirmación total y fundamentada de la oposición tradicional entre Iglesia y Masonería; los jesuitas romanos cumplieron la orden y publicaron los artículos[372]. Así quedó la situación hasta Juan XXIII y el Concilio Vaticano II.

Vayamos pues a la actitud del Papa ante la guerra fría. Los enemigos sistemáticos de Pío XII le acusan agresivamente de tomar partido en la guerra fría por los Estados Unidos contra el bloque soviético, bendecir a la OTAN y sobre todo condenar con la excomunión a los católicos que abrazasen el comunismo[373]. Ya hemos analizado en este mismo capítulo el inicio y principales acontecimientos de la guerra fría, provocada inequívocamente por la decisión soviética de mantener política, económica y socialmente sometidas a las naciones europeas que había ocupado militarmente e imponerles regímenes comunistas totalitarios que desencadenaron sin excepción alguna persecuciones durísimas contra la Iglesia, a semejanza de la que los bolcheviques habían ejecutado desde su triunfo en Rusia, que también hemos demostrado. La Humanidad se dividió en «mundo libre» y «mundo del socialismo real», los dos bloques que pugnaban por impedir que el adversario dominase el llamado Tercer Mundo, los países no alineados; los cuales, cuando en

[372] Cfr. Aldo A. Mola *Storia della Massonería italiana* Milán, 1994 p. 667s. (Sí se descuida el autor escribe sus citas y comentario en la página anterior, 666, alguien le protegió). Es un libro lleno de interés, documentación, desprecio por la Iglesia y sectarismo masónico, pero imprescindible.

[373] Alexander U. Floridi S.J. *Moscow and the Vatican Ardis*, Ann Arbor, 1986 p. 26.

Africa o América caían bajo control comunista sufrían, aunque en varios casos Pío XII no alcanzó a verlo, persecuciones religiosas y totalitarismos políticos semejantes. Pío XII se había pasado la vida, desde el principio de su carrera eclesiástica, defendiendo a la Iglesia y luchando contra el totalitarismo y no podía permanecer neutral en el combate de la guerra fría. No se alineó, como dicen sus acusadores, con la OTAN y contra el Pacto de Varsovia sino con el mundo libre contra el totalitarismo comunista. Conocía, además (por ejemplo en el informe Wyszynski) el proyecto de infiltración comunista en la Iglesia católica y él mismo fue quien acuñó la expresión «Iglesia del silencio» para referirse a la Iglesia perseguida. Todos estos gravísimos sucesos, incluida la caída de la floreciente Iglesia católica de China en manos comunistas, ocurrieron durante su pontificado. Todos sus predecesores, sin excepción, habían condenado al socialismo marxista y al comunismo desde la aparición de estas fuerzas revolucionarias, que se configuraron desde el principio como ateas activas, es decir enemigas absolutas de la Iglesia; y Pío XII siguió el mismo camino.

Se refirió a los sucesos de la guerra fría en muchas ocasiones pero dedicó al problema dos documentos expresos. Uno al Congreso del equívoco movimiento católico Pax Christi, sometido a una infiltración comunista de gran estilo, para su reunión de Asís el 13 de septiembre de 1952. Recomienda a Pax Christi que «no adopte una actitud unilateral». Esta era la que estaban asumiendo algunos sectores de «Pax Christi» al dedicar ese congreso a la guerra fría. El Papa advierte, con claridad meridiana, que el desencadenamiento de la guerra fría es condenable. Y que los atacados tienen todo el derecho a defenderse. «Ningún Estado y ningún grupo de Estados pueden aceptar tranquilamente la esclavitud política y la ruina económica. Por el bien común de los pueblos deben asegurar su propia defensa».

Y profundiza aún más: «La Iglesia siempre debe tener en cuenta los poderes oscuros que han operado siempre en la Historia». Este es también el motivo por el que desconfía «de toda propaganda pacifista, en la que se abusa de la palabra para ocultar fines inconfesados». Era la primera vez que desde tan alta autoridad se desenmascaraba un movimiento pacifista que era uno de los medios estratégicos de que se valían profusamente PAX y la KGB, los «poderes oscuros».

A la muerte de Stalin en 1953 su sucesor Kruschef lanzó a los cuatro vientos como consigna la famosa «coexistencia pacífica». Hoy sabemos que pretendía ganar tiempo para conseguir, sin el empleo abierto de los crímenes de Stalin (aunque mantuvo los gulags y la represión casi en sus mismos términos) los mismos fines de Stalin que eran inherentes a la dinámica del marxismo-leninismo que, naturalmente, siguió profesando e imponiendo. En el mensaje de Navidad de 1954 Pío XII habló de la coexistencia. Pío XII lamenta la perduración de la guerra fría, convertida todo lo más, dice irónicamente, en «paz fría». Subraya que «la mera coexistencia no merece el nombre de paz». Pío XII cree inviable la confrontación y la competencia entre el esfuerzo económico de uno y otro bloque; y en eso hay que reconocer que se equivoca porque si bien Kruschef iba a prometer en 1956 que en diez años sobrepasaría a la economía norteamericana, fue ésta quien, acelerada estratégicamente por Reagan, hizo sentir decisivamente desde 1982 su inferioridad y su fracaso al comunismo. Pero esto no podía saberlo nadie en 1954; muchas gentes en Occidente creerían a Kruschef. Señala el Papa al mundo libre como situado en el buen camino por su anterior objetivo de fortalecer la unión de Europa; pero cree que ahora ese impulso de unidad se ha debilitado, lo cual tampoco es un acierto profético. En cambio sí es un gran acierto el designio permanente del Papa al estimular la siempre complicada unidad de Europa. Confía en que la regresión europea sea sólo ocasional y anima a Europa para que cumpla con su verdadera vocación de preservar y expandir los grandes valores de Occidente. Invoca a los cristianos que conservan, dentro de cada uno de los bloques, la huella de Cristo, para que la reactiven en busca de la unidad humana que no podrá lograrse entre sistemas sino entre hombres.

Pío XII había colaborado estrechamente, como Secretario de Estado, a la condena, que resonó en todo el mundo, de su predecesor Pío XI contra el comunismo en 1937, y en su mensaje radiofónico de 1939 a España había considerado a la guerra civil española, oficialmente, como una lucha «contra el ateísmo materialista de nuestro siglo». En el radiomensaje de Nochebuena en 1947 traza una descripción exacta, pero durísima, sobre los procedimientos del comunismo para destruir, con engaños, la libertad de los pueblos a quienes esclaviza; pero el documento más importante de Pío XII contra el comunismo fue, sin duda, el decreto de 1 de julio de 1949, publicado cuando se acababa de desencadenar la guerra fría, cuando la propaganda soviética se esforzaba en contrarrestar las informaciones cada vez más frecuentes sobre los desmanes y crímenes de Stalin, cuando la China inmensa caía en poder del comunismo e ingresaba en el bloque marxista-leninista y cuando numerosos católicos y no pocos eclesiásticos, aterrados al comprobar que en cinco años medio mundo había caído bajo la marea roja, se preguntaban sobre la conveniencia de entrar en diálogo –el célebre diálogo del que ya hemos hablado– con el nuevo poder histórico que parecía a punto de adueñarse del mundo entero. Los partidos comunistas de dos grandes naciones de Occidente, Francia e Italia, habían surgido de la guerra mundial, gracias a la victoria soviética, como poderosas fuerzas de presente y de futuro. Gracias al movimiento PAX y otras iniciativas de la KGB la infiltración marxista en la Iglesia católica daba con sigilo y firmeza pasos decisivos que Pío XII conocía perfectamente. Desde Pío XI la doctrina estaba perfectamente clara. Ahora resultaba necesario tomar una decisión solemne que pudiera ser bien comprendida por los católicos y por todo el mundo. He aquí el texto del decreto:

Se ha preguntado a esta Suprema Sagrada Congregación (del Santo Oficio):

1.– Si es lícito afiliarse a los partidos comunistas o favorecerlos.

2.– Si es lícito editar, propagar o leer libros, periódicos, diarios u hojas que patrocinen la doctrina o la acción de los comunistas o escribir en ellos.

3.– Si los fieles cristianos que consciente y libremente han realizado actos de que se trata en los números 1 y 2 pueden ser admitidos a los sacramentos.

4.-Si los fieles cristianos que profesan la doctrina materialista y anticristiana de los comunistas, y sobre todo, los que la defienden y propagan, incurren «ipso facto», como apóstatas de la fe católica, en la excomunión especialmente reservada a la Sede Apostólica.

Los Emmos. y Rvdmos. Padres encargados de la defensa de la fe y las costumbres, previa consulta a los RR. SS. Consultores, en la sesión plenaria del

martes (en lugar del miércoles) 28 de junio de 1949, decretaron que se debe contestar;

Al 1: Negativamente, puesto que el comunismo es materialista y anticristiano; los jefes comunistas, en efecto, aun cuando de palabra dicen a veces que no combaten la religión, de hecho, sin embargo, tanto por la doctrina como por la acción, se muestran enemigos de Dios, de la verdadera religión y de la Iglesia de Cristo.

Al 2: Negativamente, pues están prohibidas por el mismo decreto (cfr. can. 1399 del Código de Derecho Canónico).

Al 3: Negativamente, según los principios ordinarios sobre la denegación de los sacramentos a aquellos que son indignos.

Al 4: Afirmativamente.

Y el jueves siguiente, día 30 del mismo mes y año, nuestro Santo Padre, por la Divina Providencia Papa Pío XII, en la acostumbrada audiencia concedida al Excmo. y Rvdmo, Sr. Asesor del Santo Oficio aprobó la referida resolución de los Emmos. y Rvdmos Padres a él presentada y mandó que se promulgara en el comentario oficial de las «Acta Apostolicae Sedis».

Dado en Roma a 1 de julio de 1949. L.S. Pedro Vigorita, notario de la Suprema Sagrada Congregación del Santo Oficio[374]**.**

En el mismo sentido se pronunció otro Decreto de 11 de agosto del mismo año el Santo Oficio, a propósito del matrimonio de los católicos que sean comunistas.

Ante la repercusión universal de este decreto, que no «amenazaba» simplemente a los católicos comunistas con la excomunión, sino que se la aplicaba por el simple hecho de ser comunistas y además les declaraba apóstatas de la fe católica, el Papa, que jamás se volvió atrás de esta decisión, que no confirmaba por motivos políticos, sino por íntimo convencimiento de la maldad intrínseca del comunismo ateo y enemigo de la Iglesia, creyó necesario, sin embargo, dirigirse, en carta muy poco comentada, a los pueblos de la Unión Soviética el 7 de julio de 1952. Les recuerda sus esfuerzos por la paz, y su negativa firme a bendecir la invasión del territorio soviético por el ejército alemán en 1941. Les confirma, también, que se ha visto obligado a condenar al comunismo ateo, que priva a los pueblos de la URSS de la libertad y la dignidad humana.

Pero a la vez les comunica que, como muy bien sabe, muchos habitantes de la URSS se aferran en el santuario de sus conciencias a la fe cristiana y muy especialmente a la Virgen María. Recuerda ante ellos que el mismo Kremlin es un templo que fue construido y consagrado en honor a la Asunción de la Virgen. No hace responsables a los pueblos de la URSS por los intentos tenaces de arrancarles la fe en que sus dirigentes se empeñan, movidos –les dice expresamente– «por el mismo Satán». El mensaje de Pío XII caló entre los pueblos de la URSS mucho más hondo de lo que alguien pudo imaginar, y grandes escritores como Alexander Soljenitsin lo reconocieron en cuanto pudieron hablar libremente[375].

[374] *Doctrina pontificia*, Docs. sociales., op cit. p. 991s.

[375] A.U. Floridi, op. cit. p. 27s-.

LA TRAGEDIA FINAL DE PÍO XII

Para completar esta sección habíamos pensado recorrer brevemente la situación de la Iglesia en los continentes y naciones del mundo. Es un análisis necesario, pero que reservamos para los capítulos siguientes e incluso para nuestro próximo libro *La Hoz y la Cruz* porque como verá el lector así parece más conveniente desde el punto de vista metodológico. En 1958, cuando iba a desaparecer trágicamente Pío XII, la Iglesia había dado, desde 1939, un paso gigantesco hacia adelante, a pesar de las gravísimas pérdidas que estaba sufriendo en China y de las tribulaciones –tantas veces realzadas por el martirio– que experimentaba en la misma China y en los territorios de Europa que habían caído tras el telón de acero. Sin embargo incluso entre las angustias de la Iglesia del Silencio florecía, soterrado, el testimonio de la Iglesia que resultaría decisivo, en comunión con Roma, para el hundimiento y caída del comunismo a los cuarenta años de su solemne condena por el Papa. La Iglesia de Pío XII había logrado vertebrar, por medio de los grandes partidos católicos, la resurrección, la democracia y la prosperidad de los grandes vencidos de la guerra mundial, Alemana e Italia. Concretamente en Italia Pío XII había sido el jefe supremo de la Democracia Cristiana, aunque el gran partido católico conservó la suficiente autonomía para llegar a la cumbre del poder y muchos años después despeñarse desde esa cumbre. También en Francia, gracias al partido demócrata-cristiano que allí se creó; y gracias a una tensa negociación entre el nuncio en París, Roncalli, y el general de Gaulle para la sustitución de los obispos demasiado comprometidos con el régimen de Vichy. La Iglesia de Pío XII, tras haber sido salvada de la total hecatombe por la España de Franco, salvó al régimen de Franco en 1945 prestándole el apoyo del Nuncio, de los Obispos y de la Acción Católica, que presentaba, en tono amortiguado, la misma tendencia que las Democracias Cristianas de Europa. Gracias a los hombres de Acción Católica se concertó en 1953 un Concordato presentado como modelo a todo el mundo, mientras seguían afluyendo las vocaciones al clero secular y regular en la estela de la Cruzada y la Iglesia, recién salida de persecuciones mortales, gozaba de un poder y una influencia social desconocidas desde el siglo XVII. (Abominar de todo este impulso religioso español simplemente como «nacionalcatolicismo» es una idiotez agresiva y falsa). La Iglesia de los Estados Unidos, cuyo líder era el cardenal Spellman, gran amigo y sostén financiero del Vaticano, incrementaba su marcha ascendente y se convertía en fuerza religiosa y social decisiva. La Iglesia de Africa avanzaba en pleno auge misional; la de Iberoamérica aumentaba enormemente su población y sólo al final del pontificado afloraban o se importaban tendencias que muy pronto iban a reventar como amenazas gravísimas, fuera ya del alcance de Pío XII.

Estaba, sí, en pleno auge el fenómeno y el peligro que hemos resumido como infiltración, un asalto interior y exterior a la Iglesia en la teología, en los métodos pastorales, en la contaminación política, en el diálogo entreguista y la aproximación de muchos católicos y clérigos al marxismo; se incubaba la espantosa crisis de la Compañía de Jesús y otras órdenes y congregaciones por cuya reforma profunda se preocupaba muy seriamente Pío XII. Pero el Papa tenía en la mano todos los hilos de la Iglesia, como alguien acaba de decirnos certeramente, y la Roca no se sentía amenazada en sus cimientos. Aunque lo estaba; el mundo y la propia Iglesia iban a comprobarlo, a veces con estupefacción, en los dos pontificados siguientes sobre todo en la explosión conciliar. Pero cuando Pío XII desaparecía en octubre de 1958 ningún peligro parecía fuera de control para la Iglesia y ningún Papa llegaba a su final envuelto en tan alta estima y prestigio universal.

Sin embargo desde el mes de enero de 1954 había comenzado, sin que nadie lo advirtiera fuera del círculo íntimo del Papa y la más alta esfera del gobierno de la Iglesia, la terrible agonía de Pío XII. El Papa Pacelli, pese a su trabajo sobrehumano y las tensiones insufribles que habían marcado casi toda su vida pública, gozaba de salud excelente en medio de su fragilidad y, sobre todo, vivió siempre empeñado en aparentar esa buena salud. Había sufrido una fuerte gripe en 1952, una neuritis en 1953 pero superó fácilmente tales episodios; en cambio cundió la alarma en enero de 1954 cuando se suspendieron las audiencias ante un irreprimible ataque de sollozos que aquejaba al Papa día y noche por motivos puramente fisiológicos. Lo peor es que la salud del Papa estaba confiada a su médico personal, el oculista Riccardo Galeazzi-Lisi, un homeópata fantasioso que le había curado una pequeña afección cuando era Secretario de Estado y que después, al ser nombrado médico principal del Vaticano, decidió ostentar por las buenas el título de «archiatra pontificio». Galeazzi prescindió de toda consulta a especialistas y llamó a una especie de curandero titulado, el endocrinólogo suizo Paul Niehans, médico de aspecto e ideas fantásticas que decidió curar la afección de Pío XII con inyecciones preparadas con células vivas de hipopótamo y una dieta total y aberrante. Nadie ha descrito la larga agonía del Papa como el vaticanólogo Benny Lai, periodista de talante liberal que comunica una sensación de objetividad convincente, conoce todos los recovecos del Vaticano, muy especialmente las cosas del dinero y el poder, pero cuenta lo que sabe con notorio respeto personal por los Papas y por la religión, aunque no tanto por la Curia y sus intrigas[376]. Entre sus fuentes de información sobre la salud del Papa, un asunto siempre vital para la Iglesia y para todo el mundo, figuraba el propio Galeazzi-Lisi, que había convenido con él y tres colegas tenerles al corriente (desde ese año 1954) de cualquier incidencia seria, a un precio «razonable» y corrupto que le pagaban mensualmente entre los tres. Así se las gastaba el interesado oculista.

El curandero suizo propinó al Papa, de enero a diciembre de 1954, tres inyecciones de hipopótamo que, junto a la prescrita desnutrición, le pusieron al borde de la inanición y de la muerte. El 2 de diciembre sufrió una crisis muy violenta que hizo temer por su vida. Acudieron al apartamento pontificio el prosecretario de Estado monseñor Tardini, el sustituto Angelo dell'Acqua y el «nepote» o sobrino preferido del Papa, príncipe Carlos Pacelli, ante cuyos temores accedió por fin el doctor Galeazzi-Lisi a convocar una consulta de médicos. Llegó un excelente equipo de especialistas, advirtió que el Papa se estaba muriendo por falta de cuidado, ordenaron copiosas transfusiones de sangre, radiografías (prohibidas por Niehans) y diagnosticaron fácilmente que la causa de los sollozos era una hernia en el esófago. Me parece más que posible que fuera la madre Pascualina, gobernanta del Papa, quien por fin forzase la consulta médica. El caso es que el doctor Niehans

[376] Benny Lai *I segreti del Vaticano* Roma, Laterza, 1984.

fue despedido (aunque se le endulzó el trance con un inmerecido puesto en la Academia Pontificia de Ciencias, con sus células de hipopótamo) y a partir de aquel momento, durante cuatro años, el Papa pudo recuperar la salud y volver a su trabajo agotador. El año 1954 había sido, para él, un inútil y absurdo tormento. Pese al cual Pío XII, que sentía una extraña confianza por el endocrinólogo (quien, según se dijo en Roma, le había prometido la prolongación de su vida y a poco se la quita) volvió alguna vez a visitar a Pío XII con el apoyo de monseñor Kaas, consejero del Papa que gozaba de su confianza desde los tiempos de Munich.

Todo fue relativamente bien hasta que a primera hora de la mañana del 6 de octubre de 1958 el trío de periodistas fue avisado por su beneficiado Galeazzi Lisi de que convenía la urgente presencia de alguno de ellos en Casltelgandolfo, donde seguía retirado Pío XII. El propio Benny Lai se encarga de la misión y oye a una de sus muchas y altas relaciones de la corte pontificia: «Está gravísimo». El principal contacto del trío informativo con Galeazzi fija la señal definitiva para asegurarse la primicia; al morir el Papa el médico agitaría un pañuelo blanco en una de las ventanas de la villa papal. Quedó a la espera uno de los tres periodistas mientras Roma, la ciudad menos secreta del mundo, se llenaba de rumores sobre la gravedad del Papa. Muy de mañana el día 8 el periodista de guardia vio que se abría la ventana fatídica y se agitaba el pañuelo, la señal. No fue más que una desgraciada coincidencia; Galeazzi-Lisi no se había movido, la agitación del pañuelo era casual pero toda la prensa de Roma y la del mundo dieron inmediatamente la noticia de la muerte de Pío XII entre orlas de luto y elogios fúnebres. No fue lo peor. El Papa prolongaba su agonía, por cierto terrible, durante veinticuatro horas más. Pero las cámaras de la televisión y los fotógrafos invadieron el dormitorio del Papa, arrollaron a la madre Pascualina y se hartaron de tomar cientos de fotos y planos sobre el Papa agonizante, apenas cubierto por una sábana, con el rostro y los miembros descompuestos por el sufrimiento. Las exclusivas se vendieron a peso de oro, el propio Galeazzi-Lisi participó en la almoneda y la prensa de Italia se dividió entre los desaprensivos que publicaron todo y los honrados profesionales que llegaron a comprar negativos para destruirlos y evitar a la Iglesia aquella vergüenza suprema. Pío XII falleció realmente al siguiente amanecer del 9 de octubre de 1958, cuando ya la Guardia Suiza había logrado expulsar de la villa pontificia a toda aquella caterva. El Vaticano Sede Vacante dio una nota congratulándose de que el médico infiel hubiera adelantado sagazmente su dimisión. Luego fue expulsado por el Colegio de Médicos, cuando ya el daño estaba hecho. Aquello había sido una venganza; he oído varias versiones pero no sé cuál será la verdadera.

La verdadera medida de la grandeza de Pío XII es que pese al aquelarre de la prensa sensacionalista casi nadie se preocupó por la macabra anécdota. Una inmensa oleada de respeto llegaba de todo el mundo, incluso de fuera de la Iglesia, hasta el túmulo de Pío XII mientras iban acudiendo a Roma los cardenales para el cónclave. Casi nadie aventuraba el nombre de su sucesor. Casi todos imaginaban difícilmente un nuevo Papa dotado de la estatura espiritual, moral e histórica que tantos millones de hombres y mujeres habían admirado en el Papa Pacelli.

SECCIÓN 9: EL CONTROVERTIDO NACIMIENTO DEL OPUS DEI

EL PRIMER INSTITUTO SECULAR EN 1947

Pío XII había demostrado siempre un gran interés y una gran preocupación por la reforma de la vida religiosa, que desde los primeros tiempos de la Iglesia se había considerado como una característica fundamental y una forma santa y eficaz de vivir la Iglesia. Las instituciones monacales primitivas, –los «Padres del Desierto»y las «agrupaciones de vírgenes consagradas»– dieron paso, en Oriente y Occidente, a varios tipos de asociaciones, cenobios y comunidades en cuya creación intervinieron grandes figuras de la Iglesia como san Atanasio y san Agustín. De la vida retirada y penitencial estas comunidades fueron ejercitándose en la vida misional y a ellas se debe la cristianización del Norte de Europa. A principios del siglo VI san Benito de Nursia, con su Regla famosísima extendida pronto por todo Occidente, es uno de los grandes creadores de la Cristiandad y bien merece la consideración de Patrón de Europa. Las diversas ramas del tronco benedictino vertebran en la Alta Edad Media la Cristiandad europea.

Las nuevas necesidades que siente la Iglesia en el apogeo de la Edad Media –las Universidades, la lucha contra las herejías gnósticas, la evangelización mediante el ejemplo de la vida pobre, mendicante y abnegada–, da origen, sin mengua de las Ordenes anteriores, a la creación de instituciones nuevas más dinámicas, entre las que destacan los dominicos, fundados por Santo Domingo de Guzmán y los franciscanos, que siguieron el ejemplo admirable de san Francisco de Asís. La creación de nuevas órdenes e instituciones religiosas de vida común, en las que desde el principio participaron separada y coordinadamente las mujeres, parece responder siempre, en la historia de la Iglesia, a nuevas formas de vida en la sociedad y nuevas amenazas a la religión y la Iglesia. Alguna de estas Ordenes, como la masculina y la femenina fundadas por San Vicente de Paúl a principios del siglo XVII (padres de la Misión o Paúles, Hijas de la Caridad) exhiben características que hoy nos parecen muy modernas; sus obligaciones religiosas sólo se extienden a un año, tras el cual quedan libres de todo compromiso que libremente suelen reasumir de forma inmediata, y lo hacen en casi todos los casos.

La aparición de los jesuitas a raíz de la rebelión luterana en la primera mitad del siglo XVI fue una auténtica revolución en la historia de las Ordenes religiosas. San Ignacio de Loyola prescindió de obligaciones que impedían la dedicación a una vida más activa (como el rezo del coro en comunidad y la costumbre del hábito monacal) y bajo su divisa «activos en la contemplación» dedica su nueva Orden a una vida de alta intensidad en medio del mundo convulso de su siglo: colegios, Universidades, misiones populares y extranjeras, con una especial consagración a las directrices del Papa a cuya obediencia se comprometen los miembros profesos de la Orden mediante un cuarto voto que ha sido siempre su característica principal hasta nuestro tiempo, en el cual ese cuarto voto que fue su gloria parece en muchas ocasiones una pieza de museo. Gracias al impulso de su fundador , al favor de los Papas (con los que alguna vez tuvieron los jesuita serias diferencias saldadas siempre mediante la aplicación del cuarto voto) y al apoyo del pueblo y los príncipes cristianos, no exento de comprensibles ataques de celos y envidia por parte de otros religiosos, la Compañía de Jesús se convirtió en el mismo siglo de su fundación en la primera Orden religiosa de la Iglesia católica por lo que cuando los enemigos de la Iglesia lanzaron en el siglo XVIII una ofensiva general contra la Iglesia no pararon –desde las logias masónicas, la corte romana y las cortes borbónicas– hasta destruir al antemural de la Iglesia, que eran los jesuitas, única formación de la Iglesia capaz de resistir y superar los embates impíos y secularizadores de la conjura filosófica europea, que monopolizaba, como vimos, el nombre de Ilustración. Resurgieron los jesuitas en el siglo XIX y reconquistaron su primacía dentro de la Iglesia durante siglo y medio; con un nuevo apogeo en el pontificado de Pío XII, que, como vimos, se apoyó en un equipo discreto y esencial de jesuitas alemanes e italianos a quienes se deben muchos de los éxitos y la acertada orientación y realización de su pontificado.

A ejemplo de los jesuitas, y para suplir el terrible vacío que había dejado en la Iglesia su injustísima expulsión y su absurda disolución a fines del siglo XVIII, se habían creado varias instituciones religiosas –llamadas ahora Congregaciones al carecer de votos solemnes– que mantuvieron de formas diversas el espíritu ignaciano tanto en congregaciones masculinas (los marianistas, por ejemplo, o Compañía de María) como femeninas (entre otras varias la Congregación del Sagrado Corazón.)

Pío XII decidió que las nuevas crisis y convulsiones del mundo en el siglo XX, así como la necesidad de que la Iglesia se acercase más al mundo de nuestro tiempo, con mayor acceso de cristianos escogidos a un nuevo tipo más realista de apostolado, exigía una reforma profunda de las Ordenes y Congregaciones religiosas y también la creación de nuevas instituciones de vida consagrada. Esta es una de las grandes intuiciones de Pío XII en la que se comprendía la renovación del clero en general; el lector puede comprobar y ampliar noticias sobre el ímpetu renovador del Papa Pacelli en la autorizaba obra del profesor Jedin, dentro de un capitulo dedicado a la renovación religiosa del que es autor el benedictino Viktor Dammertz[377] cuyo equilibrado tratamiento del asunto, incluido el Opus Dei, me parece muy recomendable.

La preocupación de Pío XII por la reforma de los religiosos se extendió hasta una Orden que muchos creen exclusivamente nobiliaria y anacrónica, la de San Juan de Jerusalén o Caballeros de Malta, cuya gloriosa historia se había iniciado en las Cruzadas y se había arrastrado luego por Europa hasta que la isla matriz de Malta, donada a los Caballeros por Carlos V, cayó en manos del sector masónico de la Orden, fue entregada por ellos a Napoleón y luego conquistada por Inglaterra, que la retuvo hasta después de la segunda guerra mundial. Pero aun hoy se trata de una auténtica Orden religiosa, mientras vivan la docena de viejos profesos de votos solemnes que se dan la gran vida en su palacio romano de Via Condotti, a un paso de la Plaza de España, y han rechazado con horror el ofreci-

[377] H. Jedin, op. cit. IX p. 518.

miento de volver a su roca maltesa del Castillo de Sant'Angelo, donde se pasa en verano un calor insufrible. En algunos países o «lenguas» los Caballeros y Damas de Honor y Devoción realizan estimables obras de caridad hospitalaria, según la tradición de la Orden pero en casi todas partes no son más que un grupo aristócrata de pompas y vanidades. Pío XII se empeñó personalmente en reformar y modernizar la venerable e inútil Orden Hospitalaria ya desde 1940, como he relatado y documentado con detalle en un ensayo monográfico[378]. Fue un combate como la Orden no había experimentado desde la caída de San Juan de Acre pero esta vez los ancianos profesos de Via Condotti vencieron a las galeras jurídicas y disciplinarias del Papa. En la batalla participaron la Santa Sede, varios cardenales, el general Franco (bailío de Malta) los jesuitas y, andando los tiempos, hasta el Opus Dei. Pío XII consiguió imponer unos nuevos Estatutos pero todo cambió para seguir igual.

El afán renovador de la vida religiosa brotó de las filas de la Iglesia antes que de la Santa Sede. A finales del siglo XIX el romántico y santo soñador francés Charles de Foucauld había ideado la creación de los Hermanos de Jesús, pequeñas comunidades que vivieran en medio del mundo, con ocupaciones normales, intensa vida espiritual y apostolado por el ejemplo en posiciones difíciles, como los países islámicos del Mahgreb tan refractarios al cristianismo. Sus discípulos crearon la institución, que obtuvo la aprobación diocesana en 1930 y luego la pontificia. Hasta que al fin Pío XII promulgó el 2 de febrero de 1947 la constitución apostólica *Provida Mater Ecclesia* por la que creaba los «institutos seculares» como estado de perfección diferente de la vida religiosa de las Ordenes y Congregaciones; sus miembros, sacerdotes o laicos, hombres o mujeres (separadamente) siguen los consejos evangélicos –pobreza, castidad y obediencia– sin expresión de votos públicos, con vida dentro del mundo, en ocupaciones normales, sin distinguirse de los demás cristianos sino por el ejemplo, sin vinculación a otras Ordenes (como es el caso de las Ordenes Terceras, una importantísima rama de vida cristiana que cuenta con millones de adeptos y casi siempre se desconoce). Es voz común en Roma que la creación de los Institutos Seculares en el año en que se declaraba la guerra fría, en medio del Gran Miedo Rojo, fue decidida por el Papa para conferir esa situación jurídica nueva al Opus Dei, cuyo fundador y primer superior general, el sacerdote don José María Escrivá de Balaguer, se había instalado en Roma definitivamente desde poco antes. Y de hecho el Opus Dei fue el primero de los Institutos Seculares que obtuvo la aprobación pontificia –el *decretum laudis*– el 24 de febrero de 1947, dentro del mismo mes en que se promulgó la *Provida Mater*. Quedaba aprobada oficialmente por la Iglesia una nueva manera de vivir el estado de perfección cristiana, con la novedad de que tan alta finalidad se ejercía en medio del mundo. La importancia singular que ya entonces había adquirido el Opus Dei y su espectacular auge en las décadas siguientes me obliga a insertar esta sección dentro de la historia de la Iglesia en nuestro tiempo, para la que el Opus Dei, guste o no guste, constituye un capítulo esencial.

[378] *Los caballeros de Malta van a morir Misterios de la Historia II*, Barcelona, Planeta, 1992p. 58s.

LAS DISPARES FUENTES SOBRE EL OPUS DEI

El fortísimo impulso que, desde los primeros años de la posguerra civil española, adquirió primero en España y luego en Roma y gran parte del mundo el Opus Dei ha provocado un aluvión de testimonios y de fuentes que puede desorientar fácilmente al lector no especialista y que, sin excepción alguna que yo sepa, se dividen rigurosamente en dos grandes montones; las favorables y las contrarias, sin términos medios. Esto significa que al Opus Dei se le enfoca de forma apasionada, tanto favorable como negativa; que es un signo de contradicción en nuestra época, lo cual es ya una marca clara de que sigue muy de cerca los pasos de ese Cristo que así se definió personalmente. Desde que por primera vez en mi vida tuve noticia personal del Opus Dei, que provocó en mí una primera reacción de interés positivo, contra la opinión de un famoso y por lo demás admirable jesuita que me intentaba adoctrinar en sentido, digamos, disuasorio, (el hecho ocurrió en 1943) no he abandonado nunca el interés por conseguir una información adecuada sobre el Opus Dei acerca del que creo haber reunido una colección de testimonios y fuentes, positivas y negativas, superior a cuantas he conocido. En esta sección no trato de escribir una historia del Opus Dei sino sencillamente señalar el momento histórico de su aparición y la importancia de esa aparición. Debo, sin embargo, citar expresamente algunas fuentes importantes. No está entre ellas, más que para abominar de ella, la biografía jocosa y estúpida del escritor Luis Carandell, famoso por sus diatribas humorísticas contra el franquismo y que ha suministrado munición abundante a los enemigos del Opus en su libro *Vida y milagros de Monseñor Escrivá de Balaguer, fundador del Opus Dei*[379], y no está por un motivo estrictamente *ad hominem.* Un humorista auténtico –el arquetipo es Mingote– saca punta con su ingenio a cualquier situación, sin cebarse con una sola mientras respeta sistemáticamente a la contraria. Carandell fustigaba al franquismo en su serie de *Celtiberia show,* que más o menos prolongó en su biografía alevosa del padre Escrivá; pero llegaron al poder sus amigos socialistas, que muchas veces ofrecen blancos cómicos todavía más incitantes que los del franquismo o el Opus –véanse por ejemplo los desmanes y los arrebatos de los hermanos Guerra, que ningún humorista, de derechas o izquierdas, ha dejado irse vivos– y el señor Carandell, cómodamente instalado en el felipismo, ha visto cómo se le secaban las fuentes del humor, incluso el negro, y no ha dedicado al titular del felipismo ni a sus secuaces un solo rasgo crítico donde lucir su peculiar ingenio de brocha gorda. Con lo cual introduzco en mis reflexiones un primer criterio de valoración: en medio de mis dudas sobre el Opus Dei lo que publican los enemigos del Opus Dei me acerca sin excepciones al Opus Dei. Otro ejemplo mejor que cualquier astracanada lo suele suministrar Alfonso Guerra, ese gran intelectual de nuestro tiempo, cuando deja escapar alguna de las obsesiones sobre el Opus Dei que forman el núcleo principal de su ideología. En el número de febrero de 1995 de la revista *Temas* –nombre que yo interpreto como tiempo de verbo en segunda persona, no como sustantivo– figura un «estudio» monográfico (quizá por ello hay tres monos en portada) cuyo título es «El poder del Opus Dei» que debiera

[379] Publicado por la editorial roja Laia, Barcelona 1975.

sustituirse por «las orejeras del Hermanísimo». Refiero la fuente como anécdota relajante, sin motivo «bibliográfico» alguno.

El estudio fundamental e imprescindible para una aproximación seria al Opus Dei es el de Amadeo de Fuenmayor et al. *Itinerario jurídico del Opus Dei: Historia y defensa de un carisma*[380]. Me gusta más el subtítulo –admirable por su sinceridad– que el titulo, aunque en ninguna otra fuente podrá encontrar el lector tal cúmulo de datos y documentos sobre la historia viva del Opus Dei. Hay que empezar por aquí.

Desde el bando contrario, concretamente el campo democristiano, pero con moderación y documentación que le hace muy útil , he estudiado el libro de Daniel Artigues (en su edición definitiva) *El Opus Dei en España, su evolución ideológica y política*[381]. Parece que Artigues es un seudónimo del hispanista Jean Bécarud, y que tal vez contara con alguna ayuda de medios próximos a la Compañía de Jesús para la documentación del libro, que interpreta la trayectoria del Opus Dei como «un intento de dominio» y no intenta la comprensión profunda del fundador y su Obra, pero aporta datos y testimonios muy interesantes en muchos aspectos y campos de la investigación. Pedro Rodríguez y dos compañeros suyos ofrecen en *El Opus Dei en la Iglesia*[382] una aproximación eclesiológica muy importante al Opus Dei y sus miembros, que puede contribuir eficaz y sinceramente a comprender lo que el Opus Dei piensa sobre sí mismo.

Las biografías del hoy beato Escrivá de Balaguer se dividen de forma todavía más escarpada que los libros de análisis sobre su Obra. Casi todas son favorables, en casi todas se ofrecen datos de interés y, en las favorables, muy escasas o nulas críticas. La última se debe a la periodista Pilar Urbano, numeraria del Opus Dei y me parece bien escrita y especialmente informativa[383]. Entre la biografía y el análisis figura la obra, excelente, del periodista Vittorio Messori, confidente de Juan Pablo II *Opus Dei, una investigación*[384]. La biografía de Carandell parece más bien una caricatura agresiva o mejor, una antología barata y acrítica de agresiones. Un sobrino del fundador del Opus Dei, que hizo varias veces el ridículo en televisión durante los días de la beatificación y que atribuía a su tío le negativa de una entidad bancaria a concederle un crédito tras haber fracasado en el negocio de un bar –altísimo motivo– escribió un libro contra el Opus y habló contra su pariente de forma grotesca. Me dicen que personalidades del Opus Dei han mostrado indignada preocupación por el libelo presuntamente colombiano, sin nombre de autor *Opus Judei (1995)* que identifica al Opus con el judaísmo internacional; el libelo entra en la sección de humor absurdo de mi biblioteca, lo cito como simple amenidad. Existen cuatro libros, sin embargo, que preocuparon al Opus Dei y a muchas personas serias con mucho mayor motivo. Primero el de Jesús Ynfante *La prodigiosa aventura del Opus Dei, génesis y desarrollo de la Santa Mafia*, editado por la editorial antifranquista Ruedo Ibérico en 1970 (la editorial, radicada en Francia, se hundió fulminantemente al llegar la plena libertad de prensa a España, y lo más curioso es que sus promotores y amigos se asombraron). Era también un libelo, con información retorcida y una lista de miembros del Opus

[380] Pamplona, EUNSA, 1989.
[381] París, Ruedo Ibérico, 1971.
[382] Madrid, Rialp, 1993.
[383] P. Urbano *El hombre de Villa Tevere* Barcelona, Plaza y Janés, 1994
[384] EIUNSA, Barcelona 1994.

por la que más de la mitad de los inscritos protestaron; pero muchos españoles compraron el libro en Hendaya y vendedores audaces lo repartían (con sacos) a peso de oro por los Ministerios en Madrid, sin que en ningún edificio oficial ni particular les sucediese nada. El libro ofrecía un hecho de interés; la publicación de una traducción –pésima– de las Consituciones de la Obra, facilitada, según se dijo, por algún jesuita que con ello hizo un buen favor al Opus porque el texto era, sin duda, digno de la aprobación pontificia que había obtenido. Hoy nadie le cita ni le tiene en cuenta.

El segundo libro es el de Giancarlo Rocca *L`Opus Dei. Apunti e documenti per una storia*[385]. Es un taimado ataque al Opus Dei, incompleto y trucado, que se publicó, según mis referencias, contra una orden expresa del general de los Paulinos de la que el autor (miembro de esa congregación) no hizo el menor caso como buen progresista. Causó sensación en círculos de la Iglesia pero quedó arrumbado por la obra magna de Fuenmayor que he citado en primer lugar.

El tercero es el de Joan Estruch *Santos y pillos, el Opus Dei y sus paradojas*[386]. Posiblemente es, con el siguiente, el libro más peligroso contra el Opus Dei, al estar publicado por una editorial religiosa tan acreditada, aunque desde hace muchos años escorada cínicamente a la izquierda. Se trata de una antología de textos del Opus Dei presentados hábilmente como contrarios al Opus Dei. El autor tarda en asomar la oreja pero termina por hacerlo, inequívocamente.

En cuarto libro crítico es el que lleva más carga explosiva, porque está compuesto por antiguos miembros del Opus Dei[387]. Está promovido y dirigido (se presenta en forma de diálogos internos) por Alberto Moncada, un sociólogo de segunda división que estuvo dentro del Opus Dei muchísimos años sin percatarse de que vivía en la antecámara del infierno. Ahora parece poseído de un inexplicable afán para destruir la obra del padre Escrivá. Sus contribuciones personales son ramplonas. En cambio aduce testimonios, de cuya veracidad no tengo por qué dudar, de antiguos miembros del Opus Dei que por lo general son personas serias para quienes su vida en la institución resultó traumática. Casi todos se expresan con respeto para el padre Escrivá pero largan auténticas cargas de profundidad contra la Obra. Confieso que este libro me ha hecho reflexionar muy profundamente hasta haber llegado, para escribir esta sección, a tomar una decisión en la que cada día me confirmo después con mayor claridad.

Con motivo de la beatificación del padre Escrivá de Balaguer he escrito dos ensayos en los que comento otras fuentes varias acerca del Opus y su fundador y también algunas de las que acabo de citar. (El libro del ex-jesuita Walsh, y el de Woodward, (ayudado por jesuitas americanos) que los enemigos del Opus presentaron entonces como principales piezas de cargo contra el fundador del Opus, me parecen deleznables. Al escribir aquel ensayo yo había iniciado ya mi meditación personal y profunda sobre el Opus Dei y algunos amigos míos miembros de la Obra lo advirtieron[388]. Al año siguiente, creada ya la editorial donde se prepara este libro, publiqué otro ensayo sobre el marquesado de Peralta, título que a mi ver equivocadamente se hizo conceder el padre Escrivá, pero mi meditación sobre su persona y su obra no cambió por ello de sentido; un santo puede cometer una (y más de una) equivocación, para la que hay,

[385] Roma, Claretianum, 1985.
[386] Barcelona, Herder, 1994.
[387] Alberto Moncada *Historia oral del Opus Dei* Barcelona, Plaza y Janés, 1987.
[388] R. de la Cierva, *Misterios de la Historia II*. Barcelona, Planeta 1992.

además, motivos humanamente explicables, aunque a mí me gustaron entonces y me siguen gustando más bien poco[389]. Podría seguir acumulando fuentes pero creo haber citado las esenciales para que el lector enfoque objetivamente mi valoración.

LA TRAYECTORIA DEL BEATO ESCRIVÁ

El padre Escrivá se arregló un poco el nombre y los apellidos. Creo que cada uno debe llamarse como quiera aunque convenga que sepamos por qué; recuerde el lector que el general Baldomero Espartero no se llamaba ni lo uno ni lo otro y a nadie le pareció nunca mal. Unió sus dos nombres de pila en el Josemaría por devoción a la Virgen, que marcó su vida. Puede que prefiriese la ortografía de Escrivá a la primitiva de Escriba, cambios que fueron muy corrientes en las épocas anteriores. Se añadió el «de Balaguer» por razones parecidas a las que le movieron a pedir el marquesado de Peralta; sus padres provenían de familias hidalgas venidas a menos y regentaban un comercio modesto en la ciudad de Barbastro, donde Josemaría nació el 9 de enero de 1902. La familia paterna provenía, dice un biógrafo, de la villa de Balaguer en Lérida, que le inspiró la adición del apellido, algo parecido a lo que hizo el insigne director y músico burgalés Rafael Frühbeck para añadirse como segundo apellido «de Burgos». El negocio familiar de tejidos empezó a marchar peor en 1915 y el padre, a sus cincuenta años, tuvo que marcharse con la familia a Logroño tras aceptar un puesto de dependiente en comercio ajeno. Creo que los sacrificios que hizo por él su familia para que pudiera continuar sus estudios sacerdotales y universitarios, así como la nostalgia de la hidalguía desvanecida, muy común en las familias de varias regiones del Norte de España, fueron las causas de que cuando Josemaría era ya un personaje famoso e influyente buscara compensar a su familia con el ennoblecimiento, el título que jamás usó. Pudo haber otra razón personal relacionada con el posible ingreso en la Orden nobiliaria de Malta (en la que entró sin dificultad alguna don Alvaro del Portillo, su sucesor en el Opus) y no hubiera sido mala solución para los relajados y decaídos Hospitalarios. El caso es que estudiaba el bachillerato en el instituto –gratuito– de Logroño y se comportaba como un joven cristiano enteramente normal cuando la observación de las huellas que dejaba un carmelita descalzo sobre la nieve que cubría la calle «desencadenó un hondo proceso interior» (Fuenmayor). El Camino, que fue madurando lentamente durante los años siguientes, mientras continuaba sus estudios en Logroño y Zaragoza. Se ordenó sacerdote en 1925 cuando ya estudiaba Derecho en la Universidad de Zaragoza hasta terminar la carrera en 1927. No ejerció la profesión jurídica pero adquirió un hondo sentido jurídico que fue decisivo para el resto de su vida. Desde 1927 vivió en Madrid para realizar los estudios de doctorado hasta que el 2 de octubre de 1928 «recibí una iluminación sobre toda la Obra», escribió él mismo tres años después. Esa inspiración de lo alto, que han experimentado muchos otros fundadores de grandes insti-

[389] R. de la Cierva *Los años mentidos* Madridejos, Ed. Fénix 1993.

tuciones religiosas, se le presentó como desembocadura de aquel *barrunto* –un sentimiento de vocación– que había experimentado en Logroño durante el año 1917, el año de las apariciones de la Virgen de Fátima y de la Revolución soviética en plena Gran Guerra. En 1928 estaba haciendo unos ejercicios espirituales en la residencia de los padres paúles; Interrumpió una lectura, se arrodilló en acción de gracias y en ese momento escuchó las campanas de la inmediata iglesia de Nuestra Señora de los Angeles que se alza junto a Cuatro Caminos. Don Josemaría pensó, hasta el día de su muerte, que ese 2 de octubre de 1928 «el Señor fundó su Obra».

Alternaba los estudios de doctorado con una intensa labor de apostolado en barrios pobres de Madrid. Designado capellán del Patronato de Enfermos que dirigían las abnegadas Damas Apostólicas trabaja con enfermos, niños y jóvenes, siempre de manera ejemplar. Para ayudar a su familia da clases, además, de Derecho Canónico y Derecho Romano en la Academia Cicuéndez. En estas ocupaciones le sorprendió la iluminación superior de 1928. En 1930 recibe un nuevo impulso interior mientas celebra la Misa: la necesidad de que en la Obra haya una rama femenina. Van llegando, desde 1930, las primeras vocaciones, precedidas por el ingeniero Isidoro Zorzano, que murió pocos años después y tiene incoada la causa de beatificación. Por entonces explicó a su madre, con la que siempre estuvo muy unido, su idea fundacional del Opus Dei, sobre la que no había dejado de pensar y trabajar a raíz de su iluminación de 1928. Desde 1932 se trajo a Madrid a su madre y a sus dos hermanos supervivientes, Carmen y Santiago, que se entregaron a ayudarle y dieron aire de familia a los primeros adheridos a la Obra, que solían reunirse en el domicilio de don Josemaría, situado en la calle Martínez Campos 4. Acudían allí en busca de dirección espiritual y orientación profesional algunos sacerdotes jóvenes y estudiantes, atraídos por el poder de convicción y la seguridad en su destino que desde 1928 demostraba en sus contactos y conversaciones el sacerdote aragonés, pero el reclutamiento del primer grupo estable resultó lento, con no pocos abandonos. La fórmula Opus Dei era sugestiva pero demasiado nueva; tardó décadas en asentarse con claridad, aunque el espíritu resultaba sencillo y claro desde el primer momento.

Eran tiempos convulsos para el mundo y especialmente para España, los años treinta, bajo la amenaza de la expansión comunista, la decepción democrática y el auge de los fascismos. En España se proclamaba el 14 de abril de 1931 una República que demostró bien pronto su agresividad inútil contra la Iglesia –que la había acatado– y contra las Fuerzas Armadas, que no se habían opuesto a su implantación. Lo peor era que esa República se presentaba como el régimen de media España contra la otra media, En mayo de 1931, el mes de la quema de conventos, el padre Escrivá dejo la capellanía del Patronato de Enfermos, trabajo que sustituyó en septiembre por el cuidado espiritual de las Agustinas Recoletas en el convento de Santa Isabel, cerca de Atocha. En 1934 fue nombrado Rector del Patronato de Santa Isabel, una institución benéfica del regio patrimonio que había pasado a la diócesis de Madrid. Los jesuitas, con quienes don Josemaría había mantenido contactos permanentes, por la admiración que sentía hacia su Orden, fueron disueltos en virtud de la Constitución sectaria de la República ¡con el pretexto de su cuarto voto de obediencia al Papa! y pasaron a la clandestinidad mientras sus jóvenes en formación tenían que salir al destierro. El padre Escrivá había observado y estudiado con suma atención las Constituciones de la Compañía de Jesús, su forma de gobierno centralizado, su vinculación espiritual con los superiores, la interpretación ignaciana de la «obediencia ciega», su categoría cultural y su relación con los intelectuales, la eficacia de la plataforma que habían creado a fines de la primera década de siglo para la acción política y social de los católicos, llamada Asociación Católica Nacional de Propagandistas y, para los jóvenes, las Congregaciones marianas; y sobre todo les admiraba por su absoluta entrega, confirmada por el cuarto voto, al servicio de la Santa Sede. En resolución, le atraía de los jesuitas casi todo lo que, cuando el Opus Dei se convirtiera en una potencia de la Iglesia, los jesuitas estaban abandonando inexplicablemente.

A fines de noviembre de 1933 –el año en que Hitler había subido al poder– el centro-derecha gana las elecciones generales en España y el poder de la República pasa a manos del partido de los católicos, la CEDA, que era simplemente la plataforma política de la Asociación Católica Nacional de Propagandistas. La izquierda, republicana y proletaria, no se resigna y se alza contra el legítimo resultado electoral en la Revolución de Octubre de 1934, que fue el toque general para una guerra civil. A finales de 1933 don Josemaría Escrivá, que poseía dotes de hombre de empresa, y especialmente de empresa cultural, abrió en la calle Luchana de Madrid la academia DYA (Derecho y Arquitectura) para la preparación de estudiantes llamados a esas carreras. A fines del curso siguiente la academia DYA se traslada a la calle de Ferraz 50. La Academia fue un éxito y el fundador entró en contacto directo con numerosos jóvenes, algunos de los cuales ingresaron en la Obra. Publicó en ese año *Consideraciones espirituales*, en Cuenca, un conjunto de máximas (método que entonces estaba en boga, como demostró el éxito de un libro semejante debido al jesuita García Martínez, Gar-Mar) aunque la edición definitiva del librito de Escrivá, *Camino*, apareció en Valencia a poco de acabarse la guerra civil y contiene, naturalmente, algunos rasgos del espíritu de cruzada que se vivía en España durante aquellos años. Es un libro fundamental del Opus Dei, refleja su novedad, su profundidad y su espíritu a la vez exigente y abierto, y para comprenderlo conviene leerlo según la visión con que fue escrito. Es una de las obras más divulgadas del siglo XX y conserva hoy toda su lozanía. En el mismo año 1934 publicó el Fundador otro libro sobre el Santo Rosario.

La convivencia de los españoles se hizo cada día más imposible en la República. El 16 de febrero de 1936 las elecciones generales dieron la victoria –indudable, pero manipulada y exagerada por las izquierdas– al Frente Popular, que actuó con espíritu y prepotencia revolucionaria durante el primer semestre de 1936. El líder de la derecha católica, Gil Robles, declaró ante las Cortes en Mayo que «media nación no se resigna a morir» y el líder de la derecha monárquica, José Calvo Sotelo, fue asesinado por fuerzas de Orden Público uniformadas en la madrugada del 13 de julio. Una junta de generales había preparado un alzamiento contra el Frente Popular si la situación llegaba a condiciones insufribles y todo el mundo comprendió que ese momento había llegado el 13 de julio. Cuatro generales con mando de división o asimilados –cuatro entre veinticuatro– se sublevaron contra el gobierno de Frente Popular entre los días 17 y 19 de julio de 1936, seguidos por la «media España que no se resignaba a morir». El gobierno y las organizaciones que le seguían declararon formalmente la guerra y la persecución a la

Iglesia católica, como hemos visto y el mero hecho de que un sacerdote apareciera en Madrid con sotana era una sentencia de muerte. Don José María Escrivá, ardiente partidario del Alzamiento desde el primer minuto, como prácticamente toda la Iglesia española, que sufrió el martirio de trece obispos y unos ocho mil eclesiásticos y monjas, se fue escondiendo en varios domicilios de Madrid y luego en el sanatorio psiquiátrico de la calle Arturo Soria. En marzo de 1937 se refugió en la legación de Honduras y a fin de agosto consiguió una documentación falsa que le permitió acercarse al Pirineo catalán, por donde miles de partidarios de la causa nacional huían de la zona roja. El joven y brillante arquitecto Miguel Fisac, ya miembro del Opus Dei donde aguantó por muchos años una experiencia traumática, fue quien realmente salvó al Fundador de la muerte. Cruzaron la cordillera por la ermita de Rialp (que desde entonces se incorporó a la mitología del Opus Dei, como el «borrico» con que el padre Escrivá se refería a sí mismo humilde y sinceramente en sus escritos) el 19 de noviembre de 1937, cuando las tropas de Franco acababan de consumar su gran victoria sobre la franja republicana del Norte y tenían virtualmente ganada la guerra civil tras haber logrado el desequilibrio estratégico en su favor. Se salva en Andorra y sin vacilar se dirige con su pequeño grupo a la frontera de Irún que atraviesa el 12 de diciembre de 1937, en que llega a San Sebastián, El autor de este libro había llegado unas semanas antes a la bellísima ciudad, donde se vivía la marcha de la guerra con un interés y un entusiasmo que sólo pueden comprender los que fueron testigos directos.

En el mes de enero de 1938 don José María Escrivá fija su residencia en Burgos, capital de la zona nacional, donde procura restablecer su salud muy quebrantada por la terrible experiencia en la zona enemiga. Seria ucrónico, y además estúpido, pedir al padre Escrivá, que además provenía de una familia católica y derechista por los cuatro costados, que en aquellos momentos febriles de Cruzada asumiera una actitud distante y neutral. No lo hizo sino que se sumó fervorosamente a la causa de Franco, como la práctica totalidad de los obispos, sacerdotes, religiosos y católicos de España y del mundo. No participó sin embargo en actividades de guerra. Dirigía a varios miembros jóvenes de la Obra que hacían el servicio militar en los frentes y en Burgos, donde convivió con el químico José María Albareda y el joven jurista Pedro Casciaro. En el verano de 1938 llegó a Burgos, huido de la otra zona, otro miembro importante del Opus, el ingeniero de Caminos Alvaro del Portillo.

Parece que el padre Escrivá hablaba con el grupo intelectual dominante en la España nacional –algunos monárquicos como José María Pemán, el equipo falangista de propaganda que dirigía Ramón Serrano Suñer– . Los primeros le hicieroncaso; los segundos, que no eran simplemente falangistas sino abietamente fascistas, pasaron por alto a aquel cura evadido que pretendía incorporar a los intelectuales a no sé qué extraña Obra de Dios. Se dedicó entonces a enviar innumerables cartas a toda la España libre, para establecer contactos que serían útiles en el futuro. Y ejercitó, con el ánimo de siempre, una intensa labor pastoral.

En 1939 fue elegido Papa el cardenal Eugenio Pacelli, Pío XII, justo a tiempo para bendecir a la España victoriosa; sería un hombre providencial para el Opus Dei, entre otras cosas porque comprendía a España. El padre Escrivá tenía mucha prisa de instalarse en Madrid; entra en la capital junto con las tropas que la liberaban, el 28 de marzo de 1939. Se instaló –mientras vivió en España– en una casa de la calle Diego de León 14, que sería luego Vicaría del Opus Dei para España. En 1944 se le declaró una molesta diabetes tardía, enfermedad grave que sin embargo permite al enfermo mantener la salud mediante un régimen severísimo y una gran fuerza de voluntad, que siempre le sobró. Desde esa casa se extiende rápidamente el Opus Dei por toda España; a Barcelona, Bilbao. Granada, Santiago, Zaragoza, Sevilla, Valladolid y Valencia. En 1945 se abrió la casa de ejercicios y convivencias en Molinoviejo, provincia de Segovia, que tantos secretos sobre la Obra guarda en sus muros, y en 1946 el Opus Dei establecía su primera casa fuera de España, en la ciudad universitaria portuguesa de Coimbra. En aquella época difícil la única fuente de ingresos del Opus Dei fue el trabajo profesional de sus miembros. Durante los primeros años de la postguerra –1939-1941– son cada vez más los Obispos que llaman al padre Escrivá para que dirija ejercicios espirituales a sacerdotes y fieles y para animarle a que abriera alguna residencia en sus diócesis.

También son los años de las primeras incomprensiones y ataques al Opus Dei, sobre todo por parte de los jesuitas, que se quejaban de la novedad de la Obra y del proselitismo agresivo que exhibían sus miembros. Lo que sucedía es que los miembros jóvenes del Opus Dei creían en su nueva misión y lo comunicaban ardientemente a otros jóvenes con quienes entraban en contacto. El Opus Dei penetró en las Universidades y de hecho controló la más ambiciosa obra cultural del régimen, el Consejo Superior de Investigaciones Científicas, encomendado a don José María Albareda y al joven profesor de Historia Alfredo Sánchez Bella, que tenía otros dos hermanos dirigentes de la Obra pero que habló con su habitual sinceridad al padre Escrivá y hubo de abandonar al Opus Dei, con el cual ha seguido siempre, sin embargo, afectivamente vinculado. La penetración en la Universidad y en el Consejo se explica por la gran cantidad de vacantes que produjo la represión y el exilio entre profesores e investigadores afectos al bando vencido. El Ministro de Educación a partir de 1939, don José Ibáñez Martín, había conocido íntimamente al padre Albareda y protegió casi sin disimularlo la promoción de miembros del Opus Dei a las cátedras y a los puestos de investigación. Esto fue un hecho, que yo comenté en algunos casos con el propio Ministro, a quien estimaba mucho, y que por ejemplo se me quejó un día amargamente (tras haber atropellado a mi moto con su coche oficial en la calle de Serrano) de haber procurado indebidamente la cátedra de Filosofía de la Historia al joven profesor Rafael Calvo Serer, que a mí siempre me pareció un cantamañanas. Sin embargo se ha exagerado mucho sobre el copo de las cátedras universitarias por el Opus Dei. Yo mismo, en obras anteriores, hablé del caso con información insuficiente. Resulta que entre 1939 y 1951 se nombraron 408 catedráticos universitarios; de ellos sólo 23 miembros del Opus Dei, algo más del 5 por ciento. Fueron los siguientes:

1940 José María Albareda
1942 José María González Berrelo
Francisco Botella
José Orlandis
Rafael Calvo Serer
Juan Jiménez Vargas
Vicente Rodríguez Casado

1943 Amadeo de Fuenmayor
1944 Francisco Ponz Piedrafita
José Manuel Casas Torres
Eduardo Alstrué
Ignacio de la Concha Martínez
1945 Laureano López Rodó
Angel López Amo
Salvador Senent
1944 Jesús Arellano
1948 Federico Suárez
Alberto Ullastres
1949 Florentino Pérez Embid
Antonio Fontán
Guillermo Céspedes del Castillo
1950 Félix Alvarez de la Vega
Ismael Sánchez Bella

No cabe duda de que casi todos esos nombres son relevantes –entre ellos nada menos que un Alberto Ullastres, un Antonio Fontán, un López Rodó– y que solamente hay entre los demás uno, ya citado, que me parece errático y otro muy discutible. El porcentaje no es, ni mucho menos, abusivo. Después de 1950 me consta que los medios universitarios del Opus Dei cometieron, en algunos casos, injusticias notorias, a veces en inicua alianza con profesores marxistas y en contra de profesores católicos. Cuando tenga la lista completa la publicaré, pero eso significa solamente que sectores del Opus Dei han caído en el mismo defecto excluyente y reprobable que otros grupos interesados en avanzar por cualquier medio dentro de la Universidad española. Otros grupos, quiero decir todos los grupos, de derecha y de izquierda, sin una sola excepción. No es para exculpar al Opus Dei sino para inculparle junto con todos esos grupos. Así ha sido el sistema, en el que también han existido, venturosamente, bastantes excepciones. Por ejemplo en mi propio caso cuando uno de los catedráticos mencionados en la lista anterior pretendió hundirme en mis oposiciones a cátedra de manera parcial e injusta y se quedó merecidamente con un palmo de narices. Otros profesores del Opus Dei me han ayudado muchísimo; algunos me han hecho todo el daño imaginable pero como suelo no tener pelos en la lengua les he replicado de forma contundente hasta que han optado prudentemente por callarse. Pero no voy a ponerles de nuevo en la picota; este quiere ser un apunte serio sobre el Opus Dei, no una venganza (que tendrían más que merecida) contra algunos cretinos que son o han sido miembros o allegados de la Obra.

En diciembre de 1939 el padre Escrivá obtiene el doctorado en Derecho por la Universidad de Madrid, sobre el que han menudeado las discusiones. El empuje de la Obra continuaba vigorosamente en los años de la postguerra, en la estela de la cruzada. El 19 de marzo de 1941 el obispo de Madrid, don Leopoldo Eijo y Garay, que había comprendido desde el principio a la Obra, la aprobó como Pía Unión, era la primera aprobación de la Iglesia. El 22 de abril muere doña Dolores Albás, madre de don José María y colaboradora imprescindible y abnegada suya y de la Obra durante los diez primeros y más difíciles años. El 14 de febrero de 1943, mientras celebra Misa en un centro de mujeres del Opus Dei, una nueva iluminación le inspira la creación de la Sociedad Sacerdotal de la Santa Cruz, para agrupar a los sacerdotes de la Obra y facilitar la aprobación de la Santa Sede que, en efecto, otorga el «nihil obstat» para la erección canónica del Opus Dei en la diócesis de Madrid. El siguiente 24 de junio de 1944 el obispo de Madrid ordena a los tres primeros sacerdotes de la Obra después el fundador, entre ellos don Alvaro del Portillo.

Terminada la segunda guerra mundial, el Opus Dei empieza su expansión fuera de España: además de Portugal, Inglaterra, Italia, Francia, Irlanda. Don Alvaro del Portillo, experto canonista además de ingeniero, llevaba ya varios años en Roma donde su capacidad y su prestigio le introdujeron en la Curia y le permitieron trabajar a fondo para conseguir el estatuto jurídico más conveniente para el Opus Dei; una larga lucha que el Fundador no llegó a ver rematada en vida. En la Semana Santa de 1946 (o una de las inmediatas) me consta directamente que el general Franco pidió a monseñor Escrivá que le dirigiera personalmente los Ejercicios espirituales, para los que siempre llamaba a sacerdotes a quienes juzgaba bien enterados de la situación de la sociedad española; uno de ellos había sido el famoso jesuita padre José María de Llanos, muy amigo, por cierto, del padre Escrivá, y que tras haber militado como ardiente franquista y cantor de la cruzada, con ribetes fascistas, se marchó a un suburbio de Madrid y se hizo comunista, hasta llegar a miembro del Comité Central, todo un carrerón. El almirante Jesús Fontán Lobé, pariente y ayudante de Franco, me contó la reacción de Franco tras conocer y hablar con el fundador del Opus Dei: «A este hombre –dijo a Fontán con el rostro enrojecido, tras despedir a don Josémaría– hay que hacerle arzobispo de Sión». Era el título que llevaba el Vicario general castrense en España, encargándole la instrucción espiritual de los soldados, Franco quería que toda la juventud española pasara por las manos del padre Escrivá. En las conversaciones reservadas con su pariente Franco Salgado, el Caudillo habla siempre de Escrivá con sincera admiración y elogio; correspondido por el fundador del Opus Dei, cuya carta a Franco, felicitándole por haber promulgado en 1958 la Ley de Principios Fundamentales del Movimiento, una carta de firme adhesión personal, aunque fue cuidadosamente ocultada durante años, fue publicada por vez primera en mi libro *Franco y don Juan, los Reyes sin corona*[390]. Y eso que a partir de 1953, cuando un sector minoritario del Opus Dei inició el despegue del franquismo, las relaciones entre Franco y el fundador del Opus Dei se entibiaron hasta el punto de que, según me reveló el propio almirante Fontán (que era miembro del Opus Dei) Franco dejó sin contestar varias cartas del padre Escrivá. Muy pronto vamos a discutir, con toda sinceridad, el problema de las implicaciones políticas del Opus Dei.

Muy poco después de haber dirigido los ejercicios espirituales de Franco, el Fundador del Opus Dei, acuciado por don Alvaro del Portillo, se dirigió a Roma para fijar allí definitivamente su residencia. En el libro de Pilar Urbano *El hombre de Villa Tevere* hay muchos datos y referencias sobre la etapa romana del Fundador. Su llegada no pudo ser más oportuna; la impresión personal que produjo en Pío XII no pudo resultar más favorable y es que la fe del sacerdote aragonés y

[390] Madrid, *Epoca*, 1993. Hay varias cartas ocultas más entre el padre Escrivá y el general Franco que espero publicar en breve.

su convicción sobre el gran servicio a la Iglesia que pretendía realizar con su Obra parecía inquebrantable y se comunicaba a cualquier interlocutor. Sabemos ya cómo entre 1947 y 1954 el padre Escrivá y monseñor Portillo consiguieron la aprobación definitiva del Opus Dei como Instituto Secular. En 1948 se erigió el Colegio Romano de la Santa Cruz, para la formación de los sacerdotes y profesionales del Opus Dei con destino a todo el mundo. En 1949 el Opus Dei desembarca en las Américas donde pronto echará raíces profundas. La sección de mujeres del Opus Dei sigue un desarrollo paralelo. La expansión universal de la Obra no se detendrá ya nunca. El 29 de octubre de 1960 el Fundador erige la primera Universidad del Opus Dei en la capital de Navarra, Pamplona, que hoy es una de las más prestigiosas del mundo. El Fundador de Opus Dei siguió muy de cerca la marcha del Concilio Vaticano II cuyas decisiones que se refieren a la aproximación de la Iglesia al mundo él había anticipado desde su decisión suprema en 1928. Viaja continuamente por todas partes, habla con grandes grupos de fieles gracias a su alto y familiar sentido de la comunicación.

Durante su último viaje a España en 1975, el año en que iba a morir Franco, consagra el altar mayor de la inmensa basílica que sus hijos y fieles le han construido en Torreciudad, cerca de Barbastro, junto a la ermita en que de niño acudía a orar ante la Virgen. El 23 de junio de ese mismo año 1975, a poco de regresar de España, cayó muerto ante su mesa de trabajo, junto a una imagen de la Virgen de Guadalupe. Al día siguiente fue sepultado en la casa generalicia del Opus Dei.

El 17 de mayo de 1992, ante la mayor concurrencia que se recordaba en la historia de la Plaza de San Pedro, más de trescientas mil personas, fue beatificado por el Papa Juan Pablo II tras un rápido, tal vez demasiado rápido, proceso canónico.

En el momento de su muerte el Opus Dei se extendía por los cinco continentes y contaba con más de sesenta mil miembros de ochenta naciones[391]. Su sucesor, don Alvaro del Portillo, continuó aguerridamente la lucha para que el Opus Dei consiguiera la situación jurídica que el Padre Escrivá y sus consejeros habían creído más conveniente para los fines de una institución de tan asombroso crecimiento y tan altos servicios a la Iglesia. Esa lucha está descrita admirablemente en la obra citada del profesor Amadeo de Fuenmayor y sus colegas. La solución definitiva que convenía por igual a la Santa Sede y al Opus Dei fue la erección del Opus Dei como Prelatura Personal, decretada en la Constitución Apostólica *Ut sit* de 28 de noviembre de 1982. Monseñor Alvaro del Portillo fue el primer Prelado del Opus Dei.

Cuando murió San Ignacio de Loyola, el 31 de julio de 1556, mil jesuitas dirigían treinta y un colegios en muchas naciones, porque ése era el núcleo principal de su actividad apostólica extendida a otros muchos campos. Hoy, por desgracia, como veremos en el capítulo 9 de este libro, el número total de jesuitas sigue cayendo en picado cada año. Las comparaciones son siempre odiosas, especialmente en este caso pero los datos son, como dice Revel, muy tozudos. Y conviene

[391] He tomado los datos principales de la que creo mejor y más precisa biografía del padre Escrivá, Peter Berglar, *Opus Dei, Vida y Obra del Fundador, José María Escrivá de Balaguer*, Madrid, Rialp. 1983. Pese a los méritos de ésta y otras obras biográficas citadas sigo creyendo que el fundador del Opus Dei no ha encontrado aún la biografía definitiva que merece y que podría resaltar aún más la figura si contiene seriemente datos y enfoques críticos.

reproducirlos de la única fuente autorizada que conozco, el último *Anuario Pontificio* que poseo, correspondiente al año 1994 y adquirido en Roma en enero de 1995. En la p. 1138, entre el epígrafe de Ritos y el de Estadísticas episcopales figura en plural el título «Prelaturas personales» bajo el que puede verse solamente un nombre: Opus Dei, Prelatura de la Santa Cruz y Opus Dei.

Número de sacerdotes	1.496
Sacerdotes ordenados	40
Seminaristas mayores	352
Seglares de la Prelatura (todos los grados, hombres y mujeres)	77.415

Una fuerza espiritual libre y jerarquizada, próxima a los ochenta mil miembros con innumerables obras al servicio de toda la sociedad, ricos y pobres, altos y bajos, sanos y enfermos, hombres, mujeres y niños, en todo el mundo, que sin duda tiene cada uno sus problemas y sus angustias, pero enteramente dedicados al servicio de Cristo a través de una entrega total al Papa, casi ochenta mil hombres y mujeres que al levantarse cada mañana besan el suelo con la invocación antisatánica *Serviam* y la pronuncian desde el fondo del alma. Todas las comparaciones son odiosas pero ahora mismo vamos a hacerlas.

LA GRAN E IRREVERENTE PREGUNTA SOBRE EL OPUS DEI

En los epígrafes anteriores he procurado reflejar, dentro de las proporciones de este libro, el nacimiento y la trayectoria del Fundador del Opus Dei y su Obra. Sin embargo desde que al principio de los años cuarenta se empezó a oír hablar del Opus Dei esta institución nunca ha perdido su halo de misterio, aunque el padre Escrivá decía que su Obra no era secreta sino discreta. Era Nuncio en España monseñor Luigi Dadaglio cuando un día me invitó a comer, acompañado por el catedrático de Estética, profesor José María Sánchez de Muniain, de la Asociación de Propagandistas, hombre bueno y ocurrente que lo sabía todo sobre el Opus Ahora recuerdo que la invitación fue para comentarme mi primera biografía de Franco, que había aparecido en 1972. Hablamos durante el almuerzo, muy agradable, de todo lo divino y lo humano y por tanto del Opus Dei, al que el Nuncio, no muy afecto a la Obra, no sabía en cuál de las dos categorías clasificar. Yo estaba entonces en posición bastante más crítica que hoy respecto al Opus Dei aunque incluso en mis criticas más duras jamás omití importantes aspectos positivos. Oí en aquel almuerzo a Sánchez de Muniain una definición sobre el Opus Dei que pronto hizo fortuna: «El Opus es un ten con ten entre el cilicio y el Remy Martin». Y luego nos refirió, con gran satisfacción del Nuncio, la gran pregunta.

La gran pregunta era la que San Pedro hizo a Franco antes de dejarle pasar al cielo. Fue entonces también cuando oí por vez primera que alguien mencionaba la muerte de Franco; mi amigo Pío Cabanillas decía seriamente que Franco no moriría antes del año dos mil, y lo repetía hasta en octubre de 1975. (Yo acababa de hablar detenidamente con Franco y le había encontrado muy decaído y distante). San Pedro, decía Muniain, hizo a Franco tres preguntas que por lo visto suscitaban enorme curiosidad en los cielos. «Primera, si cree usted de verdad que todo está atado y bien atado. Segunda, si es verdad que usted hizo en 1945 un pacto secreto con Stalin (éste era un rumor muy extendido en España entonces, por absurdo que parezca). Y ahora viene la gran pregunta mi general, la que solamente usted puede responder. Ante el silencio expectante del Caudillo siguió San Pedro: «Y la tercera, la gran pregunta: ¿qué coño es el Opus?». Con todo respeto yo quisiera explicar brevemente la respuesta de Franco y la mía.

Franco estuvo, durante muchos años al final de su vida, indignado con el Opus Dei. Se había identificado muy profundamente con la Obra y había tenido en altísima estima, como sabemos, al Fundador. Pero no comprendía el movimiento del profesor Calvo Serer que, fracasado en su intención de convertirse en ideólogo permanente del franquismo, (y simultáneamente del juanismo) se pasó sin más trámites al antifranquismo y creó un movimiento de oposición vertebrado con miembros del Opus Dei, con aprobación evidente del padre Escrivá de Balaguer, entre cuyos más claros defectos figuraba la estima que siempre sintió por su aberrante discípulo. En ese movimiento, ya en los años sesenta, figuraron más discretamente miembros mucho más serios del Opus Dei como el profesor Antonio Fontán, que siempre ha mostrado gran eficacia en la organización de plataformas de jóvenes políticos, y otros socios del Opus como un compañero mío en el Cuerpo de Técnicos de Información y Turismo a quien contemplé divertidamente una noche, en vísperas del referendum para la Ley Orgánica de 1966, pintando «NO» con grandes letras junto a los carteles del SI y poniéndose perdido. En las agendas de trabajo que ha publicado Fraga en Planeta con el nombre de Memorias (y que pese a ello son muy interesantes) hay muchos detalles sobre la formación de esta línea de oposición al franquismo en los años sesenta bajo la dirección de Calvo Serer y compañía. Y es que el Opus Dei, sobre todo desde que varios de sus miembros formaron parte estelar de los gobiernos de Franco a partir de 1957 hasta la muerte del almirante Carrero, gran protector de la Obra, en 1973, se había identificado profundamente con el franquismo, aunque por la época del Concilio el padre Escrivá captó las ondas antifranquistas del Vaticano y permitió que Calvo Serer y sus amigos iniciasen un tanto abruptamente el despegue del franquismo, al que otros miembros del Opus, la gran mayoría, sirvieron lealmente hasta el final. Hay quien adelanta este despegue a la época anterior al Concilio y puede que sea verdad. En todo caso Franco no comprendía el pluralismo político dentro del Opus Dei, que tanto le debía; por más que el pluralismo político, como el pluralismo profesional, formaba parte de la entraña de la Obra desde el principio.

Yo creo que la línea antifranquista que surgió en el Opus Dei, o entre un grupo de miembros del Opus Dei, era perfectamente legítima y explicable salvo por un detalle: esa línea, bajo la dirección de Calvo Serer, llevó directamente a la Junta Democrática de 1974, es decir a la alianza estratégica de varios miembros del Opus Dei con los comunistas; que entonces eran marxista-leninistas; y no se trató de ninguna casualidad sino de un exagerado desprecio por las ideologías en favor de la praxis política, que es otra de las características que he observado en muchos miembros del Opus Dei. En virtud de un desprecio semejante algunos miembros del Opus han pactado las votaciones para cátedras en estos últimos tiempos con conocidos comunistas; y esto nadie me lo podrá negar porque lo he visto con mis propios ojos y varias veces. En virtud de ese mismo desprecio el sector crítico de la derecha navarra, dirigido por don Juan Cruz Alli y compuesto por muchos miembros del Opus Dei han pactado la formación de un gobierno de Navarra en este mismo año 1995 con socialistas y comunistas defensores a ultranza del aborto, lo que mereció una justísima repulsa de don Luis María Anson en ABC, quien hace dos años, a la muerte de don Juan, exaltó hasta las nubes al señor Alli por haber pronunciado un discurso juanista lleno de disparates históricos; sic transit gloria mundi. En casos como éste son inútiles las protestas oficiales del Opus Dei sobre la pluralidad y la plena libertad política de sus miembros. La libertad y la pluralidad son ciertas y aceptables; el señor Calvo Serer y el señor Allí tenían todo el derecho del mundo a establecer pactos políticos. Pero con excepción de quienes pueden llevar a los gobiernos, como es el caso de los comunistas, su ateísmo constituyente y sus ideas contra la vida. Para eso un católico no tiene libertad salvo renuncia del otro grupo a esos principios, una renuncia que no se ha producido ni en los años setenta ni hoy ni por supuesto en los impúdicos convenios de cátedra, que espero nadie me niegue porque entonces daré, en sucesivas ediciones, fechas, nombres y apellidos. Esto supuesto no debo tomar el todo por la parte y reconozco que la inmensa mayoría de los socios del Opus Dei actúan correcta y libremente en sus opciones políticas, con los matices que voy a explicar a continuación.

EL OPUS DEI EN LA HISTORIA DEL SIGLO XX

En ocasiones anteriores he mostrado un talante mucho más crítico hacia, no contra el Opus Dei, seguramente porque ahora observo al fenómeno Opus Dei desde la infinita perspectiva que me permite este empeño de historiar nada menos que a la Iglesia; y en ese contexto, sin borrar las críticas que he hecho y pienso hacer al padre Escrivá y a su Obra, los veo a una luz histórica mucho más favorable. Hay además otro motivo que a un historiador católico debe hacer mucha fuerza. Desde 1941 el Opus Dei, a lo largo de su evolución, ha ido recibiendo aprobaciones cada vez más explícitas y positivas de la Iglesia. Todos los Papas le han dado su asentimiento, especialmente los Papas a cuyo criterio yo me acomodo con mayor seguridad, aunque a todos les respeto; Pío XII, que le elevó a Instituto Secular y le protegió en su difícil primer tramo; Juan Pablo I, que dedicó al Opus Dei el último de sus artículos –con inmenso elogio– en *Il Gazzetino* de Venecia y veneraba tanto al padre Escrivá que fue a rezar ante su tumba inmediatamente antes de entrar en cónclave; y Juan Pablo II, que es el mayor entusiasta del Opus Dei que hay en la Iglesia y que se ha dado prisa en beatificar al Fundador para dejarle en los altares antes de volver a lo alto. Resulta que, además de respetarle como Papa, siento desde el mismo año 1978 una veneración ilimitada por Juan Pablo II, le he estudiado durante noches y noches, me he identificado, aun sin abdicar del sentido crítico, profundísimamente con sus hechos y su doctrina y he escuchado de sus propios labios, por tres veces, el impulso para seguir en mi difícil camino personal dentro de la Iglesia y la aprobación al más polémico de mis libros, que se llevó en la maleta para su viaje a Colombia. Y Juan Pablo II es el hombre mejor informado del mundo sobre el Opus Dei y su fundador. Esto no es una aceptación simple del principio de autoridad, que ya seria suficiente para un católico, sino una comunión espiritual y a la vez racional con el pensamiento profundo del Papa actual sobre el Opus Dei y el beato Escrivá de Balaguer.

Por otra parte he podido superar con cierta facilidad y bastante sentido del humor los errores y hasta las ofensas que he recibido de algunos miembros del Opus Dei, quienes han ido, por cierto, bien servidos en mis réplicas, ante el contacto con muchas mas y mucho más importantes personas del Opus Dei en España, en Roma y en América. A algunas de ellas debo impulsos decisivos en mi vida, aunque ellas no lo sepan. He estudiado y comprobado, sin que a veces quienes dirigen esas obras se hayan dado cuenta, diversas actividades del Opus Dei, tanto personales como corporativas, y faltaría gravemente a la verdad si no confieso públicamente la eficacia, la espiritualidad y el heroísmo con que he visto funcionar a esas personas y esas obras. Hay sobre todo un rasgo que me impresiona vivísimamente. Por desgracia la Compañía de Jesús, a la que tanto debo y a la que tantísimo he conocido y estudiado en sus fuentes públicas y secretas ha perdido el camino que le señaló su Fundador en el siglo XVI y, dominada por un clan nefasto empeñado en llevarla a una opción de signo político e izquierdista, cuando no abiertamente marxista, ha dejado de ser la «caballería ligera del Papa» y se ha convertido en la oposición, y no precisamente leal oposición, al Papa. No sólo a este Papa sino a la Santa Sede, al menos desde Pablo VI hasta hoy. No es que todos los jesuitas caigan bajo esa aberración, ni mucho menos. Pero un grupo audaz y determinado, que empezó a formase en los años cincuenta, tomó los mandos de la Orden en 1965 y desde entonces no ha hecho sino desnaturalizarla. Este terrible acontecimiento, que me parece central en la historia moderna de la Iglesia, lo voy a estudiar en el capítulo 9 de este libro pero lo cito aquí para marcar el contraste con la actitud del Opus Dei. La posición teológica y filosófica del Opus Dei –que cuenta ya con teólogos y pensadores de primer orden– está mucho más de acuerdo con el sentir de la Iglesia que la teología de unos jesuitas que en ocasiones, como ha visto el lector en el Pórtico, llegan a negar la divinidad de Cristo. Un arzobispo del Opus Dei rige hoy según el espíritu de Cristo la archidiócesis de San Salvador, la nación mártir que, como Nicaragua y ahora México, condensan una de las tormentas más negras en la historia de la Compañía de Jesús, en la historia de la Iglesia en América, como estudiaremos con detalle. Uno de los jesuitas mas importantes y mejor orientados de hoy, el californiano padre Fessio, ha proclamado hace pocos meses ante las actas de la Congregación General XXXIV, que ofrezco en este libro, su estupor ante una Compañía que no sabe si cultiva «el cuarto voto o la cuarta columna»; daré el texto completo. En cambio el Opus Dei se vuelca en el apoyo al Papa. Arropa los viajes del Papa, que los jesuitas observan con indiferencia. Colabora como un ejército espiritual disciplinado en las grandes empresas del Papa, hasta extremos que muchos desconocen. Junto con otras instituciones de la Iglesia que han seguido su altísimo ejemplo, el Opus Dei está cumpliendo en la segunda mitad del siglo XX la obra que la Compañía de Jesús cumplió gloriosamente en la segunda mitad del siglo XVI y ahora tiene lamentablemente abandonada. Lo he visto siempre tan claro que en el segundo de los artículos que escribir en mi vida, a mediados de los años sesenta, titulé más por intuición que por documentación: «La lid abandonada» bajo un retrato del padre Arrupe. No me preocupa nada la formidable máquina de propagada de unos jesuitas que han proclamado hace poco en su revista-almirante de Madrid: «San Ignacio no fue un capitán, la Compañía no es un ejército». La primera definición es falsa, la segunda cierta. Son un ejército disuelto, como demostraré documentalmente qué dijo de ellos Pablo VI.

Por estas razones, que podrían multiplicarse, he hecho en este libro una opción histórica en favor del Opus Dei. Para comprender el pluralismo político de sus miembros conviene compararle con la otra plataforma para la acción política de los católicos, la Asociación Católica Nacional de Propagandistas . Esta importante asociación para la acción informativa, social y política fue creada hacia 1910, en medio de la ofensiva anticlerical de los liberales, por el abogado del Estado don Angel Herrera bajo la orientación del insigne jesuita y apóstol social Angel Ayala. Con ayuda de los católicos vascos compraron un diario mortecino, *El Debate* y le convirtieron en el más influyente de España, junto con el ABC. La Asociación vertebró el gran partido de los católicos, la CEDA, que llegó a ser el primero de la República. La guerra civil y el franquismo dividieron a sus miembros; don Angel Herrera, que fue creado después obispo y cardenal, se entregó a la causa y el régimen de Franco tras alguna vacilación inicial; don José María Gil Robles, gran jefe de la CEDA arrinconado por Franco, se apuntó al juanismo donde apenas pudo hacer otra cosa que poner verde a don Juan de Borbón en sus memorias; la inmensa mayoría de la Asociación siguió a don Angel Herrera y salvó al régimen desde que varios de sus miembros, con don Alberto Martín Artajo a la cabeza, entraron en el gobierno de Franco al acabar la segunda guerra mundial. Luego apareció también una línea minoritaria de oposición democristiana en el seno de los Propagandistas, alentada desde la Roma de Pablo VI, pero a su vez se dividió en estériles corrientes que hicieron el ridículo al llegar las elecciones generales de la democracia y luego actuaron en la UCD como colaboradores de primer orden en unos casos, como termitas destructoras en otros. Las grandes instituciones creadas por don Angel Herrera se diluyeron, se hundieron, perdieron su coordinación y alguna sobrevive por su cuenta, como la propia Asociación que ya no se llama Nacional; el impulso de don Angel se ha desnaturalizado y ha perdido por completo su ilusión y su voluntad de vencer. La gran mayoría de sus miembros siguen siendo personas decentes, pero un pequeño grupo, que permanece en la Asociación, ofrece a diario un ejemplo personal lamentable que algún día me inspirará una novela entre verde y negra.

Las plataformas informativas y políticas creadas por el Opus Dei en España han corrido mucha mejor suerte. En el año 57 el grupo llamado de los tecnócratas, cuyo director en la sombra era el profesor López Rodó, fueron los artífices de la transformación económica y social más importante en la historia de España. La línea antifranquista dirigida por el señor Calvo Serer hizo más o menos el oso. Las publicaciones inspiradas por el Opus Dei han experimentado éxitos y fracasos notorios. Emulo de don Angel Herrera, y seguramente inspirado en su experiencia, el discretísimo y admirable profesor Antonio Fontán ha sido el creador de otras dos plataformas próximas al Opus Dei; una fue el núcleo base de la UCD de Adolfo Suárez, antiguo miembro de la Obra; otra la renovación juvenil, arriesgada y exitosa de la propia UCD tras arrebatar a Fraga su partido de Alianza Popular por obra de José María Aznar, que para la grosera aproximación de Alfonso Guerra es el Opus de nuevo en el poder, oye campanas y no sabe dónde. La relación entre la nueva plataforma política del Opus Dei con el Partido Popular que es una gran alternativa de poder en España es muy semejante a la relación que existió entre la Asociación Nacional de Propagandistas y la CEDA entre 1933 y 1936; aunque la Asociación dependía directamente de la Iglesia a través de la Nunciatura. Por supuesto que la mayoría de los dirigentes del Partido Popular no pertenecen al Opus Dei pero los miembros de la Obra y sus allegados son los que imprimen carácter a esa plataforma política. Mi amigo Antonio Hernández Deus, eficaz jefe de la oficina informativa del Opus Dei en España, me dirigirá largas cartas de matización pero en 1981 un político cuyo nombre no se puede pronunciar más que con iniciales y conjuro, don L.C.S. +/–660 era el candidato preferido de la plataforma Opus Dei para suceder a Adolfo Suárez en el Gobierno. Como yo mostraba mis serias dudas sobre el personaje, y así lo demostraría la triste experiencia de su mandato, tuve una discusión amistosa con un altísimo dirigente del Opus Dei que le defendía ardorosamente en casa de Eduardo Carriles. A los pocos días el dirigente en cuestión, amigo mío de la infancia, me dirigió una carta muy concreta para volverme a pedir el apoyo a la candidatura del Innombrable; y mi amigo nada tenía que ver con la política española. Es imposible organizar plataformas para la acción política sin que la Institución a que pertenecen los creadores de esas plataformas no ejerza, con la mejor intención, su influencia para fomentarlas. Exactamente ocurre lo mismo hoy con el Partido Popular, que por supuesto no es el partido del Opus Dei. Y no insisto más en el tema porque el Opus Dei es cada vez más universal y este debate se refiere principalmente a España. Podría sin embargo aplicarse también la política, la economía y la cultura de otros países, así como a la selección de obispos del Opus Dei para muchas diócesis del mundo, que es un criterio bastante aplicado por el Papa Juan Pablo II, con gran acierto en mi opinión.

La Compañía de Jesús, el Partido Comunista y la Masonería han sido modelos/antimodelos del padre Escrivá para la organización del Opus Dei y sus plataformas y actividades. Algún día pienso desarrollar ese tema, que creo importante. Entre los asombrosos méritos del Opus Dei, entre los cuales pongo en cabeza su sincera espiritualidad cristiana, noto también ciertos ribetes que tal vez sus miembros harían bien en estudiar y desterrar. El más peligroso es el carácter relativamente excluyente de la Obra, que le ha acarreado injustamente acusaciones de secta; porque el Opus Dei no ofrece un sólo carácter pleno de secta. Digo que son a veces excluyentes porque tienen poco reparo en aliarse –política o culturalmente– con los enemigos de la Iglesia pero en cambio consideran con frecuencia como ajenos o competidores a otros católicos que marchan más o menos en su misma línea. Eso les lleva a la exaltación casi exclusiva de sus propias gentes, y a prescindir de grupos y personalidades católicas de semejante intención y fidelidad a la Iglesia. Basta con leer los catálogos de las editoriales de Opus y los sumarios de las revistas del Opus para comprobar esta tendencia al exclusivismo que es todo lo contrario a la universalidad etimológica del catolicismo. Justo es reconocer que últimamente les noto mucho más abiertos en tan delicado tema.

En fin, creo haber dicho todo lo esencial sobre el Opus Dei en un contexto histórico de infiltración contra la Iglesia. El Opus Dei es todo lo contrario: una infiltración de la Iglesia en la sociedad. Su misión es dificílísima en esta Iglesia y esta sociedad; y en medio de la brutal ofensiva del ambiente mundano deben resistir los miembro del Opus Dei, en medio del mundo, tensiones salvajes que muchas veces afectan, necesariamente, al equilibrio interior que reconquistan cada mañana al besar el suelo con su promesa de servicio a Dios. Por eso comprendo que muchos de ellos sientan angustia, cansancio y tentaciones de abandonar, a las que casi siempre resisten heroicamente, Comprendo también los abandonos; no todo el mundo es digno de mantener tan alta vocación. Supongo que la conciencia del altísimo servicio que prestan a la Iglesia y a la sociedad les ayudar a mantenerse firmes.

No sé si he expresado bien lo que realmente siento por el Opus Dei en medio del camino de la vida, cuando se empieza a ver la huella de Dios mejor en el ocaso que en el alba. Lo resumiré para que se me entienda del todo: el Opus Dei está inventado y bien inventado, pero si no existiese habría que inventarlo con urgencia. Demasiadas cosas, sobre todo en la Iglesia, dependen de él.

CAPÍTULO 8

EL BUEN PAPA JUAN
LA PÉRDIDA DE CUBA Y LA ORDEN DE PEKIN
PABLO VI Y EL CONCILIO PACTADO
1958-1965

El buen Papa Juan convocó el Concilio Vaticano II que fue una revolución, positiva y negativa, en la Iglesia. Llegó a convencerse de la victoria comunista próxima y quiso preparar a la Iglesia para una nueva invasión de los bárbaros. Concertó un pacto lamentable con el Kemlin sobre el Concilio.

SECCIÓN 1: SE INVIERTE EL SIGNO DE CONTRADICCIÓN

CAMBIO DE HORIZONTE: LOS AÑOS SESENTA

Visto desde nuestra perspectiva, el cambio que se produce de repente en la Iglesia y en el mundo a la muerte de Pío XII en octubre de 1958 no es sólo un cambio de escena sino todo un cambio de horizonte. Van a llegar los años sesenta, donde brotaron tantas ilusiones, aunque fuera en medio de tantas confusiones; y aunque a nuestra mirada de hoy esas ilusiones parezcan ahora más bien alucinaciones. Europa se había puesto ya en pie y se consolidaba entre los dos grandes bloques estratégicos, el mundo libre y el mundo comunista; la mayoría de la gente pensaba que Kruschef, que había satanizado hábilmente a su predecesor Stalin en 1956, echando sobre él todas las culpas históricas del comunismo, podía de verdad adelantar económicamente a los Estados Unidos como les estaba adelantando en los primeros grandes éxitos de la era espacial, cuyo objetivo, de momento, era la Luna. La mayoría de la gente, incluido el nuevo Papa, creía en el auge imparable de la Unión Soviética y, por tanto, del comunismo al que había condenado tan enérgicamente Pío XII. Occidente, por el contrario, se iba a entrampar a muerte en la guerra del Vietnam y sus juventudes universitarias, en Europa y en América, parecían cambiar no sólo de modas sino de alma, y lo exteriorizaban en sus rebeliones de Berkeley, en la bahía de San Francisco y en el Barrio Latino de París. El nuevo Papa, Juan XXIII, aparecía como el primer promotor del diálogo Este-Oeste, marxismo y cristianismo; y seguía un camino que, en sus aspectos estratégicos, parecía opuesto por el vértice al de su gran predecesor Pío XII. Los partidarios de Pío XII se transformaban en adversarios de Juan XXIII dentro de la Iglesia y los defensores más ardientes del «buen Papa Juan», como consiguieron que todo el mundo le llamara, ponían verde, en lo que creían justa correspondencia, a Pío XII. Todo el mundo, incluído el nuevo Papa, creía en la coexistencia pacífica que era la tapadera con que Kruschef y el bloque comunista disimulaban, con enorme éxito de imagen, el mismo imperialismo expansivo de Stalin, mientras apelaban al pacifismo absoluto (que jamás se refería al intensísimo rearme nuclear de la URSS) e insultaban día y noche al imperialismo de la OTAN y sobre todo al gran monstruo capitalista, los Estados Unidos; pero casi nadie advertía la contradicción entre esos insultos y las continuas invocaciones a la coexistencia pacífica. Para colmo el bloque comunista conquista la que sería su plaza de armas para la dominación revolucionaria de America, Cuba, con la complicidad (eso sí que era coexistencia) de la estrategia enemiga, dictada por el Departamento de Estado y el New York Times, los grandes pregoneros de un héroe popular que marchaba por la manigua con el rosario al cuello y se llamaba Fidel Castro. Era la edad de oro de la propaganda articulada por la KGB, que preparaba la invasión de América por vía religiosa, válganos Dios, gracias al movimiento PAX y a la red del IDOC, cuya avanzada romana se infiltraba, como denunció pronto el cardenal polaco Wyszyski, en la misma oficina de Prensa del Vaticano para manipular en todo lo posible –que era mucho– al gran Concilio que pronto anunciaría con universal sorpresa Juan XXIII. El joven y brillante senador John Fitzgerald Kennedy ganaba las elecciones en noviembre de 1960 y se convertía en el primer presidente católico de los Estados Unidos. Desencadenó, como uno de los grandes frentes de su política, la «Alianza para el Progreso» que iba a conseguir el saneamiento y la elevación económica y democrática de Iberoamérica. Muchos observadores comentaron que la conjunción de tres figuras geniales como Kennedy, Kruschef y Juan XXIII cambiaría, por fin, los destinos del mundo. España, una potencia de tercer orden que antaño había gobernado al mundo, experimentaba, eso sí, la transformación económica y cultural más amplia y profunda de su historia y sus generaciones jóvenes reclamaban urgentemente la democracia que en su prolongada versión socialista ha degenerado, cuando se escriben estas líneas en sinónimo de una corrupción como no se conocía desde Fernando VII, el último Rey de España y de las Indias.

Ilusiones, alucinaciones. Los jóvenes rebeldes de los años sesenta se transformaron en hippies, una nueva modalidad de vagabundos desencantados que desertaban de la guerra del Vietnam, cuyos peores enemigos estaban en las Universidades de América. Kennedy se estrelló contra Castro en Bahía Cochinos y Kruschef consiguió emplazar, aunque por breve tiempo, sus ojivas nucleares a pocas millas de la costa de Florida. Las muchedumbres que acudieron a trabajar en las fábricas jamás construidas de la Alianza para el Progeso se hacinaron en mugrientos suburbios de las grandes ciudades iberoaméricanas; ni alianza ni progeso. Con su plaza de armas recién adquirida en Cuba, la estrategia soviética se aprestaba a la invasión cristiano-marxista del hemisferio occidental y extendía sus tentáculos por Asia y Africa. La rebelión juvenil del 68 se disolvió en agua de borrajas y sus líderes buscaron frenéticamente todo ese poder y ese dinero del que habían abominado en sus manifestaciones utópicas. Kruschef y Kennedy acabaron de mala manera, más sangrienta e inexpicable en el caso del segundo; en medio de su propio fracaso y el hambre de su pueblo en el caso del primero. Juan XXIII murió en medio del Concilio y dejó a su inteligente sucesor una Iglesia más encrespada que nunca. Pero eso sí, había convocado el Concilio.

QUIEN ERA EL PAPA RONCALLI

Las biografías que conozco de Juan XXIII son todas no ya favorables sino entusiastas; lo que probablemente se debe tanto a la simpatía y dotes de comunicación que caracterizaban al Papa como a la evidente tendencia izquierdista, aunque seriamente concebida y expresada, de sus principales autores, entre los que destacan el escritor católico español José Jiménez Lozano[392] y el ex-jesuita y vaticanólogo inglés Peter Hebblethwaite[393]. Una y otra son excelentes y útiles, pero conviene no olvidar la tendencia ideológica de sus autores dentro del catolicismo «progresista». Otros dos apuntes biográficos me parecen más equilibrados; el de Hubert Jedin en el tomo IX de su tantas veces citado *Manual de Historia de la Iglesia*[394] y el de Benny Lai en *I segreti del Vaticano*[395], que consigue un difícil retrato lleno de agudeza, intuición y sentido informativo, que trasluce la pluma del testigo directo y muy bien relacionado en Roma. Para el espinoso problema de la aproximación de Juan XXIII a la izquierda italiana y al comunismo soviético es necesario, además, acudir a otras fuentes imprescindibles que en su momento citaré. Es muy difícil sustraerse a la magia de Juan XXIII y no voy a intentarlo porque me seduce, como a todo el mundo, su talante humano y su profunda espiriualidad, que tan ejemplarmente brilló en la circunstancia de su muerte. Sin embargo discrepo, como católico y como historiador, del giro político que pretendió dar a la Iglesia y que como la Historia iba a demostrar treinta años más tarde, era radicalmene equivocado, lo cual no priva a Juan XXIII de su grandeza ni siquiera en medio de su error estratégico, que sin petenderlo él acarreó graves perjuicios a la Iglesia católica.

Había nacido en Sotto il Monte, provincia de Bérgamo, el 25 de noviembre de 1881, cuarto entre los catorce hijos de un matrimonio campesino y hondamente religioso; de su humilde origen, que jamás trataba de ocultar, le vino el sentido común, la socarronería, la convicción de «ser uno de vosotros» cuando se dirigía a auditorios de clase pobre. Fue siempre ejemplar en su vida privada, en su austeridad, en su horror a la corrupción; se quedó una noche sin dormir al enterarse de que el cardenal Federico Tedeschini, muy notorio por su mundanidad cuando ejerció como Nuncio en España tanto con la Monarquía como con la República de 1931, había dejado a sus sobrinos una herencia inmensa, que en parte mandó el Papa aplicar a las necesidades de la diócesis regida por el purpurado. Estudió en los seminarios menor y mayor de Bérgamo, mostró interés incluso profesional por la historia de la Iglesia (cardenales Borromeo y Baronio) completó sus estudios teológicos en Roma donde obtuvo casi a la vez el doctorado y el sacerdocio en 1904. Luego fue nombrado secretario del obispo de Bérgamo y profesor del seminario; aunque jamás rebasó la ortodoxa ni cambió las convicciones de su formación, de signo tradicional, el equipo integrista de Pío X le tuvo algún tiempo bajo sospecha, sin motivo alguno. Sirvió como capellán militar en la Gran Guerra y a su término fue llamado a Roma donde ejerció durante cuatro años la presidencia de la

[392] J. Jiménez Lozano *Juan XXIII,* Barcelona, Destino, 1974.
[393] P. Hebblethwaite *Giovanni XXIII* Milán, Rusconi, 1989.
[394] p. 163s.
[395] op. cit. p. 41s.

Propaganda Fide italiana. En 1924, consagrado arzobispo, fue enviado como visitador y luego delegado apostólico a Bulgaria, cuya Reina era hija del Rey de Italia; ayudó a los 50.000 católicos que convivían con la mayoría ortodoxa en condiciones difíciles y vivía casi recluido en un convento, notable sacrificio para un carácter tan activo y expansivo. Se alegró mucho cuando hubo de proseguir su carrera diplomática en 1934 como delegado apostólico en Grecia y Turquía y administrador del vicariato de Estambul. Viajó por Europa del Este y el Oriente medio y se familiarizó con esos ambientes no bien conocidos en Roma.

De estatura medio-baja, gordo y con rostro bonachón de campesino, se había revelado en misiones difíciles como un exelente diplomático, cargo que hacía compatible con una permanente vocación pastoral. Por eso Pío XII le envió en 1945, al término de la segunda guerra mundial, como nuncio a París, donde el general de Gaulle exigía la destitución de tres cardenales y treinta obispos por haber colaborado (como millones de franceses) con el régimen de Vichy. Roncalli recibió una tajante instrucción de Pío XII ante la primera propuesta: «Eso nunca se ha hecho y no se hará». En la ardua negociación supo ganarse la estima del *grand Charles* que hasta pretendió influir después a favor de Roncalli para la elección papal; sólo seis obispos fueron invitados a dimitir. Se preocupó ademas de que los seminaristas alemanes prisioneros en Francia pudieran continuar sus estudios superiores. A principios de 1953 recibió la púrpura y fue nombrado patriarca de Venecia.

Desempeñó tan alto puesto con gran satisfacción personal y de su diócesis. Era popularísimo en los ambientes obreros y humildes y admirado en las orgulllosas clases altas. Viajaba, en sus vacaciones, a los santuarios marianos de media Europa, lo que le convirtió en uno de los cardenales italianos más conocidos fuera de Italia. A la muerte de Pío XII su nombre sonaba con poca insistencia en las listas de papables, porque no parecía a los vaticanólogos una figura digna de suceder a Pío XII. Sin embargo bien pronto advirtieron los cardenales encerrados en el cónclave que la elección se iba a dilucidar entre el cardenal armenio Agagianian, prefecto de Propaganda Fide, y el orondo patriarca de Venecia. Un cardenal tan brillante como el de Génova, Giuseppe Siri, que a sus 48 años era el candidato de Pío XII, resultaba demasiado joven según el sentir general cuando alguien dijo «Queremos un Padre Santo, no un Padre Eterno». Los rumores e incluso las calumnias para descartar candidatos relevantes corrían como en cualquier elección política. Los cardenales franceses querían Papa a monseñor Montini, arzobispo de Milán, aunque todavía no era cardenal. Agagianian, majestuoso armenio de raza pura caucasiana, educado en Roma desde los once años, tuvo mala suerte; su principal cardenal promotor, Costantini, murió en vísperas del cónclave y le ahogaron los rumores sobre una hermana suya, ciudadana sovética, que por lo visto se llevaba muy bien con la diplomacia de Moscú. El cardenal Roncalli, en cuanto vio sus posibilidades, hizo una discreta campaña electoral con visitas a varios dudosos. Su ortodoxia era tan evidente que su valedor principal era nada menos que el influyente cardenal Ottaviani, prefecto del Santo Oficio y tenido, exageradamente, por integrista. Al fin, tras once escrutinios, los 56 cardenales electores, de los que sólo un tercio eran italianos, eligieron al cardenal Angeo Giuseppe Roncalli que decidió llamase Juan XXIII, el 28 de octubre de 1958. Fue la primera de sus sorpresas. Ya hubo un Juan XXIII pero fue declarado antipapa en la época del Cisma de Occidente. El nuevo

Papa confesó que había tomado el nombre de su padre campesino; el nombre de la parroquia de San Juan en que fue bautizado; el nombre de la catedral de Roma, San Juan de Letrán. Quería dar a entender, desde aquel momento, que lejos de la admirable altivez de Pío XII, pretendía ser, ante todo, obispo de Roma y párroco del mundo. Casi inmediatamente empezó a recorrer las iglesias, las cárceles y los hospitales de Roma, donde su figura se hizo popularísima.

Los dos principales personajes de su equipo influyeron decisivamente en su trayectoria como Pontífice. Nombró cardenal a monseñor Tardini, tantos años «sustituto» en la Secretaría de Estado y le designó secretario de Estado, cargo que había dejado vacante Pío XII desde 1944. (En la primera promoción de cardenales, que fue numerosa y desbordó ampliamente el límite tradicional de setenta, nombró en primer lugar al arzobispo de Milán, monseñor Montini). Hasta la muerte del cardenal Tardini en 1963 el Papa no tomaba una sola decisión importante sin consultarle y solía atender a su criterio aunque al final apuntaron entre los dos algunas divergencias. El segundo personaje era don Loris Capovilla, el secretario que se había traído de Venecia, sacerdote muy inclinado a la izquierda y convencido de que el nuevo Papa debía mantener estrecho contacto con los medios de comunicación, a lo que Pío XII se había negado sistemáticamente; ahora el Papa y Tardini daban ruedas de prensa y Capovilla asignó al apartamento vaticano un equipo de la televisión italiana que presentaba la vida del Papa con mucha frecuencia. Era todo un anuncio de lo que iba a ser el Concilio, abierto a la prensa y condicionado abusivamente por ella; el corresponsal de *Le Monde*, Fesquet, ejercía en el Concilio mayor influencia que una docena de padres conciliares. Los jesuitas tomaron buena nota de la nueva tendencia pontificia y empezaron a organizar una de las pocas cosas grandes que les quedan, la máquina de propaganda más poderosa, aunque no precisamente más objetiva de toda la Iglesia católica. A propósito de jesuitas, los discretos consejeros de Pío XII que habían pertenecido a esa Orden se esfumaron del Vaticano, sustituidos por el omnipresente Capovilla, que mandaba en la tercera planta del palacio apostólico como ningún secretario particular lo había hecho; entre otras cosas porque el cargo de secretario particular no había existido jamás en la complicada jerarquía de la Casa Pontificia, donde se dictaron muchos despidos.

Juan XXIII ordenó que funcionara de nuevo el ascensor que unía directamente la Secretaría de Estado en la primera planta con el apartamento pontificio en la tercera. Ordenó también, a sugerencia de Capovilla, que se sellaran las escaleras secretas por las que acudían a hablar con Pío XII los dirigentes de la derecha democristiana como Giulio Andreotti. Juan XXIII renunció a desempeñar la alta dirección del partido católico contra lo que había hecho Pío XII; teóricamente se la traspasó a la Conferencia episcopal italiana, con poco éxito. Porque los cardenales de la Conferencia, dirigidos por Siri, prohibieron, por ejemplo a la DC una alianza estratégica con el partido socialista; la famosa «apetura a sinistra» que se decidió en el congreso democristiano de Nápoles en 1960. El Papa permitía esa aproximación pero sobre la base de un programa concreto. Loris Capovilla, en cambio, convino con los promotores del izquierdismo democristiano –Aldo Moro y Amintore Fanfani– esa alianza sin necesidad de formular el programa; y así lo hizo el congreso de Nápoles, con indignación de Siri que se quejó al Papa y acusó discretamente a su secretario de mangonear el asunto. Pero Juan XXIII calló; en el fondo deseaba lo mismo que Capovilla. Así aplicaba Juan XXIII el propósito que el cardenal Siri había expresado a Benny Lai en vísperas del cónclave: «Hay que alargar y a ahondar el foso del Tíber, que separa a las dos Romas. Me gustaría suprimir todos los puentes». Es decir que un cometido fundamental del Papa debería ser romper la excesiva vinculación a la Democracia Cristiana. Pero como acabamos de ver los puentes subsistieron, con otra orientación. Y el nuevo Papa, que repetía la frase de Siri sin citar al autor, lo que hizo es cavar un canal de comunicación entre el Tíber y el Moscova.

EL ANUNCIO DEL CONCILIO

El 25 de enero de 1959 Juan XXIII, en quien tanto los cardenales del cónclave como la opinión pública habían visto como «un Papa de transición» anunció tres proyectos inmediatos que, sobre todo el tercero, conmocionaron al mundo y desencadenaron, en la Iglesia, en el mundo católico y en el bloque comunista, toda clase de maniobras. Primero, la convocatoria de un sínodo diocesano en Roma, diócesis que necesitaba profundas reformas y urgentes orientaciones. Segundo, la revisión del código de Derecho Canónico, la ley de la Iglesia. Y tercero, ésa era la gran noticia, la convocatoria inminente de un gran Concilio ecuménico, el primero después del Vaticano I que terminó a mano airada con la conquista de Roma por el Reino de Italia en 1870. La revisión del Derecho Canónico se retrasó y no se promulgó hasta el pontificado de Juan Pablo II en 1983; la Curia romana ha sido siempre muy reacia a reformarse. El Sínodo de Roma se celebró pronto, a partir del 24 de enero de 1960 y resultó un fracaso en toda la línea; los debates, preparados y controlados por la Curia, apenas ofrecieron caminos y menos soluciones nuevas. Muchos temían que también el Concilio abortase. No fue así, porque el Concilio se saltó limpiamente a la Curia, la desbordó por todas partes, decidió, en gran parte, por sí mismo.

Se superó pronto el primer equívoco; la expresión *Concilio Ecuménico* no significaba, como muchos creyeron, un debate de todas las confesiones cristianas para recuperar la unidad. La Santa Sede declaró que pensaba invitar a todas las confesiones cristianas en calidad de observadoras, con posibilidad de asistir a las sesiones pero sin voz ni voto; todos los Concilios de la Iglesia habían sido ecuménicos y en todos se habían debatido los asuntos internos de la Iglesia. (Paradójicamente fue el denostado y desconocido Concilio de Trento el que llamó a los hermanos separados en condiciones a las que ni se acercó el Vaticano II). La Curia se puso afanosamente al trabajo de preparación. El 18 de junio de 1959 el Secretario de Estado invitó a los 2.594 Obispos y a los 156 superiores de las Ordenes y Congregaciones religiosas a que enviaran propuestas de asesoramiento; llegaron casi tres mil. En junio de 1960 comenzaba la preparación inmediata, a manos de diez comisiones preparatorias; nueve compuestas por cada uno de los dicasterios de la Curia, sobre los temas de su especialidad, más la correspondiente al apostolado de los laicos, que aún carecía de organismo en la Curia. Creó el Papa una secretaría ecuménica para los no creyentes que encomendó al director del Instituto Bíblico, cardenal Agustín Bea, jesuita que había sido consejero de Pío XII. Se designó una comisión central de coordinación, dirigida por monseñor Pericle Felici, luego secretario del Concilio. A fines de 1961 Juan XXIII designó al cardenal Montini como miembro de esta comisión, en la que se mostró activisimo; con más de sesenta intervenciones, en sentido moderado pero aperturista, que le granjeó muchas esperanzas. Las comisiones preparatorias trabajaron durante dos años hasta junio de 1962 y redactaron sus esquemas bajo estricto control de la Curia y con pocas innovaciones. Pero luego Juan XXIII aprobó un reglamento muy abierto para las comisiones y sesiones plenarias del Concilio, en las que influyeron mucho los «peritos» nombrados por el Papa, entre los que figuraban muchos a quienes Pío XII había dirigido la dura encíclica *Humani generis* en 1950; Rahner, Congar, de Lubac etcétera. El resultado fue que la mayoría de los esquemas de la Curia fueron reprobados y sustituidos en el Concilio. Toda la Iglesia vibró con sugerencias y propuestas de modernización teológica, eclesial y pastoral, y con el sincero deseo de acercarla al mundo de los años sesenta, que era el mundo real –sin advertir que también ese mundo era irreal en aspectos esenciales. El cardenal Montini empezó a brillar como estrella del concilio inminente gracias a su propuesta de revisar la condición del Episcopado y sus relaciones con el Pontificado. La inauguración del Concilio, que se llamaría Vaticano II, quedó fijada oficialmente para el 11 de Octubre de 1962. Ese día, en una grandiosa ceremonia transmitida por todos los medios de comunicación a todo el mundo, el Papa Juan XXIII, con el significativo cambio de la tiara por la mitra, inauguraba el primer período de sesiones del Concilio ante 2.540 padres con derecho a voto, provenientes de todo el mundo. El Concilio más nutrido y aparentemente mejor preparado en la historia de la Iglesia concitaba una enorme expectación.

EL INICUO PACTO CONCILIAR DEL VATICANO Y EL KREMLIN

Un día aciago (para ella) la revista católica italiana *30 Giorni*, habitualmente bien informada sobre la historia y la realidad de la Iglesia (con excepción de los problemas de la Iglesia en España e Iberoamérica, sobre los que no tiene habitualmente ni idea) lanzaba el «bombazo» de revelar que existió, muy poco antes del Concilio, un pacto entre Roma y Moscú que concernía de forma esencial al Concilio. Era verdad pero no era un bombazo; más o menos cinco años antes yo lo había revelado en mi libro de 1987 *Oscura rebelión en la Iglesia*, y sin atribuirme la noticia, que agradecí a fuentes anteriores, a las que ahora voy a citar de nuevo, ampliadas con nueva información que sorprenderá al lector y tal vez desaconseje a la revista italiana (muy interesante, pero demasiado italiana, dirigida ahora nada menos que por Giulio Andreotti) lanzar un nuevo bombazo sin citar a quienes lo hayamos anunciado años antes.

Nikita Kruschef, en medio de su política de «coexistencia pacífica» (que no le impedía instalar en Cuba sus famosos misiles una vez conquistada la isla por Fidel

Castro) y preocupado por la autonomía e incluso la hostilidad de China roja, había tratado de tender puentes hacia Europa libre y hacia la Iglesia Católica ya desde los últimos años de Pío XII; los poquísimos historiadores que tratan de este movimiento lo interpretan a veces como un «intento de acercarse a Occidente» que se conjuga mal con el asunto de Cuba y la reciente invasión de Hungría; prefiero adelantar la hipótesis de que Kruschef, decidido a saltar sobre América, pretendía apaciguar el anticomunismo a ultranza de Pío XII y cambiarlo por una nueva insistencia en el famoso diálogo de cristianos y marxistas. En este contexto Palmiro Togliatti trataba de mejorar sus relaciones con la izquierda democristiana, cuyo gran contacto para este cometido era el alcalde de Florencia Giorgio La Pira, quien según sus actos, apariencias y cordiales viajes a Moscú más parecía un comunista que un democristiano de izquierdas. En este contexto Santiago Carrillo, responsable histórico del asesinato de cientos de sacerdotes, religiosos, monjas y millares de católicos en el Madrid rojo, de 1936, elevado ahora a secretario general del Partido Comunista de España, lanzaba a todos los vientos su política de «reconciliación nacional» que ni él mismo se creía. En este contexto importantes emisarios secretos soviéticos, con pleno conocimiento y aprobación de Togliatti, habían mantenido contactos cordiales con el cardenal de Génova, Siri, a partir de 1957, para tantear las posibilidades de establecer relaciones con la Santa Sede. El cardenal, que tenía fama bien ganada de competente, influyente y conservador, les dejó la puerta abierta pero no dijo una palabra a Pío XII, porque sabía que con Pacelli cualquier gestión en este sentido hubiera resultado inútil. Pero el 23 de junio de 1962 Siri se lo contó con todo detalle a Juan XXIII y le recomendó que aceptase la buena voluntad de los soviéticos, que ello podría favorecer a los católicos oprimidos bajo los regímenes comunistas. Juan XXIII aprobó los contactos y la posición de Siri y en una ocasión próxima quiso darle copia de un documento en el que se demostraba la buena disposición de Kruschef. Siri no quiso recibirlo; dijo al Papa que la Iglesia se gobernaba mejor desde el secreto en los asuntos graves. Creo que ahora podré ofrecer al lector ese documento[396].

Causó una tremenda impresión en todo el mundo la felicitación entusiasta de Radio Moscú a Juan XXIII en el momento de su elección. Nadie se acordaba de que cuando el nuevo Papa era patriarca de Venecia dirigió un saludo cordial al Congreso del Partido Socialista Italiano reunido en su ciudad; el Patriarca lo explicó como un acto de «cortesía». Ahora la extrañeza era mucho mayor y el diario oficioso del Vaticano tuvo que comentar que las relaciones con la URSS no habían cambiado. Pero Kruschef sabía lo que quería. Hizo que su embajada en Roma entregara al Nuncio en Italia en enero de 1960 con destino al Papa un discurso suyo sobre la reducción del armamento convencional soviético. «Pero la URSS sigue armada hasta los dientes» comentó el diario oficioso. Muy pronto, sin embargo, el Papa acusó los efectos de la aproximación soviética y se negó a reconocer a los embajadores en el exilio de Polonia y de Lituania. Esta decisión era la que correspondía en estricta aplicación de la legalidad diplomática, e incluso se aplicó en su momento en la España de Franco. Pero la auténtica respuesta positiva a las aproximaciones de Kruschef sólo empezó a decidirla Juan XXIII cuando en

[396] Conversaciones con Siri en Benny Lai., op. cit., p. 66s.

julio de 1961 falleció el secretario de Estado cardenal Tardini, el hombre de confianza de Pío XII que había respaldado la condena pontificia contra el comunismo en 1949. Juan XXIII le sustituyó por el exnuncio en Estados Unidos, cardenal Amleto Cicongnani, hermano del exnuncio en España; hombre mas flexible que permitió que otras personas influyeran sobre el Papa en su «Ostpolitik»; entre ellas señala el experto historiador jesuita Floridi al inefable La Pira, que enviaba desde Moscú al Papa derretidos saludos de Kruschef y al editor norteamericano filosoviético Norman Cousins, que durante la crisis de los misiles soviéticos en Cuba sugirió la mediación del Papa entre Kruschef y Kennedy, inmediatamente aceptada por el líder soviético. Pero cuando Cousins volvió a Moscú para pedir a Kruschef en nombre del Papa que mejorase las condiciones de libertad religiosa en la URSS el jefe comunista se negó en redondo, aunque para endulzarle el rechazo al Papa dio orden de que fuera puesto en libertad el cardenal Slipyj, heroico líder de los uniatas (católicos romanos) de Ucrania. Además hizo al Papa promesas favorables a los católicos, que no cumplió jamás[397].

Kruschef, cuyo alfil Fidel Castro se afianzaba en Cuba para preparar la gran estrategia cristiano-comunista en las Américas, como veremos punto por punto, documento por documento, obtuvo mucho mayores beneficios en su aproximación al crédulo Papa que el propio Juan XXIII. Esto podemos verlo ahora con claridad meridiana al revelar con mayores contrastes el pacto del Vaticano y el Kremlin sobre el Concilio.

El Papa tenía muchísimo interés en que, al menos en condición de observadores, los representantes de todas las Iglesias cristianas, protestantes y ortodoxas, asistiesen al Concilio. Los protestantes respondieron bien. El arzobispo lord Fisher de Canterbury, primado de Inglaterra y grado 33 de la Gran Logia de Inglaterra, había visitado cordialmente al Papa Juan en 1960 y envió tres representantes. La Iglesia Evangélica de Alemania, la Alianza mundial reformada luterana y el Consejo ecuménico de Ginebra accedieron a los deseos del Papa. Por el contrario el patriarcado de Moscú, cuyos titulares eran sinceramente religiosos pero políticamente constituían una dependencia del Kremlin por motivos que explicaban como «patrióticos», se dedicó a insultar a Juan XXIII desde su elección y advirtió a los demás patriarcas separados de Roma contra «las sirenas» del Vaticano. Por eso la sorpresa resultó mayúscula cuando casi en vísperas del Concilio se anunció oficialmente la asistencia de altos representantes del Patriarcado de Moscú, cuyas excelentes relaciones con las demás Iglesias ortodoxas indujeron a los respectivos patriarcas a hacer lo mismo. Hubert Jedin, de quien tomo estos datos, cree que por iniciativa del cardenal del ecumenismo, Bea, uno de sus adjuntos, monseñor Willebrands, había logrado durante un viaje expreso a Moscú que el patriarca Alejo cambiara de opinión[398]. El viaje del prelado holandés es cierto pero según las fuentes directas que voy a citar estoy seguro de que la decisión fue finalmente de Kruschef, una vez que un emisario el patriarca de la Tercera Roma hubiera convenido, con poderes del Kremlin, el pacto de Metz con un plenipotenciario del Vaticano.

El pacto de Metz sucedió así. En agosto de 1962 y en esa ciudad francesa, se concluyó un pacto formal entre la Santa Sede, representada por el cardenal francés

[397] A. Floridi., op. cit. p. 29.
[398] Cfr. H. Jedin, op. cit. p. 173.

Tisserant, por encargo del Papa Juan XXIII, y el metropolita Nikodim, enviado del patriarca ortodoxo de Moscú, que como sabemos no era, en lo político, más que un satélite del Partido Comunista y el Estado Soviético, por el que el Patriarcado aceptaría una invitación formal de enviar observadores al Concilio Vaticano II y la Santa Sede se comprometería a que durante el Concilio no se formulase condena alguna contra el comunismo. Creo probable que este pacto era el documento que Juan XXIII quiso enseñar al cardenal Siri y éste se negó a leer, seguramente porque dados sus altos contactos soviéticos ya lo conocía de sobra. Las pruebas del pacto se detallan en un libro sorprendente, discutible pero profundo y sugestivo, escrito desde una perspectiva de catolicismo tradicional, pero enteramente fiel a la Iglesia; su autor es Romano Amerio, un historiador italiano experto en historia de la Iglesia, su título es *Iota unum* (recuerdo a las palabras de Cristo exigiendo que no se quitara ni la letra más pequeña de la Ley)[399]. El problema que nos ocupa se expone, con las pruebas objetivas y plenamente convincentes, en la página 66 y siguientes. Mi amigo Carmelo López-Arias lo ha traducido al castellano y publicado en Salamanca, 1994, Gráficas Varona.

Monseñor Schmitt, obispo de Metz, reveló el pacto en una conferencia de prensa celebrada poco después, y comunicada en *Le Lorrain* el 9 de febrero de 1963. El acuerdo fue descrito en *France Nouvelle*, boletín central del Partido Comunista de Francia, número 16 de 22 de enero de 1964 en estos términos:

Como el sistema socialista mundial manifiesta de forma incontestable su superioridad, y es aprobado por cientos y cientos de millones de hombres, la Iglesia no puede ya contentarse con el anticomunismo grosero. Ella misma ha asumido el compromiso con ocasión de su diálogo con la Iglesia ortodoxa rusa, de que en el Concilio no habrá un ataque directo contra el régimen comunista. El diario católico *La Croix*, de 15 de enero de 1963, decía tras la noticia: «Tras este encuentro, monseñor Nicodemo (Nikodim) acepta que alguien fuera a Moscú para llevar una invitación, a condición de que se dieran garantías sobre la actitud apolítica del Concilio». Ese alguien fue monseñor Willebrands, pero el pacto estaba ya concluido.

Amerio cree que estas gravísimas noticias no incidieron sobre la opinión pública por el entreguismo de muchos católicos frente al comunismo en aquella época y por la sordina informativa que decidieron el Vaticano y el Kremlin acerca del pacto. Recientemente monseñor George Roche, que fue durante treinta años secretario del cardenal Tisserant, ha confirmado el pacto de Metz en la revista francesa *Itinéraires*[400]. Roche afirma que la iniciativa del acuerdo provino personalmente del Papa Juan XXIII por sugerencia del cardenal Montini y que Tisserant, decano del Sacro Colegio, recibió órdenes formales tanto para firmar el acuerdo como para vigilar durante el Concilio su exacta aplicación.

Las órdenes se cumplieron. En las actas del Concilio figuran las palabras capitalismo, totalitarismo, colonialismo pero no aparece el término comunismo. H. Fesquet, el famoso corresponsal de *Le Monde* en el Concilio afirma[401] que en tres ocasiones la comisión competente se negó a que el esquema mencionase explícita-

[399] Milán, Ricciardi, 1986.
[400] número 258, p. 153s.
[401] *Le Monde*, 16 nov. 1965. Diario del Concilio, Barcelona, Herder, 1967, p. 1182.

mente al comunismo. ¿Por qué?. Porque así corresponde a unas posiciones tomadas muy claramente por Juan XXIII y confirmadas por Pablo VI. Y el día 26 de noviembre[402] completa la información: «Pese a todos los esfuerzos de la minoría, el Vaticano II se ha negado a condenar nuevamente al comunismo». El 4 de diciembre de 1965[403] remataba:

Con respecto al pasaje sobre el ateísmo, del cual ya hemos hablado largamente, monseñor Garrone ha hecho las tres precisiones siguientes que son muy importantes:

1.– Eran 209 los *modi* que pedían una condenación formal y expresa del comunismo.

2.– La petición escrita que sobre el mismo tema se había remitido anteriormente iba firmado por 332 Padres. (Se recordará que la cifra indicada por los que habían tomado la iniciativa de esta gestión era 450).

3.– Debido a un «contratiempo involuntario» esta petición, que había sido entregada a su debido tiempo, no fue sometida a examen de los miembros de la comisión.

De esta manera se insinúan en la Iglesia del siglo XX algunos métodos de interferencia política y estratégica que parecían propios de épocas muy anteriores. Por exigencia de Kruschef la Santa Sede, mediante pacto formal con su enemigo histórico, dio carpetazo a un asunto que, desde nuestra perspectiva, constituye uno de los puntos más negros de la Iglesia en la edad contemporánea. El Concilio Vaticano II era un concilio pactado con la URSS comunista que tenía aherrojada a la Iglesia del Silencio. En la misma basílica de San Pedro donde reposaban, en las galerías del sótano, los restos traicionados de Pío XII, que había atribuido al comunismo soviético la obra de Satán.

El pacto de Metz y el silencio del Concilio sobre el comunismo, que tras la condena de Pío XII equivalía a una tolerancia, fue capital para el montaje y desarrollo de la estrategia soviética que preparaba ya el asalto cristiano-marxista a las Américas desde la plaza de armas cubana. Fue una gran victoria de Kruschef sobre el ingenuo y bienintencionado Juan XXIII, a quien los comunistas italianos y los promotores de la «apertura a sinistra» consideraban como santo patrón. Juan XXIII operó en este tremendo caso, en este tremendo error, con ceguera estratégica e histórica. El angustioso pontificado de Pablo VI fue, en buena parte, una consecuencia del pacto de Metz. Providencialmente vino a la Iglesia en 1978 otro Juan, el Papa Juan Pablo II, con mucho mayor sentido histórico y mucha más proximidad al mundo real. Volvió a la clara línea de Pío XII, declaró al marxismo «pecado contra el Espíritu Santo» y contribuyó a terminar con él. Pero durante el Concilio, en el que participó activamente, tuvo que tragarse el horror de que la inicua abstención sobre un sistema cuya opresión sentía en su propia alma el arzobispo de Cracovia se abstuviera de condenarlo por imposición del sucesor de Stalin. Muchos pensaron que la sorprendente visita del director de la revista soviética *Izvestia* y yerno de Kruschef, Alexei Adjubei, junto con su esposa Rada al Papa el 7 de marzo de 1963 significaba la apertura de relaciones oficiosas con la URSS. No es verdad. No era la apertura sino la consolidación. Adyubei se acercó al Papa

[402] H. Fesquet, *Diario...* p. 1214s.
[403] H. Fesquet, *Diario...* p. 1230.

–todo bien preparado– informalmente, al término de la ceremonia en que se había entregado a Juan XXIII el premio Balzan por sus esfuerzos en favor de la paz mundial; el propio Kruschef se había interesado personalmente en que el Papa se llevase el premio. La visita de Adyubei, invitado oficialmente por el Partido Comunista de Italia en vísperas de unas elecciones generales, fue el mejor acto de propaganda electoral organizado por los hábiles comunistas italianos.

EL MAGISTERIO POLÍTICO DE JUAN XXIII

El Papa Juan XXIII dirigió a la Iglesia cuatro encíclicas; las dos primeras versaron sobre problemas pastorales; la que dedicó al santo cura de Ars sobre la imagen del sacerdote en 1959 y la *Princeps pastorum*, en noviembre del mismo año, sobre la importancia y el fomento de las Misiones. Estas dos encíclicas son muy sinceras y de corte tradicional pero casi nadie las recuerda. Siguen en la memoria de muchas gentes, por el contrario, las otras dos dedicadas a problemas sociopolíticos, que causaron, en aquellos momentos de cambio, una profunda impresión[404].

Mater et magistra, de 15 de mayo de 1961, fue revisada en toda la línea por el cardenal secretario Tardini y aprovechó el 70 aniversario de la *Rerum novarum* para ofrecer una nueva síntesis, con nuevos enfoques, de la doctrina social de la Iglesia. El *New York Times*, superórgano de los *liberals* americanos, muy acordes con la «apertura a sinistra» y las tendencias socializantes de Juan XXIII, reprodujo íntegramente la encíclica que calificó como histórica; tal vez ningún otro documento pontificio anterior había alcanzado una repercusión tan universal. El Concilio, abierto al año siguiente, descargó en esta encíclica y la próxima buena parte de su preocupación social. Los elogios de *Le Monde* y el *Corriere de la sera* no fueron menos entusiastas. Dirigentes del Tercer Mundo, como anota Fernando Guerrero, mostraron sumo interés y aceptación; los comunistas citaron ampliamente la encíclica pero con más reticencia. Aún no estaba firmado el pacto de Metz y se veía demasiado clara la mano del cardenal Tardini en la redacción final del documento.

La primera parte de la encíclica resume y confirma la anterior doctrina social de la Iglesia a partir de León XIII. Aquel Papa insistía en el derecho a la propiedad privada, aunque sin prescindir de su función social; y no consideraba al trabajo como una mercancía sino como un atributo de la persona (naturalmente la mención de la propiedad privada no entusiasmó a la prensa soviética). Confirma igualmente el Papa los principios sociales expuestos por Pío XI y por Pío XII sobre la necesaria intervención del Estado en la economía social y en favor de los más débiles. Reitera la oposición de Pío XI entre el cristianismo y el comunismo; dice en su encíclica lo que luego no permitirá debatir en el Concilio, recordemos la intervención de Tardini. Reitera también la reprobación de Pío XI al capitalismo egoísta y

[404] Ver los textos en *El magisterio pontificio,* obra dirigida por F. Guerrero y ya citada, tomo II p. 690s, 737s.

salvaje. Confirma igualmente la doctrina social de Pío XII pero recuerda los grandes cambios recientes en la estructura técnica, social y política del mundo, entre ellos la independencia política de las naciones del Tercer Mundo.

Entonces empieza a prolongar personalmente la línea de sus grandes predecesores. Parte de que «la economía debe ser obra, ante todo, de la iniciativa privada», tesis que también molestó a la URSS. El Estado debe intervenir, pero con función subsidiaria, según las normas de Pío XI. «Cuando falta la iniciativa particular surge la tiranía política». Esta sección, que si embargo exigía la intervención compensatoria del Estado en la actividad económica, satisfizo naturalmente a los *liberals* y a los socialdemócratas de América y Europa. Y todavía más la siguiente gran tesis del Papa, que se refiere a la socialización, término que tomó de las Semanas Sociales de Francia y que muchos interpretaron como apropiación de los medios de producción por el Estado, cosa que jamás dijo Juan XXIII, quien se refería, por el contrario, al incremento de las relaciones de cooperación entre los diversos estamentos que intervienen en la producción. Vuelve Juan XXIII a un problema primordial ya planteado por León XIII, el salario justo, que hace depender de la diferencia entre naciones ricas y naciones pobres, entre clases poderosas y capas necesitadas y marginadas. El criterio del bien común debe regirlo todo. Recomienda el Papa la participación efectiva de los trabajadores en la marcha de la empresa y aun en su propiedad; y la cooperación entre empresarios y trabajadores, lo que tampoco entusiasmó a los promotores marxistas de la lucha de clases. Fomenta las asociaciones de trabajadores pero para la cooperación en el trabajo, no para la lucha de clases, que Juan XXIII descarta expresamente. Felicita a los sindicatos católicos y alaba la labor de la Organización Internacional del Trabajo, la OIT. Pero vuelve a insistir en que el derecho de propiedad posee un carácter natural, del que la sociedad no puede prescindir. Reafirma en este punto la doctrina de Pío XII; pero establece que la propiedad privada es compatible con la propiedad pública de los medios de producción. Propiedad pública y privada no pueden prescindir de su función social; y la gestión de la empresa pública debe confiarse a personas competentes, capaces de obrar sin abuso ni prepotencia.

En la tercera parte de la encíclica Juan XXIII lamenta que la agricultura sea ahora un sector deprimido. Miembro de una familia campesina, desciende a datos concretos con suma sensatez para el fomento de una política agraria conveniente. Luego entra en las relaciones entre países con graves desigualdades económicas entre unos y otros, que es «el problema mayor de nuestro tiempo». Aboga por una ayuda total a los países subdesarrollados pero exhorta a los dirigentes de esos países a que observen el camino que han recorrido los países prósperos y lo imiten. La ayuda de los países poderosos debe organizarse sin incurrir en un nuevo colonialismo. Reclama la presencia activa de la Iglesia y los católicos en el esfuerzo común para el desarrollo armónico y solidario de las naciones.

Se enfrenta el Papa con el problema de la superpoblación; se niega a resolverlo por medios que prescindan del orden moral y atenten contra la vida humana. El remedio está en luchar por el desarrollo para incrementar la producción de alimentos; y en la actitud responsable de las familias. Los grandes problemas del mundo han de resolverse con la cooperación mundial, no dedicando los recursos necesarios para el desarrollo a producir medios de destrucción; y es necesario que todos los hombres se acomoden a un orden moral universal y objetivo. El único fundamento de esta moral universal es el Dios verdadero. La ciencia y la técnica solas, pese a sus enormes progresos, no pueden garantizar la utopía de un paraíso perdurable en la Tierra; otra clara repulsa a la utopía marxista, aunque sin citarla por su nombre. El sentido religioso es connatural al hombre y no puede ser ahogado por doctrinas que le consideran como una ficción. Juan XXIII se queja de la persecución que sufre la Iglesia en los países cuyos regímenes niegan a Dios y «la mayor insensatez de nuestro tiempo» consiste en el empeño de arrancar a Dios de las almas de los hombres. Termina el Papa insistiendo en la necesidad de difundir la doctrina social de la Iglesia en todo el mundo, e insertarla en la educación de la juventud y la actividad de las asociaciones católicas.

Ante este resumen en que he procurado recoger los rasgos esenciales de la *Mater et magistra* se comprende la reticencia hostil con que fue recibida en el mundo comunista, a cuyos postulados fundamentales –ateísmo, lucha de clases, medios de producción solamente públicos– se oponía claramente el Papa, uno por uno. Cualquier católico podía sentirse de pleno acuerdo con las palabras del Papa. El capitalismo salvaje quedaba también descartado, pero se practicaba cada vez menos en el mundo libre tras el éxito del *New Deal* en los años treinta. Para los pobres del mundo y los pueblos deprimidos la encíclica era un rayo de esperanza. No me explico cómo algunos medios del *progresismo* cristiano la interpretaron como un documento rojo; quizás porque entendieron como postulado socialista lo que sólo era una llamada a la socialización en cuanto comunicación y solidaridad de clases. Algunos se extrañan de que al general Franco le encantase esta encíclica, como él mismo manifestó a su colaborador Franco Salgado. Los que no conocían ni al contenido auténtico de la encíclica ni al talante populista del general Franco.

La segunda gran encíclica político-social de Juan XXIII lleva la fecha del 11 de abril de 1963, fue preparada y dictada en pleno Concilio, ya sin la cooperación del fallecido cardenal Tardini y puede considerarse como el testamento doctrinal del Papa Juan. Alcanzó una resonancia y una aprobación todavía mayor que la anterior: se pronunciaron inmediatamente a favor el secretario general de la ONU (que convocó una sesión especial para analizar la encíclica) la UNESCO, el Consejo de Europa y numerosas entidades internacionales. La opinión pública mundial, sobrecogida aún por la crisis de los misiles soviéticos en Cuba, que llevó al mundo hasta el borde de la tercera guerra mundial, sintió que el Papa hablaba por toda la humanidad. Sin abandonar nunca su elevación espiritual el Papa propone criterios de altísimo valor social y político; la *Mater et magistra* era más social, la *Pacem in terris* es alta política.

Parte el Papa del contraste entre el orden maravilloso del mundo y el desorden catastrófico de la Humanidad. El fundamento del remedio debe ponerse en el reconocimiento de la persona humana como sujeto de derechos y deberes; la gran idea de Jacques Maritain aparece por vez primera en una encíclica pontificia. Enumera el Papa el conjunto de los derechos humanos, entre los que figura el de venerar a Dios en privado y en público; el de formar y mantener dignamente a una familia; el del trabajo y la iniciativa en el trabajo. Insiste en el derecho de propiedad, dotado de función social, como derecho humano inalienable. Propone como derechos humanos el de reunión y el de asociación, con el fin de que se creen «asociaciones intermedias» para armonizar la vida social. Defiende el derecho a cambiar de residencia y a emigrar; y también el de tomar parte activa en la vida pública. Pero junto a sus derechos, el hombre no debe olvidar sus deberes respecto a los demás.

En nuestra época surgen, como características distintivas, la elevación social de los trabajadores, la presencia de la mujer en la vida pública y la emancipación de los pueblos antes coloniales. (El Papa no podía prever muchos resultados catastróficos que acarrearía esa emancipación, muchas veces impulsada por intereses neocoloniales; Uganda era entonces un país donde los hutus y los tutsis se convertían en masa al catolicismo).

Pasa al orden en las relaciones políticas, una de las claves de la encíclica. La autoridad legítima –no define la legitimidad– es necesaria y proviene de Dios. Debe estar sometida al orden moral. Debe salvar la dignidad del ciudadano y respetar el ordenamiento divino. Entonces, si bien no propone como absolutamente exclusiva a la democracia, insiste en la propuesta democrática que formuló por vez primera Pío XII en el mensaje de Navidad de 1944:

Ahora bien, del hecho de que la autoridad proviene de Dios no debe deducirse en modo alguno que los hombres no tengan derecho a elegir los gobernantes de la nación, establecer la forma de gobierno y determinar los procedimientos y los limites en el ejercicio de la autoridad. De ahí que la doctrina que acabamos de exponer puede conciliarse con cualquier clase de régimen auténticamente democrático.

Vuelve entonces a uno de sus temas favoritos, tomado también de sus predecesores, el bien común como principio rector de la sociedad y la política. A esa luz expone la constitución jurídica de la sociedad, con aceptación plena –por primera vez, que yo sepa– de la doctrina de los tres poderes que Montesquieu intuyó en la no escrita Constitución británica; el legislativo, el ejecutivo (que el Papa llama «administrativo») y el judicial. Recomienda que todos los países puedan disponer de una constitución política formal, mediante cuyas normas los ciudadanos puedan designar a las autoridades. Luego establece las reglas por las que deben regirse las relaciones internacionales, una hermosa utopía que equivale a la antítesis de Maquiavelo. Reconoce los derechos de las minorías étnicas pero aconseja que no se exageren el particularismo y la hostilidad con los grupos humanos vecinos a ellas. Exige el reconocimiento de sus derechos a los exiliados políticos, expulsados por excesivas restricciones a la libertad. Clama contra la carrera de armamentos y en favor del desarme. Rechaza que cualquier nación pueda oprimir a otras contra la voluntad de ellas.

Propone la necesidad urgente de establecer, por acuerdo de las naciones, una autoridad pública mundial con medios que la hagan efectiva. Elogia a la Organización de las Naciones Unidas. Pide a los cristianos que participen intensamente en la vida pública e introduce otra de sus claves: las nuevas relaciones entre los católicos y los no católicos, aunque sean hombres alejados de Dios. Todo el mundo entendió que el Papa se refería al diálogo de los cristianos y los marxistas, incluidos los comunistas. Pide que se distinga entre el error y quien lo practica; entre la doctrina ajena e incluso anticatólica, que queda fosilizada con el correr del tiempo, y las «corrientes» nacidas de esa doctrina, que pueden ser mucho más flexibles y permitir una eficaz cooperación con los católicos en lo económico, lo social, lo cultural y lo político. Es cierto que recomienda a los cristianos que luchan ardientemente en favor de las reformas que su método debe ser la evolución y no la revolución; pero en cuanto a su concepción del diálogo Juan XXIII se equivoca rotundamente porque, al revés que en el resto de la encíclica, se sale de la realidad llevado por su deseo de conciliación. Las condiciones que pone a los marxistas para que los cristianos entren en diálogo con ellos son utópicas: que acepten la doctrina social de la Iglesia. Estaba en plena vigencia, ahora lo sabemos, el pacto de Metz. La estrategia soviética preparaba su asalto al continente americano –la Iberoamérica católica– y la China comunista aniquilaba sistemáticamente y desnaturalizaba a la Iglesia católica, ya en agonía. Las doctrinas marxistas no se habían fosilizado; vamos a ver en este mismo capítulo cómo justo en los tiempos de la encíclica el marxismo abría dos nuevos frentes teóricos y estratégicos con enorme agresividad anticatólica, la revitalización de Gamsci y la Escuela de Frankfurt. Ya no estaba junto al Papa el cardenal Tardini y el nuevo equipo de asesores, junto con la izquierda democristiana y las corrientes progresistas del Concilio, confundieron a Juan XXIII como lo seguía haciendo sistemáticamente Nikita Kruschef. La crisis de los misiles alarmó al Pontífice pero no le abrió los ojos. Por supuesto que el líder soviético hizo tan poco caso a la *Pacem in terris* como el general Franco; pero los colaboradores aperturistas del general Franco y gran parte de la Iglesia española sí que sintieron vivamente la apelación del Papa a una democracia auténtica.

LA MUERTE ADMIRABLE DE JUAN XXIII

El fallo estratégico fundamental de la *Pacem in terris* era la propuesta de un diálogo utópico, que se hacía realidad, desde años antes como sabemos, en sentido marxista y no en sentido cristiano. La contradicción fundamental de Juan XXIII, en medio de su bondad reconocida y su rectísima intención, era que en su doctrina –con la excepción indicada– mantenía una línea abierta, inteligente y firme pero en la práctica –el pacto de Metz, el acercamiento a las corrientes «inocuas» del marxismo– abría las puertas de la Iglesia a lo que llamaría su sucesor «el humo del infierno». Por supuesto que las Puertas del Infierno no prevalecieron contra la Iglesia, pero sí –vamos a verlo en lo que queda de este libro y en el siguiente– contra Juan XXIII.

Lo que no resta ni aminora el reconocimiento a la piedad profunda y pastoral del Pontífice bergamasco, que próxima ya la clausura del primer período de sesiones del Concilio se disponía a inaugurar el segundo en el otoño de 1963, cuando ya llevaba más de un año herido de muerte. Benny Lai ha descrito inimitablemente el lento e inexorable avance de la muerte sobre el Papa Juan a partir de fines de octubre de 1962[405]. Le sigo de cerca en esta evocación, y dejo el estudio del primer período conciliar para el análisis conjunto de la gran asamblea.

[405] B. Lai, op. cit. p. 68s.

Dos semanas largas tras la inauguración del Concilio, el 27 de octubre de 1962 los mejores cirujanos de Italia supieron que la muerte del Papa estaba próxima. Con el pretexto de ofrecer al Papa el homenaje de un Congreso quirúrgico que acababa de clausurarse en Roma, monseñor Loris Capovilla, el secretario particular, y el médico del Papa doctor Filippo Rocchi acudieron con cuatro de los más eminentes congresistas al apartamento pontificio una vez informados de que en la última radiografía que acababa de ordenar Rocchi parecía detectarse claramente un cáncer de estómago, como había comprobado ya un gran especialista, el doctor Pietro Valdoni, uno de los cuatro. El Papa les recibe sonriente, les pregunta por el trabajo de cada uno y por la marcha del congreso. De pronto se da cuenta del motivo de la visita y les dice tranquilamente que desde su ordenación sacerdotal está dispuesto a morir al servicio de Dios, y que no pasaría nada; otro cónclave y un Papa más joven. Les confesó que siempre había sido fiel al voto de castidad y les reveló los métodos con los que había mantenido siempre una plena serenidad de espíritu. Los médicos estaban asombrados ante la espontaneidad del Papa, que les habló de su trato con sus predecesores hasta que los médicos le pidieron que se dejara examinar. Accedió sin el menor reparo, y tras el examen el Papa siguió hablándoles como si nada sucediese. Cuando se reúnen a la salida todos confirman el diagnóstico de su colega sobre el cáncer de estómago y únicamente discrepan sobre si conviene operar inmediatamente a un anciano de ochenta años o más bien esperar una confirmación completa. Los médicos revelan la situación a monseñor dell'Acqua, sustituto de la Secretaría de Estado, y acceden a esperar a la clausura del primer período conciliar en vista de que el Papa no sufre ni da señales de agravamiento. Juan XXIII se niega a más exámenes radiológicos, dice que se encuentra bien. Por fin accede a la nueva radiografía que confirma el avance del cáncer pero ni los médicos ni los poquísimos cardenales que conocen la gravedad del Papa le dicen nada, al ver su optimismo; médicos y monseñores convienen en esperar al 8 de diciembre de 1962, fecha fijada para la clausura del primer período conciliar. Pero en la noche del 26 al 27 de noviembre el médico de cabecera que sustituye al titular avisa al doctor Valdoni que el Papa ha sufrido varias hemorragias, por lo que toda intervención quirúrgica queda descartada. Monseñor dell'Acqua y los médicos quedan de acuerdo con ese dictamen. Ya en la primera consulta el Papa seguramente lo sospechaba todo, porque dijo a los médicos que dos de sus hermanos habían muerto de cáncer de estómago. En medio de sus dolores continuó con su vida casi normal, recibió audiencias, siguió de cerca la elaboración de la *Pacem in terris* mientras pudo hacerlo: nos consta que la agonía del Papa, a intervalos, fue muy larga y penosa, y no sabemos si la redacción final de la encíclica fue supervisada y calibrada personalmente por él, ya que presenta diferencias esenciales con sus documentos públicos anteriores. Las hemorragias le sobrevenían regularmente, en días alternos. Sin embargo presidió la sesión de clausura y urgía a sus colaboradores para que se mantuviese a buena marcha la preparación a distancia del Concilio. La Comisión central romana enviaba a todos los Padres las nuevas propuestas que se iban elaborando o reelaborando. En vista de que ningún documento había quedado aprobado del todo en la primera sesión, Juan XXIII parecía muy decidido a que no ocurriera lo mismo en la segunda. La iniciativa permaneció en manos de la Alianza del Rin, dispuesta a mantener durante el resto del Concilio la hegemonía lograda en la primera sesión. El enlace con Roma se conseguía a través del cardenal Döpfner, que era miembro de la Comisión Coordinadora del Concilio la cual reiteraba sus instrucciones sobre que se mantuviera la vigencia del Concilio Vaticano I y sobre las prerrogativas del Papa. Las Comisiones en pleno viajaron varias veces a Roma en el primer semestre de 1963 para mantener informados a la Comisión Central y al Papa sobre sus progresos. Sin embargo el Viernes Santo, durante los Oficios en San Pedro, el Papa apareció desencajado y la foto publicada en el *Osservatore* alarmó a todo el mundo católico y a los padres conciliares. Hasta que el 30 de mayo sobrevino la crisis final. El Papa ofreció a Dios por el Concilio el sufrimiento de su agonía, que fue larga y dolorosísima. Pidió y recibió los Sacramentos en plena lucidez y con la serenidad de un santo. Llegó a su fin en medio de una absoluta discreción sobre los detalles, aunque las gentes llenaban la Plaza de San Pedro durante los días anteriores como.para acompañarle en silencio. Médicos y cardenales tenían horror al recuerdo de la muerte de Pío XII. Murió a mediodía del 3 de junio de 1963, cuando aún no se habían cumplido los dos meses de la *Pacem in terris*. El mundo entero lloró a quien Roma había recibido como a un Papa de transición.

SECCIÓN 2: LA ESCUELA DE FRANKFURT Y LA INTERNACIONAL SOCIALISTA

EL NEOMARXISMO DE FRANKFURT Y LA ESTRATEGIA AMERICANA

Al aconsejar el diálogo y la cooperación, incluso política, de los cristianos con los hombres que provenían de «teorías filosóficas falsas sobre la naturaleza, el origen y fin del mundo» y se agrupaban en «corrientes de carácter económico y social, cultural o político, aunque tales corrientes tengan su origen e impulso en tales teorías filosóficas» el Papa Juan, en la *Pacem in terris* cometió, como hemos dicho, un error gravísimo; cometió o se lo hicieron cometer porque, como acabo de sugerir, la fase de elaboración final de la encíclica se realizó pocas semanas antes de la muerte del Papa, cuando éste se encontraba en estado casi preagónico y seguramente firmó lo que sus asesores le pusieron delante. Todo el mundo comprendió que el Papa estaba recomendando el diálogo y la cooperación de todo tipo entre los cristianos y los marxistas, y lo justificaba con una tesis falsa: **Porque una doctrina, cuando ha sido elaborada y definida, ya no cambia. Por el contrario las corrientes referidas, al desenvolverse en medio de condiciones mudables, se hallan sujetas con fuerza a una continua mudanza. Por lo demás, ¿quién puede negar que en los medios en que tales corrientes se ajustan a los dictados**

de la recta razón y reflejan fielmente las justas aspiraciones del hombre, puedan tener elementos moralmente positivos dignos de aprobación?[406].

El marxismo, a cuyos «elementos positivos» se referían los redactores de la encíclica, no ha variado jamás, desde su creación hasta hoy, en su presupuesto fundamental de ateísmo. La estrategia soviética y china, es decir marxista-leninista, en los tiempos de Juan XXIII, los de Pío XII y los de Pablo VI, como en todos los demás desde la implantación del comunismo, ha buscado la dominación mundial. Este libro y el siguiente suministran innumerables y definitivas pruebas de esta tesis. Pero el engaño de Kruschef a Juan XXIII resulta especialmente sarcástico si tenemos en cuenta que en la década inmediatamente anterior a la encíclica, los años cincuenta, se habían producido dos acontecimientos capitales, sobre los que el Papa nunca hizo el menor comentario, que invalidaron por completo la artificiosa distinción de la encíclica entre las «doctrinas que ya no cambian» y las «corrientes mudables». El primer acontecimiento sucedió al principio de la década, con la resurrección de la Escuela de Frankfurt y la reencarnación de la Internacional Socialista; el segundo estalló en 1959, la conquista de Cuba por Fidel Castro para convertirla en plaza de armas marxista-leninista y base de la invasión ideológica y política del continente americano y la acción prosoviética en Africa. En este epígrafe y en el siguiente vamos a estudiar estos dos acontecimientos decisivos, antes de volver al análisis del Concilio que, al remitirse a las encíclicas de Juan XXIII, y al mantener plena fidelidad al pacto de Metz, dio, en la práctica, vía libre a la expansión mundial del marxismo-leninismo y encima con la cooperación de los cristianos. Me asombra que casi sea yo el único historiador en advertir y denunciar esta espantosa aberración; pero estoy situado desde hace muchos años en un puesto de observación privilegiado para comprenderla y denunciarla desde la Historia.

Contra la tesis de Juan XXIII el marxismo no era entonces (ni nunca) una doctrina cerrada después de su formulación. Engels elaboró nuevas perspectivas y creó nuevas instituciones marxistas –la Segunda Internacional, por ejemplo– después de la muerte de Marx. Ahora las secciones de cultureta superficial y oportunista que ofrecen diarios como ABC y «El País» ofrecen suplementos sobre el centenario de Engels sin enterarse, como habitualmente, de nada. El marxismo de Marx y Engels no cristalizó tras la muerte de los dos sino que experimentó una profunda reelaboración con sentido expansivo y estratégico a manos de Lenin; y se convirtió en amenaza mundial a manos de Stalin y de Mao, que también introdujeron importantes modificaciones teóricas. Y desde los años veinte la Escuela de Frankfurt creó un cuerpo de doctrina neomarxista, cuya influencia perdura todavía en el mundo, porque sirvió de base teórica a la Internacional Socialista. Parece mentira cómo en el Vaticano de los años cincuenta y sesenta nadie se enteró de esta importante mutación; y sería aún peor que se hubieran enterado y no lo denunciaran.

La Escuela de Frankfurt fue un intento, cuajado y duradero, de institucionalizar un nuevo marxismo teórico después de la implantación del comunismo en Rusia a partir del triunfo bolchevique en 1917 y la creación de la Internacional Comunista

[406] Cfr. *El Magisterio pontificio*... op. cit., II p. 770.

en 1919. Ya desde principios de siglo, como vimos, el marxismo originario de Marx-Engels había evolucionado a un marxismo menos radical, más humanista y reformista que revolucionario, pero la línea de Bernstein y Kautsky, que fueron los iniciadores de esta tendencia, estaba agotada lo mismo que la Segunda Internacional, cuyo fracaso en impedir el estallido de la Gran Guerra había provocado su acta de defunción extendida por el propio Lenin. Se llamó Escuela de Frankfurt al conjunto teórico emanado del «Institut für Sozialforschung» (Instituto para la Investigación Social) ideado y financiado en 1922 por el millonario marxista radical Félix Weil con el apoyo de Friedrich Pollock y Albert Gerlach, que logró del Ministerio de Educación de la República de Weimar (en que dominaban las tendencias socialistas-reformistas) la creación del Instituto en 1923, adscrito a la Universidad de Frankfurt (Ferrater). El segundo director fue el filósofo neomarxista Max Horkheimer, y los principales miembros del Instituto y de la Escuela fueron otros pensadores marxistas, casi todos judíos, entre los que destacaron Theodor W. Adorno, Erich Fromm, Walter Benjamin, Frank Borkenau, Herbert Marcuse y Jürgen Habermas, que es el único superviviente del grupo y mantiene una constante presencia en los medios de comunicación de todo el mundo, singularmente en España, gracias a los terminales marxistas y compañeros de viaje de la «quinta pluma» que le consideran un héroe del pensamiento, pese al espantoso fracaso de sus predicciones sobre la pervivencia de la Unión Soviética. Ya hemos oído a Habermas a propósito de su teoría de la Modernidad.

Como los integrantes de la Escuela de Frankfurt eran marxistas y judíos no tiene nada de extraño que Hitler cerrase el Instituto y la Escuela de Frankfurt al subir al poder en 1933. Todos ellos emigraron a París y sobre todo a los Estados Unidos donde sus correligionarios los *liberals* les acogieron cordialmente e instalaron el Institut en la Universidad de Columbia en Nueva York. Luego se desvincularon de Columbia y continuaron su trabajo en el exilio hasta que muchos de ellos regresaron a Fankfurt en 1951, el año en que el congreso celebrado en esa ciudad resucitaba la Segunda Internacional con el nombre de Internacional Socialista. Esta importante agrupación de partidos socialistas, socialdemócratas y afines tomó a la repatriada Escuela de Frankfurt como su vivero y base doctrinal.

No es fácil definir los caracteres comunes de la escuela de Frankfurt, que algunos pretenden reducir a un modo o estilo de pensar, o a una actitud «crítica». Este término quiere presentarse como un distintivo de la Escuela, de forma semejante a como sucedió en la primera Ilustración del siglo XVIII para la que todo se reducía a «crítica» como reprocharon algunos pensadores tradicionales españoles al iniciador de la Ilustración en España, fray Benito Jerónimo Feijóo. Creo sin embargo que los rasgos comunes son más numerosos y claros. Los filósofos de la Escuela de Frankfurt son, ante todo marxistas; marxistas críticos y evolucionados, pero marxistas o neomarxistas al fin, y de ahí proviene el error que antes cité sobre la aparente congelación de la doctrina marxista según la *Pacem in terris* de Juan XXIII, un error que encuentra nuevas confirmaciones en otras líneas del marxismo-leninismo, como la de Antonio Gramsci. La estancia en los Estados Unidos hizo conocer de cerca a los pensadores de Frankfurt las ventajas del capitalismo pero en vez de reorientarles hacia la democracia liberal, como vimos en el caso de Maritain, les excacerbó contra el capitalismo; criticaron después al capitalismo con el mismo furor que al totalitarismo, sobre todo en el caso de Herbert Marcuse, que luego actuó como guía intelectual de las juventudes rebeldes de 1968. Otro rasgo común de los frankfurtianos, que les separa del marxismo-leninismo rígido, es su mayor flexibilidad hacia la religión. Por supuesto que ninguno de ellos se hizo cristiano pero casi todos mostraron hacia la religión (como hecho humano social, no como verdad) un interés mucho más articulado que el de Marx, y más teórico que el de Gramsci, quien meditó muy seriamente sobre la religión y sobre la Iglesia católica pero para destruirlas y para sustituirlas por el comunismo, al que consideraba como una especie de religión nueva. Esta actitud de los pensadores de Frankfurt y de Antonio Gramsci sobre la religión ha sido magistralmente comprendida y expuesta por un pensador inglés de nuestro tiempo, el ex-jesuita David McLellan, que es además el mejor biógrafo de Carlos Marx[407].

Sin embargo la Escuela de Frankfurt nos ofrece, para los temas fundamentales de este libro y el siguiente, una característica fundamental y comprobada. El interés de los frankfurtianos por los problema de la religión y aun de la teología, aunque no sea un interés cristiano sino sociológico y político, influyó decisivamente en la evolución del teólogo protestante Jürgen Moltmann, de quien ya hemos hablado, que pasó del seguimiento del pensador marxista Ernst Bloch a los espejismos cristiano-marxistas de la Escuela de Frankfurt; desde que se imbuyó en la doctrina crítica de los frankfurtianos, Moltmann insistió en la Teología de la Solidaridad sin perder por ello su orientación cristiano marxista; así lo reconoce otro admirador de la Escuela de Frankfurt, el jesuita cristiano-marxista y teólogo de la liberación Jon Sobrino cuando afirma: «La Escuela de Frankfurt se convirtió en la principal inspiradora de Moltmann, reemplazando a Ernst Bloch en ese papel»[408]. Un nuevo nexo entre Moltmann y los teólogos jesuitas de la liberación puede comprobarse en la Teología de la Solidaridad y la Teología de la Cruz, estimables términos que Moltmann interpreta en sentido blochiano-frankfurtiano, como se puede deducir claramente del trabajo de Sobrino *The Roots of Solidariity*[409]. «Me quedé asombrado cuando comprobé que la teología de la liberación tiene sus orígenes en la Escuela de Frankfurt, formada por ateos y masones como Marcuse...» escribía el padre Paul Marx[410]. Nada tiene de extraño que Jürgen Moltmann añadiese un elogio desmesurado a los jesuitas asesinados en San Salvador el 16 de noviembre de 1989, en que les llama «mártires» y «semilla para la resurrección de un mundo nuevo» en opinión diametralmente opuesta a las directrices de la Santa Sede que ellos no habían seguido, aunque todos lamentamos la forma trágica en que fueron sacrificados[411].

Queda clara, con estos apuntes, la influencia de la Escuela neomarxista de Frankfurt en la teología de la liberación tanto a través de Jürgen Moltmann, el inspirador protestante principal de esa teología, como directamente, durante la formación teológica de jesuitas como Jon Sobrino, Jon Cortina y otros bajo la próxima

[407] D. McLellan *Marxism and Religion, Houndmills, 1984 p.* 113.

[408] J. Sobrino Christology at the crossoads, 1978, p. 29.

[409] J. Sobrino y J. Hernández Pico, *Theology of Chrstian Solidarity*, Marryknoll, N:Y: Orbis Books, 1985. (Orbis es una editorial cristiano-marxista clara).

[410] *Wanderer* 26 de septiembre de 1985.

[411] J. Moltmann, prólogo a la edición 1990 de su libro *The Crucified God.*

influencia de Moltmann y la Escuela de Frankfurt[412]. Mis informantes se refieren a un grupo de jesuitas que estudió en Frankfurt «al final de los años sesenta» en Offenbacher Landstrasse, 224. En fin, cuando ya existía una primera perspectiva histórica, durante las importantísimas *Conversaciones de Toledo de 1973*, convocadas por el cardenal Marcelo González Martín, el profesor Wilhelm Weber, de la Facultad Teológica de Münster, quien ostentaba además la representación del cardenal de Colonia, Joseph Höffner, analizó a fondo la teología política que en buena parte había nacido en su propia Facultad y era ya, como hemos apuntado, una de las fuentes reconocidas de la reciente Teología de la liberación. Tras afirmar que «la gran debilidad de la Teología política es su contenido indeterminado» afirma: «Ya hemos dicho que la Teología política debe su rápido éxito principalmente a que la crítica total y social neomarxista –sobre todo la de la llamada Escuela de Frankfurt, con Max Horkheimer, Theodor W. Adorno y Jürgen Habermas, así como en América la del profesor Herbert Marcuse– ha conquistado progresivamente las universidades de Alemania y de otros países». Por ello «la Teología política desemboca en una politización progresiva de la teología»[413]. Ya tenemos por tanto, según los más autorizados testimonios, a la Escuela neomarxista de Frankfurt como fuente de inspiración para la línea protestante de Moltmann y la línea católica del rahneriano Metz, las corrientes europeas que confluyen en la Teología de la liberación. Creo que el profesor Metz tiene toda la razón cuando afirma: «En mi opinión, algunas formas de expresión de la teología de la liberación nos informan más sobre las opiniones teológicas de Centroeuropa que sobre la historia del dolor de los pueblos latinoamericanos»[414]. Pero además de adoctrinar en sentido neomarxista a teólogos cristianos la Escuela de Frankfurt ha desempeñado una función histórica igualmente importante: servir de soporte intelectual y doctrinal a la Internacional Socialista.

LA CREACIÓN SIMULTÁNEA DE LA INTERNACIONAL SOCIALISTA

Hundida la Segunda Internacional con motivo de la Primera Guerra mundial, la conexión entre los diversos partidos socialistas se arrastró durante los años veinte, treinta y cuarenta a través de una oficina más o menos inoperante, como se comprobó en la escasa solidaridad internacional socialista hacia los partidos socialistas de Francia, Austria, Alemania y España en los años treinta, y ya antes cuando el ex-socialista Mussolini acabó con el socialismo italiano. Los partidos socialistas nacionales sobrevivieron, por tanto, de forma virtualmente aislada hasta que después de la derrota alemana e italiana de 1945 renacieron con fuerza en Alemania (con sus siglas tradicionales SPD) e igualmente en Italia, como PSI aunque pronto

[412] FRSJ D6. Información directa al autor de jesuitas compañeros de estudios de los citados, 1990.

[413] *Conversaciones de Toledo, junio de 1973*. Burgos, Aldecoa, 1974, p. 261s.

[414] J.B. Metz en *Dios y la ciudad*, Madrid, Cristiandad, 1975, p. 120.

se dividió entre los socialistas procomunistas de Nenni y los socialdemócratas anticomunistas de Saragat, mientras que en Alemania Oriental el SPD era brutalmente absorbido por el partido comunista, como sucedió prácticamente en los demás países situados tras el telón de acero. Este atropello suscitó una comprensible indignación entre los partidos socialistas de Occidente, hasta el punto que los planificadores de la estrategia norteamericana decidieron promover la creación de una nueva coordinadora socialista anticomunista que pudiera servir como valladar contra la expansión de los partidos comunistas en Europa. Así, bajo patrocinio de los *liberals* de Estados Unidos, que delegaron para ello en el SPD alemán, guiado por dirigentes claramente pro-norteamericanos, fue resucitada en Frankfurt la Segunda Internacional, la misma fundada por Engels poco después de la muerte de Marx, pero con sentido reformista y no con objetivo de revolución violenta, aunque los partidos que la integraban, incluido el SPD alemán, seguían declarándose marxistas durante unos años, hasta que todos ellos acabaron por renunciar al marxismo. Significativamente ese mismo año 1951 es el que marca el retorno a Europa y a Alemania de la Escuela de Frankfurt.

La Internacional Socialista nace –o más bien renace– en el Congreso fundacional reunido en Frankfurt, bajo las inspiraciones citadas, en 1951. En la declaración fundacional se incluye un demoledor ataque al capitalismo aunque la Internacional se había fundado con inequívocos apoyos del capitalismo *liberal*, es decir social demócrata y promarxista. Dice en el punto 3: «El objetivo del socialismo es liberar a los pueblos de la dependencia de una minoría que posee o controla los medios de producción»[415]. Dice el punto 11: «El socialismo es un movimiento internacional que no exige uniformidad rígida de concepciones. Que los socialistas funden su convicción en el marxismo o en otros medios de análisis de la sociedad, o que se inspiren en principios religiosos o humanitarios, lo cierto es que todos luchan por el mismo fin (p. 63, pura doctrina ambigua de la Escuela de Frankfurt). Pero «la democracia sólo puede verse plenamente realizada en el socialismo» lo cual, además de falso, es dogmático (p. 66). En el congreso fundacional los partidos afiliados a la Internacional Socialista eran 34. Para la reunión de la IS en Lisboa (septiembre de 1978) el tema principal fue la democratización de España y América, en clara sintonía con los ya declarados movimientos de liberación. «A partir de la década de los sesenta y setenta la Internacional Socialista ha estado ampliando su acción política hacia Africa, América Latina y el Caribe (p. 89). La Internacional Socialista endosa totalmente a los movimientos guerrilleros y clericales de liberación en América Latina, con expresa mención elogiosa de Camilo Torres, Helder Cámara, monseñor Oscar Romero, Ernesto Cardenal (p.100). Y exalta «la heroica revolución cubana» (p. 100). Tras el congreso de Madrid en 1980 los partidos afiliados son ya 75, con 15 millones de militantes y 80 millones de votantes. Hasta 1970 la Internacional Socialista apenas salió de Europa. Desde entonces, bajo la presidencia de Willi Brandt, se ha extendido mucho por Iberoamérica donde en 1986 contaba con 26 partidos miembros, observadores y afines. Los comunistas

[415] Carlos Morales Abárzuza *América Latina y el Caribe, la Internacional Socialista*. México, Universidad Autónoma, 1981. El autor, perteneciente a la Unidad Popular de Salvador Allende en Chile y expulsado por el general Pinochet, era miembro del partido Radical (miembro de la IS) y protegido del PRI mexicano, miembro observador de la IS. Texto citado en p. 64.

han intentado con éxito la aproximación a la Internacional Socialista, por ejemplo durante la Conferencia de 1976 en Berlín Este, donde se exaltó «la cooperación entre los partidos socialistas, comunistas y socialdemócratas» (p. 57). Por su parte Fidel Castro hizo un gran elogio de esta cooperación en el II Congreso del partido Comunista de Cuba (diciembre de 1980). Morales cree que «muchos partidos de la Internacional Socialista desarrollan acciones unitarias junto a los movimientos marxista-leninistas» (p. 61). Y cita entre otros ejemplos la cooperación entre el PSOE y el PCE españoles desde 1979 y la acción común de socialistas y comunistas en la Unidad Popular de Salvador Allende en Chile.

Cuando se acercaba el hundimiento del comunismo en la propia URSS muchos comunistas se aproximaron a la Internacional Socialista como tabla de salvación, y tras la catástrofe de 1989 algunos partidos comunistas ingresaron en la IS como los marxistas-leninistas de Nicaragua, mal llamados sandinistas, y muchos comunistas españoles. La Internacional Socialista celebró su XVII Congreso en Lima a fines de junio de 1986. Parece claro que ya antes de esa fecha la IS trataba de sustituir a los movimientos de inspiración comunista en el protagonismo y el control de los movimientos de liberación iberoamericanos; tal vez esa fue la causa de que la reunión socialista de Lima fuera brutalmente saboteada por la organización de extrema izquierda maoísta Sendero Luminoso. El Congreso de Lima quiso presentar a la IS como mediadora entre los dos bloques estratégicos. Reafirmaron también su apoyo a los movimientos de la liberación, especialmente en el caso de Nicaragua contra los Estados Unidos. El diario español *El País*, afín a los *liberals* norteamericanos, al PRI mexicano y a la línea de la Internacional Socialista, en su editorial de 25 de junio de 1986, apoyó incondicionalmente al Congreso de la Internacional Socialista en Lima, aunque recriminó a los socialistas que cuando alcanzan el poder no se muestran coherentes con sus planteamientos de oposición sino que suelen alinearse en favor de la estrategia norteamericana. Olvidaba el diario, aunque lo sabía perfectamente, que para eso se había creado en buena parte la Internacional Socialista con el apoyo de los *liberals* que, si bien socialdemócratas, eran también norteamericanos aunque muchas veces no lo parezcan.

A partir de su Congreso de Bad Godesberg en 1959 el SPD alemán, matriz y clave de la Segunda Internacional y de la Internacional Socialista, renunció a su confesión marxista, aunque no repudió, sino todo lo contrario, sus orígenes marxistas. Era una simple táctica para captar votos no marxistas ante el empuje de su rival democristiana la CDU/CSU. Hasta veinte años después no les imitó el PSOE de España, que se mostró sin embargo fiel al «análisis marxista» de la sociedad, sin explicar que el análisis marxista es sencillamente el marxismo. Aun así el PSOE, como casi todos los demás partidos socialistas, retuvieron en sus programas hasta hoy sus «programas máximos» en que reafirman el marxismo puro y duro de sus orígenes. No figura en esos programas, aunque sí está profundamente inoculada en la Internacional Socialista y sus partidos miembros, la confesión masónica, de que hablaremos, con pruebas, en nuestro segundo libro, *La Hoz y la Cruz*. La masonería de los *liberals* norteamericanos fue un elemento impulsor esencial en la resurrección de la Internacional Socialista. Hemos visto al padre Marx, curiosa antítesis en el apellido, admirarse de que puedan influir sobre los católicos los pensadores «judíos y masones» de la Escuela de Frankfurt. También hablaremos en nuestro segundo libro de la tan denostada conspiración –yo prefiero llamarla conjunción– judeomasónica, que por supuesto no es una identidad pero tampoco un disparate absurdo, aunque quienes la denuncian, como el general Franco, propendan demasiado a la simplificación.

Quede ese análisis para nuestro segundo libro. Adelantemos que existen pruebas históricas más que suficientes para establecer la conjunción entre Internacional Socialista y Masonería. Ahora me interesaba sobre todo establecer la importancia de la Escuela de Frankfurt en el origen y fundamentación de la Internacional Socialista y de las dos corrientes –Teología protestante de la esperanza y la solidaridad, con Moltmann, y Teología política católica, con Metz– como una de las fuentes esenciales de la Teología marxista de la liberación. Y me interesaba en primer término demostrar que la doctrina marxista no quedó congelada una vez formado su esquema original, como le hicieron firmar al buen Papa Juan sino todo lo contrario; la doctrina marxista ha demostrado que es capaz de seguir una profunda evolución, de adaptarse asombrosamente a los nuevos tiempos, incluso tras la caída del comunismo. Y creo sinceramente que ahora sigue siendo capaz de ello.

SECCIÓN 3: LA PÉRDIDA DE CUBA

LOS EXTRAÑOS PROMOTORES Y PROTECTORES DE FIDEL CASTRO

El 1 de enero de 1959 tuvo lugar la segunda pérdida de Cuba en los últimos cien años. La primera fue, a costa de España, en 1898. Le segunda, en 1959, a costa de Occidente pero con la eficacísima ayuda de los *liberals* de los Estados Unidos. El lunes 12 de junio de 1995 llegábamos a Miami[416] como primera escala de nuestro sexto viaje a las Américas, todos con el mismo fin; no hablar sólo desde lejos y de oídas en nuestros trabajos sobre América. En nuestros contactos –valiosísimos– de Miami y Houston con las importantes colonias cubana y nicaragüense, que nos proporcionaron información de primera mano sobre muchos problemas, nos preocupaba sobre todo una pregunta que desde 1989 no conseguíamos solucionar, sobre todo ahora, después de las escenas escalofriantes sobre la evasión de los balseros cubanos, cuyos cadáveres habían aparecido tantas veces en los arrecifes de Miami: «¿Quién está sosteniendo a Fidel Castro y a su régimen?». La respuesta era inmediata y unánime: «Hillary Clinton y su consejero Morton Halperin, el rojo más notorio de los Estados Unidos». Miembro del Consejo Nacional de Seguridad, implicado en los misterios del matrimonio Clinton, Halperin es el «experto» en Cuba y gran

[416] Como en muchas descripciones de este libro cuando empleo el plural en mis testimonios no lo hago en sentido mayestático sino sencillamente matrimonial, como reflejo de colaboración en las observaciones, contactos y enfoques que utilizo en mis libros, y especialmente en éste.

defensor de Fidel Castro. Me hablaron de otros culpables; en primer lugar Felipe González y toda la Internacional Socialista, la institución que desde sus primeros tiempos había alabado, como vimos, a la «heroica revolución» de Castro en 1959; y las demás naciones que, como España, se oponían al embargo contra Cuba. Yo, tan anticastrista como ellos, procuraba defender la actitud de España, que mantiene con Cuba, comprensiblemente, relaciones especialísimas; el abuelo de don Juan Carlos I fue Rey de Cuba, nuestra última provincia en América y el general Franco también se había opuesto a las medidas contra Castro. Nuestras explicaciones dejaban fríos a los cubanos de Miami, que habían estado a punto de boicotear la arribada reciente de nuestro buque escuela «Juan Sebastián Elcano» y me aseguraban que si Manuel Fraga, otro amigo de Castro, aparecía por allí le arrojarían al mar en cuestión de minutos. Su rabia era incontenible. Para unos días más tarde se anunciaba una visita de José María Aznar, líder del Partido Popular, a quien me permití escribir desde mi siguiente escala para advertirle de la situación; no realizó el viaje por atender a alguno de los desmanes socialistas del momento.

La explicación de los cubanos de Miami me encajaba. Es cierto que el régimen del dictador cubano Batista en los años cincuenta estaba corrompido y Cuba se merecía un gobierno de más categoría. Pero lo que vino resultó mucho peor, como también sucedería en Nicaragua. Hillary Clinton se dedica, por lo visto, a prolongar la hazaña de sus colegas los *liberals* de los años cincuenta, que engañaron a la opinión pública norteamericana y mundial sobre Fidel Castro, al que desde el primer periódico del mundo, portavoz impenitente de su ideología, presentaban al barbudo guerrillero de Sierra Maestra como el reformista cristiano que iba a implantar en la Cuba corrupta el reino de la justicia social y de la libertad. Lo que hizo fue entregarla al comunismo y a la estrategia comunista para las dos orillas del Atlántico. Y hasta hoy; porque hasta el acreditado demócrata don Jorge Semprún, antaño cantor fervoroso del gran demócrata Stalin, ha firmado un célebre manifiesto pro Castro (con su nombre francés, Georges) y uno de los creadores de la democracia española, el presidente del Senado don José Federico de Carvajal, llevó personalmente a Castro, gran defensor de las libertades, una medalla de oro. Felipe González, menos solemne, se contentaba con retratarse con el dictador y satélite soviético entre las imponentes mulatas del *Tropicana*. Felipe González era en junio de 1995, no sé si lo sabe, otro de los políticos más aborrecidos entre los cubanos de Miami, que por su comportamiento y su capacidad de trabajo y organización dominan hoy al importante y próspero estado de Florida y han elevado muchísimo la opinión norteamericana hacia los *hispanos*.

El embajador de los Estados Unidos en Cuba antes de la revolución de Castro, Earl E.T. Smith –entre 1957 y 1959– bajo la administración Eisenhower, en vísperas del triunfo electoral de Kennedy, ha demostrado en un libro sobrecogedor *The fourth floor*[417] cómo ese *cuarto piso* del Departamento de Estado en Washington, donde trabajan los funcionarios de segundo nivel para la política en Iberoamérica, provocó la llegada de Castro al poder según los consejos del lunático editorialista y corresponsal del *New York Times* Herbert Matthews, un ultraliberal que presentó a Castro ante el mundo entero como el Robin Hood de América, le comparó a

[417] Nueva York, Rambom House, 1961.

Lincoln y ocultó cuidadosamente la infiltración comunista en el movimiento castrista. Según el embajador en su documentado alegato fue el Departamento de Estado, sin que el secretario John Foster Dulles se enterase, quien entregó Cuba a Castro y al bloque soviético conscientemente, culpablemente. La acusación de Smith es tremenda y no fue jamas desmentida; si Cuba es desde poco después de 1959 la plaza de armas para la estrategia soviética en el Atlántico –las dos orillas, la americana y la africana– se debe al fanatismo izquierdista y a la irresponsabilidad de esta cuarta planta del Departamento de Estado, seducida por los consejos y orientaciones de un periodista que ya en las guerras de Abisinia y España (1935-1937) había mostrado toda su capacidad de aberración y procomunismo. He recordado en otros libros que para Matthews la batalla de Guadalajara en marzo de 1937 fue una de más decisivas de la historia mundial, en el siglo de Verdun y del Marne y de Stalingrado y de Normandía. Y por supuesto pronosticaba que la guerra civil española la ganarían los que para él, sin una palabra de crítica, eran los buenos, es decir los rojos.

El diario «Ya» de Madrid publicó un documento secreto del gobierno Reagan en el que se demuestra que «la URSS utiliza a Cuba para convertir a Centroamérica en un satélite socialista»[418]. El 8 de enero de 1959, gracias a la torpísima política del Departamento de Estado y a la corrupción flagrante del agotado régimen cubano de Batista, Fidel Castro, que no había ganado una sola batalla en el terreno militar, entraba triunfalmente en La Habana. Muchos de sus barbudos llevaban al cuello el rosario; y la jerarquía de la Iglesia católica apoyaba al nuevo régimen, quizás confiando en la presunta influencia sobre Castro del arzobispo de Santiago de Cuba, monseñor Pérez Serantes, que le había salvado la vida después del fallido asalto al cuartel de Moncada, primer acto de la leyenda revolucionaria. Pero nunca se ha emprendido una campaña de descristianización como la que Castro, después de quitarse el rosario y la careta, desencadenó sobre Cuba, donde según datos de 1985 el número de personas que se confiesan católicas ha pasado en una generación del 95 al 30%; sólo una minoría cada vez más reducida asiste a misa los domingos, una cifra ridícula; el número de sacerdotes ha disminuido enormemente, el de religiosos y religiosas había llegado en la misma fecha casi a desaparecer, después de las expulsiones de sacerdotes y religiosos extranjeros; y tanto la enseñanza como la cultura y la vida cubana han arrancado hasta la sombra de la Iglesia. En 1961 los Estados Unidos, ya guiados por Kennedy, trataron de remediar su error de 1959 con algo peor: la invasión frustrada en Bahía Cochinos, un fiasco monumental de la CIA que supuso la consolidación de Fidel Castro y su entrega total en manos de la URSS[419]. En una solemne e inaguantable –como todas las suyas– alocución televisada a la nación, el 2 de diciembre de 1961, Fidel Castro confesó: «Soy un marxista-leninista y lo seguiré siendo hasta el día que muera. El resto del mundo está en camino al comunismo». También anunció la formación de un partido único de la revolución socialista cubana que guiaría a Cuba a través del socialismo hacia la democracia del pueblo o dictadura del proletariado. Su programa sería «marxista-leninista y adaptado a las condiciones de Cuba. Porque no hay vía media ente el capitalismo y el socialismo»[420]. En 1962 la instalación de misiles

[418] «Ya» 11 de febrero de 1985.
[419] Peter Wyden, *Bay of Pigs, the untold story*, Nueva York, Simon and Schuster.
[420] E. Smith., op. cit. p. 234s.

soviéticos en Cuba apuntando con sus cabezas nucleares hacia objetivos vitales de los Estados Unidos provocó una crisis mundial, resuelta, tras unos días de intensa angustia, por la firmeza de Kennedy y el sentido común de Kruschef, para cuyo prestigio en el mundo y en la URSS la retirada de los misiles supuso un golpe mortal. En 1965 Castro se quitó su última careta, cambió el nombre de su Partido unido al de Partido Comunista y envió a su principal colaborador, el comandante de origen argentino Ernesto «Che» Guevara a difundir la Revolución en el continente iberoamericano, mientras la maquinaria de la propaganda soviética exaltaba hasta el paroxismo la figura del Che hasta convertirla en uno de los grandes mitos de los años sesenta, que fascinó a muchos cristianos ingenuos. Cuba era ya entonces la plaza de armas para la estrategia soviética en el hemisferio occidental. Al comenzar el mes de agosto de 1967 Castro convocó en La Habana un trascendental Congreso de la Asociación Latinoamericana de Solidaridad para desarrollar la subversión marxista ya iniciada en América continental. La jugada estratégica de la URSS en Cuba, apoyada en los estúpidos *liberals* de los Estados Unidos, resultó sencillamente genial y la herencia del buen Papa Juan –de quien no sabemos que dijera una palabra sobre la pérdida de Cuba para Occidente entre 1959 y 1963– abría muchos caminos para la configuración de esa estrategia, que Castro mismo definirá repetidas veces, según veremos, como «la alianza de cristianos y marxistas para el triunfo de la Revolución». Parece increíble cómo los observadores del Vaticano no advirtieron la importancia histórica de la Revolución cubana para el asalto cristiano-marxista a las Américas. *La paz en la tierra* de que hablaba la última encíclica de Juan XXIII significaba la gran guerra de religión –una religión aliada con el marxismo– en el Continente donde pronto viviría la mitad de los católicos del mundo. Pero la Santa Sede de Juan XXIII calló, como jamás hubiera hecho Pío XII. No callaron, en cambio, los jesuitas, cuya nueva dirección se puso inmediatamente a favor de ese mismo Fidel Castro que les había cerrado el Colegio de Belén –donde él mismo se educó– y les había expulsado de Cuba. Hoy se ha restaurado magníficamente el Colegio de Belén por los jesuitas en Miami. Ellos no figuran, desde luego entre los castristas.

LA ESTRATEGIA MARXISTA-LENINISTA PARA AMÉRICA SEGÚN LOS TEÓRICOS DE CHINA ROJA EN 1959: UN DOCUMENTO TRASCENDENTAL

En 1959, cuando Cuba acababa de caer en la órbita del bloque marxista-leninista, los comunistas de China podían ofrecer a Cuba una experiencia de diez años en la aniquilación de la Iglesia católica y se apresuraron a hacerlo. China roja ha mostrado mucho interés siempre por Iberoamérica –como puede comprobarse en su apoyo al movimiento subversivo peruano Sendero Luminoso– pero ya en 1959 envió a los dirigentes comunistas iberoamericanos un importante documento estratégico que voy a reproducir, porque éste es el momento en que metodológicamente conviene hacerlo. La exposición y el análisis de la estrategia soviética en las

Américas tal como se desarrolló desde la base cubana hasta 1989 –y quién sabe si después, porque ya no hay soviéticos en Cuba, pero sí rusos– será objeto de nuestro segundo libro *La Hoz y la Cruz*; en el libro presente, cuyo ámbito cronológico (con excepción del próximo y último capítulo) se extiende hasta el final del Concilio Vaticano II y su correspondiente análisis, debemos insertar, porque fue redactado y publicado en 1959, un importante documento estratégico en que el bloque marxista-leninista revela sin rebozo alguno, con audacia propia de conquistadores, su estrategia para la destrucción de la Iglesia católica en Cuba, a ejemplo de lo que estaba ya lográndose en China; y con evidente proyección para las naciones de América que pudieran caer, desde la plaza de armas cubana, en poder del bloque marxista-leninista en el futuro. El documento, como se indica en su portada, es reservado y para uso de los encargados de la estrategia cristiano-marxista uno de los cuales, posiblemente arrepentido, me lo hizo llegar hacia 1980. Recibí el ejemplar, comprobé su origen y lo publiqué a mi vez en 1986 (con mucha resonancia dentro y fuera de España) y he visto que el primer especialista en la historia de la persecución marxista-leninista en China contra la Iglesia, James T. Myers, ratifica plenamente la autenticidad del documento y su carácter programático en su libro, ya citado, de 1991. El documento va firmado por Li Wei Han el cual, según Myers, era entonces director del Departamento del Frente Unido dentro del Comité Central del Partido Comunista chino[421]. El título del documento, que se presenta en forma de folleto, es *La Iglesia Católica y Cuba: un programa de acción*[422]. Completa la portada una nueva mención editorial: «Editado por la Prensa de Idiomas Extranjeros de Pekín para el Uso Exclusivo de la Sección Latinoamericana del Departamento de Enlace del Partido Comunista Chino. Impreso en la República Popular China. (Esta última frase en español y en inglés). A continuación reproduzco el texto íntegro español, tal como me llegó; con sus grafías y sus errores de morfología y sintaxis. Parece escrito por el secretario del Gran Hermano de Orwell.

La Iglesia católica, con sede en Roma, es una organización reaccionaria que da origen a actividades contrarrevolucionarias en las democracias populares. Para que las democracias populares puedan continuar su progreso por el camino al socialismo y al comunismo, es necesario primero acabar con la influencia de esa Iglesia católica y sus actividades. La Iglesia católica no es ni estéril ni impotente. Al contrario, hay que reconocer su poder y tomar una serie de medidas para contrarrestarlo. Cuando la lucha política y las fuerzas de producción hayan alcanzado un alto nivel de producción, es que se le puede destruir. Este es el objetivo que luchamos por alcanzar. Hacer un asalto frontal y dar el golpe de frente mientras estemos mal equipados y no hemos educado las masas debidamente, vendría a darle a la Iglesia mayor dominio sobre las masas, ya que ellas se sentirían de parte de la Iglesia y apoyarían clandestinamente las actividades contrarrevolucionarias auspiciadas por ella. También hay que evitar que se conviertan en mártires los líderes de las actividades contrarrevolucionarias de la Iglesia. La línea de acción contra la Iglesia es la de instruir, educar, persua-

[421] J.T. Myers, *Enemies*... op. cit. p. 205s. Reproduje por vez primera el documento en mi libro *Jesuitas*...., ya citado, de 1986, p. 354.

[422] Ediciones en Lenguas extranjeras, Pekín 1959.

dir, convencer y poco a poco despertar y desarrollar plenamente la conciencia política de los católicos por medio de su participación en círculos de estudio y por la participación en actividades políticas. Por medio de los activistas debemos emprender la lucha dialéctica en el seno de la religión. Progresivamente reemplazaremos al elemento religioso con el elemento marxista. Gradualmente transformaremos la conciencia falsa en la conciencia verídica; de manera que los católicos eventualmente destruyan por su propia voluntad y cuenta las imágenes divinas que ellos crearon. Esta es nuestra línea de acción en la lucha por la victoria contra la Iglesia católica contrarrevolucionaria.

A continuación presentamos un programa de tácticas que se empleó con éxito en la República Popular China para la liberación del pueblo chino de la influencia de la Iglesia católica imperialista de Roma.

Hay que conducir al seno del Gobierno popular a la Iglesia y sus feligreses donde las masas influirán sobre ellos. No se puede permitir que la Iglesia conserve su carácter supranacional que la pone por encima de la voluntad de las masas. Hay que establecer un buró del Gobierno popular encargado de asuntos y organizaciones religiosas. El sometimiento de la Iglesia a los procesos del centralismo democrático prepara el camino para que por medio de las masas se puedan tomar medidas patrióticas que desvirtúen la Iglesia y derrumben su imagen. Dicho buró organizará asociaciones nacionales, regionales y locales que aunarán los católicos en organizaciones patrióticas. Cada asociación declarará su acatamiento y observancia a las leyes de la nación.

Después que queden establecidas las asociaciones patrióticas y los católicos hayan profesado su acatamiento a las leyes de la nación, surgirán los reaccionarios y contrarrevolucionarios. Estos contrarrevolucionarios surgidos en el medio de la Iglesia católica son los primeros que hay que extirpar con firmeza pero no con el empleo de la violencia. Las medidas tomadas en todos los casos deben estar de acuerdo con la ley. Por su naturaleza, las aspiraciones contrarrevolucionarias conducen a acciones contra el Gobierno. Este principio nos indica las leyes que hay que aplicar contra los que protestan y que los ponen en la categoría de criminales antipatrióticos que protestan siguiendo las instrucciones de carácter imperialista enviadas desde la sede a la Iglesia católica en la Ciudad del Vaticano.

Durante este período las masas sentirán un conflicto psicológico, ya que de una parte sentirán lealtad a la Iglesia y su clero y por otra parte su patriotismo, que los conduce a apoyar al Gobierno popular. Conviene sondear este conflicto y estudiarlo detenidamente. Si se toma acción precipitada sin tomar en cuenta la agudeza de este conflicto psicológico, se puede aislar al Partido de esas masas. Si los lazos entre las masas y la Iglesia son muy estrechos hay que seguir al principio dos pasos hacia adelante y uno para atrás. Al dar el paso para atrás el Gobierno popular debe afirmar que está defendiendo la libertad religiosa y que es por voluntad de las masas que establece comités de reforma en las asociaciones para que las masas patrióticas puedan expresarse más directamente en la dirección de los asuntos de la Iglesia.

Estén alerta. Los activistas del Partido deben dirigir la labor de los comités de reforma. Estos deben aislar los reaccionarios que se encuentren entre las masas. Para esta labor hay que seguir las consignas: es patriótico adherir al Gobierno y acatar las leyes; la desobediencia es antipatriótica; las asociaciones han profesado su patriotismo; los elementos antipatrióticos deben ser aislados de las asociaciones y juzgados como criminales ante las masas patrióticas, es el deber de todo ciudadano castigar al criminal. Los activistas deben dirigir las masas contra los elementos criminales. Después que las masas condenan a los criminales y los aíslan de las asociaciones, los criminales deben ser castigados de acuerdo con las disposiciones del Gobierno popular. A la vez, las asociaciones deben profesar de nuevo su acatamiento a las leyes y procurar descubrir actividades contrarrevolucionarias dentro de su seno.

Aunque los reaccionarios han sido descubiertos, el conflicto psicológico continúa en las masas. Es importante que las autoridades eclesiásticas y los líderes de la Iglesia les aseguren a las masas que la religión ha quedado más pura, ya que se han librado de elementos criminales y antipatrióticos. Los activistas que son miembros de las asociaciones tienen las importantes tareas de persuadir a los líderes de la Iglesia a hacer estas declaraciones. Los activistas también deben asegurar a las masas que el Gobierno y el Partido están acatando la voluntad de las masas. Desde luego, durante este período surgirán desavenencias. Si se actúa de una manera arbitraria, se perderá el impulso del movimiento de las masas. El Gobierno popular debe estimular las discusiones a fondo de todos los desavenidos. Durante estas discusiones se debe cuidar de descubrir a los contrarrevolucionarios, que antes habían pasado desapercibidos. Durante este período, al igual al anterior, hay que seguir las consignas: es patriótico acatar las leyes, la desobediencia es antipatriótica y criminal. Se debe procurar también informar a las masas de los resultados de las conversaciones entre el Estado y la Iglesia. Y sobre el renacimiento patriótico de las masas religiosas que está reemplazando los sentimientos decadentes, imperialistas y antipatrióticos. Con la excepción de asuntos espirituales, todo indicio o expresión de vinculación con la Ciudad del Vaticano debe ser desprestigiado por ser motivado por intereses imperialistas y por apoyar actividades contrarrevolucionarias. La experiencia de nuestros países hermanos muestra que la Iglesia católica siempre ayuda actividades contrarrevolucionarias. En vista de la extensión mundial de la Iglesia católica, estas experiencias constituyen pruebas innegables de su carácter conspiratorio. Durante este período se puede esperar que desde a Ciudad del Vaticano se oirán protestas en contra de nuestra campaña. Estas protestas deben ser aprovechadas como nuevas pruebas del carácter conspirativo de la Iglesia, dirigida desde la Ciudad del Vaticano.

Esto nos trae al segundo punto de ataque, que es el enlace de la Iglesia con la Ciudad del Vaticano. Hay que prever que durante este ataque el clero reaccionará violentamente, ya que éste es su punto de apoyo y la fuente de su poderío. Debe recordarse que sus protestas por el ataque contra su lealtad al Vaticano son antipatrióticas y en oposición a las leyes y al Gobierno. Igualmente lo que el clero representa es antipatriótico. Los activistas tienen la tarea de convencer a las masas que el individuo puede tener su religión sin que la Ciudad del Vaticano dirija los asuntos de la Iglesia en todo el mundo. Los activistas también deben explicar el principio de la coexistencia del patriotismo y la religión. Así quedarán aislados de las masas los que siguen los dictámenes del Vaticano. Y abre el camino para el establecimiento de una Iglesia independiente.

Hay que hacer una campaña de preparación antes de que se pueda proclamar la Iglesia independiente. Las figuras del clero que no puedan ser persuadidas a acatar los dictámenes del Gobierno popular son denunciados ante las masas. Se aprovechan sus protestas para destruir su imperio sobre las masas. La mejor táctica es hacer una labor sencilla y sin que sea identificado su autor. Los activistas deben dar origen a las denuncias contra ellos. En la Historia abundan las pruebas que pueden emplearse en la acción legan contra los que protestan de la separación de la Iglesia y el Vaticano. Hay que tener preparado durante esta fase los argumentos necesarios para convencer a los intelectuales que el separarse del Vaticano es un paso hacia delante y no para atrás. Las disposiciones legales que protegen a todas las religiones y la historia de los movimientos protestantes sirven este fin. A la vez, los activistas tienen la tarea de conducir a las asociaciones en un movimiento conjunto para solicitar que el Gobierno popular autorice el establecimiento de una Iglesia independiente para librar a las asociaciones de toda tacha antipatriótica causada por algunos elementos que continúan sus lazos con el Vaticano. El Gobierno popular dará la autorización y se organiza la Iglesia independiente. Debe tenerse presente que el rompimiento de la Iglesia católica y el Vaticano sólo tiene importancia para los teólogos. Las masas tienen poca afinidad y poca vinculación directa con el Vaticano en sus prácticas religiosas.

Hemos llegado a la última etapa. Después de la separación de la Iglesia y el Vaticano, se pueden consagrar nuestros propios líderes de la Iglesia. Esto provocará la más vigorosa protesta del Vaticano y excomunión mayor. Hay que tener presente que la lucha se está efectuando fuera de sus fronteras y no entre sus asociados. Las asociaciones funcionan, y las masas son persuadidas y alentadas a practicar su religión en el seno de la nueva Iglesia. Obrando con tacto y sutileza no se destruye la liturgia y las masas notan pocas diferencias en la nueva Iglesia. Las protestas del Vaticano contra la consagración afectan a la jerarquía de la Iglesia y el Gobierno del pueblo se responsabiliza de rechazar los cargos del Vaticano. Una vez aislados, la acción contra ellos se hace cada vez más legal, porque sienten un gran apremio por protestar y por convertirse en mártires y como consecuencia se comprometen en acciones antipatrióticas.

Aunque se haya triunfado en la lucha contra la Iglesia católica, debe emplearse la persuasión con la retaguardia del clero. Las masas comprenden por esta actitud que el Gobierno popular sinceramente se preocupa por la libertad de religión de todas las personas. A la vez, coloca a los que protestan en la categoría de los que actúan contra los sentimientos del pueblo y su Gobierno.

Cuando llegue el momento en que los puestos de responsabilidad en el clero son de los nuestros y sometidos al Gobierno popular, se procederá a

erradicar paulatinamente los elementos de la liturgia incompatibles con el Gobierno popular. Los primeros cambios serán de los sacramentos y de las oraciones. Luego se protegerá a las masas contra la coacción y presión a asistir a la iglesia, a practicar la religión o a organizar grupos colectivos representando cualquier secta religiosa. Cuando la práctica de la religión se convierte en responsabilidad individual, se sabe que lentamente la religión se olvida. Las nuevas generaciones reemplazarán a las pasadas y la religión será un episodio del pasado, digno de ser tratado en las historias escritas sobre el movimiento comunista mundial.

Este era el programa para la destrucción de la Iglesia que, como sabemos, se había practicado ya en toda China desde 1949, con amplio éxito, aunque la Iglesia católica no estaba aún, ni está ahora completamente extirpada. Este era el programa que la estrategia marxista-leninista proponía a su correligionario Fidel Castro para su aplicación a Cuba recién caída en las redes de la estrategia soviética. El documento parece digno de ser clavado en las Puertas del Infierno. De su autenticidad no cabe duda. Pero no debería aplicarse solamente a Cuba sino a todas las naciones de América que la estrategia marxista-leninista pretendía conquistar desde la gran base cubana. Con diferencias propias de lugares y tiempos. La Iglesia Patriótica dependiente del marxismo-leninismo chino se iba a denominar, en el ámbito del marxismo-leninismo americano, Iglesia Popular. El redactor maoísta del documento que acabo de transcribir conocía perfectamente, como comprende el lector, la doctrina de Lenin y la práctica de Stalin contra la religión; y aplicaba en todos sus términos, de forma casi mimética, la teoría de Gramsci sobre la sustitución de la religión católica por el credo marxista-leninista. No hace falta detallar las semejanzas; son más que evidentes. Este era el otro interlocutor del diálogo que con tanta generosidad como aberración proponía el buen Papa Juan con los «practicantes mudables» de las «doctrinas cerradas». Y más vivas y agresivas que nunca.

SECCIÓN 4: EL CONCILIO VATICANO II Y EL ADVENIMIENTO DE PABLO VI

LA PRIMERA SESIÓN DEL CONCILIO: LA DERROTA DE LA CURIA

Las secciones anteriores –en las que ya hemos hablado del anuncio y la preparación del Concilio Vaticano II– son esenciales para comprender el contexto real en que iba a desenvolverse la gran asamblea de la Iglesia en el siglo XX. Por lo pronto hemos demostrado que, gracias al Pacto de Metz casi en vísperas del Concilio esta asamblea plenaria de la jerarquía, las órdenes religiosas y los teólogos católicos era un Concilio pactado; en virtud de este pacto entre el Vaticano y el Kremlin, que hemos calificado como inicuo, no se podía enjuiciar al comunismo en el Concilio, ni menos condenarlo, ni siquiera hablar de él. Y esto lo había aceptado la Santa Sede –cuyo poder sobre las deliberaciones y conclusiones del Concilio era determinante según las normas del Derecho Canónico y las disposiciones vinculantes de la propia Santa Sede– cuando el comunismo estaba triturando a la Iglesia católica de China, mantenía aplastada a la Iglesia católica en la URSS y aherrojada en los países de régimen comunista, donde se intentaban con éxito la creación de Iglesias nacionales autónomas y dependientes del gobierno ateo; y para colmo, el comunismo, máximo enemigo histórico de la Iglesia católica, acababa de apoderarse de Cuba y la estaba preparando activamente para convertirla en base de infiltración e invasión de las Américas. El Papa proclamaba que el Concilio debía acercar la Iglesia al mundo; el comunismo estaba conquistando el mundo. Ni una voz se alzó en el Concilio para protestar por la ausencia de los cardenales Mindszenty y Stepinac, a quienes el comunismo no permitió viajar a Roma. (El segundo sólo pudo hacerlo en 1963). Este es un contrasentido formidable, clarísimo a la luz de una historia mínimamente seria pero será inútil que el lector lo busque en los innumerables libros que tratan del Concilio y reproducen, con gran erudición, sus documentos.

Entre la ingente bibliografía conciliar voy a citar en esta sección varias fuentes a lo largo de mi comentario. Pero entre esas fuentes hay dos que tendré presentes en todo momento, porque son la gran crónica objetiva y la completa colección documental del Concilio. La primera, cuya falta de traducción española me asombra y me indigna, porque me parece la historia interna, objetiva y reconocida en todo el mundo como la mejor sobre el Concilio es la del sacerdote de la Congregación del Verbo Divino Ralph M. Wiltgen, uno de los grandes periodistas religiosos de este siglo, observador y testigo del Concilio desde antes de su convocatoria hasta después de su clausura, poseedor de toda la documentación pública y reservada de la Asamblea, conocedor personal de todos los participantes y creador de la mejor oficina informativa que actuó en todo el período conciliar. El libro, traducido a varios idiomas, lo consulto y cito en su edición inglesa, *The Rhine flows into the Tiber*, –el Rin desemboca en el Tíber– y fue editado por Hawthorne Books[423]. Está inspirado en una sátira de Juvenal, poeta latino del siglo II, según el cual «el Orontes (el río de Antioquía, centro de cultura helenística) desemboca en el Tíber». Con la mención del Rin Wiltgen quiere decirnos –es una de sus tesis básicas– que los Padres y teólogos de los países más o menos ribereños del Rin –Alemania, Austria, Francia, Suiza, Holanda, Bélgica– formaron un poderoso grupo de influencia «progresista» que se impuso en toda la línea a los «conservadores» de otros países guiados por la Curia romana, cuyo líder era el cardenal Ottaviani. No es que el autor se muestre a favor de unos ni de otros: es que los hechos sucedieron así. El Concilio fue orientado por la conjunción o disenso de los grupos de Padres, no por personalidades individuales, aunque esos grupos tuvieran sus líderes y sus teólogos o peritos de gran influencia personal. El segundo libro clave es *Vaticano II,*

[423] Nueva York, 1967. Cito por la octava edición, TAN Books, Rockford, Illinois, 1985.

Documentos, Madrid, BAC minor, 1971, con la colección completa y valiosas introducciones y cuadros cronológicos.

Ya hemos hablado de la preparación del Concilio, encargada por el Papa a diez comisiones seleccionadas por los dicasterios de la Curia y coordinadas por el arzobispo Pericle Felici, nombrado luego secretario del Concilio, que hacía el número 21 en la historia de los Concilios ecuménicos de la Iglesia. Las Comisiones preparatorias solicitaron, como vimos, ideas y propuestas a los Padres de todo el mundo y redactaron un conjunto de esquemas que serían sometidos a las Comisiones elegidas por el Concilio en dos tercios de sus miembros, el tercio restante por el Papa. Un cardenal presidiría cada comisión conciliar, y diez cardenales ostentarían la presidencia del Concilio y las sesiones plenarias, llamadas Congregaciones Generales.

El 11 de octubre de 1962, realizado ya todo este trabajo preparatorio, los aproximadamente 2.400 padres conciliares, con vestiduras y mitras blancas, salían del Portone di Bronzo hacia el centro de la plaza de San Pedro, en una mañana de sol tras la noche lluviosa, y desde allí giraban a la derecha para entrar en la basílica de San Pedro y tomar asiento en la gran nave que servía, como en el Concilio Vaticano I, de aula conciliar. Juan XXIII cerraba la procesión en lo alto de su silla gestatoria, también con mitra, entre los aplausos entusiastas de la multitud. Bendecía a todo el mundo, alegre y radiante. Entró por su pie en la basílica y celebró la Misa del Espíritu Santo. Los Padres provenían de Europa en un 39 por ciento; de América, el 35; de Asia (12%) de Africa (12) y de Oceanía (2). El libro de los Evangelios quedó expuesto en medio del altar, como era costumbre inmemorial en los Concilios ecuménicos. El Papa exhortó a los Padres a preservar íntegro el depósito de la fe que habían recibido, aludió expresamente a la vigencia de los Concilios de Trento y el Vaticano I, pero reclamó para el actual Concilio «un salto adelante» para expresar las verdades permanentes según el lenguaje moderno, la investigación moderna y los modos del pensamiento moderno. Previno contra las doctrinas falaces y peligrosas, y pidió al Concilio que en vez de usar la reprobación y el anatema, hablase al mundo de hoy con misericordia y comprensión. Fue un discurso que expresaba cabalmente sus intenciones y que el Concilio siguió como el Papa le había pedido, aunque años después (yo creo que el tiempo fue menor) algunos lo tergiversaron y le hicieron decir lo que el Concilio no había dicho, como en su momento oiremos comentar a uno de los asistentes, el entonces padre Joseph Ratzinger, perito del Concilio.

Altos portavoces de la Iglesia han repudiado como artificial la división de Padres entre conservadores o tradicionales y progresistas o liberales, pero como demuestra Wiltgen esa división se advirtió con toda claridad desde el primer día de trabajo en el Concilio, dedicado a la elección de los miembros de las diez comisiones encargadas de discutir, aceptar, modificar o rechazar los esquemas que luego serían sometidos a las Congregaciones generales decisorias. El cardenal Frings, presidente de la Conferencia Episcopal alemana y el cardenal Liénart, de la francesa, formaron el núcleo de la que llama Wiltgen «Alianza europea» con el fin de obtener una presencia importante del bando progresista en las Comisiones y por ello en vez de dejar la elección de los miembros a los dictados de la Curia propusieron que cada Conferencia Episcopal de una nación designase sus candidatos, y del conjunto se seleccionara a los más votados. El cardenal Liénart reclamó varios días de espera para que todos los Padres pudieran estudiar las calificaciones de los elegibles, el cardenal Frings secundó la moción, que fue rubricada por aclamación mayoritaria. Un obispo holandés, la minoría episcopal más activa del Concilio, comentó: «Ha sido nuestra primera victoria».

La Alianza del Rin se movió deprisa. No lo tenía fácil. Los episcopados de Italia, España, Inglaterra, los Estados Unidos e Iberoamérica podrían asegurarse la mayoría conservadora si los de Asia y Africa les seguían. Pero la Alianza del Rin consiguió trabajarse a varios obispos españoles, muchos de Iberoamérica, casi todos los de Asia y Africa; todo hay que decirlo, porque estaban muy agradecidos (los del Tercer Mundo) a la ayuda económica que el cardenal Frings, jefe de los progresistas, había concedido durante años a las diócesis pobres a través de las obras asistenciales de la Iglesia alemana, muy poderosa económicamente, *Adveniat y Misereor*, que había empleado en tan solidario objetivo millones de marcos, no siempre bien administrados, como en su momento veremos. Como la requerida mayoría de dos tercios para la elección de cada miembro de las comisiones parecía difícil de alcanzar, los progresistas convencieron al Papa de que rebajase el porcentaje a la mayoría simple; fue una de las varias modificaciones sobre la marcha que el buen Papa Juan aceptó. Las gestiones entre bastidores por parte de la Alianza del Rin lograron una victoria espectacular contra la Curia. Como el tercio nombrado por el Papa incluía también a varios progresistas, éstos lograron la mayoría absoluta, o a menos virtual, en todas las Comisiones. De cada diez candidatos propuestos por la Alianza del Rin ocho obtuvieron puesto en una de las Comisiones. Los superiores generales religiosos, a quienes la Curia había excluido, consiguieron seis puestos para la comisión de religiosos por nombramiento directo del Papa, que favoreció aún más a los progresistas al decidir el nombramiento suyo de un miembro más para cada comisión. En ese momento, concluye Wiltgen, las aguas del Rin dominaron el cauce del Tíber.

Los esquemas redactados por la comisión preparatoria del Concilio después de clasificar y ordenar las miles de propuestas enviadas por los Padres antes de la inauguración quedaron reducidos a veinte; los cuatro primeros eran de carácter dogmático –entre ellos las fuentes de la Revelación y la Iglesia– y sufrieron, en el Concilio, la inmediata repulsa de los progresistas, animados por su decisiva victoria en la elección de las Comisiones, por iniciativa de los obispos de Holanda, que desde el primer momento formaron, si se me permite el símil, el subgrupo de la extrema izquierda progresista. (Veremos en el segundo libro cómo la Iglesia de Holanda, bastión de la fidelidad a Roma hasta la víspera del Concilio, se hundió por autodemolición pocos años después). El consejero de la Iglesia de Holanda era el teólogo dominico Edward Schillebeeckx, nacido en Bélgica y profesor en la Universidad católica de Nimega, quien exigió el rechazo de los cuatro esquemas dogmáticos tras un implacable análisis en que los consideraba inmovilistas y anticuados. Aprobaba en cambio el esquema sobre liturgia, en el que habían intervenido teólogos progresistas. La Alianza del Rin hizo suya la propuesta holandesa y los esquemas dogmáticos, empezando por el de las fuentes de la revelación, quedaron aplazados y dieron paso al debate del esquema sobre liturgia.

En éste los progresistas, aun aceptándole, insistían en algunos aspectos muy renovadores, que agradaban a los Padres del Tercer Mundo. El argumento principal era que el latín era una lengua muerta, apta pata la comunicación jerárquica y de la Curia pero ininteligible para el pueblo, sobre todo entre las culturas de origen no europeo. Se pedía también generalizar la práctica –entonces excepcional– de la concelebración de la Misa y el acortamiento del breviario, el oficio divino que debían rezar diariamente los sacerdotes. La Curia en bloque se lanzó a la defensa del latín. En este debate intervino por primera vez el cardenal arzobispo de Milán, monseñor Montini, muy brillantemente y en tono tan conciliador que todos comprendieron su pretensión de presentarse como mediador entre progresistas y conservadores. El arzobispo Máximo IV, patriarca melquita católico de Antioquía, abogó en un aplaudido discurso a favor de las lenguas vernáculas o vulgares para la liturgia, como había sucedido en su tiempo con el latín y se observaba ahora en las Iglesias orientales, cuya liturgia hablaba en la lengua del pueblo. Los pesos pesados de la Curia contraatacaron en tromba dirigidos por el cardenal Ottaviani que se opuso a todo cambio en la Misa y sufrió una terrible humillación cuando el cardenal presidente, Alfrink de Holanda, le quitó la palabra de un campanillazo cuando había rebasado en cinco minutos los diez permitidos para cada intervención. Ottaviani no hizo caso y Alfrink ordenó que le desconectaran el micrófono. Este suceso, comentadísimo, se tomó como todo un símbolo. La mayoría progresista venció al imponer sus puntos de vista en el esquema sobre liturgia, y lo dejó listo para la aprobación en el Pleno cuando llegase el momento.

Estas noticias se filtraban a la prensa. Cientos de corresponsales buscaban ávidamente la noticia, sobre todo si era detonante. El Concilio, por orden del Papa, había impuesto un secreto riguroso, con juramento incluido, sobre las deliberaciones y los incidentes pero los Padres conciliares se morían por salir en los periódicos y filtraban cuanto les venía en gana, a través de un retorcido sistema de restricciones mentales. Las conferencias episcopales establecieron oficinas de prensa y ya sabemos cómo los espías del movimiento comunista PAX se habían infiltrado en la sala de prensa del Concilio. La oficina de los obispos holandeses era la famosa DOC, que funcionó desde el principio como una central de propaganda progresista, pronto aliada con los espías de PAX para formar el IDOC, como vimos. Los obispos franceses hacían continuas confidencias al diario *La Croix*, aún no entregado al progesismo grosero pero en camino de hacerlo. Aparte del DOC holandés la central de prensa más influyente fue la organizada por los obispos de los Estados Unidos. El padre Wiltgen, autor del libro citado, montó una oficina de información que llamaba a los Padres del Concilio para resonantes conferencias de prensa. Fue, con mucho, el centro informativo más serio y más objetivo.

Juan XXIII seguía muchas veces las sesiones del Concilio a través de un circuito cerrado de televisión. En varias ocasiones, incluso en audiencias públicas, se mostraba muy satisfecho por la sinceridad con que hablaban y discutían los Padres y animaba abiertamente a los progresistas. «La vida cristiana –decía– no es una colección de costumbres antiguas». Ya estaba herido de muerte desde finales de octubre cuando, en un arranque de devoción personal a San José, impuso al Concilio la mención de San José después del nombre de la Virgen en el canon de la Misa, todo el mundo lo aceptó sin discusión. Se aproximaba la clausura del primer período de sesiones –fijada pronto para el 8 de diciembre de 1962– cuando volvió a la Comisión Teológica el debate sobre el primer documento dogmático, las fuentes de la revelación. El cardenal Ottaviani y su adjunto, el jesuita holandés Tromp, se empeñaron en defender el esquema propuesto por la Curia. La Alianza del Rin se opuso cerradamente y organizó una campaña de conferencias entre los Padres para evitar su aprobación y conseguir el rechazo del esquema. Se produjo entonces la primera intervención importante de un Padre español, el cardenal Quiroga, arzobispo de Santiago, que junto al cardenal Siri trató de defender el esquema de Ottaviani. La oposición entre los grupos adversos llegaba casi al dramatismo. La mayoría de la Comisión Teológica rechazó el esquema, con el correspondiente berrinche de Ottaviani. El problema fue llevado a Congregación General, que decidió por el 62 por ciento de los votos interrumpir la discusión del esquema de la Revelación, aplazándolo sin fecha fija. Se decidió nombrar una nueva comisión ampliada para debatir el complejo problema teológico, pero ya no podría ser aprobado en el primer período de sesiones.

Juan XXIII, en un discurso público, dejó entrever una premonición de su muerte próxima. Las hemorragias de su cáncer estomacal continuaban aunque nadie lo sabía. Presidió con gran entereza la ceremonia de clausura del primer período conciliar, el 8 de diciembre de 1962. Se habían anunciado, desde el 23 de noviembre, nuevos debates sobre medios de comunicación, sobre la unidad de la Iglesia, sobre la Virgen María. La única decisión fue que los tres documentos sobre la unidad de los cristianos debían combinarse en uno solo. Ottaviani volvió a fracasar en su exposición introductoria sobre la Iglesia. El Papa mejoraba aparentemente y designó una nueva comisión coordinadora para reducir las confusiones excesivas del primer período, que ya se agotaba inexorablemente, sin haber logrado la aprobación de un solo documento. El entonces padre Ratzinger, teólogo de la Alianza del Rin, trató de interpelar este fracaso del primer período como prueba de la libertad del Concilio y era verdad; el significado principal de ese primer período había sido el deslinde de los dos campos y la victoria clara de la Alianza del Rin sobre la Curia de Roma. Algo parecido afirmaba otra joven estrella del Concilio, el teólogo Hans Küng, suizo y profesor en la Facultad de teología de Tubinga, que reveló a los obispos de los Estados Unidos una frase de Juan XXIII oída por él personalmente: «He querido abrir una ventana para que entre aire fresco en la Iglesia» Küng les dijo que lo que había sido el sueño de una minoría teológica alemana se estaba convirtiendo en venturosa realidad. «Aunque el Concilio terminara ya, habría cambiado para siempre el aire de la Iglesia». El obispo más excéntrico de la asamblea, Sergio Méndez Arceo de Cuernavaca, México, declaró que el Concilio había sido un éxito. Küng insistía: «Ninguno de los que hemos asistido volveremos a casa como éramos antes». Ratzinger, Arceo, Küng. Ni ellos mismos podían imaginar a fines de 1962 cuáles serían sus caminos divergentes después del Concilio, como ya explicaremos al lector con detalle en nuestro segundo libro.

LOS MISTERIOS DE GIOVANNI BATTISTA MONTINI

Como es natural todos los trabajos para la segunda sesión del Concilio quedaron interrumpidos. Como no se había aprobado un solo documento el Concilio podría disolverse como un rayo en un mar inmóvil. Todo dependía del nuevo Papa. Fue convocado el Cónclave. Desde los primeros momentos de la Sede Vacante sucedió lo mismo que en 1939 en torno al cardenal Pacelli: todo el mundo, dentro o fuera del colegio cardenalicio, estaba seguro sobre el nombre del sucesor. En este caso ese nombre era el del cardenal arzobispo de Milán, Giovanni Battista Montini.

Es el primer Papa a quien he visto personalmente, aunque sin hablar con él; por tres veces, desde nuestra primera visita a Roma en las Navidades de 1963. Le tenemos tan cerca, hemos estudiado tantos testimonios y documentos sobre su pontificado y especialmente sobre sus a veces falseadas relaciones con la España de antes y durante su pontificado, que trazar aquí el necesario resumen de su biografía me ha costado un trabajo ímprobo; los árboles infinitos no me permitían casi ver el claro del bosque donde está la clave de su vida. Además de las mejores historias generales de la Iglesia que tengo siempre delante para preparar este libro –H. Jedin en cabeza de todas– me atengo a la mejor biografía específica, en mi opinión, que es la de Yves Chiron[424] sin eludir el contraste con la de Carlo Cremona[425] avalada ésta por la aprobación del secretario particular del Papa Montini, monseñor Pasquale Macchi.

Fue elegido Papa a los sesenta y cinco años. La historia de los dos años siguientes de su vida, hasta el final del Concilio, se identifica con la historia del Concilio y será tratada breve, pero esencialmente, en esta misma sección de este libro. La historia de los trece años siguientes, hasta su muerte en el Año de los Tres Papas, 1978, pertenece ya, según nuestro método, al segundo libro, *La Hoz y la Cruz*. La dificultad mayor consiste en que no podemos proseguir la historia del Concilio hasta presentar, sin omitir rasgos fundamentales, la historia de esos sesenta y cinco años en que Pablo VI era Giovanni Battista Montini. Es la tarea –imposible y necesaria, como tantas de este libro– que nos espera en el resto de este epígrafe.

Había nacido en Concesio, una casa solariega que los Montini poseían cerca de Brescia, en medio de una gran finca de labor, aunque la familia, que había bajado de las montañas varias generaciones antes, era de ciudad, profesionales reputados, generalmente médicos o abogados, como su padre, Giorgio, que en el mismo año en que se casaba con la joven de 18 años Giuditta Anghisi, formada seriamente en la cultura francesa, entraba en política local –gracias a la apertura de León XIII– y se convertiría muy pronto en el jefe del partido católico de Brescia. Giorgio Montini, orgulloso de su hidalguía: tres montecillos (montini) orlados de flores de lis) era ya un hombre muy activo: propietario agrícola (como su joven esposa) político, editor, periodista y financiero, creador de un pequeño y próspero banco en aquella época en que por impulso del Papa las bancas católicas pugnaban por evitar el monopolio de las liberales. Un hombre, además, muy influyente en su provincia, luego en todo el Norte industrial de Italia, luego en toda la nación y en Roma, cuando llegó al Parlamento dentro del Partito Popolare fundado por don Sturzo, en cuyas listas fue elegido diputado. Giovanni Battista, o simplemente Battista, como se le llamaba de joven, heredó de sus padres, además de una fe católica profunda y una inquebrantable adhesión a la Santa Sede, la inclinación a

[424] *Paul* VI París, Perrin, 1993.
[425] Milano, Rusconi, 1994.

la cultura francesa y el virus de la política, de principio a fin. Estuvo siempre muy unido a sus padres hasta que ellos murieron en medio de la tragedia de la guerra mundial, en 1943, tres años después que el embajador de Francia aún libre D'Ormesson, profetizase que el joven monseñor de la Secretaría de Estado sería Papa algún día.

La pésima salud de Battista –aunque acabaría siendo una «mala salud de hierro»– no parecía asegurarlo. Empezó sus estudios primarios en un colegio de jesuitas pero no pudo seguirlos mucho tiempo por su debilidad y su salud delicada que exigía cuidados en casa. Así tuvo que realizar el resto de sus estudios. Tal vez esta incapacidad dio origen a su carácter introvertido y difícil, que se llevaba bien con sus dos hermanos y no carecía de amigos y de consejeros sacerdotales que le fueron fieles durante toda la vida. Estudiaba ayudado por profesores particulares y sacaba bien los cursos pero leía muchísimo por su cuenta, lo cual no autoriza a considerarle como autodidacta sino a describirle como joven de insaciable curiosidad cultural, que además desplegaba con amplísima libertad, sobre todo para las estrechas costumbres de entonces. Se sentía desde niño muy inclinado a la Iglesia y visitaba con regularidad a los padres de Santa María de la Paz, una rama de San Felipe de Neri y sobre todo a los benedictinos, a quienes fue toda su vida muy aficionado hasta el punto que pensó ingresar en la Orden más antigua de Occidente. Aprendió francés casi por su cuenta, aunque luego, ya mayor, perfeccionó su idioma preferido en varios cursos en Francia; pero su mejor profesora fue su madre. Era un joven silencioso y triste, que se forjó personalmente, para superar sus dolencias, un gran dominio de sí mismo; pero sabía ser amable y cortés. Quedó impresionadísimo por una visita de toda la familia a Roma en 1907. A los dieciséis años madura su vocación sacerdotal pero debe seguir en casa los estudios del seminario, que se organiza él mismo muy libremente. No puede hacer, precisamente por su salud deficiente, el servicio militar. Desde 1918 entra en contacto con la Federación de Universitarios Católicos Italianos, la FUCI, vivero juvenil del Partito Popolare, que será oficialmente fundado por don Sturzo en 1918, en vísperas de la gran victoria del fascismo. En 1920 recibe la ordenación sacerdotal sin haber vestido más que unos meses la sotana; sin haber sido más que por períodos muy breves seminarista formal. Es un sacerdote «por libre» y se le notará toda la vida; no hubiera sabido serlo de otro modo. Pero fue siempre un sacerdote cabal, jamás infiel a su vocación, jamás dudoso sobre ella, aunque dudase después de tantas cosas en su vida hasta merecer, no sin fuertes razones, el sobrenombre de «Papa Hamlet».

El obispo de Brescia le envía a Roma. Tiene que completar su formación, que ofrece muchas lagunas. Domina el latín –que entonces es estudiaba a fondo en el bachillerato oficial, que había seguido también por libre, y en el seminario– y se matricula en los cursos de filosofía de la Universidad Gregoriana, dirigida por los jesuitas, que entonces enseñaban la escolástica renovada por Francisco Suárez. Pero también hace la carrera de letras en la universidad estatal, la Sapienza. Colabora en la redacción de los discursos electorales y parlamentarios de su padre, que coincide en el Parlamento con el diputado Mussolini, recién fundado el fascismo. Desde ese primer momento los Montini, padre e hijos, sienten el antifascismo como de manera innata. Y respaldan al Partito Popolare que se divide profundamente entre los que se apuntan al fascismo, los que lo toleran y los que se enfrentan a él. Los Montini figuran sin vacilar en este tercer grupo: por eso lo pasarán muy mal políticamente. Varios jóvenes de la FUCI –Aldo Moro, Giulio Andreotti– y el PPI –Alcide de Gasperi– formarán una cada vez más silenciada reserva antifascista en espera de mejores tiempos. Son los amigos del joven sacerdote Montini, a quien el sustituto en la Secretaría de Estado, monseñor Pizzardo, uno de los eclesiásticos más influyentes de Roma, toma bajo su protección y le propone el ingreso en la Academia de Nobles, centro de estudios donde se forman los futuros Nuncios y miembros de la Secretaría de Estado. Allí reside la crema del clero romano y Montini acepta. La aceptación significa por sí misma que desea hacer carrera dentro de la Iglesia. Casi todos los alumnos de la Academia llegan a puestos del más alto nivel.

En la Academia de Nobles estudia derecho, historia eclesiástica, latín y diplomacia. Sigue en la Gregoriana pero cambia la filosofía por el Derecho canónico y en la Sapienza donde logra un diploma en Letras. Adquiere en la Academia nuevos amigos: Antonio Riberi, Mariano Rampolla. Asiste, en 1922, a la coronación del Papa Pío XI. Consigue el diploma de la Academia y la licenciatura en Derecho Canónico seguida por el doctorado. Al comenzar el año 1923 monseñor Pizzardo le recomienda que se inscriba en los cursos de la Congregación del Concilio, para adiestrarse en las técnicas del trabajo administrativo de la Curia. Iba a entrar al servicio de la Secretaría de Estado. Así hizo, mientras se aficionaba al estudio de la liturgia en la abadía de San Pablo Extramuros. Sin embargo su primer destino no fue burocrático sino diplomático; agregado –el escalón más bajo– en la nunciatura de Varsovia, capital de la Polonia que acababa de recuperar su independencia, rechazaba una invasión comunista y trataba de reorganizar su vida eclesiástica después de tanto tiempo de soberanía perdida. En Polonia conoce la caída de Italia en poder del fascismo y su salud, siempre lamentable, se resiente por el clima frío del país. Consigue que monseñor Pizzardo le reclame a Roma.

Emprende allí de nuevo trabajos universitarios y publica algunos artículos en revistas católicas donde alude negativamente al fascismo como «patriotismo bárbaro»; pero Mussolini aún no se ha quitado la careta y no reacciona. El primer cargo que recibe en Roma es el de capellán de la sección romana de la FUCI, la organización universitaria democristiana con la que se identificará durante veinte años, asegurándola como un bastión del antifascismo, pero dotándola de una dimensión cívica y cultural más que política, para no incurrir en la represión del fascismo. A partir de 1924, cuando los fascistas asesinan al líder socialista Matteotti, las cartas están repartidas y el joven capellán fortifica su antifascismo y su prudencia; actúa dentro del catolicismo político como Gramsci, en la cárcel, recomendaría a los comunistas, por medio de una oposición cultural y una penetración secreta en la sociedad. Viaja en verano a Francia para seguir un curso en la Alliance Française –con la máxima calificación– y a la vuelta recibe el nombramiento de minutante –solamente auxiliar administrativo– en la Secretaría de Estado, el órgano más decisivo de la Curia, en el que permanecerá durante treinta años. Logrará, sin que nadie se lo impida aunque todo el mundo lo sabe– hacer compatible su trabajo con una intensa dedicación política en la Juventud Universitaria, en permanente lucha contra el fascismo que quiere controlarlo todo.

Es el año 1925 y entre sus jóvenes compañeros de trabajo en la planta primera del Palacio Apostólico hace amistad con Alfredo Ottaviani, el americano Francis Spellman, Domenico Tardini y Antonio Bacci. Recibe pronto el vacuo título de «camarero secreto» que le permite ser llamado monseñor y dirige en la sombra, con su joven amigo Alcide De Gasperi, las actividades de la FUCI contra el fascismo. Los estudiantes antifascistas de Acción Católica son pocos; unos dos mil cuatrocientos. Publican revistas minoritarias y algunos libros; bajo la dirección de monseñor Montini, designado pronto capellán nacional, se va creando un núcleo de dirigentes (muy vinculados al moribundo Partito Popolare que acaba por desaparecer) y que serán muy útiles a la Iglesia a partir de la caída del fascismo. Ya hemos nombrado a los principales, si bien alguno tuvo su época de coqueteo con el fascismo como hizo casi toda la Acción Católica y parte de la FUCI. Un autor antifascista, aunque hasta casi veinte años después no se convenció de la democracia, se convierte desde 1926 en mentor y amigo de Montini: Jacques Maritain. Monseñor Montini, con su amigo de Brescia el padre Bevilacqua, su maestro más importante junto a Maritain, alquila una casa en el Aventino; por primera vez en su vida es ya independiente de su familia para vivir.

Montini, con toda su familia, se muestra contrario a que la Santa Sede concierte los pactos de Letrán con el fascismo en 1929 pero acata la voluntad de Pío XI que los aprobó con entusiasmo. Por entonces fue cuando De Gasperi se refugió como ayudante de bibliotecario en el Vaticano para eludir la persecución política de Mussolini. Por entonces también el cardenal Gasparri, cumplida su obra en los Pactos, deja la secretaria de Estado a otro cardenal, Pacelli, que durante tantos años había sido nuncio en Alemania y que impresiona profundamente al joven *minutante.* La admiración y la veneración de Montini por Pacelli durará toda la vida, aunque en la fase final de la vida de Pío XII la desconfianza se impuso sobre la amistad –que había sido íntima– lo que produjo en Montini uno de los dolores más intensos de su vida. No así al principio, donde la elevación de Pacelli a la secretaría de Estado hizo llover los ascensos en el grupo de amigos de Montini; Ottaviani fue designado sustituto de la Secretaría de Estado, Pizzardo secretario para los Asuntos Extraordinarios, Tardini subsecretario y el propio Montini *primo minutante*, algo así como jefe de servicio en aquella Secretaría de Estado tan corta de personal. Todos se apiñaron en torno a Pacelli, siguieron fielmente su política, aguantaron su exigencia y su minuciosidad, que eran extremas.

Pío XI y Pacelli respaldaron a monseñor Montini cuando en 1931 el fascismo pretendió absorber a todo el movimiento católico juvenil. Montini se mostraba partidario de la ruptura abierta con el fascismo, pero Pío XI y Pacelli, después de reaccionar con suma dureza en la encíclica *Non abbiamo bisogno* cedieron ante el Duce y redujeron bajo mínimos las actividades del asociacionismo católico. La FUCI tuvo que cambiar de nombre y de domicilio pero Montini mantuvo vivo a su núcleo como «asociaciones universitarias». Corrían malos tiempos para el *primo minutante.* Un libro suyo que recogía varios artículos sobre la vida de Cristo tuvo serios problemas con la censura eclesiástica por «demasiado avanzado». Las Asociaciones montinianas toparon con las Congregaciones marianas de los poderosos jesuitas, quienes además habían creado un Instituto de Cultura religiosa en su Universidad Gregoriana, de signo muy tradicional, y acusaban a Montini de «innovador». Las vueltas que da el mundo; cuando Montini llegó al Papado una de sus primeras intervenciones, y durísima, fue contra las peligrosas «innovaciones» de los jesuitas, que ahora eran peligrosas de verdad. Hasta que en la primavera de 1933 la discreta, pero tenaz actitud antifascista y sanamente innovadora de monseñor Montini forzaron al secretario de Estado a pedirle la dimisión como capellán y líder de las Asociaciones Universitarias. De sus recuerdos se deduce que es la primera vez en su vida que lloró. Hitler acababa de tomar el poder en Alemania.

Sin embargo, y tragándose sus recelos, monseñor Montini aparece en la foto en que el embajador de Hitler, Franz von Papen, firma en Roma con el cardenal Pacelli el Concordato de 1933. En revancha consigue que uno de sus amigos de la FUCI, Guido Gonella, futuro líder de la DC, escriba para el diario del Vaticano los editoriales –muy antifascistas– de política exterior y se dedica al estudio de los autores de la «nueva teología alemana» como Karl Adam, cuando el Santo Oficio ordena la retirada del libro. Montini, con santa libertad, escribe al traductor las palabras que van al frente de este libro: «Hay que trabajar por la Iglesia oponiéndose a ella si es necesario»[426]. Para evadirse de su tristeza hace, con varios amigos de la Curia, un largo viaje a Francia, Inglaterra, –donde le impresiona el vacío de las catedrales anglicanas, antes católicas– y regresa a Roma para volver a abandonarla cuando su salud se resiente gravemente; está en reposo casi todo el año 1935. No retorna hasta que el cardenal Pacelli le llama para ascenderle a Sustituto en 1937. Poco antes monseñor Ottaviani queda encargado de la Congregación del Santo Oficio, guardián de la ortodoxia. Montini está mejor de salud y forma parte del Estado Mayor de la Iglesia. Su amigo Tardini es Secretario para Asuntos Extraordinarios y quedan para Montini los Ordinarios pero se intercambian muchas veces las competencias bajo la atenta vigilancia de Pacelli, que confía cada vez más en los dos. Montini recibe además los nombramientos de consultor en las Congregaciones consistorial y del Santo Oficio. Al comenzar el mes de febrero de 1939 el cardenal Pacelli y sus dos fieles colaboradores de la Secretaría de Estado asisten en sus últimos momentos a Pío XI. Y cuando en el brevísimo cónclave que ya conocemos Pacelli es elegido Papa Pío XII nombra para la Secretaría de Estado al cardenal Maglione pero mantiene a Tardini y a Montini en los mismos puestos; que a partir de 1944, tras la muerte de Maglione, dependerán directamente del Papa.

A la vista de hechos y de leyendas posteriores hemos de decir una verdad importante sobre la actitud de Montini en torno a la guerra civil española en medio de la cual había recibido su nombramiento como Sustituto. Es curiosísimo que a partir de 1962 casi todos los autores resalten el decidido e incluso virulento antifranquismo de Montini como arzobispo de Milán y luego como Papa Pablo VI y en cambio no digan una sola palabra sobre sus sentimientos hacia España antes de esa fecha. Es decir o mentira, o tergiversación o silencio.

Monseñor Montini no había estado nunca en España, no conocía a España ni a la cultura española. Ese era un fallo personal en el que no entraré. Conocía perfectamente la actitud de su amigo Maritain y del pequeño grupo de intelectuales católicos franceses que frente a Paul Claudel y la inmensa mayoría de los católicos franceses se había opuesto a la causa de la Cruzada española, aunque, como

[426] Cita del propio traductor (Bendiscioli) en Yves Chiron, op. cit. p. 80 n. 1.

Montini, abominaban de los crímenes rojos contra la Iglesia. Pero no he logrado ver una sola frase de Montini contra la Cruzada; y en cambio sí que he comunicado ya al lector un importantísimo juicio de Montini, ya Papa Pablo VI, en favor de la Cruzada. El texto, esencial, figura en el capítulo sexto de este libro, sección 5. Allí dice Pablo VI cómo siguió la Cruzada y cómo la valoró; exacta mente igual que Pío XI y Pío XII a quienes servía. No podría ser de otra manera. Dio, además, testimonio público de su actitud; se encargó de organizar el gran Tedeum romano por la victoria de Franco en la iglesia del *Gesú*, templo principal de los jesuitas en Roma.

En el archivo de Franco, citado y aludido exactamente en la importante obra del profesor Luis Suárez *Francisco Franco y su tiempo*[427] se citan o reproducen muchas opiniones de monseñor Montini sobre España. Pues bien, ni una de ellas, comunicada a diplomáticos españoles o aparecida en la prensa o en cualquier medio, contiene la más mínima crítica a la España de Franco hasta el año 1962, que después citaré y explicaré. Esta es una precisión importante que no deseo exponer más que con este sumario porque, como he dicho en otros libros, el monopolio de que ha gozado el profesor Suárez para utilizar el archivo privado de un Jefe de Estado –que no es por tanto un archivo privado– me parece injusto, partidista, anticientífico y ofensivo para la comunidad de historiadores, tanto por parte del profesor Suárez como por parte, sobre todo, de la Fundación que lleva indebidamente el nombre de Franco, con grave demérito para la memoria histórica de Franco.

Ya he citado que el embajador de Francia Wladimir d'Ormesson predijo en 1940 que monseñor Montini sería Papa algún día. Siguió, durante la segunda guerra mundial, fielmente, las directrices de Pío XII y, sin duda de acuerdo con él, participó con la princesa de Piamonte María José en un complot para derrocar a Mussolini con la cooperación del mariscal Badoglio en 1942; sabemos que Pío XII había participado también en un complot para derribar a Hitler[428]. Acompañó a Pío XII en sus visitas a Roma tras los bombardeos aliados y dirigió con su habitual eficacia las obras asistenciales del Papa en favor de las víctimas de la guerra. Ayudó a sus amigos de la DC a reconstruir con ese nombre el Partido Popular a partir de 1944. Probablemente sugirió el nombre de monseñor Roncalli como Nuncio en París en 1944. Respaldó a Pío XII en su decisión de no declarar al pueblo alemán culpable de la tragedia del mundo, como exigía el gran amigo de Montini, Jacques Maritain, que llegaba a Roma nombrado embajador por De Gaulle y dijo algunas tonterías graves sobre el caso; aunque Montini gozó mucho con la presencia del gran escritor francés, recién converso a la democracia. Se llevó muy bien con los mandos y los políticos de Norteamérica y con el cardenal Spellman, de lo que algunos han sugerido su nombre como colaborador de la OSS, precursora de la CIA y de esta agencia secreta americana; carezco de pruebas aunque sí que se mostró (ya desde antes de la guerra) muy pro-americano. Intervino decisivamente en la reconstrucción de la Democracia Cristiana en su orientación de centro, contra monseñor Ottaviani y otros que deseaban una Democracia Cristiana de derecha dura; pero impuso también sus criterios –afines a De Gasperi– sobre la decidida

[427] Madrid, ed. Azor, 8 vols, Alusiones a Montini a partir del III.

[428] Y. Chiron, p. cit. p. 103.

alineación de la DC contra el comunismo en la Europa de la postguerra. Orientó y coordinó a los obispos de Italia, por orden de Pío XII, para imponer a los católicos el voto DC en las primeras y segundas elecciones de la postguerra, donde logró junto a De Gasperi las grandes victorias democristianas. Se inclinó, como Pío XII y como De Gasperi, en contra de la Monarquía en el referendum que echó a los Saboyas, por el elegante sistema de dejar libertad de voto a los católicos acerca del caso; fue una venganza histórica contra la Casa que había tomado por asalto a Roma en 1870. No intervino en la condena del Santo Oficio contra el comunismo en 1949, pero era consultor de ese dicasterio y no se opuso. Hizo todo lo posible por salvar de la quema a los grandes teólogos «sospechosos» de los años cuarenta y cincuenta: Congar, de Lubac etc.,y trató de quitar hierro a la condena de Pío XII contra ellos en la «Humani generis». Favoreció al movimiento ecuménico y se hizo muy amigo de los monjes protestantes de Taizé. Adquirió merecida fama de «progresista» –en gran parte gracias a su formación cultural múltiple– sin despertar sospechas serias de frivolidad teológica. Hizo varios viajes de gran importancia, como el de 1951 a los Estados Unidos; a partir del año 1950 estaba, aunque no se lo confesara ni a sí mismo, en auténtica «campaña electoral» para el pontificado y todo el mundo lo advertía y lo aceptaba; porque lo hacía con enorme discreción.

En 1952 la estrella de monseñor Montini empezó a declinar. Hay pruebas inequívocas. La ofensiva de quien ya era su gran rival por la derecha, monseñor Ottaviani, en el Santo Oficio contra el Sustituto se recrudeció por motivos de censura (le motejaba de demasiado abierto y condescendiente) y por motivos de política; porque Ottaviani seguía empeñado en la creación de un partido democristiano de derecha. Empezó a correr por Roma, irónicamente, que Montini era «el brazo izquierdo del Papa». Un día de ese año Pío XII llamó a sus dos grandes colaboradores, Montini y Tardini, y les anunció su propósito de crearles cardenales en el próximo consistorio. Se notó demasiado que lo hizo por compromiso y con la boca chica; los dos deseaban la púrpura pero renunciaron. Se han dado los motivos políticos que acabo de indicar; parece que además Pío XII temía las cada vez más frecuentes indecisiones de Montini y deseaba apartarle del Papado, que muchos le daban por seguro. Incluso llegó a decirse que Pío XII (que creó cardenales a Ottaviani, Siri, Roncalli , Wyszynski y Stepinac) no quiso convocar más consistorios para no designar a Montini, aunque al dirigirse a los nuevos cardenales de 1952 les dijo que sus dos colaboradores eran los primeros de la lista y ellos se negaron. Estaba claro que la carrera de Montini en Roma había terminado, al menos de momento. En 1954, aprovechando la muerte del cardenal Schuster, Pío XII nombró al Sustituto Montini arzobispo de Milán, sin elevarle al cardenalato.

Montini lo tomó muy a mal aunque puso al mal tiempo buena cara. Confesó a sus íntimos que se sentía vejado y frustrado por el Papa y que con ese motivo lloró por segunda vez en su vida. Milán era la diócesis más importante de Italia y algunos bienintencionados interpretaron que el Papa le alejaba para entregarle un cargo pastoral que le preparase mejor para el Pontificado. No era así. A Montini le echaron de Roma la derecha democristiana, los teólogos tradicionales del Vaticano, las espantosas envidias y celos que circulan por los augustos corredores, oficinas y *loggias* del Palacio Apostólico y otros altos dicasterios, palacios y mentideros de la Urbe y tal vez su propio exceso de ambición. Ruego que no se me interprete mal.

Seguramente debería matizar más mis observaciones romanas y católicas, algunas tomadas de lejos, otras de muy cerca. Hablo de Roma por dentro, en casa, como católico romano, como hijo de Roma. Viaje tras viaje voy conociendo más a Roma, a la Curia, a los entresijos de la ciudad, a la Iglesia en España, en Europa, en todos los continentes. Estoy con la Iglesia. Creo en ella. Creo, y muy sinceramente, en Pío XII y en Pablo VI y en Juan XXIII. Creo más en Juan Pablo I y sobre todo en Juan Pablo II pero no puedo negar lo que veo. Estoy absolutamente seguro de la profunda espiritualidad de todos esos Papas y ya que hablamos de Montini, también de Montini. Creo que Juan Pablo II llegó a la Santa Sede sin el menor esfuerzo personal por conseguirlo. Creo que Pío XII, Juan XXIII y Pablo VI se organizaron unas campañas electorales con habilidad y eficacia que ya quisieran para sí los candidatos a la Presidencia de los Estados Unidos. Todo esto me gustará más o menos pero las cosas son así. La lucha por el poder en el seno de la Iglesia es terrible. En tiempos –siglos IX al XVI– se utilizaron frecuentemente la daga, el tósigo y la cama. Ahora los métodos son menos bestiales pero más sutiles. A niveles más bajos, por ejemplo para los obispados y cátedras, sucede exactamente lo mismo. El hecho de que, como historiador de la Iglesia, mantenga incólume diariamente mi fe y encima la acreciente, parecerá seguramente un milagro y lo es. Pero al explicarme a mí mismo la verdad siento que mi fe aumenta y cuando flaquea me voy a las vertientes del arroyo Cedrón o ante la tumba de San Pedro y vuelvo nuevo.

Hay una observación adicional que creo necesario hacer ahora. Cualquier historia y más si se refiere a la Iglesia corre un grave peligro de simplificación. No he llamado al cardenal Ottaviani «integrista» aunque todo el mundo lo hace; simplemente porque no lo era. Ottaviani era un hombre inteligentísimo, muy bien formado, de cultura, incluso moderna, muy amplia, teólogo de primera. Era, sí, un «tradicional» pero en la Iglesia este es un calificativo elogioso, porque la Tradición es fuente de la fe. No era receloso de lo moderno sino de las exageraciones ultramodernas. En sentido contrario, los obispos y teólogos de la «Alianza del Rin» tampoco eran exclusivamente «progresistas». En todo lo fundamental coincidían con Ottaviani; me refiero al Credo y el Nuevo Testamento. Podían diferir en interpretaciones y en inclinaciones. Podían, unos y otros, incurrir en exageraciones y, desde luego, equivocarse. Calificarles de tradicionales y progresistas es un modo de hablar, no una división íntegra y absoluta. Estas observaciones valen para todo este libro.

Dios escribió derecho con las líneas torcidas de Pío XII y la etapa milanesa del arzobispo Montini fue un auténtico triunfo en profundidad. La gran mayoría de los Padres del inminente Concilio eran obispos, no cardenales. Con sus tres obispos auxiliares, monseñor Montini desplegó en una enorme diócesis sumida en todas la crisis contemporáneas una actividad pastoral –que nunca abandonó desde su ordenación, ni siquiera en medio de sus trabajos burocráticos y sus afanes políticos– realmente asombrosa. Ante las miradas de todo el mundo católico, que seguían fijas en él, desplegó su secreto, que no era sino el equilibrio entre tradición profunda y modernidad abierta. Trató de estudiar y aplicar una pastoral nueva adaptada a las necesidades nuevas y terribles de su diócesis: la inmigración desde las zonas rurales a las fábricas del «milagro italiano»; el desarraigo de esas poblaciones; la degradación moral que difundían los nuevos medios de comunicación; el influjo creciente del comunismo. Creó centros de estudio entre sacerdotes y laicos para plantear la solución a las dificultades antiguas y nuevas. Quiso conciliar en todo momento la tradición y la modernidad, con todos sus valores. Construyó setenta y dos iglesias en los barrios nuevos y dejó otras dieciséis en obra. Para no perder el contacto con el mundo religioso y exterior invitó a teólogos, prelados, intelectuales a Milán con el fin de hablar con ellos y pedirles actuaciones en público. En 1957 organizó con enorme esfuerzo un gran despliegue de evangelización abierta, la famosa «Misión de Milán». Acababa de sufrir un atentado, contra el que reaccionó serenamente reafirmando la doctrina de la Iglesia contra el comunismo, el socialismo y la ideología marxista en general, con lo que muchos miembros de la Iglesia tradicional se sintieron inclinados hacia él por este fervoroso seguimiento de la doctrina de Pío XII. Pero demostró simultáneamente una sincera sensibilidad por los problemas y los sufrimientos del mundo del trabajo.

Visitó alguna vez a Pío XII pero nunca en audiencia privada; el distanciamiento de los dos antiguos amigos era tan respetuoso como definitivo. En la última enfermedad de Pío XII corrió una leyenda sobre un intento de Montini por visitarle, impedido por la madre Pascualina. No es verdad; ya vimos cómo todo el mundo invadió la cámara del Papa en Castelgandolfo. Montini no acudió.

Había obtenido votos en el cónclave anterior pese a que no era entonces cardenal, los franceses que anunciaban una profecía más que una posibilidad. La oposición del conservador cardenal de Génova, Siri, cortó toda posibilidad; cuando Benny Lai, el gran periodista, preguntó a Siri por las posibilidades de Montini, el genovés le enseñó la piedra rota de su anillo y le explicó que ello se debía al puñetazo que dio sobre la mesa cuando el anterior visitante le preguntaba lo mismo. Pero cuando el cardenal Roncalli fue elegido Papa lo primero que hizo fue anunciar a Montini que le haría cardenal, cosa que cumplió inmediatamente.

Ya sabemos que esta medida era una prueba más de que Roncalli quería dar la vuelta a la actuación de su predecesor. Lo demostró con los nuevos cardenales (Tardini, Döpfner, Suenens, Amleto Cicognani, Koenig, Cushing de Boston). Pese a ello el cardenal Montini no esperaba que el Concilio arreglase todos los problemas de la Iglesia por arte de magia. Se distrajo con la política; cuando su amigo Aldo Moro declaró su intención de realizar en la DC la «apertura a sinistra» para incluir a los socialistas en el gobierno, la Conferencia Episcopal, como sabemos, se opuso (Juan XXIII dejó hacer) y el cardenal Montini se adhirió a la opinión de la Conferencia, aunque dejó la puerta abierta a decisiones futuras diferentes; las aplicaría él mismo como Papa en 1963. Ahora, en 1960, le interesaba insistir por la derecha en su campaña electoral. Hizo, bajo el patrocinio del cardenal Spellman, un detenido viaje a los Estados Unidos, continuado por otro a Brasil. Al año siguiente, después de un viaje a Irlanda, acudía continuamente a Roma para intervenir en la comisión central preparatoria del Concilio, tras la muerte del secretario de Estado, cardenal Tardini. En la Comisión central participó hasta junio de 1962 más de sesenta veces. Algunas intervenciones se conocieron en todas las alturas del Concilio que se preparaba. Habló sobre el comunismo con firmeza pero también recomendó una polémica racional, no injuriosa; Montini había captado perfectamente el viento progresista del preconcilio y obró en consecuencia. Se opuso a definir dogmáticamente la mediación de la Virgen, a la que tenía suma devoción. Se manifestó favorable a la libertad religiosa, que escandalizaba a los tradicionales. También apoyó el uso de la lengua vulgar en la liturgia. Era en marzo de 1962, el año del giro al centro-izquierda del cardenal Montini. Quien pagó los platos rotos fue el general Franco.

La historia se ha contado muchas veces y casi siempre mal. Un amigo de Montini, monseñor Antonio Riberi, había sustituido como Nuncio en Madrid a monseñor Ildebrando Antoniutti, en la primavera de ese año 1962. Antoniutti fue creado cardenal; comprendía bien a la España de Franco, como Montini había demostrado hasta ese momento. Riberi llegaba ya con otra onda; emprendió inmediatamente la campaña política contra Franco para crear una Democracia Cristiana. Castiella, ministro de Asuntos Exteriores y exembajador en Roma, preparaba ya la ley de libertad religiosa en España en el mismo sentido que pretendía Montini, que no lo sabía. Entonces, en los primeros días de octubre, inmediatos a la apertura del Concilio, el arzobispo de Milán, mal informado por la propaganda antifranquista, y por manifestaciones de los estudiantes y obreros comunistas de Milán, envió un telegrama a Franco en el que protestaba por las sentencias de muerte que se estaban dictando con motivo de la represión decretada por el gobierno de España. Montini se había dejado arrastrar por una campaña internacional infundada en la que participaban Madariaga y lord Russell. Castiella replicó con respeto y firmeza al cardenal que había metido la pata; no había entonces nadie en España condenado a muerte por causa alguna, y era verdad. El nuncio Riberi se lo confirmó y el cardenal publicó, noblemente, una rectificación en la que aludía a las represiones, mucho peores, de los regímenes comunistas. Los diarios comunistas y antifranquistas de Italia pusieron el grito en el infierno por la rectificación del cardenal Montini quien salvó así su honorabilidad en este episodio, pero mantuvo un tanto, gracias a la propaganda comunista, su aureola antifranquista para el futuro[429].

El famoso telegrama quedó, de momento, olvidado, Había empezado el primer período de sesiones del Concilio donde el cardenal Montini, como vimos, consiguió una actuación brillante e incrementó sus altas relaciones y sus posibilidades pontificias a medida que se filtraban las noticias sobre la salud decreciente de Juan XXIII. Inmediatamente antes del Concilio y del desventurado telegrama español Montini había realizado con éxito envidiable (y envidiado) otro gran viaje por Africa negra, que le aseguró la benevolencia de los obispos de la zona.

ME LLAMARÉ PABLO

Como en el caso de Pío XII también se rompió el adagio romano en el Cónclave de 1963; quien entró Papa salió Papa. Montini no adelantó su venida a Roma y para evitar los primeros planos de la información se refugió en Castelgandolfo, en casa de su amigo el cuidador de las villas pontificias. Desde allí anudó los últimos contactos de su campaña electoral, que como sabemos venía de lejos. Apareció el cardenal Spellman para asegurarle los votos de Norteamérica.

[429] Asunto del telegrama de Montini en L. Suárez., op. ct. VII p. 19. Con textos y notas de prensa.

En el inmediato convento capuchino de Frascati recibió el mismo compromiso por parte de los líderes de la Alianza del Rin, a quienes sin duda prometió que de ser elegido continuaría el Concilio. Un personaje siniestro, que luego daría muchos disgustos a la Iglesia y a la Orden de Malta con sus manejos financieros, el masón Umberto Ortolani, era «cavaliere», es decir adjunto político del cardenal Lercaro, uno de los pocos rivales de Montini y reunió a los dos (junto a otros cardenales) en su lujosísima villa de Grottaferrata, donde Lercaro se rindió. Por la tarde del 19 de junio los cardenales entraron en cónclave. Eran el número más elevado de la Historia, ochenta. Los italianos constituían una minoría porcentualmente más reducida que en el cónclave anterior pero nadie pensaba en un cardenal extranjero; muchos creían de verdad que no podía haber en Roma papas extranjeros. Ottaviani, a la desesperada, pensó en oponer a Montini un candidato conservador; Siri y sobre todo Ildebrando Antoniutti. Pero para general sorpresa el cardenal de Génova pidió el voto para Montini con lo que Ottaviani hubo de rendirse. En el segundo día del cónclave y la sexta votación el arzobispo de Milán superó con creces la mayoría requerida. Aceptó con voz firme, comunicó su nuevo nombre –«Me llamaré Pablo»– en honor del Apóstol de las gentes; mantuvo su divisa «In nomine Domini» y sus armas episcopales y familiares, los montecillos y las flores de lis. El propio Ottaviani fue quien, disciplinadamente, anunció a la muchedumbre de la plaza de San Pedro la elección de Pablo VI.

Recuerdo que en España, donde nadie había olvidado el asuntillo del telegrama, el nombramiento cayó como una bomba. «Nos hemos equivocado ya con la predicción de dos Papas seguidos» me dijo un importante obispo, refiriéndose al Gobierno, porque él estaba de acuerdo con la elección. El jesuita José María de Llanos, más cerca ya del comunismo que del fascismo, cayó en una de sus frecuentes nostalgias de origen y publicó un artículo precioso: «Hasta ayer fue Montini, con sus ideas políticas; hoy es el Papa de todos». Lo cierto es que Pablo VI multiplicó los gestos de estima hacia España. Impuso, además, su estilo nuevo sin perder un minuto. Ordenó una modernización completa del apartamento pontificio, sobre el que hizo construir una amplia terraza para pasear sin bajar a los jardines del Vaticano. Decoró su residencia con tonos claros y muebles discretamente modernos; la llenó con su muy subrayada biblioteca. Confirmó al secretario de Estado Amleto Cicognani y al sustituto Dell'Acqua. Recibió a sus rivales Ottaviani y Siri que le guardaron siempre fidelidad y obediencia pese a las discrepancias doctrinales. Habló por radio a todo el mundo desde la capilla Sixtina, un discurso equilibrado entre la tradición y la modernidad, su clave; y se apresuró a anunciar la continuación del Concilio. Designó al cardenal belga Suenens como una especie de legado pontificio en el Concilio para evitar el desorden, a veces caótico, de la primera sesión. Preparó el decreto para jubilar a cardenales y obispos a los setenta y cinco años, pensando sobre todo en el rejuvenecimiento de la Curia. Su discurso en la Coronación fue típico. Por una parte «defenderemos a la Iglesia contra los errores de doctrina y de práctica que la amenazan tanto en el exterior como en el interior» pero indicó que «el mundo moderno trabaja también por la gracia y el espíritu». Eran los dos polos de sus decisiones y de sus indecisiones, en definitiva de su angustia permanente. Unos días antes había fijado la nueva fecha para la segunda sesión del Concilio, el 29 de septiembre de 1963.

Esta vez fueron las Conferencias o agrupaciones episcopales de cada nación quienes se encargaron, en comunicación con la Comisión romana de Coordinación, de reanudar y acelerar, con mucho más orden que antes de la primera sesión, los trabajos de la segunda. Como todo el mundo esperaba, la Alianza del Rin avanzó durante el verano como una bien engrasada división de Panzers teológico-conciliares, pero con hábil diplomacia comunicaba sus progresos a los Padres de todo el mundo, que aceptaron el liderazgo germánico, instalado en la Conferencia de Fulda. Además de la acertada dirección de los cardenales de la Alianza, en ese verano surgió una estrella, que sería desde entonces la del Concilio: nuestro ya conocido teólogo alemán Karl Rahner S.J., consultor del cardenal König pero en realidad inspirador de toda la Alianza fuldense. Ya por entonces, como sabemos, entraba en el segundo año de su relación íntima con la escritora Luise Rinser pero tal veleidad personal no fue objeto de los trabajos de la Alianza del Rin. Junto a Rahner brillaba con luz propia un teólogo de prestigio semejante, menos inclinado a las originalidades y sin amistades peligrosas conocidas, el consultor del cardenal Frings, presidente de la conferencia, llamado Joseph Ratzinger. El gran debate doctrinal de la Iglesia en lo que restaba del siglo XX tendría a los dos genios teológicos como polos de referencia. Pese a que los prelados de Fulda se comportaron noblemente con Roma a donde iban enviando las conclusiones de sus debates, la Curia (y la prensa italiana) reaccionó durante aquel período preparatorio de forma muy hostil y aceptaba sin demasiado análisis acusaciones de que la Conferencia de Fulda estaba desencadenando una ofensiva en toda regla contra la Curia y contra Roma. No era verdad y el cardenal Frings desmintió tales especies en una seria conferencia de prensa; la teoría de la conspiración era una «estupidez injusta».

A fines de agosto la conferencia de Fulda completó su elaboración de los esquemas sobre la Iglesia, la Revelación y la Virgen María. El cardenal Döpfner los llevó a Roma y los entregó en la Comisión coordinadora. Fue recibido por el Papa quien animó por su medio a la Alianza del Rin y la apoyó en el diario oficioso del Vaticano. El Papa agilizó además el reglamento de las comisiones y congregaciones conciliares. Cuatro miembros de la Comisión coordinadora fueron designados Moderadores del Concilio, con autoridad superior al consejo de presidencia. Los Moderadores eran los cardenales Suenens, Döpfner, Lercaro y Agagianian, los tres primeros claramente progresistas, el cuarto contemporizador. La Alianza del Rin dominaría en el Concilio. Además los peritos teólogos podrían asistir a las sesiones de cada comisión y las minorías dispondrían de tiempo para exponer sus desacuerdos. La Alianza del Rin tenía la palabra y la decisión, gracias al importante refuerzo que acababa de otorgarle Pablo VI.

LA SEGUNDA SESIÓN: MAR DE FONDO

Al comenzar la segunda sesión del Concilio todos se conocían a todos; la Alianza del Rin, apoyada por el Papa, impondría su superioridad, su organización y su ley pero iba a encontrarse con una o varias oposiciones temibles. Pablo VI estaba firmemente a los mandos y trataba de evitar descarrilamientos a través de sus hombres de confianza; Felici, el cardenal Suenens. El único auditor laico presente en el primer período de sesiones –Jean Guitton, el amigo personal del Papa– asistía ahora acompañado por doce seglares, entre ellos el español Joaquín Ruiz Giménez, singular político cuya trayectoria analizaremos en nuestro segundo libro por su obediencia ciega al Vaticano de cada momento histórico; y su colaboración con cualquier situación histórica española. Por lo visto éste es el tipo de seglar cuya colaboración agrada más a la Iglesia del siglo XX. Porque cuando la Iglesia pide la intervención de otros seglares menos conformistas se deja llevar de su irrefrenable tirón clerical y les engaña o les destroza, con la misma técnica de los partidos políticos.

El 29 de septiembre de 1963 Pablo VI abría el segundo período conciliar de sesiones. Habían fracasado los intentos, muy tenaces, de conseguir la venida de numerosos obispos presos, perseguidos o coartados en los países comunistas. Ni uno vino de Corea del Norte, ni de China roja ni de Vietnam del Norte, ni de los satélites bálticos (Chiron); y sólo llegaron algunos de la Europa del Silencio, muy pocos. Acudieron en cambio más representantes de iglesias evangélicas y luego se notaría más la presencia de los orientales. En su alocución de apertura Pablo VI recomendó al Concilio que ahondase en la conciencia de la Iglesia, procurase la unidad de los cristianos y el diálogo con el hombre moderno. Protestó contra las forzadas ausencias de los hermanos a quienes se había prohibido acudir pero con mansedumbre que muchos juzgaron excesiva; y se lamentó de los progresos del ateísmo en la raza humana, pero no mencionó al comunismo que condenara como cardenal. Recalcó que la idea de la colegialidad era muy importante, aunque calló la grave preocupación que le producía esa gran idea; porque iba a enfrentar inevitablemente al Episcopado mundial con la Curia de Roma. Así sucedió en este segundo período, en que el Concilio navegó sobre un intenso mar de fondo.

La colegialidad empezó a debatirse inmediatamente. La colegialidad se refiere a que el conjunto de los obispos del mundo, en cuanto sucesores de los Apóstoles, han de ejercer potestad sobre toda la Iglesia, aunque con el Papa y bajo la autoridad suprema del Papa, incluso según instituciones y formas de gobierno ordinario. Así el Vaticano Segundo, al concretar la colegialidad, completaría el trabajo del Vaticano I que definió la primacía papal. El debate fue largo y encrespado. Los enemigos de la colegialidad –es decir los amigos de la Curia, que se veía amenazada en su poder por un gobierno colegiado de los obispos– insistían en que jamás la Iglesia se había gobernado así y que la Curia no era más que la institucionalización del primado del Papa. En este gran debate se distinguió, en contra de la colegialidad y en contra del poder de las conferencias episcopales, el arzobispo Marcel Lefebvre, antiguo delegado apostólico en el Africa francesa y ahora superior general de la Congregación del Espíritu Santo, prelado de honda virtud personal y representante máximo del integrismo en el Concilio, muy opuesto también a la reforma de la liturgia. Un argumento predilecto de Lefebvre era que el poder de las conferencias episcopales coartaba la soberanía espiritual de cada obispo en su diócesis; argumento que a la larga ha conseguido imponer en la Iglesia la Santa Sede, que ha reducido el poder de las Conferencias episcopales al de un simple órgano de coordinación en cada país.

Se interpuso el debate sobre el esquema acerca de la Virgen María, Madre de la Iglesia. La Alianza del Rin, muy preocupada por las reacciones negativas de los protestantes, a quienes pretendía aproximarse, insistía en cortar las «exageraciones» de los mariólogos, que reclamaban la definición dogmática de la Mediación y aun la Corredención de la Virgen; para lo cual exigían que la Virgen María, madre de Dios, se tratara en un esquema independiente. El jesuita Rahner hizo cuestión personal de oponerse al esquema independiente; quería incluir el estudio de la Virgen en el esquema sobre la Iglesia. Creo que este fue el momento de gloria del Episcopado español, unido en torno al cardenal de Tarragona, Arriba y Castro, con el que se mostraron de acuerdo muchos otros Padres, sobre todo de Iberoamérica. La tradición mariana de España y sus antiguos reinos de Ultramar (el cardenal de Chile, Silva Henríquez, desertó hacia el Rin con un grupo de obispos de habla española) revivió de pronto en el aula vaticana, con gran altura teológica y una devoción filial desbordante. Varios obispos preguntaron a los alemanes si la doctrina de la Iglesia debería regirse por las opiniones protestantes o por la tradición de la Iglesia. No reclamaban dogmas, sino el tratamiento separado que merecía la madre de Dios. A la rueda de Rahner, los Padres alemanes llenaron el Concilio con citas de autores protestantes contra los «privilegios» de la Virgen. Un obispo de los Siervos de María y el cardenal Spellman se alinearon con los españoles: «la tarea del Concilio es iluminar a la Iglesia más que a los de fuera» dijo el cardenal de Nueva York. Un argumento clave de Rahner aseguraba que el esquema sobre la Virgen sería un obstáculo para los cristianos de Oriente. Los Padres católicos de Oriente, en nombre propio y de los hermanos separados, contestaron a vuelta de correo en una carta al Concilio que su veneración especial por la Virgen, María de Efeso, les inclinaba a otorgarle un esquema especial y separado. Obispos brasileños preguntaron si el ecumenismo consistía en ocultar la verdad.

No sirvió de nada. Desgraciadamente el Papa se mostraba de acuerdo con Rahner y la Alianza del Rin, ya lo había manifestado antes del Concilio. Sin entrar en el fondo del asunto los moderadores propusieron una votación sobre si el esquema de la Virgen debía estudiarse dentro del de la Iglesia, como quería Rahner, o de forma independiente, como pedían los españoles. La Alianza del Rin estuvo a punto de perder su hegemonía; Rahner ganó a la Iglesia de España sólo por diecisiete votos. Cuando su amiga Luise Rinser publique las cartas que Rahner le dirigió en esta época será muy interesante conocer la explicación del jesuita.

La discusión sobre el diaconado, dentro del esquema de la Iglesia, suscitó otra oleada de fondo. Spellman abrió la discusión sobre este grave problema, que se hacía sentir en los países con escasez de sacerdotes. El diaconado era en la Iglesia una Orden mayor inmediata al sacerdocio, no una institución permanente. Muchos obispos de Misiones reclamaban diáconos permanentes y casados. Tras un largo debate, una votación exploratoria se decidió por amplia mayoría a favor de un diaconado permanente, sin pronunciarse sobre el problema del celibato.

La discusión sobre los servidores y miembros de la Iglesia empezó sus debates ante el esquema previo, que consideraba tres grados en ese servicio; la jerarquía (obispos y sacerdotes) los religiosos, llamados al estado de perfección evangélica, y los laicos o seglares. Rahner y la Alianza del Rin se inclinaban a no diferenciar a religiosos y seglares en el tratamiento teológico, porque los protestantes, cuya aprobación seguían buscando, mantenían como una de sus doctrinas básicas el sacerdocio universal y la llamada universal a la perfección. Por supuesto que

Rahner y la Alianza del Rin no comulgaban con la tesis protestante y tenían sobre religiosos y seglares la misma idea que los demás Padres; lo que defendían era el planteamiento formal del esquema en este importante punto. Los obispos de Norteamérica pidieron y obtuvieron que se incorporase al esquema la exigencia de igualdad para todos los cristianos en la Iglesia y en la sociedad, sin distinción de razas. Pero los obispos de Rahner tropezaron inesperadamente con la oposición general de otro fuerte grupo de presión, el que improvisaron los superiores religiosos (apoyados por muchos jesuitas) para exigir un tratamiento especial sobre los religiosos en el esquema de la Iglesia, sin mezclarles con los seglares. Los religiosos movieron todos los resortes, consiguieron numerosas adhesiones, explicaron detenidamente al Papa sus puntos de vista y consiguieron evitar una segunda victoria protestante en el Concilio. En vista de que los adversarios de Rahner se acercaban ya a los setecientos votos, la Comisión Teológica no tuvo más remedio que rechazar la tesis de Rahner y añadir un capítulo especial sobre los religiosos en el esquema de la Iglesia. Era la primera derrota de la Alianza del Rin, vencida por un grupo adversario que había aprendido a utilizar las propias armas de los germánicos; contactos, organización e ideas muy claras y bien fundadas sobre lo que realmente querían.

Entonces, con el mar de fondo cada vez más movido, se replanteó el debate sobre la relación entre la Curia y los Obispos dentro del documento sobre la Iglesia. Como comprende el lector todos estos debates eran contactos y encuentros previos que servirían de orientación a los debates definitivos; de éstos, en la primera sesión no se había aprobado ninguno y sólo al final de la segunda quedaron aprobados dos, los más fáciles y menos conflictivos. El debate de los obispos y la Curia volvía sobre el problema capital de la colegialidad. Pero en el fondo se trataba de una lucha abierta por el poder en la Iglesia; los obispos –agrupados en sus conferencias nacionales o en una gran institución romana por representación electiva entre ellos– y la Curia, que concentraba el poder de la Iglesia en nombre del Papa (pero muchas veces por encima o por debajo del Papa) desde la Edad Media. El cardenal Spellman, antiguo *minutante* de la Secretaría de Estado y otros muchos obispos, entre los que destacaban los italianos, defendían a la Curia y ponían objeciones a la colegialidad. La discusión amenazaba con volverse eterna y los moderadores la zanjaron con una escueta propuesta de cuatro puntos, que luego servirían para orientar, después de la segunda sesión, el texto definitivo. Las preguntas eran: Si la consagración episcopal era el más alto grado del Sacramento del orden; si todo Obispo era miembro del Colegio de Obispos; si el Colegio de Obispos, sucesores del colegio apostólico, poseía, con el Papa y bajo el Papa, pleno y supremo poder sobre la Iglesia; si este poder pertenecía por derecho divino al Colegio de Obispos unidos con su cabeza.

La respuesta separada a las cuatro preguntas fue abrumadoramente afirmativa, aunque la última tuvo 408 votos en contra. El Concilio estaba claramente a favor de la colegialidad, aunque para definirla y concretarla se necesitarían, en venideras sesiones, debates de gran calado. Pablo VI urgía a los Padres, ya en noviembre, a proseguir el avance del segundo período, que era innegable. El 18 de ese mes se abrió el debate sobre ecumenismo, ante la presencia realmente imponente, de representantes del protestantismo y las Iglesias cismáticas, que fueron recibidos en términos de gran cordialidad por el Papa. El arzobispo de Zaragoza, don Casimiro Morcillo, expresó un juicio general positivo sobre el esquema, no así el cardenal de Tarragona, monseñor Arriba y Castro, que manifestó sus temores de que el pueblo con poca instrucción pudiera confundirse si se llegaba a extender ese diálogo. Al autor de este libro le parece muy bien teóricamente el diálogo con los hermanos separados; pero no tiene más remedio que sentirse aterrado cuando el diálogo, tal como se plantea por ejemplo entre los pueblos de Iberoamérica, consigue muchas conversiones del catolicismo al protestantismo, cosa que no parece preocupar en absoluto a los ecumenistas, sólo igualados a veces en fanatismo por los ecologistas profesionales. No se votó nada en estos debates preparatorios; que debieron esperar a la sesión siguiente.

El padre Wiltgen, autor de la mejor historia del Concilio Vaticano II, a la que algunos despechados intentan rebajar a simple crónica, omite toda referencia al inicuo pacto de Metz (cosa explicable, porque la verdad se supo muchos años después de que publicara su admirable libro) pero omite también, y eso ya me gusta menos, porque lo sabía perfectamente, la propuesta que a fines de noviembre de 1963, es decir a fines de la segunda sesión, cuando todavía quedaban dos años de Concilio, hicieron formalmente dos obispos de Brasil, monseñores Monça Sigaud y de Castro Mayer, cuyas firmas iban seguidas por más de doscientas de padres conciliares pertenecientes a cuarenta y seis naciones, para que en el orden de la sesión siguiente se inscribiera el debate sobre el socialismo y el comunismo. Elevaron la propuesta al Secretario de Estado con el encargo de que la entregase al Papa. La propuesta era legal y reglamentaria; resultaba impensable que no se tramitase[430]. El documento siguió su curso; los firmantes no sabían nada sobre el pacto de Metz o más probablemente sabían demasiado. Decidieron esperar la respuesta, decididos a no conformarse con una negativa que sería ilegal y anticonciliar.

A mediados de noviembre el cardenal Lercaro, en nombre de los moderadores, pidió autorización al Concilio para que él y sus tres colegas pudieran abreviar en forma de tesis la presentación de los problemas, como habían hecho con el de la colegialidad, para avanzar más rápidamente. Se encontró con un rechazo general y con la práctica prohibición de utilizar ese mismo método (que en el uso parlamentario se llama «guillotina») pero no por ello se desanimó la Alianza del Rin, a la que pertenecía Lercaro, sino que decidió presentarse casi abiertamente como lo que ya era, una Alianza Mundial por el número y calidad de las adhesiones permanentes que iba recibiendo. La Alianza procedía arteramente; muchas veces sugería a sus asociados, padres individuales o Conferencias episcopales completas, que presentaran propuestas al Papa y a los moderadores realmente inspiradas por la Alianza, aunque aparentemente espontáneas. Así funcionó el Concilio hasta el final; no digo que fuera ilegal, ni bueno ni malo, simplemente que fue así. El Papa, en apoyo de la Alianza Mundial, es decir de la mayoría del Concilio, decidió reforzarla todavía más cuando advirtió que ya contaba con la adhesión de sesenta y cinco conferencias episcopales, y elevó el número de miembros en cada comisión. Las elecciones correspondientes fueron virtualmente copadas por la Alianza, sin que los nuevos miembros reservados al arbitrio del Papa perturbaran la acrecenta-

[430] Yves Chiron, *Paul VI*, op. cit. p. 210s.

da mayoría en las Comisiones. Sería muy difícil que se repitieran las escasas derrotas sufridas por la Alianza en el segundo período de sesiones.

El Papa no quería que este segundo período se fuera de vacío y pidió que se pusieran a votación definitiva los dos grandes temas que ya estaban maduros. Los dos fueron aprobados el 4 de noviembre de 1963. En primer lugar el esquema, degradado a simple decreto (seguramente por lo malo que era) sobre los medios de comunicación social: prensa, radio, televisión, cine y teatro. No me explico por qué no se mencionaba el complejo mundo editorial, que era un medio seguramente de mayor importancia que todos los demás pero nadie se acordó de él. El Decreto[431] es un compendio de obviedades y vacuidades. Resulta que los medios de comunicación social son muy importantes; que pueden hacer mucho bien y mucho mal; que la Iglesia los puede usar y poseer; que se debe fomentar la libertad de información pero urgir a los poderes públicos a que eviten los graves daños a la moral pública. Este párrafo provocó una tremenda reacción en medios del catolicismo norteamericano cuando vieron que en realidad fomentaba la censura; y convencieron a algunos padres conciliares, cuando el decreto estaba medio aprobado, de que lanzaran una campaña para retirarlo. Uno de los peritos imprimió un panfleto para recomendar la retirada y osó repartirlo entre los Padres cuando entraban a la votación en San Pedro. Se topó con el secretario del Concilio, Felici, que era muy fuerte y tras un breve forcejeo se lo arrebató. La dirección del Concilio emitió un duro comunicado prohibiendo tales prácticas burdas «para la formación de corrientes de opinión en el Concilio» pero ni entonces ni nunca dijo una palabra sobre la Alianza del Rin. El Decreto se aprobó; recomendaba la existencia de una prensa y unos medios católicos y animaba a que los católicos participasen en los medios de la Iglesia. Una vez aprobado el Decreto nadie se ha vuelto a acordar de él; unos años después yo sí me acordaba cuando el secretario de la Conferencia Episcopal española, monseñor Fernando Sebastián Aguilar, echaba a un grupo de periodistas firmemente católicos de la prensa y la radio de la Iglesia porque se lo pedía un gobernante esperpéntico y ateo; y los sustituyó por un periodista que se declaraba «agnóstico» en presencia del Nuncio y otros que defendían al aborto en la red de emisoras de la Iglesia. Creo que el mencionado obispo, hoy arzobispo, pasa todavía en España por «conciliar».

El esquema sobre liturgia fue siempre del agrado de la Alianza del Rin y se votó el mismo día 4 de noviembre de 1963. El obispo relator lamentó que, en aras de la concordia, hubo que suprimir aspectos importantes como el uso de la lengua vernácula en el breviario y muchas ocasiones para la concelebración. El esquema –la primera Constitución del Concilio, *Sacrosanctum Concilium*[432]– era mucho más serio e importante y sólo tuvo cuatro votos en contra y uno nulo. Consiguió una renovación espléndida en la Iglesia; el pueblo lo aceptó con sorprendente rapidez y lo asimiló con gran naturalidad. Como explicó el relator, el culto divino se transformó en un acto comunitario; el pueblo entendía cuanto decía el sacerdote; la Sagrada Escritura fue mucho mejor conocida; las costumbres rituales pudieron incorporarse a la liturgia en las Misiones. Por supuesto que hubo y sigue habiendo abusos en detrimento de la unidad de la Iglesia, algunos sacerdotes se inventan una

[431] Texto en *Vaticano II, Documentos*, p. cit. p. 563.
[432] Texto en *Documentos*, op. cit., p. 134 s.

misa que poco tiene que ver con la reformada por el Concilio. Pero son excepciones mínimas. Pablo VI, en una de sus clásicas indecisiones, retrasó la puesta en marcha de la reforma y a veces la coartó, con lo que se creó no poca confusión. Pero la fuerza del Concilio se impuso y la Iglesia empezó a entrar, tras las traducciones y adaptaciones necesarias, en un camino nuevo. Creo que me he referido ya a las Misas mexicanas a que he asistido este mismo año en Los Angeles y en Cuernavaca. No hubieran sido imaginables sin el Concilio Vaticano Segundo.

El mismo día 4 de diciembre se registraron otras dos noticias importantes. Pablo VI anunció en pleno Concilio su inminente viaje a Tierra Santa. Y el democristiano de izquierdas Aldo Moro, amigo de Pablo VI, consagraba la «apertura a sinistra» al asumir la presidencia de un gobierno con ministros socialistas. La alta política es así; Pablo VI autorizaba como Papa lo que el año anterior había prohibido como cardenal. Pero lo realmente importante es que el segundo período conciliar de sesiones, pese a todo su mar de fondo, vitalizaba las esperanzas de Juan XXIII renovadas de forma universalmente reconocida.

EL VIAJE A TIERRA SANTA Y LA ENCÍCLICA COMPLEMENTARIA

El 4 de enero de 1964, como acababa de anunciar en la clausura de la segunda sesión conciliar, el Papa Pablo VI salió en avión para Tierra Santa. La región sagrada para las tres grandes religiones monoteístas, judaísmo, cristianismo con sus diversas obediencias y mahometismo no estaba dividida como ahora, cuando prácticamente todo el territorio que conserva las huellas de Cristo pertenece a la soberanía de Israel. Esto no fue así hasta la Guerra de los Seis Días en 1967. Tres años antes, cuando llegaba el Papa (que no tenía relaciones ni con Israel ni con Jordania) el Estado de Israel, fundado en 1948, consistía en una estrecha franja costera, la llanura de Sharon –dominada por las ametralladoras árabes– desde unos kilómetros al sur de la capital, Tel Aviv y el puerto de Jaffa, hasta Galilea y Haifa al Norte, con la orilla oriental del lago de Tiberíades –los altos del Golan– en manos de Siria. Un corredor unía esta franja con la ciudad nueva de Jerusalén, pero todos los Santos Lugares de Jerusalén, Judea y Samaría estaban en manos de los árabes. Reinaba en Jordania el rey Hussein, que se presentaba como descendiente del Profeta. La hostilidad entre judíos y árabes saltaba a la vista, incluidos entre los últimos los numerosos árabes cristianos. El viaje de Pablo VI, decidido por impulso espiritual, se desarrolló con éxito inesperado entre las dos comunidades precisamente porque el objetivo del Papa era puramente espiritual sin alcance político alguno. El Vicario de Cristo acudía, por primera vez en la Historia desde que su predecesor Pedro dejó aquella tierra, al encuentro de las huellas de Cristo y de María[433].

Le habían preparado el viaje su secretario don Pasquale Macchi y su amigo de la secretaría de Estado, Jacques Martin. Como no sabían una palabra de inglés,

[433] Para la situación de Israel en 1964 ver mi libro *El tercer Templo*, Barcelona, Planeta, 1992.

lengua de referencia en Palestina que hasta 1948 estuvo ocupada por el Mandato británico, monseñor dell'Acqua les agregó como secretario especial a un fornido minutante norteamericano de la Secretaría de Estado, el joven sacerdote de Chicago, pero de origen lituano, Paul Marcinckus, que sirvió eficazmente de intérprete. Nada menos que sesenta agentes especiales del Sifar, el servicio secreto italiano, garantizaban la seguridad del Papa pero en los frecuentes apretujones que provocó Pablo VI, contra todo pronóstico, en medio del entusiasmo de judíos y árabes por su visita, fue Marcinckus quien le sirvió de guardaespaldas y a veces le llevó en volandas con tanta decisión como delicadeza. Como además demostró su eficacia típicamente americana en la organización de un viaje complicado, Pablo VI le adscribió de forma permanente a su servicio, dentro del cual revelaría extraordinarias cualidades para otros campos, como el de información y el de finanzas. Personas que conocen la Curia como su casa –porque es su casa– me han insistido varias veces en que Paul Marcinckus, muy afecto a los cardenales de Chicago y Nueva York, era además, desde sus primeros tiempos romanos, agente oculto del FBI. Al menos todo sucedió después como si lo fuera.

Acompañaban oficialmente al Papa su maestro el padre Bevilacqua, perito del Concilio, el cardenal secretario de Estado Amleto Cicognani y los cardenales Tisserant y Testa. En el aeropuerto de Amman Pablo VI fue recibido por el rey Hussein de Jordania y los patriarcas católicos de Oriente que venían también del Concilio. En automóvil cruzó el Papa el puente Allenby entre Jordania y Cisjordania (que estaba entonces bajo soberanía jordana) y se detuvo a la orilla del Jordán y luego la del Mar Muerto, ante Jericó, bajo las breves colinas de Qumrán y con el monte pelado de las Tentaciones al fondo, como cierre de las huertas de Jericó. Iba como transportado por la emoción de Cristo, adivinaba los lugares sin que se lo dijese nadie. Subió entonces por la carretera polvorienta que lleva a la casa de Marta y María en Betania, al otro lado del monte de los Olivos; la casa donde Cristo reposaba siempre antes de entrar o salir de Jerusalén. Junto a la puerta de Damasco, donde Pablo, de quien había tomado el nombre, cayó fulminado por la gracia de Cristo, la muchedumbre rompió todo protocolo y Marcinckus se tuvo que emplear a fondo. Bajó al torrente Cedrón, entró por la puerta del León que se abre a la Vía Dolorosa y recorrió las estaciones rodeado por los cristianos árabes. Subió el breve tramo de escaleras, dentro de la basílica del Santo Sepulcro, y celebró la Misa en el altar que se alza junto al lugar donde santa Elena descubrió la Vera Cruz. En la Delegación Apostólica recibió el homenaje de los patriarcas ortodoxos, luego conversó con los patriarcas católicos en la iglesia de Santa Ana y terminó la tarde arrodillado entre los seis olivos de Getsemaní que presenciaron la agonía de Cristo. Ni siquiera el día de la elección pontificia había sentido una convulsión interior tan intensa.

A primera hora de la mañana del 5 de enero de 1964 recibe el saludo del presidente de Israel, Shazar, en la línea fronteriza de la Ciudad Nueva. Durante veinte años de los que sólo quedaban tres allí chocaban las miradas de odio de judíos y árabes, cuyas tropas vigilaban desde la inmediata muralla de Jerusalén. Pero hasta ese odio absoluto parecía amansarse ante la presencia del Papa, que bajó de nuevo a Tel-Aviv para tomar el camino del Norte hacia Galilea. Dijo la Misa en la imponente iglesia universal de la Anunciación, se ensimismó ante la habitación donde María recibió el anuncio de Gabriel, uno de esos lugares santos de donde emana por si misma la credibilidad; muy poco después, en la siguiente sesión del Concilio, tendría que derribar las triquiñuelas teológicas de los rahnerianos y reafirmar la fe de la Iglesia en el Jesús de la Historia; me atrevo a suponer que los protestantizantes del Concilio no han estado nunca en Nazaret. Probó el vino de Caná, subió las revueltas del Monte Tabor y le hicieron comer a orillas del lago de Tiberíades esos pescados de San Pedro que llevan la cruz en las escamas pero saben tan insípidos que el gran pescador de hombres no sintió demasiado dejar su anterior oficio. Oró ante la pequeña Roca donde Cristo confirmó el primado de Pedro, donde yo he podido ver ya las huellas de dos Papas de este siglo. Ya de vuelta en Jerusalén defendió noblemente a Pío XII ante el presidente judío contra las acusaciones del impostor Rolf Hochüth que acababa de estrenar *El Vicario*; nadie mejor que él sabía lo que había hecho Pío XII, a su lado, en favor de los judíos durante la guerra mundial. Para reforzar la misma idea el cardenal Tisserant acudió a orar al entonces pequeño recinto en que Israel conmemoraba a sus seis millones de mártires. Ese mismo día se produjo el encuentro, realmente histórico, entre el Obispo de Roma y el Patriarca ecuménico y ortodoxo de Constantinopla, Atenágoras; los dos hicieron todo lo posible y aun algunas cosas imposibles para colocar la primera piedra de la reconciliación. El lunes 6 Pablo VI celebró la Misa en la gruta de Belén y resumió las impresiones de su viaje en una alocución dirigida desde allí a toda la Iglesia cuyo concepto principal fue «el reencuentro con la belleza espiritual» junto al desarrollo de la definición que el propio Cristo dio de sí mismo como «Hijo del Hombre». Saludó de nuevo al patriarca Atenágoras, recibió la visita del obispo anglicano y del Gran Mufti de Jerusalén. Anunció la creación, junto a la ciudad santa, de un Instituto de estudios ecuménicos cuya orientación encomendó a su amigo el teólogo protestante Culmann y que en efecto se abrió en 1972.

Impulsó, ya de regreso en Roma, los caminos del diálogo y predicó con el ejemplo; mientras animaba a las Comisiones del Concilio a preparar la tercera sesión que se abriría en septiembre, dialogó en profundidad con algunos Padres opuestos a las anteriores reticencias del Concilio sobre la Virgen María y con otros que recelaban del concepto de colegialidad, ya discutido pero no clarificado más que en apariencia. No fueron conversaciones formularias; sus efectos se notarían en lo que los liberales extremos y la prensa sensacionalista llamarían «giro a la derecha» de Pablo VI en la tercera sesión conciliar. No había tal; lo que hizo fue demostrar que su profesión de equilibrio entre tendencias adversas y extremas no había sido simplemente una táctica electoral para llegar al Pontificado.

El 6 de agosto de 1964 publicó una importante encíclica, *Ecclesiam suam*, a la que he llamado «complementaria» porque trata de servir como complemento –y orientación– del Concilio. El Papa era un Padre de Concilio, el primero; el Concilio era asunto de todos los católicos; hablar de temas relacionados con el Concilio no era ni coartar ni coaccionar al Concilio sino ejercer una potestad que la ley y la costumbre de la Iglesia conferían al Papa, y el propio Concilio aceptaba. Pablo VI pidió orientaciones para la encíclica a sus amigos franceses Guitton y Maritain. Insiste en que no pretende suplantar al Concilio sino exponer algunas ideas sobre la Iglesia –es la primera de sus encíclicas– en una «sencilla conversación epistolar». La primera idea es que la Iglesia debe ahondar sobre sí misma, como han hecho tantas veces el Magisterio y los teólogos después de los Concilios de Trento y el primer Vaticano, como han hecho los predecesores del Papa, León XIII, Pío XII, Juan XXIII. Quiere Pablo VI entroncar con la tradición a la hora de recomendar la innovación. Segunda idea: la reforma debe empezar por la profundización interior; el acercamiento al mundo y a la cultura moderna debe evitar todo relativismo, no puede prescindir de la reafirmación de la propia fe. Para compensar los desaires a la Virgen –esto no lo dice el Papa sino que lo piensa– que se han podido advertir en algunos sectores y momentos del Concilio reafirma, con el recuerdo de su viaje a Tierra Santa, la aproximación a María, Madre de Dios. Y entonces entra en la tercera y principal idea de la encíclica, que es el diálogo. La Iglesia de hoy quiere huir del anatema, de la lucha de Cruzada y del dominio teocrático. La Iglesia quiere diálogo con el mundo real, al que describe Pablo VI, con visión de Dante, en tres círculos. Al huir del relativismo, del irenismo, del sincretismo, no pude sacrificar la verdad de la Iglesia para que los demás la comprendan mejor. Más aún, como está profundamente preocupado, aunque no lo dice, con el pacto preconciliar que excluye el debate sobre el comunismo ateo, aprovecha la encíclica para volver a rechazar al comunismo, expresamente, en nombre de una Iglesia que es más víctima que juez. Ya lo había condenado como cardenal de Milán; ahora lo hace como Papa, porque, aunque no lo dice, no se ha atrevido en el Concilio a revocar el pacto con el Kremlin. Recuerda a la Iglesia del Silencio para concluir que el diálogo con el mundo comunista es virtualmente imposible. Pero se esfuerza en detectar en ese mundo algunos valores humanos dentro de su error y su desvarío: la tendencia a la utopía, la búsqueda de un Absoluto que los comunistas ponen donde no puede estar, el intento de redención social que, en sus manos, no libera al hombre sino que lo esclaviza más.

En el segundo círculo el diálogo es más factible y se debe recomendar. Cita en primer lugar a los judíos, que adoran a nuestro mismo Dios. Elogia también los valores monoteístas del islamismo y a los seguidores de las «grandes religiones afroasiáticas» a las que no cita por su nombre. Entra después en el tercer círculo, el de las religiones cristianas separadas, entre las cuales y la Iglesia católica hay un camino de aproximación que él ha reafirmado e iniciado por su encuentro en Jerusalén con el patriarca Atenágoras. La Iglesia Católica no puede transigir en lo esencial pero puede comprender y ser comprendida; puede obrar conjuntamente con los hermanos separados, cooperar con ellos. El primado de Pedro es herencia de Cristo que a todos afecta, no algo cuya desaparición puede facilitar la unidad. Termina la encíclica reclamando el diálogo interior en la propia Iglesia.

A la luz de nuestros reflejos del Concilio, los que hemos comunicado y los que faltan, ésta es una encíclica claramente complementaria y orientadora. Las fuerzas tradicionales de la Iglesia habían influido intensamente en el Papa, que se liberaba de sus compromisos, quizá excesivos, con la Alianza del Rin y las fuerzas progresistas. Era una nueva búsqueda del equilibrio, un nuevo giro cuyas muestras iban a observarse muy claramente en el tercer período de sesiones que iba a comenzar[434].

La mención al diálogo con el comunismo se iba a concretar en una espinosa decisión de Pablo VI; la apertura de relaciones con los regímenes comunistas, la

[434] Texto de la encíclica en F. Guerrero (ed.) op. cit, I p. 239s.

Ostpolitik del Vaticano, encargada a un hábil y tenaz subsecretario de la Secretaría de Estado, monseñor Agostino Casaroli. En realidad esa arriesgada política la había iniciado ya Juan XXIII con el pacto de Metz, que Pablo VI había creído necesario respetar. Pero este grave asunto corresponderá a nuestro segundo libro.

LA TERCERA SESIÓN: CHRISTUS VINCIT

La Alianza del Rin, convencida ya de que era Alianza Mundial como la llama Wiltgen, estaba tan segura de su dominio absoluto para el resto del Concilio después de sus victorias en la segunda sesión que uno de sus portavoces consiguió algo inaudito durante el período interconciliar: que la Comisión coordinadora, dominada, como todas, por la Alianza, retuviese para discusión profunda los esquemas que más le interesaban y degradase a los otros siete a simples y cortos conjuntos de proposiciones que podrían evacuarse en pocas fechas. Esto ya era un claro abuso de poder y con la experiencia del éxito obtenido por los religiosos al denotar a la Alianza en el tratamiento de su esquema, se formaron para la tercera sesión y durante ella seis o siete grupos de oposición organizada –que además consiguieron un cierto grado de coordinación entre ellos– cuyos miembros irían comprobando un cambio de actitud del Papa que ya no favorecía tanto a la prepotencia de la Alianza; lo cual se combinó además con que algunos Padres relevantes de la propia Alianza, como el cardenal Suenens, se desligaron de ella en alguna ocasión señalada. Otros Padres, de tanta importancia como el cardenal Heenan, arzobispo de Westminster, (que formó también un activo grupo de acción) expresó en alguna ocasión la indignación de muchos Padres cuando lanzó un rapapolvo a las «minucias teóricas» por las que los teólogos de la Alianza habían conducido al Concilio. En fin el propio Papa tuvo que intervenir en varias ocasiones gravísimas contra imposiciones teológicas de la Alianza que fueron descartadas con universal aplauso. Todo esto son apreciaciones del autor, que ni siquiera el maestro Wiltgen formula tan descarnadamente, pero llevo tantos años leyendo entre líneas en los asuntos de la Iglesia, sus métodos y su historia auténtica, que con el debido respeto creo que responden a la realidad, gracias a Dios. Porque si los rahnerianos siguen su ordeno y mando en el resto del Concilio, medio Concilio hubiera terminado apuntándose a las tesis del arzobispo Lefebvre. Insisto también en que estas apreciaciones se refieren a métodos, modas y tendencias conciliares; no –salvo en las ocasiones en que el Papa intervino con total firmeza– a cuestiones fundamentales en las que todos los Padres, que compartían la misma fe, coincidían necesariamente. En el Vaticano II hubo algún asomo de bronca y alguna amenaza de plante, pero la sangre no llegó nunca al río como había sucedido en el Vaticano I, cuando docenas de Padres abandonaron el aula conciliar en desacuerdo con alguna cuestión o método; ni mucho menos como había ocurrido en Concilios anteriores que terminaron en cisma. Recuérdese lo que dijo el gran teólogo jesuita del Concilio de Trento, Diego Laínez: «Temo a la plebe, aunque sea de obispos». En el Vaticano II, a veces por milagro, no hubo plebe. Y para empezar la propuesta de «guillotina» que la Alianza del Rin impuso a la Comisión coordinadora y ésta aprobó, resulta que a lo largo del Concilio se acató pero no se cumplió. El padre Ratzinger, perito de la Alianza, aunque mucho menos audaz que su amigo Rahner, reconoció durante una cena privada que la nueva oposición les estaba causando muchos quebraderos de cabeza. La frase se corrió por todo el Concilio y los nuevos grupos de oposición redoblaron su contraofensiva.

Una de las cuestiones fundamentales contra la que se estrelló la Alianza del Rin fue el problema teológico de la Virgen María. La Alianza, para congraciarse con los protestantes, había conseguido, como sabemos, que el esquema sobre la Virgen se redujera a un simple capítulo dentro del de la Iglesia, que se debatía de nuevo al comenzar la tercera sesión. El problema se planteaba sobre la inclusión de los títulos de «Mediadora» y «Madre de la Iglesia» que la Alianza del Rin deseaba omitir, porque ninguno de los dos estaba respaldado por suficiente fundamentación teológica. En cambio el cardenal Wyszynski, en nombre de los obispos de Polonia, evocó la reciente encíclica del Papa, *Ecclesiam suam*, para respaldar la inclusión del término «Madre de la Iglesia» en el capítulo.

Los Padres mariólogos, entre los que destacaban por su convicción y devoción los de Italia y España, entraron en el debate decididos a no sufrir una nueva derrota. El obispo de Ciudad Real, monseñor Hervás, reclamó que el título «Madre de la Iglesia», incluido antes en el capítulo y borrado por la Comisión, fuera restaurado y denunció que el texto que ahora se presentaba había sido manipulado por la Comisión. El cardenal moderador Suenens se apartó de la Alianza del Rin y denunció también que el texto, en su versión actual, minimizaba peligrosamente la importancia de la Madre de Dios. Su comportamiento estaba de acuerdo con su nación belga, que había sido frontera mariana (y española) de la Cristiandad moderna contra el protestantismo. El obispo portugués de Faro se adhirió a los mariólogos. Entonces ochenta obispos de España con algunos adheridos hablaron por la voz del cardenal de Tarragona, Arriba y de Castro, y reprendieron a la Comisión Teológica por manipular indebidamente el texto anterior. Expuso con sólido fundamento doctrinal la necesidad de incluir el título de «Madre de la Iglesia», como habían hecho grandes portavoces de la Tradición desde San Ireneo hasta Juan XXIII. Hablaban los obispos de todo el mundo en favor de María, Madre de la Iglesia. Otro arzobispo polaco abrumaba a la Alianza del Rin con atinadas citas del propio Lutero en favor y en honor de María Virgen. Fue su último servicio al Concilio; murió a los cuatro días de un ataque al corazón. Dos jefes de fila de la Alianza del Rin, en nombre de sus coaligados de todo el mundo, contraatacaron con gran respeto para la Virgen pero con insistencia en que no se mencionaran los dos títulos de Madre de la Iglesia ni de mediadora. Monseñor Castán Lacoma, de Guadalajara, defendió los títulos de María en nombre de los ochenta españoles y sus amigos. Se llegó a la votación, que arrojó 1559 votos en contra de los títulos de María, pero la oposición había aprendido bien el método más eficaz para convertir en victorias las aparentes derrotas y entregó a la urna 521 votos «afirmativos juxta modum», un porcentaje que exigía revisar las enmiendas con posibilidad de reincorporarlas. La Alianza tuvo que explicar que en cierta manera los dos títulos quedaban incluidos en el capítulo, no en el título pero sí en los artículos del texto. Y era verdad, hasta el punto que el profesor Cullmann, observador protestante en el Concilio, manifestó que la permanencia de estos títulos en el texto del capítulo reforzaba, contra la opinión protestante, las posiciones mariológicas. La oposición de los obispos españoles y sus aliados había conseguido que el «simple capítulo» acabase siendo bastante más largo que el esquema original. Pero no sería la última victoria de los defensores de la Virgen.

Cuando paradójicamente ya estaba resuelta en España la vidriosa cuestión de la libertad religiosa, volvía a empantanarse en el Concilio. Los más ardorosos defensores de la libertad religiosa plena eran los obispos de los Estados Unidos, que no pararían hasta conseguirla. No lo habían logrado en la segunda sesión; en el fondo el argumento de los conservadores consistía en afirmar que la Iglesia era la única verdadera y por tanto no cabía libertad plena para el error, sino a lo sumo cierta tolerancia. Dos cardenales españoles, Quiroga y Bueno Monreal, se oponían a una libertad religiosa plena que Franco ya había aceptado en principio, gracias a Castiella y Fraga, sus ministros aperturistas. El problema quedó sobre la mesa del Concilio para la sesión cuarta. Entró entonces en liza una cuestión delicadísima; el cambio de la Iglesia respecto a los judíos, a los que muchos cristianos seguían considerando un pueblo deicida, con tremendas frases evangélicas de la Pasión de Cristo aparentemente en su favor. El cardenal ecuménico y jesuita, Agustín Bea, estaba decidido a replantear el problema y quitar los estigmas antijudíos como los que hasta poco antes pervivían en la liturgia de la Semana Santa, donde se había orado durante siglos «por los pérfidos judíos». Veinte siglos de hostilidad entre las dos religiones habían cristalizado en una incomprensión mutua, que el viaje del Papa a Jerusalén había empezado a derretir. En el fondo era muy hermoso ver cómo lo que más interesaba a los judíos era que los cristianos no les consideraran a ellos, los judíos de ahora, como responsables de la muerte de Cristo; con toda la razón del mundo, decía el cardenal Bea, porque de la muerte de Cristo fuimos responsables todos los hombres, ni siquiera todos los judíos de la época en que murió Cristo, sino solamente los que exigieron y provocaron su condena. No era un problema político entre sionismo y antisionismo sino un problema histórico, religioso y de caridad cristiana. Dignatarios judíos se dirigieron de forma correcta y emocionada al Concilio en busca de la paz. Los Padres procedentes de los países árabes no querían ni oír hablar de la reconciliación con los judíos; una nueva fuente de odio se había abierto entre Israel y los árabes desde 1947, como he tenido ocasión de comprobar muchas veces al recorrer las tierras árabes de Palestina. El viaje del Papa fue utilísimo para que el documento sobre judíos y otras religiones terminase bien. Además Pablo VI creó en 1964 un secretariado para las religiones no cristianas, de acuerdo con el diálogo proclamado en su reciente encíclica, como sabemos. El cardenal de Sevilla, Bueno Monreal, contribuyó a la concordia conciliar al sugerir, y así se aceptó, que se mantuviese el texto favorable a los judíos pero que el título del documento no se refiriera expresamente a ellos sino a las religiones no cristianas. El texto final siguió bien hasta el término de la tercera sesión y fue aprobado por enorme mayoría en la cuarta, el 28 de octubre de 1965. Aparecería en forma de declaración[435] «sobre las relaciones de la Iglesia con las religiones no cristianas» y lleva por título «Nostra aetate» Obtuvo 2.221 votos afirmativos, 88

[435] Texto en *Vaticano II*... op. cit. p. 610s.

negativos y 3 nulos. Expone los aspectos positivos del hinduismo y del budismo, la Iglesia «nada rechaza de lo que en estas religiones hay de verdadero y santo». La Iglesia «mira también con aprecio a los musulmanes, que adoran al único Dios, viviente y subsistente, misericordioso y todopoderoso». Enumera el resto de las coincidencias con el Islam, como la veneración de Cristo y de María por los musulmanes. Entra en la religión judía, en unos párrafos que causaron una enorme sensación mundial. Reconoce el vínculo entre «el pueblo del Nuevo Testamento y la raza de Abraham». Denomina a los cristianos, como hizo San Pablo, hijos de Abraham en la fe. Proclama como propia la revelación del Antiguo Testamento. Cree que Cristo «reconcilió por su cruz a judíos y gentiles». Cristo, María y los apóstoles nacieron del pueblo judio. El patrimonio común de cristianos y judíos es inmenso. Y se llega a la cuestión clave:

Aunque las autoridades de los judíos con sus seguidores reclamaron la muerte de Cristo, sin embargo lo que en su pasión se hizo no puede ser imputado ni indistintamente a todos los judíos que entonces vivían ni a los judíos de hoy. Y si bien la Iglesia es el nuevo Pueblo de Dios, no se ha de señalar a los judíos como réprobos de Dios y malditos, como si esto se dedujera de las sagradas Escrituras. ...

Además la Iglesia, que reprueba cualquier persecución contra los hombres, consciente del patrimonio común con los judíos e impulsada no por razones políticas sino por la religiosa caridad evangélica, deplora los odios, persecuciones y manifestaciones de antisemitismo de cualquier tiempo y persona contra los judíos.

Veinte siglos de odio desaparecían en esta declaración. Desaparecían en la mente de la Iglesia y de muchos judíos clarividentes. Permanecían los rescoldos; veinte siglos no se borran con un perdón y un abrazo. Pero el paso dado por la Iglesia era realmente trascendental.

Quedaron satisfechos los obispos de Estados Unidos al reprobarse, en el mismo documento, «cualquier discriminación por motivos de raza o color, condición o religión». El diálogo exigido por Pablo VI en su reciente encíclica poseía ya su Carta Magna.

El esquema sobre la Revelación divina ya había provocado problemas graves en las dos primeras sesiones y volvería a encrespar la tercera. Aquí se planteaba una batalla teológica formal entre la Alianza del Rin, deseosa de no incomodar a los protestantes, y los Padres tradicionales que exigían vigorosamente a la Iglesia que fijase por sí misma sus propios horizontes de creencia. Conocemos que una de las características del protestantismo es la exclusividad; Sola fides –la fe sin obras– Sola Scriptura –la Escritura como única fuente de la fe– Solus Mediator –la Virgen no se podía asociar a la mediación de Cristo. Pero la Iglesia –como definió el Concilio de Trento– no podía excluir para la salvación las obras junto a la fe; la Virgen podía ser mediadora en plena subordinación a Cristo, y el Concilio la llamó, como vimos, mediadora; y ahora se planteaba de nuevo la controversia sobre si además de la Revelación había que considerar, como siempre había hecho la Iglesia, a la Tradición de los Padres, los Concilios y el pueblo cristiano, una Tradición interpretada y propuesta por el Magisterio, como fuente de fe en la Revelación. El asunto no era una «minucia teológica» como sugería el cardenal

Heenan –que no se fiaba un pelo de los teólogos– sino una decisión vital para la Iglesia católica. Pío IX y Pío XII habían definido los dogmas de la Inmaculada y la Asunción apoyándose en la tradición multisecular del pueblo cristiano interpretada por los Padres y el Magisterio. Ahora el debate de las fuentes de la Revelación se replanteaba entre la Escritura y la Tradición. Personalmente no comprendo el exclusivismo de los protestantes en favor de la Sola Scriptura, sobre todo si para ellos la Escritura la interpreta cada lector de la Biblia como le da la gana, pero naturalmente eso no se dijo en el Concilio.

En la segunda sesión llegó un esquema sobre la Revelación preparado por el padre Rahner, no faltaba más, con la ayuda de otros teólogos como el padre Ratzinger y pretendía ser un compromiso, pero seguía dictado por la obsesión de no irritar a los protestantes. La Alianza del Rin lo hizo suyo y pensaba presentarlo al final de la segunda sesión pero tras las victorias obtenidas por la Alianza en ese período sus directores decidieron «mejorar», es decir acomodar mas aún el esquema a sus puntos de vista y presentarlo en la sesión tercera. Así lo hicieron el 30 de septiembre de 1964, poco después de la apertura del tercer período. El portavoz que presentó el texto rahneriano, que contaba con el pleno respaldo de la Alianza, afirmó que en la nueva versión se habían incluido párrafos nuevos sobre la importancia de la Tradición. Algunos Padres no quedaron nada convencidos y uno de ellos suscitó un problema importantísimo que a su juicio no quedaba claro en el esquema; la plena historicidad de los evangelios. Para los teólogos de la Alianza del Rin esto era mentarles la bicha; alguno se inclinaba demasiado a la separación del protestantismo moderno entre el Cristo de la fe y el Cristo de la historia. Insisto en que no se trataba de minucias sino de cuestiones capitales para la fe. En la última congregación general de la tercera sesión la Comisión Teológica entregó al Concilio una nueva revisión del esquema, cuyo debate definitivo quedaría para la cuarta y última sesión. Por lo pronto la Alianza del Rin cosechaba una derrota grave; su esquema «perfecto» quedaba sobre la mesa.

Los grupos de oposición tradicional, sobre todo el llamado Grupo Internacional de Padres, que ejercía profunda influencia en el Papa, se movieron intensamente contra la Alianza del Rin durante el último período interconciliar. Imito a Wiltgen en seguir desde ahora los grandes temas hasta su solución final para no marear al lector. La Alianza del Rin forzó la votación del esquema al principio de la sesión cuarta, 20-22 de septiembre de 1965 pero la Comisión Teológica, dominada por la Alianza, hizo trampa y en contra del reglamento no ofreció el preceptivo informe antes de que se llegase a las urnas, que por cierto funcionaban mucho mejor desde que se instaló el sistema electrónico de voto. Los votos «placet iuxta modum», es decir afirmativos con reparos, que la oposición utilizaba ya regularmente para forzar nuevos debates, subieron muchísimo, hasta 1.498. Estos votos cualificados se referían a los puntos candentes del esquema; las relaciones entre Escritura y Tradición, la imposibilidad de error en las Escrituras y la historicidad de los Evangelios.

Pablo VI, Vicario de Cristo, decidió intervenir para clarificar estos puntos candentes que afectaban de forma directa al concepto de la Iglesia sobre Cristo. Demostró que estaba más cerca de la oposición que de la Alianza al enviar a la Comisión Teológica un texto en que San Agustín, tan cerca cronológicamente de

Cristo, afirmaba que muchas enseñanzas de los Apóstoles no han llegado al pueblo cristiano de forma escrita (es decir en la Escritura); era un endoso claro a la Tradición como fuente de fe. Preocupaba también al Papa que el texto de la Comisión afirmase que los evangelistas habían narrado la vida de Jesús «con verdad y sinceridad» lo cual admitía una interpretación peligrosa, muy grata a los protestantes; que los evangelistas no mentían pero podían contar hechos inexistentes que ellos creían verdaderos. El problema era la historicidad de los hechos, no la sinceridad con que estaban expresados. La Alianza del Rin, que controlaba la Comisión Teológica, decidió no cambiar nada. La oposición se lanzó en tromba contra las ambigüedades del texto y urgió al Papa para que emprendiese una acción directa y urgente.

Pablo VI ya lo venía haciendo. Poseía una profunda formación teológica personal sobre estos problemas y la ahondó y amplió todavía más con estudio propio y ayuda de sus consejeros teológicos más solventes. Habló con uno de los moderadores (casi estoy seguro que fue el cardenal Suenens) e hizo que el Secretario de Estado enviase al presidente de la Comisión Teológica, cardenal Ottaviani una carta con las opiniones del Papa sobre los asuntos candentes, y lo que es más grave, una reconvención a la Comisión por su forma de tratar tan gravísimos asuntos. El Papa exigía que se incluyera en el texto la tesis de que no toda la doctrina católica se conocía por la sola Escritura –como querían los protestantes– sin ayuda de la tradición y el Magisterio. La sombra del Concilio de Trento –y su luz– cubrieron al Vaticano II. El Papa zanjaba las ambigüedades sobre la inerrancia de las Escrituras al declarar, para su inclusión en el texto, que los libros sagrados enseñan como firme, fiel y sin error aquella verdad que Dios quiso poner en ellos para nuestra salvación. Y por último reafirmaba que la Iglesia enseña sin equívocos que los Evangelios son plenamente históricos y que Jesucristo realmente hizo y dijo lo que en ellos se escribe. El Cristo de la fe, por tanto, sin nieblas protestantes, es el Cristo de la Historia. Añadía el Papa que sin estas inclusiones expresas no aprobaría ni promulgaría el texto sobre la Revelación.

El presidente de la Comisión teológica, cardenal Ottaviani, estaba deseando que el Papa se pronunciara con tanta claridad y estoy seguro de que habló varias veces con él sobre el asunto. Era la única forma de que se pudieran superar los obstáculos y ambigüedades de la Alianza del Rin, que fue derrotada en toda la línea en otro de sus intentos filoprotestantes. Los textos del Papa fueron incluidos, por supuesto, en la Constitución Dogmática Dei Verbum, sobre la divina revelación, que en presencia del Papa fue aprobada por el Concilio el 18 de noviembre de 1965 por 2344 votos contra 6. La Alianza del Rin, por tanto, se había sometido al dictamen del Vicario de Cristo. Por eso he titulado este importante epígrafe «Christus vincit».

Como nota Wiltgen el Concilio se vio amenizado con varias presencias especiales. Primero los bares que se instalaron discretamente al alcance de los Padres, donde se trabaron, por ejemplo, intensas relaciones ecuménicas y se solventaron no pocos convenios de apoyo mutuo entre los grupos de oposición que, como se ve, en las sesiones tercera y cuarta del concilio neutralizaron la anterior prepotencia de la Alianza del Rin y demostraron, dígase con todo respeto, la compatibilidad del Espíritu Santo para iluminar los inevitables recovecos del politiqueo humano. A mediados de septiembre de 1964 el Papa sorprendió a los Padres con la bienvenida a las mujeres del Concilio; diecisiete en total, entre monjas de alto coturno, dirigentes de movimientos apostólicos, señoras casadas (hubo hasta un matrimonio de auditores). Alguien había provocado la equivocación del Papa; cuando los Padres buscaban a las señoras con la natural curiosidad, no aparecieron porque la invitación no se había cursado aún. Luego llegaron y se interesaron mucho en los trabajos del Concilio pero actuaron poco más que como floreros; ni sabían latín ni las traducciones simultáneas funcionaron nunca correctamente. El número total de auditores laicos se elevó a cuarenta y los pobres, perdidos en aquel mar de roquetes y hopalandas, hicieron lo posible por ayudar en los asuntos de su competencia. Los españoles, además del proteico profesor Ruiz-Giménez, contaron con la presencia del auditor catalán señor Sugranyes de Franch. Tambien ocurrieron cosas curiosas y divertidas en el protocolo; los Patriarcas católicos exigían ir por delante de los cardenales para no causar extrañeza entre sus súbditos orientales cuando aparecían relegados en televisión. Como las autoridades del Concilio no les hicieron caso acudieron al Papa que les atendió y ordenó que les colocaran en sitio de honor, enfrente de los cardenales con lo que se quedaron tan contentos. El esquema sobre el apostolado de los seglares se presentó a la discusión del Concilio en octubre de 1964, durante la tercera sesión. Un dirigente sindical irlandés fue el único seglar que habló ante el Concilio, por supuesto en inglés. Se suscitaron muchas objeciones porque el proyecto sólo nombraba a la Acción Católica, que en muchos países significaba poco. El esquema, muy enmendado, se votó en la cuarta sesión, en forma de decreto, el 18 de noviembre de 1965. Los ordenadores se estropearon y el resultado sólo se conoció unos días después, con 2.305 votos positivos y sólo dos negativos. Empezaba por las palabras *Apostolicam actuositatem* y se había mejorado mucho en los debates y las enmiendas. Encomendaba a los seglares la renovación cristiana del orden temporal y ofrecía varias orientaciones muy bien intencionadas. Pero la práctica resulta muy difícil. Hay instituciones de apostolado seglar que ya funcionaban mucho antes del Concilio y siguen haciéndolo admirablemente; las Conferencias de San Vicente de Paúl, las Ordenes Terceras dependientes de grandes Ordenes religiosas pero integradas por seglares, las plataformas de acción política y social de los católicos en España y en México (hablo de los casos que conozco). Estas y otras asociaciones de apostolado seglar han actuado con gran eficacia y verdadero sentido católico en la historia reciente de la Iglesia, por ejemplo el espléndido asociacionismo alemán y hoy algunas de las llamadas Organizaciones No Gubernamentales (ONG) entre las que hay, tanto en las católicas como en las no católicas, mucho desvío y mucha morralla, aunque no faltan excepciones dignísimas. El principal problema es la politización del apostolado seglar, como ha sucedido tristemente en España precisamente después del Concilio; no me refiero a la legítima acción de las plataformas plurales de acción política sino a la degradación de algunas asociaciones católicas. Junto a este problema hay otro de gravedad similar; el tirón clerical de la Iglesia que anima a los católicos a participar en sus obras, por ejemplo en sus medios de comunicación y luego los utiliza como meapilas acríticos o como elementos de cambio político con las autoridades ajenas. En el texto conciliar no veo concreciones sobre casos semejantes, que de ninguna manera son excepcionales.

La extensión e importancia que el Concilio iba dando a estas cuestiones, contra la metodología despectiva de la Alianza del Rin, que había pretendido reducirlas a simples colecciones de puntos concretos, suponía un fracaso tras otro de la antaño prepotente Alianza germánica, que encima se veía arrinconada en los que ella consideraba grandes debates teólogicos como el de la Revelación. La Alianza del Rin pretendía despachar con un par de debates el importantísimo problema de las Misiones, tal vez porque su teólogo en jefe, Karl Rahner, hacía inútiles las Misiones con su extraña teoría de los cristianos anónimos, como en su momento vimos. Pero los Obispos procedentes de las tierras de Misión suscitaron innumerables adhesiones en el Concilio y el esquema propuesto, superficial y abreviado, fue devuelto a la comisión para ulterior estudio después de una derrota frontal de la Alianza, 1.661 Padres contra 311, el mayor descalabro de la Alianza del Rin en todo el Concilio. Alguien había informado mal al Papa sobre la fuerza de la oposición contra este esquema porque había aparecido ante el Concilio para hablar con optimismo sobre el esquema luego rechazado, aunque sin ánimo alguno de imponerlo. Encontró menos dificultades el debate sobre las Iglesias católicas de Oriente, sobre todo cuando el Papa logró para los patriarcas el sitio de honor que reclamaban. El Decreto en que se resaltaba la importancia de esas iglesias, con sus ritos, para el enriquecimiento de la Iglesia católica se aprobó en la tercera sesión, el 20 de noviembre de 1964.

Volvía al Concilio el problema quizás más discutido durante las cuatro sesiones, y el que mayor expectación había suscitado en todo el mundo; el problema del *aggiornamento*, como había llamado el Papa Juan a las relaciones de la Iglesia con el mundo moderno. Juan XXIII casi había trazado el núcleo del esquema antes del Concilio pero el problema resultaba complejísimo porque obligaba a la Iglesia a pronunciarse sobre todas las grandes cuestiones del complejísimo mundo actual. El debate conciliar sobre un texto elaborado casi exclusivamente por la Alianza del Rin empezó ya dentro de la tercera sesión, tras muchas remodelaciones entre bastidores, a fines de septiembre de 1964. Numerosos Padres habían solicitado intervenir y tanto los moderadores como la Alianza preferían retrasar el debate hasta la cuarta sesión. El cardenal Heenan de Westminster dedicó un buen repaso a los teólogos (en general) y descalificó a la Comisión por el tratamiento superficial que daba en el esquema a problemas sociales importantísimos que requerían un estudio mucho mas prolongado. Con más suavidad pero no menor energía se pronunció contra el esquema el ya arzobispo de Madrid, don Casimiro Morcillo, que se extrañaba de no ver por parte alguna en el esquema los problemas del trabajo, la invasión de sexualidad y de ateísmo, la pobreza y el hambre que sufría gran parte de la humanidad. Aun así el esquema fue mayoritariamente aprobado como texto para el debate, que debería retrasarse, sin embargo hasta la cuarta sesión del Concilio.

Conocían los Padres, por la documentación conciliar, el creciente problema de las vocaciones al clero, que habían descendido en las últimas décadas mientras aumentaban las obtenidas por las órdenes y congregaciones religiosas. (Después del Concilio éstas iban a experimentar también una disminución terrible). Una parte importante de padres conciliares pretendían, por tanto, conseguir un control mayor de las órdenes religiosas, que amenazaban, si continuaba esa tendencia, con dominar a todo el conjunto de la Iglesia. La Alianza del Rin hizo suya la idea y trabajaba para lograr la adaptación de las órdenes religiosas a los nuevos tiempos y convenció a la Comisión Coordinadora para que el previsto esquema sobre los Religiosos sufriese una especie de degradación y redujese mucho su extensión y su alcance. Todo esto había sucedido durante la segunda sesión, y el nuevo texto debería ser preparado bajo la dirección del nuevo Presidente de la comisión de Religiosos, cardenal Ildebrando Antoniutti.

A poco de iniciarse los trabajos del tercer período de sesiones la Unión Romana de Superiores Generales, que constituía un poderoso grupo de oposición a la Alianza del Rin, y contaba cien miembros con gran influencia en muchos Padres del Concilio, empezó a diseñar su estrategia para oponerse al esquema que quería imponer la Alianza germánica. Los cardenales moderadores Döpfner y Suenens defendieron la retirada del esquema inicial, con argumentos que la Unión de Religiosos consideraba muy desfavorables e infundados; el esquema tampoco gustaba a los religiosos pero preferían mantenerlo para enmendarlo después a fondo mediante el sistema de votos positivos iuxta modum. La votación, por tanto, no se planteó sobre el fondo del asunto sino de poder a poder, sobre la retención del esquema (que pretendían provisionalmente los religiosos) o su retirada completa para sustituirle con otro, según deseaba la Alianza del Rin y los dos moderadores, que expresaron su seguridad en la victoria. Los religiosos temían que se les impusiera en el nuevo esquema de la Alianza una exagerada uniformidad; luchaban por sobrevivir según su vocación específica. Pero la Alianza parecía segura de vencer.

No fue así y el 12 de noviembre vencieron los religiosos por 1.155 votos contra 882 de la Alianza y los moderadores. Cuando, una vez admitido el esquema se votaron inmediatamente las proposiciones que contenía, la táctica de la Unión de Religiosos se adaptó al nuevo objetivo: derrotar una por una las proposiciones del esquema mediante un número superior de aprobaciones iuxta modum que permitirían debatir e introducir las enmiendas que los religiosos deseaban. Nuevamente obtuvieron el triunfo; las aprobaciones cualificadas fueron en todas las proposiciones del esquema superiores a las aprobaciones simples. Desde entonces se trabajó activamente en la incorporación de las numerosas enmiendas y el Decreto *Perfectae caritatis*, sobre la renovación de la vida religiosa, fue aprobado en la cuarta sesión del Concilio, el 11 de octubre de 1965, por 2.126 votos contra 13. Los religiosos habían evitado la marginación y la derrota. Recordaba el decreto que la vida en común para seguir los consejos evangélicos data de los primeros tiempos de la Iglesia. Los Institutos deben ser fieles a su carisma fundacional pero deben también renovarse primero interna y luego externamente para adaptarse a los nuevos tiempos. Deben revisarse las Constituciones de acuerdo con las nuevas necesidades psicológicas, culturales y sociales, especialmente en los países de misión. Los religiosos deben unir la contemplación con el apostolado. Se confirma la vida contemplativa y la vida monástica. Hay una alusión, no muy innovadora, a los institutos seculares, por su reciente fundación a partir de su creación en 1947. Se insiste en el mantenimiento y el cumplimiento de los tres votos de castidad, pobreza y obediencia. El hábito religioso debe modificarse cuando no responda a criterios higiénicos y funcionales. En la formación han de incluirse las «mentalidades y costumbres de la vida actual». A los institutos «que no ofrezcan esperanzas de reflorecimiento» déjeseles morir.

La renovación de los religiosos era imprescindible. Pero las nuevas normas no pudieron impedir la terrible crisis que se abatió tras el Concilio sobre casi todas las

Ordenes y Congregaciones religiosas, que las diezmó, las confundió y a veces las convirtió en imitadoras del mundo, no en luz del mundo. Vamos a estudiar en este libro, detenida y documentadamente, esa crisis en la que era tenida por la más importante Orden de la Iglesia, la Compañia de Jesús.

El esquema sobre la formación de los sacerdotes, que había sufrido también la drástica reducción a simple conjunto de proposiciones al final de la segunda sesión del Concilio, fue rehecho por la Alianza del Rin durante el verano de 1964 en Innsbruck con adiciones que le transformaron en un esquema nuevo, virtualmente aceptado por la Comisión correspondiente y puesto a discusión a mediados de noviembre de 1964, en la tercera sesión. El arzobispo de Milán, que había sucedido al Papa en esa sede tras haber sido un excelente rector del Seminario, elogió al nuevo esquema porque unificaba toda la formación sacerdotal en torno a la idea de Cristo, contra la práctica actual, en que cada sector de formación se realiza de forma dispersa. El cardenal canadiense Léger echaba de menos a Santo Tomás en la formación de los sacerdotes, como había sido siempre. El arzobispo de Estrasburgo criticó que en el esquema se destruía todo lo establecido en el Concilio de Trento sobre los seminarios, aunque no se debían rechazar las novedades necesarias. El arzobispo Garrone, de Toulouse, elogió que en el esquema el programa de estudios para los seminarios fuese trazado por las conferencias episcopales y sometido a la aprobación de la Santa Sede. Pidió que la Congregación romana de Seminarios contase con especialistas de todo el mundo. (El Papa le nombraría prefecto de la Congregación de Seminarios y Universidades al fin del Concilio). El texto recibió muchos votos cualificados y pasó a la cuarta sesión en la que fue aprobado el 28 de octubre de 1965 con sólo tres votos en contra. Se denominó *Optatam totius*, sobre la formación sacerdotal, asumió el formato de principios, confirmó la autoridad de las Conferencias episcopales para los programas con posterior aprobación de Roma. Expresó el piadoso deseo de que se fomentaran las vocaciones sacerdotales, con especial encargo a cada obispo; y la experiencia posterior al Concilio demostró que el espíritu y la dedicación de los obispos a su misión espiritual, así como la orientación espiritual de los seminarios serían las mejores garantías del éxito de estas instituciones. Una misma gran diócesis española, regida por un prelado más interesado por la política que por su ministerio apostólico, arruinó la vida de su seminario hasta que el obispo siguiente, auténtico ejemplo de actitud pastoral, restauró ese mismo seminario hasta convertirle en uno de los más nutridos y famosos del mundo. El caso es tan importante que lo explicaré con todo detalle, nombres y apellidos en el segundo libro. Adelantaré ahora sólo que me estoy refiriendo al seminario de Toledo.

Los estudios de los seminarios menores deben hacerse compatibles con la enseñanza media que se sigue en la sociedad. La educación en los seminarios mayores debe dirigirse a la finalidad pastoral. La selección de profesores y educadores debe considerarse como de primordial importancia. Convendrá muchas veces instituir seminarios interdiocesanos cuando una diócesis no tenga suficientes alumnos para el suyo. La clave de la formación ha de ser cristocéntrica. Se deberá considerar el celibato no como un peso sino como un don. Se recomienda la creación de un «noviciado espiritual».

Una de las grandes novedades del decreto es que no se menciona a la doctrina de Santo Tomás (en el estudio de la filosofía) hasta el momento obligatoria. Dice, eso sí, que «el patrimonio filosófico perenne de ser completado con el conocimiento de filósofos modernos». Los alumnos, antes de iniciar los estudios eclesiásticos, deberán poseer los que se requieren para el ingreso en las Universidades en cuanto a cultura humanística y científica. Deben conocer adecuadamente la lengua latina y las demás de la Escritura y la Tradición. La historia de la filosofía debe enseñarse de forma crítica. En los estudios teológicos la Sagrada Escritura ha de constituir el alma de la enseñanza. La teología dogmática debe explicarse según los textos bíblicos, la patrística y la especulación teológica «bajo la guía de Santo Tomás». Deben renovarse las enseñanzas de la moral, el derecho canónico, la historia eclesiástica y la liturgia. Insiste el Concilio en la formación pastoral; y evoca las orientaciones del Concilio de Trento. El decreto sobre Seminarios es excelente y renovador pero el problema auténtico es el que antes he esbozado ante el ejemplo, negativo y positivo, del Seminario de Toledo.

La misma Comisión encargada del decreto anterior preparó, en forma de declaración, el texto sobre la educación cristiana de la juventud. El cardenal Spellman, que había construido un espléndido sistema de educación católica en su diócesis de Nueva York, insistió en el derecho de los padres para elegir el tipo y el lugar de la educación de sus hijos, y reclamó la ayuda pública para quienes carecieran de recursos. El obispo auxiliar de Caracas se lamentó de la ausencia de la Iglesia en la educación pública de muchas partes. La Declaración fue aprobada a fines de octubre de 1965 en la cuarta sesión del Concilio con muchos votos en contra durante las votaciones intermedias; a los Padres no les gustaba mucho y con razón. Abundaban las obviedades, como el derecho universal de todos los hombres a la educación. Otras veces incide en la utopía cuando ruega a los poderes públicos que fomenten la formación moral y el amor a Dios en las escuelas y colegios. Las normas para la educación cristiana son inconcretas y etéreas. Ya entra en su terreno cuando recomienda la catequesis y reconoce la importancia esencial de la escuela, cuya elección compete a los padres. La Iglesia debe atender a la educación cristiana de los alumnos que se educan en escuelas no católicas (el Decreto no dice cómo) y da normas para las escuelas y Universidades católicas. Pide la creación de Facultades eclesiásticas, todo ello con sensatas consideraciones que, he de decirlo una vez más, dependerán del celo de los obispos y sacerdotes. Conozco sacerdotes que desarrollan una labor admirable de pastoral universitaria. En el segundo libro me referiré al caso de un texto de religión en el bachillerato, que contenía doctrinas claramente opuestas a la enseñanza de la Iglesia; reclamé a mi obispo que no hizo el menor caso. Esta Instrucción podría resumirse en cinco líneas. Creo que apenas ha servido para nada y los Padres del Concilio, al expresar su disatisfacción, lo presentían. La espantosa degradación de varias Universidades católicas después del Concilio, que cayeron en manos del marxismo y otros enemigos, demuestra que el recelo de los Padres conciliares ante la insuficiencia del documento era profética.

Los debates conciliares de la tercera sesión marchaban con relativa tranquilidad al acercarse el final del tercer período cuando se desencadenó durante la última semana, y por varios frentes, una tempestad en el aula que mereció a un desesperado obispo progresista de Holanda el calificativo de «semana negra» o «trágica» para la del cierre de esa sesión. Historiadores más objetivos como Wiltgen y también la mayoría de los Padres del concilio responden no se debe calificar así a esa semana, que registró un nuevo y feliz intento de equilibrio por la intervención directa del Papa Pablo VI. Pero vayamos a los hechos.

La famosa colegialidad aparecía y desaparecía en el Concilio como el monstruo del lago Ness, cuya presencia había esperado inútilmente el cardenal Montini durante su viaje a Escocia en su «campaña electoral». Recordemos que la colegialidad, que seguía discutiéndose para su inclusión como capítulo 3 en la Constitución dogmática sobre la Iglesia, se puede interpretar de varias formas. La visión conservadora consistía en que el colegio de los obispos no ejerce la potestad suprema por derecho divino sino humano; ese poder supremo de derecho divino corresponde al Papa solo. La interpretación opuesta, progresista extrema, pensaba que la autoridad suprema de derecho divino sobre la Iglesia estaba en el colegio de los obispos con el Papa, cabeza de todos. El supremo poder del Papa se puede ejercer solamente como cabeza de ese colegio y en su representación. La interpretación media, que seguía el Papa con muchos obispos moderados, tanto progresistas como conservadores, era que el Papa ejercía personalmente el supremo poder en la Iglesia así como el colegio de los obispos en cuanto unido con el Papa. Es decir que el Papa, por derecho divino, poseía el poder supremo y lo ejercía libremente. El poder supremo del colegio episcopal no se podía ejercer libremente sino cuando el Papa convocase al Colegio. El problema tampoco era una sutileza teológica; en cierto sentido revivía las controversias conciliaristas de la Baja Edad Media, cuando algún Concilio o parte de él pretendió que su poder era incluso más alto que el poder del Papa, el cual debía someterse al Concilio.

Pablo VI, como haría después en el grave problema, ya anticipado aquí, de la identidad entre el Cristo de la Fe y el Cristo de la Historia y el de las relaciones complementarias entre la Escritura y la Tradición como fuentes de fe, se traía la lección muy bien aprendida desde mucho antes del Concilio y la profundizó durante el Concilio en vista del encrespamiento que se advertía en los debates sobre la colegialidad, a lo largo de la segunda sesión, como ya sabemos. El arzobispo de Curia monseñor Staffa había estudiado también detenidamente el problema y comunicó al Concilio que el esquema de la Iglesia, tal y como llegaba a la tercera sesión, era tan ambiguo en este punto que de hecho privaba al Papa de su poder supremo y le convertía en una especie de moderador para el colegio episcopal. Al debatirse la cuestión en septiembre de 1964 el artículo sobre la colegialidad, que llevaba el número 22, obtuvo 1.624 votos afirmativos (la Alianza del Rin y sus adheridos) 42 negativos y un numero elevado, 542, de aprobaciones *iuxta modum* que daban derecho a enmienda y presagiaban un debate tremendo. Estos votos intermedios fueron reunidos por el Grupo Internacional de Padres, el más activo de toda la oposición a la Alianza del Rin. Los peritos de la subcomisión de colegialidad creada dentro de la Comisión Teológica (entre los que figuraban los padres Rahner y Ratzinger y el español Salaverri) trabajaron a fondo sobre las enmiendas; a estas alturas la Alianza, escarmentada, ya no pretendía ejercer su anterior prepotencia sino demostrar la flexibilidad suficiente para obtener consensos y no exponerse a nuevos descalabros. El arzobispo Staffa tuvo noticia de que algunas enmiendas de su grupo (el Internacional de Padres) habían ido al cesto de los papeles y se quejó al Papa en amarga y razonada carta, de la que envió muchas copias al Concilio por el procedimiento de la cadena, de doce en doce. En la carta de Staffa se acusaba a la subcomisión de adoptar en el texto revisado la forma extrema progresista de la colegialidad y de varias violaciones del reglamento. Un influyente grupo de treinta Cardenales y varios superiores generales de grandes Ordenes religiosas escribió casi a la vez al Papa en el mismo sentido. Entonces uno los Padres promotores de la fórmula extrema cometió una grave equivocación; explicó por escrito, reservadamente, cómo iban a interpretarse después del Concilio los párrafos ambiguos y extremos sobre la colegialidad. En Roma no se guarda ningún secreto y menos en el aula conciliar; el malhadado escrito cayó en manos de la oposición y estaba sobre la mesa del Papa en cuestión de horas. Pablo VI se sintió tan engañado que sufrió un gravísimo disgusto y rompió a llorar. Pero no era hombre capaz de ceder a una depresión por fuerte que viniera. Inmediatamente se dispuso a la acción. El remedio resultaba muy difícil; el texto había sido ya aprobado por la mayoría requerida y no cabía suprimirlo a mano airada. Pero era evidentemente un texto ambiguo y el Papa tenía poder y derecho para corregir la ambigüedad exigiendo la inclusión de una Nota Preliminar. Esto es lo que hizo.

El 10 de noviembre de 1964 ordenó al Secretario de Estado que escribiese una carta al cardenal Ottaviani, que estaba sudando tinta china como presidente de una Comisión teológica de neta mayoría progresista y le dijera que la «Suprema Autoridad», como se llamaba al Papa en el Concilio cuando intervenía en él, exigía, para promulgar la Constitución debatida, que el artículo sobre la colegialidad incluyera de forma expresa el consentimiento del Pontífice como elemento esencial de la autoridad colegial. La carta incluía además otras propuestas de cambio que permitirían a la Comisión Teológica la preparación de una Nota Preliminar para despejar todas las ambigüedades. Las enmiendas del Papa coincidían con otras muchas enviadas a la Comisión por numerosos Padres del Concilio aunque la Comisión las había pasado por alto irregularmente. El 16 de noviembre, abiertamente, el secretario general del Concilio advirtió a los Padres que la Nota Preliminar venía directamente de la Suprema Autoridad, y que la Comisión había violado reglas importantes de procedimiento. El Papa no pretendía hacer una definición dogmática sino ser aceptado como Suprema Autoridad en la Iglesia. En consecuencia toda la doctrina del capítulo debía interpretarse según lo indicado en la Nota Preliminar. En honor del Concilio hay que reconocer que su acogida de semejante intervención pontificia, auténtico golpe de timón en la barca de Pedro, fue ejemplar. El esquema, con expresa inclusión de la Nota Preliminar, fue votado el 19 de noviembre de 1964 por 2134 votos favorables contra diez. La victoria del Papa y la ejemplar respuesta del Concilio eran igualmente grandes. Ante hechos de este calibre al autor de este libro se le hace mucho más fácil la fe en el Espíritu Santo. La Constitución dogmática *Lumen Gentium* sobre la Iglesia, con nota preliminar incluida, sólo tuvo en contra cinco votos en el escrutinio final del 21 de noviembre de 1964. Esa adición de votos favorables a la mayoría en las votaciones finales tiene una explicación. Muchos de los Padres que habían luchado hasta el fin por sus posiciones rendían su voto al de la mayoría del Concilio como un reconocimiento a la acción del Espíritu sobre el Concilio y en gesto de respeto para el conjunto de los representantes de la Iglesia. Con ello daban un gran ejemplo de humildad y de unidad. Durante las grandes controversias el Rin desembocaba en el Tíber pero cuando había hablado inequívocamente la mayoría de la Iglesia el Rin, junto con el Tíber, desembocaban en el Mare Nostrum.

La Nota Preliminar y su aprobación fue el primer elemento de la «Semana Trágica» de los ultraprogresistas. El segundo fue un nuevo retraso en la aprobación del esquema sobre libertad religiosa, que casi todos los Padres creían ya a punto. Pero el Grupo Internacional de Padres, ahora vanguardia de la oposición conservadora inteligente, no lo creía así; comunicó que el esquema refundido por la Comisión constituía un texto nuevo, no simplemente reformado. El Consejo de Presidencia aceptó el retraso, y provocó con ello casi una revolución de los Padres norteamericanos que no querían volverse a su país sin la libertad religiosa aprobada. Elevaron entonces un dolorido escrito al Papa, que no obtuvo respuesta. La libertad religiosa quedo nuevamente sobre la mesa hasta la cuarta sesión.

La tercera razón que justificaba para los progresistas el calificativo de «Semana negra» para la final de la sesión tercera fue la decisión del Papa de otorgar un nuevo período para inclusión de enmiendas al decreto sobre la unión de los cristianos. Se habían presentado muchas enmiendas pero muy pocas fueron adoptadas por la Secretaría para la promoción de la unidad entre los cristianos. Entonces los Padres cuyas enmiendas habían sido rechazadas apelaron al Papa de forma razonada. Pablo VI deseaba en tan delicado terreno una votación prácticamente unánime y pidió al cardenal Bea un nuevo examen más detenido de las enmiendas, de las que fueron aceptadas sólo diecinueve, lo que no satisfizo ni a los conservadores ni a los progresistas, por lo que éstos se sintieron nuevamente derrotados. Por eso los votos negativos fueron más que los deseados por el Papa, 64, aunque en la votación final en presencia del Papa, que se celebró el 21 de noviembre de 1964, los votos negativos se redujeron a diez, una vez expresada la protesta de la víspera.

En el decreto «Unitatis redintegratio»[436] se consideraba el restablecimiento de la unidad entre los cristianos como «uno de los propósitos principales de este Concilio». Cristo instituyó una única Iglesia. A lo largo de la Historia se han producido divisiones y escisiones, a veces no sin culpa de la Iglesia romana. Quienes están bautizados y creen en Cristo coinciden en una comunión imperfecta con la Iglesia y pueden participar en la Escritura, la gracia y la fe. Los católicos deben reconocer los bienes de las otras confesiones cristianas. La propia Iglesia católica debe renovarse mediante la conversión interior. En el diálogo ecuménico la Iglesia, los católicos y los teólogos no deben ceder en la verdad esencial. La Iglesia católica admira en las Iglesias orientales separadas su verdadera jerarquía, su verdadero sacerdocio, sus verdaderos sacramentos que hacen posible la comunicación con ellas. Admira su devoción a la Eucaristía y a la Virgen María y admite que puedan tener una disciplina diferente. Con las Iglesias separadas en Occidente la Iglesia católica convivió más tiempo en plena comunión; aunque la separan de ellas importantes diferencias doctrinales. Todas confiesan a Cristo. Todas veneran a la Escritura. Hay problemas en los sacramentos, pero también rasgos y huellas comunes, sobre las que debe iniciarse el diálogo.

[436] Cfr. *Vaticano II... op. cit. p. 531s.*

Este documento sobre ecumenismo cristiano es admirable. Se plantea como una seria posibilidad, no sólo como un teoría aunque por desgracia la separación es real y la aproximación no ha salido aún de lo utópico. A veces el ecumenismo ha desviado a algunos teólogos y ha coaccionado a la Iglesia en aspectos de legítimo desarrollo doctrinal. Pero es un importante logro del Concilio.

En la mañana del 21 de noviembre de 1964 Pablo VI clausuraba la tercera sesión del Concilio en la basílica de San Pedro. Cuando pasó entre las blancas hileras de Padres que le esperaban de pie junto a sus asientos en la nave central los acontecimientos y preocupaciones de la Semana Negra silenciaron el habitual aplauso. Era la Misa de la Virgen, concelebrada por los obispos de los veinte principales santuarios marianos del mundo. Tuvieron después lugar las votaciones finales de la sesión. El esquema de la Iglesia, con el polémico capítulo tercero sobre la colegialidad, revalidó la victoria del Papa convertida en victoria para toda la Iglesia: 2151 votos contra sólo cinco. Ya hemos mencionado las otras dos votaciones, la del Decreto sobre las Iglesias católicas orientales y el de Ecumenismo. La preocupación e incluso la frustración de algunos Padres, ahogada en su obediencia y su lealtad de pastores católicos, se demostró por aplausos prácticamente unánimes.

Entonces tomó la palabra el Papa para cerrar la sesión y hablar de la Virgen. No le bastaban las declaraciones de que María figuraba virtualmente en el esquema de la Iglesia como Madre de la Iglesia y, dentro de otro párrafo, junto con otros títulos devotos, como mediadora. Pablo VI no pretendía sólo declaraciones formales sino plenas, inequívocas. Si el Concilio no había descrito a María, expresa y formalmente, como Madre de la Iglesia, lo haría él. El cardenal primado de Polonia, Wyszynski y los obispos de España, junto con otros muchos Padres, habían aclamado a María, durante la sesión que terminaba, con ese título. El Papa recordaba su Misa en el Calvario, en la basílica de la Anunciación. El Grupo Internacional de Padres había encontrado la fórmula adecuada: «Al final de la tercera sesión debe proclamarse a María como Madre de la Iglesia por el Concilio, es decir por Vuestra Santidad como cabeza juntamente con los Padres como miembros». Nadie había imaginado que iba a producirse en honor de María la primera expresión decisiva de la colegialidad que acababa de aprobarse como el Papa había deseado. Fue una gran sorpresa aunque no debería serlo; el 18 de noviembre último el Papa había prometido al Concilio la proclamación de María como Madre de la Iglesia. En su alocución final el Papa recordaba este deseo de muchos Padres, y añadió:

Así, por la gloria de la Virgen María y para nuestro propio consuelo, proclamamos a la Santísima Virgen María como Madre de la Iglesia, es decir, de todo el Pueblo de Dios, los fieles y los pastores, que la llaman la más amorosa madre– Y deseamos que desde ahora la Virgen sea honrada e invocada por todo el pueblo cristiano por ese título[437].

Siete veces habían interrumpido los Padres al Papa con grandes aplausos durante su discurso. Había prometido la constitución del Sínodo de los Obispos, la remodelación de la Curia romana, el envío de la Rosa de Oro a la Virgen de

[437] Wiltgen., op. cit. p. 241.

Fátima. La ovación final tras la proclamación de María como Madre de la Iglesia fue apoteósica. El Espíritu Santo había cambiado la frustración en desbordamiento de unidad. Algunos teólogos progresistas, como el padre Schillebeeckx, defendieron al Papa contra la prensa que le acusaba de ceder a la presión conservadora. Otro gran teólogo, el perito del Concilio John Courtney Murray S.J. defendió en América los motivos que habían impulsado al Papa a aceptar el retraso de la declaración sobre libertad religiosa, que se aprobaría con toda seguridad en la sesión siguiente. «Así que la Semana Negra –concluye Wiltgen– no fue tan negra después de todo». Había terminado en una inundación de luz.

LA CUARTA SESIÓN Y EL BORRÓN ROJO

Había prisa por terminar la tercera sesión del Concilio para que Pablo VI saliese el 2 de diciembre hacia a la India, donde presidiría el Congreso eucarístico de Bombay. Iba a demostrar en su segundo viaje el mismo sentido ecuménico que en el primero, ahora frente a las muchedumbres de un gran país no cristiano, con sólo cinco millones de católicos. Al llegar saludó a la manera india y junto al vicepresidente de la nación recorrió los veinticuatro kilómetros entre el aeropuerto y la ciudad en medio de las aclamaciones de la mayor multitud que había visto en su vida y que había acudido espontáneamente a saludar al gran sacerdote de Roma. No se le borraría en toda su vida la impresión de este recibimiento, respetuoso y entusiasta, de esos millones de hindúes que le cubrían de flores. Confesó luego a sus íntimos que había sentido la premonición de una futura India cristiana, más sincera aún que el descreído Occidente. En la enorme plaza ovalada de Bombay dirigió los cultos del Congreso eucarístico, con el vigilante Marcinckus siempre a su lado. Citó en sus discursos textos de Tagore y de los Upanishads pero ante una multitud de hindúes pobres se lanzó también abiertamente a la evangelización para transmitirles el mensaje de Cristo. Visitó barriadas y hospitales, acudió al santuario mariano más venerado de la India. Se crecía en los grandes viajes, se olvidaba de su mala salud. Al volver a Roma se sumergió de nuevo en sus grandes preocupaciones sobre el Concilio, las divisiones surgidas entre los Padres que a duras penas había logrado equilibrar, las noticias cada vez más alarmantes sobre crisis de fondo en la Iglesia, crisis que aún no emergía, pero que había podido adivinar en muchas opiniones conciliares. Los Padres conservadores preparaban activamente su estrategia contra los miembros de la Alianza del Rin, muy decaídos por sus últimas derrotas. Se acreditaban ante la Iglesia tradicional grandes líderes como el arzobispo Lefevbre, el decidido monseñor Carli, el arzobispo brasileño de Diamantina, monseñor Sigaud, impulsores del «Grupo Internacional de Padres» y decididos a desencadenar por todos los medios una contraofensiva para impedir la proliferación de lo que consideraban novedades excesivas en los siete importantes esquemas que habían de debatirse en la cuarta sesión, entre los que destacaban, como más polémicos, el de libertad religiosa, el de la Revelación (cuyo desenlace, previa intervención del Papa, ya conocemos) y el de la Iglesia en relación con el mundo moderno. Hay abundantes testimonios sobre la angustia que oprimió casi continuamente a Pablo VI durante el último período interconciliar. En los peores momentos preveía que un Concilio dividido en cuestiones fundamentales se le podía escapar de las manos, con incalculables consecuencias para la Iglesia. Por medio de su secretario don Macchi pidió ayuda y consejo a sus amigos franceses Jean Guitton y Jacques Maritain, que se había retirado a una comunidad religiosa, los Hermanitos de Jesús, cerca de Toulouse y revisaba también, con responsabilidad y angustia, su propia trayectoria vital con un fuerte impulso interior de reducir su progresismo y frenar el desbocamiento de muchos miembros de la Iglesia que parecían avanzar sin rumbo; estas meditaciones se concretarán en su libro de 1966, que ya conocemos, *Le Paysan de la Garonne* y sin duda influyeron en incrementar la angustia del Papa, que pasó, hasta el final del Concilio, por varias épocas depresivas, algunas tan graves que como consta en los papeles encontrados muchos años después, pedía a Dios la muerte para que otro Papa pudiera encauzar al Concilio y a la Iglesia. Maritain y Guitton, desde Francia y desde Roma, le enviaron varios borradores para mejorar los documentos venideros (los que ya he citado) y como sugerencias para los mensajes que Pablo VI quería preparar con tiempo para el final del Concilio. Estaba decidido a que la cuarta sesión fuese ya la última, y que la clausura se celebrase, como así fue, el 8 de diciembre de 1965. La crisis de la Iglesia se manifestaba cada vez más en las inquietudes, en las creencias fundamentales, en la rebeldía, todavía confusa, de sacerdotes, religiosos e incluso algunos obispos –por la extrema derecha y la extrema izquierda– y se describía en libros como el de Michel de Saint-Pierrre *Los nuevos sacerdotes* que Pablo VI leyó por consejo de Maritain; el autor, como el gran periodista Jean Madiran, se unieron a Maritain en su combate contra los excesos del *progresismo*.

Pero Pablo VI, a quien a veces se le escapaba la angustia incluso en sus discursos públicos, podía sentir, como profundamente humano que era, la preocupación y la depresión pero siempre encontraba, en la oración y en una profundización de su piedad religiosa, la fuerza para mantener el cumplimiento de lo que, cuando hablaba consigo mismo y con sus íntimos, llamaba «su misión». Sus dudas podían llegar a ser abrumadoras pero nunca se convertían en bandazos; una vez tomadas sus decisiones, las seguía hasta el fin, con energía sorprendente. Era el encargado de fijar el rumbo de una barca, la de Pedro; pero era ella, no el timonel, quien oscilaba en la tempestad. Desde el viaje a Bombay al fin del Concilio sus decisiones fueron varias, pero casi siempre se orientaban en dirección conservadora, o como él gustaba decir, «tradicional»; esa Tradición que él conseguiría imponer a las dudas del Concilio, inequívocamente, como fuente de fe. Nunca le falló la fe a Pablo VI. Todos los Papas del siglo XX se han distinguido por su fe. Para su biografía se suele insistir en los aspectos políticos pero todos esos Papas merecen una biografía espiritual. Es más difícil y menos espectacular, pero más auténtico.

El 25 de febrero Pablo VI celebró un consistorio para la creación de nuevos cardenales. Se habían producido vacantes en el Concilio y el Papa viajero pretendía ampliar más la universalidad de la Iglesia. Los nuevos purpurados eran veintitrés, con lo que el Sacro Colegio llegó a los ciento tres miembros, la cifra más alta hasta entonces. Entre ellos el anciano maestro del Papa y perito del Concilio, padre Bevilacqua, el eclesiólogo amigo de Maritain, Journet, el fundador de las

Juventudes Obreras católicas en Bélgica, León José Cardijn, el arzobispo de Argel, Duval, que se había hecho argelino tras la independencia, su amigo y sucesor en Milán, Giovanni Colombo, el francés Jean Villot, arzobispo de Lyon y subsecretario del Concilio, los obispos mártires de la Iglesia del Silencio, ahora refugiados en Roma, Slipyj de Ucrania y Beran de Praga, más tres patriarcas católicos de Oriente. Con las debidas cautelas autorizó la reanudación del trabajo apostólico de los sacerdotes obreros. A fines de abril ofreció un nuevo homenaje a María con la encíclica *Mense Maio* seguida el 3 de septiembre por otra, *Mysterium fidei* en la que reafirmaba la doctrina tradicional sobre la presencia real de Cristo en la Eucaristía, que había sido un tema capital en el Concilio de Trento contra las desviaciones protestantes y ahora se convertía de nuevo en problema sobre todo en la Iglesia holandesa, que ya empezaba a dar los primeros signos de su descomposición y su autodemolición. Volvía a estar claro que las reticencias de algunos sectores conciliares sobre los títulos de la Virgen seguían clavadas en el alma de Pablo VI, lo mismo que el inicuo compromiso de su predecesor para no debatir en el Concilio el problema del comunismo. Tras aconsejarse de personas de su total confianza, Pablo VI decidió mantener a todo trance ese compromiso; y suplir la condena conciliar del comunismo mediante condenas pontificias. Ya lo había hecho en la encíclica interconciliar *Ecclesiam suam* y ahora repetía la condena en vísperas de abrir la cuarta sesión, durante un discurso en las catacumbas de Santa Domitila, que comparó con las actuales catacumbas de la Iglesia del silencio. Atacó duramente a los obstáculos que el totalitarismo marxista imponía a la Iglesia en los países donde dominaba; la agencia soviética Tass calificó este discurso como una provocación. Pero una y otra parte, el Vaticano y la URSS, mantuvieron el pacto de Metz, cuyos últimos coletazos caerían sobre las actas del concilio como un borrón rojo.

La cuarta y última sesión del Concilio Vaticano II se abrió el 14 de septiembre de 1965. Por medio de la Secretaría de Estado el Papa había reprendido al Grupo Internacional de Padres y le había ordenado que se disolviese; no quería partidos ni corrientes organizadas dentro de la basílica de San Pedro. La represión era injusta; el Papa conocía la actividad y la organización de la Alianza del Rin y la de otros grupos de oposición; pero temía especialmente a monseñores Lefebvre, Sigaud y Carli y trató de frenarles. El Grupo Internacional acató la orden pero no la cumplió; renunció al nombre pero siguió actuando porque además el reglamento conciliar se lo permitía. Y todo el mundo continuó designándole de la misma forma.

Los debates de la sesión cuarta resultaron menos variopintos porque los cardenales trataban de monopolizar la tribuna, y sólo dejaban el micrófono a los obispos a las horas de menor asistencia. En el discurso de apertura, Pablo VI anunció la creación de un Sínodo de los Obispos, de acuerdo con la colegialidad establecida en la Constitución sobre la Iglesia. No se trataba de una institución permanente sino intermitente y convocada a voluntad del Papa; una asamblea consultiva, que en la práctica sería controlada férreamente por la Curia y solamente ha ofrecido hasta hoy, aunque no siempre, sesiones relativamente inocuas y aburridas. Pero era un avance y tras el anuncio el Papa dio paso al primero de los grandes debates de la última sesión, el de la libertad religiosa. Durante las semanas anteriores Jacques Maritain había estado en Roma para entregar al Papa sus últimas sugerencias sobre un problema tan delicado, que los Padres norteamericanos, bien orientados por su teólogo el jesuita John Courtney Murray, estaban decididos a solucionar dentro del campo de los derechos humanos, no de la simple «tolerancia hacia el error» como querían los conservadores.

Los días 26 y 27 de octubre los moderadores, por orden del Papa, abrieron las urnas para que el Concilio decidiera si la cuarta versión del esquema, que agradaba a la mayoría, debería tomarse ya como base para la discusión final. El voto afirmativo fue abrumador, 1997 votos contra 224; y aunque se propusieron numerosas enmiendas, los servicios de prensa del Vaticano presentaron hábilmente este resultado, que aún no era definitivo, como una victoria de la libertad, lo cual tampoco era falso; con lo que el Papa pudo viajar con mayor tranquilidad a Nueva York el 4 de octubre para visitar a las Naciones Unidas por invitación de su secretario general U Thant y dirigirse a la Asamblea General en un discurso famoso, que fue recibido con respeto y grandes ovaciones, en coincidencia con la acogida triunfal de la ciudad de Nueva York, donde el Papa fue acompañado por el cardenal Spellman. El Papa elogió a la ONU como único camino para la paz mundial y el establecimiento de los derechos humanos, a los que trató de hacer compatibles con el sentido espiritual de la vida. Pidió a la ONU que admitiera a nuevos países y todo el mundo entendió que se refería a la China comunista. Clamó contra la guerra, saludó personalmente a infinidad de delegados pero las cámaras se concentraron en su breve y cordial encuentro con el perenne ministro soviético de Asuntos Exteriores, Gromyko. Rubricó su éxito en la capital del mundo con una misa multitudinaria en el Yankee Stadium y recibió, cuando volvió a la basílica de San Pedro, una ovación no menos entusiasta.

El 17 de noviembre se distribuyó en el Concilio la sexta versión del esquema sobre libertad religiosa. Pese a la oposición cerrada de los conservadores la votación consiguió ya la mayoría afirmativa de dos tercios requerida para considerarla como definitiva. El padre Murray insistió en convencer a los conservadores de que la libertad religiosa debía aceptarse hoy como un derecho humano, no como una simple actitud tolerante de la Iglesia. El Papa estaba de acuerdo con esa tesis, que por supuesto contradecía de plano a los anatemas del *Syllabus* pero, sin negar lo esencial, coincidía con lo que ahora pensaba lo mejor de la Humanidad. La votación final demostró que el padre Murray y el apoyo del Papa, convenientemente filtrado, habían convencido a muchos Padres aunque aún quedaron setenta obstinados para oponerse al esquema, que fue aprobado por fin el 7 de diciembre de 1965, víspera de la clausura del Concilio, con 2.308 votos favorables, entre una cerrada ovación. Uno de los problemas más enrevesados del Concilio se había resuelto en sentido sanamente renovador.

Junto al gravísimo asunto de las fuentes de la Revelación, que necesitó, como ya sabemos, la decidida y enérgica intervención del Papa y desembocó también en la aprobación de la Constitución dogmática *Dei Verbum* el 28 de noviembre de 1965, con sólo seis votos en contra, el texto más complicado de la sesión cuarta fue, sin duda, la Constitución pastoral *Gaudium et spes*, sobre la Iglesia en el mundo de hoy. Todos los Padres del Concilio y todos los cristianos de la época habíamos aprendido en el Catecismo, con visión muy pesimista, que el Mundo era «uno de los tres enemigos del hombre» y cuando el catecismo preguntaba qué era el mundo, respondíamos unánimemente: «Los hombres mundanos, malos y perversos». Pablo VI y el Concilio quisieron dar un giro radical, optimista, a esta visión del mundo, analizar sus elementos positivos, acompasarlos y hacerlos compatibles con el mensaje y la espiritualidad de la Iglesia. Este propósito era admirable pero exigía un tratamiento enciclopédico, del que resultó un documento muy extenso que necesariamente no podía ser demasiado concreto en sus innumerables enfoques. Creo sin embargo que lo importante en este documento es más su actitud –su cambio radical y positivo de actitud– que su contenido.

Un conjunto de Padres, peritos, asesores y auditores seglares, entre ellos varias señoras, sometieron el esquema, que parecía un cajón de sastre, a una nueva revisión en Ariccia, cerca de Roma, al empezar el año 1965. La preparación del esquema dependía de una comisión conjunta entre la teológica y la del apostolado de los seglares; el texto de Ariccia se revisó de nuevo y fue aprobado en principio por el Papa a fines de Mayo, durante el período interconciliar. El debate conciliar fue muy variado y bastante inconexo, debido a la complejidad del mismo texto. El viaje triunfal del Papa a Nueva York, que ya estaba poniendo en práctica la teoría sobre la relación de la Iglesia y el mundo moderno –en su más alta y universal representación– acrecentó notablemente el prestigio del Papa en el Concilio.

Comisiones y peritos seguían trabajando en el documento sobre la Iglesia en el mundo de hoy cuando el Concilio, dirigido con gran maestría por el secretario general Pericle Felici, que se superó a sí mismo en la cuarta sesión, introdujo de nuevo el documento sobre las Misiones, durante cuya discusión anterior había sufrido tan resonante derrota, como sabemos, la Alianza del Rin. Para redactar un nuevo esquema se había creado una subcomisión orientada por dos peritos de primera línea; el padre Yves Congar, O.P. y el padre Joseph Ratzinger, dos futuros cardenales de la Iglesia. El propio Papa contribuyó con un comentario personal escrito que fue incorporado al nuevo texto; había experimentado en sus viajes la experiencia personal de la evangelización y deseaba comunicarla sin imponerla. Esta vez la Alianza del Rin había escarmentado y actuó de forma cooperativa y no exclusiva. El decreto sobre las Misiones, *Ad gentes divinitus* fue definitivamente aprobado el 7 de diciembre de 1965, víspera de la clausura del Concilio, por la votación más alta y favorable de todos los documentos. Establecía que la misión de predicar el evangelio a todas las gentes había sido comunicada a la Iglesia por el mismo Cristo. El objetivo de las Misiones es fundar nuevas Iglesias autóctonas. Es necesario que todos los hombres se conviertan a Cristo y se incorporen a la Iglesia. Dios puede conducir a la fe, por vías ignoradas, a los hombres que sin culpa ignoren a la Iglesia pero ésta debe evangelizar a todos los hombres. En el decreto no se alude al diálogo con otras religiones sino a la evangelización. La teoría de los «cristianos anónimos» del padre Rahner, que hacía inútiles a las Misiones católicas quedaba, sin necesidad de aludir a ella, completamente descartada por el Concilio[438].

Le llegaba el turno al debate sobre el oficio pastoral de los obispos en la Iglesia. Se había presentado ya en la tercera sesión un documento hecho por obispos en que se atribuía al obispo una autoridad omnímoda en su diócesis, que le otorgaba, por ejemplo, el control virtual de los colegios católicos dirigidos por

[438] Texto en *Vaticano II*... p. 483s.

religiosos. Este fue el único punto grave de discrepancia en todo el esquema, que provocó la oposición en tromba de los religiosos y el retraso de la discusión final sobre el esquema de los obispos hasta la cuarta sesión del Concilio. La comisión introdujo entonces un reconocimiento de la autonomía de que gozaban los colegios para su régimen interno, atendió otras objeciones de los religiosos y consiguió sin más problemas que el decreto *Christus Dominus*, sobre el oficio pastoral de los obispos, quedase aprobado el 28 de octubre de 1965 con sólo dos votos negativos. En el decreto se incorpora el colegio o cuerpo episcopal y se dispone la renovación e internacionalización de la Curia romana. El decreto reclama la supresión de los privilegios que algunos gobernantes aún conservan acerca del nombramiento de los obispos y «humanísimamente» pide a esos gobernantes la renuncia a tales privilegios. El decreto establece la constitución y competencias de las Conferencias episcopales[439].

El Concilio había dejado claro que no tenía la menor intención de tratar del celibato propio de los sacerdotes; consideraba que la doctrina estaba perfectamente establecida en el rito latino de la Iglesia católica (el matrimonio de los sacerdotes se permitía en los ritos católicos orientales) y no había previsto documento alguno sobre el caso. Sin embargo no debe olvidarse el enorme influjo que los medios de comunicación, sobre todo la prensa, ejercieron ante el Concilio; sobre todo la prensa de Italia, que tomó al Concilio como cosa propia y difundía toda clase de informaciones, deformaciones y rumores. Muchos padres leían también la prensa francesa y los Padres de cada nación la prensa de sus países. Pues bien, la prensa de Italia y de Francia dieron por seguro, insistentemente, que el Concilio iba a permitir con ciertas condiciones el matrimonio de los sacerdotes en Occidente; entre otras cosas para paliar el creciente número de deserciones. Era cierto que el celibato nunca fue de derecho divino y no estaba en vigor en los primeros siglos del cristianismo.

De momento fueron las Conferencias episcopales europeas quienes reaccionaron más enérgicamente, con varias declaraciones, sobre la necesidad de mantener íntegramente el celibato. En octubre de 1964 el diario del Vaticano insertó una declaración en el mismo sentido, con inequívocas señales de inspiración papal. En vista de todo ello, y ante la presión de la prensa, la dirección del Concilio decidió tratar el problema del celibato en el decreto sobre los sacerdotes, que tomaba la forma abreviada de conjunto de proposiciones. Algunos obispos de Iberoamérica sugerían la posibilidad de ordenar a hombres casados, por la escasez de clero. Había además precedentes de los tres últimos Papas, incluido el actual, que permitieron la conversión de pastores protestantes casados y su actuación como sacerdotes de forma compatible con el matrimonio. El 11 de octubre de 1965 fue leída ante el Concilio una carta del Papa en la que recomendaba que no se debatiese el problema del celibato porque en todo caso él estaba decidido a no permitir en ningún caso con carácter general el matrimonio de los sacerdotes; los Padres rubricaron la carta con una gran ovación. De acuerdo con los deseos del Papa no se debatió el celibato pero se aceptaron en comisión votos particulares que le matizaban y reforzaban. En el decreto quedaba confirmado plenamente el celibato de los

[439] Texto en *Vaticano II...* p. 307s.

sacerdotes, asumido libremente con su vocación por motivos espirituales y para la mejor dedicación a los demás. El celibato era un don y no una carga. En la sesión del 7 de diciembre de 1965, ante el Papa, el decreto *Presbyterorum ordinis* mereció la masiva aprobación de 2.390 votos frente a sólo cuatro[440].

Una vez descritos estos importantes problemas, volvamos al estudio del último gran texto conciliar que nos falta completar, el que se refiere a la Iglesia en el mundo moderno, que ya hemos presentado de forma general. La Constitución pastoral *Gaudium et spes*, aprobada al final del Concilio después de prolijos debates y votaciones, recoge por dos veces la idea que hemos elegido para el título y el hilo conductor a veces oculto, a veces expreso, pero siempre presente en este libro; el combate entre la Luz y el Poder de las Tinieblas. En el Pórtico de este libro tiene el lector los textos correspondientes, que dicen mucho en favor de la valentía de los Padres conciliares cuando los incorporaron, con casi completa unanimidad y tomándolos de la Sagrada Escritura, al más «moderno» de los documentos conciliares; como queriendo indicar, según había repetido varias veces el Papa antes de la cuarta sesión, que los intentos de la Iglesia para aproximarse a una sana modernidad no significaban en modo alguno la renuncia a sus propios principios fundamentales ni a su oposición abierta contra las fuerzas del Mal que han operado y seguirán operando en la historia humana. Reconozco que este gesto de valor me ha hecho siempre considerar con simpatía esta difícil y complejísima Constitución Pastoral. Con la excepción lamentable del borrón rojo.

La Iglesia, dice la Constitución pastoral, debe escrutar a fondo «los signos de los tiempos» es decir, «conocer y comprender al mundo en que vivimos». La Iglesia es consciente de que el mundo de hoy «se halla en metamorfosis social y cultural». No por ello el documento prescinde de las referencias espirituales y eclesiales, a las que acude constantemente. Rechaza las escandalosas desigualdades económicas y sociales entre los hombres. Reconoce la gran idea de Maritain, «la justa autonomía de la realidad terrena». La Iglesia espera lograr una Tierra Nueva, una vida eterna tras este mundo, pero no por ello renuncia a mejorar la tierra actual en que vivimos. El progreso humano interesa al reino de Dios. Proclama la dignidad del matrimonio y de la familia y rechaza la poligamia, la epidemia del divorcio, el amor libre y otras deformaciones. Aprueba el amor humano profundo en el matrimonio, que supera por todas partes al mero erotismo. Pero el matrimonio está también ordenado como fin primordial a la procreación y educación de los hijos; a esta solución de equilibrio se había llegado en el Concilio entre quienes defendían la primacía del amor y la de la procreación como fin único y fundamental del matrimonio. Unanimidad total en la reprobación del aborto y el infanticidio; y cierta vaguedad en el problema del control de la natalidad ante el fenómeno, tampoco bien profundizado en el documento, de la superpoblación.

La Constitución pastoral es una Carta Magna de la Cultura en relación con la Iglesia, que acepta de lleno la cultura moderna, reconoce la creciente importancia y progreso de las Ciencias, la compatibilidad completa entre la cultura y la fe. Habla del libro y del arte. Establece después los principios humanos del desarrollo económico y social; vuelve a las desigualdades injustas en la distribución de la riqueza,

[440] Texto en Vaticano II... p. 337.

en la posesión de latifundios mal cultivados con detrimento de los pobres. Pero recalca la necesidad de la propiedad privada.

Reclama el derecho de la Iglesia a opinar sobre la comunidad política, dentro de las líneas que había marcado Juan XXIII. El orden jurídico centrado en la persona debe reconocer los derechos humanos y los derechos políticos; la participación en la vida política y en el gobierno, mediante elección de los gobernantes. Rechaza expresamente «las formas totalitarias y las formas dictatoriales».

La Constitución pastoral se opone a la guerra, sobre todo a la guerra total. No exige la prohibición absoluta de la guerra pero la desea por medio del establecimiento de una autoridad pública universal.

La Constitución *Gaudium et spes* –importantísima, y que hoy conserva toda su vigencia– fue aprobada en la sesión final del Concilio, el 7 de diciembre de 1965, por 2.309 votos, 75 en contra y dos nulos. Con eso cerramos el análisis de los debates y los documentos conciliares. Pero obraríamos contra nuestra conciencia si no habláramos del borrón rojo que tanto dañó a los grandes logros y tanto fomentó, secretamente, las grandes incertidumbres del Concilio Vaticano II.

En la Constitución pastoral *Gaudium et spes* hay, como acabamos de ver, una condena expresa al totalitarismo y una defensa clara de la democracia. Hay también una referencia a Cristo como el Hombre Nuevo, que era precisamente el término enarbolado entonces por el comunismo y por la URSS para expresar su ideal humano, materialista y ateo, aunque nunca explicaban que se trataba en realidad del Hombre Nuevo definido por George Orwell. Reclamar para Cristo el calificativo de Hombre Nuevo no cayó, sin duda, bien en Moscú; pero lo que preocupaba realmente en Moscú durante todo el Concilio es que la Santa Sede cumpliera el Pacto de Metz concertado en 1962 entre Juan XXIII y Kruschef, por el que el Papa se comprometía a que el Concilio no sólo no condenaría al comunismo sino que el comunismo no se debatiría siquiera en el Concilio.

Pablo VI había condenado al comunismo, expresamente, cuando era arzobispo de Milán. Volvió a condenarlo en la encíclica *Ecclesiam suam*, dada en 1963, durante el primer período interconciliar. Reiteró la condena, acabamos de verlo, en su alocución en las catacumbas de Santa Domitila en vísperas de la cuarta sesión. Creó cardenales, también lo sabemos, a dos Obispos de la Iglesia del Silencio tras acogerlos en Roma. Su posición como Pontífice estaba perfectamente clara. Pero en los documentos del Concilio no figura ni una sola vez la palabra «comunismo» ni se condena expresamente al comunismo. Implícitamente, indirectamente, sí. Pero una gran parte de la Iglesia no se contentaba con eso. Dos años antes de la clausura del Concilio, ya lo sabemos, más de doscientos Padres habían formulado una petición para que se debatiera y condenara al comunismo en el Concilio. Habían entregado reglamentariamente su petición. Cuando iba a terminar la cuarta sesión del Concilio no habían recibido respuesta alguna.

En la Constitución *Gaudium et spes*, sobre la Iglesia y el mundo moderno, la Iglesia no podía ignorar la presencia y la acción avasalladora del comunismo en el mundo moderno. El comunismo dominaba en medio mundo moderno; el bloque compacto del marxismo-leninismo en la URSS, China y los países satélites de Europa; la acción subversiva del comunismo en muchos países del tercer Mundo, que en varios casos caerían en su órbita; la plaza de armas del comunismo en

Cuba, desde 1949, para la invasión de las Américas. La Santa Sede poseía información abundante sobre todos estos datos. Pero la palabra «comunismo» no había aparecido en documento conciliar alguno a fines de 1965.

La Constitución Pastoral habló del ateísmo. **Es este ateísmo uno de los fenómenos más graves de nuestro tiempo.** ... Pero además del ateísmo individual la Constitución se refiere al «ateísmo sistemático». **Entre las formas del ateísmo moderno debe mencionarse la que pone la liberación del hombre principalmente en su liberación económica y social. Pretende este ateísmo que la religión, por su propia naturaleza, es un obstáculo para esa liberación, porque, al orientar al espíritu humano hacia una vida futura ilusoria, apartará al hombre del esfuerzo por levantar la ciudad temporal. Por eso, cuando los defensores de esta doctrina logran alcanzar el dominio político del Estado, atacan violentamente a la religión, difundiendo el ateísmo, sobre todo en materia educativa, con el uso de todos los medios de presión que tiene a su alcance el poder público.**

La Iglesia, fiel a Dios y fiel a los hombres, no puede dejar de reprobar con dolor, pero con firmeza, como hasta ahora ha reprobado, esas perniciosas doctrinas y conductas, que son contrarias a la razón y a la experiencia humana y universal y privan al hombre de su innata grandeza.

Estos párrafos aparecen en el número 21 de la Constitución Pastoral, y al término de esas palabras una nota número 16 remite a varios documentos pontificios de Pío XI, Pío XII, Juan XXIII y Pablo VI. Pero la palabra «comunismo» no aparece en la *Gaudium et spes* tampoco. No aparece, por tanto, en documento conciliar alguno. Pablo VI había cumplido cabalmente, como Juan XXIII, el pacto de Metz. Con ello es responsable, junto a Juan XXIII, de haber arrojado sobre los hermosos documentos conciliares un terrible borrón rojo. Vamos a ver cómo lo hizo. El historiador Wiltgen era el periodista mejor informado de Roma. Se preocupó directísimamente por este problema. Su informe final es perfecto, documentado y sobrecogedor. Voy a seguirle puntualmente[441], aunque no me limitaré a copiarle.

Durante la tercera sesión, en octubre de 1964, entró en debate el tema del ateísmo dentro de la Constitución pastoral. El arzobispo Yu Pin, de Nankin, China, exigió en dos intervenciones, y en nombre de setenta Padres, que se añadiera un capítulo nuevo sobre el comunismo ateo. Recuerdo muy de lejos al cardenal chino; un prelado de gran estatura y voz modulada que podía resonar como un trueno. Venía de su patria, donde había experimentado las bondades del comunismo. Sus dos discursos causaron una gran impresión; por fin la palabra «comunismo» sonaba en la basílica de San Pedro, aunque, como veremos, sin efecto alguno. «El Concilio –afirmaba– no puede acabar sin que hablemos del comunismo, porque es uno de los fenómenos más grandes, más evidentes y más desgraciados de nuestro tiempo». Todo el mundo, insistía, espera nuestra respuesta «especialmente los pueblos que gimen bajo el yugo del comunismo y se ven obligados a sufrir dolores indescriptibles injustamente». Se levantó entonces un cardenal de la Iglesia del Silencio, monseñor Beran, arzobispo de Praga, y sobrecogió al aula conciliar con la lectura de un diario checo en que se afirmaba con jactancia que «el comunismo ha tenido éxito al infiltrarse en todas las Comisiones del Concilio».

[441] Wiltgen, op. cit. p. 272s.

No sé si en todas las Comisiones pero sí, como vamos a ver, en los engranajes más delicados de la Secretaría General del Concilio y en la Comisión conjunta que preparaba la Constitución *Gaudium et spes* y por supuesto en la sala de Prensa, desde que, como había denunciado el cardenal de Varsovia en el famoso documento de 1963 que conocemos, el fundador del movimiento polaco PAX en colaboración con la KGB, Piasecki, fue encargado de la infiltración en el Concilio y de la manipulación de las noticias sobre el Concilio. El lector recuerda ya varios puntos importantes sobre cómo se realizó la infiltración de PAX en el Concilio, según los informes Wyszynski y «Summa» que ahora reconocían hasta los propios diarios del bloque comunista[442]. Ahora Wiltgen, testigo inmediato, nos confirma esos informes con datos realmente estremecedores.

El 14 de septiembre de 1965, cuando se abría la cuarta sesión, a menos de dos meses del final del Concilio, los Padres recibían de la Comisión una revisión de los párrafos sobre el ateísmo contenidos en el esquema de la *Gaudium et spes* que volvía a omitir cualquier referencia al comunismo. Pero conviene decir que centenares de Padres salvaron el honor del Concilio al intentar una y otra vez la condena expresa del comunismo en el documento. Con fecha 29 de septiembre una carta firmada por 25 Padres exigía el tratamiento del problema para evitar que el silencio del Concilio en caso tan grave «se convirtiera en una desaprobación de cuanto los Papas y el Santo Oficio habían dictaminado ya sobre el problema... nuestro silencio sobre el comunismo será tomado por cobardía frente al comunismo». Pero el Concilio callaba y nada respondía. Entonces el arzobispo brasileño Signaud, autor de esa carta, había firmado también la propuesta de moción, redactada por el Grupo Internacional de Padres el 29 de octubre, con cuatrocientas cincuenta firmas. El padre Wiltgen publicó la noticia en el boletín de su agencia informativa y tres de los grandes diarios romanos la reprodujeron en primera página. Pero el Concilio callaba y nada respondía. La Comisión conjunta que reelaboraba el texto distribuyó a los Padres una nueva versión el 13 de noviembre, a menos de un mes del final del Concilio, y tampoco hacía mención alguna del comunismo. La moción de los 450 Padres no tuvo el menor eco en el informe de la Comisión, aunque ya había sido oficialmente entregada en la Secretaría del Concilio. En vista de ello uno de los firmantes, el obispo Carli, envió una carta de protesta al Consejo de Presidencia y a todas las autoridades conciliares denunciando la violación de las normas de la asamblea. El cardenal Tisserant, presidente del Consejo de cardenales que presidía el Concilio, ordenó abrir una investigación. Entonces el Grupo Internacional de Padres reprodujo la misma moción en una nueva forma jurídica, una enmienda al voto cualificado, que fue entregada durante la votación del lunes 15 de noviembre, pero más de quinientos Padres habían pasado alegremente el fin de semana en Florencia, invitados por la ciudad para los actos del centenario de Dante y a la vuelta los promotores de la moción supieron que por lo visto se había perdido, por lo que antes de acabar la votación entregaron la enmienda –idéntica– legalmente y dentro de plazo, es decir en tiempo y forma.

Al terminar la votación el portavoz de la Comisión Conjunta, el jesuita filocomunista Roberto Tucci, que era perito de la Comisión, fue acosado a preguntas por

[442] Ver más arriba, cap. 7, sección 4, págs. 502s, 522s.

los periodistas italianos que exigían información sobre lo que había sucedido con la moción anticomunista de los 450 Padres. El padre Tucci respondió decididamente que no le constaba la presentación de tal moción ni ante la Comisión Conjunta ni ante sus peritos. «No hay intriga alguna –añadió–. Tal vez la moción ha sido detenida en alguna luz roja durante el camino y se ha parado». Era el mayor acto de cinismo jamás proferido en un Concilio ecuménico. A las 24 horas esta noticia aparecía en primera página de los periódicos más importantes gracias a un boletín urgente del padre Wiltgen. Hasta el diario comunista *Unitá* la reprodujo. El mismo 16 de noviembre «Helvetius» informó en *Il Tempo* que un prelado de la Comisión conjunta afirmaba que la moción anticomunista había llegado, pero tarde; se confirmaba la versión del padre Tucci. Pero al día siguiente, 17 de noviembre, el arzobispo Sigaud declaraba a la prensa que él en persona y el arzobispo Lefebvre habían entregado la moción con sus firmas en el Secretariado General del Concilio a mediodía del 9 de octubre, dentro de plazo.

El 18 de noviembre *Il Tempo* proporcionaba una nueva sorpresa. Informaba que la Secretaría General había dado entrada a la moción firmada en el día 9 de octubre, sábado, y lo había comunicado por teléfono a la Comisión conjunta, pero se retuvo en la Secretaría hasta el lunes 11, para convalidar las numerosas firmas. La responsabilidad, por tanto, recaía en la Comisión conjunta y el padre Tucci había mentido al afirmar que el documento había llegado tarde.

Poco a poco se descubría el pastel, el pastel rojo de los comunistas infiltrados en los órganos del Concilio. El cardenal Tisserant había terminado ya su investigación y llevó los resultados ante el Papa. El padre Wiltgen, a través de cuatro fuentes distintas, averiguó que la persona que había retenido la moción sin hacérsela llegar a la Comisión Conjunta había sido el propio secretario de la Comisión, monseñor Achille Glorieux, de Lille, que acumulaba media docena de cargos en el Vaticano, había sido redactor de *L'Osservatore Romano* y desempeñaba también la secretaría de la Comisión para el apostolado de los seglares. El 23 de noviembre el servicio de noticias del padre Wiltgen comunicó en su boletín el papel turbio que había desempeñado monseñor Glorieux y lo entregó personalmente a los periodistas en la sala de Prensa del Vaticano. La noticia se difundió como la pólvora y llegó inmediatamente al Papa. Esa misma tarde a las cinco Pablo VI recibía al Consejo Episcopal Latino Americano (CELAM) en su décimo aniversario y les pidió vigilancia contra el ateísmo marxista, en esos términos. Le describió como una peligrosa fuerza de infiltración en Iberoamérica y afirmó que tal doctrina consideraba la «revolución violenta» como único medio para resolver los problemas económicos y sociales. El 24 de noviembre las primeras páginas de la prensa coincidían en que la «luz roja» denunciada por el padre Tucci para detener la moción anticomunista era el monseñor francés citado y al ver los periódicos el Papa envió una orden a la Comisión Conjunta para que incluyera en el documento sobre la Iglesia y el mundo moderno una nota a pie de página, la que hemos citado con su número 16 después de los párrafos sobre el ateísmo, que se modificaban para quedar como los hemos reproducido en su momento. Alarmado por el tremendo escándalo y por el descrédito del Concilio, el Papa ordenó que la Comisión Conjunta, en su preceptivo informe sobre el texto definitivo, añadiese que los cambios y la nota «se habían introducido para aludir a las condenas contra el comunismo y el marxismo hechas por los Sumos Pontífices». El comunismo apareció al fin en un informe de la Comisión Conjunta; pero siguió sin figurar expresamente en el documento conciliar y sin debatirse en el aula. Al leer el informe de la Comisión ante el Concilio el arzobispo Garrone reconoció la negligencia de la Comisión, ya que «la moción sobre el comunismo había llegado a las oficinas de nuestra comisión en tiempo y forma, pero no había sido examinada porque sin intención de nadie no se había comunicado a los miembros de la Comisión». Había mentido el padre Tucci, había mentido el secretariado de la Comisión y ahora mentía el arzobispo Garrone. Como se suscitaron algunas dudas sobre el número total de firmas que llevaba el malhadado documento, el arzobispo Sigaud acudió al archivo del Concilio para comprobar ese número; pero el jefe del archivo le respondió que el documento original no podía facilitarse todavía y que la cifra de 297 firmas comunicada por el arzobispo Garrone debería considerarse oficial. El archivero y el arzobispo mentían, éste por segunda vez.

La indignación de la prensa anticomunista y de los Padres conciliares superó todo lo imaginable. El 3 de diciembre el Grupo Internacional de Padres envió una carta a ochocientos miembros del Concilio contra el capítulo del esquema que trataba del comunismo y recomendaba el voto negativo al conjunto del esquema. Pero la inclusión de la nota ordenada por Pablo VI redujo los votos negativos a 131 para ese capítulo. Al final la Constitución Pastoral se aprobó con 75 votos negativos. Pero la *Gaudium et Spes* ha pasado a la historia verdadera, y casi nunca contada, del Concilio con su desgraciado borrón rojo. El Pacto de Metz se había cumplido bajo la responsabilidad de una Comisión conciliar, de unos funcionarios tramposos e infiltrados y sobre todo, por la reprobable e insuficiente decisión del Papa Pablo VI. Lamento profundamente cumplir con mi deber de decir la verdad.

El 7 de diciembre de 1965 todo estaba consumado. El Papa presidió la sesión final de trabajo, con los resultados que ya conocemos. Todos los esquemas habían llegado a su final. El Papa se había despedido ya de los observadores de las demás confesiones cristianas en una emotiva ceremonia ecuménica. Observadores y Padres recibieron sencillos regalos y diplomas de despedida y gratitud. Se publicó en el diario del Vaticano el anhelado decreto para la reorganización de la Curia: la noticia bomba consistía en que la Congregación del Santo Oficio cambiaba de nombre, se llamaría Congregación para la Doctrina de la Fe y suprimía el aborrecido Indice de Libros Prohibidos. Pero el cardenal Alfredo Ottaviani seguía al frente del dicasterio. La gran ceremonia pública de clausura se celebró en la Plaza de San Pedro en la mañana del 8 de diciembre de 1965. El Papa leyó el primer mensaje de los varios que cerraban el Concilio. Ahora los grandes personajes del Concilio, dotados de fama mundial por la prensa mundial, rodeaban al Papa. Los cuatro moderadores, sobre todo el cardenal Suenens, recibieron, como el secretario general del Concilio, Pericle Felici, el reconocimiento general por su trabajo. Dos grandes teólogos habían saltado a la fama, el jesuita Rahner y su discípulo el padre Joseph Ratzinger. Para muchos habían actuado al servicio de la Alianza del Rin y del Concilio con perfecta armonía pero Ratzinger, muy poco después, reveló las discrepancias que habían surgido entre los dos, y manifestó su temor de que en el futuro se harían aún mayores. El cardenal Ottaviani había cumplido con la misión que de él se esperaba, actuar como perro de presa y guardián de la fe, aunque naturalmente la Comisión Teológica que presidía le quitó casi siempre la razón. Había sufrido una humillación espantosa en su primera intervención con el campanillazo del cardenal Alfrink, pero al final recibió un aplauso clamoroso cuando pronunció un discurso sobre la futura República Universal de la humanidad, la gran utopía que Pablo VI había insinuado también ante las Naciones Unidas y se incluyó como un sueño en la *Gaudium et Spes*. Todo el mundo reconocía también la sobresaliente actuación del cardenal de Colonia, Frings, entre los líderes del Concilio.

El arzobispo Felici leyó el decreto papal de clausura. Se levantó el Papa, con alegría y preocupación. Había declarado, ante la gravedad de las crisis mundiales, que al menos la Iglesia no estaba en crisis. Pero ya durante los años del Concilio esa crisis empezaba a demostrar que sí existía; y que la Iglesia estaba minada. La doble infiltración del comunismo ateo y de la Modernidad secularizadora se estaban abatiendo ya, con terrible oleaje, contra la basílica de Pedro, contra la nave de Pedro, cuando al clausurarse el Concilio sonaban todas las campanas de San Pedro, seguidas por todas las de Roma. Nadie podía imaginar entonces el papel futuro del padre Ratzinger, los efectos de la enseñanza del padre Rahner entre los miembros jóvenes de su Orden, el hundimiento de muchos Institutos religiosos, la deserción del más importante de todos ellos, la Compañía de Jesús. El Papa había advertido a los obispos del CELAM sobre la amenaza de esa falsa liberación marxista de la que hablaba proféticamente, aun sin citar al marxismo, la *Gaudium et Spes*, junto a su doble cita de las Puertas del Infierno. Nadie podía imaginar que otros dos futuros Papas, Juan Pablo I y Juan Pablo II, el véneto y el polaco, habían pasado silenciosamente por el aula conciliar. Nadie sospechaba que el arzobispo Lefebvre, uno de los prelados más fieles a la Iglesia y a la Tradición, moriría cismático y excomulgado por un futuro Papa que le admiraba y había intentado todo por evitar un final tan trágico. Nade pronosticaba –le hubieran tildado de retrógrado– que la Revolución violenta y comunista de la que había advertido Pablo VI a los obispos de América iba muy pronto a saltar sobre América desde la plataforma del comunismo en Cuba. En buena parte por culpa del borrón rojo con que se manchaba hasta el corazón de la Iglesia el último documento del Concilio Vaticano II.

LAS INTERPRETACIONES POLÉMICAS DEL CONCILIO

He procurado presentar, en los anteriores epígrafes de esta sección, la auténtica historia del Concilio y el auténtico contenido del Concilio. He omitido bastantes datos que en su momento aparecerán dentro del segundo libro, por ejemplo la actuación de los Padres españoles en el aula conciliar, de la que sólo he dado algunas muestras. Pero como era de esperar las orientaciones «tradicional» y «progresista» que se advirtieron desde el principio hasta el final del Concilio y se fueron acercando, sin embargo, gracias a una ancha franja moderada de Padres y gracias también a la acertada dirección del Concilio y a la supervisión e intervención de Pablo VI, como puede advertirse en las amplísimas mayorías finales de todas las

Constituciones, textos y declaraciones, se agudizaron después del Concilio por obra, en gran parte, de personas que no habían asistido a él, hasta que, más por el influjo de acontecimientos exteriores y posteriores que por emanación del propio Concilio, convirtieron al Concilio en signo de contradicción. Esta transformación de la imagen del Concilio se debe, sobre todo, al empecinamiento de la extrema izquierda mal llamada *progresista*, porque, como demuestra su habitual adicción al marxismo y al liberacionismo, es realmente regresiva, aunque muy ruidosa. Aún así la antítesis de las interpretaciones se concreta en dos revistas famosas, *Concilium* –monopolizada relativamente pronto por los *progresistas*– y *Communio*, órgano de participantes y observadores mucho más objetivos, entre ellos algunos asistentes progresistas al Concilio; si bien alguna edición de esta revista me parece poco de fiar, como la española, que ha caído en manos algo equívocas, lo que no ha sucedido con la edición iberoamericana. Por otra parte la extrema izquierda clerical ha publicado obras colectivas de interpretación del Concilio que por su unilateralidad inciden en el ridículo, como por ejemplo *El Vaticano II, veinte años después*[443]. Salvo algún artículo relativamente serio cualquier parecido con el Concilio descrito en este libro y el Vaticano II me parece pura coincidencia; pero ese libro colectivo me parece históricamente muy interesante para comprobar la utilización falseada y retorcida del Concilio –la degradación del Concilio– con finalidades político-religiosas que proliferaron en la época postconciliar.

La interpretación realista, histórica, espiritual y práctica del Concilio a la que me atengo es la que expresó el obispo Karol Wojtyla, partícipe en el Concilio y luego Papa Juan Pablo II, en su admirable libro de 1972, cuando le faltaban seis para el Pontificado, cuyo título es *La renovación en sus fuentes; sobre la aplicación del Concilio Vaticano II*[444]. Wojtyla mantiene la posición optimista y esperanzada que tanto floreció en el Concilio por parte de la gran mayoría de Padres que bajo distintos enfoques veían en el Concilio un foco de renovación espiritual porque ¿qué otra renovación puede emprender la Iglesia que no sea la espiritual? Wojtyla interpreta el diálogo como comunicación de la propia fe (p.25). El Concilio trabaja por el progreso del Reino de Dios en la tierra pero el futuro definitivo del hombre no se queda en la tierra. Me parece mucho más coherente atender a la interpretación del Concilio según sus grandes protagonistas que dejarnos engatusar por quienes pretenden, desde la izquierda postconciliar, inventarse una visión sesgada del Concilio con fines enteramente ajenos al Concilio. De esto hablaremos a fondo en el segundo libro, *La Hoz y la Cruz*, porque uno de los autores de la izquierda clerical en el libro colectivo citado llega a situar en el Concilio la clave para la Teología de la liberación, nada menos. También veremos cómo el Papa Pablo VI, que había logrado, con una dedicación y una firmeza absoluta, la síntesis de las corrientes conciliares en la unidad fundamental del Concilio, se lamentará y más de una vez años después de que *el humo del infierno* había entrado en la Iglesia a través de las grietas del Concilio; es una de las confesiones más amargas en la vida del Papa Montini, en un admirable y doloroso ejercicio de objetividad.

El 24 de noviembre de 1985 en la Segunda Asamblea General del Sínodo de los Obispos, Juan Pablo II inauguraba las sesiones que iban a dedicarse a la inter-

[443] ed. por Casiano Floristan y J.J. Tamayo, Madrid, Eda. Cristiandad, 1963.
[444] Madrid, BAC, 1972.

pretación y aplicación del Vaticano II con veinte años de perspectiva. Frente a la desviación de la izquierda clerical el Sínodo, nacido del Concilio, ofrecía al pueblo cristiano de la generación siguiente la interpretación auténtica del Concilio que, naturalmente, coincidía con la interpretación espiritual del cardenal Wojtyla[445]. En la misma línea que otro relevante testigo e intérprete del Concilio, el ya cardenal Joseph Ratzinger, nos ofrecía el mismo año en su famoso y profundo *Informe sobre la fe*, en conversación con el periodista Vittorio Messori[446]. El segundo capítulo de estas conversaciones se titula *Descubrir de nuevo el Concilio* y contiene puntos de vista tan autorizados como orientadores.

Diez años antes, en 1975, ya había escrito Ratzinger que la corriente *progresista* consideraba demasiadas veces al Concilio como simple punto de partida, como algo ya plenamente superado mientras que la corriente conservadora extrema culpaba al Concilio de la subsiguiente degradación de la Iglesia; hasta el punto que algunos portavoces de esa corriente han postulado poco menos que la anulación del Vaticano II. Ratzinger se opone vigorosamente a esas interpretaciones falsas y encontradas. El Vaticano II continúa en nuestro tiempo la misma línea de Trento y el Vaticano I. Ratzinger reconoce que los veinte años siguientes al Vaticano II «han sido decisivamente desfavorables para la Iglesia católica. Los resultados que han seguido al Concilio parecen oponerse cruelmente a las esperanzas de todos, comenzando por las del Papa Juan XXIII y luego las de Pablo VI». Cuando antes he hablado de demolición no estaba cargando las tintas sino expresando un pensamiento de Pablo VI. Ratzinger lo confirma: «Los Papas, los Padres conciliares, esperaban una nueva unidad católica y ha sobrevenido una división tal que –en palabras de Pablo VI– se ha pasado de la autocrítica a la autodestrucción». Ante situación tan deplorable muchos han atribuido al propio Concilio los males de la Iglesia. Pero con toda razón Ratzinger se opone tajantemente a esa sospecha. «Estoy convencido –dice– de que los males que hemos experimentado en estos veinte años no se deben al Concilio *verdadero* sino al hecho de haberse desatado en el interior de la Iglesia ocultas fuerzas agresivas, centrífugas, irresponsables o simplemente ingenuas, de un optimismo fácil, de un énfasis en la modernidad que han confundido el progreso técnico actual con un progreso auténtico e integral. Y en el exterior, el choque con una revolución cultural: la afirmación en Occidente del estamento medio-superior, de la nueva «burguesía del terciario» con su ideología radicalmente liberal de sello individualista, racionalista y hedonista».

La propia trayectoria de Ratzinger –en contraste, por ejemplo, con la de su maestro Rahner– nos brinda la explicación íntima sobre ese proceso de degradación interior de la Iglesia. Por supuesto que el choque con la nueva modernidad a que se refería hace un momento se combinaba con el choque contra las formas clásicas y las formas nuevas de la Revolución; al comenzar los años setenta coincidía el apogeo de la expansión marxista-leninista con el lanzamiento de la teología de la liberación, que no es más que la infiltración marxista en el seno de la Iglesia. El enemigo exterior combinado con el enemigo interior, como les definía Ratzinger en este mismo Informe. Pero el enemigo interior es más grave, porque combina su acción demoledora con los asaltos del exterior. En 1964, en pleno Concilio, el peri-

[445] *El Vaticano II, don de Dios, documentos del Sínodo*. Madrid, PPC, 1985.
[446] Madrid, BAC, 1985.

to y profesor Ratzinger figura en el cuadro de fundadores de la revista *Concilium*, junto a otros representantes de la llamada ala progresista del Concilio. Pero el progresismo conciliar se dividió entre moderados y extremistas; entre los que buscaban el avance auténtico de la Iglesia y los que seguían a la novedad por la novedad. «No soy yo quien ha cambiado –dice Ratzinger–. Han cambiado ellos. Desde la primera reunión (de la revista) presenté a mis colegas estas dos exigencias: primera, nuestro grupo no debía ser sectario y arrogante como si nosotros fuéramos la nueva y verdadera Iglesia, un magisterio alternativo que lleva en el bolsillo la verdad del cristianismo. Segunda: teníamos que ponernos ante la realidad del Vaticano II, ante la letra y el espíritu auténticos del auténtico Concilio, y no ante un imaginario Vaticano III, sin dar lugar, por tanto, a escapadas en solitario hacia adelante. Estas exigencias, con el tiempo, fueron teniéndose cada vez menos presentes, hasta que se produjo un viraje –hacia 1973– cuando alguien empezó a decir que los textos del Vaticano II no podían ser ya el punto de referencia de la teología católica. Se decía, en efecto, que el Concilio pertenecía todavía al *momento tradicional clerical*, de la Iglesia y que por tanto había que superarlo; no era, en suma, más que un simple punto de partida. Para entonces yo me había desvinculado tanto del grupo de dirección como del de los colaboradores. He tratado siempre de permanecer fiel al Vaticano II, este *hoy* de la Iglesia, sin nostalgias de un ayer irremediablemente pasado y sin impaciencias de un mañana que no es nuestro.»[447]

Creo que este conjunto de testimonios coinciden en el enfoque exacto del Concilio Vaticano II y revelan las raíces de la terrible desviación que la extrema izquierda clerical y teológica trató de imprimirle, con el fin de desnaturalizarle y presentar de él una imagen falsa al servicio de determinada estrategia combinada; el ataque exterior contra la Iglesia desde las plataformas del marxismo-leninismo a cuya condena formal no se había atrevido el Concilio; la demolición interior en las retaguardias católicas de Occidente –España, Holanda, Estados Unidos– y en las vanguardias del Tercer Mundo, en medio de un asalto general alimentado desde dos de ellas, los Estados Unidos y España, los dos antiguos bastiones de la fidelidad a la Iglesia. Ese doble asalto, interior y exterior, se combinan en la creación y lanzamiento de la teología de la liberación. Será, con todo detalle, el tema principal de nuestro segundo libro, *La Hoz y la Cruz*. Pero antes vamos a estudiar con el enorme interés que se merece un capítulo trágico en la historia de la Iglesia de nuestro tiempo, el desmoronamiento y degradación de la Orden religiosa más importante de la Iglesia moderna, la Compañía de Jesús. Porque el estudio documentado de esa crisis de los jesuitas, la que el propio Pablo VI llamó «la disolución del ejército» es también, desde el punto de vista histórico, la conexión necesaria entre este libro y el segundo.

Acabo de indicar que sobre la intervención de los Padres españoles en el Concilio Vaticano II hablaré en el segundo libro, al estudiar la evolución de la Iglesia española desde 1939 hasta hoy. Allí citaré el juicio, que es una descalificación absoluta, del padre José María Escrivá de Balaguer sobre esa actuación de los Padres españoles, que me parece muy injusto ante los datos que acabo de exponer en este capítulo. Pero es que entre las intervenciones de los Padres españoles hay

[447] J. Ratzinger, *Informe...* op. cit. p. 222s.

una que fue considerada por todo el Concilio como muy valerosa y certera, como uno de los discursos más importantes del Concilio. Era la primera vez que un Padre conciliar conseguía, contra viento y marea, hablar serena y fundadamente sobre el marxismo en la basílica de San Pedro. Citaré textualmente esta intervención en el segundo libro, porque además fue la única vez que un obispo de España orientaba a los españoles –y a toda la Iglesia– sobre problema tan esencial; ningún otro obispo español, y menos la Conferencia episcopal, se ha atrevido a hacerlo desde la Carta colectiva de 1937. El discurso –que provocó una oleada de comentarios elogiosos en todo el mundo libre– se pronunció el 26 de octubre de 1964, para defender una enmienda a los números 5 y 7 de la Constitución sobre la Iglesia en el mundo de hoy. Está incluida íntegramente en las Actas del Concilio publicadas en 1975, vol. III, págs. 520-525. Su autor era el entonces obispo secretario de la Conferencia Episcopal española e insigne teólogo, monseñor José Guerra Campos[448].

[448] En mi archivo, DE (Documentos del Episcopado español) 14 y 14a.

CAPÍTULO 9

LA DESERCIÓN DE LA COMPAÑÍA DE JESÚS EN LA SEGUNDA MITAD DEL SIGLO XX «LA DESCOMPOSICIÓN DEL EJÉRCITO» (Pablo VI)

El padre Pedro Arrupe, que presidió el hundimiento de la Compañía de Jesús desde 1965 a 1981 con pérdida de diez mil hombres

SECCIÓN 1: CUANDO Y CÓMO ENTRAN EN CRISIS LOS JESUITAS

UNA PERMANENTE OBSESIÓN DE PABLO VI

El jueves 5 de diciembre de 1968 –casi tres años justos después de la clausura del Concilio Vaticano II– el Papa Pablo VI recibió en audiencia a un cardenal, un arzobispo y dos obispos españoles. Uno de ellos vive cuando se redacta este libro. Tengo delante la detallada minuta de la conversación[449] que tuvo lugar «de las doce cincuenta y cinco a las trece cincuenta y tres *circiter*» (aproximadamente). La conversación versaba sobre los problemas del Concordato y la carta del Papa al Jefe del Estado español, para la que no se había consultado a los obispos de España. Se habló además de otros problemas, que trataremos en el segundo libro ya anunciado, *La Hoz y la Cruz* por ejemplo la rebeldía de los movimientos de Acción Católica en España. El Papa se refirió también a la presencia de algunos prelados en los organismos políticos de régimen. (Nunca le preocupó, naturalmente, ni en tiempos de ecumenismo, la presencia de los obispos anglicanos en la Cámara de los Lores). Terminaba ya la audiencia y entonces el documento introduce un tema final en la conversación, un tema suscitado por el Papa: *Jesuitas.*

Papa: Tocó espontáneamente el tema al comienzo de la audiencia. Se vuelve sobre el mismo al final. (Ya estábamos de pie. Nos invita a sentarnos de nuevo).

«Es un fenómeno inexplicable de desobediencia –dice el Papa– de descomposición del ejército. Verdaderamente hay algo preternatural; inimicus homo... *et seminavit zizania.*

«Le llegan numerosas reclamaciones, especialmente de España. Alude a su carta al General, para que resuelva... Alude también a una carta que dirigió al congreso de publicaciones de los jesuitas, en Suiza. Inútil.

[449] FRDE n 52.

«¿Qué hacer?. ¿Dos Compañías?. ¿Son todavía reconquistables los díscolos?. El Papa necesita ayuda, que no obtiene, para acertar en el remedio.

Obispos españoles: Se le insinúa que quizá no sea solución dividir la Compañía sino más bien mover a los Provinciales a hacer cumplir las normas. Hay muchos Padres excelentes. En el peor de los casos, la Compañía se purificará de algunos miembros inadmisibles.

Papa: «En la misma Curia Generalicia hay quien apoya a los contestatarios».

Obispos: Casos estridentes de jesuitas...

Esta terrible conversación tenía lugar a los pocos meses de la Conferencia de Medellín, en cuya estela se estaba configurando la teología de la liberación, sembrada, como veremos, desde mucho antes. El año siguiente de la creación por los jesuitas españoles *progresistas* del Instituto Fe y Secularidad, que organizará para 1969 el Encuentro de Deusto, primera aparición del liberacionismo en el campo hispánico. El año del Mayo francés y del apogeo de los movimientos sacerdotales rebeldes en Europa, con fuertes ecos en América. No es un historiador parcial, ni un observador alucinado quien despotrica sobre la imaginaria crisis de la Compañía de Jesús en 1968. Es el Superior Supremo de la Compañía de Jesús, el Papa Pablo VI, a quien nadie se ha atrevido a acusar de reaccionario ni de mal informado sobre la situación de la Iglesia. Que en su conversación con cuatro obispos de España no encuentra más explicación para la *descomposición del ejército* (Ignacio de Loyola había llamado a su Compañía *la caballería ligera del Papa)* que una presencia *preternatural,* el *hombre enemigo* que introdujo Cristo en la parábola del trigo y la cizaña, ese símbolo de Satán como lo ha interpretado siempre la tradición católica.

Y alguien se preguntará todavía por qué titulo a este libro *Las puertas del infierno.*

Hablé, después de conocer esta minuta, con dos de los Obispos cuyos nombres figuran en ella. Me explicaron algunos detalles más, que me permitieron disponer de un nuevo testimonio[450] Pablo VI –me decían– estuvo siempre obsesionado con la trayectoria de la Compañía de Jesús. En sus conversaciones con los obispos sacaba siempre el problema. Cuando hablaba con obispos españoles volvía siempre sobre tres temas: «el desastre postconciliar» (sic), la Compañía de Jesús y el hecho de que España no respetaba sus raíces tradicionales; esa opinión jamás se ha dicho ni publicado en España. Para él, el espectáculo más desconcertante del catolicismo, precisamente por infidelidad a sus raíces, se daba en Estados Unidos, Holanda y España. Pero los obispos de esos países jamás comunicaron esa impresión del Papa, que la repitió muchas veces. La última, en su última reunión con varios obispos españoles (entre ellos monseñor Suquía), poco antes de morir; y se extendió en sus criticas al permisivismo.

Sobre la gravísima crisis de la Compañía de Jesús podrían acumularse los testimonios y van a aparecer muchos más en este mismo capítulo. Cuando yo hablé de ella por primera vez en España, en dos extensos artículos publicados en ABC el Jueves y Viernes Santo de 1985, relacionando además esa crisis con el surgimiento de la teología de la liberación, el padre Martín Descalzo puso el

[450] FRDE B-6., 16 de septiembre de 1986.

grito en el cielo y negó esa tesis con frases despectivas para mí, que le perdoné hace tiempo porque, como no podía ser menos, terminó por rendirse ante mi argumentación aunque nunca lo confesara. Hace unos meses, con motivo de la XXXIV Congregación de los jesuitas (que juzga con optimismo envidiable) Santiago Martín, habitualmente mucho mejor informado que el pobre Martín Descalzo, reconocía en ABC que los jesuitas habían sido «pioneros de la teología de la liberación». Me ha costado, por tanto, diez años conseguir que en ABC se reconozca la degradación de los jesuitas en conexión con los movimientos liberacionistas. Tal vez tarde ABC otros diez años en reconocer algunas de sus originalidades históricas y culturales, juanistas y antifranquistas, que creo haber probado, contra lo que se afirma en sus páginas, sobradamente. Con la Historia en la mano nunca tengo prisa.

Una de las muestras más sorprendentes de la crisis en que se ha sumido durante la segunda mitad de este siglo la Compañía de Jesús es la negación de su propia identidad. Por su fundación, sus Constituciones y su práctica permanente durante cuatro siglos y medio la opción preferencial (como dicen con frase más bien cursi) de la orden ignaciana ha sido la obediencia esencial al Papa para las misiones que él quiera encomendarles. Pues bien desde la malhadada Congregación General XXXII en 1974 cambiaron de finalidad básica y se orientaron a la «opción preferencial por los pobres» que ellos expresaron, tergiversando el mandato expreso de Pablo VI en 1965, como «servicio de la fe y promoción de la justicia». Este cambio revolucionario (en todos los sentidos del término) no podían realizarlo más que con pérdida de su propia identidad. Pues bien, en 1991 la revista más importante de los jesuitas en España, que durante décadas sirvió como referencia segura a los católicos y hoy está hecha unos zorros, sin prestigio ni capacidad orientadora, publica un artículo inconcebible: *Jesuitas: lo que no son* cuyos subtítulos lo dicen todo: «San Ignacio de Loyola no fue un soldado; la Compañía de Jesús no es una *milicia;* los jesuitas no son un bastión antiprotestante»[451]. El anónimo autor del dislate debe conocer mucho mejor las vidas de Marx y de Lutero que la de su Fundador; que fue un soldado de España y un soldado de Dios; que imprimió a su Orden un inequívoco carácter militar en su organización, en su obediencia ciega y hasta en su norma espiritual suprema, los Ejercicios; que formó con su red de Colegios el límite y la barrera contra el protestantismo en Europa. Uno lee el texto del disparate y se queda estupefacto. Si una Orden histórica se niega a sí misma, ¿qué podemos pensar los demás?. Podría recordarle al original intérprete los textos ignacianos, papales y de toda la tradición de los jesuitas hasta muy dentro del siglo XX pero ¿cómo convencer de quién es a quien niega lo que es?. Pobre revista, ni razón ni fe.

Insisto en lo que me parece la esencia de la crisis, con una nueva antítesis de opciones preferenciales. Si algo va a quedar claro de este capítulo es que esa opción preferencial por el Papa que San Ignacio plasmó en el cuarto voto de obediencia especial al Papa que es la contraseña de la Compañía de Jesús, que le costó, entre otras muchas cosas, la extinción por obra de la Masonería y la Ilustración borbónica en el siglo XVIII y la expulsión de España en virtud de la

[451] *Razón y Fe* tomo 223/enero 1991.

Constitución republicana de 1931, se ha transformado, durante el generalato del padre Pedro Arrupe, en oposición permanente contra el Papa. Se lo oiremos confesar, en estos mismos términos, a un jesuita eminente de nuestro tiempo, el californiano padre Fessio, a propósito de la insulsa Congregación General XXXIV, que definiremos como lo que ha sido, nada entre dos platos. Pero creo que ese cambio de opciones preferenciales ha sido la clave de la crisis. Sobre la que aportaremos, como digo, muchas más pruebas, entre ellas gravísimas admoniciones papales, en este capítulo.

Está clarísima, pues, la existencia de la crisis, que se ha traslucido en un aluvión de abandonos en masa y en la previsión, rigurosamente fundada en datos estadísticos que vamos a transcribir, de que la Orden que ha sido hasta hace poco la más importante de la Iglesia, va a extinguirse por inanición en la primera mitad del siglo XXI si no ocurre un milagro que yo deseo fervientemente. Pero ¿cuándo y cómo empezó la crisis?.

Una respuesta habitual es que la crisis de la Compañía de Jesús, como la de otras órdenes y congregaciones religiosas, tuvo su origen en la resaca del Concilio Vaticano II, en cuyo año final, 1965, fue elegido como General el padre Pedro Arrupe. Es cierto que en ese año se manifestó ya la crisis, hasta el punto que sólo tres años más tarde, como acabamos de ver, el Papa Pablo VI podía quejarse amargamente de la «descomposición del ejército». He procurado profundizar, con muchas dificultades, en este problema sobre el comienzo de la crisis y he llegado a la conclusión de que ese comienzo es muy anterior; data, probablemente, de los años cincuenta y no faltan indicios en la década anterior, los años cuarenta. Es también corriente echar la culpa de la crisis al padre Arrupe. Me parece injusto. La crisis de los jesuitas no empezó en 1965, cuando Arrupe es elegido General. La crisis es anterior, y Arrupe lo sabía muy bien porque la vió de cerca en sus años de Provincial de Japón. Arrupe se encuentra con la crisis cuando la crisis empezaba a acelerar; de lo que sí es culpable es de no haberla frenado a tiempo sino al revés, eligió ponerse al frente de la manifestación, en la cresta de la ola, tal vez con el propósito utópico de dominarla. Pero la crisis había nacido antes, mucho antes. ¿Cuándo?. ¿Cómo?.

Aprovecho este epígrafe introductorio para subayar que cuando me refiero a «los jesuitas» a propósito de algún disparate o algún hecho que considero negativo no estoy acusando a todos los jesuitas. Hay todavía muchos de ellos, incluso entre los pocos jóvenes que quedan, que merecen el calificativo pleno de ignacianos. Cientos de ellos me han dirigido cartas de información y aliento desde que en 1985 aparecieron mis primeros artículos sobre la teología de la liberación y luego mis libros de 1986 y 1987, y luego mis estudios sobre los jesuitas de Centroamérica en la revista *Epoca* y otros medios. Por desgracia la mayor parte de los Superiores a partir de 1965 han seguido la línea que los Papas, desde entonces hasta hoy, han considerado equivocada y nociva para la Orden y para la Iglesia. Y han arrastrado a ella a una gran parte, seguramente mayoritaria, de la orden. Cuando puedo distingir entre jesuitas arrupianos o progresistas y jesuitas ignacianos. Valga este matiz, que se deduce claramente de mis contextos, para todo este capítulo.

LAS CINCO FUENTES DE LA CRISIS DE LOS JESUITAS

Me atendré al criterio cronológico para señalar las fuentes de la crisis, que detecto en documentos y testimonios muy claros. Pero tampoco la precisión cronológica es absoluta; puedo equivocarme en unos años –pocos– y además las diversas fuentes de la crisis no son siempre independientes; a veces brotan parejas, se solapan, se confunden como voy a mostrar en casos personales evidentes.

Primera fuente: la rebelión de los jesuitas jóvenes. Uno de los pocos motivos de esperanza en medio de la actual degradación de la Compañía de Jesús es la capacidad autocrítica y el valor ignaciano que empiezan a demostrar algunos intelectuales jesuitas de nuestro tiempo. Este cambio de actitud, que contrasta con la casi total ausencia de autocrítica pública en las décadas anteriores, (a veces se publicaron críticas de forma restringida pero sin firma) lo he advertido en varias naciones pero sobre todo entre los jesuitas de los Estados Unidos, que han generado una saludable reacción contra el hasta ahora férreo y equivocado control ideológico por parte de los Superiores politizados, izquierdistas y liberacionistas. (No todos son así, pero la mayoría decisiva, bajo el desbordado General Arrupe y el vacilante e inoperante General Kolvenbach sí son así en casi todas partes). Uno de estos jesuitas autocríticos es el padre Joseph M. Becker que publicó en 1992, y en una editorial jesuítica de excelente línea, (que contrasta con otras de zona roja, como «Sal Terrae» de Santander) un libro impresionante, *The Re-Formed Jesuitsen*[452] que sitúa el origen de la crisis de la Compañía de Jesús antes del Concilio, al principio de la década de los sesenta.

El cambio empezó en las casas de formación. Contrariamente a lo que se hubiera podido esperar, los primeros estímulos de adaptación a la modernidad no empezaron en las universidades y parroquias, que estaban en contacto directo con el «mundo» sino en las casas de formación, que en aquella época estaban retiradas.

El primer caso lo detecta el padre Becker en el Alma College, teologado de la provincia de California, durante el curso académico 1959-1960. Los alumnos de primero y segundo curso propusieron cambios y enfoques sustancialmente distintos a los tradicionales, y encontraron eco inmediatamente en algunos profesores. Uno de los cambios consistió en crear un aula de debate sobre cuestiones internas, públicas y políticas «The Town Hall» que utilizaba las técnicas de «concienciación» puestas de moda entonces por el educador marxista brasileño Paulo Freire. En los nuevos seminarios de esta Facultad teológica se discutían libremente problemas sobre la historia y la estructura y el espíritu actual de la Compañía de Jesús, reclamaban la sustitución de los textos de espiritualidad habituales en la Orden (como el padre Rodríguez) y ponían en duda la validez actual de los textos habituales para el estudio de la filosofía y la teología. La misma actitud se extendió inmediatamente a los demás teologados jesuitas de América; el de Kansas en 1961, el de Maryland en 1962 y otros. La actitud crítica iniciada en los teologados fue muy pronto imitada, antes del Concilio, por las facultades internas de Filosofía. Becker concluye que las nuevas generaciones

[452] San Francisco, Ignatius Press, p. 13, 23s.

de jesuitas que ingresaron en la Orden durante los años cincuenta estaban al otro lado de una brecha generacional muy clara y venían a los noviciados poco dispuestos a seguir la línea tradicional de los jesuitas. En su importante estudio facilita también una lista de los jesuitas jóvenes que más se distinguieron por su rebeldía en los años sesenta y setenta, con la indicación de que casi todos ellos abandonaron sucesivamente la Compañía de Jesús.

Estoy de acuerdo con esta primera fuente de cambio –evidentemente alocado y nocivo– que señala Becker. Sin embargo no la hubiera situado en primer lugar, sino en segundo, si no estuviera seguro de que un movimiento semejante se advirtió entre los jóvenes jesuitas españoles nada menos que tres décadas antes, durante los años treinta y los años cuarenta aunque luego se ahogó. La prueba está en las confesiones de un jesuita conocidísimo, futuro fascista y más futuro miembro del Comité Central del Partido Comunista de España, el padre José María de Llanos[453].

Había nacido en una excelente, muy católica y conocida familia de Madrid en 1906. Hizo la carrera de Ciencias Químicas y entró en el noviciado de los jesuitas en Aranjuez en 1927. Expulsado de España por el sectarismo de la República en 1932 (esa República que muchos llaman aún democrática y liberal) en virtud del famoso Cuarto Voto, que él no había hecho aún, cursó los estudios de filosofía en Bélgica. Bajo la dirección de un profesor eminente, el padre José Hellín, primer especialista español en la metafísica de Francisco Suárez, los jóvenes jesuitas exiliados recibían una excelente formación filosófica tradicional, no exclusivamente escolástica. Pero el joven Llanos no se sentía satisfecho. Formó un grupo rebelde, aunque clandestino, que titularon «Nosotros»; creo que no advirtieron la coincidencia de nombre con un famoso grupo anarquista de la época inmediatamente anterior, o tal vez se llamaron así por eso). «Con un reglamento e ideario –dice él mismo– del todo clandestino. En estudios, a los avanzados; tras Maréchal y los heterodoxos del momento, con Heidegger en cabeza. No sin estupor y espanto de nuestro profesor, el padre Hellín, discutimos todas las pruebas filosóficas de la existencia de Dios, en tanto el existencialismo de la época nos comía. Simultáneamente se produjo nuestra atracción por la literatura»[454]. Después de la guerra civil estudió teología en Granada pero atendió, mucho más que a los textos oficiales, a los de Rahner, Schillebeeckx y luego Küng. Sin embargo el impacto de la guerra civil española (durante la cual los rojos asesinaron bárbaramente a su hermano) le llevó de momento al totalitarismo fascista, que cultivó ardorosamente, de palabra y mediante varios libros, hasta más que mediada la década de los cincuenta. Pero cito aquí su ejemplo para demostrar que ya desde los años treinta se había producido un brote rebelde y heterodoxo entre los jóvenes jesuitas españoles.

Segunda fuente: La rebelión de los teólogos centroeuropeos. Desde el principio de su pontificado en 1939 Pío XII había advertido peligrosos signos de inquietud en el seno de la órdenes y congregaciones religiosas. Pensaba que esta inquietud surgía de la situación inadaptada y anacrónica de muchas de esas instituciones ante los nuevos tiempos y decidió una *accomodata renovatio,* una adaptación y modernización de estructuras y de métodos sin cambiar lo esencial, la misma idea que luego Juan XXIII expresaría como *aggiornamento.* No se quedó sólo en deseos; el 21 de

[453] Cfr. mi esbozo biográfico en *Misterios de la Historia II*, op. cit. p. 396s.

[454] J.L. González Balado Padre Llanos, un jesuita en el suburbio Madrid, Temas de Hoy, 1991 p. 135.

noviembre publicó la constitución apostólica *Sponsa Christi* seguida inmediatamente por detalladas instrucciones de la Congregación de Religiosos en el sentido indicado[455]. Una de las órdenes que más le preocupaban era precisamente la Compañía de Jesús, de la que estaba cabalmente informado por su equipo de asesores jesuitas y a cuyos miembros hizo una seria advertencia el 17 de septiembre de 1946:

Conviene ante todo que seáis firmemente fieles a vuestras Constituciones y a todos y cada uno de sus preceptos. Las Normas de vuestra Orden pueden, si pareciere conveniente, acomodarse a las nuevas circunstancias mediante modificaciones hechas aquí y allá, pero lo que en ellas es principal no debe tocarse en forma alguna y debe permanecer para siempre[456]. Este es un serio aviso, que respondía sin duda a informaciones preocupantes del Papa respecto de la Compañía de Jesús cuando el mundo acababa de salir de la segunda guerra mundial; pero nadie las interpretó como una señal de alarma, aunque lo era. Conocemos también que en ese mismo año 1950 la encíclica *Humani generis,* sobre desviaciones en la enseñanza y la profesión de la teología, se refería de forma principal a algunos maestros de la Compañía de Jesús. Cierto que muchos cultivadores de la Nueva Teología reaccionaron fielmente a la grave advertencia de Pío XII y volvieron a la ortodoxia plena; cierto que el aviso del Papa resultaba exagerado en cuanto a algunos puntos y alusiones personales. Los Superiores obedecieron al Papa y excluyeron de la enseñanza a algunos maestros que no merecían la condena aunque a ninguno se abrió proceso. Pero no toda la información que movió al Papa a dirigir a toda la Iglesia tan solemne aviso estaba equivocada, ni mucho menos. Se insinuaba ya con claridad que algunos pretendían desconocer una rebelión teológica que ya hemos descrito en el capítulo 7 de este libro como uno de los frentes de infiltración enemiga en la Iglesia. Un jesuita, el complicado padre Tyrell, había sido a principios de siglo un promotor principal de la herejía modernista. El jesuita Pierre Teilhard de Chardin, muerto en 1955, ha sido considerado en este libro más como un poeta que como un teólogo, pero el efecto de su «poesía teológica» en los años cuarenta y cincuenta, aunque obedeció a la orden de no publicar sus obras en vida, causó una seria agitación intelectual dentro de la Compañía de Jesús. Pero el teólogo a quien sinceramente considero como principal origen de la degradación intelectual (filosófica y teológica) de la Compañía de Jesús es el padre Karl Rahner, sobre todo durante sus años de enseñanza en Innsbruck entre 1949 y 1963. No voy a repetir ahora las razones que expliqué en el capítulo 7, y que se refieren tanto a Rahner como a sus colaboradores permanentes y a sus discípulos jesuitas durante ese período. Promociones enteras de jesuitas de todo el mundo se formaron con Rahner y muchos de ellos se transformaron en ardientes rahnerianos; divinizaron a su maestro y a través de su maestro sustituyeron su formación filosófica anterior por el pensamiento idealista de Hegel, el nihilismo de Nietzsche y sobre todo el existencialismo inmanentista de Heidegger. Puedo afirmar como historiador que he sido testigo directo del cambio de aquellas jóvenes generaciones de jesuitas, generalmente lo mejor de cada Provincia, que sufrieron una auténtica transfiguración de pensamiento a través de un maestro como Rahner, dotado de una amplia erudición, una gran ori-

[455] Cfr. H. Jedin, op. cit., IX p. 530.
[456] Acta Apostolicae Sedis 38 (1946) 383.

ginalidad de pensamiento y un atractivo difícil de comprender para quien desconozca tales ambientes. Los alumnos de Rahner venían por lo general de estudiar filosofía escolástica en sus provincias; desconocían por completo la filosofía moderna y la ciencia moderna; y asimilaron el inmanentismo, el desprecio (que se presentaba como objetivo) por la filosofía perenne, con la que Rahner disfrazaba sus construcciones; malformaron su sentido teológico de lo sobrenatural. Para colmo se vincularon de diversas formas al pensamiento de otros teólogos más o menos dependientes de Rahner: el teólogo católico J.B. Metz, creador de la Teología Política, que por más que pretendan disimularlo no es más que la politización de la teología en sentido socialista radical; el teólogo protestante Jürgen Moltmann, promotor de una teología de la esperanza afín a la esperanza utópica del pensador marxista Ernst Bloch; y en algunos casos, como Jon Sobrino, entraron en contacto directo con la neomarxista Escuela de Frankfurt. Mientras sus colegas los jóvenes estudiantes de teología y filosofía en las casas de formación jesuitas de los Estados Unidos interpelaban a sus maestros (y muchas veces les convencían) con sentido crítico inspirado en el espíritu del mundo, los europeos (a los que se añadían también selectos jesuitas jóvenes de Norteamérica, Iberoamérica y otras partes del mundo) volvían a sus patrias imbuidos de existencialismo teológico, de *progresismo* a ultranza, de internacionalismo socialista y aun de comprensión por la nueva teología protestante e inclinación, o más, al marxismo como problema teológico. Rahner es el principal responsable de esta transformación, pero no es el único. Para colmo de desgracias, algunos de esos grandes maestros, como Rahner y Teilhard de Chardin, según hemos visto, mantenían en su vida privada rasgos incompatibles con el espíritu y la letra de la Compañía de Jesús en planos tan delicados como el voto de castidad, lo que resulta muy difícil de disimular en ambientes tan cerrados donde las paredes oyen y ven, literalmente. Las barreras de la *Humani generis* saltaron por los aires ante la nueva riada. Otros muchos profesores de filosofía y teología se convirtieron también en adoradores e imitadores de Rahner y formaban a sus alumnos de filosofía y teología según pautas parecidas en Holanda, en Lovaina, en Francia, en Italia y en España; muchos alumnos de América, Norte y Sur, asistían a sus cursos en Europa. El padre José María Díez Alegría, por ejemplo, que hasta 1949 explicaba marxismo con criterios moderadamente antimarxistas, durante la década siguiente se fue acercando cada vez más al marxismo y al *progresismo* mientras se le encomendaba nada menos que el rectorado de la Facultad donde se formaban los jóvenes filósofos jesuitas en Alcalá de Henares y luego en su cátedra de la Universidad Gregoriana de Roma, de la que sería expulsado cuando se unió al pensamiento y la acción de dos religiosos heterodoxos que provocaban graves escándalos de pensamiento y comportamiento a la sombra de San Pedro; el salesiano Giulio Girardi y el benedictino Dom Franzoni. En Norteamérica la rebelión teológica y la crisis de la Compañía de Jesús vino de los alumnos; en Europa vino de los grandes maestros, merecedores de una nueva carta a Timoteo. El 8 de junio de 1993 un admirable jesuita norteamericano, próximo a cumplir sesenta años de permanencia en su Orden, profesor durante muchos años de filosofía moderna y testigo admirable de la degradación de la Compañía me escribía, con una montaña de documentos detrás, esta conclusión lapidaria:

La teología de Karl Rahner y las acciones del padre Arrupe son la causa principal de la actual confusión en la Compañía de Jesús[457]**.** Baste ahora con señalar que entre los jesuitas formados en la escuela centroeuropea están algunos que van a aparecer pronto en estas páginas; Alfonso Alvarez Bolado, José Gómez Caffarena, Jon Sobrino e Ignacio Ellacuría. Y entre los no jesuitas, la plana mayor de la teología de la liberación, encabezada por Gustavo Gutiérrez.

Dentro de la rebelión de los maestros he de registrar un testimonio tremendo sobre la crisis en la exegesis bíblica, un problema que afecta directamente a la propia fe de la Iglesia y que mereció profunda atención, como hemos visto, en el Concilio Vaticano II. Un biblista de primer orden, Francesco Spadafora, escribía en 1995 un artículo-denuncia que empezaba con esta afirmación de un jesuita:

El triunfo del modernismo sobre la exegesis católica. «La Compañía de Jesús, en el Instituto Pontificio Bíblico, ha traicionado a la Iglesia» (Padre Vitti S.J.)[458]**.** El autor, que había publicado un prestigioso *Diccionario bíblico* había calificado en sus páginas al Pontificio Instituto Bíblico de Roma, junto a la Escuela bíblica de los dominicos en Jerusalén, como «la más providencial de las instituciones católicas modernas para la formación cultural del clero». Encomendado a los jesuitas, funcionó admirablemente hasta 1949, cuando Pío XII designó al padre Ernesto Vogt en sustitución del padre Agustín Bea, futuro Cardenal y una de las estrellas del Concilio, como hemos visto. Un alumno del Instituto, Calixto Vendrame, se extrañó al oír a su profesor de exegesis, el jesuita Robert Dyson, opiniones despectivas contra el padre Bea, que como Spadafora estaba cada vez más extrañado de que en el Bíblico se permitieran enseñanzas en las que «no hay lugar para la inspiración divina de las Sagradas Escrituras... ni tampoco para el magisterio de la Iglesia». Se trataba de un acercamiento claro a la exegesis desmitificadora y racionalista de los protestantes modernos. Durante varios años continuó más o menos secretamente en el Bíblico esta labor de zapa, hasta que otro jesuita, el padre Stanislas Lyonnet, publicó en 1956 un estudio sobre el pecado original en la epístola a los Romanos. Lyonnet negaba pura y simplemente el pecado original, contra toda la enseñanza y la tradición de la Iglesia; y esta auténtica herejía fue aceptada por el profesor de la Gregoriana Ugo Vanni S.J. Los dos jesuitas se apuntaban a la interpretación de Pelagio, Erasmo y Lutero; y pasaban por alto la clarísima doctrina del Concilio de Trento. Este episodio, que por fortuna quedó relegado a las discusiones de especialistas, es una nueva demostración de la facilidad con que, durante la década anterior al Concilio, cualquier opinión filoprotestante encontraba inmediatamente eco entre los teólogos católicos obsesionados con el *progresismo*. El Concilio, como sabemos, trató de poner remedio a semejantes disparates mediante la Constitución dogmática *Dei Verbum.* Pero los jesuitas no escarmentaron. Ya vimos en el Pórtico, y recordaremos después en este capítulo, que hace poco uno de ellos, teólogo muy afamado, es el primer jesuita –y el primer católico– que se ha atrevido a negar, desde Arrio, la divinidad de Cristo. La rebelión de los maestros.

[457] FRSJ, D-7.

[458] «Sí, sí, no, no» ed. esp. 36 (mayo 1992) 1s.

Tercera fuente: Los jesuitas precursores de Nueva Orleans y su conexión española y centroamericana. He aquí un episodio sorprendente, pero no aislado, porque vamos a detectar en él relaciones insospechadas. Desde la actividad primordial de la Compañía de Jesús, los primeros pasos de San Ignacio y sus compañeros, los jesuitas han trabajado por los pobres y los marginados del mundo; recuérdese la acción heroica de San Pedro Claver S.J. con los negros que llegaban hacinados como reses de Africa a Cartagena de Indias, o el apostolado de los jesuitas de Madrid antes y después de la guerra civil, cuando dirigían a las damas de sus asociaciones y a los alumnos de sus colegios al contacto directo con los pobres de los suburbios, o cuando ellos mismos se establecían en medio de esos pobres. La famosa «opción preferencial por los pobres» de que tanto alardean los jesuitas liberacionistas desde la era Arrupe no es, en realidad, más que una opción preferencial por la política revolucionaria que toma a los pobres como carne de cañón. Esto es adelantar acontecimientos que en su momento probaré cumplidamente pero así de dura es la verdad. A los jesuitas liberacionistas los pobres les importan un rábano.

Al estudiar los orígenes de las desviaciones sociales en la Compañía de Jesús hay que prestar atención especialísima a la obra, realmente demoledora, de un jesuita norteamericano con enorme influencia en Iberoamérica, el padre Luis B. Twomey. Fundó en 1949 (lo temprano de la fecha me induce a situarle en esta sección) con seis colaboradores seglares la revista reservada *Christ Blueprint for the South* editada luego por una institución fundada por él mismo, *Institute of Social Order* en la Universidad Loyola, de la provincia de Nueva Orleans; hoy se sigue publicando con el título *Blueprint of Social Justice* en la misma Universidad, dentro del instituto que ahora se llama *of Social Relations.* El 26 de enero de 1970, al conocer la muerte del padre Twomey, uno de sus discípulos españoles, el jesuita Rafael Carbonell, escribía desde Córdoba al Instituto una carta reveladora según la cual el objeto de la Escuela Técnica Empresarial Agrícola, a la que el padre Carbonell había sido destinado después de su entrenamiento en Norteamérica, no podía ser otro que «formar líderes de la clase obrera». El padre Carbonell expresaba a su corresponsal americano su propósito de realizar un viaje «de apostolado social» a Iberoamérica, financiado por los obispos holandeses. Un año antes de la aparición del famoso libro de Gustavo Gutiérrez sobre la teología de la liberación.

Twomey era un auténtico precursor de Gustavo Gutiérrez y del liberacionismo. Su *Blueprint* es una *newsletter* secreta, escrita básicamente por no-jesuitas y destinada exclusivamente a jesuitas; un claro instrumento de infiltración marxista y revolucionaria. Un asiduo lector del *Blueprint,* jesuita muy conocido por su saber y criterio objetivo y moderado sobre la perversión de la Compañía y la Iglesia en América, califica duramente al *Blueprint* como «esfuerzo leninista para desobrenaturalizar a la Iglesia católica en los Estados Unidos». El padre Carbonell confiesa en su carta que siguió asiduamente al *Blueprint* desde 1956; así lo hicieron otros muchos jesuitas españoles e iberoamericanos que sintonizaron con el mensaje marxista de la publicación. «Así –me dice en su impresionante testimonio el mencionado jesuita– las primeras semillas de la liberación, de la teología no-sobrenatural, fueron plantadas en Iberoamérica por este Instituto norteamericano»[459].

[459] Dossier Twomey en FRSJ D8.

En 1959 –siempre antes del Concilio– un célebre periodista que había enviado desde Petrogrado crónicas memorables a los Estados Unidos durante la revolución de 1917, se hizo con un número del *Blueprint* –en el que se le atacaba vilmente– y entonces, con toda su autoridad, rebatió las tremendas distorsiones del *Blueprint* sobre la historia social de los Estados Unidos, que había tratado la revista calumniosamente y sin el menor respeto por los hechos. En sus ataques al sistema social y al sistema católico de enseñanza en los Estados Unidos, el *Blueprint* actuaba como un altavoz de la propaganda soviética más grosera, y se comportaba como una hoja antipatriótica de difamación infiltrada. Una de las obsesiones del *Blueprint* era desacreditar sistemáticamente al anticomunismo, convertir la condición de anticomunista en un insulto, de acuerdo con la consigna de la propaganda exterior soviética y la KGB después de la segunda guerra mundial hasta 1989.

Una de las más eficaces y demoledoras conexiones logradas por el *Institute of Social Order,* el centro jesuítico que editaba el *Blueprint,* fue con la Universidad Centroamericana José Simeón Cañas en San Salvador, dirigida por los jesuitas. Cuando la Universidad Nacional en San Salvador fue prácticamente dominada por los comunistas, se creó la Universidad Centroamericana para contrarrestar el influjo negativo de la Nacional en los primeros años sesenta; y se entregó a la Compañía de Jesús, que al principio la dirigió como de ella se esperaba. Pero hacia 1971 –me dice un testigo directo– el gobierno salvadoreño patrocinó una conferencia sobre reforma agraria a la cual fue invitada la Iglesia. Un jesuita, Luis de Sebastián, ejerció como activista en esa conferencia y logró orientarla en sentido revolucionario más que reformista. Sebastián era un jesuita mundano, bien trajeado, amigo de diversiones y poseía una ideología radical de izquierdas; luego abandonó la Orden para casarse con una viuda vasca. Pero su obra sería continuada en el mismo sentido por otro grupo de jesuitas vascos que habían llegado a dominar completamente la UCA y cuyos líderes más famosos serían los liberacionistas Jon Sobrino, el amigo de la Escuel de Frankfurt, e Ignacio Ellacuría, el discípulo de Karl Rahner. Este grupo de jesuitas vascos y liberacionistas establecieron la conexión de la UCA con el *Institute of Social Order* como se puede comprobar en los planes de reforma social que inspiraron a la primera Junta de El Salvador en 1979, sobre la cual influyeron de manera decisiva. Dejemos así establecida una conexión tan importante, que luego repitieron los jesuitas revolucionarios en Nicaragua. Ahora sólo nos interesaba marcar un origen de la crisis general de la Compañía de Jesús. Volveremos también sobre las preferencias de los padres Generales Arrupe y Kolvenbach por la UCA y sus actividades revolucionarias. No sólo toleraban; participaban.

Cuarta fuente: los jesuitas en las redes de infiltración marxista. Recuerdo que el padre Llanos, cuando posaba de anticomunista, proponía un remedio genial contra la infiltración comunista: «Infiltrémonos». El lo hizo tan cumplidamente que llegó al Comité Central. El caso del padre Twomey debería figurar también en lugar preferente dentro de este nuevo apartado sobre los orígenes de la crisis de la Compañía de Jesús. Crisis, en este caso y en los demás que cito a continuación, de doble aspecto: crisis interna porque la propaganda de Twomey se dirigía preferentemente a los jesuitas; crisis de impulso exterior porque esa propaganda coincidía sospechosamente con una de las directrices fundamentales de la KGB para deformar la opinión occidental. Pero citado ya suficientemente el activista de Nueva Orleans, recordemos con brevedad, para evitar reiteraciones, la participación de los jesuitas en la red subversiva del IDOC, que hemos interpretado en el capítulo 7 como una prolongación del movimiento comunista PAX y como un intento de preparar el despliegue de la teología de la liberación y movimientos conexos en América y en todo el mundo.

Los documentos internos del IDOC que hemos citado en el capítulo 7 demuestran que la red pre-liberacionista del IDOC se estaba preparando en toda América a partir de los años sesenta. Esos documentos insisten demasiado en que el IDOC se crea más o menos oficialmente en Roma al terminar el Concilio pero hay evidencia suficiente como para asegurar que esa red se estaba tendiendo activamente desde el principio de los sesenta e incluso desde el final de los cincuenta. El CIDOC que instala en Cuernavaca Iván Illich, bajo el manto episcopal del obispo filomarxista y filomasónico don Sergio Méndez Arceo, está ya funcionando, como vimos, en 1960; y era un antro destinado a «formar» misioneros-activistas para toda Iberoamérica. El padre Joseph Comblin, iniciador más que precursor de la teología marxista de la liberación, se muestra activísimo en varios países de Iberoamérica a partir de 1958 y constan por innumerables referencias sus contactos con reconocidos miembros del IDOC[460]. Luego, como es sabido, fue el principal inspirador de la famosa Conferencia de Medellín que sentó las bases para los movimientos liberacionistas en 1968. Entre los miembros que ya pertenecían al IDOC en 1967 (pero que con toda verosimilitud habían sido reclutados durante el Concilio) figuran varios jesuitas, según vimos en el fundamental informe de J. Abreu Vale[461]: el padre Tucci, que intervino en la turbia maniobra para ocultar la moción contra el comunismo en las últimas semanas del Concilio; los jesuitas chilenos Ochagavia y Poblete; el entonces jesuita inglés Hebblethwaite y el francés Roquette; el argentino Luzzi. Desde nuestra perspectiva ésa es una lista de infiltrados, que debería presidir, junto con el padre Twomey, uno de los grandes autores individuales de la crisis de la Compañía de Jesús, el jesuita guatemalteco César Jerez.

Poseo sobre el padre César Jerez un dossier copiosísimo, que me daría para un capítulo entero. Resumiré lo esencial. César Jerez es todavía (murió en Medellín, Colombia, el 22 de noviembre de 1991 y recibió desmesurados elogios fúnebres por parte de los jesuitas de izquierda y sus compañeros de viaje)[462] un misterioso personaje, de origen hindú, que nació en Guatemala en 1936. Mis fuentes reservadas, que le conocían personal y directamente, le comparan con otro hindú, Mana Bendranath Roy, comunista y activista soviético, que llegó a México como emisario de Lenin en junio de 1917, entre las dos revoluciones soviéticas, dos años antes de que Michael Borodin, en nombre del mismo Lenin, llegase a la misma nación para entrevistarse con Venustiano Carranza[463]. Mis fuentes internas son implaca-

[460] Cfr. «Misión abierta» 4 (1984) 44s.
[461] Cfr. más arriba p. 256.
[462] «Central American Report» febrero 1992.
[463] FRSJ D 9, sigla para todos los documentos anónimos del dossier.

bles; insisto en que son directas y escritas. Sus testimonios están convencidos de que Jerez decidió formarse como sacerdote y como jesuita, pero que su finalidad íntima era actuar como activista del marxismo-leninismo. Ingresó en la Compañía de Jesús en 1953, con diecisiete años, tal vez demasiado joven como para considerarle ya un activista del marxismo; puede que se adhiriese a esa doctrina durante sus estudios en la universidad de los jesuitas «Rafael Landívar» en Guatemala y después en la Universidad de Chicago, donde estudió ciencia política con Hans Merganthau. Un jesuita guatemalteco informa, según mis documentos reservados, que en esa época de Chicago ya se mostraba como «ferviente revolucionario» y que durante su año de Tercera Probación en Inglaterra «estuvo organizando células revolucionarias».

Jerez fue un protegido del jesuita Joseph P. Fitzpatrick, «prominente figura de la izquierda religiosa» –dicen mis fuentes– en Estados Unidos, profesor de sociología de la zona del Caribe en la universidad de los jesuitas de Fordham, Nueva York, y después adversario público y declarado de la política del presidente Reagan en América Central. Para mis informadores, el padre Fitzpatrick fue uno de los principales responsables de inclinar a buena parte de la opinión pública norteamericana a favor de las guerrillas marxista-leninistas de Nicaragua y El Salvador. Podría figurar en mi apartado anterior sobre los maestros desviados; prefiero inscribirle entre los activistas rojos de la Compañía.

Significativamente el padre Fitzpatrick actuó desde que el padre Arrupe fue elegido General en 1965 como su principal consejero para asuntos de América Central y el Caribe. Y desde que conoció a Jerez apareció como su más fervoroso abogado ante los jesuitas de Norteamérica (donde ejercía una influencia sin límites) y sobre el propio Arrupe, que incluyó también entre sus consejeros más próximos y fiables al marxista César Jerez, a quien nombró nada menos que Provincial de Centroamérica entre 1976 y 1982. Durante esa época –y ya antes– Jerez, según las enseñanzas de su protector Fitzpatrick, apoyó con entusiasmo e identificación a los jesuitas liberacionistas de Nicaragua y El Salvador. En este último año, una vez destituido Arrupe por la intervención directa del Papa Juan Pablo II, el representante del Papa nombrado para dirigir la Compañía de Jesús, padre Paolo Dezza, destituyó también a César Jerez de su cargo de Provincial.

No por ello se desanimó el activista, que prosiguió sus actividades revolucionarias desde su cátedra de Nicaragua, donde actuó decidida y públicamente en favor del gobierno sandinista, por lo que fue denunciado a Roma por uno de sus compañeros de Orden en carta del 14 de agosto de 1985, sin efecto alguno; el débil padre Kolvenbach no se ha atrevido nunca a afrontar las tendencias revolucionarias de la Compañía. En 1973 había declarado que «la misión actual de los jesuitas en el Tercer Mundo es crear el conflicto»[464]. Ese fue, naturalmente, su programa como provincial. Una vez expulsado de su cargo concedió una entrevista en un medio propicio, el diario de Madrid «El País» (7 de noviembre de 1983). Pasaba por Barcelona como miembro electo para la Congregación General 33, que acaba-

[464] «New England Jesuit News» vol. 3 n. 3 abril 1975.

ba de terminar. Y dijo que «en Centroamérica, la operación de los jesuitas ha sido por el cambio de estructuras desde un punto de vista sacerdotal y político». Y encima se quejaba de que en algunos sitios le considerasen comunista y revolucionario.

Fitzpatrick y César Jerez fueron considerados como auténticos héroes en algunos sectores universitarios de la Compañía de Jesús en los Estados Unidos. Se les otorgaron doctorados honoris causa, se les incorporó a los consejos de dirección. Esto no significa más que una cosa; la «opción por los pobres» se había convertido en opción radical de izquierda en muchas Universidades para ricos. Uno de los más certeros observadores que han dejado testimonio en mi dossier interpreta la ofensiva marxista-leninista en Centroamérica, tan vinculada, como ya demostré en mis libros de 1986 y 1987 y confirmaré con nuevos y tremendos documentos en mi próximo libro, *La Hoz y la Cruz* fue, por supuesto, impulsada desde la plataforma cubana de la expansión soviética; en estrecha alianza objetiva con lo que llama mi fuente «la trama conspiratoria de Joseph Fitzpatrick S.J, César Jerez, S.J., el órgano *Jesuit Missions* del padre Simon Smith, S.J., el *Christic Institute* del padre Bill Davis, los jesuitas vascos de las Universidades jesuitas de Managua y San Salvador y el padre John O'Callaghan, asistente ejecutivo del General de los jesuitas en Roma». (Este era el aludido por Pablo VI en su conversación de 1967 con los obispos españoles). Y añade: «la conspiración tenía por objeto poner a El Salvador bajo el dominio del Frente de Liberación Farabundo Martí y a Nicaragua bajo la dictadura sandinista».

Quinta fuente: la opción de poder hacia la izquierda. Creo que esta fuente está ya demostrada en el análisis de la fuente anterior. Podría añadir muchos documentos más. Me basta con uno, quizás el más detonante de este libro. Conoce ya el lector el documento revolucionario maoísta distribuido en Cuba en 1959, a raíz del triunfo de Fidel Castro. Lo que sin duda no se espera es que un equipo mixto de jesuitas holandeses y norteamericanos diera en 1972 una respuesta positiva a ese documento, cuya finalidad es destruir a la Iglesia católica en Iberoamérica según la experiencia de la Iglesia Patriótica china. Ahora sólo reproduzco el párrafo clave. Algo más abajo tanscribiré todo el documento en su contexto.

La respuesta de ese equipo de jesuitas se publica en una revista interna de la Compañía de Jesús en 1972, la voy a citar de manera expresa. No se concibió en ese año. ¿Desde cuándo estaba minada por el marxismo-leninismo la Compañía de Jesús para que en 1972 su principal revista interna de los Estados Unidos se atreviera a publicar esta proclama «para debate interno»?. La propuesta era ésta:

Así la planificación nacional de la Compañía de Jesús en los Estados Unidos debería, tras el ejemplo de China, convertirse en una planificación internacional. Hacia la convergencia de problemas en todas las zonas del mundo en torno a un tema único: la construcción, en diferentes tiempos y formas, de una sociedad mundial comunista[465].

Las cinco fuentes de la crisis. *Quod erat demonstrandum.*

[465] National Jesuit News, abril 1972.

SECCIÓN 2: LA TOMA DEL PODER POR EL CLAN DE IZQUIERDAS: LA ELECCIÓN DEL PADRE ARRUPE COMO GENERAL EN LA CONGREGACIÓN GENERAL XXXI

LA ADMONICIÓN Y EL MANDATO SOLEMNE DE PABLO VI

El padre General Juan Bautista Janssens, que regía la Compañía de Jesús desde el fin de la segunda guerra mundial, murió el 5 de octubre de 1964, durante la tercera sesión del Concilio Vaticano II. Había sido un largo y fecundo mandato, durante el cual, ciertamente, se incubó la gran crisis de la Orden, sin que trascendiera a la opinión pública aunque sí a la Santa Sede; era una crisis interna que reventaría muy poco después de que fuera elegido su sucesor. El número de jesuitas en conjunto era de 35.788, más del doble de la cifra de 1914; y la más alta en toda la historia de la Orden. La tercera parte de los jesuitas estaban dedicados a la enseñanza según la tradición ignaciana, en más de 4.600 centros con cincuenta mil profesores no jesuitas y 1.250.000 estudiantes. El veinte por ciento de los efectivos de la Orden trabajaba abnegadamente en las Misiones extranjeras. Sólo en los Estados Unidos los jesuitas regían, con general aceptación, 52 centros de enseñanza media y 18 universidades. Salvo los aún ocultos indicios de la crisis interna, la Compañía de Jesús, dirigida por un General muy bien orientado, vivía según sus Constituciones, alentada por el espíritu ignaciano y sus últimos sesenta años, es decir prácticamente todo el siglo XX hasta la muerte del padre Janssens, constituían sin duda, como dice un importante historiador de la Orden, uno de los períodos más brillantes de su historia[466]. Como además de notables teólogos y filósofos, los jesuitas contaban a lo largo del siglo XX con un excelente plantel de miembros muy conocidos y admirados en los campos de la literatura, las ciencias humanas y las ciencias naturales y físico-matemáticas, la Iglesia tenía derecho a esperar la plena reanudación de la gloriosa historia de la Orden brutalmente interrumpida al final del siglo XVIII por la extinción, y comprometida durante el siglo XIX y el principio del XX por las absurdas persecuciones del liberalismo radical y masónico. La Compañía vivía una edad de plata en el siglo XX de la que cabía esperar una nueva edad de oro como la de los siglos XVI y XVII. Pero a partir de la Congregación General XXXI, convocada por el Vicario General a la muerte del padre Janssens, lo que sobrevino fue la desorientación, la degradación, la deserción, el caos.

El 7 de mayo de 1965, durante el último período interconciliar del Vaticano II –el Concilio en que numerosos jesuitas participaron casi siempre de forma muy positiva, aunque con excepciones lamentables como algunas exageraciones del padre Rahner y las maniobras sospechosas del padre Tucci para eliminar el debate sobre anticomunismo– el Papa Pablo VI dirigió un trascendental discurso a los 224 delegados elegidos por las 89 Provincias y Viceprovincias de la

[466] W. Bangert, op. cit. p. 69.

Compañía de Jesús[467]. Desgraciadamente el padre Padberg, un notable historiador jesuita que se ensañó con el libro del ex-jesuita Malachi Martin en 1987, se refiere como de pasada al importantísimo discurso de Pablo VI en esta Congregación General. Es un historiador crítico con los demás pero nada autocrítico; y juega sucio ante la Historia por ocultación de datos esenciales, como este discurso del Papa. Pablo VI tiene sobre la Compañía, como va a observar el lector, una idea diametralmente opuesta a la que hemos visto expresada un poco más arriba por los jesuitas de «Razón y Fe». Y poseía ya una importante información sobre la crisis latente y reptante de los jesuitas cuando se dirigió a ellos evocando, ante todo, la figura de San Ignacio.

El deseó que la Compañía de Jesús, fundada con espíritu magnánimo y como con cierta inspiración divina, fuese, sobre todo, un firme baluarte del catolicismo y como un escuadrón adicto, valiente y fiel a la Sede Apostólica[468]. Y urge el cumplimiento de este mandato fundacional: **En el cumplimiento de este juramento como militar, si otros religiosos deben ser fieles, vosotros debéis ser fidelísimos; si otros fuertes, vosotros fortísimos; si otros distinguidos, vosotros aún más.** Estas palabras las dice Pablo VI, muy claras, tras la cita de las Letras Apostólicas *Exposcit debitum,* de 1550. Militar, escuadrón, baluarte, ejército...¿dónde están las negaciones de «Razón y Fe»?. Enseguida va a hablar de «soldados» y de «milicia», estos escritores jesuitas de hoy leen poco. Pablo VI recomienda vivamente a los jesuitas que sean fieles a su historia y les expone su primera queja importante, que en el eufémico lenguaje vaticano suena ya como un trallazo:

Si ocurriera en un ejército que un escuadrón o destacamento no siguiera el plan común trazado, sería como voz discordante en un concierto de instrumentos y voces. El Prepósito General que elijáis deberá vigilar atentamente que no haya discordancia en vuestra sinfonía, sino al contrario resuene una alabanza armónica común, pletórica de fe y de piedad. Y verdaderamente me complazco y me alegro en subrayar que esa concorde armonía existe en la mayoría de vosotros.

Tras este buen deseo, o más bien irónica comunicación de que la minoría discordante no contribuye al concierto, el Papa recomienda que todos se distingan en «servir a la Iglesia... en seguir, no sus propias iniciativas, planes y criterios sino los de la jerarquía» y pasa a formular el gran encargo, con estas palabras:

Gustosos aprovechamos esta ocasión que se nos ofrece para tratar con vosotros, breve, pero resueltamente y con fortaleza, una cuestión de gran importancia. Nos referimos a ese peligro que amenaza a la humanidad entera: el ateísmo.

Como todos saben, no se manifiesta siempre de una misma forma, sino que aparece bajo diversas maneras y modos distintos. Pero sin duda la peor forma es la de la impiedad militante que no se limita a negar intelectual y prácticamente la existencia de Dios, sino que adquiere carácter combativo y usa armas con propósito de arrancar de las almas todo espíritu religioso y todo sentimiento de piedad.

[467] Número, lista de asistentes y resoluciones de la C.G. 31 en J.W. Padberg S.J. *Togheter as a Companionship*, The Institute of Jesuit Sources, St. Louis 1994 p. 1s.

[468] Congregación General XXXI, *Documentos.* Zaragoza, 1966, p. 12. Tomo de la misma fuente el resto de la documentación si no indico otra cosa.

Existe también un ateísmo de quienes sobre bases filosóficas afirman que no existe Dios o que no puede ser conocido. Otros fundan todo el gozo prescindiendo de Dios. Otros rechazan todo culto religioso, porque consideran supersticioso, inútil y costoso, el venerar a nuestro Creador y servirle sometidos a su ley. Y así viven sin Cristo, privados de la esperanza de la promesa y sin Dios en este mundo (cfr. Eph., 2, 12).

Este es el ateísmo que en nuestros días serpentea, unas veces abiertamente, y otras encubierto, bajo apariencia de progreso en la cultura, en la economía y en lo social.

Pedimos a la Compañía de Jesús, que tiene por característica ser baluarte de la Iglesia y de la religión, que en estos tiempos difíciles aúne sus fuerzas para oponerse valientemente al ateísmo, bajo la bandera y protección de San Miguel, príncipe de la milicia celestial, cuyo nombre es de victoria o la anuncia segura. Así pues los hijos de San Ignacio emprendan esta gran batalla, despertando todas sus fuerzas, sin desperdiciar ninguna, para que todo se organice bien y lleve al éxito. Para ello trabajen en la investigación; recojan toda clase de información; si es conveniente, publíquenla; traten entre sí; formen especialistas en la materia; hagan oración; descuellen en virtud y santidad; fórmense en la elocuencia de la palabra y de la vida; brillen con la gracia celestial, según lo entendía San Pablo cuando decía: «Mis palabras y mi predicación no fueron sólo palabras persuasivas de sabiduría sino demostración de Espíritu y virtud» (I Cor. 2, 41). Lo cual realizaréis con más entusiasmo y prontitud si pensáis que esta tarea que ya hacéis en parte, y a la que os dedicaréis plenamente en el futuro, no os la habéis fijado vosotros por vuestra voluntad sino que la habéis recibido de la Iglesia y del Sumo Pontífice.

Ha encargado, pues, Pablo VI a los jesuitas, una misión, la lucha contra el ateísmo militante, es decir contra el comunismo expansivo, al que se refiere clara, aunque implícitamente el Concilio en la *Gaudium et Spes* con su famosa nota 16 insertada por el Papa; al ateísmo comunista mencionado por él mismo en la Encíclica *Ecclesiam suam* durante el Concilio. No cabían equívocos ni efugios de escolástica decadente. El encargo se hace con expresa referencia al cuarto voto que obliga a los jesuitas a obedecer especialmente al Papa en las misiones que él les encomiende. Lo recalca en el párrafo siguiente:

Por esto en las Leyes y Constituciones por las que se rige vuestra Compañía, confirmadas por Paulo III y Julio III, se encuentran estas palabras: «Todos los que hicieren profesión en esta Compañía se acordarán, no sólo al tiempo que la hacen, mas todos los días de su vida, que esta Compañía y todos los que en ella profesan son soldados de Dios, que militan bajo la fiel obediencia de nuestro Santo Padre y Señor el Papa Paulo III y los otros Romanos Pontífices sus sucesores. Y aunque el Evangelio nos enseña, y por la fe católica conocemos y firmemente creemos que todos los fieles de Cristo son sujetos al Romano Pontífice como a su cabeza y como a Vicario de Jesucristo, pero por nuestra mayor devoción a la obediencia de la Sede Apostólica y para mayor abnegación de nuestras propias voluntades y para ser más seguramente encaminados del Espíritu Santo, hemos juzgado que en gran manera aprovechará que cualquiera de nosotros, y de los que hoy en adelante hicieren la

misma profesión, además de los tres votos comunes, nos obliguemos con este voto particular, que obedeceremos a todo lo que nuestro Santo Padre que hoy es, y los que por tiempo fueren Pontífices Romanos, nos mandaren para el provecho de las almas y acrecentamiento de la fe, e iremos sin tardanza (cuanto será de nuestra parte) a cualesquiera provincias donde nos enviaren, sin repugnancia ni excusarnos (Letras Apostólicas «Exposcit debitum»).

Es claro que este voto, por su naturaleza sagrada, no sólo debe estar latente en la conciencia sino traducirse en obras y estar patente a todos.

Así os quiso vuestro Padre y Legislador, así os queremos también Nos, teniendo por cierto que encontrará plena correspondencia en vosotros a la confianza que en vosotros depositamos y que estos nuestros deseos, cumplidos por toda la Compañía, que milita, ora y trabaja en todas las partes del mundo, los compensará Dios dándoos abundante mies, vida floreciente y preclaros méritos.

Y aquí conviene fijar ya una tesis esencial de este libro. Por primera vez en su historia, un gran sector de la Compañía de Jesús, dubitativa e insuficientemente guiada por el General que iban a elegir tras este solemne encargo, desobedeció al Papa, violó el cuarto voto que el Papa acababa de recordarles y en vez de oponerse en combate con el ateísmo «que usa armas con el propósito de arrancar de las almas todo sentimiento religioso» es decir, con el marxismo-leninismo, única doctrina práctica que corresponde a esa definición, ese sector dominante de la Compañía de Jesús convirtió la confrontación en diálogo complaciente, asumió decisivas posiciones teóricas y estratégicas de ese ateísmo y concertó de hecho con él una inconcebible alianza. Los Papas, a partir del mismo Pablo VI, reconocieron, como veremos, este hecho, clamaron contra él y tomaron durísimas medidas para intervenir en ese concierto discordante, en ese escuadrón demandado. Poco después, en diciembre de 1965, el padre Arrupe reconocía en una larga entrevista «la misión que nos ha confiado el Papa»[469]. Y cinco años más tarde se vería obligado a confesar su atroz fracaso: «Cometí un tremendo error por mi falta de experiencia en Occidente»[470]. Un jesuita americano, al que siguieron muchos, el padre A.D. Forsthoefel, quiso justificar lo injustificable y plasmó la tergiversación del mandato papal al escribir que, como la raíz del ateísmo es la injusticia –citando por cierto a Carlos Marx como autoridad suprema– los jesuitas, al dedicarse a la «justicia social» (debería decir a la política de izquierda revolucionaria) estaban cumpliendo expresamente el mandato de Pablo VI. Es el colmo del cinismo. Lo que estaban haciendo es tergiversarlo y prostituirlo; y el propio Papa se iba a encargar de explicárselo así de claro en 1974.

LA ELECCIÓN DEL PADRE ARRUPE

Durante las jornadas de reflexión los delegados de izquierda, perfectamente organizados, propusieron al padre Arrupe, provincial de Japón desde 1958, como candidato de consenso. Sucedió algo semejante al éxito de la Alianza del Rin

[469] P. Arrupe, *La Iglesia del Hoy y del futuro* Santander, Mensajero-Sal Terrae, 1982, p. 129s.
[470] J Hithcokk, *The people and the Jesuit*s, The Nat, Commitee of Cath. Laymen, Nueva York.

durante el Concilio; un grupo minoritario pero muy decidido se impuso a un conjunto desorganizado de jesuitas ignacianos y decentes y venció. Arrupe era muy conocido como misionero en Japón –donde abundaban los jesuitas alemanes– y también en los Estados Unidos, donde vivió dos años durante la guerra civil española, inclinado –por cierto– en contra de Franco, lo cual en 1965 ya era un mérito notable para la generación de jesuitas mayoritaria en el Concilio; el Papa Montini era antifranquista notorio y la Iglesia española, impulsada por el Vaticano, había iniciado tenazmente el despegue del franquismo a partir de 1962, como veremos en el segundo libro. Testigos de mi entera confianza me aseguran que el padre Arrupe cultivaba discretamente su imagen antifranquista y que «sentía complejo de ser español»; por ejemplo al poco de su elección habló en un Instituto de Roma, con gran mayoría de españoles, en perfecto inglés y sugirió al provincial de Holanda las ideas para un artículo contra Franco[471]. Era hombre virtuoso con inclinaciones no sólo místicas sino mesiánicas. Le había caído casi encima la bomba atómica de Hiroshima en 1945 y con su formación médica se comportó heroicamente con los heridos. Pero fuentes internas de la Orden y testimonios externos coinciden en que como gobernante de la Provincia fue un auténtico desastre; débil y desorientado. No fue elegido representante de la entonces Viceprovincia japonesa en la Congregación General anterior, convocada por el padre Janssens, el cual, alarmado por las noticias que corrían sobre la Provincia de Japón (donde se habían producido graves sucesos internos y deserciones escandalosas) le envió como visitador al padre George Kester, quien tras dos años de información emitió un informe muy desfavorable contra el padre Arrupe con tan mala fortuna que ese informe fue una de las primeras cartas reservadas que hubo de despachar el padre Arrupe como General, para horror del informante[472]. Sus innegables virtudes personales atraían a los delegados conservadores; sus resabios izquierdistas, su antifranquismo y su debilidad le hicieron ideal para los delegados que ya habían formado el clan de izquierdas, y que confiaban en utilizar a Arrupe para sus fines.

Lo consiguieron a la tercera votación, el 22 de mayo de 1965. Ya estaban designados por la Congregación los cuatro Asistentes Generales; el teólogo y confesor del Papa, antiguo rector de la Gregoriana, Paolo Dezza, jesuita ejemplar e ignaciano; era el candidato de los ignacianos para General y probable ganador, pero los izquierdistas hicieron correr el falso rumor de que perdería la vista en dos años. Los izquierdistas lograron dos Asistentes; el norteamericano Vincent O'Keefe, presidente de la Universidad de Fordham, adicto a la teología política y furibundo izquierdista *liberal;* y el padre John Swain, vicario general elegido cuando la enfermedad del padre Janssens duraba ya dos años, de línea semejante al anterior. El clan izquierdista, del que era líder el padre O'Keefe, había sido elegido por la propia Congregación, lo que demuestra el influjo izquierdista en su seno; porque el cuarto Asistente general fue el padre Andrew Varga, provincial de los dispersos jesuítas húngaros con sede en Nueva York y controlado por O'Keefe.

Pronto fue nombrado asistente general el francés Jean-Yves Calvez, autor de un célebre libro sobre marxismo que encantaba a los marxistas; asistió a la XXXI y era miembro eximio del clan de izquierdas. Los doce Asistentes regionales elegi-

[471] FRSJ D10.

[472] M. Alcalá et. al. *Pedro Arrupe* (hagiografía) Santander, Sal Terrae, 1986.

dos ya por el padre Arrupe con asesoramiento de los Asistentes generales presentaban una clara mayoría de izquierdas, y desde el primer momento envolvieron al padre Arrupe y le manejaron a su antojo. En otro bastión de la Compañía tradicional, la Asistencia de España, fue elegido delegado, junto a jesuitas ignacianos eminentes, el padre Ignacio Iglesias, que inmediatamente se constituyó en codirector del clan de izquierdas junto al padre O'Keefe y otros dos jesuitas miembros del IDOC, el italiano Roberto Tucci y el chileno Juan Ochagavia. Un ejemplo hiriente de la división que ya afloraba en la Compañía de Jesús es que el izquierdista Ignacio Iglesias era hermano del padre Manuel Iglesias, uno de los jesuitas más fieles a la tradición ignaciana que había en España. Los ignacianos atendieron, como es natural, el precepto ignaciano de no formar banderías dentro de la Orden pero el clan de izquierdas se preocupaba menos por los preceptos de San Ignacio. Sabían perfectamente lo que querían; convertir a la Compañía de Jesús en lo que es hoy; cambiar la opción preferencial por el Papa en opción preferencial por la «justicia» es decir por la política de izquierdas que cuando conviniera podía actuar en sentido revolucionario.

El estudio de Padberg sobre el contenido y las disposiciones de la Congregación General XXXI es muy útil aunque demasiado optimista. La Congregación revisó prácticamente todos los aspectos de la vida, la formación y el apostolado de la Orden pero muy pocas veces llegó a conclusiones claras. Se notaba un equilibrio entre el deseo, formulado por muchos delegados, de cambiarlo casi todo y la decisión, expresada por otros muchos, de no cambiar más que, a lo sumo, las apariencias. La conclusión más clara de la Congregación es que la Compañía de Jesús estaba completamente dividida. Casi todas las cuestiones fundamentales, como el alcance de los tres votos de pobreza, castidad y obediencia y las formas concretas de apostolado social desembocaban en la indecisión y se confiaban a comisiones o «definidores» –esa institución de las antiguas órdenes monásticas– para que trabajasen sobre esos asuntos bajo la dirección del General. Una tradición que siempre fue considerada esencial en la Orden como la hora diaria obligatoria de oración se dejó, en cuanto al tiempo y al contenido, al arbitrio de cada Superior en su trato con el interesado. Se oyeron voces en favor de la «opción preferencial por los pobres» pero no se adoptó decreto alguno en ese sentido y los delegados sólo pudieron ponerse de acuerdo en una ambigüedad: «La Congregación general XXXI pidió a los jesuitas que se dedicasen a la promoción de la justicia social, pero con prudencia; su trabajo no debería ser excesivamente temporal ni condicionado por *ideologías unilaterales o pasiones violentas* (Hitchcock). Era una opción antimarxista muy desagradable para el clan de izquierdas, que inmediatamente se juramentaron para volverla del revés, lo mismo que al mandato del Papa. Algunos delegados, en efecto, pidieron una clara y positiva respuesta a ese solemne mandato del Papa pero esa respuesta no se produjo, lo cual me parece un gravísimo fallo y una desobediencia al Papa. Hubo, sí, como veremos luego, una presunta respuesta al mandato papal pero no fue una respuesta sino una cínica tergiversación. Muchos pidieron una clarificación de lo que significaba el Cuarto Voto a mediados del siglo XX pero el asunto quedó sobre la mesa. Unos querían conservar la devoción al Corazón de Jesús y promoverla; a otros muchos no les interesaba nada y el resultado fue que nada se decidió. Se permitió, en cambio, que los jesuitas se dedicasen a las bellas artes y a la investigación, cosa que habían hecho siempre. Apenas se formuló alguna crítica seria sobre la crisis de la Compañía que ya la estaba invadiendo por todas partes. He leído la exposición del padre Padberg[473] con el mayor interés, con sincero deseo de tropezar con algún indicio de que la Congregación XXXI demostraba una mínima conciencia de la crisis. Lamento afirmar que he encontrado poca sustancia, muchas dudas, muchas dilaciones sobre casi todos los problemas. Los jesuitas de 1965, a juzgar por los extractos de su historiador, no saben, no contestan. Quieren el cambio por el cambio; o el mantenimiento por el mantenimiento. De verdad lo siento mucho; no veo otra cosa en el resumen autorizado de las actas de la Congregación. No decidieron ni siquiera si mantenían o no la lectura durante las comidas. Aquello no presagiaba nada bueno, justo cuando, a raíz de la Congregación XXXI, que terminó unos meses después del Concilio, estallaba ya sobre la Compañía de Jesús la crisis, mal contenida hasta entonces, que iba a despeñarla hacia su degradación y probablemente, no lo quiera Dios, hasta su segunda extinción, ahora desde dentro.

La Congregación General XXXI, dice un historiador nada desafecto a la Orden, Woodrow, terminó «en cierta confusión»[474]. Padberg termina su edulcorado análisis sobre el largo encuentro diciéndonos que el Papa, en la misa de despedida, mostró su afecto a la Orden. Una vez más incurre en ocultación culpable. Voy a transcribir el final completo del discurso. En esa misa, concelebrada en la Capilla Sixtina el 16 de noviembre de 1966, no les muestra su satisfacción sino su preocupación:

¿Queréis, hijos de San Ignacio, soldados de la Compañía de Jesús, seguir siendo hoy, mañana y siempre lo que habéis sido desde vuestra fundación? Esta pregunta que os dirigimos no tendría razón de ser si no hubieran llegado a nuestros oídos noticias y rumores referentes a vuestra Compañía...a propósito de los cuales no podemos ocultar nuestra sorpresa y en algunos casos nuestra pena. ¿Por impulso de qué persuasiones insólitas y perversas han surgido en ciertas partes remotas de vuestra Compañía, la duda de si debéis seguir siendo tales cuales el santo varón que la concibió en su mente y la fundó, la armó con sapientísimas y firmísimas normas y cual la confirmó la tradición de varios siglos en los que como alcanzada la madurez con el uso de diligentísima experiencia y confirmada con gravísimas aprobaciones, para gloria de Dios, defensa de la Iglesia y admiración de los hombres? ¿Acaso en la mente de algunos de vosotros se fijó la opinión de que las cosas humanas están sujetas a la absoluta razón histórica y generadas por el tiempo, es necesario que también se consuman con el tiempo, como si en la Iglesia católica no hubiese un carisma de verdad que permanece y de estabilidad que no puede ser rota, del cual carisma esta piedra de la Sede Apostólica es imagen y fundamento?. ¿Acaso en lo que hace a vuestros deseos de apostolado, por el cual toda vuestra Compañía está inflamada, ha parecido necesario para dar mayor eficacia a vuestro trabajo apartaros de toda venerable costumbre en espiritualidad, ascética y disciplina, como si ya no ayudasen más, sino que impidiesen que vuestra solicitud pastoral se desarrollase más libremente y de un modo más personal?. ¿Y así aquella austera y viril obediencia que fue siempre

[473] op. cit. p. 1s.
[474] A Woodrow *Los Jesuitas* Barcelona, Planeta, 1985 p. 114s.

propia de vuestra Compañía y que hizo su unión evangélica ejemplar y fortísima, ha parecido que había que disminuirla como opuesta a la personalidad del hombre, obstaculizadora de la alegría de obrar?. En lo cual ha quedado obsoleto lo que enseñaron sobre aquella virtud Cristo, la Iglesia, vuestra misma escuela espiritual, es decir el uso asiduo y empeñoso de la oración y la humildad, la disciplina fervorosa de la vida interior y examen de conciencia, el coloquio íntimo con Cristo, como si bastase la sola acción exterior y ella de por sí valiese para unir la mente con Dios, como si esta abundancia de artes espirituales sólo conviniesen a los monjes y no fuesen más bien armadura de que está necesitado por completo el soldado de Cristo. Tal vez algunos se engañaron pensando que para difundir el Evangelio de Cristo convenía adoptar prácticas del siglo, su modo de pensar, su modalidad profana de la vida; es decir, que juzgaron de las costumbres de estos tiempos, según los principios del naturalismo, olvidados también éstos de que al pregonero de Cristo, cuando va a evangelizar a los hombres y llevarles su mensaje, no le es lícito hacerse semejante a ellos en tal forma que la sal pierda su sabor fuerte, el apóstol quedase privado de su virtud propia, ... Si seguís siendo lo que fuisteis, no os faltará nuestra buena estima y nuestra confianza en vosotros[475]**.** No cabe un análisis más implacable de la Congregación XXXI. El Papa había advertido ya al padre Arrupe en igual sentido cuando, según la misma fuente, le llamó tras la primera sesión. Pero el clan de izquierdas no hizo caso alguno al Papa, que de momento no advirtió la gran trampa que se había montado en la Congregación General al modificar el sistema electoral de la Orden para dejarlo todo en manos de la Curia generalicia y los provinciales y superiores nombrados por ella. Cuando la Santa Sede se dio cuenta, como veremos, dio un fuerte aviso pero ya era tarde.

El padre Arrupe demostró desde el principio los rasgos mesiánicos de su espíritu. Como si se propusiera guiar a la Compañía en vanguardia para una transformación de la propia Iglesia, así lo dejó traslucir en su intervención ante el Concilio, de cuyos Padres formaba parte desde su elección; sus palabras versaban sobre el problema del ateísmo y no causaron buena impresión en el aula conciliar[476]. ¿Cómo se atrevía a señalar el camino a la Iglesia si no tenía la menor idea de qué hacer con su propia Orden?. Y es que durante una homilía en la iglesia del Gesú, Arrupe insinuó, seguramente sin pretenderlo, un paralelismo con Abraham: «No sabemos dónde vamos, pero seguimos una llamada» No iban a la tierra prometida sino al desastre.

LAS DESERCIONES EN MASA

El clan de izquierdas no había conseguido imponer sus criterios en la indecisa y dividida Congregación General XXXI; pero había tomado el poder, y se puso a

[475] «Ignacio Javier Pignatelli» *La verdad sobre la Compañía* de Jesús Madrid 1974 p. 36s.
[476] P. Arrupe *La Iglesia de hoy del futuro* Bilbao-Santander, Mensajero-Sal Terrae, 1982, p. 129s.

ejercerlo inmediatamente. En dos vertientes. Primero se convirtieron en coro de aduladores que confirmó al padre Arrupe en su designio mesiánico y le convencieron de que hiciera como ellos; en vista de que la crisis de renovación absoluta dentro de la Orden, impulsada desde los sectores jóvenes, era ya imparable como la crisis postconciliar de la propia Iglesia, el General y su equipo debían alzarse a la cresta de la ola para encauzarla, recortar sus exageraciones y desbordamientos, ser ellos quienes marcasen los nuevos horizontes. Esto es lo que hizo Arrupe durante todo su largo mandato, en el que se dejó arrastrar mucho más que Pablo VI al frente de la Iglesia, si bien es verdad que seguramente sufrió las mismas torturas que Pablo VI. Segundo designio del clan de izquierdas; consolidar para el futuro previsible todo el poder que habían tomado por asalto en la Congregación General XXXI. Con Arrupe en sus manos, el clan de izquierdas se dedicó sistemáticamente a la eliminación de los ignacianos y de los moderados en las posiciones de poder, aprovechó la férrea estructura jerárquica de la Compañía para volverla del revés mediante el nombramiento de Asistentes, Provinciales, rectores, superiores y consultores adictos, lo que les aseguraba el control de las siguientes Congregaciones Generales y otras convenciones, cuyos delegados se marcaban fácilmente desde arriba. El clan de izquierdas nunca descuidó la exaltación de Arrupe; le compilaban discursos y actuaciones para editar y lanzar sus libros, (aburridísimos y flojísimos) escribían artículos encomiásticos como el que publicó el ya provincial de España Ignacio Iglesias en el diario «Ya» *Pedro Arrupe, una voz del postconcilio*[477]. Arrupe, que en el fondo era un hombre de Dios, trataba de compensar con bandazos y contramarchas las imposiciones del clan que le dominaba; yo iba archivando con asombro sus declaraciones hamletianas –tanto el Papa blanco como el Negro representaban consumadamente a Hamlet en el mismo período– entre las que destaca su famosa carta de 1980 sobre el análisis marxista, de la que en su momento nos ocuparemos. Así en su discurso sobre la actividad misionera en la Congregación General, ya en 1966, Arrupe insistió en favor de las Misiones, que creía un tanto amortiguadas en la Compañía de Jesús tras los esfuerzos en parte fallidos, de su predecesor Janssens[478]. Pero el mismo año en Nueva York declaraba imprudentemente:

A riesgo de sorprender a ustedes, déjenme decirles honradamente que no es a este nuevo mundo al que temo; lo que realmente me aterra es que los jesuitas nos hemos separado tanto de la generación joven que tenemos poco o nada que decirles que ellos puedan encontrar relevante en su vida cotidiana. Me preocuparía mucho si viera que estábamos repitiendo las respuestas de ayer a los problemas de hoy, si hablásemos en una forma que los hombres y mujeres jóvenes no entendieran, si hablásemos un lenguaje que no dijese nada al corazón del hombre viviente. Este texto no figura en las obras del padre Arrupe editadas en España[479]. Y expresa perfectamente el imprudente mesianismo de Arrupe al desencadenar fuerzas que luego escaparon a su control.

La Congregación XXXI había tratado de librar a la promoción social de los impulsos «unilaterales». Pero en carta de 12 de diciembre del mismo año sobre el

[477] «Ya» 27 de mayo de 1985.

[478] P. Arrupe *La Iglesia de hoy*... op. cit. p. 167.

[479] Lo he tomado de R. Schroth S.J. *Jesuit Spirit in a time of change.* Westminster Md. Newman Press, 1967, p. 202.

apostolado social en América Latina Arrupe se salta las cautelas. Reconoce que «la Compañía de hecho no está eficazmente orientada hacia el apostolado en favor de la justicia social» ordena «crear una estrategia nueva de gobierno» y lanzarse a la actuación social «con la elocuencia de los hechos». Es decir, primero la praxis que la teoría, la consigna de Lenin y Gramsci que pusieron en práctica inmediatamente esos jesuitas a quienes ya no importaba que se llamasen revolucionarios. Indica que la Compañía «debe repensar todos sus ministerios y apostolados» sin advertir que en esa renovación podían destruirse formas muy válidas y tradicionales de apostolado, sólo por ser tradicionales; cita (con cierta cobardía) al padre Janssens para formular su sospecha de que la educación en los colegios de la Compañía puede haber servido «para confirmar los prejuicios de clase» de los alumnos de nivel elevado, aunque el apostolado social dice que los jesuitas deben aconsejar a los líderes, no suplantarlos[480]. Escasa precaución para los idólatras de la praxis y de la política, que tomarían el impulso de Arrupe y despreciarían sus frenos. Muchos Colegios de la Compañía, un medio de apostolado favorito de San Ignacio, estaban desde entonces sentenciados a la demolición.

El nuevo equipo directivo de la Orden designado por el clan de izquierdas proporcionó pronto ciertas sorpresas escandalosas, que alarmaron al Papa. Uno de los nuevos Asistentes regionales era el suizo Mario Schönenberger, a quien Arrupe puso al frente de la Asistencia de Alemania, y se encargó, junto con el catalán Abad, de formular el importantísimo Plan pastoral de los jesuitas para América latina, pese a que ni uno ni otro conocían aquel continente. Cuando en 1968 Pablo VI publicó su valerosa y espiritual encíclica *Humanae vitae* sobre los métodos de impedir el embarazo muchos jesuitas se enfrentaron abierta y públicamente a la doctrina pontificia –era la primera vez que se producía una rebelión de este tipo en toda la historia de la Orden– encabezada por el teólogo moralista más influyente de los Estados Unidos, el padre McCormick, de la Universidad de Georgetown[481]. El padre Arrupe escribió a la Compañía para que reaccionase fielmente en favor de la doctrina papal pero muchos no le hicieron el menor caso. Tal vez entonces fue cuando Arrupe comprobó la auténtica entidad de su equipo izquierdista. El padre Jan Terpstra, Provincial de Holanda desde 1963 y miembro de la Congregación General XXXI, despreció la encíclica papal y la carta de Arrupe y, al adherirse a los que negaban la validez de la encíclica, se opuso a la idea ignaciana de la obediencia debida al General y al Papa. Entonces el citado Asistente de Alemania, de quien dependía el provincial de Holanda, se puso de parte del padre Terpstra contra el General; el padre Arrupe reaccionó con debilidad característica, propuso, contra la voluntad del Papa, una interpretación laxa del gravísimo problema y no mucho después recibió la desagradable noticia de que su Asistente de Alemania salía de la Compañía y se implicaba en un lamentable proceso judicial, mientras que el rebelde provincial de Holanda se marchó también y reapareció ostensiblemente con una mujer en la Costa del Sol española, donde ya por entonces se encontraban fácilmente los fármacos anticonceptivos. El coautor del plan pastoral iberoamericano, padre Abad, se marchó también. No eran más que los preludios de la

[480] P. Arrupe *La Iglesia de hoy*... op. cit. p. 281.
[481] Hitchcock, op. cit. p. 42.

estampida. Era director mundial de las Congregaciones marianas, ese magnífico instrumento de apostolado en que nos hemos formado millones de alumnos de los jesuitas, el padre Ludovicus Paulussen hasta 1970. El clan de izquierdas debió de pensar que ese nombre era muy anticuado y lo sustituyó por el de Comunidades de Vida Cristiana. El clan de izquierdas nombró para dirigir el organismo «renovado» a un hombre de su confianza; el brasileño Arno Dischinger, que se dedicó concienzudamente a destruir las Congregaciones Marianas. Se había hecho famoso en la Orden por la preparación de una tesis doctoral sobre la homosexualidad, a la que incorporó interesantes observaciones experimentales realizadas en el Parque Pincio de Roma. No terminó la tesis. Pero su comportamiento exterior era previsible; después de destrozar esa gran obra de apostolado, se fugó de la Compañía con su secretaria[482].

Dedicamos la última sección de este capítulo al estudio estadístico de la Compañía de Jesús. Adelantemos que tras un largo período de crecimiento hasta rebasar los 36.000 jesuitas en 1965, se empiezan a producir las deserciones en masa como si la llegada del padre Arrupe fuese una señal. Al año siguiente, 1966, esa cifra baja ya en 69 personas. La caída de vocaciones jóvenes es tan dramática que durante los cuatro primeros años de Arrupe las estadísticas de la Orden no la registran. Cuando Juan Pablo II destituye al infausto General en 1981 la Compañía de Jesús ha perdido nada menos que diez mil miembros, y durante el mandato de su sucesor, el arrupiano indeciso Kolvenbach, la curva sigue bajando con el mismo ritmo porque las cosas siguen yendo de mal en peor. Angustiado, el padre Kolvenbach ha dirigido recientemente a toda la Compañía una carta preguntando por qué se hunden así las vocaciones, mientras en otros Institutos de la Iglesia suben en flecha. Uno de mis viejos maestros, que me anima a escribir con el espíritu que él y sus colegas me inculcaron, en esos Colegios donde según la estúpida frase de Arrupe se fomentaba el espíritu de clase, le contestó con una tremenda carta que en su momento publicaré dentro de este capítulo. Pero el lector ya conoce, en líneas generales, la respuesta; la quiebra del espíritu ignaciano que venía ya de años antes, pero se manifestó en la Congregación General XXXI y en la desgraciada actuación del padre Arrupe y su desorientado sucesor.

Ninguno de estos hechos alarmaba al clan de izquierdas empeñado en asegurar esa quiebra. Reafirmada la cooperación del General mediante la adulación a su mesianismo, consolidado plenamente el poder adquirido en la Congregación XXXI, el clan necesitaba terminar con la ambigüedad de esa reunión e imprimir mediante nueva legislación a la Orden el rumbo que ellos habían ya fijado. Al acabar la Congregación y en vista del mandato conciliar que ordenaba a los institutos religiosos adaptarse a los nuevos tiempos, el clan de izquierda empezó a preparar cuidadosamente la siguiente Congregación General XXXII, para lo cual necesitaban asegurarse una mayoría cómoda entre los delegados. Pero según el método que imprudentemente había insinuado el propio padre Arrupe, empezaron con la praxis por delante, para confirmarla luego con la legislación, la teoría y, llegado el momento, la Revolución.

[482] FRSJ D 11 (1983).

SECCIÓN 3: LA REBELIÓN DE LOS JESUITAS EN ESTADOS UNIDOS

EL «SURVEY» REVELA UNA JUVENTUD PERDIDA

En la vida política normal un grupo dirigente presenta con toda claridad su programa y si los electores le otorgan su confianza se dispone a cumplirlo, en lo que pueda. Un gobierno se elige para gobernar, no para preguntar a los ciudadanos lo que debe hacer. Cuando algunos delegados de la Congregación General XXXI decían que la Compañía de Jesús no se regía por un sistema democrático decían más que sabían; aunque luego el clan de izquierdas alardeaba de mantener la democracia interna; claro que también llamaban democracia al totalitarismo sandinista de Nicaragua y otras «democracias populares». Esaban hechos un lío y una vez tomado el poder decidieron en el mismo año 1965 dirigir una encuesta a toda la Orden para que les dijesen lo que debían hacer, en vez de proponérselo a sus súbditos tras un análisis de situación que la propia Congregación General debía haber intentado, pero no se atrevió a abordar. Esa encuesta es el famoso «Survey» ordenado por el padre Arrupe, que no arregló nada sino que lo confundió y enfangó todo; y cuyos resultados son la mejor muestra de la crisis que ya sufrían los jesuitas cuando la Iglesia salía del Concilio[483]. Las respuestas del Survey alarmaron a Arrupe; revelaban una formidable confusión en toda la Orden, cuya juventud, sobre todo, se mostraba alejadísima no sólo de la tradición sino del genuino espíritu de San Ignacio y de la misma Iglesia. Pero la solución mejor que vieron Arrupe y su equipo no era reformar, aunque fuera quirúrgicamente, a esa juventud, sino darles la razón, huir hacia adelante, crear no una nueva juventud sino una nueva Orden desnaturalizada. Como símbolo de toda esta catástrofe el sociólogo jesuita padre Pin, director del Survey, se decidió por la praxis personal, salió de la Orden, hizo gran boda con una Von Brentano, divorciada, que poco después se divorció también de él[484].

El *Survey*, concebido originalmente como una encuesta para orientación del General y sus colaboradores, se puso en marcha en 1966 y pronto se descentralizó por Asistencias y provincias, que crearon, sobre todo en los Estados Unidos, grupos o comités de planficación cuyos trabajos se prolongaron durante unos ocho o diez años. En el fundamental libro del padre Becker se atiende sobre todo a los aspectos formales del Survey en Norteamérica, pero no se nos aclaran demasiado los contenidos. Afortunadamente conocemos, gracias a él y a otras fuentes, estudios sociológico-religiosos relativamente completos que vamos a presentar ahora mismo; las actas de la Comisión de Revisión Espiritual, formada por los responsa-

[483] Sobre el «Survey ver *50 años de la, Provincia de Andalucía*, 1974, p. 34, el cap. II, 6 del citado libro de Becker (p.60s) y los informes de los jesuitas ignacianos que cito después..

[484] FRSJ D 12, 1985.

bles de las casas de formación de las provincias de Maryland, Nueva York y Buffalo, a las que se agregaron otras durante los cuatro años que duraron las sesiones en el filosofado de Shrub Oak (1964-1968) y la Conferencia de Santa Clara en 1967. Otro síntoma: entre los jesuitas expertos en formación reunidos en Shrub Oak, tres abandonaron la Compañía durante las deliberaciones; y la prolongada conferencia hubo de clausurarse cuando el propio filosofado se cerró[485].

Las actas de Shrub Oak sobre la situación de los jesuitas jóvenes son terroríficas y el padre Becker ha rendido un gran servicio a la historia de la Compañía de Jesús al revelarlas. El asunto más urgente que se trató fue, significativamente, el de las emociones, que llegaba a analizar el deseo sentido por muchos estudiantes religiosos de mantener relaciones amorosas y aproximaciones afectivas al otro sexo. La obediencia era un valor en crisis; ante una orden sentían casi la necesidad de rechazarla. Creían poco en la Sagrada Escritura, a la que enfocaban desde una óptica relativista. Exigían que se les quitase la obligación de oír misa diaria, y la Comisión aceptaba esta propuesta. Había que cambiar radicalmente todos los tramos de la formación. Trasladar las retiradas facultades de filosofía y teología y situarlas junto a universidades normales, donde también debían acudir los estudiantes religiosos. El latín debería suprimirse. (Todo esto se realizó en toda la Orden). La obediencia debería cambiarse por un proceso común para la toma de decisiones; y el trato de los superiores debería fundarse en el diálogo, no en el mandato. Se había reducido mucho el uso del sacramento de la penitencia. Los estudiantes citaban a Karl Rahner más que a otro teólogo o pensador, pero sólo en lo que confirmaba su rebeldía; nunca en sus publicaciones ortodoxas, por ejemplo los escritos eucarísticos, porque los estudiantes de teología consideraban a la Eucaristía como una devoción medieval. Se notaba un aumento de estudiantes afeminados. Tenían mucha dificultad en rezar. La Comisión organizó un encuentro de seis psiquiatras con los miembros de la propia comisión y el resultado fue tan espantoso que el moderador ordenó quemar los registros y actas de la sesión.

El *Survey* en conjunto discurría por derroteros parecidos y en cuanto a actividades apostólicas se orientaba decididamente hacia la izquierda. Cuando el observador de hoy repasa serenamente estos encuentros no le queda más que una conclusión; la Compañía de Jesús, con una juventud así en la más importante e influyente de sus Asistencias, estaba muerta sin remedio en 1965/1968. Lo que sigue de este capítulo no es ya, por tanto, más que la historia imposible de un glorioso cadáver convertido, como en las películas de terror, en un muerto viviente.

EL PLAN FORDHAM, LA DESVIACIÓN DE MADRID Y LA CONFERENCIA DE SANTA CLARA

En 1966 los jesuitas ignacianos decidieron, al fin, dar una voz de alarma. A mediados de agosto de 1966, durante una reunión en la casa matriz de la Orden, el

[485] J.M. Becker, op. cit. p. 42 s.

santuario de Loyola, donde se trataba de los Ejercicios Espirituales (sobre los que no veo disposición alguna en la Congregación General 31) 30 jesuitas ignacianos redactan un manifiesto y se lo envían al General reclamándole un urgente retorno a la tradición, es decir a la identidad de la Compañía de Jesús[486]. Es históricamente significativo que la primera protesta contra la «descomposición del ejército», como la llamaría el Papa al año siguiente, brotara en el solar del Fundador, en el relicario y el corazón de su Orden. La protesta de los ignacianos españoles, como vamos a ver, no quedaba ahí. Inundaron a la Santa Sede con reclamaciones fundadas y se decidieron a presentar batalla en toda regla. «Compañía de Jesús, corre a la lid» decía su himno pero no les hicieron ni caso. Luego presentaron batalla y estuvieron a punto de ganarla. Lo vamos a ver en siguiente epígrafe. Cuando entre con el pie izquierdo en esta Historia un hombre cuya figura se ha querido mitificar con tan escasos motivos como la del padre Arrupe: el cardenal don Vicente Enrique y Tarancón.

El padre Arrupe aprovechó las vacaciones de 1966 para un viaje a los Estados Unidos, antes del último período de la Congregación General XXXI. Ya hemos visto cómo en ese viaje aseguraba en Nueva York que su principal objetivo era el dialogo con los jóvenes, y eso que sin duda conocía ya lo que los jóvenes de su Orden pensaban sobre lo divino y lo humano, por informes como el que acabo de citar. A otra lejana Loyola, la Universidad Loyola de Los Angeles, llegó en ese mismo viaje con el Asistente y jefe del clan de izquierdas, Vincent O'Keefe, que acababa de dejar, como sabemos, la presidencia de la Fordham Universitiy, donde se había publicado ya el Plan de Fordham sobre el futuro de la Iglesia Católica en los Estados Unidos, en forma de libro del que era autor un jesuita de Fordham, el padre Joseph Scheuer, y un profesor seglar de periodismo en la misma Universidad, Edward Wakin. Los Estados Unidos habían ganado la segunda guerra mundial, ostentaban sin discusión la hegemonía universal y los jesuitas de ese país participaban (y siguen hoy participando) de un complejo de superioridad que en parte se ha dirigido contra la primacía de Roma, capital de esa nación vencida y (entonces) miserable que los soldados de Estados Unidos utilizaban como uno de sus burdeles preferidos de Europa. Un jesuita de Los Angeles, el padre J.F. Conneally, conversó con el padre O'Keefe y le preguntó asombrado cómo su universidad de Fordham había patrocinado semejante plan, obra de dos de sus profesores, uno de ellos jesuita y sociólogo, cuyo objetivo era des-romanizar a la Iglesia católica en los Estados Unidos. Pretendían cambiarlo todo, construir una Iglesia nacional o poco menos. Proponían eliminar todos los elementos tradicionales y conservadores en la Iglesia, las sombras de la censura, las trabas contra el control de natalidad, las figuras de los cardenales McIntyre y Spellman, el sistema para la recaudación de fondos, el método de enseñanza en las escuelas, colegios y universidades católicas; exigían educación sexual desde los jardines de infancia. A las objeciones del padre Conneally todo lo que pudo responder el Asistente General fue que conocía a los dos autores. El Plan de Fordham se difundió mucho en los Estados Unidos, contaminó a muchos jesuitas y a no pocos obispos, que en los años ochenta están defendiendo ideas semejantes[487]. Algunas cosas explica el

[486] M. Alcalá, op. cit. p. 78.
[487] FRSJ D 13

hecho de que, durante ese mismo año 1966, el filósofo y agitador marxista Roger Garaudy, entonces apóstol del diálogo con los cristianos, realizase un detenido viaje por los Estados Unidos, con gran éxito, para predicar la aproximación cristiano-marxista; fue muy bien recibido en la Universidad de los jesuitas en Santa Clara, California, tras haber conferenciado largamente con varios jesuitas de Europa, entre ellos Karl Rahner[488]. La Universidad de Santa Clara va a entrar inmediatamente en escena en este mismo capítulo.

Pero antes debemos reseñar una nueva muestra del peligroso fraude perpetrado por los jesuitas (en este caso los españoles) en relación con el mandato de Pablo VI sobre el ateísmo. Nos estamos refiriendo ahora a los Estados Unidos; pero este grave suceso español tiene aplicación inmediata y directa a toda la Orden, y no puedo dejar pasar el año 1966, en que acaba la Congregación General XXXI, sin exponerlo.

El padre Padberg pasa como sobre ascuas sobre el decreto de la Congegación General XXXI sobre la respuesta al mandato papal acerca de la lucha contra el ateísmo. Los jesuitas españoles fueron mucho más imprudentes y revelaron la presunta respuesta al mandato del Papa en un Decreto de la Congregación General XXXI que el padre Padberg no transcribe. En un documento reservado de una Comisión Interprovincial de España, *ad usum NN. tantum*, fechado en Madrid en 1966[489].

Hemos establecido ya que el mandato papal sobre «el combate» de los jesuitas contra el ateísmo se refería al ateísmo marxista o carecía de sentido. Pero en el decreto revelado por el documento secreto que acabo de citar la Compañía de Jesús, en un comentario oficioso y también reservado (se comprende la reserva para ocultar la superchería) introduce una grave desviación del mandato pontificio, una desviación que será trascendental para el futuro. En efecto, el propio Decreto, que no utiliza el término *marxismo*, no se refiere de forma directa y principal a los regímenes comunistas que son, por definición y práctica, ateos, (como había dicho expresamente el Papa durante el Concilio, aunque no en el Concilio salvo la famosa nota 16) sino que concreta sobre todo el combate contra el ateísmo en el ámbito de «las injusticias sociales que sobre todo en las regiones en vías de desarrollo disponen a muchos a recibir las doctrinas ateas que van unidas a los programas de revolución social» (*Decreto... p. 8 n.3*). Este enunciado es una prestidigitación que desnaturaliza el sentido del mensaje de Pablo VI. Es decir que la tergiversación del mandato viene ya dada por la propia Congregación General XXXI, aunque al padre Padberg se le «escape».

Los provinciales de la Compañía de Jesús en España constituyeron entonces una comisión dirigida por el teólogo rahneriano José Gómez Caffarena, de familia derechista y franquista, que había pasado de posiciones moderadamente conservadoras a convertirse en uno de los primeros líderes del clan de izquierdas en España. Caffarena redactó un «comentario pastoral» en el que afianza la desviación interpretativa del Decreto. El ateísmo marxista ya no es el principal enemigo sino el ateísmo positivista y pragmático que «marca mucho más a las masas, según Borne». (Ibid. p. 25). Después, prudentemente, cita también el caso del ateísmo

[488] «Wanderer» 7.7.1975; tomado de L Dewart, *The Marxist-Catholic Dialogue,* spring 1966.
[489] FRSJ D 14 (1966).

comunista pero desvirtúa muy pronto la línea papal al considerar, con Rostenne, que «el marxismo es el pecado colectivo y objetivado del cristianismo moderno» y no, como diría años después Juan Pablo II, «un pecado contra el Espíritu Santo». La posición de Caffarena supone una concesión dialéctica total al marxismo con reconocimiento de su razón objetiva profunda. (Ibid. p. 67). Para refutar válidamente al marxismo hay que hacerlo en su propio terreno, la acción (p. 72) como si ni el marxismo ni el cristianismo difiriesen donde principalmente se oponen, que es en el terreno teórico y de los principios; en la negación o la afirmación de Dios como clave de uno y de otro.

De esta desviación teórica e interpretativa nacerá primero un diálogo con el marxismo desde posiciones viciadas; y después la aceptación estratégica del marxismo como doctrina complementaria o principal. Esto es lo que haría poco a poco la institución fundada muy poco después, como veremos, por el doctor Gómez Caffarena «Fe y secularidad». La institución que, en plena rebeldía y decadencia, renació por una subvención del PSOE tras la victoria electoral de 1982 en España. Un grupo de jesuitas holandeses y americanos se pasaban por entonces al marxismo radical y lo propondrían a toda la Orden, como vamos a ver, en 1972.

Otra prueba más de la desviación de los jesuitas al interpretar el ateísmo viene dada, entre otros datos, por la intervención del cardenal polaco Glemp ante el VI simposio de obispos europeos en octubre de 1985 (Cfr «Ya» de Madrid, 10 de octubre de 1985, p. 33). El cardenal Glemp –dice la excelente reseña de Mercedes Gordon, corresponsal del diario en Roma, que fue, por seguir esa línea, destituida del diario, poco antes de que éste se hundiera en la vergüenza– intervino en el debate de la sesión general para referirse al ateísmo institucional y subrayar que «existe una explosión del sentimiento religioso en Africa, en el Islam y en los países del Este, que ha sido detectada por las autoridades marxistas. Estas preparan con calma un plan para frenar ese fenómeno y suprimir la religión de la vida del hombre». A este ateísmo se refería esencialmente el Papa Pablo VI en su mandato a la Compañía de Jesús que lo desvió por turbias razones políticas y estratégicas. Aunque las autoridades marxistas de 1985 ya estaban sentenciadas. Cuatro años más tarde cayó el Muro de Berlín sobre ellas, sobre sus diálogos, sobre los jesuitas liberacionistas, sobre el padre Caffarena y sobre el Instituto *Fe y Secularidad*.

La Conferencia de Santa Clara, célebre Universidad de los jesuitas en California, fue una idea de los provinciales de los Estados Unidos al planificar la creación de un Instituto para la Formación del jesuita. Poco a poco se amplió su objetivo hasta comprender el examen de todos los aspectos de la formación, la vida y el apostolado de la Compañía de Jesús en los Estados Unidos, con el decidido propósito de modernizar todos esos aspectos en el mundo convulso y cambiante de los años sesenta. Designaron a un comité de selección y planificación para la conferencia, compuesto por doce jesuitas eminentes, cuatro de los cuales abandonaron luego la Orden. El comité admitió a cuarenta y ocho delegados jesuitas de toda clase y condición; once de ellos eran jóvenes estudiantes que fueron elegidos por sus compañeros y presentaron una serie de proposiciones a cual más descabellada. De los cuarenta y ocho delegados luego abandonaron diez la Compañía. Los sesenta miembros de la conferencia, que llegaron a 72 al agregarse los Provinciales y el Asistente regional, incluían a dos psicólogos (que influyeron más que nadie y se marcharon luego). Los setenta y dos miembros representaban a los ocho mil jesuitas con que entonces contaba la Asistencia más numerosa y poderosa de la Orden. La conferencia duró dos semanas, desde el 6 de agosto de 1967. Establecieron dieciséis puntos de consenso que prácticamente lo cambiaban todo. Se marcharon felices, eufóricos. En el artículo encomiástico, escrito por uno de los participantes más activos, se destacaba la intuición de cuatro miembros, de los cuales tres dejaron después la Orden. Otro artículo escogía veinte citas de los participantes más celebrados, de los que dieciocho se marcharon más tarde. Los mayores elogios los recibió el padre Bernard Cooke, de la Universidad Marquette, que luego abandonó la Orden y el sacerdocio.

La conferencia de Santa Clara iba a arreglarlo todo, a cambiarlo todo, a modernizarlo todo. Representaba a ocho mil jesuitas, acabo de decirlo. Cuando escribo estas líneas en 1995 esa cifra se ha reducido a bastante menos de la mitad. La conferencia de Santa Clara sentó, pues, las bases para la destrucción de la Compañía de Jesús en la más floreciente de sus Asistencias[490].

Otro autor –seglar– norteamericano nos ofrece una visión menos triunfalista que la del padre Becker, cuyas anotaciones sobre los abandonos son, sin embargo, tremendas. Los provinciales de los Estados Unidos asistieron a todas las sesiones de la conferencia pero raras veces intervinieron, ni siquiera ante la aprobación de los mayores disparates. Desde algo después acostumbraban a concelebrar la Misa sin ornamentos sagrados (al menos desde 1972 según foto de una revista interna). Becker nos ha presentado con precisión el contexto y los aspectos formales de la conferencia de Santa Clara: Hitchcock nos resume adecuadamente los contenidos[491].

En relación con la formación de los jesuitas jóvenes la conferencia subrayó «las necesidades del tiempo presente en su plenitud»; la familiaridad con la cultura secular y la comunicación con los no-creyentes. Apenas se mencionó la comunión con la Iglesia, ni la vinculación con las tradiciones que habían hecho grande a la Orden. Más aún, se propusieron y aprobaron muchos puntos concretos para la ruptura con esas tradiciones.

La formación teológica debería centrarse «en los problemas urgentes religiosos de hoy, especialmente los que se refieren al ateísmo y al humanismo secular». Nada que objetar si se trataba de conocer esos movimientos para combatirlos y reconvertirlos; pero los hechos demuestran que se pretendía una comunicación, no una penetración evangelizadora.

Con enfrentamiento total al concepto de vida religiosa, la conferencia proclamó que «una vez que un hombre ha sido juzgado apto para el ingreso en la Compañía, los ideales deben acomodarse en lo posible a la capacidad del individuo, mejor que procurar la acomodación del individuo al ideal». Es un individualismo disolvente, egoísta, contradictorio con otras tendencias colectivistas de la nueva Compañía; parece que se trata de confundir y demoler más que de reformar.

La conferencia se pronunció por una reforma aniquiladora del voto y el concepto de la castidad, pese a que se trata de uno de los puntos en que más insistió Ignacio de Loyola y en que más se distinguió la Compañía hasta ese momento.

[490] El padre Becker (op. cit. p. 69) ofrece los datos formales sobre la Conferencia. La reflexión final es mia.

[491] Hitchcock, *The Pope.* op. cit. p. 53-55.

«Para que un hombre ame a Dios –propuso la conferencia– debe poseer la capacidad de amar que se desarrolla en la expresión del amor humano, y esto no se completa siempre con el amor de un hombre por otro. El amor de un hombre por una mujer y la respuesta de ella puede añadir dimensiones de sensibilidad que de otra forma no pueden conseguirse». La conferencia aceptó el riesgo de que este criterio pudiera conducir a violaciones de la castidad, e incluso a una «total absorción emocional». Pero era el «precio necesario» para adquirir el gran bien que se trataba de conseguir. La conferencia propuso expresamente una *tercera vía* entre matrimonio y castidad que conduciría, en la práctica, a toda suerte de aberraciones morbosas. Pronto fue voz común que las recomendaciones de la conferencia de Santa Clara sobre la sexualidad de los jesuitas, incluso antes de haberse formulado, ya se estaban poniendo en práctica, «por vía de experimentación». En Santa Clara se habló de que la «tercera vía» era una idea del padre Teilhard de Chardin, y algo más que una idea, como ya sabemos. Por entonces el padre Rahner, tan citado por los estudiantes de Santa Clara, ya estaba poniendo en práctica su propia versión de la «tercera vía» como también sabemos; y la mantuvo hasta su muerte en 1984. Las orientaciones oficiosas (sobre tan delicadísima materia) se publicaron en un folleto bajo auspicios oficiales, que proponía diversos ejemplos de comportamiento, incluidas la homosexualidad y la conducta heterosexual concreta. Un consejo que ofrecían los superiores consistía en respetar la necesidad de desarrollo afectivo por parte de cada jesuita, pero refrenándose ante la *acción decisiva*»[492].

La obediencia y el ejercicio de la autoridad, otra piedra angular de la Compañía de Jesús, y característica ignaciana primordial, se redefinieron abiertamente en términos de «diálogo». La oración debe interpretarse flexible e individualmente, sin normas fijas ni estrictas, sobre todo buscando a Dios en la vida de los demás hombres (o mujeres, supongo). La oración no debe ser la de los Ejercicios, que se critican en una propuesta demoledora; sino «dirigirse al Cristo viviente, ahora presente en su pueblo, más que intentar orientarla a una recreación imaginativa del Jesús de hace dos mil años». Los Ejercicios de San Ignacio son exactamente esa recreación, ahora descartada. Habían sido el alma de la Compañía; nadie en Santa Clara se ocupó de recordarlo.

En el campo litúrgico la conferencia recomienda el cambio por el cambio, aunque los obispos desaprueben las experiencias. La asistencia o celebración de la misa sería «contraproducente» si se convierte en un problema de disciplina. En cambio se exigía a los jesuitas, incluso contra su voluntad, la participación en ejercicios terapéuticos, dinámicas de grupo o «sesiones de sensibilidad dirigidas profesionalmente». A eso lo llamamos en España «lavados de cerebro» que no sólo aceptó la conferencia de Santa Clara, sino que el clan de izquierdas impuso a toda la Orden, a veces bajo la forma de Ejercicios espirituales dados por personas empeñadas en una nueva configuración político-social de los jesuitas, no por expertos en el método de San Ignacio. El padre Arrupe no asumió el conjunto de estas conclusiones, e incluso rechazó la «tercera vía» como práctica de la Orden (Padberg). Pero tampoco se atrevió a descalificar en bloque esta absurda serie de proyectos y recomendaciones, que de hecho se llevaron muchas veces a la prácti-

[492] William A. Barry et al. «Affectivity and Sexuality» *Studies in the Spirituality* of Jesuits, X, 2-3 (marzo 1978).

ca en la Asistencia de América y en otras partes, y contribuyeron decisivamente a la demolición interna de la Compañía de Jesús[493].

La conferencia de la demolición se celebró en vísperas de 1968, el año que iba a ser marcado por las grandes rebeliones juveniles desde Berkeley, ahí al lado, en la bahía de San Francisco, y el Barrio Latino de París. Los jesuitas se adelantaban a los «signos de los tiempos», esa ridiculez oportunista, aunque la hayan usado muy altas fuentes de la Iglesia. En ese año un joven jesuita excéntrico, Daniel Berrigan, junto con un hermano suyo también religioso, encabezó un asalto a la oficina federal de reclutamiento en Catonsville y quemó varios archivos con tarjetas para el servicio militar. Estaba en libertad bajo fianza cuando voló a Hanoi para participar en una campaña de propaganda contra su patria. Sentenciado a tres años de prisión, pasó a la clandestinidad hasta que fue detenido e ingresado en la cárcel de Danbury durante diecisiete meses. El 1980, dedicado de lleno al espectáculo pacifista y antimilitarista, destruyó el cono de un misil nuclear en Pensilvania. En sus manifestaciones públicas fustigó a la Compañía de Jesús como momificada, irrelevante y esclerótica, lo que no le impidió permanecer en ella ni convertirse en un ídolo para muchos jesuitas jóvenes, la mayoría de los cuales han abandonado ya la Orden[494]. Berrigan es un anarquista más que un marxista, aunque aduce de vez en cuando citas, generalmente disparatadas, de Marx. Lunático exhibicionista, compara públicamente a Ho Chi Minh con Jesús y con Ignacio de Loyola. Es, en caricatura, el ejemplo máximo de degradación a que puede llegar un jesuita rebelde en toda su plenitud. Su ocurrencia más deliciosa es la de figurar como uno más en la serie histórica de los jesuitas mártires y se siente especialmente parecido a los mártires jesuitas de Inglaterra bajo el reinado de Isabel I, que no le hubiera enviado a la horca sino a la camarilla de los bufones.

LA AVENTURA POLÍTICA DEL PADRE DRINAN

La Teología Política ofreció una aplicación insospechada en los Estados Unidos el año 1970 cuando el padre Drinan, decano de la Facultad de Derecho de la Compañía de Jesús en Boston, presentó con éxito su candidatura a la Cámara de Representantes del Congreso, contra las órdenes del Padre Arrupe (de las que no hizo el menor caso) y se convertía en el primer miembro de la Compañía de Jesús que llegaba a tan alto puesto legislativo[495]. Drinan, *liberal*-radical (línea coherente con la asumida en el clan de izquierdas para esta clase de aventuras) ganó su puesto en el Congreso con el apoyo de protestantes y judíos contra el voto de los católicos de su circunscripción. Su mandato fue escandaloso. Criticó, en libros y en actos políticos, al anticomunismo de Norteamérica y al militarismo; se opuso a la

[493] American Jesuit Assistance *Conference of Santa Clara*, 1967. Total Development, p. 9, 12, 23, 41, 58-69, cit. en Hitchcock, op. cit. p. 53s.

[494] Hitchcock, op. cit. p. 107s.

[495] Hitchcock: *ibid.*

actuación federal contra la pornografía, votó siempre a favor del aborto y suscitó tal oleada de protestas entre los católicos norteamericanos que en la primavera de 1980 el Papa Juan Pablo II tomó la decisión de prohibir a toda la Iglesia que los sacerdotes aceptasen cargos públicos. Con ello hizo imposible la reelección del padre Drinan. Para completar el cuadro digamos que frente al representante demócrata Drinan el jesuita republicano MacLaughlin se presentó (esta vez sin éxito) al Senado, se convirtió en ayudante del presidente Nixon, vivió en los fementidos apartamentos Watergate, donde daba ostentosas fiestas presididas por una habitual anfitriona; acabó por dejar la Orden, se casó y actuó después como columnista conservador. El afán político de los jesuitas norteamericanos, que generalmente se aplicaba a la política interna de su Orden, se prolongaba a veces en estas actuaciones políticas personales que el padre Arrupe no podía dominar. Pronto encontrarían los jesuitas de Norteamérica una causa política exterior a la que se entregaron los de izquierdas con ardor insólito: el apoyo, político y financiero a la teología de la liberación y los movimientos revolucionarios con ella conectados en Iberoamérica, es decir a la alianza estratégica de los católicos radicales con el marxismo. Dos jesuitas rojos, los padres Fitzpatrick y César Jerez, a quienes ya conocemos, lograrían esa importante conversión de frente.

Veíamos hace poco al cardenal Ratzinger quejarse de que tres bastiones del catolicismo –Estados Unidos, Holanda y por supuesto España– parecían entregados fervorosamente a la demolición de la Iglesia. A la desviación política se agregaba la aberración teológica y después de lo que hemos oído en las reuniones citadas en la sección anterior nada debe ya sorprendernos. Lo que no dice el cardenal es que esta demolición depende muchas veces de la Compañía de Jesús. En el mismo año en que los padres Drinan y MacLaughlin iniciaban sus escarceos políticos el jesuita holandés padre Van Kilsdon se enfrentaba a una comisión teológica nombrada por el padre Arrupe para estudiar sus teorías contra la concepción virginal de Jesús en torno a la doctrina del catecismo holandés, ese brote de herejía postconciliar. Se trataba de una afirmación del Credo, –ex María Virgine– y de un punto central de la doctrina católica. Van Kilsdon afirmaba que Jesús era hijo natural de San José y la Virgen. Tanto el padre Rahner como otros miembros de la comisión dictaminaron la herejía de semejante tesis, como hubiera hecho cualquier católico fuera de Holanda o de Santa Clara. Pero el padre Arrupe, débil como siempre, decidió ampliar la comisión con otros teólogos jesuitas de Holanda quienes protestaron por la persecución ideológica contra Kilsdon como si se tratase de un nuevo caso Galileo y la herejía quedó sin censura[496].

La Congregación General XXXI y el padre Arrupe tenían el gravísimo deber de cortar las desviaciones teológicas y religiosas que inundaban cada vez más a la Compañía de Jesús con signos de metástasis cancerígena. En 1966, apoyándose en los documentos del Concilio, hubieran podido hacerlo. Fuera de gestos indecisos e inútiles dejaron correr las aguas sucias y casi mes por mes la Compañía de Jesús pasó de ser el baluarte del Papa a actuar como abierta y descarada oposición al Papa. Las propias instituciones de la Orden marcaban el paso en tan inconcebible camino, como hemos visto con la tergiversación del mandato papal, acto supremo

[496] FRSJ D 15, 1985.

de desobediencia fraguado por el clan de izquierdas y alentado por los propios Superiores. El catálogo de disidencias en esta época es interminable. Repasemos algunos casos, con preferencia norteamericanos, bien documentados:

En 1974 el teólogo John MacNeill S.J. publicó el libro *The Church and the Homosexual* «quizás el primer intento abierto en la historia de la Iglesia católica para justificar el comportamiento homosexual teológicamente; un tema que Mac Neill había estudiado durante veinte años»[497]. Algunos jesuitas famosos le siguieron en su reivindicación. James Hitchcock, un escritor católico que opera siempre con una documentación abrumadora, ofrece una impresionante lista de casos en que los jesuitas *progresistas* de todo el mundo han expresado de forma pública su disentimiento con la doctrina del Papa y de la Santa Sede en múltiples problemas. Entre ellos:

El presidente de la Universidad de Georgetown en Washington, padre Timothy Healey, respondió a la visita del Papa Juan Pablo II a los Estados Unidos escribiendo que el Papa no entendía la educación superior de este país.

Un teólogo jesuita, Edward Kilmartin, se permitió publicar un libro, *Iglesia, Eucaristía y sacerdocio*, en que critica el documento de Juan Pablo II en 1980 sobre la Eucaristía porque no está de acuerdo con los postulados de la teología moderna.

Un número considerable de jesuitas, entre los que se incluían casi todos los miembros de la Facultad de Teología de Berkeley, rechazaron públicamente el documento de Pablo VI por el que se confirmaba la prohibición de que las mujeres fueran válidamente ordenadas para el sacerdocio.

Walther Burghardt, director de *Theological Studies*, criticó en la prensa la censura del Vaticano contra el teólogo suizo Hans Küng y se mostró en desacuerdo con la doctrina de la Santa Sede contra la esterilización.

El obispo de Baton Rouge, Joseph V. Sullivan, ha acusado al jesuita George Wilson de violar el secreto profesional y falsificar algunos elementos de una discusión de obispos con el sector *liberal* de su clero.

Un sociólogo jesuita, John A. Coleman, atacó duramente al Vaticano por sus intentos de poner orden en la caótica Iglesia de Holanda y llegó a sugerir que los obispos holandeses que sigan las directrices del Vaticano sean lapidados por el pueblo.

Un teólogo jesuita, el padre Georges Maloney, alabó a las Iglesias ortodoxas orientales por poseer «el rasgo salvador de haber evitado la pesada autoridad de una jerarquía monárquica sometida a un Papa».

Joseph O'Hare, editor de *America*, informó que en Woodstock, a fines de los años cincuenta, un teólogo jesuita prominente trataba sistemáticamente de erradicar la *papolatría* de los estudiantes, que infectaba a los católicos americanos. El propio O'Hare pensaba que Juan Pablo II era europeo del Este, incapaz de entender a los occidentales.

Un teólogo jesuita, David Toolan, ha escrito: «Si alguien de esta generación pretende hacer seriamente el camino espiritual, se verá virtualmente forzado a renunciar a la Iglesia de Cristo».

[497] Hitchcock, op. cit. p. 45.

Cuando en 1980 el Vaticano decretó que el teólogo Hans Küng no debería ya considerarse como un teólogo católico y le retiró la *venia docendi*, la revista más importante de los jesuitas, *America*, (12.1.1980) criticó duramente esa decisión y varios teólogos norteamericanos firmaron un manifiesto de repulsa[498].

EL MANIFIESTO COMUNISTA DE LOS JESUITAS EN 1972

Uno de los primeros efectos de la toma del poder por el clan de izquierdas en la Congregación General XXXI de 1965-1966 fue el cambio de orientación en las publicaciones de la Compañía de Jesús en todo el mundo que, salvo contadas excepciones fueron cayendo en poder de los izquierdistas y *progresistas* en todas partes; ya vimos que Pablo VI se había quejado en 1967 de que tras haber enviado a un congreso de publicaciones jesuitas una seria advertencia no le hicieron el menor caso. Como se dio, tras el Concilio, un fenómeno semejante en las publicaciones de los demás institutos religiosos que viraron a la izquierda, el efecto global de este aluvión de deformación y propaganda fue incalculable en todo el mundo, para los religiosos y religiosas, los sacerdotes y los fieles. Recordemos que en el programa de PAX-IDOC uno de los puntos esenciales era la infiltración en la Iglesia por medio de periódicos, revistas y editoriales. No digo que todos esos medios de comunicación fueran financiados por el IDOC, ni mucho menos; pero la línea era parecida, y una de sus principales orientaciones era el diálogo cristiano-marxista; luego, después de 1972, se agregó con mucha fuerza el apoyo a las revoluciones cristiano-marxistas del Tercer Mundo y el acoso a la Santa Sede. Para centrarnos en el caso de los jesuitas digamos que el viraje de las revistas y editoriales existentes fue espectacular. Lo veremos inmediatamente al hablar de España. En los Estados Unidos la revista *America* había sido, hasta el Concilio, un seguro punto de referencia para los católicos. Bajo la influencia del clan de izquierdas, y especialmente del Asistente General O'Keefe giró ciento ochenta grados y se convirtió en portavoz del *progresismo* y el izquierdismo, como hemos visto que sucedió en España con el caso de su gran revista paralela, *Razón y Fe*. En España las editoriales de la Compañía se pasaron al enemigo; en Estados Unidos los jesuitas han logrado mucho mejor el equilibrio y hoy funcionan editoriales importantes y de excelente línea como la «Ignatius Press» de San Francisco o el «Institute of Jesuit Sources» de Saint Louis.

El padre Becker estudia con mucho interés los nuevos periódicos (mensuales) que crearon los jesuitas a principios de los años setenta, con la excelente intención de unir a todos los miembros de la Orden, que tras la Congregación XXXI se habían dividido abiertamente por el fenómeno que allí llaman «la polarización»[499]. Opinan algunos expertos que el efecto resultó contrario; las divisiones se agrava-

[498] Todos esos datos, con sus fuentes, en Hitchcock, op. cit. p. 37-40.
[499] Becker, op. cit. p. 80.

ron, pero al menos los jesuitas ignacianos tuvieron libertad para oponerse al clan de izquierdas y expresar sus protestas, ventaja de que no gozaron los numerosos ignacianos españoles, que han vivido desde los años setenta en un clima de miedo y aun de terror; lo he comprobado personalmente en muchas ocasiones y por eso cuando han expresado sus protestas lo han hecho de manera anónima y clandestina, como vamos a ver en la sección siguiente. El padre Becker atribuye a estos nuevos periódicos de los setenta un alto valor de testimonio histórico y tiene toda la razón; yo los uso profusamente en este libro y lo haré en el próximo. SJNEws era la revista de la provincia de Nueva Inglaterra, que se publicó desde 1971 a 1975. La más importante y duradera es «Nacional Jesuita News» que apareció en diciembre de 1971 y mantiene hoy su publicación, como órgano de toda la Asistencia de Estados Unidos. En ella se publicó pronto un curioso diálogo. El padre Vincent McCorry, columnista durante años en *America* y luego excluido de ella, envió una carta al director de NJN rebosante de pesimismo. Había escrito un artículo para su antigua revista en que proponía la división de la Orden en dos, para que cada miembro siguiera su línea, lo mismo que habían intentado poco antes los jesuitas ignacianos españoles. Ahora, en la carta de NJN, manifestaba sus deseos de abandonar la Orden y terminaba así: «Las sombras se alargan y empieza una noche que no tendrá aurora». Antes de esa profecía, que por desgracia se va cumpliendo inexorablemente, hablaba de la Compañía de Jesús como «mi madre a quien han violado». Otro lector de la banda contraria le contestó a vuelta de correo: «No la han violado, se ha ido con otro». El padre Thomas M. Curran, que fue director de estas dos revistas a la vez, no tardó en dejar la Compañía de Jesús[500].

Al hablar del giro a la izquierda en la Compañía de Jesús he adelantado el extracto de un documento que ahora voy a publicar, completo, dentro del contexto de 1972, el año en que se convocó la Congregación General XXXII. La publicación de este auténtico Manifiesto Comunista de los jesuitas se hizo precisamente en la revista «National Jesuit News» que recibió un aluvión de cartas en contra pese a lo cual publicó una segunda entrega, aquí reproduzco las dos. Mi impresión es que se trata de un globo-sonda alentado por el clan de izquierdas, o al menos su sección holandesa, porque proviene de Amsterdam; el hecho de que fuera publicado en el periódico oficial de los jesuitas norteamericanos fue sin duda muy alentador para el citado clan, que ya preparaba concienzudamente la gran trampa en que se convirtió la siguiente e inmediata Congregación General. El documento fue redactado por un equipo de jesuitas marxistas de Holanda y los Estados Unidos uno de los cuales, el padre J. Dennis Willigan, de la Universidad de Carolina del Norte, lo envió con su nombre a NJN. Fue antes repartido entre grupos selectos de jesuitas en los Estados Unidos y también en el Vaticano; y recibió en esa primera distribución reservada tan excelente acogida que los promotores decidieron enviarlo a NJN, revista que lo publicó como «tema para debate general». Se trata, lo repetiré, del Manifiesto Comunista de los jesuitas en el siglo XX.

Si la Compañía de Jesús busca para el futuro un papel activo para superar la objetividad ajena y congelada del mundo exterior, y para remodelar

[500] Becker, op. cit. p. 83s.

la costra de arbitrarias situaciones de hecho para transformarlas en relaciones humanas inteligibles, debe hacerse consciente del hecho de que los grandes cambios estructurales dependen sólo de esos grupos desde cuya perspectiva puede reorganizarse todo el tejido social sobre la base de un nuevo principio, en una nueva síntesis. Para desempeñar auténticamente ese papel la Compañía de Jesús debe purgarse de su conciencia social burguesa e identificarse con el proletariado, reconociendo que sólo el proletariado, como negación viviente del capitalismo monopolista avanzado, y como sujeto de la Historia, puede conseguir un conocimiento social correcto y objetivo; el proletariado simultáneamente conoce y constituye la sociedad. En este punto nos encontramos muy cerca de comprender el misterio del fundamento proletario del propio Jesús.

El vacío estratégico de la Compañía de Jesús. Durante muchos años la Compañía de Jesús ha carecido de una estrategia social clara y coherente. La hipótesis de principio que, históricamente, ha configurado la estrategia social de la Compañía de Jesús, la estrategia reformista, se encuentra en estado de crisis desesperada. La crisis de la estrategia reformista no es un asunto de los Estados Unidos o de Europa, de uno u otro período histórico. El desarrollo del capitalismo moderno, sobre el cual la estrategia reformista virtualmente centra todo, ha socavado sus fundamentos.

Se ha visto muy claro, especialmente en el Tercer Mundo, que la expansión económica en un contexto capitalista no constituye una base suficiente para el progreso social y civil. Por el contrario, compromete al progreso. La igualdad de renta y poder, el pleno empleo de la capacidad productiva, la mejora en las condiciones de vida en las fábricas y en las ciudades, la instrucción y cultura de las masas, la liberación de las mujeres y el desarrollo igual de todas las regiones, todos esos objetivos del «Estado de bienestar» no se han conseguido con el desarrollo económico capitalista. Al contrario, parecen cada vez más remotos. Incluso donde la acción lenta de los esfuerzos reformistas basados en los principios cristianos corrige éste o aquél objetivo mediante la lógica del sistema de lucro, esa misma lógica ha desplazado y agravado ya los límites del problema.

Más aún, la misma posibilidad de intervenir en el desarrollo capitalista con los instrumentos del poder político ha disminuido realmente y por eso los esfuerzos de los jesuitas en ganar puntos de apoyo en las estructuras políticas acabarán probablemente en mostrarse ineficaces. La crisis de las instituciones representativas americanas, la simbiosis entre élites tecnocráticas y grupos monopolistas, la desintegración de las maquinarias políticas, todo ello impide el crecimiento cuantitativo de la intervención pública en la economía y en la sociedad mediante la acción de un poder público real y autónomo. Este se reduce a un instrumento de mediación y compensación en un mecanismo sobre el que no tiene un control real. Se convierte en el instrumento al que recurre el sistema para combatir el cambio radical y en fuente de continua estabilización.

Un poder público así integrado y debilitado se encuentra frente a un mecanismo socioeconómico que es más compacto y está dominado por leyes objetivas cada vez más incontrolables. El incremento en inversiones, la planificación a largo plazo, la integración de la investigación científica en el aparato capitalista, la integración internacional del capital, los mercados, las divisas, las interdependencias sectoriales, los condicionamientos del consumo de masas y de la organización social, todo ello se combina para evitar la modificación del modelo de desarrollo por medio de intervenciones reformistas progresivas y sectoriales propuestas por las anteriores estrategias sociales emprendidas por la Compañía de Jesús.

El fracaso de la estrategia social de la Compañía de Jesús en el plano internacional está clara. Sólo ha servido para cultivar la ilusión de que el impulso agresivo del capitalismo está vinculado al retraso de la sociedad y a la supervivencia de los elementos reaccionarios clásicos. Hoy el papel de los militares es el equilibrio entre el capitalismo «maduro», la imposibilidad de éste para liquidar la explotación de las zonas deprimidas incluso en los Estados Unidos, la continua regeneración del sistema en su núcleo y las presiones nacionalistas y racistas del complejo burocrático-militar.

Las capas tradicionales pequeño-burguesas en Occidente se han ido liquidando progresivamente pero nuevas capas intermedias –privilegiadas en muchos aspectos y ligadas a las formas monopolistas de desarrollo– han ocupado su lugar. La clase trabajadora se está diferenciando claramente por dentro, mientras representa una parte, a veces en disminución, de la masa de trabajadores. Los instrumentos de interacción ideológica y el condicionamiento de los modelos de consumo impuestos por el sistema se han multiplicado. Las fuerzas productivas (ciencia, tecnología, capacidad profesional, necesidades) se han visto influenciadas profundamente por los cambios en el capitalismo. Por estas razones, el esquema clásico de ruptura revolucionaria –como una intervención de una minoría consciente que se inserta en una situación de desintegración social y utiliza demandas elementales de las masas para tomar posesión del poder del Estado y subvertir el orden de la propiedad– se hace impracticable. Semejante crisis no cuaja cuando empiezan a aparecer, como al final de la década de los sesenta en los Estados Unidos, grupos cuya mayoría es tan insegura, tan confusa sobre las alternativas y tan profundamente condicionada que se retira hacia posiciones moderadas y restablece la situación.

Un internacionalismo nuevo para la Compañía de Jesús. Hoy día, la comprensión plena de la existencia, naturaleza y consecuencias de una nueva fase de oposición mundial es uno de los prerrequisitos de una nueva estrategia revolucionaria. Las sociedades capitalistas avanzadas, como los Estados Unidos, están atravesando una crisis peligrosa y compleja, que pone en cuestión sus valores y estructuras fundamentales, lo mismo que la identidad de la Compañía de Jesús parece ahora ponerse en cuestión. La crisis de los Estados Unidos brota de su propio desarrollo. Este desarrollo –que tiene el aumento del lucro como su objetivo prioritario– alimenta zonas de parasitismo y despilfarro, hace que capas enteras de la sociedad lleven una vida marginal, produce necesidades crecientes que no pueden satisfacerse, multiplica los fenómenos de desintegración social y provoca tensiones que sólo un monstruoso aparato de manipulación y abierta represión puede controlar.

Esta crisis desafía directamente a los mecanismos del sistema, aun si estos mecanismos no pueden transformarse ya que carecen de la acción de ideas y fuerzas capaces de efectuar semejante transformación. Por falta, o por insuficiencia de esas fuerzas e ideas, la crisis alimenta un movimiento de irracionalidad y de violencia cuyo final no se puede prever. El símbolo de este proceso es la América contemporánea.

En Asia, Africa y América latina el tipo de reformismo que ha caracterizado la pasada y ahora desintegrada estrategia de la Compañía de Jesús ha alcanzado contradicciones análogas, no sólo por la exclusión de esos continentes del proceso de unificación capitalista sino también por el carácter asumido por el proceso. La penetración de modos de producción capitalista, acelerados rápidamente por el colapso del sistema colonial clásico, un sistema que la Compañía legitimó con fundamentos teológicos, no ha ayudado a superar los trágicos problemas de esos continentes, ni ha conducido a la recuperación progresiva a partir del atraso. Por el contrario, el abismo entre las dos zonas ha crecido, la subordinación de una a otra se ha perpetuado, y mientras tanto la superpoblación y el hambre toman una terrible y creciente dimensión, aparecen nuevos instrumentos de represión en el mismo corazón de los países atrasados y la violencia contra las presiones revolucionarias se hace general.

Los resultados no se explican por lo insaciable de los deseos imperialistas de expansión económica sino por los obstáculos insuperables que se oponen al tipo de reformismo que la Compañía de Jesús y otros grupos cristianos han propuesto como un evangelio social.

El hecho de que el desarrollo de los países atrasados presupone la liquidación de las viejas clases dominantes y de las nuevas capas burocráticas seduce todavía a la Compañía de Jesús para ejercer sus esfuerzos al servicio de esos grupos y educar a sus hijos en un tipo de pseudo-cristianismo corrompido por los ideales capitalistas de Occidente. La necesidad de efectuar una movilización de las masas campesinas, de formar vanguardias políticas cristianas –es decir, una transformación revolucionaria del entero sistema social y político que se apoya en el imperialismo, incluso en sus formas más modernas– es una tarea que debe ser asumida por la Compañía de Jesús. Por razones políticas y económicas, el imperialismo debe favorecer la formación de un nuevo bloque social que consiste en los terratenientes, la burguesía tradicional y las nuevas castas militares y burocráticas. No podemos permitirnos colaborar con ese esfuerzo.

La estrategia social, nacional e internacional, de la Compañía de Jesús en los Estados Unidos debe fundarse sobre el reconocimiento de que el desarrollo de los países atrasados es incompatible con el desarrollo total del mundo capitalista en el cual los países atrasados se están integrando cada vez más. Esta incompatibilidad no está sólo ligada a los mecanismos de intercambio desigual o a la transferencia desde los países atrasados a las zonas desarrolladas del lucro correspondiente al capital invertido, sino con más sutileza, a la misma naturaleza de esas inversiones, a la penetración comercial de sus productos, al tipo de consumo que se determina por esos factores. Por estas razones, la compresión económica y la desintegración social de los países subordinados es una consecuencia inevitable. Sin una ruptura de este cordón umbilical y una rebelión en sus fuentes, la tragedia del atraso de una gran parte del mundo no se resolverá sino que se agravará.

El fracaso del tipo de reformismo al que la Compañía de Jesús se ha adherido en los países atrasados ha tenido como consecuencia lógica la creación de un abismo irremediable entre la filosofía de la coexistencia pacífica y el programa de las vanguardias revolucionarias del Tercer Mundo. Este programa ha tomado el camino de lucha armada y contra ella, el imperialismo y sus aliados tanto seculares como religiosos han permitido que se desencadene una forma brutal de violencia.

El reformismo global propuesto por la Compañía de Jesús en su estrategia social del pasado ha servido para provocar la tensión y la rebelión por los vínculos que mantiene este reformismo con la ideología capitalista. El frente asiático está en movimiento; la guerra de Vietnam en vez de desarrollarse según la lógica de la coexistencia se extiende a través de Indochina. La India da sus primeros pasos hacia la lucha popular armada y las presiones japonesas reabren antiguas contradicciones. En Oriente medio, donde los jesuitas han sido expulsados de varios países árabes, la lucha anti-imperialista tiende a trascender el horizonte nacionalista y adquiere un contenido revolucionario. En América Latina las vanguardias políticas utilizan la crítica contra el reformismo social cristiano y se adhieren al método guerrillero para encontrar el camino hacia la guerra popular. El reformismo implícito en la filosofía social que ha caracterizado a la Compañía de Jesús en el pasado ha fracasado y donde aún existe ha estimulado una nueva oposición, porque revela cada vez más su relación con la ideología capitalista más que con las enseñanzas de Jesús; y amenaza con elevar el nivel de la violencia contra la Iglesia[501].

La revolución china y la Compañía de Jesús del futuro. La revolución china representa una nueva alternativa al reformismo social basado sobre la ideología capitalista que ha sido predicada por la Compañía de Jesús en el pasado.

A escala mundial, la revolución china es la referencia original de las auténticas fuerzas revolucionarias. Su valor no deriva de su radicalismo anti-imperialista o de su coherencia revolucionaria sino de la dinámica impresa en su propio desarrollo político y social.

La revolución china, al aislar la fuente profunda del proceso degenerativo que opera en las sociedades de Europa y Norteamérica, ha subrayado su rechazo en reconocer «dos fases» en la construcción del socialismo y una aceleración paralela de las transformaciones económicas y políticas. Ataca las relaciones y los modos de producción, insiste en el motivo de la igualdad, critica la jerarquía originada por la división social del trabajo, niega la pretendida

[501] Hasta aquí la primera parte del documento. Sigue la segunda, publicada en NJN, abril de 1972. La primera de marzo.

objetividad del desarrollo y la pretendida neutralidad de la ciencia y la tecnología. Los chinos rehusan aceptar el modelo de acumulación de los países socialistas bajo las alas de la URSS, basado en la preeminencia de la industria y la expropiación de los campesinos. En cambio buscan un desarrollo unificado y total con radicalización de las relaciones sociales, gerencia colectiva desde las bases, y una tendencia a la fusión entre los procesos productivos y formativos. (Ciudad-campo, industria-agricultura, trabajo manual e intelectual). Así todo el sistema político burocrático está vitalizado por un permanente recurso a la lucha de clases, una permanente reformación de la dictadura del proletariado durante el período de transición y una permanente descomposición y recomposición del partido en el fuego del conflicto.

En la raíz del combate. La importancia revolucionaria de esta opción constituye la raíz del combate con la URSS y la fase de lucha de clases, entre el pueblo y el Partido, se abrió con la Revolución Cultural Proletaria. Esta ruptura clarifica la opción del Comunalismo (comunismo) chino en el plano internacional, el valor de sus propuestas para los pueblos oprimidos y la contribución teórica que ofrece al desarrollo de los países capitalistas.

a) En el plano internacional, el rechazo a compartir el mundo entre las superpotencias, la denuncia de una coexistencia fundada sobre el status quo, el hecho de haber subrayado el carácter mortal del combate entre el imperialismo y el comunalismo (comunismo); es decir, el rechazo a toda estabilización, la llamada a todas las fuerzas revolucionarias en todas las partes del mundo, y la continuación del carácter directo y subjetivo del proceso revolucionario contra todas las nociones de «liderazgo» y de «campo», todo lo cual significa hoy, especialmente para Vietnam, una profundización y extensión de la guerra popular anti-imperialista, y una negativa profunda a las tesis de la Unión Soviética sobre comunismo internacional.

b) En el Tercer Mundo la denuncia de todos los intentos para escapar del atraso que no se funden en la opción revolucionaria, es decir en una guerra popular basada en las masas, planteada con una filosofía que separe la posición china no sólo de las políticas de no-alineación y de la práctica de la coexistencia pacífica sino también de esas vanguardias que subordinan lo político a lo militar.

c) Para los países capitalistas avanzados, la principal indicación del rechazo de la «progresión gradual de las etapas de desarrollo», el hecho de subvertir un sistema en su totalidad, la necesidad de la destrucción y reconstrucción constante de las alternativas, la madurez histórica del comunalismo –es decir– las mismas cuestiones que están, en diferente contexto y excluyendo toda falsa imitación, en el centro del proceso de la crisis general del capitalismo y las nuevas formas de lucha en Occidente.

Riqueza del crecimiento revolucionario. Por estas características, la revolución china, el Maoísmo, convoca un nuevo tipo de internacionalismo que la Compañía de Jesús, en su papel histórico como vanguardia de la Iglesia Católica, debería evaluar y utilizar en sus programas de revolución social cristiana. China no confía su supervivencia y el futuro desarrollo de la revolución mundial a la reapertura de una contradicción (en último análisis, una guerra) entre las potencias imperialistas y los social-imperialistas; ni en su propio desarrollo como un Estado entre Estados. Pone más bien su confianza en la coherencia y la riqueza de su propio crecimiento revolucionario y del autónomo y paralelo desarrollo de la iniciativa revolucionaria en otros sectores del mundo. El internacionalismo en que se apoya esta filosofía social no equivale al atrincheramiento del socialismo en un solo país, ni a la reconstrucción de un frente unido en torno a un Estado modelo sino que es un internacionalismo en el que cada uno toma en la mano sus asuntos lanzando creativamente su problema a su propia sociedad, y que es el producto de la inspiración común y la naturaleza individual del proceso revolucionario. Así la «planificación nacional» de la Compañía de Jesús –aquí en los Estados Unidos– debería, según el ejemplo de China, convertirse realmente en «planificación internacional». Así encuentra ese internacionalismo su base objetiva entre el plano nacional y el internacional para llegar a la convergencia del problema en todas las zonas del mundo alrededor de un tema único: la construcción, en diferentes tiempos y formas, de una sociedad mundial comunista. Este es el tema que hoy brota de la realidad y no solamente de una opción ideológica: esto es, del hecho de que no existe una «vía capitalista» a la industrialización de los países de Africa, que no existe una «vía termidoriana» para el desarrollo de los países del este de Europa, y que no existe una vía reformista para la expansión de las sociedades capitalistas avanzadas. Ahí descansa el valor universal, enteramente compatible con los altos objetivos espirituales de la Compañía de Jesús, que se ha adelantado en la Revolución Cultural y que converge, con varios contenidos, en la formación del frente mundial revolucionario.

En el centro del pensamiento maoísta está la plena conciencia de la naturaleza inestable y precaria de la conciencia del proceso revolucionario paralelo al sentido cristiano del pecado original. El futuro para los revolucionarios tanto cristianos como no cristianos puede garantizarse solamente por la ruptura de las viejas estructuras (el «hombre viejo») por la contribución de otros pueblos y otras tradiciones a la expansión del proceso mundial revolucionario comunista.

El valor de la lucha de clases y la Compañía de Jesús. En el cuadro que acaba de dibujarse la lucha de clases adquiere un valor primordial. Esta convicción no surge del eurocentrismo del siglo XIX según la posición marxista, sino de la conciencia del carácter unitario del sistema capitalista de dominación y por tanto, de la imposibilidad de separar la revolución en las dos zonas del mundo. Sin una reanudación de la actividad revolucionaria en Occidente por grupos cristianos de vanguardia como la Compañía de Jesús no se podrá impedir que el imperialismo prosiga su lógica de violencia hacia una guerra catastrófica; o de otra forma, no se podrá impedir que el mundo se ahogue por la conjunción o la antítesis de las dos superpotencias. Si los enormes recursos económicos y científicos acumulados por los Estados Unidos y otros países avanzados no se utilizan en sentido revolucionario, nadie podrá abordar los problemas del subdesarrollo mundial ni dar vida a las revoluciones nacionales capaces de lograr la justicia cristiana.

Los enormes problemas en la construcción del comunismo mundial pueden encontrar una respuesta precisamente donde las condiciones históricas concretas están más maduras y por esta razón la planificación nacional de la Compañía de Jesús debe considerarse como internacional en su finalidad y efecto final.

***Liberación de fuerzas productivas.* La liquidación de este mecanismo mundial y del modelo tecnológico de producción y civilización mediante la cooperación de grupos cristianos de vanguardia como la Compañía de Jesús con revolucionarios seculares permitirá una liberación de fuerzas productivas en las dos zonas del mundo y un control humanístico de los objetivos del desarrollo. Basta con pensar en los recursos utilizados por la carrera de armamentos y en la absurda dirección de la investigación científica bajo el capitalismo para captar la conexión que une materialmente al proletariado occidental con los pueblos del Tercer Mundo, no solamente por solidaridad subjetiva sino objetiva y materialmente.**

Excepto sobre esta condición de lucha común revolucionaria por cristianos y no cristianos juntamente, sin la cual la «ayuda» simplemente financia el consumo de los desperdicios de las clases privilegiadas de los países explotados y los inmensos beneficios de los monopolios internacionales, la política de desarme pone en peligro a niveles enteros de ocupación y amenaza la supresión de consumo opulento sin ofrecer un camino diferente de satisfacer las necesidades.

Este es el amplio documento marxista-leninista-maoísta que un grupo de pensamiento y estrategia formado por jesuitas norteamericanos y holandeses ofrece a toda la Compañía de Jesús en la revista más importante de la Compañía de Jesús en los Estados Unidos. Los reformadores jesuitas de ese país y de otros muchos se habían ocupado hasta entonces de propuestas para cambiarlo todo en la estructura de la Compañía. Ni ellos ni la Congregación General XXXI habían dicho a dónde se dirigían esas reformas. Ahora la extrema izquierda de los jesuitas proponía abiertamente la incorporación de la Compañía de Jesús al frente marxista-leninista internacional para desencadenar la revolución en el Tercer Mundo y crear en los países desarrollados no un clima revolucionario, que los redactores del documento sabían imposible, sino una retaguardia revolucionaria para ayudar a las «guerras populares». El documento incluía un brutal ataque al capitalismo, único sistema que ha podido convivr con la libertad; no mencionaba el nombre de Dios; invocaba la alianza de cristianos y marxistas-leninstas seglares para la revolución violenta en el Tercer Mundo. Muchos jesuitas de izquierda no echaron en saco roto la propuesta. Las divergencias que establece el documento entre revolución soviética y revolución china son simples pretextos de fachada. Es otro de los grandes documentos modernos de la Compañía de Jesús que vino, a través de una misteriosa conexión holandesa –el caos de la Iglesia y la Compañía de Holanda– desde las mismas Puertas del Infierno. Ahora tocaba el turno a los jesuitas españoles.

En fin, a veces en este documento, que se publica por vez primera en España, he traducido el término equívoco de camuflaje «comunalismo» por lo que quiere decir realmente, «comunismo». En el contexto está clarísimo.

SECCIÓN 4: LOS DOCUMENTOS DE LA DIVISIÓN DE LOS JESUITAS ESPAÑOLES

TRES CRISIS SUPERPUESTAS

La crisis de la Compañía de Jesús en España resulta especialmente importante para el propósito de este libro porque influyó de forma decisiva en la crisis de la Compañía en Iberoamérica. La revolución liberacionista iberoamericana depende de tres bases logísticas esenciales: primero, la desviación de la teología centroeuropea transmitida de forma primordial por los jesuitas de España; segundo el apoyo de los *liberals* y muy concretamente de los jesuitas norteamericanos de izquierda; y tercer punto, que es el más importante, la crisis de los jesuitas españoles proyectada consciente y planificadamente sobre Iberoamérica, como si hubieran tenido delante el manifiesto maoísta que he reproducido en la sección anterior. Podríamos añadir un cuarto punto, que demostraremos como los otros tres; el apoyo económico de las organizaciones de la Iglesia alemana para la ayuda al Tercer Mundo. Todo esto desde el campo católico; porque las dependencias del campo marxista-leninista forman capítulo aparte, que entró en conjunción con el católico para soliviantar al continente iberoamericano.

Pues bien, la crisis de los jesuitas en España, a la que se refiere esta sección con documentación jamás publicada, se superpone y se interpenetra con otras dos crisis tremendas y simultáneas. Primero, la crisis histórica española en su fase llamada de pre-transición, que discurre más o menos entre 1965 y 1975, es decir la última década de Franco. El Generalísimo había devuelto en la guerra civil a la Compañía de Jesús todos sus bienes expropiados por la República y había dejado sin efecto la absurda disposición constitucional de la República por la que se disolvía a la Compañía en España. Por ello la Orden le confirió su máxima distinción de gratitud que es la Carta de Hermandad en virtud de la cual todos los jesuitas del mundo (algunos mordiéndose el manípulo, si lo usaban aún) tuvieron que decir tres misas por el alma de Franco cuando falleció el 20 de noviembre de 1975. La Compañía había gozado de las predilecciones del régimen de Franco y el entonces General, padre Ledóchowski, dirigió una carta a los jesuitas españoles en 1947 pidiéndoles su voto favorable para el referendum sobre la ley de sucesión que Franco había convocado. Casi todos ellos le dieron ese voto. Unos grupos de jesuitas figuraban, sin embargo, en la oposición contra Franco desde los años sesenta (si los hubo antes nadie lo notó); algunos separatistas vascos, algunos (menos) separatistas catalanes y algunos pro-marxistas e incluso comunistas. Entre estos últimos descollaba el antiguo y ardiente franquista José María de Llanos, que como dije llegó hasta el Comité Central del PCE; y el padre Juan N. García Nieto, cofundador del sindicato clandestino comunista Comisiones Obreras a mediados de los años sesenta en la periferia de Barcelona, como había hecho antes en las fábricas de Bilbao mientras estudiaba en Deusto[502]. Muy próximo o mejor, inmerso

[502] Cfr. «El País» 24.4.1989 última página.

en el marxismo, pero sin asumir su militancia (según creo) era el profesor José María Díez Alegría, arquetipo de *progresistas*, hermano de dos Tenientes Generales de gran prestigio, que había sido antes Rector en la facultad de filosofía de Alcalá de Henares y profesor en la Universidad Gregoriana, como dije. Le conocí más profundamente de lo que él creía y nunca me expliqué cómo una persona con tan agudo sentido crítico no lo aplicaba al marxismo y al comunismo con la misma causticidad que lo empleaba contra la Iglesia tradicional. Creo que se dejaba arrastrar por su simpatía y su popularidad entre los jóvenes jesuitas, le encantaba ejercer de *vedette* progresista y de *enfant terrible*. Pese a la fama y el brillo que le envolvían en los años setenta siempre pensé que pasaría pronto de moda, por varias razones: su injusticia crítica a la que me acabo de referir, su agradable, pero evidente superficialidad y su falta casi total de sentido histórico; desconocía la historia de España y juzgaba la historia de la Iglesia anacrónicamente o casi peor, ucrónicamente. Sobre todo, no ofrecía una línea coherente a cambio de sus propuestas demoledoras. No ha dejado obra importante alguna. Por ejemplo tengo aquí delante, con no poca carga de nostalgia (porque siempre me cayó personalmente muy bien) sus *Notae ad praelectiones philosophiae moralis* para sus clases de 1949. En ese librito se mostraba muy receloso con la democracia y afirmaba que sólo se la podría tolerar en algunas circunstancias como mal menor (p. 57), se oponía fervorosamente al colectivismo marxista (p. 16, escribía, por cierto, en un latín pésimo). En la Gregoriana más que a la investigación se dedicó al activismo en unión de don Franzoni y Giulio Girardi, mucho más extremistas que él. Escribió una dura nota contra el Vaticano por sus intromisiones en la política italiana; y en su libro famoso de 1972, *Yo creo en la esperanza*[503] interpretaba fe como una liberación total «frente a todo lo humano, incluso lo eclesiástico, lo religioso institucionalizado» (p. 14). Hombre espiritual y de vida privada ejemplar ha confesado que daba su voto al Partido Comunista y que «mi reflexión cristiana ha sido ayudada por el marxismo» (p.40). Se emperra en que el cristianismo no ha existido nunca, y que «el análisis que hace Carlos Marx de la religión como opio del pueblo...vale en un enorme porcentaje, digamos al ochenta por ciento, de la religión que los cristianos vivimos como cristianismo y que es en realidad otras muchas cosas» (p.40). (Es un consuelo; al menos vivimos un veinte por ciento de cristianismo). Luego se mete en líos tremendos sobre Hegel y Marx, y confiesa que Marx le ha llevado a Cristo; y se apunta al análisis marxista de la Historia. Me hubiera gustado hablar con él en 1989, después de ayudarle a quitarse de encima los cascotes del Muro de Berlín. Pero en los años setenta hizo mucho daño. El padre Arrupe tuvo que exclaustrarle y luego creo que se fue de la Compañía de Jesús, mientras el comunista Llanos, amigo suyo, se quedaba. Decididamente me quedo con mis viejos maestros, no con mi segunda generación de profesores a quienes, en el fondo no sé por qué, les entró un día la locura. Santiago Carrillo les cita a los dos en sus memorias, recuerda sus encuentros con ellos. Siento repetir que no tenían la menor idea sobre la historia de España.

Otro jesuita que se distinguió en la oposición contra Franco fue un castellano profundo, Alfonso Alvarez Bolado, que va a adquirir ahora mismo gran importancia en la presente historia. Alto, delgado, algo desgarbado, de profunda inteligencia y notables cualidades humanas, se convirtió en el más ardiente de los rahneria-

[503] Bilbao, ed. Desclée.

nos pero a fines de los sesenta estaba ya a la izquierda de su maestro germánico. Participó activamente en la oposición contra Franco y recibió una buena tunda de la policía en la famosa manifestación clerical de Barcelona allá por 1968 si no recuerdo mal. Su decidido giro a la izquierda radical y su entrada en el más alto nivel del clan jesuítico de izquierdas me sorprendió bastante; claro que no le traté desde que entró con tanta ilusión como escaso espíritu crítico en el círculo de Rahner. Es uno de los creadores de «Fe y secularidad» de la que voy a hablar ahora mismo, escribió un libro horrible sobre la historia del franquismo del que nada diré en honor a la afectuosa dedicatoria con que me lo envió pero su actuación más importante la voy a mencionar en este mismo capítulo en relación con el lanzamiento hispánico de la teología de la liberación, que a él se debe en gran parte. Luego le he visto fugazmente una vez, cuando me contó, dejándome mudo de asombro, las maravillas de la Conferencia de Santa Clara; me dijeron más tarde que ya está de vuelta de todas aquellas veleidades de los setenta, lo que no me extraña en persona tan inteligente; actuó como consejero de los obispos españoles y colaboró, no sé por qué rayos, con el Centro Superior de Estudios de la Defensa Nacional. Ahora no sé lo que hace; tengo la impresión de que los héroes están cansados, a muchos no les veo ya desde mi puesto en la brecha.

Sobre los jesuitas españoles que han sido activistas del marxismo y el liberacionismo en América hablaré en otra sección de este capítulo. Me queda decir una palabra sobre dos colegas suyos que han actuado en España. El primero es un tenaz personaje que no abandona la brecha ni con el Muro encima; José Ignacio González Faus, inasequible al desaliento. Dentro del elenco de jesuitas marxistas forma parte de la subespecie radical de los anticapitalistas. Desde el Manifiesto Comunista de los bátavo-americanos en 1972 no he leído alegatos anticapitalistas tan persistentes ni tan irracionales como los de González Faus que copa medio catálogo de la inconcebible editorial socialista de los jesuitas españoles Sal Terrae; la sal perdida, que dirá mi amigo Pedro de Lorenzo, y que les recordó Pablo VI en la Congregación General XXXI. El radicalismo de las posiciones de Faus se enfrentó, antes que la Santa Sede tomara cartas en el asunto de la falsa liberación marxista, con la crítica serenamente antimarxista de otro jesuita que había entendido correctamente el mandato de Pablo VI, el padre Enrique Menéndez Ureña. Afortunadamente no era el único; el padre Carlos Valverde había publicado en 1974 un análisis excelente y crítico sobre *Los orígenes del marxismo*[504] y unos años después una exposición documentada y profunda sobre el pensamiento de Marx y Engels, *El materialismo dialéctico*[505]. Los especialistas de la Iglesia no tenían desguarnecido ese campo, ni mucho menos; ya he citado el libro del profesor Rodríguez de Yurre *La estrategia del comunismo, hoy*, al que habían precedido los dos volúmenes de *El marxismo*[506].

Cuando la polémica sobre la teología de la liberación estaba en su apogeo el profesor Ureña alcanzó un gran éxito con su ensayo *El mito del cristianismo socialista*[507] donde, sin negar los graves fallos del capitalismo, demuestra con toda claridad que un

[504] Madrid, BAC, 1974.
[505] Madrid, Espasa-Calpe, 1979.
[506] Los dos en la BAC, Madrid, 1983 y 1976-.
[507] Madrid, Unión Editorial, 1981.

socialismo marxista más compatible con el Evangelio que cualquier otra opción no es una tesis sino un simple mito. Eso era un torpedo en la línea de flotación de los marxistas cristianos como González Faus, que en una editorial de los jesuitas (Ureña había tenido que acudir a una editorial liberal) replicó con un panfleto marxista, *El engaño de un capitalismo aceptable*[508] que distorsiona los razonamientos de Ureña y no advierte que la posición antimarxista de Ureña se plantea desde una rigurosa posición de ciencia económica, en la que el autor es experto, y no desde el dogmatismo cristiano-marxista que era, y según parece sigue siendo, el credo de González Faus, autor ayuno en economía. Entonces el jesuita Ureña quiso publicar una réplica en la editorial jesuita Sal Terrae que con típica exhibición de juego sucio le cerró su catálogo; por lo que Ureña tuvo que publicar su réplica –*El neoclericalismo de izquierda*– en la misma editorial de su libro anterior, y en 1984. Esta vez González Faus no intentó hacer dúplica; no podía. La polémica, que ganó para Ureña varias traducciones en varios países y varias ediciones en España, es una nueva muestra de la división de los jesuitas españoles ante un problema fundamental. Siento no poder extenderme más en el análisis de los tres libros, por sencillas razones de espacio; espero hacerlo algún día, para poner de manifiesto la endeblez dialéctica de los jesuitas marxistas y presentar al profesor Ureña algunas objeciones entre muchos acuerdos.

Sólo citaré a uno más: José María Castillo, profesor expulsado en la Facultad de teología de la Orden en Granada que luego ha recalado, creo, en la Universidad civil de esa ciudad. Castillo no es un marxista teórico sino un activista especializado en suministrar material al despliegue cristiano-marxista de las llamadas Comunidades de base. Sus libros son cristianismo torcido y marxismo barato. Su obra de más empeño es *Teología para comunidades*[509] publicada ya después de la caída del Muro pero sin sacudirse del todo, aunque el autor lo intenta púdicamente, el polvo del Muro. Las citas predilectas son sintomáticas: Metz, los liberacionistas Floristán y Tamayo, etc. Todavía anda por la descalificación de la «religión burguesa» como Metz antes del hundimiento del Muro. Genio y figura.

El influjo político-social ejercido por este conjunto de jesuitas marxistas o promarxistas en la transición española no es desdeñable sino muy importante. Intervienen, de forma esencial, en la creación del sindicato comunista (que ha sido el principal hasta hoy) y en la configuración de las comunidades de base, un movimiento cívico-político de raíz comunista que agrupó a muchos miembros procedentes de los movimientos seglares obreros y profesionales de la Acción Católica que se desmoronaron por el activismo político. Contribuyeron de forma notoria a la demolición interna de la Compañía de Jesús, sobre todo en las promociones jóvenes. Marcaron el rumbo político de la Conferencia episcopal a través de su influjo directo sobre el líder aparente del Episcopado, cardenal Tarancón. Desorientaron y en muchas ocasiones minaron y desviaron a numerosas comunidades y congregaciones religiosas femeninas y a sectores enteros del sacerdocio secular. Participaron en la creación de otro movimiento comunista ahora de cuadros, que se llamó Cristianos por el Socialismo y se extendió mucho más de lo que yo creí en un principio, desde la Universidad a las asociaciones de vecinos; y ese socialismo era, en el fondo, comunismo. Intervinieron en el movimiento clerical

[508] Santander, Sal Terrae, 1983.
[509] Madrid, Paulinas, 1990.

contestarario del IDOC y en la gestación del movimiento comunista Comunidades de Base, a partir de la degradación de la Acción Católica obrera. Y sembraron en España, para lanzar luego a América, nada menos que la teología de la liberación en su arranque decisivo. Una labor, en suma, trascendental.

Este breve catálogo de jesuitas españoles situados en la oposición radical al franquismo me ha llevado demasiado lejos; pero era necesario. Todo venía a cuento de que la crisis de la Compañía de Jesús en España se inscribe en el contexto de la transición española y en el contexto de la crisis de la propia Iglesia española. Analizaré estas dos crisis en el segundo libro. Conviene sin embargo indicar ahora, aunque sea telegráficamente, que si he marcado el año 1965 como principio para la transición española es porque en ese año comienza el despegue de la Iglesia española respecto del franquismo; hasta el Opus Dei se suma a ese despegue, según nos dijo don Alvaro del Portillo, antiguo alférez provisional de Franco, con motivo de la beatificación de monseñor Escrivá de Balaguer. Ese despegue estaba alentado personalmente desde Roma por el Papa Pablo VI, netamente antifranquista y por los representantes de la Santa Sede en España los Nuncios Riberi y Dadaglio y desde 1962 el Sustituto Giovanni Benelli, que luego continuó su trabajo de oposición antifranquista con más intensidad, cuando el almirante Carrero Blanco le echó de España con no muy buenos modos; tanto que el capítulo sobre España en el segundo libro tal vez lo titule «La venganza de Benelli» si no sonara tanto a título del admirable don Pedro Muñoz Seca. Para ejecutar esa transición desde dentro el Papa Pablo VI eligió personalmente al cardenal don Vicente Enrique y Tarancón, arzobispo de Toledo desde 1969 (con pleno acuerdo de Franco, que por la Iglesia se dejaba tomar el pelo, aunque seguramente lo sabía) y a la diócesis de Madrid tras un golpe del Vaticano en mayo de 1971. El cardenal Tarancón, que también había sido ardoroso franquista, designó como vicario político (el título oficial era provicario) a un jesuita inteligente, mundano y socialista, José María Martín Patino, redomado antifranquista y personaje capital de la transición española, mucho más que el propio Tarancón. La Nunciatura y el Vaticano ejecutaron en los años sesenta y setenta una hábil maniobra para dar la vuelta a la Conferencia Episcopal, de mayoría franquista hasta 1969, que se transformó en antifranquista desde entonces. Este es un capítulo muy importante y sabroso en la historia de la Iglesia española, pero tan complicado que lo dejo para el segundo libro.

José María de Areilza ha dicho que don Juan Carlos ha sido «el motor de cambio» y es verdad; pero ese motor no andaba solo, sino instalado en el tractor del cambio, que era precisamente la Iglesia de Roma y de España, no la desmedrada oposición antifranquista de la época, que sólo acostumbraba entonces a decir y hacer tonterías. (Eran dos tractores; el otro lo pilotaban y alimentaban los aperturistas del régimen de Franco desde 1962, como explicaré también).

La implicación de la Iglesia en la transición política española desde 1965 era tan profunda y decisiva que todos los documentos colectivos de la Iglesia a partir de ese momento, sobre todo desde el vuelco de la mayoría en la Conferencia Episcopal bajo el liderazgo del cardenal Tarancón se interpretaban como manifiestos políticos porque realmente lo eran. La politización de la Iglesia era creciente y absorbente; y llevó a un fracaso estrepitoso de la estrategia política del Vaticano, que ansiaba para España un gran partido de Democracia Cristiana, como los de Italia y Alemania en 1945; pero los líderes promovidos por el Vaticano se estrellaron definitivamente en las elecciones de 1977 y la transición política la realizaron los aperturistas del régimen anterior (con algún democristiano menor como simple acólito) y la plataforma política del Opus Dei, que se había eclipsado aparentemente a la muerte de Carrero Blanco en 1973 después de dominar en los gobiernos de Franco desde 1957. La línea de oposición patrocinada por la plataforma del Opus Dei, y dirigida por Rafael Calvo Serer, se hundió por su irresponsable contubernio con los comunistas. Me muero de ganas de analizar copiosamente todas estas sugerencias, y en revelar lo que hacían entonces personajes admirables como Luis María Anson, pero lo dejo para el libro segundo. Entonces, muy a su pesar, me dedicará un Ovidio sin criptograma.

«La trayectoria anterior y posterior a 1975 ha agravado un hecho, históricamente más que patente, en la Iglesia española: su división y malestar interno». Este es un lúcido resumen debido al que desde 1964 a 1966 fue Secretario de la Conferencia de metropolitanos españoles y desde 1966, fecha de su fundación, hasta 1972 Secretario de la Conferencia Episcopal española, monseñor José Guerra Campos, en un estudio histórico de primera magnitud[510]. Monseñor Guerra, tan injustísimamente tratado por la izquierda, por el centro y por la derecha, por el Estado y por la Iglesia, por Madrid y por Roma, es la personalidad que más sabe sobre la transición en la Iglesia y en España. Si prescindo del título sobre monseñor Benelli es porque monseñor Benelli le hizo Obispo.

En fin, trazadas brevemente las líneas maestras de los dos contextos, vayamos al tercero, que es objeto específico de este primer libro, la crisis de la Compañía de Jesús en España.

LA DENUNCIA DE LOS IGNACIANOS: DOS COMPAÑÍAS

La documentación de que disponemos hoy para comprender y analizar la crisis de la Compañía de Jesús en España que se produce, en forma de ruptura, entre 1966 y 1974, es decir entre las dos Congregaciones Generales 31 y 32 procede de dos fuentes principales entre otras menores. La primera es el conjunto de denuncias que los jesuitas ignacianos enviaron a la Santa Sede, y que en gran parte recogieron en dos libros, uno de circulación restringida, *La vida religiosa en peligro*[511], cuyo revelador subtítulo es «La tremenda crisis provocada dentro de la Compañía de Jesús por los enemigos de la Iglesia, lección ineludible para las demás órdenes religiosas» obra de 95 páginas prácticamente imposible de encontrar; y la publicación casi enteramente clandestina, pero con pie de imprenta *La verdad sobre la Compañía de Jesús*, con el seudónimo de «Ignacio Javier Pignatelli», de 184 páginas y publicada en

[510] *La Iglesia en España 1936-1975. Síntesis histórica*. Boletín oficial del Obispado de Cuenca, n. 5, mayo 1986.

[511] Madrid, C.I.O. 1973.

1974, como un toque de rebato ante la ya convocada Congregación General 32. La primera es interesante por el estudio comparado de la crisis con otros institutos religiosos; la segunda tiene mucha más documentación. Las poseo desde que aparecieron, porque conozco a los dos compiladores (son en buena parte obras colectivas, logradas por intercambio de informaciones) que me las hicieron llegar indirectamente cuando yo me empezaba a preocupar por estos problemas dentro de la historia contemporánea de España. Por eso considero que estas dos denuncias son una fuente primordial; porque muchas veces los documentos se citan con su fuente y su procedencia, y porque conozco a los compiladores, que eran jesuitas ignacianos de cuerpo entero, angustiados por la espantosa degradación y relajación de su Orden. La segunda fuente primordial son los documentos de la Iglesia; tanto los de Roma, que muchas veces son las denuncias reproducidas en el segundo de los libros que acabo de citar, y procedentes de mi colección de documentos del Episcopado español; junto con las minutas y actas de reuniones y gestiones de los obispos españoles en torno a la crisis de la Compañía, que cito bajo las siglas DR EE y el número con que figuran en mi archivo, que es el mismo que consta en el archivo reservado donde providencialmente para este libro pude encontrarlos.

El antiguo comunista y luego antistaliniano Enrique Castro Delgado, fundador y jefe del Quinto Regimiento en 1936 y luego exiliado en México, donde escribió, con ayuda del activista del POUM Julián Gómez «Gorkin» libros muy importantes que he aprovechado en mi *Carrillo miente*[512] afirmaba en 1963 en Florida que **los comunistas estaban ya infiltrados entre los sacerdotes y religiosos españoles y que la primera que iba a sufrir el más duro asalto sería la Compañía de Jesús, en quien estaba programada –y las pruebas eran positivas– la quiebra de la obediencia como base de su demolición**[513]. Los comunistas, naturalmente, han tratado de desacreditar a Castro Delgado, como hacen con todos sus tránsfugas, pero Castro ha dado pruebas más que suficientes de veracidad; y además ahí están otras pruebas objetivas de su aserto, como el despliegue del IDOC –de origen comunista– entre los jesuitas, que ya hemos documentado, y los nombres que acabamos de citar, que ya eran comunistas en 1963 (casos de Llanos y García Nieto) o compañeros de viaje. Las propias memorias de Carrillo, que analizo en *Carrillo miente* coinciden con el aviso de Castro Delgado, que por cierto fue el dirigente del Partido Comunista que recibió a Carrillo en su seno al atardecer del 6 de noviembre de 1936.

El resumen de la demolición en esos años (1966-1973) lo expresó un insigne jesuita y canonista, el padre Fernández Regatillo, en 1973, en estos términos: **No lo entiendo, no lo entiendo. Todo está deshecho, deshecho. Deshechos los noviciados, deshechos los juniorados**[514]**, deshechos los escolasticados. Oña deshecha. Comillas deshecha. No lo entiendo, no lo entiendo**[515]. Para la crisis de la Compañía

[512] Madridejos, Fénix, 1994.

[513] *La vida religiosa... (en adelante VRP)* p. 87.

[514] En la ya deshecha antigua y excelente formación de los jesuitas, que ahora es un churro mal frito, el «junoriado» era el trienio de Humanidades entre los dos años de noviciado y los estudios de filosofía.

[515] Ibid. p. 64. Las Facultades de filosofía y teología en Oña (Burgos) y Comillas (Cantabria) se trasladaron a centros urbanos, con sus homólogas en toda la Orden. El resultado fue catastrófico.

en los Estados Unidos el padre Becker reconocía como causa principal al impulso alienado de los jesuitas jóvenes, que arrastró a sus maestros. Para los documentos-denuncia en que me estoy apoyando, la crisis de la Compañía en España se debe, ante todo, a la desorientación provocada por la Congregación General 31, que sembró una desconfianza demoledora en toda la Orden sin ofrecer un proyecto coherente a cambio, sino dejándolo casi todo al arbitrio del padre Arrupe y su clan de izquierdas; y, en segundo lugar, con importancia pareja, a la acción y pasividad de los superiores. La crisis, según estas fuentes, vino en España de arriba abajo. Los jóvenes participaron en ella pero por el camino –o el desierto– creado desde arriba. Y participaron con los pies; marchándose en enjambre. Personalmente estoy de acuerdo con este análisis, al que añadiría el influjo demoledor de los rahnerianos y de los infiltrados marxistas. Los padres Llanos y Díez Alegría eran, en aquella época, unos héroes del marxismo, como lo habían sido antes del franquismo y el anticomunismo.

Esta es la época en que según el *progresista* y hagiógrafo del padre Arrupe, Manuel Alcalá, el Papa Pablo VI llegó a persuadirse de la crisis de la Orden (que Alcalá minimiza, no hay peor ciego que quien no quiere de ver) que seguían «una política memorialista» como si la Santa Sede formase sus opiniones sólo con oír a una sola de las partes[516]. Pero Alcalá no dice (y lo sabe) que antes de elevar su denuncia a la Santa Sede los ignacianos la habían presentado en familia, mediante numerosos *postulados* a la Congregación General 31, de los que elijo el que me parece más significativo:

Considerados atentamente los hechos que siguen:

1.– El número extraordinariamente crecido de sacerdotes que en los últimos meses abandonaron la Compañía, algunos hasta el sacerdocio, algunos hasta la fe.

2.– Las afirmaciones escandalosas que profieren algunos de los Nuestros, como aquello de que «San Ignacio ya pasó».

3.– El escándalo de muchas personas del clero secular, religiosos, religiosas, seglares, hombres y mujeres piadosos y prudentes, por causa de los extraños hechos y dichos de algunos de los Nuestros.

4.– El deterioro que ha padecido nuestra Compañía en la buena fama de los Nuestros cuanto a doctrina, piedad y modo religioso de conducirse, en tal forma que día a día va decreciendo la confianza antes prestada a nuestros sacerdotes y que tengamos que oír por todas partes que ya no se puede confiar en un Padre de la Compañía sin conocerle antes personalmente.

5.– La disposición de ánimo de no pocos de los Nuestros cuanto a buscar vocaciones; es decir que no pocos de nuestros mejores sacerdotes, que podrían traer candidatos a la Compañía rehúsan en absoluto hacerlo por considerar que no pueden honestamente empujar hacia la Compañía a jóvenes que después se quejan de que la Compañía no es lo que ellos les habían dicho[517].

6.– La existencia en muchos de nuestros jóvenes de una especie de movimiento popular que se desvía del espíritu genuino de la Compañía, ya que

[516] M: Alcalá, op. cit. p. 436.

[517] Conozco personalmente a un compañaro mio de estudios que permanece en la Compañía pero que con permiso de la autoridad eclesiástica ha formado su propio grupo de candidatos a quienes forma ejemplarmente fuera de la contaminación de la Orden.

aborrecen mucho o al menos notablemente la Filosofía, Teología, Ascética y Pedagogía perennes, la humildad, la disciplina, la obediencia religiosa, el espíritu de trabajo y de austeridad, de responsabilidad y sacrificio, de seriedad de vida, de sinceridad, de piedad.

7.– La existencia en no pocos de nuestros sacerdotes de un grave desencanto por pensar que la Compañía no es ya lo que debe ser, algunos de los cuales –y muy buenos– están dispuestos a pasarse a una Orden religiosa más fervorosa, caso de que no se ponga eficaz remedio.

Es de temer que en breve corra serio peligro la existencia misma de nuestra Provincia, o entre en ella una relajación general o no sea posible prácticamente el vivir en ella de acuerdo con nuestro Instituto.

Para evitarlo, hay que poner el remedio donde suele estar el origen de semejantes desórdenes: es decir, en la formación genuina y eficaz de los Nuestros en sólido conocimiento de las ciencias, en profunda y eficaz formación filosófica, teológica, ascética y en el espíritu de los Ejercicios Espirituales de nuestro santo padre Ignacio y nuestro Instituto, según los mejores autores, doctrina y método del pasado y de nuestros días. La cual recta y sólida formación hay que procurarla no tanto con reglamentos y exigencias externas cuanto poniendo al frente de dichos trabajos a Superiores, maestros y profesores que sean amables y hagan amable la formación que se pretende, y sepan imprimir en los Nuestros dicha formación íntima y eficazmente y de verdad la impriman.

Se postula en consecuencia de la Congregación General, que se haga al dicho respecto una investigación cuidadosa y a fondo del Noviciado, Juniorado, Filosofado, Teologado y Terceronado, y donde sea preciso se aplique remedio en orden a lo que lo dicho en el párrafo anterior se realice con verdad y eficacia[518].

Pero la Congregación General 31 no resolvió nada; y tendió lo que llama el documento que estoy presentando «una trampa mortal» para conseguir el control de la Orden de acuerdo con los deseos del clan de izquierdas. Antes de reproducir la reprensión final y durísima del Papa, que ya hemos transcrito, el documento-denuncia esboza un análisis de los resultados de la Congregación 31 en estos términos, que me parecen objetivos y justos:

Tuvimos la oportunidad de hablar en Roma las últimas semanas de la Congregación General XXXI con varios de sus padres diputados. Saltaba a la vista que no se atrevían a hablarle claro al padre General. En las decisiones –se decía en Roma– antes de tomarlas se preguntaban, preocupados, «¿Qué dirán los jóvenes?».

Los decretos de la Congregación General 31 no fueron ni chicha ni limonada. La Congregación no resolvió nada. No tuvo vista para escudriñar a fondo lo que se venía encima, ni menos tuvo garra para abrir con decisión los caminos nuevos que había que abrir ni para reforzar las posiciones esenciales y perennes que había a toda costa que conservar. En cambio fue

[518] *La Verdad...* (en adelante VCJ) p. 13s.

funesta en un punto: un punto en que asestó a la Compañía la más mortal cuchillada en lo más esencial de su gobierno.

Ese golpe mortal, que el documento de los ignacianos detalla cumplidamente, es el cambio en el sistema electoral para las Congregaciones Generales futuras, y para las Congregaciones intermedias de Procuradores, articulado por el clan de izquierdas para conservar el poder de forma irreversible y totalitaria. La autoridad en la Compañía de Jesús, según las Constituciones de San Ignacio, descendía por vía jerárquica desde arriba pero tenía un sabio freno: la elección de los delegados a las Congregaciones generales y provinciales, que dependía en parte del General y los superiores mayores, pero no totalmente; la mayoría de los electores a esas asambleas dependía de los profesos (religiosos de cuatro votos solemnes) más antiguos, lo que podía equilibrar el impulso innovador del General y su equipo, e incluso destituir al General si se desviaba del camino. La Congregación General 31 suprimió el requisito de que sólo los profesos más antiguos eligieran a los diputados o procuradores de las Congregaciones; y cambió de este modo las reglas electorales de forma que el General y los provinciales por él nombrados controlaran de hecho la elección. Con tantas presunciones democráticas la Congregación General 31 convirtió el autoritarismo controlado de la Compañía de Jesús en cerrado sistema totalitario. El clan de izquierdas tenía asegurada la supervivencia de su línea, y continúa detentado el poder cuando se escriben estas páginas. Concluye el documento: **El método parece hecho expresamente para poder falsear el escrutinio abusando de la buena fe de los electores**[519].

En la primera página del texto de su informe-denuncia los jesuitas ignacianos exigían un imposible: que la Congregación General, totalmente dominada por el General y su clan de izquierdas, se pronunciara **sobre los métodos y responsabilidad de gobierno del P. General y Superiores Provinciales en resistencia prolongada y obstinada a la voluntad y admoniciones de la Santa Sede, promoviendo a los demoledores-innovadores y anulando represivamente a los jesuitas en fidelidad**[520]. Esta petición era desesperada; pero evidenciaba mejor que otra prueba el hecho de que durante la crisis de 1965 a 1973 se habían configurado ya en España (y en todo el mundo) «dos Compañías», dos bandos irreconciliables en la Compañía de Jesús. Los jesuitas ignacianos no veían otro remedio, para salir de su angustia y su opresión, que recabar de la suprema autoridad del Papa la división institucional de la Orden, o al menos de los dos bandos, aunque los dos permanecieran bajo la autoridad del mismo General, para que la Compañía de Jesús no se rompiese. Cuado tomaron conciencia de que la crisis era irreversible intensificaron su oleada de quejas e informes a la Santa Sede y gestionaron esta solución traumática, pero solución al fin, que ya tenía precedentes importantes en la historia de la Iglesia; como las divisiones semejantes en las Ordenes de San Francisco y del Carmen. Pero antes de analizar el planteamiento, desarrollo y final de estas gestiones conviene que citemos algunos jalones más en la crisis interna de la Compañía de Jesús hasta la convocatoria de la Congregación General 32.

[519] VCJ p. 31-36.
[520] VCJ p. 5.

«FE Y SECULARIDAD»: EL ACTIVISMO CRISTIANO-MARXISTA DE LOS JESUITAS ESPAÑOLES

En 1967 uno de los Asistentes Generales del padre Arrupe, el húngaro Varga, examinó las propuestas de una «comisión de ateísmo» formuladas por la comisión interprovincial de España sobre ese problema, la misma que, como hemos visto, tergiversó el mandado de Pablo VI sobre «el combate contra el ateísmo militante» y convenció al padre Arrupe para que las siete provincias españolas creasen una institución de diálogo cristiano-marxista cuyo nombre fue «Fe y secularidad». Conseguí la documentación de un encuentro celebrado por esta institución en 1986 bajo la presidencia personal del padre Kolvenbach (lo que demuestra la importancia que Roma daba al Instituto) entre los que figura un resumen de su historia, empezando por el dato de su creación que acabo de comunicar[521].

El padre Arrupe pidió en 1969 a las siete provincias de España la constitución de ese «Fondo Fe y Secularidad» de quince millones de pesetas, cantidad entonces importante. Jurídicamente, incluso después del traslado al piso de la calle Diego de León 31 en Madrid, el centro se vinculó a la Casa de Escritores de la calle Pablo Aranda. Pero con adscripción académica a la Universidad Comillas, que se había trasladado a Madrid desde Cantabria. «Una cierta búsqueda de identidad caracterizó los primeros años. Se fueron ensayando diversas formulaciones de objetivos hasta 1973» dice el citado documento. No me interesa mucho la evolución teórica y estructural del organismo, que en 1981 se amplió a la «Fundación de estudios socio-culturales con idea de favorecer la captación de ayudas» que no llegaron; la gente se fiaba cada vez menos de los jesuitas. Pero el propósito del Instituto estaba claro desde su creación, a través de sus obras, su *praxis*, que adquirió desde el principio un signo cristiano-marxista de carácter revolucionario. «Un doble tipo de actividad –reconoce el documento– fundamental se dio desde el principio. Pero uno de ellos, los ciclos de conferencias, tuvo una evolución muy diferenciada: abundó al principio, después se restringió a colaboraciones con otras entidades (generalmente de la Compañía y fuera de Madrid) para quedar reducido en la actualidad a un ciclo anual en colaboración con el Instituto Alemán de Madrid».

No hubo tal búsqueda de identidad. La identidad queda fijada desde el principio. Y el Instituto Alemán colaboró con entusiasmo. Ya hemos analizado dos importantes logros de tan interesante colaboración. Primero, las conversaciones de Fe y Secularidad celebradas en 1977, con dos años de retraso, en honor y gloria del filósofo marxista Ernst Bloch, publicadas luego, como vimos, por Taurus bajo el título significativo *En favor de Bloch*; es decir que esta significativa actividad pública de Fe y Secularidad fue un acto de exaltación del pensamiento marxista en nuestro tiempo. Un ciclo anterior se conjugó con la XVIII semana de misionología en Bérriz y, dirigido por Alvarez Bolado, se concreta en el libro de 1972 *Fe y nueva sensibilidad histórica*[522], a cualquier cosa llamaban «nueva» estos intelectuales del diálogo y la incilturación; dominan en su bibliografía las obras sobre la

[521] FRSJ D 16 1986.
[522] Salamanca, Sígueme, 1972.

Muerte de Dios y sobre la secularización radical. El tercer ciclo que conozco es otra exaltación, la de la Teología Política en la primavera de 1974, mediante contribuciones de Rahner, Moltmann, Metz y Alvarez Bolado, publicada en 1975 por Cristiandad. No hacía falta buscar la identidad del Instituto; estaba clarísima desde el primer momento. Dirigido por el rahneriano jesuita José Gómez Caffarena, sus principales colaboradores eran los también jesuitas rahnerianos y filomarxistas Alfonso Alvarez Bolado y Gimbernat.

Sin embargo las actuaciones más importantes de Fe y Secularidad no fueron los encuentros intelectuales sino las convocatorias para el activismo. Ya en 1978 tuve información suficiente para comunicar la responsabilidad de los jesuitas españoles en el desmoronamiento del Apostolado Seglar y su degeneración en el movimiento comunista Comunidades de base, paralelo al sindicato comunista Comisiones Obreras, en cuya creación, como hemos visto, tomaron parte también los jesuitas:

La congelación del régimen de Franco chocaba, a lo largo de 1968, con el dinamismo político de la Iglesia, efecto de la actitud renovadora postconciliar, dirigida con energía suave desde la Nunciatura Apostólica, con la cooperación de buena parte del Episcopado; sobre todo por la pléyade de jóvenes obispos auxiliares nombrados subrepticiamente –así pensaba el régimen– por el Vaticano, eludiendo mediante este sistema la aplicación del privilegio de presentación. Según un resumen de monseñor Dorado, uno de los puntales del movimiento renovador, la crisis definitiva «había sobrevenido en el verano de 1966, y en su primera fase demolió la fuerte vanguardia del Apostolado Seglar, constituida a la sazón por veintiún movimientos de Acción Católica, con un contingente estimado de 600.000 militantes en todos los ambientes. Era la fuerza social organizada más importante del país en aquellos momentos. Al promulgarse en 1968 los nuevos Estatutos de Acción Católica, dimitió Enrique Miret Magdalena, secretario del Apostolado seglar (que terminaría próximo al comunismo) mientras algunos movimientos obreros de la Iglesia, como la juventud Obrera Católica (JOC) y las Hermandades Obreras de Acción Católica HOAC pasaban a la clandestinidad política y daban origen a diversos grupos y movimientos de extrema izquierda. Entre ellos conviene señalar a la sindical de origen asturiano USO, Unión Sindical Obrera y al partido revolucionario ORT, Organización Revolucionaria de los Trabajadores. Varios jesuitas, implicados en estos movimientos, abandonaron después la vida religiosa. (No sé si se refiere entre ellos monseñor Dorado al padre Francisco García Salve, el famoso «cura Paco» de Comisiones Obreras, al que Fernando Vizcaíno Casas dedicó su celebérrima novela «la boda del señor cura»).

En una segunda fase –continuaba yo citando a monseñor Dorado en 1978– desde 1968 a 1972 numerosos grupos de seglares se radicalizaron y distanciaron de la jerarquía y algunos de ellos pasaron a la clandestinidad política y sindical. Proliferaron las comunidades seglares de base y los grupos informales de vida cristiana, con las más diversas características; y comenzaron también experiencias similares en las comunidades de religiosos y religiosas. Otros grupos se fueron quemando lentamente en la inacción y el desconcierto[523].

[523] R. de la Cierva *Historia del franquismo II* Barcelona, Planeta, 1977.

Las Comunidades de Base, concebidas como fenómeno de masas, aunque nunca rebasaron en España el cinco por ciento de los católicos que vivían, sobre todo, en los cinturones industriales de las grandes ciudades, por más que penetraron también en sectores de clase media, incluso alta, y universitarios, estaban vertebradas por la agrupación Cristianos por el Socialismo, de inspiración y militancia comunista, que tiene entre sus creadores al jesuita José María de Llanos junto con otros compañeros suyos y algunos otros sacerdotes y religiosos. El nacimiento formal de las Comunidades de base debe fecharse en 1967, con motivo de las conversaciones sobre Evangelio y Praxis celebradas en un nidal de antifranquismo, el Monasterio de Montserrat. Se trataba de crear una «mentalización» para los grupos sacerdotales contestatarios, fenómeno de inspiración marxista que surgió simultáneamente en varias naciones de Europa e Iberoamérica. En Montserrat se crearon órganos de coordinación y comunicación para estos grupos, entre los que se distinguieron los de los jesuitas junto a los benedictinos y los capuchinos. Se establecieron delegaciones en todas las provincias españolas. Ya en enero de 1968 se celebró una reunión de estos grupos radicales en Segovia con el tema *Evangelio y Realidad*. Los jesuitas del grupo Fe y Secularidad, que destacaron en este encuentro, recibieron el encargo de organizar otro con mayor amplitud y profundidad[524]. Los movimientos de Comunidades de base, Sacerdotes Contestatarios y Cristianos por el Socialismo, todos ellos de inspiración comunista y conectados con las redes del IDOC, actuaban tras el Concilio de forma coordinada en todo el mundo y se inspiraban en la experiencia de las Iglesias patrióticas que los regímenes comunistas habían logrado implantar en China y en los países satélites de la URSS en Europa. El último de esta serie de encuentros se produjo en Valencia, (septiembre de 1969) que marcó el apogeo del clericalismo contestatario en Europa. Pero en Valencia, cuyas actas, reveladas en la fuente que estoy utilizando, son de un radicalismo absoluto y utópico, se advirtió una escisión. Por una parte los radicales entre los que destacaron los creadores del centro CIDOC en Cuernavaca, México, Iván Illich y Dom Lemercier; este grupo propuso la ruptura completa con la Iglesia institucional. El segundo grupo lo formaban los jesuitas, (de cuya asistencia personal no consta) que ya habían organizado, para el mes siguiente, un importante encuentro del que se encargó el Instituto Fe y Secularidad: la Quinta Semana Teológica de Deusto, cuyas actas se reunieron en el libro *Vida cristiana y compromiso terrestre*[525].

La Semana se celebró en esa Universidad de los jesuitas junto al río Nervión del 13 al 17 de octubre de 1969. Intervino la plana mayor de Fe y Secularidad: José Gómez Caffarena, Alfonso Alvarez Bolado, Juan Antonio Gimbernat, José María de Llanos. Pero la indiscutible estrella de la reunión fue el salesiano Giulio Girardi, que proclamó la convergencia y la unión TEÓRICA Y PRÁCTICA de cristianismo y marxismo, una tesis asumida dos años después por Gustavo Gutiérrez en su libro famoso; con las mismas palabras de Girardi en Deusto. Así dijo Girardi:

[524] Cf. para todos estos confusos movimientos y encuentros el libro ***Comunidades de Base y Nueva Iglesia*** Madrid, Ediciones Acción Católica, 1971. Es un trabajo riguroso y documentadísimo.

[525] Bilbao, eds. Mensajero, 1970.

En el primer momento nos habíamos preocupado mucho de comparar nuestras doctrinas para ver en qué medida había convergencias y en cuál otra divergencias. Este trabajo nos ha hecho descubrir convergencias nuevas (entre el cristianismo y el marxismo) nos ha hecho reducir ciertas divergencias, haciéndonos comprender al mismo tiempo dónde estaban localizadas. Pero ha llegado el momento en el cual tenemos que dejar o por lo menos superar ese tipo de diálogo, para llegar a buscar juntos lo que todavía no conocemos; es decir, este mundo nuevo que tenemos que construir, un mundo que los cristianos no saben todavía cómo tiene que ser y los marxistas tampoco; y por lo tanto hemos llegado a un momento en el cual ya no nos basta comparar nuestras posiciones sino que tenemos que buscar juntos algo nuevo[526]. Los marxistas sí que lo sabían: habían creado ese mundo en la URSS, en China, en la Europa oriental, con sus Iglesias subordinadas y todo.

Y pronunció entonces Girardi estas palabras que impresionaron vivamente a los asistentes a la asamblea de Deusto y resonaron en los dos continentes, Europa y América, porque expresaban la primera formulación pretendidamente teológica del dogma central del marxismo; y por tanto la siembra directa de lo que después de la conferencia de Medellín el año anterior y el encuentro de Deusto, una vez asumidas las dos fuentes por Gustavo Gutiérrez en 1971, se conocería en todo el mundo como teología de la liberación:

El mandato del amor no se puede disociar ya de la lucha de clases. Este es el gran giro que se ha dado con respecto al amor. Se trata de un amor dinámico y transformador, que descubre la tarea de crear un hombre nuevo, no en el sentido meramente individual sino comunitario. Un amor militante que da nuevo sentido a la universalidad del amor, eso no puede significar neutralidad sino opción en favor de quienes defienden los intereses de una humanidad por liberar. Hay que amar a todos pero no es posible amarlos a todos del mismo modo: se ama a los oprimidos liberándoles, se ama a los opresores combatiéndoles. Se ama a unos liberándoles de su miseria y a otros de su pecado.

Aceptar también entre cristianos la lucha de clases no significa introducir la división en la Iglesia sino tomar conciencia de una división profunda que ya existe –los cristianos, de hecho, se encuentran a ambos lados de las barricadas sociales– y ser consecuentes con ello. No se trata, una vez más, de decir si hemos de combatir sino de escoger a aquellos cristianos con quienes queremos estar combatiendo.

Amor mediante la lucha de clases: el nuevo evangelio, la nueva teología. Amar a los enemigos no como dijo Cristo, sino acabando con ellos; extraña manera de amar, la siembra marxista del odio. Lo que pasa es que, como había sucedido en España en 1936, los cristianos del otro lado de la barricada que alzaban los marxistas tuvimos que responder con la lucha a la lucha que se nos venía encima; tuvimos que elegir bando. Desde que estudié estos problemas en los momentos en que la teología de la liberación nacida en Deusto llegaba a su apogeo, yo tengo la enorme satisfacción de haber escogido el bando a este lado del Muro. Reñí una buena batalla, como decía San Pablo, contra Giulio Girardi, contra Fe y Secularidad, contra el comunismo infiltrado en la Iglesia. Vencimos en toda la línea en 1989 pero el marxismo, mortalmen-

[526] Vida cristiana... op. cit. p. 115.

te herido, trata de rehacerse. La batalla, con otras premisas, continúa. La lucha entre la luz y el poder de las tinieblas, las Puertas del Infierno, como dice la *Gaudium et Spes*, desde el principio de la Historia hasta el día final.

Giulio Girardi ratificó en 1978 su absoluta entrega a la causa marxista en su libro *Fe cristiana y materialismo histórico*[527]. En ese libro el gran amigo del jesuita Díez Alegría reconoce que en la colaboración cristiano-marxista muchos cristianos han abandonado la religión. La cooperación que postuló en Deusto se ha convertido ya en «alianza de marxistas y cristianos que no será ya solamente táctica, sino, según la expresión de Fidel Castro, estratégica» (p.45). Lógicamente el propio Girardi acaba renegando de Dios como el dios de las clases dominantes, monarca absoluto y sanguinario (p. 146). Ese era para Girardi el Dios del Evangelio, de San Agustín, de San Francisco de Sales, de San Ignacio de Loyola, de Santa Rosa de Lima; una especie de Moloch sanguinario y arbitrario. Los cristiano-marxistas de 1968, entre ellos los jesuitas rojos de Fe y Secularidad o de otros medios, como la revista *Mundo Social*[528] tenían ya otros modelos, otros dioses. Fue Eugenio Vegas Latapie quien me envió el recorte en amable carta del 13 de abril de 1985, «con mi agradecimiento por lo que ha hecho en defensa de la verdad», aunque los amigos de Vegas prohibieran un artículo sobre mis libros en su revista *Verbo*, más eugenistas que Eugenio. En esa página 24 de la revista social de los jesuitas proclamaba en titulares OREMOS POR EL CHE, MÁRTIR DE AMÉRICA. En ese mismo año, en esa América, concretamente en California, vivía un joven teólogo jesuita ignaciano que se enfrentó a la locura de sus compañeros, los de Santa Clara, y decidió vivir en la Compañía de San Ignacio, no en la de Arrupe. Se llamaba Joseph Fessio y organizó un programa académico según las tradiciones vivas de la Compañía de Jesús, que fue criticado acerbamente por los jesuitas *progresistas*, alguno de los cuales pidió que Fessio fuese examinado por un psiquiatra, como si estuvieran en la URSS. Desde entonces Fessio sobrevivió heroicamente a la persecución y hoy dirige en California una gran revista católica que se ha separado de *30 giorni* por sus excesivas italianadas, aunque sea una revista importante, dirigida hoy por el perseguido Giulio Andreotti. Los ignacianos españoles sufrían entonces una persecución parecida; por eso elevaron su protesta a la Santa Sede y estuvieron a punto de ganar su heroica batalla contra los relajados, como voy a relatar a continuación. Mientras el equipo *Fe y Secularidad*, tras su hazaña de Deusto, preparaba una nueva y trascendental ofensiva cristiano-marxista de consecuencias incalculables.

DOCUMENTOS RESERVADOS DEL EPISCOPADO Y LOS JESUITAS SOBRE LA CRISIS DE LA ORDEN IGNACIANA EN ESPAÑA

1.– La crisis de la Compañía de Jesús en España, latente ya desde antes, se desencadena a raíz del Concilio y tras el fracaso de la Congregación General 31.

[527] Salamanca, Sígueme, 1978.
[528] 162 (196) 24.

Entonces, es decir a partir de 1966, los jesuitas ignacianos someten a la Secretaría de Estado del Vaticano a un auténtico bombardeo de denuncias y memoriales, a la vez que comunican sus quejas a muchos obispos de España y a varios miembros de la Curia romana. Este aluvión de quejas impresiona a la Santa Sede hasta el punto que la Secretaría de Estado pide al padre General, en marzo de 1968, un informe pormenorizado sobre la crisis de la Compañía de Jesús en España. No conocemos la respuesta del General; pero a tenor de otras respuestas que sí conocemos podemos aventurar sin riesgo que trataría de quitar hierro al asunto[529]. El estudio hagiográfico del padre Alcalá resulta muy útil para encuadrar la serie de documentos que voy a aducir en este epígrafe.

2.– En mayo del mismo año los provinciales de la Compañía de Jesús en Iberoamérica, reunidos en Río de Janeiro con el General, publican una carta-denuncia en sentido liberacionista; era el año de la Conferencia de Medellín y los Provinciales pretendían subirse al carro de la protesta que se había montado en aquella asamblea del CELAM preparada por el liberacionista Joseph Comblin y su equipo rojo.

3.– El 11 de noviembre de 1968 el Nuncio en España, monseñor Dadaglio, llama al padre provincial de Toledo, con sede en Madrid, padre Luis González (jesuita ignaciano y ejemplar que no sabe cómo encarar la tormenta) para solicitar de él, en nombre de la Santa Sede, un informe sobre la actuación de los jesuitas en Madrid, donde se habían concentrado unos 650 por el traslado de la Universidad de Comillas a la capital; muchos abandonaron las grandes Residencias y se dispersaron en 30 pisos pequeños, donde procuraban agruparse los de cada bando de forma separada, sistema lamentable que se mantiene en la actualidad, aunque ahora son menos pisos por los numerosos abandonos.

4.– El 5 de diciembre de 1968 se produce el encuentro del grupo de obispos españoles con el Papa, que les muestra su gravísima preocupación por la crisis de los jesuitas españoles y les sugiere la posibilidad de una división en dos Compañías. La minuta de esta conversación la hemos transcrito en este capítulo, como recuerda el lector.

5.– El 9 de enero de 1969 veinte jesuitas profesos veteranos e ignacianos se reúnen en el convento de las Reparadoras de Madrid y firman un documento por el que piden la erección de una provincia autónoma de fidelidad ignaciana, dependiente sólo del General. Se celebró, como sabemos, una reunión semejante en Loyola y otra en Manresa a fines de noviembre de 1969; el enfrentamiento de las dos tendencias es frontal y parece irreversible.

6.– El 21 de abril de 1969 el Santo Pontífice (sic) dijo al Padre General y Padres Asistentes: (tras unas consideraciones sobre la firmeza de la Iglesia en su tradición)

«Seguid teniendo confianza en aquella insigne palestra de los Ejercicios Espirituales.

Aplicaos a considerar a fondo la doble dimensión religiosa y apostólica de vuestra vocación.

[529] M: Alcalá, op. cit. p. 82s.

Meditad y observad con cuidado vuestras Constituciones, las viejas y las nuevas. Tened cuidado de no ceder a la tentación de libraros de ellas bajo pretexto de mayor facilidad apostólica. Por ese camino caeréis en el naturalismo.

Amad a Jesús como a una persona viva, maestro, amigo, Salvador[530]».

7.– El pobre padre Arrupe se aferraba al timón pero el timón se le iba de las manos a cada bandazo. El 27 de septiembre de 1969 escribe una «Carta a la universal Compañía» que agradó mucho a los ignacianos que comentan: «El padre General no está dormido. Veía los problemas». Los veía y los denunciaba. Decía en la carta:

Ha habido en la Compañía quienes se preguntan a sí mismos si la Compañía tiene razón de existir.

Ha disminuido el número de jesuitas, ya por aumento de salidas ya por disminución de entradas.

A una mayor apertura exterior no siempre corresponde una mayor vida interior.

Se tiene demasiada fe en los elementos meramente humanos y en un cierto activismo exterior y en las propias fuerzas, se usa poco la ayuda sobrenatural.

Se conservan todavía algunos elementos y hábitos mentales obsoletos y propios de monjes[531].

8.– El 6 de diciembre de 1969 en la XI Asamblea Plenaria de la Conferencia Episcopal española **el Presidente (monseñor Casimiro Morcillo) da cuenta –en el punto 53 del orden del día– después, de dos asuntos que le ha encargado la Nunciatura. El primero recuerda que los Prelados han de revisar y corregir, en su caso, los impresos que se nos entregaron acerca de la selección de candidatos al episcopado.**

El segundo se refiere –con total secreto– a una información que el Santo Padre desearía recibir de los Obispos españoles, preguntándonos si la solución de los problemas por los que atraviesa la Compañía de Jesús podría ser crear una provincia para los jesuitas que deseen continuar en la Compañía con la observancia que fue siempre normal en la Compañía. Se decide que la Presidencia reciba por escrito de cada Prelado su parecer[532].

9.– El 8 de diciembre de 1969 el Padre General «remitid a los Padres provinciales un memorandum magnífico sobre los principales problemas de gobierno. Recogemos lo más destacado:

a. La formación de nuestros jóvenes. El más grave problema de cada provincia es hoy, sin duda, la formación de nuestros jóvenes. Si no se resuelve bien, se acabó la Compañía («actum est de ipsa Societate»). Hay que fomentar en la Compañía, sobre todo en los jóvenes, la genuina espiritualidad ignaciana.

b. El Provincial sea hombre de oración, sienta con la Iglesia jerárquica, ame a la Compañía y al espíritu de San Ignacio, sea sincero, no sea parcial, no tolere la táctica de «hechos consumados»...

c. Sólo hay una Compañía: la que vive según las Constituciones y los deseos de la Congregación General 31[533].

[530] VCJ p. 44.
[531] VCJ p. 43.
[532] DR EE 123.
[533] VCJ 0, 43s.

10.– El 9 de diciembre de 1969 el Presidente de la Conferencia Episcopal (Mons. Morcillo) envió a todos los obispos de España la carta siguiente, en cumplimiento del mandato de la Conferencia en su reunión del día 6:

Mi venerado Hermano y querido amigo:

El pasado día 6, último de nuestra XI Asamblea Plenaria, la Santa Sede se dirigió a nosotros por medio de la Nunciatura Apostólica pidiendo nuestro parecer sobre si procedería autorizar la creación de alguna o algunas provincias de la Compañía de Jesús a las que pasaran aquellos religiosos que quieren seguir con fidelidad las reglas y el espíritu de su Santo Fundador.

El propósito de esta medida, que tiene antecedentes en la historia de la Iglesia, es el de resolver la crisis por la que pasa actualmente la Compañía de Jesús y el de restituir a muchos religiosos la paz de espíritu que han perdido y el derecho que creen tener a seguir la vocación que libremente aceptaron.

Al no haber ya en aquella fecha el número suficiente de asambleístas para tratar y decidir sobre el tema propuesto, se acordó dirigir a todos los miembros de la Conferencia Episcopal la siguiente cuestión, con el ruego de que se conteste a ella, a ser posible, antes del próximo día 20 de diciembre:

«Si cree que la creación de alguna o algunas provincias a las que libremente se incardinen aquellos religiosos que quieren seguir a San Ignacio según la vocación que aceptaron y los votos que hicieron en su día, puede contribuir eficazmente a salvar la crisis por la que está pasando la Compañía de Jesús.

Aunque no es necesario, sería muy conveniente que diera sintéticamente las razones que tiene para opinar de una u otra manera.

Para facilitarle la contestación se incluye una hoja adjunta que, debidamente cumplimentada, habrá de devolver a esta Presidencia.

En espera de su rápida y precisa contestación se reitera su afectuoso s.s. y Hermano en Cristo

Casimiro Morcillo, Presidente de la Conferencia Episcopal Española[534].

11.– Todos los obispos contestaron rápidamente. Entre las diversas respuestas –en su mayoría positivas– selecciono una fechada el 12 de diciembre de 1969, cuya argumentación se reitera en otras muchas, lo que revela que los obispos se consultaron entre sí sobre tan grave asunto:

CONTESTACION. Sí, si place a un número suficiente de jesuitas.

RAZONES DE LA RESPUESTA: Sentido de la respuesta: Razón decisiva es el derecho de los mismos Jesuitas a vivir conforme a los votos hechos. Si un número suficiente de jesuitas, recomendables por su lucidez y su vida espiritual, estiman necesario el medio apuntado, no debería negárseles. Así se salvan ellos de la crisis y pueden abrir un cauce para nuevas vocaciones. Que la crisis en conjunto de toda la Compañía termine no es fácil saberlo. Por tanto esa precisión no influye en la respuesta dada[535].

12.– Los jesuitas arrupianos, que tuvieron inmediatamente noticia de esta consulta y sospecharon fundadamente que obtendría una respuesta positiva, se vieron perdidos. Un número de jesuitas, probablemente no inferior a la mitad de los efectivos de la Orden en España, se apuntaría a la «fidelidad» o a la «estricta» como se

[534] DR EE 123.
[535] DR EE 123 bis.

llamaba a los ignacianos desde el campo arrupiano. El ejemplo sería seguido por todas las provincias y el clan de izquierdas quedaría aislado; en pocos años, eliminados los alienígenas, la Compañía de Jesús se hubiera reconvertido a su condición ignaciana. Los ignacianos creyeron haber ganado porque supieron que el Papa se inclinaba a esta solución. Pero los arrupianos reaccionaron a la desesperada, por dos vías. El padre Urbano Valero, primer provincial de España, una especie de superprovincial recientemente nombrado como órgano de coordinación y para controlar las diversas obras interprovinciales de Madrid, envió a todos los provinciales de España una señal de alerta (que no se concibe si no procede de Roma) y lanzó una campaña de gestiones entre los obispos españoles, apoyándose en el cardenal Tavera (con influencia en los obispos progresistas) y sobre todo en el cardenal Tarancón, que desde hace poco era arzobispo primado de Toledo, estaba muy próximo a los jesuitas arrupianos del estilo Martín Patino y se había quedado a sólo tres votos del arzobispo Morcillo en las últimas elecciones a la presidencia de la Conferencia Episcopal; desde entonces su influencia había aumentado y seguramente había ya superado la mayoría, porque iba a favor de la corriente impulsada por el Vaticano y la Nunciatura. Sin embargo el caso de los jesuitas era tan claro que Tarancón no podría conseguir sus fines, que coincidían con los arrupianos, en virtud de esa presunta mayoría. Entonces preparó un golpe de Iglesia, en los que llegó a ser un auténtico experto, hasta que topó de frente con Juan Pablo II, como en el segundo libro veremos. A propósito, el padre Valero era un castellano muy inteligente y moderado, que había seguido la directrices innovadoras del General dispuesto a poner al frente de los jesuitas españoles a una persona capaz de manejar lo mejor posible a los dos bandos.

La carta que envió el 2 de febrero de 1970 a todos los Provinciales de la Compañía de Jesús es la siguiente:

a. Hace algún tiempo un número reducido de jesuitas españoles pidió a la Santa Sede, y al Padre General, que se conceda a los jesuitas que lo deseen la posibilidad de vivir juntos en unas mismas casas bajo un Superior mayor especial en dependencia directa del P. General, para poder vivir el genuino espíritu de la Compañía y garantizar la continuidad del mismo. Motivo de esta petición: la dificultad de vivir ese espíritu en unión de los demás jesuitas y en las actuales circunstancias y el deseo de cooperar de esa manera a la verdadera renovación de la Compañía, tal como ellos la ven. Tal grupo de jesuitas, con casas y obras propias, y con un Superior Mayor especial, tendría también su Noviciado y sus casas de formación, en las cuales continuarían su formación hasta la incorporación definitiva en la Compañía los que ingresaran en este grupo. Así, al mismo tiempo que se garantiza la continuidad de la Compañía en el espíritu de su Fundador, sin llegar a dividirla, se podría establecer comparación entre los resultados de este sistema de formación y los procedimientos utilizados actualmente en la Compañía. Además de este hecho, ha habido en otras ocasiones peticiones a la Santa Sede en el mismo sentido. Estas peticiones han sido denegadas.

b. Ha habido también peticiones de ayuda –insistentes y reiteradas– a algunos obispos españoles, para que apoyasen ante la Santa Sede la petición de constitución de un grupo especial de jesuitas como el descrito antes. Para

apoyar estas peticiones algunos jesuitas han propocionado a esos obispos abundante información sobre la Compañía, seleccionando y en ocasiones generalizando los puntos negativos, que pudieran servir de explicación y apoyo de sus demandas y silenciando todo lo positivo que también hay en ella. Algunos obispos han llegado a creer que son muchos los jesuitas españoles que desean que la petición descrita se lleve a la práctica.

c. Con este antecedente, en la última Asamblea Plenaria de la Conferencia Episcopal (primeros días de diciembre de 1969) su Presidente pidió a la Asamblea su parecer sobre la oportunidad de pedir a la Santa Sede la creación de algunas Provincias personales en la Compañía española, dependientes del P. General –con lo que se evitaba una división completa de la Compañía– en las que se viviera el espíritu ignaciano según las formas tradicionales, con la posibilidad de admitir novicios y formarlos plenamente. Así se podría proporcionar un marco de vida adecuado a los jesuitas a los que se les hace muy difícil vivir su vocación en el actual sistema de vida de la Compañía, y se crearía un fermento de renovación para ésta.

d. A los pocos días el Sr. Presidente de la Conferencia Episcopal se dirigió por carta a cada uno de los obispos pidiéndoles su parecer por escrito sobre el tema propuesto en la Asamblea, en relación con la Compañía. Entre los Obispos hay posiciones diversas; hay quienes favorecen la petición hecha, mientras otros se oponen decididamente a lo pedido, por estimarlo improcedente en sí mismo y pernicioso no solamente para la Compañía sino también para la Iglesia.

e. El conocimiento que el P. General y los Provinciales de las provincias de España tienen de estos hechos, es el resultado de gestiones y averiguaciones realizadas fuera de la Compañía. Ciertamente las actuaciones de algunos jesuitas españoles con algunos obispos en el sentido expuesto se han llevado a cabo sin que los Superiores hayan tenido conocimiento de ellas.

f. Los Provinciales han realizado y están realizando actualmente las gestiones oportunas para lograr el necesario esclarecimiento de los hechos y para hacer llegar su parecer sobre todo este asunto a quienes crean que deben hacerlo[536].

13.– La carta que acabo de transcribir era, naturalmente, secreta pero el proyecto de división entre las dos Compañías había saltado ya a la opinión pública en febrero de 1970 por lo que la Secretaría del Provincial de España emitió a fines de mes un comunicado público en que reconocía las tensiones internas, no se decía una palabra sobre la intervención de la Nunciatura y tras indicar que las peticiones de los ignacianos habían sido rechazadas se anunciaba un próximo viaje del padre Arrupe a España para solucionar el problema. El 30 de marzo los ignacianos replicaban a la nota pública de la secretaría del Provincial de España, criticaban a los jesuitas progresistas como violadores del mandato papal a la Congregación 32 rechazaban la división entre conservadores y progresistas (ellos decían ser las dos cosas) confirmaban que no habían pedido la creación de nuevas Provincias observantes sólo al General, sino también al Papa, y que el Papa, por medio de la

[536] DR EE 124.

Nunciatura, había efectuado una consulta a los obispos de España. En resumen, ponían en evidencia al Provincial de España al mostrar que su nota de fines de febrero estaba manipulada y trucada[537].

14.– Cuando aparecía la nota pública del Provincial de España los obispos españoles ya habían dado su veredicto, que entonces se mantuvo en absoluto secreto (hasta su publicación en este libro). En la Comisión Permanente de la Conferencia Episcopal, celebrada los días 25 y 26 de febrero de 1970, el presidente de la Conferencia, monseñor Morcillo, comunicó el informe siguiente:

El 6 de diciembre de 1969 se sometieron a la Asamblea Plenaria dos encargos de la Santa Sede que la Nunciatura había transmitido por medio del Presidente aquel mismo día. Uno de ellos se refería a «un informe que el Santo Padre desearía recibir de los obispos españoles, preguntándonos si la solución para los problemas que atraviesa la Compañía de Jesús podría ser crear una provincia para los jesuitas que deseen continuar en la Compañía con la observancia que fue siempre normal en la Compañía. Se decide que la Presidencia reciba por escrito de cada Prelado su parecer (Acta de la XI Asamblea Plenaria, pág. 34).

La Presidencia remitió por escrito el 9 de diciembre a los miembros de la Conferencia la siguiente cuestión: (reproduce la que ya hemos transcrito).

Las 72 respuestas recibidas en la Presidencia se distribuyen de este modo: cuarenta y nueve (49) SI; dieciocho (18) NO. Cinco abstenciones. Se han remitido a la Nunciatura[538].

Sobre el documento que hemos señalado con el número 124, es decir la carta del Provincial de España en copia que recibió la Presidencia de la Conferencia Episcopal, hay una misteriosa anotación que reza así:

La Asamblea de la Conferencia Episcopal, por oposición decidida de algunos de sus miembros a que se tratase este asunto y por falta de datos en otros para pronunciarse sobre un tema tan estimado como muy delicado, no entró a tratarlos.

Esta nota no debe de referirse a la Plenaria de diciembre, sino a la siguiente, que se celebró después de la reunión de la Permanente relatada en el documento 14. La Plenaria de diciembre había acordado someter el caso a la votación por escrito cuyo resultado fue favorable a las pretensiones de los ignacianos. El Presidente envió a la Nunciatura las respuestas a la consulta del Papa. En su libro citado el padre Manuel Alcalá confunde las fechas; la comunicación de monseñor Morcillo al padre Arrupe, que no consta en documento alguno de los que conozco, no pudo efectuarse el 20 de febrero, según dice Alcalá, porque la comunicación a la Permanente tuvo lugar después y porque la consulta no la había hecho el padre General sino el Papa.

15.– El padre General se enteró, sin duda, de la victoria de los ignacianos. No hacía falta debatir el asunto en la siguiente Plenaria, porque los resultados de la consulta ya se habían enviado a la Nunciatura. Las intrigas de los cardenales Tarancón y Tavera no debieron de producirse en la siguiente Plenaria sino directamente en la Nunciatura o en Roma, para evitar que el consejo de los obispos

[537] VRP p-11-14.
[538] DR EE 123-3.

españoles surtiese efecto. El Papa debió de quedar muy impresionado por la opinión de los obispos de España abrumadoramente favorable a la división de la Compañía porque el 21 de marzo Arrupe escribió una carta a sus súbditos (seguramente a los Provinciales) con estas palabras:

No me ocultó el Santo Padre la impresión y preocupación que le vienen causando las noticias, informaciones, cartas etc. que acerca de la Compañía le han hecho llegar. Recomendaba poner especial acento en consolidar las bases fundamentales de la vida religiosa: la obediencia, la pobreza, la piedad y prácticas ascéticas, en especial la oración y los ejercicios espirituales, así como el verdadero espíritu de la vida religiosa y de la vida comunitaria ordenada. La Compañía debía, además, mantenerse siempre fiel al Vicario de Cristo y al magisterio de la Iglesia, procurando por todos los medios a su alcance seguir la tradición que le ha recabado siempre la confianza de la jerarquía, del clero y del pueblo fiel. Tocaba a los Superiores lograr que esta fidelidad fuera mantenida en todas las actividades y de un modo especial en las publicaciones de la Compañía[539].

La victoria de los ignacianos parecía ya completa. Esta carta del padre Arrupe cayó en sus manos y por ella supieron que el Papa aceptaba sus tesis y el Padre General, al menos de palabra, se sentía obligado a comunicarlas a los superiores. La reacción de los Provinciales de España fue lógica. Estaban descalificados por los Obispos de España y por el propio Papa, que había utilizado en su admonición al padre Arrupe la palabra «fidelidad» con que se distinguían abiertamente entonces los ignacianos. Los Provinciales, reunidos en Alcalá, presentaron su dimisión al padre Arrupe, que recomendó calma hasta su viaje próximo. Las congregaciones provinciales, copadas por los arrupianos, les dan la victoria y conceden al padre Arrupe un voto de confianza. A principios de mayo viene, por fin el padre General a España, se informa cumplidamente de la situación, hace lo imposible para evitar y paliar la ruptura, es recibido en audiencia (que resulta muy cordial) por Franco y a su regreso da cuenta al Papa de su viaje y consigue que Pablo VI desista de la creación de la provincia autónoma ignaciana. Parece que el argumento del cardenal Tarancón que desactivó el voto de los obispos favorable a la división de la orden fue éste: Si la Compañía de Jesús se divide, lo hará también toda la Iglesia de España[540].

16.– Para calmar a los ignacianos, inesperadamente derrotados y congraciarse con ellos el padre Arrupe escribe el 29 de junio de 1970 una Carta a los Padres y hermanos de España en que vuelve a asumir prácticamente todas sus tesis; ha visto en su viaje «**una falta de mutua comprensión y comunicación a diversos niveles, individual y colectivo... entre superiores y comunidades, entre grupos y aun entre individuos de una misma comunidad..... la necesidad de una mayor reflexión y una justa valoración de los diversos experimentos, comenzados quizás en ocasiones sin la debida preparación..... un sentimiento de frustración, desánimo y como cierta indiferencia o distancia afectiva de la Compañía actual, que puede tener su origen en la falta de oración, en formas de proceder fuera del marco y ánimo de la obediencia, en la presente diversidad de opiniones sobre la vida religiosa, el**

[539] VCJ p. 45.
[540] Cfr. M. Alcalá. op. cit. p. 82s.

apostolado......y se ven fomentadas por la multiplicación de comunidades demasiado pequeñas, cierta introversión hacia los problemas nacionales, regionales o de las propias obras, que debilitan el impulso apostólico universal; una disminución de intensidad en el nivel y esfuerzo de los estudios..... problemática ciertamente y en buena parte universal y común a muchos otros países... es un problema universal de la Iglesia y de la sociedad actual»[541].

17.– El General poseía, por tanto, una información cabal sobre el estado catastrófico de la Orden y asumía el diagnóstico de los ignacianos. Pero no imponía remedio alguno; se limitaba a quejarse, dejaba hacer a quienes el Papa había llamado ante los obispos de España «díscolos». El 27 de septiembre de 1970 se reunía en Roma la Congregación de Procuradores de toda la Orden ante la cual, en su primera alocución, Arrupe repetía prácticamente las mismas denuncias, de forma todavía más rotunda:

1.– Tensión entre carisma y estructuras (es decir entre espontaneidad y norma).

2.– Tensión entre unidad y pluralismo (es decir, división).

3.– Vocación personal y obediencia (es decir, espontaneidad y norma).

4.– Sacerdocio y profesión civil (es decir, laicización).

5.– Principios doctrinales y realización práctica (es decir, teoría y práctica) con los siguientes aspectos:.

a. Frustración respecto a vocación y vida religiosa. De donde se seguía. secularización y mundanización.

b. Falta de vocaciones.

c. Crisis de fe.

d. Dudas contra nuestra identidad.

e. Abandono de la oración.

f. Grave crisis de obediencia.

g. Profunda herida en la pobreza.

h. Problemas en la castidad.

i. Antiintelectualismo, de donde se sigue diletantismo en los trabajos y en las publicaciones.

j. Extremismos de violencia en lo social.

k. Falta de fidelidad al Romano Pontífice y a la jerarquía, que ha traído disminución de la confianza en la Compañía por parte de los obispos.

l. No hay duda de que el estudio de las cuestiones de libre discusión puede hacerse según las normas de la investigación científica, pero es del mismo modo manifiesto que debe evitarse la comunicación indiscriminada de opiniones a los lectores que carecen de la debida preparación para ello[542].

Ni los ignacianos más fervientes se atrevían a comunicar un diagnóstico tan horripilante. Por primera vez denuncia el padre Arrupe «crisis de fe» y «extremismos de violencia en lo social»; poseía sin duda cabal información sobre el encuentro de Deusto a fines del año anterior y sobre la participación de jesuitas en movimientos contestatarios de origen comunista, como comunidades de base y Cristianos por el Socialismo. Reconoce la falta de fidelidad al Papa, de acuerdo con las repetidas reconvenciones del Papa. Pero ¿qué remedios propone?.

[541] VCJ p. 49.
[542] VCJ p. 45s.

En las opiniones de los Procuradores, aunque la mayoría estaban seleccionados por el clan de izquierdas, no faltaron grupos españoles, alemanes, italianos y americanos que atribuían la gravísima desunión de la Orden a las mismas causas que acababa de señalar el padre General y criticaron la falta de claridad en los decretos de la Congregación General 31. Una propuesta decía algo muy importante: **Remedio: encontrar un tipo de actividad que una a los jesuitas**. Esta propuesta venía del clan de izquierdas; la minoría ignaciana exigía atenerse al espíritu de los Ejercicios espirituales. Un informe revelaba la desintegración de la Compañía en Holanda:

Una minoría de jesuitas se iba a los extremos de abogar por los hechos consumados, desmitologizar muchas cosas, democratizar algunas instituciones eclesiásticas, establecer un nuevo tipo de vida jesuítica, que el Papa podría ser una especie de U Thant, secretario general una confederación de Iglesias católicas. Más de la mitad de los jesuitas holandeses está a favor de la supresión del celibato para los sacerdotes....

En su alocución final a los procuradores el padre General reconoce el «estado de dolor y humillación» de la Orden. Y en carta del 25 de octubre de 1970, en que resume sus impresiones de la Congregación de Procuradores, incluye un diagnóstico que va hasta el fondo:

No sólo es afectada la identidad o vocación del jesuita en cuanto tal, sino aun la misma vida religiosa en general y la raíz última está en el modo de vivir la fe[543].

En la Congregación de procuradores se había tocado, por fin, fondo en cuanto al diagnóstico. La crisis de los jesuitas era, en último término, una crisis de fe, muchos habían perdido la fe. El clan de izquierdas hacía suya la propuesta de «encontrar un tipo de actividad que una a los jesuitas», que les devuelva la identidad perdida. Los más «avanzados» habían encontrado ya ese remedio, que se propondría formalmente a toda la Orden en la Congregación General 32; bajo la capa del «servicio a la fe y promoción de la justicia» habría que buscar la identidad nueva en «el extremismo de violencia en lo social» que había denunciado el padre Arrupe, el cual escuchó impávido cómo algunos Procuradores creían que «Al gobierno central se le notaba falta de operatividad para enfrentar los problemas que tiene encima».

El clan de izquierdas estaba preparando ya la Congregación General XXXII. En ella se encontraría la nueva identidad de la Compañía, la tarea común. Pero los jesuitas españoles de izquierda no se preocupaban de la teoría. Desde el encuentro de Deusto y la creación de Fe y Secularidad se orientaban decididamente hacia la praxis, según la cada vez más actual –entonces– recomendación de Marx y Lenin. Habían participado en la creación de las comunidades de base y los Cristianos por el socialismo, las dos grandes organizaciones de inspiración comunista. Las Comunidades eran las masas; los Cristianos por el Socialismo eran los cuadros para organizar a las masas. Esos cuadros y esas bases necesitaban una doctrina. Los jesuitas la habían ensayado en el encuentro de Deusto. Ahora, mucho más elaborada, iban a lanzarla para todo el mundo, sobre todo para Iberoamérica, en el Encuentro del Escorial en 1972. Esa doctrina era la teología de la liberación.

[543] VCJ p. 48

SECCIÓN 5: LOS JESUITAS DE ESPAÑA E IBEROAMÉRICA LANZAN LA TEOLOGÍA DE LA LIBERACIÓN EN EL ENCUENTRO DEL ESCORIAL

LOS JESUITAS EN LOS PRIMEROS MOVIMIENTOS DE LA «LIBERACIÓN» CRISTIANA

Repasando viejos papeles veo ahora que entré en contacto informativo con los llamados movimientos de liberación cristiana en el curso 1967-1968, cuando nacían esos movimientos en Europa y América. Una vez obtenida por oposición mi cátedra de Historia (de Instituto) y tras ingresar por oposición como técnico en el Ministerio de Información y Turismo empecé a especializarme en la historia de España contemporánea y naturalmente a interesarme por los problemas históricos de la Iglesia. En ese curso, gracias a la llamada de un gran periodista, Carlos Rivero, escribí los primeros artículos de mi vida en el semanario «El Español» y uno de los primeros, precisamente, comentaba con acritud unas manifestaciones del padre Arrupe en América en las que manifestaba una «gran comprensión» por la aventura subversiva del Che Guevara en Bolivia; el enviado de Castro para incendiar el continente sudamericano acababa de morir en la selva a manos de las fuerzas especiales bolivianas adiestradas por la CIA y tanto las «comprensiones» del padre Arrupe como mi respetuoso disentimiento se publicaron en ese mismo año 1967. Sin adivinar todavía la tormenta que se escondía detrás intuí que en la Compañía de Jesús estaban pasando cosas muy raras y publiqué en el mismo semanario otro artículo más duro que se tituló «La lid abandonada» y como, sin saberlo bien, había dado en la diana provoqué las primeras protestas del clan de izquierdas contra mí, aunque entonces yo desconocía la existencia de ese clan y no podía sospechar la degradación de la Orden. Poco después creí detectar cosas también raras en el comportamiento político del recién nombrado cardenal Tarancón y le dediqué otro artículo, «Carta a un cardenal en Navidad», voz discordante en el concierto de elogios indiscriminados que entonces y después se han dedicado al «cardenal del cambio» como le llamaría su turiferario Martín Descalzo, hasta que poco antes de su reciente muerte don Felipe González le reprochó haber acompañado tantas veces a Franco bajo palio. Era verdad; y sospecho que el cardenal, sorprendido en renuncio, se murió del disgusto.

El caso es que casi llevo ya treinta años en combate contra los movimientos de falsa liberación cristiana. Me seguí interesando por el problema después de esas primeras fintas pero hasta 1984 me dediqué más a conseguir la cátedra universitaria, a la actividad política y a la investigación histórica de la España contemporánea. En 1984, cuando la forma de teología política y marxista llamada teología de la liberación estaba en su apogeo, descubrí, por haber tratado hacía muchos años a algunos de sus principales promotores, la conexión profunda entre esa teología de la liberación y la crisis de la Compañía de Jesús. La conexión me pareció tan importante para la historia de la Iglesia católica y, en general, para la historia contemporánea universal, cuya cátedra universitaria desempeñaba desde 1975 (mi primera cátedra era la única de España que se titulaba «Historia Contemporánea de España e Iberoamérica» que su descubrimiento me impulsó a abandonar en ese año por completo la ocupación política para dedicarme exclusivamente a la investigación histórica, con ese frente como una de mis principales tareas. (Se trataba de un «frente», no es metáfora). Publiqué los primeros datos, documentos y pruebas sobre esa conexión en varios artículos de 1985, que circularon por toda América en miles de fotocopias y esa tesis de la conexión quedó desde entonces generalmente reconocida pese a algunas sorpresas y reticencias de los jesuitas liberacionistas y otros escritores a quienes los árboles no dejaba ver el bosque, como el finado sacerdote José Luis Martín Descalzo, por lo que hube de dedicar varios libros y ensayos al mismo asunto entre 1985 y 1990. Estos trabajos impusieron definitivamente la tesis de la conexión y como están hoy completamente agotados y poseo mucha más información y documentación que entonces he decidido tratarlos ahora. Sin embargo el problema de la teología de la liberación es tan vastísimo y está tan implicado en la historia de la Iglesia postconciliar que voy a tratarlo en profundidad en el segundo libro, *La Hoz y la Cruz*; para concentrarme, dentro del ámbito de este primer libro, en los aspectos de la teología de la liberación que tienen relación más directa con la crisis de los jesuitas; como son los de su lanzamiento por los jesuitas en 1972, la rebelión de la Compañía de Jesús en Centroamérica, sobre todo en El Salvador (que cae ya cronológicamente fuera de mis trabajos de 1985-1987) y su amenaza final, ahora en plena vigencia, contra el Estado y el pueblo de México. Como ese segundo libro, ya muy avanzado, aparecerá Dios a lo largo de 1996, en esta sección resumiré brevemente los aspectos de la conexión entre la crisis de los jesuitas y el lanzamiento de la teología de la liberación en Iberoamérica, dejando la investigación sobre los jesuitas en Centroamérica y en México para capítulos posteriores de este mismo libro. Participo, pues, cada vez con más intensidad, en este combate contra los falsos movimientos de liberación desde hace casi ya treinta años. Como esos movimientos empezaron, lo mismo que su aliado y modelo el marxismo-leninismo, en una concentración intelectual, ése ha sido también mi observatorio y mi centro de combate. Treinta años, casi toda una vida.

El lanzamiento y el desarrollo de la teología de la liberación es precisamente la «nueva tarea común» que los jesuitas de izquierda, y el clan de izquierda que atenazaba al padre General Pedro Arrupe, sin que de ninguna manera esta coacción permanente le exima de responsabilidad, proclamaron en la Congregación General 32, convocada en 1972. Pero antes de la proclamación oficial los jesuitas de izquierda ya se habían adelantado, desde 1966 al menos, en la *praxis* de los movimientos que luego se llamaron «de liberación» a partir de 1971, cuando el sacerdote peruano, formado en la teología política europea, Gustavo Gutiérrez, publicara su libro cristiano-marxista *Teología de la liberación, perspectivas* en 1971, con primera edición española en la editorial clerical de izquierdas «Sígueme» de Salamanca en 1972.

Quienes primero utilizaron el término «liberación» en sentido revolucionario y marxista fueron el independentista argelino Fratz Fanon, el filósofo de la Escuela de Frankfurt Herbert Marcuse y el pedagogo marxista brasileño Paulo Freire. Sin embargo la falsa liberación cristiano-marxista adoptó la tesis marxista-leninista, muy desarrollada por el teórico comunista italiano Antonio Gramsci sobre la «primacía de la praxis» y empezó su trabajo de infiltración y minado de la Iglesia Católica, como sabemos, después de la segunda guerra mundial con la expansión del movimiento PAX, prolongado desde la época del Concilio en las redes del IDOC, en las que como vimos en el informe interno de 1967 estaban implicados ya varios jesuitas de Europa y América. En los años sesenta los comunistas, ardorosos promotores del diálogo con los cristianos, aprovechan la crisis de los movimientos obreros y universitarios de Acción Católica (especialmente en el movimiento obrero español y en los movimientos universitarios de Brasil y Chile) para convertirlos en masas adoctrinadas dentro del movimiento Comunidades de Base, cuya génesis, con intervención de varios jesuitas, ya hemos observado en España. La aparición de las Comunidades de Base con orientación marxista se anticipa en Brasil desde el principio de la década de los sesenta. Movidos por la falta de sacerdotes y por motivos estrictamente pastorales, algunos obispos de Brasil intensifican la formación de catequistas seglares para atender a comunidades dispersas. Algunos obispos radicales, guiados por quien se consideraba profeta del movimiento, don Helder Cámara, deciden adoptar la pedagogía marxista de Paulo Freire como doctrina para las comunidades de base, que pronto se orientan en sentido revolucionario y crecen hasta la enorme cifra de cuatro millones de adeptos.

Las comunidades de base, que se extienden por Europa y el resto de Iberoamérica desde fines de los años sesenta, por infiltración en los movimientos de Acción Católica que se desmoronaban en todas partes, necesitaban un conjunto de cuadros activistas, de ideología marxista-leninista, para orientarse en sentido revolucionario, como deseaban los promotores del diálogo cristiano-marxista en sus dos polos. El polo marxista era, evidentemente, la estrategia de la URSS y la China comunista con cuyos planes ya nos hemos encontrado varias veces en este libro; el polo cristiano esta coordinado por la red del IDOC. Algunos jesuitas, como acabamos de ver en la sección anterior, habían contribuido a la creación de los Cristianos por el Socialismo en España; ese movimiento de cuadros comunistas fue articulado en Chile por otro jesuita, el padre Gonzalo Arroyo, desde que se abre la crisis de la Acción Católica y la Democracia Cristiana de izquierdas en Chile a partir del año 1967. El nacimiento formal de los Cristianos por el Socialismo en Chile es algo posterior.

Ya tenemos, pues, en marcha, antes de acabar los años sesenta, los dos primeros movimientos liberacionistas: las Comunidades de Base y los Cristianos por el Socialismo. Estos movimientos, insisto, se articulan con la red marxista del IDOC y con los movimientos de sacerdotes contestatarios que brotan como hongos en Europa e Iberoamérica a raíz del Concilio; los animadores de estos grupos coinciden casi siempre con los representantes del IDOC en cada país, por ejemplo el sacerdote Gustavo Gutiérrez en Perú. El comando itinerante del IDOC se muestra activísimo en la segunda mitad de los años sesenta por toda Iberoamérica: lo forman el sacerdote belga Joseph Comblin, el sacerdote chileno Segundo Galilea, el grupo Illich de Cuernavaca, encabezado en muchas incursiones por el propio obispo don Sergio Méndez Arceo; y el jesuita uruguayo Juan Luis Segundo. Estos movimientos necesitaban urgentemente, a fines de los años sesenta, dos cosas: unos héroes y una doctrina atractiva.

Los héroes indiscutibles fueron el activista argentino y colaborador de Fidel Castro Ernesto «Che» Guevara, que enviado por Castro a Bolivia trató de encender la revolución en ese país, como vimos, hasta su eliminación en 1967. El segundo héroe era un clérigo, el padre Camilo Torres Restrepo, de acrisolada familia colombiana, que había estudiado en Lovaina, quedó fascinado por la figura y la obra de Fidel Castro y actuaba en Colombia como *vedette* del movimiento radical universitario en estrecha conexión con los comunistas que se concretó en el Frente Único. En 1965 se tiró al monte y al año siguiente resultó muerto en una emboscada contra el «Ejército de Liberación Nacional» al que se había incorporado. La red comunista de propaganda mundial, la que Luis María Anson llamaba «la quinta pluma» como vimos, se volcó durante años y años en la exaltación del Che Guevara y de Camilo Torres, cuyos retratos cubrían las paredes en universidades, colegios, parroquias y casas religiosas de medio mundo. Los jesuitas españoles de izquierda y el propio padre Arrupe, como vimos, contribuyeron animosamente a esa campaña cuyos centros de impulso, de imaginación y de financiación estaban, naturalmente, en los correspondientes departamentos del KGB mediante sus delegaciones en Cuba. La Cuba de Castro actuaba ya, por tanto, como plataforma estratégica de los movimientos de liberación; el ejército subversivo del padre Camilo Torres se llamaba así, de Liberación.

Conseguidos los héroes, afianzada la praxis, ahora se necesitaba la doctrina. No bastaba con iniciar a los católicos en el marxismo-leninismo, aunque esto también se hacía por medio de cursos impartidos por los activistas. Hacía falta una doctrina específica para las Comunidades de base, para los movimientos clericales contestatarios, para el enfrentamiento al capitalismo desde plataformas eclesiales; para crear una Nueva Iglesia frente a la caduca –decían– Iglesia institucional entregada al capitalismo. Esta doctrina empezó a llamarse, desde 1971, Teología de la Liberación.

Para muchos activistas de la liberación la Teología de la Liberación empezó en la Conferencia de Medellín, organizada por el Consejo Episcopal Latino Americano en esa ciudad de Colombia en agosto de 1968. El Papa Pablo VI presidió la ceremonia de apertura en la catedral de Bogotá pero no asistió a las sesiones de la Conferencia, estudiada magistralmente por el futuro cardenal don Alfonso López Trujillo[544]. El salesiano Giulio Girardi había visitado Iberoamérica poco antes de Medellín para impartir su doctrina cristiano-marxista al equipo que preparó los documentos para la reunión, en el que se incrustaron los activistas del IDOC contrarrestados eficazmente por López Trujillo y su equipo pastoral. En Medellín no se habló de teología de la liberación porque el término no se había creado aún pero sí que surgió la expresión «violencia institucional» para justificar el combate contra las «estructuras» es decir contra los Estados y el sistema político-social vigente. Esta lucha se emprendería «en nombre de la justicia», una forma de disimular el verdadero objetivo, la Revolución. López Trujillo demuestra que los liberacionistas consiguieron luego imponer a la opinión pública una «reducción» de la Conferencia de Medellín, presentándola como

[544] A. López Trujillo, *De Medellín a Pueba*, Madrid, BAC, 1989.

toque de rebato revolucionario, lo cual es falso; en la Conferencia había infiltración revolucionaria entre el grupo de teólogos y consejeros, se vetó, por ejemplo, el liderazgo político de los sacerdotes. No se pudo evitar, en cambio, la politización de la lucha social; «Todo es política, el Evangelio es política, la Iglesia es política» son consignas que circularon desde entonces. En su alocución inaugural de Bogotá Pablo VI había visto muy claro que el peligro revolucionario contra la Iglesia de América consistía en el enfrentamiento de dos Iglesias, la Iglesia institucional del Papa y los Obispos y la que pronto se llamaría Iglesia Popular, tal como la definió en un importantísimo libro de 1977 fray Boaventura Kloppenburg, hoy Obispo de Nueva Hamburgo en Brasil y entonces Rector del Instituto Pastoral del CELAM en Medellín. Fray Boaventura identifica la Iglesia Popular con «la que quieren los Cristianos por el Socialismo»[545]. Nota el hoy Cardenal López Trujillo que precisamente la interpretación reduccionista de Medellín se plasmó en un folleto del sacerdote peruano del IDOC y los grupos contestatarios Gustavo Gutiérrez, utilizado pronto en una reunión interamericana celebrada en Caracas. De ese boceto surgió el libro estrella de Gustavo Gutiérrez *Teología de la liberación, perspectivas*, que es una aplicación directa de la Teología política centroeuropea –Metz, el discípulo de Rahner; el protestante Moltmann– y del marxismo-leninismo (Marx, Lenin, Gramsci, Ernst Bloch) a la revolución cristiano-marxista contra el enemigo capitalista en Iberoamérica. El libro, en que desembocan varios trabajos y conferencias a partir del esquema trazado por el propio Gutiérrez en la Conferencia de Medellín, fue publicado en primera versión castellana en Bogotá en 1971, y se difundió mundialmente a partir de la primera edición española de 1972 en la editorial político-clerical de Salamanca «Sígueme». Con él poseían ya los movimientos marxistas la doctrina que esperaban: la Teología de la Liberación, que se convirtió por sí misma desde entonces, en un tercer movimiento mundial que absorbió a todos los movimientos clericales contestatarios.

En 1968 un grupo vociferante de clérigos y monjas revolucionarios tomaron por asalto la catedral de Santiago de Chile, donde avanzaba a pasos forzados la Unidad Popular del marxista Salvador Allende hacia el poder. Los jesuitas de izquierda, que observaban detenidamente todos estos movimientos, que en parte estaban promovidos por ellos, se acogieron a la interpretación reduccionista de Medellín y observaron con agrado la toma del poder por Allende en 1970; el jesuita Gonzalo Arroyo era uno de los principales consejeros del líder revolucionario chileno, (junto a los marxistas españoles Joaquín Leguina y Joan Garcés) que se apoyó en la extrema izquierda, sumió a su país en la miseria y el caos, logró que la propaganda internacional de izquierdas, es decir la quinta pluma, le presentase como un gran demócrata cuando era un reconocido totalitario y permitió a Fidel Castro una larguísima estancia en Chile, donde el líder cubano quiso establecer una plataforma de acción revolucionaria cristiano-marxista que le había fallado en Guatemala, en Colombia y en Bolivia. La tesis de Fidel Castro, la alianza estratégica de cristianos y marxistas en América, fue proclamada en Chile por un jesuita, Gonzalo Arroyo, en el acto de fundación oficial americana de los Cristianos por el Socialismo, celebrado en Santiago el 2 de abril de 1972. Era el Primer Encuentro continental de este movimiento, presidido por el obis-

[545] Bogotá, Eds. Paulinas 1977.

po rojo de Cuernavaca. Una misión de sacerdotes chilenos marxistas acababa de regresar de Cuba para recibir las últimas consignas de Castro. El padre Arroyo plasmó la principal de ellas en el punto 46 del programa de Cristianos por el Socialismo:

Crece la conciencia de una alianza estratégica de los cristianos revolucionarios con los marxistas en el proceso de liberación del continente[546]. Arroyo se sentía bien respaldado; su provincial de Chile, el padre Segura, se había mostrado muy favorable a la implantación del gobierno marxista de Allende. Y entonces el grupo cristiano-marxista de los jesuitas españoles, Fe y Secularidad, decidió que había llegado la hora para la celebración del gran Encuentro del Escorial.

EL ENCUENTRO DEL ESCORIAL

Fe y Secularidad ya había proclamado virtualmente la teología de la liberación en el Encuentro de Deusto a fines de 1969, por medio de la intervención de Giulio Girardi, el amigo del jesuita promarxista José María Díez Alegría e instructor de los marxistas del IDOC infiltrados en la Conferencia de Medellín. Al ver ya madura la situación para una convocatoria general los jesuitas de Fe y Secularidad prepararon el gran encuentro del Escorial, financiado por las obras asistenciales de la Conferencia Episcopal alemana, (concretamente «Adveniat») que son responsables ante la historia de la Iglesia de haber contribuido de forma decisiva a la Teología de la liberación y demás movimientos subversivos contra la Iglesia en América[547]. El cardenal López Trujillo afirma que «el encuentro del Escorial fue el inicio de esta corriente de la liberación (la TL) como cuerpo, como organización y movimiento. Fue también la señal de largada a nivel mundial y la experiencia para congresos de índole semejante, como los Teólogos del Tercer Mundo, en donde se dan cita, en ambiente ecuménico, los liberacionistas, en estrecha cooperación con Cristianos por el Socialismo, Iglesia Popular y exponentes auspiciados por el Consejo Mundial de las Iglesias... El lanzamiento a la vez latinoamericano y para España de esta corriente (la TL) fue sin duda el Encuentro del Escorial. Allí se lanzaron los autores con sus tesis y a decir verdad siembran la semilla en España, algunas de cuyas editoriales fueron el principal aliado de esta corriente. La situación política española hallaba en estas tesis una rendija de respiro para agitar ideas sin un compromiso *in situ* a manera de sucedáneo»[548]. Digamos que la Iglesia Popular fue el nombre que asumieron en aquellos años las Comunidades marxistas de Base una vez constituidas sólidamente en un país.

El promotor y director del encuentro del Escorial fue el jesuita Alfonso Alvarez Bolado, activista principal de Fe y Secularidad, que recaba para esta organización la iniciativa y la responsabilidad de la organización del encuentro e inserta al encuen-

[546] R. de la Cierva, *Jesuitas, Iglesia y Marxismo*, op. cit. p. 111s.

[547] Datos sobre el encuentro del Escorial en *Fe cristiana y cambio social en América Latina*, Salamanca, «Sígueme» 1973. Al comprobar su gran imprudencia en publicar las actas del Escorial la editorial descatalogó este libro, hoy virtualmente imposible de encontrar.

[548] A. López Trujillo, *Sillar* 17 (enero-marzo 1985) 26.

tro en la sucesión de reuniones convocadas por Fe y Secularidad hasta entonces. El encuentro se celebró en el colegio de los Sagrados Corazones. Ninguno de los jesuitas presentes aparece en las actas con sus siglas S.J. Resulta muy divertido que las actas nieguen la vinculación del encuentro del Escorial con la eclosión reciente de los Cristianos por el Socialismo en Chile, cuando el padre Arroyo, creador de esa agrupación chilena, estaba presente en el Escorial, aunque sin siglas tampoco. Se trataba en el encuentro de preparar un gran equipo de activistas: «un fuerte contingente de religiosos, sacerdotes y laicos españoles que acuden a prestar servicio en América Latina». A la luz de «las nuevas teorías sobre liberación y dependencia» es decir la teología de la liberación y el marxismo. Confiesa el presentador que en el Encuentro no están representadas todas las opciones de la Iglesia de América, «sino una familia de opciones, calificada por una opción pro-socialista... desde los socialismos ideológicamente marxistas al populismo argentino en esta fase más socialista» y con el añadido de la democracia cristiana radical. (FC p. 14). Como Alvarez Bolado era adepto a la teología política, y la política, lo dice quien la ha vivido tan de cerca, es el arte de la mentira, el promotor miente por los cuatro costados cuando asegura que no ha pretendido un encuentro con los hombres de la teología de la liberación; los allí presentes no eran otra cosa. Empezando por Gustavo Gutiérrez, estrella del encuentro, cuya opciónes calificada así por Alvarez Bolado: «Esa opción radical parece para Gustavo Gutiérrez la opción socialista, entendida como inspirada por lo que el modelo marxista tiene de ciencia». Como el modelo marxista, ahora ya lo sabe Alvarez Bolado, no tiene nada de ciencia, la conferencia del Escorial resultó una locura, un gran engaño. Y la ponencia de Gutiérrez representó «el polo de referencia» de toda la reunión.

En la que intervinieron además el peruano Rolando Ames, con un discurso anticapitalista; el teólogo de la liberación e historiador argentino Enrique Dussel, que definió a fray Bartolomé de las Casas como profeta y teólogo de la liberación; el hombre del IDOC Joseph Comblin, jefe del comando itinerante de esa organización nacida del movimiento comunista PAX; que cita con profusión a autoridades marxistas como la comunista chilena Marta Harnecker, autora de difundidos catecismos marxistas, que en 1989 negaría la caída del Muro; Comblin proclamó que la gesta de Fidel Castro en Cuba era «un hecho decisivo en la historia de la liberación».

El argentino Aldo Büntig se extasía ante el Che Guevara. Segundo Galilea, otro hombre del IDOC, anatematiza a las manifestaciones de la religiosidad popular en América. Otro hombre del IDOC, el jesuita chileno Ranato Poblete, habló de secularización. El pastor protestante J. Míguez Bonino identificó al protestantismo con la democracia. El jesuita uruguayo Juan Luis Segundo dijo en El Escorial cosas inauditas. Exigió la «desideologización de la fe cristiana». Exigió que durante el exorcismo bautismal se cambiase la fórmula por ésta: «Sal, espíritu inmundo del capitalismo, de este niño para que entre en la sociedad como una esperanza creadora y no como un peón más» (FCp. 208). Reclamó que el término teológico «gracia» se tradujera por «unidad popular». Y decía esto a unos pasos de la tumba de Felipe II.

El jesuita argentino Juan Carlos Scannone reconoce que la teología de la liberación brotó de un análisis político. Scannone era, como Alvarez Bolado, un rahneriano formado en Innsbruck.

El jesuita chileno Gonzalo Arroyo se presentó como secretario general de Cristianos por el Socialismo y se apuntó a las tesis del sociólogo marxista Gunder Frank. Hugo Asmann, exjesuita converso al protestantismo dio en El Escorial un seminario en que exigió la participación de los cristianos chilenos en el movimiento marxista de la Unidad Popular. Y reclamó una aceptación plena del marxismo integral.

El discurso de clausura se encomendó, naturalmente, al profeta del liberacionismo Giulio Girardi, a quien las actas llaman «Jules». Introdujo en el Encuentro una referencia que luego sería muy socorrida: los pobres. «Confiar en los pobres es creer en las virtualidades libertadoras de sus clases». Exaltó a los pobres y a la lucha armada; y empezó con ello la sarta de despropósitos sobre los pobres, a quienes los teólogos y los sociólogos deberían, si tuvieran dos dedos de frente, ayudar a salir de su pobreza por medio de las inversiones y la economía de mercado en vez de aprovecharlos, como pedían Girardi y sus compañeros de encuentro, como carne de cañón para la lucha revolucionaria. No me explico cómo el profundo sentido crítico y la reconocida inteligencia de mi amigo Alfonso Alvarez Bolado pudo promover y dirigir tan aberrante y ridículo encuentro. Pero estábamos en 1972, el año en que el clan de izquierdas de la Compañía de Jesús convocaba, en sentido muy semejante, la Congregación General XXXII.

Estábamos en la lucha final contra el franquismo y cuatro obispos españoles, no muy partidarios del franquismo asistieron al encuentro del Escorial. Luego informaron a la Conferencia Episcopal en parte asustados y en parte entusiasmados, con tan escaso sentido crítico como los jesuitas que habían convocado y articulado el aquelarre, porque a estas alturas sólo se le puede calificar así. He aquí la repercusión del informe de los obispos según las actas de la Conferencia Episcopal española :

En 1972 hubo en El Escorial (Madrid) unas Jornadas sobre «Fe cristiana y cambio social en América Latina» en las que se adoctrinó a numerosos sacerdotes y religiosos. Se habían querido celebrar estas jornadas en Chile, pero los temas y ponentes habían sido desaprobados por el cardenal arzobispo de Santiago de Chile y otros obispos por razón de sus tesis –divergentes de las enseñanzas de Su Santidad– acerca de la misión de la Iglesia y de la revolución marxista. Estuvieron presentes en las jornadas del Escorial varios obispos españoles los cuales manifestaron después a sus colegas que los reunidos en El Escorial se apartaban del Magisterio, hablaban lenguaje marxista y escogían la adhesión de la Iglesia al socialismo como opción única.

Estos mismos obispos informaron sobre las Jornadas ante la Comisión Permanente del Episcopado con simpatía, juzgándolas, a pesar de los reparos antes dichos, como beneficiosas. Se había publicado que las Jornadas estaban autorizadas por la Conferencia Episcopal; y aunque la noticia era falsa, no se desmintió[549].

Recuerdo una vez más que estábamos en 1972. El año en que el padre Arrupe echaba balones fuera en su libro *Nuestra vida consagrada*[550] en que negaba la exis-

[549] DR EE doc. número 105. El documento, cuyo autor tiene delante las Actas de la Conferencia episcopal, es el informe directo de un Prelado español a la Santa Sede en 1972.

[550] Madrid-Zaragoza, eds. Hechos y dichos y Apostolado de la Prensa, 1972.

tencia real de crisis en la Iglesia y en la vida religiosa cuando tenía a las dos encima; y daba consejos etéreos sobre espiritualidad sin dejar de reafirmarse en los cambios radicales de la modernidad. Un padre General a quien se le escapa vivo el Encuentro del Escorial era, como su Orden, un muerto viviente. Porque además, como acabo de decir, en ese mismo año el clan de izquierdas convocaba la 32 Congregación General y el secretario de Estado, Cardenal Villot, dirigía una enérgica advertencia a la Curia Generalicia de Roma para que no hicieran trampas en la convocatoria. Las hicieron todas.

SECCIÓN 6: REBELDÍA Y CHOQUE DE LA «COMPAÑÍA B» CON PABLO VI EN LA CONGREGACIÓN GENERAL XXXII

LA POLÉMICA DEL CARDENAL DANIELOU Y LOS RELIGIOSOS

Entre el 17 y el 19 de octubre de 1972 se había celebrado en Roma un Congreso de las Conferencias nacionales de religiosos y religiosas para debatir las reformas encomendadas a los Institutos por el Concilio Vaticano II. Se trataba de preparar el ambiente para la reunión plenaria de la Sagrada Congregación de Religiosos que se abrió el 23 de octubre. Uno de los puntos a debatir era la autorización a los religiosos observantes para formar comunidades separadas de los que aceleraban las reformas. Inmediatamente antes de las sesiones el cardenal jesuita Jean Daniélou, eximio teólogo y miembro de esa Congregación, hizo unas declaraciones en Radio Vaticana que dieron la vuelta al mundo y cayeron como una bomba ente los cientos de superiores religiosos presentes en Roma. Las declaraciones son importantes para comprender el contexto de la Iglesia en ese año, en que la Compañía de Jesús preparaba activamente la Congregación general 32.

Estamos en presencia de una crisis muy grave en la vida religiosa; no se puede hablar de renovación sino de decadencia. Esta crisis afecta en primer lugar al mundo atlántico. La Europa del Este y los pueblos de Africa y Asia gozan de una situación mucho más sana. Los consejos evangélicos han dejado de considerarse como consagración a Dios para ser vistos en una perspectiva sociológica y psicológica. Existe, sí, la preocupación de no parecer burgués, pero en el plano individual ya no se practica la pobreza. La obediencia religiosa se sustituye por la dinámica de grupo. Bajo pretexto de ir contra los formalismos se abandona toda regularidad en la vida de oración. La consecuencia de este estado de confusión se advierte sobre todo en la escasez de vocaciones. Pues los jóvenes lo que quieren es una formación seria. Por otra parte se dan

continuos abandonos de la vida religiosa, que producen escándalo, pues se rompe el pacto que unía al pueblo de Dios.

La raíz esencial de esa crisis está en una falsa interpretación de las normas del Vaticano II... que han sido sustituidas por falsas ideologías difundidas en revistas, en conferencias, y por teólogos.

Menciona el cardenal entre estas desviaciones, ante todo, la secularización; una cosa es la inmersión en un mundo secularizado y otra renunciar a la dimensión religiosa como parte de la civilización. En segundo lugar, un falso concepto de la libertad, **que se resuelve en desestima de la institución y de las reglas, y sobrevaloración de la espontaneidad y la improvisación**. En tercer lugar, una concepción errónea de la evolución del hombre y de la Iglesia.

Entre los remedios que menciona el cardenal figura poner fin a la falsa orientación citada; restaurar en su integridad la práctica de las constituciones religiosas, con las adaptaciones pedidas por el Concilio; **donde esto parezca imposible, entonces no es lícito rehusar a los religiosos que quieren permanecer fieles a sus Reglas y a las directrices del Vaticano II la facultad de constituir grupos aparte. Y los superiores religiosos están en el deber de respetar ese deseo. Estas comunidades así constituidas deben ser autorizadas a tener sus casas de formación. Y la experiencia probará si las vocaciones son más numerosas en las casas de estricta observancia o en las de observancia relajada. En el caso que los superiores se opusieran a esta iniciativa entonces el recurso al Santo Padre estaría más que justificado**[551].

Lo importante de las declaraciones de un Cardenal con tanto prestigio es que no dividía a los religiosos en observantes y desviados sino que atribuía a los observantes la obediencia a las normas modernizadoras del Concilio, no sólo la fidelidad a las constituciones antiguas. Esto, además, era verdad; y un grupo de superiores Generales, sin casi consultar a los demás, contestó a vuelta de correo al cardenal jesuita negando la decadencia generalizada y dibujando una situación falsa de los Institutos. Insistían en la reconversión hacia las obras de justicia social y de identificación con los pobres, como estaba entonces de moda. Rechazaban, sobre todo, «la solución de ruptura» propuesta por el cardenal porque de llevarse a cabo se iban a quedar pronto solos. Esta contestación iba firmada por la secretaría del presidente de la Unión de Superiores Generales, que era «casualmente» el padre Arrupe. Por su parte, el cardenal replicó los días 5 y 6 de noviembre en «La Croix» y se ratificó en sus declaraciones, que creía manipuladas en la respuesta de los Generales. El Papa aprovechó la felicitación que enviaba a Daniélou por su ingreso en la Academia Francesa como una forma elegante de confirmar la oportunidad de sus declaraciones. Radio Vaticana –dirigida por los jesuitas– hizo numerosas entrevistas a otros cardenales y prelados que se solidarizaron con el cardenal francés. Es decir que la relajación general de los Institutos religiosos no era un invento de los «observantes» retrógrados sino una opinión muy difundida en los círculos del gobierno de la Iglesia a fines de 1972. Entre otras cosas porque expresaba una situación desgraciadamente cierta.

[551] VRP p. 19s.

EL PREAVISO DEL SECRETARIO DE ESTADO

En realidad la Congregación General 32, que fue inaugurada el 3 de diciembre de 1974, se estaba preparando –en la teoría y en la práctica– desde que terminó la 31 en 1966; porque la Congregación 31, que eligió al padre Arrupe, destruyó –más que reformó– muchos elementos tradicionales de la Compañía de Jesús pero sólo los sustituyó por vacíos y parches, mientras dejaba al arbitrio del padre General y a la Congregación General siguiente la tarea de reformar definitivamente la Orden para nuestro tiempo. El padre Arrupe sugirió retrasar la convocatoria de la nueva Congregación General para estudiar con más tiempo los problemas y para profundizar en las reformas generales de la vida religiosa instituidas en el Concilio Vaticano II que terminaba al abrirse la Congregación 31. Dada la enorme y demoledora importancia de la Congregación 32 creo imprescindible abordar su estudio con dos precauciones de metodología histórica. Primero, analizarla en su contexto, es decir, en medio de las actuaciones significativas que durante la fase de preparación estaban realizando los jesuitas en su vida interna de la Orden y en sus actividades exteriores, que no me atrevo a llamar de apostolado porque cualquier semejanza de hechos como los encuentros de Deusto y El Escorial con la labor apostólica es un sarcasmo. Dentro de ese contexto son fundamentales los hechos relatados en la sección anterior de este capítulo; y la controversia suscitada por el cardenal Daniélou y algunos artículos e informes de jesuitas que se publicaron en ese período de preparación. Y en segundo lugar, más que fijarme en interpretaciones y especulaciones voy a atenerme a los documentos de la Congregación General y los que originó la Santa Sede sobre la propia Congregación General; para evitar encubrimientos de la realidad o versiones edulcoradas de lo que tales documentos expresan con rotunda, a veces con brutal claridad. Además de estos contextos y documentos, cuya fuente citaré en cada caso, como es habitual en este libro (y en todos mis libros de Historia) tengo delante tres comentarios más o menos recientes, publicados por jesuitas de gran capacidad intelectual, que me parecen de primordial importancia para la comprensión histórica plena del problema. El primero se debe al padre Jean-Yves Calvez, entonces Asistente General del padre Arrupe y autor principal del famoso Decreto IV, clave de la Congregación 32, *Fe y justicia: la dimensión social de la evangelización*[552], publicado diez años después de la Congregación 32. El libro del padre Calvez no es una historia sino un alegato político en defensa del Decreto IV, un alegato escrito fuera de los contextos reales y de una parcialidad escandalosa. El segundo es la historia de las tres últimas Congregaciones generales (no incluye aún la 34) –con la 32 como tema central– debido al padre John W. Padberg, *Togheter as a Companionship*[553]. El padre Padberg es un notable historiador profesional de su Orden, asistió como delegado a la Congregación 32, dispone de toda la documentación interna del evento, ofrece datos y perspectivas de alto interés pero también graves fallos de posición: prescinde de casi toda actitud crítica, mira el acontecimiento por los ojos de su superior

[552] Sal Terrae, Santander, 1985.
[553] Saint Louis, Institute of Jesuit Sources, 1994.

el padre O'Keefe, más arrupiano que Arrupe y por tanto nos presenta una versión de los hechos que, sin dejar de ser muy interesante, hay que tomar no *cum mica sino cum copia salis*. Y que conste que al decir esto no me estoy alineando en el campo de los ignacianos, sino en el de la Historia llanamente entendida; porque el gran alegato de los ignacianos para preparar el ambiente de la Congregación 32, *La verdad sobre la Compañía de Jesús*, (Madrid 1974) contiene documentación y testimonios muy interesantes pero metodológicamente es un auténtico batiburrillo que dificulta muchísimo el análisis. Por último el historiador jesuita Martin R. Tripole en su libro *Faith beyond justice*[554] intenta –y consigue plenamente– una revisión a fondo del Decreto IV con acento sumamente crítico y propone una clarificación para salvar, aunque me temo que ya es demasiado tarde, el tremendo efecto de confusión que durante veinte años ha sembrado ese decreto en la Compañía de Jesús. Me alegrará que lo consiguiera aunque me temo que la crisis de la Compañía de Jesús, reconfirmada en sus peores aspectos por la Congregación 32, es ya irreversible y camina hacia la desaparición de la Orden.

La Santa Sede conocía perfectamente la fase preparatoria de la Congelación General 32. El Papa, que se interesaba personalmente en tan delicado asunto, sabía muy bien que el padre Arrupe había encargado al Asistente General padre Jean-Yves Calvez la supervisión, como delegado suyo, de los trabajos preparatorios; y testimonios de jesuitas españoles me han confirmado que su principal ayudante para esta fase de preparación fue precisamente el padre Alvarez Bolado, animador del Instituto Fe y Secularidad, quien preparaba además la Congregación General por la vía de la *praxis*, como acabamos de ver en su convocatoria y lanzamiento de la Teología marxista de la liberación en el Encuentro del Escorial durante el verano de 1972. (Padberg refiere la creación de una comisión preparatoria en abril de 1971 bajo la dirección de Calvez y da como miembro español al padre Tomás Zamarriego; como mis fuentes son seguras el padre Alvarez Bolado sería colaborador oficioso para el problema capital de la promoción de la justicia). Si esto lo ha podido comprobar mediante un trabajo ímprobo de investigación un historiador aislado como quien esto escribe, calcúlese la información que en ese mismo año 1972 poseía la Santa Sede (por ejemplo a través del informe de la Conferencia Episcopal española que ya conocemos, y otros de la Nunciatura, que sin la menor duda disponía de uno o varios *topos* en El Escorial y otras históricas localidades españolas) sobre esa preparación práctica de la Congregación 32; una información que llegaba a Roma desde España, Iberoamérica y todo el mundo, como luego se le escaparía deliberadamente al Papa cuando, durante las sesiones de la Congregación, hizo saber al padre Arrupe que poseía informadores fiables incluso dentro de la Compañía. Y por centenares.

El caso es que el 24 de abril de 1972 el cardenal secretario de Estado, Jean Villot, envió esta carta al padre Arrupe con el fin principal de evitar los pucherazos en las elecciones para delegados a la Congregación General:

Como ha sucedido también en otras beneméritas congregaciones, el soplo de renovación querido por el Concilio para adecuar la vida religiosa a las exigencias de los tiempos, para un testimonio siempre más eficaz del mensaje

[554] Saint Louis, Institute of Jesuit Sources, 1994.

evangélico en el mundo moderno, según el espíritu de los respectivos fundadores, ha llevado a veces a algunos inconvenientes en la recta interpretación de los votos, la disciplina, la formación religiosa, así como de la adhesión total de la mente y el corazón al Magisterio de la Iglesia que propone infaliblemente la verdad revelada. El constante empeño de permanecer fieles a la primitiva inspiración de los respectivos Institutos, como también a la experiencia del «aggiornamento» en la sana y equilibrada ponderación de la realidad presente, requiere un estudio atento de la situación, con sus luces y sus sombras, y la próxima Congregación es claro testimonio de esta voluntad de parte de V.P. y de toda la Compañía.

En el alabar el intento y animar el esfuerzo, el Santo Padre confía firmemente que toda la Compañía sea reflejada en la composición de la Congregación misma, que en ella estén adecuadamente reflejadas las varias tendencias y mentalidades y por tanto también aquéllas que invocan en una forma más tradicional la fidelidad al espíritu y a la misión propia de la Compañía, y está además seguro de que serán tenidas en la debida cuenta, como expresión de la solicitud de la Iglesia y por el incremento de la vida religiosa, todas las normas ya emanadas, sea en los documentos conciliares, punto firme de referencia para la renovación de la vida religiosa en el cuadro de la misión santificadora de la Iglesia, sea en las actas de la Santa Sede, quien especialmente con la exhortación apostólica «Evangelii testificatio» ha propuesto algunas orientaciones fundamentales de la espiritualidad y la acción de los religiosos en el mundo moderno[555].

La Secretaría de Estado mostraba frecuentemente, en nombre del Papa, su preocupación por los comportamientos del padre Arrupe, quien en el Sínodo de los obispos de 1971 se había alineado con la minoría sinodal pro-liberacionista e hipercrítica de la Santa Sede; allí indicó que el Papa era más o menos prisionero de la Curia y en rectificación posterior dejó las cosas peor que estaban. (El padre Calvez cree que el decreto IV de la Congregación 32 es un eco del Sínodo de 1971). Por eso la Curia, en 1973, quiere atar corto al padre Arrupe y el 7 de mayo le convoca a una reunión con el cardenal Villot y monseñores Benelli y Casaroli, la plana mayor de la Secretaría de Estado. Después de la reunión la Curia envió al General una minuta de lo tratado, a lo que el padre Arrupe respondió el 12 de mayo con una carta en la que manifestaba haberse sentido «no en una atmósfera de diálogo constructivo sino bajo la impresión de que las informaciones recibidas eran ya aceptadas de antemano, es decir que se concedía mayor credibilidad a las informaciones de los ignacianos que a las explicaciones del General. El padre Arrupe, que recurrió a las lágrimas en esta reunión admonitoria, recibió el 2 de julio de 1973 una nueva e importante carta del cardenal Villot en la que se le replicaba que «la voluntad de un diálogo abierto, sincero, constructivo, ha sido ya manifestada inequívocamente desde hace años por la Santa Sede respecto de la Compañía». Pero que «hay preocupación por la multitud de señales de una vasta y profunda crisis que se manifiesta en la Orden, con muy serio peligro para la misma Compañía, para otros institutos religiosos y para la misma Iglesia». Se destacaban sobre todo las desviaciones en el campo doctrinal. Y eso era muy grave, decía Villot, porque la importancia y la influencia de la Compañía de Jesús son tan grandes,

[555] VCJ p. 127-128

en todas partes, que se puede decir que toda la Iglesia está ampliamente interesada en la suerte de la Compañía, tanto en lo bueno de ésta como en lo menos bueno. Y es que ya en 1966 corría por Roma la información de que unas trescientas congregaciones religiosas, sobre todo femeninas, observaban el curso de la Compañía de Jesús para seguirlo cuando ella se definiese. Para evitar desviaciones graves la Santa Sede –dice el Secretario de Estado– hizo una llamada en 1970, que no fue atendida, y el 15 de febrero de 1973 se había hecho al padre Arrupe, tras la carta ya citada de 1972, una nueva llamada «a la acción que se hacía cada año más urgente».

Los párrafos finales de la carta del cardenal Villot –que como la anterior no veo citada en el relato del padre Padberg sobre la fase de preparación a la Congregación general 32– son tremendos. Es verdad que el problema, en gran parte, es común a otros Institutos y a la Iglesia misma; pero uno de los motivos principales de la no superación o del agravamiento de la crisis son las deficiencias de la autoridad responsable. Esta, o no se daría cuenta suficientemente de la realidad, las proporciones y las causas de los inconvenientes existentes o no tomaría las medidas necesarias, al menos deplorar públicamente los abusos y desolidarizarse de ellos o dando con claridad, para los que quieren mantenerse en fidelidad, las orientaciones positivas que habría que seguir para conseguirlo.

Algunos llegan a afirmar, en concreto, en lo que se refiere a nuevas experiencias de vida religiosa o al «aggiornamento» de estructuras, que corrientes imprudentemente innovadoras estarían encontrando un apoyo que niega (el P. Arrupe) a los que intentan mantenerse fieles al espíritu de la Compañía. Y son muchos los que ven en esto un peligro para la identidad y para el porvenir de la Orden. Y a ellos se les niega la aplicación del principio del pluralismo invocado para consentir innovaciones audaces o negativas[556].

El padre Arrupe, como demostrarían los hechos de la Congregación General 32, no hizo caso de estas gravísimas admoniciones de la Santa Sede, que se referían personalmente a su lamentable forma de gobernar. Al contrario, emprendió en el verano de 1973 un viaje por Iberoamérica donde se manifestó claramente a favor de la teología de la liberación en Uruguay, concedió excepcionalmente la solemne profesión a un jesuita argentino proliberacionista, se solidarizó públicamente con monseñor Angelelli, cabeza de la rebelión de los sacerdotes de Córdoba contra su obispo, monseñor Castellano[557], no se opuso al movimiento liberacionista de Sacerdotes para el Tercer Mundo[558] justificó, pocas semanas antes de la caída de Salvador Allende al jesuita creador de Cristianos por el Socialismo en Chile y colaborador de Allende, Gonzalo Arroyo[559], apoyó pública e imprudentemente al presidente marxista de Chile en su visita personal, en la que justificó a los jesuitas liberacionistas[560] alabó en México la identidad de dirección con la Iglesia de los presidentes Echevarría, Allende, Fidel Castro y Perón (que caería luego por un enfrentamiento con la Iglesia)[561] y promovió una reunión de sociólogos de la

[556] VCJ p. 128s 14os6.
[557] «Clarín» 15.IX:1973.
[558] «Esquiu» 12.8.1973.
[559] «La Nación» 14.8.1973.
[560] «Ya» de Madrid, 24.7.1973.
[561] «Ya» 24.8.1973

Compañía en El Escorial, dirigida por el padre Calvez, para estudiar la democratización de la Compañía y la «promoción de la justicia»[562].

Mientras el padre General viajaba por América los superiores españoles desencadenaban una auténtica persecución contra los ignacianos. (La actitud persiste; acabo de recibir, en pleno verano de 1995, una terrible carta de jesuitas norteamericanos detallando una persecución semejante). En fin, a su regreso de América el padre Arrupe fue recibido por el Papa quien, según confesión del General, «le hizo pasar la mayor vergüenza de su vida» al preguntarle: «¿Qué está pasando con la Compañía que se están saliendo tantos sacerdotes?». A lo que Arrupe no pudo responder. Pero tras la conversación, el Papa dirigió al padre Arrupe un nuevo y más solemne aviso previo a la Congregación general 32, que acababa de convocarse el 8 de septiembre. Una semana después, el día 15, Pablo VI le repetía la admonición verbal en una larga carta en que le explicaba que el Concilio no había querido **que la renovación se realice a precio de experiencias arriesgadas extrañas al genio propio de cada familia religiosa y con más razón, con el abandono de los valores primordiales de una vida consagrada a Dios.... la renovación debe hacerse según el espíritu de la Compañía de Jesús, es decir en la fidelidad a su tradición, que se apoya sobre Cristo, sobre la Iglesia y sobre San Ignacio...** Recomienda el Papa la aplicación constante a la oración, la observancia plena de los votos, **sobre todo el de la obediencia, nota distintiva de la Compañía de Jesús... Así hay que renunciar a introducir nuevos métodos de deliberación y de decisión que alterarían la noción de obediencia y hasta cambiarán el carácter propio de la Compañía de Jesús...**

No ignoramos que en algunos puntos de vuestra Compañía han aparecido estos años algunas tendencias de orden intelectual y disciplinario que, si se les favoreciese, arrastrarían cambios muy graves y quizá irremediables en la estructura misma de vuestra Orden. Recuerda sus admoniciones y las de la Curia en este sentido. Pide que la Compañía mantenga claramente «el carácter de orden religiosa» nada menos. Y termina con un recordatorio muy intencionado al cuarto voto especial de obediencia al Papa, distintivo de la Compañía, quizá porque sabía que la comisión preparatoria lo estaba ya poniendo en entredicho[563].

Se acercaba la inauguración de la Congregación General 32. En la revista romana de los jesuitas, *La Civiltá Cattolica* que expresaba habitualmente la orientación de la Santa Sede, un jesuita, el padre Bartolomeo Sorge, publicaba dos durísimos artículos que reflejaban la preocupación de la Santa Sede sobre la Congregación General y estaban tomados, en buena parte, de los informes enviados a Roma por los jesuitas ignacianos de España y otras partes; a veces, como he podido comprobar, literalmente. Por ejemplo en la afirmación de que, cuando la Congregación general va a abrirse, existen ya dos Compañías diferentes, la A y la B[564]. La A es la tradicional aunque nunca reñida con la renovación y el progreso; la B quiere una Compañía nueva en una Iglesia nueva, fundada en las Comunidades de base, es decir una Iglesia Popular, de signo marxista. La Compañía A mantiene

[562] VCJ p. 143-149, también para el viaje por Iberoamérica.
[563] VCJ p. 129s.
[564] Esta es una tesis expresa que se desarrolla en VCJ p. 175s.

la estricta obediencia especial al Papa; la Compañía B busca la secularización. Desgraciadamente, como vamos a demostrar, en la Congregación General 32 la Compañía B se impuso netamente sobre la Compañía A, que desde entonces quedó privada de voz y completamente marginada. La Compañía B, guiada irresponsablemente por el padre Arrupe, que con su viaje a América en 1973 había demostrado que no era un simple rehén del clan de izquierdas, sino el jefe del clan, iba a enfrentarse con el Papa en el choque más duro que se registra en toda la historia de la Compañía de Jesús.... hasta la intervención de Juan Pablo II, que se anduvo con menos contemplaciones[565].

LA CONGREGACIÓN 32 : LA BRONCA INAUGURAL DE PABLO VI

El padre Arrupe abrió la Congregación General 32 en la mañana del 2 de diciembre de 1972 con un discurso de circunstancias y celebró por la tarde en la hermosa iglesia del Gesú una Misa ante todos los delegados y los jesuitas que se encontraban en Roma. Si queremos resumir en un término único lo que significará para la historia de la Compañía la Congregación General 32 ese término es «La Congregación de la desobediencia». Prácticamente toda la Congregación, desde su fase preparatoria hasta su final, fue una consumación o por lo menos un intento de desobediencia, que en gran parte se estrelló contra la firmísima voluntad de Pablo VI. Recordemos que ya cuatro años antes, durante su conversación con los obispos españoles, Pablo VI había calificado a la situación de la Compañía como «la descomposición del ejército». Había ordenado, por sí o por el Secretario de Estado, que los jesuitas ignacianos, la «Compañía A», estuvieran bien representados en la asamblea; pero la Compañía B, a las órdenes del clan de izquierdas, les había barrido a lo largo del proceso electoral y la gran mayoría de los delegados, superior a los dos tercios según los porcentajes de votación que ofrece el padre Padberg, pertenecían a la Compañía B. El clan de izquierda acudía a Roma con varios objetivos muy concretos. Algunos se referían a la estructura profunda de la Orden, como la exigencia de igualdad total mediante la abolición de los grados establecidos por San Ignacio y la reducción del cuarto voto de obediencia especial al Papa poco más que a una curiosidad histórica. Otros revisaban y relajaban los votos clásicos; no tocaban la castidad pero sí la pobreza (que se interpretaba con libertad secularizadora) y la obediencia, que como habían denunciado los ignacianos se reducía a la dinámica de grupos y a la mutua comprensión, no a la obediencia ciega de San Ignacio. Otros redefinían la acción apostólica como «servicio de la fe y promoción de la justicia» que en aquel contexto significaba el pleno apoyo y el pleno ejercicio de la teología de la liberación y movimientos conexos de signo marxista. Otros reformaban la perspectiva de la formación del jesuita para integrarla ya en la acción apostólica interpretada como «opción por los pobres» con lo que prácticamente desaparecía la admirable base humanística que por lo visto ya

[565] «La Civiltá Cattolica» 125 (1974) IV, 425s, 526s.

no era propia de nuestro tiempo. Se insistía en la formación filosófica y teológica pero sin rumbo; los rahnerianos presentes en la Congregación se preocupaban poco de desviaciones filosóficas y teológicas que desde entonces aumentaron hasta lo indecible. Se insistió mucho en la exigencia de indigenización o como se dijo ya para el futuro «inculturación» en la actividad universal de la Orden. De vida espiritual, de apoyo en la tradición, de fidelidad a las Constituciones observadas durante más de cuatro siglos, nada de nada. Era un proyecto revolucionario que se reflejaba en los *postulata* enviados desde las provincias y sobre todo en el programa del clan de izquierdas que ahora se iba a imponer. Insignes nombres de jesuitas veteranos que habían acudido a la indecisa Congregación 31 no figuraban ya en las listas de la 32; a las que se habían incorporado o mantenido, en cambio, nombres muy representativos del clan de izquierdas, como Alfonso Alvarez Bolado, el promotor del Encuentro de Deusto y el Encuentro del Escorial; el vasco Luis Achaerandio, de la viceprovincia centroamericana, donde ya se preparaba la gran rebelión de los años setenta y ochenta; Anthony de Mello, el profeta indio de la inculturación; el español Ignacio Iglesias, Asistente de España y uno de los líderes principales del clan de izquierdas; Carlo María Martini, futuro cardenal arzobispo de Milán, rector del Instituto Bíblico y espejo de *progresistas*, futuro jefe de la oposición cardenalicia contra Juan Pablo II; el padre Juan Ochagavia, chileno y miembro del IDOC y el inevitable italiano Roberto Tucci. Por supuesto que algunos ignacianos –que por cierto en esos casos nada tenían de retrógrados– habían conseguido entrar en la Congregación General, como el padre Sorge, denunciante de las Dos Compañías, pero entre los nombres que conozco de la lista, que son casi la mitad, no llegan a media docena los ignacianos. El más importante de la Compañía A, Paolo Dezza, renunció expresamente a la reelección como Asistente General en vista del panorama. Fue reelegido el americano O'Keefe, jefe del clan de izquierdas y el francés Jean-Yves Calvez, orientador principal de la Congregación hacia la «promoción de la justicia». El Papa conocía perfectamente la situación y, con todo respeto, estaba hasta la tiara de los vientos que corrían por ella cuando el 3 de diciembre de 1974 dirigió a los 236 delegados una alocución que sólo se puede interpretar como una bronca y un aviso perentorio.

Hace notar el Papa , tras recordar las recientes cartas enviadas al padre Arrupe, que **os hablamos hoy... en nombre de Cristo y como Superior Supremo de la Compañía de Jesús teniendo en cuenta el vínculo especial que une a la Compañía desde su fundación al Romano Pontífice**, es decir invocando el cuarto voto de obediencia especial al Papa que a todos los presentes vincula. Les recuerda el mandato sobre «hacer frente al ateísmo» que les comunicó en la Congregación General anterior. Les pregunta primero «¿Quién sois?. Y vuelve a recordarles la carta que les dirigió el 15 de septiembre de 1973 y sobre todo el Cuarto Voto de especial obediencia al Papa. Les insiste en que los otros tres votos religiosos «no son un obstáculo a la libertad de la persona como si fuesen un vestigio de épocas sociológicamente superadas sino por el contrario son «clara voluntad de liberación en el espíritu del Sermón de la Montaña». Insiste en que el Cuarto Voto es la clave, «el núcleo principal de los miembros de la Compañía... que ha asegurado siempre vuestra comunicación con Cristo». Entonces les hace la segunda pregunta: «¿De dónde venís? y responde con un breve y significativo resumen de la historia de la Orden, en sentido ignaciano puro. Y entra, con toda sinceridad, en materia, en los siguientes párrafos que resonaron en la Sala del Consistorio del Vaticano, donde les había convocado, como un trallazo, interpretado como tal por la gran prensa de todo el mundo, aunque el padre Padberg, que estaba allí, crea exageradamente que los titulares de prensa eran exagerados:

Y entonces, ¿por qué dudáis?. Contáis con una espiritualidad de fuertes trazos, con una identidad inequívoca, una confirmación de siglos que os viene de la bondad de métodos que pasados por el crisol de la Historia siguen llevando la impronta de la fuente espiritual de San Ignacio. Por tanto no habrá que poner, absolutamente, en duda el que un profundo empeño en el camino recorrido hasta ahora, dentro del propio carisma, ya no sea nuevamente fuente de fecundidad espiritual y apostólica. Es verdad, está difundida hoy en la Iglesia la tentación característica de nuestro tiempo: la duda sistemática, la critica de la propia identidad, el deseo de cambiar, la independencia y el individualismo. La dificultades que vosotros halláis son las mismas que sienten los cristianos en general ante las profundas mutaciones culturales que afectan hasta al mismo sentido de Dios; las vuestras son las dificultades de los apóstoles de hoy, que sienten la preocupación de anunciar el Evangelio y la dificultad de traducirlo en lenguaje contemporáneo; son las dificultades de otras Ordenes religiosas. Comprendemos las dudas y dificultades verdaderas, serias, que probáis algunos. Estáis en la vanguardia de la renovación profunda que está afrontando la Iglesia, después del Vaticano II, en este mundo secularizado. Vuestra Compañía es, decimos, el «test» de la vitalidad de la Iglesia en los siglos; es quizás uno de los crisoles más significativos en que se encuentran las dificultades, tentaciones, esfuerzos, perennidad y éxitos de la Iglesia entera.

Una crisis de sufrimiento, quizá de crecimiento, como hemos dicho en diversas ocasiones; pero Nos, como Vicario de Cristo, que debe confirmar en la fe a sus hermanos (cfr. Luc., 22, 23) y vosotros también, que tenéis la grave responsabilidad de representar conscientemente las aspiraciones de vuestros hermanos en religión, debemos velar todos para que la adaptación necesaria no se realice a expensas de la identidad fundamental, de lo que es esencial en la figura del jesuita, tal cual se describe en la «Formula Instituti» como la proponen la historia y la espiritualidad propia de la Orden y como parece reclamar todavía hoy la interpretación auténtica de las necesidades mismas de los tiempos. Esta imagen no debe ser alterada, no puede ser desfigurada.

No se debe llamar necesidad apostólica a lo que no sería otra cosa que decadencia espiritual, cuando San Ignacio avisa claramente a todo hermano enviado a misiones que «respecto a sí mismo procure no olvidarse de sí para atender a los demás, no queriendo hacer un mínimo pecado por toda la ganancia espiritual posible; ni siquiera poniéndose en peligro (Monumenta Ignatiana, series prima, Sancti Ignatii de Loyola Epistolae et Instructiones, tomo XII, fasc. II. MHSI annus 19, fasc. 217, Januario 1912, Matriti, p. 251-252)». Si vuestra Sociedad entra en crisis, si busca caminos aventurados que no son los suyos, llegarán a sufrir incluso todos aquellos que en un mundo o en otro, deben tantísimo a los jesuitas en orden a su formación cristiana.

Ahora bien, vosotros lo sabéis tanto como Nos, aparece hoy en medio de vuestras filas un fuerte estado de incertidumbre, mas aún, un cierto y fundamental replanteamiento de vuestra misma identidad. La figura del jesuita, tal como la hemos trazado a grandes rasgos, es sustancialmente la de un animador espiritual, de un educador en la vida católica de sus contemporáneos con la fisonomía propia, como hemos dicho, de sacerdote y apóstol. Pero Nos preguntamos –y vosotros mismos os preguntáis– a guisa de concienzuda averiguación y de serenante ratificación, en qué estado se encuentra ahora la vida de oración, la contemplación, la simplicidad de vida, la pobreza, el uso de los medios sobrenaturales. En qué estado se encuentra la adhesión y el testimonio leal acerca de los puntos fundamentales de la fe y la moral católica, tal como son propuestos por el magisterio eclesiástico y la voluntad de colaborar con plena confianza en la obra del Papa. Las «nubes en el cielo» que veíamos en 1966, aunque «en gran parte disipadas» por la Congregación General XXXI (AAS, 58, 1966. p. 1174) ¿no han continuado quizá, desgraciadamente, poniendo alguna sombra sobre la Compañía?. Algunos hechos dolorosos que ponen en discusión la esencia misma de la pertenencia a la Compañía se repiten con demasiada frecuencia y nos son señalados desde todas partes especialmente por los Pastores de las diócesis y ejercen un triste influjo en el clero, en los otros religiosos y en el laicado católico. Estos hechos exigen de Nos y de vosotros una palabra de pena: ciertamente no para insistir en ellos sino para buscar unidos los remedios a fin de que la Compañía permanezca o vuelva a ser aquello que necesita, aquello que debe ser para responder a la intención del Fundador y a las esperanzas de la Iglesia en el momento actual. Hace falta un estudio inteligente acerca de lo que es la Compañía, una experiencia de las situaciones y de los hombres; pero hace falta también, y no estará de más insistir en ello, un sentido espiritual, un juicio de fe acerca de lo que debemos hacer, siguiendo el camino que se abre delante de nosotros, teniendo presente la voluntad de Dios, el cual exige una disponibilidad incondicional.

¿Dónde vais, pues?. La pregunta no puede quedar sin respuesta. Os la estáis poniendo desde hace tiempo, por lo demás, con lucidez, quizás incluso con riesgo.

La meta hacia la cual tendéis, y de la que esta Congregación General es oportuno signo de los tiempos, es y debe ser sin duda la prosecución de una sana, equilibrada, justa actualización con fidelidad sustancial a la fisonomía específica de la Compañía, con respeto al carisma de vuestro Fundador[566]**.**

Invoca Pablo VI repetidas veces al Concilio Vaticano II y rechaza «el fenómeno de la novedad por sí misma que lo pone todo en cuestión». Como conoce los vientos de innovación excesiva que azotan a la Orden les insiste en mantener lo esencial de la tradición, les avisa de que «la disponibilidad del servicio puede degenerar en relativismo, en conversión al mundo y a su mentalidad inmanentista, en asimilación con el mundo que se quería salvar, en secularismo, en fusión con lo profano. Os exhortamos a que no os dejéis envolver por el «espíritu de vértigo»

[566] Congregación General XXXII de la Compañía de Jesús (en adelante CG32) 2 de diciembre 1974-7 marzo 1975. *Decretos y documentos anejos*. Madrid 1975. Edición española oficial. Pág. 239s.

según expresión de Isaías. Termina con una cita al padre de Lubac para subrayar la necesidad de la obediencia. Y les advierte que seguirá con todo interés los trabajos de la Congregación.

Estaba todo clarísimo. Pero los delegados oyeron al Para como quien oye llover; y siguieron decididos a imponer el programa del vértigo en la Congregación General. Por si acaso, el Papa había encargado al Secretario de Estado una carta perentoria al padre Arrupe que lleva la misma fecha de la alocución pontificia, 3 de diciembre de 1974, pero que no fue entregada hasta unos días después. Pablo VI conocía perfectamente la difícil lidia que le esperaba y estaba completamente decidido a que no se le fuera de las manos.

EL VETO Y LA PROHIBICIÓN TAJANTE DE PABLO VI

Los dos problemas principales o «prioridades» a que se dedicó la Congregación General 32 fueron el del cuarto voto, que se debatió antes y el del apostolado reducido a la «promoción de la justicia» que era, de hecho, un eufemismo para significar la lucha política, incluso violenta, de carácter socialista contra las «estructuras» o sea contra el sistema capitalista. Para no perdernos en las nubes debemos llamar a las cosas por su nombre; así las entendía el clan de izquierdas y así se aplicaron –se estaban aplicando ya– en la realidad.

Las Constituciones de la Compañía de Jesús dividen a los religiosos en cuatro categorías. Primera, los sacerdotes que forman el núcleo principal de la Orden, los profesos de cuatro votos solemnes. Los votos son de dos clases: simples, que pueden ser dispensados por el General; y solemnes, cuya dispensa compete sólo a la Santa Sede. Los cuatro votos solemnes son los clásicos de pobreza, castidad y obediencia, a los que como característica esencial de su Compañía San Ignacio añadió el «cuarto voto» de obediencia especial al Papa «circa missiones» es decir para toda misión o encargo que quisiera confiar a toda la Orden o a un miembro de ella. Para la profesión de cuatro votos solemnes se requiere, además de una notable madurez religiosa, haber superado de manera relevante los estudios superiores de filosofía y teología, en lo que se llamaba «el curso mayor» rematado en la correspondiente licenciatura. Podía concederse, por excepción muy rara, la profesión de tres votos solemnes a quien sin superar así los estudios poseyera, a juicio del General, cualidades o méritos extraordinarios; era el caso del padre Angel Ayala, fundador de la Asociación de Propagandistas y famoso por su sentido común. El segundo grado era el de los coadjutores espirituales, sacerdotes que, por no haber conseguido el nivel suficiente de estudios (sólo habían podido seguir el «curso menor» hacían los votos definitivos de carácter simple). El tercer grado de los jesuitas «formados» era el de los coadjutores temporales que se llamaban hermanos legos en otras Ordenes y hacían también votos definitivos simples. Por último los estudiantes en formación hacían sólo los tres primeros votos, de carácter simple y privado, al terminar su noviciado antes de empezar los estudios de humanidades.

El problema de los votos se abordó por la Congregación General en dos planos. Primero, se planteaba por algunos delegados el significado del cuarto voto de obediencia especial al Papa, aplicado a nuestro tiempo. La tendencia del clan de izquierdas era reducir el cuarto voto a un mero símbolo de carácter histórico, lo que equivalía a lograr para las actividades de la Orden una virtual independencia del Papa. (De hecho ya se lo habían saltado manipulando y desvirtuando el mandato de Pablo VI sobre el ateísmo). Pero la discusión sobre este punto vital quedó englobada en el problema de los grados y resuelta –por imposición irrevocable del Papa– en sentido contrario a lo que deseaba la Congregación. Aunque no sin un expreso acto de desobediencia por parte de la Congregación, que el Papa hubo de reprimir enérgicamente.

Por tanto el problema del cuarto voto se redujo al problema de los grados. La Congregación, llevada por el ansia de una igualdad total, pretendía suprimir la división constitucional de tres grados ente los jesuitas formados –profesos, coadjutores espirituales y temporales– y concederles a todos ellos la profesión de cuatro votos solemnes. Es cierto que el padre Arrupe había llevado al Papa el 12 de noviembre (poco antes de la Congregación) los volúmenes en que se articulaban los «postulata» de las Provincias, muchos de los cuales reclamaban esa igualdad, lo que obligaba a modificar sustancialmente las Constituciones y la Fórmula del Instituto, que resumía lo esencial de ellas. Pero sin duda el Papa tuvo, además, noticia de este propósito y entonces, el 16 de diciembre –interesante precisión del testigo Padberg– el cardenal Secretario de Estado entregó al padre Arrupe la carta que tenía preparada desde el 3 del mismo mes, día del discurso inaugural de Pablo VI. La carta era una orden tajante:

Reverendísimo Padre:

Su Santidad me confía el venerable encargo de expresarle a usted (le apea el tratamiento, n. del A.) y a sus hermanos Su sincera complacencia por el encuentro de esta mañana (3 de diciembre), fiesta de San Francisco Javier, con los participantes en la Congregación General XXXII de la Compañía de Jesús.

En la alocución que el Santo Padre ha dirigido a los presentes usted habrá notado ciertamente Su vivo interés –ya antes manifestado en la carta que le dirigió el 15 de septiembre de 1973– a fin de que la Compañía misma, en el laudable y obligado esfuerzo de «aggiornamento», según las exigencias de los tiempos, permanezca fiel a sus notas esenciales, indicadas en la regla fundamental de la Orden, la Fórmula del Instituto.

A este propósito, el Sumo Pontífice no ha dejado de considerar la eventual propuesta, a que usted aludió en la reciente audiencia del 21 de noviembre último pasado, de extender a todos los religiosos de la Orden, aun a los no sacerdotes, el cuarto voto de especial obediencia al Sumo Pontífice «circa missiones» –reservado, según el Instituto, a los religiosos sacerdotes que han realizado felizmente la requerida preparación espiritual y doctrinal– y desea que le comunique que tal innovación, examinada atentamente, parece presentar graves dificultades que impedirían la necesaria aprobación por parte de la Santa Sede. Me apresuro a hacerle llegar esta comunicación a fin de que pueda tenerla presente en el desarrollo de los trabajos de la Congregación General.

Aprovecho con gusto la ocasión...[567]

[567] CG32, p. 261s.

Entonces la Congregación General desobedeció al Papa. El 20 de enero de 1975 se saltó los avisos del Papa y la orden expresa contenida en la carta del Secretario de Estado –no cambiar para nada la situación de los grados– y decidió debatir el asunto. En una votación indicativa –aún no definitiva– la Congregación se inclinó por más de dos tercios de mayoría a suprimir los grados. Y el padre Carlo Martini, por encargo del General, llevó esta resolución indicativa a la Secretaría de Estado. La indignación del Papa fue de sorpresa y frustración. El 23 de enero[568] el cardenal Villot, en nombre del Papa, reprendía al padre Arrupe por la desobediencia, tanto más que el 17 de diciembre –entonces se enteró la Congregación– el Papa había ratificado verbalmente la prohibición de modificar los grados en audiencia con el padre Arrupe y dos miembros de la comisión correspondiente; los tres implicados confirmaron esa nota a la Congregación, cuyos miembros quedaron estupefactos y anonadados y también indignados por la forma con que se había llevado este delicadísimo asunto a espaldas suyas. Entonces la Congregación General preparó una nota para el Papa sobre el problema y la envió. El 15 de febrero el Papa replicó con una carta autógrafa al General:

Al querido hijo Pedro Arrupe, Prepósito General de la Compañía de Jesús.

Hemos recibido la carta con que Nos remitiste la relación que te habíamos pedido acerca de las razones que indujeron a la Congregación General a la votación sobre el problema de los grados y sobre el cuarto voto. No hemos dejado de considerar debidamente esa relación.

Habida cuenta de los hechos recientes, confirmamos cuanto nuestro Cardenal Secretario de Estado te escribió, por encargo Nuestro, el día 3 de diciembre pasado. Por tanto repetimos nuevamente, con el debido respeto, a ti y a los PP. congregados: No se puede introducir innovación alguna con respecto al cuarto voto.

Como supremo garante de la fórmula del Instituto y como Pastor universal de la Iglesia, no podemos permitir que sufra la menor quiebra este punto, que constituye uno de los fundamentales de la Compañía de Jesús. Al excluir esta extensión del cuarto voto no nos mueve ciertamente un sentido de menor consideración o un conocimiento del problema menos lleno de dolor, sino más bien el profundo respeto y ardiente amor que profesamos a la misma Compañía así como la persuasión del gran incremento que ella está llamada a prestar en el futuro, a la obra cada día más difícil de la Iglesia, si se conserva cual la quiso el fundador (bien que realizadas las oportunas adaptaciones, que no sobrepasen los límites de su identidad fundamental).

Precisamente ante esta visión de las cosas te expresamos la duda, que para Nos brota de las orientaciones y actitudes que emergen de los trabajos de la Congregación General: ¿podrá la Iglesia poner su confianza como siempre hizo, también ahora en vosotros?. ¿Cuál debe ser la relación de la jerarquía eclesiástica con respecto a la Compañía?. ¿Cómo podrá confiar esta misma jerarquía a la Compañía, sin experimentar temor alguno, la realización de tareas tan importantes y de tal naturaleza?. La Compañía goza ahora de una

[568] Fechas y datos adicionales sobre este problema en Padberg, op. cit. p. 65s.

prosperidad y difusión de dimensión universal, que la ponen sobre el candelero y que guardan relación con la confianza que siempre le fue concedida; pues posee una espiritualidad, una doctrina, una disciplina, una obediencia, un servicio y un ejemplo que está obligada a custodiar y a testimoniar. Por ello reiteramos confiadamente la pregunta de nuestra alocución del día 3 de diciembre, al comienzo de la Congregación General: ¿A dónde vais?.

En estos días de trabajo común, que aún os quedan por delante, os exhortamos ardientemente, querido hijo, a ti y a tus hermanos, a una reflexión más profunda todavía sobre vuestras amplias posibilidades y también sobre los peligros que amenazan al futuro de ésta tan providencial y tan benemérita «Compañía de presbíteros» fundada por San Ignacio.

Como ya te fue escrito el día 15 de septiembre de 1973, ésta es una hora decisiva «para la Compañía de Jesús, para su futuro destino y también para todas las familias religiosas». Pensamos en las innumerables repercusiones que podría tener en la misma Compañía y aun en la Iglesia un modo de actuar –Dios no lo quiera– contrario a la línea que acabamos de exponer. Por esta razón os invitamos con el mayor encarecimiento a que consideréis seriamente delante del Señor las decisiones que corresponde hacer. Es el mismo Papa quien con humildad, pero con la sinceridad e intensidad de su afecto, os repite con emoción paterna y con una extrema seriedad: pensad bien, hijos queridísimos, lo que hacéis.

Por esta misma razón te pedimos que tengas a bien enviarnos las decisiones ya tomadas o que en breve haya de tomar la Congregación General antes de su publicación.

En esta hora grave oramos intensamente por la Compañía de Jesús, tan querida, mientras a ti y todos sus miembros esparcidos por el mundo os impartimos de todo corazón, en el nombre del Señor, nuestra bendición apostólica.

Del Vaticano día 15 de febrero de 1975, duodécimo de nuestro Pontificado.

Paulus PP VI[569]

El 20 de febrero, cinco días después, el padre Arrupe fue recibido por el Papa en una tensa audiencia. El Papa insistió en su condición de guardián del Instituto y le mostró su gravísimo disgusto por lo sucedido. Volvió a insistirle en que no se diese legislación alguna sobre la extensión del cuarto voto. Le preocupaba que el asunto estuviera relacionado con ciertas teorías sobre la naturaleza del sacerdocio y por el impulso hacia la «promoción de la justicia» que podrá minar a los ministerios sacerdotales, asimilados así al trabajo de los seglares. Comunicó que la Congregación no prestaba suficiente atención a la vida espiritual y religiosa. El decreto sobre los grados no hizo mención alguna de suprimirlos ni tocó al cuarto voto. Al fin la Congregación General obedecía; había interpretado bien la amenaza final del Papa en su carta, que podría acarrear hasta la intervención directa o incluso la disolución de la asamblea. En el decreto descafeinado se mencionaba solamente la unidad apostólica de toda la Compañía. El Papa no tuvo el menor reparo en aprobarlo. El debate sobre la naturaleza del cuarto voto quedó zanjado también

[569] CG32 p. 263s.

con la prohibición del Papa. Pienso que al final de este desdichado episodio los jesuitas de la Congregación General estaban tan hartos del cuarto voto como en tiempos lo estuvo don Manuel Azaña, que en 1932 les había expulsado de la patria de San Ignacio expresamente por ese cuarto voto, al que se había condenado en la Constitución de la República de 1931. Las vueltas que da el mundo.

Humillados por la censura que imponía el Papa a todos los documentos de la Congregación, el clan de izquierdas se dispuso a reñir su segunda gran batalla, la promoción de la justicia.

LA PERSPECTIVA DEL DECRETO IV

Los demás asuntos prioritarios que trató la Congregación General se plasmaron en otros tantos Decretos en la misma dirección que hemos resumido antes al enumerar los principales «postulados». Como la Santa Sede, al ejercer la censura cuyo derecho había recabado el Papa, puntualizó la interpretación correcta que había de darse a esos Decretos en un documento que luego vamos a transcribir, pasamos ahora al segundo gran debate, que desembocó en el más famoso y nefasto de los Decretos de la Congregación 32, titulado «Nuestra misión hoy: servicio de la fe y promoción de la justicia». La verdad es que a la Congregación no le interesaba demasiado la fe, aunque hemos visto que el padre Arrupe, cuando quería calmar las protestas de los ignacianos, atribuía con toda razón la crisis de la Compañía de Jesús a una crisis de fe. Pienso que si esto era realmente cierto, y lo era, la Congregación General 32 debería haber dedicado un decreto a la propuesta y defensa del Credo adaptada a nuestro tiempo; pero lo que de verdad le interesaba era la «promoción de la justicia».

El sociólogo e historiador jesuita Martin Tripole realizó una interesante investigación sobre el Decreto IV veinte años después y como americano cabal se presentó en Roma con su cuestionario debajo del brazo y preguntó a catorce padres que habían sido delegados en la Congregación General 32, entre ellos el General que sucedió al padre Arrupe, padre Peter-Hans Kolvenbach, qué significado tenía para ellos la palabra «justicia» en el Decreto IV. Increíblemente, los catorce le respondieron más o menos que no lo sabían[570]. Esta es una de las mayores sorpresas que he experimentado en mi vida. De manera que catorce de los principales responsables del Decreto sobre la promoción de la Justicia no tenían, veinte años después, la menor idea de lo que significaba «la justicia», cuando el Decreto IV había provocado en la Compañía, en la Iglesia y en la sociedad mundial, sobre todo iberoamericana, confusiones terribles, millares de libros y de artículos, innumerables abandonos de esa fe que se decía servir y había sido concausa por lo menos de tres revoluciones violentas, de las que hablaremos pronto en este libro. Bien, abreviemos después de la sorpresa. Creo que «promoción de la justicia», consigna que repetía más que otro jesuita alguno hasta su trágica muerte en 1989 el padre

[570] Martín R. Tripole, op. cit. p. 9.

Ignacio Ellacuría, gran agitador de la teología de la liberación en Centroamérica, significa, por la forma con que se aplicó, por los contextos a los que se refirió y por los efectos que produjo, algo mucho más simple que se encerraba en el eufemismo de la fórmula: la promoción de la lucha política, incluso armada, contra las «estructuras de injusticia», contra el capitalismo originario (el sistema de los Estados Unidos y el Occidente europeo) y sus sucursales dependientes, como las llamaban los liberacionistas, en Iberoamérica y el Tercer Mundo; justicia era sinónimo de revolución marxista, comunista o socialista radical, y la promoción de la justicia jamás se aplicó a las injusticias estructurales de la Unión Soviética, China comunista y demás «democracias populares», jamás se aplicó a las dictaduras comunistas de Cuba y Nicaragua, a los grupos que trataban de imponerlas en El Salvador, Guatemala y México. Promoción de la justicia eran los Cristianos por el Socialismo, las Comunidades de Base y la Teología de la liberación. Promoción de la justicia era el impulso revolucionario que habían dado los jesuitas de Fe y Secularidad a los encuentros por ellos organizados en Deusto y el Escorial. Lo demás es retórica y eufemismo.

El autor de este libro no ha nacido ayer ni escribe exclusivamente desde su torre de marfil. Demostré que el marxismo era un anacronismo anticientífico en mis artículos de ABC de 1974, sobre el eurocomunismo, y en 1985, sobre la teología de la liberación, cuando había en España cuatro obispos e innumerables católicos, entre ellos varios jesuitas marxistas. Viví de niño con enorme intensidad la guerra civil española en territorio de los dos bandos. He recorrido Asia y América de cabo a rabo, muchas veces. Por supuesto que reconozco la espantosa injusticia social que reina en Iberoamérica y el Tercer Mundo, donde muchos cristianos descuidan por completo sus deberes de justicia social y no mueven un dedo por los pobres y por los marginados. Me he pasado mi vida activa trabajando y dando trabajo a cientos de personas; editores, impresores y vendedores. Conozco muchos empresarios, en España, en Europa y en toda América, que trabajan con esa misma idea de ayuda y construcción social y me alegro de su riqueza cuando triunfan. Conozco a otras personas ricas que viven sólo para su egoísmo. En vez de promover regímenes de socialismo real en Iberoamérica y provocar revoluciones violentas, ¿por qué no emplearon allí los jesuitas su inmenso prestigio para imprimir un auténtico sentido social a sus alumnos, para impulsar a sus amigos a crear empresas y puestos de trabajo con los capitales que escondían cobardemente en los Estados Unidos?. Un día oí en Santo Domingo al expresidente de Perú, don Fernando Belaúnde, que si todos los capitales iberoamericanos depositados en Estados Unidos se repatriasen en una noche, la espantosa deuda externa de Iberoamérica desaparecería en esa noche. Pero los jesuitas liberacionistas aplicaban la doctrina de Girardi en Deusto; los capitalistas eran los enemigos, y se ama a los enemigos terminando con ellos.

Compadezco a los pobres pero aborrezco a la pobreza y mucho más la utilización de los pobres como plataforma política para alcanzar el poder por la izquierda. ¿Qué hizo la URSS con los pobres, sino dejarlos en la miseria después de haber asesinado a treinta o cuarenta millones de ellos en la Revolución?. Creo que el mejor servicio que se puede hacer a los pobres es sacarlos de su pobreza, no extasiarse con ella para vivir y medrar sobre ella, como han hecho y hacen muchos teólogos de la liberación y sus amigos los comunistas y socialistas de la Nueva Clase. Aborrezco tanto a la teología política como a la política teológica; una y otra son cosa de ayatolás, no de sacerdotes y políticos auténticos. La única forma de vivir en libertad en este mundo es el sistema de economía de mercado, que crea riqueza, no el socialismo real, que proponen los liberacionistas, y que sólo conduce a perpetuar la pobreza. Estoy con el lúcido autor brasileño que propone, en cambio, la opción preferencial por la riqueza. No puede haber un socialismo de rostro humano pero sí un capitalismo humanista. Todo esto se ve clarísimo a partir de 1989, pero los teólogos de la liberación, aunque reconocen el fracaso del comunismo, siguen empeñados en la demolición del capitalismo. Chiapas ha estallado años después de la caída del Muro, no aprenden nada.

Es decir que no estoy por la injusticia social, pero no creo que pueda arreglarse con la revolución marxista o zapatista que, como dijo el cardenal Agnelo Rossi, quiere arreglar el problema de los pobres encerrándoles en las alambradas de nuevos campos de concentración. El único país del mundo en que no existe una conflictiva diferenciación de clases son los Estados Unidos. La igualdad ha de hacerse hacia arriba, no para abajo. El marxismo era ya un anacronismo en tiempos de Carlos Marx, y una feroz dictadura totalitaria en tiempos de Lenin y de Stalin y de Mao. Todo esto me parece elemental, pero escapaba por completo a la comprensión de los delegados sectarios que crearon el anacrónico Decreto IV en la Congregación General 32 de los jesuitas después de haber lanzado la cruzada de la liberación marxista en los encuentros de Deusto y El Escorial. Lo que hubieran necesitado más los delegados de la Congregación 32 es un buen curso previo de economía, no una intoxicación marxistoide sobre un plano dogmático de teología política. Pero los dos grandes promotores del Decreto IV no sabían una palabra de economía real. El padre Jean-Yves Calvez se había acercado al marxismo tras estudiarlo con tanta comprensión. El padre Alvarez Bolado fue el principal exportador de la Teología Política de Alemania a España y a Iberoamérica, convertida ya en teología de la liberación.

En medio de su choque con la Congregación General a propósito del cuarto voto, el Papa, como acabamos de ver, advirtió al padre Arrupe que tuviera mucho cuidado con la «promoción de la justicia». En la sesión del 20 de diciembre de 1974 el padre Arrupe, según la preciosa referencia de Padberg, que estaba allí, mostró su decidida convicción de concentrar todo el apostolado de la Compañía en el campo social, en la promoción de la justicia. Nuevamente actúa como líder, no es sólo que se deje arrastrar por el clan de izquierdas. Y sabía perfectamente lo que quería. «Con previsión que ha sido confirmada en los años que siguieron a la Congregación general –dice Padberg– dijo que **a pesar de nuestra prudencia y nuestra fidelidad al sacerdocio y al carisma religioso, veremos que quienes hacen la injusticia pueden encontrarse frecuentemente entre los bienhechores o amigos o parientes de los jesuitas y nos acusarán de marxismo y subversión, y nos retirarán su amistad y por consiguiente su anterior confianza y su ayuda económica. ¿Está dispuesta la Congregación a entrar seriamente por el camino de la cruz, que nos llevará a la incomprensión por parte de las autoridades civiles y eclesiásticas y de nuestros mejores amigos?**[571].Lo malo es que en

[571] Padberg, op. cit. p. 50.

esos años posteriores a la Congregación General muchos jesuitas se declararon marxistas (algunos ya lo habían hecho) y actuaron al servicio de la subversión; y no encontraron incomprensión alguna en las autoridades civiles de Cuba y de Nicaragua. Arrupe, llevado de su mesianismo congénito, actuaba como Fausto y se mostraría incapaz de controlar las fuerzas que desencadenaba sin haber hecho previamente el análisis económico, social y estratégico que sin duda le hubiera disuadido de su proyecto. De momento se lanzó con la mayoría de la Congregación al Decreto IV, lo que motivó una segunda intervención descalificadora del Papa Pablo VI, a quien nadie ha calificado nunca de reaccionario.

Pero una vez establecida sinceramente nuestra perspectiva, cuya objetividad probaremos en lo que resta de este libro y en el próximo, *La Hoz y la Cruz*, vamos ya al texto del Decreto IV «Nuestra misión hoy: servicio de la fe y promoción de la justicia»[572].

ROMA, TERCER ENCUENTRO

El primer Encuentro decisivo (junto a otros menos importantes) organizado por el Instituto Fe y Secularidad fue el de Deusto a fines de 1969, donde se sembró la teología de la liberación. Animador y organizador, el padre Alfonso Álvarez Bolado.

El segundo gran Encuentro de Fe y Secularidad fue el del Escorial, en el verano de 1972, donde se coordinó y lanzó para toda Iberoamérica la Teología de la liberación. Organizador y animador, el padre Alfonso Alvarez Bolado.

En la Congregación General 32, en 1974/75 el padre Alfonso Alvarez Bolado coordinó los trabajos de varias Comisiones y fue el responsable principal, junto al Asistente General Jean-Yves Calvez, del Decreto IV, sobre el servicio de la fe y promoción de la justicia. En ese decreto se habla mucho de «estructuras», término que curiosamente no se define pero que pertenece a la terminología marxista; se propone como objetivo la «liberación del hombre...de las estructuras de opresión», se aplican los Ejercicios de San Ignacio a formar «hombres capaces de tomar parte en las reformas estructurales, sociales y culturales» que no aparecen en los Ejercicios por parte alguna (son Ejercicios espirituales, no estructurales); se utiliza el término marxista (y horrendo) «concientización» aplicándole a los «agentes de la transformación social», terminología del pedagogo marxista brasileño Paulo Freire; se repite el objetivo de «liberación» y se afirma descaradamente que «una voluntad realista de promoción de la justicia no es, por otra parte, realizable, sin ciertos compromisos en el plano social y colectivo». Es decir, sin ciertos compromisos políticos de izquierda, no puede referirse a otros.

Ante el inspirador de esas ideas, tan notorio que pone su firma en el prólogo o introducción histórica del Decreto IV, el padre Alfonso Alvarez Bolado, ¿no esta-

[572] CG32 p. 59s.

remos autorizados, desde la perspectiva histórica de cómo se aplicó realmente el Decreto IV, a identificar a la Congregación General 32 como «el Encuentro de Roma?». El tercer gran Encuentro de Fe y Secularidad.

En esa introducción el padre Alvarez Bolado muestra cómo el Decreto IV acabó por englobar los trabajos e ideas de las Comisiones principales de la Congregación, de forma que el servicio de la fe y promoción de la justicia queda como principal cuerpo de doctrina emanado de la Congregación General. Con escasa modestia el prologuista equipara el Decreto IV a los textos bíblicos dedicándole toda una discusión sobre a qué «género literario» pertenece; desde el punto de vista literario, lo lamento, es sencillamente horrible, pedante y pertenece al género del disimulo, porque trata (inútilmente) de esconder su mensaje entre diversas florituras, citas ignacianas y bíblicas, que se han introducido porque sí, sin relación alguna con los objetivos del Decreto. Además de apuntarse cínicamente a la tradición doctrinal y espiritual de la Compañía el Decreto V tergiversa de nuevo el mandato de Pablo VI a la Congregación General 31 sobre la dedicación de la Compañía al «combate contra el ateísmo que se transforma en «reforma de las estructuras». Con no menor cinismo, y para salvar la cara, el Decreto recomienda «la predicación rejuvenecida del Evangelio» en los países donde reinan «ideologías abiertamente ateas». No dice cómo; porque en esos países la «predicación rejuvenecida del Evangelio» sólo se podía hacer desde las «estructuras» de las Iglesias patrióticas o desde el silencio de las prisiones y los gulags. Es la única referencia de la Congregación General a los regímenes marxistas, y es una referencia simple mente hipócrita. Un intento fallido de coartada.

Veremos en el resto de este libro y en el siguiente cómo entendían los jesuitas liberacionistas la lucha contra el ateísmo; como una identificación estratégica con los ateos marxista-leninistas según la doctrina de Fidel Castro (ya lo hemos anticipado) en la lucha contra las «estructuras» es decir contra la religión y la libertad de Occidente. El Decreto IV confirma esta nueva y colosal tergiversación del mandato papal en los siguientes términos:

Además ciertas estructuras de evangelización percibidas como ligadas a un orden social repudiado (repudiado por los marxistas, N. del A.) **son de hecho puestas en cuestión. Al mismo tiempo nuestras instituciones apostólicas participan frecuentemente, con muchas otras de la Iglesia, en lo que se puede llamar en general crisis de las instituciones y mediaciones. Esto también lo vivimos nosotros juntamente con nuestros contemporáneos y de manera particularmente dolorosa. La calidad verdaderamente representativa de nuestros compromisos religiosos, sacerdotales y apostólicos, no es percibida en muchos casos por quienes nos rodean. Y, pese a la firmeza de nuestra fe y de nuestras convicciones, ocurre, a veces, que tampoco resulta clara a nuestros propios ojos. De aquí ciertas condiciones de malestar, de aquí, quizás, ciertos silencios, ciertas retiradas. Sin embargo diversos signos actuales de renovación religiosa deberían confirmar nuestros compromisos, invitándonos a abrir vías de evangelización nuevas.**

De todas las regiones del mundo donde trabajan jesuitas han llegado demandas particularmente convergentes e insistentes que piden que, por una opción neta de la Congregación General, la Compañía se comprometa resueltamente al servicio de la promoción de la justicia. Efectivamente, esa opción viene

requerida por nuestra misión apostólica con una urgencia particular. En el corazón del mensaje cristiano está Dios revelándose en Cristo como Padre de todos los hombres por el Espíritu que les llama a conversión; ésta implica de manera indivisible una actitud de hijo hacia El y una actitud de hermano hacia el prójimo. No hay conversión auténtica al amor de Dios sin una conversión al amor de los hombres y, por tanto, a las exigencias de la justicia. La fidelidad misma a la misión apostólica requiere, pues, que nosotros iniciemos al amor del Padre y por él, inseparablemente al amor del prójimo y a la justicia. La evangelización es proclamación de la fe que está en el amor de los hombres (Gal. 5,6; Efes. 4, 15). No puede realizarse verdaderamente sin promoción de la justicia.

Esta es condición de fecundidad respecto de todas nuestras tareas apostólicas y especialmente de coherencia en el combate contra el ateísmo. En efecto la injusticia actual, bajo sus diversas formas, negando la dignidad y los derechos del hombre, imagen de Dios y hermano de Cristo, constituye un ateísmo práctico, una negación de Dios. El culto del dinero, del progreso, del prestigio, del poder, tiene como fruto este pecado de injusticia institucionalizada, denunciada por el Sínodo de 1971 y conduce a la esclavitud –comprendida también la del opresor– y la muerte.

Mientras que muchos buscan hoy arreglar el mundo sin Dios, y en ello trabajan de manera resuelta, nosotros debemos esforzarnos por manifestar que la esperanza cristiana no es un opio, sino que lanza, al contrario, a un compromiso firme y realista para hacer de nuestro mundo otro y así, signo del otro mundo, prenda ya de una «tierra nueva bajo cielos nuevos» (Ap., 21, 1). El último Sínodo nos lo ha recomendado con vigor: «El Evangelio que se nos ha confiado... es para el hombre y para toda la sociedad la Buena Nueva de salvación que es preciso se inicie y manifieste desde el presente sobre la tierra, aunque no alcanzará su plenitud sino más allá de las fronteras de la vida presente»[573].

La confusión que denunciaba el padre Tripole es colosal. El culto al dinero es reprobable, pero el ánimo de lucro es el motor de la economía libre. Condenar el progreso es caer en el «Syllabus». El prestigio es un legítimo objetivo personal, como la búsqueda del poder si se hace según normas. Me parece mucho más discutible la búsqueda del poder mediante la revolución violenta, como iban a hacer los liberacionistas enarbolando el Decreto IV. Este párrafo es, en su rasgo más importante, un caso claro de fundamentalismo.

EL HOMBRE Y LAS ESTRUCTURAS: LA LIBERACIÓN

El Decreto IV se enfrenta con el problema de la liberación y lo interpreta con el mismo sentido que la teología de la liberación. En estos párrafos:

Para la mayor gloria de Dios y para salvación de los hombres, Ignacio quería que sus compañeros fueran allí donde se puede esperar un bien más uni-

[573] CG32, p. 79s6.

versal, y allí donde se encuentran quienes, abandonados, se hallan en una mayor necesidad. Pero nos preguntamos a veces ¿dónde se encuentra hoy la mayor necesidad?. ¿Dónde se encuentra la esperanza de un bien más universal?.

Las estructuras sociales – de día en día se adquiere de ellas más viva conciencia– contribuyen a modelar al mundo y al mismo hombre, hasta sus ideas y sus sentimientos, en lo más íntimo de sus deseos y aspiraciones. La transformación de las estructuras en busca de la liberación, tanto espiritual como material del hombre queda, así, para nosotros estrechamente ligada con la obra de evangelización, aunque esto no dispensa nunca de trabajar directamente con las personas mismas, con quienes son las víctimas de las injusticias de las estructuras y con quienes sobre éstas tienen cualquier responsabilidad e influencia.

En esta perspectiva se concilian la solicitud por el bien más universal y la voluntad de servir a los mayores necesitados en vista del anuncio del Evangelio. Este anuncio será mejor entendido si va acompañado del testimonio de un compromiso efectivo por la promoción de la justicia y por la anticipación del Reino que está por venir.

De otra parte el empeño por la promoción de la justicia y por la solidaridad con los sin voz y los sin poder, exigido por nuestra fe en Jesucristo y por nuestra misión de anunciar el Evangelio, nos llevará a informarnos cuidadosamente de los difíciles problemas de su vida y después de reconocer y asumir las responsabilidades específicamente nuestras en el orden social.

Las comunidades jesuitas tienen que ayudar a cada uno de sus miembros a vencer las resistencias, temores y apatías que impiden comprender verdaderamente los problemas sociales, económicos y políticos que se plantean en la ciudad, en la región o país como también a nivel internacional. La toma de conciencia de esos problemas ayudará a ver cómo anunciar mejor el Evangelio y participar, de manera específica y sin buscar suplantar otras competencias, en los esfuerzos requeridos para una promoción real de la justicia.

En ningún caso podemos dispensarnos de un análisis –lo más riguroso posible– de la situación desde el punto de vista social y político. A este análisis es preciso aplicar las ciencias tanto sagradas como profanas y las diversas disciplinas especulativas o prácticas; y todo esto requiere estudios profundos y especializados. Nada puede dispensarnos tampoco de un discernimiento serio desde el punto de vista pastoral y apostólico. De aquí han de brotar compromisos que la experiencia misma nos enseñará cómo llevar más adelante.

El Superior local y aun frecuentemente el Superior Provincial deberían tomar parte en este discernimiento. Esto permitirá frecuentemente salvaguardar, por encima de inevitables tensiones, la «unio animorum». El Superior ayudará a la Comunidad no a tolerar tan sólo ciertos apostolados más particulares, asumidos en la obediencia, sino incluso a sentirse solidariamente responsable de ellos. Y si alguna comunidad tiene que sufrir a causa de compromisos emprendidos al término de un discernimiento en el que ella ha participado –al menos por mediación del Superior– estará mejor preparada para

ello, sostenida por la palabra del Señor: «Dichosos los que sufren persecución por la justicia» (Mat., 5, 10). No trabajaremos, en efecto, en la promoción de la justicia sin que paguemos un precio. Pero ese trabajo hará más significativo nuestro anuncio del Evangelio y más fácil su acogida.

Por fin el Decreto IV descubre el juego de la promoción de la justicia; ese juego es el compromiso social y político. Esa es la lucha contra las estructuras; la subversión contra ellas mediante un compromiso social y político, es decir el cambio de las estructuras mediante la toma del poder, con armas o con ideas. Es lo que había hecho Fidel Castro en Cuba cuando entró en La Habana con el rosario al cuello. Es lo que intentaron Camilo Torres con cruz y metralleta y el Che Guevara con metralleta sólo. Es lo que pronto harían los jesuitas liberacionistas de Nicaragua y El Salvador, al colaborar mediante sus ideas con la guerrilla armada. Es lo que hoy, incluso tras la caída del Muro, intentan los jesuitas liberacionistas de México: la «liberación» mediante el compromiso social y político. El método de los Cristianos por el Socialismo, las comunidades de base y la Iglesia Popular, alimentadas doctrinalmente por la teología de la liberación. Esta secuencia termina en una invocación a la solidaridad con los pobres:

Esta opción nos llevará también a revisar nuestras solidaridades y nuestras experiencias apostólicas. En efecto, la promoción de la justicia no constituye tan sólo, para nosotros, un campo apostólico entre otros, el del apostolado social: debe ser una preocupación de toda nuestra vida y constituir una dimensión de todas nuestras tareas apostólicas.

De la misma manera, la solidaridad con los hombres que llevan una vida difícil y son colectivamente oprimidos no puede ser asunto solamente de algunos jesuitas; debe caracterizar la vida de todos, tanto en el plano personal como en el comunitario e incluso institucional. Se harán necesarias conversiones en nuestras formas y estilos de vida, a fin de que la pobreza, que hemos prometido, nos identifique al Cristo pobre que se identificó él mismo con los más desposeídos. Tendremos que revisar parecidamente también nuestras inserciones institucionales y nuestras empresas apostólicas.

Nuestros orígenes frecuentemente, después nuestros estudios y nuestras afinidades nos protegen de la pobreza e incluso de la vida simple y de sus preocupaciones cotidianas. Tenemos acceso a ciertos saberes y poderes que la mayor parte no tiene. Será, pues, preciso que un mayor número de los nuestros participe más cercanamente en la suerte de las familias de ingresos modestos; de aquellos que, en todos los países, constituyen la mayoría frecuentemente pobre y oprimida. Se hace preciso, gracias a la solidaridad que nos vincula a todos y al intercambio fraternal, que todos seamos sensibles, por medio de aquellos de los nuestros implicados más de cerca, a las dificultades y a las aspiraciones de los más desposeídos. Aprenderemos así a hacer nuestras sus preocupaciones, sus temores y sus esperanzas. Sólo a este precio nuestra solidaridad podía poco a poco hacerse real[574].

El padre Jean-Yves Calvez, coautor del Decreto IV, trató de justificarlo por sus beneficiosos efectos en su libro *Fe y justicia: la dimensión social de la evangeliza-*

[574] CG 32, *Documentos op.* cit. Decr. IV.

ción[575]. El libro del padre Calvez es muy interesante. Naturalmente se erige en juez y parte; coautor del decreto IV trata de defenderlo a toda costa. Pero ha de reconocer la alarma del propio padre Arrupe sobre algunos efectos del decreto; la caída en el marxismo, la politización, las exageraciones. Y reconoce también que la aplicación del decreto IV fue una causa principal de la reprimenda que, en su breve pontificado, preparó Juan Pablo I para enderezar a los jesuitas; y de la intervención de Juan Pablo II en la Compañía para dirigirla y reorientarla a través de un Delegado de plena confianza. Sin embargo el padre Calvez no describe, a la luz de la historia, los efectos reales del decreto IV. Trataré de suplir esta grave omisión en lo que resta de este capítulo.

Aunque algunos delegados habían manifestado su serio recelo por el compromiso político y social del decreto IV, el texto final fue aprobado por gran mayoría en las sesiones del 1 y el 3 de marzo de 1975. El 7 de marzo la Congregación General 32 celebraba su última sesión cuando el padre Arrupe y sus cuatro Asistentes Generales acudieron a una última audiencia con el Papa, que duró varias horas. Pablo VI entregó al padre Arrupe una alocución de despedida para que se la leyera a los congregados, porque él había decidido no asistir a la clausura. Gesto suficientemente significativo. El Papa recordaba, en esa alocución, el golpe de fuerza que tuvo que dar para evitar la desviación en el asunto de los votos. Les exhorta a adaptar la Compañía a nuestro tiempo «pero sin transformarla ni deformarla». Les advierte que va a vigilarles de cerca: «también en el futuro estaremos atentos a vuestras cosas» y les insiste en la fidelidad a la Fórmula del Instituto que habían intentado conculcar.[576]

Al entrar el General con los Asistentes en la sala de sesiones de la Congregación todos miraban a un gran estuche de terciopelo que traían con el regalo del Papa a la Compañía de Jesús; el crucifijo que usó en el siglo XVII el cardenal jesuita San Roberto Belarmino, fidelísimo a la Santa Sede, defensor de la fe... e interrogador de Galileo, aunque tuvo la intuición de no condenarle; de tan ingrata misión se encargaron otros. Con tan intencionado símbolo terminó la Congregación General 32, pero su cronista, el padre Padberg, no dice una palabra sobre el terrible estrambote que añadió el Papa a la colección de sus decretos, imponiendo al General la obligación de publicar el estrambote unido al conjunto de los decretos. Para completar objetivamente la historia vamos a subsanar inmediatamente esa omisión. No sin recordar antes el estrambote particular que se le escapó al padre Arrupe en su homilía final a los delegados en la Curia: «Hemos llegado a la gran humillación de no haber entendido los deseos del Papa».

LA DESCALIFICACIÓN FINAL DE PABLO VI A LA CONGREGACIÓN 32

Dos meses más tarde, una vez examinados y estudiados por el Papa y sus asesores los decretos de la Congregación General 32 el cardenal secretario de Estado,

[575] Santander, Sal Terrae, 1985.
[576] CG32 p. s.[571] CG32 p. s.

Villot, drigía al padre Arrupe esta carta con su anejo, todo ello de inserción obligatoria al publicarse los decretos de la Congregación.

Secretaría de Estado

N. 281428

Vaticano 2 de mayo de 1975

Reverendísimo Padre:

He cumplido con el deber de someter a la consideración del Santo Padre los Decretos de la Congregación General XXXII de la Compañía de Jesús, que usted le hizo llegar conforme al deseo expresado por el mismo Sumo Pontífice en la carta que le envió el 15 de febrero próximo pasado.

El Santo Padre ha examinado con gran atención esos textos, con los que concluyó su actividad la Congregación General, que El ha seguido con profunda, afectuosa y responsable atención, y me confía el venerado encargo de devolvérselos, acompañados de las siguientes reflexiones:

Al examinar los decretos se advierte que las conocidas vicisitudes de la Congregación no le permitieron alcanzar el resultado global que Su Santidad esperaba de tan importante acontecimiento y para el cual en varias ocasiones y de diversas formas había dado paternas indicaciones, especialmente en el discurso programático del 3 de diciembre de 1974. Por lo demás ha dispuesto Su Santidad que le sean devueltos los Decretos para que puedan ser puestos en práctica según las necesidades de la Compañía, augurando que sus beneméritos miembros puedan servirse de ellos para proseguir en la genuina fidelidad al carisma ignaciano y a la «Formula Instituti».

Como, por otra parte, en los mencionados decretos, junto a afirmaciones que merecen toda consideración hay otras que producen cierta perplejidad y, en su formulación, pueden dar ocasión a interpretaciones menos rectas, el Sumo Pontífice desea que le sean transmitidas a usted y a sus colaboradores algunas recomendaciones particulares relativas a dichos decretos, que encontrará adjuntas a esa carta, los cuales querrá tener en cuenta con aquel espíritu de obediencia que siempre ha sido característico de la Compañía.

Finalmente, respecto al decreto de Pobreza presentado por usted con la filial carta del 14 de marzo pasado, Su Santidad no ha dejado de advertir el complejo trabajo realizado para actualizar la legislación de la Compañía en esta materia, en conformidad con las directrices contenidas en mi carta del 26 de febrero de 1973. Dado lo delicado del tema, y el carácter de las innovaciones introducidas, el decreto podrá ponerse en vigor «ad experimentum» de manera que la próxima Congregación General pueda reexaminar toda la cuestión basándose en la experiencia adquirida en los próximos años. En fin, por lo que se refiere a dispensar del voto de pobreza, pedida por usted en su mencionada carta, debo comunicarle que el Vicario de Cristo se la concede a Vuestra Paternidad en los casos singulares en que ello se haga necesario, con el voto deliberativo de su Consejo.

En general, para cualquier problema relativo a la interpretación del conjunto de los decretos, el punto permanente de referencia –según el vivo deseo del Papa– deberán ser los criterios y advertencias contenidos en el menciona-

do discurso del 3 de diciembre y en los demás documentos de la Santa Sede concernientes a la Congregación General.

El Sumo Pontífice confía en que, a la luz de las mencionadas recomendaciones, los decretos de la Congregación General 32 tendrán su justa interpretación y recta aplicación, y por ello será conveniente que esta carta, con sus anejos, sea publicada juntamente con los decretos mismos, de manera que la tengan presente cuantos han de leerlos y aplicarlos.

El Santo Padre acompaña con particular y ferviente oración al Señor la actividad de la Compañía de Jesús para que permanezca siempre fiel –como El lo dijo al final de su discurso del 7 de marzo pasado– a su fisonomía y a su misión en el seno de la Iglesia y pueda continuar prestando en el nombre de Jesús esos ministerios de apostolado y testificación evangélica que hoy se esperan de ella. Deseos que S.S. confirma con su especial bendición.

Aprovecho esta oportunidad...[577]

ANEJO

Exhortaciones particulares referentes a algunos Decretos

DECRETO «Nuestra misión hoy: el servicio de la fe y la promoción de la Justicia y DECLARACIÓN «Jesuitas hoy».

Está fuera de duda que la promoción de la justicia enlaza con la evangelización; pero como el Sumo Pontífice dijo el día 26 de octubre de 1974, al clausurar el último Sínodo de Obispos, «en el orden de las cosas temporales no se debe exaltar más de lo justo la promoción del hombre y su progreso social, con daño del significado esencial que la Iglesia da a la evangelización o anuncio de todo el Evangelio». (AAS 66 , 1974, 637).

Esto le toca de modo especial a la Compañía de Jesús, que ha sido constituida para un fin principalmente espiritual y sobrenatural, ante el que debe ceder cualquier otro afán, y que debe ejercerse siempre de modo conveniente a un Instituto religioso, no secular, y sacerdotal. Ni se ha de olvidar que es propio del sacerdote inspirar a los laicos católicos, puesto que son ellos los que tienen el papel principal en la promoción de la justicia; no deben confundirse los papeles de cada uno.

Conviene también recordar, teniendo en cuenta las condiciones especiales de cada región, que esta actividad de promover la justicia ha de ejercerse en conformidad con las normas de la Jerarquía del lugar[578]**.**

(Evidentemente que esta exhortación –una orden en sentido vaticano– descalifica lo esencial del Decreto IV, para el cual la evangelización consiste solamente en el servicio de la fe identificado como promoción de la justicia. Esa promoción es trabajo para los seglares, no para los sacerdotes. Queda excluido por completo el compromiso social y político. Y para este tipo de actividad los jesuitas están sometidos a la jerarquía del lugar. Los jesuitas liberacionistas no cumplieron esta orden; y el padre Arrupe, con varios Superiores de

[577] CG32 p. 271s.
[578] CG32 p. 274.

Iberoamérica y otras partes, tampoco la tuvo en cuenta. Pero la orden estaba dada con toda claridad.)

DECRETO «Fidelidad al Magisterio y al Sumo Pontífice».

La congregación General ha confirmado muy oportunamente la fidelidad proverbial de la Compañía al Magisterio y al Sumo Pontífice. Se recomienda, sin embargo, que las palabras intercaladas «salvo una sana y deseable libertad» no lleven a impugnar las reglas «para sentir con la Iglesia» propias de la Compañía.

(Liberacionistas y clan de izquierdas consideraban que esas reglas dictadas por San Ignacio eran una antigualla. No hicieron el menor caso de esta segunda orden).

DECRETO «Formación de los Nuestros».

Es de alabar el empeño en la sólida formación filosófica y teológica. Se recomienda, sin embargo, que según las normas del Decreto del Concilio «Optatam totius» la formación filosófica se dé de modo que ofrezca una estructura doctrinal válida, conforme al patrimonio acumulado por la Iglesia, y en las disciplinas teológicas, después de una cuidadosa investigación de las fuentes, «a fin de ilustrar plenamente en cuanto sea posible los misterios de la salvación, aprendan los alumnos a penetrarlos más íntimamente y a percibir mutuas conexiones, por medio de la especulación, bajo el magisterio de Santo Tomás» (núm.10).

El principal inspirador y presentador del Decreto IV era un rahneriano cabal. Su teología era la Teología Política de J.B. Metz de la que brotó principalmente la teología de la liberación. Después de la Congregación General 32 se incrementó de hecho la anarquía teológica y se infiltró mucho más el marxismo en la enseñanza de la filosofía y la teología que se impartía en las Facultades, cada vez más vacías, de la Compañía de Jesús.).

DECRETO «La pobreza».

Se recomienda encarecidamente a los Superiores el cuidado de vigilar por la aplicación correcta de la distinción entre Institución apostólica y Comunidad religiosa, para que se eviten modos de proceder contrarios a la genuina pobreza ignaciana, y no se abandone ligeramente el ejercicio de ministerios que por tradición se prestan gratuitamente.

(La pobreza ignaciana, otra antigualla. Ver informe reservado de la sección siguiente).

DECRETO «Congregación provincial».

La extensión de la voz activa y pasiva a los miembros no formados amplía considerablemente las normas de elección previas a la congregación provincial. Puesto que se determina en el decreto que las normas que se contienen en él se revisen en la próxima Congregación General, se recomienda que todo este asunto se reconsidere a tiempo y con diligencia, a fin de que se pueda resolver de modo más equitativo y más conforme con el espíritu de la Compañía.

(Una orden «ad calendas graecas». La Compañía iba al desastre de la intervención personal de Juan Pablo II y no tenía tiempo para ocuparse de estas minucias).

En la sección siguiente vamos a examinar, documentos en mano, los efectos de la Congregación General 32 en el siguiente período, hasta la llegada del Papa polaco, menos amigo de condescendencias y contemplaciones que Pablo VI. Vamos a comprobar esos efectos en la vida interna y la actividad exterior de la Compañía de Jesús. Pero a raíz de la Congregación General una polémica entre jesuitas dejaba muy claro que el Encuentro de Roma había dividido todavía más a la Orden. El 13 de abril de 1975 el padre Oskar Simmel reprodujo un artículo, previamente publicado en la prensa alemana *¿Desobediencia?* en que niega la presunta desobediencia de la Congregación General 32 al Papa[579]. Pero con mucho más fundamento el jesuita Mario Fois, en otra publicación oficial de la Orden[580], rebate a su hermano de religión y se inclina a la opinión de que la Congregación «realizó un acto de fuerza y resistencia al Papa» es decir, de flagrante desobediencia en la cuestión de los grados, que motivó la firme intervención del Papa. Creo que la peor desobediencia cometida por el padre Arrupe y el clan de izquierdas fue llevar adelante, pese a la orden expresa del Papa sobre el Decreto IV, los movimientos de liberación cristiano-marxista en Iberoamérica y el tercer mundo, y permitir o más que permitir, la relajación interna de la Compañía, contra las precisas y duras indicaciones del Papa, hasta merecer la intervención de la Santa Sede para cortar el despeñamiento a que llevó una conducta tan increíble.

Pero el testimonio que más me impresiona sobre la auténtica entraña de la Congregación General 32 se debe a un testigo en el sentido etimológico y heroico del término; un mártir y un héroe de la Compañía de Jesús en estos tiempos de confusión y turbulencia. Hablo del padre Ladislao (Laszlo) Ladany, misionero jesuita en China, expulsado por los comunistas después de sufrir terribles penalidades, que luego editó en Hong Kong un boletín de observación sobre China comunista y varios estudios que le convirtieron en el primer experto mundial sobre asuntos chinos. Era también un jesuita ignaciano de cuerpo entero, con quien estuve en contacto a través de amigos comunes. Pues bien, este hombre de Dios que conocía perfectamente al marxismo-leninismo y al verdadero sentido de la liberación cristiana escribía el 11 de junio de 1976 una carta impresionante para comentar el Decreto IV de la Congregación General 32:

He empleado mis pocos minutos libres en estudiar el contexto marxista de «Nuestra misión, hoy» (Decreto IV) de la última Congregación General. La división entre explotados y explotadores se encuentra en el Manifiesto Comunista. Se trata realmente de una super-simplificación de la realidad. «Cambiar las estructuras» está también allí, aunque no literalmente. Me gustaría saber de dónde viene el término «estructuras».

Sería interesante enviar el Decreto al profesor Wolfe y preguntarle si no «huele» marxismo en él.

El profesor y testigo jesuita norteamericano que me envió copia de esta carta apostilla al margen:

Desde el principio el padre Ladany sospechaba correctamente que la 32 Congregación General fue una tremenda sesión de lavado de cerebro por parte de los marxistas de dentro y de fuera de la Compañía[581]. En labios de dos grandes testigos, me parece la última palabra.

[579] *Jesuitas. Anuario de la Compañía de Jesús 1975-1976.*
[580] «Notizie dei Gesuiti d'Italia» marzo 1976, p. 68.
[581] FRSJ 17.

SECCIÓN 7: LA DEGRADACIÓN INTERNA DE LA COMPAÑÍA Y LA REBELIÓN DE LOS JESUITAS EN CENTROAMÉRICA 1975-1982

EL DOCUMENTO DE LA DEGRADACIÓN

La crítica más profunda que puede hacerse a la Congregación General XXXII es el análisis de sus efectos en la realidad. El padre Calvez hizo como que lo intentaba en su citado libro sobre el Decreto IV pero su comprobación histórica de la época posterior a la Congregación general es muy insuficiente y, lo que es más extraño en tan inteligente jesuita, muy superficial. Vamos en esta sección a estudiar los efectos auténticos de la Congregación General 32 desde el punto de vista histórico y en dos vertientes; la degradación interna en España y la tremenda desviación de los jesuitas liberacionistas en Centroamérica. En uno y otro aspecto voy a recurrir a testimonios de jesuitas eminentes, a quienes conozco personalmente, y que con esos testimonios demuestran la fidelidad a su vocación original; demuestran, además, que cuando hablamos de «degradación» y de «desviación de la Compañía de Jesús» no nos referimos a todos los jesuitas sino al clan de izquierdas, los que se dejaron arrastrar por él y los liberacionistas convictos y confesos. Y a la cabeza de *todos*, por acción o por omisión, al padre Pedro Arrupe, que como demostró la intervención de Juan Pablo II en 1981, guiaba a la Orden hacia la catástrofe que al fin sobrevino.

El documento de la degradación se debe a un grupo de jesuitas ignacianos españoles que designaron a uno de ellos como portavoz que lo hiciera llegar al Papa. Ese Papa es ya Juan Pablo II, después del viaje a España en noviembre de 1982 y por tanto después de la intervención de 1981 en la Orden, pero el documento se refiere a los años que transcurren entre la Congregación General 32 hasta el envío del documento a la Santa Sede en 1982. El documento cubre, pues, los años que ahora nos interesa analizar[582].

PUNTOS QUE EXPONGO A LA CONSIDERACIÓN DEL SANTO PADRE

***Nota previa*.– Los datos que aporto se refieren, si no se indica o por el contexto no se deduce lo contrario, a la Compañía de Jesús en España. Muchos jesuitas estamos molestos porque la Compañía, en vez de ser un instrumento para el bien y servicio de la Sede Apostólica, se ha convertido, durante estos últimos años, en una «oposición» a la mima Santa Sede. He aquí los puntos que me resultan particularmente conflictivos.**

I.– INSTITUTO

1.– La poca atención prestada a la carta de S.S. Pablo VI escrita con anterioridad a la Congregación última (32) y al discurso programático dirigido a la

[582] VCJ y FRSS D-18.

misma Congregación al comenzar ésta sus tareas. Sabemos que hubo muchos postulados pidiendo que la Congregación General tratase los puntos propuestos por el Santo Padre en su carta. Pero estos deseos de muchos jesuitas fueron desoídos. A lo que parece se trataba de llegar a resultados muy distintos.

2.– La cuestión de los grados.

a) Contra el deseo expresado por Pablo VI y contra la voluntad de muchos jesuitas se trató esta cuestión. Ya durante el período preparatorio de la Congregación la opinión fue manipulada y posiblemente también en la misma Congregación.

b) Ya que la Congregación General no pudo abolir «de iure» los grados, después de la Congregación se comenzó una abolición «de facto» de los mismos.

– Sin dificultad se concedió la profesión a cuantos les tocaba hacer los últimos votos (simples) incluso a personas que no tenían especial devoción a la Santa Sede.

– A personas que llevaban años incorporadas definitivamente a la Compañía se les ofreció hacer la profesión de cuatro votos. Estas profesiones fueron concedidas sin publicidad, lo cual indica que los Superiores no procedían con conciencia de obrar bien.

– Todavía actualmente se ha pedido en alguna Congregación provincial que también los Hermanos Coadjutores sean admitidos a la profesión de cuatro votos, porque así estarán tan unidos a la Santa Sede como los profesos (como si uniera a la Santa Sede lo que va contra su voluntad).

3.– Se ha debilitado la adhesión a la Sede Apostólica que tanto procuró San Ignacio:

a) Se nos repitió en la última Congregación General que no debíamos caer en la «papolatría». Mientras tanto los mismos que trataban de librarse de la idolatría estaban cayendo en «Arrupelatría». Efectivamente, el padre Arrupe era presentado por muchos jesuitas como una bandera contra la Iglesia. Este «ir contra» se justificaba:

– Presentando al padre Arrupe como santo, sin esperar el juicio definitivo y «post mortem» de la Iglesia.

– Presentándole como «profeta» y «carismático» sin atender que es el magisterio de la Iglesia el que juzga y pone en orden los diversos carismas.

b) Esta reticencia de la Compañía hacia la Santa Sede se ha palpado últimamente en dos hechos:

-La visita del Santo Padre a España. A nivel oficial la Compañía no movilizó sus fuerzas. Los Provinciales, tan sensibles a otros problemas políticos y sociales (la violencia, el paro...) y tan prontos a mentalizar a los jesuitas sobre la justicia, pasaron en silencio la visita sin dirigir ni unas líneas de exhortación a sus súbditos.

–La promulgación del Año Santo. A nivel oficial tampoco se ha escuchado ningún eco de los deseos del Santo Padre sobre el Año Santo.

4.– La promoción de la justicia

Los decretos de la última Congregación General en algunos puntos «producen perplejidad y en su formulación pueden dar lugar a interpretaciones menos rectas» escribía al padre Arrupe el cardenal Villot, Secretario de Estado. Para evitar esta perplejidad y estas interpretaciones menos rectas, la misma Secretaría de Estado envió un Anejo indicando cómo habría que interpretar algunos puntos especialmente conflictivos. Pues bien:

a) Es cierto que no se ha abolido la letra de las Fórmulas del Instituto aprobadas por Paulo III y Julio III en lo referente al fin de la Compañía, pero en la práctica se ha insistido tanto en la «promoción de la justicia» y se han silenciado tanto las recomendaciones de Pablo VI transmitidas por el cardenal Villot, que produce la impresión de una Compañía nueva con fines diversos a la anterior.

b) En boletines internos de «Noticias» de algunas Provincias se presentó la Congregación General 32 como «solemnemente aprobada por Pablo VI». Afirmación evidentemente inexacta pues constan las reticencias de dicho Pontífice.

c) Un equipo «inamovible» de directores de Ejercicios, año tras año, han mentalizado a nuestras comunidades en esa línea de promoción de la justicia, aprovechándose de los Ejercicios anuales. Han sido siempre los mismos mentores, de tal modo que ningún director cuya adhesión a la nueva línea no hubiera sido aprobada, ha sido admitido a dirigir Ejercicios a jesuitas, por más que pudiera hacerlo con fruto espiritual.

5.– La formación de dos Compañías distintas ha fraguado y se ha consumado durante estos años. Tal división supone:

a) Separación de los estudiantes jesuitas jóvenes de los jesuitas formados. Se ha intentado claramente evitar el contacto de jóvenes con mayores para que aquellos pudieran recibir únicamente la influencia de determinada mentalidad. El resultado han sido unos jesuitas que piensan de distinto modo, hablan distinto lenguaje y viven de modo distinto.

b) Esta separación ha llegado también a ser local, no sólo por habitar en distintas casas sino también porque dentro de una misma casa se ha procurado que los jóvenes formen comunidad aparte, totalmente aislada de la comunidad de jesuitas formados, de manera que no puedan ni siquiera verlos ni tratarlos.

c) Los superiores han dado distinto trato a unos y a otros según fueran de una u otra Compañía. Mientras con unos hablan de «diálogo» con otros hablan de «obediencia». A unos les «respetan» y a otros «se imponen». A algunos se les ha tolerado por tiempo y tiempo en la Compañía aunque dijeran o enseñaran disparates o fueran desobedientes y a otros que eran respetuosos, trabajadores y fervorosos, se les ha propuesto (incluso por el propio P. Arrupe) que salgan de la Compañía.

6.– La fórmula de las Congregaciones Provinciales.

En la última Congregación General se aprobó una fórmula que no satisface a muchos.

a) Parece ir contra lo que San Ignacio pretendió evitar sobre elecciones y bandos.

b) Se intenta suplantar a la Compañía Profesa por un parlamento de clases diversas.

c) El mismo cardenal Villot pide que se revise esa fórmula.

d) Tiene apariencia de democracia pero no lo es, porque no hay programa, ni control, ni debate cara al público. En definitiva, se presta a que, con apariencia de democracia, se obtengan los resultados que pretenda el equipo dirigente.

e) Los resultados obtenidos en las últimas Congregaciones provinciales confirman todo lo dicho:

– Han sido elegidas para asistir a la Congregación General (33) algunas personas que están en abierta contradicción con la Santa Sede o por lo que enseñan o por sus implicaciones sociopolíticas. Basten como ejemplos: el P. Jerez, depuesto de su cargo de Provincial (de Centroamérica) por el P.Dezza (delegado del Papa en la Compañía tras la intervención de 1981); y el P. Ellacuría, significado por sus implicaciones sociopolíticas en Centroamérica; P. González Faus, desacreditado públicamente por el cardenal Ratzinger. Esto supone que hay muchos jesuitas que les apoyan.

– En cambio han quedado fuera de la Congregación General personas competentes y sensatas (ningún profesor de la Universidad Gregoriana ha sido elegido). Y es porque de antemano muchos jesuitas auténticos quedaron excluidos de las Congregaciones provinciales.

– Se ha pretendido en las Congregaciones provinciales de España y en algunas de América (aunque el resultado no ha sido unánime) que se votara un «homenaje al P. Arrupe». Tal homenaje no era en el fondo sino un modo de confirmar su línea y reprobar la intervención de Su Santidad.

– En cambio algunos postulados presentados que apoyaban la adhesión al Sumo Pontífice o el reconocimiento de nuestras equivocaciones o la renovación de la vida espiritual han sido rechazados.

Lo que más llama la atención de todo esto es que el P. delegado (Dezza) que conocía todos los antecedentes y que estaba en contra de este sistema, haya convocado las Congregaciones provinciales con una fórmula que necesariamente debía producir estos resultados.

7.– Los pasos principales en este «proceso de transformación» de la Compañía pueden haber sido éstos:

a) El *Survey* ordenado por el P. Arrupe nada más ser nombrado General. Consumió mucho dinero, tiempo y energías. Pero sobre todo creó confusión y divisiones. Y luego ¿para qué sirvió?. Quizás únicamente para mentalizar un cambio.

b) La Congregación General 32 que fue precedida por una campaña de mentalización y luego fue realizada por caminos no queridos expresamente por Pablo VI.

c) La próxima Congregación General (33) que ya estaba preparada en tiempos del P. Arrupe y en la que según parece, se intenta confirmar para siempre la línea de la Congregación anterior y que providencialmente fue cortada por S.S. Juan Pablo II.

II. GOBIERNO

IIA. PERMISIVIDAD

1.– En la enseñanza:

a) Se han permitido escritos y enseñanzas contra el Magisterio de la Iglesia e incluso contra sus doctrinas y dogmas. Y los superiores no han llamado la atención a los que las defendían o no les han obligado a retractarse.

b) Se ha permitido la recogida de firmas que ha salido a la prensa nacional contra algunas medidas tomadas por la Santa Sede como la destitución de Hans Küng. Tampoco han intervenido los Superiores para defender a la Santa Sede.

c) A profesores competentes (algunos de la Comisión Pontificia Internacional de Teología) se les ha arrinconado sistemáticamente y se les han quitado las clases, mientras que a otros «suspecti» (sospechosos) se les ha promovido y mantenido aunque hayan enseñado cosas contrarias al magisterio de la Iglesia o incluso aunque no tuvieran fe.

2.– En la vida y disciplina religiosa:

Sabemos (y algunos Provinciales lo han reconocido en su informe ante las Congregaciones Provinciales) que algunos jesuitas no celebran Misa, o no rezan el breviario, o no hacen oración personal, o no hacen Ejercicios Espirituales cada año, o asisten a espectáculos no recomendables o leen publicaciones peligrosas. Sin embargo los superiores no hacen nada que se vea para corregir este estado de relajación.

3.– La cuenta de conciencia.

A pesar de ser esencial en la Compañía, en la práctica está casi suprimida.

-unas veces porque los propios superiores evitan tomarla.

-otras veces porque, al suprimirse el régimen paternal, los súbditos no se fían de los superiores y no están dispuestos a darla.

IIB. CORTE CON UNA TRADICIÓN

1.– Una tradición espiritual.

a) La Compañía dispone de autores de doctrina espiritual sólida y recomendada. En ellos se han formado muchos jesuitas beneméritos. La formación de jóvenes actuales ha roto con esos autores y se alimenta de otros como Hans Küng o González Faus.

b) Aspectos esenciales de esta espiritualidad, como el culto al Corazón de Cristo, recomendado por Congregaciones y Padres Generales, se han orillado en la formación de nuestros jóvenes y en las líneas de nuestra acción apostólica.

2.– La tradición de nuestros Santos y hombres ilustres.

Da la impresión de que son unos desconocidos y que no se proponen como modelo para ser jesuitas hoy a esas encarnaciones de nuestro Instituto.

3.– Una tradición de estudio.

Era norma nuestra la formación sólida en los estudios, sobre todo en filosofía y teología. Hoy no parece que pueda decirse lo mismo.

4.– Una tradición de apostolado.

a) Los Ejercicios deberían ser lo fuerte de la Compañía. Pero es tremenda la escasez de quienes quieran o puedan dedicarse a este ministerio. Los más jóvenes dedicados a él andan alrededor de los cincuenta años y generalmente los superan. Detrás de ellos no se ve quiénes se dediquen a esta tarea.

b) Las congregaciones marianas y el Apostolado de la Oración han sido siempre las dos armas de formación cristiana que la Compañía ha empleado para la formación de los seglares. Pero se les ha debilitado, intentando cambiar su esencia o líneas de espiritualidad.

c) En vez de mantener unos objetivos constantes en las tareas apostólicas, éstas se han variado constantemente incluso a nivel universal, a veces cada año (refugiados, minusválidos...)

IIC. GOBIERNO CON PUBLICIDAD

Es una modalidad del gobierno actual de la Compañía. Se gobierna haciendo campañas de prensa de lo que se hace o se va a hacer. Para esto existe una Oficina de prensa en la Curia Generalicia y otra oficina de prensa en la curia del Provincial de España.

Lo que a mi juicio se logra con estas oficinas es:

a) Sacar al gran público los asuntos puramente familiares cuya publicidad es innecesaria y no contribuye a arreglar nada.

b) Manipular a la misma Compañía porque así se crea una opinión pública conforme a lo que los superiores quieren. De este modo se manipularon:

-La intervención pontificia en el nombramiento del P. Dezza. Junto a algunas informaciones moderadas, se presentó al Padre Arrupe como víctima, al Papa como autoritario, a la Compañía como secularmente enfrentada con el Romano Pontífice, al P. Delegado como «involucionista».

-La reunión de provinciales con el P. Delegado en Roma. Cada día se recibían en la oficina de prensa de España diversos telex de Roma que indicaban que con la intervención pontificia no había sucedido nada y que todo quedaba igual.

-La próxima Congregación General (33) porque ya se ha publicado en la prensa nacional que seguirá las directrices trazadas por el P. Arrupe y las líneas del decreto «de promoción de la justicia». (Desgraciadamente estas afirmaciones de propaganda resultaron ciertas, N. del A.).

IID. MENTALIZACIÓN DE SUPERIORES

Hay algo que los súbditos no nos explicamos aún; personas cuyo modo de pensar conocíamos antes de ser nombrados superiores cambian en su modo de pensar. Estas personas son llamadas a Roma, donde hacen un cursillo y de él regresan con una mentalidad totalmente diversa y adoptando conductas ambiguas y tolerantes. ¿Qué les dicen en Roma?. ¿Qué métodos usan para mentalizarles?. No estaría mal conocerlo e investigarlo[583].

Aquí termina, un poco abruptamente, el informe de 1975-1982. Me da la impresión de que el documento es más extenso pero no he conseguido más que el texto transcrito. Aun así la revelación, hecha por persona que conoce a fondo la Orden, es interesantísima. Por confrontación con otros datos y testimonios todo lo que refiere el informe es cierto, y estaba de acuerdo con la opinión de tres Papas, Pablo VI, Juan Pablo I y Juan Pablo II. La denuncia sobre los métodos de mentalización y manipulación utilizados para dominar y condicionar a los jesuitas que no se rinden al clan de izquierdas es sobrecogedora; parece, como dijo Pablo VI en 1968 a los obispos españoles, obra de una mano «preternatural». No sé, pero en 1972, cuando se celebraba la conferencia del Escorial y se preparaba ya en sentido liberacionista la congregación General 32, Pablo VI , en la alocución *Resistite fortes in fide* el Papa vuelve a emplear misteriosamente esa misma palabra: **Creemos que algo preternatural**

[583] FRSJ D 18.

vino al mundo para perturbar, para sofocar los frutos del Concilio. Y según la versión oficial del discurso, **el Santo Padre afirma tener la sensación de que por alguna grieta ha entrado el humo de Satanás en el templo de Dios**[584].

El humo del infierno, la influencia preternatural, ya por segunda vez. Yo creo saber a qué se refería principalmente Pablo VI, el Papa progresista, el intelectual maritainiano, cuando se le escapaban en público estas confesiones íntimas. Al pie de la Cátedra de Pedro, desde mi pequeño observatorio de análisis histórico, yo tampoco encuentro otra explicación profunda. Y creo saber muy bien en lo que el Papa pensaba cuando hablaba así.

LA REBELIÓN DE LOS JESUITAS EN CENTROAMÉRICA: EL SALVADOR

El estudio de la teología de la liberación en amplitud y profundidad será el tema central, Dios mediante, de mi próximo libro, *La Hoz y la Cruz*. Desde que en 1985-1987 publiqué mis primeros trabajos sobre la teología de la liberación he vuelto varias veces por América y he reunido allí y en otras partes (sobre todo en Roma) una nueva e inmensa documentación que me permitirá, en ese próximo libro, ofrecer una visión del problema mucho más fundada y documentada. Sin embargo en este libro y en este capítulo, donde trato de esbozar la crisis de la Compañía de Jesús en la segunda mitad del siglo XX, debo seleccionar algunos testimonios sobre la rebelión de los jesuitas en Centroamérica, en el contexto de los resultados de la Congregación General 32 y para explicar la intervención de Juan Pablo II al frenar el despeñamiento interior y exterior de la Compañía en 1981.

En varias naciones de Iberoamérica los jesuitas no pudieron contribuir al desarrollo de la teología de la liberación como lo hicieron en otras partes. Y por diversos motivos. En Chile lo intentaron con todas sus fuerzas; ya vimos cómo prepararon la subversión liberacionista desde 1968, cómo crearon los cuadros de Cristianos por el Socialismo en 1972 y con qué entusiasmo colaboraron con el régimen marxista de Salvador Allende, respaldado por Fidel Castro que ya en 1970 había proclamado su gran alianza de cristianos y marxistas para el triunfo de la Revolución. Pero ese brote liberacionista de los jesuitas chilenos quedó descabezado y sofocado por el general Pinochet cuando asaltó el Palacio de la Moneda en 1973 y provocó el suicidio de Allende. Los obispos chilenos se habían mostrado muy débiles ante el empuje liberacionista; Juan Pablo II consiguió luego, por medio de la Nunciatura, una renovación positiva del Episcopado chileno y el asalto liberacionista quedó frustrado. En otras naciones de Iberoamérica, marcadas también por Fidel Castro como ejecutor de la estrategia soviética, la clarividencia y la energía de los Obispos, combinada a veces con la decisión de los gobernantes y la eficaz actuación de los jesuitas ignacianos ahogó también los brotes liberacionistas. Es el caso de Argentina, pese a que allí trabajaba el historiador y propagandista de la liberación Enrique Dussel y toda una línea

[584] *Insegnamenti di Paolo VI*, Roma, Tip. Políglota Vaticana, vol., p. 707s.

de liberacionismo protestante. En Brasil cobró el liberacionismo un auge tremendo; pero aunque intervinieron algunos jesuitas en ese asalto marxista a la Iglesia no actuaron como protagonistas. Los líderes del liberacionismo brasileño fueron el sector (importante) de obispos rojos que por fortuna ya están en declive (cardenal Arns, monseñores Cámara y Casaldáliga) y el inefable franciscano Leonardo Boff, que sigue dando bastante guerra incluso desde que se ha situado fuera de la Iglesia católica. La teología de la liberación fue detenida en Colombia por la acertada estrategia del cardenal Alfonso López Trujillo, los obispos y muchos sacerdotes; y en Venezuela por la oposición de los obispos y la enérgica repulsa del Presidente Rafael Caldera durante su primer mandato, apoyado por la gran mayoría de los empresarios de la nación. En Perú, la patria del padre Gustavo Gutiérrez, los jesuitas reaccionaron de pleno acuerdo con el Papa, que escogió a varios de ellos como Obispos en diócesis especialmente peligrosas, e incluso les ha entregado la sede primada de Lima. Los obispos jesuitas peruanos, con alguna excepción más divertida que dañina, no sólo se han opuesto a la teología de la liberación y demás movimientos marxistas sino que a veces la han descalificado con publicaciones de gran efecto.

Sin embargo el objetivo máximo de la estrategia soviética desde los años sesenta al final de los ochenta era México, como plataforma de ataque directo al «bajo vientre» de los Estados Unidos, la franja Sur de la Unión donde vive una creciente población católica de origen iberoamericano y sobre todo mexicano. Fijaremos esa estrategia, y la colaboración objetiva de los jesuitas liberacionistas a ella, en uno de lo capítulos que restan de este libro. Pero esa línea estratégica que se hizo sentir muy pronto en México, y que ha rebrotado peligrosamente en México después de la caída del Muro, trató a su vez de introducirse y afianzarse en México a través de varias cabezas de puente que se quisieron instalar desde Cuba en el istmo centroamericano. Y aquí es donde más se hizo notar, a raíz del Concilio, la presencia subversiva y liberacionista de los jesuitas. Por orden cronológico –que es también el orden histórico– apuntaremos ahora los rasgos esenciales de esa acción subversiva en El Salvador, en Guatemala y en Nicaragua. Insisto; dejo para el segundo libro el análisis completo y exhaustivo; ahora sólo apunto los testimonios esenciales para demostrar las tesis de este capítulo sobre la crisis de la Compañía de Jesús.

A fines de 1988 nada menos que monseñor Freddy Delgado, que era secretario de la Conferencia episcopal salvadoreña en los años a que se refiere en su testimonio, publicó un alegato definitivo sin el que no se puede comprender nada sobre la estrategia del liberacionismo y la implicación de los jesuitas en Centroamérica: *La Iglesia Popular nació en El Salvador*. Me lo envió poco antes de su inesperada muerte, con una cariñosa dedicatoria en que aludía a nuestra lucha común y a veces muy dura, contra el liberacionismo desde muchos años antes. Conocí a monseñor Freddy Delgado durante una reunión internacional de líderes religiosos y políticos de América en Sao Paulo, donde se examinó la estrategia del marxismo en todo el Continente; con asistencia de media docena de obispos de Brasil, dos Chamorros de Nicaragua, el embajador norteamericano Sánchez, de origen hispano, varios obispos y pastores protestantes de clara línea antimarxista, varios expresidentes de Repúblicas iberoamericanas.... Monseñor Delgado era un prelado joven y preparadísimo, muy documentado y equilibrado, hermano de un sacerdote liberacionista muy vinculado al equipo jesuítico del arzobispo Romero (se llama

Jesús Delgado) y su estudio histórico de 1988, que es un testimonio directo, provocó una gran polémica en El Salvador, porque la nación estaba ya en vísperas de la desesperada ofensiva rojo-liberacionista que estalló al año siguiente.

La principal estrategia del partido comunista (y de la Internacional Socialista, N. del A.) **para hacer de El Salvador una república socialista de obreros y campesinos ha sido la instrumentación de la Iglesia Católica en la revolución, según el esquema aprobado por el primer Congreso del Partido Comunista de Cuba**[585]**.**Tras el fracaso de Fidel Castro y Salvador Allende en Chile –sigue diciendo monseñor Delgado– la estrategia cristiano marxista tomó fuerza en El Salvador, donde ya desde 1968 los jesuitas de izquierda organizaron un grupo de sacerdotes activistas. En ese año empieza la dedicación política del padre Ignacio Ellacuría en la Universidad Centroamericana José Simeón Cañas (UCA) en San Salvador. Por tanto Ellacuría es un precursor y además un promotor del liberacionismo antes de que Gustavo Gutiérrez inventase la teología de la liberación en 1971; antes del Encuentro del Escorial en 1972. Ellacuría y su equipo de jesuitas cristiano-marxistas habían entrado en contacto, como ya sabemos, con el equipo cristiano marxista de Nueva Orleans, creado por el jesuita padre Twomey que difundía sus ideas mediante su publicación *Blueprint*. Ellacuría, a quien conocí en 1950, «había logrado –según reveló su compañero y correligionario Jon Sobrino en Televisión Española poco después del asesinato de su amigo– una síntesis perfecta de marxismo y cristianismo». Importantísimo testimonio que echa por tierra muchos distingos de los jesuitas rojos, empeñados en disimular el carácter marxista de su «compromiso sociopolítico» como decía, hablando precisamente del padre Ellacuría, el informe reservado enviado al Papa en 1982.

Más que precursor, pues, Ignacio Ellacuría es un adelantado de la liberación centroamericana. Pertenecía a la generación de Alfonso Alvarez Bolado y, como él, había estudiado teología con el padre Rahner en Innsbruck, donde ya se le consideraba un rebelde. El padre Arrupe veía por sus ojos. Formó en El Salvador un equipo de vascos antifranquistas que alcanzaron una decisiva influencia política en el país. En 1970 –sigo a monseñor Delgado– aparece en San Salvador la «Nacional de Sacerdotes» un grupo de 17 clérigos dedicados al «análisis de la realidad nacional» que equivalía, con menos tapujos a la «alianza estratégica de cristianos y marxistas» preconizada por Fidel Castro. El arzobispo de San Salvador Luis Chávez y González encargó a su obispo auxiliar Arturo Rivera Damas (luego sucesor de monseñor Romero y recientemente fallecido) la vigilancia del grupo subversivo que acabó marginando a los dos prelados. Por ello el arzobispo decretó la expulsión del líder del grupo, el sacerdote francés Bernardo Boulang, una vez acabado su contrato. Los jesuitas protestaron por este «atentado contra la pastoral popular y liberadora» es decir, marxista-leninista, que había incorporado las técnicas educativas del marxista cristiano brasileño Paulo Freire, las mismas que se inocularon durante una etapa del Colegio del Pilar en el corazón de Madrid. El portavoz de la protesta contra la decisión del arzobispo fue el padre Ellacuría, que precisamente se disponía a suceder a Boulang como estratega de la subversión en El Salvador. Pero el arzobispo confirmó la expulsión.

[585] Reproduje el informe de mons. Freddy Delgado en mi libro *Misterios de la Historia*, Barcelona, Planeta, 1990.

Abandonaron los jesuitas sus residencias clásicas y concentraron su actividad en la universidad José Simeón Cañas, donde se dividieron en tres unidades ideológicamente opuestas; UCA-1, 2 y 3, como un remedo de las «Compañías A y B» que denunciaron los ignacianos españoles y el padre Bartolomeo Sorge. Un superior, el padre Moreno, jefe de relaciones públicas del arzobispado, se encargó de la formación de los jóvenes de la Orden cuando se aceptó su exigencia de traer todos los libros sobre marxismo «que necesitaba para hacer su tesis doctoral». La Nunciatura le coló por valija diplomática cuatrocientos libros sobre marxismo; de la tesis nunca más se supo. Esa apostólica importación de literatura roja provocó las protestas de otro jesuita, el padre Rutilio Grande, que volvió a protestar cuando los jesuitas de izquierda instrumentaron en sentido marxista a una cooperativa agraria. Pidió entonces el padre Rutilio su traslado a la parroquia de Aguilares en 1973, donde sus hermanos adversarios le sometieron al estrecho «marcaje» de varios activistas del marxismo.

El equipo jesuita-marxista de ideólogos exaltó –sigue monseñor Delgado– la «interconexión de la conversión política al marxismo y la conversión religiosa, hasta identificarlas», mientras desde la UCA llegaban a todos los centros de activismo marxista-clerical de la nación orientaciones cada vez más radicales, a partir de un «centro de reflexión teológica», es decir de irradiación marxista. Dice monseñor Delgado: **Esta estructura se concretó con la llegada como rector de la UCA del padre Ellacuría y el equipo de jesuitas en una acción social y reflexión teológica pro-marxista leninista. Las pruebas son abrumadoras, En 1977 las Ligas populares 28 de febrero, integradas en el Frente Nacional de Liberación Farabundo Martí se organizaron en la UCA. También en la UCA se tramó la formación de un gobierno socialista radical con ocasión del golpe de 1979. Un jesuita que luego abandonó, Luis de Sebastián, afirmó que ese golpe de Estado fue fraguado en la UCA y en el arzobispado. La UCA jugó un papel importante en la formación de los cuadros de los diferentes grupos marxistas leninistas que hoy conforman el FMLN. Y Juan Ignacio Otero, líder de la guerrilla, reveló que se compraban armas en el extranjero utilizando cuentas bancarias de jesuitas radicalizados**. A tales extremos había caído por entonces en un sector de la Compañía de Jesús el voto de pobreza impuesto por San Ignacio.

En febrero de 1977 fue nombrado arzobispo de San Salvador monseñor Oscar Arnulfo Romero González, a quien el grupo de jesuitas guiados por el padre Ellacuría, según cuenta el jesuita Erdozain, practicó por entonces un psicoanálisis profundo que descubrió la inseguridad del prelado. (Los jesuitas, desde el comienzo de la era Arrupe, se han hecho maestros consumados en estas técnicas que disimulaban con nombres menos agresivos). A las pocas semanas, el 12 de marzo, cae asesinado el padre Rutilio Grande, en su parroquia de Aguilares y los liberacionistas consiguieron convertirle en mito de su causa, pese a las fundadas sospechas de que había sido eliminado por la extrema izquierda ante la posición crítica que el asesinado había asumido, como ya vimos, contra ellos. Dirigidos por Ignacio Ellacuría los jesuitas liberacionistas invadieron el arzobispado, condicionaron al débil arzobispo y favorecieron una nueva invasión: la de las monjas de la Iglesia Popular, que coparon las oficinas de la curia poco después.

La Iglesia Popular, que surgiría en casi toda Iberoamérica de las comunidades marxistas de base, nació en El Salvador, como dice moseñor Delgado, con una directa y fuerte impronta clerical. La Iglesia Popular salvadoreña acorraló e instrumentó al pobre monseñor Romero, a quien los Papas Pablo VI y Juan Pablo II llamaron a Roma para quitarle la venda de los ojos. Al regresar de su segunda visita *ad limina* monseñor Romero denunció por primera vez los desmanes de los grupos de acción marxista. Esto no lo inventa un historiador antimarxista para contrarrestar la abrumadora propaganda con que los liberacionistas, con el equipo Ellacuría a la cabeza, han rodeado la figura patética del vacilante monseñor Romero –que procedía de la derecha tradicional– hasta convetirle en un mártir de la Iglesia Popular. Esto lo afirma quien estaba allí, el secretario de la Conferencia episcopal, monseñor Freddy Delgado. Al día siguiente de aquella denuncia los curas y monjas de la Iglesia Popular abandonaron sus despachos en la curia arzobispal como protesta. En febrero de 1980 monseñor Romero sabía que iba a morir. Escribió una carta con este presentimiento al secretario de la Conferencia Episcopal de Centroamérica. Luego cayó en nuevas contradicciones e indecisiones. Ignacio Ellacuría se jactó después de que él mismo se encargaba de escribir las homilías del pobre arzobispo. El 24 de marzo de ese año, mientras celebraba Misa, fue abatido por un tirador asesino y certero que le partió el corazón con una bala de fusil envenenada. Los jesuitas de la UCA se lanzaron frenéticamente, con eco de todos conocido, a la fabricación del mito del obispo mártir. La izquierda clerical vetó la presencia de varios obispos en los funerales que ofició, entre otros, el ministro sandinista de Nicaragua y antiguo amigo del dictador Somoza, padre Miguel d'Escoto, de la congregación de Maryknoll. No hace mucho los liberacionistas han patrocinado la exhibición mundial de una película menos que mediocre, y más que falseada, sobre el arzobispo asesinado, titulada con su nombre, que ha resultado un completo fracaso. En la Gran Vía de Madrid apenas duró una semana y luego no pasó a los cines de reestreno.

Mientras tanto Ignacio Ellacuría había efectuado importantes incursiones por la retaguardia europea del liberacionismo, alimentado en España por una imponente red de centros y editoriales jesuitas, claretianas, paulinas y clericales, que han producido desde los años sesenta una verdadera inundación de libros cristiano-marxistas ante la pasividad de los obispos y superiores religiosos; o con su activa cooperación en este último caso. En 1978 Ellacuría participó en el III Encuentro nacional de comunidades cristianas populares. No actuaba solamente como estratega del liberacionismo en Centroamérica sino como uno de los líderes mundiales del movimiento cristiano marxista. Caminaba hacia la muerte, que le preparaban sus enemigos políticos deseosos de eliminarle como activista político, no por su condición de religioso.

UN JESUITA GUERRILLERO DE GUATEMALA CONFIESA ANTE EL SENADO DE LOS ESTADOS UNIDOS

Un escritor de imaginación envidiable, que se confiesa jesuita, Roberto Martialay, publicó en 1983 un curioso libro, *Comunidad en sangre*[586], con las bio-

[586] Bilbao, ed. Mensajero (antes del Corazón de Jesús).

grafías de diecisiete jesuitas que encontraron muerte violenta en el Tercer Mundo entre 1973 y 1983. En vista de que considera modestamente sus relatos como una continuación de los Hechos de los Apóstoles deduzco que identifica como mártires a los diecisiete jesuitas cuya muerte trágica se describe. Algún martirio se me antoja modernizado en exceso, como el de un jesuita dedicado a actividades cinematográficas que fue asesinado a la salida de un cine. Pero no voy a discutirlo. Me interesa más otro mártir, el padre guatemalteco Luis Eduardo Pellecer, que fue secuestrado por hombres armados a la salida de la iglesia de la Merced el 9 de junio de 1981, dado por «desaparecido en acción» e incluso por muerto –se celebraron misas liberacionistas por su alma– aunque reapareció misteriosamente ante la TV de Guatemala en septiembre del mismo año, y afirmó que había fingido un secuestro para evadirse del «Ejército guerrillero de los pobres» en que militaba y acusó a varios jesuitas de actividades guerrilleras en Guatemala, El Salvador y Nicaragua. La protesta del Provincial de Centroamérica, el marxista César Jerez, fue estentórea. Pellecer se presentó después en la televisión salvadoreña y desapareció de nuevo. Los jesuitas liberacionistas de Guatemala decretaron que la personalidad del preso había sido manipulada y el padre Martialay le incluyó, pese a todo, en su extraño martirologio.

No hace falta, sin embargo, ser un genio en psicología para saber que no hay lavado de cerebro que dure dos años. Pues bien, el 19 de octubre de 1983, cuando acababa de salir, ya es mala suerte, el libro de Martialay, la subcomisión de Seguridad y terrorismo del Senado de los Estados Unidos, una institución que se asegura cuidadosamente del estado mental de sus testigos, recibió en testimonio del padre Pellecer y lo publicó como verídico en sus actas[587]. Era un conjunto de sesiones sobre marxismo y cristianismo en América Latina. Había depuesto antes un especialista, el padre Enrique Rueda, quien propuso un documentado análisis sobre la teología de la liberación. Luego ofreció su testimonio un desertor del servicio sandinista de Seguridad, el señor Bolaños Hunter, que explicó el papel de la Iglesia Popular en Nicaragua como cabeza de puente para toda Iberoamérica. Siguió luego Geraldine Macías, ex-monja de Maryknoll, y su marido Edgard, exministro de Trabajo en el régimen sandinista. Entonces le llegó el turno al padre Pellecer, que se presentó como «guatemalteco, exjesuita, sacerdote, ex-militante de una organización comunista subversiva en Guatemala». El testimonio es revelador.

Mientras yo trabajaba como un sacerdote jesuita bajo las órdenes de mis superiores, utilizábamos la ideología marxista-leninista y trabajábamos con los pobres tras optar por el camino de la revolución violenta. Esto no es una situación casual sino una decisión de conciencia, y proceso consciente de decisiones, para embarcarse en ese tipo de actividad.

En especial me gustaría describir el trabajo práctico, el trabajo subversivo, los métodos operativos. Un aspecto práctico de mi trabajo consistía particularmente en organizar a los pobres en los barrios, especialmente los barrios urbanos, en organizaciones político-militares.

Esta gente eran trabajadores o parados. El mandato, o mis instrucciones, eran tratarles como trabajadores, todos como trabajadores, y asistirles

[587] Wednesday October 19, 1983. U.S. Senate. Subcommitee of Securisty and Terrorism. Washington D:C: p. 165 s.

en el proceso de politización en la zona en que vivían. Desde ese tipo inicial de organización de barrio, algunos e incluso muchos de esos trabajadores que habían sido politizados se convertían en miembros de un grupo o movimiento revolucionario.

También estuve comprometido en el trabajo de propaganda, a los niveles nacional e internacional. El tipo de información que yo debía difundir en el campo internacional era sobre presuntos asesinatos o matanzas por el Gobierno, sin que fuese necesaria la verdad real.

El trabajo que yo hacia en el campo de la propaganda consistía básicamente en dos puntos importantes. El primer punto era que el sistema capitalista no funciona, no sirve a nadie, mata a la gente. El segundo tema consiste en que no hay más que una alternativa al sistema capitalista que es el sistema socialista.

Después de este sistema de los dos puntos, es muy importante subrayar el impacto de la terminología religiosa en presentar estos dos temas. Se decía que la figura religiosa servía o para mantener un sistema o para criticarle, cambiarle o destruirle.

De acuerdo con esto, la teología de la liberación se usa para deslegitimar al sistema capitalista y para legitimar al sistema socialista. El impacto de esta teología de la liberación es tan fuerte, tan poderoso, que es capaz de movilizar al pueblo por el mensaje y de cambiar sus mentes en favor del comunismo, no utilizando, no necesariamente usando las palabras o expresiones del comunismo sino usando la Escritura bíblica para manipular la mentalidad hacia un sistema socialista, y un ejemplo lo tenemos en esta Iglesia revolucionaria de Nicaragua.

Esta es la más importante razón para mi separación del grupo subversivo al que pertenecía. Porque descubrí que mi trabajo en el campo de las ideas, esas ideas eran más peligrosas que las armas. También descubrí que el sistema socialista sólo puede desembocar en una cosa, generalizar para todo el mundo la pobreza, o extender la pobreza a todo el mundo.

Al observar la reacción de los jesuitas liberacionistas y de la Compañía de Jesús oficial ante el caso Pellecer descubrí la capacidad y la potencia de propaganda que había conseguido la Orden ex-ignaciana. Uno de los objetivos de esa propaganda en los años ochenta ha consistido en destruir el testimonio de Pellecer. Pero el testigo insistía el 26 de julio de 1985 en el influyente *Diario Las Américas* (p.8). El padre Orlando Sacasa, S.J. rector del Liceo Javier en Guatemala, testificó ya el 8 de diciembre de 1982 la veracidad y autenticidad del primer testimonio Pellecer en 1981[588]. Se publicó un interesante testimonio adicional de Pellecer en *La Prensa Gráfica*, el 23 de octubre de 1981. He hablado con varios jesuitas ignacianos de Nicaragua y Estados Unidos que aceptan, como aceptó el Senado de Estados Unidos, el testimonio del ex-activista guatemalteco. En estos excesos desembocaba el famoso Decreto IV de la Congregación General 32. Bajo la responsabilidad directa y consciente del provincial marxista de Centroamérica nombrado por el padre Arrupe, el nefasto padre César Jerez.

[588] Dossier Pellecer en FRSJ, D. 36

Precisamente gracias a César Jerez la acción liberacionista en Centroamérica estaba perfectamente coordinada. Su centro principal era, desde 1979, Nicaragua, donde gracias al apoyo de Fidel Castro la estrategia soviética logró por fin establecer en el continente iberoamericano una cabeza de puente con fuertes visos de permanencia. Gracias también, y sobre todo, a la ayuda política, intelectual y pseudorreligiosa de los teólogos de la liberación, que convirtieron a Nicaragua en la confirmación de sus «denuncias proféticas» y el anticipo del Reino, palabra que ellos utilizaban no para indicar el Reino de los Cielos, ni el Reino de Cristo, sino el reino de la utopía marxista con pretextos cristianos y desde luego en este mundo, cada vez excluían más al otro mundo de sus consideraciones y sus prédicas.

Pablo VI había intentado poner un dique a la teología de la liberación con su estupenda encíclica *Evangelii nuntiandi* de 1975, a la que los liberacionistas no hicieron el menor caso. Y como les había salido bastante bien la manipulación marxista de la Conferencia de Medellín en 1968, intentaron repetir la hazaña en la III Conferencia General del Episcopado iberoamericano, celebrada bajo la presidencia del Papa Juan Pablo II en la hermosa ciudad mexicana de Puebla de los Angeles en enero de 1979. Esta vez los obispos no cayeron en las trampas de Medellín. Pusieron en su sitio a los teólogos y vetaron a los activistas políticos, que hubieron de contentarse con el fracaso de su conferencia paralela. El Papa y los obispos de Iberoamérica deslindaron con toda claridad a la religión de la política y descalificaron de cuajo las implicaciones marxistas en la teología. Desde aquel momento los teólogos de la liberación eran ya un conjunto de rebeldes, aun antes de las famosas Instrucciones de la Santa Sede en 1984 y 1986, preparadas por el cardenal Ratzinger.

Como era de esperar los teólogos de la liberación, tras estrellarse contra el muro de Puebla, siguieron en sus trece y contribuyeron de manera decisiva, en ese mismo año, a la creación de la cabeza de puente cristiano-marxista de Nicaragua. Poseo tal documentación sobre la década 1979-1989 en Nicaragua que casi me aterra empezar a ordenarla para el seguido libro. Aquí voy a presentar los rasgos esenciales para iluminar desde esa cabeza de puente la crisis de la Compañía de Jesús, que es el objeto de este capítulo.

Nicaragua concentraba en su historia reciente, aún más que otras naciones de Centroamérica, las injusticias más atroces. Había sido presa, como sus naciones hermanas, del imperialismo económico norteamericano más brutal, mediante el dominio de la Frutera, la United Fruit Co. cuya ejecutoria ha quedado como símbolo de la opresión inhumana. Con 139.000 kilómetros cuadrados y unos tres millones de habitantes, que en elevada proporción son de raza india, Nicaragua vio cómo en 1933 un líder popular, Sandino, expulsaba nada menos que a los *marines* norteamericanos, aunque al año siguiente fue asesinado por una marioneta de los intereses norteamericanos, Anastasio Somoza *Tacho*, quien impuso, con pleno respaldo de los Estados Unidos, una dictadura militar, familiar y bananera que duró cuarenta y cinco años. Somoza I fue presidente de la República en dos períodos (y mandó en el intermedio) hasta su muerte en 1956, abatido por el rebelde Rigoberto López. Le sucedió su hijo Luis, muerto en 1967; pero el hombre fuerte desde la muerte del primer Somoza fue Anastasio Somoza Debayle, Tachito, presidente desde 1967 a 1971 y de 1974 a 1979, jefe de la omnipresente Guardia nacional desde la muerte de su padre hasta que le expulsó la llamada revolución sandinista; y muerto en Paraguay en 1980.

La oposición contra el régimen somocista data de 1959, cuando jóvenes conservadores demócratas, animados por el ejemplo de Cuba, tratan de hacerse con el poder. Al año siguiente la familia Chamorro, de la alta burguesía, se pone al frente de la oposición y en 1962, junto a los conservadores y los socialcristianos surge un grupo opositor de izquierda, inspirado en el marxismo-leninismo: el Frente Sandinista de Liberación Nacional creado en Honduras por Carlos Fonseca Amador. El Frente sandinista se acredita cada vez más ante la opinión y se hace famoso por sus golpes de mano desde 1976. El liberal Pedro Joaquín Chamorro, candidato de los Estados Unidos para presidir un régimen democrático en Nicaragua, cae asesinado el 10 de enero de 1978. Toda la oposición se une al grito de «mejor que Somoza cualquier cosa» que no resultó profético; lo que vino después de Somoza sería mucho peor. Empieza a advertirse la presencia de un sector del clero –poco numeroso– en la lucha contra la dictadura pero el golpe decisivo va a darlo el 2 de junio la Conferencia Episcopal, dirigida por un prelado popular y de apariencia sencilla, pero enérgico y con ideas muy claras aunque, por el momento, de escasa experiencia política, el arzobispo de Managua Miguel Obando y Bravo que declara la legitimidad de la rebelión contra un régimen inhumano. Fue el golpe de gracia. El 16 de julio *Tachito* huye de Nicaragua después de poner a buen recaudo en el extranjero su inmensa fortuna personal y familiar; dejaba en la ruina a la nación, con 30.000 muertos por violencia en los últimos cincuenta años y 250.000 emigrados políticos. Entre una explosión de alegría popular tomó el poder una Junta provisional de gobierno con toda la oposición y sólo dos sandinistas: Daniel Ortega y Moisés Hassan. Formaban parte de la junta la viuda de Chamorro, doña Violeta, cuya familia controlaba el poderoso diario *La Prensa* y otros líderes democráticos. Pero a fines de 1979 ya estaba claro que la primera fuerza política del país, la única que realmente sabía lo que quería, era el Frente Sandinista, apoyado por el sector liberacionista de la Iglesia Católica, sector que tomó el nombre de Iglesia Popular. Dos sacerdotes, uno de ellos el espectacular y pomposo ministro de Cultura, es decir, de propaganda, y horrendo poeta Ernesto Cardenal, formaban en la lista del primer gobierno.

El testimonio del cardenal López Trujillo es concluyente:

Los liberacionistas hicieron de Nicaragua un centro de experimentación política que han apoyado con empeño y entusiasmo. Varios congresos han tenido lugar allí y se ha convertido en lugar de frecuentes «peregrinaciones» para latinoamericanos y europeos entusiasmados con esa unión de cristianos y marxistas. El sandinismo triunfante se tornó en punta de lanza de la idea de la Iglesia Popular y fueron asociados a tal experimento político sacerdotes nombrados ministros, con sorpresa y malestar de la jerarquía, para lo cual invocaban apoyos y respaldos a todo nivel, empezando por la presunta anuencia de sus superiores religiosos. Las repetidas quejas de la jerarquía han sido desoídas y han dado origen a protestas promovidas para impedir el abandono de cargos no solamente políticos.

Sintomático fue el congreso de teología nicaragüense en el cual se presentaron ponencias en las que caían los matices y el recurso a la aparente mesura para revelarse de cuerpo entero. Es revelador el encuentro de teología celebrado en Managua del 8 al 14 de septiembre de 1980, y que fue recogido en «Apuntes para una teología nicaragüense». Vale la pena leer las ponencias de Jon Sobrino, Juan H. Picó, José I. González Faus, Miguel Concha, Pablo Richard y frei Betto.Es decir, la plana mayor del liberacionismo jesuítico casi al completo: los padres Jon Sobrino, Hernández Picó y González Faus (Ellacuría no acudió a este congreso pero hacía frecuentes visitas a Nicaragua, sobre todo cuando venteaba peligro personal en El Salvador) junto a Pablo Richard, uno de los pioneros del liberacionismo y frei Betto[589], el lego dominico íntimo y confidente de Fidel Castro, que actuaba como embajador volante de Castro para la «alianza estratégica de cristianos y marxistas». Nicaragua se convertía, pues, en la Meca del liberacionismo mundial, con viajes pagados y estancias a cuerpo de rey. ¿Quién pagaba?. Los fondos de ayuda de la Iglesia alemana al Tercer Mundo, es decir a la subversión del Tercer Mundo; y naturalmente quienes pagaban a Cuba para el gran proyecto de las cabezas de puente continentales.

López Trujillo confirma el origen marxista de la Iglesia Popular. **Se hablaba ya bastante de la Iglesia Popular. La denominación venía de «Cristianos por el Socialismo». La radical intromisión en el seno de la Iglesia de las categorías del análisis marxista y la interpretación falseada del contenido tan profundamente teológico del «Pueblo de Dios» constituyen su novedad**[590].

Pero a la revolución comunista disfrazada de sandinismo la Iglesia que le interesaba era la Iglesia Popular, no la que llamaban con cierto desprecio «Iglesia institucional». Pronto se hicieron notar las ráfagas de la persecución contra la única Iglesia de Cristo; porque la Iglesia Popular era el equivalente a las Iglesias patrióticas integradas en los regímenes comunistas de Europa y Asia. El 7 de octubre de 1980 la dirección nacional del FSLN emitió un comunicado oficial sobre la religión que empieza con mucha modestia: **Está naciendo un proyecto histórico que por su originalidad y madurez marca ya desde este momento un hito en la historia del mundo**. La especificidad de la revolución sandinista **ha sido la participación activa y militante de los cristianos en los diversos campos de lucha armada y civil** gracias **a una teología liberadora y política que rompe la barrera del teoricismo para convertirse en vivencia creativa que intuye al Dios de la Historia desde la perspectiva de Moisés en el Cautiverio**. Todo el folleto de donde se toman tan edificantes observaciones, escrito evidentemente por los curas trabucaires del sandinismo, es una especie de «comic» entreverado de textos y dibujos para mostrar la incidencia de los cristianos en la Revolución. La incorporación de los cristianos al FSLN se esmalta con un texto de San Pablo a los Colosenses: «Ustedes se despojarán del hombre viejo y de su manera de vivir para revestirse del hombre nuevo». Se exalta a los mártires de la Revolución, sobre todo al sacerdote guerrillero Gaspar García Laviana. Se alaba –de momento– a los obispos, en especial a monseñor Obando por su

[589] A. López Trujillo en «Sillar» 17 (1983) 33s.

[590] A. López Trujillo *De Medellín a Puebla*, p. 100s.

acción antisomocista. Se subraya la presencia de tres sacerdotes en la Asamblea Sandinista. Se abomina de la colonización y la evangelización española en América como alianza de la cruz y la espada. (Es lo que estaban intentando los sandinistas). Todo el folleto es una prueba flagrante de la instrumentación de la Iglesia por la Revolución; es la revolución quien fija inapelablemente los límites de la conjunción con la propia Iglesia Popular[591].

Este folleto se dirigía contra la primera protesta del Episcopado, regido por monseñor Obando, que desde noviembre de 1979 se oponía con firmeza a la Iglesia Popular y a la presencia de sacerdotes en el gobierno y las actividades revolucionarias. Pero los clérigos rojos desobedecieron y muy expresamente los jesuitas revolucionarios (que no eran todos los de Nicaragua sino los más activos y dominantes) a quienes la Santa Sede había exigido que actuasen siempre al dictado de los obispos en sus actividades apostólicas peligrosas, en las exhortaciones impresas junto al Decreto IV de la Congregación General 32. Por el contrario los jesuitas, con el respaldo absoluto de Provincial César Jerez y del General Pedro Arrupe se volcaron en el apoyo a la Revolución sandinista, a la que dedicaron su red de centros pastorales e intelectuales que formaron una especie de Estado mayor liberacionista en Nicaragua. Estos centros eran el Antonio Valdivieso, el Centro de Educación y promoción Agraria, la Universidad Centroamericana (otra UCA) y el Instituto Histórico Centroamericano. Los sandinistas dominaban la Conferencia de Religiosos nicaragüenses. El control de los medios de comunicación por los sandinistas era prácticamente total con excepción de *La Prensa* hasta que este gran diario democrático fue neutralizado también. Un selecto grupo de teólogos de la liberación permanecía en Nicaragua como retén de apoyo, además de los viajes continuos que realizaban allí Gustavo Gutiérrez, Giulio Girardi, Enrique Dussel, Pablo Richard, Jon Sobrino e Ignacio Ellacuría. Pero a fines de 1979 los campos estaban bien claros; todos los obispos de Nicaragua seguían a monseñor Obando, de los 350 sacerdotes del país sólo eran sandinistas 15 y del conjunto del clero, cifrado en 912 personas, ochocientos se alineaban con la jerarquía[592].

Los jesuitas convirtieron a su Centro Valdivieso en el principal foco de la propaganda sandinista, con la colaboración de frei Betto y otros energúmenos de la liberación. Los sandinistas imitaron a los ridículos rituales del Directorio en Francia, cambiaron la fiesta de la Inmaculada por el Día del Niño e invocaban a la Virgen María como Madre del Guerrillero. Navidad fue rebautizada como «la fiesta del Hombre Nuevo». Alfredo Robelo y Violeta Chamorro dimitieron de sus puestos en la Junta de Gobierno el 23 de abril de 1980, cuando el régimen sandinista se había convertido ya en una dictadura comunista-clerical. Comenzó la persecución abierta contra la Iglesia con la destrucción de templos que para 1982 eran ya 55. Desde 1981 menudeaban los ataques a monseñor Obando, a quien se impedía ejercer su ministerio episcopal. Ya había en

[591] *Los cristianos ante la Revolución popular sandinista*, Managua, 7 de octubre de 1980, escrito contra la pastoral de los obispos en noviembre de 1979, editado por Universitarios Cristianos Revolucionarios, Estudiantes Cristianos por la Revolución y Comunidades Cristianas Juveniles de Base.

[592] Humberto Belli (consultor de la Santa Sede en 1982) *Una Iglesia en Peligro* Bogotá; CONFE, s,d.

el gobierno tres sacerdotes: el canciller Miguel d'Escoto, antiguo jefe de propaganda de la congregación misionera de Maryknoll; el padre Ernesto Cardenal, ministro de Cultura, cuyos versos abominables eran ensalzados por toda la prensa «progresista» del mundo, con encomios que no pueden leerse hoy sin vergüenza ajena; y por fin un jesuita, el padre Fernando Cardenal, líder de la juventud sandinista, al que se nombró ministro de Educación. Fuentes de la Compañía de Jesús que le conocían bien me han asegurado que era hombre de tan cortas entendederas que los superiores estuvieron a punto de negarle el sacerdocio por falta de aprovechamiento en los estudios. Pese a ello el padre Fernando Cardenal llegó a ser, contra la expresa voluntad de la Santa Sede, el primer jesuita que, sin dejar de serlo, figuraba como ministro en un gobierno. El ministro del Interior, el implacable Tomás Borge, era teólogo de la liberación pero me dicen sus amigos que no sacerdote, como le sucedía a Enrique Dussel. La Conferencia episcopal requirió a los tres sacerdotes para que abandonasen su puesto en el gobierno pero desobedecieron. Entonces fueron suspendidos *a divinis* mientras mantuviesen el cargo, pero la noticia no fue comunicada al público. Las iglesias se emborronaban con invocaciones marxistas, las «turbas» sandinistas (así se denominaban ellas mismas orgullosamente) apedreaban a los obispos especialmente enérgicos. Y los jesuitas de la liberación en el centro de todo el experimento revolucionario, a plena conciencia de que estaban prestando su importante apoyo intelectual, político y propagandístico, a una cabeza de puente cubano-soviética para la conquista de toda Centroamérica, con objetivo siguiente en México y objetivo final en el asalto a los Estados Unidos.

Creo que bastan estos testimonios definitivos para comprender los efectos reales del Decreto IV y de la Congregación General XXXII. Dos años después del Encuentro de Puebla el papa Juan Pablo II poseía, desde fuentes todavía más amplias y seguras, esta misma información y se dispuso a actuar. Programó para 1983 su heroico viaje a Centroamérica, cuya etapa de máximo peligro fue precisamente Nicaragua. Allí comprobó sobre el terreno el deterioro gravísimo de la Iglesia, el incremento de la Iglesia Popular y la participación de los sacerdotes, las monjas y los católicos en la revolución comunista. Decidió entonces emprender la contraofensiva y neutralizar el alma de todas esas aberraciones, que era la teología de la liberación; la primera condena formal fue la Instrucción de 1984. Pero antes de visitar a Centroamérica tenía que examinar al principal centro logístico del liberacionismo, que era España, con la que comulgaba históricamente de forma asombrosa; y en efecto, viajó a España el año 1982. Lo más urgente, sin embargo, era frenar en seco la degradación de la Compañía de Jesús, que estaba en el fondo del problema de la falsa liberación. Por lo cual intervino personalmente en el gobierno de la Orden cuando confirmó, con seguridad absoluta, los datos que he procurado exponer en esta sección, tanto sobre el desmoronamiento interior de la Compañía como sobre su desviación revolucionaria en Centroamérica, con flagrante desobediencia a las órdenes expresas de la Santa Sede desde los tiempos de Pablo VI. La espectacular y contundente intervención del Papa en la Orden ex-ignaciana tuvo lugar, como vamos a ver, el 6 de octubre de 1981.

SECCIÓN 8: EL AIRADO FINAL DE LA ERA ARRUPE Y LA INTERVENCIÓN PERSONAL DE JUAN PABLO II

LA FRUSTRADA ADMONICIÓN DE JUAN PABLO I

Después de su desesperada reconducción de la Congregación General 32 entre 1973 y 1975 no encuentro noticia alguna sobre nuevos roces entre Pablo VI y la Compañía de Jesús. Un biógrafo tan minucioso como Yves Chiron no dice una palabra sobre nuevas relaciones, aunque refiere la preocupación del Papa por algunos problemas graves, pero evidentemente menores, que la crisis de los jesuitas; por ejemplo la rebeldía del arzobispo Lefebvre y del teólogo suizo Hans Küng. Pablo VI y el cardenal Villot seguían, claro está, informados; pero al comprobar su fracaso frente a la Congregación 32 tal vez Pablo VI, que pasó los tres últimos años de su vida (entre la Congregación 32 y su muerte) en la angustia y la depresión, no acertó a plantear una nueva confrontación con el padre Arrupe y su desobediente curia generalicia. Tal vez, bien informado sobre el cada vez más alarmante declive de efectivos humanos en la Orden, pensaba en la posibilidad, nada desdeñable, de su desaparición relativamente próxima, un problema del que hablaremos en el epílogo estadístico de este libro. Y por fortuna para él murió el 6 de agosto de 1978, seguramente sin saber que el jefe del clan jesuita de izquierdas, padre Vincent O'Keefe, le había preparado una emboscada final. Pablo VI había hablado por última vez con el padre Arrupe el 18 de mayo anterior, no supo nada entonces sobre el proyecto del padre O'Keefe; las personas que rodeaban al Papa en sus últimos meses le ocultaban cualquier asunto que pudiera disgustarle o perturbarle.

Poco antes de la elección del cardenal patriarca de Venecia, Albino Luciani, como Papa Juan Pablo I el padre O'Keefe, a quien hemos descrito varias veces como jefe del clan de izquierdas en la dirección de la Compañía, concedió unas declaraciones al semanario holandés *De Tijd* en las que invitaba al pontífice que resultara elegido a introducir algunas reformas importantes en la Iglesia, entre ellas **el control de natalidad, el sacerdocio de las mujeres, el matrimonio de los eclesiásticos...**[593] **Juan Pablo I, que conocía las desavenencias entre su predecesor y los jesuitas, consideró como tarea urgente dirigir una admonición enérgica a la Congregación de Procuradores, entonces reunida en Roma. Sabido es que dedicó casi el primer mes de su pontificado a informarse seriamente sobre los asuntos más graves y pasado ese mes anunció públicamente que iba a abordarlos de inmediato, y con toda energía**[594]**. Redactó personalmente su discurso a los jesuitas, en que les recordaba el amor y el sufrimiento de Pablo VI por la Compañía de Jesús y descalificaba con suma dureza las imprudentes propuestas del padre O'Keefe. «No permitáis –iba a decirles– que las enseñanzas y**

[593] Benny Lai, I segret... op. cit. p. 166.

[594] Cfr. R. de la Cierva, *El diario secreto de Juan Pablo I*, Barcelona, Planeta, 1990.

publicaciones de los jesuitas sean fuente de confusión y desorientación...Eso supone, naturalmente, que en las instituciones y facultades donde se forman los jóvenes jesuitas la doctrina que se enseñe sea igualmente sólida y segura»[595]. Fijó la audiencia con los Procuradores para el día 30 de septiembre. Pero falleció misteriosamente la víspera; y aunque hoy parece descartada la hipótesis de un asesinato, lo cierto es que por orden de los Cardenales no se le practicó la autopsia y corrieron en Roma, la ciudad del rumor, toda clase de ellos sobre esa muerte y sobre los no menos misteriosos documentos que hubieron de arrancarse de las manos del Papa cuando hallaron su cadáver. Varios de esos rumores coinciden en que uno de esos documentos era precisamente el previsto discurso de Juan Pablo I a los jesuitas, redactado en términos mucho más graves y perentorios de lo que después se ha dicho.

Ante la oleada de rumores el padre Arrupe pidió al cardenal Villot, durante la Sede Vacante, copia del discurso que iba a pronunciar ante los Procuradores jesuitas el Papa que acababa de fallecer. Creía saber que el discurso se había redactado con el asesoramiento del padre Dezza, el antiguo Asistente General de 1965 que renunció a la reelección en 1974 al verse marginado por el clan de izquierdas y sin capacidad para evitar el naufragio de la Orden. Dezza era confesor del Papa Luciani como lo había sido del Papa Montini. Los cardenales, a cuya asamblea estaba encomendado en Sede Vacante el gobierno de la Iglesia, respondieron al padre Arrupe que ese documento sólo podría recibirlo de manos del próximo Papa, pero aprovecharon la ocasión para comunicarle su disgusto por la situación de la Compañía para lo cual el padre General debería poner orden urgentemente en su tropa desmandada. De esta forma se enteró el cardenal Karol Wojtyla de los extremos a que había llegado la crisis de los jesuitas, sobre la cual, por lo demás, poseía desde tiempo antes informaciones muy precisas y alarmantes. En su diócesis de Cracovia, por supuesto, no había más teología de la liberación que la predicada por él; los marxistas estaban fuera de la Iglesia, no infiltrados en ella. Una vez elegido Papa, Juan Pablo II hizo suya la admonición de su breve predecesor y se la comunicó a los jesuitas, con renovado vigor, el 8 de diciembre de ese mismo año[596]. Por el momento a fines de 1978 la Compañía de Jesús tenía ya sobre sí la descalificación de tres Papas seguidos y la del Colegio cardenalicio en pleno. No era una situación muy halagadora para quienes conocían perfectamente la energía y la decisión del Juan Pablo II en problemas de doctrina católica y su aborrecimiento experimental contra el marxismo, al que definiría después como pecado contra el Espíritu Santo, nada menos.

EL PADRE ARRUPE Y EL ANÁLISIS MARXISTA

Desde la heroica lucha del último General de la primera etapa, el padre Lorenzo Ricci, con todas las fuerzas del mundo desencadenadas contra la Compañía de Jesús en la segunda mitad del siglo XVIII, ningún General tuvo que

[595] A. Woodrow, *Los jesuitas*, op. cit. p. 147s.
[596] Lay y Woodrow, en la obras que acabo de citar.

encarar una tormenta como la que se abatió sobre la Compañía de Jesús durante el generalato del padre Arrupe desde el mismo día de su elección en 1965. Lo peor es que el padre Arrupe era en buena parte responsable de esa tormenta, y del desmantelamiento de la Orden frente a ella; la Santa Sede estaba contra la Compañía durante el pontificado de Clemente XIV que la suprimió, pero en la tormenta del siglo XX la Santa Sede, los tres Papas del padre Arrupe, eran mucho más fieles que él al espíritu de San Ignacio y veían mucho más claro que él y su clan de izquierdas sobre el significado auténtico del marxismo para la Iglesia y para la Compañía. El padre Arrupe, es verdad, recapacitaba a veces y reaccionaba positivamente en sentido ignaciano; pero luego cedía a la presión del clan de izquierdas con quien sintonizaba en el fondo y volvía a hundirse. Eligió muy mal a sus colaboradores y a muchos Superiores; entre mil ejemplos poner a un marxista declarado al frente de la explosiva provincia de Centroamérica y a un dirigente del clan de izquierdas como responsable durante muchos años de los jesuitas españoles fueron errores mortales que sólo a él se deben imputar. Para decirlo con la jerga clerical del momento, no sabía leer los signos de los tiempos, o peor, los leía del revés.

El 18 de enero de 1979 el padre Arrupe pronunciaba ante un selecto auditorio de la Orden una conferencia sorprendente que equivalía a una confesión penitencial sobre la degradación a que había llegado la Compañía de Jesús bajo su mandato. Parece como si, al fin, cuando palpaba por todas partes los desastrosos frutos de su política, el General vencido, desbordado y acorralado por sus propias creaciones, incide en una autocrítica implacable. La conferencia se concentró en un análisis tipológico sobre la situación real de los jesuitas concretos a quienes el padre Arrupe dividió en las clases siguientes:

Primero, el contradictor nato. Es verdad que la «contestación» puede ser un deber profético y evangélico...pero la satisfacción personal, la agresividad sistemática, el desaliño en el vestir, el pelo y la barba descuidados, una cierta grosería en el comportamiento y el lenguaje son normas poco recomendables para comunicar aquello en que se cree.

Segundo, el profesional. Es el jesuita dedicado tan de lleno a su trabajo personal que carece de tiempo para la vida comunitaria y para la relación con su superior.

Tercero, el irresponsable. Ignora el orden, la exactitud, el valor del dinero, el control de los resultados. Se detecta en él una alergia injustificable a todo control.

Cuarto, el activista político. Tras haber fomentado el activismo político en su Orden hasta extremos increíbles, el padre Arrupe, ahora visiblemente arrepentido, dice: **Cuando la lucha por la justicia hace salir a este jesuita de su campaña de irradiación cristiana, de asistencia y de participación y le hace intervenir en asuntos políticos, e incluso entrar en un partido, a veces abandonando totalmente su misión sacerdotal, no puede decirse que es y que actúa en ese sector como enviado de la Compañía, ni que su activismo político o sindical ofrezca una auténtica mediación evangélica**. Entonces, podríamos preguntarnos, ¿por qué el Decreto IV recomienda en algunos tipos de apostolado el «compromiso sociopolítico»?. ¿Por qué apoyaba Arrupe a los jesuitas politizados Gonzalo Arroyo, Fernando Cardenal, Ignacio Ellacuría y César Jerez? ¿Por qué toleró a los jesuitas comunistas españoles, un auténtico escándalo para toda la Iglesia?.

Quinto, el tradicionalista de estilo tendencioso es, sin embargo quien recibe los ataques más duros; el progresista Arrupe vuelve por sus fueros en medio de su lamentable autocrítica. **Ensalza ostensiblemente los símbolos o las realidades externas que pertenecen a épocas pasadas. Mezcla de amargura y nostalgia. Incide en la hipocresía; sabe que nunca tendrá una cuenta en el banco pero acepta con gusto que algunas familias complacientes tengan atenciones con él; sufre al ver que nuestras iglesias estén vacías o que el número de los que acuden a él en busca de dirección espiritual es cada vez menor; pero no se pregunta si eso no podría deberse, en parte, a su estrechez de espíritu o a su rechazo de toda formación ininterrumpida**[597]**.** En labios del propio General, un cuadro demoledor –¿no había más jesuitas que ésos?, un reconocimiento palmario de su fracaso y de la dramática situación en que se hallaba la Orden en 1979, el año de Puebla y Nicaragua.

En ese mismo año 1979 se produce en Alemania el incidente Rahner-Metz-Ratzinger, que enconará mucho el ambiente en las altas cumbres teológicas y alcanzará en el futuro repercusiones insospechadas; porque los teólogos son tan sensibles a este tipo de enfrentamientos personales e ideológicos como el resto de los intelectuales. Quedó vacante una cátedra importante –la de Dogmática– en la Facultad de Teología de Munich y el teólogo jesuita Karl Rahner se empeñó en que fuese concedida a su discípulo predilecto y portavoz de la teología política Johannn Baptist Metz, que de hecho iba el primero en la terna para la selección. Pero el arzobispo de Munich, que era también eminente teólogo, monseñor Joseph Ratzinger, prescindió de Metz y cubrió la cátedra con otro candidato. Entonces Rahner reaccionó con gran enojo contra su antiguo amigo y discípulo Ratzinger, quien en su respuesta acusó a Rahner de tergiversar los datos del caso. Desde entonces los jesuitas progresistas tienen a Ratzinger como su bestia negra y algunos como Manuel Alcalá, tan activo como superficial en los medios de comunicación españoles, llegó a criticar públicamente en 1983 con muy mal estilo la ejecutoria pastoral y teológica del futuro cardenal Ratzinger, a quien se atrevió a presentar absurdamente como «un fracasado»[598].

En diciembre de 1980 y en una de las publicaciones oficiales de la Compañía de Jesús, *Promotio iustitiae*, un grupo de jesuitas brasileños había proclamado que encontraban al marxismo muy positivo y esperaban que alguien lo sintetizase con el catolicismo como Santo Tomas había hecho con Aristóteles[599]. Con la misma fecha, 8 de diciembre de 1980, el padre Arrupe publicaba el segundo de sus documentos de autocrítica, su importante carta a los Provinciales de América sobre el análisis marxista, que dirigía además para conocimiento a todos los Superiores mayores y que fue la última comunicación importante de su vida[600]. La pregunta era: **¿Puede un cristiano, un jesuita, hacer suyo el análisis marxista distinguiéndolo de la filosofía o ideología marxista y también de la praxis o al menos en su totalidad?. En la misma década que vio la caída del Muro la pregunta ya resulta absurda y con resquicios intolerables, pero vamos a la respuesta.**

La primera respuesta es típicamente ambigua, en el más puro estilo arrupiano. **Me parece que en vista del análisis que hacemos de la sociedad, podemos acep-**

[597] Woodrow., op. cit. p. 98s.
[598] Experiencia personal del autor.
[599] J: Hitchcock, *The Pope*... op. cit. p. 131.
[600] Acta Praepositi Generalis, 1980, Pro Societate, p. 331s.

tar un cierto número de puntos de vista metodológicos que surgen más o menos del análisis marxista, a condición de que no les demos un carácter exclusivo. Por ejemplo la atención a los factores económicos, a las estructuras de propiedad, a los intereses económicos que pueden mover a unos grupos o a otros; la sensibilidad de la explotación de que son víctimas clases sociales enteras; la atención al lugar que ocupa la lucha de clases en la Historia (al menos de numerosas sociedades) la atención a las ideologías que pueden servir de disfraz a ciertos intereses y aun injusticias.

Esta concesión preliminar es mortal. El padre Arrupe acepta en ella puntos esenciales de la doctrina marxista y especialmente el materialismo histórico. Casi podríamos abandonar aquí el estudio de su carta; casi todo el resto consistirá en zafarse, inútilmente, de esta concesión inicial, digna de Fe y Secularidad.

Dice a los jesuitas que el análisis marxista sólo puede aceptarse después de muchas comprobaciones, y que no se debe identificar sin más con el mensaje evangélico. Acabáramos. Sigue la concesión y la ambigüedad.

Luego se pregunta si se puede aceptar el análisis marxista sin asumir el marxismo. La respuesta, aquí, es correcta; el análisis marxista que acepta la entraña del marxismo es incompatible con el cristianismo. Lo malo es que el padre Arrupe en su primera respuesta aceptaba tesis esenciales del marxismo, sin advertir que se trata de un sistema trabado donde no pueden deslindarse aspectos aceptables e inaceptables. El análisis marxista es el marxismo; el marxismo es una totalidad, una cosmovisión, no un conjunto de tesis dispersas, de las que se toma la que conviene. La experiencia demuestra además que se es, o no se es marxista; no he conocido nunca un marxista a medias.

Después rechaza el padre Arrupe la intuición central del marxismo cuando esta doctrina niega a Dios y a la religión. Está muy bien y no podría ser menos; pero si se acepta la lucha de clases como motor de la Historia, y el padre Arrupe lo ha hecho ya al principio, no puede prescindir del «fundamento de toda crítica» que para Marx era la crítica absoluta de la religión, la negación de Dios. Luego quita hierro a su aceptación inicial de la lucha de clases y la relativiza. Una de cal y otra de arena. Lo que nunca se le ocurre es descalificar al marxismo por su carácter anticientífico y anacrónico frente a la Ciencia Nueva del siglo XX; ésa es para mí la más clara «refutación» del marxismo, una refutación que según el profesor MacLellan, primer biógrafo de Marx y exjesuita, no se ha llegado a producir nunca. Le refutaron para siempre, sin proponérselo, Planck, Einstein y Heisenberg. Eso no pueden comprenderlo Alfonso Guerra, Santiago Carrillo y Eduardo Haro Tecglen; pero el padre Arrupe poseía una seria formación científica y no se le podía escapar Después expone otro vaivén. Por una parte la lucha de clases no es absoluta; por otra quiere identificar el análisis marxista con el marxismo, lo cual es correcto, pero a la vez intenta separar el análisis marxista del marxismo, como hacía por entonces, en pleno sofisma flagrante, el líder socialista español Felipe González. La tesis principal de Arrupe es la tesis principal de González, y tan absurda como ella.

Otro vaivén. Arrupe se acoge al final al documento de la conferencia de Puebla, mucho más lúcido que él en su rechazo al análisis marxista que se implica inexorablemente con el marxismo puro y duro. Y acaba por aceptar «algunos elementos o algunos enfoques metodológicos del marxismo» donde vuelve a olvidar que el marxismo es un todo indivisible. La conferencia de Puebla lo había expresado perfectamente. Luego, para compensar, Arrupe rechaza también «los análisis sociales que se practican en el mundo liberal», el único mundo en que el hombre moderno ha conseguido la libertad que jamás ha disfrutado bajo regímenes que practican el análisis marxista; Nicaragua y Cuba eran entonces dos tiranías marxistas, sin sombra de libertad pero el padre Arrupe no las cita. Admite dialogar con los marxistas e incluso cooperar con ellos en acciones concretas; eso acababan de hacer los liberales cristianos de Nicaragua y a los pocos meses los marxistas les marginaron. Después ataca al anticomunismo con mucha mas energía que al comunismo. Este era el último gran comunicado del padre Arrupe, un documento inspirado en el Decreto IV de la Congregación General 32, una tesis que, en la práctica y parcialmente en la teoría, favorecía claramente al marxismo. Este era Arrupe de cuerpo entero. Un triste colofón de su doctrina, una ratificación lamentable de su ambigüedad y su desorientación.

EL PADRE ARRUPE FUERA DE COMBATE

El 13 de mayo de 1981 el Papa Juan Pablo II, que había mantenido algunas recientes y tensas conversaciones con el padre Arrupe, sufrió el atentado turco-búlgaro, inspirado por la KGB, en plena plaza de San Pedro. La ocasión de tratar a fondo tan gravísimo suceso se dará en nuestro segundo libro; pero adelantemos que las cortinas de humo lanzadas luego por la CIA para descalificar a la pista búlgara no fueron más que táctica de distensión utilizada por los Estados Unidos cuando estaban ya a punto, como sucedería al año siguiente, de vencer secreta, pero decisivamente, a la URSS en el terreno de la guerra electrónica e informática, de lo que no se daría cuenta casi nadie en el mundo, pero sí el Estado mayor soviético y los más altos dirigentes de la URSS. El Muro cayó en 1989 pero sus cimientos ya se cuarteaban, sin que nadie lo advirtiese, en 1982, como en ese segundo libro explicaremos documentalmente. Juan Pablo II, a quien había querido eliminar la estrategia soviética cuando advirtió que gracias a él la resistencia católica de Polonia empezaba ya a actuar como ariete contra el sangriento sueño comunista, atribuyó el milagro de su salvación del atentado a la Virgen de Fátima en cuya fiesta se había producido. El Papa resultó herido de gravedad para toda la vida por el sufrimiento pero también confirmado para proseguir su camino mesiánico hacia el Tercer Milenio.

El siguiente 6 de agosto el padre Pedro Arrupe y Gondra, en uno de sus grandes viajes para conocer de cerca la situación cada vez más lamentable de la Compañía de Jesús, estaba en Bangkok después de una visita a los jesuitas de Filipinas, donde el aguerrido cardenal de Manila frenaba por las bravas los intentos de importar a las islas hispánicas y católicas la teología marxista de la liberación. Tuvo allí el padre Arrupe, según algunos testigos presenciales, la premonición de que su fin estaba próximo. Tomó el avión para Roma sin sacudirse la preocupación que ya le obsesionaba. Nada más llegar al aeropuerto de Fiumicino sufrió un ataque de trombosis cerebral con hemiplejía y pérdida de la capacidad de palabra. El creciente peso de su carga insufrible, las aberraciones y disparates de los jesuitas progresistas en lo doctrinal y de los jesuitas liberacionistas en el campo socio-político, la irreductible resistencia de los ignacianos, el desgarramiento de la Orden en Compañía A y Compañía B, el descenso vertiginoso de vocaciones, el permanente disgusto de tres Papas seguidos con la dirección de la Compañía y personalmente con él, la conciencia de su cada vez más indisimulable responsabilidad en toda la crisis de la Orden, que se identificaba con su período generalicio, agotaron su salud, la minaron y la hundieron. Se le trasladó con todo cuidado a la enfermería de la Curia, tan cerca y tan lejos del Vaticano, donde pasaba el día postrado en un butacón, desde el que a veces, con gran esfuerzo –me lo dice quien le visitó por entonces asiduamente, aunque estaba perseguido y marginado por el clan de izquierdas– conseguía reconocer a sus visitantes, y musitarles algunas palabras antes de sumirse de nuevo en profundo silencio, que alguna vez sus visitantes interpretaban como una continua oración. Conservaba su penetrante inteligencia, aunque casi sin posibilidad de comunicación coherente; su alta voluntad de servicio a Dios y a la Iglesia, pese a las visibles desviaciones de su mandato. Lo había intentado todo, pero en la dirección equivocada. Le había desbordado la realidad convulsa y cambiante de nuestro tiempo. Es una de las figuras más patéticas en la historia contemporánea de la Iglesia católica. Tres días después de su ataque fatal, haciendo acopio, dicen sus partidarios, de sus últimas fuerzas, designó Vicario General de la Compañía de Jesús, como marcándole para la sucesión, al Asistente General elegido en primer lugar en las Congregaciones Generales manipuladas 31 y 32, el padre Vincent O'Keefe, jefe indiscutido de lo que vengo llamando el clan de izquierdas, porque creo sinceramente que lo es. Altas fuentes internas, que convivían con el padre Arrupe en aquellas horas terribles, me han sugerido que tal nombramiento fue forzado por el citado grupo de poder ante la incapacidad del padre Arrupe para manifestar claramente su voluntad. La Santa Sede, informada perfectamente de forma directa, día por día, después del ataque de Fiumicino, consideró muy sospechosa la designación del padre O'Keefe y la ignoró. Era la crisis total.

EL CARDENAL CASAROLI ENTREGA UNA CARTA

El Papa Juan Pablo II, quien pese a sus fundamentales discrepancias con el padre Arrupe reconocía lo elevado de su intención y lo genuino de su espíritu, no quiso que la Compañía de Jesús, privada de su General en plena tormenta, se entregase al arbitrio de los arrupianos. Y dos meses después de la retirada de Arrupe, al comprobar que su enfermedad era irreversible, Juan Pablo II decidió intervenir. Sin la menor consideración para el padre O'Keefe, el 6 de octubre de 1981 el hermano portero de la Casa Generalicia recibió el aviso de que el cardenal Secretario de Estado, Casaroli, se presentaría a las doce de la mañana para entregar personalmente, sin intermediarios, una carta del Papa al doliente General. A la hora en punto entró el cardenal Casaroli en el caserón de Borgo Santo Spirito, una estrecha calle paralela a la Vía de la Conciliación y a un tiro de piedra de la Plaza de San Pedro por el lado izquierdo de la Conciliación según se mira a la basílica. El Vicario General, cuyo nombramiento no reconoció el Papa, acompañó al secretario de Estado a la habitación del enfermo pero el cardenal le pidió por favor que se marchara y les dejase solos. A los pocos minutos el cardenal regresó al Vaticano y cuando el padre O'Keefe entró en el aposento del padre Arrupe vio una carta abierta sobre una mesita mientras el padre Arrupe lloraba. La carta era personal del Papa y en ella, sin la menor mención al presunto Vicario General se designaba como Delegado y representante personal de la Santa Sede al frente de la Compañía de Jesús al padre Paolo Dezza, de 79 años, confesor del Papa y de los anteriores, prototipo del jesuita ignaciano y conciliar, a quien ayudaría como delegado adjunto el padre Giuseppe Pittau, también italiano, de 53 años, que había sido, como el padre Arrupe, provincial de Japón, donde conoció con pruebas el más que discutible gobierno del padre Arrupe en aquella provincia. La Compañía de Jesús caía así bajo la personal tutela del Papa y entraba en estado de excepción. El padre Dezza, que aceptó por obediencia tan ingrata y espinosa misión, explicó después que el Papa había llamado varias veces la atención al padre General sobre serios abusos que no se habían corregido[601].

El clan de izquierdas, desmantelado provisionalmente por el golpe pontificio, y los jesuitas progresistas y liberacionistas quedaron estupefactos y abochornados pero se dispusieron en seguida a descalificar la maniobra y obstaculizar el camino a los dos delegados del Papa. La revista oficial de los jesuitas en Norteamérica, *National Jesuit News* criticó la decisión intervencionista de la Santa Sede como ajena a la realidad. Un grupo de jesuitas alemanes guiados por Karl Rahner dudaba sobre la constitucionalidad de la medida papal y pidió al Papa la inmediata restauración del régimen ordinario, con una turbia e irrespetuosa alusión al dedo de Dios que según ellos no se veía en la decisión del Papa; era la expresión del Papa Paulo III al aprobar el Instituto de la Compañía en el siglo XVI porque veía en ella el dedo de Dios[602]. Pero pese a éstas y otras muchas manifestaciones indignadas y desabridas la Compañía de Jesús encajó el golpe porque los abusos de que se quejaba el Papa eran de tal calibre que incluso los contrarios a la intervención reconocían en su fuero interno que la Compañía B se había ganado a pulso alguna medida contundente y en este sentido se pronunció, con ejemplo admirable de obediencia, el propio padre O'Keefe, Vicario General depuesto a mano airada. Empezaba una etapa de incertidumbre hasta que antes de lo que pensaba el Papa la resistencia pasiva de los progresistas y liberacionistas empezó a rehacer su frente y se pudo comprobar, día tras día, que la espectacular intervención había actuado como un terrible frenazo, pero no había servido prácticamente para nada.

[601] *National Catholic Reporter* (USA) 30 sept. 1983 p. 1s.
[602] Cfr. Hitchcock, op. cit. p. 176s.

SECCIÓN 9: EL GOBIERNO DE EXCEPCIÓN LA CONGREGACIÓN GENERAL 33. EL GENERALATO VACILANTE DEL PADRE KOLVENBACH

LA MISIÓN IMPOSIBLE DE LOS DELEGADOS DEL PAPA

El padre Paolo Dezza y su adjunto el padre Pittau, delegados del Papa para reconducir y encauzar los excesos intolerables de la Compañía de Jesús eran personas muy inteligentes y preparadas, fidelísimas a la Santa Sede y decididas a cumplir la misión que les había encomendado Juan Pablo II. Tras hacerse cargo de la Curia tomaron algunas medidas de urgencia; destituyeron fulminantemente a algunos Superiores irrecuperables, como al provincial de Centroamérica César Jerez. Pero el clan de izquierdas lo había dejado todo atado y bien atado. La red de Provinciales y superiores estaba en manos de la «Compañía B». Para asegurar la renovación ignaciana. Según los deseos del Papa, los delegados del Papa hubieran tenido que utilizar a fondo la cirugía, cambiar por lo menos a una minoría significativa de superiores por otros tan prudentes como ignacianos; cambiar también el signo del sistema electoral, que estaba en manos de progresistas y liberacionistas. No se atrevieron. Quizá por bien de paz; quizá porque pensaban realizar la restauración –ése era su objetivo– lentamente, sin levantar protestas airadas como la de Rahner y los jesuitas de Norteamérica. Es inconcebible cómo hicieron la vista gorda en casos flagrantes como el de Nicaragua, con el padre Fernando Cardenal en el gobierno comunista y no cortaron por lo sano las desviaciones doctrinales en las Facultades de Filosofía y Teología, las aberraciones de las revistas de la Orden y los nuevos alardes de indisciplina. Esta actitud relativamente pasiva desanimó a los ignacianos, que habían cobrado algunas esperanzas tras el golpe de Juan Pablo II y reanimó al clan de izquierdas que se dispuso a recuperar el poder en cuanto terminase un estado de excepción que no se podría prolongar indefinidamente. Nada sucedió, por ejemplo, cuando a fines del año 1982, durante una ordenación de diáconos jesuitas en la facultad teológica de Berkeley un grupo de actores dirigidos por un activista rebelde, el padre Michael Moynihan, desfiló por la catedral con pancartas en que se proclamaban los derechos de los homosexuales –género muy abundante en toda la bahía de San Francisco, que luce en muchos balcones la desafiante bandera del arco iris– la liberación total de la mujer y el apoyo incondicional a los movimientos de liberación en Iberoamérica[603].

Se supo después que el padre Arrupe había solicitado del Papa en 1980 la convocatoria de una nueva Congregación General para presentarle su dimisión, aunque el Papa le había pedido que esperase un poco[604]. El padre Dezza convocó a los Provinciales en Roma para una reunión que se celebró en Villa Cavalletti a

[603] Cfr. Hitchcock, op. cit. p. 184s.
[604] Cfr. Padberg, op. cit. p. 105.

fines de febrero de 1982. El Papa se dirigió a esta asamblea informal el 27 de febrero y justificó ante ellos la necesidad de su intervención en la Compañía. Les pidió que mantuvieran las diferentes formas del apostolado tradicional que seguían siendo válidas y recalcó que para el cumplimiento de las orientaciones del Concilio según el espíritu del Concilio al procurar la promoción de la justicia no se debían adoptar funciones ajenas y reservadas a los seglares, como la del político o la del sindicalista; excelente orientación que sin embargo el Papa y sus delegados no impusieron, como podían hacerlo, de forma concreta y personal a los políticos jesuitas de Centroamérica y a los jesuitas españoles que estaban afiliados al sindicato comunista Comisiones Obreras; uno de ellos figuraba entre los líderes de ese sindicato y otro perteneció al Comité Central del Partido Comunista. Insistió el Papa en la necesidad de una formación sólida en los jóvenes jesuitas y en la subordinación tradicional de la Compañía al Papa y a los organismos centrales de la Iglesia romana. Al final apuntó la posibilidad de convocar pronto una Congregación General que restableciera el régimen ordinario de la Orden y manifestó su deseo de que la convocatoria se efectuase antes de terminar el año[605]. Pero los jesuitas se mostraban cada vez más incorregibles. La revista *America* manipuló abiertamente el discurso del Papa y lo interpretó como una aprobación global de la etapa Arrupe, cuando había sido todo lo contrario; y declaraba que el nombramiento del padre Dezza había sido una equivocación debida a las presiones de los obispos conservadores de Iberoamérica[606]. Entonces el padre Dezza dirigió una carta a toda la Compañía explicando el verdadero sentido del encuentro con los Provinciales en Roma y el alcance de la alocución papal; exigía en esa carta el final de los experimentos litúrgicos arbitrarios, la recuperación del estudio académico serio sin afán de novedad por la novedad, la plena ortodoxia doctrinal, el destierro de las desviaciones y un programa más estricto en la formación de los jóvenes. Los adictos al clan de izquierdas, que mantenían en sus manos todos los hilos del poder, oyeron tan sensatas palabras como quien oye llover. Aun así el padre Dezza, seguramente deseoso de quitarse de encima el muerto, obtuvo permiso del Papa y convocó el 8 de diciembre de 1982 a la Congregación General 33 para que empezara sus trabajos el 1 de septiembre de 1983. «La tarea de la Congregación General será, ante todo, la elección de un nuevo padre General tras aceptar la dimisión del actual y luego revisar y tratar los asuntos que deben revisarse según la voluntad de la Santa Sede (carta del cardenal Villot el 2 de mayo de 1975). Finalmente, si lo cree oportuno, debatirá los postulados que se le envíen»[607]. El padre Delegado pidió que las Congregaciones provinciales se celebrasen antes del 10 de abril de 1983. Y una vez concluidas las Congregaciones provinciales designó una comisión preparatoria de la Congregación General 33, que trazó una serie de esquemas para facilitar el trabajo de la Congregación e hizo una clasificación y selección de las peticiones y sugerencias (postulata) enviados a Roma por las Provincias y los particulares.

[605] Cf. Woodrow., o. c. p. 151s.
[606] «América» 3 de abril de 1982.
[607] Padberg op. cit. p. 106.

LA CONGREGACIÓN GENERAL XXXIII

Al redactar mis libros anteriores (1985-1987) sobre la Iglesia y la crisis de los jesuitas yo conocía bien poca cosa sobre lo sucedido en la Congregación General XXXIII. Ahora gracias al reciente estudio del padre Padberg, que ya hemos citado, podemos hacernos una idea, aunque no completa, porque el autor escribe con toda la documentación, es cierto, pero desde una perspectiva muy favorable a los dos Generales que se relevaron en esa Congregación y por tanto al clan de izquierdas que dominó en las dos etapas. Pese a ello el estudio de Padberg es imprescindible.

Como el sistema electoral permitía la participación en las Congregaciones provinciales de jesuitas jóvenes sin últimos votos y de hermanos coadjutores y concedía una decisiva influencia a los Provinciales orientados unánimemente hacia el clan arrupiano (al que no había sustituido el delegado del Papa), el resultado fue un conjunto de elegidos para la Congregación General de clara mayoría progresista con inclusiones liberacionistas casi escandalosas. La provincia de Centroamérica envió al nuevo Provincial Valentín Menéndez, de línea liberacionista, y al anterior, recientemente destituido por el delegado papal, el activista político marxista César Jerez. La mayor sorpresa, sin embargo, la reservó la provincia de Centroamérica al enviar a su tercer delegado, nada menos que Ignacio Ellacuría.

El padre Arrupe figuraba como miembro de la Congregación pero no participó en sus deliberaciones por su cada vez más precario estado de salud. Repetían varios miembros conspicuos del clan de izquierdas como el Asistente general Jean-Yves Calvez. España eligió, junto a otros representantes más moderados, al padre Ignacio Iglesias y al activista incansable del marxismo cristiano José Ignacio González Faus. También repetían el norteamericano O'Keefe y el chileno Ochagavia, además del italiano Roberto Tucci. No faltaba la representación ignaciana, muy minoritaria, con los dos delegados del Papa que participaban de oficio en la asamblea.

La crónica del padre Padberg es muy esquemática y el autor lo explica por la conmoción que ha sentido, como todos los jesuitas, ante el estado de excepción decretado por el Papa en 1981; por eso nos ofrece un esquema frío más que la ardorosa exposición que había dedicado a las Congregaciones anteriores. Ese mismo ambiente emana de las Actas y deliberaciones de la Congregación 33. Escarmentados por la decisión del Papa los jesuitas extremaron sus gestos de obediencia y devoción al Papa, dedicaron resoluciones (inconcretas) a su comunión con la Iglesia y con la Santa Sede, huyeron de todo planeamiento conflictivo y espectacular, se permitieron una suavísima autocrítica por sus errores y desviaciones, que no concretaron en exceso y votaron en favor de la espiritualidad tradicional (más bien etérea) como en el caso expreso de los Ejercicios. Pero de la atenta lectura de las actas, resumidas por Padberg, se puede entrever que en el fondo reconfirmaron todas las decisiones y orientaciones de las Congregaciones 31 y 32, mientras reducían sus errores de aplicación a excepciones ocasionales.

Juan Pablo II dirigió a los doscientos veinte miembros de la Congregación, a la que prácticamente no pudieron asistir, salvo por representantes indirectos, los jesuitas que vivían tras el telón de acero, donde por lo visto la teología de la liberación marxista tenía logrados ya todos sus objetivos, porque nunca había existido en aquellas tierras liberadas, una alocución en la que les insistió en el cumplimiento de las misiones que él y sus predecesores les habían encomendado: la lucha contra el ateísmo, la colaboración en la renovación profunda de la Iglesia, la integración plena en el esfuerzo evangelizador de la propia Iglesia[608]. Era el 2 de septiembre de 1983 y al contrario que sus dos predecesoras la Congregación 33 duró mucho menos, algo más de cincuenta días. Al día siguiente la Congregación aceptó, entre desmedidos elogios y ovaciones, la dimisión del padre Arrupe, en cuyo nombre leyó una homilía de la que seguramente no se había enterado el enfermo el padre Ignacio Iglesias, un orador muy significativo. Después un representante peruano renovó la consagración de la Compañía al Corazón de Jesús, como engañosa muestra de respeto a la tradición espiritual de la Orden. El padre Dezza, que sólo deseaba dejar cuanto antes su cargo, comunicó un informe de circunstancias sobre la situación de la Compañía y anunció un intervalo de cuatro días para las deliberaciones sobre la elección del nuevo General, que era el objeto primario de la convocatoria. Para sorpresa de muchos observadores externos y de la opinión pública, que prácticamente no le conocía, fue elegido al primer escrutinio, lo que indica un alto porcentaje de votos, el orientalista holandés Peter-Hans Kolvenbach, que había pasado largos años en Beirut y había sido rector del Pontificio Instituto Oriental en Roma. Era, por tanto, un intelectual relevante, inclinado al ecumenismo y acreditado por su capacidad negociadora entre las diversas facciones que convivían con tan trágicas dificultades en su país de misión. Bastantes ignacianos le aceptaron, al menos como mal menor, y porque la Compañía no podía ir peor de lo que estaba; pero bien pronto pudo saberse que Kolvenbach era el candidato de los arrupianos y el clan de izquierdas. Yo lo comprendí a leer el 4 de septiembre el editorial del diario oficioso de los socialistas españoles en el poder, *El País*, casi seguramente escrito por el jesuita socialista José María Martín Patino, que bajo el título *El sucesor de Arrupe* cifraba los efectivos conservadores de la Orden en sólo un diez por ciento, lo que era una solemne falsedad; reconocía que bajo el mandato del padre Dezza «la orientación de Arrupe ha sido recortada, pero no ha habido una involución» y frente a la Congregación General apuntaba, con ese ridículo prurito admonitorio del periódico, «sería grave que se impusiese una tendencia a la resignación, a entornar o cerrar ventanas hacia las realidades contemporáneas que se abrieron en el Concilio Vaticano II». Sería grave ¿para quién?. ¿Qué se abrió en el Vaticano II, las realidades o las ventanas?. ¿Redactaría Patino el editorial, por su estilo pedestre, con la colaboración de Haro Tecglen o Pradera?. El editorial rebosa de críticas y reticencias a «Wojtyla» sobre todo por su divergencia con el «apostolado» político de los jesuitas en América. El mismo diario registra las opiniones favorables a Kolvenbach por parte de la plana mayor del *progresismo* y el liberacionismo español (Gómez Caffarena, Alvarez Bolado, Díez Alegría) junto a un artículo detonante y antipapal del escritor cristiano-marxista Miret Magdalena, que ya empezaba a ser el teólogo oficioso del PSOE[609].

A partir del 21 de septiembre fueron elegidos los Asistentes generales, Michael Amaladoss, de la India; Simon Decloux, de Bélgica; John J. O'Callaghan, de Chicago y Juan Ochagavia de Chile. El nuevo General designó a dos consejeros suyos, de carácter moderado, los padres Pittau y Urbano Valero. Para las Asistencias

[608] Padberg op. cit. p. 128.
[609] «El País», 15.IX.1983.

regionales de Asia e Italia nombró al padre Pittau; para la de Francia al ya designado Asistente general Delcloux; para la de España al mismo padre Valero. Era un conjunto de consejeros arrupianos con alguna incrustación moderada pero ninguna escandalosa. Se empezaba a comprobar que el nuevo General escogía una especie de vía media, sin renegar de la era Arrupe pero sin perder de vista las orientaciones de la Santa Sede. Era, como se iba a comprobar, una síntesis tan delicada que resultó a fin de cuentas inviable, sobre todo por la indecisión del padre Kolvenbach, muy propia de intelectuales como él.

La Congregación 33 estaba obligada a revisar, por imposición del Papa, algunos puntos fundamentales. Revisó el sistema electoral de las Congregaciones Provinciales y después de muchas dudas dejó las cosas como estaban. Revisó la composición de las futuras Congregaciones generales y salvo retoques mínimos lo dejó también igual. Revisó el alcance del voto de pobreza y si bien recomendó «una asimilación más profunda de la pobreza evangélica» confirmó el discutible decreto de la Congregación 32. Introdujo el problema –gravísimo– de la relación de la Compañía con la Jerarquía y la Santa Sede, pronunció hermosas palabras pero le encargó la norma correspondiente al padre General. Por orden del Papa trató el problema de la espiritualidad ignaciana de la Orden, reconoció vagamente «algunas deficiencias» y se salió por la tangente tras admitir la «importancia de la oración personal». Dedicó un montón de flores a los Hermanos Coadjutores, marcó camino hacia la «fraternal igualdad de todos los miembros de la Compañía» pero no se atrevió a plantear siquiera el problema de la extensión –lagarto, lagarto– del cuarto voto. También por insistencia del Papa se habló de la formación de los jesuitas jóvenes y tampoco se decidió nada concreto. El debate que se esperaba con mayor impaciencia era el dedicado al Decreto IV de la Congregación 32; la 33 decidió que el impacto del famoso y revolucionario Decreto había resultado muy positivo aunque «se habían puesto de manifiesto algunas tendencias unilaterales» en la aplicación del Decreto; enorme eufemismo para ocultar la decisiva colaboración de la Orden en la gestación de los Cristianos por el Socialismo, la teología de la liberación y las Iglesias Populares rebeldes. Eso sí, se recortó un poco el exclusivismo revolucionario del Decreto IV, se decidió que la opción por los pobres no fuera excluyente y desapareció toda mención al «compromiso político» pero se mantuvo el compromiso social. En las conclusiones se subrayaba «el papel central de la fe» pero identificada con la promoción de la justicia. En el fondo nada había cambiado y los jesuitas revolucionarios de Europa y América no se apartaron un ápice de sus peligrosas realizaciones y proyectos.

El 17 de octubre fue clausurada la Congregación General 33. No asistió el Papa. Mucho después el nuevo General envió un comentario a toda la Compañía para evaluar el contenido de la Congregación General y en esa carta habló de teología de la liberación como un método admirable para demostrar el interés apostólico de la Iglesia, cuando el Papa ya había descalificado enérgicamente a esa doctrina y esa práctica en la primera Instrucción preparada por el cardenal Ratzinger. La vía media que intentaba Kolvenbach resultaba imposible[610]. Eso sí, el General reconocía la pérdida de diez mil jesuitas durante el generalato de

[610] Cfr. Padberg, op. cit. p. 130.

Arrupe, pero no ofrecía de ella el más mínimo diagnóstico. En este libro se lo voy a proponer de fuente muy autorizada.

LA CONFUSA DIRECCIÓN DEL NUEVO PADRE GENERAL

Hace ya doce años que el padre Peter-Hans Kolvenbach fue elegido General de la Compañía de Jesús. Su ejecutoria completa no es aún Historia mientras viva, quiera Dios que por muchos años. Pero esos doce primeros años de su generalato ya son Historia; muchas veces he recordado que mi maestro Tucídides escribió el mejor relato histórico que se conoce –después de preparar minuciosamente sus documentos y sus testimonios– sobre un período y unos episodios en que él mismo había participado activamente, la guerra del Peloponeso. No vale el refugio de que no existe aún suficiente perspectiva para descalificar a la Historia rigurosamente contemporánea. Una de las posibilidades de la Historia consiste en crear su propia perspectiva, aunque después pueda ser corregida y modificada.

Tengo pocos, pero intensos y amables recuerdos del padre Pedro Arrupe, con quien tuve el honor de hablar a su regreso de Japón después de la segunda guerra mundial. Y creo haber escrito sobre él en este libro con afecto, respeto e implacable objetividad. No conozco al padre Kolvenbach pero él debe conocerme algo (aunque al revés) porque ha hablado de mí. De forma mendaz e intolerable, al menos en tres ocasiones. Una en Pamplona, durante una visita a España, donde se retrató con un grupo de jesuitas descamisados. Les dijo, entre otras cosas seguramente más importantes, que yo era un gran enemigo de la Compañía de Jesús. Realmente dijo algo todavía más grave y más estúpido; uno de los descamisados me llamó ese mismo día por teléfono para contármelo. Luego un monaguillo del padre Kolvenbach, superior en un puesto de Madrid que le venía anchísimo, repitió la estupidez cuando un grupo de antiguos alumnos de Areneros le comunicó que me habían invitado a dar una conferencia en mi antiguo e inolvidable colegio. No sé si por culpa del monaguillo no existe mi nombre en la lista de antiguos alumnos de la casa.

Tengo, además, constancia escrita de la mala opinión que merezco del padre Kolvenbach. Un ilustre sacerdote, teólogo y abogado de Madrid, que ama profundamente a la Compañía de Jesús, escribió el 8 de diciembre de 1993 al padre Kolvenbach, con todo respeto, una tremenda requisitoria sobre la degradación de la Compañía de la cual él era, desde 1983, responsable. Glosando el himno de San Ignacio el sacerdote-teólogo-abogado le recordó al padre Kolvenbach su tolerancia con el jesuita comunista José María de Llanos, la subversión de los jesuitas en América, las complacencias de algunos jesuitas con la Masonería, los resabios de luteranismo en la Orden que nació para combatir la rebeldía de Lutero, la herejía, rayana en la blasfemia, de un padre José Ramón Busto que en su libro *Cristología para empezar*, publicado en una editorial jesuita, afirma que Jesús, «hijo de María, nació de ella de forma extraña» y que «algunos textos tardíos dicen que fue un nacimiento fruto de la prostitución». El mismo «monstruo» como justamente le llama el sacerdote en su carta al General, negó frontalmente la resurrección de Cristo... y otros casos, con la siguiente apostilla:

«Y este pasaje infernal y muchos más los estamos viendo a diario y por todas partes, sin acudir a libros bien documentados como *Jesuitas, Iglesia y Marxismo* u *Oscura rebelión en la Iglesia* de Ricardo de la Cierva, Ed. Plaza y Janés, Barcelona».

La carta, amén de la condición y la autoridad del firmante, impresionó vivamente al padre Kolvenbach que respondió el 15 de diciembre del mismo año sin rebatir una sola de las denuncias que se le hacían, y añadiendo: **Supongo no esperará de mí un debate sobre las desviaciones que a la «luz» de algunas publicaciones de autores muy parciales, como el Sr. Ricardo de la Cierva, cree V. poder reconocer en la vida actual de nuestra «mínima Compañía»... Como usted recuerda, el mismo San Ignacio esperaba, para la Compañía, incomprensiones y «persecuciones».**

Y se quedaba tan fresco el General. Es decir, que además de «parcial» y «enemigo» soy «perseguidor». Como por lo visto lo fueron los tres últimos Papas, de cuya enseñanza documentada he tomado en mis libros las principales acusaciones no contra la Compañía sino contra la degradación de los jesuitas. Pero hay dos cosas en la respuesta del General que me confortan. Primero su absoluta falta de sentido del humor, como buen holandés; ni Erasmo el hipercrítico poseía tan envidiable cualidad, aunque sí tenía sentido del sarcasmo. Por eso creo que no advierte la ironía de su expresión ignaciana «mínima Compañía». Es verdad. El mismo reconoció en carta a toda la Orden, como sabemos, la pérdida de diez mil miembros durante la era Arrupe en dieciséis años. En los doce que él lleva al frente de la Compañía ha perdido, partiendo de una base menor en diez mil miembros, otros cuatro mil. La mínima Compañía, sin humildades, con estadísticas.

El segundo punto que me reconforta es ver que el padre Kolvenbach ha leído mis libros. Eso está muy bien, sobre todo cuando me consta que personalmente los ha prohibido a sus súbditos, en nombre de la libertad, seguramente, como en el caso de las cartas de Rahner. Pero dada la situación de la obediencia en su Orden, debe saber que nadie le ha hecho el menor caso. Desde que aparecieron mis libros entre 1985 y 1987 he hablado dentro y fuera de España con más de doscientos jesuitas. Todos habían leído mis libros. Y un número todavía mayor me ha escrito para solidarizarse conmigo y darme las gracias por el servicio que he prestado a la Iglesia y a la propia Compañía de Jesús. Cuando comprobé la agresión del padre General contra mí sentí la tentación de clasificar todas esas cartas y publicarlas. He aludido ya a algunas. Voy a reproducir aquí, íntegramente, la más impresionante de todas.

Todos mis maestros jesuitas, desde 1938, con quienes he hablado, que son muchos, están de pleno acuerdo conmigo; porque escribo desde la perspectiva y la convicción que ellos me enseñaron.

Esa actitud del padre General me ha dolido en lo más vivo pero no me apartará un milímetro del camino. Me quedan muchas cosas de las que debo informarle, a él y al resto de mis lectores. He de explicar, documentadamente, cómo ha continuado, pese a efugios verbales, la era Arrupe. Cómo ha permitido desviaciones doctrinales como la que acabo de citar, o como la de ese gran teólogo jesuita que cité en el Pórtico, porque negaba en pleno siglo XX la divinidad de Cristo. Cómo se ha empeñado en la exaltación y en la calificación de mártires –con el fantástico martirologio de la Compañía de Jesús ante los ojos– a los jesuitas que fueron trágicamente asesinados en el Salvador y no precisamente por odio a la fe sino por el «compromiso socio-político» que recomendaba la Congregación General 32. Cómo ha proseguido, bajo su mandato, la división y la auto-demolición de la Compañía. Cómo, tras las actitudes revolucionarias de una parte de la Compañía en Centroamérica, está ahora permitiendo el padre General las actuaciones de una parte –dominante– de los jesuitas en México.

Algunos de estos puntos serán esbozados ya en el presente libro. Los demás, junto a la actuación o la inhibición del padre General, en mi próximo libro de 1996, Dios mediante, *La Hoz y la Cruz*, porque éste ya se me desborda. Entretanto le ruego que deje de injuriarme, llamarme enemigo de la Compañía es una injuria a mis más profundas raíces, llamarme «parcial» es una descalificación profesional como historiador, sobre todo cuando no se rebate uno solo de mis documentos y mis testimonios, cuando tengo a cientos de jesuitas a mi favor, entre otros los que tanto han contribuido a mi formación. En este libro habrá podido ver el padre General algunas pruebas, algunos documentos más. Hasta el próximo libro, pues, **admodum Reverende Pater**. Y ejerza usted, por favor, un poco más la tolerancia y la comprensión cristiana o por lo menos la discreción humana más elemental.

SECCIÓN 10: PERSISTE EL OBJETIVO MÉXICO

LA RESISTENCIA DE LOS JESUITAS DE IZQUIERDA EN MÉXICO

Los padres Menéndez, Jerez y Ellacuría volvieron a Centroamérica después de la Congregación General XXXIII reconfortados y dispuestos a reanudar la lucha por la liberación, es decir, por la extensión de la revolución cubana, la revolución sandinista y el combate contra el capitalismo («las estructuras del pecado y de la muerte») a todo el istmo vital que enlaza las Américas. La Congregación y el nuevo General no les habían condenado; el Decreto IV de la Congregación XXXII mantenía su vigencia. Pero estábamos en 1983 y en la primavera de ese año el Papa Juan Pablo II había recorrido una por una las estaciones de su Via Crucis en Centroamérica, donde había tomado contacto y conciencia, en su propia carne, sobre la realidad de la teología de la liberación. De acuerdo con el cardenal Ratzinger denunció y descalificó a la teología de la liberación marxista –no había otra– en las dos instrucciones de 1984 y 1986. La Iglesia Popular quedaba fuera de la única Iglesia de Cristo. Los teólogos de la liberación, con Ignacio Ellacuría y Leonardo Boff a su cabeza, hicieron un esfuerzo colosal para desviar el golpe del

Papa pero no lo consiguieron pese al apoyo cerrado de toda la prensa progresista, marxista y liberal del mundo, que trató de convertirles en héroes de la libertad y de la Iglesia de los pobres. Pero no había más que una única Iglesia de Cristo.

Describiré esta agonía del liberacionismo, con la amplitud y profundidad que se merece, en mi segundo libro. Ahora sólo me interesa trazar el esquema básico para que podamos comprender la importancia del objetivo México.

Ellacuría, Boff, Fidel Castro, sus múltiples apoyos en el mundo de la comunicación, el padre Kolvenbach y la Confederación Latino Americana de Religiosos CLAR, que en sus diversas funciones integraban o apoyaban al frente liberacionista, no podían imaginar que, además del Papa, la confrontación estratégica de bloques y el tiempo jugaban contra ellos. No tenían ni idea de que desde la destrucción absoluta de las baterías modernísimas de misiles soviéticos en el valle libanés de la Bekaa, en 1982, por los aviones de Israel dotados de la nueva tecnología informática y electrónica norteamericana, el Estado Mayor soviético sabía que gracias a la ventaja conseguida por Reagan en su Iniciativa de Defensa Estratégica la URSS se había convertido en una potencia militar subordinada a los Estados Unidos. Casi siempre tengo la suerte de llegar a tiempo al lugar preciso y por entonces recibí, junto a Max Mazin y Enrique Múgica, una lección magistral en el Instituto de Estudios Estratégicos de Israel, con planos e interesantísima documentación militar, impartida por el director del Centro, general Aharon Yariv, que me fue utilísima para valorar los acontecimientos inmediatos. (Nunca supe por qué mi antiguo amigo el padre Alvarez Bolado, tal vez ya un poco de vuelta de sus fervores liberacionistas, era por entonces asiduo visitante del Centro Superior de Estudios sobre la Defensa nacional en España; pero me temo que en Tel-Aviv sabían algo más de la situación estratégica real en los ochenta). Los soviéticos, seguramente, no informaron de este vuelco estratégico a Fidel Castro y sus cabezas de puente en América Central. Tal vez el barbudo líder galaico-cubano vislumbró que algo iba mal y decidió realizar, con el apoyo de los comunistas de Nicaragua, un esfuerzo supremo para dominar El Salvador, cuya capital estuvo, a principios de noviembre de 1989, a punto de caer en manos del ejército guerrillero del Frente Farabundo Martí, cuyos cuadros de mando se habían formado en la UCA de los jesuitas liberacionistas. El Ejército fiel a un gobierno que acababa de ganar limpiamente unas elecciones democráticas pese a los obstáculos, nada democráticos, de la guerrilla, derrotó a sus enemigos e hizo fracasar una ofensiva que rozó el triunfo. Poco después, el 16 de noviembre, un comando de origen militar penetró en la UCA y asesinó al padre Ellacuría y otros jesuitas, junto a dos pobres mujeres de la limpieza. Con esta tragedia comenzó el declive del movimiento subversivo porque, además, una semana antes del asesinato, el 9 de noviembre de 1989, caía el Muro de Berlín y al año siguiente se desintegraba la Unión Soviética.

Inmediatamente Fidel Castro, privado –aunque no del todo– del apoyo ruso, quedó aislado bajo la protección increíble de los *liberals* norteamericanos y otros intereses internacionales; pero su capacidad de expansión revolucionaria en Centroamérica y todo el continente se había quedado sin raíces.

Explicaré este importante proceso histórico, con todo detalle, en mi segundo libro. Detectaré allí también los intentos de reconstruir el marxismo y el comunismo, que todavía dominan un inmenso país con más de mil millones de habitantes.

El régimen comunista de Nicaragua se acogió a la nueva idea de la «Casa común de la izquierda» e ingresó, de la mano del líder socialista español Felipe González, en la Internacional Socialista. Los jesuitas centroamericanos y el Instituto español Fe y Secularidad ya estaban en excelentes relaciones de cooperación con el socialismo español y sus instituciones sospechosas, como el Instituto de Estudios Políticos para América Latina y Africa, IEPALA, donde se señaló varias veces la presencia de esos jesuitas. Pero la caída del Muro y de la URSS era un golpe de muerte para los comunistas de Nicaragua, aun disfrazados de socialistas y sus días estaban contados, aunque, como Castro y el núcleo duro del comunismo ruso y el comunismo europeo, decidieron resistir como fuera. Y lo han conseguido mucho más de lo imaginable, aunque la amenaza que representan se dibuja más sobre el futuro y por el momento se ha difuminado en el presente.

Por eso resulta tan sorprendente que los jesuitas de izquierda y promotores de la teología de la liberación, con sus raíces marxistas en evidencia y sus conexiones estratégicas maltrechas, si no cortadas del todo, no solamente han resistido, sino que han cobrado nuevo vigor y prepotencia en México. Acabo de comprobarlo personalmente en mi segundo viaje a esta gran nación en crisis; y merece la pena profundizar en el asunto.

ENTRAMOS EN EL CENTRO JAVIER

El martes 20 de junio de 1995, este mismo año en que termino este libro, salimos «de librerías» por la Ciudad de México. Completamos la bibliografía sobre historia y actualidad mexicana, tuvimos la suerte de descubrir un ejemplar de la agotadísima *Historia de México* del profesor Alvear, varias muestras excelentes –como los dos volúmenes de la *Tragicomedia mexicana* de José Agustín–, que demostraban el rápido arraigo de la editorial Planeta en México; compramos también los libros que aún no conocíamos de Luis Pazos y Enrique Krauze y nos perdimos luego un par de horas en una de las librerías más grandes del mundo, la Parroquial de Clavería, con sus ingentes fondos en pleno traslado, pero con toda su variedad de publicaciones religiosas y profanas bien accesibles. Variedad, porque se trata de una librería universal, donde tuve la satisfacción de encontrar algunos libros míos no muy lejos de la colección completa de la editorial jesuítica española «Sal Terrae» que aún no se ha enterado de la caída del Muro y junto a sus clásicos –González Faus y compañía, por supuesto Compañía B– parece estar ahora intentando el relevo de la desinformación religiosa con nombres nuevos y, a lo que se ve, escasamente críticos. Se hacía ya tarde y, con el bolsón casi lleno de libros, decidimos darnos una vuelta por el centro de propaganda popular de los jesuitas, el Centro de Comunicación Javier.

No conozco bien la Ciudad de México pero creo recordar que bajábamos por el Paseo de Insurgentes y pasado el monumento a la Revolución torcimos a la derecha por una calle que nos llevó a la de Serapio Rendón en la colonia de San

Rafael, donde está enclavado el Centro Cultural o Centro de Comunicación Javier, en el número 57. No eran las seis de la tarde y estaba cerrado pero había luz dentro y llamamos desde una galería ancha y cutre, con pancartas contra algo, supongo que el Gobierno, y un gran anuncio sobre una obra teatral programada por el Centro: *Cuando Dios era omnipotente*. Dedujimos, seguramente con demasiada rapidez, que para los jesuitas de ahora, que rigen el Centro, ya no lo es. El edificio era un caserón enorme y desconchado, con mucho fondo, para albergar las salas de reunión –nos dijeron– y los talleres de producción de cintas y material videográfico que vimos después en la exposición. Nos abrió por dentro de la galería una chiquita menor de veinte años que se excusó con lógica muy hispánica: «La hora del cierre es a las seis y por eso hoy hemos cerrado a las cinco». Se fue a llamar a la encargada, otra chiquita que no habría cumplido los quince. No he visto más amabilidad en mi vida. Nos enseñaron todo con sumo interés aunque saltaba a la vista que no tenían la menor idea de lo que vendían lo cual me causó una sorda indignación; encargar a unas pobres niñas la venta de tanta bazofia, porque a los dos minutos de recorrer estanterías y anaqueles vimos que allí sólo había bazofia roja. Comentábamos con asombro la demanda recién interpuesta por los jesuitas de México contra el periodista de fama mundial Jacobo Zabludowsky, a quien vemos muchas veces por Galavisión en España, son seguramente las mejores noticias que se pueden ver en España. Zabludowsky les había acusado en la revista «Summa» al identificar como jesuita al célebre «subcomandante Marcos», líder guerrillero del llamado Ejército Zapatista de Liberación Nacional que encabezaba la rebelión contra el Gobierno en la selva de Chiapas. Los jesuitas negaban toda relación con la revuelta pero el Tribunal rechazó su querella y no llamó a declarar a Zabludowsky. Al observar las estanterías del Centro Javier, obra «apostólica» de los jesuitas mexicanos, oscilábamos entre la sorpresa y la rabia al recordar aquella demanda. Porque el Centro Javier, pobre apóstol de las Misiones, debería llamarse ahora «Centro Chiapas». Allí figuraba en lugar preferente la hagiografía del subcomendante «Yo, Marcos» publicada por «Ediciones del Milenio» por una ferviente admiradora del rebelde, doña Marta Durán de Huerta. Compré un video del propio Centro Javier *Se busca a Samuel Ruiz*, una exaltación acrítica del belicoso obispo de San Cristóbal de las Casas, para el que los jesuitas del Centro reclamaban el premio Nobel de la Paz; no está mal, al fin y al cabo el señor Nobel fue, como se sabe, el inventor de la dinamita. Allí había montones de vídeos sobre Chiapas, el tal Marcos, el llamamiento y la Conferencia Nacional del Ejército zapatista de Liberación Nacional, a la que fue invitado, entre otros, el Obispo de Cuernavaca, monseñor Reynoso, que al día siguiente nos explicaba su tajante rechazo: «No voy porque no son ustedes ni ejército, ni zapatistas, ni de liberación». Los jesuitas pensaban, por lo que se ve, de otra manera. Su identificación absoluta con la rebelión de Chiapas, a la que presta su apoyo entusiasta el líder marxista del Partido Revolucionario PRD, Cuauhtémoc Cárdenas, era evidente y en la misma librería del Centro Javier encontré la definitiva prueba documental en la revista oficial de los jesuitas de México; transcribiré esa prueba al estudiar, en el próximo capítulo, los papeles secretos de la Congregación General XXXIV de la Compañía de Jesús. Si aún no lo ha hecho, Jacobo Zabludowsky debe darse una vuelta por la calle

Serapio Rendón, comprar más o menos los libros y videos que nosotros compramos y llevarlos al Tribunal para interponer a su vez una querella con todas las pruebas en la mano.

Tuvimos que añadir un gran paquete a la bolsa que acabó de llenarse en cinco minutos. En los anaqueles estaban los libros más detonantes en favor de la teología de la liberación, por ejemplo los del llamado (porque no se llama así) Leonardo Boff, que hace ya años abandonó la Iglesia católica y fue calificado como Judas por el cardenal Martínez Somalo en persona, que es hombre, como se sabe, tolerante y moderado. Allí compramos también la colección completa «Iglesia y pueblo» editada por el Centro de Reflexión Teológica de los jesuitas en México (el mismo nombre que el Centro de la UCA en San Salvador) en coedición con el anterior Vicariato apostólico de los jesuitas en la Tarahumara, y con imprimatur del Vicario. En el librito *Jesucristo*, escrito para esa colección en 1990 por el padre José Antonio Pagola se dice que «la fe cristiana no consiste en observar unas leyes y prescripciones morales procedentes de la tradición judía, verbigracia los diez mandamientos» (p. 3). Hala, pues, a robar, a matar, a fornicar y a desear la mujer de tu prójimo, esto sí que es teología de la liberación en serio. Concede generosamente que algunos milagros de Jesús parecen ciertos (p. 8). Entre los textos recomendados para comprender la resurrección de Jesús se cita al inevitable Leonado Boff. El padre Víctor Codina, en *El mundo de los sacramentos* (1991) define al pecado prácticamente sólo como «pecado de las estructuras de injusticia» entre las que destaca el capitalismo (p. 44). Explica la Eucaristía solamente como símbolo, como muchos protestantes; no habla de la presencia real de Cristo en el sacramento. Y por supuesto propone una Eucaristía especial para América Latina. ¿Para qué seguir?. La colección se amplió a Brasil; nueva comprobación de que los teólogos de la liberación, recién evadidos de los escombros del Muro, vuelven animosamente al combate con las estructuras. Es decir, aunque se atrevan menos a nombrarla, vuelven a su resabio marxista. Coloqué estas y otras interesantes piezas al lado de otras que nos habíamos traído de la Parroquial, los nuevos Cuadernos de Fe y Secularidad coeditados por «Sal Terrae» por ejemplo el de Rafael Díaz-Salazar *Refundacion de la izquierda y cristianismo* (1990) dedicado a la aproximación de la Iglesia al nuevo comunismo italiano disfrazado y concluí que entre los numerosos marxistas de todo el mundo que se niegan a aceptar la caída del Muro están los renovados luchadores de Fe y Secularidad, coeditora de esta colección, que tal vez pretendan confluir con el PRD mexicano, otro comunismo disfrazado, para combatir junto a él, codo con codo, hacia la destrucción de las «estructuras» que como acabamos de ver no son el único sistema que, con todos sus defectos, ha dado una libertad auténtica a la humanidad, sino el más grave pecado colectivo de Iberoamérica. Incorporé al paquete los programas de los equilibrados cursos que organiza periódicamente el Centro de Comunicación de los jesuitas mexicanos. Realmente nos dio para mucho la tarde de librerías en la Ciudad de México. Tanto que el resto de esta sección habré de reducirlo a un conjunto de viñetas captadas sobre el terreno hasta que, una vez asimilado el inmenso material escrito y testimonial que de allí nos trajimos, pueda incorporarlo el año próximo a mi segundo libro, *La Hoz y la Cruz*.

DEL COMPLOT DE LA KGB CONTRA MÉXICO EN LOS 60 Y LOS 70 A LA MISTERIOSA REBELIÓN EN CHIAPAS EL 1 DE ENERO DE 1994

La Unión Soviética ha mostrado un interés supremo por convertir a México en su plaza de armas para todo el continente americano. El propio Lenin, como vimos, entre las Revoluciones de Febrero y de Octubre de 1917, envió a México a su primer emisario para concertarse con los dirigentes de la Revolución mexicana. Establecida en Cuba la plaza de armas de la estrategia soviética a partir de la caída de la isla en manos del comunismo el 1 de enero de 1959, sabemos que la URSS estableció desde ella varias cabezas de puente continentales, unas fallidas, como Colombia, Bolivia, Chile y Guatemala, otra con pleno éxito, Nicaragua, otra que estuvo apunto de lograr gracias al movimiento subversivo del FMLN en los años ochenta, la de El Salvador. Toda esta proyección revolucionaria tenía como objetivo supremo la conquista de México. Lo afirmó y demostró el presidente de los Estados Unidos Ronald Reagan en su discurso del 28 de abril de 1983 en una sesión conjunta de las dos Cámaras del Congreso: **La meta de los movimientos de los guerrilleros profesionales en América Central es tan simple como siniestra: desestabilizar toda la región, desde Panamá hasta México**[611].

En marzo de 1986 concretó todavía más la amenaza. **Los soviéticos y los cubanos utilizando Nicaragua como base, se han convertido en la potencia dominante en este corredor vital entre la América del Norte y la América del Sur. Afincados allí, estarán en situación de amenazar al canal de Panamá, ejercer interdicción en nuestras vías marítimas vitales del Caribe y últimamente actuar contra México. Si ocurriera esto, los pueblos latinos desesperados huirían por millones hacia el Norte, a las ciudades de la región meridional de Estados Unidos o a donde quedara alguna esperanza de libertad... Para los revolucionarios el camino de la victoria pasa a través de México**[612]. Frenados en seco por el Ejército salvadoreño y la caída del Muro en 1989 los revolucionarios marxistas, aliados con los teólogos de la liberación, demostraron el 1 de enero de 1994 –fecha del estallido de la rebelión en Chiapas– su capacidad de supervivencia como peligro para el Estado mexicano, aprovechándose de la profunda crisis por la que atravesaban en aquellos momentos el Estado y la nación.

Pero las documentadas revelaciones de un especialista en guerra secreta, John Barron, han demostrado recientemente que la KGB, mientras preparaba de lejos el asalto cristiano-marxista contra México una vez consolidadas sus cabezas de puente centroamericanas, había intentado ya un golpe de mano directo en los años sesenta y setenta según el método del Ché Guevara en Bolivia y de sandinistas, liberacionistas y FMLN en Nicaragua y El Salvador: crear en el inmenso territorio mexicano una red de guerrillas que provocara una guerra civil para desembocar en una subversión del Estado. La intentona sería, en el caso de México, marxista-leninista pura, sin colaboración de la Iglesia Popular al menos en una primera fase[613]. Esa fue, como veremos, una causa principal de su fracaso.

[611] USIS, Boletín Informativo, 83 (1983) 8.
[612] ABC de Madrid, 26 marzo 1986 p. 9.
[613] John Barron *The plot to destroy Mexico* en «KGB» op. cit. p. 230s.

El objetivo México tenía una primera finalidad –hacer de México un nuevo Vietnam– para convertirle, tras la victoria, en la gran plataforma para el asalto al «bajo vientre de los Estados Unidos». No se trata de un episodio de historia-ficción sino de un proyecto que llegó a iniciarse en la realidad y que está, en la citada fuente, documentado de forma muy creíble.

El centro de planificación y dirección fue la embajada soviética en la Ciudad de México, en Calzada de Tacubaya 204, con una central de operaciones que coordinaba, además, los movimientos subversivos en todo el hemisferio. Trabajaban en México para el centro de la KGB cincuenta y siete «diplomáticos», es decir agentes, número que triplicaba a sus homólogos de Francia, Inglaterra, Alemania Federal y Japón. En 1959 la KGB había conseguido asestar un golpe mortal a la economía mexicana mediante una huelga salvaje de ferrocarriles dirigida por el sindicalista Demetrio Vallejo, que fue capturado durante uno de sus contactos con los agentes soviéticos y encarcelado. Pero en 1961 llegó a la Embajada, para hacerse cargo del centro subversivo –la Referentura– uno de los mejores expertos de la KGB, Oleg Maksimovitch Neporenko, seguramente hijo de ruso y española, con aspecto hispánico y pleno dominio del castellano que muy pronto amplió a las diversas jergas utilizadas por los estudiantes, los obreros y las clases elevadas de la ciudad. Su principal campo de trabajo y reclutamiento eran los centros universitarios, donde se hizo popularísimo y gracias al apoyo de los comunistas locales emboscados en el Instituto de Intercambio cultural ruso-mexicano consiguió los primeros reclutas para la preparación de su red guerrillera, entre los que pronto destacó Fabricio Gómez Souza, un idealista resentido que entró al servicio de la KGB en 1963. Iba a ser el Che Guevara mexicano.

Con la llegada a México de un nuevo Residente, Boris Pavloitch Kolomyakov hacia 1965, Nechporenko empezó a trabajar en equipo con él, recibió nuevos refuerzos de agentes soviéticos y preparó un primer golpe subversivo contra los Juegos Olímpicos que debían celebrarse en México el año 1968, para utilizar los efectos demoledores del asalto en el lanzamiento del contingente guerrillero, cuya primera configuración sería la de guerrilla urbana. Todo el verano anterior a los Juegos Olímpicos estuvo marcado por manifestaciones violentas de la red urbana organizada por la Referentura. Los estudiantes revolucionarios tomaron la Universidad Nacional y el Instituto Politécnico, siempre dirigidos por la Brigada de Choque, el cuerpo selecto de unos treinta a ochenta hombres y mujeres que obedecían ciegamente a los agentes del KGB; algunos mexicanos ya lo eran. Ante la proximidad de los Juegos, cuya inauguración se había fijado para el 12 de octubre, el Ejército se desplegó en la ciudad y tomó por asalto la Universidad Nacional inmediata al Estadio Olímpico. La semana siguiente se recrudeció la violencia y el grupo de choque decidió preparar un asalto al Politécnico que había sido ocupado también por el Ejército. Para ello escondieron en los nuevos apartamentos de la gran urbanización de Tlatelolco, en la inigualable Plaza de las Tres Culturas, un copioso arsenal de armas automáticas y municiones. Al atardecer del 2 de octubre seis mil estudiantes, encuadrados por los revolucionarios, se congregaron en la plaza de las Tres Culturas inmediatamente controlada por el Ejército a las órdenes del general José Hernández Toledo, con instrucciones de impedir cualquier marcha revolucionaria sobre la ciudad. Cuando después de varios oradores tomó la palabra un fugitivo radical que estaba en situación de busca y captura, Sócrates Campos, la policía de paisano acudió a detenerle y ante el alboroto el general Hernández Toledo ordenó por megáfono a los estudiantes que se retirasen. En medio de la confusión las ventanas de los apartamentos empezaron a vomitar fuego contra el Ejército, el general cayó gravemente herido, los militares respondieron de forma contundente y quedaron tendidos sobre la plaza o junto a ella veintiséis civiles y dos soldados. Muchos entre los ochenta estudiantes que habían actuado en la revuelta como núcleo directivo, entre ellos varios agentes mexicanos de la KGB, fueron detenidos y tras la matanza, que impresionó al mundo entero, se celebraron normalmente los Juegos y la KGB varió de táctica; en vista de que parecía imposible vencer al Ejército en las calles de la capital, aplicarían el método de la guerrilla rural dirigida por Fabricio Gómez.

Gómez no intervino en la revuelta de Tlatelolco. Llevaba cinco años preparándose para otra misión en la Universidad Patricio Lumumba de Moscú, creada por Kruschef en 1960 para la formación de agentes subversivos que actuasen a beneficio de la URSS en sus países del Tercer Mundo e Iberoamérica. Fabricio Gómez se encontró en la Lumumba a otros treinta estudiantes mexicanos a quienes se impuso por su dedicación y su fanatismo. Allí creó con ellos el Movimiento de Acción Revolucionaria que, por orden de la KGB, recibiría financiación y entrenamiento subversivo en Corea del Note. A fines del año 1968 regresó a México con otros cuatro miembros distinguidos del Movimiento para iniciar el reclutamiento de nuevos efectivos. A la vez la KGB destinó a la Referentura de México a uno de sus más experimentados agentes, anteriormente expulsado de Argentina y Brasil, Dmitri Alekseevitch Diakonov, conocido por su aspecto como «El Clown». El recluta más importante conseguido por Fabricio Gómez fue Angel Bravo Cisneros, a quien comunicó la consigna: «Hacer de México un nuevo Vietnam». Unos meses después de cribar bien a sus nuevas adquisiciones, el grupo dirigido por Bravo, quince hombres y dos mujeres, voló a París y luego a Berlín donde les recibió Gómez. Siguieron después viaje a Corea del Norte donde se entregaron a un brutal entrenamiento hasta el mes de agosto de 1970. A fines de septiembre todo el grupo había regresado a México y, dirigidos por Gómez, establecieron discretamente toda una red de escuelas clandestinas para la preparación de activistas en todo el país. Organizaron con pleno éxito un golpe que les valió ochenta y cuatro mil dólares contra el Banco de Comercio de Morelia. Gómez fijó el mes de julio de 1971 para un ataque general con bombas en quince aeropuertos, hoteles y edificios públicos por todo México.

Pero muy poco antes ocurrieron sucesos extraños. Una hermosa funcionaria de la KGB desertó ante las autoridades mexicanas con lo que cundió el pánico en la Referentura ante la posibilidad de que revelase algo de lo que se preparaba; nunca se supo si lo hizo, ni tampoco lo que realmente sabía. En el mes de febrero un viejo policía que vivía cerca de Jalapa detuvo, a punta de pistola, a cuatro jóvenes activistas recién reclutados que dieron a las autoridades, tras conveniente interrogatorio, la pista del Movimiento de Acción Revolucionaria y su sede clandestina de Jalapa, donde la policía tendió una emboscada a Bravo, segundo jefe de la red guerrillera, y le detuvo. Alarmado por la desaparición de su adjunto el propio Gómez viajó al centro de Jalapa donde fue también detenido. El 12 de marzo de

1971 la policía entregó al gobierno el dossier completo del Movimiento, en que se demostraba la responsabilidad de la Referentura de la KGB y sus jefes Kolomya kov, Nechporenko y Diakonov. Tres días después el gobierno anunció la desarticulación de la guerrilla y el 18 de marzo el Secretario de Relaciones Exteriores expulsó de México al trío con algunos colaboradores soviéticos más. Varias naciones iberoamericanas expresaron su solidaridad con México. El proyecto subversivo había fracasado.

Entonces la KGB intensificó el plan indirecto, es decir la conquista subversiva de México a través de las cabezas de puente que deberían organizarse en el istmo centroamericano. Pero nunca se abandonó la idea de crear directamente en México un gran foco subversivo.

El subcomandante Marcos se ha hartado de declarar que la sublevación del Ejército Zapatista de Liberación Nacional se venía preparando en Chiapas desde el año 1983, más de diez años antes de su estallido. No entro ahora en qué fuerzas o instituciones estén realmente detrás de Marcos; ese problema lo plantearé en mi segundo libro. La KGB desapareció oficialmente con la Unión Soviética, aunque todo el mundo sabe que siguen los mismos perros con distintos collares. Cuba tiene ya bastante con sus propios problemas para meterse en otras andanzas, pero haberlas, haylas. En todo caso los promotores de la subversión en Chiapas han tenido muy en cuenta el fracaso de las dos experiencias anteriores:

La de Tlatelolco, porque fue un experimento fallido de guerrilla urbana fomentado exclusivamente por comunistas soviéticos y mexicanos;

La de Fabricio Gómez porque fue un intento de guerrilla marxista estrictamente política, apoyada por la KGB y el Movimiento de Acción Revolucionaria, sin intervención de la Iglesia subversiva de Iberoamérica.

Por tanto, sean quienes sean esos promotores de Chiapas, tengan los apoyos interiores y exteriores que tengan, pudieron haber deducido que un posible nuevo intento de subversión de signo marxista en México debería cumplir estas condiciones:

a) Surgir de la creación de un foco revolucionario rural e indígena, dirigido por activistas bien preparados intelectualmente, otra vez el esquema Guevara.

b) Coordinar el movimiento subversivo con una fuerza política nacional, en este caso el PRD de Cuauhtémoc Cárdenas.

c) Recabar la cooperación de la Iglesia Popular, encuadrada por los teólogos de la liberación y, a ser posible, dirigida por un Obispo de clara ejecutoria dedicada a la «promoción de la justicia».

d) Asegurarse una amplia cobertura favorable de medios internacionales de comunicación, que idealizasen el movimiento subversivo ante todo el mundo.

Pues bien, sin prejuzgar lo que realmente está sucediendo en Chiapas, hasta que yo pueda articular la inmensa información, no siempre clara, que ya poseo y sigo recibiendo, deseo dejar como ya demostrados estos hechos:

a) El foco revolucionario de la selva Lacandona en Chiapas se dio a conocer el 1 de enero de 1994. Hay indicios de que se han proyectado otros centros subversivos convergentes en otros puntos de los Estados Unidos Mexicanos.

b) La coordinación del llamado EZLN con el PRD de Cárdenas está probada con declaraciones coincidentes de Cárdenas y de Marcos.

c) Está también probada –archiprobada– la colaboración activa de teólogos de la liberación en el movimiento subversivo, la adhesión expresa de los jesuitas liberacionistas de México (ver sección siguiente) y la justificación del movimiento por parte del obispo de San Cristóbal de Las Casas, en cuya diócesis ha estallado la rebelión, don Samuel Ruiz.

d) El gobierno mexicano se enteró del estallido de la rebelión el 1 de enero de 1994. Los representantes y corresponsales de los grandes medios internacionales de comunicación estaban apostados junto al foco subversivo –«pasaban por allí»– desde las vísperas de estallido, para poder dar la noticia en directo.

A buen entendedor.

LA DESINTEGRACIÓN DE LA COMPAÑÍA DE JESÚS EN MÉXICO

Mi primera denuncia sobre las actividades de la teología de la liberación, la Iglesia Popular y los jesuitas de la «Compañía B» en México se remonta nada menos que a los años sesenta y se publicó, con testimonios y documentos que desde la actual perspectiva han demostrado su validez, en 1986 y 1987[614]. Ya entonces conseguí una excelente información sobre algunos personajes capitales del liberacionismo en México; los obispos Méndez Arceo y Samuel Ruiz, el centro de Cuernavaca con Illich y Lemercier, la división y desviación de los jesuitas mexicanos durante la era Arrupe. Sobre el centro de Cuernavaca y las aventuras excéntricas de don Sergio ya he dicho bastante en este libro. Pero me conforta haber detectado, con casi diez años de adelanto, el peligro que se estaba fraguando en Chiapas bajo el manto episcopal de don Samuel Ruiz. También afirmé en mis primeros escritos sobre teología de la liberación que, pese a esas excepciones detonantes, los principales activos con que cuenta en México la única Iglesia católica que existe, la Iglesia de Cristo, son la más que admirable fe de un pueblo orientado hacia la Virgen de Guadalupe y la indestructible unidad del Episcopado mexicano, permanentemente vinculado a la Santa Sede. Hoy se mantienen, confirmados y acrecentados, esos dos activos; por eso me parece especialmente repulsiva en México la teología marxista de la liberación y la actitud de los jesuitas de la Compañía B, sobre la cual ya he expuesto algunas perlas y voy a explicar otras en el resto de esta sección.

Acabo de decir que el tal subcomandante Marcos (y debo añadir que ese título de subcomandante me parece una soberana ridiculez, si no es que significa, como se cree en México, que se utiliza por respeto al verdadero comandante de la rebelión) asegura, con visos de verosimilitud, que el ejército rebelde de Chiapas, mal llamado zapatista porque no tiene que ver absolutamente nada con el legendario Emiliano Zapata, empezó a formarse en la selva Lacandona en 1983[615]. Por eso

[614] En mis ya citados libros *Jesuitas, Iglesia y marxismo* y al año siguiente *Oscura rebelión en la Iglesia*, Ed. Plaza y Janés, Barcelona.

[615] Yo, *Marcos*, op. cit. p. 63.

tuve la suerte de captar la intuición de una periodista libre, Mary Ball Martínez, que publicó muy poco después de la creación de la guerrilla de Marcos, todavía en estado latente de preparación, una información que me pareció de capital importancia[616]. **Aporta –escribí, citándola, el año siguiente– datos muy dignos de consideración sobre la frontera México-Guatemala, en el Estado de Chiapas, donde parece actuar una especie de membrana osmótica entre el liberacionismo de América Central y sus intentos de penetración en América del Norte, la cual en rigor comienza allí. El obispo de Chiapas, monseñor Samuel Ruiz García, fomenta intensamente el liberacionismo en su diócesis, con la cooperación de equipos sacerdotales sin respaldo popular; no existen, por ejemplo, seminaristas en aquel seminario. Parece que la diócesis está ayudando a un enjambre de refugiados guatemaltecos de signo marxista acampados cerca de la frontera e implicados en acciones subversivas y de pillaje contra las granjas de la región, una de las más potencialmente prósperas de México. Hay pruebas del contacto del clero liberacionista de Chiapas con entidades oficiales de Nicaragua. Las revelaciones de Mary Ball Martínez se han difundido por Estados Unidos donde han causado ya cierta sensación. Está claro que el objetivo principal de la estrategia cubano-soviético-nicaragüense en Centroamérica es la irrupción en México para incidir desde allí en el bajo vientre de los Estados Unidos. La infiltración en la diócesis de San Cristóbal de Las Casas y en el Estado de Chiapas, denunciada con hechos concretos, está provocando graves sospechas en México y puede ser un principio muy peligroso.**

Escrito en mi citado libro de 1986, página 366. Ahora nos enteramos de que en 1983 el tal Marcos ya andaba en son de guerra secreta por la selva, bajo la protección de don Samuel Ruiz.

Unas páginas más abajo resumí el informe que me habían facilitado amigos y corresponsales míos –al comenzar el año 1986– sobre la Iglesia Popular en México, cuya primera configuración databa de 1979, esgrimiendo la doctrina de los Gutiérrez, Boff, Sobrino, Dussel y otros. Ya, en la fecha del informe, don Sergio Méndez Arceo había pasado a la situación de dimisionario y se dedicaba, sobre todo, a lujosos viajes de «agit-prop» por Cuba, Nicaragua y España. La Iglesia Popular anidaba sobre todo en las órdenes y congregaciones religiosas a través del CAM (Centro Antonio Montesinos) dirigido por jesuitas, que también manejaban (y manejan) el Centro de Reflexión Teológica con sus dos revistas: «Christus» orientada a intelectuales y sacerdotes; y «Crítica», para consumo popular. El Centro Montesinos tiene el control de una treintena de grupos de dirigentes regionales que van desde la Ciudad de México al istmo de Tehuantepec, e incluso en el Sur de Estados Unidos (San Antonio, Texas). La vertiente «simpatizante» dentro de la Compañía de Jesús domina el Secretariado Social Mexicano que funciona en la Universidad Iberoamericana dirigida por los jesuitas. La congregación claretiana tiene uno de los más entusiastas promotores de la Iglesia Popular, el padre Enrique Marroquín, que desobedeciendo a sus superiores y al arzobispo de Puebla, actúa en esta ciudad y colabora con los grupos marxistas de la Universidad

[616] En *American Spectator*, abril de 1984.

Autónoma de Puebla, de abierta militancia izquierdista. El sector liberacionista de los dominicos actúa en el Centro Universitario de Convivencia en las afueras de la Universidad Nacional Autónoma de México, donde además de difundir la teología de la liberación promueven revistas escandalosas. Mi informe señalaba como obispos liberacionistas, aparte del peripatético don Sergio, a don Samuel Ruiz y don Arturo Loma, obispo de Tehuantepec; además del obispo de Tula don Jesús Sahagún y el vicario de la Tarahumara, padre José A. Llaguno S.J.

En el área de los seglares señalaba mi informe el Centro de Comunicación Social CENCOS dirigido por el que fue auditor del Concilio José Alvarez Icaza, uno de los principales jefes del Partido mexicano de los Trabajadores, de izquierda radical, coordinado con las Iglesias Populares de Centroamérica. Otro centro, el de Información y Documentación Pedro Velázquez, estaba vinculado a los grupos residuales de Cristianos por el Socialismo y mantenía contactos universitarios.

Para mi segundo libro sobre la teología de la liberación publicado en 1987 pude ya traerme noticias directas obtenidas en mi primer viaje a México donde pude hablar con algunos jesuitas ignacianos según los cuales los principales agitadores que habían actuado dentro de la Orden ya la habían abandonado. Comenté con ellos el contenido de un libro importante, *La revolución teológica en México*[617] que contiene las actas de la Primera Semana Teológica mexicana. Curiosamente todo el Episcopado y gran parte del clero diocesano de México ha logrado mantenerse inmune a la acción corrosiva del centro instalado por el IDOC en Cuernavaca. Mis informantes temían el influjo en el Norte de México de los obispos liberacionistas situados al sur de los Estados Unidos pero sobre todo la potencial amenaza de don Samuel Ruiz desde Chiapas; el obispo había viajado a Cuba y según me informaron en ese mismo viaje fuentes gubernamentales las tensiones que había creado contra el Gobierno se habían diluido recientemente mediante contactos directos con enviados del Gobierno; sin duda, cortinas de humo. En cuanto a la Semana Teológica algunos ponentes habían caído en posiciones acríticas frente a la teología de la liberación, como don Jesús Herrera que osó citar como autoridad teológica al activista jesuita González Faus. Pero los mejores teólogos de México asumieron una actitud muy seria y crítica frente al liberacionismo y merecieron la felicitación del Nuncio, monseñor Mario Pío Gaspari, que clausuró la Semana con una crítica documentada y demoledora contra la teología marxista y rebelde.

En aquel mismo primer viaje a México pude hacerme con un ejemplar de la interesante tesis de un ex-jesuita, Luis José Guerrero Anaya, presentada en 1986 ante la Universidad Nacional Autónoma de México, que se refiere al período entre las dos Congregaciones Generales 31 y 32. La tesis demuestra la iniciativa y la responsabilidad del padre Arrupe en el desencadenamiento de la crisis de la Compañía en América, a partir de su carta dirigida a los jesuitas del Continente en 1966. El autor de la tesis demuestra con testimonios directos que la carta fue redactada por jesuitas revolucionarios –en primer término César Jerez– «que lograron la firma del General quien después no pudo controlar el proceso». Fracasó en México el célebre *Survey* del padre Arrupe, cuyas conclusiones oscilaban entre la

[617] México, ed. Paulinas, 1976.

perogrullada y la ambigüedad. La tesis apunta que la reunificación de la Provincia mexicana en 1969 y la catastrófica gestión del Provincial Enrique Gutiérrez (1967-1973), carismático e improvisador, aceleraron la crisis y la degradación de la Compañía en México. En un estudio sobre la situación de los jóvenes jesuitas en 1969 los resultados fueron desoladores: eran afectivamente inmaduros, aborrecían el estudio y estaban poseídos por un orgullo generacional incomunicador. La solución fue enviar a los novicios de segundo año y a los estudiantes jóvenes a las aulas universitarias, con efectos desastrosos.

Desde 1971 el padre Arrupe animaba a los jesuitas de América a la «promoción de la justicia» y a la «liberación de los oprimidos respecto de las clases dominantes». Luego se daba cuenta de que estaba pregonando la lucha de clases, trataba de dar marcha atrás y enloquecía a todo el mundo. Un grupo de jesuitas mexicanos, formados teológicamente en Europa, presenciaron la rebelión estudiantil de París en 1968, quedaron vivísimamente impresionados por ella y regresaron a México al año siguiente con tal entusiasmo revolucionario que se ganaron el sobrenombre de «los profetas». El provincial Gutiérrez se puso al frente de la manifestación, cuyo primer efecto demoledor fue el cierre impremeditado del gran Colegio Patria, en el centro de la Ciudad de México, donde se formaban los cuadros directivos más influyentes de la sociedad mexicana. El provincial Gutiérrez cerró por las bravas el centro en 1970 contra justificadísimas protestas de los antiguos y actuales alumnos y de sectores muy sensibles de la sociedad mexicana. En mi recorrido por la Ciudad de México el mismo año en que escribo este libro crucé ante el solar desnudo del espléndido Colegio, situado junto a la iglesia donde residen hoy los jesuitas ignacianos, como custodios de una tradición eliminada. Me contaron que los Superiores de la Compañía B habían pretendido edificar un bloque de apartamentos sobre el inmenso solar vacío. Pero entonces apareció el generoso donante, que arrebató el solar a los jesuitas porque él se lo había cedido para un Colegio, no para hacer negocios inmobiliarios que, por cierto, él los sabe hacer mucho mejor. El ominoso cierne del «Patria» desencadenó una nueva crisis dentro de la provincia mexicana en 1972-1973. La mayoría de los «profetas» se largaron a casa después del estropicio. Otros jesuitas se refugiaron en sus trabajos pastorales e intelectuales y se aislaron. La visita del padre Arrupe en 1972 no arregló nada y molestó a todo el mundo por su irritante ambigüedad. Al año siguiente la sorda protesta de la Provincia forzó la dimisión del provincial. Ese mismo año 1973 los jesuitas Obeso y De la Rosa , del grupo de los «profetas» enviaron al padre Arrupe una carta insultante y se marcharon. En diciembre de 1972 la Provincia mexicana había cerrado su revista de debate interno *Pulgas* (sic) y la sustituyó por las actuales noticias, *Jesuitas de México*, que resulta no menos divertida.

El autor de la tesis, en un rasgo de humor negro, se la dedica al padre Arrupe quien si llegó a leerla, lo que no creo, se hubiera llevado el disgusto de su vida. Porque las conclusiones de la tesis, además de ciertas, eran terribles:

Al dedicarse a las ciencias sociales sin el más mínimo discernimiento del que tanto suelen alardear, los jesuitas «progresistas» de México llegaron a la repulsa del capitalismo y a la búsqueda, a veces intuitiva, del socialismo... Al cabo de estos años, la Compañía no era capaz todavía de dominar este proceso. Se daba en ella el efecto de destape de la caja de Pandora. Los conflictos

eran fuertes y vividos en perplejidad y confusión. La lucha ideológica entre grupos al interior de la propia Provincia llegó a obstaculizar el diagnóstico y la posibilidad de planeación, pues la hegemonía se polarizó entre los que ejercían un apostolado tradicional y los que exploraban caminos nuevos de trabajo[618].

Lo peor es que este cuadro mexicano se puede aplicar a la evolución de otras muchas Provincias de la Compañía de Jesús. La tesis que acabamos de presentar tiene un valor inmenso como testimonio desde dentro. Ante sus conclusiones parece que las cosas no podrían ir peor a los jesuitas de México desde el año 1973, en que se cierra el ámbito de investigación de la tesis. Pues han ido peor.

LOS SUPERIORES DE LA COMPAÑÍA DE JESÚS SE REBELAN CONTRA EL NUNCIO Y LE EXIGEN QUE SE MARCHE

Cuando llegué a México durante mi último viaje había pasado ya casi año y medio pero, como diría Luis María Anson, no se hablaba en México de otra cosa. Me contaron el episodio varias docenas de veces, asombrados. Me aseguraron que durante la semana del incidente, todas las centralitas del Arzobispado quedaron, como diría Luis María Anson, bloqueadas por horas y horas. Se había desencadenado una feroz ofensiva de los jesuitas de México contra el Nuncio, cuya trayectoria había sido, como me informaron innumerables personas y para decirlo con adjetivo patentado por Luis María Anson, impecable. Creo que tengo ya muy claro el suceso porque todas las personas decentes que me lo comentaron en México coincidían en el diagnóstico.

Juan Pablo II ha tenido casi siempre buena mano para elegir a sus Nuncios. Digo casi siempre porque uno le ha salido rana y por desdicha es español; pero hay más Nuncios españoles que siguen la regla general: son estupendos. Por ejemplo el Nuncio en Madrid, don Mario Tagliaferri, a quien aborrece don Alfonso Guerra; luego es excelente. Y además lo es por sus méritos, su firmeza y su prudencia, que conozco directamente; va a ser el único Nuncio de la Historia que ha desempeñado dos Nunciaturas de categoría cardenalicia, Madrid y París (además de la de Lima) por lo que cuando le llame el Papa a Roma tendrá que hacerle dos o tres veces cardenal, con lo que podrá decidir la elección del próximo Papa. Pues bien, el Nuncio de Su Santidad en México, monseñor Girolamo Prigione, es de la raza de los Tagliaferri y otros Nuncios de Juan Pablo II que han dado la vuelta, felizmente, a Conferencias episcopales tan reacias, digamos, como las de Chile y las de Brasil, y han confirmado definitivamente a otras muy divididas, pero de mayoría bien orientada, como la de El Salvador. Nada tiene de particular que los líderes de la Compañía B de México topasen con el Nuncio Prigione a fines de enero de 1994. Insisto, no se hablaba de otra cosa.

[618] L.J. Guerrero Anaya, *La Compañía...* op. cit. p. 144 (Tesis ms.).

Entre otros servicios impagables, como confirmar en la fe a sus hermanos y actuar como digno representante del mayor Papa de la historia moderna, el Nuncio Prigione había logrado, en colaboración con Obispos mexicanos de la talla de monseñor Reynoso, nada menos que restablecer plena y jurídicamente las relaciones entre los Estados Unidos mexicanos y la Santa Sede, brutal y absurdamente interrumpidas por los gobernantes sectarios de la Revolución, como ya sabemos. Este ha sido un servicio histórico a la Iglesia de México y a la Iglesia universal y a la nación mexicana. Pues bien, los jesuitas de la Compañía B le han pretendido enseñar lo que debe hacer y le han exigido personal y públicamente que se marche. Como dice un periódico partidario de la Compañía B, «es un hecho que no tiene precedentes en la historia de la Iglesia mexicana». Hasta la sectaria segunda República española mantuvo al frívolo Nuncio ante la Monarquía, Federico Tedeschini. Y lo peor es que los jesuitas de la Compañía B reaccionaron así ante una decisión del Papa, a propuesta del Nuncio, perfectamente legítima y justificada.

Los jesuitas de la Compañía B, además de zascandilear –dejémoslo así por el momento– en torno a la rebelión de Chiapas, han hecho desde que comenzó la crisis arrupiana, algunos movimientos sospechosos en México. Enredaron tanto en Monterrey, importantísima capital de una de las nuevas zonas industriales del Norte, donde el empuje de los empresarios va en camino de conseguir que los pobres se distancien de la pobreza, que las autoridades, presionadas por los empresarios hartos de opción por la pobreza, que no por los pobres, les expulsaron de Monterrey. Entonces se instalaron en la ciudad, no muy lejana, de Torreón, que rebasa ya el millón de habitantes, donde han desplegado un esfuerzo «pastoral» –así le llaman– e incluso universitario impresionante y mucho me temo que no van a tardar en chocar con dificultades semejantes. Pero lo que motivó la intervención del Nuncio fue su actuación en el Vicariato –de población indígena considerable– que regían en la Tarahumara, en la Sierra Madre Occidental. Había sido Vicario el jesuita monseñor Llaguno, el que autorizó los originales folletos «teológicos» que compré, como he dicho, en el Centro Javier. Pero los Nuncios suelen estar muy bien informados; hemos podido demostrar las aventuras sentimentales de la Reina Isabel II de España gracias a los informes semanales del entonces Nuncio en Madrid, monseñor Simeoni. El actual Nuncio en México disponía, sin duda, de información directa y contrastada sobre la actuación de los jesuitas, o algunos de ellos, en el Vicariato de la Tarahumara. Los jesuitas de México deseaban el nombramiento de uno de los suyos para suceder al Vicario, José Llaguno S.J. Pero a propuesta del Nuncio, una vez consultados los obispos de la región y la Sagrada Congregación para la Evangelización de los Pueblos, se dio a conocer el 29 de diciembre de 1993 que el Papa Juan Pablo II transformaba el Vicariato en diócesis normal. Decidía, además, cambiar la sede episcopal de Sisoguichi (mil habitantes) a Guachiochi (cuarenta mil). Y designaba primer obispo de la nueva diócesis a un ejemplar sacerdote diocesano cuyo único defecto, según los enemigos del Nuncio, era el de no ser jesuita ni liberacionista. Por lo visto el Vicariato y la diócesis eran permanente e inalterable propiedad de la Compañía B. De momento nadie protestó, sin embargo, hasta mediados de enero de 1994, dos semanas después del alzamiento marxista-liberacionista en Chiapas.

Abrió la caja de los truenos el 14 de enero de 1994 el auditor rojo del Concilio y dirigente de un partido marxista, José Alvarez Icaza, en *El Financiero* con unas declaraciones explosivas contra el Nuncio. Decreta Icaza que quien debería designar a los obispos era el cardenal primado de México y no el Nuncio, que «en los quince años que lleva en el país ha designado a cincuenta de los actuales obispos y ha mejorado la posición de otros 25». Icaza, evidentemente, desconoce que a los obispos les nombra el Papa, que los Primados no tienen nada que ver con el asunto y que la propuesta suele venir de las Nunciaturas, que cuentan con los asesoramientos espiscopales correspondientes; aviados estamos si sus asesoramientos del Concilio discurrían como ahora. El director del Centro Nacional de Comunicación Social atribuye al Nuncio la campaña contra el obispo Samuel Ruiz. Icaza llama mentiroso y calumniador al Nuncio a quien conmina «Yo le diría que renuncie cuanto antes» y no se refirió al conflicto de la Tarahumara pero dejó abierto el portillo para que los enemigos del Nuncio le recriminasen su actuación en el caso. Así lo hicieron inmediatamente los Superiores de la Compañía B.

Encabezados nada menos que por el Provincial de México, padre José Morales Orozco en carta que filtró, dicen a la prensa el propio Alvarez Icaza, donde sus párrafos principales aparecieron en el mismo periódico el 18 de enero. El padre Morales une muy sospechosamente en su reclamación al Nuncio los dos conflictos, el de Chiapas y el de la Tarahumara. Como el lector tal vez no se lo crea, he aquí los textos del padre Morales:

La carta que dirige el provincial de los jesuitas a Prigione es contundente. En un primer párrafo le hace una reflexión sobre el conflicto de Chiapas, protagonizado por la miseria indígena, y le invita a valorar sus culturas, tradiciones y valores. Los otros dos párrafos merecen ser transcritos:

En el contexto concreto que vivimos, piense que la Iglesia está llamada a poner signos más claros y eficaces de su amor preferencial por los indígenas, que son los más pobres de los pobres. Un signo concreto sería posponer la consagración del obispo de la nueva diócesis de la Tarahumara. La forma como se llevó el proceso del nombramiento del nuevo obispo y la determinación de trasformar el Vicariato en diócesis en contra del parecer de todos los agentes de pastoral, han sido interpretados como una forma de revertir el proceso de pastoral inculturada y comprometida en la defensa de los derechos humanos de los tarahumares, promovida por monseñor José Llaguno S.J. con apoyo de todos los sacerdotes, religiosos y religiosas del Vicariato. En la misma línea apunta la decisión de sacar la sede de la nueva diócesis de la sede indígena. ¿Por que no esperar a que el nuevo obispo tomara estas decisiones en vez de darlo todo «cocinado»?. Posponer la consagración del obispo hasta que la situación de Chiapas se aclare y tranquilice, realizarla en la catedral de Susoguichi –zona indígena– y repensar si conviene o no cambiar la sede, sería un signo de amor preferencial por los indígenas que ellos agradecerán profundamente.

Pido al Señor que abra su corazón para aceptar esta petición y le conceda su luz para discernir lo que sea para mayor bien de nuestros hermanos indígenas, que no siempre coincide con nuestros intereses. Y cualquiera que sea la decisión que se tome, reitero la voluntad de la Compañía de Jesús y de la pro-

vincia mexicana de colaborar con el obispo de la nueva diócesis en la medida de nuestros recursos, mientras él lo juzgue necesario.

La carta del Provincial al Nuncio es intolerable. Utiliza toda la jerga jesuítica liberacionista: el amor preferencial, el discernimiento, los signos. Se permite enseñar al representante del Papa cómo debe llevar los asuntos que le competen.

Y después de expresar tan descaradamente su rebeldía se declara dispuesto a seguir las instrucciones del nuevo obispo cuya consagración sugiere posponer. Por supuesto vincula el conflicto de la Tarahumara con el de Chiapas, por lo cual confirma nuestras sospechas sobre las verdaderas intenciones de los jesuitas en la orientación de sus misiones y enclaves de «apostolado». Por lo pronto ya habían creado un importante y peligroso territorio liberacionista al Norte de México, y trataban de vincularlo, en palabras del Provincial, con las selvas de Chiapas, al Sur. El propio Provincial se encarga de avisarnos sobre ello.

Pero la airada protesta del padre Provincial se publica en la prensa el mismo día que la descarada visita de dos importantes eclesiásticos al Nuncio. Ese hecho que, según el mismo diario, «no tiene precedentes en la historia de la Iglesia mexicana». En efecto, el sacerdote Antonio Roqueñí Ornelas, apoderado de la archidiócesis de México y el jesuita Enrique González Torres, director general de la Fundación para el apoyo a la Comunidad (FAC) y según mis informantes vicario de pastoral de la archidiócesis se plantaron en la Nunciatura y «le pidieron a Prigione que renuncie al cargo y abandone el país».

Los funcionarios –prosigue la noticia– actuaron por su cuenta, pero con todo el apoyo del arzobispo de México, cardenal Ernesto Corripio Ahumada, y como intérpretes del sentimiento de varios obispos mexicanos. Ambos se entrevistaron personalmente con el Nuncio para recordarle que los verdaderos representantes de las iglesias particulares de este país son los obispos y que a ellos les toca afrontar los problemas de sus diócesis.

Como funcionarios le reclamaron su actitud, siempre más allá del papel que tiene como nuncio, y como sacerdotes le hicieron una llamada a la reflexión para que reconozca sus errores y humildemente deje la nunciatura.

La entrevista fue áspera y el resultado está pendiente.

La conminación de los altos cargos del arzobispado, claramente sincronizada con la carta del Provincial, fue realmente insólita. El padre González Torres se había distinguido siempre por un comportamiento mesurado y respetuoso con los obispos y el Nuncio. Ahora, de pronto, se destacaba como rebelde, y mostraba una vez más cómo interpreta la Compañía B la obediencia al Papa, porque el Nuncio en México, como todos los Nuncios, había actuado en su función de representante del Papa. Además tanto él como su compañero de visita habían mentido al insinuar que el cardenal de México les respaldaba, así como otros obispos. Ni un solo obispo confirmó semejante falsedad y el cardenal la desmintió a vuelta de correo[619].

El arzobispo primado de México, cardenal Ernesto Corripio Ahumada negó que haya pedido la dimisión del Nuncio apostólico Jerónimo Prigione y valora la actuación el representante papal en México quien –dijo– «cumple instrucciones» y respaldó la decisión de la Santa Sede y del Episcopado mexi-

[619] «Heraldo» 19.1.1994.

cano de consagrar al obispo de la nueva diócesis de la Sierra Tarahumara el próximo día 25 de enero. A renglón seguido desautorizó a los dos insolentes sacerdotes que se habían atrevido a exigir la dimisión al Nuncio y negó la información facilitada por ellos sobre protestas del episcopado por este asunto. Reveló que el nombramiento del nuevo obispo, don José Luis Dibildoux Martínez, se decidió tras consulta a los obispos de la región. Al dar la noticia, este diario puntualiza que la filtración de la carta del Provincial al Nuncio se debió al señor Alvarez Icaza, que parece ser el director de la campaña. Varios obispos de México expresaron inmediatamente su acatamiento a la Santa Sede y su repulsa a los ataques contra la Nunciatura. En *El Financiero* del 22 de enero el presidente de la Conferencia Episcopal mexicana, monseñor Adolfo Suárez Rivera, arzobispo de Monterrey, calificó de «irresponsable» la exigencia de dimisión presentada al Nuncio y en el mismo sentido se pronunciaron numerosos obispos, que como su presidente recordaron los grandes servicios prestados a la Iglesia y a la nación por monseñor Prigione, por ejemplo haber logrado el restablecimiento de relaciones entre la Iglesia y el Estado; identificó a los acusadores del Nuncio como faltos de visión y sembradores de cizaña. Pese a todas las protestas el 25 de enero se celebró la consagración del nuevo obispo, monseñor Dibildoux, en su nueva sede con diez obispos presentes, encabezados por el presidente de la Conferencia Episcopal y el gobernador del Estado de Chihuahua que recibió a los prelados en el aeropuerto. Varios jesuitas se solidarizaron también con el nuevo obispo y manifestaron en la prensa[620] su extrañeza porque las protestas no se formularon hasta pasado el estallido de la rebelión en Chiapas. La Curia Romana había replicado tajantemente a la carta del Provincial de los jesuitas y al desplante de los altos funcionarios del arzobispado de México con un decreto en regla por el que confirmaba la designación y la inmediata consagración y toma de posesión de monseñor Dibildoux. Se expresaron toda clase de agradecimientos a los jesuitas por su labor misionera, pero la naciente diócesis de la antigua capitanía española de Nueva Vizcaya empezó su vida autónoma bajo un prelado que jamás consentirá allí la erupción de otra Chiapas. El Nuncio asistió tranquilamente a la consagración y declaró allí que quienes habían impugnado las decisiones no suyas, sino de la Santa Sede, «son solamente un par de sacerdotes y no más». Los jesuitas de México perdían así la dirección de una diócesis en cuyo territorio habían trabajado durante los cien últimos años. Algún tiempo después, el 25 de abril, se publicaron unas extensas declaraciones del padre Morales, el Provincial protestón[621] en que afirmaba: «A los jesuitas nos quieren reducir al ámbito de la sacristía, del culto. Pero tenemos el derecho y la obligación de participar en el terreno económico y político. Es nuestra misión ética». Es decir que la supresión de la actividad específicamente política en la Congregación General 33 no le importaba mucho al Provincial, que rechazaba las imputaciones de un sector de la Prensa sobre la implicación de la Compañía en el conflicto de Chiapas. Tenía razón al negar la identidad jesuítica del subcomandante Marcos. Pero distorsionaba la posición de San Ignacio al identificarla con la «promoción de la justicia» y no decía una palabra sobre los intentos de reconducción por parte de los Papas. Envolvía además en efugios verbales las acusaciones

[620] «Heraldo» 25.1.94.
[621] «Proceso» 912 (25.4.94).

más que demostradas sobre la teología de la liberación Reconoció que Marcos «maneja elementos de cultura clerical» y aseguró que el trabajo de los jesuitas continúa normalmente en la Tarahumara. Sin embargo algo había detrás de su protesta de enero anterior sobre las decisiones de la Santa Sede en torno al vicariato jesuítico. Su carta al Nuncio combinada con la campaña de repulsa y sobre todo con el inconcebible ultimatum que personalmente le comunicaron al Nuncio el padre González Torres y su acompañante sugieren algo muy importante que aún no conozco bien.

Sin embargo han ocurrido en el año 1995 dos hechos que revelan la escasa influencia de la Compañía B en los altos asuntos de la Iglesia de México. Me informaron durante mi estancia que la retirada del Nuncio, prevista ya antes de los dos escándalos de Chiapas y la Tarahumara se ha prolongado indefinidamente. Y a mediados de agosto de este mismo año la Santa Sede ha nombrado un obispo auxiliar de confianza al aguerrido monseñor Samuel Ruiz. Esta clase de nombramientos suelen ser equivalentes a un estrecho marcaje del obispo así «auxiliado». Y pronostican, de momento, una neutralización, en espera de la dimisión definitiva.

LA ACUSACIÓN CONTRA LA UNIVERSIDAD IBEROAMERICANA

Voy a cerrar estos apuntes sobre los jesuitas de México con la presentación de un documento estremecedor, firmado el 21 de noviembre de 1994 por un conocido y respetado párroco de la capital, una distinguida profesora de la Universidad Iberoamericana, que rige la Compañía de Jesús en la Ciudad de México, señora de probada fe y pertenencia profunda a la Iglesia católica y tres representantes de la Asociación Nacional de Padres de Familia de México, dos de los cuales son miembros de una conocidísima familia mexicana, a la que pertenece uno de los mejores escritores políticos de la nación, cuyos libros mortalmente irónicos han contribuido en primera línea a desenmascarar la corrupción constituyente del régimen mexicano. El informe acusatorio, que consiste en una serie abrumadora de testimonios personales, y está avalado por un conjunto documental impresionante, consta en su cuerpo principal de 61 páginas y lo he contrastado durante mi último viaje con plenas garantías. No transcribo las firmas para no comprometer a los autores del informe, que por otra parte ha circulado, hasta ahora con discreción, en altas instancias de la Iglesia de México. Sus autores, afectados personalmente o en sus familias por los hechos inconcebibles que describen con pasmosa frialdad –aunque en algunos momentos se les desborda su sentimiento católico, su lealtad a la Iglesia y su amor frustrado a la Compañía de Jesús– han recurrido, ante todo, a todas las instancias de la propia Orden, en la que recae la responsabilidad de las acusaciones «sin resultado alguno, sino, por el contrario, empeorándose cada vez más las situaciones». En vista del silencio de los principales afectados elevaron su informe al Nuncio, monseñor Prigione, para que se lo hiciera llegar al propio Papa si lo consideraba conveniente.

La Compañía de Jesús cerró por las bravas, injustificadamente, su famoso Colegio Patria en la Ciudad de México pero mantiene en la misma ciudad la Universidad Iberoamericana, la «Ibero» con varios centros más en las principales ciudades de la nación, como Guadalajara, León, Puebla, Torreón y Tijuana. Pero el informe, que se hace extensivo al conjunto de esos centros universitarios, se concentra sobre todo en el de Ciudad de México y todavía más en su Centro de Integración Universitaria (CIU) que consta de dos departamentos: Introducción al Problema del Hombre e Introducción al Problema Social. Los cursos impartidos en estos dos departamentos son obligatorios, hasta un elevado número de créditos, para todos los estudiantes de la Iberoamericana. Los profesores («maestros» según la tradicional denominación mexicana, que proviene de las primeras Universidades españolas y se aplica a la persona que desempeña una cátedra) son casi todos seglares, dada la escasez de jesuitas en México; en alguno de los Centros de la Iberoamericana apenas queda ya alguno. La Universidad se anuncia como «de inspiración cristiana» e incluso ofrece formar a sus alumnos «en el humanismo integral cristiano» aunque me temo que Jacques Maritain, a quien se debe, como sabe el lector, esa hermosa expresión, no figura como texto, ni de lejos, en los programas del Centro de Integración, que se identifica como el centro formativo básico de toda la Universidad, la cual no quiere limitarse a la preparación de «profesionistas». Me gustaría ofrecer el informe completo pero sólo puedo presentar algunos puntos significativos de la denuncia.

1.– Al hacerse obligatorios los cursos del Centro de Integración **hicieron falta muchos maestros para poder dar abasto a todo el alumnado, y se contrató a muchos filósofos, sociólogos etc., no creyentes y seguidores de un humanismo ateo.(p.4).** Tras una investigación en todos los centros de la Iberoamericana, **se encontró que en materia de religión el joven estudiante acepta la figura de Cristo pero rechaza a la Iglesia. Lo lógico habría sido que al conocer estos resultados los jesuitas, a quienes Ignacio fundó para defender a la Iglesia, se pusieran a trabajar para ayudar al joven a conocerla y amarla pues a Cristo no se le puede separar de ella. En lugar de esto lo que han hecho ha sido hablar mal de la Iglesia y del Papa ellos mismos en presencia de maestros y alumnos; el padre Luis González Cosio ha cometido este error en diversas ocasiones (p. 5).**

A la vista de esta situación varias madres de familia católicas, psicólogas de profesión (se dan los nombres) pidieron hablar con el entonces Rector de la Iberoamericana, padre Carlos Escandón S.J. **Por ello –le dijeron– les llamaba mucho la atención que en la Maestría de Desarrollo Humano en la «Ibero» se hablara de reencarnación, de que el ser cristiano obstaculiza el que logres tu plenitud humana, que se ridiculizara al servicio y amor al prójimo considerando dichas actitudes como enfermedades psicológicas... También le dijeron que en las materias de integración se estaban haciendo cartas astrales e interpretando según los signos del zodíaco la vida de los muchachos... El Rector les dijo que en la Iberoamericana se quería gente de criterio amplio y que no se trataba de una universidad católica sino solamente de inspiración cristiana, así que cualquier persona que**

quisiera difundir o trabajar en lo específicamente católico podrá irse a otro lugar. (p. 7)

2.– Hace un año un sacerdote llamado Pedro Escobar S.J. invitó a un grupo de señoras a unos «Ejercicios ignacianos» en los que nunca se hizo oración, no se leyó a San Ignacio, ni el Evangelio, pero se trataron asuntos íntimos muy desagradables, especialmente en las misas en las que dicho Padre se la pasó quejándose de lo malos que eran los jesuitas con él. Insistía en que después de comulgar había que experimentar un orgasmo físico. Después se supo que venía del Ecuador por haber causado estragos en aquel país. El padre Provincial actual, José Morales S.J. le permitió estar en México y hoy día trabaja en la universidad Iberoamericana y vive en la comunidad de jesuitas de Santa Fe (p. 8).

3.– El informe ofrece ahora la relación de los coordinadores de los departamentos, que trabajan a las órdenes del jesuita González Cosio. Esos nombres son: Maestra Josefina Ceballos, coordinadora de la materia «Introducción al problema social». Licenciada Patricia Villegas, coordinadora de «Introducción al problema del hombre». Maestro Andrés Ancona, que con el licenciado Antonio Hernández Magro coordinan las materias de «Apertura a la trascendencia». La maestra Ceballos **da la misma veracidad a la consulta de la Biblia que a la de un horóscopo. Dice que todo es relativo, es la responsable del material que se escogió para que lo leyeran los alumnos, fue la que tomó la decisión de no incluir ninguna encíclica papal ni ningún documento de la Iglesia. Lo que sí se ha incluido a lo largo de todo el año son las cartas del subcomandante Marcos.**

A las órdenes de los coordinadores trabajan maestros como Leonardo Méndez Sánchez, a este filósofo incluso el Provincial de la Compañía de Jesús padre José Morales. le ha pedido asesoría y ha tomado muy en cuenta sus opiniones en sus decisiones como Provincial, siendo que Leonardo se ha confesado no creyente en algunos foros, de tendencia marxista en otros, anticlerical en otros. No cree que la religión sea algo más que un paliativo que emplea la gente cobarde... **Militó desde joven en grupos izquierdistas y junto con otros maestros (cinco nombres entre ellos el de Josefina Ceballos) ha recibido gran apoyo de algunos jesuitas que van en la línea de la teología de la liberación (incluido el provincial.)**

4.– El informe acumula datos sobre toda clase de intrigas dentro de la Iberoamericana entre maestros y maestros, ente jesuitas y jesuitas. Las máximas acusaciones que esgrime el grupo dominante del Centro de Integración Universitaria para descalificar a los jesuitas y maestros católicos que están con la Iglesia son «mocho», «piadoso» y «poco científico» aunque cualquier semejanza de la doctrina impartida por tales maestros con la ciencia es pura casualidad. Así legaron la destitución del jesuita Xavier Cacho, que trató de poner orden en aquel avispero a partir de 1992 y le sustituyeron por el padre Luis González Cosio, mucho más acorde con el grupo a quien los informadores denominan «mafia». Otra perla del grupo es una licenciada sobre la que los firmantes se explayan en contar historias escabrosas que parecen de ciencia-ficción. Páginas y páginas que dibujan un cuadro increíble, casi imposible, pero desgraciadamente cierto. Mezcla detonante de teología de la liberación, adoración al subcomandante Marcos, desprecio de la Iglesia y especialmente del Papa Juan Pablo II, alejamiento absoluto de toda formación evangélica, de toda doctrina de la Iglesia, de toda la tradición cristiana. Tanto que los informantes, que son enteramente contrarios a la teología de la liberación, llegan a añorarla porque al menos así los alumnos oirían alguna vez habar de Dios aunque fuera de forma desviada. Uno de los coordinadores, el maestro Andrés Ancona, **ha llegado en sus clases a distribuir bebidas alcohólicas a espaldas de los jesuitas, supuestamente para que los alumnos «captasen mejor la sensibilidad de los textos del gran poeta Ernesto Cardenal». Este individuo se pasó un semestre hablando de Marylin Monroe, cuando impartía la materia «Valores humanos, valores cristianos». Los alumnos que llevaban esta materia salieron muy enterados de los chismes de cómo la Monroe había sido amante de los Kennedy, drogadicta y otras bellezas y que, al final se había suicidado. Jamás en todo el semestre se abrió la Biblia en clase, nunca se les mencionó ejemplos que de verdad encarnan los valores humanos y cristianos como la madre Teresa de Calcuta o el padre Pro, que además de ser jesuita es mexicano**. Otro maestro, Gabriel Rico Valera, exigía a los alumnos que le llamasen por su título, que dijo ser «subcomandante Gabriel» y «difunde por toda la zona que la Compañía de Jesús tiene que ver, estaba involucrada en el conflicto chiapateco» (p. 37). El maestro Rafael del Regil es de la misma cuerda; **Estudió periodismo, se dice gran admirador del subcomandante Marcos y parece ser que este dato fue suficiente para que el padre Luis González Cosio le encargara de las publicaciones del Centro de Integración Universitaria. El maestro del Regil rápidamente sacó a la luz un libro sobre Chiapas y empezó a recopilar las cartas del subcomandante Marcos; ambos escritos de lectura obligatoria para los alumnos de la Iberoamericana**. La guinda la pone un maestro jesuita, Gerardo Anaya Duarte, **que niega en sus clases la autenticidad de la Virgen de Guadalupe considerándola simplemente un mito**. (p. 44).

Yo conocía desde hace bastante tiempo alguna de estas atrocidades de la Universidad Iberoamericana, pero al verlas todas juntas (no he ofrecido más que un breve resumen de las nuevas flores del mal) comprendo mejor que con otros ejemplos la degradación, la confusión, la desorientación insondable a que han llegado estos jesuitas «B» de México, a quien su obra más importante en la nación se les ha ido de las manos. Hay un momento del informe en que los maestros seglares de uno de los centros de la Iberoamericana, casi privado ya de jesuitas, se decían entre si que sólo habrá que aguardar un poco hasta que todos los jesuitas desaparezcan para que entonces el centro universitario caiga en manos de ellos, los profesores seglares. Aquí ha ido a parar el servicio de la fe y la promoción de la justicia. Que se han convertido en el servicio de la increencia y la promoción de la estupidez.

Nos queda, sin embargo, una última sorpresa mexicana en este libro, una sorpresa que hará las delicias de Jacobo Zabludowski. Y va a saltarrnos en dos tiempos, en México y en Roma, a propósito de la recentísima Congregación General XXXIV de la Compañía de Jesús.

SECCIÓN 11: LOS DOCUMENTOS RESERVADOS Y SECRETOS DE LA CONGREGACIÓN GENERAL XXXIV: LOS DOS MENSAJES A CHIAPAS

CONGREGACIONES PROVINCIALES: PRIMER MENSAJE A CHIAPAS

El trabajo de campo para reunir la documentación sobre la Congregación General 34 de la Compañía de Jesús, celebrada entre principios de enero y fines de marzo de 1995, ha sido agotador; nos ha llevado por media docena de países donde pronto encontramos los documentos reservados (sólo para uso de los jesuitas) en Roma y un extracto demasiado breve de los documentos secretos en los Estados Unidos. Por fin y cuando ya desesperábamos de conseguirlo nos llegaron providencialmente dos copias a la vez de los documentos secretos, desde países muy alejados entre sí. En medio de todas estas andanzas conseguimos reunir muchos datos y documentos más, de alto interés en algunos casos, de sugestivas descripciones ambientales. En España la mejor información sobre la asamblea la ha publicado Santiago Martín en ABC; mejor que la ofrecida por las revistas oficiosas de los jesuitas en Estados Unidos, que suelen ser muy abiertas y fiables. Santiago Martín ha informado con detalle y acierto, aunque me parece que con una punta de optimismo; al menos eso he deducido a través de numerosas entrevistas con jesuitas de varios países y de varios pelajes en el curso de nuestra difícil aventura informativa. Pero creo que todo el esfuerzo ha valido la pena.

Las Congregaciones Provinciales se habían celebrado en octubre y noviembre de 1994, según el procedimiento electoral reformado en la Congregación 31, y como era de esperar de tan poco democrático sistema la mayoría de los delegados elegidos pertenecerían a la Compañía B. Sin embargo aun entre éstos se notaba, como pude comprobar personalmente en algunas conversaciones y algunos testimonios –sobre todo en los Estados Unidos– la huella de una seria reflexión sobre los errores y disparates que habían conducido a la Compañía a su actual estado de relajación y degradación. Esta nueva actitud, todavía muy insuficiente, resultaba por fin algo esperanzadora. Por ejemplo el libro del jesuita americano Tripole, que ya hemos citado, *La fe más allá de la justicia* había conseguido un eco importante en las revistas oficiosas de la Orden en los Estados Unidos[622], en las que se llegó a pedir abiertamente que la Congregación general 34 estableciese la primacía del servicio a la fe y sin desatender el apostolado social expresara más recelos aún que la 33 ante el compromiso político y restableciese modos de actuar y comportamientos apostólicos más tradicionales. Pero a la vez quienes así pensaban solían insistir en que no se descalificase la promoción de la justicia, e incluso se exaltara ante toda la Iglesia la figura del padre Arrupe y el presunto martirio de los jesuitas

[622] Ver el artículo de David L. Fleming en «National Jesuit News» nov. 1993 p. 20. «¿Por qué no decir promoción de la fe y servicios a la justicia?. Eso era mentarles la bicha a los liberacionistas.

en San Salvador. Los delegados electos y el propio General se iban poniendo de acuerdo, silenciosamente, en promover la beatificación del anterior General, fallecido en 1991, y de las víctimas de 1989. Con todo respeto me temo que la rápida beatificación de monseñor Escrivá de Balaguer les había provocado una santa envidia tremenda. Por otra parte los jesuitas ignacianos con quienes he podido hablar durante el año anterior a la Congregación 34 se mostraban abatidos y escépticos; pensaban que la degradación de la Compañía era ya irreversible y que la Congregación iba a resultar nada entre dos platos; la Compañía B no podría hacer nada peor ya ante el férreo marcaje del Papa y ellos, los residuos de la Compañía A, estaban definitivamente cansados y sin ganas de lucha. Se resignaron a la marginación y naturalmente fueron sistemáticamente marginados como en los últimos treinta años.

Por eso las Congregaciones Provinciales depararon pocas sorpresas. Los diecisiete delegados españoles fueron los siete Provinciales y los elegidos por las Congregaciones provinciales Guillermo Rodríguez Izquierdo, ex-rector del ICAI/ICADE y no sé si de toda la Universidad Comillas, que se organizó con motivo de su nombramiento en Madrid una campaña de relaciones públicas digna de Rafael Ansón; José Ramón Busto, tal vez para que explicase ante la Congregación su original «Cristología para empezar»; el profeta del Decreto IV, Alfonso Alvarez Bolado, que volvía de su eclipse en la Congregación General anterior; el padre Urbano Valero, procurador general en Roma y otros. Las delegaciones norteamericanas iban a Roma con mayoría más que absoluta de la Compañía B lo mismo que la de México, encabezada por el Provincial José Morales. A propósito: nunca pude imaginarme que esta trabajosa sección sobre la Congregación 34 iba a empezar con un mensaje a Chiapas en México y luego terminaría con un mensaje sobre Chiapas desde Roma. Pues así fue; debió entronizarse un gran retrato del subcomandante Marcos, para ser coherentes, en la misa de clausura en el Gesú. El primer mensaje lo dirigió al obispo de San Cristóbal de las Casas don Samuel Ruiz la congregación provincial mexicana reunida en Puente Grande, Jalisco, el 3 de noviembre de 1993, cuando Marcos daba ya los últimos toques para desencadenar su rebelión. En realidad los jesuitas de México trataban de lanzar una carga de profundidad contra el Nuncio, que por entonces trataba de cumplir los deseos del Papa y obtener por las buenas la dimisión de don Samuel. Lo cierto es que a don Samuel este compromiso de los jesuitas y desde el 1 de enero la declaración de guerra abierta por parte de Marcos al gobierno del PRI le vinieron divinamente para mantenerse en su diócesis por fas o por nefas.

Muy querido Don Samuel:

Los jesuitas reunidos en Congregación Provincial, electos por los miembros de la Compañía de Jesús en el país, hemos seguido muy de cerca las noticias que llegan en torno a la posibilidad de que sea separado de la Diócesis que usted preside en circunstancias que nos parecen inoportunas e injustas. En la Eucaristía diaria hemos pedido al Padre de Jesús por Usted y porque se resuelva el problema de acuerdo a la verdad y la justicia y al bien del pueblo al que sirve, especialmente a los indígenas para que el Evangelio y la fe cristiana tengan rostro tselta, tsotsil, chol, tojolaba, zoque, mam y lacandona, y

exista una Iglesia autóctona que haga justicia al proyecto de Jesús y a las opciones que tomó la Iglesia en Santo Domingo.

Todo ese trabajo ha dado como resultado la creación de comunidades más organizadas y participativas, tanto en lo eclesial como en lo civil. Un retiro suyo antes de tiempo podría traer consigo el desmantelamiento del trabajo realizado durante tantos años. Consecuencia dolorosa de ello podría ser la pérdida de credibilidad de la Iglesia entre los campesinos e indígenas de Chiapas y de otras partes del país y Centroamérica.

Usted ha sufrido con frecuencia ataques y calumnias por parte de los grupos de poder, como consecuencia de su firme compromiso con la vida y los derechos de los indígenas y de los refugiados. Estos grupos son en gran parte los causantes de la injusticia y la violencia que pesan sobre la vida de los pobres. Por esas misms razones Usted ha tenido que enfrentarse con el poder político. Pensamos que es probable que todo eso pese en las acusaciones que ahora se le hacen.

Nos ha alegrado el apoyo que ha habido de parte de algunos obispos, así como nos ha entristecido el que otros se hayan hecho eco de acusaciones que consideramos injustificadas: juzgar a un hermano públicamente y dar por hecho un supuesto error sin que haya precedido la advertencia ni un juicio adecuado, es contradictorio con el espíritu del Evangelio.

Por eso queremos expresarle nuestra cercanía con Usted en este momento de prueba y nuestro reconocimento a su trabajo pastoral, realizado en medio de tantas contradicciones. Nos ha edificado también la actitud tan eclesial y evangélica con que ha afrontado este problema, dispuesto a obedecer, pero dispuesto también a defender lo que, como usted mismo ha dicho, no es problema personal ni de su diócesis sino de la línea asumida por la Iglesia de América latina, la opción preferencial por los pobres y la inculturación del Evangelio. Creemos también que está en juego el derecho y el deber que tienen los obispos de ejercer un magisterio ordinario adecuado a la situación que conocen mejor que otras personas que no viven en su situación y de gobernar su diócesis responsablemente, en comunión con Roma y con los demás obispos pero con la autonomía que le reconoce la tradición secular de la Iglesia, confirmada por el Concilio Vaticano II y aprobada por el Derecho Canónico. Si esto llegara a olvidarse y oscurecerse en la Iglesia resultará en serio detrimento de la vida y la misión de la misma.

Nuestra petición a Dios, nuestro Padre, es doble; que a usted y a su diócesis, con la que trabaja en comunión y participación ejemplar, les dé fortaleza y espíritu de discernimiento para que sigan actuando evangélicamente y que ilumine a quienes tengan que tomar decisiones en este asunto para que no resulte frustrada la esperanza de los pobres.

Amigos y hermanos en el Señor

Provincia Mexicana de la Compañía de Jesús

Congregación provincial. Firman el Provincial, José Morales Orozco, y cincuenta firmas más[623]. Renuncio a comentar esta curiosa carta, en la que los

[623] «Jesuitas de México» 3 (otoño-invierno 1993).

jesuitas mexicanos definen la misión de los obispos y la conveniencia de mantenerlos o no. Esta carta ella se alaba.

Se acercaba ya la apertura de la Congregación 34. Las oficinas de prensa de la Compañía de Jesús en Roma y en todo el mundo trabajaban a destajo para llamar la atención sobre la importancia de la asamblea, pero como hemos visto ni los propios jesuitas de uno u otro signo se interesaban mucho por ella ni la opinión pública esperaba noticias sensacionales. Estábamos en Roma cuando se celebró la rueda de prensa en vísperas de la inauguración y las informaciones de la prensa italiana parecían muy al margen del acontecimiento. En muchos medios se trató de concentrar la atención sobre la reforma de las Constituciones ignacianas, pero el padre General se apresuró a desmentir la noticia que sin embargo no era falsa; las Consituciones iban a quedar intangibles, como una venerada pieza de museo, pero la Congregación iba a acometer reformas sustanciales que, una vez aprobadas, aparecerían como refundición legislativa sobre los decretos de las Congregaciones Generales anteriores. Pero como esos Decretos, sobre todo los de las tres últimas Congregaciones, eran muchas veces ambiguos y se prestaban a desviaciones notorias como el tristemente famoso Decreto IV de la Congregación 32, ni los jesuitas ni los observadores concedían a priori excesiva credibilidad a la Congregación inminente. Lo cierto es que después de estudiar a fondo la documentación, todavía secreta, de esta Congregación sigo preguntándome por qué y para qué se convocó. El 2 de enero de 1995 Santiago Martín, que generosamente trató de animar en ABC unas expectativas casi inexistentes, titulaba a doble página: «Compañía de Jesús, renovarse o morir». El mismo título hubiera servido para la Congregación 31, la 32 y la 33. Ahora ya sonaba a cosa sabida, a rutina. En esos tres casos la renovación fue un equivalente de la muerte lenta. En la Congregación 34 ni eso; nada entre dos platos.

LOS DOCUMENTOS RESERVADOS

Los jesuitas amigos, de una u otra tendencia, con quienes he comentado los documentos de la Congregación General 34, me han recomendado que no haga mucho caso de los documentos impresos que he llamado «reservados» porque no expresan la realidad de lo sucedido, que sí aparece en los documentos, no impresos aún que yo sepa, que he llamado «secretos». Aun así resumiré la información que aparece en los «reservados»[624]. A las ocho de la mañana del 5 de enero de 1995 el cardenal Eduardo Martínez Somalo, prefecto de la Congregación para los Institutos de Vida Consagrada y Sociedades de Vida Apostólica (cuánto barroquismo, antes se decía simplemente «Congregación de Religiosos») presidía la concelebración de la Misa inaugural de la Congregación 34, a cuyos 223 miembros dirigió una breve homilía en que glosó el Evangelio del día, la vocación del apóstol

[624] «Información S.J., 49 (mayo) junio 1995 34 páginas.

Felipe, citó a Ignacio y Javier, recordó la escasez de vocaciones y muy intencionadamente les pidió que «no olvidasen la historia de la Compañía». (Documentos reservados, en adelante DR p. 74). Acto seguido se produce la gran sorpresa. Los delegados se trasladaron al Vaticano, donde fueron recibidos por el Papa Juan Pablo II que les dedicó un importante discurso, que no aparece en los documentos reservados, que son los oficialmente publicados por la Compañía. Menos mal que Santiago Martín nos saca de apuros al publicar certeramente el discurso papal en ABC, en crónica del corresponsal en Roma Miguel Castellví, del Opus Dei[625]. Entre los elogios de rigor en la etiqueta vaticana el Papa habló a los jesuitas con su claridad acostumbrada. **La Compañía es, totalmente y sin reticencias, de la Iglesia, en la Iglesia y para la Iglesia. Y está llamada ante todo a reafirmar sin equívocos su vía específica a Dios. Fue derecho al cuarto voto y afirmó que «con la visita de los delegados se quería subrayar el singular carisma de adhesión al Sucesor de Pedro que según San Ignacio debe caracterizar a la Compañía de Jesús».**

La Congregación estudiará la misión que corresponde a los jesuitas en la nueva evangelización del Tercer Milenio, revisará las normas internas para actualizar la organización y legislación para rendir un servicio siempre más adecuado y fiel a la Iglesia según un plan cuidadosamente preparado en colaboración con el Vaticano. (Me temo que esta última frase sea una intencionada «morcilla» de Castellví, que es un lince).

Cara al Tercer Milenio la Compañía está llamada a reafirmar sin equívocos y sin dudas su específica vía a Dios según San Ignacio la ha trazado en la Fórmula del Instituto.

Repitió las palabras del «Siervo de Dios» Pablo VI a la Congregación General XXXII. Ya conocemos esas palabras sobre la espiritualidad de San Ignacio, sobre la identidad inequívoca de la Orden, el párrafo con mayor contenido dentro del broncazo que en aquella ocasión dirigió aquel Papa a los jesuitas desmandados, que como sabemos no le hicieron caso. Tras insistir en la orden de Pablo VI para que las innovaciones no se hicieran «en detrimento de la identidad fundamental» de la Compañía Juan Pablo II dirigió a los jesuitas de 1995 su propia reprimenda: **No tengáis miedo a ser siempre más auténticos hijos de San Ignacio, viviendo plenamente la inspiración original y el carisma en este último tramo del siglo, ... Os pido ser testigos de la primacía de Dios y de su voluntad, «ad maiorem Dei gloriam»; la vida religiosa, el apostolado, el compromiso en el mundo de la cultura y de lo social, la preocupación por los pobres deben tener siempre como única finalidad la mayor gloria del Señor. Todo esto lleva a subrayar fuertemente la primacía de la espiritualidad y de la oración; desatenderlo significaría traicionar el don que estáis llamados a ser para la Iglesia y el mundo. Les pidió que fueran dignos de la historia de su Orden, evitando los peligros que suponen los nuevos nacionalismos, las ideologías radicalizadas, el sincretismo religioso y ciertas interpretaciones teológicas del misterio de Cristo...**

Y para demostrar que nada había cambiado y nada iba a cambiar en la Compañía ante admonición tan dura y tan clara los jesuitas no incluyeron este dis-

[625] ABC 6.1.95 p. 46.

curso del Papa en sus documentos informativos oficiales sobre la Congregación General 34.

En cambio reproducen extensamente las alocuciones que el padre General dirigió a la Congregación durante los tres primeros días de retiro espiritual. En la primera alocución, el 5 de enero, el padre General describe lo que es una Congregación general en la mente y los escritos de San Ignacio; un encuentro «más carismático que democrático» pero al descender a citas concretas sólo apela al Decreto IV de la Congregación 32, en cuanto a su objetivo de «cambiar nuestros esquemas de pensamiento». Es un hermoso discurso, con muchas invocaciones al Espíritu, pero que se queda en las nubes y no dice una palabra sobre la severa admonición de Juan Pablo II en colaboración con Pablo VI.

La segunda alocución, en la fiesta de los Magos, es literaria y teóricamente preciosa, y lo digo con plena sinceridad. Se abre con una cita a otra preciosa idea de Pierre Teihard de Chardin, cuando pedía que la «Epifanía» se cambiase por «Diafanía». Y combina en luminosos párrafos el mensaje evangélico de los Magos con la doctrina de los Ejercicios de San Ignacio ante este episodio. Hasta insinúa una seria autocrítica al recordar el cambio de camino que los Magos, por inspiración divina, decidieron: «¿O es que hemos perdido el camino y no sabemos a dónde vamos?». (DR p. 85). Lástima que, por lo que sigue, se trata sólo de una pregunta retórica. El padre General no la responde, y en esa respuesta hubiera estado, realmente, el camino.

El 7 de enero el padre Kolvenbach habló, más brevemente, sobre las Constituciones de San Ignacio a las que el mismo Fundador vio siempre como inacabadas y adaptables a los tiempos. Esto es precisamente lo que va a hacer esta Congregación General; fiel al espíritu de las Constituciones, dejando incólume el texto, revisar la legislación concreta que de ellas se deriva. Volvió a hablar el padre General ante el Pleno del 24 de febrero, antes de que se debatiera la nueva ley de la Compañía, es decir la adaptación de las Constituciones. Antes de sus palabras el ya Cardenal Paolo Dezza saludó a la Congregación. Evocó las seis anteriores Congregaciones Generales en que había participado. Pero, siempre fiel a la Iglesia, aprovecha la ocasión para recordar a los congregados, con palabras de Pablo VI, su inmensa responsabilidad (DR p. 94).

Termina la colección de documentos reservados con la homilía final del padre Kolvenbach el 22 de marzo de 1995 en la iglesia del Gesú. Del fondo del alma se le escapa un grito de pesimismo: «¿Por qué hacerse ilusiones?» (DR p. 99). Y deja prendida en el futuro la duda de si habrá o no habrá auténtica conversión en la Compañía de Jesús. Esta actitud es muy significativa, porque desde los observatorios exteriores, y sintiéndolo muy sinceramente, no vemos precisamente muchos signos de conversión, ni en el comportamiento de muchos jesuitas, que siguen en sus trece, ni en la forma de gobernar del propio General. En este libro no faltan pruebas de ello, que van a rematarse en este mismo capítulo con la inconcebible misiva de la Congregación General al Presidente de México.

El mismo día el padre General, que había exaltado el proceder silencioso de la Compañía y había aconsejado trabajar sin publicidad, presidió, con su ya clásica incoherencia, una rueda de prensa. (DR p. 99). Comunicó el resultado de las elecciones para constituir un nuevo Consejo General: el padre Elías Royón, designado como primer Asistente para la nueva Asistencia de Europa meridional; los consejeros generales ejercerán también como Asistentes regionales. Junto al padre Royón fueron elegidos el padre Marcel Matunguilu, de Zaire, Asistente de Africa; el alemán Köster Wendelin para Europa Central; el brasileño Joao MacDowell para Hispanoamérica meridional; el exprovincial de Centroamérica Valentín Menéndez para Hispanoamérica septentrional; el indio Julio Fernandes para Asia Meridional; el malayo Paul Tan Cheeing para Asia oriental; el francés Jacques Gellard para Europa occidental; el americano Frank Case para Norteamérica. (ABC 7.3.95 p. 66). Era un equipo ecuménico, sin duda. El padre General comunicó a los periodistas que la Congregación 34 «había puesto al día los textos fundamentales de la Compañía y situó su misión en los umbrales del nuevo milenio» (DR p. 99). Aseguró que «lo esencial ha quedado sin cambiar» pero la labor legislativa ha sido tan intensa y vasta que no ha supuesto «refundar la Compañía» sino «reformularla». La Congregación ha tomado conciencia «de la disminución numérica y el progresivo envejecimiento de las fuerzas disponibles, con sus inevitables consecuencias de cansancio y lastre», expresión poco amable para los veteranos. Luego dice una cosa tremenda: «es el precio que hay que pagar por trabajar en condiciones exigentes y para continuar en apostolados de punta y desempeñarlos con pleno pluralismo y secularismo (sic)». Lo que se ponen de punta no son los apostolados sino los pelos del oyente. Destaca que la Congregación 34 ha confirmado la doctrina de la 32 sobre la justicia. Sin embargo matiza; la Congregación 34 «ha destacado más el carácter espiritual de la promoción de la justicia». (DR p. 101). Vuelve a matizar a la baja: y exalta «el recuerdo vivo de los mártires de El Salvador.» Realmente hubiera podido empezar por ahí, me hubiera ahorrado todo este resumen. Por supuesto que de la admonición inicial del Papa, nada de nada. Sobre el contenido concreto de la Congregación, los documentos oficiales tampoco dicen una palabra. Pero vamos a buscar ese contenido en los documentos secretos. Porque cuatro meses después de estas hermosas palabras del padre General entrábamos, como ya he contado, en el Centro Javier de los jesuitas en la ciudad de México y comprobamos la realidad que se escondía tras esas palabras, palabras y palabras. Con otro sentido realmente trágico, tenía razón el padre General: no había cambiado nada de lo esencial. Y es que lo esencial estaba perdido desde hace treinta años.

LOS DOCUMENTOS SECRETOS DE LA CONGREGACIÓN GENERAL 34

Introducción

Me han llegado los documentos secretos –los auténticos documentos– de la Congregación General 34 en dos versiones, ninguna de las dos española. Voy a seguir, para la exposición, la que me parece mejor redactada de las dos, que consta de 78 folios de letra apretada, cuerpo diez de la impresora que se utilizó. Los documentos –les llamaré decretos, manteniendo la numeración del segundo ejemplar que me ha llegado– son prácticamente definitivos, aunque todavía requieren algunas correcciones y deberán recibir el formato final. Por algunas expresiones parece que se trata de los documentos que la Congregación entregó al padre General para que les diese una última mano, que en todo caso no parece que vaya a cambiar cosas importantes. Llevan al frente la fecha de 31 de marzo de 1995, ya del todo terminada la Congregación. (La otra versión tiene por fecha «Abril de 1995»). Constan de una introducción, cinco partes (cuyos títulos introduzco en negrita) y una conclusión. Los títulos de cada decreto o apartado los transcribo en cursiva. Entrecomillo las citas textuales; pensé en reproducir todo el texto pero por razones de espacio resumiré lo esencial. Presento mis comentarios entre paréntesis y precedidos de asterisco.

«El mayor trabajo de la Congregación General (en adelante CG34) ha sido poner al día nuestra legislación (literalmente, Ley) y la orientación de nuestra misión hoy». «El primer proyecto tiene por objeto suministrar un texto de las Constituciones (aunque el General lo había negado, N. del A.) capaz de ejercer influencia en la vida actual de la Compañía y presentar un conjunto de Normas Complementarias a las Constituciones, derivadas en gran parte de las Congregaciones Generales, para permitir a los jesuitas poner el carácter y la misión de la Compañía en la práctica diaria». La CG 34 «se mantiene en continuidad con la CG31, 32 y 33. Recomienda la CG34 imitar a San Ignacio «en su peregrinación y trabajo». Se cita la alocución de Juan Pablo II pero sólo en cuanto a la nueva evangelización, sin aludir a las duras admoniciones del Papa. La CG34 «se siente animada por nuestros hermanos jóvenes, por su dedicación a los valores ignacianos» (sugiero al lector repasar las tesis del padre Becker sobre los jesuitas jóvenes).

Primera parte: Nuestra Misión

Decreto 1.0 : Servidores de la misión de Cristo.

«Reconocemos y confesamos nuestras muchas faltas pero nuestras gracias han sido más importantes...estamos afectados profundamente por la muerte de nuestros mártires jesuitas en estos treinta años...los jesuitas en Africa y Asia se han esforzado en el diálogo con otras culturas y tradiciones...los jesuitas en América Latina, enfrentados a una sociedad con gran diferencia entre ricos y pobres, han optado por los pobres y por la justicia en el Reino...han permitido que las voces del pueblo enseñen a la Iglesia a partir de la riqueza de su fe y de las culturas indígenas. (*La evangelización al revés; es el pueblo quien enseña, a partir de unas culturas que estuvieron centradas a veces en los sacrificios humanos y en la idolatría; personalmente pienso que la «inculturación» tiene aspectos encomiables junto a peligrosas trampas que pueden afectar a la identidad de la Iglesia). El apostolado de los jesuitas en Europa occidental «ayuda a mantener la vitalidad de la fe en las comunidades cristianas, ante una gran indiferencia religiosa». (*También ha destrozado, en ocasiones, la fe de quienes se habían orientado por la Compañía, al desnaturalizarse ella). «Hemos trabajado en estos contextos animados por la aprobación del Papa a través de los años, para la misión contemporánea de los jesuitas en el servicio de la fe y la promoción de la justicia». (*Afirmación falaz. Los tres últimos Papas no han animado a la Compañía a ese apostolado tal como se ha hecho. Los Papas han reprendido, corregido e incluso intervenido en la Compañía para evitar las desviaciones de la Orden en esos dos fines. La Compañía no ha sido «servidora de la misión de Cristo» sino desobediente a la misión encomendada por el Vicario de Cristo).

La Compañía de Jesús –resumo– fue impulsada por San Ignacio para cooperar en la obra de Cristo Resucitado entre todos los hombres. Fue concedida una gracia especial a la Compañía cuando la CG32 habló de nuestra misión hoy «como el servicio de la fe y la promoción de la justicia; esta promoción es una exigencia absoluta del servicio de la fe.» (*Es la confirmación del Decreto IV, tan criticado por dos Papas. Ya sabemos a dónde ha llevado la «promoción de la justicia»). «El Papa Juan Pablo II habla de las penetrantes estructuras del pecado». (*Cierto; pero recomienda la lucha apostólica y espiritual contra el pecado, no el aliento y la dirección de la revolución violenta; he aquí otra de las tergiversaciones clásicas de los mandatos papales). «La fe en Dios es inevitablemente social en sus implicaciones». (*Esta es una tesis simplemente falsa en su absoluta generalización).

«Confirmamos cuanto se dijo en el Decreto IV de la CG 32». Ahora se debe interpretar el servicio a la fe como «promoción de la justicia, enmarcada en las culturas y en la apertura a otras experiencias religiosas»; (*es decir que el servicio de la fe es todo menos evangelizar a Cristo desde la fe. Este es uno de los momentos más penosos de la CG34, el apostolado al revés; lo que deben ser sus circunstancias se convierten en su esencia. Todo este decreto 1.0 es reiterativo y lamentable; estamos donde estábamos, que decían los viejos editoriales del «Arriba».).

Decreto 1.l. Nuestra misión y la justicia. (*Curiosamente ningún documento de esta CG ni de las anteriores define lo que es la «justicia».) Por fin se apunta una autocrítica: «Reconocemos nuestros fracasos en este empeño. La promoción de la justicia se ha separado a veces de las fuentes de la fe. El dogmatismo y los sentimientos ideológicos nos han conducido a tratar a otros (jesuitas) más como adversarios que como a compañeros. ... La promoción de la justicia está unida a nuestra fe. Tiene raíces en la Escritura, la tradición de la Iglesia y nuestra experiencia ignaciana. Trasciende las nociones de justicia derivadas de la ideología, la filosofía o los movimientos políticos particulares que nunca pueden ser expresión de la justicia del Reino por el cual estamos llamados a luchar al lado de nuestro Compañero y Rey». (*Esta autocrítica es loable pero ha resultado inútil; nada se ha corregido). Las anteriores Congregaciones Generales «han animado a trabajar por los cambios estructurales en el orden socioeconómico y político como una dimensión importante de la promoción de la justicia». (*Está muy clara esta importante confesión; esas Congregaciones han animado al trabajo revolucionario con fuertes vetas de marxismo. Ahora, tras la caída del Muro, no hay que arrepentirse sino ampliar el concepto). «Recientemente nos henos enterado que esto no era suficiente». Las nuevas dimensiones de la justicia hay que buscarlas y promoverlas «en los niveles políticos y no-gubernamentales, en el desarrollo humano total, en la interrelación de los pueblos, las culturas, el medio ambiente y el Dios vivo en medio de nosotros».

Las situaciones más urgentes las vemos en la marginación de Africa, la reconstrucción de la Europa oriental, el abandono en que yacen muchos pueblos indígenas, los parados y desempleados, los 45 millones de refugiados. (*Nada que objetar a este planteamiento, más propio de las Naciones Unidas que de una Orden religiosa en caída libre). Para ayudar a estas situaciones hay que orientar a estos apostolados la formación de los jesuitas jóvenes, organizar el apostolado al servicio de los pobres, examinar las instituciones de la Compañía en este sentido, revisar las planificaciones provinciales, etc. (*Esto no es un decreto sino una exposición etérea de buenas intenciones inconcretas, papel mojado).

Decreto 1.2. Nuestra misión y la cultura. (* La CG34 aborda el famoso problema de la «inculturación» y cree –erróneamente– que la lucha recomendada por los Papas con el fin de reunificar a la fe y la cultura significa que la Compañía se identifica con las culturas locales. Una y otra aproximación nada tienen que ver entre sí. «Cultura» es el término más equívoco que existe). La Iglesia interpretó la fe, al principio, en términos de cultura helenística. Hoy es necesario «un diálogo existencial entre la Iglesia y todo el amplio abanico de culturas en las que está presente. La cultura secular contemporánea excluye muchas veces a la fe religiosa». (*Peligrosa huella de Rahner y acertada evocación del marxismo y otros ateísmos). «Las grandes culturas de Asia siguen mirando al cristianismo como vinculado a la cultura occidental.... la cultura de las grandes ciudades provoca frustraciones en la población que viene de otras partes y otras culturas.... los pueblos indígenas han experimentado una resurrección de sus raíces culturales..... en Africa existe el deseo de crear una cristiandad africana». (*El planteamiento es exacto).

La CG pide a los jesuitas que trabajan fuera de Occidente que muestren un profundo respeto a las culturas en las que se mueven, por su patrimonio religioso y su antigua sabiduría. (*Estas recomendaciones son legítimas y la historia de la Compañía ofrece altos ejemplos de inculturación en América y en Asia; el trabajo cultural con los indígenas de Iberoamérica, la adopción de los ritos chinos y malabares en el siglo XVIII, que causó graves e injustos problemas con Roma. Pero ahora la CG34 pide perdón por la participación de la orden en la penetración agresiva e imperialista de la cultura occidental. Esta es una queja anacrónica. América es cristiana por los españoles que derribaron a los ídolos sangrientos y antihumanos, ante los que ahora, por lo visto, se postran los nuevos jesuitas. Tal vez hubieran preferido que los españoles del siglo XVI hubieran adorado a Wiracocha, como hacen ahora los portavoces de los religiosos de Iberoamérica, lo vimos en el Pórtico. Todo esto es una derivación de la doctrina rahneriana sobre los «cristianos anónimos. Hay párrafos en este decreto que, como la tesis de Rahner, parecen descalificar a la labor misionera de la Iglesia; pienso que la Iglesia está para evangelizar con respeto a las culturas no occidentales, pero no para profundizar en las religiones ajenas si no es con la finalidad de infundirles la fe).

Al proponer la relación entre la Compañía y la modernidad crítica la CG 34 , más que luchar contra el ateísmo, parece aceptarlo como una necesidad inapelable. Reconoce que «sentimos en nuestra alma los tirones de la increencia» y que «sólo cuando observamos nuestra propia experiencia sobre la comprensión de Dios podemos decir cosas que tengan sentido para el agnosticismo contemporáneo». (*Lo malo es que si nos dejamos llevar por la crisis de fe que reconocía el padre Arrupe, será difícil que los ciegos marquen el camino a los ciegos. En la CG34 no se habla de la crisis de fe entre los jesuitas; de que por desgracia, como hemos visto en los informes de muchos jesuitas a Roma, existen muchos jesuitas que han perdido la fe).

«La evangelización incultural se hace en un contexto post-cristiano» esto parece digno del marxista Habermas pero lo dice la CG34, lanzada ya al absurdo. «Nuestro ministerio con ateos y agnósticos o se hace como una reunión de partícipes iguales mediante el diálogo o será cosa vacía». (*Rendición en toda la línea; los hombres son iguales en dignidad y respeto, la fe tiene que iluminar a la increencia, no ponerse a su mismo nivel. No tienen remedio). Luego asume la CG una doctrina «trabajar conjuntamente en el desarrollo humano y la liberación con quienes no tienen fe» que no está tomada de Juan Pablo II sino de Lenin, y quien redactó este absurdo decreto lo sabía. Luego la CG34 introduce por los pelos una cita de los Ejercicios que no arregla nada. Añaden una errática tesis de Rahner: «En todos nuestros ministerios debemos reconocer que el trabajo salvífico de la revelación divina ya está presente en todas las culturas». (* Entonces, si Dios ya está en las otras culturas y religiones, ¿para qué evangelizar?). Las propuestas concretas con que termina el Decreto son vaguedades acordes con los puntos ya expuestos.

Decreto 1.3 Misión y diálogo inter-religioso. Es la secuencia lógica y reiterativa del decreto anterior. «No debe organizarse una estrategia para obtener conversiones» (*Entonces ¿es que el diálogo sustituye a la conversión, es un fin en sí mismo?. Da la impresión de que el redactor de este decreto no cree en su propia fe; la fe del creyente es expansiva, proselitista). El diálogo debe extenderse a los «Nuevos movimientos religiosos» y a los «grupos fundamentalistas». (*Los Nuevos Movimientos son las sectas, los fundamentalistas son esencialmente fanáticos. ¿Cómo se dialoga con ellos?). Para el diálogo con otras religiones «es necesario que los jesuitas profundicemos en nuestra fe y nuestro compromiso cristiano».

(*Por fin un rayo de luz en este decreto delirante). Pero esa profundización se concreta con un disparate; «En la acción social deberemos colaborar con los creyentes en otras religiones en la denuncia profética contra las estructuras de injusticia». (*Tenía que asomar la teología de la liberación en el único momento luminoso del decreto). Las propuestas elevadas al padre General al fin del decreto se concentran en una ampliación burocrática; la creación de un secretariado de dialogo entre religiones.

(*El conjunto de los cuatro decretos de esta primera parte es lamentable. Se confirma el Decreto IV de la CG32, del que han emanado casi todos los desastres de la Compañía. Se quiere ampliar la promoción de la justicia a la inculturación y al diálogo con todos los no cristianos; nada se dice sobre el diálogo con los propios cristianos y casi no se utiliza la palabra «evangelización». Nada de lo que afirman estos decretos es práctico, nada es seguro, a veces se incide en posiciones claramente aberrantes como en lo que se refiere a las Misiones.)

Segunda parte: aspectos de la vida de los jesuitas para la misión

Decreto 2.1: Sacerdocio ministerial e identidad jesuítica. Este decreto cambia la triste escena de la primera parte. La consigna de espiritualización dada por el Papa y aceptada por el padre General afloró claramente en la CG34. La orientación y la doctrina de este decreto me parece, a la vez, espiritual e ignaciana. El decreto dice inspirarse en el espíritu fundacional de la Orden y es verdad. Padres y Hermanos forman un cuerpo único enviado por Cristo a una misión común. El sacerdocio está al servicio de la Iglesia. «La Compañía puede ejercitar plenamente la misión apostólica específica de los jesuitas en el servicio de Dios y de la Iglesia, bajo el Romano Pontífice, vicario de Cristo en la tierra». Por fin estamos oyendo a San Ignacio. «Hemos de ser fieles a la tradición de la Iglesia e interpretarla en las culturas secularizadas; hemos de dedicar nuestro ministerio efectivamente tanto a los pobres como a los ricos, hemos de relacionar nuestros ministerios espirituales con nuestros ministerios sociales.»

Los jesuitas deben extraer toda la riqueza de su tradición. La tradición ignaciana, «humilde servicio a Cristo inseparable de un afectuoso servicio a la Iglesia».

(*Este es un auténtico decreto ignaciano, que parece escrito por el padre Dezza. El equipo que redactó los decretos anteriores debió de irse de excursión mientras se preparaba éste, que por supuesto es directamente contrario a los de la primera parte. Pero bendita sea la contradicción).

Decreto 2.2: El Hermano jesuita. La Congregación General 32 no consiguió la equiparación completa de votos y grados en las diversas clases de la Orden. La CG33 y ahora la 34 no lo intentan aunque buscan la igualdad por medios correctos; la identidad de la vocación y de la vida religiosa. Nuevamente nos encontramos con un decreto más que aceptabe, sin duda motivado por la alarmante escasez de vocaciones para Hermanos coadjutores, que se encargan habitualmente del servicio material de la casa y por eso se llaman en las Constituciones «coadjutores temporales». El decreto no cambia las Constituciones pero decide que en adelante los Hermanos se llamen simplemente «Hermanos» o «Hermanos jesuitas» ya que el título anterior ha caído en desuso. Los Hermanos participarán en la misión apostólica. Se podrán admitir novicios «indiferentes» que luego decidan su orientación al sacerdocio o a la condición de Hermanos.

Decreto 2.3 La castidad en la Compañía de Jesús. Era un problema delicadísimo, que San Ignacio había planteado en términos angélicos, expesamente. En la era Arrupe habían surgido muy graves dificultades, por ejemplo la permisividad ante las «amistades particulares» vetadas por San Ignacio y sobre todo las aberrantes propuestas sobre la «tercera vía» entre la castidad y el matrimonio, que permitía contacto físico y erótico con mujeres sin llegar a la «efusión final», no se puede encontrar nada más morboso e hipócrita. El padre Arrupe lo prohibió pero no faltaron casos, tal vez bastantes casos, de incumplimiento. También algunos jesuitas habían llegado a defender abiertamente la práctica homosexual, y habían permanecido en la Orden.

La orientación del Decreto es, como en el caso de los dos anteriores en esta parte, completamente ignaciana, es decir basándose en la espiritualización absoluta de la castidad. Reconoce que «en este siglo el significado de la sexualidad dentro de la relación humana ha cambiado significativamente en muchas partes del mundo». Los medios de comunicación se han centrado en la sexualidad de forma abrumadora. Se han prodigado los ataques contra el celibato. La CG34 se mantiene firme en la castidad tradicional de la Compañía. «Esto no significa que creamos que la infidelidad al voto esté extendida en la Compañía. Por el contrario la Congregación está convencida de que, pese a los desafíos y experiencias de estos años, la fidelidad a la castidad caracteriza hoy la vida de la Compañía». Este decreto trata de responder a las objeciones que pueden suscitarse en tan delicado terreno.

El sentido de la castidad es apostólico; su coste es durísimo. El voto «incluye una renuncia a la intimidad conyugal, la denegación del deseo, tan humano, de los de la vida, lo cual no puede evitar cierto sentido de ausencia y una situación de soledad». En los ministerios han de evitarse toda clase de amistades íntimas. Admite si embargo la CG34 que, para evitar la obsesión sexual, además de recursos espirituales (devoción a la Virgen) y comunitarios (la propia vida en comunidad) «las amistades maduras deberían ser parte importante de su vida». La capacidad de adquirir amistades maduras con otros jesuitas y con mujeres y hombres que no sean jesuitas así como la capacidad de colaborar con otros en pie de igualdad son signos de madurez afectiva. Las amistades no solamente apoyan a una vida de castidad dedicada sino que pueden profundizar la relación afectiva con Dios que la castidad incluye. La madurez de este tipo de amisades puede determiarse a través de una correcta dirección espiritual, complementada, si es necesario, con tratamiento psicológco o psiquiátrico. El jesuita que no sea capaz de mantener íntegramente la castidad debe dejar la Orden antes de pronunciar los últimos votos. El decreto, sin embargo, es comprensivo cuando existe remedio: «El Superior reclamará, con preocupación fraternal y amistosa, a quienes se vean envueltos en relaciones inapropiadas o exclusivas que puedan comprometer a una castidad dedicada, causen escándalo o lesionen la unidad de entes y corazones que caracterizan la vida de los jesuitas». (* Este es decreto audaz y realista, que respeta simultáneamente la castidad estricta y la amistad madura. Es la doctrina ignaciana adaptada a estos tiempos de sexualidad desbordante, sin ceder en nada esencial).

Decreto 2.4 : La pobreza. El cuarto decreto de esta segunda parte mantiene el respeto por la tradición de estricta pobreza que exigió San Ignacio. El ideal ha de ser que las comunidades de jesuitas vivan «como las familias modestas de la zona» y que la aproximación a los pobres, si no es el trabajo permanente de cada uno, se haga efectiva regularmente a lo largo de la vida del jesuita que trabaja en otros ministerios. La pobreza se guarda muchas veces pero no todas. El decreto reconoce que hay abusos en la posesión de coches personales, televisiones, comidas en restaurantes caros, vacaciones, empleados domésticos etc. La norma debe ser la tradicional en la Compañía: la comunidad satisface las necesidades de cada uno y todos los jesuitas entregan a la comunidad cuanto ganan o reciben por sus ministerios y ocupaciones remuneradas. Este es el auténtico sentido de la pobreza; no poseer ni disponer de nada propio como propio.

Así lo esencial de este decreto está en la misma línea elevada que los anteriores de esta segunda parte. Sin embargo se ha introducido, fuera de tono, una crítica radical al capitalismo «desmandado» y al consumismo. Es cierto que una civilización cuyo ideal sólo consiste en los bienes materiales y el hedonismo no es cristiana. (* Pero en mi opinión hay también un capitalismo que crea trabajo y riqueza, un consumismo que cumple con la norma ignaciana «todas las cosas sobre la haz de la tierra están hechas para el hombre»; la riqueza es incompatible con el voto de pobreza pero no es un mal en sí sino un objetivo lícito para los que no tienen voto de pobreza, y a la riqueza sólo se llega por la competencia lícita o por la corrupción reprobable. Este resabio fundamentalista de considerar a la riqueza como un mal se ha infiltrado en un párrafo de éste, por lo demás, admirable decreto.

Decreto 2.5: La promoción de las vocaciones. Es un decreto brevísimo y desesperado. «No podremos cumplir nuestra misión sin jesuitas». La CG34 dirige un toque de rebato a todas las comunidades para que fomenten las vocaciones. El primer recurso será vivir una vida digna de jesuitas; y además evitar el criticismo destructivo, la amargura, el desprecio a los votos....(* Queda claro que la CG34 no sabe qué aconsejar. Y no reconoce las razones por las que la Compañía carece de vocaciones desde 1965 mientras otros nuevos institutos religiosos las reciben de forma sobreabundante. En la sección siguiente y última de este libro volveremos sobre el caso al analizar las estadísticas de la decadencia de la Orden. Esa decadencia, esa degradación, no son reconocidas por la CG34 pese a sus tímidas autocríticas. Varios jesuitas eminentes forman viveros de vocaciones y los mantienen al margen de la Compañía degradada. Ellos saben muy bien por qué; no quieren engañar a los jóvenes que se confían a ellos.)

Tercera parte: los jesuitas en la Iglesia

Decreto 3.1: Sobre la actitud adecuada para el servicio a la Iglesia. «La CG34 ratifica esta larga y permanente tradición de servicio propia de la Compañía» (*larga sí; permanente no, interrumpida desde 1965) a la cual nos dedicamos no sólo como religiosos sino especialmente en virtud del cuarto voto de obediencia al Papa sobre las misiones». (*Un excelente propósito muy alejado de las discusiones díscolas sobre el Cuarto Voto en la CG32; lo malo es que este decreto expresa muy buenos deseos pero no critica los fallos). Este servicio se concreta de múltiples formas, por ejemplo en las editoriales, las clases, la investigación y la lucha contra las fuerzas de la injusticia y la persecución. (*Volvemos a las andadas. En esos campos –que he seleccionado entre los muchos que cita el decreto–, la Compañía no ha ejercitado su cuarto voto sino que muchas veces lo ha conculcado y desatendido tergiversando los mandatos del Papa, proponiendo graves aberraciones (que ya hemos documentado) en la investigación teológica, publicando doctrinas cristiano-marxistas en sus editoriales –cosa que aún sigue haciendo, como hemos visto– y camuflando como lucha contra la injusticia la participación en movimientos revolucionarios de impulso y signo marxista. (De todo esto no dice una palabra este decreto). En los estudios teológicos hace falta «matizar a la luz de le hermenéutica contemporánea y la historiografía». (*Está bien, pero sin caer en el arrianismo o en otras abiertas herejías, como hacen todavía hoy famosos teólogos jesuitas que ya hemos citado). A estos investigadores y publicistas recomienda la CG34 «que aseguren la respetabilidad de la tradición cristiana». (*No todos cumplen tan justa orden; algunos, lo hemos visto, no aceptan ni el Credo, suma de la fe y la tradición cristiana).

Me extrañaba que en la segunda parte no se dijera nada del voto de obediencia. Ahora se habla de la obediencia, pero contradictoriamente. Por una parte se exalta la obediencia ignaciana, incluso hasta el sacrificio supremo de la «obediencia de entendimiento». Pero la obediencia «no excluye nuestro discernimiento en oración acerca de lo que debe hacerse, que en algunas circunstancias difiere de lo que sugieren nuestros superiores religiosos y eclesiásticos». Recuerda la CG las normas ignacianas para sentir con la Iglesia pero la nueva forma de discernimiento equivale a incumplir el voto de obediencia, flagrantemente. Y encima se permite la «crítica constructiva» es decir la desobediencia para construir otras cosas. La CG quiere y no quiere obedecer. Propone la obediencia *sub conditione* y señala el camino del silencio cuando se disiente, cosa que no practican los actuales jesuitas mexicanos y de otros países, como nos hemos hartado de ver. La característica específica de la Orden queda por los suelos, por muchas evocaciones a San Ignacio que se hagan.

Decreto 3.2: Ecumenismo. Es un breve decreto que equivale a una declaración de intenciones pero no dibuja un esquema estratégico sobre el ecumenismo. Exalta la comprensión mutua, la unidad de los cristianos, la necesidad de ver las cosas con los ojos de los demás pero no señala los peligros del ecumenismo exagerado; por ejemplo las fuertes vetas de protestantismo que se notan en la moderna enseñanza teológica de la Compañía, de Rahner para abajo. El decreto no decide nada, no merece mayor comentario.

Decreto 3.3. Cooperación con los seglares en la misión. Era uno de los decretos más esperados y ha resultado uno de los más largos. Se había hablado de una especie de Orden Tercera de la Compañía. Las expectativas quedaron defraudadas entre un torrente de buenas palabras sobre el «milenio de los seglares» que se avecina. Los jesuitas pueden admitir la colaboración de personas seglares, individuales o asociadas, para cooperar en las obras de la Orden e incluso dirigirlas. Se ofrecen algunos ejemplos: las «Comunidades de Vida Cristiana» que son las antiguas Congregaciones marianas pero quedan muy por debajo de ellas, que fueron conscientemente destruidas por el equipo del padre Arrupe, a veces con tremendo escándalo como vimos. Las Congregaciones ejercían una influencia espiritual y social considerable. Pero por desgracia algunos de sus grandes directores desertaron e incluso se pasaron al enemigo; el padre Carrillo de Albornoz se hizo protestante, el padre José María de Llanos se hizo comunista. Una segunda forma son los «programas jesuitas de voluntariado» que son una obra actual de la Compañía de Jesús. De siempre vienen las Asociaciones de Antiguos Alumnos, que varias veces han protestado, con perplejidad, sobre la orientación de la Orden desde el padre Arrupe; el cual más o menos vino a decirles que todo lo que les habían enseñado los jesuitas en otros tiempos estaba equivocado y había que cambiar de rumbo; muchos se dieron de baja. Con bastante cinismo la CG34 recomienda al «Apostolado de la Oración» una obra admirable que llevan adelante algunos jesuitas ignacianos completamente marginados.

La CG34 habla de los seglares que desean un vínculo más estrecho con la Compañía. Propone para ellos un contrato experimental de diez años que les aproxime jurídicamente a la Orden pero sin ser recibidos en ella y sin convertirse en «cuasi-religiosos»; nada pues de Orden Tercera. La idea es buena y puede suplir en parte la escasez de vocaciones a la Compañía. Espero que funcione mejor que otros grupos de colaboración universitaria de los que en la sección anterior ofrecimos algún ejemplo lamentable.

Decreto 3.4 Los jesuitas y la situación de las mujeres en la Iglesia y la sociedad civil. Además de observar esta terminología de cuño gramsciano, que espero no haya sido tomada intencionadamente, me consta que este decreto apareció por sorpresa en la agenda de la Congregación General. Sabido es que San Ignacio creó en Cataluña una especie de sección femenina de la Compañía con tan malos resultados que la disolvió, harto de líos. Ahora los jesuitas enarbolan la bandera del feminismo, que suelen atribuirse las izquierdas y constituye actualmente toda una rama del IDOC. En principio está muy bien.

El decreto es una declaración de buena voluntad hacia las mujeres y por supuesto no mienta para nada aquel sonoro fracaso de San Ignacio como antecedente. Todo el decreto se basa en los tópicos habituales de los conversos recientes al feminismo moderado y no critica al feminismo exagerado pero introduce una vaga alusión a que el papel de la mujer en la sociedad y en la Iglesia no ha llegado a su nivel definitivo y «inevitablemente madurará con el tiempo». Esto me parece un clarísimo acto de desobediencia y un desafío al Papa Juan Pablo II que ha declarado completamente zanjado el problema del sacerdocio de las mujeres y otros asuntos que tanto interesan a monjas aburridas y favorecen abiertamente, por libre, algunos jesuitas muy concretos y famosos como el cardenal Carlo Martini de Milán, que ha iniciado hace años su campaña electoral para suceder al Papa Juan Pablo II. La CG34 dedica un cariñoso recuerdo a las congregaciones religiosas femeninas vinculadas a la Compañía de Jesús pero no dice una palabra sobre el terrible daño que los jesuitas de izquierda y liberacionistas han hecho durante la era Arrupe a numerosas comunidades de monjas, hasta llegar a desorientarlas e incluso destrozarlas en su crisis, que no fue menos amarga y demoledora que entre los religiosos varones. En los informes de los jesuitas ignacianos españoles a Roma durante el generalato del padre Arrupe hay incluso descripciones escabrosas que he ahorrado al lector porque algunas de la comunidades femeninas que participaron en ciertos espectáculos litúrgico-eróticos ya han dejado atrás el sarampión y han vuelto a la buena línea, pero casi me arrepiento de no haber reproducido aquí esas descripciones porque hubieran añadido un intenso foco de amenidad al libro.

En fin, este decreto se integra en la masa verbal de la CG34 y contribuye a considerarla como «nada entre dos platos» como ya he anticipado.

Cuarta parte: dimensiones y sectores particulares de nuestra misión

Decreto 4.1: Comunicación, una nueva cultura.

Ignacio de Loyola, dice la CG34, supo captar el cambio cultural de su tiempo y orientar a la Compañía en ese sentido. Ahora el cambio cultural consiste sobre todo en la revolución de la información y el crecimiento exponencial de la comunicación, y los jesuitas deben insertarse en ese cambio y aprovecharlo para el servicio de la fe, la directa predicación del Evangelio si es preciso. (*Una característica muy positiva de este decreto es que separa por completo el servicio de la fe y la promoción de la justicia; empieza a imponerse la sensatez). El decreto expone lo que debe ser la implicación de los jesuitas en los medios de comunicación y lo hace con excelente criterio. Lo malo es que no analiza lo que realmente están haciendo en ese campo. No critica cómo funciona el «Centro de Comunicación Javier» o el «Centro de reflexión teológica» en la Ciudad de México, o la editorial roja de los jesuitas españoles «Sal Terrae» en Santander; en esos centros se difunden doctrinas y orientaciones de la teología de la liberación para abajo y muchos jesuitas han sido, en esos y en otros medios, pregoneros de la desobediencia, de la desorientación e incluso del marxismo, declarado por Juan Pablo II pecado contra el Espíritu Santo. Algunas grandes publicaciones de la Compañía, como las revistas «America» y «Razón y fe» han pedido su espíritu y su influencia original, mantenidas durante tantos años. Los jesuitas españoles fundaron una gran cadena radiofónica que hoy es la COPE, y la dotaron de contenido apostólico, que luego perdió la COPE y gracias a Dios lo ha recuperado con su actual equipo, que además la ha convertido en la más influyente y mejor red radiofónica de España; ahora pertenece, con autonomía de movimientos, a la Conferencia Episcopal. Por desgracia no puedo decir lo mismo de otras actividades de los jesuitas en los medios; hay de todo, pero hay muchas cosas lamentables.

Decreto 4.2: La dimensión intelectual del apostolado de los jesuitas. Se trata de un reconocimiento, demasiado conciso, sobre el apostolado intelectual en la tradición y en la actualidad de la Compañía. En una y otra vertiente tiene el decreto toda la razón; la excelsa presencia intelectual y cultural de la Compañía de Jesús en los siglos XVI, XVII y XVIII es una de las grandes gestas del pensamiento humano y un apostolado auténtico. En el siglo XIX bajó el tono tras la supresión pero se había recuperado por completo en el siglo XX, en el que la Compañía ha ofrecido a la Iglesia personalidades intelectuales de primera magnitud, en la teología (De Lubac, Daniélou, von Balthasar hasta su salida de la Orden) en las ciencias (Teilhard, Romañá, Dou, de Rafael) en la Historia (Bangert, Batllori) y no hago más que citar algunos ejemplos entre varias docenas de grandes nombres; confieso que me hubiera gustado enviar un borrador al redactor de este decreto, que se queda cortísimo.

Hace muy bien la CG34 en recomendar que se intensifique la inserción intelectual en la formación de los jesuitas. Me temo que hasta el momento no se trata más que de un buen deseo; la colosal formación humanística anterior a Arrupe se ha diluido en algo semejante a la confusión o incluso en la nada. Este decreto me cae especialmente bien por un hecho excepcional; es la única vez que en un documento de la CG34 se habla del ateísmo marxista en abierta oposición contra él. Por lo demás el decreto se queda en una loable declaración de principios y no propone orientaciones concretas. Una vez más la mano negra que revoloteaba por la redacción de los decretos y que ha convertido a las actas de la CG34 en una exaltación descarada de la nefasta CG32 saca a relucir también en este decreto los prejuicios liberacionistas que nada tienen que ver en este entierro.

Decreto 4.3: Los jesuitas y la vida de la Universidad. Otro decreto flojísimo para un tema glorioso, casi fantástico. La Compañía de Jesús nació en una Universidad, la de París y ha conseguido en la Universidad sus mayores glorias intelectuales y culturales, desde Alcalá y Salamanca hasta la Gregoriana de Roma; además ha reverdecido después de la supresión una presencia universitaria que ha alcanzado las cumbres más altas en todo el mundo, pero sobre todo en la asombrosa red universitaria de los jesuitas en los Estados Unidos. Cuando el Enemigo, como le llamó Pablo VI, vino a sembrar su cizaña en el postconcilio, el conjunto universitario de los jesuitas era, sin duda, el primero de sus objetivos.

Reconoce el decreto que la trágica disminución en el número de jesuitas ha repercutido severamente en su red de Universidades, en las que sin embargo trabajan aún más de tres mil. Esa red no es ya lo que fue pero habrá que salvarla a toda costa y volverla a situar en rampa de ascenso; aunque sea a costa de un milagro. El decreto, como siempre, no hace una crítica de las Universidades, pontificias o normales, que hoy rige la Compañía de Jesús; hay en ellas, todavía, grandes maestros y magníficas realizaciones. Hay también, por desgracia, degradaciones y disparates, que merecerían un estudio aparte, tal vez algún día lo emprenderé. Ya vimos lo que sucedía en la Iberoamericana de México. Luces espléndidas y sombras ominosas, por no decirlo peor, conviven en la Pontificia de Comillas, al lado de Madrid. Hasta la propia Gregoriana de Roma ha conocido alguna grave crisis, que creo superada en gran parte. Los efectivos de los jesuitas en las Universidades propias y ajenas disminuyen de forma alarmante. Tiene razón el decreto en subrayar la misión crucial de las Universidades en el mundo. El Enemigo sabía muy bien a dónde apuntaba.

Decreto 4.4: Educación secundaria, elemental e informal. Una página escasa y desangelada dedica la CG34, evidentemente cansada, a este importantísimo campo de apostolado, que con su red de colegios salvó a toda la Europa del centro-sur de la invasión protestante, todavía con mayor eficacia que los ejércitos de la Reforma Católica. Los Colegios se recuperaron bien de los traumas de la supresión y en muchas naciones, por supuesto en España, estaban de nuevo en pleno esplendor antes de la fatídica elección del padre Arrupe. Este decreto, que ni dice nada ni critica nada ni orienta nada, empieza con dos mentiras. «En los últimos veinte años se ha efectuado una renovación apostólica entre los jesuitas y seglares que trabajan en los centros de educación secundaria». Segunda mentira: «La calidad de la educación ha mejorado». No ha mejorado mucho en el mejor colegio de México, Patria, derribado absurdamente en nombre de esa renovación. Cuando se ha mantenido la orientación tradicional de los colegios –como el de Chamartín en Madrid, pese a algunas infiltraciones estrambóticas– se ha conservado la calidad y la relevancia de los centros. En otros casos, como en las Universidades, hay de todo. Hace bien la CG34 en destacar la estupenda labor de los colegios en la formación de muchas personas que luego van a desempeñar puestos relevantes en la sociedad. Pero el escaso interés que muestra la CG34 en este decreto mínimo nos exime de mayor comentario. La disminución del número de jesuitas amenaza también a los colegios. Los promotores de esa disminución se lo han ganado a pulso.

Decreto 4.5: El ministerio parroquial. Es un decreto breve que confirma la posibilidad de que los jesuitas ejerzan su ministerio en una parroquia, aunque en la época ignaciana y posteriores no solía hacerse así. El decreto ofrece orientaciones generales sobre la dirección y servicio de los jesuitas en las parroquias que se les encomienden, donde trabajarán con espíritu ignaciano y los demás caracteres de la orden, entre ellos «la conversión personal y el cambio de estructuras» es decir la acción política de izquierdas; otro ramalazo de la CG32. La importancia de esta misión es grande; 3.200 jesuitas trabajan en 2.000 parroquias de todo el mundo.

Decreto 4.6: La ecología. (Recomendaciones al padre General). Me perdonará el lector una confesión personal. He plantado más de mil árboles en mi vida. Adoro la Naturaleza y la vivo en algunos de sus grandes escenarios regularmente. Más aún, vivo en plena Naturaleza, en medio de esos árboles y soy autosuficiente en fruta y otros productos del campo. Siento como propia cualquier agresión al medio natural y me llevé un disgusto que me causó una enfermedad al contemplar, hace bastantes años, los bosques de Viena destrozados por la contaminación industrial proveniente de los países comunistas vecinos, un atentado que se está corrigiendo lentamente tras la caída del comunismo. Con todo eso creo que el mejor libro sobre ecología que jamás se ha escrito es el de mi amigo Alfonso Ussía

Manual del ecologista coñazo. Las exhibiciones de «Greenpeace» y los «grupos de ecologistas» (cinco personas aburridas como máximo) que cifran su felicidad en impedir el trazado de autopistas me dan simplemente asco. Y el pretendido monopolio del ecologismo por parte de la izquierda me parece una idiotez. Pues bien, me temo que este izquierdismo ecológico ha sugerido a la CG34 los puntos de ecología que formula como recomendación al pobre padre General. Tengo la irrefrenable impresión de que publicar una propuesta ecológica en una Congregación General de la Compañía de Jesús tiene tan poco sentido como introducir un decreto sobre dromedarios.

Pues lo han hecho. Y encima le piden que estudie la relación entre la espiritualidad ignaciana y la ecología que, dicen, divide al Primero y al Tercer Mundo (del segundo Mundo, el comunista, que es el verdaderamente contaminante, no dicen nada). Le piden también que estudie cómo la ecología afecta a las decisiones institucionales de la Compañía. Yo creo que no le proponen un estudio sino un acertijo. Pero en todo caso Alfonso Ussía debe incluir a la Congregación General 34 en su lista de ecologistas coñazos. Con este decreto la CG34 llega a convertirse en una tomadura de pelo.

Quinta parte: las estructuras de gobierno

Decreto 5.1 Cooperación inter y supra-provincial. La CG34 insiste de nuevo en la herencia ignaciana y en la relevancia del Cuarto Voto de especial obediencia al Papa. Este decreto subraya la universalidad de la Compañía, que debe perseguir desde todas partes grandes objetivos comunes, como buscar alternativas para un nuevo orden socioeconómico y combatir la marginacón de Africa (*Se trata de marcar fines utópicos que caen fuera del alcance de una Compañía en crisis y decadencia; son sólo grandes palabras). Dice la CG que la Compañia ha ganado en sentido universal; y encomienda que se fomente ese sentido en la formación de los jóvenes jesuitas. Para ello todos deben aprender un idioma extranjero y los superiores deben procurar el establecimiento de redes mundiales entre obras, por ejemplo universidades. Deben organizarse con frecuencia conferencias de Provinciales . Estas conferencias seleccionarán las necesidades universales de la Iglesia para que el General haga con esos datos la definitiva selección y la comunique a toda la Orden (*Es un decreto de excelentes intenciones y gran sentido de la universalidad. Me parece más bien teórico).

Decreto 5.2: Obras interprovinciales en Roma. Se recomienda al padre General que encargue a una comisión de personas muy preparadas el análisis de la estructura, funcionamiento y situacón económica de las obras generales de la Compañía en Roma: la Universidad Gregoriana, el Instituto Bíblico, el Instituto Oriental, Radio Vaticana, el Observatorio Vaticano, el Pontificio Colegio de Rusia, todas ellas de carácter pontificio; y las propias de la Compañía, el Instituto Histórico, el colegio Belarmino y el colegio internacional del Gesú.

Decreto 5.3 La formación permanente de los Superiores. Se encarga al padre General que publique, puestos al día, varios libros de guía para las relaciones entre los Superiores de la Orden.

Conclusiones

Terminan los documentos secretos de la CG34 con una serie de conclusiones, muy elevada y espiritual, inspirada en las enseñazas de San Ignacio como recomendaciones finales a todos los jesuitas: un profundo amor a Jesucristo, ser contemplativos en la acción, considerarse como un cuerpo apostólico en la Iglesia, la solidaridad con los más necesitados, el sentido de la participación con otras personas, la llamada a un ministerio ilustrado para hacerlo más eficaz, la disponibilidad para nuevas misiones, la búsqueda permanente del «Más», en suma, todo lo que estos elementos pueden contribuir al «modo de proceder» de la Compañía de Jesús. (*Consideración final: hay aspectos interesantes en estos Documentos secretos de la CG32, desgraciadamente contrapesados por otros documentos o párrafos que insisten en el error y exaltan a la CG32 que tanto contribuyó al hundimiento de la Compañía, tal vez porque el clan de izquierdas que la dominaba seguía fascinado por el Comunismo de los Mil Años. Quedan en estas actas resabios liberacionistas y los documentos muestran una gran incoherencia en el tratamiento del «servicio absoluto de la fe identificado con la promoción de la justicia» y cuando difuminan ese auténtico dogma del *progresismo* jesuítico. Se nota que entre esa Congregación General y la anterior ha caído el Muro y se ha hundido el comunismo y ha desaparecido la URSS. Se nota, pero no de manera suficiente. Hay un intento serio de recuperar la espiritualidad ignaciana perdida en el asalto neomodernista y liberacionista de las Congregaciones Generales anteriores. El resultado no es una síntesis sino un amasijo y una avalancha de palabras que en definitiva convierten a esta Congregación 34 en nada entre dos platos. Esta Congregación no ha propuesto los remedios ineludibles que podrían frenar la decadencia, cada vez más irreversible y angustiosa, de la Compañía de Jesús. No digo que sea el camino, pero un grupo de jesuitas de primera línea, fieles a su vocación, procedentes de varias naciones, me ofreció como conclusión para este libro, en la primavera de 1995, un método ejemplar para imponer a la Compañía, pese a ella, el camino que Juan Pablo II y el padre Dezza no acertaron a cuajar en la intervención de 1981. Era una tarde de primavera perfecta, de las que sólo pueden gozarse en los pinares de Boadilla o donde estábamos, sobre la orilla derecha del Missisipi, junto al lugar por donde le cruzó Alvar Núñez Cabeza de Vaca:

«No tendremos remedio –me decía un héroe misionero de Extremo Oriente, en perfecto español– hasta que el Papa nos quite una tarde la Gregoriana y se la entregue al Opus Dei. Y advirtiendo, además, que cada trimestre decidirá una medida semejante hasta que nos enteremos». Bromas aparte los documentos secretos de la CG34 muestran una lucha dramática, no ya entre jesuitas ignacianos (que fueron prácticamente excluidos) y jesuitas progresistas, sino dentro de cada delegado entre las raíces ignacianas, que se habían recuperado para muchos en vista del desastre producido por haberlas abandonado; y la rutina del falso camino iniciado en la Congregación XXXI y desbocado en la XXXII. La Compañía B se había comprometido tanto en ese mal camino que ahora, en la Congregación 34, ya caído el Muro, muchos trataban de volver a la espiritualidad ignaciana y a la tradición de la Orden y no sabían cómo hacerlo. Resulta penoso y patético comprobar cómo toda una Congregación General no se atreve a plantear una autocrítica profunda sobre el fracaso espantoso de la Orden en los últimos treinta años, sino que vuelve a exaltar el período Arrupe y su punto más negro, la Congregación 32 y el Decreto cuarto. La sal de la tierra se desvanecía. Podían caminar aún, cada vez más viejos y cansados, mientras tuvieran luz; habían entrevisto por fin la luz, el Papa había vuelto a iluminarles y, entre graves confusiones, se negaron otra vez a la luz. Ahora sólo dependen de un milagro.

EL SEGUNDO MENSAJE SOBRE CHIAPAS

El 19 de febrero de 1995, mientras la Congregación General 34 se debatía entre la vuelta a San Ignacio y el emperramiento en los errores del padre Arrupe, los delegados mexicanos decidieron bajar a cosas más concretas y presentaron a la firma de los 223 congregados un mensaje a Chiapas. La Congregación 34 se había preparado en México, como vimos, con un primer mensaje a Chiapas y ahora nada menos que la Congregación General enviaba el segundo, en forma de carta dirigida al nuevo Presidente de México, doctor Ernesto Zedillo y Ponce de León. La CG34 había restablecido el compromiso político como forma de apostolado, que fue suprimido por la 33, y esta carta inconcebible encaja perfectamente en esa modificación.

Roma, Italia, 19 de febrero de 1995.
Dr. Ernesto Zedillo y Ponce de León
Presidente Constitucional de los Estados Unidos Mexicanos.
Apreciable señor Presidente:
Los delegados jesuitas reunidos en Roma para celebrar la Congregación General XXXIV de la Compañía de Jesús hemos seguido con preocupación los acontecimientos en México, y con tristeza y desconcierto nos hemos enterado de su decisión de romper la tregua y declarar la guerra al Ejército Zapatista de Liberación Nacional (EZLN) con la cobertura jurídica y judicial de aprehender a sus dirigentes arguyendo hacer vigente el Estado de derecho.

La violencia armada en Chiapas es respuesta a la violencia anterior y muy prolongada que han sufrido los indígenas de ese estado (y de todo el país y el resto de América Latina); despojo de sus tierras, irrespeto a sus culturas, violación a sus derechos humanos, represión selectiva, falta de democracia, corrupción e impunidad de funcionarios públicos en alianza con terratenientes y ganaderos, vías legales cerradas. En pocas palabras, ausencia de un Estado de derecho.

Nos sorprende que usted decida acabar militarmente al EZLN con pretexto de hacer vigente el Estado de Derecho que nunca ha existido para los indígenas. Esta manera abstracta de justificar su decisión impide desconocer que la razón principal del levantamiento armado es precisamente la ausencia de un auténtico Estado de derecho.

Reprobamos la vía armada como medio para alcanzar la justicia, la democracia y el respeto a los derechos humanos. Pero también somos conscientes de que los indígenas han vivido en tales circunstancias de injusticia y marginación que es explicable que algunos hayan optado por la vía armada, ya como única forma de lograr una vida digna, como seres humanos e hijos de Dios.

Lo animamos y le urgimos a que con voluntad política eficaz vuelva al camino del diálogo para lograr una paz con justicia y dignidad. Ceder ante las presiones internas o externas al país para acabar con el EZLN como condición para recibir ayuda financiera y volver a recuperar la confianza de capitales especulativos es injustificable. ¿Acaso la responsabilidad de la crisis financiera de México no recae antes y más en otras personas e instituciones que en el EZLN?.

Seguimos ofreciendo nuestra solidaridad a México y oramos para que el Señor Dios de amor, reconciliación y justicia lo ilumine y fortalezca en la búsqueda de una paz duradera para México, como fruto de justicia y democracia.

Firman 150 delegados de la Congregación General[626].

Esta carta revela en la práctica lo que queda de tantas expresiones de espiritualidad y de retorno a la tradición por parte de la CG34. Es cierto que firman 150 delegados, la mayoría para no hacerles un feo a los padres mexicanos, pero cincuenta y uno negaron la firma, algo es algo. La carta es absolutamente impropia de la Congregación General. Es un documento político, no religioso. Establece a priori que la sublevación de Chiapas ha sido iniciativa de los indígenas, cuando a esas alturas ya se sabía que la sublevación, preparada desde diez años antes según confesión del propio Marcos, había sido tramada por la izquierda radical y los teólogos marxistas de la liberación. Ya he recordado en una sección anterior que en 1986, ocho años antes del estallido de Chiapas, denuncié en mi libro *Jesuitas, Iglesia y marxismo* la génesis de una futura rebelión allí bajo el amparo del obispo Samuel Ruiz. En la carta de los jesuitas se asume una posición no sólo política sino unilateral, la misma que tomó ante los acontecimientos el PRD mexicano de Cárdenas, marxista y de raíz comunista. No es que yo pretenda negar que en Chiapas, y en otros puntos de México y de Iberoamérica, existan graves problemas de injusticia social. Lo que niego tajantemente es que el remedio sea una rebelión armada alentada por la Iglesia Popular y, como hemos visto en este mensaje, defendida por los jesuitas. Ellos mismos facilitan la prueba con sus dos cartas, enviadas desde una Congregación Provincial y desde una Congregación General. No consta y no encaja que enviaran desde dos instancias tan altas otra carta en el mismo sentido al subcomandante Marcos, cuyas obras exhiben con profusión en su Centro Javier de la Ciudad de México. El aliento a una rebelión armada para luego tratar de erigirse como mediadores, es el método de Samuel Ruiz en México y había sido el método de los jesuitas liberacionistas en El Salvador. Pero los jesuitas de México ni siquiera han llegado aún a la función mediadora.

DEL CUARTO VOTO A LA CUARTA COLUMNA

Un domingo de junio de 1995, después de asistir a la inolvidable Misa mexicana en la iglesia de Nuestra Señor la de los Angeles, «La Placita» sede de la primitiva Misión española que ha dado nombre a la megalópolis de California –creo que

[626] Texto en «Jesuitas de México» 6 (1995) 20.

ya me he referido a tan grato recuerdo– nos reunimos con algunos jesuitas, amigos nuestros desde hace años, que me ofrecieron, entre otras cosas, el número recién aparecido de la revista *The Catholic world report*, una de las más interesantes que se editan en toda la Iglesia, a la que sigo de cerca desde que el padre Fessio, su director, dejó la edición americana de *30 Giorni* por discrepancias con el excesivo carácter italianizante (añadido a la pésima información sobre España y América) de esa revista romana. El padre Fessio es la viva prueba de cómo un jesuita ignaciano puede ser plenamente moderno. Ya he recordado que, cuando estudiaba teología, se negó a sumarse a las modas delirantes y destructivas de sus jóvenes compañeros jesuitas y quisieron someterle a una cura psiquiátrica que necesitaban mucho sus adversarios. Pues bien, el padre Fessio tenía delante los mismos documentos secretos de la CG34 que acabo de resumir y comentar (aunque creo que menos completos) y publicó, a propósito de esos documentos, un editorial en su revista, firmado por «Glaucon» –su seudónimo, según todos los indicios– con el mismo título que he escogido para este epígrafe y con él cierro esta sección sobre la Congregación General 34[627]:

En tiempos más felices un Papa reinante podía siempre estar seguro de que, cuando se enfrentaba a una batalla pública, los jesuitas estarían detrás de él, apoyándole, con su entusiasmo por el combate intelectual, su rigor escolástico y su famoso cuarto voto de fidelidad al Pontífice. Cuando se reunió en Roma a principios de este año la Congregación General 34 de la Compañía de Jesús, los líderes de los jesuitas mostraron que no habían perdido su apetito por la controversia. Pero el cuarto voto se hundió en el olvido. Estos días, si un Papa ve a los jesuitas cuchicheando a sus espaldas, debería preocupase: sus propósitos podrían ser subversivos.

La Congregación General se extendió desde enero hasta marzo, envuelta en secreto. (Hubo algunas noticias no confirmadas según las cuales en un momento del proceso el debate se volvió tan enconado que los delegados se pusieron de acuerdo para tomarse unos días de descanso y enfriar los ánimos y reponer los egos heridos). Pero mientras los extraños no pueden saber exactamente cuál fue el contenido del parlamento jesuita la Congregación emitió finalmente una serie de documentos. Estos comunicados son motivo suficiente para preocuparse por la Compañía.

El documento más amplio se titulaba «el servicio de los jesuitas a la Iglesia». En él la Congregación parece prometer el apoyo jesuita a las enseñanzas del magisterio, diciendo: «Mantendremos las dificultades en perspectiva y no las aislaremos de su contexto. No sobreestimamos la posibilidad de dar escándalo». Por ahora, bien. Pero ahora veamos cómo termina la frase: «Sin olvidar que entre los extremos de la crítica pública precoz y precipitada y el silencio servil existe la alternativa de la expresión moderada y respetuosa de nuestras opiniones».

Desde luego hay otra alternativa tanto a la «crítica precoz y precipitada» como al «silencio servil»: la de estar con entusiasmo de acuerdo con las enseñanzas del magisterio. Pero parece que esa posibilidad no se les ocurrió

[627] *The Catholic World Report* jun. 1995 p. 64.

a los líderes de los jesuitas quienes afirman: «Reconocemos que, particularmente en lo referente a aspectos doctrinales y morales, a menudo es difícil que los documentos del magisterio expresen exhaustivamente todos los aspectos de un tema». ¿Cómo puede reconciliarse este espíritu crítico con un voto de fidelidad?. La Congregación explica que los jesuitas «mantendremos abiertos los caminos oficiales, permaneceremos en una postura de discernimiento y diálogo activo con nuestros propios superiores de la Compañía y consultaremos y dialogaremos con otras autoridades eclesiásticas competentes en espíritu de mutuo respeto y comprensión». Algunos jesuitas apologistas justifican que su compromiso es con la institución del papado y no con la persona del Papa. Este planteamiento reduce el contenido del cuarto voto a pura abstracción que puede ser interpretada para satisfacer las referencias individuales. Consideremos cuántas naciones dicen apoyar la «institución» de la democracia, con qué variedad de resultados...

¿Es posible apoyar al Papa y sin embargo atacar al Papa?. Aparentemente, sí. Entre los documentos emanados de la Congregación General, el que más atrajo la atención de todos (quizás los primeros borradores fueron filtrados a periodistas simpatizantes) se titulaba «Los jesuitas y la situación de las mujeres». Aunque el papa Juan Pablo II ha intentado poner fin a la especulación pública de si las mujeres podrían ordenarse algún día, el documento fue universalmente interpretado como un esfuerzo para reiniciar la discusión. En efecto, los líderes jesuitas insinúan que un Pontífice diferente podría llegar a una conclusión diversa diciendo: «Se puede prever que algunas cuestiones del papel de la mujer en la sociedad civil y eclesial madurarán indudablemente en el tiempo». Por supuesto que los jesuitas esperan «participar en la aclaración de estos temas». Y desde luego la Congregación no pone mucho esfuerzo en defender la enseñanza católica tradicional sobre el papel de la mujer; el documento nunca menciona a la Virgen María.

Si estos fueran los lamentos de una congregación moribunda podrían ser descartados fácilmente. Pero los jesuitas, que todavía controlan una enorme red de instituciones poderosas, están haciendo planes para sobrevivir a la escasez de vocaciones religiosas. El tercer documento importante emanado de la Congregación General «Cooperación con los seglares en la misión» prevé la creación de una nueva división dentro del ejército jesuítico. Los «socios seglares» pueden ser hombres o mujeres, casados o solteros e incluso podrían ser ex-sacerdotes jesuitas que han renunciado a los votos. Estos nuevos «jesuitas» laicos trabajarían fuera del ámbito de la vida religiosa, libres del peso de los votos de pobreza y obediencia. Bajo su tutela, las escuelas sostenidas por una generación anterior de sacerdotes jesuitas fieles podrían seguir su trabajo, ahora redefinidas como apoyo al Papado más que al Papa.

El Papa Juan Pablo II ha expresado su confianza en que después de tantos años de confusión la Compañía de Jesús marcha de nuevo por el buen camino. Quizás él sepa algo que nosotros no sabemos. Quizá su afirmación pública fue un gesto diplomático o una reflexión de su inquebrantable optimismo. Pero sean cuales sean las razones de su confianza, esperemos que en su trato con los jesuitas el Santo Padre no se olvide de cuidar sus espaldas.

Estoy de pleno acuerdo con el diagnóstico del padre Fessio sobre la CG34. Me atrevo a puntualizarle que la Congregación habló, y dos veces, del cuarto voto con al menos aparente sinceridad, como ya he indicado en esta misma sección; el problema es que otras afirmaciones contradictorias ponen en duda la eficacia de ese compromiso. Lo que indica «Glaucon» sobre los fallos resbaladizos en el problema de la obediencia y los propósitos semiocultos sobre el problema de la mujer han quedado también claros en nuestra exposición. Creo que los jesuitas rebeldes, que proceden ahora con cierta sordina, están esperando que a la muerte de Juan Pablo II, otro Papa más próximo a ellos pueda devolverles la ilusión, con lo que inevitablemente acelerarán el hundimiento de la Orden, aunque tal vez estén soñando en convertirla en una asociación de pocos sacerdotes y muchos seglares, a imitación apenas disimulada del Opus Dei. Pero para lograr el éxito del Opus Dei tendrían antes que asumir un espíritu paralelo en hondura e intensidad al del Opus Dei y eso no se improvisa desde una rebeldía continuada, sobre todo después de haber relegado al museo un espíritu tan admirable y resucitable hoy, por encima de las palabras, como es el espíritu de San Ignacio de Loyola.

SECCIÓN 12: LA AGONÍA ESTADÍSTICA DE LA COMPAÑÍA DE JESÚS

TRECE MIL HOMBRES MENOS EN TREINTA AÑOS

Mejor que con cualquier comentario, el lector puede comprender el descenso de vocaciones desde 1965 hasta 1995 en el frío cuadro demográfico que ofrecemos en la figura que aparece en la página contigua. Hasta la elección del padre Arrupe en la Congregación General 31 (1965) el crecimiento de la Orden había sido continuo hasta alcanzar en ese año el máximo de toda su historia: 36.038 miembros. Desde el 1 de enero siguiente a la elección del padre Arrupe se inició el descenso, con un tramo vertiginoso hasta la Congregación General 32; durante toda la época Arrupe las pérdidas llegaron casi a los diez mil hombres. La elección del padre Kolvenbach en la Congregación General 33 (1983) no impide el declive, que se modera ligeramente, hasta 1990, cuando los efectivos vuelven a caer vertiginosamente. Las mayores pérdidas se registraron en el cuatrienio 1970-73, cuando fueron próximas al millar y en dos años lo rebasaron. En el último año censado, 1995, han vuelto a incrementarse. Todos estos datos están transcritos, como el cuadro de la página contigua, de una publicación oficial de la Compañía[628].

En el comentario de la misma fuente se revela un dato no menos grave: al indicar que está aumentando el índice de mortalidad, se está confesando que la pirámide de edades está invertida; la abundancia de veteranos respecto de jóvenes es la causa de ese aumento en el índice. Desde 1963 a 1995 el número de Hermanos ha descendido a menos de la mitad, un 55%. Los sacerdotes, desde su máximo en 1970 hasta 1995 han descendido casi en la cuarta parte. Las salidas son más abundantes en Occidente que en

[628] «La Compañía en cifras» Noticias y Comentarios, Curia Generalicia S.J. Roma 1995

Oriente; en Africa y Asia meridional los jóvenes exceden en un 30% del número de jesuitas, y no llegan más que al 8% en las envejecidas Provincias de Europa occidental y meridional. El considerable aumento de novicios en las Provincias de la India se atribuye a la institución de un pre-noviciado. Los estudios estadísticos de la Orden prevén que el número de jesuitas se estabilizará en algo menos de 15.000 hacia el año 2.040 si se mantiene el número de entradas, pero en el último año censado ha fallado ya esta condición.

CUADRO DEMOGRÁFICO OFICIAL 1960-95

DEMOGRAPHIA IN SOCIETATE IESU

(die 01.01 uniuscuiusque anni)

	NOVICII			SCHL. non sac	FF. omnes	SAC. omnes	UNIV.	DIFFERENTIA ANNUALIS			
	SCH.	FF.	SUM.					SCH.	FF.	SAC.	SUM.
1960				10.378	5.801	18.508	34.687	-87	+32	+449	+394
1961				10.368	5.842	18.876	35.086	-10	+41	+368	+399
1962				10.349	5.854	19.235	35.438	-19	+12	+359	+352
1963				10.259	5.903	19.626	35.788	-90	+49	+391	+350
1964				10.074	5.868	20.026	35.968	-185	-35	+400	+180
1965				9.865	5.872	20.301	36.038	-209	+4	+275	+70
1966				9.515	5.822	20.592	35.929	-350	-50	+291	-109
1967				9.019	5.756	20.798	35.573	-496	-66	+206	-356
1968				8.263	5.541	20.958	34.762	-756	-215	+160	-811
1969	1.026	177	1.203	7.383	5.420	21.025	33.828	-880	-121	+67	-934
1970	856	129	985	6.528	5.257	21.113	33.898	-855	-163	+88	-930
1971	733	98	831	5.813	5.056	20.992	31.861	-715	-201	-121	-1037
1972	683	77	760	5.054	4.898	20.908	30.860	-759	-158	-84	-1001
1973	725	68	793	4.485	4.717	20.828	30.030	-569	-181	-80	-830
1974	705	71	776	4.032	4.582	20.822	29.436	-453	-135	-6	-594
1975	716	60	776	3.770	4.459	20.627	28.856	-262	-123	-195	-580
1976	783	56	839	3.519	4.342	20.517	28.378	-251	-117	-110	-478
1977	862	44	906	3.392	4.244	20.384	28.020	-127	-98	-133	-358
1978	912	46	958	3.402	4.131	20.198	27.731	+10	-113	-186	-289
1979	902	49	951	3.333	4.035	19.980	27.348	-69	-96	-218	-383
1980	834	59	893	3.270	3.901	19.882	27.053	-63	-134	-98	-295
1981	909	49	958	3.277	3.771	19.574	26.622	+7	-130	-308	-431
1982	945	57	1.002	3.284	3.680	19.334	26.298	+7	-91	-240	-324
1983	917	56	973	3.347	3.571	19.034	25.952	+63	-109	-300	-346
1984	983	50	1.003	3.475	3.492	18.757	25.724	+128	-79	-277	-228
1985	1.089	65	1.154	3.684	3.410	18.455	25.549	+209	-82	-302	-175
1986	1.055	73	1.128	3.815	3.357	18.210	25.382	+131	-53	-245	-167
1987	1.007	60	1.067	3.923	3.272	17.979	25.174	+108	-85	-231	-208
1988	1.023	54	1.077	3.999	3.191	17.734	24.924	+76	-81	-245	-250
1989	986	63	1.049	3.994	3.122	17.502	24.618	-5	-69	-232	-306
1990	1.021	63	1.084	4.152	3.050	17.219	24.421	+158	-72	-283	-197
1991	985	57	1.042	4.170	2.960	16.919	24.049	+18	-90	-300	-372
1992	960	44	1.004	4.188	2.884	16.699	23.771	+18	-76	-220	-278
1993	1.009	52	1.061	4.173	2.801	16.492	23.466	-15	-83	-207	-305
1994	951	58	1.009	4.178	2.735	12.266	23.179	+5	-66	-226	-287
1995	933	49	982	4.172	2.654	16.043	22.869	-6	-81	-223	-310

Por otra parte los índices de perseverancia son, desgraciadamente, muy bajos. No dispongo más que de un caso comprobado, el de la provincia de Castilla de 1967 a 1977, casi la primera década del padre Arrupe. En 1967 entraron 12, salieron 8, perseveraron (hasta 1977) 4. En 1968 entraron 11, salieron 8, 3 perseveraban. En 1969 entró uno y salió. En 1970 entraron dos y salieron. En 1971 entraron 4, salieron 2. Hasta 1967 entraron 45, salieron 30, perseveraban diez años después 15. No cabe una expresión más concreta y dramática de la crisis sufrida por la Compañía de Jesús, aunque sólo sean datos de una Provincia.

La Orden de San Ignacio se africaniza y se orientaliza, aunque la perseverancia de las nuevas entradas no se ha comprobado aún. Parece que las Asistencias donde el descenso ha sido más fuerte a partir de 1965 han sido Estados Unidos y España, los dos centros logísticos para la teología de la liberación. El desafío del Tercer Milenio puede convertirse en tragedia definitiva para una Compañía de Jesús degradada y avejentada. Ante una consideración fría de cifras y riesgos todo hace pensar que la Compañía de Jesús va a desaparecer por extinción durante el siglo XXI, después de vivir unos años, o unas décadas, transformada en una asociación de seglares, hombres y mujeres, dirigida por un comité de ancianos sacerdotes. Claro que eso ya no será la Compañía de Jesús que fundó San Ignacio.

Cuando escribí en 1992 una descripción documentada sobre la actual decadencia de la Orden Hospitalaria de San Juan de Jerusalén (Orden de Malta) bajo el título *Los Caballeros de Malta van a morir*, y eso que ya eran muertos vivientes en su ostentosa sede romana de Vía Condotti, me aferraba a la esperanza imposible de que la Rosa de Malta, la docena de Santos y beatos de la que fue gloriosa y auténtica Orden religiosa y militar de la Iglesia (insisto, Orden religiosa en sentido pleno) pudiera renovarse y revivir por la intercesión de aquellos santos. Con mayor razón puedo esperar el milagro del espléndido santoral y martirologio de la Compañía de Jesús, desde Ignacio y Javier en el siglo XVI a los jesuitas franceses que ofrendaron sus vidas en la Nueva Francia, alguno de ellos en plena noche oscura, sumido en las dudas más atroces sobre su misma fe, pero supo morir por ella; hasta el recién proclamado beato Claudio de la Colombière, elevado a los altares por Juan Pablo II entre la indiferencia, si no desprecio, de la Compañía B; hasta el Padre Rubio, el apóstol de Madrid, beatificado también en nuestros días y por el que siento una veneración muy especial porque es el único santo a quien he visto personalmente aunque no puedo acordarme de él, porque vino a mi casa a bendecirme al día siguiente de mi nacimiento. Ese plantel de Santos, gloria de toda la Iglesia, no puede permitir que se extinga su Orden, tienen que ayudar a los Papas a que terminen con la pesadilla, como vienen intentando sin éxito alguno desde 1965. Si alguna vez vuelvo a escribir sobre los jesuitas tal vez titule mi libro *La Compañía de Jesús no puede morir*. Ojalá me salga a derechas la predicción, como creo que he acertado en mi estudio sobre los *zombis* empenachados de Malta. Me queda aún una pregunta.

¿POR QUÉ?

¿Por qué se ha degradado hasta este extremo la Compañía de Jesús?. Creo que todo este largo capítulo de este libro se ha escrito, en el fondo, para contestar a esa pregunta. El 8 de noviembre de 1993 el padre General Kolvenbach se la hacía a sí mismo y a todos los jesuitas a quienes escribió con esa fecha para pedir diagnósticos y respuestas. Conozco dos de esas respuestas, una pública, de la Compañía B; otra hasta ahora inédita, de la Compañía A, la ignaciana y marginada.

El padre Gabino Uríbarri, que entonces vivía en el centro «Diego Laynez» de Madrid, y que pertenece, según se desprende de su reflexión publicada en la revista de la Compañía B *Promotio iustitiae* pero con mucha sinceridad y espiritualidad, contesta con una frase de la CG32: «Las vocaciones surgen y se desarrollan de un misticismo vital en la llamada de los «compañeros de Jesús». El padre Uríbarri se había dedicado al ministerio entre los retardados mentales en el movimiento «Foiet Lumiére» pero reconoce que algunos de los jóvenes jesuitas que trabajaban junto a él no sentían la menor preocupación pastoral, no vivían su misión como espiritual. Interpreta la promoción de la justicia como servicio de Dios, que sobrepasa la ocupación concreta y aun la vida activa de un jesuita, por ejemplo si cae en la cárcel por razones políticas. El padre Uríbarri espritualiza su misión; la ve inserta en la relación del Padre y el Hijo proyectada en el servicio a los hombres. Por eso su esperanza en el fomento de vocaciones consiste en que se formen grupos de jesuitas inspirados por esa mística de la misión, que debe expresarse y comunicarse para que los jesuitas dedicados a esa misión no aparezcan como activistas sociales o como miembros de una ONG.

La respuesta del padre Uríbarri me parece admirable y positiva; su ejemplo es todo un camino. Pero él mismo reconoce que los jóvenes jesuitas que trabajaban con él no se movían con ese espíritu. Y el veterano jesuita que me enviaba esta respuesta del padre Uríbarri apostillaba al margen: «¿Y para qué tiene que moverse un jesuita por razones políticas?».

Por lo tanto el padre Uríbarri está muy bien orientado en su trabajo pero la experiencia demuestra que su alta tensión espiritual no ha servido para casi nadie. La llamada de la CG32 se ha diluido, fuera de casos excepcionales como el suyo, en la pérdida del espíritu ignaciano y no se ha transformado en «misticismo de misión» ni nada que se le parezca. A salvo, pues, lo elevado de su ejemplo personal y otros semejantes, la promoción de la justicia ha fracasado por completo como motor espiritual y no digamos «místico» de la Compañía de Jesús.

La segunda respuesta, valerosa y aterradora, fue enviada al padre General por uno de mis maestros en la fecha simbólica de 1 de enero de 1994, cuando estalló la rebelión de Chiapas. Se trata de un jesuita que ya ha rebasado los ochenta años, cuyo nombre no daré porque el destinatario de la carta lo conoce y no quiero comprometerle en público. Se trata de un jesuita ejemplar, gran profesor, que nos transmitía el pensamiento tradicional con pleno conocimiento del pensamiento moderno. Esta es su carta:

Muy reverendo padre General:

He leído su carta de oficio sobre promoción y cultivo de vocaciones a la Compañía, sin duda con la misma preocupación y pena con que ha sido escrita, preocupación que usted manifiesta en aquella ponderativa frase: «Todo el esfuerzo de preparación de la C.G. tendría poco sentido si no quedara nadie para cumplirlo».

Constata usted en su carta: «hay diócesis y otras familias religiosas que no carecen de vocaciones». Así es, en efecto, y por lo que conozco abundan en vocaciones. Pienso por ejemplo en los Legionarios de Cristo y en el Lumen Dei. Añade usted: «este hecho no parece plantear ninguna pregun-

ta a esta o aquella provincia». ¿Es posible?. El amor a Cristo y a la Compañía nos urge a preguntarnos y a indagar por qué ellos sí y nosotros no. Si la vocación es un don de Dios –y de aquí hay que partir– una obvia y primera respuesta a esta pregunta: porque Dios no nos las envía. Tremenda y evidente conclusión que nos obliga a un sincero y profundo examen de conciencia colectiva. Usted, Muy Reverendo Padre General, lo inicia noblemente en su carta y se lo agradezco. «Es preciso –nos dice– reconocer que no faltan casos en los que la Compañía tiene su parte de responsabilidad, cuando el jesuita en formación pierde el sentido religioso y dado el caso el sentido sacerdotal y la misma fe... vive en condiciones nada favorables a su vocación... el ambiente de la comunidad carece de vigor apostólico y rigor religioso... Todo esto es muy serio y muy grave. Pero ¿sólo «en casos de jesuitas en formación»?. ¿No habrá que afirmarlo y «a fortiori» de otras comunidades y sectores de la Compañía?. Es obligado imaginarlo y luego corregirlo. Yo me permito aportar lo mío, algo que hiere mi sensibilidad de jesuita: cierta imagen que hoy da la Compañía y que, a partir de los hechos reales, resumo brevísimamente, contrastado con el sentir de los fieles.

1.- Abandono práctico, cuando no hostilidad «por razones pastorales» de la devoción al Sdo. Corazón de Jesús, el «munus suavissimum», nuestra característica antaño, con la que tanto bien hicimos a la Iglesia y a las almas. Item: abandono, poco empeño en el culto y propaganda de nuestros Santos y beatos, Sus fiestas pasan casi o totalmente desapercibidas entre nosotros. En mi Comunidad se ha suprimido la Novena de Nuestro P. San Ignacio.

2.- Contestación al Papa y al magisterio de la Iglesia. Ultimo ejemplo: no ha bastado la nota que se dio a la prensa por el modo con que S.S. vetó el nombramiento del P. Busto como rector de la Universidad Comillas, sino que se le designa delegado a la CG34 por su Provincia.

3.- Doctrinas «extrañas» por su equívoca ortodoxia con escándalo de los fieles y más de los entendidos. Nuestras revistas, libros, conferencias etc., han dejado de ser el punto de referencia seguro y orientador para los fieles; ahora, todo lo contrario.

4.- Celebraciones litúrgicas de la Sta. Misa sin ornamentos, posturas muy poco reverentes, deprisa, en pocos minutos, sin acciones de gracias etc. Exposición mayor en mi comunidad, los domingos, diez minutos nada más. Eso sí, horas y horas de televisión.

5.- Nuestros escolares, en pisitos. El «cáncer de la vida religiosa y seminarística» en palabras del cardenal Garrone. A esto se añade la falta de una sólida formación clásica, latina y escolástica, que constituía nuestra fuerza y la base de nuestro prestigio doctrinal y apostólico.

6.- Vestir totalmente de seglar, con corbata etc. etc. Muy lejos del criterio de nuestro santo fundador y desde luego del «sensus fidelium» que tanto cuidaba nuestro Santo Padre Ignacio. Al ver fotos de grupos de Nuestros ¿éstos son jesuitas?.

Ante esta imagen que ofrece la Compañía, se comprende que Dios no envíe vocaciones. Es curioso ver que esta imagen contrasta, punto por

punto, con la imagen que dan de sí, por ejemplo, esas dos familias religiosas a las que antes he aludido, los Legionarios de Cristo y Lumen Dei. Contrastan en la imagen y contrastan también y muy significativamente en el número de vocaciones. Ellos abundan y nosotros carecemos. Es esto tanto más de notar cuanto que ellos acaban de nacer y con pretensiones de ser una copia de la Compañía, aun en el nombre, no tienen ni nuestra historia ni el tesoro de nuestros santos, de nuestros misioneros etc., que tanto sirve y ha servido para atraer vocaciones y sin embargo ellos abundan y de una manera espectacular «hic et nunc». Los datos son fehacientes. ¿No nos dice esto nada?. ¿Por qué Dios no nos envía vocaciones y a ellos sí?. ¿No será porque no aprueba y por eso no bendice con vocaciones la imagen que estamos dando y la de ellos sí, que se mantiene fiel al original que nosotros hemos abandonado?. La cosa parece clara. Al menos así lo entienden los fieles que se vuelcan con ellos en aprecio, en donaciones, en vocaciones.

Entrando más a fondo en este examen de conciencia colectiva para determinar de alguna manera «nuestra parte de responsabilidad» como usted dice, por lo que Dios no nos envía vocaciones, pienso en los siguientes factores que se han introducido y evidentemente han distorsionado nuestra identidad.

Primero.- Un «igualitarismo radical» que aparece aun en los mismos Catálogos. Este «igualitarismo», manifestado de muchas maneras, mata poco a poco el sentido auténtico de la autoridad y del sacerdocio católico, más en el mundo que vivimos. Los «entes morales» hay que simbolizarlos y vivirlos, si no queréis que se «vacíen» y mueran «quoad nos».

Segundo.- Un «pluralismo institucionalizado» que desintegra la cohesión doctrinal y de vida, que tanto necesitamos hoy y tanto cuidaba nuestro S. Padre, como se expresa en la regla 42 del sumario de las Constituciones.

Tercero.- La llamada «opción preferencial por los pobres». Siempre, desde el comienzo, la Compañía ha tenido especial preocupación por los pobres. No había que introducir nada nuevo, ni en nuestro derecho ni en la práctica. Corregirnos, como en todo. La llamada «opción preferencial por los pobres» es rechazable en cuanto que introduce el equívoco en nuestro horizonte constitucional. La Compañía no tiene ni puede tener otra «opción preferencial» que la de su compromiso con Cristo en la Contemplación del Rey temporal; «opción preferencial» que le da la esencia y la existencia. Es, por lo demás, la «opción preferencial» que Cristo propone a todos sus seguidores: «Buscad primero el reino de Dios y su justicia». ¿Y los pobres? Bien clara es la respuesta de Cristo, «Los pobres son evangelizados». No cabe otra «opción preferencial» por los pobres. Lo demás, de cualquier tipo que sea, «se os dará por añadidura». No puede estar en la misma línea de preferencia. Siempre se ha derivado, en todos los órdenes, del reino de Cristo; buscando, por consiguiente, siempre el «primum». Cualquier otra manera de optar y de trabajar por los pobres puede fácilmente convertirse en una trampa.

Cuarto y principal: Haber olvidado la gran advertencia que fue para la Compañía le encíclica «Humani generiis» (1950) de Pío XII. Se ha dado

excesiva entrada a una metafísica subjetivista y evolucionista con grave detrimento de la única metafísica aceptable y más para un católico, la metafísica del acto y la potencia, la metafísica aristotélico-tomista. Justo lo contrario de lo que nos manda nuestro P. Fundador en las Constituciones. Esta carencia de un tomismo vivido –vivido y enseñado por nuestros profesores y escritores– nos ha llevado a esos modos contestatarios y menos ortodoxos, que antes he señalado y a cierto «neomodernismo» muy peligroso. Esa carencia de un tomismo apreciado y vivido, como corresponde y quiere la Iglesia, la considero la raíz más venenosa de todo lo que nos está sucediendo.

Siguiendo en este examen de conciencia colectiva, atribuyo especial responsabilidad por omisión al haber suprimido la lectura del comedor. Esta lectura constituía el mejor «medio de comunicación social» que tenían los Superiores para dar a conocer a todos los miembros de la Compañía las normas, disposiciones, informaciones etc., de Roma y de la Santa Sede y recordar nuestras reglas y modo de ser. Toda sociedad bien organizada facilita este conocimiento y los gobiernos se desviven por contar con esos «mass media». Si los súbditos no conocen con facilidad esas normas y leyes, mal las cumplirán; desde luego andarán divididos y desorientados sin una base común, bien conocida de todos, a la que atenernos. Así estamos. Además la supresión de las lecturas en el comedor nos ha privado de una riqueza cultural y eclesiástica enorme, sobre todo nos ha privado en gran medida del conocimiento de nuestra historia y de la vida de nuestros santos y hombres ilustres, que con abundancia y repetidamente recibimos por esa lectura. Grave daño. Una familia religiosa que desconoce su historia y la vida de sus hijos más representativos ¿sabe de dónde viene y a dónde va?. La pérdida de la memoria individual suele ser síntoma de demencia senil y la persona queda fuera de juego. ¿No estaremos corriendo ese riesgo?.

Aunque excesivamente conciso en toda la carta por no alargarla quiero, sin embargo, terminar haciendo referencia a tres jesuitas españoles, exponentes vivos y testimoniales de lo que voy diciendo. El padre Ferrer Benimeli, conocidísimo por su defensa de la masonería, verdadero escándalo para los fieles. El padre Llanos, compañero mío riguroso de estudios y ordenación, siempre muy cercano. Con su carnet número 100 del partido comunista, otro gran escándalo. Unos años antes de su muerte me decía que «se había equivocado con su comunismo». En sus dos «cuasi» autobiografías que se han publicado de él aparece claro, para los que vivimos con él por los años treinta, el giro «neomodernista» que dio y cómo lo dio. Lo mismo sucede con el ex-padre Díez Alegría, co-profesor muchos años. Por el 1958 escribí a Roma una detallada denuncia sobre sus desviaciones doctrinales y el mal que hacía a los discípulos S.J. Hoy la ratifico. Ahora bien ¿con estos ejemplares puede Dios bendecir con vocaciones a la Compañía?. ¿La reconocerá como suya?.

Hago este examen de conciencia colectiva y escribo esta carta desde un inmenso amor a la Compañía de Jesús y a nuestra Santa Madre la Iglesia Jerárquica. ¿Cómo no preocuparse y mucho por la falta de vocaciones a la

Compañía e indagar en sus posibles causas?. En consecuencia yo aporto modesta y sinceramente mis reflexiones, sin pretender que se acepten pero sí que se tengan en consideración y se escuche mi voz y mi voto. Con ello moriré tranquilo, porque no quiero ser cómplice con mi silencio de lo que considero son razones muy fundamentales por las que Dios Nuestro Señor no nos envía vocaciones y permite por consiguiente que la Compañía se extinga por falta de ellas. Por eso lo denuncio ante la suprema autoridad de nuestro M.R.P. General.

Al llegar aquí no puedo menos de recordar, para mi consuelo y esperanza, el maravilloso discurso de S.S. el Papa Pablo VI el 3 de diciembre de 1974 a los Padres de la Congregación General 32. ¿Qué ha sido de ese discurso y de tantas otras palabras y gestos de amor, de estima y de orientación de los últimos Sumos Pontífices a la Compañía de Jesús?.

Sancte Pater Ignati, ora pro nobis![629].

CONCLUSIÓN

Los testimonios y documentos que se presentan en este último capítulo proceden, en su mayor parte, de la Santa Sede, las Congregaciones Generales y Padres Generales y varios jesuitas, unos de la llamada «Compañía A» y otros de la «Compañía B», división propuesta por un jesuita célebre en el órgano oficioso del Vaticano, como recuerda el lector. En varios casos muy representativos (los Papas y los padres Generales e incluso las Congregaciones Generales a partir de 1965) se sugiere o se afirma claramente que la causa principal de la decadencia y la degradación de la Compañía de Jesús es la pérdida, absoluta o relativa, de la fe.

A continuación reproducimos un cuadro oficial sobre los efectivos de la Compañía de Jesús por provincias en 1993, muy semejante a la situación en 1995.

	Nationes	Domus	SUMMA
High	human development		
1	Japan	14	297
2	Canada	42	574
4	Switzerland	9	80
5	Sweden	2	18
6	United States	259	3.956
7	Australia	27	214
8	France	66	853
	Monaco	1	3
9	Netherlands	12	150
10	United Kingdom	27	344
11	Iceland	_	1
12	Germany	44	613
13	Denmark	3	19
15	Austria	12	183
16	Belgium	42	620
17	New Zealand	1	2
18	Luxembourg	1	8
19	Israel	1	7
20	Barbados	1	2
21	Ireland	23	263
22	Italy	81	1.123
23	Spain	148	2.298
24	Hong Kong	5	46
	Taiwan	17	177
	Macau	2	11
25	Greece	3	22
26	Czech. Rep.	14	126
	Slovakia	7	125
28	Hungary	7	94
29	Lithuania	5	48
30	Uruguay	6	76
32	Bahamas	2	6
33	Korea. Rep. of	6	70
35	Latvia	_	2
36	Chile	21	205
37	Russian Federat.	2	21
	Yugoslavia	1	12
	Croatia	11	177
	Slovenia	15	47
	Bosnia/Herzo.	1	4

[629] FRSJ. D 20.

38	Belarus	–	2
39	Malta	9	90
41	Portugal	16	204
42	Costa Rica	1	12
43	Singapore	1	9
45	Ukraine	–	3
46	Argentina	12	269
48	Poland	46	694
50	Venezuela	29	224
53	México	43	468
54	Kazakhstan	–	3
Medium human development		1.098	14.875
56	Mauritius	1	9
57	Malaysa	4	16
61	Colombia	25	395
68	Panamá	4	45
69	Jamaica	15	36
70	Brazil	68	846
74	Thailand	4	25
75	Cuba	6	32
77	Romania	3	17
78	Albania	2	6
81	Syrian Arab. Rep.	3	16
82	Belize	5	25
83	Kyrgyzstan	–	1
85	South Africa	4	25
86	Sri Lanka	6	97
88	Tajikistan	–	1
89	Ecuador	17	156
90	Paraguay	14	78
92	Philippines	22	384
95	Peru	27	238
97	Dominican Rep.	17	126
	Puerto Rico	3	31
99	Jordan	1	3
101	China	–	43
102	Lebanon	7	63
105	Guyana	7	28
107	Algeria	3	17
108	Indonesia	50	344
	Timor (East)	–	3
110	El Salvador	8	72
111	Nicaragua	6	66
Low human development		332	3.244

113	Guatemala	7	49
115	Viet Nam	–	36
116	Honduras	3	42
118	Solomon Islands	–	–
	Guam	1	7
	Marshall Islands	1	4
	Micronesia	5	38
	Palau	1	4
119	Marocco	1	8
121	Zimbabwe	17	123
122	Bolivia	15	124
124	Egypt	5	38
126	Congo	2	10
127	Kenya	4	81
128	Madagascar	14	251
	Reunión	1	13
129	Papua/New Guin.	–	1
130	Zambia	16	118
131	Ghana	1	4
132	Pakistan	1	3
133	Cameroon	6	52
134	India	237	3.493
136	Côte d'Ivoire	2	12
137	Haiti	1	25
138	Tanzania, U. Rep.	4	45
140	Zaire	30	309
142	Nigeria	5	41
146	Uganda	1	12
149	Rwanda	4	21
150	Senegal	1	2
151	Ethiopia	2	11
152	Nepal	4	43
153	Malawi	2	6
154	Burundi	2	14
157	Mozambique	3	23
158	Sudan	1	5
159	Bhutan	1	1
160	Angola	1	6
162	Benin	1	4
165	Chad	13	60
170	Burkina Faso	1	5
		417	5.144
	UNIVERSI	1.847	23.263

Resulta incomprensible que esta pérdida de fe no sea excepcional; explica por sí misma los abandonos y no se comprende cómo pueden mantenerse personas en una Orden religiosa si carecen de fe. Esta es la razón principal de la decadencia, la relajación y, por supuesto, la terrible reducción de vocaciones. Claro que existe un previo supuesto de hecho: reconocer la decadencia y la degradación como realidades. Algunos documentos triunfalistas de las últimas Congregaciones Generales no aceptan ese hecho e incluso hablan de mejoras y progresos. Pero los padres Arrupe y Kolvenbach, en sus comunicaciones de mayor sinceridad, sí aceptan el hecho de la decadencia y piden soluciones para remediarla.

La segunda causa es la raíz de la anterior y no ha sido reconocida por los padres Generales y las Congregaciones como tal, sino solamente como conjunto de casos excepcionales, pero es mucho más. Consiste en una perversión del pensamiento filosófico y teológico, compartida por lo demás con gran parte de la Iglesia desviada. Esta perversión es muy anterior al Concilio aunque no ha manifestado su fuerza demoledora hasta inmediatamente después del Concilio. El Papa Pío XII advirtió seriamente contra esta perversión en su encíclica de 1950, tal vez exagerada en algunas alusiones concretas pero muy certera en su diagnóstico y en su objetivo. Es evidente la necesidad de modernizar la «filosofía perenne» como hicieron, en su tiempo, Tomás de Aquino O.P. y el Doctor Eximio Francisco Suárez S.J. Pero en nuestro siglo han logrado esa modernización pensadores como Brentano, Zubiri, García Morente y Julián Marías, entre otros ejemplos. (Muchos papagayos que corean a Zubiri sin entender una palabra de sus escritos ignoran que su gran obra *Naturaleza, Historia, Dios,* consiste en adaptar a formas modernas la metafísica suareciana de la analogía del ser). Pésimamente fascinados y guiados por Maréchal, Rahner y el discípulo socialista de Rahner, Juan Bautista Metz, los jesuitas «B» de la segunda mitad del siglo XX han sustituido la escolástica por el vacío, es decir por el inmanentismo, el subjetivismo, el relativismo y en definitiva por el idealismo anacrónico; porque de Heidegger han regresado a Hegel y a Kant y a veces a Marx. Esta regresión metafísica, a espaldas de la Ciencia Nueva –de Planck a Penrose– que desconocen, se traduce teológicamente por la apertura hacia el protestantismo y el modernismo, otra tremenda regresión. Y todo esto lo presentan como «modernización» cuando es justamente al revés. De esa línea han brotado la Teología política y la teología de la revolución y la liberación. Esto significa que la perversión en el pensamiento de los jesuitas de la «Compañía B» es, en el fondo, una perversión teológica y metafísica; y de fuentes parecidas ha nacido la perversión en el pensamiento de otros Institutos religiosos y una parte importante de la Iglesia en general. Todo ello combinado con el empuje exterior y la infiltración interior del marxismo y el «miedo rojo» a la victoria final del comunismo hasta la caída del Muro. En este capítulo y en los anteriores de este libro espero que haya quedado claro el origen y proceso de estas perversiones en el pensamiento filosófico y teológico y en la «praxis»de la Compañía de Jesús y de la Iglesia. No han bastado las advertencias clarividentes contra estas aberraciones, dadas por la Iglesia desde la carta de San Pablo a Timoteo a Pío XII, Pablo VI y Juan Pablo II. A la perversión del pensamiento ha seguido la perversión y tergiversación del Concilio en el postconcilio, que estudiaremos en el segundo libro.

La tercera causa, derivada de las anteriores, es la pérdida del carisma y la tradición ignaciana, que son perfectamente compatibles con la modernización de la Compañía y su adaptación a los requerimientos del Concilio Vaticano II. Claro que la modernización sin carisma y sin apoyarse en la tradición de la Orden equivale a construir castillos en el aire, en la nada. El síntoma más grave para detectar la pérdida del carisma ignaciano es la inobservancia generalizada del Cuarto Voto, la transformación de la Compañía de Jesús de fuerza religiosa selectísima a las órdenes directas del Papa en corporación hipercrítica de oposición y desobediencia sistemática al Papa, más o menos disimulada con distingos artificiosos que recuerdan los de la escolástica decadente, de la que tanto abominan los «innovadores».

En cuarto lugar, y en relación directa con las tres causas anteriores, la Compañía se ha degradado por cambiar unilateralmente y anticonstitucionalmente, contra los expresos mandados de los últimos Papas, la teoría y la práctica de su misión, que se concretó por la Congregación General 32 en el malhadado «servicio de la fe» interpretado *exclusivamente* como «promoción de la justicia», un concepto que, o nadie sabe lo que significa (incluso el actual padre General, según la encuesta del padre Tripole) o significa en la práctica la «lucha contra las estructuras», es decir contra el liberalismo capitalista, que, con todos sus defectos, todos corregibles, es el único sistema de la historia humana que asegura el progreso real y la convivencia en libertad. Significa también el compromiso sociopolítico de izquierdas, –socialista, marxista, comunista y aun anarquista, según los casos– inspirado por el «clan de izquierdas» que desde 1965 se ha adueñado del poder en la Orden; e incluso la cooperación de diverso signo con las revoluciones violentas de signo marxista, como las de Chile, Nicaragua. El Salvador y México. Aunque la primera y la última han disfrazado como democracia su auténtico objetivo y método.

Creo que estas cuatro causas son necesarias y suficientes para explicar, ante los ojos humanos, la decadencia y la degradación de la Compañía de Jesús. Todas las demás causas que se han aducido en este libro son auténticas pero derivan de estas cuatro primordiales. Como historiador no puedo profundizar más. Pero como historiador católico no puedo negar, sino subrayar intensamente, el diagnóstico del Papa Pablo VI, que manejaba mucha mejor información y era el Vicario de Cristo, en 1968 cuando explicaba a cuatro obispos españoles, que me lo han trasmitido directa y documentalmente, su convicción sobre «la descomposición del ejército», la Compañía de Jesús, provocada mediante la acción de un elemento «preternatural» según la parábola del trigo y la cizaña, el Enemigo que ha pervertido una Orden que fue, desde su fundación, adelantada y barbacana de la Iglesia católica. Este diangóstico no supone introducir aquí un elemento mágico o metahistórico; la declaración del Papa, y de un Papa a quien nadie puede tildar de reaccionario, es un hecho histórico en sí, con el que como historiador católico estoy plenamente de acuerdo. Un conjunto semejante de perversiones sólo puede explicarse, en la lucha perpetua entre el Cristo de la luz y el poder de las tinieblas, por una expresa intervención preternatural que ante esa parábola citada de forma también expresa por el Papa, significa, digámoslo con la palabra justa, una intervención satánica. «Yo no soy un lobo» me decía una vez durante un diálogo radiofónico uno de los grandes promotores de la perversión en la Compañía B. Era un lobo.

El reto con que me he enfrentado en este libro era nada menos que describir, a la luz de la visión de la historia humana profunda propuesta por el Concilio inspirado en el Nuevo Testamento –el combate entre el poder de la luz el poder de las tinieblas, las Puertas del Infierno– el asalto y la defensa de la Roca frente a la Modernidad y la Revolución, en un contexto histórico y tratando de penetrar hasta las raíces de esa lucha concreta, reflejo de la lucha perpetua. Cuando empecé el libro me daba cuenta que se trataba de una misión imposible. Cuando hablo en el subtítulo de «una historia de la Iglesia jamás contada» no estoy introduciendo un reclamo comercial, estoy expresando que a mí nadie me ha contado esa historia y que yo necesitaba conocerla y expresarla. Ahora, al acabar el libro, tengo la impresión de que, pese a la modestia de mis medios, la misión imposible se ha cumplido por mi parte. No ha sido fácil establecer, desde sus raíces, el sentido de la Modernidad y de la Revolución como doble asalto a la Iglesia, ni reconocer, en el mismo contexto histórico, las líneas y las acciones para la defensa de la Iglesia. Todo esto he tratado de investigarlo y expresarlo a una luz que, al menos para mí, es nueva; es decir que muchas cosas contenidas en este libro yo no las conocía al iniciar mi trabajo de información y detección de fuentes, que a veces ha sido complicadísimo. Trazar ese contexto histórico global, entre los vectores del pensamiento, la cultura, la ciencia y la evolución social y económica era tan necesario como dificultoso. Con la Iglesia del siglo XX como objetivo fundamental he tenido que remontarme, en busca de raíces, hasta el XIX, siglo del falso Absoluto; el XVIII, siglo de las falsas Luces; el XVII, siglo del racionalismo; el XVI, apogeo del Renacimiento y la Reforma. Ya en el siglo XX, a la sombra biográfica de los grandes Papas de nuestra época, he procurado detectar en profundidad la historia contemporánea del asalto y defensa de la Roca ante la recurrencia permanente, el continuo retorno de la Modernidad y la Revolución. Todas esas líneas convergen en el Concilio Vaticano II y –como hemos visto aquí para el caso de la Compañía de Jesús y estudiaré monográficamente en el segundo libro, *La Hoz y la Cruz*– estallan después del Concilio para volverse a encauzar durante la bendita Restauración de Juan Pablo II, hacia el Tercer Milenio. El estudio, relativamente completo, de la crisis de la Compañía de Jesús sirve como desembocadura de este primer libro y como quicio para el planteamiento y desarrollo del segundo, cuyo índice anticipo aquí. No pretendo en modo alguno considerarme en posesión de la verdad pero mis fuentes son genuinas y he procurado orientarlas en el mismo sentido de la fe recibida en mi infancia y del Magisterio de la Iglesia, conocido, analizado respetuosa y críticamente y aceptado durante el resto de mi vida. Todo a la luz de la fe y a la luz de la Historia. La fe es la misma verdad. La Historia es maestra de la vida y luz humana de la verdad. No hay una doble verdad sino una verdad única, que se identifica con el Camino y la Vida en una persona que se definió a sí misma como Palabra. A esa palabra, al menos en mi intención, me atengo.

FIN

NOTA DE ALCANCE. Se cierra la corrección de pruebas de este libro el 7 de Octubre de 1995, fiesta de Nª Sra. del Rosario y aniversario de Lepanto.
De fuente romana autorizada se me indica que, hasta esta fecha, los documentos de la Congregación General 34, que he ofrecido en este libro por primera vez como exclusiva mundial, no han sido aprobados aún por la Santa Sede. De ser así –mi fuente romana es alta y fiable– este retraso sería muy significativo y tal vez se relacione con la lucha interna, a veces muy amarga y encrespada, que se produjo, según la misma fuente, en el seno de la Congregación General. Por lo demás esa lucha es un signo de esperanza.

BIBLIOGRAFÍA

Las fuentes se ordenan por capítulos, después de documentos, publicaciones periódicas y obras generales.

Las obras generales se ordenan en lista alfabética de autores.

Dentro de cada capítulo las fuentes se consignan por su orden de aparición en el capítulo, sea en las notas, en el texto o en el contexto. A veces, para recalcar más la importancia de la fuente en un capítulo dado se repite su ficha, ya facilitada en algún capítulo anterior.

FUENTES DOCUMENTALES

- DREEDE, DREE o DE Documentos reservados, o testimonios reservados (con fecha y autenticación) del Episcopado español 1939-1995.
- FRSJ Fuentes reservadas de la Compañía de Jesús. (Impresos «as usum NN. tantum», Actas de los Prepósitos Generales o las Congregaciones Generales 31 a 34, Catálogos provinciales, Noticias provinciales, boletines informativos y demográficos de la Curia Generalicia, documentos y testimonios de miembros diversos de la Orden al autor).
- FRAA Fuentes documentales varias, archivo del autor.
- FRR Testimonios y documentos obtenidos en Roma o enviados al autor desde Roma.

PUBLICACIONES PERIÓDICAS

- Los diarios más consultados por su interés en el tratamiento de temas sobre la Iglesia Católica con proyección universal son, en España, ABC de Madrid (información generalmente correcta y respetuosa) *El País*, de Madrid (información generalmente sesgada y adversa) y *El Mundo* (del Opus a Pérez Martínez). Entre los periódicos no españoles consultados destacan, en México, *Excelsior, Reforma* y *El Financiero*; en Chile, *El Mercurio*, en Italia *La Stampa* y *Corriere de la sera* y *L'Osservatore Romano* (Ciudad del Vaticano), en Francia, *Le Figaro* y *Le Monde*; en USA los *Times* de Los Angeles y Nueva York, además de varios periódicos en lengua hispana. Sin embargo la fuente periódica más importante para este libro y el siguiente, *La Hoz y la Cruz*, es el *Diario Las Américas*, publicado en Miami, Florida y difundido en todo el continente. Bajo la magistral dirección de don Horacio Aguirre contiene la mejor y más equilibrada información sobre asuntos políticos y religiosos de Iberoamérica y los Estados Unidos.

– Se han consultado regularmente en España las revistas *Razón Española, Ecclesia, Epoca, Tiempo, Siempre p'alante, TFP-Covadonga, El Pilar, El Terol, Vida Nueva, Misión Abierta, Razón y Fe,30 Días. Iglesia-Mundo* (hasta su lamentable cierre) *Proyección*.

– En Italia *La Civiltá Cattolica*, IDOC–International.

– En Francia, *Itinéraires, Informations Catholoiques Internationales, Travaux de la Loge de Recherches Villard d'Honnecourt* (para temas masónicos, colaboración de jesuitas). Y la interesantísima *Lettre d'Information* de Pierre de Villemarest.

– En México *Summa, Proyecto, Jesuitas de México* y las publicaciones del Centro Javier.

– En El Salvador la *Revista Latinoamericana de Teología*, editada por el Centro de Reflexión Teológica de la UCA.

– En Estados Unidos, *Theological Studies, Time, National Jesuit News, New England Jesuit News, America* (en sus dos épocas) *Wanderer The Forum Foundation, Catholic World Report, Blueprint for Social Justice, National Catholic Reporter, National Catholic Register*.

– Se han consultado ocasionalmente otras muchas revistas como se indica en las Notas.

OBRAS GENERALES

– *Anuario Pontificio* 1994 Ciudad del Vaticano, Lib. Editrice Vaticana, 1994 Benlloch Povera A,. (dir) *Código de Derecho Canónico* 5ª ed. Valencia, Edicep-ABL-Delmo, 1993.

– Brosse, O. de la et al. *Diccionario del Cristianismo* Barcelona, Herder, 1974.

– De la Cierva R. *Historia de América* Madrid, Epoca, 1992 (dos vols.).

– De la Cierva, R. *Jesuitas, Iglesia y marxismo* Barcelona, Plaza y Janés, 1986.

– De la Cierva, R. *Oscura rebelión en la Iglesia* Barcelona, Plaza y Janés, 1987.

– Denzinger-Schönmetzer *Enchiridion symbolorum, definitionum et declaationum.* Barcelona, Herder, 1973.

– *Crónica de la Humanidad* Barcelona, Plaza y Janés, 1987.

– *Doctrina Pontificia, Documentos políticos* J.L. Gutiérrez García (ed.) Madrid, BAC, 1958.

– *Doctrina Pontificia, Documentos sociales* Federico Rodríguez (ed.) Madrid, BAC, 1964.

– Ferrater Mora, J. *Diccionario de Filosofía,* 2 ed. Madrid, Revista de Occidente, 1974.

– Fliche-Martin *Historia de la Iglesia* ed. esp. de José María Javierre. 30 vols. Valencia, EDICEP, desde 1974.

– García Morente, M. y Zaragüeta, J. *Fundamentos de Filosofía* Madrid, Espasa-Calpe, 8ª ed.

– Hertling, L. *Historia de la Iglesia* Barcelona, Herder, 1986.

– Illanes, J.L. et al. *Historia de la Teología* Madrid, BAC, 1995.

– Jedin, H. *Manual de Historia de la Iglesia* Barcelona, Herder, 1977s. Especialmente tomos VII, VIII, IX y X. Este último se refiere a España, Portugal y América Latina y se debe a Quintín Aldea y Eduardo Cárdenas.

– Llorca, B., García Villoslada, R, Montalbán y Laboa, J.M. *Historia de la Iglesia Católica* vols I a IV. Madrid, BAC, desde 1976. (No se ha publicado el segundo tomo del vol. IV).

– Lortz, Joseph *Historia de la Iglesia en la perspectiva de la historia del pensamiento.* Dos vols. Madrid, Cristiandad, 1982.

– *El Magisterio Pontificio Contemporáneo,* (dos vols) ed. Fernando Guerrero, Madrid, BAC 1991. Para todos los documentos pontificios citados en el texto.

– Marías, Julián *Historia de la Filosofía* Obras I (6ªed. 1981) Madrid, Revista de Occidente. (Tomos I–IX).

– Mathieu-Rosay J. *Los Papas, de S. Pedro a Juan Pablo II* Madrid, Rialp 1990.

– *Novum Testamentum graece et latine* Roma, Pont. Instit. Bíblico, 1948.

– *Nuove quaestioni di Storia contemporanea* dos vols. Milán. Marzorati, 1968.

– *Nouve questioni di Storia moderna dos vols.* Milán, Marzorati, 1968.

– Palacio Atard, V. *Manual de Historia Universal, Edad Contemporánea,* Madrid, Espasa-Calpe, 1960.

– Sabine, G. *Historia de la teoría política* México, Fondo de Cultura Económica, 1974.

– Varios autores. Las referencias a la historia del pensamiento están tomadas de mis apuntes de las dos licenciaturas en Filosofía y de las obras citadas de Julián Marías, J. M. García Morente, J. Ferrater Mora, G. Sabine y J. Lortz, así como de mis lecturas y anotaciones de aquella época que se han ido renovando después.

PÓRTICO

– Concilio Vaticano II, Constitución *Gaudium et spes*, en Vaticano II, Documentos, Madrid, BAC 1971 p. 177s.

– Alvear Acevedo, Carlos *Episodios de la Revolución* Mexicana, México, Jus, 1988.

– Roger Haight S.J. *The Case for Spirit Christology*, en Theological Studies 53 (1992) 257s.

– Tusell, Javier *La URSS y la perestroika desde España,* Madrid, Instituto de Estudios Económicos, 1988. (Colección Grandes Profecías, como prospectiva para las grandes inversiones de que se ocupa el Instituto).

– Brzezinski, Z. *El gran fracaso. Nacimiento y muerte del comunismo en el siglo XX* Madrid, Maeva, 1989. Original inglés en 1988, el mismo año en que el profético libro de Tusell pronosticaba todo lo contrario.

– Fukuyama, F. *The end of History*, en *The national Interest*, verano 1989.

– De la Cierva, R. *Historias de la corrupción* Barcelona, Planeta, 1992.

– Montero, A. *Historia de la persecución religiosa en España* 1936-1939 Madrid, BAC, 1961.

– Sebastián Aguilar, F. *Nueva evangelización* Madrid, Encuentro, 1991.

– Casaldáliga, Pedro CMF *Nicaragua, combate y profecía* Madrid, Ayuso, 1986.

– De la Cierva, R. *El triple secreto de la Masonería* Madridejos, Fénix, 1994.

– Mitterrand J. *La politique des Francmaçons*, París, Roblot, 1983.

– Rinser, Luise *Gratwanderung* Munich, Köselverlag, 1994.

– De la Cierva, R. *Los años mentidos* Madridejos, Fénix, 1993.

– De la Cierva, R. *No nos robarán la Historia* Madridejos, Fénix, 1995.

– Pérez, Antonio, S.J. *Universo religioso en la obra de Francisco Umbral: Dios en* «Noticias de la Provincia de Castilla», año XXV, nº 111, Valladolid, diciembre 1988.

– Pérez Martínez, F. («Umbral, F.») *Pío XII, la escolta mora y un general con un ojo*, Barcelona, Planeta, 1985.

– González Balado J.L. *Ernesto Cardenal* Salamanca, Sígueme, 1978.

CAPÍTULO 1

– Díaz Macho. A. y S. Bartrina (eds.) *Enciclopedia de la Biblia* Barcelona, Garriga, 1963, vol VI.

– Casciaro, J.M. *Iglesia y Pueblo de Dios en el Evangelio de san Mateo,* en XIX Semana Bíblica Española, Madrid, CSIC, 1962.

– *Los demonios, doctrina teológico-bíblica,* «Biblia y fe» 1993.

– Lópe Padilla, L.E. *El Diablo y el Anticristo,* México, Parroquial de Clavería, 1989.

– Di Nola, Alfonso *Historia del Diablo* Madrid, EDAF, 1992.

CAPÍTULO 2

– Juan Pablo II *Cruzando el umbral de la esperanza* Barcelona, Plaza y Janés, 1994.

– Marías, J. *Historia...* (op. cit.).

– Ferrater Mora J. *Diccionario...* op. cit.

– Leipoldt, J. y Grundman, W. *El mundo del Nuevo Testamento* Madrid, Cristiandad, 1973.

– Couvert, E. *De la Gnose a l'Ecuménisme* (3 vols) Chiré-en-Montreuil, eds. de Chiré, 1983-1993.

– *Fuerza para vivir* Publicación de una secta familiar norteamericana que ha inundado las pantallas españolas de televisión en 1995.

– Barruel, abate Agustín (S.J. hasta la supresión) *Memorias para servir a la historia del jacobinismo,* ed. española Vich, imp. Barján, 1870, cuatro vols. enc. en dos.

– García Villoslada R. S.J. *Historia de la Iglesia en España* Madrid, BAC-maior 1979 vol I.

– Del Río, Martín, S.J *La magia demoníaca,* ed. moderna en Hiperión, 1991.

– De la Cierva, R. *El Tercer Templo* Barcelona, Planeta, 1992.

– Gaffarel, J. *Misterios de la Cábala divina* ed. moderna de J. Peradejordi, Málaga, Sirio, 1986.

– Hannah, W *Darkness visible* Devon, Augustine Press, 1952.

– Guyn, Hans Graf *Seréis como dioses,* Eds. Universidad de Navarra 1991.

– Del Noce, A, *Violenza e seccolarizzacione della gnosi* en VV.AA. Brescia, 1980.

– Alvarez Bolado, A. et al. *Dios y la ciudad* Madrid, Cristiandad, 1975. Para las obras de Rahner, Bloch y Moltmann ver más abajo capítulo 7 sección 6.

– Sánchez Dragó , F. *Gárgoris y Habidis, historia mágica de España*. Tuve el honor de contratar este libro para la Editora Nacional en 1973. Luego la Editora tomó otros rumbos hasta su extinción y el autor lo publicó en Hiperión con enorme éxito.

– Eco, Umberto *El nombre de la Rosa y El péndulo de Foucault* han sido editados en Italia y en España por las editoriales Bompiani, y Lumen.

– Benítez, J.J. *La rebelión de Lucifer,* Barcelona, Planeta, 1985. La serie de *El caballo de Troya* en la misma Editorial.

– Cioran, E.M. *El aciago demiurgo* Madrid, Taurus, 1974.

CAPÍTULO 3

– Habermas, J *El discurso filosófico de la modernidad* Madrid, Taurus, 1988 , ed. alemana 1985.

– Partido Socialista Obrero Español, *Congreso XXXI*, 1982, documento base.

– Gómez Heras, J.M. *Religión y modernidad*, Córdoba, Cajasur, 1986.

– De la Cierva, R. *Os acordaréis de la Doncella*, Barcelona, Planeta, 1993.

– Runciman, S. *Historia de las Cruzadas* 3 vols. Madrid, Alianza Universidad,1985-87.

– Varios autores. Para este capítulo resulta especialmente válida la observación de fuentes que anoté al final de las referencias a Obras Generales. He pretendido construir una síntesis, no un análisis monográfico sobre los orígenes de la Modernidad y la transición a ella desde la Edad Media.

– Sobre las grandes fases de corrupción en la Santa Sede (siglos X y XVI) he aducido algunas evocaciones en mi libro, ya citado, *Historias de la corrupción.*

– García Villoslada, R, S.J. *Martín Lutero* dos vols. *El fraile hambriento de Dios* y *La lucha contra Roma* Madrid, BAC maior, 1973.

– Zubiri, J. *Naturraleza*, Historia, Dios Madrid, Editora Nacional, 1974.

– Weber, Max *La ética protestante y el espíritu del capitalismo*, (1901) Madrid, Península, 1973.

– Gutiérrez, Constancio, S.J. *Trento, un Concilio para la unión* 3 vols. Madrid, Instituto Flórez del CSIC, Seteco Artes Gráficas, 1981.

– Bangert, W,V., S.J. *Historia de la Compañía de Jesús* Santander, Sal Terrae, 1981. A partir de la p. 621 esta Historia sufre un añadido por parte de la editorial jesuita española que equivale a una manipulación extrahistórica.

– Pontificia Academia de Ciencias *Copernico, Galileo e la Chiesa. Fine della controversia*. Florencia, Olschki, 1991.

- Yovel, Yirmiyahu *Spinoza and other heretics*, Princeton Univ. Press, 1988.
- Barruel, A. op. cit. que fue el libro más vendido a fines del siglo XVIII y principios del XIX, sepultado luego en un aluvión acrítico de silencios pero que conserva, a mi juicio, un alto valor de testimonio, documentación y análisis. Fue una de las lecturas favoritas de Edmund Burke, que no comulgaba con ruedas de molino.
- J. Chevallier *Histoire de la francmaçonnerie française*, 3 vols., París, Fayard, 1974.
- Johnson, P. *Intellectuals* Londres, Weidenfeld and Nicholson, 1988. Hay edición española posterior.
- Velarde Fuertes J. *El libertino y el nacimiento del capitalismo*, Madrid, edics. Pirámide, 1981.

CAPÍTULO 4

- Para los contextos de la Revolución atlántica cfr. R. de la Cierva *Historia de América* ya citada.
- Chaunu P. *Le grand déclassement* París, Laffont, 1989.
- García de Enterría, E. *La formación del Derecho Público europeo tras la Revolución Francesa* Madrid, Real Academia Española, 1994.
- Bracher, K.D. *La dictadura alemana*, dos vols. Madrid, Alianza ed. 1973.
- MacLellan, David *Marxism and Religion* Londres, Macmillan, 1987.
- MacLellan, David *Karl Marx, su vida y sus ideas*, Barcelona, Grijalbo, 1977.
- Marx, Carlos *Obras de Marx y Engels (OME)* traducidas por Manuel Sacristán, Barcelona, ed. Grijalbo. He anotado hasta el vol. 41 (1973) que contiene el libro I, vol.II de *El Capital.*
- Penrose, R. *La nueva mente del emperador* Barcelona, Mondadori, 1991.
- Del Pino Artacho, J. apud *Escritos de teoría sociológica en homenaje e Luis Rodríguez Zúñiga*, CSIC s.d. (ca. 1991).
- Nietzsche, F. *Obras* (4 vols.) Editorial Teorema, 1985.
- Valverde J.Mª *Nietzsche, de filósofo a anticristo* Barcelona, Planeta, 1992.
- García Escudero, José M. *Historia política de las Dos Españas*, 2ª ed. Madrid, Editora Nacional, 4 vols.
- Villota, J. *La Iglesia en la sociedad española y vasca contemporánea*, Bilbao, Desclée, 1985.
- *Documentos colectivos del Episcopado español*, Madrid, BAC, 1974.

– Borges, Pedro (dir.) *Historia de la Iglesia en Ibeoamérica y Filipinas*, dos vols. Madrid, BAC, desde 1992.

– Dussel, Enrique *Historia de la Iglesia en América Latina* Barcelona, Nova Terra, 1974.

– Juan, Jorge y Ulloa, A. de *Noticias secretas de América* (ed. M. Ballesteros) Madrid eds. Istmo, 1992.

– Martins Terra *Fray Boff y el neogalicanismo brasileño* «Nexo» primer semestre 1985.

– De la Cierva R. *Historia básica de la España actual*, Barcelona, Planeta, 1975 (16ª ed.).

– Darwin, C. *El origen de las especies* Valencia, eds. Petronio, 1974.

CAPÍTULO 5

– Nietzshe, op, cit.

– Bonilla Sauras, M. *La trama oculta del PSOE* ed. Ignis, 1991.

– Centro de Estudios sobre la libertad (Fundación Veritas) *Keynes en Harvard*, Buenos Aires, 1981.

– Fraga Iribarne, M. *Cánovas, Maeztu y otros discursos de la Segunda Restauración* Madrid, Sala Editorial, 1976.

– Maeztu, R. de *Obras* Madrid, Editora Nacional, 1974.

– Taylor, J.G. *La nueva física* Madrid, Alianza ed. 1974.

– Guitton, J. *Dieu et la science*, París, Grasset, 1991.

– Davies, Paul *La mente de Dios*, Madrid, McGraw Hill, 1993.

– Fernández Rañada, A. *Los científicos y Dios* Oviedo, Nobel, 1994.

– Jastrow, E. *God and the astronomers*, Warner Books, 1978.

– Hoyle, Fred *The intelligent Universe*, ed. brasileña, Río, 1988.

– *Fe, Religión y teología* (centenario de la «Aeterni Patris»). Pamplona, Eds. Univ. Navarra, 1979.

– Mellor, A. *Histoire de l'anticlericalisme français*, ed. Mame, 1966.

– Cholvy, G. e Hilaire, Y.M. *Histoire réligieuse de la France contemporaine*, dos vols., Toulouse, ed. Privat, 1986.

– García Escudero, J. M. *Cánovas*, Madrid, BAC, 1989.

– Rigoux, M. *La hiérarchie catholique et le problème social* París, Spes, 1931.

– Maestro, Angel *Antecedentes no marxistas en Lenin: los orígenes del comunismo ruso.* Verbo 271-272 (1989) 187s.

– Carr E.H. *La revolución bolchevique*, Madrid, Alianza ed. 1950. Libro que abre toda una serie de estudios históricos sobre la revolución leninista y se cierrra en *Twilight of the Comintern.* Admirablemente complementada por la compilación documental de Jane Degras *The Communist International Documents*, publicada en Oxford Univesity Press.

– Kautsky, K. *Fundamentos del cristianismo* Salamanca, eds. Sígueme (clerical) 1974.

– Lenin, V.I. *Obras escogidas* dos vols, París, col. Ebro, 1972.

– Gallego, J.A. *La política religiosa en España*, 1889-1911 Madrid, Ed. Nacional, 1975.

– Seco Serrano, C. et al. *La cuestión social en la Iglesia española contemporánea*, El Escorial, 1991.

– Benavides, D. *El fracaso social del catolicismo español*, Barcelona, Nova Terra, 1973.

– García de Haro, R. *Historia teológica del modernismo,* Pamplona, Eds. Univ. de Navarra, 1972.

– Gómez Molleda, M. *La Masonería en la crisis española del siglo XX,* Madrid, Taurus, 1986.

– Montoro, M. y Ordovás, J.M. *Historia de la Asociación Católica Nacional de Propagandistas*, Pamplona, EUNSA, dos vols. 1993.

– Gómez Aparicio, Pedro *Historia del periodismo español,* 4 vols. Madrid, Editora Nacional, desde 1967.

– García Escudero, J.M. *Conversaciones con Angel Herrera,* Madrid, BAC. 1987.
El pensamiento de Angel Herrera, Madrid, BAC, 1987.
El pensamiento de «El Debate», Madrid, BAC, 1983.

– Herrera Oria, A. *Obras* Madrid, BAC, 1963.

– R. Casas de la Vega *El terror, Madrid 1936* Madridejos, Fénix, 1994.

– Pérez de Ayala, R. *AMDG* Madrid, Cátedra, 1983.

– Rivas Andrés, V. *La novela más popular de Pérez de Ayala*, AMDG, Gijón, 1983.

– Mir, Miguel *Historia interna documentada de la Compañía de Jesús,* Madrid 1913.

– Ortega y Gasset, J. Ensayos en la col. «El Arquero» de Revista de Occidente, Madrid, (desde 1973). Grandes ensayos (*La rebelión de las masas y España invertebrada*) en Espasa Calpe, col. Austal, (1957, 1964).

– De la Cierva, R. *Carrillo miente*, Madridejos, Fénix, 1994, con capítulos sobre Lenin y Stalin.

– *Los Protocolos de los Sabios de Sión,* 3ed. Pamplona, ed. Sancho el Fuerte, 1986.

– San Pío X *Escritos doctrinales*, Madrid, Palabra, 1974.

– Unamuno, M.. *Ensayos,* (dos vols) en Madrid, Aguilar, 1963 col. Joya.

CAPÍTULO 6

– Redondo, G. *La Iglesia en el mundo contemporáneo* 2 vols. Pamplona, EUNSA, 1979.

– García de Cortázar, F. et al. *Los pliegues de la tiara,* Madrid, Alianza, ed. 1991.

– Mathieu-Rosay, J. *Los Papas,* Madrid, Rialp, 1990.

– Carr, E.H. *La revolución bolchevique* 3 vols. Madrid, Alianza, 1972-74.

– Carr, E.H. *El socialismo en un solo país (dos vols.)* Madrid, Alianza, 1974-75.

– Reed, J. *Diez días que conmovieron al mundo,* México, Cía. Gral. de Ediciones, 1991.

– Menarókov, A. *Historia ilustrada de la Gran Revolución Socialista de Octubre*, Moscú, ed. Progreso, 1980.

– Volkogonov, D.A. cfr. ABC 24.6.94 p. 40.

– Berberova, Nina *Les francmaçons russes du XXe. siècle* Paris, Noir sur Blanc, 1990.

– Degras, Jane *The Communist International Documents,* 1919-1943 Oxford Univ. Press 1965.

– Kuroiédov V. *La religión y la Iglesia en el Estado soviético* Moscú, ed. Progreso, 1981.

– Marx, K et al. *Sobre la religión* Ed. prep. por Hugo Asmann y Reyes Mate. Salamanca, Sígueme dos vols. 1979 y 1975.

– Lenin V.I. *Actitud del Partido Obrero ante la religión*, en Obras escogidas, op. cit. p. 173s.

– Gutiérrez G. *Teología de la liberación, perspectivas* Salamanca, Sígueme, 1972.

– Boff, Leonardo *Iglesia, carisma y poder* Santander, Sal Terrae, 1982.

– Fuentes Mares, J. *Génesis del expansionism norteamericano* México, Enlace, 1985.

– Alvear Acevedo, Carlos *Historia de México* México, Jus, 1964.

– Alvear Acevedo, C. *Episodios de la Revolución mexicana* México, Jus, 1988.

– Meyer, J. *La Cristiada (3 vols.)* México, Siglo XXI 1973.

– De la Cierva, R. *Nueva historia de la guerra civil española*, Madrid, Epoca, 1986.

– De la Cierva, R. 1939, *Agonía y Victoria* Barcelona, Planeta, 1989.

– Montero, A. *Historia de la persecución religiosa en España*, Madrid, BAC, 1961.

– *Guía de la Iglesia y de la Acción Católica española*, Madrid, 1945.

– Redondo, G. *Historia de la Iglesia en España* 1931-1939 (dos vols.) Madrid, Rialp, 1993.

– Gil Robles, J.M. *No fue posible la paz,* Barcelona, Ariel, 1969.

– Rodríguez Aisa, M.L. *El cardenal Gomá y la guerra de España*, Madrid, CSIC, 1981.

– VV.AA. *Cataluña prisionera,* 4 vols. Barcelona, ed. Mare Nostrum.

– De la Cierva, R. *Misterios de la Historia* Barcelona, Planeta, 1990.

– Iturralde, J. (Usabiaga) *El catolicismo y la cruzada de Franco* Vienne, ed. Egi-indarra 1960.

– Lamet, P.M. *Arrupe, una explosión en la Iglesia*, Madrid, Temas de Hoy, 1989.

– Llanos, José Mª de, S.J. *Nuestra ofrenda* Madrid, Apostolado de la Prensa, 1942.

– Bolloten, B. *La guerra civil española*, Revolución y contrarrevolución, Madrid, Alianza ed. 1989.

– Massis, H. y Brasillach, R. *The cadets of the Alcazar* N. York, Paulist Press, 1937.

– Madariaga, S. de *Anarquía o jerarquía* Madrid, Aguilar, 1935.

– Kriveliov I. *Cristo, ¿Mito o realidad?*. Academia de Ciencias de la URSS 1986. Moscú.

– Heller, M. *El hombre nuevo soviético* Barcelona, Planeta, 1985.

– Barron, J. *KGB* Londes, Hodder and Stoughton, 1974.

– Chentalinski, V. *De los archivos literarios del KGB* Madrid, Anaya-Muchnik, 1995.

– Caute, D. *Communism and the French Intellectuals*, 1914-1960 Londres A. Deutsch, 1964.

– Johnson, P., op. cit.

– Philby, K. *My silent war* New York, Grove Press, 1968.

– Gramsci, A, *Antología* Madrid, Siglo XXI p. 16s.

– Russell, B. *Sobre Dios y la religión*, Barcelona, Martínez Roca, 1992.

– Crusafont, M. Melendez, B. y Aguirre, E. *La evolución* Madrid, BAC, 1976.

– Harris, M. *Caníbales y reyes* Barcelona, Argos-Vergara, 1981.

– Reich, W. *Pasión de juventud*, 1897-1922 Barcelona, Planeta, 1990.

– Reich, W. *La revolución sexua,l* Barcelona, Planeta-Agostini, 1985.

– Wojtyla, K. *Max Scheler y la ética cristiana,* Madrid, BAC, 1982.

– Weber. Max. op. cit.

– Velarde, J. op. cit.

– Poggeler, O. L*a política de Heidegger*, en «El País» 21.9.89.

– Millán Puelles, A. (sobre Heidegger) ABC 26.9.1989.

– Heidegger, M. *Platons Lehre von der Wahrheit* Berna 1947.

– Heidegger, M. *Sein und Zeit trad. esp. El Ser y el Tiempo*, de José Gaos, ed. rev. 1962.

– Sartre, J.P. *L'Être et le néant* (1943, ensayo).
Huis clos (1945, teatro).
La Nausée (1938, narrativa).

– Moeller Ch. *Literatura del siglo XX* y cristianismo ed. esp. Gredos.

– Hochhüth, R. *El Vicario* Barcelona, Grijalbo, 1977.

– Angelozzi Gariboldi, G. *Pío XII, Hitler y Mussolini* Barcelona, Acervo, 1988.

– Lehnert, M.P. *Al servicio de Pío XII* Madrid, BAC, 1984.

– Murphy, P.J. y Anderson, R.R. *La Papisa* Barcelona, Plaza y Janés, 1987.

– *Actes et documents du Saint Siège relatifs á la seconde guerre mondiale* 9 vols. Librería Editrice Vaticana desde 1965.

– Bauer, E. *Historia controvertida de la segunda guerra mundial*, 7 vols. Madrid, Rialp, 1967.

– De la Cierva, R. *Misterios de la Historia, segunda serie* Barcelona, Planeta, 1992.

– Graham, R. S.J. cfr. ABC 23.5.95.

– Garzia, Italo *Pio XII e l'Italia nella seconda guerra mondiale*, Morcelliana, 1989.

– Deschner K. *La política de los papas en el siglo XX* dos vols. Zaragoza, Yalde, 1994 y 1995.

CAPÍTULO 7

– Chambers, W. *Witness* N. York, Random House 1953.

– Mourre 1945-1970 (*Cronología detallada*) París, Eds. Universitaires, 1971.

– McCauley, M. (ed.) *Communist Power un Europe* 1944-1948 Londes, Macmillan 1977.

– Mindszenty, J. *Memorias* Barcelona, L. de Caralt, 1974.

– *Fragen am deutsche Geschichte* Centro de Información del Bundestag, Bonn 1986.

– Heydecker, J.J. y Leeb, J. *El proceso de Nürenberg* Barcelona, Bruguera, 1974.

– *Le live noir de l'épuration* París. KS Reproservice, 1994.

– Aron, Robert *Histoire de l'épuration* dos vols. París, Fayard, 1969.

– De la Cierva, R. *El diario secreto de Juan Pablo I* Barcelona, Planeta, 1990.

– Bocca, G. *Palmiro Togliatti* Barcelona, Grijalbo, 1977.
Storia della Repubblica italiana Milán, Rizzoli, 1982.

– Lepre, A. *Storia della prima Repubblica* Bolona, Il Mulino, 1993.

– Klinkhammer L. *L'occupazione tedesca in Italia* Bollati Borrighieri, 1993.

– Maestro, A. *Gramsci: la Revolución actualizada,* Verbo 201-202 (1982) 63s.

– Fonvielle-Alquier, R. *El gran miedo de la postguerra* Barcelona, Dopesa, 1974.

– Velarde Fuertes, J. *El cincuentenario de Bretton Woods*, Epoca 504 (24.10.94) 80s.

– Myers, James T. *Enemies without guns* N. York, Paragon Press, 1991.

– Ballarín Marcial, A. *China, otra perestroika* Madrid, San Martín, 1988.

– *Historia mundial del siglo XX* vol. 3 y 4 (sobre China). Barcelona, Argos-Vergara, N 1968.

– San Martín *J.I. Servicio Especial* Barcelona, Planeta, 1983.

– Wyszynski, *Informe sobre PAX* «Permanences» n.8 (mayo 1964) e «Itinéraires» supl. al n. 86, 3º trimestre 1964.

– Barron, J. *KGB* op. cit.

– Villemarest, P. de *GRU* París, Stock, 1988.

– IDOC (revista) colección incompleta archivo del autor.

– Asociación de Universitarias Españolas *Planificación* comunista para España, Madrid, 1976.

– El IDOC *¿una jerarquía paralela?*. Madrid, CIO, 1968.

– The Wanderer Forum Foundation *Catholic Educators and Marxist Ideology, an*

– *Unholy Alliance*, Marshfield, Wis., 1990.

– Gutiérrez Balboa, A. *Redes internacionales de teólogos contestatarios: la Inteligencia soviética en los antecedentes de la teología de la liberación* México «Summa» 23.4.94.

– «Misión abierta» (revista claretiana rebelde) 77 (sept. 1984).

– McEoin, G. *Memoirs & Memories* Mystic, Conn. p. 160s.

– J. Abreu Vale, Informe reservado del IDOC, 1967.

– Girardi, G. (dir.) *El ateísmo contemporáneo* vol. IV (Turín 1970). Trad, esp. edics. Cristiandad, Madrid 1973.

– *Cruz y Raya, Antología* Madrid, Turner, 1974.

– Rieger, Max *Espionaje en España.* Prologo de J. Bergamín Bacelona, «Unidad» (centro comunista de propaganda) 1938.

– *Maritain-Mounier* 1929-1939 (Les grandes correspondances) Desclée, 1973.

– Mounier, E. *Obras* Barcelona, Laia, 1974 vol I. Tomo III en Seuil, París, 1962.
La pensée de Charles Péguy, París, Plon, 1931.

– Daujat, J. *Maritain, un maître pour notre temps* París, Téqui, 1978.

– Maritain, J. *Du régime temporel et de la liberté* 2 ed. París, Desclée, 1933.
Humanisme intégral París, Aubier, 1968.
Le paysan de la Garonne París, Desclée 1966.

– Del Noce, A. *I cattolici e il progressismo* Milán, Leonardo, 1994.

– López Rodríguez, M. *La España protestante* Madrid, Sedmay, 1976.

– Gómez Heras, J.M. *Teología protestante*, sistema e historia Madrid, BAC minor, 1972.

– García Villoslada, R. *Martín Lutero*, op. cit.

– Barth, K. *Al servicio de la palabra* Salamanca, Sígueme, 1985.

– Bonhoeffer, D. *Resistencia y sumisión* Salamanca, Sígueme, 1983.
Redimidos para lo humano Salamanca, Sígueme, 1979.

– Garrido Sanz, A. *La Iglesia en el pensamiento de Paul Tillich* Salamanca, Sígueme, 1979.

– Daniélou, J. y Pozo, C. *Iglesia y secularización* Madrid, BAC minor, 1973.

– Aldama, J.A. et al. *Los movimientos teológicos secularizantes* Madrid, BAC minor, 1973.

– Cox, Harvey *La ciudad secular* 1965 (trad. esp. 1983).
Religion in the secular city N. York, Simon y Schuster, 1984.

– Moltmann, J. *Teología de la esperanza* Munich 1964, Salamanca, Sígueme, 1969.

– Illanes, J.L. *Historia* ... op. cit.

– Teilhard de Chardin, P. *Le phénomène humain* París, Seuil, 1955.

– De Lubac, H. *Le drame de l'humanisme athée* París, Cerf, 1983.
Meditación sobre la Iglesia Madrid, Encuentro, 1986 (París, Montaigne, 1953).

– Bangert, W, op. cit

– Rinser, L. op. cit.

– Rahner, K. *Curso fundamental sobre la fe* Barcelona, Herder, 1979.

– Rahner, Metz, Cox, Asmann *Teología, Iglesia y política* Madrid, Zero, ca. 1974.

– Kolping, Adolf *Katholische Theologie gestern und heute* Bremen 1964.

– Rahner y VV.AA. *Teología y mundo contemporáneo*, homenaje a K. Rahner, Madrid, univ. Pont. Comillas, eds. Cristandad, 1974.

– Fabro, C. *El viraje antropológico de K. Rahner* Buenos Aires, CIAP, 1981. Ed. italiana en Rusconi, Milán, 1974.

– Rahner, K. *Sobre la relación entre la naturaleza y la gracia* en *Escritos teológicos* tomo I, Madrid, Taurus, 1961 (Tomo 5 para los ensayos sobre los «cristianos anónimos»).

– Von Balthasar, H.U. von *Test everything*, San Francisco, Ignatius press, 1989.

– Congar, Y. *Verdaderas y falsas reformas en la Iglesia*, (1950) Madrid, Instituto de Estudios Políticos, 1973.
Situation et tâches présentes de la théologie París, Cerf, 1967.
Eglise et Papauté París, ed. du Cerf 1994.

– Ureña Pastor, M. Obispo de Alcalá de Henares *Ernst Bloch, ¿un futuro sin Dios?*. Madrid, BAC, 1986.

– Bloch, E. *El principio esperanza* Madrid 1977-1980. Ed. original Frankfurt 1954.

– *El ateísmo en el cristianismo* Madrid 1983. Ed. orginal Frakfurt 1968.

– Fe y Secularidad *En favor de Bloch*, Madrid, Taurus, 1979.

– Metz, J.B. *Antropocentrismo cristiano* (1962) Salamanca, Sígueme, 1972.
Teología del mundo Salamaca, Sígueme, 1971.
Más allá de la religión burguesa (1980) Salamanca, Sígueme, 1982.

– Rahner, K. et al. *Dios y la ciudad. Nuevos planteamientos en Teología política*, Madrid, Cristiandad, 1975 (Ya cit. bajo el nombe de Alvarez Bolado).

– López Trujillo, A. «Sillar» (enero marzo 1985) 25s.

– Martín Palma J. *Génesis de la teología de la liberación*, «Ideal» Granada, 24.3.1985.

– Moltmann, J. *El experimento esperanza* Salamanca, Sígueme, 1974.

– Revel, J-F. *El conocimiento inútil* Barcelona, Planeta, 1988.

– *Los nuevos liberales* (obra anónima y clandestina del equipo Fraga) Madrid 1962.

– Cathala, H.P. *Le temps de la desinformation* París, Stock, 1986.

– Jiménez Losantos, F. *Lo que queda de España* (reed. ampliada) Madrid, Temas de Hoy, 1995

– De Borchgrave, A. y Moos, R. *El pincho* Madrid, Plaza y Janés, 1981.

– Anson, Luis María *La quinta pluma* ABC 30.4.1981.
Don Juan Barcelona, Plaza y Janés, 1994.
La hora de la Monarquía (con censura eclesiástica) Zaragoza, Círculo, 1958.

– García Escudero, J.Mª *Los cristianos, la Iglesia y la política* Madrid, Fundac. Univ. San Pablo-CEU, 1991.

– Pozo, Cándido, S.J. *María en la obra de salvación* Madrid, BAC, 1974.

– Mola, Aldo A. *Storia della Massoneria italiana* Milán 1994.

– Floridi, Alexander U., S.J. *Moscow and the Vatican* Ardis, Ann Arbor, 1986.

– Lai, Benny *I segreti del Vaticano* Roma, Laterza, 1984.

– Carandell, L. *Vida y milagros de monseñor Escrivá de Balaguer, fundador del Opus Dei.* Barcelona, Laia, 1975.

– Fuenmayor, A. et al. *Itinerario jurídico del Opus Dei, historia y defensa de un carisma* Pamplona, EUNSA, 1989.

– Artigues, Daniel (Bécarud). *El Opus Dei en España* París, Ruedo Ibérico, 1971.

– Rodríguez P. et al. *El Opus Dei en la Iglesia* Madrid, Rialp, 1993.

– Urbano, Pilar *El hombre de Villa Tevere* Barcelona, Plaza y Janés, 1994.

– Messori, V. *Opus Dei, una investigación* Barcelona, EIUNSA, 1994.

– Ynfante, Jesús *La prodigiosa aventura del Opus Dei, génesis y desarrollo de la Santa Mafia* París, Ruedo Ibérico, 1970.

– Rocca, Giancarlo *L'Opus Dei. Apunti e documenti per una storia*. Roma, Claretia num, 1985.

– Estruch, Joan *Santos y pillos, el Opus Dei y sus paradojas* Barcelona, Herder, 1994.

– Moncada, A. et al. *Historia oral del Opus Dei* Barcelona, Plaza y Janés, 1987.

– De la Cierva, R. *Franco y don Juan*, los reyes sin corona Madrid, Epca, 1993.

– Berglar, P. *Opus Dei, Vida y obra del Fundador, José María Escrivá de Balaguer* Madrid, Rialp, 1983.

CAPÍTULO 8

- Jiménez Lozano, J. *Juan XXIII* Barcelona, Destino, 1974.
- Hebblethwaite, P. *Giovanni XXIII* Milán, Rusconi, 1989.
- Amerio, Romano *Iota unum* Milán, Ricciardi, 1986. Magnífica traducción española de Carmelo Díaz Arias. (1995).
- Fesquet, H. *Diario del Concilio* Barcelona, Herder, 1967.
- McLellan, D. Marxism... op. cit.
- Habermas, J. op. cit.
- Marcuse, H. *El hombe unidimensional* trad. esp. 1965.
- Escuela de Frankfurt cfr. de la Cierva, R. *Oscura rebelión*...op. cit.
- Horkheimer, M. *Sociológica* (trad. esp. 1966) en colaboración con T.W. Adorno
- Sobrino, J. *Christology at the crossroads*, 1978.
- Sobrino, J. y Hernández Picó, J. *Theology of Christian Solidarity*, Maryknoll
- N.Y., Orbis Books, 1985.
- González Martín, Card. M. et al *Conversaciones de Toledo*, junio de 1973, Burgos, Aldecoa, 1974.
- Morales Abárzuza, C. *América Latina y el Caribe*, la Internacional Socialista México, Univesidad Autónoma, 1981.
- Smith, Earl E.T. *The fourth floor* N. York, Random House, 1961.
- Wyden, P. *Bay of Pigs, the untold story* N. York, Simon and Schuster, 1979.
- Li Wei Han *La Iglesia católica y Cuba, un programa de acción* Pekin, ediciones en lenguas extranjeras, 1959.
- Wiltgen, R. *The Rhine flows into the Tiber*, 8ed. Rockford, TAN books 1985.
- Fesquet, H. op. cit.
- *Vaticano II, Documentos*, Madrid, BAC minor, 1971.
- Chiron, Yves *Paul VI*, Paris, Perin, 1993.
- Cremona, Carlo *Paolo VI* Milán, Rusconi, 1994.
- Suárez Fernández, L. *Francisco Franco y su tiempo* Madrid, eds. Azor 8 vols. Alusiones y testimonios sobre Montini a partir del tomo III.
- Floristán, C. y Tamayo, J-L. *El Concilio Vaticano II veinte años después* Madrid, Cristiandad, 1983.

– Wojtyla, K., *La renovación en sus fuentes* Madrid, BAC, 1972.

– *El Vaticano II, don de Dios* (documentos del Sínodo) Madrid, PPC, 1985.

– Ratzinger, J. *Informe sobre la fe* Madrid, BAC, 1985.

CAPÍTULO 9

– Becker, Joseph M *The Re-reformed Jesuits* San Francisco, Ignatius Press, 1992.

– González Balado, J.L. *Padre Llanos, un jesuita en el suburbio* Madrid, Temas de Hoy, 1991.

– FRSJ (Fuentes reservadas de la Compañía de Jesús) y DREE (Fuentes Resevadas del Episcopado Español) están continuamente presentes en este capítulo.

– Padberg, J.W, S.J. *Together as a Companionship* (Análisis de las Congregaciones Generales 31, 32 y 33) The Institute of Jesuit Sources, St. Lous 1994.

– *Congregación General XXXI, Documentos* Zaragoza, 1966.

– Arrupe, P. *La Iglesia de hoy y del futuro* Mensajero-Sal Terrae, 1982.

– Hitchcock J. *The Pope and the Jesuits* The National Commite of Catholic Laymen, N. York, 1984.

– Alcalá, M. et al *Pedro Arrupe* (hagiografía) Santander, Sal Terrae, 1986.

– Woodrow, A. *Los jesuitas* Barcelona, Planeta, 1985.

– Ignacio Javier Pignatelli *La verdad sobre la Compañía de Jesús* Madrid, 1974.

– Schroth, R, S.J. *Jesuit Spirit in a time of change*, Westminster Md., Newman Press, 1967.

– Barry, W.A. et al. *Affectivuty and Sexuality* en «Studies in the Spirituality of Jesuits» X, 2-3 (marzo-mayo 1978).

– American Jesuit Assistance *Conference of Santa Clara*, 1967. Total Development.

– Para todo este capítulo ver publicaciones periódicas USA al principio de la Bibliografía.

– Díez Alegría J.M. *Notae ad praelectiones philosophae moralis* Publ. reservada, 1949.
Yo creo en la esperanza Bilbao, Desclée, 1972.

– Valverde, Carlos S.J. *Los orígenes del marxismo* Madrid, BAC 1974.

– Valverde, C. *El materialismo dialéctico*, Madrid, Espasa–Calpe, 1979.

– Rodríguez de Yurre, G. *El marxismo* dos vols. Madrid, BAC 1976.
La estrategia del comunismo, hoy Madrid, BAC, 1983.

– Menéndez Ureña, E., S.J. *El mito del cristianismo socialista* Madrid, Unión Editorial, 1981.
El neoclericalismo de izquierda Madrid, unión Ed. 1984.

– González Faus, J.I. *El engaño de un capitalismo aceptable* Santander, Sal Terrae, 1983.
La libertad de palabra en la Iglesia y la teología. Ibid. 1985.
(Me propongo dedicar un estudio monográfico, que adoptará necesariamente la forma de esperpento y el estilo de humor negro, a este singular y prolífico jesuita rojo, que sigue cobijado bajo el fantasma del Muro y cuyas publicaciones siguen inundando los conventos de monjas del mundo hispánico. Es un caso de tozudez y de ausencia de todo talante crítico y sobre todo autocrítico que explica por sí mismo la crisis de pensamiento en la Compañía de Jesús. Su última hazaña ha sido defender a otro hombre de las cavernas, el señor Arzallus, cuando el vasco se permitía vetar los nombramientos episcopales del Papa Juan Pablo II, que le ha mandado silenciosamente a donde los Papas mandan silencisamente a los pelmazos).

– Castillo, José Mª *Teología para comunidades* Madrid, Paulinas, 199'.

– Guerra Campos, José *La Iglesia en España 1936-1975. Síntesis histórica.* Boletín Oficial del Obispado de Cuenca, nº5, mayo 1986.

– *La vida religiosa en peligro* Madrid, CIO 1973.

– Castro Delgado, E. Ver sus aportaciones históricas en mi libro *Carrillo miente*, ya citado.

– Fe y secularidad *Fe y nueva sensibilidad histórica* Salamanca, Sígueme, 1972.

– De la Cierva, R. *Historia del franquismo, II*, Barcelona, Planeta, 1977.

– *Comunidades de base y nueva Iglesia* Madrid, eds. Acción Católica, 1971.

– Fe y Secularidad, *Vida cristiana y compromiso terrestre*, Bilbao, eds. Mensajero, 1970.

– Girardi, G. *Fe cristiana y materialismo histórico* Salamanca, Sígueme, 1978.

– López Trujillo, A. *De Medellín a Puebla*, Madrid, BAC, 1980.

– Kloppenburg, Boaventura, *Iglesia Popular* Bogotá, eds. Paulinas, 1977.

– Fe y Secularidad, *Fe Cristiana y cambio social en América Latina* Salamanca, Sígueme, 1973 (Actas del Encuentro del Escorial).

– Arrupe, P. *Nuestra vida consagrada* Madrid-Zaragoza, eds. Apostolado de la Prensa, Hechos y dichos 1972.

– Calvez, J.Y. S.J. *Fe y justicia: la dimensión social de la evangelización* Santander, Sal Terrae, 1985.

– Tripole, Martin R. *Faith beyond justice* St. Louis, Institute of Jesuit Sources, 1994.

– *Congregación General 32 de la Compañía de Jesús. Decretos y documentos anejos*. Madrid, 1975. Ed. española oficial (y reservada) 1975.

– *Jesuitas. Anuario de la Compañía de Jesús*, 1975-1976.

– Paolo VI *Insegnamenti*, Tip. Poliglota Vaticana, vols I-X.

– Delgado, mons. Freddy *La Iglesia Popular nació en El Salvador*, 1988 (hay traducción inglesa).

– De la Cierva, R. *El secreto de Ignacio Ellacuría* en «Misterios de la Historia», Barcelona, Planeta, 1990.

– Martialay, R. *Comunidad en sangre* Bilbao, Mensajero, 1983.

– U.S. Senate Subcommitee for Security and Terrorism *(Declaración Pellercer)*, Oct. 19 1983 Washington D.C.

– López Trujillo, A, «Sillar» 17 (1983) 33s.

– Universitarios cristianos Revolucionarios et. al. *Los cristianos ante la Revolución Popular Sandinista* Managua 1979.

– Belli, Humberto *Una Iglesia en peligro* Bogotá, CONFE, s.d.

– *Acta Praepositi Generals*, Pro Societate, Roma, Curia Genralicia S.J. 1980.

– *La rebelión teológica en México*. Actas de la Primera Semana Teológica mexicana. México, ed. Paulinas, 1976.

– Guerrero Anaya, L.J. *Tesis doctoral sobre la evolución de la Compañía de Jesús en México*. Universidad Nacional Autónoma de México, 1986, (manuscrito).

– EZLN *Documentos y comunicados* Ediciones Era, colección Problemas de México, 1994.

– Krauze, E. *Siglo de caudillos* México, Tusquets, 1994.

– *Yo, Marcos* ed. Marta Durán de Huerta México. Eds. del Milenio, 1994.

– *Información S.J. (reservada)* 49 (mayo-junio 1995).

– *La Compañía en cifras, Noticias y comentarios* Roma, Casa Generalicia S.J. 1995.

– McDonough, Peter *Men astutely trained: a history of the Jesuits in the American century* N. York, The Free Press, 1992.

– Martin, Malachi *The Jesuits New York*, Simon and Schuster 1987.

(Este libro, que apareció poco después de los míos sobre jesuitas y teología de la liberación, fue objeto de una durísima campaña de prensa en los Estados Unidos, organizada por los jesuitas de aquella Asistencia. La pieza fuerte de la contracampaña era un serio informe del historiador Padberg, que señala muchos errores de hecho en el libro del ex-jesuita Martin pero no invalida su testimonio directo. Martin no aporta documentación y con ello se expone a la hipercrítica. Como mis publicaciones de 1985-87 contienen abundante documentación, los jesuitas americanos y españoles no se atrevieron a someterme al tratamiento que recibió Malachi Martin. No podían negar mis documentos).

ÍNDICE ONOMÁSTICO

B

C

D

E

F

G

I

J

K

L

M

N

O

Q

R

S

T

U

V

W

Y

Z

APARICIÓN PREVISTA EN 1996

Ricardo de la Cierva

LA HOZ Y LA CRUZ

Amenaza, fracaso y peligro de la teología marxista de la liberación

(Segundo libro de **LAS PUERTAS DEL INFIERNO**)

PRIMERA PARTE:

PABLO VI

LA MODERNIZACIÓN Y LA DEMOLICIÓN DE LA IGLESIA

1.-EL PAPA MONTINI Y EL HUMO DEL INFIERNO
2.-LA BATALLA POR LA IGLESIA AMERICANA
3.-LA DESINTEGRACIÓN DE LA IGLESIA EN HOLANDA
4.-SALVACIÓN Y POLITIZACIÓN DE LA IGLESIA ESPAÑOLA
5.-EL ASALTO DEL MARXISMO A LA IGLESIA DE IBEROAMÉRICA
6.-DIOS Y MAMMON: DIARIO Y MUERTE DE JUAN PABLO I.

SEGUNDA PARTE:

JUAN PABLO II

LA RESTAURACIÓN DE LA IGLESIA Y LA CAIDA DEL MURO

7.-KAROL WOJTYLA, EL PAPA DEL OTRO MUNDO.
8.-LA IGLESIA DE ESTADOS UNIDOS EN REBELDÍA.
9.-ESPAÑA: IGLESIA RECONCILIADA, DESMANTELADA, VIVA.
10.-APOGEO Y CAIDA DE LA IGLESIA POPULAR EN CENTROAMÉRICA.
11.-LA IGLESIA Y EL HUNDIMIENTO DEL COMUNISMO.
12.-PERVIVENCIA DEL MARXISMO: DE CHINA A CHIAPAS.
13.-IGLESIA, INTERNACIONAL SOCIALISTA Y MASONERÍA.
14.-LA IGLESIA ANTE EL NUEVO ORDEN MUNDIAL